# 2014—2015
# 国家麻类产业技术研究新进展

● 熊和平 等 著

中国农业科学技术出版社

**图书在版编目（CIP）数据**

国家麻类产业技术研究新进展. 2014—2015 / 熊和平等著. —北京：中国农业科学技术出版社，2017. 12
ISBN 978-7-5116-3411-5

Ⅰ. ①国… Ⅱ. ①熊… Ⅲ. ①麻类作物-种植业-经济发展-研究报告-中国-2014-2015 Ⅳ. ①F326. 12

中国版本图书馆 CIP 数据核字（2017）第 310759 号

**责任编辑** 崔改泵
**责任校对** 李向荣

**出 版 者** 中国农业科学技术出版社
北京市中关村南大街 12 号 邮编：100081
**电 话** (010)82109194(编辑室) (010)82109702(发行部)
(010)82109709(读者服务部)
**传 真** (010)82106650
**网 址** http://www.castp.cn
**经 销 者** 各地新华书店
**印 刷 者** 北京富泰印刷有限责任公司
**开 本** 880 mm×1 230 mm 1/16
**印 张** 26
**字 数** 788 千字
**版 次** 2017 年 12 月第 1 版 2017 年 12 月第 1 次印刷
**定 价** 150. 00 元

# 编 委 会

# 目　录

# 第一章　资源与育种研究进展

## 一　苎麻

2014—2015 年，紧跟苎麻资源与育种领域的国际前沿，开展了苎麻遗传改良基础研究、优质苎麻新品种选育与示范、苎麻工厂化繁育技术研究与示范、苎麻资源筛选与饲料化应用研究等工作。培育出抗倒抗病性强、细度高、丰产性好、韧皮果胶含量低的苎麻新品种“中苎 3 号”，创制、筛选出具有高产、高细度、耐寒等性状的优异资源 23 份。开展了苎麻谷氨酰胺合成酶基因遗传转化、苎麻自交纯合进度、纤维细度优异等位基因挖掘等遗传改良基础研究。在苎麻资源全面评价基础上，实施苎麻与草食动物种养结合研究，创新了一批高苎麻含量饲料产品，建立了苎麻饲料化技术应用基地，取得了显著的社会、经济效益。

### （一）优质苎麻新品种选育与示范

1. 优质苎麻新品种“中苎 3 号”选育

中苎 3 号由厚皮种 $S_2$×玉山麻 $S_2$杂交选育获得，该品种叶片椭圆形，叶色深绿，主叶脉红色，叶面皱纹多，叶柄红色，有托叶，微红，夹角小，叶片分布均匀，冠层结构合理。该品种群体结构整齐协调，分株能力中等，无效分株少，植株挺拔，茎秆粗壮，上下均匀一致，抗逆性强。株高 185～205cm，茎粗 1.0～1.3cm。雌花红色，果穗长 10～15cm，瘦果即种子黄褐色，千粒重 0.052g，结果量较少。全年 3 季合计工艺成熟期 185d，其中头麻 70d、二麻 50d、三麻 65d。麻骨微红色；原麻青白色，手感柔软，锈脚少，含胶量低，品质优良。根据多点试验结果，中苎 3 号平均产量为 191.51kg/亩，与对照圆叶青没有显著差异；年均纤维支数 2 443 公支，比对照高 573 公支，提高 30.64%，达极显著差异。头麻单纤维细度一般在 2 700 支以上，单纤维强力为 34.75cN。抗苎麻花叶病、中抗根腐线虫病，抗风抗倒性强；耐旱耐肥能力强，丰产性好，适应性强，能在全国苎麻产区推广应用。

该品种 2014 年在湖南省进行品种登记。2013 年开始进行全国区域试验和生产示范，2015 年完成全国区试。根据各试验点的结果，中苎 3 号产量与对照中苎 1 号相当，无显著差异，纤维细度较高。

2. 适于山坡地种植苎麻品种筛选

中苎 1 号、中苎 2 号、中苎 3 号在张家界完成了品种比较试验，结果见表 1-1。从两年的测定结果来看，中苎 1 号和中苎 2 号在山坡地都表现了较好的适应性，它们的原麻产量分别为 222kg/亩（注：1 亩≈667$m^2$，全书同）和 227kg/亩，而中苎 3 号为 165.5kg/亩，低于中苎 1 号和中苎 2 号。从植株总产量看，从高到低依次为：中苎 1 号、中苎 2 号、中苎 3 号。中苎 1 号、中苎 2 号可以作为高产苎麻品种在山坡地推广种植。中苎 3 号虽然在产量上低于中苎 1 号和中苎 2 号，但以其优异的纤维品质，相对于其他优质品种产量上有较大优势，因此可以作为山坡地优质苎麻品种推广种植。

**表 1-1　2014 年、2015 年两年山坡地苎麻品种筛选测定结果**

| 项目 | 中苎 1 号 | 中苎 2 号 | 中苎 3 号 |
|---|---|---|---|
| 株高（cm） | 201.3 | 197.32 | 175.03 |
| 茎粗（mm） | 12.48 | 11.95 | 11.24 |
| 皮厚（mm） | 1.02 | 0.97 | 0.93 |
| 鲜茎出麻率（%） | 6.10 | 6.94 | 5.33 |
| 每蔸有效株数 | 5.12 | 5.24 | 4.72 |
| 有效株率（%） | 88.02 | 89.56 | 87.55 |
| 全株产量（kg/亩） | 2 239.5 | 2 150 | 1 820 |
| 原麻产量（kg/亩） | 222 | 227 | 165.5 |

3. 苎麻种质创新与筛选

筛选出株型好、纤维品质优异的 Z0663-2、Z0664、96-19、CZ0601 等单蔸 8 个。筛选出原麻产量≥2 000 $kg/hm^2$的种质 2 份，其中资兴绿麻为 2 700 $kg/hm^2$、大田苎麻 2 号为 2 480 $kg/hm^2$；筛选出纤维细度≥2 000 m/g 的优质种质 2 份，家麻为 2 097 m/g、红皮 1 号为 2 086 m/g；筛选出耐寒苎麻种质青麻苎，苗期低温胁迫研究发现，在 0℃胁迫 1～2d 情况下，植株全部成活，死亡率为 0，在胁迫 3d 情况下植株死亡率仅 14.7%。

采用 γ 射线（剂量为 90Gy）诱变处理刚生根的扦插苗（中苎 1 号），获得头麻开花和分株力显著提高的突变体 2 份。筛选出鲜皮出麻率≥12.5%和原麻产量≥2 000 $kg/hm^2$的优异种质 4 份（751、752、丛江青麻、小白麻）；筛选出纤维细度≥2 000 m/g 的优质种质 5 份（如黄麻 1 号、黄麻 4 号、青场白麻等），其中特优质种质西洒家麻高达 2 560 m/g。

### （二）苎麻繁育技术研究与示范

建立了 450$m^2$的苎麻水培工厂化育苗平台，发明了一种苎麻深液流水培技术，利用工厂化设备集中保护育苗过程，规避苎麻育苗过程中出现的不良气候和不利条件，整个育苗过程在现代化温室、塑料或砖墙大棚中进行。项目组深入研究了适用于苎麻嫩梢水培工厂化育苗条件下的消毒措施、营养液配制、光温环境控制、品种特性与扦插密度、水培模式、育苗过程标准化管理、培养液处理与再利用技术、定植炼苗措施和移栽技术，形成了一套完整的苎麻嫩梢水培养技术参数体系，实现育苗技术体系、成本控制体系和环境保护体系的融合。

苎麻深液流水培技术包括制备插穗、插穗消毒、插穗扦插、光照补充、营养元素补充、加土定植等一系列技术措施。

该技术具有以下优点：大大缩短了育苗周期，经过 7～12d 的培育和管理即可长成适合移栽的新植株；成苗率达 93%以上，大田移栽成活率在 92%以上；操作简单，节省空间与劳力，清洁卫生，不受外界环境影响，四季可行，利于推广；很好地解决了苎麻快速繁殖的技术难题，可实现工厂化生产，每批次可生产 3 万株麻苗。

实现种苗繁殖系数倍增，缩短育苗时间。育苗过程节省 10d/批，土地利用率增加 35%，并且无须人工挖苗所以用工量减少 50%，从而大大降低了苎麻育苗成本；同时利用该技术生产的种苗大田移栽期间不伤根，成活率高于 92%，且缓苗时间短，以同批次种苗相比，深液流水培技术生产的种苗相对土壤扦插苗生长较快。

### （三）苎麻遗传改良基础研究

1. 苎麻 GS 基因转化烟草研究

利用同源重组技术将苎麻 *BnGS*1-2 基因转入 pBI121 植物表达载体特定位点，构建了能超量表

达 *BnGS*1-2 基因的植物表达载体。在农杆菌（*Agrobacterium tumefaciens*）LB4404 的介导下，通过叶盘法将构建的超量表达载体转入烟草中。通过 Kana 筛选和基因组 DNA PCR 验证，获得转基因烟草植株（图 1-1）。利用 Q-PCR 对转基因植株进行分析，结果显示 *BnGS*1-2 在转基因植株中检测到表达，转基因烟草中 GS 酶活性是野生型的 3~5 倍（图 1-2）。超量表达 *BnGS*1-2 基因能显著增加转基因烟草植株的株高、鲜重和叶面积（表 1-2），因此，超量表达 *BnGS*1-2 基因能促进烟草植株的生长；另外，转基因植株体内水溶性蛋白与野生型烟草相比呈现极显著升高（图 1-3），增长率达 92.02%，总氮含量有所提高，但并没有达到显著性水平，同时，转基因植株体内游离 $NH_4^+$ 含量显著下降，而游离 $NO_3^-$ 含量与野生型相一致，因此，超量表达 *BnGS*1-2 基因，能够促进转基因烟草植株对氮素的吸收和利用，提高氮代谢效率，从而能够保证植株快速生长对氮素营养的需求。本研究为苎麻 GS 基因功能的研究和应用提供了理论和物质基础。

**图 1-1　转基因和野生型烟草的生长表现**

**表 1-2　转基因和野生型植株株高、鲜重和叶片数**

| | 株高（cm） | 鲜重（g） | 叶片数（张） |
|---|---|---|---|
| BnGS1-2-TR | 17.73±1.62a | 13.36±1.98a | 6.5±0.58a |
| Wild type | 14.12±1.22b | 9.58±0.92b | 6±0.82a |

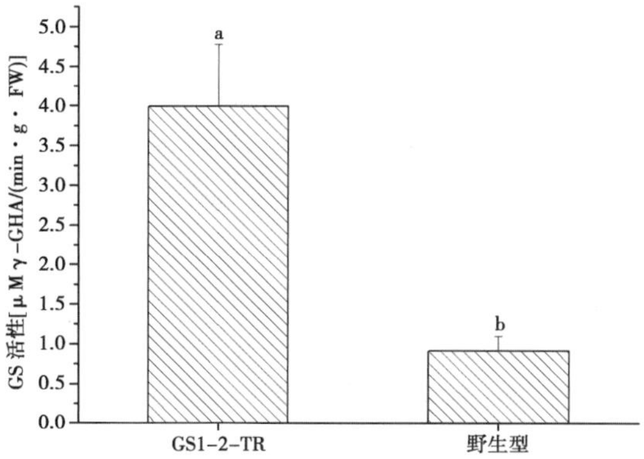


**图 1-2　转基因植株和野生型叶片中 GS 酶的活性**

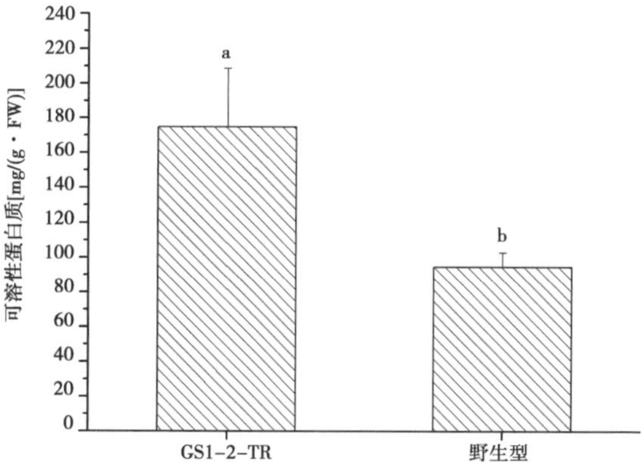


**图 1-3　转基因植株和野生型水溶性蛋白的含量**

2. 苎麻自交纯合进度研究

以中苎 1 号为材料，筛选多态性高的 31 对 SSR 引物和 48 对 SRAP 引物对 3 个自交后代群体的基因组 DNA 进行扩增。根据 DNA 位点纯合率和遗传多样性参数分析群体的遗传多样性，用 Structure、NTSYS 和 AMOVA 软件对群体结构进行分析，并用标记指数来比较 SSR 和 SRAP 标记方法的标记效率。SSR 和 SRAP 标记得到的多样性指标变化明显，从 S3 代到 S5 代，平均扩增出 57 条和 157 条多态性条带，DNA 位点纯合率上升了 5.2%和 4.61%，多态性位点减少了 13 个和 44 个，有效等位基因数降低了 0.788 3 个和 2.162 9 个，基因多样性下降了 0.114 3 和 0.068 4，多样性指数降低了 0.046 5 和 0.120 7。用 Structure 软件对群体结构分析表明 S5 代群体中蓝色组分最多，均在 65%以上。主成分分析表明，S3 群体的分散程度最高，S4 和 S5 群体比较集中，而且 S3 群体包含了 S4 和 S5 群体的大部分。两种标记方法得到的群体结构和主成分分析表明，经过连续自交，后代群体的一致性越来越好。用 AMOVA 软件对群体内和群体间的分子变异情况分析表明两种标记方法都显示群体内变异（94.69%和 99.02%）明显大于群体间变异（5.31%和 0.98%），均达到整体变异的 94%以上。SSR 标记得到的位点平均信息量（*Hav* = 0.468 9）高于 SRAP 的估计值（*Hav* = 0.419 7），而平均有效复合指数（*EMR* = 3.278 1）SRAP 标记大于 SSR 标记（*EMR* = 1.856 2），标记效率值 SRAP 标记（*MI* = 1.375 8）大于 SSR 标记（*MI* = 0.870 4）。SSR 和 SRAP 两种分子标记适于苎麻资源的遗传多样性和群体结构分析。随着自交代数的增多，后代群体的一致性不断提高，杂合度逐渐降低。

3. 基于核心种质的苎麻纤维细度优异等位基因分析

为了挖掘苎麻纤维细度 QTL，利用 93 对 SSR 引物和 104 份苎麻核心种质进行关联分析。结合分子标记数据和纤维细度数据，通过 $K=2$ 和 $K=6$ 的 Q+K+MLM 和 PCA+K+MLM 分析模型共同定位，消除假阳性关联。在 $P<0.05$ 的显著性水平下，最终得到 RAM0298、b38 和 b64 等 3 个与纤维细度显著相关的分子标记，并且 3 个关联标记对表型变异解释率都在 5%以上，其中 RAM0298 在 3 个分析模型中对表型变异解释率都达到了 20%。

## （四）苎麻资源与饲料化研究

1. 苎麻与其他牧草的比较试验

以中饲苎 1 号、中苎 2 号和中苎 3 号三个苎麻品种与黑麦草、象草进行干物质产量、营养品质和叶茎比测定，以期为苎麻整株作反刍动物饲草开发利用时确定合理的收割高度提供依据。研究结果表明：

（1）3 个试验苎麻品种的鲜草和干草年产量均低于桂牧 1 号杂交象草，但显著高于多年生黑麦草。苎麻的鲜草年产量平均在 90 $t/hm^2$，干草年产量平均在 12$t/hm^2$，鲜草年产量比多年生黑麦草的两倍还多。3 个苎麻品种中鲜草年产量最高的是中苎 2 号，干草年产量最高的是中饲苎 1 号，中苎 3 号的鲜草和干草年产量在 3 个苎麻品种中均最低。

（2）3 个试验苎麻品种的粗蛋白含量均显著高于桂牧 1 号杂交象草和多年生黑麦草。试验苎麻的粗蛋白含量均在 18%以上，中饲苎 1 号的粗蛋白含量最高，达到了 21.20%，桂牧 1 号杂交象草的粗蛋白含量仅为 10.59%。中苎 2 号的粗蛋白含量仅次于中饲苎 1 号，中苎 3 号在 3 个苎麻品种中粗蛋白含量最低。

（3）中饲苎 1 号和中苎 2 号的粗蛋白年产量均显著高于桂牧 1 号杂交象草和多年生黑麦草。中饲苎 1 号的粗蛋白年产量比桂牧 1 号杂交象草高 40%左右，是多年生黑麦草的两倍以上。3 个苎麻品种中中苎 3 号的粗蛋白年产量最低，但也略高于桂牧 1 号杂交象草，显著高于多年生黑麦草。

（4）3 个试验苎麻品种的鲜干比相比于桂牧 1 号杂交象草和多年生黑麦草较高。多年生黑麦草的鲜干比最低。桂牧 1 号杂交象草和中饲苎 1 号之间的鲜干比差异不显著。因此，相比桂牧 1 号杂交象草和多年生黑麦草，苎麻晾制干草的性能较差，宜于鲜饲。

（5）3 个苎麻品种中中饲苎 1 号的发蔸能力最强，其次是中苎 2 号，中苎 3 号的发蔸能力相对较差。苎麻的前三次刈割收获对其分株数影响最大，随收获次数增加，分株数显著增多，第四次刈割收获以后分株数基本保持稳定。

（6）新栽苎麻破秆时鲜草、干草和粗蛋白产量较低，鲜草产量仅为第四次收获时的 60%左右，干草和粗蛋白产量为80%左右。苎麻营养品质受收获茬次的影响较小，和破秆时相比，第四次收获时3种苎麻的粗蛋白和粗纤维含量均未有显著变化。

（7）株高在60~120cm的苎麻，随收割高度的增加，叶、茎及总干物质产量均增加，同时收获时间延迟，粗蛋白含量显著降低，粗纤维含量显著增加。本研究中80cm收割高度下的苎麻叶、茎粗蛋白含量和叶茎比均显著高于100cm和120cm，叶、茎粗纤维含量则显著低于100cm和120cm，同时干物质产量和粗蛋白产量均显著高于60cm，生长时间相对100cm和120cm分别缩短了8d和13d。此外，中饲苎1号在80cm收割高度下的粗蛋白日增产速率显著高于其他收割高度。所以，综合考虑产量、营养品质及生产成本等因素，“中饲苎1号”和“中苎2号”在“二麻”期作反刍动物饲草利用时以80cm为最佳收获高度。

*2. 苎麻饲养草食动物研究*

在望城试验站继续进行苎麻青贮饲料喂养肉牛试验，2014年养殖夏南牛6头。收集试验地苎麻副产物，加工青贮饲料约200包，保证了肉牛的饲料供给。

苎麻地放养肉鹅技术获得国家发明专利授权，专利号：ZL20121 0524836.2。该技术将放牧与补饲相结合，将鹅饲养以集约轮流放牧和减量补饲相结合，而且在苎麻种植过程中不使用任何化学农药或化学生长调节剂，保障食品安全，改善鹅肉品质，提高肉鹅抵抗力和对环境的适应力，减少禽药的使用，节省粮食，同时提高苎麻园土地资源利用率，减少麻园生产人力投入，降低生产成本。

2014年养殖肉鹅2批次，共500只。通过研究不同精饲料与苎麻配比对朗德鹅生长性能的影响，确定苎麻鲜嫩茎叶饲料饲喂量应控制在50%以内。在2~7周龄分别进行苎麻嫩茎叶占20%~50%四个梯度试验（10%为1个梯度），并在8~10周龄补饲育肥（只喂精料），对照组只喂精料。试验结果表明，发现肉鹅在2~7周龄，日粮中添加不同比例新鲜饲用苎麻，肉鹅的个体大小虽然与饲喂全精料的对照组差异不大，但鹅的体重却随苎麻添加比例提高而降低。但肥育后期，饲喂苎麻的试验组肉鹅增重和饲料报酬都优于前期饲喂精料的对照组，而且表现为日粮苎麻的添加量越大，后期鹅的增重和饲料报酬越好，原因可能与肉鹅的补偿性生长有关。苎麻添加量为50%的后期肥育增重和料肉比均优于其他各组，除末期体重明显低于对照组外，其他苎麻添加量与对照组无明显差异，但是苎麻添加量50%的单只鹅饲料收益最高，为12.50元，比对照组高27.8%。苎麻园放牧朗德肉鹅，在精料（颗粒料自由采食）条件下，每亩苎麻嫩茎叶可以供200只快速生长期肉鹅采食7d左右，产嫩茎叶300~350kg/亩，每只肉鹅每天采食嫩茎叶200~250g，此时肉鹅精料采食量220~280g，苎麻鲜嫩茎叶采比例在45%左右，与舍饲纯喂精料的肉鹅相比，生产性能差异不明显。

2014—2015年进行了苎麻饲养黑山羊、波尔山羊试验，采用放牧和收获鲜饲结合的方法喂养，共收集试验地苎麻副产物，加工青贮饲料约500多包，饲养山羊160只。山羊喜好采食苎麻，生长良好。通过两年的试验，初步摸索出了麻园放牧肉羊的承载量上半年为5~6只/亩，下半年为3~4只/亩。

*3. 苎麻饲料化技术应用基地建设*

2014年在湖南省沅江、汉寿、张家界三地进行苎麻副产物高效利用推广基地建设。依托所在地苎麻试验站或示范县，采用与当地苎麻种植户或合作社结合的方式，推广苎麻副产物高效利用技术，为肉牛肉羊养殖推广基地提供优质苎麻饲料来源，技术累计推广面积达5万亩。在新晃、涟源苎麻喂养肉牛推广基地，进行苎麻青贮饲料生产及饲喂肉牛技术推广，加工苎麻青贮饲料3 000余吨，养殖肉牛6 000头，山羊500只。2015年将苎麻副产物高效利用推广基地向常德市西湖农场、湖北咸宁、通山等地拓展，累计推广面积达4万亩。在新晃、涟源进行苎麻喂养肉牛推广基地建设，共加工苎麻青贮饲料5 000余吨，养殖肉牛和奶牛5 000多头，山羊10 000多只。

### （五）苎麻资源与育种领域的国际前沿跟踪情况

1. 省级及以上品种选育情况

在省级品种登记方面，湖南省有 3 个苎麻新品种通过了湖南作物品种管理局登记，分别为中苎 3 号、湘饲纤兼用苎 1 号、湘饲苎 2 号。2013 年开始的国家苎麻新品种审定，目前正在进行区域试验和生产试验。中苎 3 号是本项目组从厚皮种 $S_2$×玉山麻 $S_2$ 后代中选育，其年均纤维支数高达 2 400 公支，是纤维品质优异的苎麻新品种。湘饲纤兼用苎 1 号和湘饲苎 2 号由湖南农业大学选育，其中湘饲苎 2 号是饲用苎麻品种，其生长旺盛、快速，发蔸再生能力强，耐刈割，叶茎比较大，年生物产量高；湘饲纤兼用苎 1 号生长旺盛，发蔸再生能力强，耐刈割。株型紧凑，茎秆绿色稍细，麻皮薄，可饲草和纤维兼用。

2. 苎麻分子育种及分子生物学进展

在苎麻分子育种及分子生物学方面，中国农业科学院麻类研究所刘头明等对中苎 1 号和青叶苎麻进行了转录组比较，分别获得了 56 932 条和 59 246 条无冗余序列，其中 10 745 条在两品种间是同源基因。在这些基因序列中，85 个基因存在显著的纯合化，13 个基因存在正向选择，这些基因都是跟非生物胁迫和病虫害抗性相关的。这一研究为苎麻的进化与人工选择提供了分子依据。中国农业科学院麻类研究所朱四元等利用转录组测序对苎麻根腐线虫抗性机理进行了研究，共找到 777 个在根腐线虫侵染前后表达差异基因，并选择 12 个进行了荧光定量 PCR 验证。长沙学院陈建荣等对苎麻木质部和韧皮部进行了转录组和表达谱分析，获得了 87 144 个无冗余基因，发现韧皮部中半乳糖代谢途径相关基因的表达量高于木质部中的表达量，而脂肪酸代谢途径相关基因的表达量则低于木质部中表达量。另外，研究者还克隆了苎麻中的氮代谢相关的 GS1、GS2，纤维素合成相关的 CES2、CES4，以及 Rac1 基因等。在苎麻自交后代遗传多样性分析方面，中国农业科学院麻类研究所利用 SSR 和 SRAP 分子标记对中苎 1 号及其自交后代群体进行分析。结果表明，经过连续自交，后代群体的一致性越来越好，随着自交代数的增多，后代群体的一致性不断提高，杂合度逐渐降低。

中国农业科学院麻类研究所与深圳华大基因科技服务有限公司签订协议，进行苎麻基因组图谱研究。苎麻基因组拟采用全基因组鸟枪法（WGS）策略，利用新一代信息采集技术，根据苎麻基因组的重复序列等组分的具体特点，搭配不同长度的 DNA 插入片段进行信息采集。不同长度的 DNA 片段信息采集将跨过更多不同长度和相似度的重复序列。根据目前的信息采集技术条件以及基因组的特点搭配不同 DNA 长度的组合。通过对单碱基的高深度重复信息采集，使单碱基的质量提高，对基因组相关功能基因进行生物信息学分析。

中国农业科学院麻类研究所栾明宝等进行了苎麻纤维细度与分子标记的关联分析。该研究检测的 104 份苎麻核心种质 3 季麻混合样的单纤维支数的最大值为 3 449. 0，最小值为 901. 0，平均为 1 681. 5769，变异系数为 445. 25685，偏度值为 1. 575，峰度值为 3. 683。这表明，104 份苎麻核心种质的单纤维支数变异范围广泛，种质间的差异明显，有集中分布的趋势，不符合正态分布。同时运用 TASSEL 软件的 MLM 程序，以得到的 K 矩阵和群体 Q 值以及 PCA 矩阵作为协方差，在显著性水平 $P<0.05$ 下，将分子数据分别跟标记数据和苎麻纤维细度数据进行 Q+K+MLM 和 PCA+K+MLM 的逻辑回归率检验，输出各位点的显著性水平 $P$ 及其对表型变异的解释率 R2，寻找与性状相关联的分子标记。结果表明，在 $K=6$ 的 Q+K+MLM 关联到的标记数目最多，而 PCA+K+MLM 关联到的标记数目最少。3 个标记 RAM298，b64 和 b38 在 3 种分析模型中均被检测到与单纤维支数显著关联，并且 3 个标记在 3 个分析模型中的显著性水平（P_ marker）和对表型变异解释率（Rsq_ marker）都非常接近。其中，RAM298 对表型变异解释率最高，在 3 种分析模型中分别为 22. 53%、21. 54%和 20. 89%，是控制单纤维支数的主效 QTL。

3. 苎麻种质资源研究

在苎麻种质资源研究方面，中国农业科学院麻类研究所王晓飞等以108份苎麻种质为材料，通过综合比较扩增带型及引物的重复性高低，对27对SSR引物进行筛选，得到8对可作为苎麻种质DNA指纹库的核心引物。江西农业大学陈晓蓉等研究了苎麻属野生近缘种5组26种（变种）的基本形态生物学特征。结果表明，苎麻、大叶苎麻、序叶苎麻、细野麻这4个野生种形态的丰富变化主要集中在叶色、叶脉色、托叶色、叶缘锯齿这几种表型；苎麻属各野生种表型之间叶形与叶基特性的关系非常紧密，其余的形态表型之间没有发现显著的相关；苎麻组组内演化关系为微绿苎麻→青叶苎麻→苎麻、贴毛苎麻。苎麻和贴毛苎麻都起源于青叶苎麻；苎麻属野生种种间的系统聚类树显示，处在最低位置的苎麻属组群是帚序苎麻组和腋球苎麻组，序叶苎麻组位于中间位置，苎麻组和大叶苎麻组则是位于最高位置的苎麻属组群，苎麻组和大叶苎麻组的亲缘关系更加紧密。该研究结果为进一步研究苎麻属野生近缘种分类及系统演化提供了基础。

## 二　亚麻

在亚麻品种改良方面，开展了亚麻种质创新与鉴定评价，育成了原茎、全麻和种子产量均较对照显著提高的亚麻新品种黑亚23号；开展了亚麻遗传改良基础研究，进行了亚麻纤维相关性状的QTL定位研究，分析了亚麻内源激素变化规律，初步构建了遗传连锁图谱；筛选了黑亚16号等适于盐碱地种植的亚麻品种，分析了亚麻应答盐碱复合胁迫、钾胁迫、干旱胁迫差异基因表达特征。

### （一）优质高产亚麻品种筛选与遗传改良

1. 亚麻新品种选育与示范

2014年选育一个亚麻新品种黑亚23号：原茎、全麻、种子产量分别6 141.1kg/hm$^2$、1 556.2 kg/hm$^2$和636.3kg/hm$^2$，分别比对照增产17.5%、25.3%和13.5%。全麻率30.8%，比对照高1.8个百分点。黑亚23号高产优质栽培技术要点：该品种前茬以杂草基数少，土壤肥沃的大豆、玉米、小麦茬为益。在黑龙江省播期为4月25日至5月15日。每公顷播种量为105~110kg，15cm或7.5cm条播。每公顷施用磷酸二铵100kg、硫酸钾50kg或每公顷施三元复合肥180~200kg，播前深施5~8cm土壤中。苗高5~10cm时进行除草，工艺成熟期及时收获。

2015年选育一个亚麻新品系02119-7-9：原茎、全麻、种子产量分别6 350.2kg/hm$^2$、1 631.1 kg/hm$^2$和652.7kg/hm$^2$，分别比对照增产10.6%、13.9%和14.7%。全麻率30.9%，比对照高1.7个百分点，纤维强度262N。品系02119-7-9高产优质栽培技术要点：该品系前茬以杂草基数少，土壤肥沃的大豆、玉米、小麦茬为宜。在黑龙江省播期为4月25日至5月10日。播种量为105~110kg/hm$^2$，15cm或7.5cm条播。施用磷酸二铵100kg/hm$^2$、硫酸钾50kg或施三元复合肥180~200kg/hm$^2$，播前深施5~8cm土壤中。苗高5~10cm时进行除草，工艺成熟期及时收获。

亚麻高产高效种植技术研究在延寿县进行。种植了黑亚16号和Agatha各1hm$^2$，前茬玉米。春整地，整地播种和深施肥联合作业，采用集成高产栽培技术。施复合肥15kg/亩。亚麻种子用多菌灵和百菌清拌种，拌种量0.3%。4月25日播种，播后镇压。6月20日化学除草。7月20日机械收获，取点测产。每点1m$^2$，取5点，田间风干后称重，计算原茎产量和种子产量。黑亚16号和Agatha原茎产量分别为396kg/亩、392kg/亩，单产比本区域"十一五"期间同类示范样板平均亩产（340kg）增产16.50%和15.3%，种子产量分别为35kg/亩和37kg/亩，纤维产量分别为94.1kg/亩和93.1kg/亩。

2. 亚麻纤维相关性状的QTL定位

以高纤、低油的典型纤用亚麻栽培种DIANE作为母本，低纤、高油的典型油用亚麻栽培种宁亚 17 作为父本杂交得到的 $F_2$群体为作图群体，成熟期进行田间农艺性状调查。苗期选取鲜嫩的茎叶为材料，提取双亲及群体各单株总 DNA。100 对 SSR 引物，170 对 SRAP 引物，按显性遗传处理所有扩增出的位点，统计 $F_2$群体各位点的基因型，计算群体各位点的基因型频率，用 $\chi^2$测验检验各标记位点基因型的分离情况（显性 3∶1，共显性 1∶2∶1）。利用 SPSS 11.5 软件中的 Correlate 中的 Bivariate 进行相关分析，采用 Mapmaker/Exp 3.0 软件构建亚麻遗传连锁群，用 MapDraw V 2.1 绘制亚麻遗传连锁图，采用 WinQTLCart 2.5 软件中的复合区间作图法（CIM）进行 QTL 定位分析。

（1）亲本间多态性标记的筛选。分别用 100 对 SSR 引物和 170 对 SRAP 引物扩增亲本，表现共显性差异明显且清晰可辨的引物共 56 对，其中 SSR 引物 24 对，SRAP 引物 32 对，分别占多态性条带的 42.9%和 57.1%，共显性多态性标记的总筛出率达 20.7%，其中 SSR 标记共显性筛出率为 24.0%，SRAP 标记为 18.8%。

（2）群体标记分析。筛出的 24 对 SSR 引物分析亚麻 $F_2$群体，群体中能重复检出多态性且带型清晰的引物有 24 对，共检测出 24 个多态性位点，即每对引物仅产生 1 个多态性位点。当 $P=0.01$ 时，有 11 个 SSR 标记表现偏分离，占 36.7%。

32 对 SRAP 引物组合共扩增出 99 个带型清晰可辨且可重复检测的共显性位点，每个组合的多态性条带 1~5 个不等，平均每个引物组合产生 3.1 个多态性条带。在 $P=0.01$ 的条件下，对 99 个标记进行 X2 检测，其中 28 个为偏分离标记，占 28.3%。

（3）遗传连锁图谱的构建。利用 Mapmaker 软件对 24 个 SSR 标记和 99 个 SRAP 标记进行连锁遗传分析。在 LOD≥3.0 的条件下，24 个 SSR 标记和 71 个 SRAP 标记进入连锁群，SSR 和 SRAP 标记进入连锁群的比例分别是 96%和 73%，得到一张包含 12 个连锁群（LGs）的亚麻分子遗传图谱，该图谱总长 546.5cM，标记间平均图距为 5.75cM。不同连锁群的遗传距离和连锁群上的标记数目变化都较大，连锁群长度在 20.6~98.7cM 范围内，标记数介于 5~15（表 1-3）。相关分析表明，本研究所得到的标记数目和图谱长度的相关系数为 0.88，达到极显著相关水平，表明这些标记在亚麻图谱上的分布是均匀的，可进行后续相关性状的 QTL 定位。

**表 1-3　锁图谱中各个连锁群的标记分布**

| 连锁群 | 标记数目 | 长度（cM） | 平均图距（cM） |
|---|---|---|---|
| LG1 | 5 | 21.6 | 4.32 |
| LG2 | 12 | 56.3 | 4.69 |
| LG3 | 15 | 98.7 | 6.58 |
| LG4 | 14 | 76.7 | 5.48 |
| LG5 | 7 | 26.5 | 3.79 |
| LG6 | 7 | 30.6 | 4.37 |
| LG7 | 5 | 31.1 | 6.22 |
| LG8 | 8 | 71.5 | 8.94 |
| LG9 | 4 | 25.6 | 6.40 |
| LG10 | 8 | 63.7 | 7.96 |
| LG11 | 5 | 23.7 | 4.74 |
| LG12 | 5 | 20.6 | 4.12 |

（4）株高 QTL 定位分析。通过 WinQTLCart2.5 软件运算遗传图距，QTL 扫描结果见表 1-4，用 Drawmap 绘制连锁图谱，并分析 QTL 信息，用画图软件将其标记到遗传图谱上。LOD≥2.5 的条件下，与亚麻株高相关的 3 个 QTL 分布在第 8、第 9 和第 10 连锁群上，其 LOD 值范围为 2.50~3.09，贡献率分别为 16.04%、17.14%和 6.71%，可推断在第 8、第 9 和第 10 连锁群上分别有控制

株高的 QTL 存在。

**表 1-4　亚麻株高 QTL 扫描结果**

| 性状 | 连锁群 | 标记区间 | 位置 | LOD 值 | 加性效应 | 贡献率 $R^2$ |
|---|---|---|---|---|---|---|
| 株高 | 8 | E12M5b-E8M8c | 37. 90 | 2. 90 | 6. 76 | 16. 04% |
| | 9 | -Lu19a | 0. 23 | 3. 09 | 0. 23 | 17. 14% |
| | 10 | E8M10-E7M9c | 58. 80 | 2. 50 | 7. 65 | 6. 71% |

### （二）适于盐碱地种植亚麻品种的筛选与改良

1. 耐盐碱亚麻品种筛选与示范

2014 年在兰西县红星乡盐碱地进行耐盐碱亚麻品种筛选试验。土壤盐分测定的结果表明，pH 值为 9. 78，盐分为 0. 98g/kg（相当于 0. 098%）。测试品种为黑亚 16 号、Agatha 和 New2。观察发现，高 pH 值高盐度盐碱地土壤板结，透水性差，亚麻苗主要从地缝中长出，出苗后有部分幼苗直接死亡。通过比较 3 个品种的生长状态，发现黑亚 16 号和 Agatha 比 New2 更耐盐碱。

2015 年选择了耐盐碱性比较好的黑亚 16 号和 Agatha，以及 Diane 3 个品种重复了亚麻耐盐碱品种筛选试验。5 月 1 日播种，由于墒情好，一次出全苗。快速生长末期缺雨，植株高度 80cm，黑亚 16 号表现最好。测产结果表明，黑亚 16 号原茎产量最高为 288. 1kg/亩，种子产量与 Agatha 相近，说明黑亚 16 号是适宜在兰西盐碱地种植的亚麻品种。

在兰西盐碱地进行了高产示范点的建设，种植了 3 个品种（黑亚 16 号、Diane 和 Agatha），种植面积 22 亩。测产结果表明（表 1-5），黑亚 16 号原茎产量和种子产量分别为 288. 1kg/亩和 29. 2kg/亩，Agatha 原茎产量和种子产量分别为 285. 6kg/亩和 29. 8kg/亩，Diane 原茎产量和种子产量分别为 274. 4kg/亩和 25. 9kg/亩。结果表明，pH 值对 Diane 和 Agatha 的原茎产量影响比较明显，对 3 个品种的种子产量都有所影响。pH 值是影响亚麻产量的主要因素，这对于将来亚麻盐碱地种植具有指导意义。

**表 1-5　兰西盐碱地亚麻苗情及产量**

| 品种 | 株数（株/$m^2$） | 发病率（%） | 原茎产量（kg/亩） | 种子产量（kg/亩） | 纤维产量（kg/亩） | 全麻率（%） |
|---|---|---|---|---|---|---|
| 黑亚 16 号 | 1 605 | 8. 0 | 288. 1 | 29. 2 | 68. 7 | 28. 5 |
| Diane | 1 695 | 10. 8 | 274. 4 | 25. 9 | 70. 7 | 29. 8 |
| Agatha | 1 736 | 10. 0 | 285. 6 | 29. 8 | 76. 7 | 30. 6 |

2. 亚麻应答盐碱胁迫相关基因的克隆及表达分析

（1）RNA 的提取及反转录。选取数字表达谱测序样品（中性盐 NaCl、碱性盐 $Na_2CO_3$ 和碱 NaOH 胁迫处理三周龄亚麻幼苗，蒸馏水作对照）进行 RNA 的提取。按照 RNA 提取试剂盒和 cDNA 反转录试剂盒的说明书进行，并利用琼脂糖凝胶电泳进行检测。

（2）PCR 引物的设计。根据 PCR 引物设计原则，利用 Primer Premier 5 引物设计软件，设计引物，送到相关公司进行合成（表 1-6）。

**表 1-6　引物序列**

| 基因名（登录号） | 正向引物 | 反向引物 |
|---|---|---|
| LuMPK3（Lus10005568） | ATGCAGCAAGACCACCCTAG | CTAAGACATCCCATAATGAACAGC |
| LuMPK8（Lus10007921） | ATGTCGATGGAGACGAGCTCAG | TCAAGCGTCTGGATTGAATCTTAC |
| LuMPK11（Lus10017518） | ATGGTCTCCACCGGAAATAC | CTACTGTTGGTGATCTGGATTG |

（续表）

| 基因名（登录号） | 正向引物 | 反向引物 |
|---|---|---|
| LuMPK14（Lus10018127） | ATGGCAGGAGGATATGCCC | TTATGCATACTCTGGATTGAATGAC |
| LuMPK16（Lus10010637） | ATGGCAACTCCAGTTGAGCCAC | CTACTGGTAGCAGAACTCCCCACC |
| Cupin（Lus10003267） | ATGGCAGTTGGGAGTTTCCAA | TTACTCTTCAGGATTAACCCATGTC |
| Thaumatin（Lus10004410） | ATGTCCTTCACCACAAACCTTCT | TCAGGGGCAGAATGTGATTAAG |

（3）PCR 反应程序和体系。

PCR 反应程序：94℃、5min；94℃、30s，56~60℃、30s，72℃、2min（30 个循环）；72℃、10min。

PCR 反应体系：参照 TOYOBO 高保真酶试剂盒说明书。

（4）基因克隆。共克隆得到 7 个亚麻耐盐碱相关基因，将 PCR 产物进行琼脂糖凝胶电泳检测（图 1-4）。

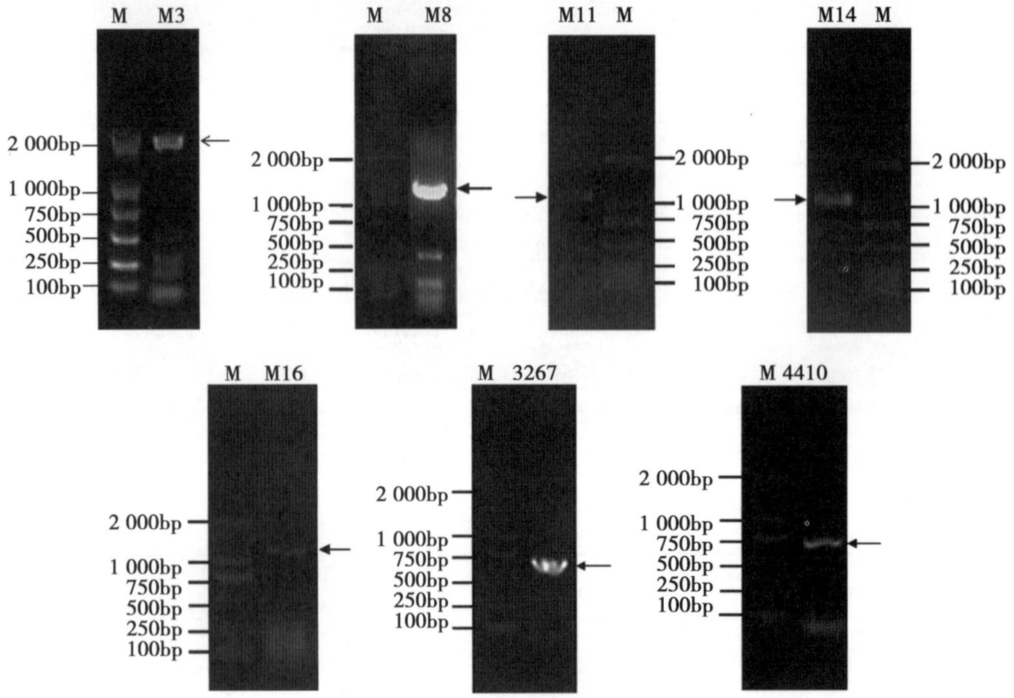


**图 1-4 基因克隆电泳图**

（5）基因的表达分析。根据 DGE 的数据可知，这 7 个基因的表达在盐碱胁迫下发生明显变化（图 1-5）。

3. 钾胁迫下亚麻差异基因表达分析

在水培条件下，按照钾处理 $K^+$20mmol/L、2mmol/L、0. 2mmol/L、0. 02mmol/L 四个浓度梯度培养黑亚 14 号、黑亚 16 号、黑亚 20 号、Diane、Agatha、Sofie、Amina，出苗 16 天时观察各品种的生长状态发现：黑亚 14 号、黑亚 16 号和黑亚 20 号整齐度不好，Diane 徒长，Agatha 死苗率高，Sofie 长势好整齐一致，Amina 长势好整齐一致。因此本试验选用 Sofie 进行钾胁迫转录组的试验。

提取钾饥饿处理及对照 Sofie 品种在不同时间的 RNA，反转录。RNA 的提取方法采用 TIANGEN RNAprep pure 多糖多酚植物总 RNA 提取试剂盒。用（TIANGEN Tgem Spectrophotometen）检测所提取的 RNA OD260/ OD280 比值均为 1. 8~2. 2，说明提取的 RNA 没有降解，检测浓度为 200~600ng/μl。

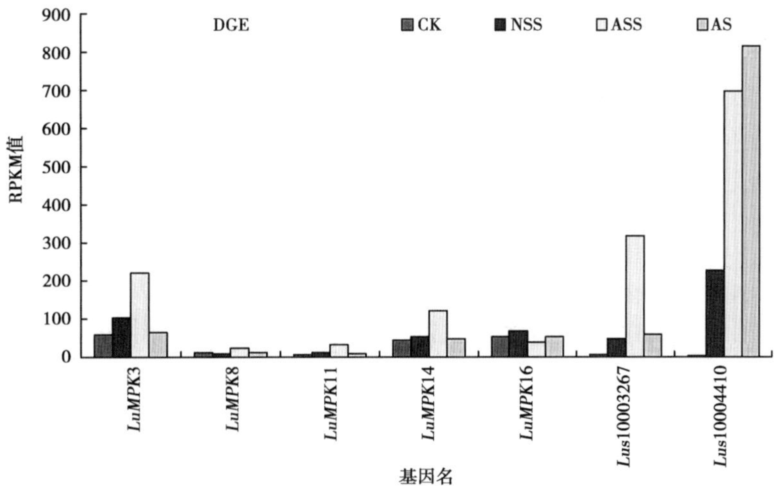


**图 1-5　基因在盐碱胁迫下的表达分析**

根据拟南芥中的钾胁迫相关基因，利用 http：//phytozome. jgi. doe. gov /pz/portal. html 设计 9 个基因（*KCl*、*SKOR*、*AKT*2、*HAK*5、*KUP*2、*KUP*3、*KUP*12、*KEA*5、*CHX*17）的引物，每个基因设计 3 对引物，见表 1-7。

**表 1-7　引物序列**

| No. | primers | |
|---|---|---|
| *KCl* 1 | f：5′CATTGTCCTCACTTTCTTTGTCGC-3′ | r：5′CGAACCATGGCTTAGTGAGATACC-3′ |
| *KCl* 2 | f：5′CATTGTCCTCACTTTCTTTGTCGC-3′ | r：5′TAGATGAACTGAAACGGTAGGGTG-3′ |
| *KCl* 3 | f：5′CGACTTGGCGGTGGATGCTT-3′ | r：5′TAGATGAACTGAAACGGTAGGGTG-3′ |
| *SKOR*1 | f：5′GTCTCGTCATTCATCCCGACAACA-3′ | r：5′CCAACAATGTCCAAAATGAAGAGAT-3′ |
| *SKOR*2 | f：5′GTCTCGTCATTCATCCCGACAACA-3′ | r：5′TAATCCCCTGAAGAATCCAAACTCC-3′ |
| *SKOR*3 | f：5′TTCCATCACGTCTCCACCGGT-3′ | r：5′TAATCCCCTGAAGAATCCAAACTCC-3′ |
| *AKT*21 | f：5′TTCATAAACGGAGGTCATCTCTTCT-3′ | r：5′GACAATCTCAGCAGCATAAAGCCTC-3′ |
| *AKT*22 | f：5′TTCATAAACGGAGGTCATCTCTTCT-3′ | r：5′TCAGGCTTAAGATCTCGATGCACAA-3′ |
| *AKT*23 | f：5′GTCATCCATCCTTTCATCGTCCAGC-3′ | r：5 GACAATCTCAGCAGCATAAAGCCTC-3′ |
| *HAK*51 | f：5′GTTTCCAAGACAACACAAGGCG-3′ | r：5′GATGTTCCGATGTCGCCGTA-3′ |
| *HAK*52 | f：5′GTTTCCAAGACAACACAAGGCG-3′ | r：5′ATGTCGCCGTAGACCACTCCA-3′ |
| *HAK*53 | f：5′CCAAGACAACACAAGGCGGC-3′ | r：5′GATGTTCCGATGTCGCCGTA-3′ |
| *KUP*21 | f：5′TGTTCAAGTATGTGTTCATTGTTCT-3′ | r：5′GGACAATGATTCATCTGAGACCTGC-3′ |
| *KUP*22 | f：5′TGTTCAAGTATGTGTTCATTGTTCT-3′ | r：5′TGATTCATCTGAGACCTGC-3′ |
| *KUP*23 | f：5′GCTGATGACAATGGAGAGGGT-3′ | r：5′GCAAACAAGGCTACCAGTATGAT-3′ |
| *KUP*31 | f：5′CACCCCTGCCCTTTCTGTTT-3′ | r：5′TAGATGAACTGAAACGGTAGGGTG-3′ |
| *KUP*32 | f：5′CACCCCTGCCCTTTCTGTTT-3′ | r：5′TATGATGCATGTAGCTGGGAGT-3′ |
| *KUP*33 | f：5′CTTGCTGGTTTTGGCGTT-3′ | r：5′GCAAACAAGGCTACCAGTATGAT-3′ |
| *KUP*121 | f：5′TGGTGGGACTATGAGGAGGAG-3′ | r：5′CCATGTCGCCATAGACCACT-3′ |
| *KUP*122 | f：5′TGGTGGGACTATGAGGAGGAG-3′ | r：5′ACTCCAAGCGTTTGAAAGGC-3′ |
| *KUP*123 | f：5′AGGAGGAGGTTGGTGAAGAAG-3′ | r：5′CCATGTCGCCATAGACCACT-3′ |
| *KEA*51 | f：5′ATGAGAAGGGCAAGAAAAATGA-3′ | r：5′GACGTTATCCTTTTTGTCAATGA-3′ |
| *KEA*52 | f：5′ATGAGAAGGGCAAGAAAAATGA-3′ | r：5′CAGCACAGGATATTTAGATTTCTTG-3′ |
| *KEA*53 | f：5′AGGGCAAGAAAAATGACACACA-3′ | r：5′GACGTTATCCTTTTTGTCAATGA-3′ |
| *CHX*171 | f：5′CTCACTCGCATCCTCGCTTT-3′ | r：5′ACTGTGAGAGACTTATGTGGGAA-3′ |
| *CHX*172 | f：5′CTCACTCGCATCCTCGCTTT-3′ | r：5′TATGTGGGAAGATAGTGTTGAGG-3′ |
| *CHX*173 | f：5′ATCCTCGCTTTCCTCCTC-3′ | r：5′ACTGTGAGAGACTTATGTGGGAA-3′ |

以 48h K0 的 cDNA 稀释 10 倍为模版进行 PCR，筛选引物及内参。发现引物 *KCl* 1、*SKOR* 1、*HAK5* 2、KEA5 2 较好，内参引物 GA 较好，没有非特异条带。因此本试验选取基因 *KCl* 1、*SKOR* 1、*HAK5* 2 及内参 GA 进行 q-PCR（AB Applied Biosystems 7500 Real Time PCR System）。钾胁迫的 7 个取样时间点：6h、12h、24h、48h、4d、7d、10d。综合基因 *KCl* 1、*SKOR* 1、*HAK52* 表达情况，12h 时 3 个基因开始高表达，4d 时表达到高峰，综合 3 个基因的 q-PCR，选取钾饥饿处理及对照在 12h、4d 时间样品为转录组测序样品。

### （三）亚麻种质创新与鉴定评价

1. 高产种质创新与筛选

2014 年鉴定出了 4 份优异高纤、优质、抗病品系。如表 1-8 所示，品系 20265-8-7-15-4 的原茎产量、纤维产量最高。品系 2013KF110 的原茎产量一般，但是全麻率最高为 32. 1%，纤维产量较高 1 891. 3kg/hm$^2$。4 个品系的原茎产量和纤维产量均比对照高 10%以上，全麻率均在 27%以上。

**表 1-8　4 份优异产量鉴定结果**

| 品系 | 原茎产量（kg/hm$^2$） | 原茎产量与 CK（±%） | 纤维产量（kg/hm$^2$） | 纤维产量与 CK（±%） | 全麻率（%） |
|---|---|---|---|---|---|
| 20265-8-7-15-4 | 8 120. 3 | 13. 2 | 1 904 | 27. 4 | 30. 1 |
| 01002-1-3-6 | 8 032. 4 | 11. 9 | 1 732. 8 | 16 | 28. 2 |
| 02105-17-3-2 | 8 110. 3 | 13 | 1 762. 2 | 17. 9 | 27. 3 |
| 2013KF110 | 7 901. 1 | 10. 1 | 1 891. 3 | 27 | 32. 1 |
| CK（黑亚 16 号） | 7 176. 2 | | 1 494. 3 | | 26. 8 |

2015 年试验数据表明，品系 02105-17-3-2 的原茎产量、纤维产量最高，品系 2013KF93 的全麻率最高 30. 9%。4 个品系的原茎产量和纤维产量均比对照高 10%以上，全麻率均在 29%以上（表 1-9）。

**表 1-9　4 份优异产量鉴定结果**

| 品系 | 原茎产量（kg/hm$^2$） | 原茎产量与 CK（±%） | 纤维产量（kg/hm$^2$） | 纤维产量与 CK（±%） | 全麻率（%） |
|---|---|---|---|---|---|
| 03090-1 | 8 716. 7 | 12. 7 | 2 106 | 18. 2 | 30. 2 |
| 02105-17-3-2 | 8 966. 7 | 15. 9 | 2 203. 9 | 23. 7 | 30. 8 |
| 2013KF93 | 8 866. 7 | 14. 7 | 2 161. 7 | 21. 3 | 30. 9 |
| 02105-17-2-8 | 8 838. 9 | 14. 3 | 2 064. 8 | 15. 9 | 29. 2 |
| CK（黑亚 16 号） | 7 733. 3 | | 1 781. 8 | | 28. 8 |

2014 年 1 个亚麻新品系 2014-1 进入区域试验，1 个亚麻新品系 2012-1 进入生产试验。亚麻区域试验新品系 2014-1：原茎、全麻、种子产量分别 5 935. 0kg/hm$^2$、1 474. 6kg/hm$^2$ 和 566. 9kg/hm$^2$，分别比对照增产 11. 8%、27. 1%和 11. 5%，全麻率 30. 7%，比对照高 3. 2 个百分点。亚麻生产试验新品系 2012-1：原茎、全麻、种子产量分别 6 151. 3kg/hm$^2$、1 531. 0kg/hm$^2$ 和 582. 3kg/hm$^2$，分别比对照增产 10. 6%、27. 8%和 11. 4%，全麻率 30. 9%，比对照高 3. 8 个百分点。

2015 年 1 个亚麻新品系 2015-1 进入区域试验，1 个亚麻新品系 2013-1 进入生产试验。亚麻区域试验新品系 2015-1：原茎、全麻、种子产量分别：5 864. 4kg/hm$^2$、1 423. 2kg/hm$^2$ 和 573. 2kg/hm$^2$，分别比对照增产 13. 2%、23. 6%和 10. 1%，全麻率 30. 3%，比对照高 2. 4 个百分点。亚麻生产试验新品系 2013-1：原茎、全麻、种子产量分别为 6 463.3kg/hm$^2$、1 554.3kg/hm$^2$和 733.3kg/hm$^2$，分别比对照增产 12.3%、22.7%和 10.6%，全麻率 29.7%，比对照高 0.2 个百分点。

2. 亚麻总 DNA 导入

以法国品种 Ariane 为供体，以黑龙江省农业科学院经济作物研究所育成的亚麻品系 9702（黑亚 8 号×col188）为受体进行 DNA 导入，通过对导入后代的不断选择和多年多点的鉴定选育成组合号为 98080－25－4 的品系。以黑龙江省农业科学院经济作物研究所育成的亚麻品系 m96018（m93023×黑亚 10 号）为供体，以品系 85-123-6 为受体进行 DNA 导入，通过对导入后代的不断选择和多年多点的鉴定选育出了 m97020。2013—2014 年进行了两年黑龙江省亚麻区域试验，两个品系表现出了高产、优质、早熟的特性，晋升 2015 年黑龙江省亚麻生产试验。

3. 抗倒伏优良亚麻双单倍体（DH）品系选育

2014 年决选鉴定出抗倒伏优良亚麻双单倍体（DH）品系 2 个，2013KF93 和 2013KF112。品系 2013KF93 的性状表现为株高 79cm，原茎、全麻、种子产量分别7 410.4kg/hm$^2$、1 730.5kg/hm$^2$和 607.7kg/hm$^2$，全麻率 29.9%。品系 2013KF112 的性状表现为株高 73cm，原茎、全麻、种子产量分别 7 633.4kg/hm$^2$、1 897.2kg/hm$^2$和 610.1kg/hm$^2$，全麻率 32.5%。

2015 年决选鉴定出抗倒伏优良亚麻双单倍体（DH）品系 2 个，2013KF110 和 2013KF112。品系 2013KF110 的性状表现为原茎、全麻、种子产量分别 6 505.6kg/hm$^2$、1 473.2kg/hm$^2$和 613.4kg/hm$^2$，全麻率 30.1%。品系 2013KF112 的性状表现为原茎、全麻、种子产量分别 7 505.6kg/hm$^2$、1 986.1kg/hm$^2$和 576.1kg/hm$^2$，全麻率 33.2%。

### （四）亚麻遗传改良基础研究

1. 利用 Solexa 技术探究 BRs 影响亚麻纤维发育的分子机理

植物材料选用亚麻品种 New2，在现蕾期分别采用喷施清水（对照 CK）和 BR 等不同处理，处理 12h 后取植株茎中部 20cm，每个处理分别取 3 株，3 次重复。取材后将样品放入液氮中速冻，存于-80℃冰箱，用于 RNA 提取。

利用 Solexa 测序技术对 6 个样品建立数字基因表达库。原始序列数据经过去除杂质后得到 Clean Tag。首先对测序质量评估，结果如下：各样品的总 Reads 数在 0.79G～1.15G，Clean Reads 分别占总 Reads 数的 93%（Q30）、98%（Q20）以上，GC 含量均在 47%左右。各样品的 Totalmapped 值在 91%～93%，均高于标准值 70%，Multiplemapped 值均小于 10%，在参考序列上有唯一比对位置的测序序列的数值在 85%～87%，RNA-Seq 相关性检测 R2 值均在 95%以上，不同表达水平的转录本的 reads 均一分布。结果表明，测序质量较好，可用于后续分析。

以 $|\log2\ (\text{Fold Change})| > 1$，$padj < 0.05$ 为筛选标准共获得差异表达基因 474 个，其中 347 个上调表达，127 个下调表达。将差异基因进行功能分类（图 1-6），共分为 15 类，涉及细胞壁合成相关、细胞骨架、纤维素合成、木质素合成、转录调控、信号转导、激素相关、运输、胁迫应答、细胞周期、氨基酸合成、代谢（糖代谢、脂类代谢、DNA 代谢及其他）、次生代谢（类黄酮合成）、其他及未知功能等。

功能注释表明，差异基因中多个基因参与纤维发育，这些基因的功能涉及纤维素合成、木质素合成、细胞壁结构构成、细胞壁多糖合成代谢及发育调节等，大约占差异基因总数的 13.7%（表 1-10）。除纤维发育相关的基因表达发生变化外，大量转录调控、信号转导、激素调节等相关功能基因也发生明显变化。初步得到 BR 调控亚麻纤维发育的信号传导途径：亚麻植株受到外源 BR 信号刺激时，激发体内激素信号和转录调节因子，通过激活或抑制一系列下游基因，如涉及纤维素、细胞壁多糖合成代谢、细胞壁相关蛋白、发育调节类基因与木质素合成类基因等，最终在生长发育各方面做出适应的调节反应。

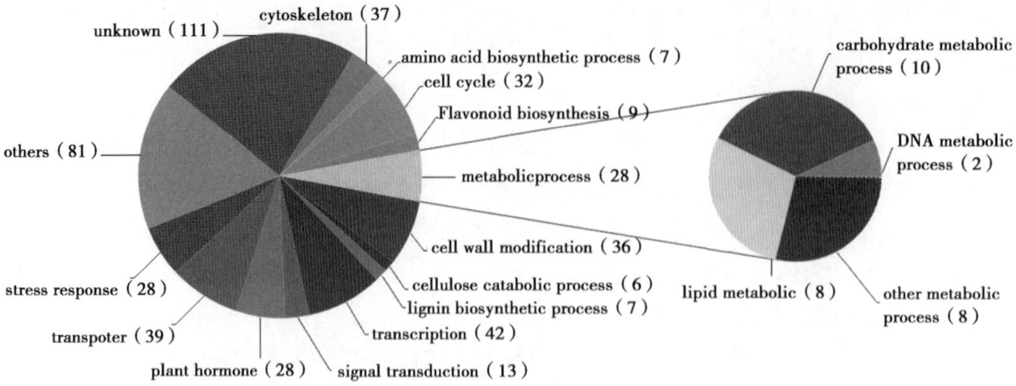


图 1-6　差异基因的功能分类

表 1-10　纤维发育相关基因

| Gene_ id | Description | P. adj | log2 Fold Change (BR/CK) |
|---|---|---|---|
| | Genes related to cell wallmodification | | |
| Lus10001009. g | Expansin-like B1 | 0. 007265716 | 1. 58 |
| Lus10001244. g | Expansin-like B1 | 0. 011735135 | 1. 34 |
| Lus10001733. g | Fasciclin-like arabinogalactan protein 7 | 0. 002735673 | 1. 43 |
| Lus10003933. g | Pectinesterase 3 | 2. 51E-05 | 2. 07 |
| Lus10042509. g | Probable pectate lyase 20 | 0. 001980838 | 1. 26 |
| Lus10042510. g | Probable pectate lyase 15 | 0. 003046523 | 1. 14 |
| Lus10041992. g | Probable inactive receptor kinase RLK902 | 0. 040027465 | 1. 38 |
| Lus10040801. g | Expansin-A4 | 0. 019667747 | 1. 23 |
| Lus10016533. g | Expansin-A4 | 0. 003237896 | 1. 28 |
| Lus10040566. g | Leucine-rich repeat extensin-like protein 1 | 0. 002851592 | 0. 89 |
| Lus10038157. g | Probable pectate lyase 15 | 0. 022094893 | 0. 83 |
| Lus10038004. g | Fasciclin-like arabinogalactan protein 8 | 0. 03269235 | 1. 26 |
| Lus10037458. g | Pectinesterase 3 | 0. 040729544 | 1. 44 |
| Lus10037312. g | Mannosyl-oligosaccharide 1, 2-alpha-mannosidase MNS1 | 0. 011714072 | 1. 25 |
| Lus10034900. g | Subtilisin-like protease | 0. 023250664 | 0. 87 |
| Lus10023389. g | Subtilisin-like protease | 0. 000300646 | 1. 60 |
| Lus10034544. g | Subtilisin-like protease | 0. 034249588 | 1. 01 |
| Lus10032562. g | Glucan endo-1, 3-beta-glucosidase 13 | 1. 39E-05 | 2. 82 |
| Lus10018306. g | Glucan endo-1, 3-beta-glucosidase 13 | 0. 019988624 | -0. 88 |
| Lus10031393. g | Probable xyloglucan endotransglucosylase/hydrolase protein 16 | 0. 019179676 | 7. 49 |
| Lus10031098. g | Glucan endo-1, 3-beta-glucosidase 8 | 0. 000498961 | 1. 77 |
| Lus10030602. g | Probable polygalacturonase At1g80170 | 0. 031578208 | 0. 94 |
| Lus10028955. g | Metalloendoproteinase 1 | 0. 022594748 | 0. 96 |
| Lus10023968. g | Expansin-like A2 | 0. 012416209 | -1. 21 |
| Lus10023917. g | Probable pectate lyase 12 | 0. 033894224 | 1. 06 |
| Lus10023882. g | Serine carboxypeptidase-like 45 | 0. 000537135 | 5. 28 |
| Lus10023213. g | UDP-glucuronate 4-epimerase 1 | 0. 019767199 | 0. 73 |
| Lus10022310. g | Pectate lyase | 0. 009299593 | 1. 71 |
| Lus10022279. g | Cytochrome P450 86B1 | 0. 017169104 | -0. 77 |
| Lus10014887. g | Pectate lyase | 6. 94E-07 | 6. 76 |
| Lus10014414. g | Probable pectate lyase 12 | 0. 011735135 | 1. 00 |
| Lus10013667. g | Probable pectate lyase 22 | 0. 006625732 | 1. 61 |
| Lus10013549. g | Galactoside 2-alpha-L-fucosyltransferase | 0. 019273231 | 1. 04 |
| Lus10013009. g | Probable polygalacturonase non-catalytic subunit JP650 | 0. 000342678 | 1. 39 |
| Lus10009235. g | Fasciclin-like arabinogalactan protein 8 | 0. 011189863 | 1. 04 |
| Lus10007645. g | Probable xyloglucan endotransglucosylase /hydrolase protein 8 | 0. 001363109 | 3. 94 |

（续表）

| Gene_ id | Description | P. adj | log2 Fold Change (BR/CK) |
|---|---|---|---|
| Lus10000392. g | Chromosome-associated kinesin KIF4 | 0. 037946623 | 1. 37 |
| Lus10000762. g | Chromosome-associated kinesin KIF4 | 0. 000342678 | 1. 86 |
| Lus10001306. g | Kinesin-4 | 0. 017489448 | 0. 86 |
| Lus10005457. g | Actin-97 | 0. 015235919 | 0. 77 |
| Lus10042527. g | Syntaxin-related protein KNOLLE | 0. 021259848 | 1. 81 |
| Lus10035442. g | Kinesin-4 | 0. 000386846 | 2. 57 |
| Lus10032452. g | Kinesin-related protein 11 | 0. 00628768 | 1. 90 |
| Lus10027590. g | Microtubule-associated protein TORTIFOLIA1 | 0. 026032765 | 2. 30 |
| Lus10026880. g | Early nodulin-like protein 3 | 7. 63E-06 | 2. 84 |
| Lus10024395. g | Kinesin-like protein KIF22 | 0. 010195082 | 1. 38 |
| Lus10018341. g | Kinesin-like protein KIN12B | 0. 049461041 | 1. 71 |
| Lus10017113. g | Kinesin-like protein KIN12A | 0. 021259848 | 1. 48 |
| Lus10016589. g | Kinesin-like protein KIN12B | 0. 000723126 | 2. 01 |
| Lus10015835. g | Phosphomannomutase/phosphoglucomutase | 0. 02809968 | -0. 85 |
| Lus10016448. g | Tubulin beta-1 chain | 0. 004604258 | 1. 29 |
| Lus10005582. g | Kinesin-like protein KIFC3 | 0. 013827139 | 1. 63 |
| | Genes related to cellulose and lignin biosynthetic process | | |
| Lus10002930. g | Endoglucanase 9 | 0. 004840491 | 2. 86 |
| Lus10041307. g | Protein disulfide isomerase-like 1-4 | 0. 012775174 | 3. 01 |
| Lus10035316. g | Endoglucanase 11 | 0. 013276326 | 1. 57 |
| Lus10025046. g | Cellulose synthase-like protein D5 | 0. 001727024 | 2. 04 |
| Lus10023056. g | Cellulose synthase-like protein G2 | 0. 011283866 | -0. 82 |
| Lus10010024. g | Cellulose synthase-like protein D5 | 0. 012775174 | 1. 79 |
| Lus10002837. g | Caffeoyl-CoA O-methyltransferase 1 | 0. 046654373 | 0. 83 |
| Lus10041715. g | UDP-glycosyltransferase 72E1 | 0. 000331653 | -1. 18 |
| Lus10034449. g | Trans-cinnamate 4-monooxygenase | 0. 014899533 | 0. 90 |
| Lus10026769. g | Xylogen-like protein 11 | 0. 044989096 | 0. 75 |
| Lus10026512. g | Laccase-11 | 0. 04761997 | 1. 19 |
| Lus10019110. g | Trans-cinnamate 4-monooxygenase | 0. 028945745 | 0. 90 |
| Lus10007656. g | Beta-glucosidase 46 | 0. 000112981 | 1. 27 |

为了进一步理解差异表达基因的功能，将差异基因与 KEGG 数据库比对，确定差异表达基因参与的生化代谢途径和信号转导途径。BR 处理与对照相比，富集的途径有多条（表 1-11），包括苯丙氨酸生物合成途径（Phenylpropanoid biosynthesis）、黄酮类化合物生物合成（Flavonoid biosynthesis）、苯基丙氨酸（Phenylalaninemetabolism）、淀粉和蔗糖代谢（Starch and sucrosemetabolism）、DNA 复制（DNA replication）、类二苯乙烯化合物、二芳基庚酸类及姜醇生物合成（Stilbenoid, diarylheptanoid and gingerol biosynthesis）、细胞周期（Cell cycle）、谷胱甘肽代谢（Glutathionemetabolism）、次生代谢产物的生物合成（Biosynthesis of secondarymetabolites）、戊糖和糖醛酸的相互转换（Pentose and glucuronate interconversions）等途径。其中苯丙氨酸生物合成途径、黄酮类化合物生物合成、苯基丙氨酸为显著性富集的途径，说明这 3 条途径可能是 BRs 影响亚麻纤维发育的主要途径。

**表 1-11　Pathway 显著性富集分析**

| Term | ID | Sample number | Background number | P-value | Corrected P-value |
|---|---|---|---|---|---|
| Phenylpropanoid biosynthesis | ko00940 | 5 | 64 | 2. 33E-07 | 8. 51E-05 |
| Flavonoid biosynthesis | ko00941 | 3 | 38 | 6. 83E-05 | 0. 012462096 |
| Phenylalaninemetabolism | ko00360 | 4 | 128 | 0. 000149526 | 0. 018192341 |

（续表）

| Term | ID | Sample number | Background number | P-value | Corrected P-value |
|---|---|---|---|---|---|
| Starch and sucrosemetabolism | ko00500 | 4 | 192 | 0. 000695587 | 0. 063472328 |
| DNA replication | ko03030 | 3 | 102 | 0. 001263314 | 0. 077739864 |
| Stilbenoid, diarylheptanoid and gingerol biosynthesis | ko00945 | 2 | 26 | 0. 001328369 | 0. 077739864 |
| Cell cycle | ko04110 | 3 | 214 | 0. 010040087 | 0. 398176974 |
| Glutathionemetabolism | ko00480 | 2 | 78 | 0. 011449297 | 0. 398176974 |
| Biosynthesis of secondarymetabolites | ko01110 | 10 | 2116 | 0. 011999854 | 0. 398176974 |
| Pentose and glucuronate interconversions | ko00040 | 2 | 100 | 0. 018328246 | 0. 514298631 |

2. 红花亚麻与栽培亚麻远缘杂交技术研究

红花亚麻花粉活力影响栽培亚麻蒴果膨大率，应选在红花亚麻花粉活力较强时进行人工杂交授粉，所以要进行花粉活力观察。通过 MTT 染色观察红花亚麻花粉，开花 1d 的红花亚麻花粉活力在 70%以上，随着开花时间增加，红花亚麻花粉活力降低，开花 5d 的红花亚麻花粉活力几乎为 0，所以应选用开花 1d 的红花亚麻花粉进行授粉。

分批种植栽培亚麻和红花亚麻，开花后进行人工杂交授粉，共杂交花蕾 837 个。杂交蒴果的膨大受温度、光照、栽培材料基因型以及红花亚麻花粉质量等因素的影响。栽培亚麻杂交组合后代获得的蒴果膨大率均在 69. 35%以上，最高达到 87. 06%（材料 11089），说明栽培亚麻材料间在红花亚麻花粉授粉亲和力上存在差异。材料 12002 的父本为野生亚麻，导致了蒴果膨大率较低仅为 20%（表 1-12）。

**表 1-12　栽培亚麻材料杂交后蒴果膨大率**

| $F_1$代材料编号 | 蒴果膨大率 | $F_1$代材料编号 | 蒴果膨大率 |
|---|---|---|---|
| 11021 | 79. 31% | 11144 | 80. 81% |
| 11065 | 69. 70% | 12001 | 86. 21% |
| 11088 | 69. 35% | 12002 | 20. 00% |
| 11089 | 87. 06% | | |

在进行幼胚剥离的操作时，有些种子形态较小，在体视显微镜视野下观察不到里面的幼胚。将此类种子直接放入愈伤组织诱导培养基中进行培养，诱导出愈伤组织后，再进行剥离处理。培养 1 个月后，将肉眼可观察到的愈伤组织从种子中取出，放入愈伤组织诱导培养基中继续培养。经过愈伤组织培养、芽分化、芽伸长、生根等阶段，得到胚挽救后的再生苗（图 1-7）。

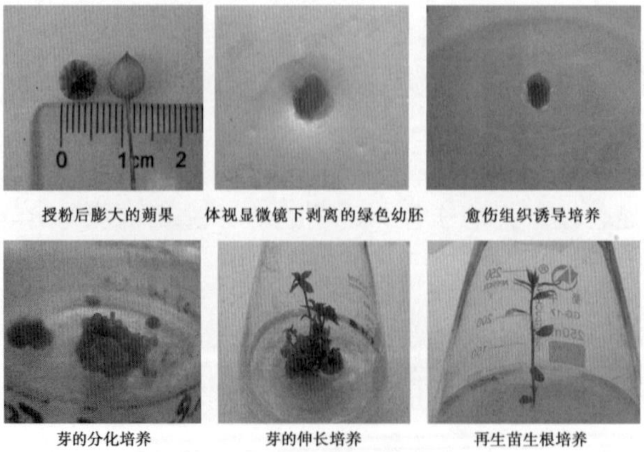


**图 1-7　亚麻胚挽救流程**

3. 构建亚麻全基因组遗传连锁图谱

（1）试验材料。WJZ2：国外引进品种，产量和出麻率都较高；WJZ6：国内主推的油用亚麻品种，含油量高，麻率较低。

（2）遗传连锁图谱分离群体分析。本次从遗传分离群体中选取其中的 204 份材料进行部分农艺性状的考种工作，其中株高在 53~84cm，工艺长度在 40~68cm，分枝数 3~10 个不等，分枝高度介于 6~50cm，种子产量在 0.3~4.7g。

（3）筛选亚麻特异性标记引物。选择了 8 条前引物和 11 条后引物组成 88 对 SRAP 引物，对高麻率亚麻品种戴安娜和低麻率亚麻品种宁亚 17 进行分析，筛选出 19 对特异性引物（表 1-13），在 2 个亚麻品种间扩增出稳定的多态性片段，共扩增出 151 条带，平均每对引物扩增出 7.9 条带，引物筛出率为 21.6%。

**表 1-13　19 对有效 SRAP 引物及序列**

| No. | SRAP primers | |
|---|---|---|
| M1 | me1：5′TGAGTCCAAACCGGATA-3′ | em4：5′GACTGCGTACGAATTTGA-3′ |
| M2 | me1：5′TGAGTCCAAACCGGATA-3′ | em8：5′GACTGCGTACGAATTCTG-3′ |
| M3 | me1：5′TGAGTCCAAACCGGATA-3′ | em9：5′GACTGCGTACGAATTCGA-3′ |
| M4 | me2：5′TGAGTCCAAACCGGAGC-3′ | em1：5′GACTGCGTACGAATTAAT-3′ |
| M5 | me2：5′TGAGTCCAAACCGGAGC-3′ | em7：5′GACTGCGTACGAATTCAA-3′ |
| M6 | me3：5′TGAGTCCAAACCGGAAT-3′ | em2：5′GACTGCGTACGAATTTGC-3′ |
| M7 | me3：5′TGAGTCCAAACCGGAAT-3′ | em3：5′GACTGCGTACGAATTGAC-3′ |
| M8 | me3：5′TGAGTCCAAACCGGAAT-3′ | em6：5′GACTGCGTACGAATTGCA-3′ |
| M9 | me3：5′TGAGTCCAAACCGGAAT-3′ | em10：5′GACTGCGTACGAATTCAG-3′ |
| M10 | me4：5′TGAGTCCAAACCGGACC-3′ | em1：5′GACTGCGTACGAATTAAT-3′ |
| M11 | me4：5′TGAGTCCAAACCGGACC-3′ | em10：5′GACTGCGTACGAATTCAG-3′ |
| M12 | me5：5′TGAGTCCAAACCGGAAG-3′ | em2：5′GACTGCGTACGAATTTGC-3′ |
| M13 | me5：5′TGAGTCCAAACCGGAAG-3′ | em3：5′GACTGCGTACGAATTGAC-3′ |
| M14 | me5：5′TGAGTCCAAACCGGAAG-3′ | em6：5′GACTGCGTACGAATTGCA-3′ |
| M15 | me6：5′TGAGTCCAAACCGGTAA-3′ | em11：5′GACTGCGTACGAATTCCA-3′ |
| M16 | me7：5′TGAGTCCAAACCGGTCC-3′ | em3：5′GACTGCGTACGAATTGAC-3′ |
| M17 | me7：5′TGAGTCCAAACCGGTCC-3′ | em7：5′GACTGCGTACGAATTCAA-3′ |
| M18 | me8：5′TGAGTCCAAACCGGTGC-3′ | em6：5′GACTGCGTACGAATTGCA-3′ |
| M19 | me8：5′TGAGTCCAAACCGGTGC-3′ | em10：5′GACTGCGTACGAATTCAG-3′ |

从 100 对亚麻 SSR 引物中选取 10 对多态性较好的作为亚麻特异性 SSR 标记（表 1-14）。

**表 1-14　所用引物序列**

| 编号 | 引物名称 | 引物序列 | Tm/℃ |
|---|---|---|---|
| 1 | SSR-9 | 5′TTA CTC TCG CTG GCT CTT CC 3′<br>5′TGA ATC TGA GCG TTG AGC AG 3′ | 56 |
| 2 | SSR-25 | 5′AGC GAG TTT GGT GAG CTT TC 3′<br>5′TGG GAA GCA AAG ATC AAT GG 3′ | 56 |
| 3 | SSR-44 | 5′CCA TCG CCA CTA CCT TTT TC 3′<br>5′CAA CTG CAA TTC CTG GTG AG 3′ | 54 |
| 4 | SSR-46 | 5′GGT TTC ACT TCA TCC GCT TT 3′<br>5′ACG ACC CAG ATT TCA CTT GG 3′ | 53 |
| 5 | SSR-52 | 5′GGA AAA CAC CCA GCT CCT TA 3′<br>5′GCT TCC CTG AAG TGA TGA GAG 3′ | 55 |
| 6 | SSR-56 | 5′CTG CTC CTC CAA GAA GAT GG 3′<br>5′CTT GAA GGT GAC CGA GGA AG 3′ | 55 |

（续表）

| 编号 | 引物名称 | 引物序列 | Tm/℃ |
|---|---|---|---|
| 7 | SSR-58 | 5′CAC CAC CAC CAC AGT TTC TG 3′<br>5′AGG AAC TCA GAG AGG CAG CA 3′ | 56 |
| 8 | SSR-61 | 5′CCA GTA AAT TGG GAT GCT CT 3′<br>5′GAC TCC AAG CAC AGC CTG AT 3′ | 53 |
| 9 | SSR-91 | 5′TGC AAT TCG CGA TAC TGT TC 3′<br>5′TCC AGA TGC AAT CTT CTC CA 3′ | 55 |
| 10 | SSR-106 | 5′CAC CGT TAA CTT CGC CAT CT 3′<br>5′AAA TGA TGG ATG GGA TTG GA 3′ | 56 |

（4）构建亚麻遗传作图群体。亲本及遗传分离群体材料已经收集完成；利用父母本筛选出亚麻麻率特异性引物 29 对，见表 1-13 和表 1-14（其中 SRAP 引物 19 对，SSR 引物 10 对）；收获到目标亲本 F2 代种子。

（5）构建亚麻遗传连锁图谱。采用 Mapmaker/Exp 3.0 软件进行亚麻连锁群的构建，“group”命令对所有的标记进行分组，LOD 值设定在 3.0，最大遗传距离为 50cM。分组后分别对每组标记用“order”命令进行自动排序。对于无法自动排序的 group，进行手工排序，即先选择 6 个标记用“compare”命令进行比较排序，选定最有可能的一种序列，用“try”命令或“build”命令将该组内剩余标记逐一添加到该序列中，最后用“ripple”命令确定最佳排列顺序。采用 Kosambi 函数用“map”命令计算连锁距离。用 MapDraw V2.1 进行亚麻遗传连锁图的绘制，构建了一张全长为 546.5cM，含 12 个连锁群（LGs）的亚麻遗传连锁图谱（图 1-8），每个连锁群有 4~15 个标记，该图谱中标记间平均距离为 5.75cM（表 1-15）。

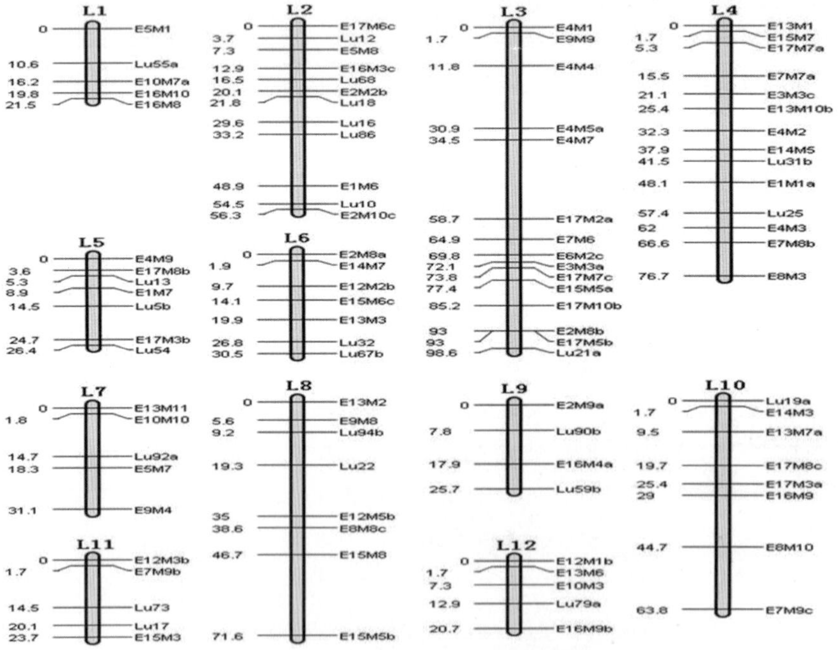

图 1-8 亚麻全基因组遗传连锁图谱

表 1-15 连锁图谱中各个连锁群的标记分布

| 连锁群 | 标记数目 | 长度（cM） | 平均图距（cM） |
|---|---|---|---|
| LG1 | 5 | 21.6 | 4.32 |
| LG2 | 12 | 56.3 | 4.69 |

（续表）

| 连锁群 | 标记数目 | 长度（cM） | 平均图距（cM） |
|---|---|---|---|
| LG3 | 15 | 98.7 | 6.58 |
| LG4 | 14 | 76.7 | 5.48 |
| LG5 | 7 | 26.5 | 3.79 |
| LG6 | 7 | 30.6 | 4.37 |
| LG7 | 5 | 31.1 | 6.22 |
| LG8 | 8 | 71.5 | 8.94 |
| LG9 | 4 | 25.6 | 6.40 |
| LG10 | 8 | 63.7 | 7.96 |
| LG11 | 5 | 23.7 | 4.74 |
| LG12 | 5 | 20.6 | 4.12 |

4. 亚麻内源激素变化规律的研究

选用高纤亚麻品种 Agatha，根据 BBCH 分级法对亚麻发育过程进行划分，取不同发育时期的茎尖叶片，采用酶联免疫吸附法（ELISA）测定不同样品中 IAA、赤霉素 $GA_3$、玉米素 ZR 和脱落酸 ABA 等内源激素含量的变化。

（1）生长素（IAA）含量的变化。IAA 对纤维的伸长和加厚发育中都有重要的调节作用，在亚麻生长发育过程中，茎尖叶片中 IAA 含量呈双峰曲线变化（图 1-9）。在 BBCH13-19 时期，亚麻处于叶生长阶段，IAA 含量一直保持较低水平。BBCH32 时期开始亚麻进入快速生长期，BBCH32-71 是亚麻株高增长最快的时期。试验结果表明，从 BBCH32 阶段开始，IAA 含量逐渐升高，至 BBCH34 时达到第一次峰值，然后逐渐下降。由此可见，IAA 含量的快速增加有利于促进亚麻纤维的伸长生长。BBCH55 时为现蕾期，现蕾期亚麻纤维细胞数快速增加，细胞壁迅速加厚，细胞呈束状分布；试验结果表明，BBCH55 时 IAA 水平又逐渐回升达到第二次峰值，由此推测，IAA 含量的增加对纤维细胞的细胞壁加厚也起到重要的促进作用。BBCH65 时，亚麻处于开花期，纤维细胞次生壁继续加厚，胞腔开始变小，排列较紧密，呈明显的束状分布于茎部组织中，该阶段亚麻 IAA 水平较现蕾期明显下降。

（2）赤霉素（$GA_3$）含量的变化。$GA_3$对纤维伸长也有重要的促进作用，试验结果表明，在亚麻纤维发育过程中，茎尖叶片中 $GA_3$呈 V 字形变化。在 BBCH13-32 发育阶段，$GA_3$含量始终保持较高水平，在 BBCH33 时 $GA_3$含量大幅度下降，然后逐渐回升，在 BBCH37-55 发育阶段 $GA_3$持续保持较高水平，在 BBCH65 发育阶段 $GA_3$含量下降至最低水平。$GA_3$与 IAA 均在亚麻纤维伸长中起重要促进作用，但从含量变化趋势上比较差异较大。

（3）细胞分裂素（ZR）含量的变化。在亚麻纤维发育过程中，茎尖叶片中 ZR 含量在 BBCH13-32 发育阶段逐渐减少，至 BBCH32 时达到最低水平。由此推测，在 BBCH32 之前的发育阶段为亚麻纤维细胞分化、形成及积累阶段，ZR 的高水平表达有利于纤维细胞的分化。在 BBCH33 时 ZR 含量陡然升高，至 BBCH34 时达到第一次峰值，然后 ZR 含量缓慢下降，由此可见，ZR 可能与 $GA_3$、IAA 作用相似，在亚麻纤维伸长中也起重要调节作用。至 BBCH65 时，亚麻处于开花期，ZR 水平上升至第二次峰值，此时 ZR 的高水平表达可能与花器官的分化相关。

（4）脱落酸（ABA）含量的变化。IAA、$GA_3$和 ZR 对纤维伸长有重要促进作用，而 ABA 则具有抑制作用。试验结果表明，在亚麻纤维发育过程中，茎尖叶片中 ABA 含量在 BBCH13-19 发育阶段均保持较高水平，在 BBCH32 时陡然下降，并至最低水平。然后逐渐上升至 BBCH34 时达到最高水平，高水平的 IAA 抑制亚麻纤维的伸长生长，同时启动并促进纤维细胞的次生生长。在 BBCH36-65 阶段，ABA 含量均保持在较低水平。

以上试验结果表明，亚麻纤维细胞的分化与发育是由 IAA、GA3、ZR 及 ABA 等不同激素之间的平衡与协调共同作用的，在亚麻纤维发育过程中，不同内源激素的含量存在较大差异，激素含量的高低及相互间的平衡可能是纤维发育的重要调节机制之一。本试验为利用激素变化规律提高亚麻纤维产量的研究开辟了一个新的途径。

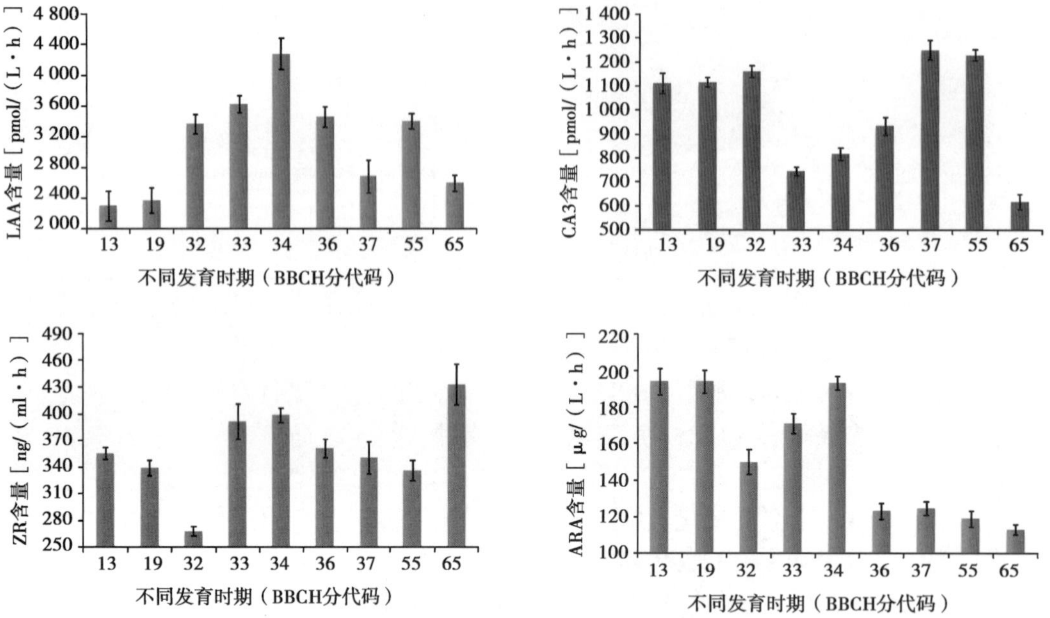


**图 1-9　亚麻不同发育时期内源激素含量的变化**

注：13：3 对真叶展开；19：9 对或更多真叶展开；32：最终株高的 20%；33：最终株高的 30%；34：最终株高的 40%；36：最终株高的 60%；37：最终株高的 70%；55：可见 50%的花蕾；65：50%的花开放

5. 干旱胁迫下亚麻差异基因表达分析

以黑亚 16 号为试验材料，快速生长期进行干旱胁迫处理，干旱胁迫 9 天，植株出现萎蔫时取样，正常浇水植株作为对照，每个处理分别取 3 株，作为 3 次生物学重复，利用 illumina Hiseq2000 平台进行转录组测序。

（1）转录组测序数据分析。如表 1-16 所示，去除低质量 Reads 后，分别获得 13429522、12835357、12564791、13168616、13474273 和 13554073 个 Clean Reads，占总 Reads 数的 99%以上。测序数据与亚麻基因组比对结果表明，Total Mapped Rate（%）在 94. 15%~97. 40%，Unique Match（%）在 84. 36%~87. 33%，说明获得了高质量的测序结果，可用于下一步的分析。

**表 1-16　测序数据与亚麻基因组比对结果**

| 样品 | C1 | C2 | C3 | T1 | T2 | T3 |
|---|---|---|---|---|---|---|
| Total bases | 1852256636 | 1780485967 | 1712298452 | 1795733842 | 1886392175 | 1808118251 |
| Clean bases | 1848889296 | 1777718104 | 1709568474 | 1792945532 | 1884059451 | 1805843550 |
| Total reads | 13551747 | 12935704 | 12663850 | 13269742 | 13558921 | 13636648 |
| Clean reads | 13429522 | 12835357 | 12564791 | 13168616 | 13474273 | 13554073 |
| Clean Reads Rate（%） | 99. 09 | 99. 22 | 99. 21 | 99. 23 | 99. 37 | 99. 39 |
| Mean Length | 137 | 138 | 136 | 136 | 139 | 133 |
| Total_ GC_ Content（%） | 48. 53 | 48. 59 | 48. 97 | 48. 48 | 48. 95 | 49. 12 |
| Total Mapped Rate（%） | 96. 99 | 95. 63 | 97. 40 | 94. 15 | 96. 18 | 96. 85 |
| Unique Match（%） | 87. 03 | 86. 59 | 87. 33 | 84. 36 | 86. 98 | 86. 88 |

（2）差异表达基因分析。干旱胁迫下有 419 个基因是差异表达的，其中上调表达基因 292 个，下调表达基因 127 个。表 1-17 中列出干旱胁迫下亚麻差异表达基因中上调表达的前 10 个基因，$log_2$Ratio 在 4. 970~11. 237。这些基因与泛素缀合酶、病程相关基因、GMC 氧化还原酶蛋白、ABA 代谢等相关。

**表 1-17 干旱胁迫下亚麻差异表达基因中上调表达列表（前 10 位）**

| 基因编号 | 基因长度 | log2 比率（T/C） | 基因名称 |
|---|---|---|---|
| Lus10033611. BGIv1. 0 | 462 | 11. 237 | ubiquitin-conjugating enzyme 36 |
| Lus10012479. BGIv1. 0 | 501 | 6. 392 | pathogenesis-related gene 1 |
| Lus10006550. BGIv1. 0 | 210 | 5. 970 | RmlC-like cupins superfamily protein |
| Lus10031663. BGIv1. 0 | 1 782 | 5. 668 | Glucose-methanol-choline（GMC）oxidoreductase family protein |
| Lus10003123. BGIv1. 0 | 189 | 5. 559 | K-box region and MADS-box transcription factor family protein |
| Lus10040738. BGIv1. 0 | 1 380 | 5. 371 | highly ABA-induced PP2C gene 2 |
| Lus10030214. BGIv1. 0 | 762 | 5. 266 | homeobox 7 |
| Lus10042633. BGIv1. 0 | 294 | 5. 157 | glucose-methanol-choline（gmc）oxidoreductase |
| Lus10002019. BGIv1. 0 | 957 | 5. 103 | carboxyesterase 17 |
| Lus10041294. BGIv1. 0 | 903 | 4. 970 | hypothetical protein |

（3）差异表达基因 Gene Ontology 功能显著性分析。根据筛选出的差异基因，通过 *GO* 功能显著性富集分析确定差异表达基因行使的主要生物学功能。如图 1-10 所示，对干旱胁迫差异表达基因进行 *GO* 分类，从生物学过程（biological process）、细胞组成（cellular component）和分子功能（molecular function）三个层面对基因功能进行描述和分类，分别富集在 13 个、9 个和 8 个 term 中。

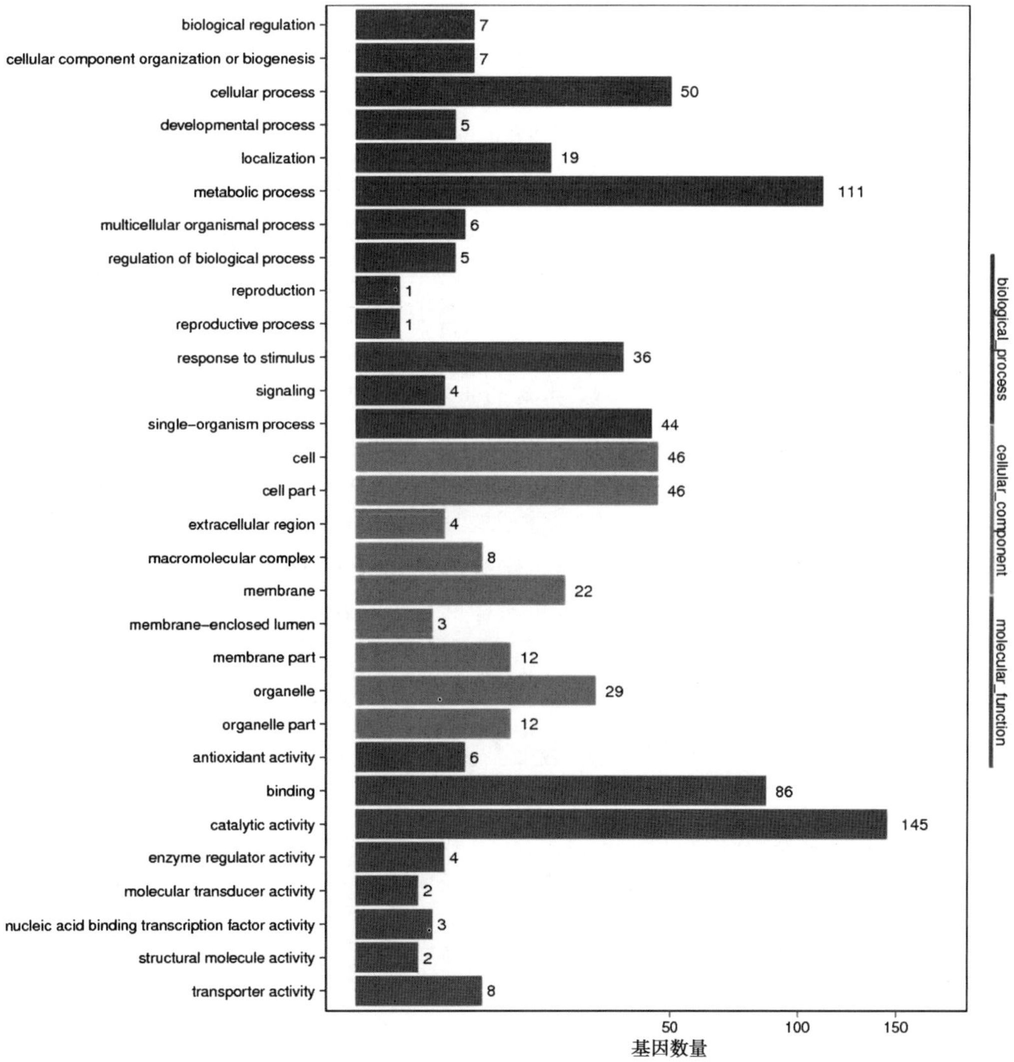


**图 1-10 差异基因 GO 富集柱状图**

6. 不同亚麻品种基因组变异检测

利用重测序技术检测 8 个亚麻品种基因组水平变异，包括 SNP、SV 和 Indel。调查 8 个亚麻品种田间农艺性状，包括花色、抗旱性、抗倒伏、抗病性、株高、工艺长、分枝、单株蒴果、原茎产量（kg/hm$^2$）、纤维产量（kg/hm$^2$）、麻率、种子产量（kg/hm$^2$）、种皮色、千粒重（g）等。

以 Lusitatissimum. merge. fa 作为参考基因组，基因组大小是 327 091 801 bp，有效基因组大小为 302 186 967 bp。构建了 8 个 DNA 文库，共得到了 64. 16 G 的 Clean data。所有 reads 中质量值大于 20 的碱基占总 reads 长度的比例均大于 97%，因此数据质量值是很高的。比对到基因组上的 reads 比例除了 Bienne 是 68. 69%外，其余都大于 80%。

在一致序列的基础上，将检测到的基因型与参考序列之间存在多态性的位点进行过滤，得到高可信度的 SNP 数据集。8 个品种中的 SNP 在 Bienne 中最多，Diane 中最少。所有品种中同义 SNP 都多于非同义 SNP。8 个品种中的不同类型的 large-effect SNPs 在 Bienne 中最多，四种变化的 SNPs 中 Premature_ stop 最多，Start_ codon_ to_ non_ start_ codon 最少。

当进行 Short InDel 检测时，比对 reads 必需满足 paired-end 要求，并且仅在一个末端含有比对上的 gaps，gaps 的长度不超过 5bp。在 InDel 的检测中，至少需要 3 对 reads 来定义一个 InDel。不同长度的 indel 在 CDS 和基因组上的个数统计表明，品种 Diane 中的 indel 个数最多，其次是 Agatha 和黑亚 7。

亚麻基因组范围内的遗传变异。用圈图形象地将 8 个亚麻品种的基因组水平变异表示出来，包括 Indel、SV 和 SNP。这些变异被规划到 11 条假染色体上，最外圈的灰色线条代表染色体上的基因密度，颜色越深基因越多。这些变异中变化最大的是 Bienne，第 11 条假染色体上的基因密度最小。

利用 Veen 图展示了 Agatha、Diane、Heiya - No7、White - Flower（ADHW）四个样本及 CN101099、CN40081、Heiya-No7、Neiya-No9（CNHe）四个样本中存在基因组变异的基因的差异情况。ADHW 中的差异基因代表中国和法国纤用亚麻的基因组变异情况，CNHe 中差异基因代表中国和加拿大纤用亚麻和油用亚麻的基因组变异情况（图 1-11）。

根据 8 个亚麻品种基因组水平的变异情况，对 8 个品种的进化关系进行了分析。结果表明，Agatha 与黑亚 7，Diane 与白花的亲缘关系最近，然后是加拿大的纤用亚麻，随后是加拿大的油用亚麻及中国油用亚麻，最后是 Bienne 与其他品种的亲缘关系最远（图 1-12）。

对 8 个测序品种的农艺性状进行了调查，包括花色、抗倒伏性、抗病性、株高、工艺长、分枝、单株蒴果、原茎产量、纤维产量、麻率、种子、种皮色、千粒重（表 1-18）。结果表明，国内品种与国外品种，纤用亚麻与油用亚麻田间农艺性状的差异还是较大的。这些农艺性状的差异与它们基因组水平的差异相关，具体农艺性状与关键基因的相关性还需要进一步的研究。

**表 1-18 测序品种的田间农艺性状**

| 品种 | 花色 | 抗倒伏 | 抗病 | 株高 | 工艺长 | 分枝 | 单株蒴果 | 原茎（kg/hm$^2$） | 纤维（kg/hm$^2$） | 麻率（%） | 种子（kg/hm$^2$） | 种皮色 | 千粒重（g） |
|---|---|---|---|---|---|---|---|---|---|---|---|---|---|
| Agatha | 兰 | 强 | 抗 | 81 | 73. 3 | 4. 7 | 7. 4 | 4 915 | 1 573 | 32 | 635 | 褐 | 4. 7 |
| 白花 | 白 | 强 | 高感 | 84. 6 | 70. 8 | 5. 2 | 11. 5 | 3 971 | 886 | 22. 3 | 637 | 黄 | 4. 6 |
| 白求恩 | 兰 | 强 | 抗 | 65. 7 | 57. 7 | 5. 5 | 15. 7 | 304 | 71 | 23. 3 | 758 | 褐 | 5. 3 |
| Bienne | 兰 | 强 | 中 | 52. 9 | 43. 6 | 4. 2 | 10. 4 | 752 | 138 | 18. 3 | 316 | 褐 | 2. 5 |
| CN40081 | 兰 | 强 | 中 | 77. 4 | 69. 1 | 4. 5 | 5. 7 | 5 280 | 1 336 | 25. 3 | 586 | 褐 | 5. 6 |
| CN101099 | 兰 | 强 | 中 | 60. 4 | 50. 1 | 5. 2 | 12. 3 | 3 756 | 439 | 11. 7 | 1 249 | 褐 | 4. 8 |
| Diane | 兰 | 强 | 高感 | 93. 1 | 78. 3 | 4. 1 | 7. 7 | 5 032 | 1 374 | 27. 3 | 708 | 褐 | 4. 5 |
| 黑亚 7 | 兰 | 强 | 中 | 96. 2 | 84. 7 | 4. 9 | 7. 1 | 4 916 | 1 519 | 30. 9 | 694 | 褐 | 4. 3 |
| 内亚 9 | 兰 | 强 | 抗 | 65. 7 | 55. 1 | 5. 4 | 15. 8 | 3 524 | 444 | 12. 6 | 1 708 | 褐 | 6. 1 |

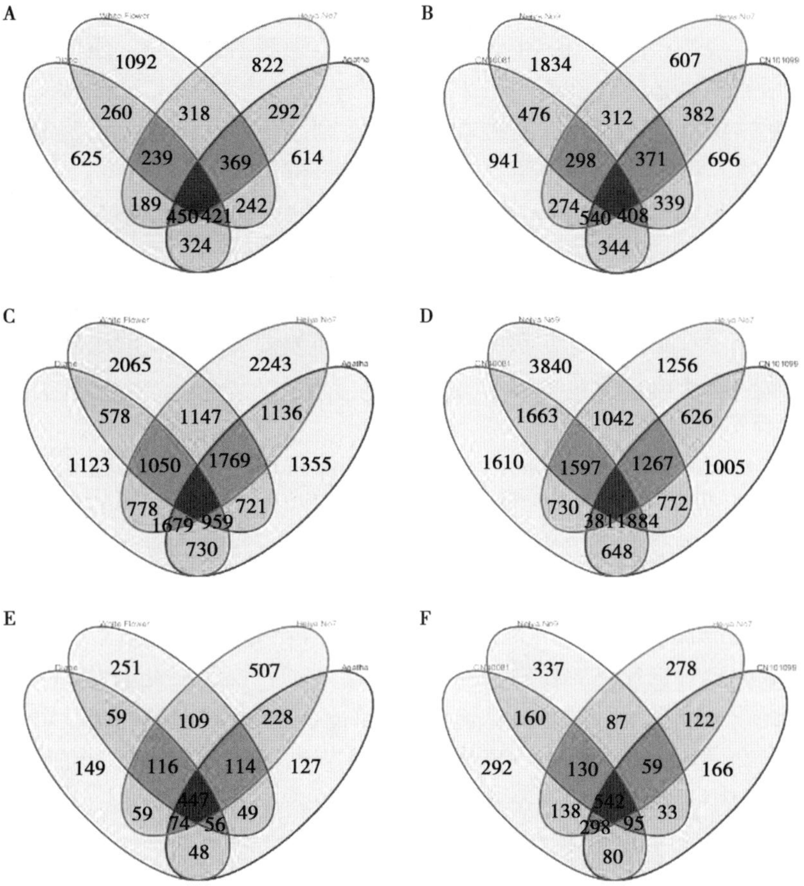


**图 1-11　不同品种间基因组变异基因的统计**

A：ADHW 中 Indel 的差异基因数目　B：CNHe 中 Indel 的差异基因数目

C：ADHW 中 SNPs 的差异基因数目　D：CNHe 中 SNPs 的差异基因数目

E：ADHW 中 SV 的差异基因数目　F：CNHe 中 SV 的差异基因数目

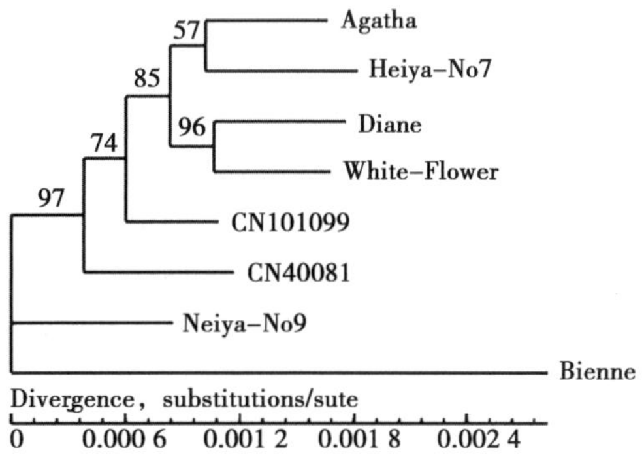


**图 1-12　亚麻品种的遗传进化树**

## （五）亚麻资源与育种领域的国际前沿跟踪情况

1. 亚麻基因组测序相关研究

亚麻基因组测序已完成，为深入开展亚麻的研究奠定了基础。本前瞻性研究中利用 Solexa 技术探究 BRs 影响亚麻纤维发育的分子机理，发现了控制亚麻纤维发育的关键基因。以前有报道 BRs 在水稻育种上的应用，但是亚麻方面的报道还是第一次，这项研究在国际上位于前列。

亚麻全基因组遗传连锁图谱的构建还在进一步完善。麻类体系建立的第一张亚麻遗传连锁图谱，填补了国内空白，也是国际上第一张纤维亚麻遗传连锁图谱。同时，还定位到了可能与亚麻株高相关的 QTL，这项研究也是国内首创。

亚麻应答盐碱胁迫相关基因的克隆及表达分析是在利用高通量测序技术鉴定亚麻盐碱胁迫下差异基因研究的基础上进行的。亚麻盐碱胁迫方面的研究报道较少。

不同亚麻品种基因组水平存在差异，可能与其农艺性状的差异存在密切关系。虽然亚麻基因组已经测序完成，但是不同品种的重测序工作还没有开展。本研究利用重测序技术，对不同亚麻品种（国内品种、国外品种、纤用品种、油用品种）基因组变异进行检测，发现不同亚麻品种间基因组变异特征，结合田间农艺性状的调查，找出不同品种间的关键差异基因的序列变异，为今后确定农艺性状相关基因并进行遗传改良奠定基础。

2. 亚麻单倍体研究

我国亚麻单倍体研究一直紧跟国际前沿，与欧洲交流密切。目前已经建立了一套亚麻单倍体培养体系，并且已有优良品系进入鉴定圃试验。同时，开展的红花亚麻诱导栽培亚麻产生双单倍体的研究是引进、吸收和消化俄罗斯单倍体育种技术的结果，目前已经形成了一套完整的技术方法并获得再生植株。

红花亚麻（*Linum grandiflorum*）作为父本材料与栽培亚麻进行种间杂交，能够诱导栽培亚麻产生双单倍体。此方法具有快速纯合材料，缩短育种年限的特点，是培育优质亚麻品种的新途径。研究对栽培亚麻与红花亚麻进行种间杂交试验，通过对幼胚剥离时期的确定，以及愈伤组织培养基的筛选等研究，对杂交后形成的幼胚进行离体培养，建立幼胚挽救方法，为红花亚麻单倍体育种方法应用到亚麻育种实践中提供相应的理论基础与技术支撑。

3. 亚麻纤维素合酶基因 LuCesA8 启动子上游转录因子的研究

次生细胞壁增厚决定纤维强度，纤维素合酶（CesA）是次生细胞壁纤维素生物合成的关键酶。目前，针对 CesA 基因家族的研究主要集中在基因的克隆、表达、定位和功能分析等方面，而对 CesA 基因表达的分子调控机制仍缺乏深入的研究，深入研究亚麻纤维素合酶基因启动子上游转录因子将为全面解析次生细胞壁纤维素合成的分子机理及其调控网络奠定基础。本项研究在国际处于领先地位。

## 三 红麻

在红麻育种及应用方面，开展了红麻遗传改良的分子生物学研究，进行了红麻纤维支数的遗传效应分析及 QTL 定位研究，分析了红麻雄性不育机理、光周期调控机理；筛选并示范了优质高产、耐盐碱、低洼涝地红麻品种，配套了杂交红麻三系法制种和良种高效繁育技术，达到了亩产红麻生麻 600kg、嫩茎叶饲料 300kg、麻骨 700kg 的高产水平；开展了饲用红麻产量与营养成分评价、青贮技术研究和应用工作。

### （一）优质高产红麻品种筛选与遗传改良

1. 红麻新品种（组合）高产高效种植技术示范

对选择的优良单株和配制的杂交组合进行扩繁，在南宁、深圳、祁东、长沙等地轮回选择，通过测产和比较试验从中筛选出表现稳定的优良品系和高产杂交组合。中杂红 368、中红麻 16 号、中杂红 328 在 2009—2010 年全国区试中其纤维产量分别为 297. 08kg/亩、285. 19kg/亩和 284. 99kg/亩，比对照福红 991 分别增产 25. 32%、20. 31%、20. 22%，位居所有参试品种第一、第二、第三位。

在望城 150 亩基地建立红麻体系“637”工程栽培模式，充分利用红麻副产物，对机械剥制后的叶和碎麻骨的混合物进行分离，叶鲜料青贮作为蛋白质饲料，碎麻骨晒干后作为食用菌培养基质，评估其利用价值。通过 3 年的高产示范，我们首先确保地面平整，开沟做到无积水。根据土壤贫瘠程度和土壤理化性质确定施肥量和施肥次数，首要的是在播种时施用有机肥 500kg/亩。根据种子发芽率和发芽势确定每亩播种量，在南方播种量控制在 1kg/亩，北方控制在 1.25~1.5kg/亩，做到出苗 20 000株/亩，播种均匀，无须间苗，同时注意防治地下害虫，比如地老虎。肥水管理做到湿润出苗，不宜板结，中后期看苗施肥，特别在中后期不宜灌水太多，以防倒伏，一般适宜 10~15d 灌溉一次，11 月 17 日 5 点取样测产干皮产量约 9 000kg/$hm^2$。

在望城 150 亩基地，选择了 8 亩试验地，每亩施基肥 500kg，采取厢宽 2m，沟宽 0.4m，行距 0.35m，每行播种 30~40 粒。通过杀虫、拔草、施肥，在 10 月 17 日的 5 点测产中，干皮产量 649.2kg/亩、叶重 375.7kg/亩、骨重 1 146.1kg/亩（表 1-19）。达到“十二五”制定的目标。

**表 1-19　中杂红 368 经济性状测定**

| 样点 | 有效株数 | 株高 (cm) | 茎粗 (mm) | 皮厚 (mm) | 叶鲜重 (kg) | 茎鲜重 (kg) | 生麻 (kg) | 叶干重 (kg) | 骨干重 (kg) | 生皮干重 (kg) |
|---|---|---|---|---|---|---|---|---|---|---|
| 1 | 99 | 509 | 21.57 | 1.4 | 2 390.1 | 8 170.8 | 3 160.5 | 488.0 | 1 493.0 | 820.4 |
| 2 | 75 | 500 | 22.04 | 1.53 | 1 712.0 | 6 625.5 | 2 676.9 | 323.5 | 1 177.3 | 660.3 |
| 3 | 79 | 490 | 22.96 | 1.63 | 2 067.7 | 6 203.1 | 2 509.0 | 433.6 | 1 101.7 | 655.9 |
| 4 | 72 | / | / | / | 1 567.5 | 5 313.8 | 2 114.4 | 310.2 | 954.9 | 541.4 |
| 5 | 87 | / | / | / | 1 645.3 | 5 580.6 | 2 220.0 | 325.7 | 1 003.8 | 568.1 |
| 平均 | 82 | 500 | 22.19 | 1.52 | 1 878.7 | 6 381.0 | 2 535.7 | 375.7 | 1 146.1 | 649.2 |

在安乡基地采用公司加农户的形式，建立红麻体系高产高效工程栽培模式，充分利用红麻副产物，对机械剥制后的叶和碎麻骨的混合物进行分离，用其麻骨烧制碳粉。播种面积为 1 200亩，采取简约式高产高效栽培模式，免耕或翻耕 1 次，确保厢面无积水，5 月底播种，产干茎 1 200~1 500kg/亩，红麻干茎收购价格为 1.4 元/kg，纯收入 1 200~1 500 元/亩，比种植棉花省工省肥，受到麻农的欢迎。

2. 杂交红麻配套高产高效栽培技术要点

（1）做好土地翻耕。利用耕田机进行翻耕（不放水），每厢宽度 2m，沟宽 0.4m，做到厢面平整不积水，沟尽量深些，厢面与沟底高度达到 20cm 为宜；每厢长度控制在 25~30m，如果超过请开沟，保证排灌方便、不积水，通风阳光充足。

（2）施足肥料。施用复合肥（N：P：K=15：15：15 或 20：8：15）30~40kg/亩。

（3）播种时间。湘北春播大约在 4 月下旬至 5 月初，夏播在 5 月中旬到 6 月上旬。

（4）均匀播种。每亩使用杂交种 H368、H328 或 H318 种子 1.25~1.5kg，可拌呋喃丹 1.5kg/亩或尿素 2.5kg/亩，条播行距为 0.35m，或者撒播，防治地老虎或者蜗牛的危害，虫害严重时可在出苗后 5~7 天施用其他杀虫剂（具体参照当地农技站用药），播种后用少量泥土覆盖，保证土壤湿润，确保齐苗、足苗。

（5）施用苗期肥料。当红麻长至 20~30cm，施用尿素 5kg/亩，同时注意杂草防治，使用盖草能喷施，具体剂量参照包装或当地农技站的使用说明。

（6）注意间苗。春播苗在 5 月中下旬间苗，保证在 1.0 万~1.2 万株/亩，夏播苗在 6 月中下旬间苗，保证在 1.2 万~1.4 万株/亩，将小苗或过分密集的幼苗去除。

（7）保持田间湿润和施用旺长肥。当厢面发白或叶片卷曲，请及时灌水；如果积水请及时排出；当株高在 1m 或封行时施用尿素 5~7.5kg/亩，或看苗施肥。

（8）注意田间湿度和及时清掉笨麻。当进入 8 月时，注意保持田间湿度，不能太湿润，让其根系下扎，防止倒伏；对弱苗要及时清理。

（9）适当施用壮苗肥。当株高长到 3m 左右，在灌水时或者落雨时看苗施用钾肥 7.5~

10kg/亩。

（10）适时收割：收割期为10月上中旬至10月下旬，可根据后茬作物适当提前收割。

3. 红麻三系法制种和良种高效繁育技术的示范

在三亚，采用厢宽0.8m，沟宽0.6m条播栽培模式，机械铺黑塑料薄膜保墒、保肥、免除杂草，在膜两侧每隔15~20cm打孔精量播种，每孔播种1~2粒，定苗8 000株/亩，施足基肥，中施2次尿素，节水灌溉，中熟不育系播种时间在11月中旬，为了达到花期相遇，钝感不育系播种时间必须提早至10月中、下旬，父母本种植比率为1：(6~8)，采用不去雄人工授粉，不育系和杂交红麻制种产量达40kg/亩。繁殖常规种500余份，每穴1~2株，每株可收获荚果20~30个，种子产量60~70kg/亩。

在深圳基地，中熟材料于5月27日播种。11月27日收获，生育期180d。采用宽窄行，平均每株挂果40~60个，收获种子50~60kg/亩。在湖南祁东基地，繁殖面积为8亩，9月10日左右中熟钝感品系大量开花，10月底收获种子，每个单株能够收获10~20个荚果，收获种子200~300粒。在湖南望城43亩基地，采用厢宽2m，沟宽50cm，每行6~8株，能够提早收获种子，共选育单株240个，获得较好的结果。

4. 红麻优异资源的发掘利用

在前期工作的基础上，采取田间和室内相结合的方法，发掘出具有特色功能基因型的材料4份。其中，红麻特早熟、种子高产，含油率在20.0%以上的高油种质2份（K117和K194）、叶片浓密、多分枝的饲用种质2份（d041和d04-14）。经过多年鉴定与筛选，从创新后代材料中筛选出叶角小、株型好的材料5份（如d13-142、d13-204），钝感、茎表无刺材料3份（如d13-048、d13-104），高抗倒伏材料1份（d13-202）；筛选出低纬度地区生育期150d以上的光钝感材料4份（如d15-012、d15-016），茎表光滑、抗倒性强的材料3份（如d13-005、d08-058）。

在海南海口，采取田间和盆栽结合的方法，对国内外收集的220份红麻种质进行了红麻根结线虫抗性鉴定与筛选。选取常年根结线虫发病严重的沙质壤土地块进行试验，每份材料设2个重复，每个重复小区最终留苗50株。播种后75d左右调查发病级别并记载。依据田间初步筛选结果，对抗性级别为高抗（HR）和中抗（MR）的种质材料进一步进行盆栽定量接种准确鉴定。已筛出11份高抗红麻种质资源（病情指数均在50以下，感病对照的病情指数为73.46）；3份中抗种质资源；5份对根结线虫表现免疫的种质资源。

在漳州、萧山、六安、信阳和沅江5个综合试验站开展了6份高产优异种质的综合评价与试验示范，多年综合评价的结果表明，中红麻T19、中红麻T17、FHH992和FH991等在各试点均表现优异，干皮产量在560kg/亩以上，比对照红引135增产9.5%。

以0.6%的NaCl溶液，在红麻苗期进行筛选，共筛选了90份红麻育种材料，其中高度耐盐的材料9份，中度耐盐的材料70份，对盐敏感的材料11份。19份高度耐盐的材料在江苏大丰盐碱地种植进一步筛选到大田耐盐材料15份。

光钝感红麻品种的选育，主要针对不同地区选择不同类型的品种。在2014年选育适应河南和安徽种植的光钝感中熟品种，主要是12/13 138系列品系；适应广西合浦和热带（马来西亚）种植的选择251NN18和251NN19品系。次年继续在上述地方种植，表现出生育期长（主要是营养生长），性状稳定，一致性好，达到了预期目的。加大深圳基地对光钝感红麻的选育，选育出400余份单株在海南三亚南繁。

### （二）红麻饲料性能与营养成分评价

1. 饲用红麻产量和营养价值评价

以7个具有代表性的红麻品种或材料为试验材料，通过留茬收获的方式对不同红麻品种的产量、营养价值进行比较，筛选出具有较高产量和营养价值的红麻品种或材料。

通过对 60cm、90cm 和 120cm 不同留茬高度下红麻营养价值的比较得出，90cm 留茬高度下的营养价值要高于其他两个试验组。红麻适合与一般牧草相似的收获模式，但是作为初步探究，该收获模式依然有很大的优化空间。

供试红麻的 7 个品种或材料干物质产量为 15 359.31～18 502.18 kg/hm$^2$，粗蛋白含量为 8.99%～16.23%，粗纤维含量为 16.71%～37.43%；7 个品种或材料中，D（SZHP35-44）材料的干物质产量最高，为 18 502.18kg/hm$^2$，粗蛋白产量同样最高，为 2 027kg/hm$^2$；F（4A-4B）材料的叶干物质产量比例较高，达到了 44.82%，并且粗蛋白含量显著高于其他品种或材料（$P<0.05$）；对应分析结果显示，D（SZHP35-44）材料与高产量性状点紧密关联，F（4A-4B）材料则与高叶干物质产量和粗蛋白含量关联紧密。F 材料粗蛋白含量高和粗纤维含量低，同时具有最高的叶产量，因此在 7 个供试材料中最有潜力培育成红麻饲用品种。D（SZHP35-44）材料则因其生物产量最高，而获得了最高的蛋白质产量，D（SZHP35-44）材料可以作为优质的植物蛋白源。因此，与其他 5 个材料相比，F（4A-4B）和 D（SZHP35-44）均是较好红麻饲用材料（表 1-20）。

**表 1-20　不同材料红麻全秆常规营养成分**

| 刈割次数 | 材料 | CP（%） | EE（%） | CF（%） | Ash（%） | Ca（%） | P（%） |
|---|---|---|---|---|---|---|---|
| | A | 9.14$^{f}$ | 5.58$^{b}$ | 33.25$^{c}$ | 6.44$^{ab}$ | 1.76$^{c}$ | 0.17$^{a}$ |
| | B | 11.08$^{b}$ | 4.75$^{d}$ | 29.56$^{e}$ | 6.16$^{c}$ | 2.03$^{b}$ | 0.16$^{ab}$ |
| | C | 10.12$^{c}$ | 5.12$^{c}$ | 34.13$^{b}$ | 6.45$^{ab}$ | 2.18$^{b}$ | 0.13$^{d}$ |
| 1 | D | 11.03$^{b}$ | 5.59$^{b}$ | 32.75$^{d}$ | 6.56$^{a}$ | 2.19$^{b}$ | 0.16$^{ab}$ |
| | E | 9.72$^{d}$ | 5.43$^{bc}$ | 34.42$^{b}$ | 6.35$^{b}$ | 2.54$^{a}$ | 0.10$^{e}$ |
| | F | 11.52$^{a}$ | 7.15$^{a}$ | 30.50$^{e}$ | 6.51$^{a}$ | 2.43$^{a}$ | 0.13$^{cd}$ |
| | G | 9.43$^{e}$ | 4.24$^{e}$ | 37.43$^{a}$ | 5.58$^{d}$ | 2.44$^{a}$ | 0.15$^{bc}$ |
| | A | 8.99$^{c}$ | 4.38$^{bc}$ | 34.28$^{ab}$ | 6.23$^{a}$ | 1.79$^{d}$ | 0.14$^{b}$ |
| | B | 11.17$^{a}$ | 4.23$^{c}$ | 29.72$^{c}$ | 6.19$^{a}$ | 2.11$^{c}$ | 0.13$^{c}$ |
| | C | 10.59$^{b}$ | 5.26$^{a}$ | 33.49$^{ab}$ | 6.26$^{a}$ | 2.13$^{c}$ | 0.12$^{cd}$ |
| 2 | D | 10.49$^{b}$ | 5.00$^{ab}$ | 31.82$^{bc}$ | 6.46$^{a}$ | 2.14$^{c}$ | 0.12$^{a}$ |
| | E | 9.50$^{c}$ | 5.31$^{a}$ | 34.18$^{ab}$ | 6.37$^{a}$ | 2.62$^{a}$ | 0.12$^{cd}$ |
| | F | 11.16$^{a}$ | 4.40$^{bc}$ | 29.71$^{c}$ | 6.54$^{a}$ | 2.38$^{b}$ | 0.13$^{bc}$ |
| | G | 9.45$^{c}$ | 5.57$^{a}$ | 36.06$^{a}$ | 5.68$^{b}$ | 2.46$^{ab}$ | 0.11$^{d}$ |
| | A | 12.79$^{b}$ | 6.85$^{a}$ | 25.55$^{a}$ | 6.01$^{d}$ | 2.33$^{e}$ | 0.09$^{b}$ |
| | B | 12.83$^{b}$ | 5.80$^{b}$ | 20.93$^{b}$ | 6.64$^{c}$ | 2.35$^{e}$ | 0.10$^{a}$ |
| | C | 12.05$^{c}$ | 6.45$^{a}$ | 20.88$^{b}$ | 6.71$^{c}$ | 3.29$^{b}$ | 0.09$^{b}$ |
| 3 | D | 11.93$^{c}$ | 4.57$^{c}$ | 20.13$^{b}$ | 6.13$^{d}$ | 3.38$^{ab}$ | 0.09$^{b}$ |
| | E | 16.23$^{a}$ | 6.70$^{a}$ | 21.04$^{b}$ | 7.88$^{b}$ | 3.39$^{a}$ | 0.09$^{b}$ |
| | F | 15.89$^{a}$ | 5.64$^{b}$ | 16.71$^{c}$ | 8.66$^{a}$ | 3.16$^{c}$ | 0.09$^{b}$ |
| | G | 16.01$^{a}$ | 5.88$^{b}$ | 20.41$^{b}$ | 7.85$^{b}$ | 2.44$^{d}$ | 0.08$^{c}$ |

注：不同字母间表示差异显著（$P<0.05$）。A、B、C、D、E、F、G 分别代表红麻品种福红 992、SZHP35-44、H1301、SZHP35、14-514、4A-4B、991FN3

2. 饲用红麻青贮技术初探

对红麻青贮利用技术进行了初步探索，对红麻青贮饲料中的有机酸测定方法进行了初步优化，在此基础上评估了蔗糖和甲酸两种添加剂对红麻青贮品质的影响，为红麻青贮技术的发展提供了有益的参考和帮助。

运用高效液相色谱法对红麻青贮饲料中乳酸、乙酸、丙酸和丁酸 4 种有机酸的含量进行同时测定。采用 0.02mol/L $NaH_2PO_4$（pH 值=2.70）与甲醇作为流动相，在 Dionex Ultimate 3000 液相色谱仪，色谱柱为 Thermo Hypersil BDS $C_{18}$柱，流速 1ml/min，柱温 30℃，检测波长 210nm，进样体积 20μl 的条件下对青贮样品有机酸含量进行定性分析。结果表明，该方法操作简单准确，重复性好，可用于红麻青贮饲料中有机酸的测定。

添加蔗糖或者甲酸能够显著提高粗蛋白含量（$P<0.05$）和可溶性碳水化合物含量（$P<0.05$）降低红麻青贮饲料的 pH 值，实验组 pH 值均小于 4.0，乳酸含量显著增加（$P<0.05$），氨态氮含量显著降低（$P<0.05$），实验组均没有检测到丁酸含量，青贮发酵品质良好，添加蔗糖或者甲酸能够改善红麻青贮饲料的常规营养品质和发酵品质，提高红麻青贮饲料品质（表 1-21）；且在本实验研究范围内认为，添加 20g/kg 的蔗糖得到的红麻青贮饲料的品质优于其他实验组，添加 9ml/kg 的甲酸得到的红麻青贮饲料的品质优于其他实验组。

**表 1-21　添加甲酸红麻青贮的青贮品质**

| 处理水平（ml/kg） | 0 | 3 | 6 | 9 |
|---|---|---|---|---|
| pH 值 | 3.55±0.04a | 3.29±0.02b | 3.24±0.03c | 3.22±0.03d |
| $NH_3$-N（%） | 1.71±0.04a | 1.46±0.04b | 1.17±0.04c | 0.97±0.04d |
| 乳酸（%） | 0.86±0.01d | 2.09±0.01c | 2.31±0.00b | 2.63±0.01a |
| 乙酸（%） | 0.73±0.01c | 1.03±0.01c | 1.27±0.01b | 1.59±0.01a |
| 丙酸（%） | 0.28±0.01c | 0.09±0.01c | 0.11±0.01b | 0.12±0.00a |
| 丁酸（%） | NA | NA | NA | NA |

注：不同字母间表示差异显著（$P<0.05$）。NA 表示该项没有检测到

### （三）耐盐碱地红麻品种选育与示范

对盐碱地压盐处理和种植红麻的播种方法、栽培模式、施肥水平、收获方式进行研究，形成适应生产的轻简化高效种植技术。对播种前的盐碱地进行压盐处理、采用起垄的方法，开沟尽量深，播种后湿润出苗，保证齐苗。播种量为普通播种的 1.6～1.8 倍，可以条播或者撒播，播种量为 1.6～1.8kg/亩，前期不间苗，确保有足够的苗数。采用覆膜技术，减少水分蒸发量，降低盐分含量。条件允许的情况下，灌溉淡水，尽量保持土壤湿润。

在江苏盐城的耐盐地开展杂交红麻中杂红 368 示范（表 1-22）。采用行播稀植，行距为 70cm，株距为 5～10cm，盐碱地浓度为 0.3%，4 月 30 日播种，到 10 月 13 日收获，株高为 450cm，平均干皮产量为 531.22kg/亩，干叶重 360.58kg/亩，干骨重 957.76kg/亩，超额完成“526 工程”。

**表 1-22　盐碱地红麻测产（江苏大丰）**

| | 株高（cm） | 茎粗（mm） | 皮厚（mm） | 干叶产量（kg/亩） | 干骨产量（kg/亩） | 干生皮产量（kg/亩） |
|---|---|---|---|---|---|---|
| 红优 2 号 | 383.70 | 20.71 | 1.41 | 394.72 | 1 258.35 | 539.39 |
| 中杂红 368 | 416.17 | 18.85 | 1.31 | 360.58 | 957.76 | 531.22 |
| 杂红 992 | 378.83 | 18.58 | 1.22 | 284.35 | 986.20 | 530.05 |

### （四）低洼涝地红麻高产种植技术示范

目平湖地处沅江地势低矮区，1998 年整个村庄被洪水淹没，所有村民搬走。选取一处低洼地块，种植红麻 3 亩，先用绿肥还田，然后用机器平整土地，开沟，修成每厢宽 1.8m、沟宽 0.4m 的厢块，在 4 月 18 日播种，施用 45%复合肥 50kg/亩，在出苗齐苗后 20 天（5 月 13 日）施用尿素 5kg/亩，间苗每行大约 15 株。在 6 月 10 日进一步间苗，保证每亩株数在 10 000株，重点施用旺长肥，每亩在 15kg。通过 2014 年 10 月 19 日测产，生皮产量 587.4kg/亩、叶干重 220.1kg/亩、干骨重 952.2kg/亩（表 1-23）。

**表 1-23　目平湖中杂红 368 非耕地经济性状**

| 样点 | 有效株数 | 株高（cm） | 茎粗（mm） | 皮厚（mm） | 鲜茎出麻率（%） | 叶重（kg/亩） | 骨重（kg/亩） | 生皮重（kg/亩） |
|---|---|---|---|---|---|---|---|---|
| 1 | 152 | 529 | 22.72 | 1.50 | 9.02 | 279.5 | 1 049.0 | 667.0 |
| 2 | 141 | 509 | 21.98 | 1.89 | 8.61 | 166.4 | 827.7 | 546.9 |
| 3 | 129 | 557 | 23.66 | 1.91 | 8.95 | 303.6 | 1 159.3 | 719.7 |
| 4 | 102 | 564 | 22.05 | 1.72 | 8.71 | 194.8 | 821.7 | 502.9 |
| 5 | 117 | 562 | 23.14 | 1.72 | 8.46 | 156.3 | 903.3 | 500.6 |
| 平均 | 128 | 544 | 22.71 | 1.75 | 8.75 | 220.1 | 952.2 | 587.4 |

**（五）红麻遗传改良的分子生物学研究**

1. 红麻纤维支数的遗传效应分析及 QTL 定位

对 256 对 SRAP 引物和 64 对棉花 SSR 引物进行了两次引物筛选，以泰红 763×F71 为作图群体亲本，150 个 $F_2$代单株作为作图群体，构建红麻遗传连锁图谱。共筛选出条带清晰、多态性高的 SRAP 引物 73 对、SSR 引物 8 对，构建的红麻遗传连锁图谱全长 2 155.43 cM，平均间距为 16.09cM，含有 128 个多态性标记，分布于 18 个连锁群（图 1-13）。

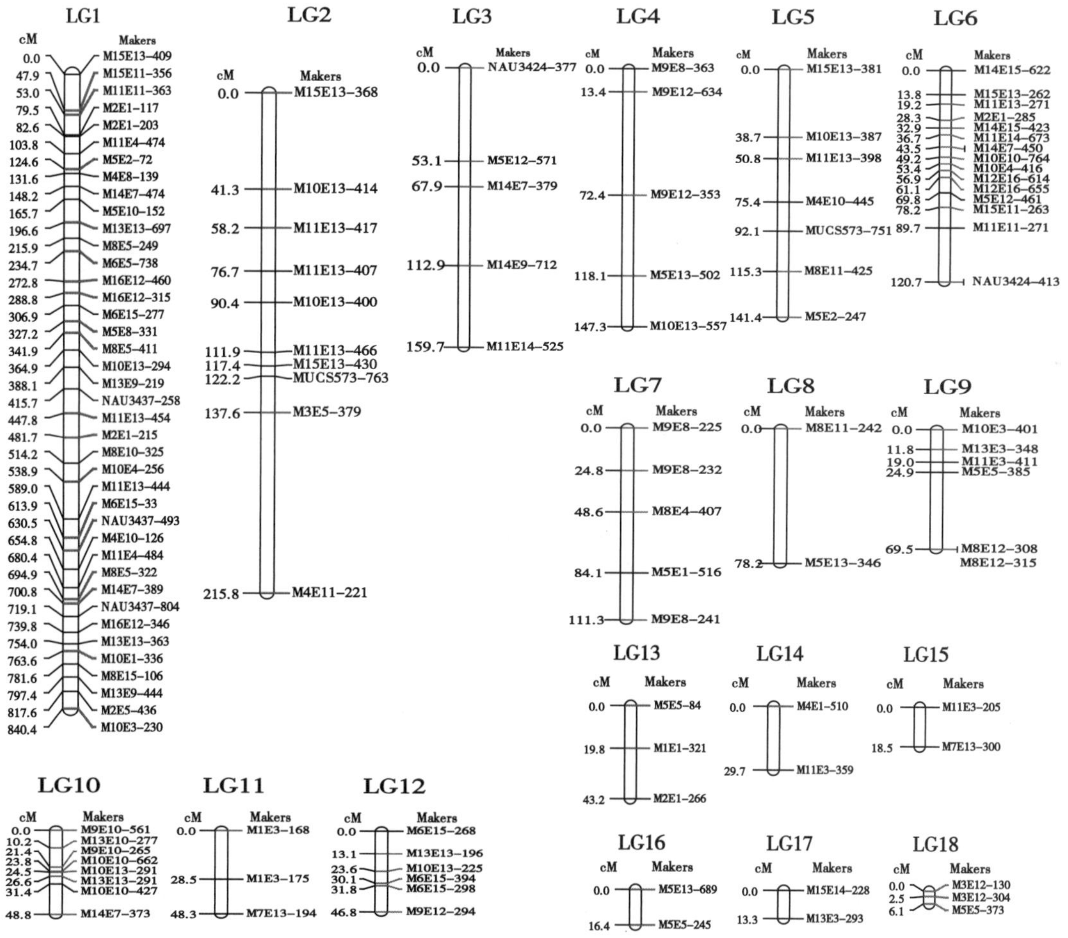

**图 1-13　红麻遗传连锁图谱**

2. 红麻雄性不育基因分析

通过对红麻不育系（LC301A）和保持系（LC301B）线粒体基因组测序、比较分析发现：长末端重复序列，DNA 转座子，长散在重复序列，串联重复序列在数量、位置上存在一定的差异。分析发现：红麻保持系在能量产生与能量代谢方面要强于红麻不育系。

通过对红麻不育系（LC301A）和保持系（LC301B）叶片和花蕾转录组基因组测序，总共得到60 522个序列，平均长度达到1 060.44 bp（表1-24）。嫩叶的差异分析表明，其中上调基因为1 444个，下调基因为1 544个；在花蕾的差异分析中，不育系中上调基因为1 816个，下调基因为1 835个。

**表1-24　红麻转录组拼接结果**

| | 全部（≥200bp） | ≥500bp | ≥1 000bp | N50 | 总长度 | 最大长度 | 最小长度 | 平均长度 |
|---|---|---|---|---|---|---|---|---|
| 基因簇 | 60 522 | 39 478 | 19 557 | 1 608 | 64 179 776 | 16 313 | 300 | 1 060.44 |

3. 红麻光周期开花基因 *HcCOL4* 和 *HcGI* 的克隆与表达分析

节律钟输出基因 *GI* 受昼夜节律的调控，在整个光周期途径中起应答节律信号、调控下游开花促进因子的重要角色。而 *CO* 基因介于生物节律钟与下游开花基因之间，将光信号转变为开花信号，它与 *GI* 基因关系密切，两者在光周期途径中起关键作用。根据其他物种中这两个基因的保守区域设计简并引物，扩增中间片段，再通过3′race 和5′race 往两端扩增，现已得到 *CO* 基因开放阅读框 996bp，与陆地棉 *CO* 基因相似度达 83%。设计 *CO* 基因组全长引物，得到 952B、85-132、赞比亚三个品种的 CO 基因组全长，通过 DNAMAN 比对，*CO* 基因有两个内含子，三个品种在靠近 5’端的第一个内含子位置一致，但 952B 与其他两个品种序列差异较大。*GI* 基因已经拿到一个 3 448 bp 的开放阅读框，3’ 端已经到达终止密码子。通过荧光定量 PCR，根据亲缘关系比较近的陆地棉的序列设计引物，得到一段 666bp 的 actin 序列。

4. 利用 Illumina 测序进行红麻转录组基因发掘和标记鉴定（图1-14）

131262686 clean reads（13.12 GB）使用 Illumina 测序组装。从头组装产生 90 175平均长度为 700bp 条的 unigene。通过对已知蛋白质序列的相似性搜索，发现 46 165（51.19%）条具有注释功能。在这些注释的基因中，37 080（41.12%）基因和一个二倍体棉（Gossypium raimondii）基因表现出显着的相似性。搜索 KEGG 表明，23 051个基因映射到 254 条代谢途径，317 个基因被分配到淀粉和蔗糖代谢途径与纤维素生物合成有关。此外，从这些组装的基因中共鉴定出 52 521个 SNP 和 11 083个 SSR 标记。在这些 HcEMS 标记中，单、双和三核苷酸重复类型最丰富（分别为 40.3%，22.3%和 34.7%,）。富 Ag 核苷酸重复序列，包括（Ag)n、(AAG)n 和（AAAG)N 型，是红麻中最丰富的优势类型。一个 835HcEMS 样本用于检测 8 份红麻种质的多态性，其中，753 个（90.1%）成功地扩增出至少一个片段，450 个（53.9%）具有多态性。检测结果将有助于对纤维发展的遗传理解等。

## 四　黄麻

2014—2015 年，麻类体系共育成黄麻新品种 9 个，其中国家级鉴定新品种 5 个，省级鉴定新品种 4 个，并在河南、安徽、浙江、江苏、福建等麻区示范推广，实现了黄麻“526”高产栽培工程的目标；创制黄麻杂交组合，筛选及创新耐盐碱等黄麻优异新型种质材料多份，并在我国东南沿海盐碱地进行高产示范，达到黄麻盐碱地“425”高产工程的目标；体系还紧紧围绕黄麻遗传改良的分子生物学前沿开展研究，剖析了 159 份黄麻种质资源的遗传结构和亲缘关系，构建了圆果种黄麻高密度遗传连锁图谱和 154 份黄麻品种 DNA 分子指纹图谱，优化了黄麻组织培养与遗传转化体系，克隆了 4 个与黄麻纤维品质和抗逆性密切相关的基因并进行了功能分析，分离鉴定了黄麻炭疽病病原菌并进行 rDNA-ITS 序列分析等，为利用分子生物学手段进行黄麻遗传改良奠定了基础。此外还就黄麻的综合利用开展了黄麻富硒特性、重金属吸附特性等方面的基础研究，并初步建立了黄麻茎叶饲用、麻骨栽培食用菌的生物质高效利用技术参数。

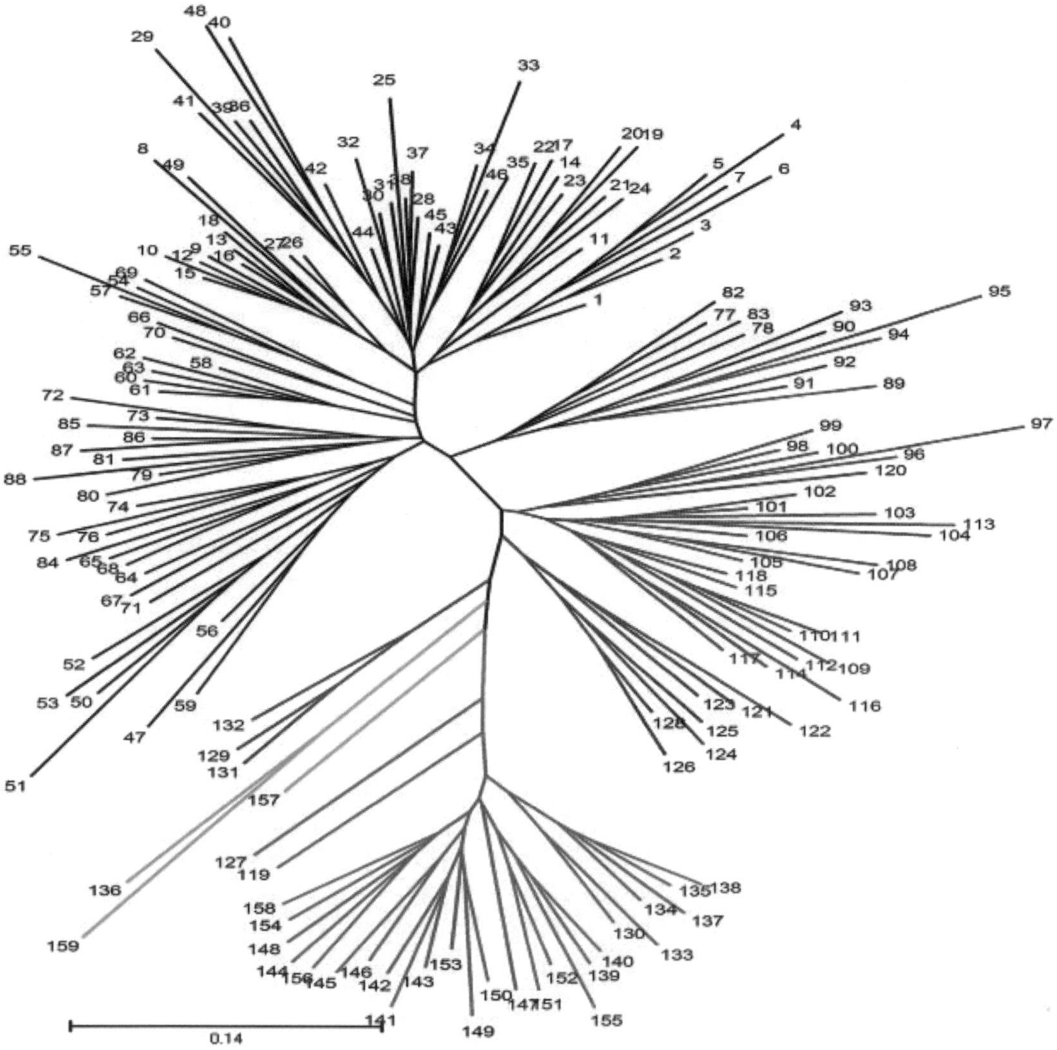


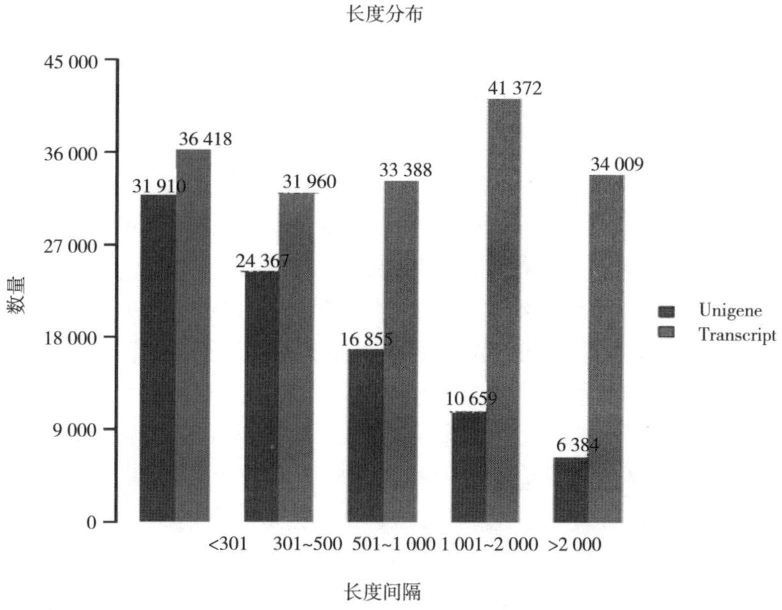


**图 1-14　红麻转录组基因发掘和标记鉴定**

### （一）优质高产黄麻新品种培育与示范

1. 国家级鉴定黄麻新品种 5 个

（1）福黄麻 1 号。福黄麻 1 号为圆果种黄麻新品种。茎秆粗壮，梢部较粗，群体生长整齐。工艺成熟期 125d。株高 345cm，分枝位高 306cm，茎粗 14.6mm，鲜皮厚 1.02mm，干皮精洗率 56.77%。纤维支数 395 公支，纤维强力 309N。采用人工接种炭疽病菌鉴定，福黄麻 2 号在 60d 后的病情指数为 20.00%，发病指数在各参试品种中最低，明显优于对照 1 黄麻 179 和对照 2 宽叶长果，为中抗黄麻炭疽病品种。

2011—2012 年参加国家黄麻品种区域试验，平均纤维产量 3 138kg/hm$^2$，比对照 1 黄麻 179 增产 7.69%；比对照 2 宽叶长果增产 8.31%，均达极显著水平。2013 年参加生产试验，平均纤维产量 3 009kg/hm$^2$，比对照 1 黄麻 179 增产 8.12%，比对照 2 宽叶长果增产 8.98%。该品种于 2014 年通过全国黄麻新品种鉴定（国鉴麻 2014008）。

（2）福黄麻 2 号。福黄麻 2 号为圆果种常规黄麻，由“闽麻 5 号”辐射后代选育而成。茎秆粗壮，梢部较粗，群体生长整齐。工艺成熟期 135d。株高 345cm，分枝位高 306cm，茎粗 14.9mm，鲜皮厚 1.05mm，干皮精洗率 57.89%。纤维支数 405 公支，纤维强力 333N，居各参试品种首位。采用人工接种炭疽病菌鉴定，福黄麻 2 号在 60d 后的病情指数为 28.57%，明显优于对照 1 黄麻 179 和对照 2 宽叶长果，为中抗黄麻炭疽病品种。

2011—2012 年参加国家黄麻品种区域试验，平均纤维产量 3 208.5kg/hm$^2$，比对照 1 黄麻 179 增产 10.14%；比对照 2 宽叶长果增产 10.78%，均达极显著水平。2013 年参加生产试验，平均纤维产量 3 046.5kg/hm$^2$，比对照 1 黄麻 179 增产 9.43%；比对照 2 宽叶长果增产 10.30%。该品种于 2014 年通过全国黄麻新品种鉴定（国鉴麻 2013009）。

（3）闽黄麻 1 号。闽黄 1 号为圆果黄麻，茎绿色，叶柄、托叶、花萼、蒴果淡红色，有腋芽。单叶互生，为长卵圆形叶，平均长宽为 13.0cm×5.8cm。株高 335.27cm，茎粗 1.44cm，鲜皮厚 1.01mm，第一分枝高度 291.85cm，笨麻率 14.55%，干皮精洗率 56.02%。纤维支数 434 公支，列各参试品种首位，纤维强力 298N，抗炭疽病性为中抗。工艺成熟期 128d，全生育期 188d。

2011—2012 年参加国家黄麻品种区域试验，平均纤维产量 3 130.5kg/hm$^2$，比对照黄麻 179（$CK_1$）增产 7.45%，比对照宽叶长果（$CK_2$）增产 8.08%，均达极显著水平；2012 年参加生产试验，纤维产量 2 964kg/hm$^2$，比对照宽叶长果（$CK_2$）增产 7.36%。于 2014 年通过全国黄麻新品种鉴定（国鉴麻 2014010）。

（4）中黄麻 4 号。中黄麻 4 号绿茎、茎秆圆筒形，叶披针形、叶柄绿色、与主茎夹角较小，有腋芽与托叶；花萼绿色，长果筒形、五室、种子灰褐色，在华南地区鉴定，全生育期 190d 左右，为晚熟品种。在湖南以北地区不能收到成熟种子；植株高可达 3.6m 左右，分枝少、分枝位高 3.2m 左右，茎粗 1.5cm、皮厚 1.12mm、精洗率 58.68%，前期生长快，后期不早衰。纤维支数达 398 公支，纤维强力达 280 N，中抗黄麻炭疽病。比对照黄麻 179 增产 18.86%，比居第二位的圆果参试新品种增产 8.72%，创造了我国长果品种纤维产量首次高于圆果品种的历史。

（5）中黄麻 5 号。中黄麻 5 号为圆果品种。茎、叶绿色，叶长椭圆形；圆果，果绿色，后期淡红色；有腋芽，托叶绿色，种皮黄褐色。全生育期 175d 左右，晚熟偏早，株高达 342.54cm，第一分枝高达 298.76cm，分枝数较少。茎粗 1.48cm，皮厚 1.02mm，干皮精洗率 56.21%。纤维支数 408 公支，纤维强力 299N，中抗黄麻炭疽病。2011—2012 年全国区试中，纤维产量为 3 153.72kg/hm$^2$，比对照增产 8.22%。

2. 省级鉴定黄麻新品种 4 个

（1）福黄麻 4 号。福黄麻 4 号是圆果种黄麻新品种。2014—2015 年参加安徽省黄麻品种区域试验，平均产原麻 4 445kg/hm$^2$，比对照黄麻 179 增产 14.73%，均达极显著水平。该品种于 2015

年通过安徽省黄麻新品种鉴定（皖品鉴登字第 1509003）。

（2）福黄麻 5 号。福黄麻 5 号是以圆果种黄麻梅峰 2 号作母本，闽麻 5 号为父本杂交选育而成的黄麻新品种。2014—2015 年参加安徽省黄麻品种区域试验，平均产原麻 4 399kg/hm$^2$，比对照黄麻 179 增产 13.56%，均达极显著水平。该品种于 2015 年通过安徽省黄麻新品种鉴定（皖品鉴登字第 1509004）。

（3）福黄麻 6 号。福黄麻 6 号是长果种黄麻新品种。2014—2015 年参加安徽省黄麻品种区域试验，平均产原麻 4 227kg/hm$^2$，比对照黄麻 179 增产 9.11%，均达极显著水平。该品种于 2015 年通过安徽省黄麻新品种鉴定（皖品鉴登字第 1509005）。

（4）中黄麻 6 号。2015 年 11 月，中黄麻 6 号（皖品鉴登字第 1509006）通过安徽省非主要农作物品种鉴定登记委员会认定登记。该品种以摩维 1 号为母本、湘黄麻 3 号为父本杂交选育而成。2009—2011 年，筛选优异单株和自交纯化；2012—2014 年，进行品系比较试验和多点试验。该品种出苗快而齐、高产稳产、抗逆性强，纤维产量 3 069kg/hm$^2$，比对照黄麻 179 增产 9.2%，适宜在长江流域及其以南麻区推广种植。

3. 黄麻新品种的鉴定与示范推广

（1）河南产区黄麻新品种示范。试验在河南信阳开展。从表 1-25 可以看出，2014 年参试的 5 个品种的干皮产量均高于对照。其中福黄麻 1 号干皮产量最高，比对照增产达 49.0%，其次是福农 4 号，增产 42.5%。

**表 1-25 参试各品种原麻产量**

| 处理 | 小区干皮重（kg） | 折产（kg/hm$^2$） | 比 CK | |
|---|---|---|---|---|
| | | | （kg） | （%） |
| 福农 4 号 | 2.52 | 4 192.5 | 83.3 | 42.5 |
| 福农 5 号 | 2.27 | 3 775.5 | 55.6 | 28.3 |
| 福黄麻 1 号 | 2.63 | 4 383.0 | 96.1 | 49.0 |
| 福黄麻 2 号 | 2.42 | 4 033.5 | 72.8 | 37.1 |
| 福黄麻 3 号 | 2.43 | 4 042.5 | 73.3 | 37.4 |
| 179（对照） | 1.77 | 2 941.5 | — | — |

从表 1-26 可以看出，在株高、茎粗、皮厚方面，参试的 5 个品种中，福农 4 号和福农 5 号的株高、茎粗、皮厚均低于对照，而福黄麻 1 号、福黄麻 2 号和福黄麻 3 号的株高、茎粗、皮厚 3 项均高于对照。

单株鲜茎重和单株鲜皮重方面，福农 4 号和福农 5 号低于对照，其他 3 个品种高于对照。单株干皮重福农 4 号低于对照，福农 5 号的干皮重与对照相当，其他 3 个品种高于对照。单株纤维产量，除福农 4 号低于对照外，其他四个品种均高于对照。晒干率、鲜茎出麻率和精洗率方面：参试 5 个品种的晒干率和出麻率介于 17.1%～20.1%和 4.77%～6.03%，均高于对照 16.4%和 4.54%；参试 5 个品种的精洗率均高于对照，介于 60.7%～62.3%；所有参试品种有效株均高于对照。

**表 1-26 参试各品种经济性状**

| 处理 | 株高（m） | 茎粗（mm） | 皮厚（mm） | 单株鲜茎重（kg） | 单株纤维重（g） | 单株鲜皮重（g） | 单株干皮重（g） | 晒干率（%） | 鲜茎出麻率（%） | 精洗率（%） | 有效株（株/亩） |
|---|---|---|---|---|---|---|---|---|---|---|---|
| 福农 4 号 | 2.95 | 13.05 | 0.94 | 0.223 | 9.35 | 87.5 | 15.0 | 17.1 | 4.77 | 62.3 | 14 222.9 |
| 福农 5 号 | 2.99 | 12.97 | 0.96 | 0.212 | 10.44 | 89.5 | 17.0 | 19.0 | 4.94 | 61.4 | 13 556.2 |
| 福黄麻 1 号 | 3.54 | 15.67 | 1.14 | 0.295 | 14.89 | 135.5 | 24.5 | 18.1 | 4.87 | 60.7 | 14 334.1 |
| 福黄麻 2 号 | 3.32 | 14.64 | 1.10 | 0.261 | 13.96 | 126.0 | 22.5 | 17.9 | 5.35 | 62.1 | 13 111.8 |
| 福黄麻 3 号 | 3.52 | 14.49 | 1.11 | 0.274 | 16.52 | 134.0 | 27.0 | 20.1 | 6.03 | 61.2 | 13 889.6 |
| 179（对照） | 3.23 | 13.82 | 1.02 | 0.226 | 10.24 | 103.5 | 17.0 | 16.4 | 4.54 | 60.3 | 12 556.2 |

在整个生育期内，各品种均有不同程度的倒伏，但恢复很快。而在茎斑病和炭疽病等病害方面，炭疽病和茎斑病发病均较轻。

综上所述，在5个黄麻品种中，福黄麻1号、福黄麻2号和福黄麻3号在河南麻区综合表现好、产量高、增产潜力大、适应性强，是值得推广利用的优良品种。

从表1-27可以看出，2015年参试的六个品种中，在株高、茎粗、皮厚方面，福黄麻1号的株高、茎粗、皮厚均高于对照，而福农4号的株高、茎粗、皮厚三项均低于对照。

**表1-27　参试各品种经济性状**

| 品种 | 株高（m） | 茎粗（mm） | 皮厚（mm） | 单株去叶鲜茎重（g） | 单株鲜皮重（g） | 单株干皮重（g） | 单株纤维产量（g） | 精洗率（%） | 出麻率（%） | 晒干率（%） | 有效株（株/区） |
|---|---|---|---|---|---|---|---|---|---|---|---|
| 福农4号 | 2.92 | 11.79 | 0.992 | 207.8 | 77.6 | 17.9 | 11.0 | 61.5 | 5.3 | 23.1 | 108 |
| 福农5号 | 3.06 | 12.00 | 0.812 | 203.2 | 84.6 | 20.0 | 12.1 | 60.5 | 6.0 | 23.6 | 104 |
| 福黄麻1号 | 3.11 | 13.38 | 1.201 | 236.1 | 97.1 | 20.6 | 12.4 | 60.2 | 5.3 | 21.2 | 104 |
| 福黄麻2号 | 3.09 | 12.87 | 1.066 | 210.7 | 95.1 | 21.7 | 13.4 | 61.8 | 6.4 | 22.8 | 120 |
| 福黄麻3号 | 3.02 | 11.87 | 1.038 | 180.3 | 78.8 | 17.1 | 10.5 | 61.4 | 5.8 | 21.7 | 105 |
| 179（对照） | 2.94 | 13.25 | 1.149 | 209.5 | 90.6 | 18.1 | 11.0 | 60.8 | 5.3 | 20.0 | 120 |

单株鲜茎重和单株鲜皮重方面，福黄麻1号和2号均高于对照。单株干皮重除福农4号和福黄麻3号低于对照外，其余四个品种均高于对照。单株纤维产量，除福黄麻3号低于对照、福农4号与对照相当外，其他四个品种均高于对照。晒干率、鲜茎出麻率和精洗率方面：参试6个品种的晒干率和出麻率介于21.2%~23.1%和5.3%~6.4%，均高于对照20.0%和5.3%；参试六品种的精洗率介于60.2%~61.8%，其中福黄麻2号、福黄麻3号、福农4号高于对照。

综合2014—2015年的结果，在参试黄麻品种中，以福黄麻1号、福黄麻2号和福农4号在河南麻区综合表现好、适应性强，是值得推广利用的优良品种。

（2）浙江产区黄麻新品种示范。浙江萧山的试验结果表明（表1-28），黄麻新品种福黄麻1号、2号、3号的亩产量分别比对照黄麻179增产18.6%、7.9%和20.9%。其中，梅峰4号和福黄麻1号干皮亩产量比对照黄麻179分别增产16.8%和9.9%。

**表1-28　浙江萧山黄麻新品种试验结果**

| 品种名 | 株高（cm） | 茎粗（mm） | 皮厚（mm） | 单株鲜皮重（g） | 单株鲜骨重（g） | 单株鲜叶重（g） | 单株干皮重（g） | 单株干骨重（g） | 鲜皮晒干率（%） | 干皮产量（$kg/hm^2$） |
|---|---|---|---|---|---|---|---|---|---|---|
| 摩维1号 | 338.4 | 15.391 | 1.012 | 152.5 | 229.17 | 33.33 | 29.17 | 70 | 19.13 | 4 900.5 |
| 福黄麻1号 | 346 | 14.925 | 0.945 | 122.5 | 142.5 | 34.17 | 26.67 | 43.33 | 21.77 | 4 866.0 |
| 福黄麻2号 | 342.8 | 14.481 | 0.917 | 124.17 | 125 | 30 | 24.58 | 36.67 | 19.8 | 4 462.5 |
| 福黄麻3号 | 334.5 | 14.226 | 0.836 | 122.5 | 125 | 30 | 24.58 | 37.5 | 20.07 | 4 264.5 |
| 179（对照） | 343.7 | 15.107 | 0.938 | 125 | 137.5 | 28.33 | 26.25 | 42.5 | 21 | 4 429.5 |
| 梅峰4号 | 353.8 | 14.899 | 0.892 | 135.83 | 146.67 | 29.17 | 26.25 | 42.5 | 19.33 | 5 172.0 |
| MY-118 | 329.6 | 14.986 | 0.928 | 124.17 | 142.5 | 33.33 | 22.92 | 40 | 18.46 | 4 015.5 |

（3）福建产区黄麻新品种示范。2014年福建漳州试验结果表明（表1-29），福黄麻1号、2号、3号亩干皮产量分别比对照黄麻179增产20.3%、22.0%和17.5%。

**表1-29　黄麻新品种福建漳州品种试验结果**

| 项目<br>品种 | 株高（cm） | 茎粗（cm） | 皮厚（mm） | 分枝高度（cm） | 每小区总株数 | 每亩有效株 | 笨麻率（%） | 干皮产量（$kg/hm^2$） |
|---|---|---|---|---|---|---|---|---|
| 福黄麻1号 | 458.9 | 1.98 | 1.14 | 436.0 | 924 | 7 782 | 15.8 | 7 464.0 |
| 福黄麻2号 | 478.5 | 2.21 | 1.24 | 451.2 | 896 | 7 648 | 14.6 | 7 572.0 |
| 福黄麻3号 | 462.6 | 1.91 | 1.19 | 428.2 | 875 | 7 426 | 15.1 | 7 288.5 |

（续表）

| 品种＼项目 | 株高（cm） | 茎粗（cm） | 皮厚（mm） | 分枝高度（cm） | 每小区总株数 | 每亩有效株 | 笨麻率（%） | 干皮产量（kg/hm²） |
|---|---|---|---|---|---|---|---|---|
| 黄麻 179（对照） | 434.5 | 1.88 | 1.19 | 394.6 | 948 | 7 782 | 17.9 | 6 205.5 |

（4）安徽产区黄麻新品种示范。试验在安徽六安进行。从表 1-30 中可以得出，各品种小区干生皮产量有差异，但并未达到差异显著水平。其中以 9003 产量最高，为 5.92kg，比对照 2 增产 14.73%，9004 产量 5.86kg，比对照 2 增产 13.56%，9006 产量为 5.85kg，比对照 2 增产 13.37%，9007 产量为 5.71kg，比对照 2 增产 10.66%。

**表 1-30 各品种小区干生皮产量表（干生皮 kg/13.32m²）**

| 代号 | 小区产量（kg） | | | | | （kg/hm²） | ±CK2（%） |
|---|---|---|---|---|---|---|---|
| | Ⅰ | Ⅱ | Ⅲ | 合计 | 平均 | | |
| 9003 | 5.52 | 6.40 | 5.84 | 17.76 | 5.92 | 4 445 | 14.73 |
| 9004 | 6.22 | 5.76 | 5.60 | 17.58 | 5.86 | 4 399 | 13.56 |
| 9005 | 5.64 | 5.48 | 5.77 | 16.89 | 5.63 | 4 227 | 9.11 |
| 9006 | 6.00 | 5.80 | 5.75 | 17.55 | 5.85 | 4 392 | 13.37 |
| 9007 | 5.78 | 5.65 | 5.70 | 17.13 | 5.71 | 4 287 | 10.66 |
| CK2 | 5.15 | 5.04 | 5.29 | 15.48 | 5.16 | 3 874 | |

从表 1-31 可以看出，各品种农艺性状方面有明显的差异，其中株高以 9003 最高，为 348cm，比对照高出 14cm；茎粗以 9007 最大，为 1.664cm，比对照粗 0.385cm；鲜皮厚以 9006 最厚，为 1.181mm，比对照厚 0.145mm；其单株全重、单株鲜茎秆重以 9006 最高，分别为 354g 和 246g；小区干生皮产量以 9003 最好为 5.92kg，干生皮出麻率则以 9007 最高达 10.75%，比对照高出 0.66 个百分点。

**表 1-31 各品种农艺性状特征比较**

| 代号 | 株高（cm） | 茎粗（cm） | 皮厚（mm） | 单株全重（g） | 单株鲜茎重（g） | 单株干皮重（g） | 干皮出麻率（%） | 有效株 | 小区干皮（kg） |
|---|---|---|---|---|---|---|---|---|---|
| 9003 | 348 | 1.538 | 1.141 | 324 | 244 | 25.9 | 10.61 | 276 | 5.92 |
| 9004 | 339 | 1.486 | 1.066 | 312 | 241 | 24.7 | 10.25 | 290 | 5.86 |
| 9005 | 337 | 1.568 | 1.092 | 312 | 237 | 23.9 | 10.08 | 245 | 5.63 |
| 9006 | 347 | 1.632 | 1.181 | 354 | 246 | 24.9 | 10.12 | 222 | 5.85 |
| 9007 | 335 | 1.564 | 1.088 | 347 | 227 | 24.4 | 10.75 | 234 | 5.71 |
| CK2 | 334 | 1.279 | 1.036 | 319 | 229 | 23.1 | 10.09 | 214 | 5.16 |

通过 2015 年度试验比较，对各黄麻新品种在安徽省麻区的生长生产特征特性评价如下：

9003：圆果种，株高 348cm，绿茎叶长椭圆形，下胚轴绿色，出苗较快，且苗齐壮，苗期长势很好，中后期增长快，茎秆粗壮，抗倒伏性能较好，现蕾、开花期迟于对照品种。单株性状较优于对照，小区干生皮产量为 5.92kg，比对照增产 14.73%，位居本次试验第一。

9004：圆果种，株高 339cm，绿茎叶长椭圆形，下胚轴绿色，苗期长势较好，且苗齐，中后期长势较快，现蕾、开花期最迟，收获时小区有效株最多，小区干生皮产量为 5.86kg，比对照增产 13.56%，位居本次试验第二。

4. 黄麻“526”工程示范

2014 年 9 月 20 日，由国家麻类产业技术体系组织有关专家，在福建莆田市涵江区白沙镇，对黄麻育种岗位和漳州黄/红麻试验站所承担的圆果种黄麻“福黄麻 3 号”高产高效种植示范片进行现场测产验收（图 1-15）。圆果种黄麻“福黄麻 3 号”亩平均有效株数 12 371株，株高 489.4cm，平均产生麻 611.1kg/亩、嫩茎叶 241.3kg/亩和麻骨 1 056.7kg/亩。完成黄麻“526”高产工程任务目标。结果详见表 1-32。

**表 1-32 黄麻“526”工程测产结果**

| 编号 | 测产株数 | 原麻亩产（kg/亩） | 麻叶亩产（kg/亩） | 麻骨亩产（kg/亩） |
|---|---|---|---|---|
| 1 | 123 | 634.1 | 274.6 | 1 130.9 |
| 2 | 126 | 578.8 | 267.7 | 1 046.0 |
| 3 | 131 | 620.3 | 181.6 | 993.1 |
| 平均 | 126.7 | 611.1 | 241.3 | 1 056.7 |

**图 1-15 黄麻“526”工程测产验收**

2014 年 10 月 12 日，对在河南信阳和湖南沅江黄茅洲开展的长果黄麻“526”工程种植示范进行验收，2 个试验点的示范面积均为 15 亩，供试品种为中黄麻 4 号。现场测产结果为，原麻 534.12kg/亩、麻叶 133.30kg/亩、麻骨 773.00kg/亩。专家组认为：中黄麻 4 号适宜在水肥条件良好地区栽培、田间表现生长势旺、群体整齐、株型优异、分枝少而分枝位高，植株清秀等特性，尽管后期为防倒伏进行扶麻扎捆，导致中下部位叶片大量脱落，嫩梢叶产量下降，但总生物产量达到 1 440.4kg/亩，超额完成总生物产量 1 300kg/亩的合同指标，已经达到黄麻“526”工程的要求，其高产高效栽培模式可在同类地区扩大推广。

2015 年在福建省农业科学院甘蔗研究所试验农场进行黄麻品种高产高效种植技术示范，示范品种：福黄麻 3 号，示范面积 2 亩。9 月 20 日进行试验考种和测产，测产面积 7.5$m^2$，结果表明（表 1-33）：圆果种黄麻“福黄麻 3 号”平均原麻产量 556.1kg/亩，比任务指标 500kg/亩增产 11.22%；嫩茎叶产量 212.3kg/亩，比任务指标 200kg/亩增产 6.15%；麻骨 929.9kg/亩，比任务指标 600kg/亩增产 55%。黄麻高产高效种植技术示范效果良好。

**表 1-33 圆果种黄麻福黄麻 3 号品种示范表现**

| 重复数 | 有效株数 | 株高（cm） | 茎粗（cm） | 皮厚（mm） | 原麻产量（kg/亩） | 麻叶产量（kg/亩） | 麻骨产量（kg/亩） |
|---|---|---|---|---|---|---|---|
| Ⅰ | 114 | 468.5 | 1.882 | 1.286 | 577.0 | 241.6 | 995.2 |
| Ⅱ | 117 | 473.1 | 1.748 | 1.077 | 526.7 | 235.6 | 920.5 |
| Ⅲ | 122 | 481.7 | 1.816 | 1.080 | 564.5 | 159.8 | 873.9 |
| 平均 | 117.7 | 474.4 | 1.815 | 1.148 | 556.1 | 212.3 | 929.9 |

5. 黄麻种质创新

2014 年度配制长、圆果黄麻杂交组合 50 个。筛选低代长果种组合与单株材料 Za01-4-1、Za03-1-2 等 106 份，高代材料 72 份，株系材料 37 份。品系比较试验结果显示，新品系纤维产量均增产 10%以上，其中 T110 增产达 14%。2015 年，配制长、圆果黄麻杂交组合 70 个，筛选低世代单株材料 233 份，如 Za15-6-1、Za15-1-2 等，优异高代材料 24 份，优良株系 6 份。鉴定了一批变异单株，如摩维的白花变异株、6 瓣花变异株和 K46 的株高突出单株。

采用物理诱变（$^{60}Co$-γ）和化学诱变（EMS）相结合的方法，以“中黄麻4号”等7个黄麻品种为材料，研究诱变黄麻苗期形态学变化、代谢特性和抗性指标。结果表明，EMS和$^{60}Co$-γ射线对黄麻幼苗的叶片产生不同程度的损伤，前者主要导致叶片卷曲，后者导致叶片分叉。复合诱变导致黄麻幼苗脯氨酸含量、丙二醛含量和根系活力提高。而可溶性蛋白、SOD活性和POD活性变化则品种之间呈现差异。通过复合诱变，获得黄麻$F_1$代突变体单株34株，这些单株已移入暗室短光处理并收获一定量种子于2014年冬在海南种植繁种扩繁，进一步种植鉴定工作正在开展。

### （二）非耕地黄麻种植关键技术研究与示范

1. 耐盐碱黄麻品种筛选与种质鉴定

耐盐碱黄麻种质的鉴定：在发芽期、苗期、中后期，对60份长果黄麻进行耐盐碱鉴定。分别设置180mmol/L、200mmol/L、220mmol/L、250mmol/L、270mmol/L等5个NaCl浓度梯度，目前确定250mmol/L浓度为大部分黄麻耐盐性极限浓度，高于该浓度长果黄麻生长受到严重抑制。O-3为耐盐性较强种质，甜麻、长果红茎、南阳长果等在200mmol/L浓度下生长受阻，叶片部分萎缩，根部正常；而在250mmol/L浓度下，生长受到明显抑制，叶片枯萎脱落，根部变黑，侧根无法生长。

耐盐碱黄麻品种筛选：2014年完成种植黄麻的盐碱地土壤取样，主要经济性状和产量的测定。在耐盐浓度0.3%~0.5%的情况下，筛选出耐盐碱黄麻品种6个（摩维1号、Y05-02、O-1、C2005-43、C-1、中黄麻1号），其中“摩维1号”生长快、分枝少、不早衰、植株高大（高于平均值20%~25%），2013—2014年作为主栽品种已被江苏紫荆花科技股份有限公司在盐碱地推广种植。

盐碱地黄麻种植技术关键：五年的研究表明，盐碱地黄麻种植的技术关键是降盐、防草、抗旱、防早衰。主要技术措施：①选择适宜盐碱地（盐碱含量0.4%以下，不积水），播前10天施草甘膦一次性清除各类杂草；②适度提高播种量（750g/亩），雨后播种，用地膜或草覆盖提温；③苗高10cm时用盖草隆等除草剂清除杂草；④重施基肥（偏酸性复合肥）、适量补充氮肥，后期加强水肥管理，防止早衰；⑤适时收获，叶片等残留物留在原地块培肥土壤。

2. 黄麻“425”高产工程示范

2014年10月12日，在江苏大丰对“中黄麻4号”沿海滩涂盐碱地黄麻高产高效种植示范进行了现场测产验收。测产结果为原麻407.08kg/亩、麻叶258.61kg/亩、麻骨602.31kg/亩。“中黄麻4号”适宜在盐碱地进行高密度栽培、田间表现生长势旺、群体整齐、株型优异、植株清秀、不早衰等特性，经测产已经达到黄麻“425”工程的要求，其盐碱地高产高效栽培模式可在同类地区扩大推广。盐碱地黄麻种植的关键技术是降盐、防草、抗旱、防早衰。

2015年10月12日，在福建莆田市秀屿区盐碱地，对黄麻育种岗位和漳州黄/红麻试验站所承担的圆果种黄麻“福黄麻3号”盐碱地高产高效种植示范片进行现场测产验收（表1-34）。圆果种黄麻“福黄麻3号”亩有效株数10 875株，株高372.4cm，茎粗19.42mm，皮厚1.56mm；实测产鲜原麻2101.62kg/亩，嫩茎叶501.44kg/亩和鲜麻骨3 805.49kg/亩。晒干后，产原麻441.97kg/亩，嫩茎叶226.40kg/亩和麻骨692.60kg/亩。完成黄麻“425”高产工程任务目标。圆果种黄麻福黄麻3号在盐碱地高产栽培模式下，种植11 000株/亩左右，行距1.25m，田间表现生长势旺、群体整齐、植株清秀、秆硬耐倒等特性，经测产已经达到黄麻“425”工程的要求，其高产高效栽培模式可在同类地区扩大推广。

**表1-34 盐碱地福黄麻3号经济性状测定**

| 小区 | 株高（cm） | 茎粗（mm） | 皮厚（mm） | 原麻亩产（kg/亩） | 麻叶亩产（kg/亩） | 麻骨亩产（kg/亩） |
|---|---|---|---|---|---|---|
| 1 | 369.8 | 19.2 | 1.7 | 432.1 | 214.6 | 670.2 |
| 2 | 369.8 | 19.9 | 1.5 | 443.8 | 230.0 | 706.5 |
| 3 | 377.6 | 19.2 | 1.5 | 450.0 | 234.6 | 701.1 |
| 平均 | 372.4 | 19.4 | 1.6 | 442.0 | 226.4 | 692.6 |

### （三）黄麻遗传改良的分子生物学研究

1. 黄麻种质资源基因组DNA指纹图谱构建

以国内外引进保存的231份黄麻种质资源为材料，分别采用SRAP、ISSR、SSR分子标记和编程DNA指纹图谱分析软件，绘制黄麻遗传资源基因组DNA指纹图谱。结果表明，通过筛选出的35对SRAP引物对231份黄麻品种进行标记分析，获得96份黄麻品种DNA指纹图谱；11个ISSR多态性引物对96份材料进行DNA标记分析，获得45份黄麻品种DNA指纹图谱；49对SSR多态性引物对48份黄麻品种进行DNA标记分析，获得13份黄麻品种DNA指纹图谱。累计完成了154份黄麻品种基因组DNA分子指纹图谱绘制，每一个被识别的品种都具有其独特的分子“身份证”，其他77份地方品种因与部分品种遗传相似性过高，未能被识别，表明黄麻地方品种存在较为严重的同种异名现象。

三种分子标记的比较表明，SRAP、ISSR、SSR三种分子标记同时具有重复性高、多态性高、稳定性好、操作简便和DNA用量相对较少等特点，是DNA指纹图谱构建比较理想的标记方法。而ISSR表现出较大的优势，11个ISSR引物的贡献情况：其中U886可对71个品种有贡献；贡献率最少为I18有43个；平均贡献率为52.8。

2. 圆果种黄麻高密度遗传连锁图谱构建及重要性状基因定位研究

以圆果黄麻‘爱店野生种’及栽培种‘黄麻179’为亲本，创建黄麻重组自交系群体，挑取其中的100个株系，采用双端测序开发SLAF标记的方法，进行遗传连锁图谱构建，结果如下：①共获得135 195 254条reads；②开发69 446个SLAF标记，其中多态性标记5 074个，非多态标记64 372个；③分析共得到11个连锁群，7个群为主要的连锁群，上图标记913个，总图距1 621 cM，平均图距1.61cM，亲本平均深度43X，子代平均深度9.8X。并对株高、第一分支高、茎粗、皮厚、鲜皮重、鲜茎重、干皮重等7个重要性状进行了基因定位。

3. 数据库中黄麻EST-SSR标记的开发及评价

从GenBank公共数据库中下载黄麻表达序列标签838条，利用SSRPrimer软件对其进行SSR位点查找，利用Primer 3.0软件设计66对SSR引物，通过琼脂糖凝胶研究这些SSR引物的PCR扩增特点，以检测其多态性。结果表明，66对SSR引物在黄麻属6个不同类型材料的扩增中，42（63.6%）对引物至少在2个材料之间存在多态性。$(AT)_n$重复基元和$(GC-)_n$丰富的三核苷酸重复基元多态性较高，可作为黄麻SSR标记引物设计的首选。黄麻EST-SSR标记开发效率较高，不仅可以丰富黄麻分子标记的数量，而且为剖析黄麻重要性状的遗传机制奠定基础，这对于黄麻的遗传基础研究具有重要应用价值。

从基因数据库中鉴定出1 906个EST-SSR标记，在这些标记中，多为二、三和四核苷酸重复类型，分别占12%、56.9%和21.6%，富银或富镓的核苷酸重复序列占主导地位。随后，选择116个位于编码转录因子和纤维素合酶基因的SSR样本进行12个黄麻种质的多态性检测，结果表明：83.6%的SSR至少具有一个条带的多态性，意味着新开发的SSR标记具有较高的质量。最后，用97个SSR标记分析了12份种质的遗传相似系数，结果表明，12份材料可以分成2个组，相似系数为0.61。这些EST-SSR标记的开发，不仅丰富了标记的类型，也为黄麻的遗传改良和基因组研究提供了有用的信息。

4. 黄麻组织培养体系的建立及遗传转化体系优化

以圆果种“黄麻179”为材料，确定了①以子叶和幼茎为外植体产生愈伤组织最佳培养基分别为：MS培养基中添加0.5mg/L TDZ+0.1mg/L或0.5mg/L IAA，MS培养基中添加2.0mg/L 6-BA+0.5mg/L IAA和MS培养基中添加0.25mg/L TDZ+0.1mg/L或0.5mg/L NAA，MS培养基中添加0.5mg/L 6-BA+0.5mg/L NAA。②子叶愈伤组织再分化培养基为MS+0.5mg/L 6-BA+0.5mg/L NAA。③幼茎愈伤组织再分化培养基为MS+0.5mg/L TDZ+2.0mg/L IAA，通过筛选不同种类的褐变抑制剂，最终确定0.1%的植酸作为黄麻组培中褐变抑制剂效果较好。④不定芽诱导中，最终确定子叶节不定芽诱导最佳培养基是MS+2.0mg/L 6-BA+0.25mg/L NAA+100mg/L HC。诱导率达到36.4%。⑤不定芽或苗根诱导最佳培养基为MS+0.5mg/L 6-BA+1mg/L NAA。⑥选用200mg/L Cef作为子叶节遗传转化的抑制农杆菌生长的抑制剂，20mg/L的潮霉素作为转化后子叶节的筛选临界浓度，最后采用新鲜外植体，菌液中添加100μmol/L的乙酰丁香通，浓度调整为OD值为0.5，浸染时间为10min，获得的GUS染色率较高，所有GUS染色过的植株经过PCR反应均能扩增出目的条带。研究结果为今后黄麻基因工程育种提供了重要的途径。

利用黄麻子叶节为外植体，MS培养基为基本培养基，建立黄麻再生体系。最后通过5种因素4个水平来研究不同生长调节剂对再生体系的影响，最后确定MS中添加1.0mg/L 6BA和0.25mg/L NAA，可获得外植体诱导率达100%。并优化了农杆菌介导的GUS基因瞬时表达转化，检测体系：利用新鲜的外植体，农杆菌菌液中加入100μmol/L的乙酰丁香酮，600nm时OD为0.5，共培养时间10min获得了较高的转化率。

5. 黄麻纤维素合成酶（*CcCesA*1）基因克隆与功能分析

克隆黄麻纤维素合成酶*CcCesA*1基因除5′端500bp序列外的全部cDNA。其序列长度为2 529 bp，编码627氨基酸残基，经*Blast*基因比对和蛋白质结构分析，确定是黄麻纤维素合成酶基因。半定量RT-PCR分析表明，*CcCesA*1在植株不同部位表达量具组织差异性，依次为茎部韧皮>根>叶>顶芽>麻骨。利用*CcCesA*1基因部分cDNA序列和3′UTR区，构建黄麻*CcCesA*1基因反义载体，用测序验证的阳性质粒转化模式植物拟南芥。Southern结果表明，外源基因以单拷贝方式整合进入基因组，转基因拟南芥生长严重受阻，植株变得矮小且茎部易弯曲倒伏，角果数量变少，长度变短，纤维素含量有不同程度的降低，本研究结果表明，所克隆的黄麻*CcCesA*1基因除了参与植物其他生理代谢过程外，还参与纤维素的生物合成。

6. 黄麻尿苷二磷酸葡萄糖焦磷酸化酶（*UGPase*）基因克隆与功能分析

成功分离黄麻尿苷二磷酸葡萄糖焦磷酸化酶基因（*UGPase*），暂命名为*CcUGPase*1，该基因cDNA全长1 395bp，编码465个氨基酸，编码蛋白的分子质量51.15619kD，理论等电点是6.11，*CcUGPase*生物信息学分析表明，该基因属于糖基转移酶家族成员，RT-PCR分析表明，该基因在根、茎皮、叶中均有表达，其表达量为茎皮>根>叶，在40d和120d时表达较高，在拟南芥中过量表达*CcUGPase*1基因表明，转基因植株生长速率加快、高度增加，纤维素含量比对照增加（8%~17%），木质素含量和节间距没有明显变化。研究结果表明该基因在植物的生长发育和纤维素代谢过程中起重要的调控作用。

农杆菌介导转化无菌黄麻子叶节，提取所有转化植株叶片DNA，对转化植株进行PCR和Southern杂交检测，最后共确定7株为转基因阳性植株，对转基因当代植株分析表明，与对照相比转基因的植株高度明显增加，韧皮纤维中纤维素含量与对照相比增加18%~22%。该研究结果为利用*UGPase*基因改良黄麻品质提供了新的视角。

7. 黄麻咖啡酰—辅酶A甲基转移酶（*CCoAOMT*）基因克隆与功能分析

分离黄麻咖啡酰—辅酶A甲基转移酶（*CCoAOMT*）基因，暂命名为*CcCCoAOMT*1，该基因cDNA全长609bp，编码202个氨基酸，编码蛋白的分子质量22.59887kD，理论等电点是5.59，*CcCCoAOMT*1生物信息学分析表明，该基因属于PLN02589 Methyltransf-3氧甲基转移酶家族成员，RT-PCR分析表明，该基因在根、茎皮、麻骨、叶中均有表达，其表达量为麻骨>根>茎皮>叶，转基因拟南芥研究结果表明，携带*CcCCoAOMT*1基因的拟南芥与对照相比植株高度、角果长度、茎秆硬度均增加，木质素含量比对照增加17%~21%，表明该基因在植物的生长发育和木质素代谢过程中起关键调控作用。

利用韧皮部特异启动子启动*GUS*基因在烟草中的表达结果表明，与35S相比，韧皮部特异启动子可驱动*GUS*基因在韧皮部中表达，而在其他部位不表达或表达量较低。利用TCK303质粒和

PNW55 模板质粒分别构建了 *CCoAOMT* 基因 RNA 干扰载体和人工 miRNA 定向沉默载体，农杆菌介导方法转化无菌黄麻子叶节，初步 PCR 检测结果表明外源基因已整合到黄麻基因组中，Southern 杂交结果正在检测中，有望筛选出黄麻 *CCoAOMT* 基因被定点抑制的转化植株。

8. 黄麻基因源干旱胁迫生理响应研究

选用 146 份黄麻品种为材料，采用盆栽进行干旱胁迫试验，按照胁迫后叶子的萎蔫程度及复水后叶子的恢复情况进行比对，选出耐旱性较强黄麻品种 11 份、耐旱性较弱的黄麻种质材料 30 份，为后续研究提供基础。选取耐旱性较强品种 IJO20 号、179（1）及耐旱性较弱品种 179（7）、和字 4 号作为后续渗透调节、活性氧代谢测定的试验材料（表 1-35）。

使用 PEG6000 溶液模拟干旱胁迫，测定了 IJO20 号、179（1）、179（7）、和字 4 号 4 个黄麻基因型叶片的相对含水量、脯氨酸、可溶性糖、丙二醛含量以及超氧化物歧化酶、过氧化物酶、过氧化氢酶的活性研究黄麻在干旱胁迫下渗透调节及活性氧代谢的变化。参试黄麻基因型旺长期处理叶片中可溶性糖、游离脯氨酸含量、过氧化物酶活性随干旱胁迫时间的进行而增加，且耐旱性较强的品种变化幅度大；丙二醛含量随胁迫进行而增加，耐旱性较弱的品种 179（7）、和字 4 号的增加幅度较大；其中叶片相对含水量则降低，且耐旱性较弱的品种降低幅度大；超氧化物歧化酶活性的变化趋势则是先降低后升高；过氧化氢酶活力则是先上升后下降（表 1-35）。

**表 1-35　黄麻耐旱性评价的标准**

| 耐旱性的形态指标 | 耐旱性评价 |
|---|---|
| 上部叶片正常展开，中部叶片轻微卷曲，下部叶片卷曲旱针状；在当天 18：30 左右叶片能恢复成正常状态（除下部叶片外） | 极强 |
| 上部叶片正常展开，中部叶片轻微卷曲，下部叶片卷曲旱针状；在当天 18：30 左右基本可恢复成正常状态（除下部叶片外） | 强 |
| 上部叶片较正常展开，中部叶片略卷旱针状，下部叶片卷曲旱针状且枯黄；到次日早晨基本上可恢复成正常状态（除下部叶片外） | 中等 |
| 上部 50%叶片卷曲旱针状，中部叶片全卷旱针状，下部叶片枯死且大部分脱落；到改日早晨可基本上恢复到正常状态的 90%（除下部叶片外） | 弱 |
| 上部 50%叶片卷曲旱针状，中部叶片全卷旱针状，下部叶片枯死且大部分脱落；到次日早晨才能恢复到正常状态的 60%~75%（除下部叶片外） | 极弱 |

9. 黄麻抗逆基因 *CcSnRK*2 的克隆测序分析

SnRK2 家族成员在应答植物抗逆胁迫中发挥作用。使用筛选出的耐旱性较强黄麻品种 IJO20 号作为试验材料，使用同源克隆和 RACE 技术，从黄麻中克隆出同源的 SnRK2，CDS 长 1579bp，编码 350 个氨基酸。推测编码的蛋白质的分子式为 $C_{3736}H_{6248}N_{1218}O_{1572}S_{217}$，相对分子量大约为 31. 6kD，预测 pI 值为 5. 48，半衰期约为 100h，其不稳定指数为 39. 09，属稳定性蛋白质，该蛋白含正电荷残基（Arg+Lys）27 个，负电荷残基（Asp+Glu）37 个，总平均疏水指数为-0. 215，脂溶性指数为 89. 10，预测显示该蛋白为脂溶性蛋白。利用荧光定量 PCR 分析黄麻在干旱胁迫下，随着时间的变化，*CcSnRK*2 基因表达量升高后又下降。说明 *CcSnRK*2 基因在黄麻面对干旱胁迫时发挥着一定的作用。

10. 黄麻群体的遗传结构和亲缘关系的 SSR 分析

利用 63 个 SSR 引物，对 159 份来自 11 个国家的黄麻种质资源进行遗传结构和亲缘关系的分析。结果表明：长果种和圆果种黄麻被分入 Co 和 Cc 群，并进一步细分为 Co1、Co2、Cc1 和 Cc2 亚群。Cc1 亚群中，聚集了 91 份种质资源，其中 81 份来自中国，10 份来自亚洲其他国家。Cc2 亚群则包括 38 份种质材料，除 3 份来自印度、孟加拉和泰国外，其余均来自中国。也暗示了地理来源一致的种质资源，不一定都会聚集在同一个亚群。Co1、Co2 亚群的聚类结果也相类似。分子多样性分析表明，群间的差异性达 81%，而亚群内的差异则为 19%。亲缘关系分析显示出马里野生长果、长果中粤引，以及 BZ-2-2、爱店野生种、紫颈黄麻和 179 等具有最高的遗传多样性，可以作为遗传改良的优异亲本。

11. 黄麻矮秆种质株高性状对外源激素的敏感性

探索黄麻矮秆种质爱店野黄麻株高对不同外源激素的敏感性。结果表明，在 0.1mg/L 外源 IAA 和 BR 的 MS 培养基条件下，爱店野黄麻下胚轴与未处理的爱店野黄麻相比，差异不显著；但在 0.1mg/L 外源 $GA_3$的 MS 培养基条件下，爱店野黄麻下胚轴长度明显高于未处理的爱店野黄麻，差异达到极显著水平，而且未处理的黄麻 179 与外源 $GA_3$处理的爱店野黄麻、黄麻 179 的下胚轴长度相当，初步表明爱店野黄麻为植株体内赤霉素敏感型，外施 $GA_3$后爱店野黄麻下胚轴有显著的增长，黄麻 179 没有明显的变化。在不同浓度外源激素的大田叶面喷施条件下，高浓度（100mg/L）的 $GA_3$处理的爱店野黄麻株高变化量均显著高于另 2 个较低浓度 $GA_3$；但不同浓度 IAA 和 BR 处理后，爱店野黄麻株高与未处理的爱店野黄麻对照相比，差异不显著，进一步表明爱店野黄麻为赤霉素敏感型植株。在大田叶面喷施条件下，100mg/L 的外源 $GA_3$连续处理后，爱店野黄麻的株高明显高于未处理的爱店野黄麻，差异达到极显著水平，而且其株高接近黄麻 179 水平，表明外源赤霉素 $GA_3$连续处理可以使该矮秆种质植株的株高恢复到正常栽培种的株高水平。酶活性分析试验中，一次喷施 100mg/L $GA_3$激素处理后，第 3d $\alpha$-淀粉酶活性与处理前相比开始升高，直到第 6d，$\alpha$-淀粉酶活性显著增强，表明 $GA_3$能诱导爱店野黄麻的 $\alpha$-淀粉酶活性提高。结果说明爱店野黄麻是一份典型的黄麻矮秆种质，该种质对外源 IAA 和 BR 不敏感，对外源 $GA_3$敏感；连续用 $GA_3$处理可以恢复其株高，外源 $GA_3$可以诱导其 $\alpha$-淀粉酶活性增强，该种质是 $GA_3$敏感型的矮秆种质资源。

12. 黄麻炭疽病病原菌的分离鉴定及 rDNA-ITS 序列分析

从福建三明、浙江萧山、广西合浦等黄麻主产区采集黄麻炭疽病病原菌样本，进行分离、纯化，共获得 7 个菌株，在致病性测定及形态学特征鉴定的基础之上，选取这 7 个病原菌菌株，对 rDNA-ITS 区域进行基因序列分析。结果表明：炭疽病菌株在形态特征及致病力有明显差异；rDNA-ITS 序列实际长度分别为 575、581、580、581、580、580、574bp。病原菌的 5.8SrDNA 序列高度保守，而 ITS 区可变性则相对较高。通过分析已经成功克隆的植物抗炭疽病基因的产物，发现抗炭疽病基因编码的蛋白中大都存在保守的结构域，然而这些保守的结构域在植物对病原体的识别、诱导抗炭疽病反应及信号传导中起到十分重要的作用。从而推断在未被克隆的抗炭疽病基因编码的产物中也会存在这些保守区域。本研究根据已知植物抗炭疽病基因产物中的结构域的保守序列设计简并引物，并以本实验筛选出的高抗炭疽病的黄麻基因组 DNA 为模板，克隆出抗炭疽病基因同源序列（resistance gene analog，RGA）RGAs，并对其进行序列比对和分析。

**（四）黄麻多用途技术研究**

1. 菜用黄麻富硒特性研究

以福建农林大学麻类遗传育种与综合利用实验室提供的福农 1 号、4 号、5 号，09C-12，09C-17 为对象，采用田间的小区试验、温室的水培试验以及相应的室内分析的方法，分析了菜用黄麻对硒的吸收特性（图 1-16 至图 1-18）。为生产富硒菜用黄麻提供理论指导，也为开发优质绿色农产品提供技术参考。研究结果如下：菜用黄麻幼嫩叶对硒的富集特征及甘油对硒富集的促进作用；富硒菜用黄麻幼嫩叶中的硒主要是以蛋白质结合态硒和多糖结合态硒的形式存在。

2. 长果黄麻重金属吸附特性功能评价

2014 年，继续进行黄麻重金属吸附相关研究，筛选相关种质资源 30 多份，结果表明，种质之间对重金属吸附效果差异十分明显，对重金属的吸附能力之差在 15%以上，为生物学上选择优良吸附剂材料提供了重要的理论依据。初步研究了黄麻生物吸附重金属的机理，证明黄麻重金属吸附有化学与物理的双重性，而以化学吸附为主。黄麻叶粉处理 Cr（Ⅵ）的扫描电镜如图 1-19：3 个处理条件下的叶粉形态差异很大。未处理的叶表面积小，空洞少，较平整；用 pH 值=1 水溶液浸泡

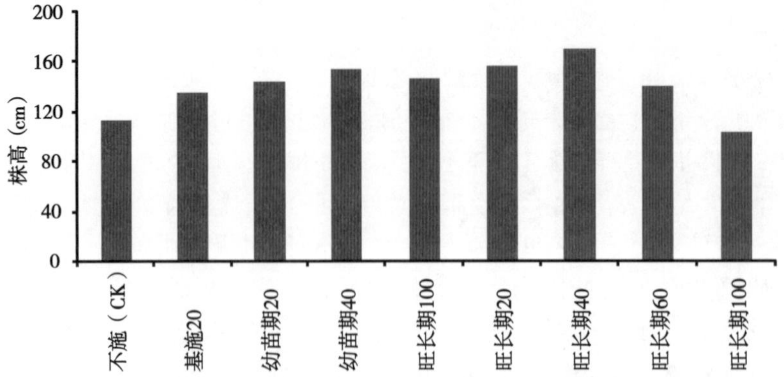


**图 1-16　不同硒处理对菜用黄麻生长的影响**

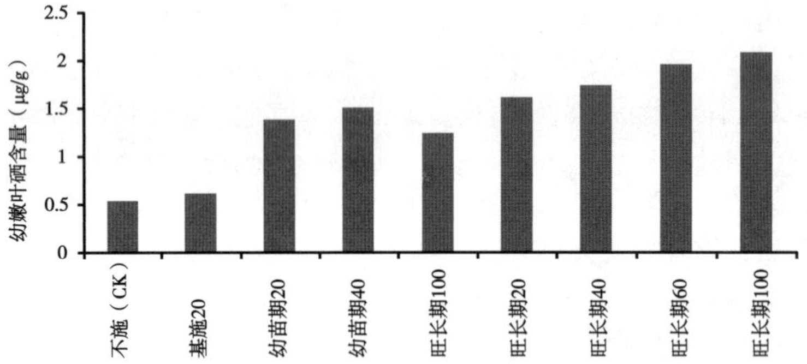


**图 1-17　不同处理对黄麻幼嫩叶中硒含量的影响**

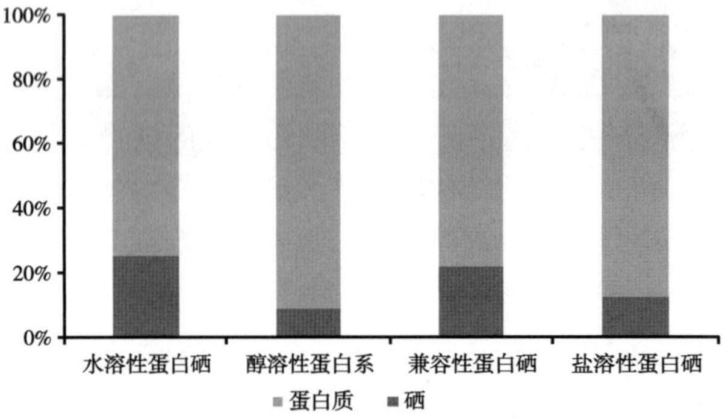


**图 1-18　不同种类蛋白硒中蛋白质以及硒所占的质量分数**

过的吸附剂粗糙多孔，表面积急剧扩大，说明酸性条件对吸附剂起到了一定程度的改性作用，同时可以看到，内部孔洞比表面孔洞多，与吸附等温线部分分析出的结果相吻合；在 pH = 1 的 Cr（Ⅵ）溶液中浸泡过的吸附剂结构变得更加复杂，出现了大量的光亮区域，推测在吸附 Cr（Ⅵ）的过程中，样品表面及内部发生了复杂且强烈的反应，大量 Cr（Ⅵ）结合到了吸附剂上。另外，吸附高浓度的 Cr（Ⅵ）后黄麻叶粉末由绿色变成铬黄色，颗粒更为分散，而吸附低浓度的 Cr（Ⅵ）后没有出现这种现象，这充分说明大量的 Cr（Ⅵ）与吸附剂已经结合。

3. *黄麻骨栽培食用菌*

与食用菌生产企业合作，在前期实验的基础上，利用黄麻剥皮后的麻秆，设计蘑菇生长所需的营养条件、创造适宜蘑菇生长的环境条件进行种植。通过栽培试验与示范，添加 70%黄麻麻秆比例栽培蘑菇的产量高于对照（稻草），产量集中，生产期缩短，降低人工翻堆次数与采菇的生产成本，提高了效益。其生物效率达到 65.3%，具有较好的应用推广前景。

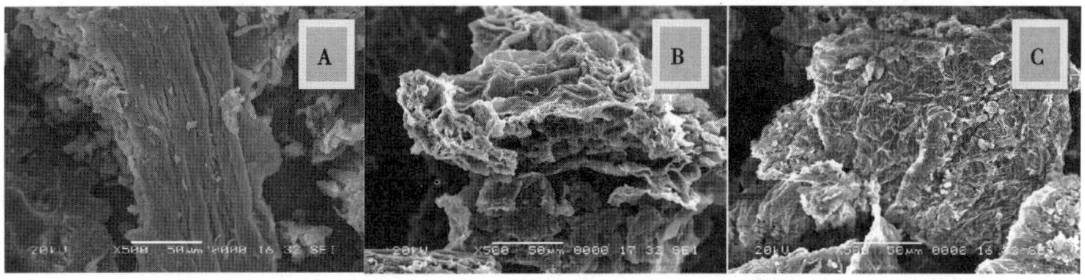


未处理（A）、pH=1水溶液浸泡（B）、pH值=1的Cr（Ⅵ）浸泡（C）的叶粉电镜扫描图

**图1-19 黄麻叶粉处理Cr（Ⅵ）的扫描电镜图**

4. 菜用黄麻茎叶粉替代部分全价日粮喂饲杜洛克生长猪

为探讨菜用黄麻茎叶粉在纯种杜洛克猪中的适宜添加量，考察了菜用黄麻茎叶粉替代部分杜洛克猪全价日粮对其生长性能及经济效益的影响。结果发现：在生长阶段，5%、10%的替代水平使得生长猪的平均日增重显著增加，料肉比下降；对平均日采食量的影响不显著。菜用黄麻茎叶粉替代部分日粮均降低了饲料成本。在生长阶段，所有处理组每1kg增重饲料成本均低于对照组，最低的是10%替代组。菜用黄麻茎叶粉对杜洛克猪生长阶段全价日粮的适宜替代水平为5%、10%。

## 五 工业大麻

工业大麻育种岗位2014—2015年选育了云麻6号、云麻7号、云麻杂2号和云麻杂3号共4个工业大麻品种，其中云麻6号较耐密植，云麻7号为高大麻二酚（CBD）含量品种，其CBD含量达到0.9%，云麻杂2号和云麻杂3号是利用工业大麻的杂种优势选育的杂交种品种。4个新品种两年累计示范种植70hm$^2$，其中繁种示范种植16.67hm$^2$。2015年产业体系组织的专家组实地测产验收中，云麻杂3号每公顷的原麻、嫩茎叶和麻骨单产分别达到3 340.5kg、5 449.5kg和12 187.5kg，完成了体系确定的“238”工程目标任务。与企业合作开展工业大麻新品种云麻7号嫩茎叶提取CBD中试生产，提取率达92%以上。对收集保存的28份大麻种质资源的生物学性状、经济性状及关键化学成分含量进行了鉴定评价。开展了雌雄同株工业大麻育种技术研究，通过化学诱导得到雌雄同株材料。发明了一种复合PCR反应鉴定大麻植物化学型的方法，用于育种材料的早期筛选。研究了工业大麻对重金属污染土壤修复方面的潜能，包括富集特征、不同品种对重金属污染土壤的耐受性、Pb胁迫对工业大麻植株本身的生长发育影响等。明确了四氢大麻酚（THC）和CBD遗传分离模式，并针对THC这一遗传指标开展了数量性状遗传分析。

分子育种岗位工作主要集中在麻类作物育种与制种技术研究上，在工业大麻遗传改良方面取得了可喜的进展。首先开展了大麻种质遗传基础研究，基于大麻转录组搜寻到4 577个SSR位点，开发了3 442对SSR引物，挑选了45对引物对115份大麻材料（15份欧洲材料）进行了多态性分析，结果显示115份材料可以分为4个区：中国北方、欧洲、中国中部和中国南方，而中国北方材料与欧洲具有更近的亲缘关系。在此基础上对115份大麻材料进行了耐盐性筛选，共筛选出耐盐碱较强的大麻种质2份。设计合成890对SSR引物对10个纤用型大麻品种（THC含量<0.03%）和18个药用型大麻品种（THC含量≥1%）进行筛选，筛选到在高THC含量品种中表达的特异标记3对。其次，改良优化了根癌农杆菌（含Ti质粒）介导的大麻遗传转化体系，形成了一套转化效率较高的流程，转化后形成的再生芽GUS检测表达率可达30%以上。同时对发根农杆菌（含Ri质粒）介导的遗传转化体系进行了初步研究。

### （一）优质高产工业大麻品种选育与示范

1. 育成4个工业大麻新品种

（1）云麻6号。云麻6号为籽纤兼用型工业大麻新品种。该品种属雌雄异株晚熟型品种，工艺成熟期 100~120d，全生育期 165~180d。平均株高约 3.5m，茎粗 1.5~2cm；叶片细长，深绿，茎秆绿色；种子卵圆形、浅褐色，千粒重 31.2g。生长势强、适应性广，密植条件下基本无分枝，植株均匀性好，耐密植。纤维强力 301.5N，籽粒含油量 33.55%，蛋白质含量 22.2%。THC（四氢大麻酚）含量 0.11%~0.16%，平均含量为 0.13%，CBD（大麻二酚）含量 0.43%~0.55%，平均含量为 0.49%。具有较强的抗病性、抗旱性和抗倒伏性，轻感叶褐斑病。多年多点试验中籽秆兼用型种植模式下，籽粒平均单产可达 1 420.5kg/hm$^2$，较云麻 1 号（CK）增产 17.57%，茎秆平均亩产为 8 841kg/hm$^2$；纤维型种植模式下，纤维平均亩产 1 698kg/hm$^2$，花叶平均亩产 1 581.3kg/hm$^2$，CBD 平均亩产 8.4kg/hm$^2$，较云麻 1 号（CK）增产 27.73%。广泛适应于云南省各工业大麻主产区种植，对于省外各主产区的种植适应性也有好的预期。

（2）云麻 7 号。云麻 7 号为药纤兼用型工业大麻新品种。该品种属雌雄异株晚熟型品种，工艺成熟期天数为 115~135d，全生育期 180~200d。平均株高 3.6m 左右，茎粗 1.5~2.0cm；叶片细长、绿色，茎秆绿色；种子卵圆形、浅褐色，千粒重 25.2g。生长势强、适应性广，密植条件下基本无分枝。纤维强力 322.5N，籽粒含油量 31.00%，蛋白质含量 20.4%。THC 含量 0.13%~0.20%，平均含量为 0.18%，CBD 含量 0.80%~1.03%，平均含量为 0.90%。具有较强的抗病性、抗旱性和抗倒伏性，轻感叶褐斑病。多年多点试验中，纤维平均单产 1 885.5kg/hm$^2$，较云麻 1 号（CK）增产 2.05%；花叶平均单产 1 656kg/hm$^2$，CBD 平均亩产 15.5kg/hm$^2$，较云麻 1 号（CK）增产 134.6%。广泛适应于云南省各工业大麻主产区种植，对于省外各主产区的种植适应性也有好的预期。

（3）云麻杂 2 号。“云麻杂 2 号”是纤用型工业大麻杂交新品种。该品种雌雄异株，雌雄比例约为 1：1，工艺成熟期天数 93~119d，为晚熟品种；种子卵圆形、浅褐色，千粒重 29.4g，平均株高 3.7m 左右，茎粗 1.2~1.9cm；叶片细长、深绿，茎秆绿色。生长势强、适应性广，密植条件下基本无分枝、茎秆粗细均匀，耐密植。原麻（鲜茎剥麻）纤维强力高，可达到 360N。具有较强的抗病性、抗旱性和抗倒伏性，轻感叶褐斑病。THC（四氢大麻酚）含量 0.16%~0.18%，平均含量 0.17%，符合《工业大麻 品种类型》（DB53/T 295.1—2009）THC<0.3% 的规定。CBD 含量 0.41%~0.46%，平均含量 0.43%。多年多点试验，45 万株/hm$^2$ 种植模式下，原麻平均亩产 3 030.0kg/hm$^2$，花叶平均亩产 2 238kg/hm$^2$，较对照增产 9.07%和 10.52%；75 万株/hm$^2$种植模式下，原麻平均亩产 3 343.5kg/hm$^2$，花叶平均亩产 2 346.0kg/hm$^2$，较对照增产 8.94%和 9.83%。广泛适应于云南省各工业大麻主产区种植，对于省外各主产区的种植适应性也有好的预期。

（4）云麻杂 3 号。“云麻杂 3 号”是药纤兼用型工业大麻杂交新品种。该品种雌雄异株，雌雄比例约为 1：1，工艺成熟期天数 100~126d，为晚熟品种；种子卵圆形、浅褐色，千粒重 26.9g；平均株高 3.9m 左右，茎粗 1.2~1.9cm；叶片细长、深绿，茎秆绿色。生长势强、适应性广，密植条件下基本无分枝、茎秆粗细均匀，耐密植。原麻（鲜茎剥麻）纤维强力高，可达到 350N。具有较强的抗病性、抗旱性和抗倒伏性，轻感叶褐斑病。THC（四氢大麻酚）含量 0.13%~0.16%，平均含量为 0.15%，符合《工业大麻 品种类型》（DB53/T 295.1—2009）THC<0.3%的规定。CBD 含量 0.53%~0.58%，平均含量为 0.55%，收获纤维的同时花叶可用于提取 CBD，具有较大药用价值。多年多点试验，45 万株/hm$^2$ 种植模式下，原麻平均亩产 3 106.5kg/hm$^2$，花叶平均亩产 2 490.0kg/hm$^2$，较对照增产 11.83%和 22.96%；75 万株/hm$^2$种植模式下，原麻平均亩产 232.1kg，花叶平均单产 2 535.0kg/hm$^2$，较对照增产 13.42%和 18.68%。广泛适应于云南省各工业大麻主产区种植，对于省外各主产区的种植适应性也有很好的预期。

2. 工业大麻新品种主要性状比较

在昭通山区缓坡地试验种植 4hm$^2$，均为纤维型高密度种植云麻 6 号和云麻 7 号各 2hm$^2$。云麻 6 号、云麻 7 号两个新品种于 2014 年 8 月通过了田间鉴评，并进行了登记，获得云南省品种鉴定证书，均属晚熟型高 CBD 含量工业大麻品种，其中云麻 6 号较生产上已大面积推广的云麻 1 号早

6~10d，而云麻 7 号较云麻 1 号晚熟 5~10d。于 2013 年 5 月 12 日播种，采用条播，行距 15cm，播种量按 120 万~150 万株/$hm^2$计算。播种沟内施氮磷钾复合肥（450kg/$hm^2$）。播种时土壤墒情好，出苗整齐。按照高密度栽培技术和管理措施进行管理，期间免间苗和除草。该试验地土壤、水肥等条件中等，云麻 6 号、云麻 7 号分别于 9 月 25 日和 10 月 5 日进行收获，通过 18~20d 的雨露沤麻（表 1-36）。

**表 1-36　主要经济性状表现**

| 材料编号 | 株高（cm） | 茎粗（cm） | 干茎产量（kg/$hm^2$） | 纤维产量（kg/$hm^2$） | 出麻率（%） | 长麻率（%） | 短麻率（%） | 干嫩茎叶产量（kg/$hm^2$） | CBD 含量（%） | THC 含量（%） |
|---|---|---|---|---|---|---|---|---|---|---|
| 云麻 6 号 | 247.4 | 1.37 | 9 765 | 1 953 | 20.0 | 10 | 10 | 2 077.5 | 0.52 | 0.13 |
| 云麻 7 号 | 240.2 | 1.36 | 10 335 | 1 861.5 | 18.0 | 7.9 | 10.1 | 2 154.0 | 0.89 | 0.16 |

综合评估昭通示范点两个工业大麻品种的性状表现及效益发现：①云麻 6 号。比云麻 1 号早熟 6d，品种耐密植性较好，出麻率及长麻率较高。以长麻平均价格 17 元/kg、短麻平均价格 11 元/kg，干嫩茎叶 14 元/kg、干秆芯 1.2 元/kg 计算，每公顷产值达到 65 790元。由于是企业种植加工一体化，该计算包括了茎秆加工成纤维的加工附加值。②云麻 7 号。比云麻 1 号晚熟 5d，品种耐密植性较云麻 6 号稍差，出麻率及长麻率也较云麻 6 号稍低，但该品种 CBD 含量比云麻 1 号、云麻 6 号高。按上述方法计算其综合效益每公顷产值达到 65 445元。此外，云麻 7 号的 CBD 含量达到目前生产上主栽品种云麻 1 号的 2 倍以上，CBD 含量的提高意味着嫩茎叶的利用产值大幅度提高。

2015 年度对两个新品种进行种子扩繁。云麻 6 号在昆明扩繁 3.3$hm^2$，种子单产达 1 500kg/$hm^2$。云麻 7 号品种在红河州扩繁 13.3$hm^2$，种子单产达 1 575kg/$hm^2$。在曲靖地区山区缓坡地示范种植云麻 7 号 3.3$hm^2$，为纤维兼药用型高密度种植。于 2015 年 5 月 10 日播种，采用机械播种机进行条播，行距 15cm，播种量按 120 万~150 万株/$hm^2$计算。播种沟内施氮磷钾复合肥（450kg/$hm^2$）。播种时土壤墒情好，出苗整齐。按照高密度栽培技术和管理措施进行管理，期间免间苗和除草。2015 年 10 月收获，原麻亩产量达 1 875kg/$hm^2$，花叶亩产量达 1 650kg/$hm^2$。

3. 工业大麻新品种高产种植示范

针对国家麻类产业技术体系高产高效种植技术“238”目标任务——工业大麻亩产原麻 200kg、嫩茎叶 300kg、秆芯 800kg 的高产高效种植试验示范任务，工业大麻育种岗位联合云南大学工业大麻栽培岗位、西双版纳工业大麻试验站实施了该项任务。2014 年西定乡曼佤村共种植工业大麻 26.7$hm^2$，9 月 1 日实地测产，随机抽取 3 个取样样方，各 10$m^2$测产，通过鲜茎皮秆分离机剥皮。鲜麻皮产量为 14.5kg、12.2kg、13.2kg，取样 1kg 晒干后测鲜干比，1kg 鲜麻皮晒干后重量分别为 0.225kg、0.270kg、0.271kg。干麻皮产量为 3 267.0~ 3 579.0kg/$hm^2$，3 个测产点平均产量为 3 381.0kg/$hm^2$。鲜嫩茎叶产量为 14.9kg、12.9kg、13.4kg，取样 1kg 晒干后测鲜干比，1kg 嫩茎叶晒干后重量分别为 0.233kg、0.234kg、0.253kg，3 个测产点平均产量为 3 301.5kg/$hm^2$。鲜麻骨取样 1kg 晒干后测鲜干比，1kg 鲜麻骨晒干后重量为 0.39kg、0.40kg、0.40kg，鲜麻骨产量为 32.8kg，干麻骨产量为 13 185kg/$hm^2$。

2015 年于 4 月 26 日在云南昭通昭阳区靖安镇青岗岭共示范种植工业大麻新品种 26.7$hm^2$，其中“云麻杂 2 号”种植 200 亩，“云麻杂 3 号”13.3$hm^2$。示范种植采用机械播种，行距 15cm。8 月 30 日在青岗岭进行实地测产。测产品种为工业大麻“云麻杂 3 号”，经抽样测产，3 个测产点平均原麻亩产量达到 3 340.5kg/$hm^2$，嫩茎叶达到 5 449.5kg/$hm^2$，秆芯亩产量达到 12 187.5kg/$hm^2$，原麻、嫩茎叶、秆芯总产量达 20 979.0kg/$hm^2$，圆满完成“238”高产创建任务。

4. 工业大麻嫩茎叶提取 CBD 中试生产

对麻糠中的蛋白质、脂肪、矿质元素、维生素、THC、CBD 等含量进行测试，结果表明麻糠的营养成分含量完全符合饲料用途，但同时含有约 0.2%的 THC，而国际上尚无饲料中 THC 的限量标准，实现直接作为饲料有一定难度，但作为饲料添加剂使用，完全可以达到国际上食品中 THC 含量的限量标准。此外，麻糠中的 CBD 含量还高于嫩茎叶的含量，在加工提取工艺上稍作修改即可用于提取高附加值的 CBD，并且此用途的价值远高于饲料用途。

嫩茎叶提取 CBD 中试生产：为促进工业大麻嫩茎叶的综合利用，特别是高附加值的利用，与香港生物药业集团公司（BioSynthesis Pharma Group Limited）合作，并按协议正常运行与该公司共建生化实验室，完成相关研究任务及测试服务。目前嫩茎叶提取 CBD 中试生产试验已顺利完成。

为促进工业大麻嫩茎叶的综合利用，特别是高附加值的利用，与汉康（云南）生物科技有限公司合作，并按协议正常运行与该公司共建生化实验室，完成相关研究任务及测试服务。目前 CBD 提取率达到 92%以上，花叶和麻糠原料 CBD 含量较对照云麻 1 号的 0.4%提高到 0.9%，成倍提高了生产效率。并于本年共同起草《工业大麻花叶收获技术规程》和《工业大麻花叶质量标准》2 项企业标准，目前已在生产中应用。

### （二）工业大麻种质创新与评价

1. 评价鉴定所收集到的大麻种质资源

对收集保存的 15 个种质资源在位于昆明小哨的基地进行种植，15 份种质资源的株高、茎粗、有效分枝数、第一分枝高、工艺成熟期、全生育期主要生物学性状详见表 1-37。其他性状（如种子特征、四氢大麻酚 THC、大麻二酚 CBD 含量等）正在测量中。

**表 1-37　种质资源部分表型性状**

| 资源编号 | 株高（cm） | 茎粗（cm） | 分枝数（个） | 第一分枝高（cm） | 工艺成熟期（d） | 全生育期（d） |
|---|---|---|---|---|---|---|
| 资 225 | 53.1 | 0.41 | 0.4 | 1.4 | 58 | 105 |
| 资 275 | 89.4 | 0.64 | 2.0 | 8.9 | 86 | 126 |
| 资 292 | 134.7 | 0.81 | 5.1 | 36.5 | 81 | 123 |
| 资 296 | 60.8 | 0.49 | 1.2 | 5.0 | 72 | 112 |
| 资 297 | 89.5 | 0.57 | 3.4 | 16.3 | 66 | 105 |
| 资 438-1 | 45.2 | 0.31 | 0.2 | 0.5 | 72 | 103 |
| 资 501 | 338.8 | 2.16 | 24.2 | 64.1 | 139 | 167 |
| 资 504 | 339.8 | 2.51 | 21.6 | 56.7 | 142 | 170 |
| 资 507 | 326.8 | 2.06 | 16.8 | 114.1 | 145 | 163 |
| 资 612 | 341.0 | 2.22 | 18.3 | 95.0 | 145 | 163 |
| 资 615 | 287.9 | 2.24 | 18.4 | 53.3 | 129 | 152 |
| 资 617 | 370.2 | 2.44 | 20.2 | 100.5 | 145 | 170 |
| 资 621 | 219.2 | 1.51 | 15.7 | 43.9 | 119 | 145 |
| 资 632 | 83.8 | 0.76 | 2.4 | 10.3 | 89 | 123 |
| 资 633 | 131.5 | 1.24 | 11.1 | 21.9 | 92 | 140 |

15 份参试材料中，全生育期短于 120d 的有 4 份，121～150d 的有 5 份，大于 150d 的 6 份。株高 45.2～370.2cm。

对收集保存的 13 个种质资源在位于昆明小哨的基地进行种植，13 份种质资源的株高、茎粗、有效分枝数、第一分枝高、工艺成熟期、全生育期主要生物学性状详见表 1-38。其他性状（如种子特征、四氢大麻酚 THC、大麻二酚 CBD 含量等）及产量正在测量中。

**表 1-38　种质资源部分表型性状**

| 序号 | 资源编号 | 株高（cm） | 茎粗（cm） | 分枝数（个） | 第一分枝高（cm） | 工艺成熟期（d） | 全生育期（d） |
|---|---|---|---|---|---|---|---|
| 1 | 资 194 | 153.3 | 1.13 | 8.70 | 17.1 | 76 | 93 |
| 2 | 资 241 | 72.7 | 0.47 | 26.97 | 4.0 | 62 | 92 |

（续表）

| 序号 | 资源编号 | 株高（cm） | 茎粗（cm） | 分枝数（个） | 第一分枝高（cm） | 工艺成熟期（d） | 全生育期（d） |
|---|---|---|---|---|---|---|---|
| 3 | 资 258 | 63.3 | 0.41 | 14.20 | 7.4 | 52 | 89 |
| 4 | 资 281 | 26.1 | 0.30 | 0.00 | 0.0 | 53 | 77 |
| 5 | 资 408 | 205.7 | 1.60 | 19.17 | 20.1 | 107 | 141 |
| 6 | 资 410-A | 108.0 | 0.94 | 29.84 | 8.1 | 67 | 87 |
| 7 | 资 415 | 46.1 | 0.50 | 0.00 | 0.0 | 55 | 92 |
| 8 | 资 549 | 134.7 | 0.81 | 30.05 | 11.4 | 71 | 91 |
| 9 | 资 564 | 151.9 | 1.16 | 31.45 | 12.3 | 85 | 102 |
| 10 | 资 565 | 39.0 | 0.41 | 0.00 | 0.0 | 51 | 88 |
| 11 | 资 569 | 38.0 | 0.36 | 0.00 | 0.0 | 50 | 89 |
| 12 | 资 621 | 205.2 | 1.66 | 35.00 | 15.5 | 116 | 148 |
| 13 | 资 662 | 119.1 | 0.93 | 36.75 | 10.6 | 81 | 99 |

13 份参试材料中，全生育期短于 120d 的有 11 份，121~150d 的有 2 份。株高 38.0~205.7cm。

2. 工业大麻雌雄同株品种育种技术研究

承继前几年的工业大麻雌雄同株品种育种研究，2013 年冬季至 2015 年春季进行了多份雌雄同株材料单株选择试验。分别对 18 个雌雄同株单株材料进行了株系试验。同时也继续开展了化学诱导大麻性别转化的技术的研究。利用化学试剂（银离子）诱导工业大麻性别转变研究，研究了不同银离子浓度、不同诱导方式、诱导时间等对工业大麻性别转变的影响规律，获得了一套用于诱导雌雄同株大麻育种材料技术和生产纯雌性工业大麻种子的技术体系，并将该技术应用于工业大麻基础科学研究。

发明了一种诱导纯雌性工业大麻的方法，采用硫代硫酸银（STS）溶液对雌性植株主茎及侧枝的顶梢进行 2 次喷雾处理，诱导雌株上产生雄性花蕾，将雌株转换成雌雄同株，自由授粉后结籽即为纯雌性的工业大麻种子。该方法基于我国工业大麻为雌雄异株的现状，在工业大麻特定生长时期进行化学诱导，获得纯雌性的工业大麻群体，且操作简单、成本低廉，在简化工业大麻杂交制种过程及开展工业大麻自交纯化等方面具有较好的应用前景。

3. 工业大麻杂种优势利用研究

通过过去两年 72 个杂交组合配制、经济性状间的遗传力、配合力及杂种优势的测定评价，对优选出的 2 个杂交组合实施多点试验。

试验分别在云南昆明小哨基地、昭通市昭阳区、丽江市古城区 3 个地点。参试品系（种）为 2014PX03、2014PX04、2014PX05、2014PX06、2014PX07、云麻 1 号（CK）。参试品系及对照品种 THC 含量均低于 0.3%。

**表 1-39 2014 年多点试验产量结果**

| 参试品系 | 昭通（$kg/hm^2$） | 昆明（$kg/hm^2$） | 丽江（$kg/hm^2$） | 平均亩产（$kg/hm^2$） | 综合排名 |
|---|---|---|---|---|---|
| 2014PX03 | 1 867.5 | 2 289.0 | 2 148.0 | 2 101.5 | 2 |
| 2014PX04 | 2 133.0 | 2 253.0 | 2 334.0 | 2 239.5 | 1 |
| 2014PX05 | 916.5 | 1 849.5 | 2 205.0 | 1 657.5 | 6 |
| 2014PX06 | 1 516.5 | 1 720.5 | 2 049.0 | 1 762.5 | 5 |
| 2014PX07 | 1 333.5 | 2 445.0 | 1 998.0 | 1 926.0 | 4 |
| 云麻 1 号（CK） | 1 719.0 | 2 008.5 | 2 181.0 | 1 969.5 | 3 |

2014 年多点试验中（表 1-39），在昭通地区产量表现最好的为 2014PX03 和 2014PX04，分别比对照云麻 1 号增产 8.6%和 24.1%；在昆明地区 2014PX03、2014PX04 和 2014PX07 产量分别为 2 043$kg/hm^2$、2 253$kg/hm^2$ 和 2 445.0$kg/hm^2$，分别比对照增产 14.0%、12.2%和 21.7%；在丽江

地区 2014PX04 和 2014PX05 单产分别为 2 334.0kg/hm$^2$ 和 2 205.0kg/hm$^2$，分别比对照增产 7%和 1.1%。单产综合排名为 2014PX04>2014PX03>CK>2014PX06>2014PX07>2014PX05，2014PX04 比对照增产 13.7%，2014PX03 比对照增产 6.7%。

通过过去 2011—2012 年 72 个杂交组合配制、经济性状间的遗传力、配合力及杂种优势的测定评价，2015 年继续对优选出的 2 个杂交组合实施多年多点试验。

试验分别在云南昆明小哨基地、昭通市昭阳区、丽江市古城区、红河石屏县、西双版纳勐海县 5 个地点。参试品系（种）为 2015PX01、2015PX02、2015PX03、2015PX04、云麻 1 号（CK）五个（表 1-40）。参试品系及对照品种 THC 含量均低于 0.3%。其中丽江市试验点因本年度极端天气（前期长时间遭遇干旱灾害），生长异常未列入结果分析。

**表 1-40　2015 年多点试验产量结果**

| 参试品系 | 昭通（kg/hm$^2$） | 昆明（kg/hm$^2$） | 勐海（kg/hm$^2$） | 石屏（kg/hm$^2$） | 平均亩产（kg/hm$^2$） | 综合排名 |
|---|---|---|---|---|---|---|
| 2015PX01 | 3 127.5 | 2 146.5 | 1 630.5 | 2 820.0 | 2 431.5 | 3 |
| 2015PX02 | 3 006.0 | 2 221.5 | 1 684.5 | 3 345.0 | 2 563.5 | 1 |
| 2015PX03 | 2 820.0 | 2 484.0 | 2 149.5 | 2 730.0 | 2 545.5 | 2 |
| 2015PX04 | 2 701.5 | 1 849.5 | 1 645.5 | 2 565.0 | 2 190.0 | 4 |
| 云麻 1 号（CK） | 2 226.0 | 2 059.5 | 1 548.0 | 2 445.0 | 2 070.0 | 5 |

2015 年多点试验中，在昭通地区产量表现最好的为 2015PX01，比对照云麻 1 号增产 40.4%；在昆明地区 2015PX01、2015PX02 和 2015PX03 单产分别为 146.5kg/hm$^2$、2 221.5kg/hm$^2$ 和 2 484.0 kg/hm$^2$，分别比对照增产 4.2%、7.9%和 20.6%；在勐海 2015PX03 单产为 2149.5kg/hm$^2$，表现最好，比对照增产 38.8%；在石屏 2015PX02 单产为 3 345.0kg/hm$^2$，表现最好，比对照增产 36.8%。单产综合排名为 2015PX02 > 2015PX03 > 2015PX01 > 2015PX04 > CK，2015PX01、2015PX02 和 2015PX03，分别比对照云麻 1 号增产 17.5%、23.8%和 23.0%。

通过多年的研究试验，于 2015 年育成工业大麻杂交新品种 2 个，即“云麻杂 2 号”和“云麻杂 3 号”，并于 2015 年 8 月通过云南省作物新品种鉴定。2015 年在昭通青岗岭共示范种植两个新品种 26.6hm$^2$，其中“云麻杂 2 号”种植 13.3hm$^2$，“云麻杂 3 号”种植 13.3hm$^2$。示范种植采用机械播种，行距 15cm。经测产（鲜茎剥皮方法），2 个新品种原麻单产均超过 3 000kg/hm$^2$。

4. 高 CBD 含量工业大麻品种选育与鉴定

经过前期多年的试验工作，新品种云麻 6 号、云麻 7 号经过近年的品比试验、多年多点试验、生产试验最终完成了选育。昆明双哨和云南省新平县开展了高 CBD 含量新品系的高产高效繁种种植工作。选取自然条件好的地块（土层深厚、土壤疏松、肥沃、光照充足、排水通畅等），实行严格地理上的隔离，避免与其他品种在花期串粉。2 个品种按照籽用型种植模式种植，及时实施间苗、除草、施肥、除杂除劣等田间管理工作。2 个品种单产均超过 1 500kg/hm$^2$。

发明了一种复合 PCR 反应鉴定大麻植物化学型的方法。该方法包括以下步骤：①大麻植物基因组 DNA 提取；②复合 PCR 引物设计；③PCR 反应体系配置；④PCR 扩增；⑤琼脂糖电泳；⑥PCR 产物电泳条带观察及化学型判断。其中，毒品型大麻可以扩增出约 550bp 大小的特异性 THC 条带，纤维型大麻可以扩增出约 1 050bp 大小的特异性 CBD 条带，而中间型大麻可以同时扩增出上述 550bp 和 1 050bp 大小的两条条带，通过扩增条带情况，可直观地判断出应试大麻样品的化学型分离。该方法不受传统化学检测中取样时间、取样部位等约束，具有操作简单、周期短、成本低廉等特点，能够对大麻植株化学型进行快速鉴定，可供公安毒品检测部门、农业育种部门等使用，具有良好的应用前景。

### （三）工业大麻品种资源的重金属污染土壤修复研究

1. 工业大麻不同器官对重金属的耐受性和累计特性

设置重金属胁迫盆栽试验，研究工业大麻“云麻 2 号”不同器官对重金属 Pb、Cu 和 Cd 的耐受性和累积能力。结果显示：$Pb^{2+}$主要富集在工业大麻根上，$Pb^{2+}$浓度为 600mg/kg 时，不影响植株正常生长，积累在根、茎、叶和纤维含量分别为 109.05mg/kg、44.72mg/kg、34.41mg/kg、31.52mg/kg，而在种子和雄花重金属含量最低（2.66mg/kg 和 2.55mg/kg），种子的富集系数和转移系数分别为 0.00、0.02；$Cu^{2+}$主要富集在根、茎、叶、种子和雄花中，在纤维中的含量最低，当处理浓度为 300mg/kg 时，纤维中含量为 10.00mg/kg 以下，其余部位的含量在 10.00~50.00mg/kg 之间，且纤维的富集系数和转移系数小于 0.20（表 1-41）；工业大麻对 $Cd^{2+}$具有较强的吸收和富集能力，当处理浓度为 150mg/kg 时，工业大麻的根、茎、叶、纤维的含量均超过了 $Cd^{2+}$超富集植物的临界含量（100.00mg/kg），富集系数均大于 1，其中雄株根和纤维的富集系数大于 2，种子和雄花中含量分别为 30.52mg/kg 和 4.89mg/kg。研究结果表明“云麻 2 号”较耐受 $Pb^{2+}$，对 $Cd^{2+}$具有较强的累积能力。

**表 1-41　重金属在工业大麻“云麻 2 号”雌雄株不同器官的积累量**　（单位：mg/kg）

| 重金属 | 浓度（mg/kg） | 根 | | 茎 | | 叶 | | 纤维 | | 种子 | 花 |
|---|---|---|---|---|---|---|---|---|---|---|---|
| | | ♀ | ♂ | ♀ | ♂ | ♀ | ♂ | ♀ | ♂ | ♀ | ♂ |
| $Pb^{2+}$ | CK | 2.58 | 3.41 | 2.08 | 1.29 | 1.40 | 2.35 | 1.32 | 0.99 | 0.93 | 0.89 |
| | 100 | 21.21 | 20.42 | 7.32 | 5.35 | 6.60 | 7.49 | 5.40 | 2.01 | 1.20 | 1.38 |
| | 300 | 65.74 | 56.81 | 29.56 | 13.29 | 23.16 | 16.10 | 18.59 | 8.53 | 2.46 | 1.97 |
| | 600 | 109.05 | 78.41 | 44.72 | 26.28 | 34.41 | 44.85 | 31.52 | 15.01 | 2.55 | 2.66 |
| $Cu^{2+}$ | CK | 1.25 | 2.76 | 0.93 | 1.05 | 1.29 | 1.43 | 1.31 | 0.61 | 1.74 | 1.94 |
| | 100 | 25.98 | 19.68 | 17.27 | 5.05 | 18.32 | 7.73 | 4.84 | 3.74 | 14.98 | 19.44 |
| | 200 | 29.22 | 36.94 | 21.82 | 7.70 | 25.72 | 15.51 | 5.23 | 6.04 | 15.07 | 24.05 |
| | 300 | 34.54 | 46.54 | 26.74 | 11.66 | 34.06 | 28.74 | 9.24 | 7.61 | 16.26 | 34.43 |
| $Cd^{2+}$ | CK | 10.46 | 32.83 | 2.87 | 0.88 | 0.47 | 0.89 | 1.09 | 2.00 | 0.56 | 0.70 |
| | 50 | 95.46 | 134.79 | 44.23 | 56.82 | 93.44 | 30.65 | 145.95 | 134.72 | 20.05 | 4.89 |
| | 100 | 165.52 | 278.83 | 128.60 | 108.81 | 154.50 | 103.23 | 172.63 | 264.28 | 29.67 | 4.24 |
| | 150 | 228.31 | 451.01 | 195.53 | 121.56 | 203.39 | 111.74 | 253.13 | 449.57 | 30.52 | 4.01 |

2. 不同工业大麻品种对矿区的重金属吸附研究

通过在污染严重矿区实地种植修复表明，工业大麻对重金属污染土壤有很好的修复作用。根据 5 个工业大麻品种在不同时期不同器官的吸附 5 种重金属的情况表明：①苗期，YM3>YM5>YM1≥YM2>YM4，叶>根>茎。②快速生长期，YM2=YM5=YM3>YM4≥YM1，茎叶>根（Cu 除外）。③成熟期，YM3>YM1=YM2=YM4>YM5，Pb、Cd、Sn 茎叶>根>种子，Cu（根、茎叶、种子含量相当），Zn 种子接近茎叶>根。

3. 铅胁迫对工业大麻幼苗生理生化的影响

Pb 胁迫浓度达 2 000mg/kg 时，叶绿素 a、b 含量显著降低（$P<0.05$）。MDA 含量随 Pb 浓度增加呈现先上升后下降，800mg/kg 时 MDA 含量最高；Pro 含量随 Pb 浓度增加呈递增的趋势，800mg/kg 时到达平台期；SOD、CAT 及 POD 活性分别在浓度 1 600mg/kg、1 200mg/kg 和 1 600mg/kg 达峰值而后趋于稳定或者轻微下降。说明工业大麻光合系统非常稳定，可通过生理指标的自我调节来抵抗高浓度 Pb 胁迫，具有较强的抗 Pb 能力。

4. 铅胁迫对工业大麻生长及最终形态建成的影响

高浓度 Pb 对纤维成熟期根长、株高、茎粗、节数和生物量影响不大。土壤中 Pb 的存在，低浓度促进工业大麻植株生长，且随着浓度的增加，表现出抑制作用。但即使在浓度为 2 000mg/kg，生物量及形态指标与对照差异也较小，未达显著水平，说明总体对植物生物量及形态指标影响不大，工业大麻对 Pb 耐受性很强。

**（四）工业大麻遗传改良的分子生物学研究**

1. 大麻中 THC 的遗传调控模式研究

开展高 THC×低 THC 材料的 F2 代遗传分离群体遗传规律研究，检测了 F2 代群体中单株 THC、CBD 等酚类物质的含量，明确了 THC、CBD 遗传分离模式，并针对 THC 这一遗传指标开展了数量性状遗传分析。

以陕西栽培大麻为研究对象，设置遮阴、氮肥及干旱等单因子盆栽梯度试验，研究山地种植过程中主要环境因子对大麻不同发育时期 THC 积累的影响，探讨 THC 积累的生理基础，结果表明：3 个环境因子均显著降低植株盛花期和始果期 THC 含量（$P<0.05$），其中三层遮阴（S3）、过量氮肥（N3）及重度干旱（D2）处理下始果期 THC 含量分别较 CK 降低 68.6%、51.6%和 51.3%。3 个环境因子均显著增加植株全 N、叶绿素（遮阴除外）、脱落酸（ABA）、茉莉酸（JA）和水杨酸（SA）的含量，显著降低 C/N 值，对有机碳含量影响不大。THC 含量同全 N 呈现负相关关系，盛花期和始果期平均相关系数分别为-0.65 和-0.90（$P<0.01$），THC 含量同 C/N 值呈现正相关关系，盛花期和始果期平均相关系数分别为 0.76（$P<0.05$）和 0.94（$P<0.01$），符合碳素/营养平衡假说；THC 含量同 ABA、JA 及 SA 呈现较低负相关关系。遮阴、氮肥及干旱均减少植株中 THC 含量，且通过植株碳氮代谢变化来影响大麻 THC 积累，推测 THC 并不在大麻适应非生物环境胁迫方面发挥作用。

2. 大麻遗传多态性的研究

基于大麻转录组，搜寻到 4 577个 SSR 位点，开发了 3 442对 SSR 引物，其中三碱基重复所占比例最高，为 50.99%，其次为六碱基重复和两碱基重复，分别为 25.13%和 16.34%，而亚麻和苎麻中二碱基重复和三碱基重复最多证明大麻与其他韧皮纤维作物存在较大区别（表 1-42、表 1-43）。为了评估引物的适用性，随机挑选了 24 份大麻材料和 117 对引物进行测试，结果证明 108（92.31%）对引物可以有效扩增，其中 87 对引物具有多态性。以此为基础，挑选了 45 对引物对 115 份大麻材料（15 份欧洲材料）进行了多态性分析，结果显示 115 份材料可以分为 4 个区：中国北方、欧洲、中国中部和中国南方，而中国北方材料与欧洲具有更近的亲缘关系。EST-SSRs 的频率为 11.21%，此频率高于已知的韧皮纤维作物亚麻（3.5%）和苎麻（3.83%），但是低于咖啡（18.5%）和油菜（15.58%）等作物。

**表 1-42　大麻 SSR 位点搜索结果**

| 搜索项目 | 数目 |
|---|---|
| 转录组 EST 总数目 | 32 324 |
| 转录组碱基总数目（bp） | 39 038 131 |
| SSR 位点 | 4 577 |
| 包含 SSR 位点的 EST 数目 | 3 624 |
| 多于 1 个 SSR 位点的 EST 数目 | 668 |
| 两碱基重复 | 748 |
| 三碱基重复 | 2 334 |
| 四碱基重复 | 174 |
| 五碱基重复 | 171 |
| 六碱基重复 | 1 150 |
| 开发的 SSR 引物总数 | 3 442 |

**表 1-43　碱基重复规律**

| | 重复数量 | | | | | | | | |
|---|---|---|---|---|---|---|---|---|---|
| | 3 | 4 | 5 | 6 | 7 | 8 | 9 | 10 | ≥11 |
| 二碱基重复 | | | | | | | 265 | 142 | 341 |
| 三碱基重复 | | | | 1 262 | 557 | 249 | 158 | 51 | 57 |
| 四碱基重复 | | | 126 | 42 | 6 | | | | |
| 五碱基重复 | | 137 | 25 | 9 | | | | | |
| 六碱基重复 | 931 | 177 | 30 | 8 | 3 | 1 | | | |

3. 大麻遗传转化体系的改进研究

（1）根癌农杆菌介导的大麻遗传转化体系改进。对根癌农杆菌（含 Ti 质粒）介导的大麻遗传转化体系进行了改进，形成了一套转化效率较高的流程（图 1-20），转化后形成的再生芽，GUS 检测表达率可达 30%以上，但转基因苗的壮大、驯化仍有一定困难。因此，对转化后产生的再生苗的生根条件进行优化，提高生根率，进行小批量、多批次的驯化条件摸索，得到驯化率高、驯化苗健壮的处理方案（图 1-21），具体结论如下。

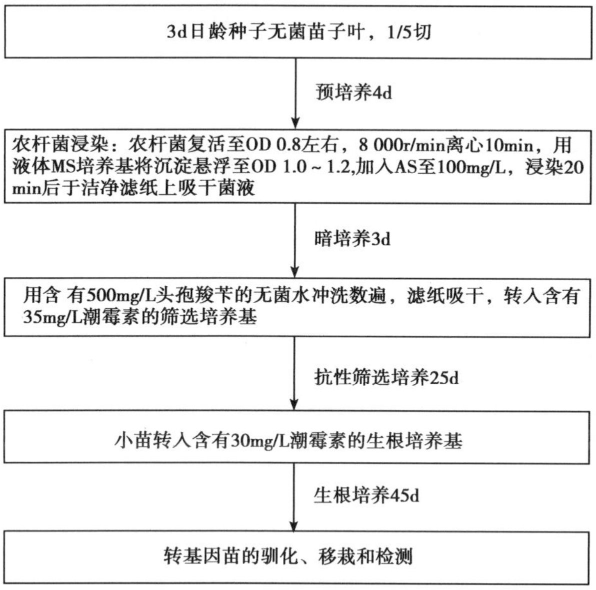


**图 1-20　大麻遗传转化体系流程**

**图 1-21　外源 GUS 基因表达的大麻叶片（左）与对照（右）**

①大麻子叶外植体经农杆菌浸染后，置于含有卡那霉素和潮霉素的培养基上进行抗性筛选，产生的再生芽大多叶片卷曲畸形、生长势弱，在后续抗性筛选过程中死亡率较高。为提高再生芽存活率，将抗性筛选试剂的浓度按转接时间的早晚设置成由低到高的梯度（卡那霉素 300mg/L、400mg/L、500mg/L；潮霉素 15mg/L、20mg/L、25mg/L），既减少了假阳性比例，又保证了再生芽的成活率。

②遗传转化后产生的大麻再生苗生根耗时较长，健壮苗一般需 4～6 周，孱弱苗需要的时间更久。经过摸索，选定了 IBA 浓度为 0. 5mg/L 的 1/2MS 生根培养基，每 4 周转接一次。

③生根后的再生苗的驯化是其成活的关键步骤，经过摸索，采取研究组的驯化移栽程序，再生苗成活率可达 80%。驯化程序如下。

拧松、虚掩培养瓶盖，培养室内放置 1 周→弃去培养瓶盖，培养室放置 3～5d→培养基霉变前取出再生苗，流水冲洗、剪去过长的根系后，移栽于经灭菌的基质（泥土：椰糠＝1：1），培养室内放置 2 周→转入玻璃温室。

（2）发根农杆菌（含 Ri 质粒）介导的遗传转化体系初探。毛状根培养是由基因工程和细胞工程相结合的一项技术，主要通过发根农杆菌（*Agrobacterium rhizogenes*）中 Ri 质粒上含有的 T-DNA 整合到植物细胞的核基因组上，并诱导植物细胞产生毛状根。毛状根属于激素自养型，在足够的养分条件下，能无限生长下去，另外具有生理生化和遗传性稳定、易于操作控制等特点，可在离体培养条件下仍然表现出次生代谢产物的合成能力，在植物次级代谢产物研究中有良好的应用。由于一条发状根来源于单一细胞，且繁殖速度比悬浮细胞系和愈伤组织更快，纯合性更高，所以十分适合外源基因导入及调控研究。

2014 年，用四种发根农杆菌（ATCC 15834、R1601、LBA 9402、A4）对 3 种大麻外植体（子叶、下胚轴、去根无菌苗）进行了浸染研究，发现子叶外植体均不能产生发状根，下胚轴外植体发状根诱导频率也非常低，去根无菌苗则诱导频率较高（图 1-22）。四种农杆菌中，诱导频率最高的是 R1601，其余依次为 LBA 9402、A4、ATCC 15834。目前，已将含有 CBDA 全长基因的载体，经热激转化法转入 R1601 农杆菌，对大麻去根无菌苗进行遗传转化研究，希望能得到 CBDA 基因整合并表达的发状根系。

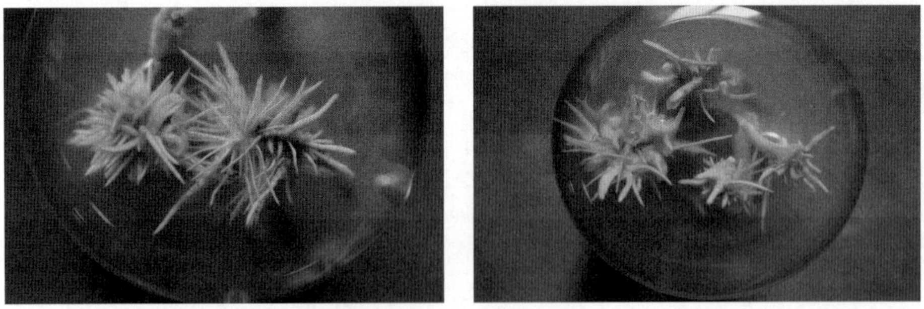

**图 1-22　发根菌转化大麻去根无菌苗产生的发状根**

为研究影响大麻毛状根产生的因素，以农杆菌 R15834、R1601、LBA9402、A4 为试验菌株，晋麻 1 号种子无菌苗为外植体，探讨发根农杆菌种类、菌液浓度、共培养时间和乙酰丁香酮（As）等因素对大麻毛状根转化率的影响。具体试验结论如下。

①农杆菌种类及浸染条件：四种农杆菌中，诱导频率最高的是 R1601，其余依次为 LBA 9402、A4、ATCC 15834。菌液浓度 $OD_{600}$=0.6 左右、共培养时间 4d、As 浓度为 100μmol/L 时，发状根诱导效果最好。

②培养基配方：共培养培养基：1/2MS；预培养培养基：1/2MS+100μmol/L 的乙酰丁香酮（As）；除菌培养基：1/2MS+500mg/L 头孢噻肟钠（Cef）+500mg/L 羧苄青霉素（Car）。上述培养基均为固体培养基，含蔗糖 3%，琼脂浓度 7.5g/L，pH 值 5.8。

③含外源 CBDA 基因载体的构建：提取晋麻 1 号总 RNA，反转录合成 cDNA，设计引物，克隆 CBDAS 全长并测序，两端加上 XbaI / Bam HI 酶切位点，将之重组进入 pBI1304 过表达载体。将构建的过表达载体通过电转化法导入发根农杆菌 R1601。经抗性筛选和 PCR 检测得到含有外源基因表达载体的转化农杆菌。

④发根农杆菌制备：取出转化后的发根农杆菌 R1601，划线接种于 YMB 固体培养基，置 28℃培养 2d 后挑取单菌斑接种于含相应筛选抗生素的 YMB 液体培养基中，置振荡培养箱中，28℃下 200r/imn 培养 24h，收集菌液于离心管中，8 000r/min 离心 10min，弃上清液，加 MS 液体培养基稀释菌液至 $OD_{600}$值达 0.6，加入乙酰丁香酮至浓度为 100μmol，28℃下 200r/min 培养 2 h 后用于遗传转化。

⑤发根农杆菌浸染处理：用无菌注射器吸取活化好的菌液，对大麻无菌苗子叶下方幼茎进行穿刺浸染 4 次，然后将幼苗接种于共培养基上，25℃散射光下培养诱导毛状根。3d 后将幼苗转至预培养基中培养，1 周后在幼茎穿刺部位诱导出大量白色的毛状根，当毛状根达到 2~3cm 时，剪取毛状根转入除菌培养基中，每周继代培养 1 次，头孢霉素浓度逐渐降至 0mg/L，直至无菌。

GUS 染色检测表明，外源 GUS 基因能随农杆菌的介导整合进入大麻发状根基因组并表达。

（3）大麻子叶再生芽的起源研究。采用石蜡切片对大麻子叶再生芽的起源及发育过程进行了研究，研究发现，接种当天，子叶横切面可见数个维管束及其周围的鞘细胞。培养 3d 后，鞘细胞形成富含浓厚细胞质和大细胞核的分生组织，在切口处形成愈伤组织团。随后的几天时间里，这些分生组织分化成芽原基，长大的芽原基最早在培养 5~7d 后出现分化形成的叶片。综合上述观察结果，认为大麻子叶再生芽起源于维管束细胞形成的分生组织，它在外源激素的作用下获得了器官再生的能力，形成了再生丛芽。

大麻是一种再生顽拗型植物，到目前为止，对大麻再生体系的报道屈指可数，且大多为腋芽繁殖或茎尖再生方式。本课题组创立的子叶器官再生途径，起源于维管束周围的鞘细胞，相对于茎尖和腋芽这些已经分化完成的组织，鞘细胞属于未分化细胞，在遗传转化研究中，已分化的组织被农杆菌浸染后常形成嵌合体，而未分化细胞一旦被外源基因插入，可通过分化过程将外源基因传递给分化的细胞团及再生芽，形成转化纯合体。因此，子叶器官再生途径用于遗传转化实验，较茎尖、腋芽外植体有一定的优势。

4. 大麻 THC 含量相关的分子标记技术研究

选择大麻品种为：THC 含量≥1%的品种 10 个为 Liberty Haze、Sin Tra-Bajo、O. G Kush、Skunk#1、YM512、YM535 等；THC 含量<0.03%的品种 18 个为 Codimono、Giganthea、Jermakowska、Bialobrzeskie、Beniko Tygra、Dolnoslaskie、Dziki Polski、K-176、K-542、Juso 14、Juso 31、Santhica 27、Finola、Novosadska等。

合成 890 对 SSR 引物进行扩增，其中 719 对引物有扩增产物，占所合成引物总数的 80.80%。进一步用这些引物在 14 个大麻品种进行多态性检测，488 对引物显示多态性，占可扩增引物的 67.90%。筛选到在高 THC 含量品种中表达的特异标记 3 对。

SSR 扩增反应体系：PCR 反应体系（10μl）包括 10×PCR buffer（含 15mmol/L $MgCl_2$）1.0μl、2.5U Taq 聚合酶 0.1μl、10mmol/L dNTPs 0.2μl、10μmol/L 引物各 0.2μl、模板 DNA 约 20ng，用无菌水补充至 10μl。

整个反应在 BioRAD S1000 Thermal cycler 上进行，循环条件是：94℃预变性 5min，30 个循环（94℃变性 30s，合适退火温度退火 30S，72℃延伸 30S），72℃延伸 10min。

扩增产物的检测：扩增后的产物用 1.5%琼脂糖胶检测，将能检测出条带的 PCR 产物再用 8%非变性聚丙烯酰胺凝胶检测，220V 电压，80min，银染显色，寻找特异条带以纤用型（F），高 THC 药用型（D）筛选差异条带。下面是部分差异条带筛选的电泳图（红色箭头标注差异带）（图 1-23）。

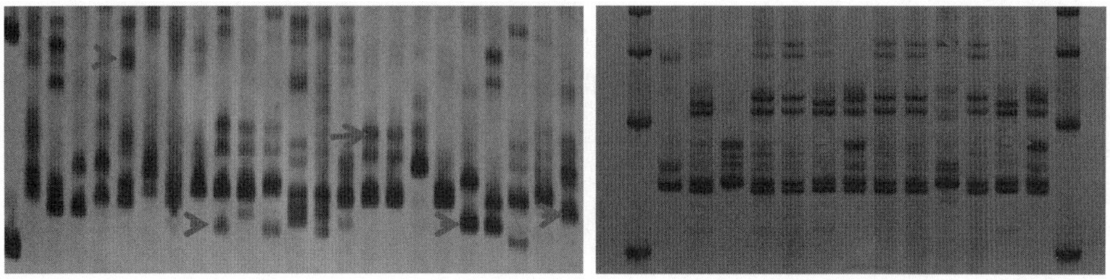

**图 1-23　部分 SSR 引物琼脂糖电泳筛选 THC 含量相关分子标记**

筛选出的差异条带：在众多的差异条带中用所有供试品种筛选出与 THC 含量紧密相关的分子标记 3 个，纤用型品种没有这些特异性带。

①CAN0435：引物序列正向 5'-TCCTCACTGTAGCCTCCTTC-3'，反向 5'-ATTCCCATCCATGT-CAGAGT-3'；

②CAN0698：引物序列正向 5'-AAGTCAACGAGAGTTGGGAG-3'，反向 5'-TGGGAGTAT-CAAGCCCTAAG-3'；

③CAN0123：引物序列正向 5'-AATAACTCCCATATCCAAGCA-3'，反向 5'-AGGACTCGCATGATTAGTTT-3'。

## 六 剑麻

剑麻是海洋渔业、海洋交通运输业和工矿等行业所需的不可替代原料，是发展海洋经济和国防不可缺少的重要物资；我国为剑麻消费和纤维进口大国，保持一定量剑麻生产才能在出口可供性持续趋紧形势下保障我国剑麻有效供给和国防需求。我国剑麻经几十年的发展已形成一定的规模，但国内剑麻种植长期品种单一，其退化与病虫害日益严重，种植风险越来越大，剑麻产业健康发展已面临严重威胁。剑麻生命周期长，一生仅开一次花，剑麻育种需要耗费相当长的时间，在开展有性杂交育种同时，利用基因工程对剑麻进行遗传改良是缓解剑麻种植品种长期缺乏的有效途径。围绕剑麻资源和育种研究，在“十二五”前期工作基础上，2014—2015 年主要开展了高产多用途剑麻品种选育及剑麻渣综合利用、固土保水剑麻品种筛选和剑麻种苗繁育技术等研究，通过品种比较试验和品种多点种植试验示范，选育出抗病高产并具综合利用价值的剑麻新品种“热麻 1 号”；通过剑麻多用途利用途径研发形成了剑麻废渣生产沼气、沼气渣作肥料的剑麻循环利用模式，筛选出固土耐旱适于金沙江干热河谷区种植的剑麻品种并进行生态恢复种植示范；同时围绕种质创新深入开展剑麻种质资源的鉴定与评价，通过有性杂交和遗传转化生物技术等研究，完善了剑麻植株再生体系和遗传转化体系，创制新基因型材料 11 份，为深入开展剑麻种质创新和新品种选育工作奠定了基础。

### （一）优质高产剑麻品种选育与示范

1. 不同剑麻资源品比试验

2014 年测定了品比区 7 个品系的增叶数、叶长及叶宽等生长量数据，每小区选择 10 株三次重复测定了鲜叶及纤维产量，结果如表 1-44。从生长量观察结果看 K1、K2 的年增叶数优于对照 H. 11648 和粤西 114，热麻 1 号与对照粤西 114 相当；从初步测产的单株产量按亩植 300 株推测纤维亩产量，K1、K2、热麻 1 号、H. 11648、粤西 114 分别为 303kg、318kg、279kg、348kg、255kg；K1、K2、热麻 1 号分别比粤西 114 提高 18.8%、24.7%、9.4%；但均略低于 H. 11648。对照往年斑马纹病抗病性试验结果，K1、H. 11648 为感病，热麻 1 号为高抗，K2、粤西 114 为中抗。因此，热麻 1 号、K2 是较有前景的新品系。

**表 1-44　2014 年南亚所品比区生长量调查及产量测定结果**

| 品种 | 增叶数（片） | 叶长（cm） | 叶宽（cm） | 纤维率（%） | 单株纤维产量（kg） | 单株鲜叶重（kg） |
|---|---|---|---|---|---|---|
| K1 | 48.53 | 121.09 | 12.09 | 4.31 | 1.01 | 23.29 |
| K2 | 46.27 | 119.77 | 11.99 | 4.90 | 1.06 | 21.63 |
| K3 | 30.27 | 132.46 | 12.30 | 4.69 | 0.60 | 12.88 |
| K4 有刺 | 30.77 | 137.94 | 12.93 | 4.13 | 0.65 | 15.64 |
| H. 11648 | 43.67 | 122.71 | 12.33 | 4.55 | 1.16 | 25.47 |
| 热麻 1 号 | 36.27 | 130.02 | 15.31 | 3.45 | 0.93 | 26.87 |
| 粤西 114 | 35.40 | 128.41 | 15.11 | 3.22 | 0.85 | 26.64 |

注：生长量为 2014 年前 3 季度数据，第四季度未调查

2015 年对品比试验区进行了鲜叶及纤维产量测定结果如表 1-45。结果表明热麻 1 号产量比抗病对照品种粤西 114 均有提高，其中纤维产量提高了 5%；与高产良种 H. 11648 相比虽鲜叶产量提高了 8%，但纤维产量下降了 10%。

表 1-45 2015 年南亚所品比区产量测定结果

| 品种 | 单株割叶数（片） | 单株鲜叶重量（kg） | 单株纤维重量（kg） | 纤维率（%） | 亩鲜叶产量（kg） | 亩纤维产量（kg） |
|---|---|---|---|---|---|---|
| K1 | 72.7 | 39.2 | 1.99 | 5.08 | 11 603 | 589 |
| K2 | 72.7 | 36.5 | 2.09 | 5.73 | 10 804 | 619 |
| K3 | 31.2 | 21.5 | 1.17 | 5.44 | 6 364 | 346 |
| K4 有刺 | 28.2 | 21.6 | 1.26 | 5.83 | 6 394 | 373 |
| H. 11648 | 78.7 | 41 | 2.47 | 6.02 | 12 136 | 731 |
| 热麻 1 号 | 54.1 | 44.2 | 2.21 | 5.00 | 13 083 | 654 |
| 粤西 114 | 53.7 | 42.7 | 2.10 | 4.92 | 12 639 | 622 |

注：每品种选 10 株测定单株产量，按亩植 296 株推算亩产量

2. 剑麻新品种高产高效种植技术示范

2015 年 5 月 15 日由产业体系专家、剑麻行业专家及地方农业主管部门领导组成的验收小组，对布置在广东雷州东方红农场的剑麻品种示范点进行了现场测产，测产结果：热麻 1 号剑麻鲜叶和纤维产量分别比抗病对照粤西 114 增产 25% 和 12.4%；K1 号比高产对照 H. 11648 鲜叶增产 17.9%，纤维增产 14.5%；K2 号与 H. 11648 比较鲜叶增产 19.5%，纤维增产 15.1%。测产结果（表 1-46）表明，各品系麻渣亩产量均超过 500kg，鲜叶产量比对照提高 15%以上，纤维产量比对照提高了 12.4%~15.1%，达到体系合同指标要求并通过了验收小组的验收。

表 1-46 2015 年东方红农场品种示范点产量测定结果

| 品种 | 单株割叶数（片） | 单株鲜叶重量（kg） | 纤维率（%） | 亩鲜叶产量（kg） | 亩纤维产量（kg） | 麻渣亩产量（kg） |
|---|---|---|---|---|---|---|
| K1 | 45 | 16.70 | 4.14 | 4 943.2 | 204.6 | 844.8 |
| K2 | 40.7 | 16.94 | 4.10 | 5 014.2 | 205.6 | 789.2 |
| H. 11648 | 38.1 | 14.17 | 4.26 | 4 194.3 | 178.7 | 634.2 |
| 热麻 1 号 | 30.2 | 15.44 | 2.95 | 4 570.2 | 134.8 | 702.9 |
| 粤西 114 | 23.6 | 12.37 | 3.28 | 3 661.5 | 120.1 | 536.1 |

注：每品种选 10 株测定单株产量，按亩植 296 株推算亩产量；麻渣含水量为 60%

通过对品比试验和示范点多年来的试验数据进行归纳整理，结合大田抗病性和纤维品质测试结果，形成了热麻 1 号剑麻品种选育报告并通过了广东省农作物品种登记。

3. 剑麻渣多用途利用研究

（1）剑麻品种叶片皂素含量测定。采集新鲜的剑麻叶片切割成 0.5cm×5cm 左右的条块，80℃下恒温烘干 24h 后粉碎，过 100 目筛。取 2g 过 100 目筛的干燥粉末，用 200ml70%的乙醇分 4 次超声提取，每次 1h（室温下超声频率 100Hz），在 4 500r/min 下离心 15min 后，合并上清液真空旋转浓缩至 5ml 左右，加入 10ml 1mol/L 的浓硫酸，置于高温高压反应器（121℃和 0.1MPa）中处理 2h，取出后用 0.45μm 滤膜过滤，滤渣置于 70℃下 12h 烘干后，研磨成粉状，再用甲醇超声提取 30min，过 0.45μm 滤膜后定容至 10ml，利用高效液相蒸发光检测色谱法（HPLC-ELSD）检测总皂苷水解物中皂苷元替柯吉宁和海柯吉宁的含量。

色谱条件：Shim-pack VP-ODS C18 柱（250mm×4.6mm，5μm），ELSD-LTII 检测器，漂移管温度 40℃，载气压力 350KPa，流动相为甲醇：水=90：10（v/v），流速 1.0ml/min，进样量 10μl，柱温 30℃，时间 40min。测定结果如表 1-47。

表 1-47 剑麻品种叶片皂素含量测定结果

| 样品名 | 海柯吉宁（%） | 替柯吉宁（%） | 剑麻总皂素含量（%） |
|---|---|---|---|
| 热麻 1 号 | 0.0118 | 0.0016 | 0.0133 |
| 广西 76416 | 0.0093 | 0.0009 | 0.0102 |

（续表）

| 样品名 | 海柯吉宁（%） | 替柯吉宁（%） | 剑麻总皂素含量（%） |
|---|---|---|---|
| 南亚 2 号 | 0.0074 | 未检出 | 0.0074 |
| 普通剑麻 | 0.0072 | 未检出 | 0.0072 |
| 无刺番麻 | 0.0071 | 未检出 | 0.0071 |
| H. 11648 | 未检出 | 0.0065 | 0.0065 |
| 墨引 12 | 0.0064 | 0.0000 | 0.0064 |
| 墨引 6 | 0.0062 | 0.0000 | 0.0062 |
| 粤西 114 | 0.0037 | 0.0024 | 0.0061 |

从测定结果看，热麻 1 号、广西 76416 叶片皂素含量明显高于粤西 114 和 H. 11648，剑麻皂素是一种贵重的医药原料，品种叶片含量高则综合利用价值大。综合各试验结果，热麻 1 号具有抗病性强，产量较高，具多用途开发前景的剑麻新品系。

（2）剑麻废渣生产沼气测定。利用叶片加工后的废渣和废水通过沼气池生产沼气，经测试，1t 叶片的麻渣与麻水可生产沼气 13kg 以上，可供 4 口之家生活用气 10d 以上；沼气渣为优质有机肥提供麻园肥源，可实现剑麻的循环利用（图 1-24）。

**图 1-24　剑麻废渣沼气利用**

（3）剑麻渣种植草菇试验。2014 年试验表明，草菇菌种生长的湿度为 55%～65%，温度 20～40℃都能生长，最适 28～35℃，pH 值 7～8；培养基透气性好有利于菌丝生长。

不同培养料对草菇菌丝生长的影响：利用①麻渣、②麻渣+10%棉籽壳、③麻渣+10%麦皮、④麻渣+10%棉籽壳+10%麦皮四种培养料经灭菌后，分别接入相同量的菌块，35℃培养，7d 后观察菌丝生长情况，菌丝生长量由大至小顺序为：③=④>②=①，结果表明：在麻渣中加入棉籽壳或麦皮，菌种生长更好。

2015 年继续开展了利用剑麻叶渣培育草菇试验，以麻渣作为基质将草菇原种进行接种培养，其扩繁的生产种菌丝生长良好；将草菇生产菌种接种到经蒸气灭菌处理的剑麻叶渣中可长出草菇，通过进一步熟化有望成为剑麻废渣多用途利用途径。为了简化工序和降低生产成本，在后续的试验中将生产菌种直接接种到仅经堆沤过的剑麻叶渣中（堆沤前经晾晒降低含水量，用石灰调节 pH 值）培养，经 3 批次的接种试产尚未能产出子实体，有待进一步推进。

## （二）剑麻固土保水关键技术研究与示范

### 1. 剑麻固土保水品种筛选

利用斜坡小区跟踪测定了 15 个品种的固土效果，至植后第三年各品种的固土效果已没有差异，说明剑麻总体具有固土作用，植后前 2 年不同品种则差异较大。利用土壤水分测定仪（托普 TZS-

1K）测定 15 个种植小区土壤的含水量，每个小区选取 4 个点测量，结果如表 1-48。

**表 1-48　剑麻固土保水试验小区土壤含水量测定结果**

| 品种 | 土壤水分含量（%）±标准偏差 | 显著性* |
|---|---|---|
| K1 | 15. 3±0. 3 | a |
| 墨引 8 | 14. 2±0. 7 | a |
| H. 11648 | 14. 1±1. 4 | a |
| 普通剑麻 | 13. 0±1. 6 | a |
| 番麻 | 10. 2±1. 2 | b |
| 热麻 1 号 | 9. 9±0. 7 | bc |
| 广西 76416 | 8. 2±0. 4 | bcd |
| 无刺番麻 | 8. 1±1. 3 | bcd |
| K2 | 8. 0±0. 6 | bcd |
| 粤西 114 | 7. 9±2. 7 | bcd |
| 墨引 6 | 7. 4±1. 2 | cde |
| 假菠萝麻 | 6. 6±3. 2 | def |
| 灰叶剑麻 | 5. 7±2. 9 | defg |
| 墨引 12 | 5. 1±2. 1 | efg |
| 南亚 2 号 | 4. 4±1. 8 | fg |
| 对照 | 3. 2±0. 7 | g |

* 备注：字母不同代表有显著差异（$P<0.05$）

如表 1-48 所示，除了灰叶剑麻、墨引 12、南亚 2 号与对照的土壤含水量没有显著差异，其余 12 个品种与对照都有显著差异。根据土壤含水量高低可将它们大致分为四类，第一类土壤含水量高包括 K1、墨引 8、H. 11648 和普通剑麻；第二类土壤含水量中等包括番麻、热麻 1 号、广西 76416、无刺番麻、K2、粤西 114 等；第三类土壤含水量较低包括墨引 6 和假菠萝麻；第四类土壤水分含量极低包括灰叶剑麻、墨引 12、南亚 2 号和对照。

综合剑麻固土保水与皂素含量测定结果，筛选固土效果好且高皂素含量的剑麻品种有热麻 1 号、广西 76416、H. 11648、普通剑麻、无刺番麻等品种。

2. 干热河谷剑麻固土保水技术试验

通过对云南元谋县干热河谷区 7 个剑麻品种的固土保水与生态恢复试验进行生物学特性测定，2014 年测定其生长量见表 1-49，结果表明，热麻 1 号、广西 76416、H. 11648 等长势很好，以其实施生态恢复效果较好。由于该区域气候极端干旱，种苗前期恢复生长慢，利用剑麻幼苗在冲刷沟中进行裸根撒播时自然恢复生长能力差，因此在该区域以剑麻实施生态恢复应进行种植操作植株才能较好生长。

**表 1-49　2014 年剑麻品种水土保持试验点生长量调查结果**

| 品种 | 增叶数（片） | 叶长（cm） | 叶宽（cm） |
|---|---|---|---|
| H. 11648 | 21. 20 | 45. 41 | 6. 07 |
| 无刺番麻 | 8. 90 | 49. 99 | 9. 15 |
| 墨引 12 | 11. 53 | 52. 50 | 8. 95 |
| 76416 | 20. 53 | 57. 79 | 9. 16 |
| 热麻 1 号 | 18. 15 | 44. 46 | 7. 89 |
| 粤西 114 | 12. 75 | 46. 73 | 6. 18 |
| 墨引 6 | 11. 53 | 56. 37 | 9. 57 |

2015 年继续测定了云南元谋县金沙江干热河谷区固土耐旱示范点 7 个剑麻品种的生长量（表 1-50），从增叶数结果看热麻 1 号、广西 76416、H. 11648 等长势很好，在极端干旱条件下能较好

地展叶，从叶片长度看则未达正常生产开割标准，未能正常开割获取产量。本试验主要探讨剑麻在极端干旱条件下的生态适应性，在种植及后续管理中均未实施施肥措施，试验表明粗生耐旱剑麻品种在干热河谷区能度过漫长干旱期并正常展叶，但在实施生态恢复的同时要获取经济产量应进行施肥管理。

**表 1-50　2015 年剑麻品种水土保持试验点生长量调查结果**

| 品种 | 增叶数（片） | 叶长（cm） | 叶宽（cm） |
|---|---|---|---|
| H. 11648 | 22. 33 | 50. 18 | 5. 72 |
| 无刺番麻 | 8. 25 | 51. 06 | 9. 77 |
| 墨引 12 | 11. 11 | 58. 27 | 8. 78 |
| 76416 | 21. 68 | 62. 24 | 9. 29 |
| 热麻 1 号 | 17. 90 | 50. 88 | 8. 14 |
| 粤西 114 | 14. 85 | 50. 95 | 5. 97 |
| 墨引 6 | 9. 50 | 59. 43 | 10. 15 |

### （三）育种与制种技术研究

1. 剑麻有性杂交育种

2014 年选择了 4 个母本进行 7 个组合的杂交授粉，共授粉 16 730朵花，据 8 月 6 日统计果实 3 295个，坐果率 19. 7%，由于果实未成熟即遭受“威马逊”“海鸥”2 次强台风危害，造成较大损失。2015 年选择了 3 个母本进行 2 个组合的杂交授粉，共授粉 8 148朵花，据调查，南亚 2 号与假菠萝麻组合不结果，H. 11648 与粤西 114 组合两母株共结果 807 个，坐果率 12. 8%；因受台风“彩虹”影响，部分果实受损，收集到成熟果实 344 个并播种。同时对往年 4 个杂交组合的杂交后代的性状进行了观测并初选，筛选无刺或少刺的优良单株 1 733株建立了系比区 7 亩并建立田间档案，对 2011 年杂交后代系比区加强田间管理，通过表型观测筛选出叶片数多、叶片无刺的优良类型 3 个。

2. 剑麻辐射诱变育种

对不同剂量的$^{60}Co$-γ 射线处理的剑麻材料进行培育，每月观测各种苗的形态学变化，经过培育的种苗共 2 022株，约 51%的种苗表型有变化，其中株型矮化的苗最多，约占表型变化的 95%；其次是叶形变化约占表型变化的 4%，叶片变细长或变短宽，或者叶片扭曲变形亦或叶片变薄、叶缘有刺或出现黄色条纹、银边等，从中筛选出 3 株叶片变厚、变宽的类型。利用流式细胞术和离体接种烟草疫霉对筛选出的部分诱变材料进行倍性分析和抗病性鉴定，获得一个四倍体材料和一个混倍体材料，但未能获得明显抗烟草疫霉的材料。

### （四）剑麻遗传转化研究

完成了 800 余份转化植株和 458 份四倍体的大田盆栽培育工作。采用 PCR 的方法对 800 余份剑麻转化植株进行扩增，转化植株 PCR 阳性检出率约 90%；随后对 PCR 检测阳性的转化植株开展病原菌离体接种试验，获得了部分抗性材料。

1. DNA 提取

取转化植株嫩叶片，流水冲洗后用 75%酒精棉擦拭干净，采用天根公司的植物 DNA 提取试剂盒提取基因组 DNA，试验材料经液氮快速研磨后先加入 750μl 65℃预热的裂解液，充分混匀后 65℃预热 15~30min，冰上冷却，加入 200μl 氯仿，室温 13 000r/min 离心 5min，取上清液 500μl 分别进行抽提、漂洗和过柱，最后用 200μl 洗脱液洗脱 2 次后，4℃保存备用。

2. DNA 检测

取 4μl DNA 原液于 PCR 管中，加入等体积溴酚蓝上样缓冲液，1. 0%琼脂糖凝胶（0. 1μl/ml-

Goldview) 130V，电泳 10min，于紫外灯下拍照。DNA 电泳检测结果表明 DNA 结构完整无降解，可用于下一步的研究。

3. 转化植株 PCR 扩增

PCR 反应体系为：50ngDNA 模板，10×buffer（500mmol/L KCl，100mmol/L Tris－HCl，pH8.3），$Mg^{2+}$ 3.0mmol/L，dNTP（dATP、dCTP、dGTP 和 dTTP 各 0.2mmol/L），引物 0.5μmol/L，1.0U of Takara Taq DNA polymerase。PCR 反应程序：95℃预变性 5min，然后进入 35 个循环 95℃ 30s，55℃ 30s，72℃ 1min，最后 72℃ 10min，4℃保存。PCR 产物加入 4μl 上样缓冲液，经 1.0% 琼脂糖凝胶电泳（0.1μl/mlGoldview），紫外灯下拍照保存。对 800 余份剑麻转化植株进行 DNA 提取和 PCR 扩增，转基因植株 PCR 阳性检出率约 90%。

4. 烟草疫霉对剑麻转化植株重要防御酶活性的影响

在前期研究中，通过农杆菌介导法获得 H.11648 转化植株 800 多株，经离体和活体接种烟草疫霉菌表明，有 7 株转化植株在接种烟草疫霉后病斑明显比非转化植株小。为了进一步探讨 H.11648 转化植株对烟草疫霉的抗性情况，以获得的 7 株 H.11648 转化植株为材料，以非 H.11648 转化植株为对照，分析 H.11648 转化植株在接种烟草疫霉后 0h、24h、36h、48h 和 72h 时 PPO、CAT、POD、SOD 活性变化，结果表明：在整个烟草疫霉菌侵染过程中，H.11648 转化植株和非转化植株超氧化物歧化酶 SOD 酶活性呈下降趋势，两者无显著差异。POD 酶活性先急剧下降然后迅速增加，过氧化氢 CAT 和多酚氧化酶 PPO 酶活性一直增加，但 H.11648 转化植株明显比非转化植株增加幅度大。大量研究表明，过氧化氢 CAT、POD 和 PPO 酶在植物抗病中起着非常重要的作用，以上结果间接表明获得的 7 株 H.11648 转化植株对斑马纹病的抗性比非转化植株强。

### （五）剑麻抗病相关基因的克隆与表达研究

克隆剑麻抗病相关基因 EDS1、WRKY1 和 WRKY2 基因，并探讨在烟草疫霉、茉莉酸和水杨酸处理后基因的时空表达情况，为进一步的功能研究奠定基础。

1. 烟草疫霉诱导处理

以烟草疫霉菌高感品种 H.11648 和抗病品种有刺番麻为材料，接种烟草疫霉菌。先用针将剑麻叶片刺伤，取 0.5cm 大小的菌块接种于伤口处，并用无菌棉保湿，接种前先采集未接种的叶片作为对照，然后分别在接种 6h、12h、24h 和 48h 后采集叶片，用液氮速冻后-70℃保存备用。

2. 水杨酸和茉莉酸处理

茉莉酸（MeJA，Sigma）先用 95%乙醇按 1∶10 稀释，再使用含 0.1% Triton X－100 的灭菌超纯水按 1∶500 稀释，MeJA 的终浓度为 822.4 μmol/L；水杨酸（SA）使用含 0.1% Triton X－100 的灭菌超纯水配制成 10mmol/L 溶液，使用干净的喷雾器喷洒整个植株（先用针刺伤叶片），同时对照植株喷洒 0.1% Triton X－100。在进行处理前先采集叶片作 0 处理，然后分别在处理 6h、12h、24h 和 48h 采集叶片，用液氮速冻后-70℃保存备用。

3. 总 RNA 提取

取 1g 经上述处理的叶片，液氮研磨后，迅速加入 CTAB 提取液、并用酚氯仿进行抽提和纯化，最后用乙醇沉淀过夜，提取的 RNA 溶入无 RNase 的 $ddH_2O$ 中，用 DNase I Amplification Grade（Invitrogen）去除 DNA 污染，并取少量 RNA 进行琼脂糖凝胶电泳及紫外分光光度计检测 RNA 的完整性及浓度，分装置于-70℃保存备用。

4. 抗病相关基因克隆

根据已报导的 WRKY 转录因子保守区域设计简并引物，上游引物为 5′-CABTTGCAYAAGGAYGGTACAG-3′，下游引物为 5′-GYTGGTGYTGGRTG YAGAAGT-3′采用 Takara 公司的 mRNA Selective PCR Kit 进行克隆。扩增程序为：50℃ 30min，94℃ 2min，然后进入 38 个循环 94℃ 30s，55℃ 30s，72℃ 60s，最后 72℃ 10min。获得 2 个 WRKY 基因，全长约 1 200bp，分别为 WRKY1 和

WRKY2。

根据 EST（enhanced disease susceptibility）序列，设计 EDS1 特异性引物，采用 RACE 的方法，获得 EDS1 基因序列，其全长为 1 503bp。

5. 实时定量 RT-PCR 分析

cDNA 第一链的合成：取 1μg 总 RNA 用 SuperScript First-strand Synthesis System（Invitrogen）试剂盒进行反转录，采用随机六碱基引物进行第一链 cDNA 的合成。具体操作参照试剂盒说明书进行。合成的 cDNA 分装后于-20℃保存备用。

使用 ABI 7500 实时定量扩增仪进行荧光定量 PCR 分析，20μl 反应体系：2×SYBR Green Realtime PCRmastermix（ABI）10μl，10 μmol/L 引物各 1. 2μl，灭菌超纯水 5. 6μl，cDNA 模板 2μl。PCR 反应程序为：50℃ 2min，95℃ 10min，后进入 40 个循环，循环扩增反应为 95℃ 15s，60℃ 1min。每个样品 3 次技术重复。

接种烟草疫霉后，WRKY1 和 WRKY2 在番麻和 H. 11648 中的相对表达水平明显升高，其中番麻在 12h 明显升高，H. 11648 则相对滞后，但 H. 11648 中的表达水平明显高于番麻中的表达水平，且 WRKY2 明显高于 WRKY1。经 SA 处理后，WRKY1 和 WRKY2 在番麻和 H. 11648 中表达上调，48h 达到最高，但在 H. 11648 中的表达水平明显高于番麻。经茉莉酸甲酯处理后，WRKY1 在番麻中的表达下调，在 H. 11648 中表达上调，WRKY2 在番麻中的表达上调，在 H. 11648 中表达下调。从而说明不同信号分子处理后，WRKY1 和 WRKY2 在抗、感病品种中表现完全不同的表达模式。

EDS1 基因在烟草疫霉菌侵染过程中呈上升表达，在 36h 表达量最高，在抗感剑麻品种中表达趋势基本一致。信号分子茉莉酸甲酯处理后，其表达略有上升，而水杨酸处理 1h 后，EDS1 在热麻 1 号中的表达开始上升，之后一直呈现高水平表达，而在 H. 11648 中表达相对滞后，但表达趋势基本与热麻 1 号一致。

### （六）剑麻与烟草疫霉互作过程中的生理与转录组研究

1. 烟草疫霉对剑麻防御酶变化研究

前期研究表明，H. 11648 和热麻 1 号分别对烟草疫霉表现为高度的感病和高度抗病。活体接种烟草疫霉 H. 11648 在 30h 后接种处表现为发黄，随着时间延长病斑逐渐扩大至整个叶片；热麻 1 号则只在接种处会出现病斑，随着时间延长，病斑不扩展并逐渐干枯、坏死，即程序性死亡。

为了从生理学层面探讨剑麻对烟草疫霉菌的响应情况，分别以烟草疫霉感病品种 H. 11648 和抗病品种热麻 1 号为材料，分析烟草疫霉与剑麻互作过程中重要防御酶活性变化情况。结果显示，在感病品种 H. 11648 和抗病品种热麻 1 号中，APX、CAT、POD、SOD 酶活性和可溶性蛋白变化趋势基本一致，其中，APX、CAT 活性逐渐增强，84h 达到最强，可溶性蛋白蛋白含量逐渐增加，84h 达到最高。POD 和 SOD 活性逐渐降低，84h 达到最低。PAL 酶活性刚好相反，热麻 1 号随着接种时间延长，酶活呈下降趋势，在 48h 又略有上升，H. 11648 则一直上升。而 PPO 酶活则呈波浪形变化，并在 24h 和 72h 出现拐点，但热麻 1 号的 PPO 酶活性在整个互作过程中均明显高于 H. 11648。

2. 剑麻与烟草疫霉互作过程中的转录组研究

活体接种试验表明，热麻 1 号对烟草疫霉菌高度抗病，为了从热麻 1 号中挖掘斑马纹病抗病基因，为剑麻基因工程育种提供基因资源。以烟草疫霉菌高抗品种热麻 1 号为材料，采用转录组测序技术分析在病原菌接种 0h、24h、36h、48h 和 72h 后热麻 1 号转录组水平的变化情况，总计有 5 个时间点，每个时间点重复 2 次，即做 2 个转录组，每个转录组测 10G。组装得到非冗余 Unigene 70 110个。在整个侵染过程中，筛选到差异表达基因 14 970个，其中上调的有 8 963个，下调的基因有 6 007个（图 1-25、图 1-26）。由于数据还在整理之中，暂无克隆到基因全长。

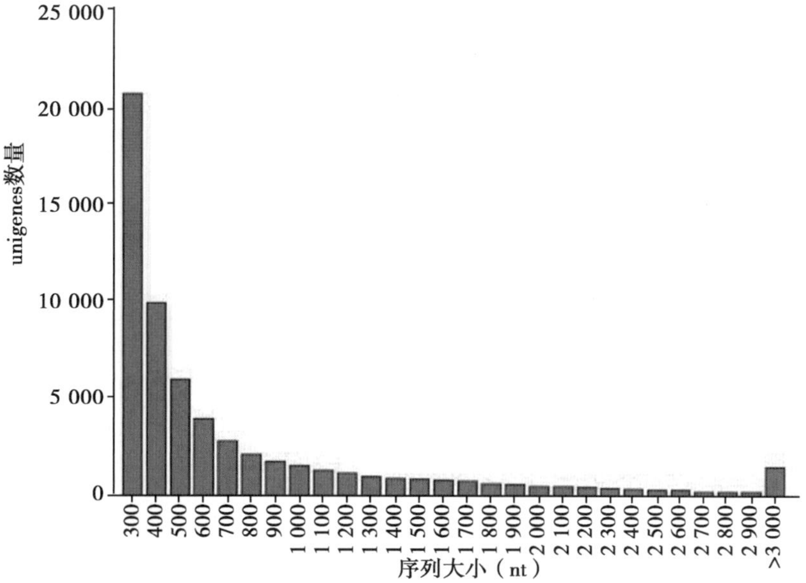


图 1-25　Unigene 长度分布

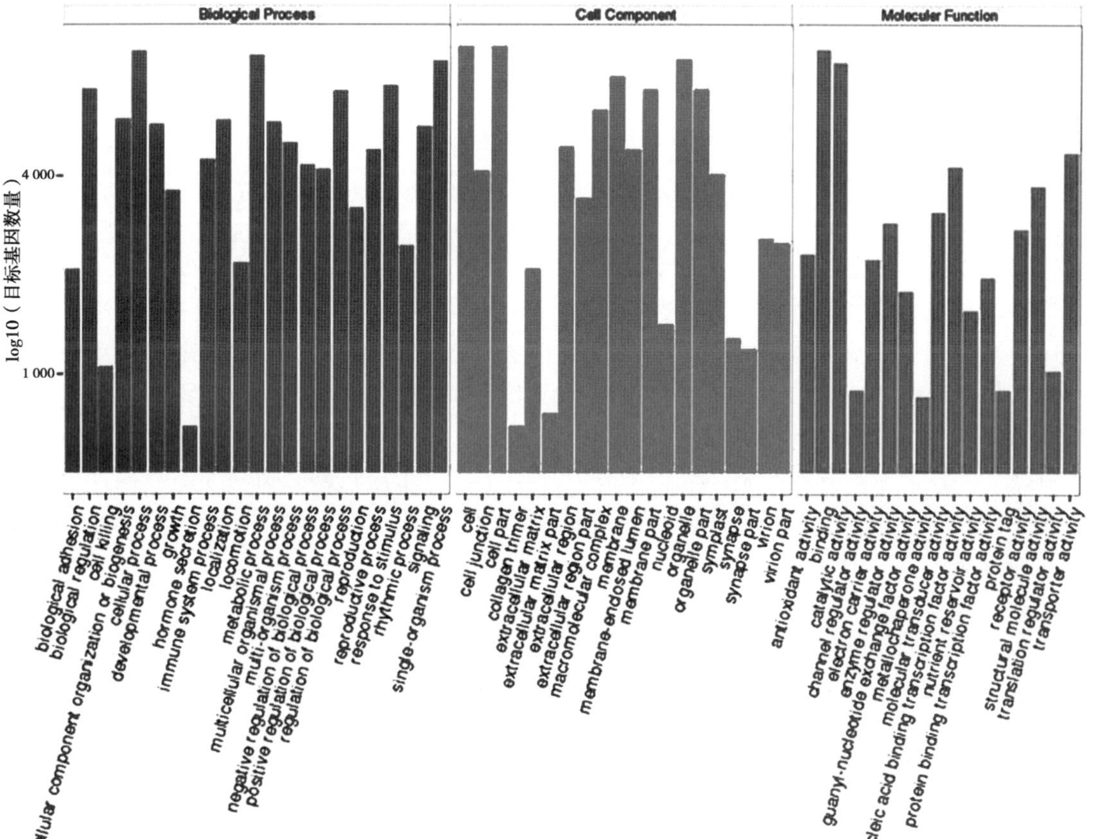


图 1-26　Unigene 功能注释和分类

## （七）剑麻产业技术发展情况跟踪

1. 国内剑麻基础数据调研

2014 年我国剑麻种植面积约 10 501hm$^2$，总产纤维 4. 15 万 t。纤维生产主要分布在：广东大型纤维加工厂10间，年生产剑麻纤维1.2万t；广西大型纤维加工厂11间，年生产纤维约2万t；海南大型纤维加工厂1间，年生产纤维约0.3万t；其他地区用小型机械加工纤维总量约0.6万t。全国剑麻制品年产量在10万t以上，包括剑麻地毯、钢丝绳芯、剑麻纱条、剑麻绳、剑麻布、电解纸浆等。2014年下半年叶片价格：一级叶片200元/t、二级叶片270元/t、三级叶片340元/t、四级420元/t，每吨约提高20~40元。纤维价格：大机加工优等品15 000~17 000元/t，一等品12 800~13 500元/t，合格品10 000~11 000元/t；小机加工8 500~10 000元/t。2014年下半年各等次纤维价格比上半年提高了1 000~2 000元/t。纤维价格一路走高，但生产物资和管理成本也有较大升幅，叶片价格升幅较少，种植业效益仍然较低。

2015年我国剑麻种植面积约9 987$hm^2$，总产纤维4.19万t，种植面积和产量与2014年基本持平。纤维生产主要集中在广东农垦和广西农垦，广东有大型纤维加工厂10间，因病虫害危害本年度叶片原料严重不足，年生产剑麻纤维仅0.3万t；广西大型纤维加工厂11间，年生产纤维达3.2万t；海南大型纤维加工厂1间，年生产纤维约0.1万t；其他地区用手拉式小型机械加工纤维总量约0.6万t。2015年下半年叶片价格：一级叶片230元/t、二级叶片320元/t、三级叶片450元/t、四级叶片520元/t。纤维价格：大机加工优等品18 000元/t，一等品13 800~14 500元/t，合格品11 000~12 000元/t；小机加工8 000~11 000元/t，叶片价格的提升使种植业效益有所提高。

2. 国外研究进展跟踪

国外开展剑麻研究的国家主要是墨西哥、美国、巴西、印度、南非、突尼斯、西班牙等。墨西哥开展了龙舌兰品种栽培管理、麻渣作动物饲料及蔬菜水培基质、利用龙舌兰汁液水解发酵生产乙醇及利用龙舌兰果聚糖制备益生元等研究；还在龙舌兰生物或非生物胁迫下对相关基因表达的影响及龙舌兰黄化病方面进行了探讨；比较了重要龙舌兰品种的核糖体DNA区域的特性，研究了蓝剑麻在株芽发育过程中控制生长素通量的不同PIN蛋白的功能和基因编码龙舌兰属植物糖苷水解酶32家族酶的氨基酸序列以及cDNA分子鉴定，对假菠萝麻组培苗移植过程中叶片气孔复合体及叶片的发育进行了探讨。分析了龙舌兰野生群体和栽培群体共生的遗传结构。对龙舌兰发酵制酒、麻渣经微生物发酵生产生物乙醇及复合材料等方面均有深入探讨。

美国研究了龙舌兰不同种群的遗传学和形态学特征，对龙舌兰在不同灌溉条件下对产量的影响和作为生物质能源原料的可行性及剑麻纤维材料应用方面也进行深入研究；对番麻作为潜在的生物能源原料进行探讨。巴西研究剑麻皂素的提取方法、龙舌兰提取物的药理作用和剑麻茎腐病病原菌的鉴定方法。印度研究从龙舌兰加工废料中提取果胶，并对龙舌兰提取物的抑菌效果及剑麻纤维制作不同用途的复合材料展开研究；研究了番麻生物诱导分离叶片的化学成分和生物抗菌活性的鉴定。南非研究了龙舌兰的命名和龙舌兰提取物的药理作用及龙舌兰纤维制备多用途的复合材料。突尼斯研究了龙舌兰叶片制成菊粉在食品领域中应用和龙舌兰纤维的化学提取方法。西班牙研究乡村公园中龙舌兰等多肉植物的栽培管理和剑麻纤维木质素的降解方法及龙舌兰叶片提取甾体皂苷的植物毒性等。尼日利亚的研究表明普通剑麻正己烷提取物对四纹豆象有良好防治效果；意大利首次报道由链格孢菌引起的番麻叶斑病等。

3. 国内研究进展跟踪

国内剑麻研究主要集中在中国热带农业科学院、广东农垦、广西农垦、广西亚热带作物研究所、广西大学等。中国热带农业科学院南亚热带作物研究所开展有性杂交和分子育种技术研究，研究剑麻种质资源斑马纹病的抗性鉴定和评价方法，对剑麻废渣的综合利用进行了探讨，探讨了剑麻提取液在水果贮藏保鲜上的作用；热带生物技术研究所研究剑麻茎腐病的病原菌生物学特性，研究剑麻不定芽的诱导及植株再生的影响因子，分析了剑麻ISSR反应的主要参数对反应体系的影响；环境与植物保护研究所开发了剑麻茎腐病菌基因组的SSR标记，研究剑麻园土壤养分状况及剑麻高效栽培技术。广西大学研究不同改良剂对剑麻累积土壤重金属的影响。广东湛江农垦研究剑麻渣果胶提取与测定方法，研究了剑麻组培苗的栽培管理方法，进行了剑麻种质资源收集保存，开展了剑麻抗紫色卷叶病选种、抗性材料繁殖、剑麻高产高效试验示范及剑麻病虫害监测与防控等。广西亚热带作物研究所开展剑麻高产高效试验示范，分析了剑麻 H. 11648 及其两个亲本叶绿体 psb A-trn H 序列的差异，并开展剑麻高产高效试验示范。广西众益生物科技有限公司研究剑麻麻膏水解工艺和剑麻皂苷元生产技术。广西农垦开展现代技术在剑麻高产栽培中应用、剑麻丰产高效生产技术集成与示范和剑麻病虫害防治技术等研究。桂林理工大学研究剑麻渣皂苷元提取方法及其检测方法。海南大学以剑麻愈伤组织为材料，研究了农杆菌介导剑麻转化的各种影响因素，以 Pcambia3300 为基础质粒，构建了表达载体并通过农杆菌将其导入剑麻；同时对剑麻切割应力力学性能和利用剑麻茎酿酒等进行了研究。

# 第二章　栽培与耕作研究进展

## 一　苎麻

随着苎麻纤用功能、饲用功能、生态功能等用途研究的深入和产业化推进，对苎麻栽培与耕作提出了新的要求。2014—2015 年，麻类体系从提高土壤肥效、提出适应机械化收获和田间管理的轻简化栽培技术、实施山坡地/贫瘠地/重金属污染耕地的高效栽培等措施入手对接产业需求，显著提升苎麻生产效率；开展苎麻固土保水、败蔸调控、抗旱生理、耐受重金属、碳固持等机理研究，为生产技术持续创新奠定基础。研究在施肥制度、配方肥料、种子包衣、间套作模式、脱叶技术、除草剂施用、机械收获、分子机理等方面取得了重要进展，在推进苎麻“369”工程目标实施中起到了重要支撑作用。

### （一）苎麻高产高效种植技术研究与示范

1. 苎麻“3414”肥效试验及经济效益分析

采用世界粮农组织推荐的“3414”方案（14 个处理，3 次重复，共 42 个小区），研究了不同肥料配方对“中饲苎 1 号”纤维产量及经济效益的影响。

（1）配方施肥增产增效效应。氮、磷、钾肥料的互作效应，NPK 配合施肥增产效应最高，比对照（不施肥）增产 65. 12%，其次是 NK 和 NP 的互作效应，增产率分别为 31. 76%和 10. 36%；PK 的互作效应最差，增产率仅为 0. 3%（表 2-1）。试验期间，无肥区产量占全肥区产量的 60. 56%；缺 N 区产量占全肥区产量的 60. 58%，说明土壤全氮含量处于偏低水平；而缺 P 区产量占全肥区产量的 79. 80%，说明土壤有效磷含量处于中等水平；缺 K 区的产量占全肥区产量的 66. 84%，说明土壤有效钾含量也处于中等偏低水平。缺 N 区产量 175. 10kg/亩，缺 K 区产量为 193. 17kg/亩，缺 P 区产量 230. 62kg/亩，可见氮肥对苎麻纤维产量影响最大，其次是钾肥，磷肥对苎麻纤维产量影响相对较小。

**表 2-1　肥料互作效应分析结果**

| 效应类型 | 亩施肥量（kg） | | | 全年纤维产量（kg/亩） | 与对照增产比（%） | 产量百分比（%） |
|---|---|---|---|---|---|---|
| | N | $P_2O_5$ | $K_2O$ | | | |
| 不施肥（对照） | 0 | 0 | 0 | 175. 03 | 0 | 60. 56 |
| PK | 0 | 6 | 20 | 175. 10 | 0. 3 | 60. 58 |
| NP | 24 | 6 | 0 | 193. 17 | 10. 36 | 66. 84 |
| NK | 24 | 0 | 20 | 230. 62 | 31. 76 | 79. 80 |
| NPK | 24 | 6 | 20 | 289. 01 | 65. 12 | 100. 00 |

不同施肥处理对苎麻纤维产量及经济效益的影响（表 2-2）。施肥区苎麻全年纤维产量均高于

对照，全年纤维产量最高达到 289.01kg/亩，与对照相比全年纤维产量差值达 113.98kg/亩。按 2013 年肥料折合纯养分价格（N 6.52 元/kg，$P_2O_5$ 6.67 元/kg，$K_2O$ 7.84 元/kg）和苎麻原麻单价（6.8 元/kg）分析各施肥处理全年纤维产量增产效益，将之与对照比较，配方施肥投入增加范围为 196.50~431.70 元/亩，增产 0.7kg~113.98kg/亩，产出效益增加范围为-195.06~421.76 元/亩。

**表 2-2　不同施肥量对苎麻产量及经济效益的影响**

| 处理编号 | 全年纤维产量（kg/亩） | 比对照增产量（kg/亩） | 每亩投入增加（元） | 每亩增效（元） |
|---|---|---|---|---|
| $N_0P_0K_0$ | 175.03 | 0 | 0 | 0 |
| $N_0P_2K_2$ | 175.1 | 0.7 | 196.82 | -195.06 |
| $N_1P_2K_2$ | 223.01 | 47.98 | 275.06 | 51.20 |
| $N_2P_0K_2$ | 230.62 | 55.59 | 313.28 | 64.73 |
| $N_2P_1K_2$ | 263.75 | 88.72 | 333.29 | 270.00 |
| $N_2P_2K_2$ | 289.01 | 113.98 | 353.30 | 421.76 |
| $N_2P_3K_2$ | 242.67 | 67.64 | 373.31 | 86.64 |
| $N_2P_2K_0$ | 193.17 | 18.14 | 196.50 | -73.15 |
| $N_2P_2K_1$ | 244.75 | 69.72 | 274.90 | 199.20 |
| $N_2P_2K_3$ | 273.39 | 98.36 | 431.70 | 237.15 |
| $N_3P_2K_2$ | 282.14 | 107.11 | 431.54 | 296.81 |
| $N_1P_1K_2$ | 218.9 | 43.87 | 255.05 | 43.27 |
| $N_1P_2K_1$ | 209.07 | 34.04 | 196.66 | 34.81 |
| $N_2P_1K_1$ | 241.88 | 66.85 | 254.89 | 199.69 |

（2）苎麻配方施肥模式优化。本试验三元二次肥效方程符合报酬递减律属于典型肥料效应函数。将三元二次肥效方程进行模型优化，得出最佳经济施肥量氮（N）336.51kg/hm²、磷（$P_2O_5$）84.12kg/hm²、钾（$K_2O$）450kg/hm²，最高产量施肥量氮（N）438.98kg/hm²、磷（$P_2O_5$）88.23kg/hm²、钾（$K_2O$）450.00kg/hm²（图 2-1）。将一元二次肥效方程求极大值及模型优化，得出苎麻最高产量施肥量氮（N）395.37kg/hm²、磷（$P_2O_5$）93.12kg/hm²、钾（$K_2O$）450.00kg/hm²；最佳经济施肥量氮（N）334.02kg/hm²、磷（$P_2O_5$）74.78kg/hm²、钾（$K_2O$）82.59kg/hm²。

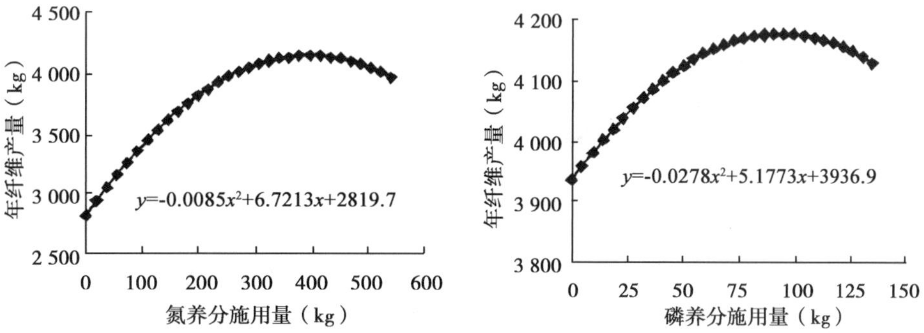


**图 2-1　氮肥、磷肥对苎麻产量的影响模拟方程**

2. 不同配方叶面肥对苎麻的影响

试验设 4 个叶面肥配方：F1，速效氮磷钾；F2，速效氮磷钾+表面活性剂；F3，速效氮磷钾+中微量元素+螯合剂+表面活性剂；F4，速效氮磷钾+中微量元素+腐植酸钠+螯合剂+表面活性剂。其中，速效氮磷钾为尿素（1%）+$KH_2PO_3$（0.3%）；表面活性剂为 Tween80（0.01%）；中微量元素为 $CaCl_2$（0.3%）+$H_3BO_3$（0.1%）+$ZnSO_4$（0.1%）+$MnSO_4$（0.1%）；螯合剂为 EDTA（0.05%）+柠檬酸（0.05%）；腐植酸钠浓度为 0.1%；上述浓度为稀释后的喷施浓度。F3、F4 叶面肥的配制方法：①先将称取的 $CaCl_2$、$ZnSO_4$、$MnSO_4$ 加入计量水中充分溶解，用硫酸溶液调 pH 值至溶液透明，制成营养液；②按配方称取 EDTA 和柠檬酸，加入计量水中制成螯合剂溶液；③将营养液与螯合剂溶液混合，调 pH 值至 5.5 左右，在 70℃温度下搅拌一段时间，进行螯合反应 0.5h；④将按配方称取的尿素、硼酸、磷酸二氢钾、表面活性剂和腐植酸钠加入螯合后的反应液中，制成叶面肥。

以苎麻中苎 1 号和多倍体 1 号为试验材料，通过室内盆栽试验探讨了不同配方叶面肥对苎麻生长及生理特性的影响（表 2-3、表 2-4）。结果表明，不同配方叶面肥均能促进苎麻植株的生长及叶片 SPAD 值、根系活力、根系过氧化物酶（POD）活性等生理特性的提高，且以腐植酸复合叶面肥效果最好。与对照相比，苎麻叶面施肥后生长加快，长势变旺；3 次叶面施肥后，中苎 1 号叶片 SPAD 值较对照提高了 24.2%~41.0%，多倍体 1 号提高了 12.3%~32.6%；根系活力和过氧化物酶活性明显提高，并达到极显著水平。

**表 2-3　不同配方叶面肥对苎麻生长的影响**

| 处理 | 中苎1号 | | | | | | 多倍体1号 | | | | | |
|---|---|---|---|---|---|---|---|---|---|---|---|---|
| | 株高增长量（cm） | | | 茎粗增长量（cm） | | | 株高增长量（cm） | | | 茎粗增长量（cm） | | |
| | 1 | 2 | 3 | 1 | 2 | 3 | 1 | 2 | 3 | 1 | 2 | 3 |
| CK | 7.74bc | 8.80c | 2.64d | 0.36d | 0.43e | 0.31a | 5.38e | 9.35d | 5.87c | 0.25c | 0.31e | 0.19e |
| 配方 1 | 7.64c | 9.14b | 4.62b | 0.42c | 0.58b | 0.20b | 5.60d | 10.81b | 5.79c | 0.27b | 0.40d | 0.20b |
| 配方 2 | 7.92b | 9.27b | 4.76b | 0.48b | 0.63a | 0.12d | 6.41b | 10.31c | 6.11b | 0.28b | 0.43c | 0.23a |
| 配方 3 | 6.79d | 11.23a | 6.30a | 0.49b | 0.48d | 0.31a | 5.86c | 10.88b | 6.16b | 0.30a | 0.56b | 0.15d |
| 配方 4 | 9.80a | 11.25a | 4.09c | 0.50c | 0.50c | 0.16c | 7.10a | 11.20a | 6.96a | 0.31a | 0.59a | 0.18c |

**表 2-4　不同配方叶面肥对苎麻根系活力的影响**

| 处理 | 中苎 1 号［μg/（g·h）］ | 多倍体 1 号［μg/（g·h）］ |
|---|---|---|
| CK | 16.48±0.29 cC | 16.68±0.23 cC |
| 配方 1 | 19.31±0.39 bB | 20.67±0.35 bB |
| 配方 2 | 19.66±0.65 bB | 20.71±0.36 bB |
| 配方 3 | 20.14±0.72 bB | 23.39±0.57 aA |
| 配方 4 | 22.76±0.59 aA | 24.13±0.68 aA |

在大田栽培条件下，通过 3 季苎麻试验探讨了 4 个不同配方叶面肥对苎麻产量、纤维支数和败蔸情况的影响（图 2-2）。研究结果表明，不同配方叶面肥均能提升苎麻株高、茎粗、鲜皮厚度、有效株数和鲜皮出麻率等产量因素，原麻产量和生物产量提高。随着叶面肥中营养元素种类增加，苎麻的原麻产量、生物产量进一步提高，且以 F4 腐植酸复合叶面肥的增产效果最为明显，与其他处理相比全年纤维产量和生物产量均达到显著水平。叶面施肥能提高苎麻的纤维支数，但在不同的收获期处理间差异较大。其中以 F4 腐植酸复合叶面肥处理下纤维支数最高，与其他处理相比中苎 1 号提高了 1.12%~4.75%（头麻）、0.57%~5.44%（二麻）和 0.94%~2.62%（三麻），多倍体 1 号提高了 2.48%~7.22%（头麻）、0.70%~7.64%（二麻）和 0.55%~7.49%（三麻）。

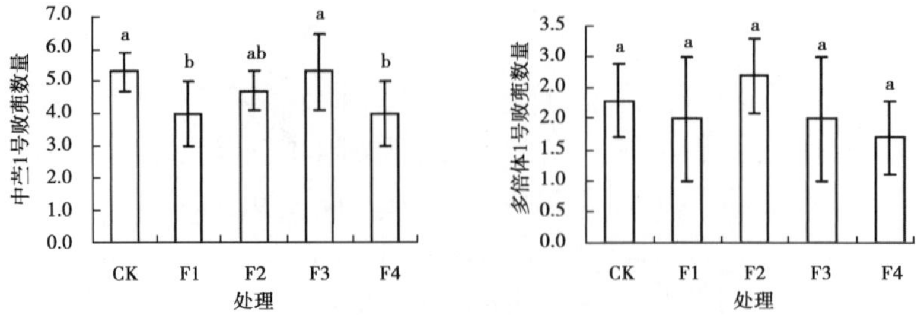


**图 2-2　不同叶面施肥处理下苎麻小区败蔸数量**

3. 不同施肥量和施肥方式对苎麻产量和饲用品质的影响

采用 2 种复合肥施肥方式与 2 种尿素追肥方式，结合复合肥和尿素的不同施肥量，共设置 8 个施肥处理研究不同施肥量和不同施肥方式对饲用苎麻产量和饲用品质的影响（表 2-5），结果表明：农艺性状方面，表现最好的为复合肥一次性基施（0.054kg/$m^2$）与尿素每收割一次追肥一次（0.006kg/$m^2$），其分株数 42.00 株/蔸、叶茎比 2.04、干鲜比 0.15；饲用产量方面，表现最好的是复合肥一次性基施（0.108kg/$m^2$）与尿素每收割一次追肥一次（0.0135kg/$m^2$），其产量鲜重达 17.07kg/$m^2$，明显优于其他处理；饲用品质方面，复合肥一次性基施（0.108kg/$m^2$）与尿素每收割一次追肥一次（0.0135kg/$m^2$）、复合肥分 2 次施（0.054kg/$m^2$）与尿素每收割一次追肥一次（0.0135kg/$m^2$）、复合肥一次性基施（0.054kg/$m^2$）与尿素每收割一次追肥一次（0.006kg/$m^2$）3 个处理的粗蛋白含量显著优于其他处理。本研究为提高饲用苎麻栽培管理技术提供了参考。

**表 2-5 各处理小区饲用苎麻收获期及产量比较** （单位：kg/$m^2$）

| 收获次数 | 1 | 2 | 3 | 4 | 5 | 6 | 7 | 8 | 9 | 10 | 平均 |
|---|---|---|---|---|---|---|---|---|---|---|---|
| 及日期 | 4月7日 | 5月3日 | 5月25日 | 6月15日 | 7月5日 | 7月25日 | 8月15日 | 9月5日 | 10月15日 | 11月30日 | |
| A | 1.525b | 1.449bc | 1.501ab | 1.618e | 1.685d | 1.702c | 1.451c | 1.301b | 1.496b | 0.987f | 1.472d |
| B | 1.676a | 1.735a | 1.676a | 1.878b | 1.859c | 1.907a | 1.586a | 1.326ab | 1.767a | 1.666a | 1.707a |
| C | 1.622a | 1.533b | 1.626ab | 1.705c | 2.093a | 1.866b | 1.470c | 1.329ab | 1.496b | 1.326b | 1.606b |
| D | 1.321c | 1.350c | 1.348b | 1.661cde | 1.254f | 1.386f | 1.334e | 1.146e | 1.143e | 1.102e | 1.304f |
| E | 1.030d | 1.162d | 1.525ab | 2.020a | 1.718d | 1.643d | 1.526b | 1.194d | 1.284d | 1.159d | 1.427e |
| F | 1.376c | 1.460bc | 1.558ab | 1.649de | 1.929b | 1.902a | 1.409d | 1.344a | 1.383c | 1.226c | 1.524c |
| G | 1.332c | 1.415bc | 1.497ab | 1.871b | 1.503e | 1.654d | 1.380d | 1.315ab | 1.353c | 1.221c | 1.454d |
| H | 1.001d | 1.113d | 1.871b | 1.686cd | 1.705d | 1.584e | 1.461c | 1.257c | 1.112e | 0.896a | 1.317f |

注：表中相同字母代表在 0.05 水平上没有显著差异，下同

4. 氮、钾运筹对苎麻产量及生理生化指标的影响

为探求氮、钾肥用量及施用时期对苎麻产量的影响，于 2015 年在江背梅花基地进行了氮、钾运筹对苎麻产量影响的田间试验。试验共设置 5 个处理（表 2-6）：A1，不施肥（CK）；A2，苗期施 N 165kg/$hm^2$，$K_2O$ 140kg/$hm^2$；A3，苗期施 N 165kg/$hm^2$，旺长期追施 $K_2O$ 140kg/$hm^2$；A4，苗期施 N 165kg/$hm^2$，旺长期追施 $K_2O$ 70kg/$hm^2$；A5，苗期施 N 165kg/$hm^2$，施 $K_2O$ 70kg/hm，旺长期追施 $K_2O$ 70kg/$hm^2$。小区面积 15$m^2$，3 次重复。结果表明，各施肥处理下苎麻的株高、茎粗、生物量及原麻产量均显著高于对照，但不同施肥运筹下苎麻的产量差异不显著。

**表 2-6 氮、钾运筹对苎麻农艺性状及产量的影响（二麻、三麻平均值）**

| 处理 | 株高（m） | 茎粗（mm） | 有效株（株） | 无效株（株） | 生物量（kg） | 原麻重（kg） |
|---|---|---|---|---|---|---|
| A1 | 1.29±0.02b | 8.56±0.38b | 209.7±12.1b | 26.0±8.9a | 17.10±4.61b | 0.63±0.14b |
| A2 | 1.59±0.09a | 10.18±0.17a | 222.3±20.7ab | 21.3±8.1a | 22.68±0.65a | 0.87±0.10a |
| A3 | 1.58±0.07a | 9.87±0.27a | 236.0±16.0a | 20.7±4.2a | 23.03±2.98a | 0.83±0.06a |
| A4 | 1.52±0.03a | 9.72±0.19a | 226.3±11.6ab | 21.0±3.6a | 21.40±0.96a | 0.83±0.08a |
| A5 | 1.50±0.08a | 9.92±0.45a | 224.3±17.1ab | 27.7±4.0a | 23.47±2.50a | 0.85±0.09a |

2015 年在湖南农业大学国家麻类阳光板温室进行了相应的盆栽试验。试验共设置 5 个处理：A1，不施肥（CK）；A2，苗期施 N 220mg/kg 土壤，施 $K_2O$ 180mg/kg 土壤；A3，苗期施 N 220mg/kg 土壤，旺长期追施 $K_2O$ 180mg/kg 土壤；A4，苗期施 N 220mg/kg 土壤，旺长期追施 $K_2O$ 90mg/kg 土壤；A5，苗期施 N 220mg/kg 土壤，施 $K_2O$ 90mg/kg 土壤，旺长期追施 $K_2O$ 90mg/kg 土壤。于收获期测苎麻叶片 SPAD 值和光合作用（表 2-7、表 2-8）。结果表明：不同施肥处理下苎麻叶片

SPAD 值显著高于对照；不同施肥处理下中苎 1 号和湘苎 7 号光合作用存在差异。

**表 2-7　氮、钾运筹对苎麻叶片 SPAD 值的影响**

| 处理 | 中苎 1 号 | 湘苎 6 号 |
|---|---|---|
| A1 | 34. 5±0. 9d | 29. 9±0. 5b |
| A2 | 38. 7±0. 8c | 38. 1±0. 7a |
| A3 | 41. 5±0. 9ab | 36. 5±3. 2a |
| A4 | 41. 8±0. 9a | 38. 0±1. 8a |
| A5 | 40. 1±0. 4b | 37. 2±0. 8a |

**表 2-8　氮、钾运筹对苎麻叶片光合作用的影响**

| 处理 | 中苎 1 号 | | | 湘苎 7 号 | | |
|---|---|---|---|---|---|---|
| | 净光合速率 [μmol/（m² · s）] | 气孔导度 [mmol/（m² · s）] | 蒸腾速率 [mmol/（m² · s）] | 净光合速率 [μmol/（m² · s）] | 气孔导度 [mmol/（m² · s）] | 蒸腾速率 [mmol/（m² · s）] |
| A1 | 24. 2±0. 1c | 0. 152±0. 027a | 8. 81±0. 22a | 22. 1±0. 4ab | 0. 181±0. 005a | 8. 69±0. 04a |
| A2 | 23. 3±0. 7c | 0. 132±0. 027a | 8. 24±0. 08a | 21. 8±2. 1b | 0. 116±0. 008b | 5. 86±0. 56b |
| A3 | 28. 4±0. 8a | 0. 146±0. 029a | 6. 62±0. 35b | 23. 2±0. 8ab | 0. 127±0. 013b | 5. 98±0. 99b |
| A4 | 27. 5±0. 6ab | 0. 135±0. 027a | 4. 96±0. 49c | 24. 6±1. 6a | 0. 131±0. 013b | 4. 88±0. 53b |
| A5 | 26. 8±0. 5b | 0. 157±0. 029a | 3. 96±0. 49d | 23. 9±2. 0ab | 0. 135±0. 032b | 3. 63±0. 36c |

5. *磷素营养及磷素胁迫蛋白质组学研究*

随着种植业结构调整，苎麻种植区域向山坡地、贫瘠地转移，苎麻抗逆性、耐逆性生理机制探索成为新的研究热点，筛选耐低磷胁迫材料是研究苎麻耐贫瘠生理机制的基础。以 138 份苎麻品种为供试材料，通过测定与耐低磷胁迫相关生理指标，初步筛选出 19 个耐低磷差异基因型苎麻品种，对该 19 个苎麻品种进行砂培低磷胁迫，通过测定农艺性状鉴定其耐低磷性。并基于 SSR 技术用 39 对与低磷胁迫相关的引物，对该 19 个苎麻品种进行遗传多样性分析。研究结果如下。

（1）测定 138 份苎麻品种旺长期成熟叶片相对电导率、丙二醛含量、酸性磷酸酶活性、全磷含量等指标，SPSS 19. 0 软件均值聚类分析结果表明，138 份苎麻品种可聚为 19 个类群，每类群包含的品种个数分别为 16、24、1、19、3、9、17、2、2、1、2、2、1、18、10、6、2、2、1，每类群中选取的代表品种分别为垫江白麻、旺苍乌脚麻、大黄麻、小叶绿、黄皮棍、蒲圻大叶麻、细叶绿、大叶绿、洪湖青麻、鹤峰苎麻、华苎 5 号、新余麻、湘苎 1 号、资兴麻、牛耳青、巴西 8 号、巴西 3 号、巴西 2 号、黄荆皮。

（2）测定 19 个苎麻品种低磷胁迫下株高、绿叶数、绿叶面积、叶绿素相对含量、根鲜重、生物量鲜重、根冠比等各相对耐性指数，SPSS 19. 0 软件均值聚类分析结果表明，19 个苎麻品种可聚为 3 类，其中，旺苍乌脚麻、垫江白麻、华苎 5 号、黄皮棍、小叶绿、蒲圻大叶麻、巴西 2 号为耐低磷基因型品种；巴西 8 号、巴西 3 号、洪湖青麻、鹤峰苎麻、黄荆皮、牛耳青、大黄麻为中耐低磷基因型品种；大叶绿、资兴麻、细叶绿、新余麻、湘苎 1 号为不耐低磷基因型品种。

（3）39 对低磷胁迫相关 SSR 引物对该 19 个苎麻品种进行遗传多样性分析表明，19 个品种可聚为 4 类，其中大叶绿单独为支，与其他品种亲缘关系较远，华苎 5 号、洪湖青麻、鹤峰苎麻、细叶绿、蒲圻大叶麻聚为一支，其中华苎 5 号和洪湖青麻之间的亲缘关系很近，巴西 8 号、巴西 3 号、巴西 2 号、湘苎 1 号、资兴麻、新余麻、黄荆皮、旺苍乌脚麻、牛耳青聚为一支，其中巴西 8 号和巴西 3 号之间的亲缘关系很近，小叶绿、黄皮棍、大黄麻、垫江白麻聚为一支，其中小叶绿和黄皮棍之间的亲缘关系很近。

（4）以苎麻高产品种华苎 5 号为试验材料（华中农业大学试验基地 2 年生苎麻）。试验采用盆栽，高 60cm、直径 40cm 的底部开孔的塑料盆，每盆装有等体积的细沙，细沙水平面距盆口约

5cm，每盆种植一蔸苎麻，试验设缺 P 处理，各处理种植 10 盆，置于 25～30℃，自然采光的温室中。

苎麻在缺 P 下，相对叶绿素含量不断下降，生长速度也逐渐减缓，通过对苎麻缺 P 处理 3d 的叶片差异蛋白质组学分析，共分别得到差异蛋白 51 个。其差异蛋白可分成 10 类，包括光合作用、蛋白定向与储藏蛋白、能量代谢、初级代谢、疾病防御、信号传导、细胞结构、转录、次生代谢、蛋白合成等功能。

缺 P 可能通过增强已糖激酶的活性促进激素的合成，激动蛋白上调促进其根生长从土壤中吸取更多的 P，通过积累和分泌柠檬酸盐以便溶解土壤中的营养而增加抗逆性。苎麻在 P 胁迫时通过提高次生代谢来抵抗胁迫，苎麻通过增强亮氨酸氨基肽酶活性以促进 C、N 在细胞中的流动和利用而保证植物生长来抵抗 P 胁迫。P 胁迫下抑制蛋白下调可能对苎麻的纤维生长影响较大，同时苎麻的细胞分化和生长都在一定范围内受到抑制。

6. 苎麻种子包衣及其对苎麻生长发育的影响

以湘苎 3 号、中饲苎 1 号为试验材料，研究和探索了不同种衣剂包衣及浸种处理后苎麻种子的包衣安全性、贮藏安全性，以及苎麻种子处理对苎麻种子出苗及成苗率的影响、对病害的防治效果、对苎麻生长发育与产量品质的影响。研究结果表明，适乐时（咯菌腈）400ml/100kg 种子+锐胜（噻虫嗪）200ml/100kg 种子包衣处理，可使苎麻抵御早期生长发育过程中病害的侵袭和影响，大幅减少苎麻早期病害的发病率。适乐时（咯菌腈）400ml/100kg 种子+锐胜（噻虫嗪）200ml/100kg 种子包衣，能有效促进苎麻生长、提高苎麻株高和茎粗、增加鲜皮厚度、提高出麻率。初步形成苎麻种子包衣的技术方案：第一步，苎麻种子清选；第二步，选择合适的包衣药剂，如适乐时（咯菌腈）400ml/100kg 种子+锐胜（噻虫嗪）200ml/100kg 种子；第三步，包衣药液的配制；第四步：种子包衣。

7. 苎麻田间套作模式研究

（1）苎麻田套种蔬菜模式研究。对湖南地区成龄苎麻田冬季套作蔬菜的种类、经济效益及套种对苎麻农艺性状和产量的影响进行研究（图 2-3），结果表明成龄麻田种植蔬菜要选择育苗移栽的种植方式，蔬菜可选择抗寒性较强的叶菜类和茎菜类，收获期最迟不能超过 4 月上旬，套作蔬菜对苎麻农艺性状和产量有一定影响，尤其是对头麻的影响最大，二麻次之，对三麻的影响最小。套作豌豆、生菜、榨菜和芥菜可显著增加头麻的产量，麻田套作蔬菜在产量产值及经济效益上均体现出一定的优势。尤其是芥菜—苎麻套作模式的土地当量比最高，可作为南方坡地成龄麻田套作的最佳模式。其次为小白菜—苎麻，莴苣—苎麻，榨菜—苎麻和雪里蕻—苎麻模式较好，产值较高。

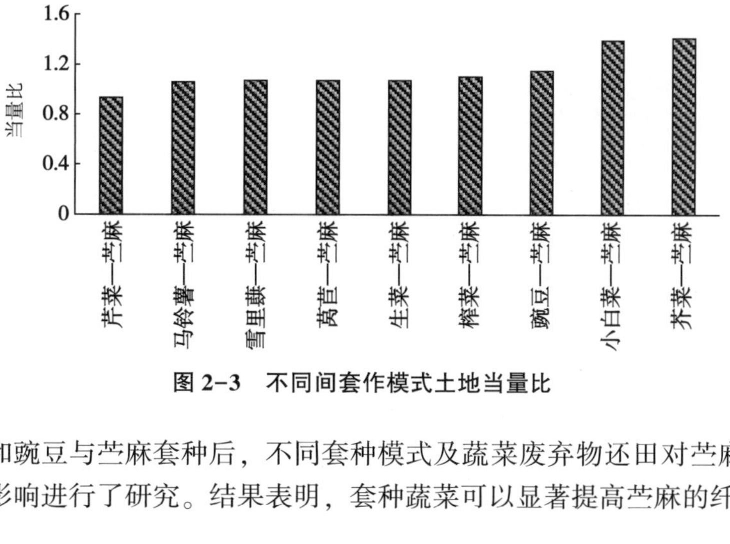


**图 2-3　不同间套作模式土地当量比**

对榨菜、莴苣和豌豆与苎麻套种后，不同套种模式及蔬菜废弃物还田对苎麻的主要农艺性状、纤维产量和品质的影响进行了研究。结果表明，套种蔬菜可以显著提高苎麻的纤维产量，但蔬菜废弃物还田对苎麻生长有一定影响，对苎麻的农艺性状和产量有降低作用。不同蔬菜套种对苎麻影响不同，产量表现为苎麻/豌豆>苎麻/莴苣>苎麻/榨菜。套种对不同季别的苎麻影响也不同，对头麻影响最大，二麻次之，三麻影响最小。套种和蔬菜废弃物还田对苎麻纤维断裂强力和纤维支数的影响较小。

（2）冬闲苎麻田套种牧草模式研究。研究了苎麻园冬闲田行间套种白三叶、黑麦草和紫云英3种牧草对杂草密度优势、杂草组成及生物多样性的影响。结果表明在种植黑麦草、白三叶、紫云英后杂草的密度为 59.2 株/$m^2$、107.7 株/$m^2$ 和 128.2 株/$m^2$，与不套种对照相比分别降低了73.94%、52.60%和43.57%。杂草生物量分别为62.33g/$m^2$、112.86g/$m^2$和142.10g/$m^2$，与对照相比分别减少了78.23%、50.37%和60.58%。可见种植这3种冷季型牧草可降低苎麻田杂草危害，其中黑麦草对杂草密度的降低效果最好。本研究中种植3种冷季型牧草后并未显著改变杂草优势种群类别，种植紫云英后的苎麻园杂草多样性指数略高于种植白三叶和黑麦草。

（3）不同间套作组合对苎麻产量和品质的影响。本研究以“华苎5号”为材料，进行苎麻与3种蔬菜（红菜薹、白萝卜、马铃薯）和3种牧草（白三叶、紫花苜蓿、黑麦草）的间套作试验，设置苎麻/红菜薹、苎麻/白萝卜、苎麻/白三叶、苎麻/紫花苜蓿、苎麻/黑麦草、苎麻/马铃薯总共6种不同间套作模式，以苎麻单作为对照，研究不同间套作组合对苎麻产量和品质的影响。为增加麻园收益提供理论和技术支持。研究结果表明：

①对苎麻冠层的影响：间套作白三叶和马铃薯降低了头麻叶面积指数；间套作紫花苜蓿和黑麦草降低了二麻的叶面积指数；套种红菜薹提高了三麻冠层中部和下部的叶面积指数。

②对产量的影响：间套作红菜薹、马铃薯和白萝卜均能提高苎麻的总生物量；间套作紫花苜蓿、白三叶和黑麦草降低了苎麻的总生物量。间套作红菜薹、马铃薯、白三叶、紫花苜蓿和白萝卜均能提高苎麻的原麻产量，而套种黑麦草则降低了苎麻的原麻产量。

③对农艺性状的影响：套种红菜薹提高了二麻和三麻的株高、茎粗、鲜皮厚度和有效株率；间套作白三叶和紫花苜蓿降低了二麻和三麻的株高和茎粗；套种马铃薯降低了二麻和三麻的茎粗和鲜皮厚度。

④对品质的影响：间作紫花苜蓿降低了头麻单纤维强力但提高了二麻和三麻的结果；套种白萝卜降低了三季麻的单纤维强力；套种黑麦草和马铃薯降低了头麻和三麻的单纤维强力。套种黑麦草显著提高了头麻和二麻纤维断裂伸长率；间套作白萝卜和紫花苜蓿降低了三季麻的纤维断裂伸长率。套种黑麦草降低了三季麻的纤维直径。套种红菜薹降低了头麻纤维含胶率，对二麻和三麻无显著影响；套种马铃薯增加了头麻纤维含胶率却降低了二麻和三麻的结果。

⑤对苎麻地经济效益的影响：不同间套作模式经济效益由大到小依次为红菜薹>白萝卜>马铃薯>CK>黑麦草>紫花苜蓿>白三叶。套种红菜薹和白萝卜的麻地纯收益最大，分别是对照的4.09倍和2.26倍；套种马铃薯也提高了麻地纯收益，是对照的1.48倍；间套作黑麦草、紫花苜蓿和白三叶的纯收益较CK分别降低了12.50%、25.05%和26.44%。套种蔬菜以红菜薹收益最佳，其次可选择白萝卜，马铃薯增加的收益最低；间套作黑麦草、白三叶和紫花苜蓿均会降低田间收益，不宜用于苎麻间套作。

8. 苎麻高产高效栽培技术示范

（1）沅江苎麻高产高效栽培技术示范结果。分别于2014年5月30日、8月3日、10月19日对高产试验进行了产量相关性状指标的测定。头麻平均株高约2.3m，二麻约2.0m高，三麻约1.9m高，三季麻相对株高比较平均；茎粗在1.2~1.4cm，按照每亩1 800蔸折算，全年三季麻平均鲜叶亩产2 998kg，全年三季麻平均干叶亩产610.1kg；全年三季麻平均鲜骨亩产4 452kg，干重达1 038kg；全年三季麻平均鲜麻亩产1 554.05kg，干麻亩产达355.49kg，基本实现“369”工程的目标。

（2）武汉苎麻高产高效栽培技术示范结果。三季麻总干物质量为33 657.45kg/$hm^2$，三季原麻产量为 8 190kg/$hm^2$，干麻叶产量 7 016.70kg/$hm^2$，干麻骨产量 18 450.30kg/$hm^2$（表 2-9）。

**表 2-9 2014 年华中农业大学校内试验基地三季麻测产情况**

| 季别 | 株高（cm） | 茎粗（mm） | 皮厚（mm） | 产量（kg/$hm^2$） | 干麻叶产量（kg/$hm^2$） | 干麻骨产量（kg/$hm^2$） |
|---|---|---|---|---|---|---|
| 头麻 | 241.93 | 13.21 | 11.48 | 2 900.55 | 3 211.05 | 7 068.60 |
| 二麻 | 228.19 | 13.88 | 11.50 | 3 361.95 | 2 048.10 | 7 800.30 |
| 三麻 | 198.37 | 10.52 | 7.10 | 1 927.95 | 1 757.70 | 3 581.40 |
| 合计 | | | | 8 190.45 | 7 016.70 | 1 8450.30 |

Note：测产时间分别为 6 月 4 号；8 月 5 号及 10 月 17 号

### （二）适应机械化收获和田间管理的轻简化栽培技术

1. 脱叶剂筛选及脱叶技术研究

本试验在 2013 年的基础上稍作调整，将乙烯利浓度从 1 000～5 000mg/L 调整为 2 000～6 000 mg/L，同时增加"0.5%尿素+2%磷酸二氢钾"的对照组，2013 年试验的最佳组合为：4 000mg/L 的乙烯利+0.5%尿素［$CO(NH_2)_2$］组合，同时缺少"0.5%尿素+2%磷酸二氢钾"的对照，故作此调整。

对照组在试验过程中，除了人为接触和自然脱落，几乎没有脱叶，表明乙烯利是脱叶剂配方的主要有效成分，尿素和磷酸二氢钾只对乙烯利起到辅助作用；

乙烯利浓度为 4 000mg/L 时，对比 2 000mg/L 和 3 000mg/L，作用效果已十分明显，同时 4 000mg/L 和 5 000mg/L、6 000mg/L 的作用效果没有较大的差异，表明当浓度达到 4 000mg/L 时，脱叶剂对苎麻叶片的作用效果已达到适宜的浓度，随着浓度的提高，作用效果没有变化，此结果与上年试验的最佳浓度一致。

试验最佳组合为：4 000mg/L 的乙烯利+0.5%尿素+2%磷酸二氢钾，第三天叶片全部脱落，但组合 4 000mg/L 的乙烯利+0.5%尿素和 4 000mg/L 的乙烯利+2%磷酸二氢钾时，脱叶效果也可以。

研究发现 2 000mg/L 的乙烯利处理 48h 内脱落率可以达到 80%以上，增施 2%磷酸二氢钾及 0.5%的尿素脱落更加均匀，且对苎麻品质没有显著影响。二麻及三麻的研究结果类似。

2. 除草剂施用技术研究

新麻园及老麻园杂草种类多，但以喜温喜湿的种类居多。出现频率较高的有马唐、千金子、马齿苋、鲤肠、喜旱莲子草，其他如牛筋草、狗尾草、香附子、狗芽根、苘麻等多有发生。目前，试验地内杂草防除主要采取两种方法：

一是土壤喷雾处理，即麻苗出土前施用。50%乙草胺每亩 60～100ml，对水 30～50kg 均匀喷雾处理土壤，注意不要超过 200ml，避免药害。土壤墒情好时，药效高。60%丁草胺每亩 125～175ml，对水 4kg 均匀喷雾处理土壤，要求土壤湿润，若药后干旱需浅混土。

二是当苎麻进入苗期及快速生长期时，在防除上要进行茎叶处理，一般采用精稳杀得、高效盖草能、精禾草克、拿捕净等防除禾本科草；在苎麻 30cm 以上，用草甘膦、克芜踪等灭生性除草剂进行低位定向喷雾。10%草甘膦每亩 200～250ml（草 4 叶）、400～600ml（草 6 叶以上），对水 30～50kg；或者 20%克芜踪每亩 200～300ml（草 4 叶）、300～400ml（草 6 叶以上），对水 30～50kg。进行行间低位定向喷雾，防止药液沾苎麻叶片上。

以"中饲苎 1 号""多倍体 1 号"和"湘苎 3 号"为试验材料，通过大田试验考察喷施不同浓度草甘膦除草剂对苎麻生长生理特性及产量的影响（表 2-10）。主要研究结果如下：低浓度（$<0.1g/m^2$）草甘膦处理下，各品种的根系活力、生长速率、SPAD 值与对照（不喷）相比差异均不显著。但 3 个品种生物产量较对照均增高，增产范围 0.99～4.98kg/20$m^2$。中浓度（0.1～0.2g/$m^2$）草甘膦处理下，3 个品种根系活力、生长速率、SPAD 值较对照下降更显著，其中"湘苎 3 号"生

长速率下降最多，与对照相比下降47.75%。中浓度下3个品种生物产量较对照均下降，减产范围1.11～3.27kg/20m²，其中湘苎3号减产最为显著。高浓度（0.2～0.3g/m²）草甘膦处理下，对3个品种各生理指标影响最显著，其中“湘苎3号”受到影响最严重，甚至出现停止生长迹象。

**表2-10　不同草甘膦浓度对苎麻生长及生理特性的影响**

| 测定指标 | 品种 | | CK 0清水 (g/m²) | 不同浓度 | | | | | |
|---|---|---|---|---|---|---|---|---|---|
| | | | | 0.05 (g/m²) | 0.10 (g/m²) | 0.15 (g/m²) | 0.20 (g/m²) | 0.25 (g/m²) | 0.30 (g/m²) |
| 20d后根系活力 [μg/（g·h）] | A | | 25.62 | 25.56 | 25.12 | 23.94 | 23.27 | 21.64 | 20.17 |
| | B | | 25.01 | 25.08 | 24.54 | 22.82 | 22.72 | 21.82 | 21.32 |
| | C | | 28.87 | 28.72 | 28.16 | 26.30 | 23.64 | 21.76 | 20.56 |
| 株高日增长量 (cm) | A | | 2.48 | 2.23 | 1.85 | 1.38 | 1.04 | 0.73 | 0.58 |
| | B | | 2.10 | 2.13 | 1.96 | 1.31 | 1.27 | 0.81 | 0.69 |
| | C | | 2.89 | 2.29 | 1.94 | 1.83 | 1.38 | 1.02 | 0.90 |
| SPADR值 | A | 药前 | 38.80 | — | — | — | — | — | — |
| | | 7d | 38.90 | 39.07 | 37.33 | 35.73 | 34.67 | 33.73 | 31.30 |
| | | 15d | 39.23 | 38.53 | 37.47 | 36.20 | 34.97 | 32.47 | 31.60 |
| | B | 药前 | 25.47 | — | — | — | — | — | — |
| | | 7d | 26.73 | 25.63 | 24.43 | 23.70 | 22.90 | 22.07 | 22.13 |
| | | 15d | 28.83 | 34.27 | 28.40 | 26.20 | 26.83 | 25.33 | 24.27 |
| | C | 药前 | 35.07 | — | — | — | — | — | — |
| | | 7d | 35.40 | 30.67 | 31.47 | 30.70 | 29.87 | 29.33 | 28.97 |
| | | 15d | 33.63 | 33.57 | 33.03 | 31.53 | 31.43 | 31.07 | 29.53 |
| 成熟期生物产量 (kg/20m²) | A | | 12.78 | 14.26 | 13.77 | 11.23 | 10.02 | 8.46 | 7.32 |
| | B | | 12.34 | 17.32 | 16.43 | 11.84 | 11.23 | 9.62 | 7.88 |
| | C | | 13.14 | 15.62 | 14.83 | 10.86 | 9.87 | 8.56 | 7.50 |

注：A：湘苎1号；B：多倍体1号；C：湘苎3号

3. 不同覆盖处理苎麻高产栽培技术研究

在前两年沅江建立的高产高效种植示范点开展不同覆盖处理试验，本试验设计了L：裸露土面为对照，F：覆盖秸秆处理，S：焚烧处理；通过设计这个试验验证不同覆盖处理对苎麻产量和出苗的影响。对三季麻进行了产量性状指标的调查，研究结果如下：分别于头麻、二麻、三麻对高产试验地不同覆盖处理进行了产量相关性状指标的测定，从表2-11可见，头麻、二麻、三麻3种不同处理的株高、茎粗、皮厚及小区产量差异不显著，但是头麻、二麻、三麻相对比较表明，3种不同处理裸露地面的处理相对比其他的处理还高一点，这种结论还需进一步的试验验证。

**表2-11　沅江高产麻地不同覆盖处理三季麻产量性状指标**

| 产量 | 头麻 | 株高 (cm) | 茎粗 (mm) | 皮厚 (mm) | 皮重 (g) | 干重 (g) | 有效株 (株) | 小区产量 (g) |
|---|---|---|---|---|---|---|---|---|
| 头麻 | L | 177.92 | 13.10 | 0.91 | 50.83 | 8.24 | 258.67 | 2 137.02 |
| | F | 182.48 | 13.84 | 0.94 | 53.33 | 8.52 | 233.33 | 1 988.50 |
| | S | 168.02 | 13.25 | 0.93 | 46.67 | 7.63 | 246.33 | 1 876.01 |
| 二麻 | L | 124.30 | 9.74 | 0.71 | 32.50 | 7.62 | 366.00 | 2 789.84 |
| | F | 127.18 | 10.10 | 0.79 | 26.00 | 8.09 | 294.50 | 2 389.12 |
| | S | 135.80 | 10.34 | 0.69 | 26.00 | 7.91 | 331.50 | 2 636.19 |
| 三麻 | L | 88.16 | 8.87 | 0.56 | 14.93 | 1.93 | 293.67 | 564.04 |
| | F | 87.90 | 9.34 | 0.60 | 15.58 | 1.76 | 297.00 | 522.56 |
| | S | 77.72 | 8.42 | 0.54 | 12.33 | 1.50 | 296.33 | 443.15 |

4. 机械收获试验产量情况

2014年咸宁轻简化及配套机械化收获试验基地进行了测产。按照60-60-80-80（行距设置，单位为cm）种植模式优于70-70-60-80（表2-12），前者更好的适应机械化栽培种植。且产量较高，较好地解决了联合收割机履带行走对麻苗的影响。

**表 2-12 咸宁试验基地三季麻测产情况（华苎 4 号）**

| 种植模式 | 季别 | 株高 (cm) | 茎粗 (mm) | 原麻 (kg/hm$^2$) | 干麻叶 (kg/hm$^2$) | 干麻骨 (kg/hm$^2$) |
|---|---|---|---|---|---|---|
| 70-70-60-80 | 头麻 | 205.20 | 11.01 | 1 216.35 | 3 382.50 | 2 606.25 |
| | 二麻 | 114.80 | 6.84 | 1 063.80 | 2 997.00 | 1 899.00 |
| | 三麻 | 99.05 | 6.46 | 747.00 | 1 498.50 | 1 300.50 |
| | 合计 | | | 3 027.15 | 7 878.00 | 5 805.75 |
| 60-60-80-80 | 头麻 | 235.80 | 12.06 | 1 720.50 | 5 053.80 | 3 686.70 |
| | 二麻 | 119.90 | 8.01 | 1 144.80 | 2 439.00 | 2 070.00 |
| | 三麻 | 133.30 | 7.49 | 856.50 | 1 433.70 | 1 466.10 |
| | 合计 | | | 3 721.80 | 8 926.50 | 7 222.80 |

### （三）苎麻山坡地栽培与固土保水技术研究

1. 不同保水措施对山坡地苎麻生产的影响

开展不同保水措施山坡地栽培技术研究试验，本试验设计了保水剂深埋厢沟处理、滴灌处理、对照 3 个不同处理，分别于头、二麻开展了产量性状指标的测定。从表 2-13 可以看出，头麻各产量性状指标中滴灌处理的产量性状指标及产量都明显的高于其他处理，二麻产量性状指标及小区产量也表明，滴灌处理的各项指标明显的高于其他处理，综合头、二麻产量性状及产量等滴灌处理明显高于其他处理。

**表 2-13 汉寿山坡地不同保水措施栽培产量性状指标**

| 季节 | 处理 | 株高 (cm) | 茎粗 (mm) | 皮厚 (mm) | 皮重 (g) | 鲜重 (g) | 干重 (g) | 有效株 (株) | 小区产量 (g) |
|---|---|---|---|---|---|---|---|---|---|
| 头麻 | 吸水剂 | 172.70 | 13.22 | 0.90 | 83.75 | 53.75 | 3.72 | 697.00 | 2 592.374 |
| | 滴　灌 | 209.15 | 13.81 | 0.80 | 92.50 | 63.75 | 6.70 | 777.50 | 5 216.128 |
| | 对　照 | 197.45 | 14.64 | 0.88 | 72.50 | 41.25 | 6.44 | 702.50 | 4 563.565 |
| 二麻 | 吸水剂 | 161.18 | 12.97 | 0.70 | 35.00 | 10.00 | 6.03 | 823.50 | 4 950.082 |
| | 滴　灌 | 179.60 | 11.49 | 0.75 | 62.50 | 15.00 | 7.36 | 848.00 | 6 303.001 |
| | 对　照 | 171.23 | 11.57 | 0.84 | 25.00 | 14.25 | 7.27 | 738.00 | 5 394.812 |

2. 山坡地饲用苎麻高产栽培的土壤水分管理技术研究

在桃源县盘塘镇王家垱村坡地麻园内继续开展了不同保水技术（措施）的效应研究。试验设置对照（CK）、有限灌溉（利用径流池集水灌溉/GG）、工程储水-1（竹节沟/GC1）、工程储水-2（暗沟/GC2）、工程储水-3（竹节沟+暗沟/GC3）和施用化学保水剂（BS）共六个处理、三次重复，小区面积为 50.0m$^2$。供试品种为中苎 3 号，麻园建于 2010 年 4 月。

从 4 月 25 日开始至 10 月 25 日止（表 2-14），每隔 5d 测定一次土壤水分，其观测结果如表 2-14 所示。各处理全年的土壤平均含水量为 186.7±23.9g/kg（CK）、213.5±23.0g/kg（GG）、220.9±24.0g/kg（GC1）、228.4±23.4g/kg（GC2）、245.4±24.1g/kg（GC3）与 218.7±23.7g/kg（BS）。

与对照相比（表 2-14），三种工程措施和化学保水提高土壤水分含量的效果显著（$p<0.01$），各处理全年土壤的含水量平均增加了 18.33%（GC1）、22.33%（GC2）、31.47%（GC1+GC2）与 17.15%（BS）；有限灌溉亦有较明显的效果（$p<0.05$），分别较对照增加了 14.36%。其原麻产量，与对照相比（表 2-15），各处理依次增加了 10.86%（GG）、15.14%（GC1）、17.58%（GC2）、25.70%（GC3）、13.17%（BS）。

**表 2-14　缓坡麻园不同保水措施的 2012—2015 年土壤水分管理变化动态**　（单位：g/kg）

| 观测时间 | | CK | | GG | | GC1 | | GC2 | | GC3 | | BS | |
|---|---|---|---|---|---|---|---|---|---|---|---|---|---|
| | | 数量 | 标准差 | 数量 | 标准差 | 数量 | 标准差 | 数量 | 标准差 | 数量 | 标准差 | 数量 | 标准差 |
| 2012 | 5 月 | 265.4 | 25.4 | 266.2 | 25.5 | 287.3 | 27.8 | 288.5 | 26.5 | 290.0 | 26.8 | 268.2 | 25.4 |
| | 6 月 | 225.6 | 20.3 | 226.2 | 21.6 | 238.6 | 22.3 | 242.0 | 22.4 | 253.6 | 24.3 | 232.5 | 22.3 |
| | 7 月 | 195.2 | 18.6 | 202.2 | 20.0 | 212.8 | 20.2 | 215.3 | 21.5 | 211.3 | 19.8 | 202.8 | 19.8 |
| | 8 月 | 178.8 | 16.8 | 195.6 | 18.6 | 185.2 | 17.9 | 193.6 | 17.8 | 195.3 | 18.5 | 192.8 | 18.6 |
| | 9 月 | 165.2 | 15.8 | 173.2 | 16.8 | 180.1 | 16.8 | 184.3 | 18.3 | 184.0 | 17.0 | 178.6 | 17.5 |
| | 10 月 | 202.8 | 19.8 | 210.0 | 20.5 | 218.5 | 20.5 | 219.6 | 20.2 | 220.0 | 21.2 | 202.3 | 19.8 |
| | 均值 | 205.5 | 19.5 | 212.2 | 20.5 | 220.4 | 20.9 | 223.9 | 21.1 | 225.7 | 21.3 | 212.9 | 20.6 |
| 2013 | 5 月 | 264.5 | 27.3 | 275.5 | 24.8 | 293.0 | 29.0 | 293.9 | 29.0 | 300.4 | 38.0 | 273.8 | 22.8 |
| | 6 月 | 229.3 | 23.2 | 239.3 | 21.6 | 247.0 | 23.2 | 250.1 | 24.2 | 266.9 | 23.4 | 242.0 | 23.2 |
| | 7 月 | 190.2 | 26.0 | 206.5 | 21.2 | 211.9 | 22.0 | 214.0 | 22.6 | 214.9 | 18.9 | 203.3 | 19.6 |
| | 8 月 | 144.2 | 22.4 | 159.9 | 18.6 | 160.4 | 19.7 | 163.0 | 18.7 | 172.3 | 15.8 | 160.4 | 17.6 |
| | 9 月 | 149.8 | 25.0 | 168.8 | 18.6 | 173.4 | 16.5 | 177.0 | 17.3 | 181.6 | 17.6 | 170.2 | 18.5 |
| | 10 月 | 169.6 | 22.3 | 204.7 | 22.2 | 204.1 | 20.3 | 208.4 | 21.0 | 216.0 | 20.9 | 190.4 | 20.0 |
| | 均值 | 191.3 | 24.4 | 209.1 | 21.2 | 215.0 | 21.8 | 217.7 | 22.1 | 225.4 | 22.4 | 206.7 | 20.3 |
| 2014 | 5 月 | 232.9 | 33.7 | 247.5 | 30.8 | 273.8 | 36.3 | 283.7 | 32.9 | 303.7 | 40.3 | 251.1 | 36.9 |
| | 6 月 | 266.3 | 29.1 | 282.8 | 27.1 | 314.8 | 29.7 | 335.9 | 27.6 | 355.9 | 28.9 | 284.5 | 39.4 |
| | 7 月 | 180.9 | 32.2 | 192.6 | 26.7 | 236.6 | 28.3 | 243.9 | 25.9 | 263.9 | 24.4 | 199.1 | 26.8 |
| | 8 月 | 182.0 | 28.2 | 193.7 | 23.7 | 234.6 | 25.7 | 235.0 | 21.6 | 255.0 | 22.3 | 200.2 | 22.7 |
| | 9 月 | 147.5 | 18.7 | 157.4 | 23.7 | 193.9 | 22.1 | 200.2 | 20.1 | 220.2 | 21.9 | 165.7 | 25.0 |
| | 10 月 | 138.2 | 15.6 | 147.5 | 22.4 | 183.9 | 22.3 | 185.4 | 24.2 | 205.4 | 23.2 | 156.4 | 20.8 |
| | 均值 | 191.3 | 26.2 | 203.6 | 25.7 | 239.6 | 27.4 | 247.3 | 25.4 | 267.3 | 26.9 | 209.5 | 28.6 |
| 2015 | 5 月 | 243.6 | 29.5 | 269.6 | 27.7 | 282.1 | 31.8 | 288.9 | 30.2 | 305.5 | 35.9 | 274.8 | 29.1 |
| | 6 月 | 231.4 | 24.8 | 255.7 | 24.0 | 263.8 | 25.7 | 275.9 | 25.4 | 299.4 | 26.2 | 263.1 | 29.0 |
| | 7 月 | 175.5 | 26.2 | 205.4 | 23.2 | 216.2 | 24.1 | 223.0 | 23.9 | 235.8 | 21.6 | 210.6 | 22.6 |
| | 8 月 | 157.5 | 23.0 | 187.7 | 20.8 | 188.5 | 21.6 | 195.1 | 19.9 | 212.7 | 19.4 | 192.9 | 20.1 |
| | 9 月 | 153.0 | 20.3 | 170.6 | 20.2 | 177.3 | 18.9 | 184.8 | 19.0 | 200.1 | 19.3 | 179.6 | 20.8 |
| | 10 月 | 159.0 | 19.7 | 192.1 | 22.2 | 197.5 | 21.6 | 202.6 | 22.3 | 219.1 | 22.3 | 191.4 | 20.7 |
| | 均值 | 186.7 | 23.9 | 213.5 | 23.0 | 220.9 | 24.0 | 228.4 | 23.4 | 245.4 | 24.1 | 218.7 | 23.7 |

**表 2-15　缓坡麻园不同保水措施 2012—2015 年的原麻产量**　（单位：kg/亩）

| 观测时间 | | CK | | GG | | GC1 | | GC2 | | GC3 | | BS | |
|---|---|---|---|---|---|---|---|---|---|---|---|---|---|
| | | 数量 | 标准差 | 数量 | 标准差 | 数量 | 标准差 | 数量 | 标准差 | 数量 | 标准差 | 数量 | 标准差 |
| 2012 | 头麻 | 115.2 | 10.2 | 116.3 | 10.1 | 115.4 | 10.3 | 116.3 | 10.4 | 117.5 | 10.6 | 115.6 | 10.3 |
| | 二麻 | 63.3 | 6.6 | 68.2 | 5.9 | 72.3 | 6.9 | 73.5 | 6.9 | 75.6 | 7.1 | 68.5 | 6.4 |
| | 三麻 | 45.8 | 5.4 | 48.4 | 5.0 | 49.3 | 4.3 | 49.5 | 4.5 | 50.2 | 4.8 | 47.0 | 4.3 |
| | 合计 | 224.3 | 22.2 | 232.9 | 21.0 | 237.0 | 21.5 | 239.3 | 21.8 | 243.3 | 22.5 | 231.1 | 21.0 |
| 2013 | 头麻 | 120.5 | 12.9 | 122.1 | 11.0 | 123.7 | 12.3 | 124.6 | 11.8 | 125.7 | 11.9 | 122.4 | 12.4 |
| | 二麻 | 53.1 | 11.9 | 64.0 | 9.7 | 67.0 | 10.0 | 69.0 | 9.1 | 72.0 | 9.3 | 64.3 | 9.7 |
| | 三麻 | 35.2 | 9.4 | 42.9 | 7.5 | 44.4 | 7.5 | 44.6 | 7.0 | 46.5 | 6.7 | 42.4 | 7.0 |
| | 合计 | 208.8 | 34.2 | 229.0 | 28.2 | 235.1 | 29.8 | 238.2 | 27.9 | 244.2 | 27.9 | 229.1 | 29.1 |
| 2014 | 头麻 | 122.0 | 10.0 | 122.7 | 8.0 | 124.3 | 9.4 | 125.3 | 8.8 | 126.4 | 8.9 | 123.0 | 13.2 |
| | 二麻 | 57.3 | 8.8 | 67.1 | 8.5 | 70.3 | 8.8 | 72.5 | 7.8 | 75.7 | 8.1 | 67.4 | 7.5 |
| | 三麻 | 32.6 | 4.9 | 46.9 | 4.9 | 48.7 | 4.9 | 48.9 | 4.3 | 51.1 | 4.0 | 46.3 | 6.0 |
| | 合计 | 211.9 | 23.7 | 236.7 | 21.4 | 243.3 | 23.1 | 246.7 | 20.9 | 253.2 | 21.0 | 236.7 | 26.7 |
| 2015 | 头麻 | 133.8 | 12.6 | 135.1 | 10.5 | 136.8 | 12.0 | 137.9 | 11.4 | 139.1 | 11.5 | 135.4 | 14.1 |
| | 二麻 | 61.2 | 11.5 | 72.7 | 10.1 | 77.1 | 10.4 | 80.4 | 9.4 | 91.9 | 9.6 | 75.4 | 9.5 |
| | 三麻 | 38.8 | 8.2 | 51.4 | 7.1 | 55.3 | 7.1 | 56.6 | 6.5 | 62.9 | 6.1 | 53.8 | 7.4 |
| | 合计 | 233.8 | 32.3 | 259.2 | 27.7 | 269.2 | 29.5 | 274.9 | 27.3 | 293.9 | 27.2 | 264.6 | 31.0 |

从土壤水分与原麻产量的关系来看（表 2-14、表 2-15），各种保水技术（措施）的增产效应在头麻（即土壤水分供应充足的季节）未能很好地体现出来，但在二麻、三麻（即季节性干旱的季节）的增产效果十分明显（$P<0.01$），其增幅均超过了 25%以上。

项目区 2015 年 1—10 月的累计降水量为 1064.48mm。根据其原麻产量，本年度各处理的降水利用效率分别为 0.2196±0.0297、0.2435±0.0311、0.2529±0.0302、0.2582±0.0292、0.2761±0.0284、0.2486±0.0317kg/mm·亩。

3. 苎麻高产栽培的固土保水效应研究

（1）黄甲铺基地研究结果（表 2-16）。在黄甲铺基地，共设有休闲（A）、75%苎麻常规种植密度（B）、100%苎麻常规种植密度（C）、125%苎麻常规种植密度（D）和旱地粮油作物常规种植方式（E）五个处理、三次重复，均为标准的水土保持长期定位观测场，始建于 2011 年。

**表 2-16　2011—2015 年度桃源黄甲铺基地降水概况及各处理分月的径流量**　（单位：mm）

| 年份 | 项目 | | 11 月 | 12 月 | 1 月 | 2 月 | 3 月 | 4 月 | 5 月 | 6 月 | 7 月 | 8 月 | 9 月 | 10 月 | 合计 |
|---|---|---|---|---|---|---|---|---|---|---|---|---|---|---|---|
| 2011 | 降水量 | | 18.62 | 29.76 | 41.40 | 70.73 | 97.03 | 129.76 | 107.50 | 181.32 | 167.63 | 102.40 | 57.73 | 33.82 | 1 037.70 |
| | 径流量 | A. | 2.94 | 5.32 | 9.03 | 26.38 | 34.42 | 55.30 | 48.41 | 88.54 | 76.54 | 48.85 | 19.78 | 12.23 | 427.74 |
| | | B. | 2.20 | 4.75 | 7.68 | 15.77 | 24.85 | 31.98 | 28.58 | 42.52 | 43.16 | 29.97 | 13.60 | 8.35 | 253.41 |
| | | C. | 2.10 | 4.44 | 6.68 | 11.95 | 23.30 | 26.20 | 23.05 | 34.50 | 33.33 | 22.86 | 11.29 | 6.08 | 205.78 |
| | | D. | 1.88 | 3.64 | 5.56 | 9.38 | 20.00 | 21.22 | 18.60 | 27.54 | 24.81 | 18.27 | 9.05 | 3.76 | 163.71 |
| | | E. | 1.37 | 2.58 | 4.02 | 7.35 | 12.15 | 12.65 | 28.84 | 64.35 | 37.22 | 30.57 | 19.84 | 10.60 | 231.54 |
| 2012 | 降水量 | | 10.88 | 30.50 | 36.85 | 50.64 | 135.60 | 133.35 | 98.60 | 192.22 | 183.64 | 90.30 | 58.88 | 85.32 | 1 106.78 |
| | 径流量 | A. | 2.93 | 5.47 | 9.43 | 25.95 | 33.51 | 56.78 | 51.40 | 94.24 | 81.43 | 51.00 | 19.89 | 12.08 | 444.11 |
| | | B. | 1.94 | 4.66 | 7.79 | 16.41 | 26.10 | 33.70 | 30.08 | 44.95 | 38.05 | 31.50 | 14.10 | 8.50 | 257.78 |
| | | C. | 1.85 | 4.23 | 6.62 | 11.84 | 24.35 | 26.44 | 22.08 | 33.29 | 35.04 | 20.88 | 11.54 | 5.98 | 204.14 |
| | | D. | 1.82 | 4.23 | 6.20 | 11.84 | 23.95 | 21.03 | 17.54 | 25.68 | 31.25 | 17.56 | 9.98 | 5.58 | 176.66 |
| | | E. | 0.76 | 2.05 | 3.58 | 7.13 | 12.20 | 12.79 | 30.00 | 70.54 | 45.63 | 31.90 | 18.64 | 10.60 | 245.82 |
| 2013 | 降水量 | | 13.12 | 28.52 | 38.45 | 45.65 | 140.32 | 135.66 | 112.50 | 185.22 | 142.61 | 30.34 | 18.65 | 22.24 | 913.28 |
| | 径流量 | A. | 4.32 | 4.65 | 7.65 | 16.50 | 33.00 | 53.40 | 58.33 | 87.22 | 59.62 | 16.47 | 2.27 | 1.88 | 345.31 |
| | | B. | 2.46 | 2.84 | 4.24 | 9.88 | 25.02 | 26.44 | 23.00 | 30.02 | 29.03 | 5.45 | 0.54 | 0.45 | 159.37 |
| | | C. | 2.14 | 2.65 | 3.82 | 8.83 | 22.81 | 25.24 | 22.68 | 29.00 | 28.02 | 5.12 | 0.35 | 0.20 | 150.86 |
| | | D. | 2.10 | 2.51 | 3.90 | 8.55 | 22.83 | 23.13 | 20.34 | 28.43 | 26.80 | 4.90 | 0.27 | 0.20 | 143.96 |
| | | E. | 1.58 | 2.46 | 3.65 | 5.62 | 10.84 | 16.85 | 36.54 | 60.65 | 39.42 | 10.12 | 2.12 | 1.77 | 191.62 |
| 2014 | 降水量 | | 15.61 | 25.62 | 45.35 | 30.24 | 156.68 | 175.32 | 173.51 | 221.32 | 156.33 | 45.68 | 35.60 | 25.54 | 1 106.80 |
| | 径流量 | A. | 6.04 | 4.84 | 9.00 | 12.32 | 40.12 | 69.31 | 90.00 | 105.68 | 66.66 | 20.00 | 5.22 | 2.80 | 431.99 |
| | | B. | 2.45 | 2.40 | 4.50 | 6.84 | 27.00 | 39.20 | 35.00 | 35.20 | 30.82 | 7.50 | 0.55 | 0.19 | 191.65 |
| | | C. | 2.45 | 2.35 | 4.41 | 6.80 | 27.32 | 39.68 | 34.88 | 34.89 | 30.68 | 7.40 | 0.66 | 0.17 | 191.69 |
| | | D. | 2.40 | 2.36 | 4.48 | 6.88 | 27.00 | 38.88 | 34.00 | 34.50 | 31.00 | 7.40 | 0.66 | 0.20 | 189.76 |
| | | E. | 1.43 | 1.82 | 3.56 | 2.72 | 10.35 | 20.00 | 84.00 | 88.28 | 42.00 | 19.50 | 4.00 | 2.03 | 279.69 |
| 2015 | 降水量 | | 14.88 | 29.24 | 41.42 | 50.40 | 135.38 | 146.75 | 125.79 | 199.40 | 166.20 | 68.69 | 43.67 | 42.66 | 1 064.48 |
| | 径流量 | A. | 5.71 | 6.76 | 10.61 | 22.57 | 38.12 | 62.46 | 65.93 | 99.05 | 75.31 | 36.89 | 13.74 | 9.02 | 446.17 |
| | | B. | 2.20 | 3.54 | 5.69 | 10.80 | 25.47 | 30.52 | 26.78 | 34.67 | 33.02 | 15.44 | 6.27 | 3.02 | 197.42 |
| | | C. | 2.22 | 3.55 | 5.88 | 10.25 | 25.41 | 30.56 | 26.69 | 34.23 | 33.03 | 14.62 | 6.20 | 3.03 | 195.67 |
| | | D. | 2.23 | 3.52 | 5.66 | 10.62 | 25.45 | 30.54 | 26.75 | 34.49 | 33.02 | 15.17 | 6.25 | 3.00 | 196.70 |
| | | E. | 1.33 | 2.31 | 3.83 | 6.91 | 11.79 | 19.13 | 46.45 | 79.49 | 45.53 | 20.84 | 13.55 | 8.47 | 259.63 |

2014 年 11 月—2015 年 10 月，该基地累计的降水量为 1 064.48mm，是 2011 年建立试验基地以来降水较多的年份之一。各处理 2015 年的降水径流系数分别为 0.4191±0.0522、0.1855±0.0238、0.1838±0.0191、0.1848±0.0141 和 0.2439±0.0233。根据统计结果，B、C、D 处理间已无差异（$P>0.10$），但与其他两个处理（A、E）依然存在着显著（$P<0.05$）或极显著的差异（$P<0.01$）。其土壤侵蚀模数，分别为 1898.3±178.6、749.5±78.7、752.1±80.0、756.6±82.5 和

1204. 3±135. 6t/（$km^2$·年），其变化趋势与降水径流系数的完全一致。3 种苎麻处理的土壤水分含量并没有明显差异，但与休闲和和旱地粮油作物两个处理的差异明显（$P<0.05$）。

根据 2011—2015 年的观测结果，从防治水土流失的角度考虑，加大苎麻种植密度的时效性有限（因本试验已进行五年）。因此，利用苎麻防治水土流失，要因地制宜选择适宜的种植密度（方式）。

（2）盘塘基地研究结果。在盘塘基地的山坡地，建设严格的等高梯土、深沟撩壕、开挖竹节沟（或暗沟）、设置生物篱笆等水土保持工程综合治理的高标准水土保持坡地。

根据年度观测结果（表 2-17），各种土地利用方式的年降水径流系数的大小排序是乔灌草<灌木林、苎麻<乔木林<旱粮作物，土壤侵蚀模数是乔灌草<灌木林、苎麻<乔木林<旱粮作物。

**表 2-17　2012—2015 年桃源盘塘基地降水概况及各处理分月的径流量（单位：mm）**

| 年份 | 项目 | | 11月 | 12月 | 1月 | 2月 | 3月 | 4月 | 5月 | 6月 | 7月 | 8月 | 9月 | 10月 | 合计 |
|---|---|---|---|---|---|---|---|---|---|---|---|---|---|---|---|
| 2012 | 降水量 | | 9.62 | 28.55 | 38.02 | 50.33 | 130.60 | 135.56 | 96.88 | 190.20 | 176.54 | 88.64 | 52.32 | 83.64 | 1 080.90 |
| | 径流量 | 乔灌草 | | | 2.21 | 5.51 | 5.84 | 9.96 | 8.45 | 13.57 | 13.48 | 10.06 | 4.41 | 5.47 | 78.96 |
| | | 灌木林 | | | 3.16 | 9.48 | 9.63 | 12.98 | 12.26 | 18.97 | 22.07 | 12.41 | 6.21 | 7.27 | 114.44 |
| | | 乔木林 | | | 3.60 | 9.96 | 14.65 | 17.17 | 14.49 | 23.49 | 23.17 | 14.39 | 7.46 | 9.08 | 137.46 |
| | | 旱粮作物 | 1.04 | 1.68 | 4.45 | 7.57 | 15.43 | 17.10 | 19.28 | 24.38 | 24.39 | 16.53 | 7.45 | 11.19 | 150.49 |
| | | 苎麻 | 1.31 | 2.06 | 5.36 | 10.96 | 16.75 | 18.07 | 11.83 | 22.59 | 17.28 | 11.86 | 5.67 | 7.23 | 130.97 |
| 2013 | 降水量 | | 9.78 | 24.35 | 32.82 | 42.17 | 132.50 | 126.30 | 98.42 | 185.62 | 133.21 | 28.54 | 19.26 | 24.22 | 857.19 |
| | 径流量 | 乔灌草 | | | 1.23 | 1.74 | 5.54 | 8.32 | 4.55 | 16.00 | 8.91 | | | | 46.29 |
| | | 灌木林 | | | 2.17 | 4.15 | 7.82 | 15.33 | 12.26 | 21.52 | 11.37 | 1.32 | 0.35 | | 76.29 |
| | | 乔木林 | | 1.03 | 2.52 | 4.34 | 15.65 | 16.00 | 12.60 | 22.34 | 12.00 | 2.22 | 0.71 | 0.49 | 89.90 |
| | | 旱粮作物 | 0.23 | 1.32 | 3.00 | 4.50 | 14.66 | 16.50 | 14.00 | 30.12 | 18.98 | 2.87 | 1.23 | 0.59 | 108.00 |
| | | 苎麻 | | 1.11 | 1.56 | 2.33 | 10.21 | 18.72 | 3.32 | 20.20 | 15.40 | 2.33 | 0.25 | | 75.43 |
| 2014 | 降水量 | | 14.15 | 23.10 | 46.05 | 34.94 | 138.95 | 168.18 | 167.50 | 214.72 | 136.06 | 43.18 | 31.07 | 22.30 | 1 040.20 |
| | 径流量 | 乔灌草 | | | 3.05 | 2.76 | 6.71 | 11.74 | 9.06 | 18.97 | 10.42 | 1.32 | | | 64.03 |
| | | 灌木林 | | | 5.28 | 5.68 | 9.85 | 21.44 | 21.33 | 24.32 | 13.85 | 4.24 | 2.93 | | 108.92 |
| | | 乔木林 | | 1.63 | 6.19 | 6.25 | 17.88 | 22.69 | 22.09 | 25.00 | 14.91 | 6.01 | 2.05 | 0.15 | 124.85 |
| | | 旱粮作物 | 0.46 | 1.98 | 4.34 | 5.69 | 18.77 | 22.79 | 23.96 | 45.50 | 23.56 | 7.44 | 2.56 | 1.98 | 159.03 |
| | | 苎麻 | 0.53 | 2.22 | 6.55 | 6.25 | 20.25 | 23.70 | 15.00 | 25.32 | 17.02 | 3.78 | 1.74 | 0.15 | 122.51 |
| 2015 | 降水量 | | 11.81 | 26.75 | 41.15 | 44.86 | 141.52 | 151.37 | 127.71 | 207.87 | 156.93 | 56.45 | 36.13 | 45.82 | 1 048.37 |
| | 径流量 | 乔灌草 | | 0.32 | 2.24 | 3.45 | 6.24 | 10.35 | 7.60 | 16.73 | 11.31 | 3.92 | 1.52 | 1.89 | 65.57 |
| | | 灌木林 | | 0.56 | 3.67 | 6.67 | 9.44 | 17.20 | 15.85 | 22.40 | 16.35 | 6.21 | 3.28 | 2.51 | 104.14 |
| | | 乔木林 | 0.38 | 0.93 | 4.32 | 7.22 | 16.93 | 19.63 | 17.28 | 24.88 | 17.59 | 7.95 | 3.59 | 3.41 | 124.11 |
| | | 旱粮作物 | 0.60 | 1.73 | 4.10 | 6.98 | 17.00 | 21.88 | 19.92 | 34.80 | 23.29 | 9.34 | 3.91 | 4.79 | 148.34 |
| | | 苎麻 | 0.61 | 1.78 | 4.45 | 6.45 | 15.58 | 12.96 | 8.95 | 17.48 | 11.40 | 2.93 | 1.85 | 1.44 | 85.88 |

与黄甲铺基地相比，其水土流失量要显著低得多，说明工程措施的水土保持效果要显著优于利用植物特性防治的效果。因此，在充分利用植物特性防治水土流失的同时，最好配合工程技术措施进行综合治理。

4. 中陡坡地贫瘠土壤饲用苎麻高产高效施肥技术研究

供试品种为黄壳麻，中饲苎 1 号、中苎 2 号（表 2-18）。坡地在 20°～25°，黄沙土，贫瘠土壤，pH 值 4.8，有机质 33.1g/kg，碱解氮 170.0mg/kg，有效磷 8.2mg/kg，速效钾 88mg/kg，长 23m，宽 6m，分为 3 个小区，每个小区面积 $45m^2$。于 2014 年 6 月 18 日采取穴混的方式定植，每穴栽不同品种的麻苗 2 株。

**表 2-18 中陡坡度贫瘠土壤饲用苎麻高产高效施肥试验处理方案**

| 处理 | 生长期施肥（kg/亩） | | | 基肥（冬培）（kg/亩） | 备注 |
|---|---|---|---|---|---|
| | 尿素 | 磷肥 | 钾肥 | | |
| 处理 1 | 37.5 | 12.5 | 12.5 | 枯饼 100，复合肥 50 | 尿素（46%）；磷肥（12% $P_2O_5$）；钾肥（50% $K_2SO_4$）；45%复合肥（N/P/K：15/15/15）；菜籽饼肥 |
| 处理 2 | 30 | 10 | 10 | 枯饼 100，复合肥 50 | |
| 处理 3 | 25 | 7.5 | 7.5 | 枯饼 100，复合肥 50 | |
| 处理 4 | 22.5 | 0 | 0 | 枯饼 100，复合肥 50 | |
| CK | 0 | 0 | 0 | 枯饼 100，复合肥 50 | |

2015 年调查了 3 季麻（表 2-19），结果表明中苎 2 号+黄壳麻混栽的农艺性状好于其他 2 个处理，平均株高为 1.87m，茎粗为 1.15cm，皮厚为 0.876mm。中苎 2 号+黄壳麻混栽产量最高，全年原麻亩产为 72.3kg，其次为黄壳麻+中饲苎 1 号，全年原麻亩产为 66.1kg。

**表 2-19 中陡坡地贫瘠土壤饲料苎麻肥水管理试验**

| 品种与季次 | | 株高（m） | 茎粗（cm） | 皮厚（mm） | 原麻亩产（kg） |
|---|---|---|---|---|---|
| 中饲苎 1 号+中苎 2 号 | 头麻 | 1.89 | 1.21 | 0.996 | 32.60 |
| | 二麻 | 1.78 | 1.06 | 0.680 | 16.50 |
| | 三麻 | 1.38 | 1.02 | 0.731 | 14.30 |
| | 合计 | 1.68 | 1.06 | 0.802 | 63.40 |
| 黄壳麻+中饲苎 1 号 | 头麻 | 1.96 | 1.29 | 0.985 | 34.50 |
| | 二麻 | 1.85 | 0.45 | 0.750 | 18.40 |
| | 三麻 | 1.27 | 1.02 | 0.702 | 13.20 |
| | 合计 | 1.69 | 0.92 | 0.726 | 66.10 |
| 中苎 2 号+黄壳麻 | 头麻 | 2.01 | 1.26 | 1.045 | 38.40 |
| | 二麻 | 1.99 | 1.22 | 0.830 | 11.40 |
| | 三麻 | 1.60 | 1.07 | 0.752 | 22.50 |
| | 合计 | 1.87 | 1.15 | 0.876 | 72.30 |

5. 山坡地苎麻高产高效栽培技术示范

（1）湖南汉寿示范点。分别于 2014 年 5 月 30 日、8 月 3 日、10 月 19 日对湖南汉寿麻区苎麻高产试验示范点进行了产量相关性状指标的测定。从测产结果可见，头麻平均株高约 2.0m，二麻高约 2.0m，三麻高约 1.9m，三季麻相对株高比较均匀；茎粗在 1.1～1.3cm，按照每亩 1 400蔸折算，全年三季麻平均鲜叶亩产 2 068kg，全年三季麻平均干叶亩产 486.05.1kg；全年三季麻平均鲜骨亩产 3 406kg，干重达 801.5kg；全年三季麻平均鲜麻亩产 992.5kg，干麻亩产达 233.8kg，基本实现苎麻山坡地“248”工程的任务目标。

（2）湖北赤壁示范点。在湖北省赤壁市神山镇毕畈村基地继续进行高产试验，试验面积 5 亩，新麻园，主栽品种为华苎 5 号，移栽密度 2 000蔸/亩。三季麻总干物质量为 28 046.7kg/hm$^2$，三季原麻产量 4 106.25kg/hm$^2$，干麻叶产量 5 224.80kg/hm$^2$，干麻骨产量 18 715.65kg/hm$^2$（表 2-20）。

**表 2-20 赤壁试验基地三季麻测产情况（华苎 5 号）**

| 季别 | 株高（cm） | 茎粗（mm） | 皮厚（mm） | 产量（kg/hm$^2$） | 干麻叶产量（kg/hm$^2$） | 干麻骨产量（kg/hm$^2$） |
|---|---|---|---|---|---|---|
| 头麻 | 259.35 | 15.01 | 1.05 | 1 943.55 | 2 022.90 | 8 390.10 |
| 二麻 | 195.28 | 11.62 | 9.51 | 1 120.05 | 1 041.60 | 6 174.00 |
| 三麻 | 185.08 | 10.70 | 8.45 | 1 042.65 | 2 160.30 | 4 151.55 |
| 合计 | | | | 4 106.25 | 5 224.80 | 18 715.65 |

**（四）苎麻败蔸机理及调控技术研究**

1. 苎麻根际分泌物与微生物多样性的关系研究

为探究苎麻根际分泌物、微生物多样性与苎麻败蔸之间的关系，对浏阳基地 5 年生苎麻中苎 1 号、湘苎 7 号、湘苎 3 号、多倍体 1 号、R057 根际与非根际化感物质、微生物多样性进行了研究。于 2015 年 8 月取样，分苎麻根际土壤和非根际土壤，样品一部分送上海美吉生物医药科技有限公司检测微生物多样性，另一部分用于测量化感物质。初步结果表明，苎麻根际与非根际微生物种类和数量存在较大的差别，且不同苎麻品种间根际微生物种类与数量也存在差别。苎麻根际化感物质种类以及与微生物群落的关系有待下一步研究。

2. 中后期外源激素调控对苎麻生理生化及纤维品质的影响研究

以盆栽试验和大田试验相结合，研究中后期外源激素调控对苎麻生理生化和纤维品质的影响。通过盆栽试验，研究 4 种不同激素对苎麻光合作用、生理生化及蛋白质表达差异的影响；通过大田试验，研究 4 种不同激素对苎麻产量、纤维品质的影响。本研究旨在为苎麻产量及品质调控提供理论依据。

3. 干旱、淹水胁迫下不同基因型苎麻败蔸抗性的差异研究

采用室内不锈钢水槽土培试验，设置 3 个水泥槽：A 槽进行干旱胁迫处理（不灌水，自然干旱，土壤含水量最终至田间持水量的 20%～40%）；B 槽进行淹水胁迫处理（淹水 5d，保持水层 1cm，然后自然落干）；C 槽作对照（滴灌，土壤含水量一直维持在田间持水量 80%左右）。在 A、B、C 槽建立滴灌系统调节土壤水分含量，采用农作物智能测控系统实时监控 A、B、C 槽的土壤水分含量。比较苎麻不同基因型对干旱、淹水的敏感性与耐受能力，筛选出干旱、淹水胁迫下耐败蔸能力强的苎麻基因型。

4. 渍水程度对苎麻的影响

采用大田试验与实验室分析相结合的方法，于 3 季麻的出苗期进行渍水处理。本研究发现（图 2-4、图 2-5），渍水的程度很大程度决定着苎麻的各经济性状以及产量的走势，苎麻产量随着渍水程度的加深而显著减少，从二麻到三麻表现得更加明显，减产幅度 80. 32%～93. 27%。苎麻在渍水处理中表现出如下共同特点，产量高则单位有效株数较多，茎粗有所增大，麻皮厚度增加，鲜皮重增加，渍水程度越大，时间越长，苎麻败蔸情况越严重，尤其是山区尧丘陵区，如无灌溉条件，二麻、三麻的产量则常低于头麻。

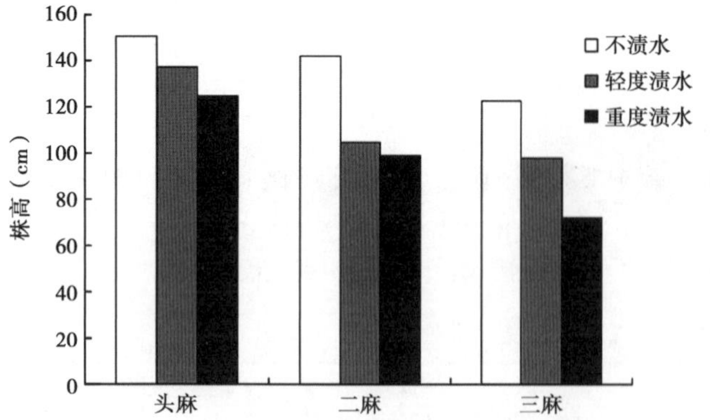


图 2-4　不同渍水处理对苎麻株高的影响

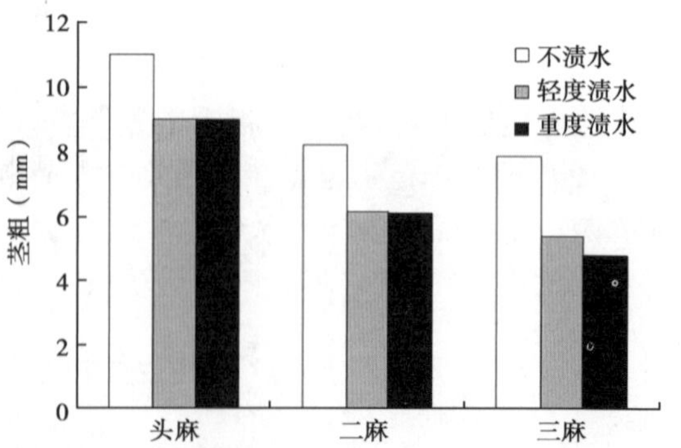


图 2-5　不同渍水处理对苎麻茎粗的影响

5. 苎麻败蔸抗性快速评价方法初探

通过增加人为刈割次数的方法，考察增加收获次数对苎麻分株数、生物产量及收割试验前后小区败蔸数量的影响。研究结果表明：增加苎麻刈割次数，生物量呈下降趋势；湘苎 3 号、多倍体 1

号和中苎 1 号的单蔸分株数先升高后开始下降；4 个苎麻品种均出现败蔸现象，但差异不显著。然而，通过增加人为收割次数是否能达到快速鉴定苎麻败蔸抗性的目的，目前尚不明确，应该从更多方面着手，包括根系生理变化、地上部与地下部物质运输特征等。

6. 自然栽培条件下苎麻种质资源败蔸抗性调查与筛选

（1）相对粗放管理下苎麻基因资源圃 105 份苎麻基因资源的败蔸抗性调查：通过对湖南农业大学苎麻基因资源圃 105 份苎麻基因资源进行调查，初步筛选出一批综合抗败蔸能力强的苎麻基因型，如沅江肉麻、新宁黄麻、毕节原麻、长顺原麻等。

（2）大田推广苎麻品种的抗败蔸能力调查筛选：对不同试验地点、不同栽培条件、不同苎麻品种和不同麻龄苎麻败蔸情况进行较系统的调查，初步筛选出多个败蔸抗性差异较大的苎麻品种，如湘苎 7 号抗败蔸能力强（表 2-21）。

**表 2-21 不同苎麻品种间败蔸率的差异**

| 品种 | 小区败蔸率（%） | | |
|---|---|---|---|
| | 长沙定位基地（6 龄麻） | 浏阳澄潭江基地（4 龄麻） | 长沙县梅花基地（2 龄麻） |
| 中苎 1 号 | 20.09a | 22.40a | 11.67a |
| 湘苎 3 号 | 16.52ab | 20.31a | — |
| 多倍体 1 号 | 9.82b | 19.27a | — |
| 湘苎 7 号 | — | 15.10b | 3.33b |

7. 增加刈割次数对苎麻单蔸分株数、生物产量及败蔸的影响

供试材料为湘苎 3 号、多倍体 1 号、中苎 1 号、湘苎 7 号。随着刈割次数的增加，湘苎 3 号、多倍体 1 号和中苎 1 号的单蔸分株数都呈现出先增高后降低的规律，经过 4~5 次刈割后，其单蔸分株数达到最大值，而后开始降低（表 2-22）。

**表 2-22 增加刈割次数对苎麻单蔸分株数的影响** （单位：株/蔸）

| 刈割时间 | 湘苎 3 号 | 多倍体 1 号 | 中苎 1 号 | 湘苎 7 号 |
|---|---|---|---|---|
| 4 月 8 日 | 9.0±0.7b | 10.6±0.8c | 10.5±1.0cd | 10.5±0.6abc |
| 5 月 10 日 | 9.2±0.9b | 10.7±0.6c | 10.7±0.9bcd | 9.7±0.1c |
| 6 月 9 日 | 10.9±0.1a | 11.7±1.1c | 11.7±1.2abcd | 10.1±0.4bc |
| 7 月 3 日 | 11.2±0.7a | 13.0±0.3b | 12.6±0.5abc | 9.6±0.4c |
| 8 月 2 日 | 11.9±1.3a | 14.5±0.9a | 13.3±0.6a | 10.9±0.9ab |
| 9 月 10 日 | 8.8±0.8b | 11.2±0.4c | 12.6±2.3ab | 8.0±0.6d |
| 10 月 14 日 | 8.5±0.4b | 14.0±0.7ab | 10.3±1.5d | 11.4±1.1a |

随着刈割次数的增加，各品种苎麻的生物产量基本呈递减规律（表 2-23）。全年总产量以多倍体 1 号最高，湘苎 3 号次之，湘苎 7 号最低。在多次刈割情况下，各苎麻品种均出现败蔸情况，然而各苎麻品种间败蔸数量并未达到显著水平，其中以中苎 1 号败蔸数量最高，湘苎 7 号最低。

**表 2-23 增加刈割次数对苎麻生物产量的影响** （单位：kg/小区）

| 刈割时间 | 湘苎 3 号 | 多倍体 1 号 | 中苎 1 号 | 湘苎 7 号 |
|---|---|---|---|---|
| 4 月 8 日 | 19.8±0.9a | 21.1±2.1a | 17.5±2.1a | 19.3±1.1a |
| 5 月 10 日 | 19.7±1.0a | 18.8±0.3b | 14.7±0.9b | 15.2±1.7b |
| 6 月 9 日 | 13.5±1.6b | 17.2±1.2b | 13.5±1.0c | 11.7±1.3c |
| 7 月 3 日 | 7.7±0.4c | 10.8±1.4c | 10.7±1.3c | 5.9±0.5d |
| 8 月 2 日 | 5.8±0.3d | 8.5±0.5d | 6.0±0.9d | 3.2±0.3e |
| 9 月 10 日 | 13.6±0.9b | 8.9±0.9cd | 5.4±1.4d | 5.9±1.9d |
| 10 月 14 日 | 8.3±1.8c | 9.4±0.8cd | 5.4±1.2d | 5.4±1.2d |
| 总产量 | 88.5 | 94.8 | 73.2 | 66.5 |

8. 苎麻抗根腐线虫相关基因的筛选及分析

在模式植物中，大量的转录因子被证实参与了植物的逆境调控反应，这些转录因子主要分布在 *NAC*、*AP2/ERF*、*WRKY*、*MYB*、*HD-ZIP*、*bZIP* 和 *COL* 这 7 个基因家族（Fujita et al.，2011；Weng et al.，2014）。因此，在苎麻中也筛选了这 7 个家族的基因，一共识别了 254 个包含全长 ORF 的转录因子。利用荧光定量 PCR 技术分析这 254 个基因在旱、镉及根腐线虫逆境下的表达水平，发现在旱逆境下有 88 个基因上升表达，20 个基因下调表达。在镉金属胁迫下，则有 47 个基因上调表达，22 个基因下调表达。而在根腐线虫感染后，则有 26 个苎麻基因上调表达，30 个基因下调表达（表 2-24）。

**表 2-24　筛选到的苎麻转录因子及其在逆境应答基因数目**

| 基因家族 | 基因总数 | 旱应答基因 | 镉应答基因 | 根腐线虫应答基因 |
|---|---|---|---|---|
| *NAC* | 32 | 14 | 11 | 4 |
| *AP2/ERF* | 43 | 15 | 11 | 8 |
| *WRKY* | 43 | 22 | 8 | 7 |
| *MYB* | 67 | 21 | 14 | 23 |
| *HD-ZIP* | 25 | 13 | 9 | 4 |
| *bZIP* | 33 | 20 | 15 | 8 |
| *COL* | 11 | 3 | 1 | 2 |

根据转录组测序的结果针对差异基因进行分析受根腐线虫侵染调节的有 40 个转录因子分布到 21 个基因家族中（表 2-25），其中 *bHLH* 基因家族所占的基因数量最多，根据阅读大量的文献表明 *MYB* 家族与抗虫的相关性很大，根据测序结果显示，受根腐线虫侵染后苎麻 *MYB* 家族基因有 5 个，呈现上调、下调的基因都存在，后续将结合文献进行基因挑选和功能验证工作。挑选了 12 个基因进行定量 PCR 验证（表 2-26），其中包括 2 个过氧化氢酶、3 个过氧化物酶，2 个 *NAC* 家族基因，还有其他与抗病相关的基因等，通过定量 PCR 结果显示这些基因与测序的结果基本吻合，进一步的验证这些功能的真实性。下一步将对兴趣基因进行进一步的克隆和功能验证工作，现在已经对 MYB 家族基因进行了引物的设计，并进行扩增进一步的试验还在进行中。

**表 2-25　受根腐线虫侵染调节差异表达基因的分布**

| 基因家族 | 差异表达基因 | | |
|---|---|---|---|
| | 全部 1 | 上调 | 下调 |
| *ARF* | 1 | 1 | 0 |
| *B3* | 2 | 2 | 0 |
| *bHLH* | 10 | 9 | 1 |
| *bZIP* | 1 | 1 | 0 |
| *C2H2* | 1 | 0 | 1 |
| *C3H* | 1 | 1 | 0 |
| *COL* | 1 | 0 | 1 |
| *E2F* | 1 | 1 | 0 |
| *ERF* | 1 | 1 | 0 |
| *GATA* | 2 | 2 | 0 |
| *HD-ZIP* | 1 | 1 | 0 |
| *HSF* | 1 | 0 | 1 |
| *MYB* | 5 | 1 | 4 |
| *NAC* | 2 | 0 | 2 |
| *SBP* | 1 | 0 | 1 |
| *TALE* | 2 | 0 | 2 |
| *TCP* | 2 | 1 | 1 |
| *Whirly* | 1 | 1 | 0 |
| *WRKY* | 1 | 0 | 1 |
| *YABBY* | 1 | 1 | 0 |
| *ZF-HD* | 2 | 1 | 1 |

**表 2-26 12 个差异表达基因的定量 PCR 验证**

| 基因序列 | qRT-PCR | Illumina 测序 | 功能注释 |
|---|---|---|---|
| T1_ Unigene_ BMK. 20119 | -5. 66 | -2. 58 | catalase |
| T2_ Unigene_ BMK. 19209 | -8. 87 | -2. 12 | catalase |
| T4_ Unigene_ BMK. 22483 | -4. 80 | -2. 46 | peroxidase |
| T1_ Unigene_ BMK. 2274 | -5. 41 | -23. 93 | NAC domain-containing protein 43-like |
| T2_ Unigene_ BMK. 19179 | -3. 95 | -3. 26 | NAC domain-containing protein 8-like |
| T3_ Unigene_ BMK. 18796 | 10. 42 | 5. 84 | desiccation-related protein PCC13-62-like |
| T3_ Unigene_ BMK. 13840 | 4. 65 | 3. 01 | peroxidase 3 |
| T3_ Unigene_ BMK. 791 | 29. 51 | 3. 09 | GDSL esterase/lipase At2g04570-like |
| T3_ Unigene_ BMK. 15403 | 15. 89 | 2. 02 | disease resistance response protein 206-like |
| T1_ Unigene_ BMK. 2026 | 2. 65 | 2. 66 | peroxidase 12-like |
| T4_ Unigene_ BMK. 16944 | 19. 34 | 7. 83 | GDSL esterase/lipase At5g55050-like |
| T4_ Unigene_ BMK. 14594 | 3. 08 | 7. 37 | pathogenesis related protein 1 isoform 1 |

9. 氮肥用量、刈割高度对饲用苎麻产量、营养品质及败蔸的影响

探讨了氮肥用量和刈割高度对湘苎 3 号和多倍体 1 号饲用产量、营养品质及败蔸的影响。采用两因素随机区组设计，刈割高度设 3 个水平，分别是 40cm、70cm 和 100cm；氮肥设置 3 个水平，分别是每次施氮 0kg/hm$^2$、92kg/hm$^2$、138kg/hm$^2$。通过测定各处理饲用苎麻鲜物质产量、干物质产量、营养物质含量及败蔸率，对不同氮肥用量和刈割高度处理的苎麻饲用价值进行综合评价。结果表明，氮肥用量和刈割高度对湘苎 3 号和多倍体 1 号鲜物质产量、干物质产量、粗蛋白、粗脂肪、粗灰分、粗纤维和磷含量影响显著（表 2-27），其中刈割高度是苎麻鲜物质产量、干物质产量和粗纤维有关参数的主要决定因子，湘苎 3 号粗蛋白含量主要由刈割高度决定，而多倍体 1 号粗蛋白含量主要由氮肥用量决定。其交互作用对湘苎 3 号和多倍体 1 号粗脂肪和粗纤维含量影响显著。在相同刈割高度下，湘苎 3 号和多倍体 1 号鲜物质产量、干物质产量、粗蛋白和粗脂肪含量均以 N2 处理最高，粗纤维含量随着氮肥用量的增加而降低。在相同氮肥用量下，湘苎 3 号和多倍体 1 号粗蛋白、钙和磷含量随刈割高度的增加而降低，生物产量和粗纤维含量随刈割高度的增加而增加。与此同时，多次刈割会引起湘苎 3 号和多倍体 1 号不同程度的败蔸。在本试验条件下，湘苎 3 号和多倍体 1 号最适合的刈割高度是 70~100cm。

**表 2-27 不同氮肥用量和刈割高度对饲用苎麻营养品质的影响**

| 品种 | 处理 | 粗蛋白 | 粗脂肪 | 粗灰分 | 粗纤维 | 钙 | 磷 |
|---|---|---|---|---|---|---|---|
| 湘苎 3 号 | $D_1N_1$ | 19. 25±0. 05b | 5. 19±0. 06e | 15. 32±0. 76bc | 23. 83±0. 73bcd | 3. 47±0. 58ab | 0. 62±0. 04a |
| | $D_1N_2$ | 20. 44±0. 27a | 5. 56±0. 16d | 17. 09±1. 11a | 21. 20±1. 11d | 3. 56±0. 52ab | 0. 55±0. 03b |
| | $D_1N_3$ | 18. 86±0. 30cd | 5. 25±0. 06e | 15. 95±0. 23ab | 21. 15±0. 94d | 3. 81±0. 27a | 0. 52±0. 04b |
| | $D_2N_1$ | 18. 19±0. 11e | 5. 26±0. 13e | 15. 33±1. 18bc | 26. 87±1. 27ab | 3. 45±0. 30ab | 0. 55±0. 01b |
| | $D_2N_2$ | 19. 15±0. 19bc | 6. 31±0. 14a | 15. 81±0. 45ab | 25. 60±1. 30ab | 3. 50±0. 37ab | 0. 53±0. 02b |
| | $D_2N_3$ | 18. 31±0. 05e | 5. 77±0. 32cd | 15. 62±0. 38bc | 21. 34±2. 18cd | 3. 57±0. 56ab | 0. 52±0. 04b |
| | $D_3N_1$ | 17. 63±0. 35f | 5. 92±0. 11bc | 14. 33±0. 64c | 28. 59±1. 49a | 2. 87±0. 17b | 0. 55±0. 04b |
| | $D_3N_2$ | 18. 56±0. 22de | 6. 27±0. 13a | 15. 37±0. 38bc | 27. 70±1. 40ab | 3. 14±0. 11ab | 0. 54±0. 03b |
| | $D_3N_3$ | 17. 41±0. 11f | 6. 05±0. 17ab | 15. 34±0. 59bc | 25. 26±0. 94abc | 3. 54±0. 41ab | 0. 46±0. 04c |
| 方差分析 | D | 138. 20*** | 60. 43*** | 5. 39* | 30. 45*** | 2. 32 | 4. 51* |
| | N | 83. 67*** | 37. 80*** | 5. 35* | 8. 02** | 1. 69 | 10. 88** |
| | DXN | 2. 52 | 5. 82** | 0. 89 | 6. 61** | 0. 30 | 0. 20 |

（续表）

| 品种 | 处理 | 粗蛋白 | 粗脂肪 | 粗灰分 | 粗纤维 | 钙 | 磷 |
|---|---|---|---|---|---|---|---|
| 多倍体 1 号 | $D_1N_1$ | 19.44±0.46ab | 5.36±0.05b | 17.25±0.12a | 23.443±0.46c | 3.81±0.53a | 0.57±0.03ab |
| | $D_1N_2$ | 19.78±0.2a | 5.40±0.08b | 16.66±0.30b | 20.77±0.43d | 3.76±0.46a | 0.64±0.05a |
| | $D_1N_3$ | 18.86±0.29bc | 5.34±0.01b | 16.43±0.12bc | 19.79±1.01d | 3.91±0.73a | 0.54±0.02b |
| | $D_2N_1$ | 18.64±0.59c | 5.54±0.25b | 17.35±0.29a | 27.68±1.58ab | 3.45±0.50a | 0.52±0.07b |
| | $D_2N_2$ | 19.72±0.06a | 6.05±0.06a | 16.44±0.10bc | 23.07±1.23c | 3.74±0.52a | 0.58±0.06ab |
| | $D_2N_3$ | 18.79±0.26bc | 5.67±0.26b | 15.88±0.14d | 22.68±0.22c | 3.48±0.16a | 0.52±0.03b |
| | $D_3N_1$ | 18.54±0.44c | 5.48±0.20b | 16.26±0.10c | 29.01±0.79a | 3.36±0.48a | 0.49±0.08b |
| | $D_3N_2$ | 19.40±0.39ab | 6.22±0.37a | 15.83±0.23d | 27.61±0.79ab | 3.94±0.47a | 0.56±0.04ab |
| | $D_3N_3$ | 18.31±0.35c | 5.57±0.48b | 15.41±0.14e | 26.89±0.81b | 3.77±0.47a | 0.51±0.04b |
| 方差分析 | D | 5.64* | 13.34*** | 80.95* | 139.59*** | 0.62 | 4.15* |
| | N | 16.02*** | 14.22*** | 92.13*** | 47.83*** | 0.66 | 6.17** |
| | DXN | 0.97 | 3.25* | 4.07* | 3.50* | 0.35 | 0.30 |

## （五）苎麻抗旱机理及栽培技术研究

1. 苎麻抗旱相关转录因子研究

前期在苎麻中筛选了 WRKY、MYB、bZIP、HDZIP、AP2/ERF 和 COL 等 6 个转录因子家族中的基因，一共找到了 179 个基因，所有这些基因已经提交到 Genbank，登录号为 KP229557-KP229729 and KF928219-KF928224。分析这些基因的表达谱发现，这些基因大多数是在茎木质部和韧皮部表达（图 2-6）。分析这些基因在旱、镉及根腐线虫病害逆境下的表达水平，发现其中 96 个基因受逆境调控表达，其中包括 72 个基因受旱调控表达，50 个受镉诱导表达，45 个基因受根腐线虫感染诱导表达（图 2-7）。54 个基因同时受到两种甚至三种逆境调控表达。

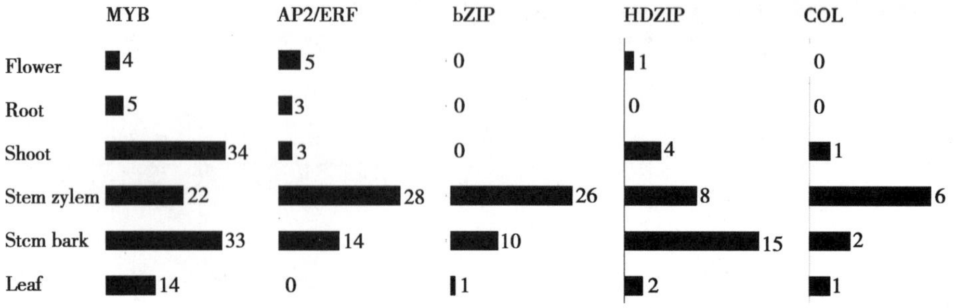


**图 2-6　179 个转录因子基因在 6 个组织中的表达谱**

2. 干旱逆境下苎麻叶片含水量 QTL 分析

叶片含水率是衡量植物抗旱性的重要指标。构建了一个苎麻 F2 无性系群体，并构建了苎麻的分子标记遗传图谱，图谱包含 132 个标记位点，覆盖染色体长度为 2 265.1cM。2015 年调查了群体的叶片含水率，发现叶片含水率高的家系达到 66.8%，低的仅 51.5%，群体中的表型呈现正态分布，说明该性状是受多 QTL 控制。QTL 分析后，一共检测到 3 个叶片含水量 QTL。

3. 喷施甜菜碱对苎麻抗旱性的影响

试验材料为一年龄华苎 5 号麻蔸。材料于 2013 年 3—6 月种植于华中农业大学试验大棚。试验采用盆栽，盆高 50cm，直径 35cm，种植用基质为农田土、河沙、营养土按 10∶5∶1 混合的土壤，每盆皆装等体积该基质至距盆顶 5cm。试验共设 3 个处理，即对照（CK）、喷施甜菜碱一次（A1）、喷施甜菜碱两次（A2）。每个处理各种植 10 盆，每盆种植一蔸。并进行正常肥水管理，至旺长期后（4 月中旬）进行以下处理：①对照（CK）：干旱处理前正常给水，干旱处理第 1 d 停止

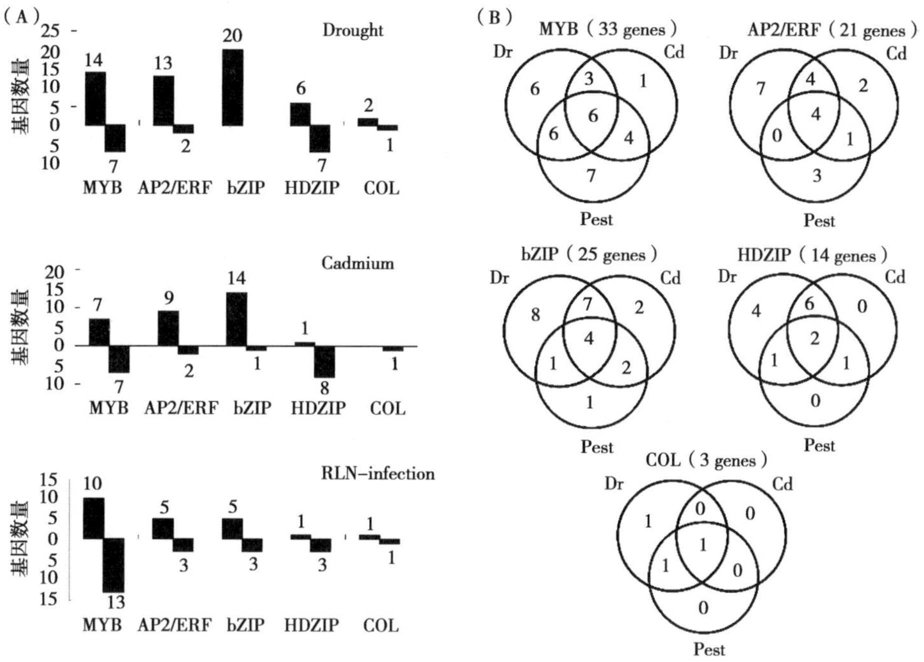


**图 2-7　6 个家族中的逆境调控基因统计**

(A)，X 轴上和下的柱子分别代表该家族在相应逆境下的上调和下调表达的基因数目；(B)，红、蓝和紫圈分别代表受旱、镉及根腐线虫病害调控表达的基因数目

给水，人工补水使其土壤相对含水量保持在 65%~70%，以此处理 40 d。②A1 处理（喷施甜菜碱一次）：干旱处理前 1d 喷施 0.5g/L 甜菜碱 1 次，其他管理同对照。③A2 处理（喷施甜菜碱两次）：干旱处理前 2d 和前 1d 喷施 0.5g/L 甜菜碱各 1 次，其他管理同对照。

分别在干旱处理后 10d、20d、30d、40d 随机在以上 3 个处理中选 3 株苎麻顶部倒 6~8 叶（功能叶）中的一片，共 3 片，去除叶脉混匀后，称取 0.1g 鲜样 3 份，剪碎、混匀，分别用于可溶性糖（蒽酮比色法）、过氧化物酶（愈创木酚法）和丙二醛（硫代巴比妥酸法）含量测定，三次重复。干旱胁迫开始和结束时，随机选取各个处理的苎麻顶部倒 6~8 叶中的一片，叶左右两侧剪取两段 1cm×3cm 的片段，DDS-12A 型数显电导率仪（上海康路仪器设备有限公司）测其初始电导值（Ci）和终止电导值（Cmax），重复 3 次。收获后测量鲜茎重和鲜皮重，从每个处理中选取 6 蔸没有进行破坏性取样的植株测产，共 3 个重复。

（1）喷施甜菜碱溶液对苎麻叶片相对电导率变化率的影响。CK、A1、A2 处理的叶片相对电导率在胁迫后都急剧上升，上升幅度分别达 107%±6%、83%±10%、79%±3%，但喷施甜菜碱溶液的处理能明显降低其上升幅度，A1、A2 分别比对照低 24%和 28%，与对照差异达显著水平。

（2）喷施甜菜碱溶液对苎麻叶片可溶性糖含量的影响。干旱胁迫下苎麻叶片可溶性糖含量上升，CK 的上升速度随着胁迫时间的延长逐渐加快，尤其是在 30~40d 之间迅速积累。A1 和 A2 在胁迫期间的上升幅度比对照大，A1 和 A2 在胁迫 20d 后其积累速度迅速直线增加，但 A2 进入 30d 后可溶性糖的积累速度有所下降，而 A1 仍然保持直线速度积累可溶性糖。同时，整个处理期间，A1 和 A2 的可溶性糖都高于对照，并在第 10d A2 处理显著高于 CK；第 20d 和 30d，A1 和 A2 都显著高于 CK，且 A2 显著高于 A1 处理。第 30d 时，A1 和 A2 处理分别比 CK 高 9%和 18%。第 40d 时，CK、A1、A2 之间则差异不显著。复水后，三组处理的叶片可溶性糖都有所下降，但对照的下降速度明显快于 A1 和 A2 处理，且 A1 和 A2 可溶性糖含量仍显著高于对照。

（3）喷施甜菜碱溶液对苎麻叶片 POD 活性的影响。干旱胁迫下苎麻叶片 POD 活性上升，A1 和 A2 在胁迫期间的上升幅度较之 CK 大，且 A1 和 A2 在 20d 和 30d 上升速率加快，A2 并在 30~

40d 时基本停止上升，而 A1 和 CK 仍在上升。同时，整个胁迫期间，A1 和 A2 的 POD 活性一直高于对照，并在胁迫 30d 时，A2 处理的叶片 POD 活性显著高于 CK。复水后，叶片 POD 活性下降，且 A2 处理的叶片 POD 活性下降幅度最大，速率最快，但喷施甜菜碱溶液的苎麻叶片 POD 活性与对照之间无显著性差异。

（4）喷施甜菜碱溶液对苎麻叶片 MDA 含量的影响。干旱胁迫下苎麻叶片 MDA 含量均上升，上升速率随胁迫时间的延长而加快，尤其是在 30~40d 期间积累迅速。A1 和 A2 在胁迫期间的上升幅度比 CK 小，且 A2 的上升幅度低于 A1 处理，处理 40d 时，CK、A1、A2 处理叶片 MDA 含量分别比第 0d 上升了 395%、300%、301%。整个胁迫期间 A1 和 A2 处理的 MDA 积累量始终低于对照。干旱胁迫 20d 后，CK、A1 和 A2 处理两两之间达到显著水平。复水后，A2 处理的叶片 MDA 含量显著低于 CK 和 A1 处理。

（5）喷施甜菜碱溶液对苎麻鲜茎重和鲜皮重的影响。CK、A1、A2 处理的苎麻鲜茎重分别为 81±3g、102±4g、105±4g，喷施两次甜菜碱溶液可显著提高苎麻鲜茎重，A1、A2 分别比对照高 26%、30%。CK、A1、A2 处理的苎麻鲜皮重分别为 30±2g、37±2g、40±2g，两两之间均具有显著性差异，A1、A2 分别比对照高 23%、33%。

4. 超表达 *SNAC*1 的转基因苎麻植株抗旱性研究

（1）*SNAC*1 基因的表达增强了苗期材料的抗旱性。为了调查 *SNAC*1 的表达是否增强了转基因苎麻的抗旱性，用 10%（w/v）PEG6000 对转基因株系 3、20 及野生型材料进行了模拟干旱胁迫处理。在苗期，野生型材料与转基因材料在正常灌溉的条件下具有类似的表型。正如所预料的，PEG 处理对苗子鲜重和干重有不利的影响。然而，转基因材料的干鲜重的减少幅度比野生型要小很多。到第 5d 的时候，野生型的材料开始卷叶，而转基因株系没有明显的症状。到第 10d 的时候，转基因株系 3 展示了轻微的卷叶，而转基因株系 20 并没有展示出明显的卷叶。到第 15d 的时候，几乎所有的野生型材料表现出严重的卷叶，而转基因材料只有部分卷叶。这说明了 *SNAC*1 的表达增强了苗期苎麻的抗旱性。

（2）*SNAC*1 基因的表达增强了旺长期材料的抗旱性。在正常浇水条件下，转基因株系 3、20 和野生型材料的表型之间没有明显区别。停止浇水 9d 后，转基因植株和野生型材料之间有明显的差异。干旱处理结束后，野生型材料所有的叶片枯萎。相比之下，两个转基因株系受到的影响较小。干旱胁迫对转基因和野生型材料的光合作用速率都有不利影响，然而，转基因苎麻的光合速率显著高于（$P<0.05$）野生型材料。转基因和野生型材料的相对含水量都降低但转基因株系 3 和 20 的 RWC 值相对于野生型材料要高出 19%和 13%。在模拟干旱胁迫下，野生型材料的叶片 MDA 水平大大高于转基因植株，野生型材料的 MDA 是 53. 5nmol/g，转基因株系 3 和 20 的 MDA 值分别为 40. 9nmol/g 和 44. 7nmol/g，显著低于（$P<0.05$）野生型材料。水分胁迫可增加脯氨酸水平，脯氨酸含量在转基因植株中是最高的，转基因株系 3 和 20 分别是 33. 3 和 26. 7μg/g，较野生型材料有更高的脯氨酸含量。在干旱条件下，检测出转基因植株和野生型材料 POD 活性增加，但转基因植株增幅高于野生型材料。这些结果表明，*SNAC*1 的表达在快速生长阶段改善了苎麻抗旱品质。

5. 苎麻抗旱蛋白质组学研究

干旱是一个主要的非生物胁迫，严重影响苎麻茎的生长并导致苎麻纤维产量急剧减少。因此，需要提高苎麻抗旱性。然而苎麻干旱胁迫调控机制目前还不清楚。PEG 胁迫是一种方便和广泛使用的方法，用于初步评价植物耐旱性。在此研究中，PEG 6000 胁迫 0h（L1 和 R1）、24h（L2 和 R2）和 72h（L3 和 R3），转录组分析比较叶子和根表达基因，共 16 798个基因表达有差异（分别为叶子里的 9 281和根里的 8 627）。其中，25 个转录因子（TFs）属于 AP2（3）、MYB（6）、Zinc figure（5）和 bZIP（2）被认为是与干旱胁迫有关。在本研究中已经确定的 TFs 可以帮助进一步的了解苎麻干旱调控机制。

PEG 6000 胁迫 0h、12h、24h、48h 和 72h，RWC 持续下降特别是在 24h，下降速度较快。叶

子的最高 RWC 在干旱胁迫 0h 时，叶子的最低 RWC 在干旱胁迫 72h 时。关键的时间点为干旱胁迫后 0h、24h 和 72h。

许多非生物胁迫引发活性氧的产生，破坏正常新陈代谢，结果造成氧化损伤，膜脂质、蛋白质和核酸损坏。SOD 和 POD 能够消除这些有害分子。在这项研究中，POD 活性首先增加但最后减少。最高的 POD 活性在模拟干旱胁迫 24h，最低的 POD 活性是在模拟干旱胁迫下 0h。POD 活性增加最明显的是在干旱处理 12h，48h 后下降最明显。在干旱胁迫下 72h 后 POD 活性保持稳定。关键的时间点为干旱胁迫后 0、12h、24h、48h 和 72h。

然而 MDA 和脯氨酸含量在整个干旱胁迫时期增加。最低的 MDA 和脯氨酸含量在 0h，最高的在干旱胁迫下 72h。根据这些参数的变化趋势，关键的时间点为干旱胁迫后 0h 和 72h。

6. 苎麻抗旱交叉栽培技术研究

以华苎 4 号为材料，从覆盖栽培、交叉栽培等方面开展山坡地抗旱栽培研究。本试验中，交叉栽培密度为 1 875蔸/亩，常规栽培密度为 1 500蔸/亩。由于覆盖栽培效果不明显，此处仅以交叉栽培进行抗旱研究。

头麻整个生育期降雨量充足，植株几乎没有受到干旱胁迫，生长非常迅速，与对照相比，交叉栽培在头麻期间对植株的生长影响较小。由于雨量充足，随着植株的生长，叶片中 MDA 含量呈下降趋势，但仅在进入旺长期后第一周，交叉栽培处理的植株叶片 MDA 含量显著低于对照。交叉栽培处理与对照相比，叶片细胞膜透性及叶片相对含水量在各个生育期均无显著差异。

二麻生育前期，雨水充沛，生育后期，出现连续一周的干旱，即进入旺长期后第三周至第四周期间连续干旱，此时土壤相对含水量为 70%~80%。干旱期间已进入苎麻生长后期，干旱对苎麻生长的影响较小。交叉栽培处理与对照相比，叶片 MDA 含量、叶片细胞膜透性及叶片相对含水量在植株生育期间均无显著性差异。

三麻生长期间，间歇性的干旱对植株的生长有一定的影响。植株生育期间，交叉栽培处理对叶片细胞膜透性无影响；叶片 MDA 含量随着植株的生长逐渐增加，进入旺长期后第四周至第六周增加幅度最大，但交叉栽培处理的植株叶片 MDA 含量的增幅较小，至第六周，交叉栽培处理的叶片 MDA 含量显著低于对照；叶片相对含水量随植株的生长而降低，进入旺长期后第二周，交叉栽培处理的植株叶片相对含水量显著低于对照。

交叉栽培产量极显著高于对照（表 2-28），增产 10.89%。在苎麻生长期间，气温较高，间歇性的干旱使植株生长受到限制，而交叉栽培能一定程度缓解植株生长的限制，提高三季产量。

**表 2-28 交叉栽培对苎麻产量的影响**

| | 头麻产量（kg） | 二麻产量（kg） | 三麻产量（kg） | 总产量（kg） |
|---|---|---|---|---|
| C | 122.526 | 46.740 | 50.969 | 220.235 |
| CK | 104.045 | 46.868 | 47.680 | 198.592 |

### （六）苎麻耐重金属机理及土壤修复技术研究

1. 苎麻根镉响应基因表达谱构建与验证

为研究苎麻耐镉分子机理，构建了对照（未加 Cd 处理）和 100mg/kg Cd 处理的苎麻根系数字表达基因数据库。通过 Solexa 测序分别获得了 3 654 395和 3 572 333个标签（tag），Clean tag 分别占测序总数的 93.18%和 93.76%。通过数据分析，在对照和处理间共筛选到差异表达基因 3 887个，包含 2 883个上调基因和 1 004个下调基因，Blast 比对发现其中大部分差异表达基因为未知基因，有待进一步发掘利用。对功能已知差异表达基因进行功能注释富集分析，在分子功能上这些基因主要富集在结合功能和催化活性功能，在细胞位置上主要富集在质膜和液泡。苎麻差异表达基因主要富集途径为谷胱甘肽代谢途径以及半胱氨酸、甲硫氨酸代谢途径。利用荧光定量 PCR 对谷胱甘肽代谢途径中 15 个基因的表达模式进行了验证和比较。结果表明，在 23mg/L 镉处理的苎麻根中，供试基因的数字化表达谱结果与荧光定量结果一致的共计 12 组，不一致的共计 3 组，一致率为 0.8。本试验证明了 solexa 高通量测序技术与荧光定量 PCR 在检测苎麻耐镉表达谱方面的一致性，为进一步分析和挖掘苎麻耐镉相关基因奠定了基础。

2. 镉砷复合污染对苎麻生长及其吸收的影响

采用室内盆栽试验，研究镉、砷复合污染对中苎 1 号、湘苎 3 号、多倍体 1 号和湘苎 7 号生长及吸收积累镉的影响（图 2-8）。结果表明，随着污染物中砷浓度增高，苎麻株高、茎粗、生物量等下降。苎麻各部位镉、砷含量大小依次是根>叶>茎。在镉 5mg/kg、砷 50mg/kg 处理下，中苎 1 号、湘苎 3 号根内镉含量有所增加，中苎 1 号、湘苎 3 号、湘苎 7 号茎内镉含量降低；4 个苎麻品种根、茎内镉积累量降低，叶内镉含量及镉积累量均增高。在镉 5mg/kg、砷 100mg/kg 处理下，苎麻根、茎、叶内镉含量及镉积累量均下降。

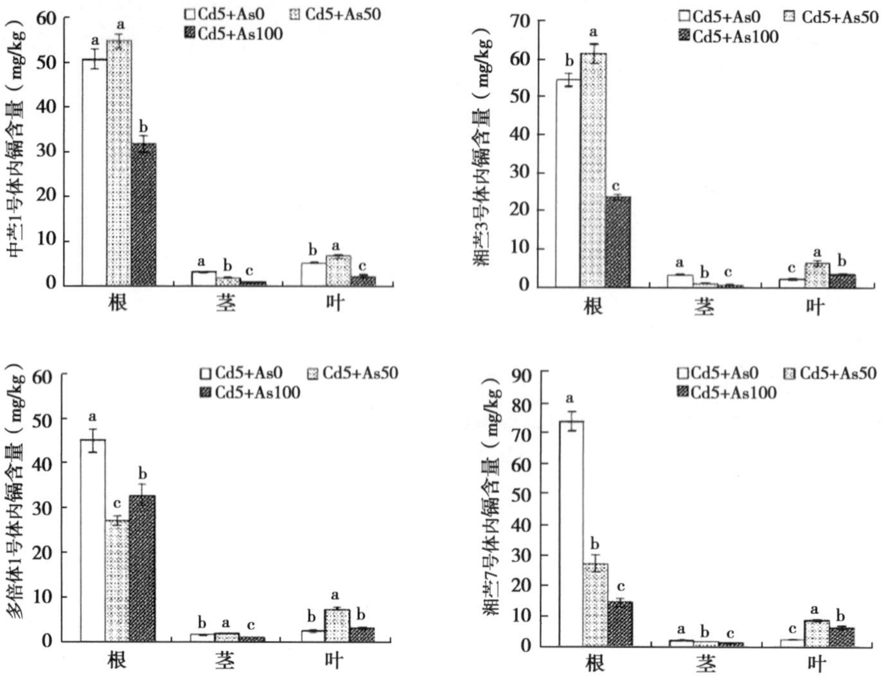


**图 2-8　镉、砷复合污染对苎麻各部位镉含量的影响**

3. 苎麻对重金属镉污染的耐受和富集能力研究

为了探究野生型和栽培型苎麻对 Cd 耐受和富集积累方面的差异，在前人研究的基础上，以野生型和栽培型苎麻为研究对象，采取盆栽试验，以富顺青麻、湘苎 3 号、冷水江野麻以及浏阳野麻 4 个品种作为试验材料，对苎麻的耐 Cd 能力以及 Cd 富集积累特性进行研究，以期为苎麻耐 Cd 种质筛选奠定基础。结果表明：各器官对 Cd 的富集系数顺序与 Cd 含量相同，在 2 种高浓度处理下，地上部富集系数均小于 1，且随浓度升高而降低；富顺青麻、冷水江野麻和湘苎 3 号对 Cd 的转运系数均大于 1，表明苎麻植株向上运输 Cd 的能力较强，说明苎麻除了对 Cd 有一定的耐性，还具备一定的富集能力，作为经济作物有修复重金属污染的潜力。

4. 镉胁迫下的苎麻全基因组表达谱研究

将苎麻苗种植在含 100μg/kg 浓度镉的土壤中，一个月后取样。测定根、茎、叶中的镉含量，发现根中富集的镉浓度最高，而叶中最低。而在苎麻收获期比较镉胁迫和对照苎麻的株高发现，受胁迫苎麻的株高明显变矮。对两个重复的镉胁迫苎麻和两个重复的对照苎麻分别开展转录组测序，经组装后一共获得了56 932个苎麻基因，其中26 686（46.9%）完成了其功能注释。全基因组比较两个对照苎麻和胁迫苎麻的基因表达量，一个识别了155个差异表达的基因。其中包含两个GA2ox氧化酶编码基因，他们主要负责将活性GA转化为非活性GA，因此这两个基因的上升表达很有可能与镉胁迫苎麻的株高变矮有关系。

5. 苎麻谷胱甘肽还原酶基因（*BnGR*1）的克隆和表达分析

根据苎麻转录组中的相关片段，采用RACE技术克隆到了*GR*基因的全长cDNA序列，命名为*BnGR*1（GenBank登录号：KF747758）。该基因的cDNA全长为1 977bp，开放读码框为1 494bp，编码497个氨基酸，推测其蛋白相对分子量为53.7kD，理论等电点为5.68。氨基酸序列分析表明，该蛋白具有吡啶核苷酸—二硫化物氧化还原酶class Ⅰ活性位点、烟酰胺腺嘌呤二核苷酸磷酸（NADP）结合位点、黄素腺嘌呤二核苷酸（FAD）结合位点结合位点、氧化型谷胱甘肽（GSSG）结合位点和胞质GR特殊结构域，与可可（*Theobroma cacao*）的GR蛋白（EOY05332）相似性最高，达到88%。此外，本研究成功构建了原核表达载体pGEX-4T-*BnGR*1，经异丙基-β-d-硫代半乳糖苷（IPTG）诱导获得了53.7 kD左右蛋白，与理论值一致。qRT-PCR表达分析表明，该基因在苎麻的根、茎、茎尖和叶片中均有表达，其中在成熟叶中表达量最高，茎中表达量最低；同时，受$CdCl_2$、外源脱落酸（ABA）和水杨酸（SA）的诱导上调表达。*BnGR*1可能与苎麻抗逆机制密切相关，研究结果为探寻苎麻对重金属$Cd^{2+}$的耐受分子机理提供基础资料。

6. 苎麻骨基生物炭钝化土壤重金属试验

试验以亩施100kg石灰为对照，亩施100kg苎麻秆炭和100kg稻草炭，以及50%稻草炭+50%石灰、50%苎麻秆炭+50%石灰为处理（表2-29）。试验结果表明，麻秆炭具有比稻草碳更好的降镉效果，这为苎麻多用途提供了一条新途径。

**表2-29 以苎麻骨为基质的生物炭钝化土壤镉等的效果**

| 项目 | 效果比较 | 处理 | | | | |
|---|---|---|---|---|---|---|
| | | 石灰 | 苎麻秆炭 | 稻草炭 | 稻草炭+石灰 | 苎麻秆炭+石灰 |
| 土壤活性态镉 | 试验前（mg/kg） | 0.658 | 0.658 | 0.658 | 0.658 | 0.658 |
| | 试验后（mg/kg） | 0.526 | 0.385 | 0.412 | 0.464 | 0.419 |
| | 降低率（%） | 25.1 | 70.9 | 59.7 | 41.8 | 57.0 |
| 中稻镉含量 | 试验前（mg/kg） | 0.557 | 0.557 | 0.557 | 0.557 | 0.557 |
| | 试验后（mg/kg） | 0.327 | 0.242 | 0.308 | 0.294 | 0.271 |
| | 试验前后对比（降低率,%） | 41.3 | 56.6 | 44.7 | 47.2 | 51.3 |
| | 与石灰比较（降低率,%） | 0.0 | 26.0 | 5.8 | 10.1 | 17.1 |

7. 铁、锌缺失对苎麻生长发育及重金属镉吸收的影响

研究锌、铁缺失对2个苎麻品种中苎1号和湘苎3号生长发育、吸收及转运重金属镉的影响（表2-30）。结果表明，2个苎麻品种在镉胁迫下表现不同，镉污染（5mg/kg）显著影响苎麻株高和生物量。锌、铁能促进苎麻的生长，无锌、铁供应时，镉处理下的2个苎麻品种株高分别下降5.53%和7.65%，茎叶干重下降1.02%~6%，根干重下降2%~12.24%。苎麻体内镉含量大小依次是根>茎>叶。锌、铁显著影响苎麻镉含量，锌、铁缺失促使苎麻吸收更多的镉（图2-9）。锌、铁对苎麻转运镉产生抑制效应，初步认为，锌、铁缺失加剧镉从苎麻地下部向地上部转运。

**表2-30 镉污染土壤铁、锌缺失对苎麻株高和生物量情况**

| 处理 | 株高（cm） | | 茎叶干重（kg） | | 根干重（kg） | |
|---|---|---|---|---|---|---|
| | 中苎1号 | 湘苎3号 | 中苎1号 | 湘苎3号 | 中苎1号 | 湘苎3号 |
| +Fe+Zn | 87.20±3.17b | 89.33±5.50b | 0.98±0.02a | 1.00±0.03a | 0.49±0.04a | 0.50±0.04a |
| +Fe-Zn | 75.67±2.66c | 80.18±1.15bc | 0.97±0.05a | 0.97±0.08a | 0.47±0.07a | 0.48±0.04a |

（续表）

| 处理 | 株高（cm） | | 茎叶干重（kg） | | 根干重（kg） | |
|---|---|---|---|---|---|---|
| | 中苎1号 | 湘苎3号 | 中苎1号 | 湘苎3号 | 中苎1号 | 湘苎3号 |
| -Fe+Zn | 74.67±1.52c | 77.61±2.64c | 0.96±0.09a | 0.97±0.05a | 0.48±0.05a | 0.47±0.02a |
| -Fe-Zn | 68.33±2.23d | 75.12±1.52c | 0.93±0.06b | 0.94±0.02b | 0.43±0.01b | 0.45±0.03ab |

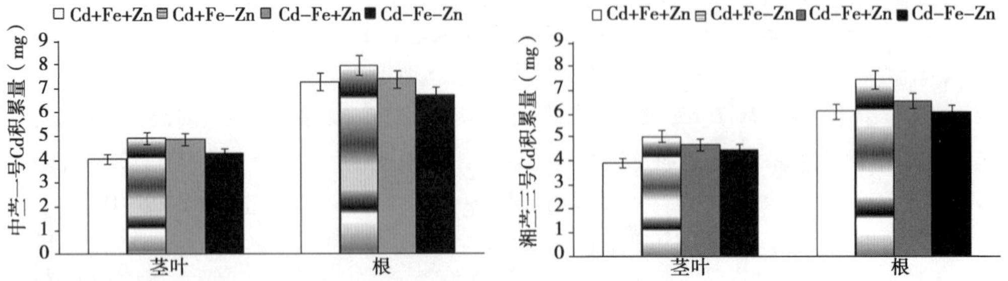


**图 2-9　苎麻体内镉积累量**

8. 螯合剂对苎麻生长发育及镉吸收的影响

研究了在镉污染条件下，5mmol/kg EDTA 和 EDDS 作为螯合剂对镉污染土壤中 9 个苎麻品种生长状况以及镉吸收积累的影响（表 2-31）。结果表明，添加螯合剂后显著影响苎麻株高和生物量，品种间差异达显著水平（$P<0.05$）。螯合剂显著增加了苎麻地上部对镉的积累，EDTA 和 EDDS 处理下的地上部镉含量相比对照分别增加了 60%和 45%。螯合剂降低了苎麻地下部 Cd 含量，EDTA 和 EDDS 处理下 9 个品种平均降幅为 15%和 12%。研究结果还表明螯合剂处理下转运系数相比对照显著增加（$P<0.05$），说明 EDTA 和 EDDS 都能显著使镉从苎麻地下部迁移至地上部。相比而言，5mmol/kg EDTA 对镉污染土壤中苎麻生长和镉吸收积累的影响比 EDDS 大。

**表 2-31　螯合剂对苎麻株高、生物量与根长的影响**

| 品种 | 株高（cm） | | | 地上部生物量（g/株） | | | 地下部生物量（g/株） | | | 根长（cm） | | |
|---|---|---|---|---|---|---|---|---|---|---|---|---|
| | CK | EDTA | EDDS | CK | EDTA | EDDS | CK | EDTA | EDDS | CK | EDTA | EDDS |
| A | 73.02 | 71.20 | 73.09 | 19.43 | 18.81 | 20.28 | 18.11 | 16.35 | 17.45 | 18.53 | 17.40 | 18.22 |
| B | 98.84 | 84.04 | 99.80 | 21.54 | 16.53 | 20.34 | 21.21 | 18.98 | 20.69 | 16.68 | 16.07 | 18.07 |
| C | 70.88 | 69.96 | 70.51 | 16.27 | 15.53 | 17.73 | 18.20 | 17.83 | 16.05 | 13.59 | 12.62 | 13.83 |
| D | 83.16 | 80.54 | 85.53 | 14.26 | 11.70 | 17.03 | 22.79 | 20.75 | 18.75 | 18.57 | 17.68 | 17.78 |
| E | 94.70 | 84.24 | 96.31 | 19.51 | 15.06 | 20.59 | 19.39 | 18.62 | 21.16 | 15.83 | 15.01 | 17.65 |
| F | 92.82 | 81.07 | 97.57 | 22.35 | 18.50 | 24.53 | 19.79 | 19.00 | 18.57 | 16.60 | 14.86 | 14.18 |
| G | 80.27 | 73.33 | 85.75 | 16.82 | 14.63 | 20.13 | 18.09 | 16.04 | 16.21 | 14.89 | 12.04 | 13.52 |
| H | 98.60 | 93.38 | 98.20 | 24.00 | 21.30 | 22.00 | 22.64 | 21.06 | 23.65 | 17.29 | 15.87 | 17.00 |
| I | 70.22 | 69.80 | 78.21 | 12.35 | 10.57 | 14.94 | 18.43 | 17.47 | 19.97 | 14.42 | 13.74 | 14.88 |

注：A：石阡竹根麻；B：富顺青麻；C：小鲁班；D：大红皮 2 号；E：湘苎 3 号；F：湘苎 2 号；G：宜春红心麻；H：中苎 1 号；I：川苎 1 号

9. 耐重金属污染的苎麻品种筛选与示范

对长沙北山基地重金属镉污染土壤中种植的中苎 1 号进行了测产。结果如表 2-32 所示。其中原麻、叶片及麻骨产量分别达到了 252.1、563.6 和 850.4kg/亩。

收获苎麻后，测定土壤的总镉量（表 2-33），发现经过一年修复后，土壤镉含量降低了 8.19%。但麻叶的镉含量较高（1.02~1.32mg/kg），在用作饲料时应慎重，最多只能替代 1/3 的原粮。

**表 2-32　北山重金属污染耕地修复基地苎麻替代种植示范园 2015 年测产结果**

| 项目 | 重复 | 麻季（kg/10m²） | | | | 折合亩产（kg/亩） |
|---|---|---|---|---|---|---|
| | | 破杆麻 | 二 麻 | 三 麻 | 合 计 | |
| 干 麻 | Ⅰ | 1.67 | 1.29 | 0.7 | 3.66 | 244.1 |
| | Ⅱ | 1.93 | 1.2 | 0.74 | 3.87 | 258.1 |
| | Ⅲ | 1.72 | 1.38 | 0.71 | 3.81 | 254.1 |
| | 平均 | 1.77 | 1.29 | 0.72 | 3.78 | 252.1 |
| 干 叶 | Ⅰ | 3.13 | 2.93 | 2.32 | 8.38 | 558.9 |
| | Ⅱ | 2.99 | 2.84 | 2.71 | 8.54 | 569.6 |
| | Ⅲ | 2.72 | 2.9 | 2.81 | 8.43 | 562.3 |
| | 平均 | 2.95 | 2.89 | 2.61 | 8.45 | 563.6 |
| 干 骨 | Ⅰ | 5.11 | 4.56 | 3.37 | 13.04 | 869.8 |
| | Ⅱ | 4.91 | 5 | 2.88 | 12.79 | 853.1 |
| | Ⅲ | 4.78 | 4.35 | 3.29 | 12.42 | 828.4 |
| | 平均 | 4.93 | 4.64 | 3.18 | 12.75 | 850.4 |

**表 2-33　北山重金属污染耕地修复基地苎麻替代种植示范园的降镉效果**

| 项目 | | 破杆麻 | 二麻 | 三麻 |
|---|---|---|---|---|
| 土壤镉含量（mg/kg） | 试验前 | 1.22 | 1.22 | 1.22 |
| | 试验后 | — | — | 1.12 |
| 苎麻镉含量（mg/kg） | 干麻 | 0.41 | 0.38 | 0.40 |
| | 干叶 | 1.02 | 1.25 | 1.32 |
| | 干骨 | 0.65 | 0.66 | 0.68 |
| 粗蛋白含量（%） | 干叶 | 15.9~21.4 | 16.0~19.8 | 17.2~21.9 |
| | 干骨 | 1.68~3.05 | 1.32~2.28 | 1.4~3.33 |

10. 苎麻对土壤重金属污染的耐受能力及其修复潜力研究

中试试验与示范结果如表 2-34 至表 2-36 所示。结果表明：严重污染地区（嘉禾沙坪村、浏阳湘和化工厂区原绿化地和安化 715 矿区）新植麻园的当年产量和次年头麻产量可分别达到 71.8~74.3kg/亩与 84.8~86.3kg/亩，与同期清洁土壤（桃源盘塘镇）新植麻园的基本一致，且原麻中的重金属含量均控制在欧美关于纺织原料镉的含量标准（20mg/kg）的范围以内，实现了重度重金属污染土壤的农业安全与高效利用，技术简便、方法易行，适于广大重金属污染严重地区的农民与农技部门等的推广应用。值得说明的是，桃源盘塘镇种植的苎麻品种为中苎 1 号，而嘉禾沙坪村、浏阳湘和化工厂区原绿化地和安化 715 矿区种植的是湘苎 3 号苎麻品种。

**表 2-34　苎麻中试试验与示范基地重金属污染与苎麻生产概况**

| 基地所在地 | 主要污染元素及含量（mg/kg） | 污 染 源 | 面积（亩） | 种植密度（蔸/亩） |
|---|---|---|---|---|
| 嘉禾沙坪村 | Cd（10.1±4.15）<br>Pb（874.2±302.8）<br>Zn（1696.3±983.2）<br>As（304.1±132.8） | 2006 年“7·5”洪灾导致上游三十六湾矿区尾砂坝溃坝 | 16.4 | 2 640 |
| 浏阳湘和化工厂区原绿化地 | Cd（6.54±2.12）<br>Pb（1071.2±403.5）<br>Zn（1336.8±443.2）<br>Cr（412.6±105.8） | 工厂“三废” | 5.2 | 2 570 |
| 安化 715 矿区 | Cd（3.42±1.14）<br>Pb（1565.0±722.6）<br>Zn（1022.6±305.4） | 715 铀矿采选“三废”及尾砂坝渗水 | 18.6 | 2 520 |
| 桃源盘塘镇 | Cd（0.13±0.068） | 无 | 10.4 | 2 400 |

表 2-35　苎麻中试试验与示范基地的产量概况

| 项　目 | 平均产量（kg/亩） | | | |
| --- | --- | --- | --- | --- |
| | 嘉禾沙坪村 | 湘和工厂原绿地 | 安化 715 矿区 | 桃源盘塘镇 |
| 当年破秆麻 | 45. 8±3. 88 | 46. 4±4. 88 | 47. 5±3. 68 | 39. 6±4. 22 |
| 当年二麻 | 26. 0±2. 65 | 25. 7±3. 22 | 26. 8±2. 25 | 22. 2±2. 38 |
| 当年三麻 | | | | 12. 8±1. 36 |
| 当年小计 | 71. 8±6. 32 | 72. 2±7. 06 | 74. 3±5. 54 | 74. 6±8. 65 |
| 次年头麻 | 84. 8±7. 89 | 85. 9±8. 02 | 86. 3±8. 30 | 87. 3±9. 12 |

表 2-36　苎麻中试试验与示范基地原麻的重金属镉含量　（单位：mg/kg）

| 样品 | 嘉禾沙坪村 | 湘和工厂原绿地 | 安化 715 矿区 | 桃源盘塘镇 |
| --- | --- | --- | --- | --- |
| 当年破秆麻 | 17. 1±3. 34 | 16. 6±3. 06 | 15. 4±2. 22 | 1. 34±0. 22 |
| 次年头麻 | 15. 9±2. 33 | 15. 0±2. 84 | 14. 1±1. 95 | 1. 42±0. 24 |

### （七）苎麻园碳固持效应研究

1. 苎麻园有机碳库长期动态变化研究

在目前湖南省测土配方施肥的数据库中，可以与第二次全国土壤普查（1979—1982）数据库进行一一对应分析植麻土壤有机碳库变化的有效数据仅有 19 个点，涉及汉寿、南县、桃江、桃源、慈利、永定和大通湖 7 个县区，其中：桃源、慈利和南县是 2005 年测土配方施肥项目县，桃江为 2006 年项目县，永定和大通湖为 2008 年项目县。即：上述 19 个样点至少有 25 年的植麻历史。上述 19 个样点所涉及的土壤种类，包括：河沙泥土（6 个）、第四纪红土红壤（6 个）、红色石灰土（5 个）、紫色土（1 个）和花岗岩黄红壤（1 个）。与第二次全国土壤普查相比，植麻紫色土的耕层有机碳库增加了 20. 1%，红色石灰土的增加了 18. 2%，花岗岩黄红壤、第四纪红土红壤和河沙泥土的分别增加了 17. 6%、16. 8%与 10. 7%，不同土壤种类耕层有机碳库的差异变化较大。

同时，结合重点任务中所设置的长期田间定位试验，辅以相关试验站原有苎麻栽培试验以及苎园毁麻改种地等的观测，还研究、比较了种植苎麻对土壤有机碳库的影响及其与自然植被、种植粮油作物等的差异，发现苎麻的固碳量仅次于水稻，依次比林地、果园、茶园和旱地粮油作物高出 9. 6%、28. 4%、31. 4%与 14. 4%，差异显著。2015 年与 1995 年相比，苎麻的土壤碳库增加近 30%，其增幅远大于林地（14%）、果园（20%）、茶园（14. 8%）和旱地其他耕作方式（23%）。

在湖北、湖南分别采集的新垦麻园（3 年以内）、5 年生麻园、10 年麻园、15 年麻园和 20 年及以上麻园的土壤样本近 130 多个，探讨植麻土壤的有机碳库长期动态变化与驱动机制（表 2-37）。

表 2-37　不同年份苎麻土壤的固碳概况

| 项目 | 植麻年数（年） | | | | | 合计或平均 |
| --- | --- | --- | --- | --- | --- | --- |
| | <3 | 3~5 | 6~10 | 11~15 | >15 | |
| 样本数（个） | 20 | 43 | 35 | 19 | 14 | 131 |
| 含量范围（g/kg） | 16. 5~23. 6 | 22. 2~25. 8 | 21. 8~30. 5 | 22. 6~32. 5 | 23. 5~33. 5 | |
| 平均值（g/kg） | 18. 56 | 20. 22 | 24. 43 | 26. 54 | 27. 65 | 22. 80 |
| 变异系数（%） | 85. 4 | 70. 3 | 65. 8 | 64. 2 | 68. 2 | 75. 6 |
| 耕层固碳量（kg/亩） | 2 784 | 3 033 | 3 665 | 3 981 | 4 148 | 3 420 |

2. 苎麻植物体有机碳抗降解能力研究

主要开展了苎麻不同部位等植物体有机碳组成、土壤填埋条件下有机碳矿化分解动力学状况及其与水稻等粮油秸秆等的差异相关试验。研究发现，麻秆的粗有机物含量高达 85. 6%~89. 9%（风干基/下同），远高于水稻（73. 3%~75. 9%）、玉米（40. 2%~44. 3%），与油菜秆的基本一致（78.1%~83.6%），其中：木质素含量（以风干基的 C 计/下同）为 25.2%，其他 3 种秸秆的分别为 12.8%、6.5%与 18.3%。用埋袋法填埋麻秆、稻秆、玉米秆和油菜秆 3 年后有机碳的矿化分解残留率动态观测表明，麻秆在试验初期的分解速度比稻秆、玉米秆和油菜秆的要迅速得多，至试验结束时其残留也较多。

3. 苎麻园碳固持效应综合评估

综合土壤与植株固碳状况，探明不同区域田块尺度下麻类作物固碳综合效应。通过对麻类作物种植面积及其变化调查，采用国际标准方法，准确评估麻作种植区的有机碳减排效果。根据盘塘基地长期定位试验的观测结果，林地、果园、茶园、旱地粮油作物、苎麻与水稻的固碳总量（地上部+地下部）年均分别为 702.6kg/亩、556.5kg/亩、533.1kg/亩、665.4kg/亩、777.4kg/亩与 830.8kg/亩，苎麻的综合固碳效应远高于林地、果园、茶园和旱地粮油作物（高出 9.6%~31.4%），但明显低于水稻的固碳效应（低 6.9%）。

## 二　亚麻

在亚麻栽培与耕作方面，开展了西北区、东北区和南方冬闲地亚麻高产栽培技术模式研究，提出了亚麻肥料控施、抗倒伏、耐盐碱等技术措施并开展了技术机理研究，分析了免耕栽培条件下亚麻田土壤物理、化学、生物及杂草的变化特征，提出了免耕栽培模式。

### （一）亚麻高产高效种植技术研究与示范

1. 西北区亚麻高产栽培技术模式研究

在新疆伊犁地区，采用二次正交旋转设计，对亚麻栽培密度、氮肥、磷肥、钾肥等进行优化，以对亚麻高效用肥提供参考。针对有效播种密度（$X_1$）、氮肥（$X_2$）、磷肥（$X_3$）、钾肥（$X_4$）四个因素，每个因素设五水平，采用二次正交旋转设计，共 36 个小区，小区面积 6m$^2$，随机区组排列，尿素按照底肥：追肥为 1：1 施用，工艺成熟期收获。具体因素与水平见表 2-38。

**表 2-38　二次正交旋转试验因素水平值**

| | -2 | -1 | 0 | 1 | 2 |
|---|---|---|---|---|---|
| 有效播种密度（万粒/hm$^2$） | 1 200 | 1 800 | 2 400 | 3 000 | 3 600 |
| 氮肥（kg/hm$^2$） | 0 | 360 | 720 | 1 080 | 1 440 |
| 磷肥（kg/hm$^2$） | 0 | 360 | 720 | 1 080 | 1 440 |
| 钾肥（kg/hm$^2$） | 0 | 360 | 720 | 1 080 | 1 440 |

田间试验完成后，收获亚麻。将亚麻原茎晒至恒重后按小区称重，数据利用 DPS 软件进行二次多项式回归分析，获得拟合方程并进行方差分析（表 2-39），获得优化方案（表 2-40、表 2-41）。回归分析得到亚麻原茎产量与有效播种密度，氮肥、磷肥、钾肥施用量之间的回归方程。进而拟合方程典型形式：

$$y=7\,827.370\,6-0.006\,0X_1^{\,2}-0.003\,6X_2^{\,2}+0.001\,8X_3^{\,2}-0.001\,2X_4^{\,2}$$

平均预期产出=8 681.656 4kg/hm$^2$。

**表 2-39　方差分析结果**

| 变异来源 | 平方和 | 自由度 | 均方 | F 值 | p 值 |
|---|---|---|---|---|---|
| 回归 | 41 591 651.8110 | 14 | 2 970 832.2722 | 2.7790 | 0.0183 |
| 残差 | 21 380 762.9318 | 20 | 1 069 038.1466 | | |
| 失拟性检验 | 10 363 548.7500 | 10 | 1 036 354.8750 | 0.9407 | 0.5376 |
| 误差 | 11 017 214.1818 | 10 | 1 101 721.4182 | | |
| 总变异 | 62 972 414.7429 | 34 | | | |

**表 2-40　高于目标产量（8 201.44kg/hm²）的 34 个方案中各个因子频率**

| | 加权平均 | 标准误 | 95%的分布区间 | |
|---|---|---|---|---|
| $X_1$ | 2 276.4706 | 124.2318 | 2 032.9762 | 2 519.9649 |
| $X_2$ | 1 164.7059 | 93.5833 | 981.2827 | 1 348.1291 |
| $X_3$ | 656.4706 | 43.5808 | 571.0522 | 741.8890 |
| $X_4$ | 921.1765 | 52.2831 | 818.7016 | 1 023.6514 |

**表 2-41　产量最高时各个因素组合**

| 原茎产量（kg/hm²） | 播种密度（万粒/hm²） | 尿素（kg/hm²） | 普钙（kg/hm²） | 硫酸钾（kg/hm²） |
|---|---|---|---|---|
| 9 777.5451 | 1 919.7880 | 1 440 | 746.2323 | 945.7599 |

2. 东北区亚麻高产栽培技术模式研究

为了优化亚麻栽培技术，提高亚麻原茎产量，采用二次旋转正交设计对播种密度、氮、磷、钾四因素五水平进行研究（表 2-42）。其中尿素以 1：1 比例追施。试验品种是派克斯，试验在黑龙江哈尔滨地区开展，每小区 6m²，共 36 个处理，获得其最高产组合及最佳效益组合，具体因素及水平如下。

**表 2-42　亚麻高产栽培试验设计**

| 因素/处理 | -2 | -1 | 0 | 1 | 2 |
|---|---|---|---|---|---|
| 有效播种密度（万粒/hm²） | 1 100 | 1 600 | 2 100 | 2 600 | 3 100 |
| 氮肥（kg/hm²） | 75 | 375 | 675 | 975 | 1 275 |
| 磷肥（kg/hm²） | 75 | 375 | 675 | 975 | 1 275 |
| 钾肥（kg/hm²） | 75 | 375 | 675 | 975 | 1 275 |

田间试验完成后，收获亚麻。将亚麻原茎晒至恒重后按小区称重，数据利用 DPS 软件进行二次多项式回归分析，获得拟合方程并进行方差分析（表 2-43），获得优化方案（表 2-44、表 2-45）。

**表 2-43　方差分析结果**

| 变异来源 | 平方和 | 自由度 | 均方 | F 值 | p 值 |
|---|---|---|---|---|---|
| 回归 | 6 091 440.9999 | 14 | 435 102.9286 | 2.3768 | 0.0355 |
| 残差 | 3 844 336.7038 | 21 | 183 063.6526 | | |
| 失拟性检验 | 1 401 230.8611 | 10 | 140 123.0861 | 0.6309 | 0.7619 |
| 误差 | 2 443 105.8427 | 11 | 222 100.5312 | | |
| 总变异 | 9 935 777.7037 | 35 | | | |

回归分析得到亚麻原茎产量与有效播种密度，氮肥、磷肥、钾肥施用量之间的回归方程。进而拟合方程典型形式为：

$$y=7\ 532.648\ 0-0.003\ 3X_1{}^2+0.002\ 5X_2{}^2+0.001\ 0X_3{}^2-0.000\ 4X_4{}^2$$

根据回归系数判断单因子变化对亚麻产量影响顺序为：磷肥（$X3$）>氮肥（$X2$）>钾肥（$X4$）>有效播种密度（$X1$）。平均预期产出 = 8 437.849 7kg/hm²

**表 2-44　高于目标产量（8 009.95kg/hm²）的 135 个方案中各个因子频率**

| | 加权平均 | 标准误 | 95%的分布区间 | |
|---|---|---|---|---|
| $X_1$ | 2 162.9630 | 55.5382 | 2 054.1081 | 2 271.8178 |
| $X_2$ | 641.6667 | 28.9174 | 584.9886 | 698.3447 |
| $X_3$ | 623.8889 | 41.5194 | 542.5109 | 705.2669 |
| $X_4$ | 483.8889 | 45.0632 | 395.5651 | 572.2127 |

**表 2-45　产量最高时各个因素组合**

| 原茎产量 ($kg/hm^2$) | 播种密度 (万粒/$hm^2$) | 尿素 ($kg/hm^2$) | 普钙 ($kg/hm^2$) | 硫酸钾 ($kg/hm^2$) |
|---|---|---|---|---|
| 9 424.2944 | 2 273.2530 | 584.2813 | 75.0017 | 75 |

3. *亚麻高产栽培技术要点*

根据 2011—2014 年试验结果，对亚麻高产栽培技术进行了总结和适当优化，选用中亚麻 3 号在云南省楚雄州高产栽培示范基地进行了亚麻高产栽培技术示范，平均原茎产量达到 10 885$kg/hm^2$；选用黑亚 16 号在黑龙江省延寿县进行了高产栽培技术示范，原茎产量达到 5 850$kg/hm^2$。具体的高产栽培技术措施是：

选用良种：选用具有高产、优质、广适特性的中亚麻 3 号、黑亚 16 号品种。播种前使用种子重量 0.3%的多炭疽灵+克枯星拌种。

适时播种：楚雄州秋播亚麻在 10 月内播种为宜，本年度高产示范区于 10 月 28 日播种；黑龙江延寿播种时间为 4 月 29 日。

科学施肥：云南楚雄地区每公顷施尿素 480kg，普钙 540kg、硫酸钾 330kg、硼 30kg、锌 30kg，采取“重施底肥和中层肥、足施枞形肥和蕾肥、巧施微肥”的技术。磷、钾肥和微肥总量和尿素总用量的 50%均匀混合，结合整地集中施于 5~10cm 耕层作中层肥；在枞形期追施尿素总用量的 20%、快速生长期追施 30%；黑龙江延寿地区每亩施复合肥 15kg，全部结合整地作底肥使用。

肥水管理：秋播亚麻生长期正值云南冬春干旱少雨季节，根据土壤墒情和亚麻生长状况，于播种后两天内、枞形期、快速生长期、开花期酌情辅以人工灌溉，在枞形期和快速生长期及时追肥，施肥与灌水相结合。

及时除草：每公顷施 56%二甲四氯钠盐 1 125g+5%精喹禾灵乳 675ml 除草剂配方，于麻苗高 10~15cm、禾本科杂草 3~5 叶、阔叶杂草 2~4 叶期，杂草基本出齐时及时对水喷雾防除杂草。

适时收获：当亚麻处于黄熟期时，全田有 1/3 的蒴果呈黄褐色，1/3 的麻茎呈浅黄色，麻茎下部 1/3 的叶片脱落即达工艺成熟期，是收获的最佳时期。

## （二）非耕地麻类作物种植关键技术研究与示范

1. *冬闲地种植亚麻肥料控施技术研究*

（1）云南亚麻控施肥试验。亚麻品种为中亚 2 号，采用大田试验，设 9 个处理：CK：不施肥处理；处理一：未包膜普通复合肥 150$kg/hm^2$，加尿素 44.5$kg/hm^2$作底肥；处理二：普通复合肥 300$kg/hm^2$，加尿素 88.3$kg/hm^2$作底肥；处理三：普通复合肥 450$kg/hm^2$，加尿素 133.3$kg/hm^2$作底肥；处理四：普通复合肥 450$kg/hm^2$，其中底肥 300$kg/hm^2$，150$kg/hm^2$加尿素 133.3$kg/hm^2$作追肥；处理五：硫包膜复合肥（25℃控释期 3 个月）187.5$kg/hm^2$，过磷酸钙 15.6$kg/hm^2$作底肥；处理六：硫包膜复合肥 375$kg/hm^2$，过磷酸钙 31.2$kg/hm^2$作底肥；处理七：硫包膜复合肥 562.5$kg/hm^2$，过磷酸钙 46.8$kg/hm^2$作底肥；处理八：硫包膜复合肥 562.5$kg/hm^2$，其中 375$kg/hm^2$加过磷酸钙 46.8$kg/hm^2$作底肥，187.5$kg/hm^2$作追肥。

相同水平含氮、磷、钾量相同，即处理一、处理四同养分量。三次重复，随机区组排列。小区面积 6$m^2$，播种密度 2500 粒/$m^2$。于 10 月下旬播种，种子与普通肥料分开，避免烧种。

由表 2-46 可见，各处理原茎产量都高于对照（不施肥），并且处理 1、3、7 和 2 是显著高于对照，两次施肥的并不比一次施肥的产量高，所以可以一次性施用，比 2~3 次施用每公顷可以节省工费 300~600 元。种子产量除处理 5 外，其他都高于对照，但存在显著差异。

（2）湖南沅江冬闲田肥料试验。供试肥料为尿素（N 46.4%）、过磷酸钙（$P_2O_5$ 12%）、氯化钾（$K_2O$ 60%）。选用中亚麻 1 号进行大田试验，试验采用 4 因素 3 水平正交试验，共设有 9 个处理（表 2-47）。

**表 2-46　云南冬闲地肥料控施试验数据分析**

| 处理 | 平均原茎产量（kg/hm$^2$） | 5%显著水平 | 1%极显著水平 | 处理 | 平均种子产量（kg/hm$^2$） | 5%显著水平 | 1%极显著水平 |
|---|---|---|---|---|---|---|---|
| 处理 1 | 8 912.0 | a | A | 处理 1 | 1 239.5 | a | A |
| 处理 3 | 8 544.3 | a | A | 处理 4 | 1 222.8 | a | A |
| 处理 7 | 8 521.1 | a | A | 处理 8 | 1 206.2 | a | A |
| 处理 2 | 8 439.2 | a | A | 处理 2 | 1 189.5 | a | A |
| 处理 4 | 8 392.5 | a | A | 处理 6 | 1 189.5 | a | A |
| 处理 6 | 8 182.4 | ab | A | 处理 7 | 1 167.3 | a | A |
| 处理 8 | 7 954.8 | ab | A | 处理 3 | 1 156.1 | a | A |
| 处理 5 | 7 779.6 | ab | A | CK | 1 095.0 | a | A |
| CK | 6 921.8 | b | A | 处理 5 | 1078.4 | a | A |

**表 2-47　正交试验设计方案**

| 处理号 | 尿素（kg/hm$^2$） | 过磷酸钙（kg/hm$^2$） | 硫酸钾（kg/hm$^2$） | 叶面微肥（次数） |
|---|---|---|---|---|
| 1 | 0.00 | 0.00 | 0.00 | 1 |
| 2 | 0.00 | 421.95 | 99.30 | 2 |
| 3 | 0.00 | 843.90 | 198.60 | 3 |
| 4 | 36.75 | 0.00 | 99.30 | 3 |
| 5 | 36.75 | 421.95 | 198.60 | 1 |
| 6 | 36.75 | 843.90 | 0.00 | 2 |
| 7 | 73.50 | 0.00 | 198.60 | 2 |
| 8 | 73.50 | 421.95 | 0.00 | 3 |
| 9 | 73.50 | 843.90 | 99.30 | 1 |

由表 2-48、表 2-49 可见，只有氮肥处理因子对原茎产量构成显著差异，即第二用量（2.45kg/亩尿素）产量最高，其他因子对原茎产量不构成显著差异。各处理间，有 6 个施肥处理比不施肥的处理 1 产量高，但不存在差异。平均株高，所有 8 个施肥处理都高于不施肥处理 1 高，但只有处理 4 显著高于处理 1。开展肥料试验存在一些问题：一是冬闲田为水稻田，在种植水稻时，农民超量施肥以保高产量，所以土壤基础肥力就不低；二是由于湖南地区冬春雨水多，各处理肥力相互干扰多。亚麻生长受雨水影响大，有一定倒伏，总体产量不高，最高原茎产量不到 6 000 kg/hm$^2$。

**表 2-48　湖南沅江冬闲地肥料试验数据分析**

| 处理 | 平均原茎产量（kg/hm$^2$） | 5%显著水平 | 1%极显著水平 | 处理 | 平均株高（cm） | 5%显著水平 | 1%极显著水平 |
|---|---|---|---|---|---|---|---|
| 4 | 5 900.25 | a | A | 4 | 97.33 | a | A |
| 9 | 5 777.85 | a | A | 3 | 95.50 | ab | A |
| 6 | 5 747.25 | a | A | 6 | 95.33 | ab | A |
| 5 | 5 594.40 | a | A | 9 | 95.33 | ab | A |
| 8 | 5 502.75 | a | A | 2 | 94.83 | ab | A |
| 7 | 5 472.15 | a | A | 5 | 93.83 | ab | A |
| 1 | 5 472.15 | a | A | 7 | 92.67 | ab | A |
| 3 | 5 319.30 | a | A | 8 | 92.00 | ab | A |
| 2 | 5 105.25 | a | A | 1 | 90.67 | b | A |

表 2-49　湖南沅江冬闲地肥料试验各处理因子中各水平差异显著性分析

| 氮肥处理因子 | | | | 磷肥处理因子 | | | |
|---|---|---|---|---|---|---|---|
| 处理 | 均值 | 5%显著水平 | 1%极显著水平 | 处理 | 均值 | 5%显著水平 | 1%极显著水平 |
| 2 | 5 747.25 | a | A | 1 | 5 614.80 | a | A |
| 3 | 5 584.20 | ab | A | 3 | 5 614.80 | a | A |
| 1 | 5 298.90 | b | A | 2 | 5 400.75 | a | A |
| 钾肥处理因子 | | | | 叶面微肥处理因子 | | | |
| 处理 | 均值 | 5%显著水平 | 1%极显著水平 | 处理 | 均值 | 5%显著水平 | 1%极显著水平 |
| 2 | 5 594.40 | a | A | 1 | 5 614.80 | a | A |
| 1 | 5 574.15 | a | A | 3 | 5 574.15 | a | A |
| 3 | 5 462.10 | a | A | 2 | 5 441.70 | a | A |

2. 植物生长调节剂对亚麻抗倒伏的作用试验

分别于亚麻品种派克斯苗期、快速生长期和现蕾期喷施 3 个浓度（100mg/L、200mg/L、300mg/L）的多效唑溶液。成熟期测量其经济性状和倒伏程度。结果显示：在亚麻快速生长期和现蕾期喷施 3 种浓度的多效唑溶液均对亚麻株高产生影响，特别是高浓度的多效唑溶液使亚麻株高降低，从而降低了亚麻成熟期的倒伏程度。其中，在快速生长期喷施 200mg/L 以下浓度的多效唑溶液对亚麻抗倒伏效果最好（表 2-50）。

表 2-50　多效唑喷施浓度和喷施时期对亚麻抗倒伏和株高的影响

| 喷施时期 | 喷施浓度（mg/L） | 抗倒伏指数 | 株高（cm） |
|---|---|---|---|
| 对照 | 0 | 3 级 | 87 |
| 苗期 | 100 | 3 级 | 96 |
| 苗期 | 200 | 3 级 | 90 |
| 苗期 | 300 | 3 级 | 93 |
| 快速生长期 | 100 | 1 级 | 93 |
| 快速生长期 | 200 | 1 级 | 82 |
| 快速生长期 | 300 | 2 级 | 76 |
| 现蕾期 | 100 | 2 级 | 85 |
| 现蕾期 | 200 | 2 级 | 86 |
| 现蕾期 | 300 | 2 级 | 87 |

为了进一步明确多效唑喷施时期和剂量对纤用亚麻农艺性状、产量性状及抗倒伏能力的影响，为亚麻在南方冬闲田的抗倒伏稳产栽培提供参考。于 2014 年 10 月至 2015 年 5 月在沅江和长沙 2 个试验点以“中亚麻 1 号”品种为试验材料进行了不同时期不同浓度的多效唑对亚麻抗倒伏作用的试验。结果表明，苗期和快速生长期喷施不同浓度的多效唑均使亚麻株高和工艺长度较对照显著降低，但不同浓度和时期喷施多效唑对亚麻茎粗、分枝数和蒴果数的影响较小。苗期喷施多效唑可显著降低亚麻原茎产量，快速生长期和开花期喷施则对原茎产量无显著影响。在沅江试验点，不同时期喷施不同浓度多效唑均可降低亚麻表观倒伏率，其中快速生长期喷施 100mg/L 多效唑亚麻表观倒伏率最低且对产量性状影响不明显。相关性分析表明，亚麻表观倒伏率与株高、工艺长度和单株茎重呈显著正相关，与种子产量呈显著负相关。亚麻快速生长期喷施 100mg/L 多效唑可在不影响其产量的前提下减轻倒伏，是较好的抗倒伏稳产栽培措施。

3. 冬闲田亚麻高产栽培技术要点

选用良种：在云南楚雄选用具有高产、优质的中亚麻 4 号；在湖南沅江选用抗倒伏能力强的中亚麻 1 号。

适时播种：云南楚雄冬闲田亚麻高产示范区于10月28日适期播种，湖南沅江11月2日适期播种。

合理密植：云南楚雄每播种135kg/hm²；湖南沅江播种量为105kg/hm²。

科学施肥：针对云南地区亚麻生育期相对较长的情况，选择肥效相对较长的复合肥，适当提高追肥所占的比例（在枞形期追施尿素总用量的30%、快速生长期追施20%），以优化施肥，提高肥料的利用率；针对湖南沅江生育期更长，后期特别容易倒伏的情况，选择复合肥（15：15：15）90kg/hm²，加硫酸钾60kg/hm²，于播种后第二年3月初施肥。

肥水管理：云南秋播亚麻生长期正值冬春干旱少雨季节，根据土壤墒情和亚麻生长状况，于播种后两天内、枞形期和快速生长期酌情辅以人工灌溉，在枞形期和快速生长期及时追肥，施肥与灌水相结合；湖南沅江冬春雨水较多，初夏雨水更多，主要是做好排水，以防于涝害。

及时除草：选用56%二甲四氯钠盐（1 050g/hm²）+5%精喹禾灵乳（50ml/hm²）除草剂配方，于麻苗高15cm左右杂草基本出齐时及时对水喷雾防除杂草。

适时收获：工艺成熟期时，全田有1/3的蒴果呈黄褐色，1/3的麻茎呈浅黄色，麻茎下部1/3的叶片脱落，是纤维亚麻收获的最佳时期。

### （三）麻类作物抗逆机理与土壤修复技术研究

#### 1. 外源NO在亚麻盐胁迫中的作用试验

为探讨外源一氧化氮（NO）在亚麻盐胁迫中的生理调节作用，采用蛭石和珍珠岩在培养箱对培养的亚麻进行苗期的盐胁迫相关处理。研究了外源NO供体硝普钠（SNP）对NaCl胁迫处理下亚麻过氧化物酶（POD）、超氧化物歧化酶（SOD）、脯氨酸和MDA的含量。

结果显示（表2-51）：除了超氧化物歧化酶，其他3个指标在盐胁迫中均有升高，表明盐胁迫下亚麻苗组织受到破坏，老化程度升高。添加了SNP的处理组这3个指标（POD）升高较盐胁迫组少，说明NO在亚麻抗盐胁迫中起了一定的作用。

**表2-51　外源一氧化氮（NO）在亚麻盐胁迫处理对酶含量的影响**

| | 对照 | SNP处理 | NaCl处理 | NaCl+SNP处理 |
|---|---|---|---|---|
| PRO | 1.1 | 0.8 | 12.3 | 7.8 |
| MDA | 0.5 | 0.4 | 1.6 | 0.6 |
| POD | 26.6 | 4.8 | 120.0 | 117.9 |
| SOD | 4.8 | 3.0 | 4.7 | 2.1 |

#### 2. 盐碱胁迫下亚麻营养吸收特性研究

（1）盐碱胁迫下亚麻苗期的营养吸收特性研究。对亚麻苗期进行了盐胁迫和碱胁迫，胁迫后进行茎部和根部阳离子的测定，并测定了胁迫后处理和对照的苗长、茎长和根长。结果显示，盐碱胁迫不同程度的抑制了钙和镁的吸收。与对照相比，盐碱胁迫下钠的含量增加幅度很大；碱胁迫下茎部钾的含量增高而根部钾含量减少，盐胁迫下根和茎的钾含量均有减少。盐碱胁迫不同程度抑制了亚麻苗期茎和根的生长，碱胁迫对根的抑制比盐胁迫严重。

（2）盐碱胁迫下亚麻快速生长期的营养吸收特性研究。对亚麻盐碱胁迫后进行地上部和根部的钾、钠、钙、镁4种阳离子的测定。结果表明：中性盐胁迫处理下，亚麻根和地上部的$Na^+$含量与对照相比均显著增加，处理地上部的$Na^+$含量为对照的547.0%，处理根为对照的382.7%，说明处理液中的钠离子被亚麻大量吸收和转运；处理地上部的$K^+$比对照显著增高，根系的$K^+$比对照显著降低；根系和地上部的$Ca^{2+}$和$Mg^{2+}$含量较对照均有不同程度的降低，处理的根系中$Ca^{2+}$和$Mg^{2+}$分别为对照的75%和65.2%，处理地上部$Ca^{2+}$和$Mg^{2+}$分别为对照的83.2%和85%，可见地上部的$Ca^{2+}$和$Mg^{2+}$降低程度小于根系中的降低程度。碱性盐胁迫下，亚麻根系和地上部的$Na^+$含量与对照相比均显著增加，处理茎的 $Na^{+}$ 含量为对照的 870.7%，处理根为对照的 415.1%；其他 3 种阳离子含量均较对照显著降低：$K^{+}$ 根和地上部处理分别为对照的 71%和 90.3%，$Ca^{2+}$ 根和地上部处理分别为对照的 53.6%和 65%，$Mg^{2+}$ 根和地上部处理分别为对照的 60.8%和 78.7%。可见地上部的 $K^{+}$、$Ca^{2+}$ 和 $Mg^{2+}$ 的降低程度小于根系中的降低程度。

3. 亚麻耐盐碱逆境栽培调控技术研究

该试验在吉林省松原市长岭县腰井开展，试验所在地，年降水量少于 400mm，是世界三大苏打盐碱土分布区之一。于 2015 年 4 月 28 日播种，底肥为硫酸钾型复合肥（15∶15∶15）225kg/hm²，亚麻苗高 15cm 左右进行一次化学除草，无浇灌条件，当年该地区 5—8 月受到严重干旱影响，尤其是亚麻快速生长期的干旱对亚麻生长造成了重大影响。于工艺成熟期（7 月 28 日）进行收获。

前两年都是在中度盐碱地开展亚麻种植试验并取得较好产量，结合优良品种、盐碱地土壤改良及配套的栽培措施于一体，使亚麻原茎产量最高达到了 5 768.4kg/hm²。2015 年在前两年的基础上尝试着在重度盐碱地开展试验（品种筛选与盐碱地调控试验），摸索重度盐碱地（含盐量>0.6%）对亚麻生长的胁迫情况。试验用地为吉林省松原市长岭县腰井近两年新开荒地，播种前采集试验地的土壤样品送吉林农业科学院土壤检测中心检测，含盐量为 1.09%，pH 值为 9.52。附近种植玉米株高不足 80cm，几乎没有收成。

品种筛选试验：通过前期亚麻在盐碱条件下的发芽试验筛选出的 11 个相对耐盐碱品种及对照中亚 2 号共 12 个品种。采用随机区组试验，每个品种 3 次重复，每个小区 6m²，播种密度为 2 000 粒/m²。品比试验按照正常播种和田间管理，不对试验做任何处理。在这种条件下，亚麻出苗与前两年中度盐碱条件无显著差异，发芽率及整齐度一般，但苗期受重度盐碱影响非常大，试验区超过一半的苗慢慢死亡，其余到 7 月中旬，株高大多都维持在 10cm 左右，最高的也低于 30cm。试验证明在含盐量为 1.09%，pH 值为 9.52 的情况下，不进行任何处理无法种植亚麻。

盐碱地调控试验：耐盐品种 Y0I348 用于耐盐碱逆境栽培调控试验采用 4 因素 3 水平正交试验（表 2-52），每个处理 3 次重复，共 27 个小区，每个小区 6m²。前两年调控措施全部针对盐碱土壤，2015 年在保留磷石膏和菌肥这两种调控效果较好的土壤改良剂的基础上，把调控的范围扩大到亚麻对盐碱的耐受性上，使用水杨酸和芸苔素内酯以求能提高亚麻自身对盐碱耐受性。

**表 2-52　盐碱地调控试验正交试验**

| 处理号 | 水杨酸处理 | 芸苔素内酯（0.1%） | 菌肥 | 磷石膏 |
|---|---|---|---|---|
| 1 | 1（0） | 1（0） | 1（0g/区） | 1（0kg/区） |
| 2 | 1（0） | 2（150μl） | 2（0.7kg/区） | 2（0.9kg/区） |
| 3 | 1（0） | 3（300μl） | 3（1.4kg/区） | 3（1.8kg/区） |
| 4 | 2（5mmol/L） | 1（0） | 2（0.7kg/区） | 3（1.8kg/区） |
| 5 | 2（5mmol/L） | 2（150μl） | 3（1.4kg/区） | 1（0kg/区） |
| 6 | 2（5mmol/L） | 3（300μl） | 1（0kg/区） | 2（0.9kg/区） |
| 7 | 3（10mmol/L） | 1（0） | 3（1.4kg/区） | 2（0.9kg/区） |
| 8 | 3（10mmol/L） | 2（150μl） | 1（0g/区） | 3（1.8kg/区） |
| 9 | 3（10mmol/L） | 3（300μl） | 2（0.7g/区） | 1（0kg/区） |

由表 2-53 可看出，原茎产量最高的处理只有 2 462.4kg/hm²，与 2013 年在中度盐碱地调控试验的最高原茎产量 5 768.85kg/hm² 相差甚远，当含盐量从 0.3%左右增长到 1%左右，对亚麻生长的胁迫作用是成倍地增长，清楚地表明亚麻盐碱耐受性也是有限的，只适合在中度盐碱地种植。

2015 年在重度盐碱地开展的试验，虽然从经济效益和实际应用上没有太多的意义，但是试验所表现出的结果还是为今后的研究提供重要基础。不做任何调控处理，只依赖所筛选出耐盐碱亚麻品种自身的能力，在含盐量为 1.09%的盐碱地种植几乎没有收成，通过 4 种处理因子搭配施用，原茎产量最高达到了 2 462.4kg/hm²，最低为 1 906.5kg/hm²，这个提高幅度已经相当可观，证明所选用改良剂的效果值得肯定。

**表 2-53　盐碱地调控试验各处理原茎产量**

| 处理 | 2 | 5 | 9 | 6 | 1 | 3 | 8 | 4 | 7 |
|---|---|---|---|---|---|---|---|---|---|
| 平均原茎产量（kg/hm²） | 2 462.4 | 2 362.35 | 2 195.55 | 2 173.2 | 2 156.55 | 2 084.4 | 1 934.25 | 1 928.85 | 1 906.5 |

4. 水分胁迫条件下亚麻生理生化特性研究

（1）水分胁迫对不同亚麻品种根、茎、叶干重的影响。水分胁迫对不同品种的亚麻根干重有不同的影响，Agatha 和中亚麻 2 号随着土壤含水量的增多，根干重增多。而中亚麻 1 号和 3 号无论是干旱还是水淹都会促进根干重的增加，中亚麻 1 号在干旱条件下根干重增加较多，而中亚麻 3 号则在淹水条件下根干重增加较多。

水分胁迫对不同品种的亚麻茎干重有不同的影响，中亚麻 1 号、中亚麻 2 号和中亚麻 3 号都随着土壤含水量的增多，茎干重有减少的趋势。而 Agatha 无论是干旱还是水淹都会减少茎干重。

水分胁迫对不同品种的亚麻茎干重有不同的影响，Agatha、中亚麻 1 号和中亚麻 2 号都随着土壤含水量的增多，叶干重有减少的趋势。而中亚麻 3 号无论是干旱还是水淹都会增加叶干重。

（2）水分胁迫对亚麻生长形态的影响。从表 2-54 可以看出，水分胁迫对不同品种的亚麻的生长形态影响不同。与对照处理相比较，淹水胁迫处理显著性降低了中亚麻 1 号的根长，而干旱胁迫则显著增加了中亚麻 1 号和中亚麻 3 号的根长。中亚麻 1 号的根长变化尤为突出，显示中亚麻 1 号的根系发育对水分胁迫较为敏感。而干旱胁迫都能显著减少 Agatha、中亚麻 1 号、中亚麻 2 号的茎粗，中亚麻 3 号茎粗不受影响。淹水胁迫对 4 个品种亚麻的茎粗都不造成影响。无论是干旱胁迫还是淹水胁迫都能显著降低 Agatha 和中亚麻 3 号的株高，而中亚麻 1 号和 2 号则不受影响。

**表 2-54　水分胁迫对亚麻生长形态的影响**

| 品种 | 指标 | 干旱处理 | 淹水处理 | 对照 |
|---|---|---|---|---|
| Agatha | 根长 | 17.85±32.79 | 4.22±1.37 | 5.09±1.23 |
| 中亚麻 1 号 | 根长 | 8.07±1.65** | 3.06±1.06** | 4.37±0.93 |
| 中亚麻 2 号 | 根长 | 6.55±2.15 | 4.67±1.39 | 5.05±1.33 |
| 中亚麻 3 号 | 根长 | 6.31±1.53** | 4.65±1.13 | 4.38±1.1 |
| Agatha | 茎粗 | 0.39±0.12** | 0.66±0.06 | 0.64±0.08 |
| 中亚麻 1 号 | 茎粗 | 0.39±0.05** | 0.61±0.06 | 0.61±0.09 |
| 中亚麻 2 号 | 茎粗 | 0.35±0.07** | 0.63±0.12 | 0.58±0.09 |
| 中亚麻 3 号 | 茎粗 | 0.71±0.88 | 0.63±0.11 | 0.59±0.06 |
| Agatha | 株高 | 13.0±1.25** | 11.64±1.75** | 14.71±1.49 |
| 中亚麻 1 号 | 株高 | 14.06±1.56 | 12.17±1.88 | 12.79±1.13 |
| 中亚麻 2 号 | 株高 | 12.62±4.64 | 15.67±1.83 | 15.47±2.18 |
| 中亚麻 3 号 | 株高 | 12.5±1.33** | 13.65±2.02* | 15.47±1.51 |

注：* 与对照组比较有显著差异 $P<0.05$，** 与对照组比较有极显著差异 $P<0.01$

（3）水分胁迫对亚麻的根、茎、叶微观结构的影响。水分胁迫显著影响快速生长期的亚麻根结构（图 2-10），干旱胁迫与对照相比，根的整体形态发生了显著变化，根的直径显著变小，皮层薄壁细胞干瘪、变形，向内凹陷，呈不规则形，中柱也随之发生形变，且中柱内薄壁组织细胞变小、紧缩，细胞壁强烈木质化，但中柱输导组织所占比例增大。而淹水胁迫的根皮层仅有部分薄壁细胞轻度变形，中柱部分变化则不明显。可见，干旱胁迫比淹水胁迫对快速生长期的亚麻根系发育影响更大。

亚麻茎在干旱胁迫条件下，与对照相比，茎韧皮薄壁细胞及木质部细胞萎缩，韧皮部与木质部

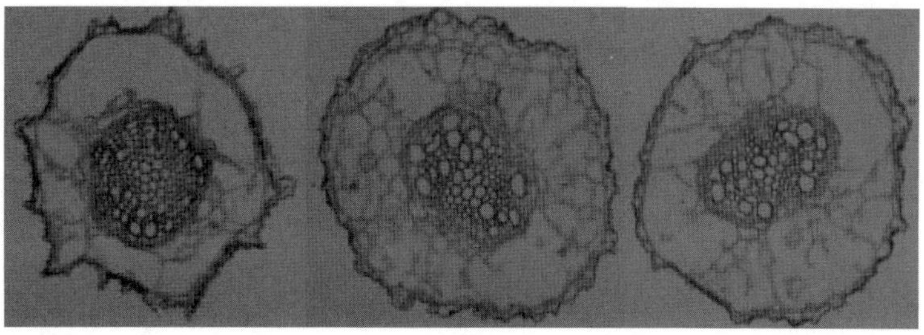

A　　　B　　　C

**图 2-10　亚麻根横切面结构**

注：A、B、C 分别为干旱、对照、淹水处理；茎的横切面由外到内分为表皮、韧皮部、木质部、薄壁细胞及髓，下同。

部分分离，且木质部发生断裂；在淹水条件下其韧皮薄壁细胞增多，排列紧密，而木质部则相对变小，且增生出大量的薄壁细胞，髓部由于缺氧致使薄壁细胞破坏死亡，导致髓腔增大（图 2-11）。可见干旱胁迫和淹水胁迫对亚麻快速生长期的茎结构都有较大的影响。

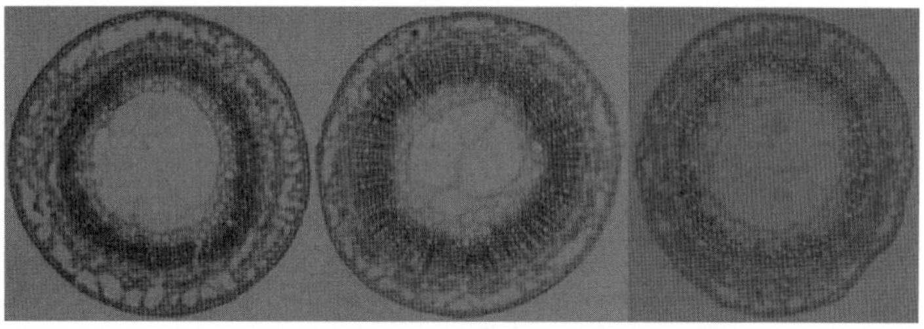

A　　　B　　　C

**图 2-11　亚麻茎横切面结构**

注：A、B、C 分别为干旱、对照、淹水处理

干旱胁迫处理的亚麻叶片厚度与主脉厚度都变薄，叶表部分皱缩，且细胞排列紊乱，淹水胁迫与对照处理的叶片则组织排列整齐且较紧凑。可见干旱胁迫对于快速生长期的亚麻叶片的影响更大。

（4）水分胁迫对叶绿素的影响。淹水胁迫会导致所有品种亚麻叶片的叶绿素含量低于对照组，叶绿素含量与对照组比较差距随着淹水胁迫时间的延长而增大，其中 Agatha 受到淹水胁迫的影响最小，中亚麻 1 号受到淹水胁迫影响最大。

干旱胁迫会导致所有品种亚麻叶片的叶绿素含量高于对照组，叶绿素含量与对照组比较差距随着干旱胁迫时间的延长而增大，其中 Agatha 的叶绿素含量受干旱胁迫也最大，中亚麻 2 号受到的影响相对较小。

（5）水分胁迫对丙二醛及脯氨酸的影响。渗透调节物质是植物在水分胁迫下自身产生的，渗透调节物质可以增大细胞的浓度，降低水势，维持体内的水分平衡，保证植物的正常生长，这类物质主要包括脯氨酸。处理前，各处理组之间不存在显著性差异。不论是干旱还是淹水胁迫都会对亚麻叶片的脯氨酸含量造成影响。在淹水胁迫下，与对照组相比 Agatha 脯氨酸的变化最小，中亚麻 1 号的脯氨酸含量变化最大。而干旱处理会增加脯氨酸含量，随着胁迫时间的增加，与对照组相比 4 个品种的亚麻叶片的脯氨酸含量都不断增高，其中 Agatha 的脯氨酸含量变化最大，中亚麻 3 号含量变化最小。

水分胁迫会扰乱植物体内活性氧产生和清除的平衡，引起活性氧的积累，而丙二醛是脂质过氧化的主要降解产物，对膜有毒害作用。它可能与细胞膜上的蛋白质、酶等结合、交联，使之失活，破坏生物膜的结构和功能。因此 MDA（丙二醛）含量的变化是质膜损伤程度的重要标志之一。与对照组比较，淹水和干旱胁迫都会使得各个品种的亚麻叶片的丙二醛的含量增高，随着胁迫程度的加强，丙二醛的含量逐步增多。无论是在干旱还是淹水条件下，Agatha 叶片的 Agatha 增长幅度都最大，中亚麻 1 号变化最小。

（6）水分胁迫对 SOD 及 POD 的影响。水分胁迫会扰乱植物体内活性氧产生和清除的平衡，引起活性氧的积累，SOD 和 POD 是植物保护过氧化物影响的主要活性酶。在第一次取样时，各品种亚麻叶片中的 POD 平均含量与对照组比较差异最大，而随着淹水胁迫时间的增加，各品种亚麻叶片的 POD 含量的变化表现不一定。在第二次取样时，中亚麻 3 号叶片的 POD 含量与对照组的差异较第一次有所下降，而其余 3 个品种在第三次取样时才有下降的趋势。第三次取样时中亚麻 1 号和中亚麻 2 号的 POD 含量较对照组的差异最大，而 Agatha 和中亚麻 3 号的 POD 含量与对照组的差异较小。

与淹水胁迫有所不同，在干旱胁迫下，随着胁迫时间的延长，四个品种亚麻叶片的 POD 含量与对照组的差异有增大的趋势，其中中亚麻 1 号的差异最大，Agatha 的差异最小。与淹水胁迫比较，干旱胁迫造成各品种亚麻叶片 POD 含量与对照组的差异更大，到第三次取样时，差异最少也达到 450. 313 U/(mg · prot)。

无论是淹水还是干旱胁迫，随着胁迫时间的延长，各品种亚麻叶片中的 SOD 平均含量与对照组比较差异有增大的趋势。淹水胁迫下，第三次取样时 Agatha 叶片的 SOD 含量与对照组比较变化最小，中亚麻 3 号的差异最大。而在干旱胁迫下，第三次取样时，中亚麻 1 号叶片的 SOD 含量与对照组比较变化最大，中亚麻 2 号的差异最小。

### （四）亚麻免耕栽培模式土壤生态研究

本研究于 2010—2015 年在云南省开展了五年的相关试验，前茬均为水稻田，试验品种派克斯，肥料使用 $N:P_2O_5:K_2O=16:16:16$ 的复合肥 900kg/hm$^2$，开小行免耕播种，干稻草覆盖约 0. 35kg/m$^2$，以常规翻耕为对照（CK），有效栽培密度 2 000粒/m$^2$，随机区组，3 次重复。调查免耕条件下土壤酶活、杂草生长情况、原茎产量、种子产量等并进行比较分析，探讨不同耕作作方式对土壤生态环境和亚麻产量的影响。

1. 免耕对土壤酶活性的影响

工艺成熟期时，取翻耕、免耕土壤土样快速阴干后使用苏州铭科生物技术有限公司生产的中性磷酸酶试剂盒、脲酶试剂盒、蔗糖酶试剂盒、过氧化氢酶试剂盒依照说明测定。土壤酶活性对比情况，免耕与翻耕的工艺成熟期酶活大小顺序一致，都是：中性磷酸酶>脲酶>蔗糖酶>过氧化氢酶，且中性磷酸酶和脲酶活性远大于蔗糖酶和过氧化氢酶活性。其中，免耕土壤的中性磷酸酶活性和脲酶活性高于翻耕，而蔗糖酶活性和过氧化氢酶活性低于翻耕。这些数据与上年相比有一定差异，但是趋势是一致的。

2. 免耕对土壤养分的影响

播种前取土样一次，待亚麻收获后再取土样一次，将种植前后的处理和对照土壤分别进行检测和比较分析，发现免耕处理土壤的速效磷和速效钾略多，分别多 3. 6%和 2. 3%；而氮肥比对照少 6. 3%；有机质比对照增加 14. 7%；由于云南地区干旱少雨，肥料随水流失的情况较少，免耕处理土壤的速效磷、速效钾大部分随第一次灌水溶入土壤，残余土壤表面的磷钾肥也会逐渐进入土壤，避免流失或挥发，免耕处理的亚麻根系不及翻耕处理亚麻的发达，肥料吸收较少，这可能是土壤剩余较多磷钾肥的主要原因；而氮肥相对容易分解挥发，所以最终的含量低于对照；有机质的增加主要来自于土壤上层，稻草覆盖是最主要的原因，它可增加土壤湿度，增加微生物含量，稻草本身为有机质的来源。

3. 免耕覆盖对上层土壤温度的影响

从零点开始，两种栽培方式下上层土壤温度都是经历降低—升高—降低的过程，两者的最低温度和最高温度均分别出现在 8：00 和 16：00，温度变化区间分别为：翻耕土壤 8. 83～18. 16℃，免耕土壤 10～15. 88℃；免耕土壤的温度在 2：00～10：00 略高于翻耕土壤温度，其他时间大都低于翻耕温度，一天中的温度变化曲线相对平缓，分析可能是由于覆盖的稻草白天挡住了阳光直射，减缓了热量吸收的速度，导致温度偏低；而夜间稻草减缓了热量的流失速度，有一定保温作用，使得部分时间段土壤上层温度高于翻耕土壤。

4. 免耕覆盖对土壤水分的影响

随着灌水后时间的延长，免耕和翻耕处理土壤的含水量都一直在减小，两者的土壤含水量分别从 56. 70%降低到 24. 17%（免耕）和从 54%降低到 15%（翻耕），在此过程中免耕处理的土壤含水量一直比翻耕处理高，可见翻耕处理的土壤含水量降速较快，降幅较大，相同时间段内免耕土壤湿润度较大，免耕土壤湿度下降明显缓慢，说明免耕处理有利于土壤含水量的保持。当然，稻草覆盖减少土表蒸发是主要原因。

5. 免耕覆盖对土壤微生物的影响

亚麻工艺成熟期是云南省少雨季节，土壤处于干旱状态，翻耕的土壤含水量范围为 9. 49%~16. 74%，免耕的土壤含水量范围为 14. 03%~15. 29%，两者土壤含水量都是由上至下逐渐增加。免耕模式下土壤含水量变化幅度较小，上层（0~5cm 深度）土壤含水量比翻耕高 47. 84%，中间层（5~10cm 深度）比翻耕高 3. 84%，而下层（10~20cm 深度）比翻耕低 8. 67%。两耕作模式各土层菌群数量上比较来说都是细菌数量>放线菌数量>真菌数量，免耕模式下 0~5cm 土层微生物比翻耕模式多，主要是细菌和放线菌；翻耕模式下细菌数量随着土壤深度的增加而增加，放线菌数量则是上层最少，中间层最多；免耕模式下放线菌的数量随着深度的增加而增加，真菌和细菌的数量都是中间层最少，下层最多。

6. 免耕覆盖对杂草生长的影响

免耕田里杂草数量少，每平米平均为 43 株，而对照田中每平米杂草密度达 115 株；但免耕田中杂草植株普遍较高大，单株平均重量高，主要的蓼科杂草均重为 4. 49g，而对照田中蓼科杂草均重只有 2. 78g，免耕田中杂草总平均单株重量为 1. 45g，而对照田中只有 0. 55g；两种耕作方式田间杂草总重相近，对照略高，生长方式差异明显，免耕覆盖田杂草少而壮，对照多而弱。

7. 免耕覆盖对亚麻原茎产量的影响

综合最近四年的产量数据，免耕原茎产量平均为 8 907. 11kg/hm$^2$，种子平均产量为 987. 01kg/hm$^2$；对照原茎产量为 8 586. 25kg/hm$^2$，种子产量为 972. 44kg/hm$^2$；原茎比对照增产 1. 5%，种子比对照增产 2. 69%。2013—2014 年在大理州宾川县金牛镇进行了亚麻免耕栽培技术示范，原茎产量达到 11 366. 4kg/hm$^2$。

在相同的播种密度下，翻耕的收获密度为 1 292. 27株/m$^2$，免耕的收获密度为 1 245. 58株/m$^2$，收获密度相对翻耕低 3. 98%。免耕栽培下的亚麻株高、茎粗、单株原茎重、平均原茎产量均与对照具有相似的累积规律，同时期对比差异不显著。除茎粗外，其他产量指标在 2 月 15 日至 3 月 25 日间具有最快的增长速度，此期间各项指标的累积量占据 60%以上，而苗期及工艺成熟期以后各项指标增长缓慢，两段时间的累积量均低于 20%。

## 三　黄/红麻

2014 年，以“十二五”前 3 年筛选出的超高产红麻杂交种红优 2 号、H318 及 H368 为材料，在信阳、安徽、浙江、南宁等地进行大面积试验示范，超额完成了亩产红麻生麻 600kg、嫩茎叶饲料 300kg、麻骨 700kg 的超高产指标，形成了适合黄淮海麻区、长江流域麻区和华南麻区红麻高产高效种植技术各 1 套；同时，以黄麻优良品种福黄麻 3 号为材料，在浙江、江苏进行大面积试验示范，实现了亩产黄麻生麻 500kg、嫩茎叶饲料 200kg、麻骨 600kg 的超高产指标，形成了黄麻超高产高效种植技术 1 套；研究了红麻杂交种和常规品种的耐盐性，发现杂交种对 NaCl 表现出强大的抗性优势，深沟改土、深施有机肥、深沟高畦和覆盖生物材料（稻草等）是黄、红麻耐盐碱栽培的有效措施，明确了黄红麻耐盐栽培机理，并与萧山黄红麻综合试验站共同形成了黄红麻盐碱地条件下超高产栽培技术各 1 套；进行了红麻轻简化栽培试验，发现地膜覆盖、一次性施肥、穴播和不间苗等措施可显著提高纤维产量，一般增产 6%~10%，亩节约成本 450~500 元，与福建漳州黄红麻综合试验站共同形成了以地膜覆盖为基础的华南麻区红麻轻简化栽培技术。2015 年，在全国黄/红麻各主产区大面积推广所形成的红麻、黄麻超高产栽培技术；并在浙江、江苏滨海盐碱地大面积推广超高产、耐盐碱红麻杂交种红优 2 号及其配套栽培技术。

### （一）红麻高产高效栽培技术研究与示范

1. 技术要点

（1）因地制宜，选用良种。红麻虽然适应性广，但选用品种仍然要因地制宜。东北和西北麻区因生育期短，应选育中熟品种，黄淮海和长江流域麻区应选用迟熟品种，华南麻区应选用特迟熟品种；沿海麻区应选用茎秆粗壮、抗风性强的品种，以实现高产优质的目的。

（2）深耕细作，施足底肥。红麻连作易导致病虫草害的大发生。水旱轮作可以有效减少病虫草害的大发生，提高红麻产量。特别是根结线虫病，水旱轮作具有显著预防效果。红麻是深根作物，深耕细整是保证一播全苗、实现高产的重要基础，有利创造疏松深厚的耕作层，保持土壤良好的透气性，促进根系生长。播前 15~20d，深耕 20~50cm，耙平待播。于深犁之前每亩施有机肥豆饼 125kg 或有机肥 400kg，结合耙地每亩施复合肥（N：P：K 为 15：15：15）30kg。

（3）适时早播，合理密植。要达到较高的生物产量，除了选用迟熟高产品种外，延长生育期（营养生长）是有效措施之一。华南麻区早春升温快，可于 3 月底至 4 月初播种。黄淮海麻区一般在 4 月底至 6 月初播种，长江流域一般 4 月中下旬播种。畦连沟宽 1.2~1.3m。为确保一播全苗，按常规每亩播种 1.5~2kg/亩。种子用萎锈·福美双拌种，防治红麻立枯病。播后，选用除草剂乙草胺，进行芽前封闭除草。齐苗后 1 个月左右结合中耕、除草、间苗，定苗密度 1.6~2 万株。长江流域麻区播后应踩踏播种沟镇压。如果土壤墒情好，且为黏贴，则不必镇压，以免导致土壤板结。播种镇压后面施复合肥 15kg/亩作种肥，再盖籽。

（4）科学防治病虫。坚持“预防为主，综合防治”的方针，在病害发生前进行预防性施药。试验期间，打药 4 次，5 月 17 日打药防治立红麻枯病。5 月 20 日再防治一次，7 月 17 日打药治立枯病和防治虫害（菌病灭 多酮+拜耳 敌杀死 溴氰菊酯+京博 3 金保尔 甲维·虫酰肼+京博·好巧吡虫啉），8 月 1 日打药防治立枯和炭疽（菌病灭+金保尔 甲维·虫酰肼）。

（5）拔除笨麻，通风透光。生长后期，田间荫蔽，不利于红麻的生长和纤维细胞壁的增厚。因此，要及时拔除笨麻，以利于通风透光。

（6）适时收获，拔根计产。红麻的收获期以盛花期收获为佳。一般在 9 月下旬进入工艺成熟期，一般以 10 月上旬收获为宜。因红麻基部的纤维层较厚，一般应连根拔起；在难以连根拔起的黏性土壤，也应尽力砍割麻茎基部，以提高纤维产量。收割后，机械剥皮，以减少用工，并及时将鲜皮置于事先围埂注水的深水田中发酵沤洗。

2. 黄淮海麻区红麻高产技术效果

示范在信阳市浉河区五星乡进行。以超高产杂交组合中杂红 368 和红优 2 号为示范品种。9 月中旬测产。中杂红 368 在高产栽培条件下，田间表现生长势旺、群体整齐、植株清秀、秆硬耐倒、抗风性强、后期不早衰等特性。平均有效株 15 500/亩，平均干原麻、干麻叶和干麻骨产量分别为：654.3kg/亩、203.7kg/亩、981.4kg/亩。随机取样 10 株进行考种，平均株高 459cm，茎粗 21.7mm，皮厚 1.39mm，单株鲜叶重 95.1g，单株鲜茎重 761g，单株鲜皮重 323g，单株干皮重 66.2g，单株干骨重 91.6g，鲜茎出麻率 5.9%。

红优 2 号有效株 14 401/亩，干皮产量 661.1kg/亩，略高于中杂红 368 的干皮产量，但差异不显著。红优 2 号干叶重达 330kg/亩，是中杂红 368 的 1.62 倍，主要由于红优 2 号后期不早衰。红优 2 号平均株高为 4.59m，茎粗 21.68mm，皮厚 1.39mm，鲜茎出麻率 5.0%。

3. 长江流域麻区红麻高产高效栽培技术效果

示范在浙江萧山头蓬进行（表 2-55）。以超高产杂交组合 H1301、红优 2 号和杂红 992（福建农大选育）为示范品种。4 月 9 日播种，9 月中旬测产。

3 个示范品种中，以红优 2 号产量最高。但 3 个品种间差异不显著，均达到了黄麻“528”工程目标。分析生物产量的构成可见，红优 2 号表现高产的原因是后期叶片数明显多于其他 2 个品种，不早衰。

**表 2-55　浙江萧山示范点红麻测产结果**　（单位：kg/亩）

| 品种 | 测产点 | 鲜叶重 | 干叶重 | 鲜骨重 | 干骨重 | 生皮鲜重 | 生皮干重 |
|---|---|---|---|---|---|---|---|
| 红优 2 号 | Ⅰ | 1 036.40 | 260.30 | 3 663.40 | 1 035.26 | 2 842.44 | 605.40 |
| | Ⅱ | 800.40 | 201.06 | 3 889.12 | 1 099.07 | 2 824.44 | 640.40 |
| | Ⅲ | 790.13 | 198.48 | 3 488.92 | 985.96 | 2 750.10 | 585.70 |
| | 均值 | 875.30 | 219.95 | 3 680.81 | 1 040.20 | 2 866.04 | 610.46 |
| H1301 | Ⅰ | 533.60 | 176.90 | 3 386.31 | 1 005.30 | 2 760.35 | 581.33 |
| | Ⅱ | 615.69 | 204.16 | 3 386.30 | 1 005.39 | 3 006.63 | 633.19 |
| | Ⅲ | 718.30 | 238.19 | 2 924.54 | 868.29 | 2 801.14 | 589.97 |
| | 均值 | 622.87 | 206.54 | 3 229.30 | 958.77 | 2 866.04 | 603.58 |
| 杂红 992 | Ⅰ | 718.30 | 170.66 | 4 002.00 | 1 167.38 | 2 893.75 | 632.86 |
| | Ⅱ | 759.35 | 180.42 | 3 263.17 | 951.86 | 2 544.86 | 556.56 |
| | Ⅲ | 790.13 | 187.73 | 5 725.94 | 1 670.25 | 2 832.18 | 619.40 |
| | 均值 | 756.27 | 179.69 | 3 635.67 | 1 060.52 | 2 575.27 | 602.94 |

4. 华南麻区红麻高产高效栽培技术效果

在广西南宁示范中杂红 368 和红优 2 号高产栽培技术（表 2-56）。10 月中旬收获测产。结果表明：中杂红 368 平均有效株 4 416株/亩；折算平均干原麻、干麻叶和干麻骨产量分别为：734.8kg/亩、174kg/亩、1 221kg/亩。红优 2 号平均有效株 4 815株/亩；折算平均干原麻、干麻叶和干麻骨产量分别为：636.2kg/亩、258.1kg/亩、1 345kg/亩。需要说明的是红优 2 号第二个测产点为 F2 代，其产量和经济性状均显著低于红优 2 号 F1 代。

比较两品种的产量和经济性状发现，其产量没有显著差异。但红优 2 号的总生物产量及麻叶和麻骨产量均高于中杂红 368。说明红优 2 号生长后期仍然保持较好的生长势，不早衰。这一结果与浙江萧山的结果相同。

**表 2-56　广西南宁示范点红麻测产结果**

| 品种 | 测产点编号 | 鲜茎出麻率（%） | 实测折合产量（kg/亩） | | |
|---|---|---|---|---|---|
| | | | 叶 | 骨 | 生麻 |
| 中杂红 368 | 1 | 12.18 | 190.51 | 1 099.5 | 630.4 |
| | 2 | 12.57 | 169.75 | 1 490.5 | 948.4 |
| | 3 | 12.34 | 161.6 | 1 074.4 | 625.5 |
| | 平均 | 12.39 | 174 | 1 221 | 734.8 |
| 红优 2 号 | 1 | 10.76 | 351.7 | 1 904.4 | 851.3 |
| | 2 | 11.01 | 171.8 | 996.6 | 468.5 |
| | 3 | 11.31 | 250.8 | 1 134.8 | 588.8 |
| | 平均 | 10.98 | 258.1 | 1 345 | 636.2 |

## （二）长江流域麻区黄麻高产高效栽培技术研究

1. 技术要点

（1）因地制宜，选用良种。黄麻品种特性的不同，对土地和气候的适应性也不一样，因此，因地制宜选用黄麻良种是获得黄麻高产的基础。所选用的高产品种必须满足 135~150d 工艺成熟期所需生长日数的要求，才能获得高产优质的纤维。以选用福黄麻 3 号和中黄麻 4 号为宜。

（2）水旱轮作，防草防病。黄麻连作易导致病虫草害的大发生。水旱轮作可以有效减少病虫草害的大发生，提高红麻产量。特别是根结线虫病，水旱轮作具有显著预防效果。本次试验地点为萧山头蓬，麻田为沙壤土，前作水稻，没有发生病虫草害。

（3）深耕细作，施足基肥。黄麻是深根作物，深耕细整是保证一播全苗、实现高产的重要基础，有利创造疏松深厚的耕作层，保持土壤良好的透气性，促进根系生长。一般播前 15d 左右，深耕 50cm 左右，同时深施有机肥料（地产）400kg/亩，待播。

（4）适时早播，合理密植。要达到较高的生物产量，除了选用迟熟高产品种外，延长生育期（营养生长）是有效措施之一。一般在 4 月中下旬播种。机械起垄、开沟，畦连沟宽 1.3m。因播种较早，一般墒情不佳，为确保出好苗，不能采用精量播种，应按常规播种 0.75kg/亩，播后应踩踏播种沟镇压。如果土壤墒情好，且为黏贴，则不必镇压，以免导致土壤板结。播种镇压后面施复合肥 15kg/亩作种肥，再盖籽。

为防止草害，减少苗期培管用工，播后芽前用 60% 丁草胺乳油 150ml 加溴氰菊酯（敌杀死）80ml（有效成分 25g/L）对水 25kg 倒退喷雾畦面。齐苗后用 50%多菌灵可湿性粉剂 80g 加 90%恶霉灵原粉 5g 对水 25kg 喷雾防病。齐苗后 1 个月左右及时中耕、除草、删苗，初定密度 3.0 万/亩。

（5）巧施追肥，以水调肥。黄麻生物量大，需肥量也大，尤其是对钾肥的需求量大于一般的作物，一般要追肥 3 次。第一次追肥在黄麻旺长前期，此时红麻生长速度快，需水需肥量大，应重施，以利于黄麻的生长；第二次追肥在旺长后期至始蕾期，称之为秆梢肥，以防止早衰，使梢部纤维增厚，增加产量。施肥时，应利用灌溉或雨天来临前施用，以达到以水调肥的效果，利于黄麻的吸收利用。在灌溉方便的地块要保持土壤湿润，使“土壤见黑不见白，见湿不见水”，丘陵旱地尽可能保持干湿交替，以利于根系生长和微生物活动。一般于 6 月中旬施旺长肥，施复合肥 10kg/亩，尿素 8kg/亩；7 月中旬施追肥尿素 4kg/亩；8 月中旬施秆梢肥复合肥 20kg/亩。

（6）拔除笨麻，通风透光。生长后期，田间荫蔽，不利于黄麻的生长和纤维细胞壁的增厚。因此，要及时拔除笨麻，以利于通风透光。一般于 7 月中旬左右清理小麻一次。如遇台风，应在台风过后及时清理折断、吹乱的麻株。

（7）适时收获，拔根计产。黄麻的收获期以半花半果时收获为佳。一般在 10 月上旬收获。因黄麻基部的纤维层较厚，一般应连根拔起；在难连根拔起的黏性土壤，也应尽力砍割麻茎基部，以提高纤维产量。收割后，机械剥皮，以减少用工；并及时将鲜皮置于事先围埂注水的深水田中发酵沤洗。

2. 技术效果

浙江萧山头蓬示范福黄麻 3 号为品种。4 月 9 日播种，10 月中旬收获测产。经测产，黄麻 3 号干生皮产量达到 510.15kg/亩，干麻叶达到 220.27kg/亩，秆麻骨达到 594.27kg/亩。

### （三）华东滨海盐碱地红麻高产栽培技术研究与示范

1. 技术要点

（1）因地制宜，选用良种。红麻虽然适应性广，但选用品种仍然要因地制宜。东北和西北麻区因生育期短，应选育中熟品种，黄淮海和长江流域麻区应选用迟熟品种，华南麻区应选用特迟熟品种；因滨海盐碱地一般为沙性壤土，且风大，高秆作物极易倒伏，因此，应选用茎秆粗壮、抗风性强的品种，以实现高产优质的目的。以选用超高产三系杂交种红优 2 号、中杂红 368 和杂红 992。为宜。其中，以红优 2 号的抗风性最强。

（2）深耕细作，施足有机肥。红麻是深根作物，深耕细整是保证一播全苗、实现高产的重要基础，有利创造疏松深厚的耕作层，保持土壤良好的透气性，促进根系生长。因盐碱地存在 $Na^+$ 的伤害，如施用大量化肥（化肥也是一种盐）会导致土壤盐浓度的进一步增加，不利于根系生长，因此，盐碱地栽培以多施有机肥为宜。一般于播前 15d 左右，深耕 50cm 左右，同时深施颗粒有机肥料（地产）160kg/亩，待播。暂不起垄、开沟。

（3）适时早播，合理密植。适时早播，以延长生育期（营养生长）是实现高产目标的有效措施之一。但盐碱地因有盐分的影响，升温相对较慢，不宜过早播种，一般在 5 月上旬播种为宜。一般于 5 月上旬播种。机械起垄、开沟，畦连沟宽 1.6m，播种 3 行。因播种较早，易遇春旱，墒情不佳。为确保出好苗，不能采用精量播种，应按常规播种 1.5kg/亩。因滨海盐碱地一般为沙性壤土，易失水，种子与泥土结合不紧，故播后应踩踏播种沟镇压。播种镇压后面施复合肥 15kg/亩作种肥，再盖籽。为确保齐苗，防止返盐，播后用碎麦草覆盖。

为防止草害，减少苗期培管用工，播后芽前用 60%丁草胺乳油 150ml 加溴氰菊酯（敌杀死）80ml（有效成分 25g/L）对水 25kg 倒退喷雾畦面。齐苗后用 50%多菌灵可湿性粉剂 80g 加 90%恶霉灵原粉 5g 对水 25kg 喷雾防病。齐苗后 1 个月左右及时中耕、除草、删苗，初定密度 2.0 万/亩。

（4）多次追肥，防止早衰。红麻生物量大，需肥量也大，尤其是对钾肥的需求量大于一般的作物，但因滨海盐碱地为沙质壤土，保肥保水能力较差；且因盐碱地植株根系活力较弱，如果一次追肥过量极易伤害根系。因此，追肥以少量多次为宜。一般于 6 月中旬施复合肥 15kg/亩；7 月上旬施复合肥 15kg/亩；8 月上旬施复合肥 15kg/亩；9 月上旬施复合肥 15kg/亩+尿素 6kg/亩作为秆梢肥。

（5）拔除笨麻，通风透光。生长后期，田间荫蔽，不利于红麻的生长和纤维细胞壁的增厚。因此，要及时拔除笨麻，以利于通风透光。一般于 7 月中旬左右清理小麻一次。如遇台风，应及时清理断麻和乱麻。

（6）适时收获，拔根计产。红麻的收获期以盛花期收获为佳。一般在 10 月上旬收获。因红麻基部的纤维层较厚，一般应连根拔起；在难连根拔起的黏性土壤，也应尽力砍割麻茎基部，以提高纤维产量。收割后，机械剥皮，以减少用工；并及时将鲜皮置于事先围埂注水的深水田中发酵沤洗。

2. 技术效果

本示范在江苏大丰滨海盐碱地（紫荆花集团黄/红麻种植基地）进行。示范品种为超高产杂交组合红优 2 号、中杂红 368 和杂红 992（表 2-57）。5 月 9 日播种，10 月中旬收获测产。其中红优 2 号生皮、麻叶、麻骨产量分别达到了 539.39kg/亩、394.72kg/亩、1 258.35kg/亩，中杂红 368 分别达到 531.22kg/亩、360.58kg/亩、957.76kg/亩，杂红 992 分别达到 530.05kg/亩、284.35kg/亩、986.20kg/亩。

**表 2-57　江苏大丰滨海盐碱地种植红麻测产结果**

| 品种 | 取样点 | 鲜叶重（kg/亩） | 干叶重（kg/亩） | 鲜骨重（kg/亩） | 干骨重（kg/亩） | 鲜茎重（kg/亩） | 鲜茎出麻率（%） | 鲜皮重（kg/亩） | 干皮（kg/亩） |
|---|---|---|---|---|---|---|---|---|---|
| 红优 2 号 | Ⅰ | 2 053.11 | 602.79 | 4 022.52 | 1 436.44 | 2 709.68 | 7.00 | 2 520.00 | 574.06 |
| | Ⅱ | 1 067.20 | 313.32 | 3 272.47 | 1 168.60 | 2 480.40 | 7.00 | 2 306.77 | 525.48 |
| | Ⅲ | 896.28 | 263.15 | 3 324.38 | 1 187.26 | 2 449.10 | 7.00 | 2 277.66 | 518.85 |
| | 均值 | 1 344.42 | 394.72 | 3 523.81 | 1 258.35 | 2 546.06 | 7.00 | 2 367.81 | 539.39 |
| 中杂红 368 | Ⅰ | 1 115.14 | 363.98 | 3 439.21 | 1 040.70 | 2 688.84 | 7.00 | 2 500.62 | 575.14 |
| | Ⅱ | 1 021.34 | 333.36 | 3 022.34 | 914.56 | 2 480.40 | 7.00 | 2 306.77 | 530.56 |
| | Ⅲ | 1 177.67 | 384.39 | 3 032.76 | 917.71 | 2 282.39 | 7.00 | 2 122.62 | 488.20 |
| | 均值 | 1 104.71 | 360.58 | 3 165.12 | 957.76 | 2 483.53 | 7.00 | 2 309.66 | 531.22 |
| 杂红 992 | Ⅰ | 1 063.03 | 314.23 | 3 491.32 | 1 007.25 | 2 313.65 | 7.00 | 2 151.69 | 517.70 |
| | Ⅱ | 1 511.17 | 446.70 | 3 731.03 | 1 076.40 | 2 626.31 | 7.00 | 2 442.47 | 587.66 |
| | Ⅲ | 312.65 | 92.42 | 3 032.76 | 874.95 | 2 167.75 | 7.00 | 2 016.01 | 485.05 |
| | 均值 | 961.93 | 284.35 | 3 418.37 | 986.20 | 2 368.89 | 7.00 | 2 203.04 | 530.05 |

### （四）华东滨海盐碱地黄麻高产栽培技术与示范

1. 技术要点

（1）因地制宜，选用良种。黄麻品种特性不同，对土地和气候的适应性也不一样，因此，因地制宜选用黄麻良种是获得黄麻高产的基础。所选用的高产品种必须满足 135~150d 工艺成熟期所需生长日数的要求，才能获得高产优质的纤维。以选用优良品种“中黄麻 4 号”和“福黄麻 3 号”为宜。

（2）深耕细作，施足基肥。黄麻是深根作物，深耕细整是保证一播全苗、实现高产的重要基础，有利创造疏松深厚的耕作层，保持土壤良好的透气性，促进根系生长。因盐碱地存在 $Na^{+}$的伤害，如施用大量化肥（化肥也是一种盐）会导致土壤盐浓度的进一步升高，不利于根系生长，因此，盐碱地栽培以多施有机肥为宜。一般于播前 15d 左右，深耕 50cm 左右，同时深施颗粒有机肥料（地产）160kg/亩，待播。暂不起垄、开沟。

（3）适时早播，合理密植。适时早播，延长生育期（营养生长）是实现高产目标的有效措施之一。但盐碱地因有盐分的影响，升温相对较慢，不宜过早播种，一般在 5 月上旬播种为宜。机械起垄、开沟，畦连沟宽 1.6m，播种 3 行。因播种较早，遇春旱，墒情不佳。为确保出好苗，不能采用精量播种，应按常规播种 0.75kg/亩。因滨海盐碱地一般为沙性壤土，易失水，种子与泥土结合不紧，故播后应踩踏播种沟镇压。播种镇压后面施复合肥 15kg/亩作种肥，再盖籽。为确保齐苗、防止返盐，播后用碎麦草覆盖。

为防止草害，减少苗期培管用工，播后芽前用 60%丁草胺乳油 150ml 加溴氰菊酯（敌杀死）80ml（有效成分 25g/L）对水 25kg 倒退喷雾畦面。齐苗后用 50%多菌灵可湿性粉剂 80g 加 90%恶霉灵原粉 5g 对水 25kg 喷雾防病。

齐苗后 1 个月左右及时中耕、除草、删苗，初定苗密度 3.0 万/亩。

（4）多次追肥，防止早衰。黄麻生物量大，需肥量也大，尤其是对钾肥的需求量大于一般的作物，但因滨海盐碱地为沙质壤土，保肥保水能力较差；且因盐碱地植株根系活力较弱，如果一次追肥过量极易伤害根系。因此，追肥以少量多次为宜。一般于 6 月中旬施复合肥 15kg/亩；7 月上旬施复合肥 15kg/亩；8 月上旬施复合肥 15kg/亩；9 月上旬施复合肥 15kg/亩+尿素 6kg/亩作为秆梢肥。

（5）拔除笨麻，通风透光。生长后期，田间荫蔽，不利于黄麻的生长和纤维细胞壁的增厚。因此，要及时拔除笨麻，以利于通风透光。一般于 7 月中旬左右清理小麻一次。如遇台风，应及时清理断麻和乱麻。

（6）适时收获，拔根计产。黄麻的收获期以半花半果时收获为佳。一般在 10 月上旬收获。因黄麻基部的纤维层较厚，一般应连根拔起；在难连根拔起的黏性土壤，也应尽力砍割麻茎基部，以提高纤维产量。收割后，机械剥皮，以减少用工；并及时将鲜皮置于事先围埂注水的深水田中发酵沤洗。

2. 技术效果

本示范在江苏大丰滨海盐碱地（紫荆花集团黄/红麻种植基地）进行。示范品种为“中黄麻 4 号”。5 月 9 日播种，但因播种期干旱严重，黄麻出苗受阻，于 5 月 30 日重播。10 月中旬测产。中黄麻 4 号在高产栽培条件下，田间表现生长势旺、群体整齐、植株清秀、秆硬耐倒等特性。测产数据表明，其生麻、麻叶、麻骨产量分别达到了 438.71kg/亩、169.76kg/亩和 805.40kg/亩。

### （五）红/黄麻轻简化栽培及产量构成规律研究

1. 技术要点

（1）因地制宜，选用良种。红麻虽然适应性广，但选用品种仍然要因地制宜。东北和西北麻区因生育期短，应选育中熟品种，黄淮海和长江流域麻区应选用迟熟品种，华南麻区应选用特迟熟品种；因滨海盐碱地一般为沙性壤土，且风大，高秆作物极易倒伏，因此，应选用茎秆粗壮、抗风性强的品种，以实现高产优质的目的。以选用超高产三系杂交种“红优 2 号”、中杂红 368 或杂红 992；常规品种以选用闽红 964、福红 952 为宜。

（2）重施基肥，不施追肥。南方麻区采用冬季早翻耕，或前作收获后及时翻耕。翻耕深度 20~

25cm。播种前整地起垄做畦，畦带沟宽 1.5m 左右。为减轻工作量，可将全年所需施肥总量作为底肥一次性施用。以有机肥或缓释型复合肥为主。本试验施用复合肥（缓释型）30kg/亩+尿素 10kg/亩。

（3）种子穴播，不需间苗。选用良种的种子发芽率应在 85%以上，播种量每公顷 6~8kg，穴播，每穴 3~5 粒种子。播种时间为 4 月中下旬至 5 月上旬。不间苗，不定苗，不培土。

（4）化学除草，防治病虫。播种后 2d 内，每亩用 60%丁草胺乳油 150ml 加 10%草甘膦水剂 750ml 对水 30kg 喷雾于畦面封杀杂草或在播种前覆盖地膜防草。干旱季节应及时灌水，台风、暴雨等灾害天气，应及时排水、扶麻。根据病虫害发生情况，酌情进行喷药防治。线虫严重地块，可以施用 20kg/亩棉隆进行封底，效果较好。

（5）机械剥皮，减少用工。红麻工艺成熟期（9 月下旬至 10 月上旬）应及时收获，用黄/红麻剥皮机进行皮、骨、叶分离，分开收集，高效利用。

2. 技术效果

在福建漳州示范闽红 964、福红 952 和红优 2 号，轻简化栽培处理以 1 次性施肥（施用基肥复合肥 30kg/亩+尿素 10kg/亩）、盖白色地膜、穴播和不间苗；对照以施用基肥复合肥 30kg/亩、条播、追肥尿素 10kg/亩、不盖地膜、其他田间管理按照正常栽培技术进行。前作为青花菜。5 月 10 日播种，9 月 26 日收获。

经考种测产和成本分析（表 2-58），结果表明：轻简化处理红麻原麻产量为 494.2~517.8kg/亩，正常管理（对照）条件下，红麻原麻产量为 482.5~456.7kkg/亩，处理组比对照组增产 7.32%~9.57%。利用地膜覆盖法的红麻轻简化栽培技术可以增加原麻产量，同时可以有效降低田间管理劳动强度，可以节约成本 500 元/亩。

**表 2-58　红麻轻简化栽培试验**

| 处理 | 品种 | 株高（cm） | 茎粗（cm） | 皮厚（mm） | 单株鲜皮重（g） | 单株干皮重（g） | 产量（kg/亩） | 比 CK±（%） |
|---|---|---|---|---|---|---|---|---|
| 简化 | 红优 2 号 | 441 | 2.228 | 1.358 | 260 | 71 | 517.8 | 7.32 |
| | 福红 952 | 423 | 2.156 | 1.299 | 255 | 65 | 511.6 | 9.57 |
| | 闽红 964 | 399 | 1.812 | 1.198 | 230 | 65 | 494.2 | 8.23 |
| 对照 | 红优 2 号 | 434 | 2.287 | 1.312 | 246 | 70 | 482.5 | / |
| | 福红 952 | 421 | 2.196 | 1.341 | 230 | 70 | 466.9 | / |
| | 闽红 964 | 398 | 1.916 | 1.234 | 215 | 60 | 456.7 | / |

### （六）耐重金属污染红麻品种筛选与示范

轻度污染麻园（湖南省沅江市大南湖镇南湖村）的平均产量为 276.2±25.5kg/亩，比农区常规植麻（湖南省安乡县陈家嘴镇陈家村）的平均产量（260.2±20.8kg/亩）高出 6.1%，差异显著（$P<0.05$）；中度污染麻园（湖南省安化县烟溪镇烟溪村、湖南省双峰县梓门桥镇桥头村、湖南省株洲市天心区马家河镇中路村）的平均产量为 247.6±23.4kg/亩，比农区常规植麻的低 4.8%，未达 5%的显著差异水平；重度污染麻园（湖南省嘉禾县肖家河镇沙坪村、湖南省浏阳市湘和化工厂区原绿化地）的平均产量为 220.9±21.2kg/亩，比农区常规植麻的低 15.1%，差异显著（$P<0.05$）。但无论是重度污染麻园，还是中度、轻度污染麻园，其产量均达到了我国南方红麻产区 200~250kg/亩的高产水平，且产品（原麻）中的重金属含量，均控制在欧美关于纺织原料中镉（Cd）限量（20mg/kg）的标准范围内，实现了重金属污染土壤的农业安全与高效利用的目标，技术简便、方法易行，在广大重金属污染地区具有极其广阔的应用前景（表 2-59）。

**表 2-59　红麻中试试验与示范基地重金属污染与红麻生产概况[1)]**

| 基地所在地 | 主要污染物及含量（mg/kg） | 污染程度 | 污染源 | 面积（亩） | 产量（kg/亩） | 原麻含 Cd 量（mg/kg） |
|---|---|---|---|---|---|---|
| 嘉禾县肖家河镇沙坪村 | Cd（10.1±4.15）<br>Pb（874.2±302.8）<br>Zn（1 696.3±983.2）<br>As（304.1±132.8） | 重度 | 2006 年“7·5”洪灾导致上游矿区尾砂坝溃坝 | 1.86 | 214.7±22.64a | 18.15±4.21a |
| 浏阳市湘和化工厂区原绿化地 | Cd（6.54±2.12）<br>Pb（1 071.2±403.5）<br>Zn（1 336.8±443.2）<br>Cr（412.6±105.8） | 重度 | 工厂“三废” | 1.23 | 230.2±22.82b | 16.95±3.44a |
| 安化县烟溪镇烟溪村 | Cd（3.42±1.14）<br>Pb（1 565.0±722.6）<br>Zn（1 022.6±305.4） | 中度偏重 | 715 铀矿采选“三废”及尾砂坝渗水 | 1.88 | 239.4±22.26bc | 11.76±2.78b |
| 双峰县梓门桥镇桥头村 | Cd（2.16±0.71）<br>Pb（1 335.3±626.6）<br>Zn（696.2±103.5）<br>Cu（62.1±21.4）<br>As（58.6±23.5） | 中度 | 梓门桥铅锌矿采选“三废” | 1.26 | 243.5±21.85c | 10.24±2.20bc |
| 天心区马家河镇中路村 | Cd（2.08±0.28）<br>Cr（242.9±156.8） | 中度 | 冶炼“三废”及镀铬废水 | 1.14 | 265.6±24.60de | 8.95±1.48c |
| 沅江市大南湖镇南湖村 | Cd（0.54±0.13） | 轻度 | 长期施用高镉磷肥 | 2.85 | 276.2±25.53e | 7.84±1.12c |
| 安乡县陈家嘴镇陈家村 | Cd（0.19±0.08） | 清洁 | 无 | 2.65 | 260.2±20.8d | 1.56±0.48d |

注：[1)] $P<0.05$，表中字母相同者表示两者间的差异不显著（$P>0.05$）；示范选用的品种是中杂红 305

对所收集到的耐受红麻品种（杂交红麻 H1501、H1502、H1503、H1505 和中杂红 368），在北山镇重金属污染地上进行田间示范试验（2015 年 4 月 29 日播种，11 月 3 日收获）。结果如表 2-60 所示。五个示范品种干麻产量在 497.0~606.0kg/亩，平均值达 553.6kg/亩。

**表 2-60　北山重金属污染耕地修复基地红麻替代种植示范园的效果**

| 品种 | 鲜重（t/亩） | 鲜皮重（t/亩） | 鲜骨重（t/亩） | 鲜叶重（kg/亩） | 干茎重（t/亩） | 干皮重（kg/亩） | 干骨重（kg/亩） |
|---|---|---|---|---|---|---|---|
| H1501 | 5.01 | 1.96 | 2.8 | 266 | 1.57 | 606 | 968 |
| H1502 | 3.73 | 1.65 | 1.97 | 207 | 1.27 | 529 | 739 |
| H1503 | 3.77 | 1.6 | 2.07 | 100 | 1.26 | 497 | 759 |
| H1505 | 4 | 1.71 | 2.11 | 170 | 1.38 | 573 | 808 |
| 中杂红 368 | 3.99 | 1.76 | 2.04 | 193 | 1.35 | 567 | 777 |

## 四　工业大麻

多次田间试验结果显示，大麻生产适宜施氮量为 50kg N/hm$^2$，并可一次性基施；而施钾量为 80kg $K_2O$/hm$^2$，应 1/2 基施 1/2 旺长期追施。氮磷钾比例对大麻生长和产量影响显著，高氮处理（4∶1∶2）的大麻经济性状和产量较优，并且明显优于高钾处理的；增施肥料使经济性状和产量明显提升，以 N+$P_2O_5$+$K_2O$（3∶1∶2）总量 1 100kg/hm$^2$对大麻生长和增产作用最大。大麻每公顷干叶> 3 000kg 的优化栽培为 25 万~40 万有效株，施 N 225~300kg，$P_2O_5$ 90~120kg，$K_2O$ 225~300kg。免耕栽培、高产栽培和轻简化栽培技术优化、盐碱地改良剂筛选试验都获得有益结果。还开展了大麻耐低钾、耐重金属、耐盐、耐旱等的前瞻性研究，揭示了大麻品种在不同非生物逆境下的生长、物质吸收和积累、抗性差异及其初步机制。

大麻高产高效栽培技术示范 6hm$^2$，麻皮 3 264~ 3 376.5kg/hm$^2$、茎叶之和 19 540~ 23 476kg/

$hm^2$，达到增产15%以上或茎叶之和大于19 500kg/$hm^2$的要求；轻简化栽培技术示范4.3$hm^2$，麻皮2 530.5~2 676kg/$hm^2$，略高于常规栽培，节约成本2 250~2 700元/$hm^2$；重金属污染土地栽培示范0.33$hm^2$，原茎12 210kg/$hm^2$、干皮2 559kg/$hm^2$，达到当地大面积生产水平；盐碱地高产栽培示范2.33$hm^2$，原茎8 257.5~8 823kg/$hm^2$、比对照增6.7%~13.4%，全麻率21.4%~22.6%。

### （一）工业大麻高产高效栽培技术研究

1. 氮肥分施和施氮量对工业大麻产量和农艺性状的影响

试验地位于云南省昆明市沙朗镇桃园村。供试品种“云麻1号”，试验采用2因素多水平裂区设计，主区为氮肥分施比例，设2个水平，分别为：①2/3为基肥1/3为追肥（$A_1$），②1/2为基肥1/2为追肥（$A_2$）；副区为氮肥用量，设4个水平：①0kgN/$hm^2$（$N_0$），②50kgN/$hm^2$（$N_1$），③100kgN/$hm^2$（$N_2$），④150kgN/$hm^2$（$N_3$）。追肥在旺长期施用1次。主区面积40$m^2$，副区面积10$m^2$，重复3次。磷、钾肥用量各处理相同，分别为60kg$P_2O_5$/$hm^2$和80kg$K_2O$/$hm^2$，作基肥一次性施入播种沟内。在第3对真叶时进行间定苗。

不同施氮量对大麻地上部鲜重、鲜茎重、干皮重有显著影响，但氮肥分施对产量没有显著影响；氮肥分施和不同施氮量对产量指标也没有交互作用（表2-61）。4个施氮水平地上部鲜重、鲜茎重和干皮重间差异显著，$N_2$（100kgN/$hm^2$）和$N_3$（150kgN/$hm^2$）处理地上部鲜重、鲜茎重表现最好，$N_1$（50kgN/$hm^2$）、$N_2$（100kgN/$hm^2$）和$N_3$（150kgN/$hm^2$）处理干皮重没有显著差异，但显著高于不施氮处理。

结果表明，不同施氮量对大麻株高、茎粗没有显著影响，对大麻有效株数的影响达到显著水平；氮肥分施对农艺性状没有显著影响，氮肥分施和不同施氮量间在农艺指标上也没有交互作用。$N_1$、$N_2$和$N_3$处理间大麻有效株数没有差异，但显著高于$N_0$处理。

**表2-61 氮肥分施和施氮量对工业大麻产量和农艺性状的影响（2014）**

| 氮肥分施 | 施氮量（kg/$hm^2$） | 地上部鲜重（t/$hm^2$） | 鲜茎重（t/$hm^2$） | 干皮重（kg/$hm^2$） | 株高（cm） | 有效株（万株/$hm^2$） | 茎粗（cm） |
|---|---|---|---|---|---|---|---|
| A1 2/3基肥 1/3追肥 | 0 | 41.7 | 28.4 | 1.57 | 370 | 8.8 | 1.65 |
| | 50 | 44.2 | 30.3 | 2.48 | 370 | 12.5 | 1.69 |
| | 100 | 46.7 | 31.6 | 2.28 | 360 | 13.1 | 1.85 |
| | 150 | 49.2 | 35.4 | 2.11 | 380 | 11.4 | 1.83 |
| A2 1/2基肥 1/2追肥 | 0 | 40.4 | 27.8 | 1.89 | 370 | 10.9 | 1.72 |
| | 50 | 40.4 | 27.1 | 1.94 | 375 | 10.4 | 1.75 |
| | 100 | 44.2 | 37.2 | 1.92 | 370 | 13.3 | 1.81 |
| | 150 | 43.6 | 34.7 | 1.95 | 370 | 12.9 | 1.76 |
| 氮肥分施 | | n. s. | n. s. | n. s. | n. s. | n. s. | n. s. |
| 施氮量 | | * | * | * | n. s. | * | n. s. |
| 交互效应 | | n. s. | n. s. | n. s. | n. s. | n. s. | n. s. |

注：*表示在0.05水平下达到显著差异；n. s.表示差异不显著

在试验地肥力条件下，氮肥分施对产量没有影响，分施处理间差异不显著，从麻皮产量与成本节约的角度综合考虑，大麻生产适宜施氮量为50kgN/$hm^2$，氮肥可以一次性基施。

2. 施钾对工业大麻产量和农艺性状的影响

（1）钾肥分施和施钾量对大麻产量和农艺性状的影响。试验在云南省昆明市沙朗镇桃园村进行。供试品种为“云麻1号”，采用裂区设计，重复3次。主区为分施比例，设2个水平：①一次性基施（$A_1$），②1/2为基肥1/2为追肥（$A_2$）；副区为钾肥用量，设3个水平：①0kg$K_2O$/$hm^2$（$K_0$），②80kg$K_2O$/$hm^2$（$K_1$），③160kg$K_2O$/$hm^2$（$K_2$）。追肥在旺长期进行1次。氮、磷肥用量各处理相同，分别为100kgN/$hm^2$和60kg$P_2O_5$/$hm^2$，磷肥作基肥一次性施入。氮肥1/2为基肥1/2为追肥，追肥时间同钾肥。

钾肥分施及不同施钾量对大麻产量的影响见表 2-62。可以看出，不同施钾量和钾肥分施对大麻地上部干重影响不显著。不同施钾量对鲜茎重、鲜皮重和干皮重有显著影响，钾肥分施和不同施钾量对鲜皮重和干皮重有交互作用。

不同施钾量对大麻有效株数有极显著影响，但钾肥分施对有效株数没有显著影响，钾肥分施和不同施钾量对有效株数有交互作用。施钾量和钾肥分施对大麻株高的影响达到显著水平。钾肥分施对茎粗有显著影响，但钾肥分施和不同施钾量对茎粗没有交互作用。

综合分析认为，施钾量和钾肥分施对产量有交互作用，故生产中需要同时考虑钾肥的施用量和钾肥施用方式。施钾量为 80kg$K_2O$/$hm^2$的处理显著提高鲜茎重、鲜皮重、干皮重和有效株数，1/2 为基肥 1/2 为追肥（$A_2$）比一次性基施（$A_1$）显著提高大麻茎粗。所以，昆明地区大麻生产最佳施钾量为 80kg$K_2O$ /$hm^2$，施用方式为 1/2 基施 1/2 旺长期追施。

**表 2-62　钾肥分施和施钾量对大麻产量和农艺性状的影响（2015）**

| 钾肥分施 | 施钾量（kg/$hm^2$） | 地上部干重（t/$hm^2$） | 鲜茎产量（t/$hm^2$） | 鲜皮产量（t/$hm^2$） | 干皮产量（t/$hm^2$） | 有效株（万株/$hm^2$） | 株高（cm） | 茎粗（mm） |
|---|---|---|---|---|---|---|---|---|
| A1 一次性基肥 | $K_0$（0） | 8.48 | 21.5 | 5.19 | 1.28 | 10.4 | 308 | 13.7 |
| | $K_1$（80） | 8.72 | 29.1 | 7.54 | 1.84 | 11.4 | 300 | 14.7 |
| | $K_2$（160） | 8.74 | 30.4 | 6.00 | 1.66 | 8.52 | 311 | 14.9 |
| A2 1/2 基肥 1/2 追肥 | $K_0$（0） | 8.58 | 22.9 | 5.17 | 1.36 | 8.63 | 316 | 15.5 |
| | $K_1$（80） | 9.57 | 33.0 | 7.99 | 2.16 | 11.0 | 306 | 16.0 |
| | $K_2$（160） | 8.93 | 34.7 | 8.00 | 2.45 | 9.85 | 307 | 14.3 |
| 钾肥分施 | | n. s. | n. s. | n. s. | n. s. | n. s. | n. s. | * |
| 施钾量 | | n. s. | * | * | * | ** | n. s. | n. s. |
| 交互效应 | | n. s. | * | * | * | * | n. s. | n. s. |

注：* 和 ** 分别表示在 0.05 和 0.01 水平下达到显著差异，n. s. 表示差异不显著

（2）不同浓度钾对工业大麻生长的影响。在菜园土中培育“云麻 1 号”种苗，待长到 15cm 左右移至水培架进行营养液栽培，每组均为 24 株长势一致的幼苗。将营养液的 $K^+$浓度设定为 5 个梯度，即 0.5、1.0、1.5、2.0、2.5mmol/L，其他营养液成分不变。营养液循环 20min/次，两次循环之间静止 20min。营养液用量为 20L，每周更换 1 次。大麻水培 7 周后采样，对每个处理的 24 株大麻的生长指标及根系、干物质的积累和分配、大麻叶片生理指标（叶绿素含量、SOD 活性）进行测定。

植株鲜重反映其生物产量，不同 $K^+$浓度（mmol/L）下大麻总鲜重大小顺序为 2>1.5>2.5>1>0.5，表明在 2mmol/L 的 $K^+$浓度下大麻生物产量最高。株高、根体积、叶片数均能反映植株的生长状况。不同处理下的株高顺序为 2>2.5>1.5>1>0.5，根体积 2>1.5>1>2.5>0.5，叶片数 2=2.5>1>1.5>0.5。总之，在 2mmol/L 的 K 浓度下植株的平均株高、所有植株的总根体积和总叶片数为最高。

根冠比体现植株根系机能活力，植株的茎粗直接反映其营养状况或长势的优劣。不同处理下的根冠比 0.5>1>1.5>2>2.5，茎粗 2>1.5>2.5>1>0.5。根冠比反映出植株生长的两个特点：一是在 $K^+$浓度低的条件下，植株为了充分吸收养分供应植株生长，根系的生长发育增强；二是在一定的 $K^+$浓度范围内，$K^+$浓度越高植物地上部的生物产量越高。在 2mmol/L 的 $K^+$浓度下植株的茎粗值最大，这可能为植株生长的最高 $K^+$临界值。

比叶重在一定程度上反映叶片的光合效率。5 组处理中 0.5mmol/L 的 $K^+$浓度下植株缺钾最严重，其比叶重最高，可能因为在钾胁迫下植株叶片脱落较多，植物被迫进行补偿生长所致。2mmol/L 的 $K^+$浓度下植株无钾素缺乏症状，叶片生长完全，其比叶重较高。

由表 2-63 可见，不同处理的植株地上部所有植株总干重为 2>1.5>2.5>1>0.5，在 2mmol/L 时

植株生物产量最高。植株的干物质分配为茎>叶>根。

**表 2-63 不同钾处理的植株总干重及在根、茎、叶的分配**

| K 浓度（mmol/L） | 根茎叶总干重（g） | 总根干重（g） | 总茎干重（g） | 总叶干重（g） |
|---|---|---|---|---|
| 0.5 | 24.14 | 3.40 | 11.47 | 9.27 |
| 1.0 | 37.16 | 4.70 | 19.66 | 12.80 |
| 1.5 | 59.31 | 6.18 | 30.10 | 23.03 |
| 2.0 | 70.24 | 6.24 | 33.15 | 30.85 |
| 2.5 | 48.09 | 4.53 | 23.93 | 19.63 |

不同 K 浓度处理 7 周后，各处理植株之间的生长状况差异显著。0.5mmol/L 钾处理下的植株矮小，茎秆纤细；从植株顶部向下第 3 对叶及其以下叶片多数已焦黄、枯死；根系发达，根数多。1mmol/L 钾处理下的植株整体较 0.5mmol/L 钾处理下的植株稍高，茎秆稍粗；从植株顶部向下第 4 对叶及其以下叶片多数已焦黄、枯死，其健康叶也较 0.5mmol/L 钾处理的稍大；根系发达，根数多，与 0.5mmol/L 处理无明显差异。1.5mmol/L 钾处理下的植株整体比 1mmol/L 钾处理下的植株稍高，茎秆较粗；除最下部 1 对叶片枯黄外，其他叶均长势良好，且叶片较大；根系发达，较前两组处理根数多。2mmol/L 钾处理下的植株整体株高、茎粗为最高水平；叶片全为健康叶，无枯黄，叶片大；根系发达，较其他处理根数多，根长大。2.5mmol/L 钾处理的植株株高仅次于 2mmol/L 钾处理的植株，茎粗次于 2mmol/L 及 1.5mmol/L 的处理；少数叶片出现畸形，无枯黄，叶片大；根系发达，根数多。

不同处理下 SOD 活性为 0.5>1>1.5>2>2.5，可能提示给植物供钾量越低，植物受到的缺钾胁迫伤害越大，为应对胁迫而增强了 SOD 活性。叶绿素含量为 2.5>2>1.5>1>0.5，表明在一定范围内钾浓度越高，叶绿素含量越高。

综上分析，在钾浓度为 2mmol/L 时，大麻生物产量达最高，根茎叶的生长发育程度及叶片的生理活性达最佳水平。在 2.5mmol/L 时大麻产量低于 2mmol/L 的处理，说明钾过高反而对植株生长有一定副作用。因此，水培法培育大麻的最佳钾浓度为 2mmol/L。

（3）低钾胁迫对不同工业大麻品种的影响。本试验在透光遮雨棚下进行。供试材料为工业大麻品种云麻 5 号、皖麻 1 号、巴马火麻、云麻 1 号、云晚 6 号、晋麻 1 号。在菜园土中播种育苗，麻苗长到 10~15cm，挑选生长一致的麻苗，将根部泥土洗净后移栽至水培装置。改变营养液中的 $K^+$浓度（$KNO_3$），设低 $K^+$（0.4mmol/L，K-）和高 $K^+$（2.0mmol/L，对照，K+）两个处理，低钾处理由 $NH_4NO_3$弥补 $NO_3^-$的不足，其他营养成分不变。营养液循环 20min/次，两次循环之间间隔 20min。处理 6 周后采样，进行各指标测定（叶面积、叶绿素、可溶性蛋白、可溶性糖、硝酸还原酶、相对电导率、酸性磷酸酶、钾含量等）。使用软件 SPSS 18.0 对数据进行方差分析，采用 Duncan 法比较品种间的差异。

低钾处理下不同大麻品种株高、茎粗、叶面积均小于高钾处理，根冠比反之。低钾处理的云麻 1 号株高受影响最小，仅降低 12.8%。茎粗、叶面积一定程度上反映大麻生物量的大小，根冠比反映了植株根系吸收养分，并向地上器官转运和分配的能力。低钾下巴马火麻的茎粗、叶面积、根冠比均表现为最大，晋麻 1 号最小，说明巴马火麻地上部生长发育的能力始终较强，晋麻 1 号始终较弱（表 2-64）。

**表 2-64 低钾胁迫对不同品种大麻生长的影响**

| 品种 | 株高（cm） | | 茎粗（cm） | | 叶面积（$cm^2$） | | 根冠比 | |
|---|---|---|---|---|---|---|---|---|
| | K- | K+ | K- | K+ | K- | K+ | K- | K+ |
| 皖麻 1 号 | 74.33cd | 100.67cd | 0.27a | 0.46bc | 351.84b | 422.66a | 0.19bcd | 0.15b |
| 云麻 5 号 | 60.80b | 81.33b | 0.35b | 0.43ab | 306.39b | 381.48a | 0.24d | 0.18b |

（续表）

| 品种 | 株高（cm） | | 茎粗（cm） | | 叶面积（cm²） | | 根冠比 | |
|---|---|---|---|---|---|---|---|---|
| | K- | K+ | K- | K+ | K- | K+ | K- | K+ |
| 巴马火麻 | 44.13a | 59.53a | 0.36b | 0.53c | 487.80d | 683.64b | 0.23cd | 0.19b |
| 云麻1号 | 80.27e | 92.07c | 0.36b | 0.43ab | 416.02c | 596.25b | 0.17abc | 0.10a |
| 云晚6号 | 71.00c | 105.67d | 0.31ab | 0.48bc | 336.23b | 621.66b | 0.15ab | 0.10a |
| 晋麻1号 | 77.33cd | 97.20cd | 0.27a | 0.38a | 175.69a | 268.06a | 0.12a | 0.07a |

注：表中同列不同小写字母表示0.05水平下差异显著；表中数据均为3次重复平均值，下同

由表2-65可知，钾素促进大麻干物质积累。低钾处理后不同大麻品种的根干物重略有降低，但幅度较小；而茎干物重降低26.7%~48.4%，叶干物重降低16.7%~39.1%，可知不同施钾量对地上部干物质积累的影响更为显著。两种处理下，晋麻1号的根茎叶干物重均最小。不同大麻品种的干物重在各器官的积累与分配有差异，巴马火麻各器官干物重分表现为：叶>茎>根，其他品种均为：茎>叶>根。不同大麻品种均表现为施钾量增高则钾利用效率降低，且在两种钾处理下相差38.45%~74.35%，其中晋麻1号钾利用效率变化幅度最小，两种钾条件下皖麻1号的钾利用效率均最高。结果表明，皖麻1号对钾的利用能力较强，而施钾对晋麻1号的干物质量和钾利用效率的影响较小。

**表2-65　低钾胁迫对不同大麻品种干物质积累、分配及钾利用效率的影响**

| 品种 | 整株干重（g/株） | | 根干重（g/株） | | 茎干重（g/株） | | 叶干重（g/株） | | 钾利用效率（g/g） | |
|---|---|---|---|---|---|---|---|---|---|---|
| | K- | K+ | K- | K+ | K- | K+ | K- | K+ | K- | K+ |
| 皖麻1号 | 1.85c | 2.61c | 0.31bc | 0.35cd | 0.81c | 1.36c | 0.75c | 0.90bc | 70.56f | 23.75e |
| 云麻5号 | 1.52b | 1.94b | 0.30bc | 0.30c | 0.63b | 0.86ab | 0.59b | 0.79ab | 64.06e | 16.43a |
| 巴马火麻 | 1.74bc | 2.64c | 0.32c | 0.42d | 0.49a | 0.95ab | 0.93d | 1.28d | 53.32c | 17.48bc |
| 云麻1号 | 1.63bc | 2.29bc | 0.24bc | 0.21b | 0.72bc | 1.08bc | 0.66b | 1.00bcd | 43.95b | 16.80ab |
| 云晚6号 | 1.61b | 2.74c | 0.22b | 0.26bc | 0.73bc | 1.38c | 0.67b | 1.10cd | 59.33d | 18.08c |
| 晋麻1号 | 0.95a | 1.34a | 0.11a | 0.09a | 0.48a | 0.71a | 0.37a | 0.54a | 36.98a | 22.76d |

植物体内钾含量能够体现其钾吸收能力，如表2-65所示，不同大麻品种各部位钾含量存在差异，并随生长环境中钾水平的增高而增高。不同品种在高钾下的钾含量是低钾处理的1.84~4倍。不同大麻品种各器官的钾含量分配不同，巴马火麻在高钾条件下各器官钾含量为：叶>茎>根，缺钾条件下为：茎>叶>根；其他品种在两种钾浓度下各器官钾含量均表现为：茎>叶>根。缺钾时，云晚6号地上部钾含量的比例降低，其他品种均表现为地上部钾含量比例增高；地上部钾含量比例增高的5个品种中，皖麻1号和云麻5号的茎、叶中钾含量均增高，另三个品种仅茎中钾含量增高。

钾积累量是钾含量与干物质重的乘积。不同大麻品种的钾积累量均随供钾量的增加而增加（表2-66）。缺钾时云麻1号的钾积累量较高，表明钾素缺乏时该品种吸收钾离子的能力仍较强，并能够产生较高的生物量。不同钾处理下巴马火麻各器官钾积累量表现为：叶>茎>根，其他品种各器官钾积累量均表现为茎>叶>根。供钾量影响根、茎、叶钾积累量的分配，与高钾条件相比，低钾处理下云麻1号和云晚6号的根与茎的钾积累量增加；晋麻1号根部钾积累不变、茎钾积累增加、叶钾积累减少；皖麻1号和云麻5号及巴马火麻均表现为根部钾积累减少、茎和叶的钾积累量增加。

**表2-66　低钾胁迫对不同品种大麻钾含量和积累量的影响**

| 品种 | 钾含量（%） | | | | | | 钾积累量（mg/株） | | | | | |
|---|---|---|---|---|---|---|---|---|---|---|---|---|
| | 根 | | 茎 | | 叶 | | 根 | | 茎 | | 叶 | |
| | K- | K+ | K- | K+ | K- | K+ | K- | K+ | K- | K+ | K- | K+ |
| 皖麻1号 | 0.98b | 3.91ab | 1.52a | 4.28a | 1.48a | 4.21b | 2.95b | 13.57c | 12.27a | 58.39bc | 11.05c | 37.76b |
| 云麻5号 | 0.58a | 3.75a | 1.87b | 6.96d | 1.73b | 6.02d | 1.75a | 11.19bc | 11.86a | 59.59bc | 10.18bc | 47.63bc |

（续表）

| 品种 | 钾含量（%） | | | | | | 钾积累量（mg/株） | | | | | |
|---|---|---|---|---|---|---|---|---|---|---|---|---|
| | 根 | | 茎 | | 叶 | | 根 | | 茎 | | 叶 | |
| | K- | K+ | K- | K+ | K- | K+ | K- | K+ | K- | K+ | K- | K+ |
| 巴马火麻 | 0.92b | 4.35c | 2.45c | 5.39b | 1.91c | 6.41c | 2.93b | 18.05d | 11.91a | 51.42ab | 17.74d | 81.79d |
| 云麻1号 | 1.17c | 4.19bc | 3.17d | 7.17d | 1.70b | 5.01c | 2.82b | 8.77b | 22.97c | 77.57cd | 11.17c | 49.81bc |
| 云麻6号 | 1.34d | 3.77a | 2.00b | 6.29c | 1.46a | 5.00c | 2.89b | 9.83b | 14.62a | 86.46d | 9.62b | 55.29c |
| 晋麻1号 | 1.33d | 3.99ab | 3.77e | 5.41b | 1.71b | 3.16a | 1.41a | 3.67a | 17.87b | 38.61a | 6.31a | 17.17a |

施钾量降低，大麻的相对电导率、SOD活性、可溶性糖含量、酸性磷酸酶活性增加（表2-67），硝酸还原酶活性、叶绿素及可溶性蛋白含量降低。低钾条件下，皖麻1号、云麻1号和云晚6号叶绿素含量较高，与其他品种差异显著；两种钾处理下不同大麻品种的叶绿素含量增长幅度为8.2%~34.7%，其中云麻1号增长幅度最小，云麻5号增长幅度最大。低钾时巴马火麻的相对电导率最小，晋麻1号的相对电导率最大，与其他品种差异显著。不同品种在两种钾处理下SOD活性变化率为3.5%~9.6%。不同品种在两种钾处理下可溶性糖含量变化率为36.4%~76.6%，其中云晚6号在低钾时可溶性糖含量最高，与其他品种差异显著。不同钾处理下各大麻品种可溶性蛋白含量变化率为6.4%~37.5%，低钾条件下皖麻1号可溶性蛋白含量最高。不同品种在两种钾处理下硝酸还原酶活性变化幅度为32.5%~57.6%，酸性磷酸酶活性的变化幅度为14.7%~61.5%，低钾时晋麻1号的硝酸还原酶活性最低、酸性磷酸酶活性最高，与其他处理差异显著，而云麻1号的酸性磷酸酶活性变化幅度最大，皖麻1号的变化幅度最小。由此可知，不同大麻品种对低钾的生理响应差异较大。

**表2-67 低钾胁迫对不同大麻品种叶片生理活性的影响**

| 品种 | 叶绿素含量（mg/g） | | SOD活性（U/g） | | 可溶性糖含量（%） | | 可溶性蛋白含量（mg/g） | | 相对电导率（%） | | 硝酸还原酶活性[μg/(g·h·FW)] | | 酸性磷酸酶活性（U/g） | |
|---|---|---|---|---|---|---|---|---|---|---|---|---|---|---|
| | K- | K+ | K- | K+ | K- | K+ | K- | K+ | K- | K+ | K- | K+ | K- | K+ |
| 皖麻1号 | 2.43c | 2.91c | 349.06c | 336.75c | 5.29a | 1.70a | 42.72c | 45.65b | 77.03bc | 58.35b | 20.35b | 30.15a | 295.92c | 252.46b |
| 云麻5号 | 1.58a | 2.42a | 340.67bc | 308.2b | 4.87a | 2.04a | 24.63a | 32.83a | 72.65b | 48.49a | 21.75b | 34.5ab | 155.21a | 112.41a |
| 巴马火麻 | 2.07b | 2.54ab | 321.63a | 290.85a | 9.81b | 6.24c | 37.05b | 41.92b | 64.63a | 46.92a | 22.73b | 34.08ab | 255.49b | 135.41a |
| 云麻1号 | 2.57c | 2.80b | 333.71b | 316.76b | 4.98a | 2.12a | 40.69bc | 55.34c | 81.98c | 66.91c | 23.85b | 36.46ab | 326.12d | 125.47a |
| 云麻6号 | 2.64c | 2.91c | 336.65b | 319.71b | 13.48c | 3.16b | 39.74bc | 63.58d | 83.3c | 66.1c | 20.91b | 33.8ab | 256.87b | 115.74a |
| 晋麻1号 | 1.77a | 2.56ab | 333.70b | 312.34b | 7.51ab | 1.98a | 31.18b | 51.58c | 94.48d | 71.97d | 15.87a | 37.44b | 475.03e | 242.65b |

通过株高、茎粗、叶面积、根冠比、单株干重、钾利用效率6个指标进行隶属函数处理，结果如表2-68所示。耐低钾胁迫综合评价结果显示，6个大麻品种耐低钾胁迫由强到弱的顺序为：巴马火麻>云麻5号>云麻1号>皖麻1号>云晚6号>晋麻1号。

**表2-68 低钾处理下不同大麻品种耐低钾胁迫能力综合评价**

| 品种 | 综合评价指标 | | | | | | | 排名 |
|---|---|---|---|---|---|---|---|---|
| | $R_1$ | $R_2$ | $R_3$ | $R_4$ | $R_5$ | $R_6$ | 评分 | |
| 皖麻1号 | 0.84 | 0.00 | 0.56 | 0.58 | 1.00 | 1.00 | 0.66 | 4 |
| 云麻5号 | 0.46 | 0.89 | 0.42 | 1.00 | 0.63 | 0.81 | 0.70 | 2 |
| 巴马火麻 | 0.00 | 1.00 | 1.00 | 0.92 | 0.88 | 0.47 | 0.71 | 1 |
| 云麻1号 | 1.00 | 1.00 | 0.77 | 0.42 | 0.76 | 0.21 | 0.69 | 3 |
| 云麻6号 | 0.74 | 0.44 | 0.51 | 0.25 | 0.73 | 0.67 | 0.56 | 5 |
| 晋麻1号 | 0.92 | 0.00 | 0.00 | 0.00 | 0.00 | 0.00 | 0.15 | 6 |

注：表中$R_1$、$R_2$、$R_3$、$R_4$、$R_5$、$R_6$分别代表株高、茎粗、叶面积、根冠比、单株干重、钾利用效率的隶属函数值，平分代表上述6个指标的隶属函数平均值

不同大麻品种在低钾胁迫下的表现各有特点。其中，皖麻 1 号、巴马火麻产量均较高，皖麻 1 号对钾离子的利用能力较强，巴马火麻向地上部转运和分配物质的能力较强；云麻 1 号吸收钾离子的能力较强，但利用率不高；云麻 5 号虽对钾离子吸收的能力较弱，但向上运输能力较强；云晚 6 号仅能在高钾时对钾的利用能力较强、产量较高；而施钾对晋麻 1 号产量提高的作用较小。

3. 肥料配施对工业大麻产量及农艺性状的影响

（1）肥料氮磷钾配比对农艺性状与产量的影响。以云麻 5 号为供试品种，在施肥量（氮磷钾养分之和 700kg/hm²）一定的条件下，设计 4 个氮磷钾养分配施比例（N：P：K 为：①4：1：2；②3：1：2；③2：1：3；④2：1：4），重复 3 次；每个小区面积 $10m^2$，四周设保护行（播种云麻 1 号）。设计留苗密度均为 45 株/$m^2$。

养分配比处理对工业大麻的株高、茎粗、鲜皮厚的影响明显；钾肥配比过高对麻皮的厚度产生不利影响。养分配比对干皮产量的影响明显，随着氮肥比例的下降，钾肥比例的升高，产量逐渐下降。其中高氮处理① ②的干皮产量最高，而高钾处理④的干皮产量表现最低（表 2-69）。

**表 2-69　不同处理的各指标差异性比较**

| 性状 | N：P：K | | | |
|---|---|---|---|---|
| | ①4：1：2 | ②3：1：2 | ③2：1：3 | ④2：1：4 |
| 有效株（株/$hm^2$） | 308 000b | 380 000a | 434 667a | 417 333a |
| 株高（cm） | 397a | 346b | 338b | 310c |
| 茎粗（cm） | 1.235a | 1.077b | 1.060b | 0.973b |
| 鲜皮厚（mm） | 0.439b | 0.500a | 0.462b | 0.399c |
| 干皮产量（kg/$hm^2$） | 1 697a | 1 694a | 1 387ab | 1 174b |

注：不同字母代表处理间在 $P<0.05$ 水平差异显著

不同处理的大麻虽然株高和叶绿素含量略有差异，但基本变化趋势是一致的。提高氮素配施比例能显著提高大麻的硝酸还原酶活性；氮磷钾为 3：1：2 的处理，大麻酸性磷酸酶活性最低，可能说明该比例较为合理；随着氮素比例的降低、钾素比例的升高，可溶性蛋白的含量逐渐下降。

本试验的结果表明，不同的氮磷钾配施比例对工业大麻的生长和产量均有显著的影响。高氮处理（4：1：2）大麻的株高与茎粗，单位面积总产和干皮产量均较优，有关的生理指标（硝酸还原酶活性与可溶性蛋白含量）也较有优势。值得注意的是，高钾处理的农艺性状和产量均不理想。

（2）施肥量对工业大麻生长及产量构成影响研究。采用云麻 5 号为供试品种，在氮磷钾比例一定（3：1：2）的情况下，设计 5 个施肥量水平，$N+P_2O_5+K_2O$ 总养分量分别为 300kg/$hm^2$、500kg/$hm^2$、700kg/$hm^2$、900kg/$hm^2$ 和 1 100kg/$hm^2$，重复 3 次；每个小区面积 $10m^2$；四周设保护行（云麻 1 号）。设计种植密度均为 45 株/$m^2$。

施肥量的多少对工业大麻的株高、茎粗、鲜皮厚等农艺指标以及产量影响显著。随肥料的增施，各农艺性状与干皮产量均有明显的提升，其中以最高施肥量（1 100kg/$hm^2$）对大麻植株的生长和增产促进作用明显（表 2-70）。

**表 2-70　不同处理的各指标差异性比较**

| 性状 | 氮磷钾养分使用量（kg/$hm^2$） | | | | |
|---|---|---|---|---|---|
| | 300 | 500 | 700 | 900 | 1 100 |
| 有效株（株/$hm^2$） | 281 333c | 414 667b | 457 333b | 566 667a | 470 667b |
| 株高（cm） | 216c | 234c | 311b | 369a | 394a |
| 茎粗（cm） | 0.67c | 0.73c | 0.94b | 0.95b | 1.07a |
| 鲜皮厚（mm） | 0.369d | 0.439c | 0.493b | 0.524b | 0.597a |
| 干皮产量（kg/$hm^2$） | 234c | 414c | 795b | 1 124a | 1 224a |

注：同一行中不同字母表示差异显著（$P<0.05$）

大麻株高的生长速度和最终株高都与施肥量呈正相关；叶绿素含量虽然随生育进程而降低，但仍是高施肥量的叶绿素含量更高；硝酸还原酶活性与施肥量有正相关关系，而酸性磷酸酶活性则呈相反的变化趋势；可溶性蛋白质含量与施肥总量呈正相关。

增施肥料对工业大麻的生长与产量都产生了显著的影响。高肥处理的整个生育期株高和叶绿素含量均有明显的优势，生长更佳；收获时的株高、茎粗、皮厚等农艺性状也显著高于其他处理；一些生理指标也间接地反映了这一点。

预期在高施肥量情况下，大麻的生长会受到抑制，出现不同幅度的减产，但实际没有观察到这一现象。这可能与当年雨水分布不均，降雨太过集中导致肥料流失有一定的关系。

4. 工业大麻秆叶高产栽培技术研究

试验在云南省昆明市沙朗镇桃园村进行。以云麻 1 号为试验材料，试验设置密度（$X_1$）、氮肥（$X_2$）、磷肥（$X_3$）、钾肥（$X_4$）4 个因子，各因子设置 5 个水平，进行 4 元 2 次回归正交旋转组合设计，36 个小区随机排列。试验施用的肥料为：尿素（含 N 46%），过磷酸钙（含 $P_2O_5$ 16%），氯化钾（含 $K_2O$ 40%），试验变量因子及水平编码见表 2-71。所有肥料全部作为基肥使用。

**表 2-71　试验因子各水平编码**

| 因子 | 变量设计水平及编码 | | | | |
|---|---|---|---|---|---|
| | -2 | -1 | 0 | 1 | 2 |
| 密度（株/$hm^2$） | 100 000 | 250 000 | 400 000 | 550 000 | 700 000 |
| 氮肥（N）（kg/$hm^2$） | 75 | 150 | 225 | 300 | 375 |
| 磷肥（$P_2O_5$）（kg/$hm^2$） | 30 | 60 | 90 | 120 | 150 |
| 钾（$K_2O$）（kg/$hm^2$） | 75 | 150 | 225 | 300 | 375 |

结果表明，4 个参试因子对大麻干皮产量无显著影响，而与干叶产量相关性密切。方差分析结果（表 2-72）显著值为 0.038，说明干叶产量受到密度、氮肥、磷肥、钾肥因子的显著影响。4 个因子对干叶产量影响大小为密度（$X_1$）>氮肥（$X_2$）>钾肥（$X_4$）>磷肥（$X_3$）。

**表 2-72　干叶产量回归方程方差分析**

| 变异来源 | 平方和 | df | 均方 | F 值 | Sig. |
|---|---|---|---|---|---|
| 回归 | 9 112 673. 6 | 14 | 650 905. 3 | 2. 337 | 0. 038 |
| 残差 | 5 848 616. 4 | 21 | 278 505. 5 | | |
| 总和 | 1. 496E7 | 35 | | | |

采用“降维法”数学模型，固定其他因子为 0 水平，运算分别得到干叶产量与密度、氮肥、磷肥、钾肥的子模型：

密度：$Y_1=4\ 332.221-166.132X_1-1\ 301.150X_1^2$

氮肥：$Y_2=4\ 332.221+110.221X_2-248.229X_2^2$

磷肥：$Y_3=4\ 332.221+1.547X_3-194.594X_3^2$

钾肥：$Y_4=4\ 332.221-31.613X_4-224.845X_4^2$

从以上关系式可以看出：种植密度（$X_1$）、氮素（$X_2$）、磷素（$X_3$）、钾素（$X_4$）的偏回归系数分别为-166. 132，110. 221，1. 547 和-31. 613，可知种植密度和钾素为负效应，而氮素和磷素则为正效应。

从表 2-73 的结果可以看出，4 个因子均为 0 水平取值频率最高，所以，大麻获得干叶产量大于 3 000kg/$hm^2$的最佳栽培措施为：密度 250 000～ 400 000株/$hm^2$，施氮 225～300kg/$hm^2$，施磷 90～120kg/$hm^2$，施钾 225～300kg/$hm^2$。

表 2-73　干叶产量≥3 000kg/hm²的 *Xi* 取值频率分布

| 因子编码值 | 密度（$X_1$） | | 氮肥（$X_2$） | | 磷肥（$X_3$） | | 钾肥（$X_4$） | |
|---|---|---|---|---|---|---|---|---|
| | 次数 | 频率（%） | 次数 | 频率（%） | 次数 | 频率（%） | 次数 | 频率（%） |
| -2 | 0 | 0 | 4 | 5.63 | 8 | 11.26 | 7 | 9.86 |
| -1 | 4 | 5.63 | 14 | 19.72 | 16 | 22.54 | 17 | 23.94 |
| 0 | 67 | 94.47 | 24 | 33.80 | 22 | 30.99 | 23 | 32.39 |
| 1 | 0 | 0 | 19 | 26.76 | 18 | 25.35 | 18 | 25.35 |
| 2 | 0 | 0 | 10 | 14.09 | 7 | 9.86.13 | 6 | 8.46 |
| 加权平均值 | -0.056 | | 0.24 | | 0 | | -0.014 | |

5. 工业大麻高产栽培技术优化试验

试验在云南省勐海县农业技术推广中心曼真基地实施，品种为云麻 1 号，前茬玉米地，小区面积 30m²。结合整地，把有机肥料、三元复合肥（高氮、低磷、中钾，总含量 40%）50kg、钾肥 10kg 一次性施入播种沟内翻入 15cm 土层，播种行距 25~30cm、播深 10cm 左右。

不同种植密度试验：试验设 $A_1$ 2.0 万株/亩、$A_2$ 2.5 万株/亩、$A_3$ 3.0 万株/亩，3 个水平，3 次重复，常规种植，统一施肥管理，一次性间定苗，90d 生育期收获。不同有机肥施肥量试验：试验设 $B_1$ 传统种植（不施有机肥）、$B_2$ 常规种植（施有机肥 200kg/亩）、$B_3$ 增施有机肥（施有机肥 500kg/亩）3 个处理，3 次重复，统一种植密度（3 万株/亩，株距 6~8cm），一次性间定苗，90d 生育期收获。

在同等管理条件下，大麻种植密度在 3 万株/亩时产量最佳（表 2-74），同时在基肥中增施有机肥能够明显提高大麻产量（表 2-75）。

表 2-74　不同种植密度试验结果（2015）

| | $A_1$ | $A_2$ | $A_3$ |
|---|---|---|---|
| 有效株（株/亩） | 20 544 | 25 079 | 29 971 |
| 株高（cm） | 277 | 265 | 260 |
| 茎粗（cm） | 1.12 | 1.06 | 0.97 |
| 干皮产量（kg/亩） | 160 | 169 | 190 |

表 2-75　不同有机肥施肥量试验测产结果（2015）

| | $B_1$ | $B_2$ | $B_3$ |
|---|---|---|---|
| 有效株（株/亩） | 24 768 | 26 858 | 27 970 |
| 株高（cm） | 240 | 274 | 265 |
| 茎粗（cm） | 1.02 | 1.01 | 1.02 |
| 干皮产量（kg/亩） | 113 | 200 | 216 |

6. 工业大麻高产高效栽培技术示范

（1）六安点。在安徽省六安市裕安区韩摆渡镇堰湾村（行政村）实施 30 亩工业大麻高产栽培示范种植。选用“皖麻 1 号”品种，通过及早精细播种、合理密植、优化施肥、精心管理、及时防控病虫等综合技术措施，示范大麻生长旺盛、整齐，达到了良好的示范效果。具体技术措施如下。

选择土层深厚、肥沃、排水方便、不易遭风灾的壤土或沙壤土；深耕 30cm，除尽杂草，畦面平整；畦宽 3.0m，畦沟宽 40cm、深 30cm，畦沟、中沟和边沟配套，以利排水；施用 45kg/亩高氮—低磷—中钾复合肥做基肥；2 月上旬精细播种，条播，行距 40cm，播种均匀，播种量 2.5kg/亩；在苗期追施 8kg/亩尿素为催苗肥，在旺长初期（五裂叶）追施 10kg/亩尿素和 10kg/亩钾肥为长秆壮秆肥；使用除草剂精丙异甲草胺 40ml/亩对水 40kg 喷施，进行芽前封闭除草，结合间定苗进行一次人工中耕除草；在苗高 10cm、2 对真叶时第一次间苗，去弱留壮，留苗数大于定苗数；苗高约 20cm 时定苗，株距 6~8cm，定苗 30~40 株/m²（2 万~2.6 万株/亩）；结合间、定苗进行中耕，松土透气，清除杂草；于生长后期，及时拔除小脚麻，以利通风透气，防止烂麻；及时发现和防治病虫。2014—2015 年度测产结果如下（表 2-76）。

**表 2-76 六安点工业大麻高产高效栽培示范测产结果（2014—2015）**

| | 有效株（株/亩） | 株高（cm） | 茎粗（mm） | 干皮亩产（kg/亩） | 干骨产量（kg/亩） | 干叶产量（kg/亩） |
|---|---|---|---|---|---|---|
| 2014 | 15 074 | 440 | 15.6 | 270.1 | 1 025.3 | 293.6 |
| 2015 | 22 980 | 451 | 13.4 | 208.4 | 835.0 | 171.1 |

（2）版纳点。在云南省勐海县西定乡曼佤村委会巴达村小组实施工业大麻高产栽培示范种植。选用“云麻 1 号”品种，通过抢墒及早精细播种、合理密植、优化施肥、精心管理、及时防控病虫等综合技术措施，示范大麻生长旺盛、整齐，达到了预期的示范效果。具体技术措施如下：

选择土层深厚、肥沃、排水方便、不易遭风灾的壤土或沙壤土台地或 25°以下的缓坡地；深耕 30cm，除尽杂草，畦面平整；畦宽 2.0m，畦沟宽 40cm、深 30cm，畦沟、中沟和边沟配套，以利排水；施用有机肥（黑珍珠）100kg/亩、高氮—低磷—中钾（N：$P_2O_5$：$K_2O$＝26：10：15）复合肥 50kg/亩和钾肥 10kg/亩作基肥，一次性施入播种沟内；3 月中旬至 4 月中旬择机播种，播种时做到“三干”，即“地干、天干、种干”，播种量 2.5kg/亩，开沟条播，行距 25cm、沟深 10cm、播幅 6～10cm，播种均匀，种后盖土 2～3cm；麻苗长至 3～4 对真叶时，结合人工除草，进行间苗；间苗原则：间小苗、弱苗、病苗，留整齐苗，间苗后株距在 5～6cm，基本苗控制在 3 万株/亩左右（45 株/$m^2$）；间苗后追施 8kg/亩尿素为提苗肥；在旺长期（苗高 80～100cm）追施尿素 12kg/亩、硫酸钾 10kg/亩为长秆壮秆肥；及时发现和防治病虫。2014—2015 年度测产结果如下（表 2-77）。

**表 2-77 版纳点工业大麻高产高效栽培示范测产结果（2014—2015）**

| | 有效株（株/亩） | 株高（cm） | 茎粗（mm） | 干皮亩产（kg/亩） | 干骨产量（kg/亩） | 干叶产量（kg/亩） |
|---|---|---|---|---|---|---|
| 2014 | 15 541 | 463 | 16 | 217.6 | 1 115.9 | 231.6 |
| 2015 | 14 605 | 335.9 | 14.7 | 206.5 | 662.2 | 301.1 |

（3）昭通点。在云南省昭通市昭阳区靖安乡洪家营村实施 30 亩工业大麻高产栽培示范种植，选用“云麻 1 号”品种，技术措施如下：选择土层深厚、肥沃、排水方便、不易遭风灾的平坝沙壤土；机械深耕 30cm，除尽杂草，土面平整细碎；地块周边开沟排水。施用 N：$P_2O_5$：$K_2O$＝17：17：17 的复合肥 20kg，播种机播种、施肥一次完成（种、肥分开）。播种量 6kg/亩，4 月下旬抢墒机械播种（主要考虑播后降雨条件，保证出苗整齐），行距 15cm，保证出苗 10 万株/亩左右。由于采用高密度种植模式，麻苗密度大、杂草被抑制，故省却中耕、除草和间定苗工作，节约用工。麻苗高度达 20～30cm 时，追施 10kg/亩尿素为提苗肥；及时发现和防治病虫。在雄株盛花期及时收获，机械割麻，田间雨露沤麻，亚麻制麻机械制取大麻长、短纤维。机械割麻后及时收集枝叶花序晒干，用作提取大麻二酚原料，提高种植业经济效益。

经体系组织专家测产，干皮、干麻骨和干枝叶产量（kg/亩）达到 221.0kg/亩、837.2kg/亩和 244.5kg/亩（表 2-78），三项之和达到 1 302.7kg/亩。

**表 2-78 昭通高产高效栽培示范测产结果（2015）**

| 示范地 | 有效株（株/亩） | 株高（cm） | 干皮产量（kg/亩） | 干枝叶产量（kg/亩） | 干麻骨产量（kg/亩） |
|---|---|---|---|---|---|
| 昭通 | 26 013 | 380 | 221.0 | 244.5 | 837.2 |

### （二）重金属污染土地工业大麻栽培技术研究与示范

1. 重金属铅（Pb）对工业大麻生长的影响

“云麻1号”盆栽，每盆3kg基质（土壤：蛭石＝3：1）。重金属 $Pb^{2+}$ 6个浓度依次为：0、100、250、500、750、1 000 mg/kg 基质，3次重复；编号为CK、M1、M2、M3、M4、M5；以 $Pb(NO_3)_2$ 粉末形式加入基质中充分混匀。

M4和M5植株矮小；随后出现部分植株死亡。经过近70d培养，M3、M4和M5叶片畸形（内卷或外卷），其中M5死10株，M4死1株，其他处理未死苗，M1和M2生长正常。

0、100和250mg/kg Pb胁迫下，大麻生长无明显差异；而在750mg/kg和1 000mg/kg，大麻生长受到明显的抑制；在浓度为500mg/kg时，大麻体现出一定的耐性。在Pb胁迫浓度大于等于500mg/kg，随浓度的增加株高明显下降；而在浓度为100mg/kg时，株高比对照略高；在250mg/kg时，其株高与对照无明显差异。

随着Pb胁迫浓度的增加，大麻单株干、鲜重下降，在750mg/kg时达到最低。由于在1 000 mg/kg时，10株矮小的植株死亡，和生长同样矮小且只有1株死亡的700mg/kg处理下相比，1 000 mg/kg的单株总干、鲜重高于700mg/kg的总鲜重。根系对Pb胁迫最敏感，高浓度Pb严重抑制根的生长，导致根量减少，同时也影响地上部分的生长。

对云麻1号生长过程的观察、农艺性状和生理指标测定结果提示，低浓度Pb胁迫下大麻生长比对照快，具有促进作用；在中低浓度（250mg/kg）胁迫下植物生长几乎不受影响，在500mg/kg时植物受到一定伤害，但是仍有较高的耐胁迫能力，该浓度可能是云麻1号的耐受限度。中高浓度胁迫下云麻1号生长缓慢，受到非常明显的抑制。

2. 工业大麻对重金属铅（Pb）的吸收与累积特性

试验材料为“云麻1号”盆栽。$Pb^{2+}$ 处理浓度设为：0、500、1 000、1 500、2 000、2 500、3 000、3 500mg/kg。出苗后统计出苗率；在苗高10~15cm时每盆定苗12株，胁迫中后期观察叶片变化、萎蔫/死亡现象，做好记录并拍照。处理结束时测量株高、茎粗和根、茎、叶鲜重，测MDA、$H_2O_2$、SOD、可溶性糖、可溶性蛋白、相对电导率。收获时，测量土壤pH值、总氮磷钾、速效氮磷钾、有机质含量和总Pb总含量；根、茎、叶总Pb总含量。

铅处理的盆栽大麻株高只在小范围内变化，随铅浓度升高株高依次是37.8、41.9、38.6、36.6、38.5、40.8、39.6、34.5cm；茎粗和根、茎、叶干重均无差异。生理指标方面，叶片相对电导率、过氧化氢含量无明显差异；SOD活性先升高后下降，在1 500mg/kg达到最大；总蛋白含量先下降后上升，1 500mg/kg和2 000mg/kg时最低，最高浓度下与对照无差异。

Pb在根中的积累量随胁迫增强而增加，低浓度（500mg/kg、1 000mg/kg）与对照无差异，大于1 500mg/kg的各浓度之间存在显著性差异；各浓度胁迫下，Pb在茎和叶中的含量与对照均无明显差异，地上部分Pb浓度亦无差异，且含量均在10mg/kg以下（表2-79）。Pb处理下，大麻富集系数均显著低于对照，且小于等于0.02；转运系数随胁迫增大而降低，$Pb^{2+}$浓度≥1 500mg/kg转运系数无显著差异；耐性系数在1.00左右，与对照无显著差异，这与其生长指标相一致，说明本试验条件下Pb并未对大麻生长造成影响，大麻对Pb具有“躲避性”。结合土壤理化性质（表2-80），可以看出本试验中土壤营养丰富，与已发表文献报道的土壤理化性质相比，氮磷钾含量和有机质含量明显更高，pH值偏低，呈中性，使土壤中Pb有效态含量大大减少，降低了对大麻的伤害，甚至体现不出胁迫效应。

**表2-79 大麻干重及Pb吸收和耐性**

| Pb | 干重（g/12株） | | | Pb浓度（mg/kg） | | | 耐性评价 | | |
|---|---|---|---|---|---|---|---|---|---|
| （mg/kg） | 总重 | 地上部分 | 地下部分 | 总量 | 地上部分 | 地下部分 | 富集系数 | 转运系数 | 耐性系数 |
| CK | 10.83 | 9.84 | 0.99 | 6.94b | 6.18 | 14.60d | 0.08a | 0.53a | 1.00 |

（续表）

| Pb (mg/kg) | 干重（g/12株） | | | Pb浓度（mg/kg） | | | 耐性评价 | | |
|---|---|---|---|---|---|---|---|---|---|
| | 总重 | 地上部分 | 地下部分 | 总量 | 地上部分 | 地下部分 | 富集系数 | 转运系数 | 耐性系数 |
| 500 | 11.52 | 10.73 | 0.79 | 7.65b | 6.79 | 19.32d | 0.02b | 0.39ab | 1.06 |
| 1 000 | 10.32 | 9.45 | 0.86 | 7.99b | 6.14 | 28.29d | 0.01b | 0.22bc | 0.95 |
| 1 500 | 10.54 | 9.75 | 0.79 | 8.39b | 5.60 | 42.77cd | 0.01b | 0.13c | 0.97 |
| 2 000 | 10.85 | 9.95 | 0.90 | 11.22ab | 7.52 | 52.23cd | 0.01b | 0.16c | 1.00 |
| 2 500 | 11.01 | 10.11 | 0.89 | 12.01ab | 5.94 | 80.64bc | 0.00b | 0.08c | 1.02 |
| 3 000 | 11.01 | 10.09 | 0.92 | 15.49a | 5.45 | 125.21ab | 0.01b | 0.05c | 1.02 |
| 3 500 | 10.67 | 9.77 | 0.90 | 13.90a | 5.73 | 102.92ab | 0.00b | 0.06c | 0.99 |

注：同列不同小写字母表示 $P=0.05$ 显著水平上的差异

**表 2-80 试验土壤理化性质及 Pb 含量**

| pH值 | 有机质（g/kg） | 全氮（g/kg） | 全磷（g/kg） | 全钾（g/kg） | 碱解氮（mg/kg） | 速效磷（mg/kg） | 速效钾（mg/kg） | 全铅（mg/kg） | 有效铅（mg/kg） |
|---|---|---|---|---|---|---|---|---|---|
| 7.03 | 185.15 | 9.49 | 6.55 | 12.38 | 375.88 | 565.80 | 5 062.50 | 74.32 | 9.71 |

3. 工业大麻萌芽期的铅（Pb）耐性

萌芽期选用来自国内的7个工业大麻品种，包括云南省的云麻1号（Y1）、云麻5号（Y5）和云晚6号（Y6）、山西的晋麻1号（J1）、黑龙江的庆麻1号（Q1）、安徽的皖麻1号（W1）和广西的巴马火麻（B）。以品种为因素A、$Pb^{2+}$浓度为因素B，采用完全随机设计。因素B设7个水平，即0（蒸馏水）、150、300、450、600、900、1 200mg/L，用$Pb(NO_3)_2$配制。所有处理的种子均匀置于发芽床上（6cm×6cm×10cm的培养瓶，内置3层定性滤纸），并在人工气候箱内（温度25℃，光照12h/d，光强10 000lx）发芽。第7d后各处理随机选取10株，记录胚根长、胚芽长、侧根数、根鲜重、芽鲜重，计算抑制指数和耐性指数。

将各项指标值换算成相对值后，采用模糊数学隶属函数法，对工业大麻品种相关指标的隶属函数值计算加权平均值（$D$），来评价各品种对重金属Pb的抗性。$D$值为各个品种在Pb胁迫下各指标评价所得到的抗性度量值，根据D值的大小可以对品种进行Pb抗性鉴定并排序。$D \geq 0.70$为1级强耐型，$0.50 \leq D < 0.70$为2级中耐型，$0.30 \leq D < 0.50$为3级弱耐型，$D < 0.30$为4级不耐型。

随Pb浓度的升高，胚根和胚芽的耐性指数呈下降趋势。当浓度达到450mg/L后，胚根耐性指数低于0.2，下降缓慢。Pb胁迫对W1胚芽耐性指数无影响，对J1影响较小；浓度达到900mg/L时，对其他5个品种的胚芽生长有严重抑制作用，耐性指数低于0.6。总的来说，由于胚根最先与Pb接触，受伤害最明显，因此耐性指数比胚芽更低。各品种胚芽耐性指数与Pb浓度的平均相关系数 $r=-0.84$，胚根耐性指数与Pb浓度的平均相关系数 $r=-0.89$（表2-81）。

选择对大麻胚根和胚芽生长具有限制性作用的$Pb^{2+}$浓度（600mg/L），以相对根冠比、相对根长、相对芽长、相对侧根数、胚根耐性指数和胚芽耐性指数为评价指标，采用隶属函数法对各品种萌芽期Pb耐性进行评价。Q1、W1、B、Y6、Y5、Y1、J1分别为高耐、高耐、高耐、高耐、中耐、中耐、低耐（表2-81）。

**表 2-81 工业大麻品种萌芽的 Pb（600mg/L）耐性综合评价**

| 品种编号 | 综合系数 | 隶属函数值 $U(x_j)$ | | | | | | D值 | 耐性评价 | 位次 |
|---|---|---|---|---|---|---|---|---|---|---|
| | | 相对根冠比 | 相对根长 | 相对芽长 | 相对侧根数 | 根耐性指数 | 芽耐性指数 | | | |
| Y1 | 0.57 | 0.25 | 0.13 | 0.63 | 0.92 | 1.00 | 0.27 | 0.52 | 2 | 5 |
| Y5 | 0.56 | 0.99 | 0.01 | 0.74 | 0.88 | 0.74 | 1.00 | 0.72 | 1 | 2 |
| Y6 | 0.53 | 0.42 | 0.63 | 0.74 | 0.88 | 0.94 | 0.62 | 0.70 | 1 | 3 |
| J1 | 0.96 | 0.01 | 0.34 | 0.35 | 1.00 | 0.96 | 0.26 | 0.47 | 3 | 6 |
| Q1 | 0.50 | 0.03 | 0.99 | 0.96 | 0.88 | 0.52 | 0.99 | 0.72 | 1 | 2 |

（续表）

| 品种编号 | 综合系数 | 隶属函数值 $U(x_j)$ | | | | | | D 值 | 耐性评价 | 位次 |
|---|---|---|---|---|---|---|---|---|---|---|
| | | 相对根冠比 | 相对根长 | 相对芽长 | 相对侧根数 | 根耐性指数 | 芽耐性指数 | | | |
| W1 | 0.95 | 0.98 | 0.22 | 0.99 | 0.79 | 0.00 | 0.98 | 0.58 | 2 | 4 |
| B | 0.46 | 0.94 | 0.36 | 1.00 | 1.00 | 0.86 | 0.32 | 0.74 | 1 | 1 |
| 相关系数 | | −0.89 | −0.93 | −0.81 | −0.74 | −0.89 | −0.84 | | | |
| 指标权数 | | 0.18 | 0.18 | 0.16 | 0.14 | 0.17 | 0.16 | | | |

注：根据 D 值的大小对品种进行耐性鉴定，即 D≥0.7 为 1 级高耐型，0.50≤D<0.70 为 2 级中耐型，0.30≤D<0.50 为 3 级低耐型，D<0.3 为 4 级不耐型

通过各指标 Pb 耐性的相关性分析（表 2-82）得知，相对侧根数与其他指标之间无显著相关性，不能作为推断其他指标大小的依据；相反其他指标之间存在极限著正相关，可以通过其中之一预测另一指标的大小。

**表 2-82　大麻萌芽期与 Pb 耐性有关指标的相关性分析**

| 相关系数 | 相对根长 | 相对芽长 | 相对侧根数 | 根耐性指数 | 芽耐性指数 |
|---|---|---|---|---|---|
| 相对根冠比 | 0.967** | 1.000** | 0.627 | 0.896* | 0.935** |
| 相对根长 | | 0.970** | 0.481 | 0.977** | 0.994** |
| 相对芽长 | | | 0.612 | 0.902* | 0.940** |
| 相对侧根数 | | | | 0.353 | 0.429 |
| 根耐性指数 | | | | | 0.993** |

注：* 在 0.05 水平上有显著，** 在 0.01 水平上有极显著

4. 砷、铅重金属污染土地工业大麻栽培示范

云南省个旧市的重金属污染土地（砷 222.8mg/kg、镉 3.59mg/kg、铅 1 127.6mg/kg 土壤，超出国家标准农田土壤限制值的 2~5 倍）示范种植云麻 1 号 3 335$m^2$。技术方案如下。

冬前翻耕，播种前精整土地，做到细、平、无杂草；开沟做畦：畦宽 3m（包沟），畦沟宽40~50cm、畦沟深 15~20cm，围沟 20~30cm，畦沟和围沟配套；施用高氮—低磷—高钾（N：$P_2O_5$：$K_2O$=15：5：26）复合肥 40kg/亩，施于播种沟做基肥；苗高 80~100cm 时，追施磷酸二氢铵 7kg/亩+尿素 10kg/亩；苗高 20~30cm 时间定苗，留苗密度 40~50 株/$m^2$；间苗结合除草；苗高 100cm 左右时，选用高效防治玉米螟的农药按说明喷施，喷药液 30~45kg/亩；清沟排水，做到畦沟与围沟配套，保证排水畅通；整个生长期内及时清沟，达到雨停水净。

经取样测产，有效株数偏少，为 10 807株/亩，这可能是重金属浓度高对出苗和保苗不利的原因。株高（390cm）和茎粗（17.5cm）较大，原茎（814.0kg/亩）和干皮（170.6kg/亩）产量较高，达到了当地大面积生产水平。

## （三）工业大麻盐碱地高产栽培技术研究与示范

1. 不同类型盐胁迫对工业大麻种子萌发及苗期生长的影响

以“云麻 5 号”和“巴马火麻”为供试品种，设计单种盐胁迫和混合盐胁迫对工业大麻种子萌发及苗期生长的影响试验。其中单种盐胁迫为：①萌芽期：设置 NaCl、$Na_2SO_4$（中性盐），$Na_2CO_3$、$NaHCO_3$（碱性盐）4 种盐处理，每种盐设 6 个浓度梯度：50、100、150、200、250、300mmol/L，每处理重复 3 次，以清水为对照。②苗期：设置 NaCl，$Na_2SO_4$，$Na_2CO_3$，$NaHCO_3$ 4 种盐处理，每种盐设置 3 个浓度：100、200、300mmol/L，以清水为对照。

混合盐Ⅰ、Ⅱ胁迫试验设计如表 2-83 至表 2-85 所示。

表 2-83 工业大麻萌芽期混合盐 I 胁迫试验设计

| 处理组 | 盐组合 | 浓度组合（mmol/L） | | | | | |
|---|---|---|---|---|---|---|---|
| | | 1 | 2 | 3 | 4 | 5 | 6 |
| A | NaCl | 100 | 100 | 100 | 100 | 100 | 100 |
| | $Na_2SO_4$ | 50 | 100 | 150 | 200 | 250 | 300 |
| B | $Na_2SO_4$ | 100 | 100 | 100 | 100 | 100 | 100 |
| | NaCl | 50 | 100 | 150 | 200 | 250 | 300 |
| C | $Na_2CO_3$ | 100 | 100 | 100 | 100 | 100 | 100 |
| | $NaHCO_3$ | 50 | 100 | 150 | 200 | 250 | 300 |
| D | $NaHCO_3$ | 100 | 100 | 100 | 100 | 100 | 100 |
| | $Na_2CO_3$ | 50 | 100 | 150 | 200 | 250 | 300 |

表 5-84 工业大麻苗期混合盐 I 胁迫试验设计

| 处理组 | 盐处理 | 浓度组合（mmol/L） | | |
|---|---|---|---|---|
| | | 1 | 2 | 3 |
| A | NaCl | 100 | 100 | 100 |
| | $Na_2SO_4$ | 100 | 200 | 300 |
| B | $Na_2SO_4$ | 100 | 100 | 100 |
| | NaCl | 100 | 200 | 300 |
| C | $Na_2CO_3$ | 100 | 100 | 100 |
| | $NaHCO_3$ | 100 | 200 | 300 |
| D | $NaHCO_3$ | 100 | 100 | 100 |
| | $Na_2CO_3$ | 100 | 200 | 300 |

表 5-85 工业大麻混合盐Ⅱ胁迫试验设计

| 处理组 | pH 值 | 盐组成与摩尔比 | | | |
|---|---|---|---|---|---|
| | | NaCl | $Na_2SO_4$ | $Na_2CO_3$ | $NaHCO_3$ |
| A | 7.38 | 1 | 1 | 0 | 0 |
| B | 8.61 | 1 | 2 | 1 | 0 |
| C | 9.16 | 1 | 9 | 9 | 1 |
| D | 10.13 | 1 | 1 | 1 | 1 |
| E | 10.78 | 9 | 1 | 1 | 9 |
| F | 11.15 | 1 | 1 | 9 | 9 |

注：按照 pH 值逐渐增大的原理，盐浓度设计为 400mmol/L

萌芽期试验采用沙培的方式，种子均匀摆在上面，3 次重复，每重复 30 粒。将盛有大麻种子的培养皿放入智能人工气候培养箱培养，培养温度为 25℃。每天观察大麻种子的发芽情况，记录种子的发芽个数，向培养皿中加适量的各浓度盐水，保持湿润的环境，以维持种子发芽所需要的水分。过程中可能会发现发霉的种子，应及时把发霉的种子洗净，以免污染其他种子。发芽天数为 12d。

苗期试验采用盆栽土培法，每盆定苗至 12 株，以清水作为对照，每个处理 3 次重复。待大麻幼苗生长至 20cm 左右时，按照试验设计用不同浓度的盐水浇灌，此后每隔 3d 浇 1 次，共浇灌 6 次，每次 300ml，盆底漏出溶液次日重新倒回盆内。

（1）单种盐胁迫对工业大麻种子萌发的影响。通过表 2-86、表 2-87 发现，无论是云麻 5 号还是巴马火麻，萌芽期各指标随着盐浓度的增加而降低。在 100、150、200、250mmol/L 浓度下，碳酸钠处理的发芽率、胚轴长、胚根长、萌发指数和活力指数明显低于中性盐处理。而碳酸氢钠处理的萌发指数在各浓度下虽然显著低于氯化钠处理，但在 50、100、150mmol/L 浓度低于硫酸钠处理，200、250、300mmol/L 浓度高于硫酸钠处理。说明碱性盐在一定程度上对大麻的胁迫危害高于中性盐，供试的 4 种盐以碳酸钠危害最大，碳酸氢钠次之。通过各处理浓度下各指标的显著差异分析比较可以得出，不同单种盐对云麻 5 号、巴马火麻的胁迫危害由小到大表现相同，依次为氯化钠、碳酸氢钠、硫酸钠、碳酸钠。云麻5号在萌芽期的耐盐能力明显大于巴马火麻。低盐浓度下的指标有的与对照无显著性差异，进一步证明了低盐有促进种子萌发的作用。

**表 2-86　单种盐胁迫对云麻5号萌芽期的影响**

| 处理 | 浓度（mmol/L） | 发芽势（%） | 发芽率（%） | 胚根长（cm） | 胚轴长（cm） | 萌发指数 | 活力指数 |
|---|---|---|---|---|---|---|---|
| NaCl | 0 | 77.77a | 92.22a | 48.66a | 40.33b | 44.60a | 3 968.95a |
| | 50 | 76.66a | 85.55a | 43.33ab | 53.66a | 40.10b | 3 889.29b |
| | 100 | 74.44a | 88.88ab | 31.66bc | 40.66b | 36.15c | 2 614.36c |
| | 150 | 70.00a | 85.55ab | 20.00cd | 20.66c | 34.75c | 1 412.93d |
| | 200 | 60.00b | 78.88b | 17.33cd | 16.00c | 30.85d | 1 028.23e |
| | 250 | 15.55c | 50.00c | 10.33d | 8.33d | 12.20e | 227.65f |
| | 300 | 6.66c | 35.55d | 9.00d | 5.33d | 7.32f | 104.89g |
| $Na_2SO_4$ | 0 | 77.77a | 92.22a | 48.66a | 40.33a | 44.60a | 3 968.95a |
| | 50 | 81.11a | 92.22a | 38.66b | 50.66b | 42.85a | 3 827.36b |
| | 100 | 71.11a | 88.88a | 29.33b | 12.33c | 40.45b | 1 685.14c |
| | 150 | 45.55b | 83.33a | 19.33c | 6.33d | 30.35c | 778.78d |
| | 200 | 17.77c | 47.77b | 12.00c | 2.33d | 12.70d | 181.99e |
| | 250 | 1.11c | 18.88c | 6.33d | 3.00d | 3.25e | 30.32f |
| | 300 | 0.00c | 1.11d | 1.66e | 0.33e | 0.00f | 0.00g |
| $Na_2CO_3$ | 0 | 77.77a | 92.22a | 48.66a | 40.33a | 44.60a | 3 968.95a |
| | 50 | 77.77a | 87.77a | 4.66b | 6.66b | 39.90b | 251.66b |
| | 100 | 40.00b | 65.55b | 1.66b | 6.00b | 22.40c | 171.58c |
| | 150 | 13.33b | 25.55c | 2.00b | 3.66bc | 9.10d | 51.50d |
| | 200 | 2.22c | 14.44d | 5.33b | 1.33c | 3.10e | 20.64e |
| | 250 | 0.00c | 8.88d | 3.66b | 0.33c | 1.15ef | 4.58f |
| | 300 | 0.00c | 0.00e | 0.00b | 0.00c | 0.00f | 0.00g |
| $NaHCO_3$ | 0 | 77.77a | 92.22a | 48.66a | 40.33a | 44.60a | 3968.95a |
| | 50 | 84.44a | 92.22a | 6.00b | 12.33b | 43.80a | 802.85b |
| | 100 | 74.44a | 83.33ab | 4.66b | 6.00c | 39.30a | 418.93c |
| | 150 | 43.33b | 80.00b | 2.66b | 6.00c | 29.30b | 253.73d |
| | 200 | 42.22b | 77.77b | 3.00b | 5.00c | 29.00b | 232.00e |
| | 250 | 14.44c | 31.11c | 2.33b | 3.33c | 8.95c | 50.65f |
| | 300 | 6.66c | 18.88d | 2.33b | 4.66c | 5.10c | 35.64g |

注：同列不同小写字母表示 $P=0.05$ 显著水平上的差异，下同

**表 2-87　单种盐胁迫对巴马火麻萌芽期的影响**

| 处理 | 浓度（mmol/L） | 发芽势（%） | 发芽率（%） | 胚根长（cm） | 胚轴长（cm） | 萌发指数 | 活力指数 |
|---|---|---|---|---|---|---|---|
| NaCl | 0 | 74.44a | 91.11a | 45.00a | 51.25a | 38.65a | 3 720.06a |
| | 50 | 61.56b | 86.78a | 63.66ab | 35.00b | 30.02b | 2 961.77b |
| | 100 | 39.28c | 80.31ab | 35.00bc | 28.66bc | 25.58b | 1 628.42c |
| | 150 | 29.15d | 71.22b | 38.33bc | 20.66c | 16.68c | 983.95d |
| | 200 | 4.00e | 50.18c | 21.00cd | 11.00d | 10.40d | 332.80e |
| | 250 | 0.00e | 30.10d | 11.00d | 6.33de | 5.32de | 92.19f |
| | 300 | 0.00e | 4.00e | 2.33d | 0.33e | 1.06e | 2.81g |
| $Na_2SO_4$ | 0 | 74.44a | 91.11a | 45.00a | 51.25a | 38.65a | 3 720.06a |
| | 50 | 71.11a | 92.22a | 63.66b | 31.66b | 29.36b | 2 798.59b |
| | 100 | 32.13b | 69.31b | 18.00c | 7.00c | 17.74c | 443.50c |
| | 150 | 0.00c | 44.50c | 8.33cd | 7.00c | 7.61d | 116.66d |
| | 200 | 1.00c | 11.34d | 9.66cd | 4.00cd | 2.5e | 34.15e |
| | 250 | 0.00c | 0.00e | 0.00e | 0.00e | 0.00e | 0.00f |
| | 300 | 0.00c | 0.00e | 0.00e | 0.00e | 0.00e | 0.00f |
| $Na_2CO_3$ | 0 | 74.44a | 91.11a | 45.00a | 51.25a | 38.65a | 3 720.06a |
| | 50 | 53.77b | 87.13b | 2.33b | 5.00b | 28.32b | 207.58b |
| | 100 | 11.20c | 32.55c | 5.66b | 1.33c | 7.47c | 52.21c |

（续表）

| 处理 | 浓度（mmol/L） | 发芽势（%） | 发芽率（%） | 胚根长（cm） | 胚轴长（cm） | 萌发指数 | 活力指数 |
|---|---|---|---|---|---|---|---|
| $Na_2CO_3$ | 150 | 1.00d | 19.33d | 4.00b | 1.00c | 3.58d | 17.90d |
| | 200 | 0.00d | 7.44e | 2.66b | 0.00c | 0.81d | 2.154e |
| | 250 | 0.00d | 0.00e | 0.00b | 0.00c | 0.00d | 0.00e |
| | 300 | 0.00d | 0.00e | 0.00b | 0.00c | 0.00d | 0.00e |
| $NaHCO_3$ | 0 | 74.44a | 91.11a | 45.00a | 51.25a | 38.65a | 3720.06a |
| | 50 | 43.55b | 96.22a | 7.33b | 11.33b | 25.80b | 481.42b |
| | 100 | 39.22c | 76.77b | 3.33b | 5.66c | 21.81c | 196.07c |
| | 150 | 22.33d | 78.00b | 4.33b | 4.00c | 17.70d | 147.44d |
| | 200 | 8.11e | 36.33c | 3.33b | 2.00c | 7.53e | 40.13e |
| | 250 | 7.13e | 34.11c | 2.33b | 4.00c | 5.86ef | 37.09f |
| | 300 | 2.33e | 11.55d | 1.66b | 2.33c | 2.58f | 10.29g |

随盐浓度的增加，各指标呈现下降趋势；低浓度盐可提高云麻5号、巴马火麻的萌发率；盐危害程度：$Na_2CO_3$>$Na_2SO_4$>$NaHCO_3$>NaCl；耐盐程度：云麻5号>巴马火麻。

（2）单种盐胁迫对工业大麻苗期生长的影响。

1）单种盐胁迫下大麻植株受害程度分级。通过表2-88盆栽试验不同胁迫时间下的观察：一周后，中、高浓度的碳酸钠处理就有了显著影响，分别达到了Ⅰ级、Ⅲ级危害。试验结束时，云麻5号在氯化钠、硫酸钠、碳酸氢钠各浓度处理下最高达到Ⅱ级危害，而在碳酸钠处理下，中浓度的危害就已经达到Ⅲ级，高浓度危害达到最高级，植株全部死亡。巴马火麻在碳酸钠处理下也出现同样的状况，但碳酸氢钠与氯化钠、硫酸钠处理比较，危害较高，最高危害达到Ⅱ级。综上表明，碱性盐对大麻的危害高于中性盐，碳酸钠最甚，碳酸氢钠次之。在中性盐胁迫下，总体上云麻5号与巴马火麻无显著差异，在高浓度盐胁迫下云麻5号甚至比巴马火麻表现更差些。

**表2-88 不同浓度单种盐处理下对云麻5号、巴马火麻植株受害程度**

| 盐处理 | 浓度（mmol/L） | 不同胁迫时间下的受害等级 | | | | | | | |
|---|---|---|---|---|---|---|---|---|---|
| | | 云麻5号 | | | | 巴马火麻 | | | |
| | | 1d | 8d | 15d | 22d | 1d | 8d | 15d | 22d |
| 对照 | 0 | 0 | 0 | 0 | 0 | 0 | 0 | 0 | 0 |
| NaCl | 100 | 0 | 0 | 0 | Ⅰ | 0 | 0 | Ⅰ | Ⅰ |
| | 200 | 0 | 0 | 0 | Ⅰ | 0 | 0 | Ⅰ | Ⅰ |
| | 300 | 0 | 0 | Ⅰ | Ⅱ | 0 | 0 | Ⅰ | Ⅰ |
| $Na_2SO_4$100 | 0 | 0 | Ⅰ | Ⅰ | 0 | 0 | Ⅰ | Ⅰ | |
| | 200 | 0 | 0 | Ⅰ | Ⅰ | 0 | 0 | Ⅰ | Ⅰ |
| | 300 | 0 | 0 | Ⅰ | Ⅱ | 0 | 0 | Ⅰ | Ⅰ |
| $Na_2CO_3$ | 100 | 0 | 0 | Ⅰ | Ⅰ | 0 | 0 | Ⅰ | Ⅰ |
| | 200 | 0 | Ⅰ | Ⅱ | Ⅲ | 0 | Ⅰ | Ⅲ | Ⅲ |
| | 300 | 0 | Ⅲ | Ⅲ | Ⅳ | 0 | Ⅲ | Ⅲ | Ⅳ |
| $NaHCO_3$ | 100 | 0 | 0 | Ⅰ | Ⅰ | 0 | 0 | Ⅰ | Ⅰ |
| | 200 | 0 | 0 | Ⅰ | Ⅰ | 0 | 0 | Ⅰ | Ⅰ |
| | 300 | 0 | 0 | Ⅱ | Ⅱ | 0 | 0 | Ⅱ | Ⅱ |

注：0生长正常，未受伤害，Ⅰ仅少数叶片边缘有轻度的褶皱萎缩，Ⅱ半数以下的叶片萎蔫死亡，Ⅲ半数以上的叶片萎蔫死亡，Ⅳ植株完全死亡

2）单种盐对大麻苗期性状的影响。从表2-89、表2-90中可以看出，在4种单种盐胁迫下，鲜重、株高、根长、根冠比、含水量随浓度的增加而降低；鲜重、株高、根长各浓度间呈显著性差异；叶片相对电导率随着盐浓度的升高而升高。叶绿素含量在碳酸钠盐胁迫下显著低于对照，在氯化钠胁迫下与对照相比无显著性差异。云麻5号，除氯化钠与碳酸氢钠外，低浓度盐胁迫下根冠比

与对照有显著性差异；对巴马火麻，除氯化钠外，根冠比均与对照有显著性差异。云麻 5 号在低、中浓度下株高、根长、叶绿素含量高于巴马火麻。

**表 2-89　不同单种盐浓度对云麻 5 号苗期性状的影响**

| 盐处理 | 盐浓度（mmol/L） | 鲜重（g） | 株高（cm） | 根长（mm） | 叶绿素含量 | 根冠比（%） | 含水量（%） | 相对电导率（%） |
|---|---|---|---|---|---|---|---|---|
| NaCl | 0 | 61.63a | 65.00a | 24.13a | 28.23a | 10.08a | 78.70a | 68.24a |
| | 100 | 36.23b | 44.00b | 21.23a | 29.26a | 9.02b | 76.05b | 77.26b |
| | 200 | 24.86c | 36.33c | 16.33b | 26.03a | 8.97c | 74.44c | 82.77c |
| | 300 | 16.93d | 31.00d | 16.32b | 25.90a | 9.78d | 71.22d | 86.30c |
| $Na_2SO_4$ | 0 | 61.63a | 65.00a | 24.13a | 28.23a | 10.08a | 78.70d | 68.24a |
| | 100 | 34.89b | 40.66b | 21.02b | 32.78b | 8.96b | 74.41c | 73.38ab |
| | 200 | 24.63c | 36.66c | 14.45c | 35.44b | 8.13c | 73.39a | 74.17ab |
| | 300 | 18.43d | 29.66d | 10.11d | 32.3b | 7.12d | 73.84b | 80.28b |
| $Na_2CO_3$ | 0 | 61.63a | 65.00a | 24.13a | 28.23a | 10.08a | 78.70c | 68.24a |
| | 100 | 26.26b | 40.33b | 11.89b | 19.39b | 8.20b | 77.10a | 76.19ab |
| | 200 | 17.45c | 33.66c | 7.14c | 10.35c | 5.32c | 78.10b | 82.35b |
| | 300 | 13.33c | 20.66d | 6.82c | — | 5.30c | 83.97d | — |
| $NaHCO_3$ | 0 | 61.63a | 65.00a | 24.13a | 28.23a | 10.08d | 78.70d | 68.24a |
| | 100 | 36.66b | 45.66b | 16.68b | 25.91a | 9.22c | 75.84b | 78.05b |
| | 200 | 24.92c | 42.66c | 10.93c | 21.57ab | 7.92a | 76.53c | 79.47b |
| | 300 | 16.72d | 37.33d | 10.69c | 15.28b | 8.67b | 73.59a | 85.03b |

**表 2-90　不同单种盐浓度对巴马火麻苗期性状的影响**

| 盐处理 | 盐浓度（mmol/L） | 鲜重（g） | 株高（cm） | 根长（mm） | 叶绿素含量 | 根冠比（%） | 含水量（%） | 相对电导率（%） |
|---|---|---|---|---|---|---|---|---|
| NaCl | 0 | 53.82a | 48.00a | 22.38a | 25.25a | 11.23a | 79.10a | 74.17a |
| | 100 | 43.89b | 34.33b | 25.56a | 26.36a | 10.98a | 76.49b | 78.22ab |
| | 200 | 27.26c | 30.33c | 19.38b | 27.10a | 9.86ab | 74.10c | 80.98b |
| | 300 | 18.69d | 22.00d | 16.87c | 24.35a | 9.06b | 73.43c | 81.52b |
| $Na_2SO_4$ | 0 | 53.82a | 48.00a | 22.38a | 25.25a | 11.23a | 79.10a | 74.17b |
| | 100 | 35.26b | 30.00b | 19.12b | 25.24a | 8.61b | 76.20b | 49.27a |
| | 200 | 27.82c | 29.66b | 15.25c | 20.02b | 8.55b | 74.50c | 86.99c |
| | 300 | 20.22d | 23.66c | 10.65d | 20.49b | 6.70c | 73.92c | 89.21c |
| $Na_2CO_3$ | 0 | 53.82a | 48.00a | 22.38a | 25.25a | 11.23a | 79.10a | 74.17a |
| | 100 | 22.86b | 29.33b | 11.04b | 10.8b | 9.49b | 74.66b | 76.13a |
| | 200 | 15.89c | 23.00c | 8.14c | 8.34b | 4.17c | 77.36c | 83.09b |
| | 300 | 10.21d | 16.00d | 5.67d | — | 4.99c | 80.37d | — |
| $NaHCO_3$ | 0 | 53.82a | 48.00a | 22.38a | 25.25a | 11.23a | 79.10a | 74.17a |
| | 100 | 36.26b | 36.66b | 12.86b | 26.26a | 9.83b | 76.07b | 80.44ab |
| | 200 | 26.09c | 34.33b | 9.51c | 18.14b | 8.83bc | 76.00b | 83.77b |
| | 300 | 13.22d | 26.33c | 5.97d | 14.11c | 8.44c | 69.27c | 86.53b |

综上所述，各指标呈现随着盐浓度的升高而降低的现象；低盐可在一定程度上促进大麻的生长；盐胁迫程度：$Na_2CO_3$>$NaHCO_3$>$Na_2SO_4$>NaCl；耐盐性：云麻 5 号>巴马火麻，或两者无显著性差异；pH 值值高，大麻不仅受到盐危害，而且也受到碱危害。

（3）混合盐Ⅰ胁迫对工业大麻种子萌发的影响。云麻 5 号、巴马火麻在不同盐处理中，各指标随着混合盐浓度的增加而降低。云麻 5 号在各处理的 4、5、6 组合下还保持萌发力，而巴马火麻基本上无萌发；云麻 5 号、巴马火麻在各处理的 1、2、3 低浓度组合下萌发良好。通过各指标的比较得出：混合盐处理下种子萌发期的耐盐能力云麻 5 号明显大于巴马火麻。不同浓度混合盐对云麻 5 号、巴马火麻的危害由小到大表现为：C、D、B、A。萌芽期混合盐胁迫中，中性盐的危害大于碱性盐，且混合盐对大麻种子的伤害明显大于单盐（表 2-91、表 2-92）。

**表 2-91 混合盐 I 胁迫下云麻 5 号萌芽期各指标**

| 处理 | 盐浓度组合 | 发芽势(%) | 发芽率(%) | 胚根长(mm) | 胚轴长(mm) | 萌发指数 | 活力指数 |
|---|---|---|---|---|---|---|---|
| 对照 | 0 | 77.77a | 92.22a | 48.66a | 40.33a | 44.60a | 3 968.95a |
| A 中性 | 1 | 68.33a | 82.33a | 17.33b | 26.00b | 35.84b | 1 552.94b |
| | 2 | 38.13b | 69.66b | 5.67c | 9.00c | 22.08c | 323.91c |
| | 3 | 13.44c | 40.13c | 4.67c | 7.00c | 8.87d | 103.51d |
| | 4 | 0.00d | 16.33d | 5.67c | 0.00d | 1.83e | 10.37e |
| | 5 | 0.00d | 0.00e | 0.00c | 0.00d | 0.00f | 0.00f |
| | 6 | 0.00d | 0.00e | 0.00c | 0.00d | 0.00f | 0.00f |
| 对照 | 0 | 77.77a | 92.22a | 48.66a | 40.33a | 44.60a | 3 968.95a |
| B 中性 | 1 | 66.13b | 82.66a | 8.67b | 13.33b | 29.54b | 649.88b |
| | 2 | 28.33c | 44.33b | 7.66bc | 7.33c | 13.89c | 208.22c |
| | 3 | 11.33d | 47.13b | 4.00bc | 7.33c | 10.34d | 117.15d |
| | 4 | 6.67df | 29.44b | 3.67bc | 6.67c | 5.32e | 55.01e |
| | 5 | 0.00f | 23.33bc | 3.00bc | 5.33c | 4.325e | 36.027f |
| | 6 | 0.00f | 3.33c | 0.00c | 0.00d | 0.96f | 0.00g |
| 对照 | 0 | 77.77a | 92.22a | 48.66a | 40.33a | 44.60a | 3 968.95a |
| C 碱性 | 1 | 50.11b | 76.68b | 6.00b | 4.00b | 25.69b | 256.9b |
| | 2 | 38.33c | 60.33c | 3.67b | 7.00bc | 16.44c | 175.41c |
| | 3 | 11.44d | 29.33d | 4.67b | 0.00c | 6.88d | 32.12d |
| | 4 | 9.33d | 32.13d | 4.33b | 0.00c | 6.40d | 27.71e |
| | 5 | 4.11de | 28.03d | 4.67b | 0.00c | 5.15e | 24.05f |
| | 6 | 0.00e | 14.44e | 2.33b | 0.00c | 2.09f | 4.86g |
| 对照 | 0 | 77.77a | 92.22a | 48.66a | 40.33a | 44.60a | 3 968.95a |
| D 碱性 | 1 | 47.67b | 72.13b | 3.67b | 9.67b | 26.68b | 355.91b |
| | 2 | 37.33c | 61.33c | 2.33b | 6.33b | 16.82c | 145.66c |
| | 3 | 6.33d | 39.33d | 4.67b | 0.00c | 6.16d | 28.76d |
| | 4 | 0.00d | 6.03e | 2.67b | 0.00c | 0.45e | 1.20e |
| | 5 | 0.00d | 3.33e | 2.00b | 0.00c | 0.31e | 0.62e |
| | 6 | 0.00d | 0.00e | 0.00b | 0.00c | 0.00e | 0.00e |

**表 2-92 混合盐 I 胁迫下巴马火麻萌芽期各指标**

| 处理 | 盐浓度组合 | 发芽势(%) | 发芽率(%) | 胚根长(mm) | 胚轴长(mm) | 萌发指数 | 活力指数 |
|---|---|---|---|---|---|---|---|
| 对照 | 0 | 74.44a | 91.11a | 45.00a | 51.25a | 38.65a | 3 720.06a |
| A 中性 | 1 | 43.33b | 74.33b | 22.33b | 12.33b | 24.96b | 865.11b |
| | 2 | 6.13c | 38.44c | 13.67bc | 8.67b | 7.96c | 177.82c |
| | 3 | 0.00c | 4.13d | 6.33cd | 0.00c | 0.51d | 3.22d |
| | 4 | 0.00c | 0.00d | 0.00d | 0.00c | 0.00d | 0.00e |
| | 5 | 0.00c | 0.00d | 0.00d | 0.00c | 0.00d | 0.00e |
| | 6 | 0.00c | 0.00d | 0.00d | 0.00c | 0.00d | 0.00e |
| 对照 | 0 | 74.44a | 91.11a | 45.00a | 51.25a | 38.65a | 3 720.06a |
| B 中性 | 1 | 24.13b | 56.44b | 8.33b | 7.33b | 11.383b | 178.25b |
| | 2 | 11.33c | 56.67b | 11.33bc | 7.67b | 11.16b | 212.04c |
| | 3 | 1.33d | 3.13c | 3.33bc | 5.00b | 1.34c | 11.16d |
| | 4 | 0.00d | 0.00c | 0c | 0.00c | 0.00c | 0.00e |
| | 5 | 0.00d | 0.00c | 0c | 0.00c | 0.00c | 0.00e |
| | 6 | 0.00d | 0.00c | 0c | 0.00c | 0.00c | 0.00e |
| 对照 | 0 | 74.44a | 91.11a | 45.00a | 51.25a | 38.65a | 3 720.06a |
| C 碱性 | 1 | 26.67b | 53.68b | 6.67b | 0.00b | 13.92b | 92.84b |
| | 2 | 11.33c | 30.33c | 4.33b | 0.00b | 6.26c | 27.11c |
| | 3 | 0.00d | 9.33d | 2.67b | 0.00b | 2.03d | 5.42d |
| | 4 | 0.00d | 7.13de | 2.67b | 0.00b | 1.01d | 2.69d |
| | 5 | 0.00d | 2.03ef | 1.33b | 0.00b | 0.51d | 0.67d |
| | 6 | 0.00d | 0.00f | 0.00b | 0.00b | 0.00d | 0.00d |

（续表）

| 处理 | 盐浓度组合 | 发芽势（%） | 发芽率（%） | 胚根长（mm） | 胚轴长（mm） | 萌发指数 | 活力指数 |
|---|---|---|---|---|---|---|---|
| 对照 | 0 | 74.44a | 91.11a | 45.00a | 51.25a | 38.65a | 3 720.06a |
| D 碱性 | 1 | 41.67b | 62.13b | 4.33b | 4.33b | 17.68b | 153.10b |
| | 2 | 13.33c | 28.33c | 6.33b | 0.00c | 7.05c | 44.62c |
| | 3 | 0.00d | 2.44d | 1.67b | 0.00c | 0.51d | 0.85d |
| | 4 | 0.00d | 2.44d | 1.67b | 0.00c | 0.31d | 0.51d |
| | 5 | 0.00d | 0.00d | 0.00b | 0.00c | 0.00d | 0.00d |
| | 6 | 0.00d | 0.00d | 0.00b | 0.00c | 0.00d | 0.00d |

（4）混合盐胁迫对工业大麻苗期生长的影响。

1）混合盐Ⅰ胁迫下大麻植株受害程度分级。随着盐浓度的增加，各处理植株生长越来越缓慢。两种碱性盐胁迫下，云麻5号、巴马火麻在高浓度混合盐胁迫的第3d就达到Ⅳ级危害。盐胁迫结束后，云麻5号在A、B处理（表2-93）高浓度混合盐胁迫下达到Ⅱ级危害，巴马火麻在A处理高浓度混合盐胁迫和B处理低、中、高浓度混合盐胁迫下达到Ⅱ级危害；碱性盐胁迫下，云麻5号、巴马火麻在C、D处理的中浓度混合盐胁迫下出现相同的Ⅲ级危害症状。综上所述，云麻5号、巴马火麻在低、中、高浓度碱性混合盐处理下都不能正常生长。高浓度中性混合盐处理下，云麻5号和巴马火麻也不能正常生长。混合盐胁迫的危害明显强于单种盐。

**表2-93　混合盐Ⅰ胁迫下云麻5号、巴马火麻植株受害程度**

| 盐处理 | 盐组合 | 不同胁迫时间的受害等级 | | | | | | | |
|---|---|---|---|---|---|---|---|---|---|
| | | 云麻5号 | | | | 巴马火麻 | | | |
| | | 1d | 8d | 15d | 22d | 1d | 8d | 15d | 22d |
| A 中性 | 0 | 0 | 0 | 0 | 0 | 0 | 0 | 0 | 0 |
| | 1 | 0 | 0 | Ⅰ | Ⅰ | 0 | 0 | Ⅰ | Ⅰ |
| | 2 | 0 | 0 | Ⅰ | Ⅰ | 0 | 0 | Ⅰ | Ⅰ |
| | 3 | 0 | Ⅰ | Ⅰ | Ⅱ | 0 | Ⅰ | Ⅰ | Ⅱ |
| B 中性 | 0 | 0 | 0 | 0 | 0 | 0 | 0 | 0 | 0 |
| | 1 | 0 | 0 | Ⅰ | Ⅰ | 0 | 0 | Ⅰ | Ⅰ |
| | 2 | 0 | 0 | Ⅰ | Ⅰ | 0 | Ⅰ | Ⅰ | Ⅱ |
| | 3 | 0 | Ⅰ | Ⅰ | Ⅱ | 0 | Ⅰ | Ⅰ | Ⅱ |
| C 碱性 | 0 | 0 | 0 | 0 | 0 | 0 | 0 | 0 | 0 |
| | 1 | 0 | Ⅰ | Ⅰ | Ⅱ | 0 | Ⅰ | Ⅰ | Ⅱ |
| | 2 | 0 | Ⅰ | Ⅱ | Ⅲ | 0 | Ⅰ | Ⅱ | Ⅲ |
| | 3 | 0 | Ⅳ | Ⅳ | Ⅳ | 0 | Ⅳ | Ⅳ | Ⅳ |
| D 碱性 | 0 | 0 | 0 | 0 | 0 | 0 | 0 | 0 | 0 |
| | 1 | 0 | Ⅰ | Ⅰ | Ⅱ | 0 | Ⅰ | Ⅰ | Ⅱ |
| | 2 | 0 | Ⅰ | Ⅲ | Ⅲ | 0 | Ⅰ | Ⅲ | Ⅲ |
| | 3 | 0 | Ⅳ | Ⅳ | Ⅳ | 0 | Ⅳ | Ⅳ | Ⅳ |

注：0生长正常，未受伤害，Ⅰ仅少数叶片边缘有轻度的褶皱萎缩，Ⅱ半数以下的叶片萎蔫死亡，Ⅲ半数以上的叶片萎蔫死亡，Ⅳ植株完全死亡

2）混合盐Ⅱ胁迫下大麻植株受害程度分级。盐胁迫一周后，云麻5号、巴马火麻的盐胁迫都达到了Ⅰ级危害，而云麻5号的F处理（表2-94）在第一次盐胁迫两天后就达到了Ⅲ级危害。盐胁迫结束后，云麻5号出现了严重的盐胁迫现象：A、B、C处理达到了Ⅱ级危害，D、E处理为Ⅲ级危害，F处理在盐胁迫两周后就达到了Ⅳ级危害，植株全部死亡。巴马火麻的B、C、D处理达到了Ⅱ级危害，E、F处理为Ⅲ级危害。综上所述，云麻5号在此混合盐处理下，耐盐能力小于巴马火麻。碱性值越大，对大麻伤害越大。

**表 2-94 混合盐Ⅱ胁迫下云麻 5 号、巴马火麻植株受害程度**

| 处理 | 不同胁迫时间的受害等级 | | | | | | | |
|---|---|---|---|---|---|---|---|---|
| | 云麻 5 号 | | | | 巴马火麻 | | | |
| | 1d | 8d | 15d | 22d | 1d | 8d | 15d | 22d |
| 对照 | 0 | 0 | 0 | 0 | 0 | 0 | 0 | 0 |
| A | 0 | Ⅰ | Ⅱ | Ⅱ | 0 | Ⅰ | Ⅰ | Ⅰ |
| B | 0 | Ⅰ | Ⅱ | Ⅱ | 0 | Ⅰ | Ⅰ | Ⅱ |
| C | 0 | Ⅰ | Ⅱ | Ⅱ | 0 | Ⅰ | Ⅰ | Ⅱ |
| D | 0 | Ⅰ | Ⅱ | Ⅲ | 0 | Ⅰ | Ⅱ | Ⅱ |
| E | 0 | Ⅰ | Ⅲ | Ⅲ | 0 | Ⅰ | Ⅱ | Ⅲ |
| F | 0 | Ⅲ | Ⅳ | Ⅳ | 0 | Ⅰ | Ⅲ | Ⅲ |

注：0 生长正常，未受伤害，Ⅰ仅少数叶片边缘有轻度的褶皱萎缩，Ⅱ半数以下的叶片萎蔫死亡，Ⅲ半数以上的叶片萎蔫死亡，Ⅳ植株完全死亡

3）混合盐Ⅰ胁迫对大麻苗期性状的影响。云麻 5 号、巴马火麻的地上鲜重、株高、根长随着盐浓度的增加呈现降低趋势。A、B、C、D 处理（表 2-95、表 2-96）下不同盐浓度的鲜重、株高与对照相比呈显著差异，且不同浓度间也有显著差异。云麻 5 号 A、B、C 各浓度的根长虽与对照相比有显著差异，但浓度间无显著差异；巴马火麻 A、C 处理下不同浓度间的根长虽与对照有显著差异，但低、中浓度间无显著差异，B 处理的中、高浓度间的根长与对照无显著差异，D 处理的中、高浓度根长与对照相比有显著差异，但浓度间无差异。云麻 5 号各处理下的叶绿素含量显著高于对照，巴马火麻 A、B 处理下的叶绿素含量、根冠比明显高于对照，而 C、D 处理下的叶绿素含量与对照相比无显著差异或明显低于对照，根冠比明显低于对照，A、B 处理下的根长、根冠比明显高于 C、D 处理。云麻 5 号 B 处理下的含水量各浓度间无显著差异，云麻 5 号含水量随着盐浓度的增加呈下降趋势，A 处理的低、中浓度间的含水量无显著差异，D 处理的低浓度与对照相比无显著差异。叶片的相对电导率随着各处理的浓度增加而增加，每个处理低浓度下的相对电导率与对照相比无显著差异，而中、高浓度下呈显著差异，但浓度间无显著差异。高浓度碱性盐胁迫下的根冠比、含水量与其他浓度相比出现显著性降低。综上所述，中性盐对植物的危害明显低于碱性盐，且低浓度盐对植物危害较小，甚至没有危害。

**表 2-95 不同混合盐浓度对云麻 5 号苗期性状的影响**

| 处理组 | 盐组合 | 鲜重（g） | 株高（cm） | 根长（mm） | 叶绿素含量 | 根冠比（%） | 含水量（%） | 相对电导率（%） |
|---|---|---|---|---|---|---|---|---|
| A 中性 | 0 | 24. 76a | 51. 66a | 30. 00a | 29. 466a | 7. 58a | 74. 99a | 61. 58a |
| | 1 | 18. 66b | 35. 00b | 23. 16b | 38. 40b | 7. 35a | 68. 52b | 65. 42bc |
| | 2 | 15. 30c | 32. 66c | 24. 56ab | 40. 80b | 9. 51c | 67. 78b | 65. 78bc |
| | 3 | 11. 60d | 26. 66d | 19. 30b | 38. 70b | 8. 35b | 64. 83c | 69. 61b |
| B 中性 | 0 | 24. 76a | 51. 66a | 30. 00a | 29. 46a | 7. 58a | 74. 99a | 61. 58a |
| | 1 | 20. 33b | 40. 00b | 20. 33b | 38. 63b | 7. 85ab | 71. 00b | 68. 53b |
| | 2 | 15. 33c | 33. 66c | 21. 13b | 37. 86b | 8. 20ab | 69. 54b | 74. 63bc |
| | 3 | 12. 53d | 30. 66d | 22. 03b | 31. 20a | 8. 35b | 69. 87b | 76. 99c |
| C 碱性 | 0 | 24. 76a | 51. 66a | 30. 00a | 29. 46a | 7. 58a | 74. 99a | 61. 58a |
| | 1 | 17. 56b | 39. 66b | 13. 20b | 33. 03a | 6. 78b | 72. 41a | 71. 46b |
| | 2 | 11. 00c | 32. 66c | 12. 26b | 28. 53a | 6. 56b | 65. 67b | 74. 26b |
| | 3 | — | 16. 00d | 10. 43b | — | 3. 68c | — | — |
| D 碱性 | 0 | 24. 76a | 51. 66a | 30. 00a | 29. 46ab | 7. 58a | 74. 99a | 61. 58a |
| | 1 | 17. 20b | 37. 33b | 14. 23b | 33. 23a | 6. 38b | 73. 18a | 65. 10a |
| | 2 | 7. 93c | 25. 66c | 11. 10bc | 25. 33b | 4. 51c | 54. 08b | 73. 24b |
| | 3 | — | 16. 33d | 9. 10c | — | 2. 10d | — | — |

**表 2-96　不同混合盐浓度对巴马火麻苗期的影响**

| 处理组 | 盐组合 | 鲜重（g） | 株高（cm） | 根长（mm） | 叶绿素含量 | 根冠比（%） | 含水量（%） | 相对电导率（%） |
|---|---|---|---|---|---|---|---|---|
| A 中性 | 0 | 25. 36a | 41. 00a | 25. 53a | 23. 60b | 7. 64a | 75. 59a | 82. 04a |
| | 100 | 18. 30b | 29. 00b | 21. 00b | 35. 13a | 8. 50b | 68. 99b | 82. 35a |
| | 200 | 14. 20c | 26. 00c | 18. 50b | 27. 26b | 8. 13b | 67. 98b | 92. 28b |
| | 300 | 11. 03d | 18. 66d | 16. 83c | 28. 83b | 8. 15b | 63. 95c | 93. 41b |
| B 中性 | 0 | 25. 36a | 41. 00a | 25. 53a | 23. 60a | 7. 64a | 75. 59a | 82. 04ab |
| | 100 | 17. 53b | 28. 00b | 20. 96b | 27. 86b | 9. 15c | 70. 83b | 77. 98a |
| | 200 | 14. 56c | 25. 33c | 24. 90a | 26. 70ab | 9. 62d | 68. 19c | 85. 82b |
| | 300 | 11. 43d | 23. 00c | 22. 00a | 26. 46ab | 8. 52b | 65. 88d | 89. 23b |
| C 碱性 | 0 | 25. 36a | 41. 00a | 25. 53a | 23. 60a | 7. 64a | 75. 59a | 82. 04a |
| | 100 | 16. 46b | 30. 00b | 12. 50b | 23. 86a | 6. 98b | 70. 54b | 92. 95b |
| | 200 | 12. 76c | 25. 33c | 11. 83b | 23. 60a | 6. 00c | 66. 71c | 94. 73b |
| | 300 | — | 16. 33d | 6. 30c | — | 2. 67d | — | — |
| D 碱性 | 0 | 25. 36a | 41. 00a | 25. 53a | 23. 60a | 7. 64a | 75. 59a | 82. 04a |
| | 100 | 16. 16b | 28. 00b | 13. 96b | 22. 00a | 6. 57b | 72. 96a | 88. 05a |
| | 200 | 7. 10c | 20. 33c | 9. 20c | 16. 80b | 4. 36c | 53. 28b | 89. 42b |
| | 300 | — | 15. 33d | 6. 53c | — | 2. 47d | — | — |

4）混合盐Ⅱ胁迫对大麻苗期性状的影响。随着各处理的碱性值不断增加，云麻 5 号的鲜重、干重、根长、叶绿素含量与对照相比呈下降趋势，根冠比、含水量、相对电导率与对照相比呈上升趋势。巴马火麻的鲜重、干重、根长、叶绿素含量、根冠比、含水量与对照比呈显著下降趋势，相对电导率与对照比呈显著上升趋势。云麻 5 号、巴马火麻的各指标与对照相比都存在显著差异，但两个品种 A、B、C、D 处理（表 2-97、表 2-98）之间的鲜重无显著差异，云麻 5 号的 C 与 D、E 与 F 处理间的干重无显著差异，云麻 5 号 A、B、D 处理间的根长无明显差异，巴马火麻 B、C、D、F 处理间的根长、含水量都无显著差异；云麻 5 号的根冠比、含水量、叶片相对电导率显著高于对照，各处理间也有显著差异，而巴马火麻 B、D、F 处理下的根冠比与对照相比无显著差异，且处理间也无明显差异；巴马火麻 B、C、D 处理下的电导率与对照相比有显著差异，但处理间无明显差异。

**表 2-97　混合盐Ⅱ胁迫对云麻 5 号苗期性状的影响**

| 处理 | 鲜重（g） | 干重（g） | 根长（cm） | 叶绿素含量 | 根冠比（%） | 含水量（%） | 相对电导率（%） |
|---|---|---|---|---|---|---|---|
| 对照 | 25. 60a | 4. 53a | 18. 66a | 37. 20a | 13. 43a | 78. 94a | 76. 30a |
| A | 12. 10b | 1. 99b | 15. 63b | 31. 90b | 20. 24b | 83. 91b | 84. 06b |
| B | 11. 75b | 1. 57c | 14. 80b | 30. 00bc | 28. 30cd | 86. 79c | 87. 29bc |
| C | 12. 10b | 1. 30d | 13. 60c | 27. 16c | 35. 02ef | 88. 21cd | 89. 38c |
| D | 12. 74b | 1. 23d | 15. 10b | 23. 23d | 39. 92f | 89. 20d | 93. 47d |
| E | 9. 60c | 1. 08e | 10. 53e | 19. 76e | 23. 48bc | 88. 50cd | 94. 59d |
| F | — | 0. 95e | 12. 43d | — | 30. 75de | — | — |

**表 2-98　混合盐Ⅱ胁迫对巴马火麻苗期性状的影响**

| 处理 | 鲜重（g） | 干重（g） | 根长（cm） | 叶绿素含量 | 根冠比（%） | 含水量（%） | 相对电导率（%） |
|---|---|---|---|---|---|---|---|
| 对照 | 29. 93a | 7. 22a | 24. 33a | 41. 33a | 9. 60ab | 75. 87a | 74. 85a |
| A | 12. 44bc | 4. 37b | 16. 16b | 36. 70bc | 8. 27bc | 64. 85bc | 81. 74b |
| B | 12. 34bc | 4. 11bc | 14. 53bc | 38. 60ab | 10. 15ab | 66. 65b | 83. 50bc |
| C | 12. 08bc | 4. 08bc | 14. 63bc | 36. 00bc | 11. 03a | 66. 19b | 85. 21bc |
| D | 13. 87bc | 4. 40b | 14. 06bc | 33. 53c | 9. 70ab | 68. 14b | 86. 79bc |
| E | 9. 20d | 3. 73cd | 11. 96c | 27. 56d | 7. 39c | 58. 79c | 88. 23c |
| F | 11. 09cd | 3. 55d | 13. 60bc | 34. 93bc | 9. 99ab | 67. 92b | 93. 21d |

综上所述，混合盐的危害大于单种盐。混合盐Ⅰ胁迫条件下，随盐浓度升高，萌芽期各指标下降；耐盐性：云麻 5 号>巴马火麻；盐危害程度：中性盐>碱性盐。苗期胁迫程度：碱性盐>中性盐；云麻 5 号和巴马火麻在不同盐处理的生长状态基本一致；低浓度的盐在初期有促进大麻生长的作用（株高）；生理指标在不同处理下变化大，不同品种应对盐胁迫机制有很大的差异。

混合盐Ⅱ胁迫条件下，随盐碱性升高，胁迫危害也增加；4 种混合盐处理的危害差异不显著，可能由于盐与盐之间的相互作用。

2. 工业大麻盐胁迫转录组学研究

试验采用盆栽，对供试品种云麻 5 号和巴马火麻给予 500mmol/L NaCl 溶液胁迫处理，0d、2d、4d、6d 后采集全部植株的新鲜叶片提取总 RNA，进行 RNA-Seq 测序。对测序结果进行差异表达基因分析，用 RPKM>1、log2>2 和 P-value<0.05 三个标准筛选合格基因做进一步分析。对差异表达基因使用程序 STEM（the Short Time-series Expression Miner v1.3.8）进行表达趋势聚类，选取盐胁迫相关的基因表达趋势进行基因的 GO 功能注释和 KEGG pathway 分析，通过生物信息分析筛选盐胁迫相关基因进行 qRT-PCR 验证转录组测序及实验准确性。

分析结果显示（图 2-12），巴马火麻差异基因多于云麻 5 号，进一步分析发现，2d 时点共同上调基因有 220 个，共同下调基因 249 个，表达趋势相反的基因分别是 24 个和 26 个。

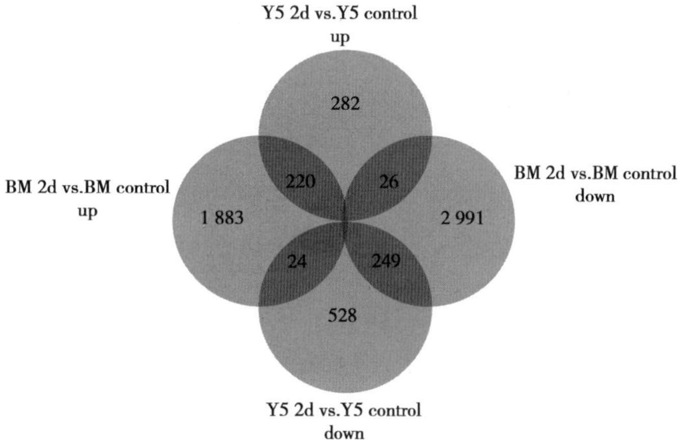


**图 2-12　盐胁迫 2d 时两品种差异表达基因维恩图**

将所有时间点的差异表达基因根据其表达趋势进行聚类后，一般胁迫相关基因的表达趋势都呈先上升后下降，因此选取云麻 5 号中的 *profile*16 和巴马火麻中的 *profile*14 进行 GO 注释和 KEGG pathway 分析。发现 *profile*16 和 *profile*14 的 GO 功能都分为 biological process，cellular component 和 molecular function。将所有时间点的差异表达基因根据其表达趋势进行聚类后，发现巴马火麻在 molecular function 中比云麻 5 号多了 electron carrier activity 途径。*profile*16 云麻 5 号富集在可变剪切和氨基酸代谢途径，*profile*14 巴马火麻富集在亚麻酸代谢、脂肪酸代谢及氨基酸代谢（Pvalue<0.01）途径。

挑选的 24 个盐胁迫相关基因的 qPR-PCR 验证结果中，有 18 个基因的 qRT-PCR 结果和转录组结果一致，证明转录组测序结果可靠。

3. 工业大麻盐胁迫蛋白质组学研究

试验材料为云麻 5 号（YM）和巴马火麻（BM），采用盆栽，每个品种均设两个处理，即 600mmol/L NaCl 处理和清水处理，每个处理 15 盆。待麻苗长出四对真叶（约 20cm）时进行胁迫处理，以 2d 为周期对所有处理进行浇水以补充蒸发水分。自胁迫处理开始（0d），以 2d 为周期测量大麻幼苗倒数第三对叶的可溶性糖含量、可溶性蛋白含量、叶绿素含量、SOD 含量等生理生化指标。

胁迫处理第 4d，取两个品种的叶片进行蛋白提取、蛋白质谱鉴定、相关蛋白质组学及生物信息分析。

由于盐胁迫处理 8d 后 YM 已到胁迫临界期，故本试验测量指标至胁迫第 6d。由图 2-13 可知，BM 的各个生理指标都高于 YM，可能暗示 BM 耐盐性高于 YM。YM 的可溶性蛋白含量呈先上升（0~2d）后下降的趋势，该趋势与可溶性糖、SOD 相同。叶绿素含量变化则一直呈下降趋势，但 0~2d 的下降速度最慢。BM 的可溶性糖、可溶性蛋白一直处于较高状态，直至胁迫第 6d 仍与 0d 相差不大，SOD 酶则随胁迫时间延长不断升高。综合以上指标，YM 在盐胁迫第 4d 对胁迫反应最敏感，故本试验分别在各个处理的第 4d 进行差异蛋白质组学分析。

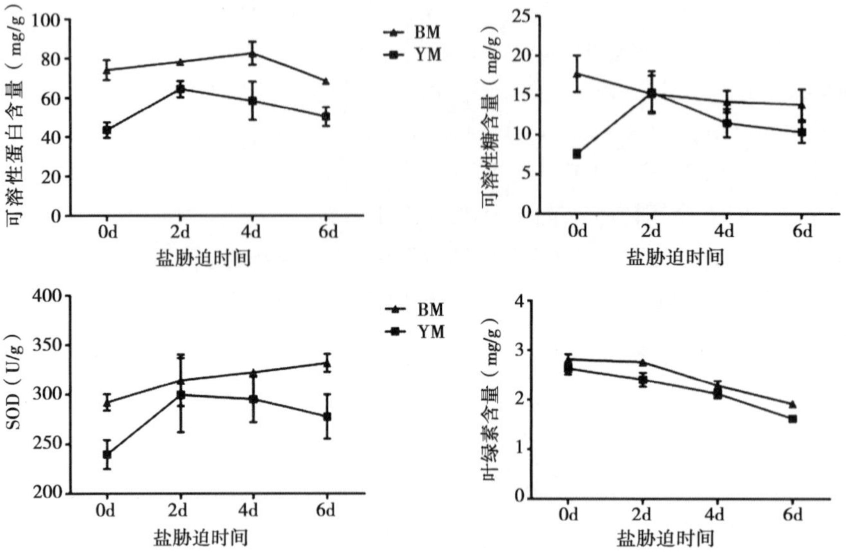


**图 2-13　盐胁迫下大麻叶片中可溶性蛋白、可溶性糖、SOD 和叶绿素含量的变化**

试验共鉴定到 3 799 个蛋白，成功 Blast（NCBI）匹配 3 599 个蛋白，匹配率达 94.7%。对所有匹配蛋白的注释物种来源分析发现，前 7 个物种占所有蛋白的 63.1%，其中，*Prunus persica* 14.7%、*Vitis vinifera* 14.5%、*Populus trichocarpa* 10.3%、*Cucumis sativus* 和 *Ricinus communis* 均为 6%，且这 7 个物种来自蔷薇科的有 *Vitis vinifera*、*Prunus persica*、*Fragaria vesca* subsp. *vesca*，所占比例达 34.5%（图 2-14）。

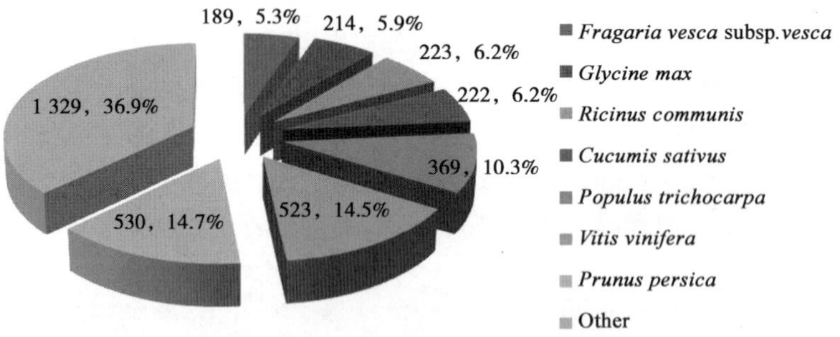


**图 2-14　盐胁迫下大麻蛋白注释物种数前 7 位物种所占百分比**

通过样品间两两比较，统计得到差异蛋白数量及在两品种中的具体分布（图 2-15）。试验分别鉴定到 BM 403 个、YM 252 个差异蛋白。BM、YM 上调蛋白分别为 153 个和 278 个，分别占所有差异蛋白的 70.0%和 60.3%，由此说明大麻在盐胁迫时各种代谢活动比较旺盛，尤其是 BM。同时，本文发现细胞生长/分化只在 BM 中差异表达，转移体在 BM 全为上调蛋白，次级代谢在 YM 中全为下调蛋白。

根据 Bevan et al.（1998）报道的分类方法对两个品种的差异蛋白进行功能分类，共可分成 14 种。BM 上调蛋白中，未知（57.6%）、初级代谢（6.1%）、蛋白定向与贮藏（5.0%）、病害/防御

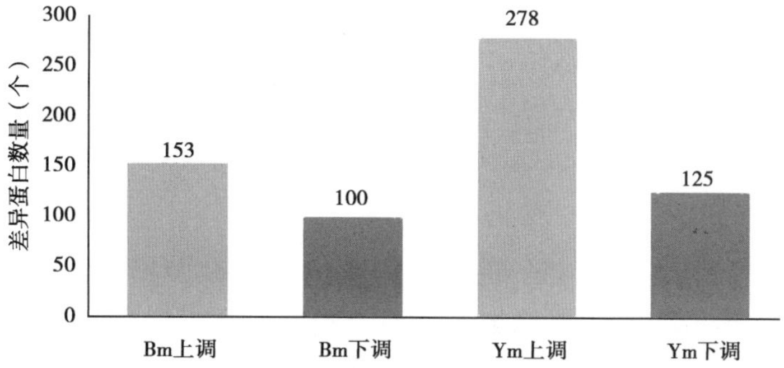


**图 2-15　盐胁迫下大麻差异蛋白数量统计**

(5.0%)、能量代谢（4.3%)、蛋白质合成（4.3%）和光合作用（4.3%）占所有蛋白的 86.6%；YM 上调蛋白中，未知（52.6%)、初级代谢（9.1%)、转录（8.4%)、病害/防御（7.1%）和光合作用（5.2%）占所有蛋白的 82.4%；BM 下调蛋白中，未知（51.2%)、能量代谢（8.0%)、初级代谢（8.0%)、光合作用（7.2%)、蛋白质合成（6.4%）和信号转导（5.6%）占所有蛋白的 86.4%；YM 下调蛋白中，未知（56.1%)、蛋白定向与贮藏（7.1%)、光合作用（6.1%)、蛋白质合成（5.1%)、能量代谢（5.1%）和病害/防御（4.1%）占所有蛋白的 83.6%。其他蛋白功能包括细胞结构、次生代谢、保内途径和细胞生长/分化。本试验还发现细胞生长/分化只在 BM 中差异表达，转运蛋白在 BM 全为上调蛋白，次生代谢在 YM 中全为下调蛋白（图 2-16、图 2-17)。

a

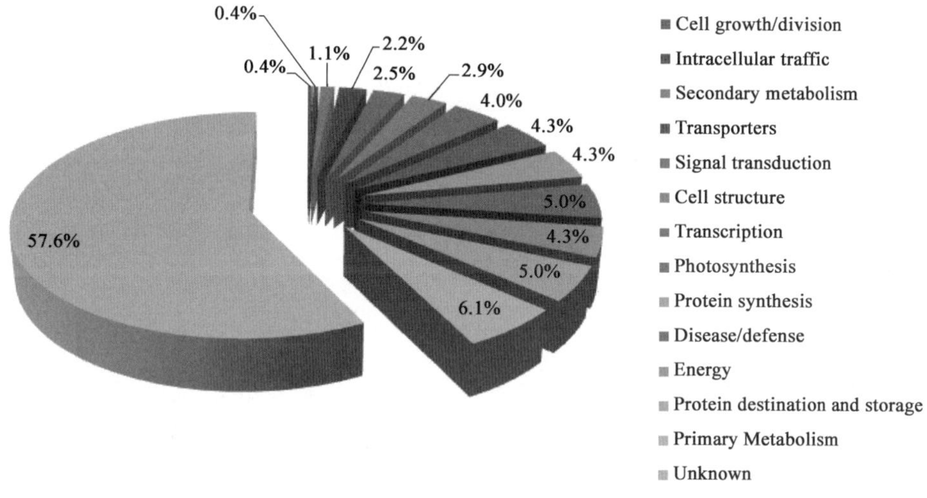


b

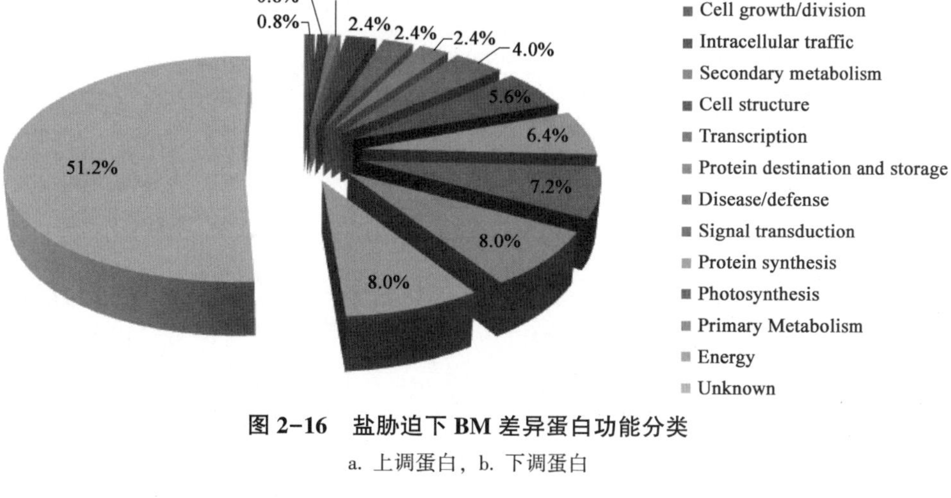


**图 2-16　盐胁迫下 BM 差异蛋白功能分类**

a. 上调蛋白，b. 下调蛋白

a

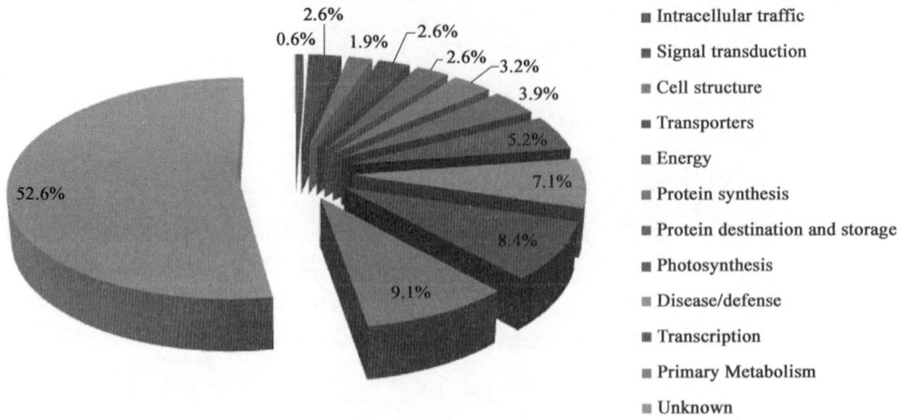


b

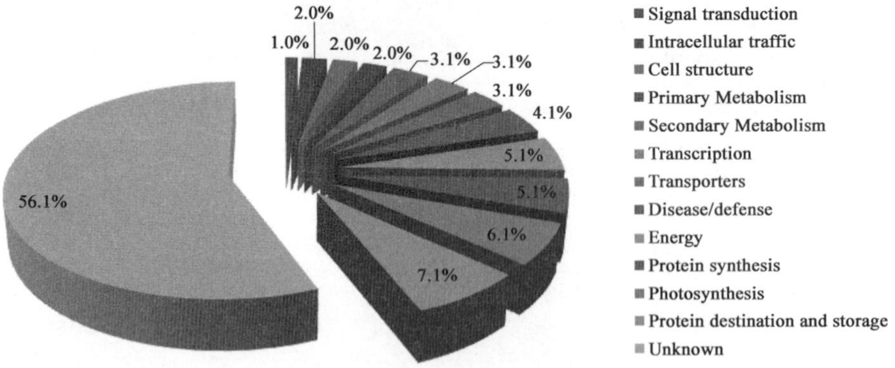


**图 2-17　盐胁迫下 YM 差异蛋白功能分类**

a. 上调蛋白，b. 下调蛋白

4. 外源 $Ca^{2+}$ 对大麻耐盐胁迫的缓解效应

（1）缓解工业大麻盐胁迫的适宜 $Ca^{2+}$ 浓度。试验材料为云麻 5 号和巴马火麻。采用砂培法，在直径为 90mm 的培养皿中加入适量洗净的沙子作为种子的发芽床，每个培养皿 20 粒种子，然后加入处理溶液。试验设 6 个处理（CK，M1-M5），每个处理 3 次重复（表 2-99）。沙子和种子在放入培养皿之前进行灭菌，沙子在 120℃烘箱中灭菌 1h，种子用 75%酒精进行表面消毒 15min、灭菌蒸馏水漂洗 4 次、每次漂洗 5min，处理后温室内 25℃黑暗条件下催芽，每天定时称重并用蒸馏水补充蒸发的水分，4d 后开始每天光照 12h，第 8d 测量相关指标。

**表 2-99　$Ca^{2+}$ 对工业大麻盐胁迫的缓解作用试验处理**

| 编号 | 处理 | 编号 | 处理 |
|---|---|---|---|
| CK | 对照，去离子水 | M3 | 150mmol/L NaCl 溶液+10mmol/L $Ca^{2+}$ |
| M1 | 150mmol/L NaCl 溶液 | M4 | 150mmol/L NaCl 溶液+20mmol/L $Ca^{2+}$ |
| M2 | 150mmol/L NaCl 溶液+5mmol/L $Ca^{2+}$ | M5 | 150mmol/L NaCl 溶液+40mmol/L $Ca^{2+}$ |

从试验结果来看（表 2-100、表 2-101），$Ca^{2+}$ 对不同盐胁迫（NaCl 浓度为 100mmol/L 和 150mmol/L）下云麻 5 号的萌发基本无缓解作用，反而加重盐胁迫的伤害。而 $Ca^{2+}$ 对不同盐胁迫（NaCl 浓度为 100mmol/L 和 150mmol/L）下巴马火麻的萌发具有缓解作用，特别是在处理 M3（$Ca^{2+}$浓度为 10mmol/L）时缓解作用尤为明显，其中对发芽势、发芽率和胚根长的缓解作用明显，对胚轴长的缓解作用不明显，但高浓度仍加重盐胁迫的伤害。

试验找到了能缓解盐胁迫对巴马火麻萌发伤害的最佳 $Ca^{2+}$浓度，但尚未找到能缓解盐胁迫对云麻 5 号萌发伤害的最佳 $Ca^{2+}$ 浓度。

**表 2-100　$Ca^{2+}$ 对 150mmol/L $Na^{+}$ 胁迫下工业大麻的缓解作用（NaCl 150mmol/L）**

| 处理 | $Ca^{2+}$（mmol/L） | 巴马火麻 | | | | 云麻 5 号 | | | |
|---|---|---|---|---|---|---|---|---|---|
| | | 发芽势（%） | 发芽率（%） | 胚根长（cm） | 胚轴长（cm） | 发芽势（%） | 发芽率（%） | 胚根长（cm） | 胚轴长（cm） |
| CK | 0 | 60.7 | 67.0 | 2.8 | 4.4 | 88.3 | 98.3 | 6.2 | 5.8 |
| M1 | 0 | 32.0 | 40.0 | 0.9 | 1.4 | 81.7 | 91.7 | 3.1 | 2.7 |
| M2 | 5 | 25.0 | 30.0 | 0.8 | 1.3 | 71.7 | 90.0 | 2.3 | 2.2 |
| M3 | 10 | 54.0 | 68.0 | 2.5 | 1.8 | 81.7 | 93.3 | 2.1 | 2.8 |
| M4 | 20 | 29.3 | 35.0 | 1.4 | 1.4 | 81.7 | 90.0 | 2.7 | 2.7 |
| M5 | 40 | 37.3 | 42.0 | 2.1 | 1.3 | 66.7 | 65.0 | 2.0 | 2.4 |

**表 2-101　$Ca^{2+}$ 对 100mmol/L $Na^{+}$ 胁迫下工业大麻的缓解作用（NaCl 150mmol/L）**

| 处理 | $Ca^{2+}$（mmol/L） | 巴马火麻 | | | | 云麻 5 号 | | | |
|---|---|---|---|---|---|---|---|---|---|
| | | 发芽势（%） | 发芽率（%） | 胚根长（cm） | 胚轴长（cm） | 发芽势（%） | 发芽率（%） | 胚根长（cm） | 胚轴长（cm） |
| CK | 0 | 63.3 | 76.7 | 5.1 | 4.3 | 88.3 | 95.0 | 11.0 | 7.2 |
| M1 | 0 | 43.3 | 54.4 | 3.7 | 3.2 | 75.0 | 96.7 | 5.9 | 6.1 |
| M2 | 5 | 47.8 | 73.3 | 4.6 | 3.8 | 68.3 | 96.7 | 7.4 | 5.7 |
| M3 | 10 | 61.1 | 77.8 | 5.0 | 3.6 | 66.7 | 96.7 | 6.2 | 5.2 |
| M4 | 20 | 40.0 | 53.3 | 4.9 | 3.6 | 63.3 | 95.0 | 7.5 | 5.6 |
| M5 | 40 | 41.0 | 66.7 | 3.6 | 2.7 | 25.0 | 88.3 | 4.6 | 4.7 |

（2）$Ca^{2+}$ 缓解工业大麻盐胁迫的作用和初步机制。设置了不同 $Ca^{2+}$ 浓度缓解工业大麻盐胁迫种子萌发试验和苗期生长农艺性状试验。试验的品种为巴马火麻和云麻 5 号。

萌发实验采用纸培法，在培养瓶中以滤纸作为种子的发芽床，每个培养瓶 30 粒种子，然后加入处理溶液。试验设 5 个处理（M1～M5），每个处理 3 次重复（表 2-102）。置于 25℃ 黑暗条件下催芽，每天定时称重并用蒸馏水补充蒸发的水分，4d 后每天光照 12h，第 8d 测量发芽率、发芽势、根长、下胚轴长等指标。

**表 2-102　$Ca^{2+}$ 缓解大麻种子萌发期盐胁迫试验设计**

| 编　号 | 处　理 | 编　号 | 处　理 |
|---|---|---|---|
| M1 | 150mmol/L NaCl 溶液+0mmol/L $Ca^{2+}$ | M4 | 150mmol/L NaCl 溶液+10mmol/L $Ca^{2+}$ |
| M2 | 150mmol/L NaCl 溶液+2.5mmol/L $Ca^{2+}$ | M5 | 150mmol/L NaCl 溶液+20mmol/L $Ca^{2+}$ |
| M3 | 150mmol/L NaCl 溶液+5mmol/L $Ca^{2+}$ | | |

苗期试验采用营养液水培法进行研究，采用盆栽育苗，在苗高 15cm 左右时定植于水培槽中，移栽前用清水洗净根部。定植后采用含钙的适宜营养液恢复生长一周后进行试验处理，每个水培槽设定相同间隔时间的营养液循环，每 10d 更换 1 次营养液。试验设 5 个处理（T1～T5）、（表 2-103、表 2-104），每个处理 3 次重复，处理后第 30～40d，测量死亡率、株高、茎粗、鲜重、根冠比等指标。

**表 2-103　$Ca^{2+}$ 缓解大麻苗期盐胁迫试验设计（第一轮）**

| 编　号 | 处　理 |
|---|---|
| T1 | Hoagland 营养液（不含钙）+150mmol/L NaCl 溶液 |
| T2 | Hoagland 营养液（不含钙）+150mmol/L NaCl 溶液+2.5mmol/L $Ca^{2+}$ |
| T3 | Hoagland 营养液（不含钙）+150mmol/L NaCl 溶液+5mmol/L $Ca^{2+}$ |
| T4 | Hoagland 营养液（不含钙）+150mmol/L NaCl 溶液+10mmol/L $Ca^{2+}$ |
| T5 | Hoagland 营养液（不含钙）+150mmol/L NaCl 溶液+20mmol/L $Ca^{2+}$ |

表 2-104 $Ca^{2+}$缓解大麻苗期盐胁迫试验设计（第二轮）

| 编号 | 处理 |
|---|---|
| T1 | Hoagland 营养液* +150mmol/L NaCl 溶液 |
| T2 | Hoagland 营养液（不含钙）+150mmol/L NaCl 溶液+2.5mmol/L $Ca^{2+}$ |
| T3 | Hoagland 营养液（不含钙）+150mmol/L NaCl 溶液+5mmol/L $Ca^{2+}$ |
| T4 | Hoagland 营养液（不含钙）+150mmol/L NaCl 溶液+10mmol/L $Ca^{2+}$ |
| T5 | Hoagland 营养液（不含钙）+150mmol/L NaCl 溶液+20mmol/L $Ca^{2+}$ |

注：* Hoagland 营养液中含 $Ca^{2+}$ 2mmol/L

萌发期试验结果表明（表 2-105），适宜浓度 $Ca^{2+}$浓度对大麻萌发期盐胁迫具有缓解作用。根据所测定性状数据分析，2.5mmol/L $Ca^{2+}$（T2）处理对巴马火麻盐胁迫下的种子萌发具有显著的缓解作用，而 10mmol/L $Ca^{2+}$（T4）处理对云麻 5 号盐胁迫下的种子萌发具有显著的缓解作用。

表 2-105 $Ca^{2+}$缓解大麻种子萌发盐胁迫试验结果

| 品种 | 处理 | 发芽势（%） | 发芽率（%） | 成苗率（%） | 根长（cm） | 下胚轴长（cm） | MDA 含量（μmol/g） | Pro 含量（μg/g） | SOD 活性（U/g） |
|---|---|---|---|---|---|---|---|---|---|
| 巴马火麻 | M1 | 33.3b | 47.8bc | 28.9c | 4.5c | 3.0b | 0.007 0b | 33.02c | 11.25a |
| | M2 | 41.1a | 63.3a | 47.8a | 8.2a | 3.9a | 0.006 5b | 58.70a | 10.69ab |
| | M3 | 23.3c | 55.6ab | 34.4bc | 6.7b | 3.0b | 0.005 4c | 23.08d | 9.94ab |
| | M4 | 26.7c | 57.8ab | 41.1ab | 6.5b | 3.7a | 0.005 7c | 40.17b | 10.50ab |
| | M5 | 27.8bc | 43.3c | 27.8c | 5.1c | 3.1b | 0.007 9a | 32.65c | 9.25b |
| 云麻 5 号 | M1 | 37.8b | 67.8b | 31.1c | 2.9e | 1.8d | 0.010 0a | 43.17a | 8.06d |
| | M2 | 34.5b | 76.7ab | 35.5bc | 9.4b | 4.1b | 0.009 8a | 23.02c | 10.38b |
| | M3 | 38.9b | 72.2b | 40.0b | 7.3c | 4.2b | 0.011 1a | 23.57c | 9.63c |
| | M4 | 52.9a | 84.5a | 48.9a | 11.6a | 5.2a | 0.007 8b | 17.23d | 12.94a |
| | M5 | 30.0b | 74.5b | 24.5d | 4.0d | 3.5c | 0.011 0a | 37.37b | 10.38b |

注：同列不同的小写字母代表差异显著性（$P<0.05$）

从表 2-106 中的试验结果可以看出，处理后前 20d，随着处理时间的延长缓解大麻盐胁迫最适宜的 $Ca^{2+}$浓度由低到高变化，例如，云麻 5 号处理 5d 后最适宜 $Ca^{2+}$浓度为 2.5mmol（T2），处理 10d 后最适宜 $Ca^{2+}$浓度为 5mmol/L（T3），处理后 15d 最适宜 $Ca^{2+}$浓度为 10mmol/L（T4）。另外，两个品种的 20mmol/L $Ca^{2+}$（T5）处理，随着处理时间延长对大麻盐胁迫的缓解作用逐渐变强，如云麻 5 号的 20mmol/L 浓度 $Ca^{2+}$处理，到终止处理前株高已经大于 0mmol/L、2.5mmol/L $Ca^{2+}$处理，等于 5mmol/L $Ca^{2+}$处理。

表 2-106 $Ca^{2+}$缓解大麻苗期盐胁迫试验的株高变化情况（第二轮）

| 品种 | 处理 | 株高（cm） | | | | | | |
|---|---|---|---|---|---|---|---|---|
| | | 处理前 | 处理 5d | 处理 10d | 处理 15d | 处理 20d | 处理 25d | 处理 30d |
| 巴马火麻 | T1 | 12.4 | 14.7 | 19.8 | 23.5 | 26.0 | 28.8 | 30.1 |
| | T2 | 13.7 | 14.6 | 19.7 | 24.7 | 26.0 | 28.8 | 31.3 |
| | T3 | 12.8 | 16.2 | 21.6 | 25.5 | 31.5 | 36.0 | 47.3 |
| | T4 | 13.0 | 15.9 | 21.9 | 28.1 | 35.5 | 40.5 | 52.7 |
| | T5 | 13.2 | 14.4 | 19.9 | 25.4 | 29.3 | 32.8 | 41.3 |
| 云麻 5 号 | T1 | 17.2 | 20.1 | 23.9 | 28.0 | 34.0 | 37.5 | 46.7 |
| | T2 | 17.7 | 24.8 | 30.0 | 35.9 | 41.8 | 45.5 | 48.3 |
| | T3 | 19.0 | 22.6 | 31.9 | 38.3 | 44.3 | 49.5 | 59.7 |
| | T4 | 18.1 | 21.7 | 30.5 | 40.1 | 50.8 | 58.3 | 69.7 |
| | T5 | 17.8 | 20.7 | 26.6 | 34.9 | 40.0 | 44.0 | 59.7 |

根据农艺性状（表 2-107）和盐害观察结果分析，10mmol/L $Ca^{2+}$处理对巴马火麻、云麻 5 号盐胁迫下幼苗的生长皆具有明显的缓解作用，但生理指标未显示规律性差异。

表 2-107　$Ca^{2+}$缓解大麻苗期盐胁迫试验结果（第二轮）

| 品种 | 处理 | 死亡率（%） | 株高（cm） | 茎粗（cm） | 鲜重株（g） | 干物重株（g） | 叶片含水率 | 根冠比 | MDA 含量（μmol/g） | | SOD 活性（U/g） | |
|---|---|---|---|---|---|---|---|---|---|---|---|---|
| | | | | | | | | | 根 | 叶 | 根 | 叶 |
| 巴马火麻 | T1 | 40.6 | 30.11 | 0.12 | 4.86 | 0.76 | 0.842 | 0.135 | 0.027 5 | 0.004 6 | 243.39 | 290.12 |
| | T2 | 42.5 | 31.33 | 0.11 | 3.96 | 0.96 | 0.831 | 0.144 | 0.018 6 | 0.004 9 | 211.26 | 294.01 |
| | T3 | 10.0 | 47.33 | 0.15 | 6.15 | 0.93 | 0.839 | 0.142 | 0.011 6 | 0.005 6 | 234.62 | 293.04 |
| | T4 | 7.5 | 52.67 | 0.19 | 8.64 | 1.22 | 0.834 | 0.177 | 0.009 7 | 0.010 3 | 220.99 | 277.46 |
| | T5 | 10.5 | 41.33 | 0.17 | 5.40 | 0.84 | 0.838 | 0.159 | 0.015 6 | 0.009 2 | 238.52 | 303.75 |
| 云麻5号 | T1 | 32.2 | 46.67 | 0.21 | 5.10 | 0.85 | 0.808 | 0.137 | 0.009 8 | 0.008 9 | 288.17 | 262.86 |
| | T2 | 37.5 | 48.33 | 0.21 | 6.63 | 1.08 | 0.833 | 0.149 | 0.016 4 | 0.007 8 | 239.49 | 295.96 |
| | T3 | 17.5 | 59.67 | 0.25 | 11.34 | 1.86 | 0.840 | 0.187 | 0.013 8 | 0.011 4 | 260.91 | 271.62 |
| | T4 | 12.5 | 69.67 | 0.31 | 13.98 | 2.34 | 0.825 | 0.250 | 0.019 6 | 0.007 9 | 232.68 | 270.65 |
| | T5 | 2.5 | 59.67 | 0.24 | 9.21 | 1.78 | 0.833 | 0.183 | 0.019 6 | 0.016 9 | 220.02 | 281.35 |

综合萌发期和苗期的试验结果，10mmol/L $Ca^{2+}$能缓解盐胁迫对云麻5号种子萌发和幼苗生长及对巴马火麻幼苗生长的影响，而2.5mmol/L $Ca^{2+}$能缓解盐胁迫对巴马火麻种子萌发的影响。在试验处理（苗期盐胁迫）过程中，随盐胁迫天数的增加，缓解盐胁迫最适宜的 $Ca^{2+}$浓度由也逐渐增加；随着幼苗的生长，20mmol/L $Ca^{2+}$对大麻苗期盐胁迫的缓解作用逐渐变强。

5. 不同大麻品种萌芽期耐盐性差异评价

供试材料为来自不同地区的7个大麻品种：龙麻1号、晋麻1号、哈尔滨大麻、云麻1号、皖麻1号、巴马火麻、云麻5号。采用 NaCl 单盐处理，处理浓度为 0g/L（CK）、4g/L、8g/L（以下表示为0%、0.4%、0.8%），每个处理20粒种子，重复3次，于通风处培养，温度控制在20~30℃。每天观察记录发芽种子数。以胚根突破种皮长度达其本身长度的2倍为发芽，分别于培养后的第3d、第7d观测并统计其发芽势、发芽率，并于培养后12d测量发芽种子的胚根长及胚芽长。大麻萌芽期耐盐性评价采用隶属函数法。

由表2-108中隶属函数值排序可知供试品种大麻萌芽期耐盐性强弱：皖麻1号>云麻5号>云麻1号>哈尔滨大麻>龙麻1号>晋麻1号>巴马火麻。

表 2-108　不同品种大麻萌芽期耐盐性隶属函数及评价结果

| 品种 | $X_{\mu1}$ | $X_{\mu2}$ | $X_{\mu3}$ | $X_{\mu4}$ | 平均 | 排序 |
|---|---|---|---|---|---|---|
| 皖麻1号 | 2.957 305 | 11.90 542 | 1.509 740 | 2.411 616 | 4.696 019 | 1 |
| 云麻5号 | 3.115 475 | 12.04 821 | 2.224 026 | 0.997 475 | 4.596 297 | 2 |
| 云麻1号 | 2.601 831 | 10.69 997 | 1.925 325 | 1.893 939 | 4.280 267 | 3 |
| 哈尔滨大麻 | 2.785 964 | 10.93 755 | 1.688 312 | 1.547 980 | 4.239 950 | 4 |
| 龙麻1号 | 2.839 176 | 10.64 718 | 1.603 896 | 1.752 525 | 4.210 694 | 5 |
| 晋麻1号 | 2.839 977 | 10.66 667 | 1.616 883 | 1.590 909 | 4.178 609 | 6 |
| 巴马火麻 | 1.728 261 | 10.90 320 | 1.055 195 | 1.787 879 | 3.868 635 | 7 |

注：$X_{\mu1}$表示各品种相对发芽势的隶属函数值；$X_{\mu2}$表示各品种相对发芽率的隶属函数值；$X_{\mu3}$表示各品种根长均值的隶属函数值；$X_{\mu4}$表示各品种芽长均值的隶属函数值；$\overline{X_{\mu}}$表示各指标均值

6. 不同大麻品种苗期耐盐性差异评价

以水培大麻苗期各盐胁迫梯度下测定指标的平均值作为评价的原始数据，应用统计软件 SPSS 17.0 对供试大麻苗期的各项指标进行主成分分析。由表2-109可知前三项特征值均大于1，其累计贡献率为93.089%>85%，说明前三个主成分基本将全部指标具有的信息囊括其中，因此选取这三个主成分作为大麻苗期评价的综合指标。

**表 2-109 方差分解主成分提取分析结果**

| 主成分 | 初始特征值 | | | 提取平方和载入 | | |
|---|---|---|---|---|---|---|
| | 特征值 | 贡献率（%） | 累计贡献率（%） | 特征值 | 贡献率（%） | 累计贡献率（%） |
| 1 | 4. 657 | 58. 207 | 58. 207 | 4. 657 | 58. 207 | 58. 207 |
| 2 | 1. 774 | 22. 179 | 80. 385 | 1. 774 | 22. 179 | 80. 385 |
| 3 | 1. 016 | 12. 703 | 93. 089 | 1. 016 | 12. 703 | 93. 089 |
| 4 | 0. 489 | 6. 110 | 99. 198 | | | |
| 5 | 0. 049 | 0. 613 | 99. 811 | | | |
| 6 | 0. 015 | 0. 189 | 100. 000 | | | |
| 7 | 5. 993E-17 | 7. 491E-16 | 100. 000 | | | |
| 8 | -1. 047E-16 | -1. 309E-15 | 100. 000 | | | |

由表 2-110 初始因子载荷矩阵可知，叶片含水量、POD 活性、Pro 第一主成分上有较高载荷，说明第一主成分基本反映了这些指标的信息；株高、MDA 含量在第二主成分上有较高载荷，说明第二主成分基本反映了这两个指标的信息；而干重、鲜重、SOD 活性在第三主成分上载荷较高，说明第三主成分基本反映了这些指标的信息。提取三个主成分就可以基本反映全部指标的信息，可用三个新变量来代替原来的 8 个指标变量。使用主成分载荷矩阵中的数据除以主成分相对应的特征值开方便可得特征向量，即三个主成分中每个指标所对应的系数。由特征向量三个主成分计算公式如下：

$F_1 = 0.1005ZX_1 - 0.2218ZX_2 - 0.1908ZX_3 + 0.4540ZX_4 - 0.2780ZX_5 + 0.4408ZX_6 + 0.2345ZX_7 + 0.4490ZX_8$

$F_2 = 0.7275ZX_1 - 0.0411ZX_2 + 0.1557ZX_3 - 0.1943ZX_4 + 0.2240ZX_5 + 0.2386ZX_6 + 0.7119ZX_7 - 0.3709ZX_8$

$F_3 = 0.4256ZX_1 + 0.4445ZX_2 + 0.4625ZX_3 + 0.3956ZX_4 + 0.9547ZX_5 + 0.3659ZX_6 - 0.5212ZX_7 + 0.1959ZX_8$

**表 2-110 主成分因子载荷矩阵与主成分的特征向量**

| 变量 | 主成分 | | | 特征向量 | | |
|---|---|---|---|---|---|---|
| | 1 | 2 | 3 | t1 | t2 | t3 |
| 株高 | 0. 047 | 0. 939 | 0. 184 | 0. 100 5 | 0. 727 5 | 0. 425 6 |
| 鲜重 | -0. 050 | -0. 003 | 0. 920 | -0. 221 8 | -0. 041 1 | 0. 444 5 |
| 干重 | -0. 037 | 0. 043 | 0. 996 | -0. 190 8 | 0. 155 7 | 0. 462 5 |
| 叶片含水量 | 0. 960 | -0. 067 | 0. 159 | 0. 454 0 | -0. 194 3 | 0. 395 6 |
| SOD | -0. 360 | 0. 089 | 0. 926 | -0. 278 0 | 0. 224 0 | 0. 954 7 |
| POD | 0. 905 | 0. 101 | 0. 136 | 0. 440 8 | 0. 238 6 | 0. 365 9 |
| MDA | 0. 256 | 0. 899 | -0. 276 | 0. 234 5 | 0. 711 9 | -0. 521 2 |
| Pro | 0. 939 | -0. 244 | 0. 039 | 0. 449 0 | -0. 370 9 | 0. 195 9 |

注：t1、t2、t3 分别表示三个主成分的特征向量值

以每个主成分对应的特征值与三个主成分总特征值之和之比作为权重可得主成分综合模型：

$\lambda_1 = 4.657$，$\lambda_2 = 1.774$，$\lambda_3 = 1.016$，

$$F = \frac{\lambda_1}{\lambda_1 + \lambda_2 + \lambda_3}F_1 + \frac{\lambda_2}{\lambda_1 + \lambda_2 + \lambda_3}F_2 + \frac{\lambda_3}{\lambda_1 + \lambda_2 + \lambda_3}F_3$$

$F = 0.2942ZX_1 - 0.3180ZX_2 - 0.2781ZX_3 + 0.2916ZX_4 + 0.0098ZX_5 + 0.3824ZX_6 + 0.2451ZX_7 + 0.2191ZX_8$

根据以上公式计算获得水培大麻苗期耐盐性综合主成分值（表 2-111）。

表 2-111　水培大麻苗期综合主成分值

| 品种 | 第一主成分 $F_1$ | 第二主成分 $F_2$ | 第三主成分 $F_3$ | 综合主成分 $F$ | 排名 |
|---|---|---|---|---|---|
| 哈尔滨大麻 | 2.439 | -0.723 | 1.511 | 1.559 | 1 |
| 龙麻 1 号 | 2.421 | -1.334 | 0.639 | 1.283 | 2 |
| 晋麻 1 号 | 1.755 | -0.142 | 0.821 | 1.176 | 3 |
| 皖麻 1 号 | 0.307 | 3.205 | -0.440 | 0.895 | 4 |
| 云麻 5 号 | -2.161 | -0.534 | 0.291 | -1.438 | 5 |
| 云麻 1 号 | -2.987 | 0.390 | 0.302 | -1.734 | 6 |
| 巴马火麻 | -1.774 | -0.861 | -3.125 | -1.741 | 7 |

根据综合主成分排名可知，试供大麻苗期耐盐性强弱依次为：哈尔滨大麻>龙麻 1 号>晋麻 1 号>皖麻 1 号>云麻 5 号>云麻 1 号>巴马火麻（表 2-111）。由于第一主成分的贡献率（58.2%）大于其他主成分，而叶片含水量、POD 活性、Pro 含量在第一主成分所占的载荷率较高，因此可将这三个指标作为水培条件下试供品种大麻苗期耐盐性评价的首要指标。

7. 工业大麻盐碱地改良剂筛选试验

试验在大庆大麻试验站进行。供试品种为肇州大麻、庆麻 1 号和庆麻 3 号，选择的盐碱地改良剂为酸雨石、硫酸铝改良剂和磷石膏，肥料使用盐碱土专用有机复合肥。处理 1 为酸雨石 250kg/亩，处理 2 为硫酸铝改良剂 40kg/亩，处理 3 为磷石膏 1 800kg/亩，处理 4 为盐碱地专用复合肥（对照），3 次重复，条播，播种量 500 粒/$m^2$，行距 15cm。改良剂在播种前一次性施入土壤中，底肥施盐碱土专用有机复合肥 35kg/亩。播种后使用异丙甲草胺封闭除草，常规田间管理。

结果表明，同一改良剂处理的不同大麻品种间株高均为庆麻 3 号最高，庆麻 1 号次之，肇州大麻最低。同一大麻品种间不同改良剂处理可以看出，施入酸雨石改良剂的处理株高均最高，其他改良剂对株高的影响不明显（表 2-112）。品种和改良剂对茎粗的影响不大，可能受栽培密度的影响（表 2-113）。

表 2-112　盐碱地改良剂对大麻株高的影响（2015）　（单位：cm）

| 改良剂 | 肇州大麻 | 庆麻 1 号 | 庆麻 3 号 | 平均 |
|---|---|---|---|---|
| 酸雨石 | 236.4 | 239.9 | 247.1 | 241.1 |
| 硫酸铝 | 209.6 | 234.6 | 238.6 | 227.6 |
| 磷石膏 | 235.4 | 221.0 | 236.1 | 230.8 |
| 专用复合肥 | 183.8 | 209.6 | 246.9 | 213.4 |

表 2-113　盐碱地改良剂对大麻茎粗的影响（2015）　（单位：mm）

| 改良剂 | 肇州大麻 | 庆麻 1 号 | 庆麻 3 号 | 平均 |
|---|---|---|---|---|
| 酸雨石 | 7.4 | 8.3 | 8.1 | 7.9 |
| 硫酸铝 | 6.5 | 8.1 | 8.3 | 7.6 |
| 磷石膏 | 8.3 | 7.7 | 8.3 | 8.1 |
| 专用复合肥 | 8.6 | 7.1 | 8.6 | 8.1 |

相同改良剂处理不同品种间原茎产量，庆麻 1 号和庆麻 3 号产量均较高，肇州大麻的产量最低；不同改良剂对肇州大麻原茎产量的影响，施入酸雨石的处理原茎产量最高，其次是磷石膏、硫酸铝、盐碱土专用肥（表 2-114）。不同品种对盐碱地改良剂的响应有所差异。庆麻 1 号在施入磷石膏的处理下原茎产量最高，其次为硫酸铝和专用复合肥，酸雨石的最低。庆麻 3 号在施入盐碱土专用复合肥的产量最高，其次是酸雨石和磷石膏，硫酸铝的最低，但纤维产量对盐碱地改良剂的反应与原茎产量有所差异（表 2-115）。

表 2-114　盐碱地改良剂对大麻原茎产量的影响（2015）　（单位：kg/hm²）

| 改良剂 | 肇州大麻 | 庆麻 1 号 | 庆麻 3 号 | 平均 |
|---|---|---|---|---|
| 酸雨石 | 7 993.3 | 7 970.0 | 8 206.7 | 8 056.7a |
| 硫酸铝 | 7 743.3 | 8 213.3 | 7 943.3 | 7 966.7a |
| 磷石膏 | 7 773.3 | 8 290.0 | 8 150.0 | 8 071.1a |
| 专用复合肥 | 6 970.0 | 8 096.7 | 8 291.7 | 7 786.1a |
| 平均 | 7 620.0 | 8 142.5 | 8 147.9 | |

表 2-115　盐碱地改良剂对大麻纤维产量的影响（2015）　（单位：kg/hm²）

| 改良剂 | 肇州大麻 | 庆麻 1 号 | 庆麻 3 号 | 平均 |
|---|---|---|---|---|
| 酸雨石 | 946.6 | 1 211.9 | 860.0 | 1 006.2a |
| 硫酸铝 | 1 087.8 | 903.9 | 789.5 | 927.1a |
| 磷石膏 | 839.9 | 888.6 | 946.9 | 891.8a |
| 专用复合肥 | 721.9 | 997.1 | 1 000.6 | 906.6a |
| 平均 | 899.0 | 1 000.4 | 899.3 | |

8. 工业大麻盐碱地高产栽培示范

示范区设在黑龙江省农业科学院大庆分院红旗泡试验基地的盐碱土上。示范品种为“庆麻001”品系，示范面积 30 亩，目标原茎产量为 7 500kg/hm²以上，出麻率为 16%以上。

技术方案如下：秋季整地，深松重耙，使土地尽量平整。随整地一次性施入农家肥 2 500kg/亩；机械播种，条播，行距 7.5cm，播种量 8.0kg/亩；底肥施长效控释型复合肥 30kg/亩（总养分≥46%，$N-P_2O_5-K_2O$ 为 26-13-7），硫酸钾 2.5kg（$K_2O$≥50%），施入酸雨石改良剂 250kg/亩，随播种一次施入，后期不追肥；播种后用 72%异丙甲草胺乳油 100g/亩对水机械喷雾进行封闭除草处理；简化田间管理，不灌水，不除草；苗期用 10%啶虫脒可湿性粉剂对水喷雾 2 次防止大麻跳甲发生；工艺成熟期及时收割，放置原地雨露沤制，待上层麻秆沤制好，翻麻一次，继续沤制脱胶，直至下层沤制完，即打捆运回打麻场制麻。

在整个试验区随机选 4 点，每点 12m²进行产量测定，以大庆试验站工业大麻高产栽培示范区为对照。通过选用耐盐碱工业大麻品种、深耕深松、增施有机肥和盐碱土改良剂、合理密植等技术措施，实现了工业大麻在盐碱地上的高产栽培，原茎产量 8 822.9kg/hm²、比对照增产 13.4%，纤维产量 1 994.0kg/hm²、比对照增产 15.2%，全麻率达到 22.6%（表 2-116、表 2-117）。

表 2-116　盐碱地工业大麻高产栽培示范测产结果（2015，大庆）

| 株高（cm） | 茎粗（mm） | 原茎产量（kg/hm²） | 纤维产量（kg/hm²） | 全麻率（%） | 原茎增产（%） | 纤维增产（%） |
|---|---|---|---|---|---|---|
| 282.6 | 5.7 | 8 822.9 | 1 994.0 | 22.6 | 13.4 | 15.2 |

表 2-117　盐碱地工业大麻高产栽培示范原茎产量（2015，大庆）

| | 原茎产量（kg/12m²） | | | | 平均 | 公顷产量（kg/hm²） |
|---|---|---|---|---|---|---|
| | Ⅰ | Ⅱ | Ⅲ | Ⅳ | | |
| 示范区 | 10.33 | 11.92 | 9.86 | 10.24 | 10.587 | 8 822.9 |
| 对照区 | 9.32 | 9.308 | 9.51 | 9.43 | 9.335 | 7 779.2 |

## （四）工业大麻耐旱性研究

1. 干旱胁迫对工业大麻种子发芽的影响

（1）低渗透压溶液对大麻品种发芽率的影响。试验材料为云麻 1 号、云麻 5 号、云晚 6 号、皖麻 1 号及晋麻 1 号 5 个品种。采用培养皿发芽试验，使用-0.1MPa 渗透压 PEG-6000 溶液处理，3 次重复，于 25℃恒温恒湿光照培养箱内培养 12d，每天补足缺失水分。结果表明，渗透压溶液对云晚6号发芽的影响最小，其发芽抑制率仅为2%，其次是云麻5号为4%和云麻1号6%。另外发现，与芽相比，低渗透压溶液对大麻根生长的抑制作用更大。

（2）不同浓度PEG溶液对大麻种子萌发的影响。以蛭石为培养基质，用5%、10%、15%和20%的PEG-6000溶液处理。结果显示，不同PEG浓度对大麻根生长比对芽生长的影响更大，在20% PEG浓度时，各品种根、芽生长受到严重抑制。综合比较发现云晚6号和晋麻1号耐旱性较好。

2. 干旱胁迫对工业大麻幼苗的影响

（1）土壤盆栽大麻幼苗耐旱试验。以云麻1号、云麻5号和云晚6号3个品种进行盆栽试验，基质水分含量设置为相对持水量80%（正常水分条件）、50%（轻度干旱）和30%（重度干旱），苗高15~20cm开始处理，3次重复，每天采用称重法补充各处理的土壤持水量。干旱处理对大麻植株生长影响明显。根据株高参数判断，云晚6号在供试品种中表现最好，但其株高也仅比对照（80%持水量）降低了20%~25%。此外，脯氨酸、可溶性糖和MDA（丙二醛）含量，以及SOD活性分析结果均显示云晚6号抗旱性较强。研究发现，在干旱胁迫观察期内，供试大麻的叶绿素、脯氨酸、可溶性糖、SOD及MDA随干旱胁迫程度增加而增加，只有SOD在干旱胁迫第12d反而低于正常水分处理。

（2）土壤盆栽大麻快速生长期自然干旱试验。以云麻1号、云麻5号和云晚6号3个品种进行盆栽试验。待盆栽大麻处于快速生长期，浇足水分，然后停止浇水直至大麻干旱死亡，期间取样测定相关指标。叶片生长最先反应干旱的影响。观察发现，各品种在停止浇水、土壤逐渐干旱条件下，叶片数均呈现先增加后减少的趋势，其中云麻1号叶片数减少最明显，而茎粗的变化也是先增后降。比较发现，云晚6号表现较为稳定，但植株高度在干旱胁迫下几乎都没有增长。此外，叶绿素、脯氨酸、可溶性糖和MDA（丙二醛）含量，以及SOD活性分析结果也间接说明云晚6号耐旱性更强。

### （五）工业大麻轻简化栽培技术研究与示范

1. 工业大麻免耕栽培技术研究

（1）版纳点。采用勐麻6号品种为试验材料，通过对比法设计，前茬小麦地进行免耕栽培，试验的结果表明：免耕栽培（M）与常规耕地栽培（G）的综合性状差异不明显，实际收获干麻皮产量为128.4kg/亩（免耕）和124.0kg/亩（常规种植）。但免耕栽培节省耕地人工2个工时（折合人民币160元），施肥减少8kg尿素（折合人民币24元），共节约成本184元/亩。

（2）汾阳点。试验品种为晋麻1号，前作糜子，免耕和精耕2个处理，3次重复，采用对比法排列，小区面积10m$^2$；播前地里杂草少，故未作特别清除，未用除草剂；4月23日播种，5月20日间苗结合中耕除草，留苗密度2.5万株/亩。工艺成熟期收获测产，结果发现免耕栽培大麻的经济性状和产量均与常规耕地栽培的相当（表2-118），免耕栽培节约耕地费90元/亩。

**表2-118　工业大麻免耕栽培试验小区测产（2014，汾阳）**

| 处理 | 有效株数（株/亩） | 株高（cm） | 茎粗（cm） | 干秆心重（kg/亩） | 干麻皮重（kg/亩） |
|---|---|---|---|---|---|
| 免耕 | 13 874 | 319 | 1.2 | 807.1 | 206.8 |
| 常规耕作 | 13 006 | 303 | 1.1 | 813.7 | 200.1 |

可见，从不同地区（云南、山西）和不同前作（小麦、糜子）土地的试验结果看，工业大麻免耕种植的产量与精耕种植相当，可节约人工投入90~184元/亩，因此工业大麻免耕种植是可行的。

2. 工业大麻脱叶剂脱叶技术研究

试验在云南省昆明市五华区桃源村进行，品种为云麻 1 号，条播，行距 40cm，小区面积 $9m^2$，6 月 30 日间定苗，9 月 30 日进行脱叶剂处理。每小区喷施药液 2L，4 种不同组合的药剂处理，15 个小区，试剂浓度和配比见表 2-119，以清水为对照；于 10 月 6 日进行拍照观察处理效果；10 月 13 日对各小区进行测产。

**表 2-119 药剂处理工业大麻脱叶效果（2015）**

| 处理药剂 | 浓度配比 | 观察结果 |
|---|---|---|
| 乙烯利 | 9ml | 有少量叶片脱落 |
| | 10ml | 有少量叶片脱落 |
| | 11ml | 有一定量叶片脱落 |
| | 12ml | 有一定量叶片脱落 |
| | 13ml | 有较多叶片脱落 |
| | 14ml | 有较多叶片脱落 |
| 乙烯利+甲灭•敌草隆 | 10ml+3g | 有少量叶片脱落，较少枯叶 |
| | 10ml+6g | 有少量叶片脱落，较少枯叶 |
| | 10ml+9g | 有少量叶片脱落，较多枯叶 |
| 乙烯利+草甘膦 | 10ml+3g | 有少量叶片脱落，较少枯叶 |
| | 10ml+6g | 有少量叶片脱落，较多枯叶 |
| | 10ml+9g | 有少量叶片脱落，较多枯叶 |
| 乙烯利+TDZ | 10ml+15ml | 有少量叶片脱落 |
| | 10ml+30ml | 有少量叶片脱落 |
| | 10ml+45ml | 有少量叶片脱落 |

注：TDZ 浓度为 10mg/ml，乙烯利浓度为 40%水合剂

从表 2-120 的结果可以看出，使用乙烯利和甲灭•敌草隆混合或乙烯利和草甘膦混合主要使大麻叶片枯萎，且随甲灭•敌草隆和草甘膦用量的增加而枯叶增多，并伴有少量叶片的脱落。而乙烯利和 TDZ 混合效果不明显，叶片的脱落不明显。单独使用乙烯利处理，大麻叶片脱落的数量随着浓度增加呈增加的趋势。当乙烯利使用量达到 14ml（浓度为 7ml/L）时，大麻叶片脱落较多，顶端以外叶片基本脱落，与对照差异显著。

**表 2-120 工业大麻脱叶剂处理后的测产结果（2015）**

| 处理药剂 | 浓度配比 | 有效株（株） | 总鲜重（kg） | 鲜秆重（kg） | 单株鲜秆重（kg） | 鲜叶重（$kg/9m^2$） | 鲜叶比例（%） |
|---|---|---|---|---|---|---|---|
| 乙烯利 | 9ml | 120 | 25. 80 | 18. 72 | 0. 156 | 7. 08 | 27. 4 |
| | 10ml | 114 | 25. 50 | 17. 94 | 0. 157 | 7. 56 | 29. 6 |
| | 11ml | 108 | 25. 02 | 19. 74 | 0. 183 | 5. 28 | 21. 1 |
| | 12ml | 96 | 23. 10 | 15. 54 | 0. 162 | 7. 56 | 32. 7 |
| | 13ml | 72 | 17. 10 | 11. 76 | 0. 163 | 5. 34 | 31. 2 |
| | 14ml | 60 | 13. 32 | 10. 20 | 0. 170 | 3. 12 | 23. 4 |
| 乙烯利+甲灭•敌草隆 | 10ml+3g | 102 | 15. 54 | 13. 26 | 0. 130 | 2. 28 | 14. 7 |
| | 10ml+6g | 84 | 11. 10 | 9. 48 | 0. 113 | 1. 62 | 14. 6 |
| | 10ml+9g | 126 | 18. 54 | 15. 42 | 0. 122 | 3. 12 | 16. 8 |
| 乙烯利+草甘膦 | 10ml+3g | 72 | 10. 26 | 8. 58 | 0. 119 | 1. 68 | 16. 4 |
| | 10ml+6g | 162 | 23. 46 | 19. 26 | 0. 119 | 4. 20 | 17. 9 |
| | 10ml+9g | 120 | 18. 24 | 15. 24 | 0. 127 | 3. 00 | 16. 4 |
| 乙烯利+TDZ | 10ml+15ml | 126 | 23. 88 | 18. 30 | 0. 145 | 5. 58 | 23. 4 |
| | 10ml+30ml | 114 | 16. 80 | 12. 72 | 0. 112 | 4. 08 | 24. 3 |
| | 10ml+45ml | 96 | 17. 88 | 12. 18 | 0. 127 | 5. 70 | 31. 9 |
| 清水 | 对照 | 150 | 26. 76 | 17. 34 | 0. 116 | 9. 42 | 35. 2 |

与对照相比，脱叶剂处理以后，大麻的茎秆产量（单株鲜秆重）没有降低，而大麻的鲜叶比例明显下降，说明脱叶剂处理后确实起到了叶片脱落作用，但叶片脱落的数量差异很大。乙烯利与甲灭•敌草隆或草甘膦混合处理的小区的鲜叶比例下降显著，但主要是由于叶片枯萎，而非叶片脱落的结果。

乙烯利对大麻的脱叶具有一定作用，其他药品效果不理想。使用40%乙烯利处理，7ml/L，药液量0.5L/亩。喷施乙烯利前后需连续晴天，否则效果降低。虽然喷施后明显减少植株叶片，但要达到生产应用还不够理想（不能达到完全脱叶的目的，植株顶端尤其是幼嫩的叶片不能脱落）。

3. 工业大麻轻简化栽培技术优化

（1）六安点。试验选用皖大麻1号品种；前茬玉米地，畦宽3m，长10m，小区面积30m²，畦沟宽40cm，中沟和边沟50cm，深30cm；3月11日播种，40cm行距条播，播种量2.0kg/亩；翻耕前施入含N、P、K分别为15%、10%、15%的司尔特复合肥45kg/亩作基肥，免耕的基肥施入条播行内；在旺长初期（五裂叶）追施尿素10kg/亩和氯化钾10kg/亩为长秆肥；及时防治病虫害；7月中旬雄株现花时，各小区一次性收获测产。

四种处理设计：A传统栽培技术措施：翻耕后整地条播种，按当地习惯执行。轻简化栽培方案执行的共同措施：不耕地，开播种沟的同时荡平土壤，播种沟平整，播种均匀。B轻简化方案：不进行人工除草，使用除草剂精丙异甲草胺40ml/亩对水40kg喷施，进行芽前封闭除草；苗高约20cm时一次性间定苗，株距4~5cm，定苗50~60株/m²（3.5万~4万株/亩）。C轻简化方案：不使用除草剂，必要时进行人工除草；苗高约20cm时一次性间定苗，株距4~5cm，定苗50~60株/m²（3.5万~4万株/亩）。D轻简化方案：不进行人工除草，使用除草剂精丙异甲草胺40ml/亩对水40kg喷施，进行芽前封闭除草；不进行间、定苗。

从表2-121可以看出，4种处理间平均纤维产量有差异，其中A处理最高，亩产原麻纤维191.43kg；其次是C处理，亩产原麻纤维189.87kg；位居第三的是B处理，亩产原麻纤维186.98kg；D处理原麻产量最低，亩产量为176.76kg，但各处理间差异不显著。

**表2-121　六安轻简化栽培技术优化试验纤维产量（2015）**

| 处理 | 小区测产数据（kg） | | | | 纤维产量（kg/亩） | 位次 |
|---|---|---|---|---|---|---|
| | Ⅰ | Ⅱ | Ⅲ | 平均 | | |
| A | 9.02 | 8.45 | 8.36 | 8.61 | 191.43 | 1 |
| B | 8.03 | 8.54 | 8.66 | 8.41 | 186.98 | 3 |
| C | 8.87 | 8.77 | 7.98 | 8.54 | 189.87 | 2 |
| D | 8.11 | 8.26 | 7.48 | 7.95 | 176.76 | 4 |

从表2-122可以看出，各处理试验小区的产量结构和农艺性状等方面有所差异，其中，株高、茎粗、干皮产量以A处理最高，分别达到396cm、1.512cm和8.61kg；干茎重以C处理最高，为36.24kg，鲜皮重以B处理最高为23.11kg，小区有效株和鲜茎出麻率以D处理最高，分别是845株和7.36%，但因其株高和茎粗最差，其干茎和干皮产量却最低。

**表2-122　六安轻简化栽培技术优化试验产量结构及农艺性状比较（2015）**

| 处理 | 株高（cm） | 茎粗（cm） | 有效株 | 鲜茎重（kg） | 原茎重（kg） | 鲜皮重（kg） | 干皮重（kg） | 鲜茎出麻率（%） |
|---|---|---|---|---|---|---|---|---|
| A | 396 | 1.512 | 757 | 124 | 35.16 | 22.43 | 8.61 | 6.94 |
| B | 385 | 1.427 | 774 | 123 | 34.52 | 23.11 | 8.41 | 6.83 |
| C | 388 | 1.468 | 762 | 121 | 36.24 | 22.19 | 8.54 | 7.06 |
| D | 372 | 1.059 | 845 | 108 | 31.52 | 22.02 | 7.95 | 7.36 |

从本次试验结果来看，原麻产量虽以传统种植方法的A处理最高，但与轻简化栽培的B、C处理差异甚小。传统栽培的每亩地每进行一次中耕除草，需花费1个工时，间一次苗也至少要1个工

时，拔小麻每亩至少要 1 个工时，每个工时费用在 100 元左右，因此轻简化栽培技术中，减少 1 次中耕、1 次间苗和拔小麻工作，节省 3 个工时（用工成本 300 元），加上节约耕地费用，实际每亩可减少投入 300 元以上。

（2）汾阳点。选用“晋麻 1 号”品种，前茬作物为玉米，小区面积 $20m^2$，随机区组设计。播种前没有施基肥，没有拌种。

四种处理设计：A 传统栽培技术措施，耕地后播种，条播，行距 30cm。播种量 4kg/亩。按当地习惯执行，留苗约 3 万株/亩。B 轻简化栽培方案均执行：不耕地，必要时铲除大蔸（棵）杂草，均匀撒种于地表，然后翻耕并耙平盖种。轻简化方案 B1：播种量 4kg/亩；不进行人工除草，用 96%精异丙甲草胺（金都尔）乳油 60ml/亩，播种盖土后土表湿润时对水 30kg 均匀喷雾，进行芽前封闭除草；苗高约 15cm 时一次性间、定苗，定苗 40~50 株/$m^2$（约 3 万株/亩）。轻简化方案 B2：播种量 4kg/亩；不使用除草剂，必要时进行人工除草；苗高约 15cm 时一次性间、定苗，定苗 40~50 株/$m^2$（约 3 万株/亩）。轻简化方案 B3：播种量 1.5kg/亩；不进行人工除草，用 96%精异丙甲草胺（金都尔）乳油 60ml/亩，播种盖土后土表湿润时对水 30kg 均匀喷雾，进行芽前封闭除草。不进行间、定苗。

根据测产结果（表 2-123）折算干皮产量，处理 A 为 120.0kg/亩、处理 B1 为 121.7kg/亩、处理 B2 为 126.7kg/亩、处理 B3 为 120.0kg/亩，各处理间差异不显著。轻简化方案 B3 投入成本最少，产出虽略低于 B1、B2 处理，但与 A 处理相当，每亩节约耕地、种子、中耕除草、间定苗等用工费用 300 元以上。

**表 2-123　汾阳轻简化栽培技术优化试验测产结果（2015）**

| 处理 | 株高（cm） | 茎粗（cm） | 有效株数（株/亩） | 地上部鲜重（kg/亩） | 干皮（kg/亩） |
|---|---|---|---|---|---|
| A | 249 | 1.00 | 13 540 | 2 131.1 | 120.1 |
| B1 | 277 | 1.07 | 13 807 | 2 127.7 | 121.7 |
| B2 | 289 | 1.17 | 13 874 | 2 234.5 | 126.7 |
| B3 | 265 | 1.17 | 13 006 | 2 097.7 | 120.1 |

（3）版纳点。选用云麻 1 号品种；前茬玉米地，畦宽 3m，畦沟宽 40cm、深 30cm，畦沟、中沟和边沟配套；4 月下旬播种，40cm 行距条播，播种量 2.0kg/亩；施肥量与当地传统栽培相同，使用有机肥 100kg+高氮—低磷—中钾复合肥 40kg/亩和钾肥 10kg/亩作基肥，一次性施入播种沟。在旺长初期（四裂叶）追施尿素 15kg/亩为长秆肥；及时发现和防治病虫害；按当地习惯在雄株开花期收获测产。

四种处理设计：A 传统栽培技术措施，耕地后播种，按当地习惯执行。轻简化栽培方案均执行的共同措施：不耕地，开播种沟的同时荡平土壤，播种沟平整，播种均匀。轻简化方案 B1：不进行人工除草，使用除草剂 40%丁草胺 200g/亩喷施，进行芽前封闭除草；苗高约 20cm 时一次性间定苗，株距 4~5cm，定苗 50~60 株/$m^2$（3.5 万~4 万株/亩）。轻简化方案 B2：不使用除草剂，必要时进行人工除草；苗高约 20cm 时一次性间定苗，株距 4~5cm，定苗 50~60 株/$m^2$（3.5 万~4 万株/亩）。轻简化方案 B3：不进行人工除草，使用除草剂 40%丁草胺 200g/亩喷施，进行芽前封闭除草；不进行间、定苗。

试验大麻的产量整体上偏低（表 2-124）。由于二次补种和鼠害的原因，导致 A 处理的出苗情况极为不佳（平均 7 726株/亩），致使密度达不到要求，B 处理在一定程度上也受到影响，是 A、B 处理产量不高的原因之一。由于二次补种，缩短了生长期，大麻高度偏矮。有效株数、株高等不理想，试验大麻的叶、骨、皮产量都明显偏低。尽管如此，轻简化栽培节约耕地、除草、间定苗等投入，间接经济效益明显。

**表 2-124 版纳轻简化栽培优化试验测产结果（2015）**

| | A | B1 | B2 | B3 |
|---|---|---|---|---|
| 有效株（株/亩） | 7 726 | 20 899 | 20 799 | 20 766 |
| 株高（cm） | 287 | 289 | 304 | 296 |
| 茎粗（cm） | 0.91 | 0.98 | 1.09 | 0.93 |
| 干皮产量（kg/亩） | 61.1 | 96.7 | 111.2 | 81.2 |

2015 年将优选方案在三地进行示范（表 2-125），共实施工业大麻轻简化栽培示范 42 亩，其中六安 10 亩、版纳 20 亩、汾阳 12 亩，经测产验收，轻简化栽培大麻产量与常规栽培略高或持平，并可节约耕地、除草、间苗等投入和工作量折合人民币 100~150 元，具有较好的社会和经济效益。

**表 2-125 工业大麻栽培岗位轻简化栽培示范测产结果**

| 示范区域 | 栽培模式 | 有效株（株/亩） | 株高（cm） | 茎粗（mm） | 麻皮亩产（kg/亩） | 麻骨产量（kg/亩） | 枝叶产量（kg/亩） |
|---|---|---|---|---|---|---|---|
| 安徽六安 | 轻简化 | 8 871 | 420 | 14.9 | 214.1 | 667 | 306.8 |
| | 常规 | 10 272 | 400 | 14.1 | 198.1 | 660.3 | 313.5 |
| 云南西双版纳 | 轻简化 | 14 784 | 440 | 16.0 | 168.7 | 646.9 | 138.3 |
| | 常规 | 14 207 | 410 | 14.0 | 138.2 | 533.3 | 139.9 |
| 山西汾阳 | 轻简化 | 13 804 | 312 | 12.6 | 183.2 | 805.1 | 231.6 |
| | 常规 | 13 326 | 303 | 11.9 | 179.3 | 810.7 | 239.5 |

## 五 剑麻

剑麻栽培岗位 2014—2015 年主要开展了 5 个方面的研究工作。一是通过剑麻养分吸收利用及累积分布规律、施肥水平对剑麻养分利用的影响等研究，提出了组培苗带根种植技术、小行覆盖施肥技术、剑麻间种柱花草技术、剑麻平衡施肥技术研究等。二是通过种植密度、施肥水平、间作方式、抗旱性评价、覆盖方式、固土保水效应等研究，提出了干热河谷区剑麻种植与固土保水技术。三是开展了剑麻水肥药一体化技术、基本全程机械化耕作示范。四是开展了剑麻开花机理研究及开花位点基因克隆试验。五是开展了剑麻混合青贮技术研究，分析了剑麻渣与柱花草、甘蔗渣、菠萝皮、甘蔗梢、尿素等原料混合青贮效果。

### （一）剑麻高产高效栽培技术研究与示范

1. 不同养分在剑麻植株各器官相对累积量的分布特征

在广西农垦国有山圩农场渠荡分场 4 队那利片建立试验示范区，开展不同养分在剑麻植株各器官相对累积量的分布特征研究。由图 2-18 可知，N 在剑麻根、茎和叶中的相对累积量分别为 8.84%、48.83%和 42.33%，主要累积在茎和叶中；P 在剑麻根、茎和叶中的相对累积量分别为 7.96%、43.41%和 48.61%，主要累积在茎和叶中；K 在剑麻根、茎和叶中的相对累积量分别为 5.82%、28.13%和 66.05%，主要累积在叶中；Ca 在剑麻根、茎和叶中的相对累积量分别为 2.93%、40.61%和 56.45%，主要累积在茎和叶中；Mg 在剑麻根、茎和叶中的相对累积量分别为 2.89%、28.70%和 68.41%，主要累积在叶中；S 在剑麻根、茎和叶中的相对累积量分别为 8.84%、48.83%和 42.3%，主要累积在茎和叶中。可见，大量元素和中量元素主要累积在剑麻的茎和叶中。

微量元素在剑麻各部位的积累特征表现不同，其中 Cu 主要积累在根和茎中，分别占 33.75%

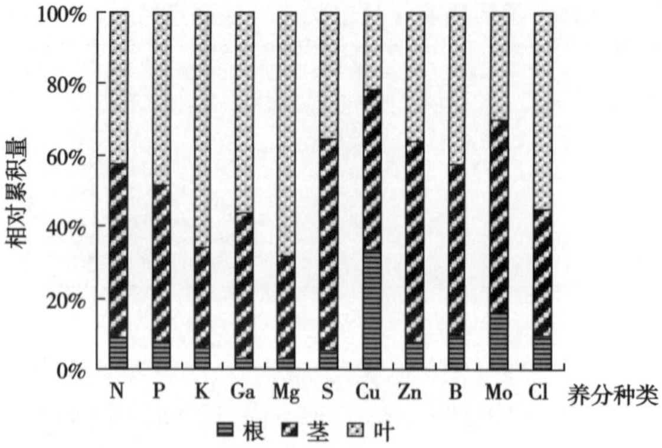


图 2-18　剑麻各器官养分相对累积量分布

和 44.59%，Zn 主要积累在茎和叶中，分别占 56.50%和 35.96%，B 主要积累在茎和叶中，分别占 56.50%和 35.96%，Cl 主要积累在茎和叶中，分别占 35.03%和 55.09%，Mo 在根、茎和叶中的相对累积量分别为 16.39%、53.52%和 30.09%。可见，Cu 和 Mo 在剑麻根中的相对累积量比较高。

2. 不同麻龄剑麻地上部氮素养分累积规律

图 2-19 表明，不同麻龄剑麻地上部的氮素养分总积累量第 1 个快速积累期在 3 龄麻，以后随着剑麻地上部分的生长加剧，根系的活力也相应增强，吸收的能力增强，至 9 龄麻时形成第 2 个快速积累期，此后的积累量反而呈现下降趋势，至 15 龄麻时又有所上升。叶片中氮素养分积累量第 1 个快速积累期也在 3 龄麻，至 7 龄麻时形成第 2 个快速积累期；茎中氮素养分积累量变化趋势与总积累量相同。

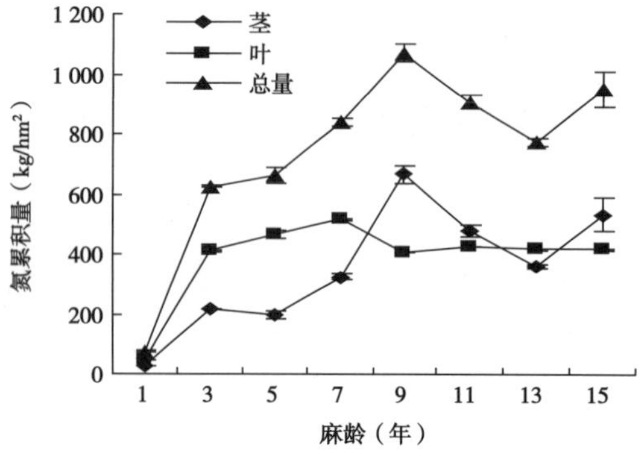


图 2-19　剑麻氮素累积量变化动态

3. 不同氮水平下剑麻的氮素吸收利用特性

盆栽试验设置 CK（不施氮）、N1（低氮）、N2（中氮）、N3（高氮）4 个处理，5 次重复，每处理氮水平（$^{15}N$ 标记尿素，以 N 计）为：0、0.138、0.196、0.248gN/kg，磷钾肥施用量一致，每盆施用过磷酸钙（以 $P_2O_5$计）0.21g，氯化钾（以 $K_2O$ 计）0.70g。将尿素、过磷酸钙和氯化钾一次性施入。

（1）不同氮水平下剑麻各器官中肥料 N 的比例。由表 2-126 可见，以示踪法和差减法求得的地上部、根系和整株中肥料 N 的比例总体上随着氮水平的增加而增加，但示踪法求得的高氮和中氮处理根系中肥料 N 的比例差异不明显。以差减法求得的肥料 N 比例均高于示踪法算得的结果。以示踪法计算时，地上部、根和整株肥料 N 比例分别为 23.4%~31.8%、35.0%~40.7%、24.2%~32.6%。以差减法计算时，地上部、根和整株肥料 N 比例分别为 34.7%~51.8%、33.1%~65.3%、34.6%~53.1%。

**表 2-126　不同氮水平下剑麻各器官中肥料 N 的比例**　（单位：%）

| 处理 | 叶 | | 根 | | 整株 | |
|---|---|---|---|---|---|---|
| | 示踪法 | 差减法 | 示踪法 | 差减法 | 示踪法 | 差减法 |
| N1 | 23. 4 | 34. 7 | 35. 0 | 33. 1 | 24. 2 | 34. 6 |
| N2 | 27. 3 | 42. 8 | 41. 4 | 48. 4 | 28. 4 | 43. 3 |
| N3 | 31. 8 | 51. 8 | 40. 7 | 65. 3 | 32. 6 | 53. 1 |

（2）不同氮水平对剑麻氮素积累的影响。由表 2-127 可见，施氮处理剑麻地上部和整株吸 N 量均显著高于对照，而施氮处理之间差异不显著。其中，高氮处理整株吸氮量比对照高 113. 2%。各处理剑麻氮素主要累积在地上部，地上部吸氮量占整株吸氮量 90%以上。以示踪法和差减法求得的地上部吸收的来自肥料的氮素的量均随着氮水平的增加而增加，而根系则变化不明显。其中，以示踪法求得的高氮处理整株肥料 N 量比低氮处理高 88. 1%。以差减法求得的地上部和根系的肥料氮量均高于示踪法算得的结果。

**表 2-127　不同氮水平对剑麻氮素积累的影响**

| 处理 | 吸 N 量（mg） | | | 分配率（%） | | 示踪法肥料 N 量（mg） | | | 差减法肥料 N 量（mg） | | |
|---|---|---|---|---|---|---|---|---|---|---|---|
| | 地上部 | 根 | 整株 | 地上部 | 根 | 地上部 | 根 | 整株 | 地上部 | 根 | 整株 |
| CK | 363. 5b | 28. 1a | 391. 6b | 92. 8a | 7. 2a | — | — | — | — | — | — |
| N1 | 556. 4a | 42. 0a | 598. 4a | 93. 0a | 7. 0a | 130. 1c | 14. 7a | 144. 8c | 192. 9b | 13. 9a | 206. 8b |
| N2 | 635. 7a | 54. 4a | 690. 1a | 92. 1a | 7. 9a | 173. 6b | 22. 5a | 196. 1b | 272. 2ab | 26. 3a | 298. 5ab |
| N3 | 753. 7a | 81. 0a | 834. 7a | 90. 2a | 9. 8a | 239. 3a | 33. 0a | 272. 3a | 390. 2a | 52. 9a | 443. 1a |

（3）不同氮水平下剑麻的氮素利用率。由表 2-128 可见，不同氮水平下剑麻氮素利用率变化不明显，即不同氮水平处理之间均未达到显著水平。然而，剑麻地上部氮素利用率较高，根部较低。以示踪法求得的剑麻整株氮素利用率为 20. 0%～22. 0%，而以差减法求得的结果较大，为 30. 0%～35. 7%。

**表 2-128　不同氮水平对剑麻氮素利用率的影响**

| 处理 | 示踪法氮素利用率（%） | | | 差减法氮素利用率（%） | | |
|---|---|---|---|---|---|---|
| | 地上部 | 根 | 整株 | 地上部 | 根 | 整株 |
| N1 | 18. 8±1. 1a | 2. 1±0. 5a | 21. 0±0. 9a | 28. 0±4. 8a | 2. 0±1. 4a | 30. 0±4. 2a |
| N2 | 17. 7±1. 8a | 2. 3±1. 2a | 20. 0±1. 7a | 27. 8±6. 6a | 2. 7±2. 9a | 30. 5±5. 9a |
| N3 | 19. 3±2. 6a | 2. 7±0. 8a | 22. 0±2. 6a | 31. 5±8. 3a | 4. 3±2. 0a | 35. 7±8. 2a |

4. 不同钾水平对剑麻生长和钾素吸收利用特性的影响

采用盆栽试验，研究 4 个不同钾（$K_2O$）水平（0、76. 8、84、91. 2mg/kg 土）对剑麻幼苗生物学性状、生物量、养分含量和钾肥吸收利用效率的影响。

从表 2-129 可见，不同钾水平处理剑麻地上部鲜重和干重有明显差异。其中高钾处理 K3 地上部鲜重和干重最大，分别为 647. 4g、73. 31g，比不施钾处理 K0 提高 23. 2%、11. 4%。值得注意的是，除处理 K3 外，处理 K1、K2 地上部鲜重与处理 K0 差异不显著，其地上部干重则均显著小于处理 K0。剑麻根系鲜重和干重总体上随着钾水平的增加呈先增大后减小的趋势。其中，处理 K2 根系鲜重和根干重最大，分别为 10. 8g、4. 82g，比处理 K0 显著提高 72. 9%、47. 8%。与不施钾处理相比，施钾处理剑麻地上部生物量增加幅度较小，其中，地上部鲜重平均提高 7. 9%，而干重则降低 3. 3%。根系生物量增加幅度较大，根系鲜重、干重平均分别提高 37. 2%、31. 7%。剑麻根冠比总体上随着施钾水平的增加呈先增大后减小的趋势。其中，处理 K2 最大，为 0. 085，显著大于其他处理。处理 K0 最小，为 0. 050。同钾水平处理剑麻地上部和根系含水量也有一定差异。剑麻地上部含水量总体上呈先增大后减小的趋势，其中，处理 K2 最大，处理 K0 最小，分别为 89.3%、87.5%。而根系含水量变化趋势与地上部有所不同，不同施钾处理间变化规律不明显，同一处理的不同重复间差异较大。其中，处理 K2 最大，处理 K1 最小，分别为 54.9%、42.8%。

**表 2-129　不同钾水平对剑麻生物量的影响**

| 处理 | 鲜重（g） | | 干重（g） | | 含水量（%） | | 根冠比 |
|---|---|---|---|---|---|---|---|
| | 地上部 | 根系 | 地上部 | 根系 | 地上部 | 根系 | |
| K0 | 525.5±48.1b | 7.0±2.1b | 65.78±6.2b | 3.44±0.9b | 87.5±0.0c | 48.1±4.0ab | 0.050±0.004b |
| K1 | 505.4±47.6b | 6.5±1.6b | 58.87±3.7c | 3.71±1.0ab | 88.3±0.4b | 42.8±3.9b | 0.063±0.009b |
| K2 | 548.8±33.2b | 10.8±2.0a | 58.61±4.4c | 4.82±0.7a | 89.3±0.7a | 54.9±4.6a | 0.085±0.085a |
| K3 | 647.4±35.0a | 8.5±0.9ab | 73.31±4.3a | 4.36±0.2ab | 88.7±0.1b | 48.3±4.7ab | 0.059±0.059b |
| 施 K 平均 | 567.2 | 8.6 | 63.6 | 4.3 | 88.8 | 48.7 | 0.069 |
| 施 K 增加量 | 41.7 | 2.3 | −2.2 | 1.0 | 1.3 | 0.6 | 0.019 |
| 施 K 增加率（%） | 7.9 | 37.2 | −3.3 | 31.7 | 1.5 | 1.1 | 39.3 |

5. 不同磷水平对剑麻生长和磷肥效率的影响

采用盆栽试验，研究 4 个不同施磷（$P_2O_5$）水平（0g、0.16g、0.21g、0.26g）对剑麻幼苗生物学性状、产量、肥料利用效率和养分积累量的影响。

从表 2-130 可见，施磷处理剑麻地上部鲜重和干重都比不施磷处理高，总体上随着施磷水平的增加呈先增大后减小的趋势。其中地上部鲜重中磷处理 P2 最大，为 644.7g，比处理 P0 增加 39.6%，显著高于处理 P0，而低磷处理 P1 和高磷处理 P3 与处理 P0 差异不显著。地上部干重各处理间差异不显著。根鲜重高磷处理 P3 最大，低磷处理 P1 最小，而根干重中磷 P2 处理最大，高磷处理 P3 次之，低磷处理 P1 和处理 P0 相差不大，但各处理间差异不显著。施磷处理剑麻平均地上部鲜重、地上部干重、根鲜重和根干重分别比不施磷处理增加 27.1%、28.10%、2.7% 和 9.19%。不同处理剑麻地上部水量、根含水量和根冠比差异不明显。可见，施用磷肥可提高剑麻地上部生物量，中磷处理 P2 施肥水平条件下，剑麻地上部生物量最大，而高磷水平处理 P3 剑麻地上部生物量反而有所下降。本试验条件下，不同磷水平处理对剑麻地上部含水量、根含水量和根冠比影响不大。

**表 2-130　不同磷水平对剑麻生物量的影响**

| 处理 | 地上部鲜重（g/株） | 地上部干重（g/株） | 根鲜重（g/株） | 根干重（g/株） | 地上部含水量（%） | 根含水量（%） | 根冠比 |
|---|---|---|---|---|---|---|---|
| P0 | 461.7±5.6b | 47.51±7.23a | 8.5±3.0a | 3.77±1.01a | 90.9±1.63a | 50.7±2.09a | 0.071±0.02a |
| P1 | 516.1±58.5ab | 50.86±9.84a | 7.8±1.3a | 3.76±0.54a | 90.8±0.87a | 51.2±6.57a | 0.082±0.02a |
| P2 | 644.7±177.0a | 68.22±24.95a | 8.6±2.7a | 4.35±1.44a | 90.0±1.11a | 49.5±1.21a | 0.063±0.01a |
| P3 | 599.4±122.7ab | 66.48±16.51a | 9.8±2.9a | 4.22±0.94a | 89.7±1.89a | 55.7±6.39a | 0.076±0.01a |
| 施 P 平均 | 586.7 | 60.87 | 8.7 | 4.11 | 90.2 | 52.1 | 0.073 |
| 施 P 增加量 | 125.0 | 13.35 | 0.2 | 0.35 | −0.7 | 1.4 | 0.003 |
| 施 P 增加率（%） | 27.1 | 28.10 | 2.7 | 9.19 | −0.8 | 2.7 | 3.926 |

6. 剑麻高产高效栽培技术研究

（1）种植密度对剑麻产量的影响。在湛江剑麻试验站的 16 路西开展探讨剑麻种植密度与产量关系的试验，处理为：亩种植 281 株、296 株、314 株和 333 株，设三次重复，每小区 0.8 亩，管理技术按常规执行。该田块一直为剑麻，2010 年剑麻淘汰后轮作辣椒，2011 年 10 月继续种麻。该田块面积 24 亩（试区面积 8 亩），地力中上。

表 2-131 结果显示不同密度处理剑麻产量情况，以处理 333 株/亩产量为 7 007kg/亩、314 株/亩，产量为 7 007kg/亩的两个处理产量比较高。

表 2-131 不同密度种植处理剑麻产量情况 （单位：kg/亩）

| 处理 | 重复 1 | 重复 2 | 重复 3 | 平均 |
|---|---|---|---|---|
| ①亩植 333 株 | 7 383 | 7 197 | 5 907 | 7 007 |
| ②亩植 314 株 | 6 759 | 7 169 | 7 530 | 7 007 |
| ③亩植 296 株 | 6 613 | 5 595 | 6 784 | 6 390 |
| ④亩植 281 株 | 6 345 | 6 760 | 6 583 | 6 521 |

（2）剑麻组培苗带根种植技术。在湛江试验站的 16 路西开展剑麻袋苗带根上山种植技术研究，是指 1kg、2kg 的剑麻袋苗带根苗与常规裸根苗 4kg、6kg 进行比较，设 4 个重复，每小区 0.8 亩。该田块一直为剑麻，2010 年剑麻淘汰后轮作辣椒，2011 年 10 月继续种麻。该田块面积 24 亩（试区面积 8 亩），地力中上。

从测产情况来看（表 2-132），处理②（组培苗株重 2kg 带土带根种植）产量 5 609kg/亩，接近处理③常规苗（4kg 切根种植）和④（常规苗 6kg 切根种植），可见组培苗袋苗带根带土上山种植，恢复生长快。

表 2-132 不同密度种植处理剑麻生长情况

| 处理 | 重复 1 | 重复 2 | 重复 3 | 重复 4 | 平均 |
|---|---|---|---|---|---|
| ①组培苗：株重 1kg 带土带根种植 | 4 716 | 5 009 | 4 795 | 5 113 | 4 908 |
| ②组培苗：株重 2kg 带土带根种植 | 5 501 | 5 328 | 5 755 | 5 850 | 5 609 |
| ③常规苗：4kg 切根种植 | 5 450 | 5 938 | 5 850 | 5 890 | 5 782 |
| ④常规苗：6kg 切根种植 | 5 940 | 4 922 | 6 164 | 6 074 | 5 775 |

（3）小行覆盖施肥技术。在湛江试验站的 16 路西布置该试验，该田块于 2005 年终种植，面积 17.1 亩，地力中上，已开割 4 刀，实施前紫色卷叶病非常严重，发病率达 90%以上。

表 2-133 结果可见小行施肥培土比常规大行施肥增产 9.7%。能促进增产，可能与增强土壤透气性、保墒有利根系生长有关，但小行培土劳动强度大、功效低。该试验有待进一步观察。

表 2-133 不同处理对剑麻生长的影响 （单位：kg/亩）

| 处理 | Ⅰ | Ⅱ | Ⅲ | Ⅳ | 平均 |
|---|---|---|---|---|---|
| 小行施肥培土 | 7 980 | 7 656 | 6 864 | 8 159 | 7 665 |
| 常规大行施肥 | 7 112 | 6 578 | 6 568 | 7 691 | 6 987 |

（4）剑麻间种柱花草技术。间种柱花草 1 年后，与对照区相比，间种区剑麻株高增加 44%，叶长增长 6%，长叶片数增加 2.5%，叶宽增加 15%。剑麻间种柱花草可显著减轻水土流失，增加土壤有机质，培肥地力，提高土地产出率，增加麻农收入。剑麻间种柱花草，可显著促进麻园生态平衡，有利于天敌——草蛉大量繁衍，有利于控制剑麻粉蚧虫和紫色卷叶病危害。目前套种柱花草的处理粉蚧为害剑麻最轻，因假花生、广金钱草生长覆盖尚未达到预期效果，故暂未能体现防控粉蚧效果（表 2-134）。

表 2-134 不同处理剑麻粉蚧危害及样本株经济性状调查

| 处理 | 平均粉蚧（头/株） | 平均单叶重（kg/片） |
|---|---|---|
| ①柱花草 | 51 | 0.246 |
| ②假花生 | 125 | 0.236 |
| ③广金钱草 | 101 | 0.228 |
| ④化学除草 | 101 | 0.26 |
| ⑤自然生草+机械割除 | 92 | 0.224 |
| ⑥自然生草+仅挖除杂灌木（空白对照） | 107 | 0.251 |
| ⑦人工除草（CK） | 117 | 0.248 |

（5）平衡施肥技术研究。研究发现，剑麻园土壤养分处于中等偏低水平，B 和 Zn 较为缺乏。

每生产 1 t 叶片对各种养分的平均吸收量为 N 3. 20kg、$P_2O_5$ 1. 60kg、$K_2O$ 9. 26kg、CaO 13. 10kg、MgO 1. 33kg；通过大田试验发现，剑麻推荐施肥比例 N：P：K = 1：0. 50：2，施尿素 600 ~ 700kg/$hm^2$，石灰 4 500kg/$hm^2$，Mg 肥、B 肥和 Zn 肥 7. 5kg/$hm^2$（表 2-135、表 2-136）。

**表 2-135　剑麻土壤养分含量变化情况**

| 变幅 | 有机质（g/kg） | pH 值 | 碱解氮（mg/kg） | 有效磷（mg/kg） | 有效钾（mg/kg） |
|---|---|---|---|---|---|
| 最小值 | 8. 5 | 4. 73 | 12. 95 | 1. 62 | 16. 42 |
| 最大值 | 32. 95 | 6. 48 | 92. 18 | 634. 28 | 200. 72 |
| 平均值 | 19. 31 | 5. 81 | 51. 94 | 65. 80 | 92. 91 |
| 标准差 | 5. 90 | 0. 68 | 19. 15 | 113. 72 | 47. 52 |
| 变异系数（%） | 30. 58 | 11. 75 | 36. 88 | 172. 84 | 51. 14 |

**表 2-136　不同氮肥处理剑麻产量（10 年麻）**

| 尿素（kg/$hm^2$） | 单叶鲜重（kg/片） | 鲜叶产量（kg/$hm^2$） |
|---|---|---|
| 0 | 0. 62 | 124 500 |
| 334. 125 | 0. 69 | 136 125 |
| 668. 250 | 0. 71 | 145 764 |
| 1 002. 375 | 0. 60 | 138 875 |

（6）剑麻高产高效栽培技术示范。2014 年 10 月 9—13 日，测产验收专家组分别对湛江农垦东方红农场和广西农垦山圩农场剑麻高产高效示范地进行了测产验收。对照体系考核的目标任务，纤维和麻渣产量均超过了预定的任务指标，具有很好的示范作用，验收小组一致同意通过验收。形成了剑麻高产高效栽培技术 1 套（表 2-137）。

**表 2-137　剑麻测产验收情况**

| 地点 | 地名 | 面积（亩） | 亩种植株数（株/亩） | 鲜叶产量（kg/亩） | 纤维产量（kg/亩） | 麻渣产量（kg/亩） |
|---|---|---|---|---|---|---|
| 湛江农垦东方红农场 | 14 号地示范区 | 41. 0 | 286 | 8 723. 0 | 567. 0 | 664. 7 |
| | 对照区（CK） | 42. 0 | 286 | 5 871. 6 | 362. 3 | 513. 8 |
| | 15 号地示范区 | 34. 6 | 286 | 7 464. 6 | 441. 2 | 698. 7 |
| | 对照区（CK） | 3. 4 | 286 | 4 783. 6 | 308. 1 | 376. 47 |
| 广西农垦山圩农场 | 示范区 | 77. 2 | 286 | 10 690. 7 | 457. 6 | 741. 9 |
| | 对照区（CK） | 26. 5 | 286 | 5 851. 6 | 337. 6 | 661. 2 |

### （二）干热河谷区剑麻种植与固土保水技术研究

1. 干热河谷不同种植密度对剑麻生长及产量的影响

设置三种种植密度 B1（500 株/亩）、B2（400 株/亩）、B3（300 株/亩）试验，在试验小区上继续完成旱季和雨季剑麻的株高（cm）、年新增叶片数（片/株）、叶片产量（kg/株）等数据的观测。

通过数据分析，从表 2-138 可以看出，三种种植密度对剑麻的株高、叶长、叶厚、叶宽、新增叶片数、叶重量以及全株重量均有一定影响。500 株/亩密度的剑麻，产量最低，300 株/亩密度的剑麻单株产量最高，说明密植影响了剑麻各植株间对土壤水分、养分及光能的吸收，影响了剑麻生长及产量。

**表 2-138　不同种植密度对剑麻生长及产量的影响**

| 处理 | 株高（cm） | 新增叶片数 | 叶片长度（cm） | 叶片厚度（mm） | 叶片宽度（cm） | 叶片产量（kg/株） |
|---|---|---|---|---|---|---|
| B1 | 72. 8 | 43 | 43. 7 | 3. 93 | 7. 7 | 17. 65 |
| B2 | 68. 4 | 46 | 42. 3 | 3. 99 | 7. 9 | 18. 48 |
| B3 | 75. 2 | 49 | 46. 4 | 4. 12 | 8. 2 | 19. 35 |

2. 干热河谷不同施肥水平对剑麻生长及产量的影响

盆栽试验，设 N0、N1、N2、N3、N4、N5 等 6 个处理，4 次重复，共 24 盆。各处理施 N 水平分别为 0、0.1、0.2、0.4、0.8、1.6g/kg 土，P 和 K 均分别为 0.2g/kg 土和 0.3g/kg 土。盆内用塑料袋套住，每盆装干土 4kg，植剑麻苗 1 株。每周浇水 1 次，每盆浇水量均为 200ml。正常养护管理。

由表 2-139 可知，不同氮水平处理对剑麻幼苗地上部和根系生长有一定影响。除 N5 处理外，施氮处理冠鲜重和冠干重均大于 N0 处理，但差异不显著，其中 N1 处理冠鲜重和冠干重最大，N5 处理最小，N1、N2、N3、N4 处理差异不显著；根鲜重和根干重 N1 处理最大，N5 处理最小、根干重仅为 0.42g，除 N1 处理外，其余施氮处理根鲜重和根干重均小于 N0 处理；总鲜重施氮处理均大于 N0 处理，其中 N1 处理最大，N5 处理最小，分别为 N0 处理的 140.4%、93.7%；根冠比 N5 处理最小，其余处理差异不明显。可见，施用氮肥总体上增加了剑麻地上部生物量，而根系生物量则有所下降，根冠比减小。剑麻幼苗在低氮条件下生长良好，高氮条件下生长受到一定影响。

**表 2-139 不同氮水平剑麻植株生物量**

| 处理 | 冠鲜重（g） | 冠干重（g） | 根鲜重（g） | 根干重（g） | 总鲜重（g） | 根冠比 |
|---|---|---|---|---|---|---|
| N0 | 115.35a | 12.00a | 4.43ab | 1.75ab | 119.78 | 0.15 |
| N1 | 162.14a | 15.39a | 6.06a | 2.3a | 168.20 | 0.15 |
| N2 | 145.14a | 13.96a | 3.90b | 1.64ab | 149.04 | 0.12 |
| N3 | 152.20a | 12.75a | 2.76bc | 1.2b | 154.96 | 0.09 |
| N4 | 160.38a | 13.48a | 2.76bc | 1.16b | 163.13 | 0.09 |
| N5 | 111.13a | 9.21a | 1.14c | 0.42c | 112.27 | 0.05 |
| 施 N 平均 | 143.62 | 12.96 | 3.32 | 1.34 | 149.52 | 0.10 |
| 施 N 增加量 | 30.85 | 0.96 | -1.11 | -0.41 | 29.74 | -0.05 |
| 施 N 增加率（%） | 26.74 | 7.98 | -24.97 | -23.20 | 24.83 | -2.01 |

3. 干热河谷不同的间种方式对剑麻生长及产量的影响

试验小区布设在元谋干热河谷区的梯田上，试验设计间种乡土草 B1（扭黄茅）和豆科牧草 B2（柱花草）两种作物处理。

从表 2-140 可以看出，间作柱花草的剑麻植株在植株高度、叶片数、叶片厚度、叶片宽度、鲜叶产量等要略高于间作扭黄茅和无间作的，这主要归因于柱花草对土壤改良的作用，能对剑麻的生长提供一定的帮助。

**表 2-140 不同间种方式对剑麻生长及产量的影响**

| 处理 | 株高（cm） | 新增叶片数 | 叶片长度（cm） | 叶片厚度（mm） | 叶片宽度（cm） | 叶片产量（kg/株） |
|---|---|---|---|---|---|---|
| B0（CK） | 67.5 | 38 | 42.9 | 3.91 | 7.6 | 17.8 |
| B1 | 69.8 | 40 | 45.8 | 3.98 | 7.9 | 18.4 |
| B2 | 71.4 | 45 | 49.5 | 4.25 | 8.6 | 19.8 |

4. 剑麻固土保水效益研究

应用水土保持的常规方法，在不同坡度（10°、15°、20°）的地块，营建 2m×10m 径流池，水平沟和鱼鳞坑方式种植，以裸地为对照，选取长势正常一致的 H.11648 剑麻苗、番麻苗和广西 76416 苗进行试验。2015 年继续定期测量各小区的径流量、土壤径流、截面径流，结合试验区气象站的降雨量、蒸发量计算土壤侵蚀模数和降水利用率。

在 10°、15°、20°的径流小区（10m×2.5m）内，按照鱼鳞坑和水平沟两种处理分别种植 50 棵近似大小的剑麻，按照鱼鳞坑方式种植 50 棵番麻。每次降雨后在收集池（1.2$m^2$）测量水土流失量，混匀后量取 500ml 悬浊液，在烘箱中测量其中的泥沙含量，泥沙体积采用土壤密度平均值（2.65$g/cm^3$）计算。

通过在 10°、15°、20°坡的标准径流场中以水平沟和鱼鳞坑两种方式种植剑麻，以鱼鳞坑方式种植番麻，监测结果显示：各处理的径流场中种植剑麻和番麻能够增加降水利用率，平均增加 17%，表明种植剑麻和番麻具有较高的水土保持效益。其水分利用率增加值根据种植方式和坡度有很大关系（表 2-141），其中 10°坡和 15°坡的效果较好，平均增加降水利用率 30%和 25%，20°坡的效果不明显。10°坡上水平沟种植剑麻对降水利用增加的效果最好，增加了 48.9%；15°坡上也是水平沟种植剑麻对降水利用增加的效果最好，增加了 34.5%；20°坡上各种植方式没有效果，可能是与坡度较大、植物对侵蚀的控制力降低有关。

**表 2-141　各坡度下种植剑麻和番麻的降水利用增加率**　（单位：%）

| 坡度 | 鱼鳞坑番麻 | 鱼鳞坑剑麻 | 水平沟剑麻 |
|---|---|---|---|
| 10° | 14.818 9 | 26.517 5 | 48.869 1 |
| 15° | 15.514 8 | 25.857 3 | 34.532 8 |
| 20° | 1.417 2 | -9.333 0 | -5.303 0 |

各处理的径流场中种植剑麻和番麻能够降低土壤侵蚀模数，平均降低 59.2%，表明种植剑麻和番麻具有较高的水土保持效益。其中 10°坡的效果最好，土壤侵蚀模数降低 87.5%，15°坡降低 78.0%，20°坡降低 13.2%。10°坡中水平沟种植剑麻的控制效果最好，降低侵蚀模数 87.5%；15°坡的不同种植方式对侵蚀模数影响没有明显差异；20°坡的水平沟种植方式对侵蚀模数控制效果不好，侵蚀模数略有增加，20°坡上鱼鳞坑种植方式较好，较对照降低了 36%以上（表 2-142）。

**表 2-142　各处理的侵蚀模数降低率**　（单位：%）

| 坡度 | 鱼鳞坑番麻 | 鱼鳞坑剑麻 | 水平沟剑麻 |
|---|---|---|---|
| 10° | 79.7164 | 88.744 | 93.9877 |
| 15° | 76.6177 | 74.7758 | 79.4903 |
| 20° | 41.8384 | 36.0632 | -38.429 |

## （三）剑麻抗旱栽培调控技术研究

### 1. 不同苗龄剑麻幼苗抗旱性评价

供试材料为剑麻品种 H.11648 不同苗龄的幼苗，分为大、中、小苗，苗龄分别为 18 个月、12 个月和 6 个月，三种苗龄的剑麻均引种于广西。供试土壤为砖红壤。试验分 6 个小组，其中每个苗龄剑麻分别设立干旱胁迫组和正常给水组，每个试验小组设置十个剑麻盆栽，供试花盆高 23cm，口径为 34cm。干旱胁迫组剑麻每 30d 浇一次水，浇水量为 1L，土壤含水量保持在 4%～6%；正常给水组剑麻每周浇一次水，水量为 1L，土壤含水量保持在 30%～35%。各组剑麻的生理指标和形态指标每月测定一次，连续测定四个月，胁迫组和对照组均在每次浇水前一天早上测定。生理指标每组随机选取 3 个植株进行测定，形态指标每组随机选取 5 个植株进行测定，测量叶片均选取最新伸展且没有病害的成熟叶片。

剑麻抗旱指标的隶属函数值及其排序（表 2-143）表明，苗龄为 18 个月的剑麻 H.11648 大苗的抗旱能力整体表现为 9 月>11 月>8 月>10 月，苗龄为 12 个月的剑麻 H.11648 中苗的抗旱能力表现为 11 月>10 月>9 月>8 月，苗龄为 6 个月的剑麻 H.11648 小苗的抗旱能力表现为 9 月>10 月>11 月>8 月。

**表 2-143 不同苗龄剑麻抗旱指标动态变化综合评价指标**

| 指标 | | 月份 | | | |
|---|---|---|---|---|---|
| | | 8 | 9 | 10 | 11 |
| H. 11648 大苗 | 叶绿素含量 | 0.591 1 | 0.382 6 | 0.363 4 | 0.372 2 |
| | 叶绿素 a/b | 0.606 1 | 0.536 9 | 0.364 6 | 0.395 5 |
| | 丙二醛含量 | 0.556 1 | 0.560 5 | 0.405 5 | 0.581 7 |
| | 脯氨酸含量 | 0.459 3 | 0.424 1 | 0.360 1 | 0.535 9 |
| | POD 活性 | 0 | 0.389 3 | 0.375 8 | 0.404 1 |
| | SOD 活力 | 0.451 5 | 0.422 9 | 0.484 3 | 0.444 6 |
| | 叶片含水量 | 0.371 7 | 0.570 7 | 0.567 1 | 0.537 5 |
| | 平均值 Average | 0.433 7 | 0.469 6 | 0.413 0 | 0.467 4 |
| | 排序 Sort order | 3 | 1 | 4 | 2 |
| H. 11648 中苗 | 叶绿素含量 | 0.422 8 | 0.455 7 | 0.397 6 | 0.659 0 |
| | 叶绿素 a/b | 0.367 2 | 0.536 9 | 0.455 1 | 0.379 3 |
| | 丙二醛含量 | 0.515 4 | 0.454 4 | 0.546 6 | 0.663 4 |
| | 脯氨酸含量 | 0.933 3 | 0.457 1 | 0.391 3 | 0.545 5 |
| | POD 活性 | 0 | 0.439 9 | 0.414 2 | 0.589 8 |
| | SOD 活力 | 0.591 9 | 0.417 1 | 0.590 5 | 0.657 6 |
| | 叶片含水量 | 0.341 5 | 0.426 6 | 0.415 3 | 0.400 0 |
| | 平均值 Average | 0.453 2 | 0.455 4 | 0.458 7 | 0.556 4 |
| | 排序 Sort order | 4 | 3 | 2 | 1 |
| H. 11648 小苗 | 叶绿素含量 | 0.443 7 | 0.400 6 | 0.506 3 | 0.343 0 |
| | 叶绿素 a/b | 0.346 9 | 0.580 4 | 0.434 9 | 0.613 0 |
| | 丙二醛含量 | 0.483 6 | 0.657 8 | 0.520 0 | 0.510 9 |
| | 脯氨酸含量 | 0.5 | 0.616 8 | 0.514 3 | 0.416 7 |
| | POD 活性 | 0 | 0.472 6 | 0.663 3 | 0.489 0 |
| | SOD 活力 | 0.534 1 | 0.602 0 | 0.451 1 | 0.526 7 |
| | 叶片含水量 | 0.484 5 | 0.656 5 | 0.334 9 | 0.451 8 |
| | 平均值 Average | 0.399 0 | 0.569 5 | 0.489 3 | 0.478 7 |
| | 排序 Sort order | 4 | 1 | 2 | 3 |

根据张卫星的抗旱性 5 级划分：隶属度≥0.7 为强抗，定为Ⅰ级；≥0.6 为抗，定为Ⅱ级；≥0.4为中抗，定为Ⅲ级；≥0.3 为弱抗，定为Ⅳ级；<0.3 为不抗，定为Ⅴ级。因此，三种苗龄期的剑麻 H. 11648 的隶属度均在（0.4，0.6）范围内，属于中抗。由隶属函数值可以看出，剑麻 H. 11648 中苗表现出规律性的抗旱能力，其在干旱胁迫的四个月内抗旱能力不断增强，且在三种苗龄中的隶属函数值最高，这说明中苗较之于大苗和小苗具有更高的抗旱能力，适合于干热河谷的引种需求。

2. 不同的覆盖方式对剑麻生长及产量的影响

在干热河谷设置乡土草覆盖 B1、秸秆覆盖 B2 两个处理，对照（CK）为常规处理。试验表明（表 2-144），与对照（CK）相比，乡土草和秸秆覆盖可显著提高剑麻的株高、叶片数、叶片产量。无论是乡土草覆盖还是秸秆覆盖，在旱季，可以显著降低地表温度，减少土壤水分蒸发，为剑麻生长提供更多的水分，进而促进了覆盖处理的整株生物量。

**表 2-144 不同的覆盖方式对剑麻生长及产量的影响**

| 处理 | 株高（cm） | 新增叶片数 | 叶片长度（cm） | 叶片厚度（mm） | 叶片宽度（cm） | 叶片产量（kg/株） |
|---|---|---|---|---|---|---|
| B0（CK） | 67.2 | 29 | 43.4 | 3.74 | 7.5 | 15.95 |
| B1 | 69.4 | 30 | 45.2 | 3.86 | 7.9 | 17.05 |
| B2 | 70.2 | 33 | 46.5 | 3.98 | 8.1 | 18.15 |

3. 节水灌溉对剑麻生长及产量的影响

根据试验方案设计，试验小区布设在元谋干热河谷的梯田上，试验设计不灌水 B0（CK）和滴灌 B1 两个处理，采用随机区组排列，每小区 30 株剑麻，3 次重复。从表 2-145 可以看出，灌溉处理的不论在剑麻株高、新增叶片数、叶片产量都比不灌溉处理的要高，充分说明在元谋干热河谷剑麻一定的灌溉能促进剑麻生长和提高其产量。

**表 2-145　不同灌溉处理对剑麻地上部分生长的影响**

| 处理 | 株高（cm） | 新增叶片数 | 叶片长度（cm） | 叶片厚度（mm） | 叶片宽度（cm） | 叶片产量（kg/株） |
|---|---|---|---|---|---|---|
| B0（CK） | 55.4 | 28 | 42.4 | 3.75 | 7.2 | 15.4 |
| B1 | 78.5 | 35 | 48.2 | 4.15 | 8.2 | 19.25 |

4. 干旱胁迫对剑麻幼苗生理生化的影响

（1）干旱胁迫对剑麻叶片含水量的影响。含水量高低在一定程度上可以反映植株叶片保水能力的强弱。由图 2-20 可知：干旱胁迫处理前 30d，叶片含水量有一个上升的过程，这可能是由于植物在干旱胁迫初期，呼吸短时间上升，导致根系吸水能力增强，造成其体内含水量增高的缘故。此后，随着干旱胁迫强度的增大，剑麻叶片含水量总体呈持续下降趋势，在第 30~45d 降幅较大，以后下降较平缓，下降最大幅度为 8.64%。

（2）干旱胁迫对剑麻叶片质膜透性的影响。由图 2-21 可知：剑麻在受到干旱胁迫后，剑麻叶片的相对电导率均有不同程度的升高，但增加的动态及幅度有较大区别。剑麻在干旱胁迫的前 30d，电导率变化较大，增幅为 38.59%；在第 60d 电导率增幅为 25.01%；之后，电导率的变化差异均不显著。试验结果说明干旱胁迫引起了剑麻细胞膜的伤害，细胞内含物质外渗，膜渗透性增加，导致电导率升高。

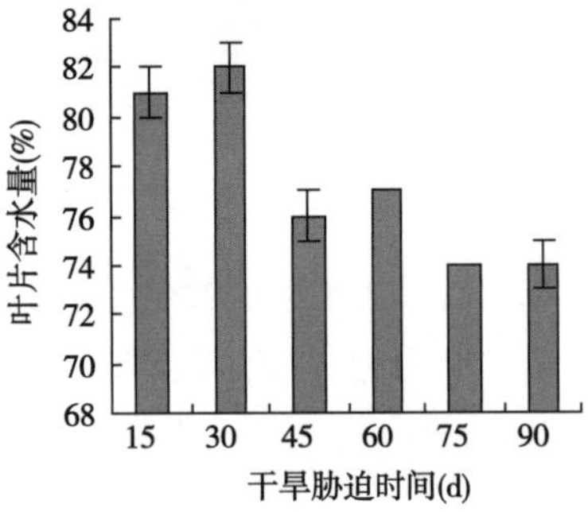


**图 2-20　干旱胁迫下叶片相对叶片含水量的影响**

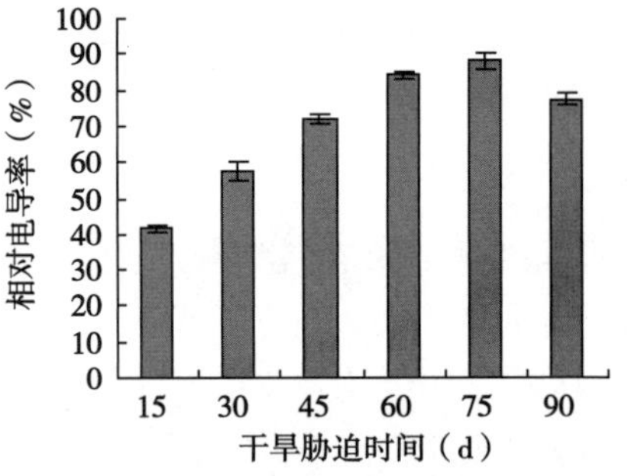


**图 2-21　干旱胁迫对叶片相对电导率的影响**

（3）干旱胁迫对剑麻叶片 MDA 含量的影响。MDA 是膜脂过氧化作用的主要产物之一，其含量的高低是反映细胞膜脂过氧化作用强弱和质膜破坏程度的重要指标。由图 2-22 可知：剑麻在受到干旱胁迫后，叶片 MDA 含量上升平缓，且在不同干旱胁迫期间差异不显著。在第 75d 和第 90d，剑麻 MDA 含量最高，为 0.33μmol/g。试验结果表明，当植物受到干旱胁迫时，质膜受到不同程度的破坏，MDA 含量增高。通过对电导率与 MDA 含量相关性分析发现，两者之间呈极显著的正相关（$R=0.9295$）。

（4）干旱胁迫对叶片 POD 活性变化的影响。从图 2-23 可见：在干旱胁迫下，剑麻叶片的 POD 活性变化比较剧烈，总的趋势是先上升后下降，到第 60d 时达最大值[1 326.33U/(g·FW)]。通过方差分析可知，剑麻叶片的 POD 活性在不同的胁迫时间存在显著的差异。说明在干旱胁迫前期，叶片内的 POD 活性会剧烈上升，来抵御或减轻植物体所受的伤害，之后随着干旱胁迫时间的延长，水分亏缺的加重，POD 活性下降。

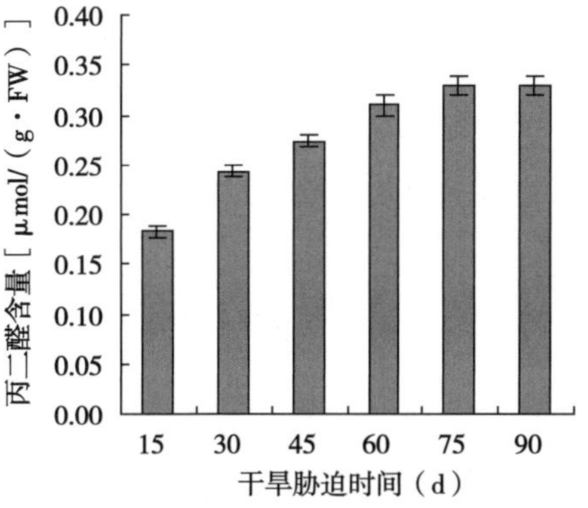


图 2-22　干旱胁迫对叶片 MDA 的影响

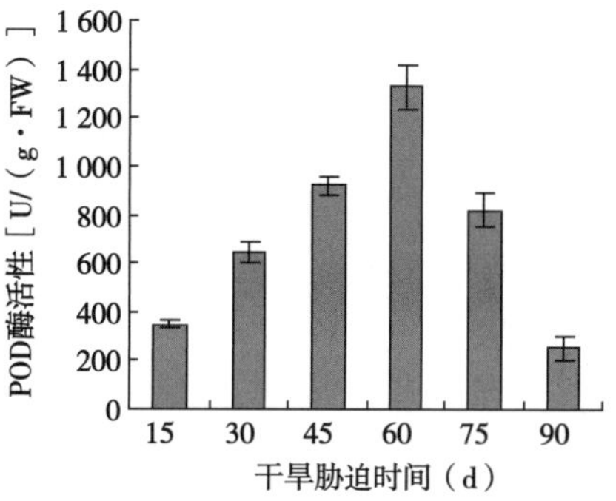


图 2-23　干旱胁迫对叶片 POD 的影响

(5) 干旱胁迫对叶片 Pro 含量的影响。由图 2-24 可知：剑麻在受到干旱胁迫后 Pro 含量均有不同程度的增加。与 MDA 含量变化情况相似，剑麻在受到干旱胁迫后，叶片 Pro 含量上升平缓，且在不同干旱胁迫期间差异不显著。在第 75d 和第 90d，剑麻叶片 Pro 含量最高，为 0.31μg/g。

(6) 干旱胁迫对根系活力的影响。根系活力是指根系新陈代谢的活动能力，是反映根系吸收功能的一项综合指标。根系活力大则根系代谢、吸收能力强，反之则弱。从图 2-25 可知，随着干旱胁迫时间的延长，TTC 还原量呈现先高后低的趋势，但总体还是呈持续下降趋势。TTC 还原量最高值出现在第 30d，为 2.66g/(g·h)。这与剑麻叶片含水量的变化趋势类似。

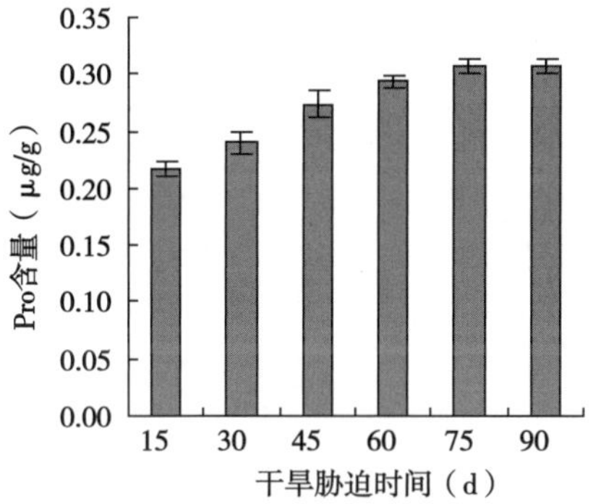


图 2-24　干旱胁迫对叶片 Pro 的影响

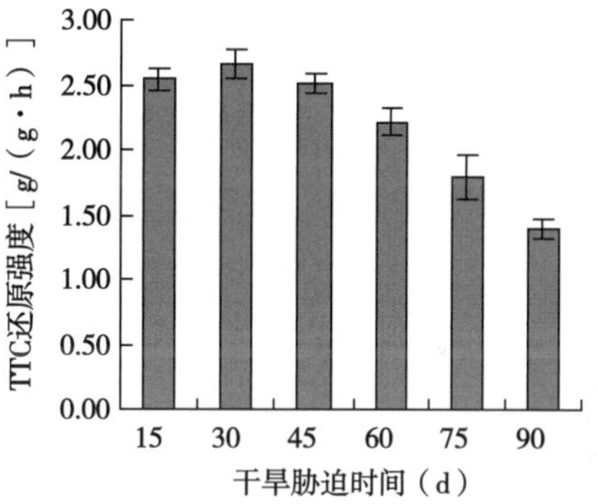


图 2-25　干旱胁迫对根系活力的影响

### (四) 剑麻轻简化栽培技术研究

1. 剑麻覆盖技术研究

该试验田为湛江剑麻试验站 23-2 北块麻田，2009 年种植，面积 26.35 亩，2011 年年底开割第一刀麻；2012 年 5 月布置该试验。由表 2-146 结果可见，小行覆盖蔗叶及常规人工除草，其产量相当，产量分别为 6 045kg/亩和 6 034kg/亩，而盖黑色地膜和自然长草亩产分别比常规处理①下降 298kg/亩和 346kg/亩。盖地膜的产量低，可能是影响透气性和无法接收雨水；而自然长草的与剑麻抢水分、养分也不利于剑麻生长。

表 2-146　不同覆盖处理剑麻生长情况

| 处理 | 2015 年度增叶（片/株） | 单叶净增重（kg） | 叶片亩产（kg/亩） | 与 CK 比增产（±%） |
|---|---|---|---|---|
| ①CK（不覆盖） | 61.82 | 0.046 7 | 6 034 | |
| ②（蔗叶、麻渣覆盖） | 64.43 | 0.066 7 | 6 045 | 39.58 |
| ③（地膜覆盖） | 61.76 | 0.053 | 5 736 | 11.98 |
| ④（自然生草覆盖） | 62.47 | 0.025 | 5 688 | -59.57 |

2. 剑麻水肥药一体化技术研究

试验设 3 个处理，CK（不滴灌，按常规）、滴灌、滴灌+盖地膜。该试验于 2011 年 10 月开始实施，实施期限为 2011 年 10 月至 2015 年 12 月。结果表明，滴灌+盖地膜的效果最好，尤其是冬季效果更显著，其 15d 便可恢复生长，一个月便 100%恢复，且速生快长，主要是保水保温等作用，而 CK 迟迟不能恢复生长，滴灌，尤其滴灌+盖地膜的可提早半年出圃，但高温雨季不宜再盖地膜，否则易造成局部积水，导致斑马纹病发生为害。大田起畦达标准的可试小行 1m 宽的位置盖地膜会达到预期效果。

此外，母株应用水肥一体化技术可促进腋芽增长 20%以上，主要是源源不断地满足植株生长所需的水分及养分，从而促进植株速生快长，尤其冬季（干旱季节）效果更佳。

3. 剑麻开展基本全程机械化耕作示范

在湛江试验站 16-17 路西开展全程机械化耕作示范。该田块一直是剑麻，面积 50 亩，2010 年轮作辣椒，2011 年 10 月、2012 年 6 月再继续种麻，地力中上。示范处理内容有机械化起畦种麻、机械化中耕施肥覆土、机械化撒施石灰、机械化喷（撒）药剂防治病虫害、机械化化学除草、机械化入田间装麻等基本全程机械化。另设 3 大行按常规实施。2011 年 10 月开始实施，实施期限为 2011 年 10 月至 2015 年 12 月。

剑麻全程机械化可促进标准化质量的提高，如种麻、育苗机械起畦可保证起畦质量，达到排水顺畅，有效减轻斑马纹病危害，产量提高 6.63%，可节省人工作业成本 400 元/亩（表 2-147）。

**表 2-147　不同处理对剑麻生长的影响**

| 处理 | 重复 | 2015 年度增叶（片/株） | 单叶净增重（kg） | 产量（kg/亩） | 与 CK 比增产（±%） |
|---|---|---|---|---|---|
| ①CK（亩施滤泥 3t、尿素 25kg、磷肥 50kg、钾肥 30kg） | Ⅰ | 64.65 | 0.044 0 | 798.50 | |
| | Ⅱ | 65.19 | 0.044 0 | 805.10 | |
| | Ⅲ | 67.64 | 0.028 0 | 531.60 | |
| | 平均 | 65.83 | 0.038 7 | 711.70 | |
| ②（全程机械化亩施生物专用配方肥 300kg） | Ⅰ | 62.84 | 0.040 0 | 705.60 | -11.63 |
| | Ⅱ | 62.84 | 0.047 0 | 829.00 | 2.97 |
| | Ⅲ | 60.87 | 0.040 0 | 683.40 | 28.56 |
| | 平均 | 62.18 | 0.042 3 | 739.30 | 6.63 |

## （五）剑麻开花机理研究

1. 剑麻开花前后形态解剖研究

采用传统的石蜡切片的方法进行剑麻形态的观察，其试验步骤为：取材→用 FAA 固定液固定 48h→脱水（30%→40%→50%→60%→70%→80%→90%→ 100%→100%梯度脱水，每个梯度 30min）→透明（1/3 二甲苯+2/3 乙醇→1/2 二甲苯+1/2 乙醇→2/3 二甲苯+1/3 乙醇梯度透明，每个梯度 30min）→浸蜡（1/2 二甲苯+1/2 石蜡浸蜡 12h→纯石蜡浸蜡 6h）→包埋（材料浸蜡后再换两次已熔融的纯蜡，然后将材料和石蜡一起倒入提前叠好的包埋纸盒中）→修块→切片→粘片→脱蜡、染色、脱水透明和封片。

结果表明，未抽薹的剑麻茎尖的组织切片细胞较大、液泡化且排列松散，此时生长点细胞分裂旺盛；将要抽薹的剑麻茎尖组织切片细胞排列紧密、细胞核较大、染色较深且生长点细胞分裂非常旺盛，分析原因可能是花柱分化的重要时期，即花柱诱导期与形态分化的临界期。

2. 剑麻开花前后激素变化研究

试验先采用高效液相色谱法进行剑麻开花的不同阶段激素测定。其试验步骤为：称取 1.0000g 样品→剪碎（加 8ml 80%预冷色谱甲醇，冰浴下充分研磨）→于 4℃过夜浸提→离心（取上清液）

→滤渣中加 4ml80%预冷色谱甲醇，超声浸提 2 次→离心（合并所有上清液）→上清液过 C18 柱→氮气吹干→用 1ml 的 pH 值为 3.0 的磷酸缓冲液溶解乙酸乙酯→上层液氮气吹干 1ml 甲醇溶解，0.22μm 滤膜过滤，IAA、GA、ABA 的测定→提取 3 次→下层液氮气吹干，pH 值 3.0 的磷酸缓冲液溶解，80%叔丁醇提取 3 次，上层液氮气吹干，1ml 甲醇溶解，0.22μm 滤膜过滤，ZT 的测定。

试验接着换用检测线更低的质谱，首先用标准样品对流动相的条件进行摸索，发现用流动相 A 液为含有 0.1%乙酸的甲醇，B 液为含有 0.1%乙酸的水，流动相采用 0min：10%A；4min：30%A；25min：50%A；30min：100%A 的梯度能够很好的将 IAA、GA、ABA 和 ZT 分开。试验结果表明标准样品的回收率在 50%~70%。

3. 剑麻开花位点基因克隆

克隆了剑麻开花位点基因 *FT*（FLOWERING LOCUS T）。该基因最初是从模式植物拟南芥中得到的，在叶片表达产生一种促进植物开花的信号因子，进而运送到顶端分生组织，促进开花。该基因序列保守性较高，最高达到 93%。通过在保守区设计引物，扩增得到该基因片段，为将来通过 RACE 技术扩增全长奠定基础。

4. 剑麻催花试验

以种植 10 年的剑麻为试验材料，喷植物催花生长调节剂，共 21 个处理，每个处理 3 个（株）重复（表 2-148）。喷清水为试验对照。于 2014 年 1 月 10 日开始，每隔 15d 喷药一次，共 6 次。以下试验均配成体积 15L 水溶液试验结果：共有 6 种试剂组合促进开花，分别为 7、8、10、13、14、20 组合，每个组合只有 1 株剑麻提前开花。试验表明，催花素、花先锋、15%多效唑、活力素四个植物生长调节剂可能对剑麻的开花有促进作用。

**表 2-148　剑麻催花试验处理及配方**

| 处理 | 配方 | | | |
|---|---|---|---|---|
| 1 | 0.3g 噻苯隆 | 250g $KNO_3$ | 10g 硼酸 | 10ml 优比乐 |
| 2 | 0.6g 噻苯隆 | 250g $KNO_3$ | 10g 硼酸 | 10ml 优比乐 |
| 3 | 0.9g 噻苯隆 | 250g $KNO_3$ | 10g 硼酸 | 10ml 优比乐 |
| 4 | 10ml 40%乙烯利 | | | |
| 5 | 20ml 40%乙烯利 | | | |
| 6 | 30ml 40%乙烯利 | | | |
| 7 | 18.75ml 催花素 | 15g 年年乐 | 21.5ml 促花宝 | |
| 8 | 25ml 催花素 | 15g 年年乐 | 21.5ml 促花宝 | |
| 9 | 37.5ml 催花素 | 15g 年年乐 | 21.5ml 促花宝 | |
| 10 | 10ml 花先锋 | 15g 年年乐 | 21.5ml 促花宝 | |
| 11 | 20ml 花先锋 | 15g 年年乐 | 21.5ml 促花宝 | |
| 12 | 30ml 花先锋 | 15g 年年乐 | 21.5ml 促花宝 | |
| 13 | 7.5g 15%多效唑 | 1.5ml 植壮康 | 250g $KNO_3$ | |
| 14 | 15g 15%多效唑 | 3.0ml 植壮康 | 250g $KNO_3$ | |
| 15 | 30g 15%多效唑 | 4.5ml 植壮康 | 250g $KNO_3$ | |
| 16 | 50g $KNO_3$ | 50g $Ca(NO_3)_2$ | | |
| 17 | 100g $KNO_3$ | 100g $Ca(NO_3)_2$ | | |
| 18 | 200g $KNO_3$ | 200g $Ca(NO_3)_2$ | | |
| 19 | 5ml 活力素 | 5ml 钙调素 | | |
| 20 | 10ml 活力素 | 10ml 钙调素 | | |
| 21 | 15ml 活力素 | 15ml 钙调素 | | |

5. 剑麻成花逆转试验

以当年即将开花的剑麻为试验材料，喷植物抑制开花生长调节剂，共 6 个处理，每个处理 3 个（株）重复（表 2-149）。喷清水为试验对照。于 2014 年 1 月 10 日开始，每隔 15d 喷药一次，共 6 次。以上试验均配成体积 7.5L 水溶液。试验结果表明，6g 氯霉素试验处理的 3 株材料全部没有开花，可以表明氯霉素在剑麻成花逆转过程中起重要作用。

表 2-149 剑麻成花逆转试验处理及配方

| 处理 | 配方 | |
|---|---|---|
| 1 | 4g $GA_3$ | 50g 尿素 |
| 2 | 8g $GA_3$ | 50g 尿素 |
| 3 | 12g $GA_3$ | 50g 尿素 |
| 4 | 3g 氯霉素 | 15ml Tween 20 |
| 5 | 6g 氯霉素 | 15ml Tween 20 |
| 6 | 9g 氯霉素 | 15ml Tween 20 |

### （六）剑麻混合青贮技术研究

1. 剑麻渣与柱花草、甘蔗渣、菠萝皮混合青贮

研究设 3 个处理，分别为 30%剑麻渣+50%柱花草+10%甘蔗渣+10%菠萝皮（SS1）、45%剑麻渣+35%柱花草+10%甘蔗渣+10%菠萝皮（SS2）、60%剑麻渣+20%柱花草+10%甘蔗渣+10%菠萝皮（SS3），以上均为鲜重比，每个处理 3 次重复。装填于容量为 100kg 的塑料桶，室温贮藏，50d 后打开塑料桶取样分析，测定青贮饲料的 pH 值、干物质（DM）、乳酸（LA）、丁酸（BA）、氨态氮（$NH_3$-N/TN）和进行感官评定。结果见表 2-150、表 2-151。

表 2-150 剑麻渣、柱花草、甘蔗渣、菠萝皮混合青贮发酵品质

| 处理 | 干物质（g/kg 鲜重） | pH 值 | 乳酸（%DM） | 丁酸（%DM） | 铵态氮/总氮（%DM） |
|---|---|---|---|---|---|
| SS1 | 357 | 4.11 | 12.4 | 0.16 | 2.32 |
| SS2 | 323 | 4.08 | 15.6 | 0.12 | 3.98 |
| SS3 | 288 | 4.15 | 14.7 | 0.53 | 8.51 |

表 2-151 剑麻渣、柱花草、甘蔗渣、菠萝皮混合青贮感官评定

| 处理 | 气味 | 色泽 | 质地 |
|---|---|---|---|
| SS1 | 芳香味弱 | 黄褐色 | 柔软 |
| SS2 | 芳香酸味 | 接近原料颜色 | 柔软湿润 |
| SS3 | 略有酒精味 | 略有变色，褐色 | 水分较多 |

结果表明，3 种处理感官鉴定以处理 2 为最好，处理 3 水分较多，手抓有汁液流出；随剑麻渣比例增大，柱花草比例降低，干物质含量下降，pH 值均低于 4.2，乳酸含量以处理 2 较高，丁酸含量处理 2 最低，氨态氮/总氮处理 2 最低，总体来说，30%~60%的剑麻渣都具有较好的发酵品质，但从发酵品质及流汁产生情况来看，以处理 2 的比例最好。

2. 剑麻渣与甘蔗梢、菠萝皮、尿素混合青贮

研究设 3 个处理，30%剑麻渣+60%甘蔗梢+9.5%菠萝皮+0.5%尿素（SG1）、45%剑麻渣+45%甘蔗梢+9.5%菠萝皮+0.5%尿素（SG2）、60%剑麻渣+30%甘蔗梢+9.5%菠萝皮+0.5%尿素（SG3），以上均为鲜重比，每个处理 3 次重复。装填于容量为 100kg 的塑料桶，室温贮藏，50d 后打开塑料桶取样分析，测定青贮饲料的 pH 值、干物质、乳酸、丁酸、氨态氮和进行感官评定。结果见表 2-152、表 2-153。

表 2-152 剑麻渣、甘蔗梢、菠萝皮、尿素混合青贮发酵品质

| 处理 | pH 值 | 乳酸（%DM） | 丁酸（%DM） | 氨态氮/总氮（%DM） |
|---|---|---|---|---|
| 1 | 4.18 | 13.5 | 0.21 | 9.2 |
| 2 | 4.14 | 18.2 | 0.18 | 9.8 |
| 3 | 4.2 | 17.5 | 0.26 | 11.3 |

**表 2-153　剑麻渣、甘蔗梢、菠萝皮、尿素混合青贮感官评定**

| 处理 | 气味 | 色泽 | 质地 |
| --- | --- | --- | --- |
| SG1 | 有微弱丁酸味 | 黄褐色 | 柔软 |
| SG2 | 有较强酸味，芳香酸味弱 | 接近原料颜色 | 柔软湿润 |
| SG3 | 有微弱丁酸味 | 略有变色，带褐色 | 水分较多 |

从感官鉴定看，这一组的处理比剑麻渣、柱花草、甘蔗渣、菠萝皮混合青贮的色香味都好，但是由于剑麻渣具有较高含水量，随着比例的增加，也有流汁产生。该试验所有处理的 pH 值均低于或等于 4.2，乳酸含量处理 2 和处理 3 接近，丁酸含量处理 2 最低，处理 3 最高，氨态氮/总氮较处理 3 最高，从感官鉴定和发酵品质来看该试验处理 2 的比例较适合。

# 第三章　病虫草害防控研究进展

2014—2015 年，围绕苎麻、黄/红麻的线虫与病毒病，重点从病原鉴定、病毒与介体互作、饲料苎麻农药残留监测及生物降解技术、生物防控技术、RNAi 防控技术和综合防控技术等方面进行了研究，研发了生物农药 1 种，农药生物降解剂 1 种，获得抗苎麻根腐线虫的转基因植株。

在病害病害防控方面，重点开展了麻类作物主要病害的病原鉴定与生物学特性研究，并鉴定出大麻上新暗色柱节孢和黑曲霉两种新病原，一定程度地丰富了麻类病害应用基础研究的理论数据。明确了黄/红麻根结线虫的生物学特征，开展了 200 余份红麻种质资源抗根结线虫的鉴定与评价。开展了大麻霜霉病、红麻立枯病、亚麻白粉病、红麻炭疽病、剑麻茎腐病等麻类作物重要病害的化学防控关键技术研究，筛选出一批高效安全杀菌剂，集成了一批轻简化实用技术。

在杂草防控方面，主要进行了亚麻田和工业大麻田草害综合防控技术研究，对除草剂混配组合 2 甲 4 氯钠和烯草酮、芽前除草剂精异丙甲草胺等新型除草剂的防效进行了鉴定。针对大麻麻苗对除草剂的药害问题，提出了播种方法与土壤喷雾相配合的防控措施。在虫害防控方面，重点开展了亚麻黏虫抗性鉴定方法、剑麻褐圆蚧防控技术等研究。

## 一　苎麻

### （一）苎麻田杂草防控技术研究

#### 1. 苎麻田常见杂草的抗药性监测

采集了沅江苎麻试验站、长沙苎麻实验基地、长沙非耕地小飞蓬、牛筋草种子，采用整株测定法进行抗草甘膦的室内生物测定（表 3-1、表 3-2），结果表明，沅江、长沙两地苎麻田小飞蓬、牛筋草对草甘膦的抗性水平较低。

**表 3-1　苎麻田小飞蓬对草甘膦的抗性水平（整株法）**

| 采集地点 | 毒力回归方程 | 相关系数（$R$） | 抑制中浓度 $ED_{50}$（g．i．/$hm^2$） | 95%置信限 | 相对抗性倍数 |
|---|---|---|---|---|---|
| 沅江 | $y$=2.1621+0.1648$x$ | 0.99 | 1 877.29 | 1 670.2~2 011.1 | 1.6 |
| 长沙 | $y$=1.9181+0.9983$x$ | 0.99 | 1 357.54 | 1 191.9~1 546.2 | 1.2 |
| 非耕地 | $y$=2.1418+0.9391$x$ | 0.99 | 1 157.42 | 1 002.2~1 336.6 | 1.0 |

**表 3-2　苎麻田牛筋草对草甘膦的抗性水平（整株法）**

| 采集地点 | 毒力回归方程 | 相关系数（$R$） | 抑制中浓度 $ED_{50}$（g．i．/$hm^2$） | 95%置信限 | 相对抗性倍数 |
|---|---|---|---|---|---|
| 沅江 | $y$=1.5585+1.0557$x$ | 0.99 | 1 819.3 | 1 668.2~1 984.1 | 1.4 |
| 长沙 | $y$=1.8454+0.9915$x$ | 0.99 | 1 518.7 | 1 641.0~1 578.8 | 1.1 |
| 非耕地 | $y$=1.5871+1.0924$x$ | 0.99 | 1 331.3 | 1 184.2~1 496.7 | 1.0 |

2. 苎麻田草害防控技术

在2012—2014年研究基础上，在长沙进行了苎麻田杂草综合防控技术田间试验。实验结果表明，将农业措施（冬季清园等）、化学除草（草甘膦、草铵膦、高效盖草能）、虫害防治（甲维盐、氯虫苯甲酰胺）结合，对杂草的整体株防控效果达90%以上，鲜重防效95%以上（表3-3），与当地主推防控技术（单用草甘膦）相比，节本增效35元/亩以上。

表3-3 各处理对苎麻田杂草的防控效果

| 处理 | 15d | | 30d | | | |
|---|---|---|---|---|---|---|
| | 株数 | 株防效（%） | 株数 | 株防效（%） | 鲜重（g） | 鲜重防效（%） |
| 综合防控技术 | 3 | 94.64 | 5 | 93.06 | 12.1 | 95.12 |
| 草甘膦 | 10 | 82.14 | 14 | 80.56 | 32.7 | 86.81 |
| 草铵膦 | 8 | 85.71 | 13 | 81.94 | 30.1 | 87.86 |
| 高效盖草能 | 11 | 80.36 | 15 | 79.17 | 43.2 | 82.57 |
| CK | 56 | | 72 | | 247.9 | |

### （二）苎麻夜蛾诱抗剂筛选与应用

1. 苎麻抗苎麻夜蛾诱抗剂室内筛选

为探索四种诱抗剂对苎麻抗苎麻夜蛾的诱导作用，将不同浓度的诱抗剂处理14d后的苎麻叶片（选取第3~5片叶，大小比较均一）放入养虫缸中饲喂苎麻夜蛾幼虫（四龄，大小一致），观察记录苎麻夜蛾取食面积。按照取食面积比来确定诱导抗性大小。

对峙饲养试验中，壳寡糖1500处理苎麻15d后，苎麻夜蛾取食面积比显著低于对照，3.0g/L处理组取食面积比最低，其次是1.0g/L处理组和5.0g/L处理组，0.25g/L取食面积比最高，而2.0g/L处理组比1.0g/L处理组高，出现一个小峰，这可能与壳寡糖为2~8个氨基寡糖混合物有关，且不同分子量的寡糖生理活性存在差异。根据苎麻夜蛾取食面积比，COS1500不同浓度诱抗效果为：3.0g/L诱抗>1.0g/L诱抗>5.0g/L诱抗>4.0g/L诱抗>2.0g/L诱抗>0.5g/L诱抗>0.25g/L诱抗>CK。

对峙饲养试验中，壳寡糖750处理苎麻15d后，苎麻夜蛾取食面积比显著低于对照，80mg/L处理组取食面积比最低，其次是120mg/L处理组，20mg/L处理组取食面积最高，但仍显著低于对照组。根据苎麻夜蛾取食面积比，COS750不同浓度诱抗效果为：80mg/L诱抗>120mg/L诱抗>200mg/L诱抗>160mg/L诱抗>60mg/L诱抗>40mg/L诱抗>20mg/L诱抗>CK。

几丁寡糖处理苎麻15d后，苎麻夜蛾取食面积比除20mg/L处理组外，均显著低于对照，80mg/L处理组取食面积比最低，其次是120mg/L处理组，20mg/L处理组取食面积比高于对照，说明20mg/L几丁寡糖处理苎麻后，能刺激苎麻夜蛾取食。根据苎麻夜蛾取食面积比，几丁寡糖不同浓度诱抗效果为：80mg/L诱抗>120mg/L诱抗>160mg/L诱抗>200mg/L诱抗>60mg/L诱抗>40mg/L诱抗>CK>20mg/L诱抗。

水杨酸处理苎麻15d后，苎麻夜蛾取食面积比除0.2mmol/L处理组外，均显著低于对照，0.8mmol/L处理组取食面积比最低，其次是1.2mmol/L处理组，0.2mmol/L处理组取食面积比高于对照，说明0.2mmol/L SA处理苎麻后，能刺苎麻夜蛾取食。根据苎麻夜蛾取食面积比，SA不同浓度诱抗效果为：0.8mmol/L诱抗>1.2mmol/L诱抗>3.0mmol/L诱抗>2.0mmol/L诱抗>1.6mmol/L诱抗>0.4mmol/L诱抗>CK>0.2mmol/L诱抗。

2. 苎麻抗苎麻夜蛾诱抗剂大田验证

为了进一步验证这四种诱抗剂的效果，进行了大田试验。大田试验采用半人工接种苎麻夜蛾：即在人工采集苎麻夜蛾高龄幼虫放养在试验地周围，待成虫自然羽化后直接在经过不同诱抗剂处理的苎麻上产卵，诱抗剂在苎麻生长至20~30cm高时用1L喷壶喷施不同浓度的诱抗剂，每个处理36蔸，每个处理重复三次，待幼虫大发生后调查苎麻夜蛾取食程度。

田间壳寡糖 1500 处理后苎麻夜蛾危害程度均显著低于对照，根据不同浓度 COS1500 处理后苎麻夜蛾危害程度可知，COS1500 不同浓度诱抗效果为 3.0g/L 诱抗>1.0g/L 诱抗>5.0g/L 诱抗>4.0g/L 诱抗>2.0g/L 诱抗>0.5g/L 诱抗>0.25g/L 诱抗>CK。这与室内试验结果一致。

田间壳寡糖 750 处理后苎麻夜蛾危害程度均显著低于对照，其中 80mg/L 处理组，危害程度仅 16.9%，其次是 120mg/L 处理组，而 160mg/L 处理组危害程度高于 200mg/L 处理组，这可能与壳寡糖是有多个组分组成，不同分子量的寡糖生物学活性存在差异有关，有待做进一步的研究。根据危害程度可以看出，COS750 不同浓度诱抗效果为 80mg/L 诱抗>120mg/L 诱抗>200mg/L 诱抗>160mg/L 诱抗>60mg/L 诱抗>40mg/L 诱抗>20mg/L 诱抗>CK。这与室内对峙试验结果基本一致。

田间几丁寡糖处理后苎麻夜蛾危害程度均显著低于对照，其中以 80mg/L 处理组危害程度最低，危害程度仅 8.4%，其次是 120mg/L 处理组，20mg/L 处理组危害程度最高，但仍显著低于对照，这与对峙试验中结果不符，由危害程度可知，几丁寡糖不同浓度诱抗效果为：80mg/L 诱抗>120mg/L诱抗>160mg/L 诱抗>200mg/L 诱抗>60mg/L 诱抗>40mg/L 诱抗>20mg/L 诱抗>CK。

田间水杨酸 SA 处理后除 0.2mmol/L 处理组外，苎麻夜蛾危害程度均显著低于对照，根据苎麻夜蛾危害程度可知，SA 不同浓度诱抗效果为 0.8mmol/L 诱抗>1.2mmol/L 诱抗>3.0mmol/L 诱抗>2.0mmol/L 诱抗>1.6mmol/L 诱抗>0.4mmol/L 诱抗>CK>0.2mmol/L 诱抗。这与对峙试验中的结果一致。

3. 诱抗剂对苎麻生长和产量的影响

为了研究四种诱抗剂对苎麻生长和产量的影响，对四种诱抗剂田间试验进行了跟踪测产（36 蔸），四种诱抗剂对苎麻生长和产量均有一定的影响，均呈现出先促进后抑制的趋势，COS1500 处理后对苎麻株高和产量以 2g/L 处理组最高，分别为 173.9cm 和 971.2g，3g/L 处理次之，分别为 173.1cm 和 916.9g，显著高于对照组，3g/L 处理组为 173.1cm 和 916.9g，与对照（159.1cm 和 758.3g）相比株高和产量分别增加了 8.8%和 20.1%，5g/L 处理组（164.9cm 和 781.9g）与对照无显著差异。

COS750 处理后对苎麻株高和产量以 40mg/L 处理组最高，分别为 184.7cm 和 979.3g，20mg/L 处理组次之，分别为 182.2cm 和 887.2g，显著高于对照组，80mg/L 处理组株高和产量为 167.8cm 和 810.7g，与对照（159.1cm 和 758.3g）相比分别增加了 4.9% 和 8.3%，200mg/L 处理组（159.9.9cm 和 748.3g）与对照无显著差异。

几丁寡糖处理后对苎麻株高和产量以 60mg/L 处理组最高，分别为 180.6cm 和 998.9g，80mg/L 和 120mg/L 处理组次之，分别为 175.8cm，967.0g 和 178.0cm、962.4g，显著高于对照组，与对照（159.1cm 和 758.3g）相比分别提高了 10.5%、27.5% 和 11.9%、26.9%。200mg/L 处理组（169.9cm 和 862.1g）与对照无显著差异。

水杨酸处理后对苎麻株高和产量以 0.2mmol/L 处理组最高，分别为 183.3cm 和 921.4g，0.8mmol/L 处理组次之，分别为 170.4cm 和 877.6g，显著高于对照组，3mmol/L 处理组对苎麻生长有抑制作用，其株高和产量分别为 156.4cm 和 698.3g，与对照（159.1cm 和 758.3g）有所下降，但无显著差异。

上述结果表明，不同诱抗剂诱导苎麻抗夜蛾能力差异较大，不同浓度处理间差异显著。四种诱抗剂中，诱导效果几丁寡糖>COS750>COS1500>SA。各诱抗剂适宜浓度为几丁寡糖 80～120mg/L，COS750 为 80～120mg/L，COS1500 为 3.0g/L，SA 0.8～1.2mmol/L。

在湖南沅江苎麻试验站开展了苎麻夜蛾等虫害综合防治技术推广，推广面积 7 亩，对苎麻夜蛾等虫害防治效果达到 85%以上，用该技术后，在虫害大发生年份，苎麻全年只需施药 4～5 次，与原来的 7～8 次相比，减少了 3 次，节约农药费用和人工费用 80 元以上。

4. 几丁寡糖和壳寡糖使用方法优化

以 2014 年研究结果为基础，对筛选的壳寡糖和几丁寡糖浓度（80mg/L）进行了使用方法的研究，结果（表 3-4、表 3-5）表明：施用时间和施用次数对两种寡糖的诱导抗性效果均有一定的影响，施用时间：以苎麻生长至 15～20cm 时施用效果最好，其苎麻夜蛾危害程度几丁寡糖为 9.3，壳寡糖为 12.4。以收割后马上施用效果最差，几丁寡糖和壳寡糖分别为 32.2 和 34.2，使用次数以施用 2 次效果最佳（施用 7d 后再施用一次），其苎麻夜蛾危害程度几丁寡糖和壳寡糖分别为 8.7 和 11.2，且对苎麻有明显的促生作用，但连续施用 3 次后对苎麻抗夜蛾能力有所下降，同时对苎麻生长有一定的抑制作用。

**表 3-4　不同施用时间对两种寡糖诱导后苎麻夜蛾危害程度**

| 施用时间 | 收割后马上喷施 | 苎麻高 15~20cm | 苎麻高 40cm | 苎麻高 60cm |
|---|---|---|---|---|
| CK | 54.3± 3.2a | 56.2± 4.7a | 51.2± 3.8a | 49.7± 4.6a |
| 几丁寡糖 | 32.2± 3.5b | 9.3± 2.4b | 25.2± 4.7b | 27.3± 3.8b |
| 壳寡糖 | 34.2± 4.3b | 12.4± 2.9b | 26.8± 4.1b | 28.8± 4.3b |

**表 3-5　不同施用次数对两种寡糖诱导后苎麻夜蛾危害程度**

| 施用次数 | 1 | 2 | 3 | 4 |
|---|---|---|---|---|
| CK | 52.3± 4.1a | 54.1± 4.2a | 55.3± 4.8a | 56.1± 3.4a |
| 几丁寡糖 | 12.2± 2.3b | 8.7± 2.2b | 9.1± 1.9c | 11.8± 4.1b |
| 壳寡糖 | 14.3± 3.1b | 11.2± 2.5b | 14.2± 3.1b | 15.7± 4.7b |

5. 苎麻夜蛾取食诱导抗虫机制

在苎麻夜蛾取食诱导苎麻转录组信息的基础上，利用荧光定量 PCR 进一步研究了与抗性相关的基因和转录因子在苎麻夜蛾取食后在苎麻体内的表达情况。与诱导抗虫相关的基因在苎麻叶片中表达量整体高于对照，其中 *PR*-1、*PR*-2、*PR*-3、*PR*-5 四个与诱导抗性相关基因整体呈现上升趋势，在诱导 12h 后这四个基因表达量均显著高于对照，其中 *PR*-1 在 96h 后开始回落至正常水平，其他 3 个基因表达量仍高于对照，而新发现的几丁质酶基因在处理前期一直处于较高的水平。与抗性相关酶基因在处理后也一直处于较高的表达水平，其中 *SOD* 和 *POD* 表达量一直高于对照，*PPO* 基因表达量出现了一个前高中间低再回升的趋势。*CPI*、*PI* 和 *TPI* 基因在处理后 96h 之内表达量一直高于对照。转录因子 ERF、WRKY 和 NAC 在处理初期也一直处于较高的水平，表明这几个转录因子参与启动诱导抗性程序。

从苎麻夜蛾取食诱导的转录组中选取一个与抗性相关的基因，通过在 NCBI 中比对为编码几丁质酶基因，通过 RACE 后测序，该基因长度为 1 407bp，ORF 全长 1 002bp，编码 333 个氨基酸，碱基 333~1 334，并研究了该基因在苎麻夜蛾取食诱导后在苎麻叶片中的表达情况（引物序列：AACACCGGCGATGAAGCT、CCTAACGAAACAATAACCC）。该基因在诱导 6h 后，在苎麻叶片中表达显著提高，提高倍数达到 63.1 倍，其后到 72h 时开始下调。经与 GeneBank 比对，表明该基因为新发现基因，属于几丁质内切酶。

将常规杂交获得了悬铃叶苎麻（母本）与圆叶青苎麻的 $F_1$ 代、川苎 8 号（母本）与圆叶青苎麻 $F_1$ 代以及黔桂苎麻（母本）与圆叶青苎麻的 $F_1$ 代种子播种在网室内，获得了抗性分离群体，并在网室中接种苎麻夜蛾，调查抗性分离情况。

初步明确了壳寡糖和水杨酸诱导苎麻抗苎麻夜蛾生理生化机制，主要通过提高苎麻叶片中单宁、总酚含量以及叶片中保护酶系（POD、PPO、SOD）活力。同时 COS 能有效降低苎麻夜蛾成虫产卵，对苎麻夜蛾成虫产卵有趋避作用。

由图 3-1 至图 3-4 可知，在 3g/L 壳寡糖和 0.8mmol/L 水杨酸诱导处理后，苎麻叶片中 PPO、SOD、POD 酶活力高于对照，可持续 7d 甚至更久；而 0.8mmol/L SA、3g/L COS 诱导处理后，苎麻叶片中 CAT 酶活力较对照降低，可持续 7d 甚至更久。由图 3-5 至图 3-8 可知，0.8mmol/L SA、3g/L COS 诱导处理后，苎麻叶片中 MDA 含量较对照降低，草酸含量较对照几乎无差异，7d 时稍有降低；单宁和总酚含量较对照升高，COS 稍高于 SA 处理，较对照升高，SA 稍高于 COS 处理，与苎麻夜蛾危害程度指数呈负相关。

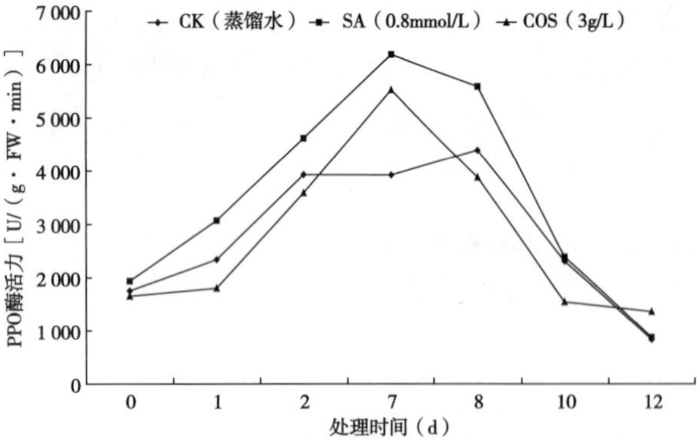


图 3-1　不同诱抗剂处理对苎麻叶片中 PPO 活力的影响

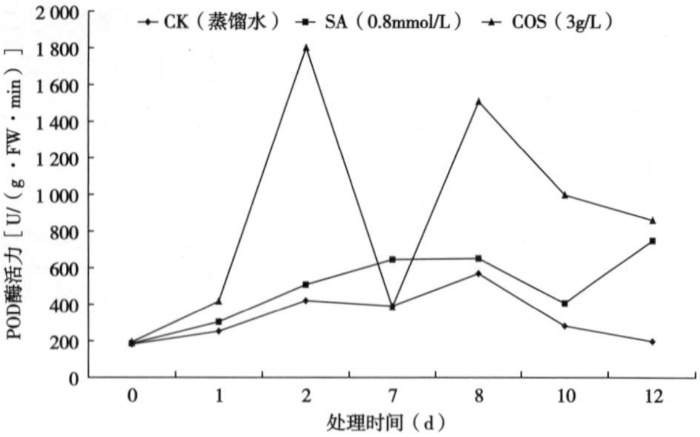


图 3-2　不同诱抗剂处理对苎麻叶片中 POD 活力的影响

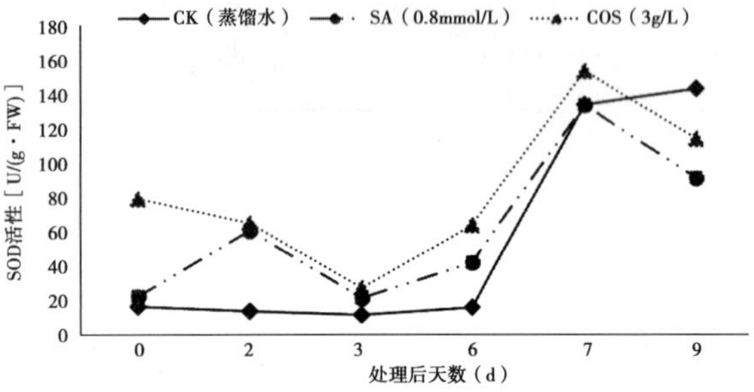


图 3-3　不同诱抗剂处理对苎麻叶片中 SOD 活力的影响

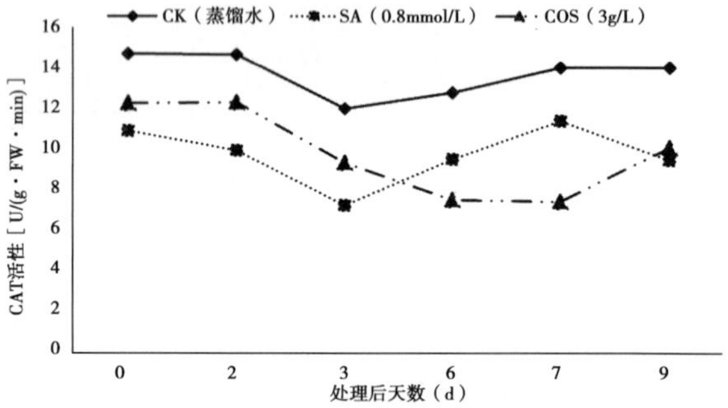


图 3-4　不同诱抗剂处理对苎麻叶片中 CAT 活力的影响

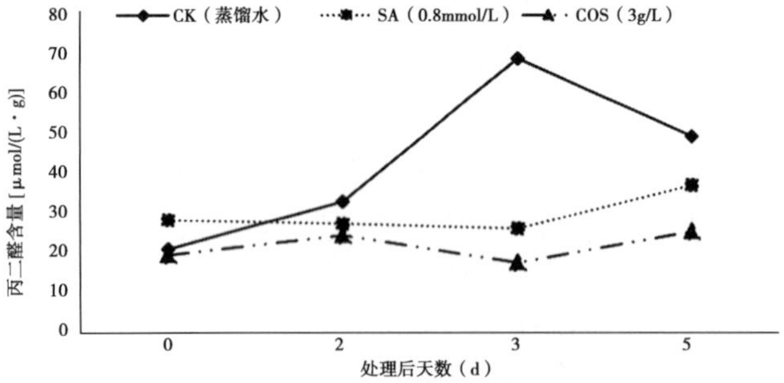


图 3-5　不同诱抗剂处理对苎麻叶片中 MDA 含量的影响

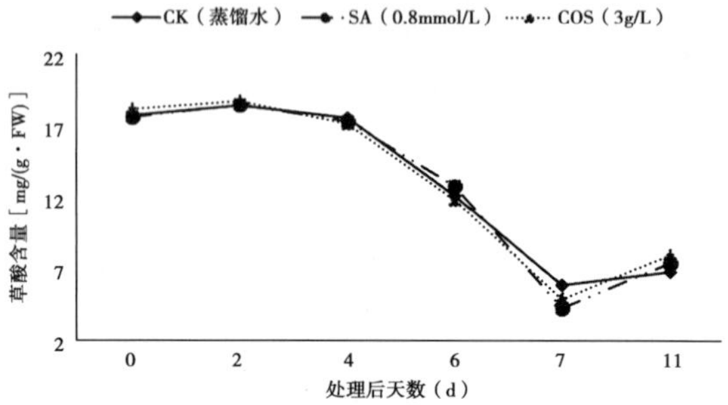


图 3-6　不同诱抗剂处理对苎麻叶片中草酸含量的影响

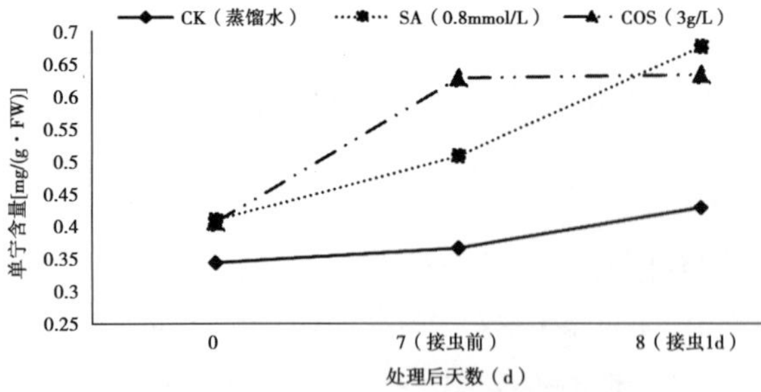


图 3-7　不同诱抗剂处理对苎麻叶片中单宁含量的影响

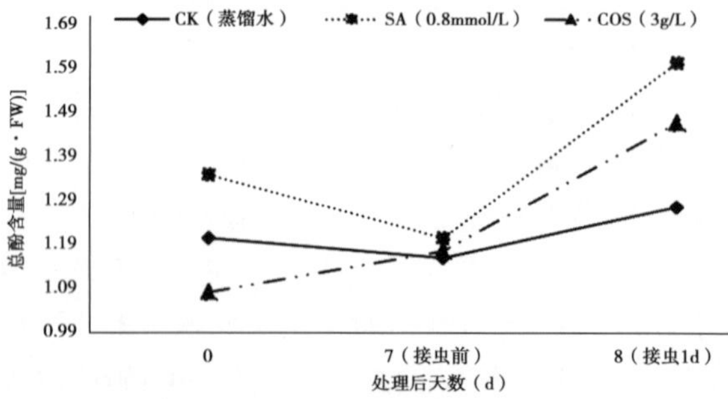


图 3-8　不同诱抗剂处理对苎麻叶片中总酚含量的影响

苎麻夜蛾成虫在 3g/L COS 处理过的苎麻叶片上产卵数显著降低，0.8mmol/L SA 也降低，但未达到显著差异，说明 COS 能有效降低苎麻夜蛾成虫产卵，对苎麻夜蛾成虫产卵有明显的趋避作用。

### （三）苎麻根腐线虫线虫及其新型防治技术研究

1. 苎麻根腐线虫线虫 *pat*-10 基因克隆及其表达载体构建

（1）咖啡短体线虫 *pat*-10 基因克隆和植物表达载体构建引物设计。用 Trizol 法提取了咖啡短体线虫的总 RNA，合成 cDNA 后，根据所设计的用于扩增 *pat*-10 基因的引物（表 3-6），对咖啡短体线虫 *pat*-10 基因进行 RT-PCR 扩增。PCR 产物经纯化回收、连接至 pGEM-T Easy 载体、转化至大肠杆菌，再经菌落 PCR 筛选后。重组质粒送上海生工公司测序后，其鉴定均与预期结果一致，扩增所得 *Pat*-10 基因片段为 440bp。

经过克隆测序与 GeneBank 中登录的咖啡短体线虫、玉米短体线虫及南方根结线虫 *pat*-10 基因进行比对，同源性分别为 97%、86%和 80%。由获得的 440bp 序列及 pFGC5941 质粒，设计含有 5941 质粒上的酶切位点的正反向片段引物。

**表 3-6 *pat*-10 基因克隆和植物表达载体构建引物**

| 引物名称 | 引物序列 | 备注 |
|---|---|---|
| pat-10/ F | 5′-GGCAGCCAAATTGAGGAGTAC-3′ | |
| pat-10/R | 5′-TAATCGCCGGCCATCAACT-3′ | |
| AscI/ F | 5′-AGGCGCGCCCTACATTATGGCTACAC-3′ | |
| SwaI/R-1 | 5′-GATTTAAATATCCTCGTCAATTTCGT- 3′ | |
| AscI/F | 5′-AGGCGCGCCCTACATTATGGCTACAC- 3′ | |
| SwaI/R-2 | 5′-GCGATTTAAATATCCTCGTCAATTTCGT- 3′ | |
| SmaI/F | 5′-TCCCCCGGGCTACATTATGGCTACAC- 3′ | |
| XbaI/R | 5′-GCTCTAGAATCCTCGTCAATTTCGT- 3′ | |
| SmaI/F | 5′-TCCCCCGGGCTACATTATGGCTACAC- 3′ | |
| AvrII/R | 5′-CCTAGGATCCTCGTCAATTTCGT- 3′ | |

（2）*pat*-10 基因正向片段载体的构建。以克隆所得 *pat*-10 基因重组质粒为模板，利用引物正 AscI/F 和正 SwaI/R-1 进行 PCR 扩增，获得长度约为 400bp 的正向片段。利用引物反 SmaI/F 和反 XbaI/R 进行 PCR 扩增，获得长度约为 400bp 的反向片段。利用引物正 AscI/F 和正 SwaI/R-2 进行 PCR 扩增，获得长度约为 400bp 的正向片段。利用引物反 SmaI/F 和反 AvrII/R 进行 PCR 扩增，获得长度约为 400bp 的反向片段。

所得的目的片段经纯化回收后，连接至 pGEM-T 载体上，转化至大肠杆菌，挑取单菌落，进行 PCR 筛选，选取阳性菌落进行扩大培养，提取菌液质粒。然后，将质粒送至深圳华大基因或上海生工公司进行测序，确定所得片段正确。

将经 *Asc* Ⅰ 和 *Swa* Ⅰ 双酶切得到的含 *Asc* Ⅰ 和 *Swa* Ⅰ 酶切位点黏性末端的 *pat*-10 基因正向片段纯化回收后，连接到同样经 *Asc* Ⅰ 和 *Swa* Ⅰ 双酶切的 pFGC5941 上。通过菌落 PCR 筛选和测序鉴定表明 PCR 产物和酶切产物目的片段的大小均与预期结果一致。随后将经 *Sma* Ⅰ 和 *Xba* Ⅰ 以及 *Sma* Ⅰ 和 *Avr* Ⅱ 双酶切得到的 *pat*-10 基因反向片段纯化回收后，连接到含同样经 *Sma* Ⅰ 和 *Xba* Ⅰ 以及 *Sma* Ⅰ 和 *Avr* Ⅱ 双酶切的 *pat*-10 基因反向片段的 pFGC5941 载体上，通过连接转化，再次得到重组子，经菌落 PCR 筛选和酶切鉴定均表明重组质粒上同时含有正向和反向的 *pat*-10 基因片段，从而得到了含有 *pat*-10 基因片段的反向重复 dsRNA 载体。

（3）转基因苎麻阳性植株 PCR 筛选。选取生命力旺盛、长势良好的苎麻叶片作为苎麻遗传转化的外植体，外植体经预培养处理后，进行侵染，侵染后，暗培养 2d，然后将其转移至选择培养基上，10d 左右。约 5~7d 继代一次，待愈伤组织生长成熟，分化出 2~3mm 的再生苗，切下分化苗移至生根培养基上进行生根培养，促进根的形成及其生长，一般 5~7d 长出新根，待组培苗的根长约 4cm 左右时，进行炼苗，炼苗 3d 左右，进行移栽。

将种子经消毒后于 1/2 MS 培养基上进行预培养，3~4d 后进行侵染。侵染后于培养基上培养直至种子萌发。长成有 2~3 片叶的苗后切下，至于生根培养基上进行生根培养，促进根的形成及其生长，一般 5~7d 长出新根，待组培苗的根长约 4cm 左右时，进行移栽。

采用 CTAB 法提取转基因苎麻的基因组 DNA，以提取的转基因苎麻总 DNA 为模板，使用特异性引物进行 PCR 检测，经 PCR 检测，转基因苎麻植株均可扩增出 400bp 大小的片段，与构建 dsRNA 植物表达载体时所选取 *pat*-10 基因的大小一致。PCR 初步筛选结果表明，获得的 32 株转 *pat*-10 基因苎麻中，有 28 株呈明显阳性植株，阳性苗率为 87.5%（图 3-9、图 3-10）。

**图 3-9 苎麻遗传转化过程**

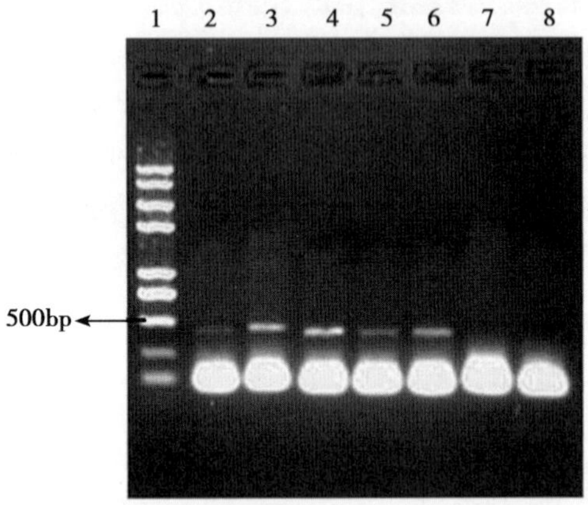


**图 3-10 转 *pat*-10 基因苎麻植株总 DNA 的 PCR 检测**

1：Trans2K Plus Ⅱ DNA Marker；2：阳性对照；
3~6：转 *pat*-10 基因苎麻植株；
7：非转基因植株；8：CK

2. 线虫 *BRE*3 基因的克隆及其 RNAi 原核表达载体的构建

使用总 RNA 提取试剂盒（天根生物公司）提取总 RNA，takaraPrimeScript™Ⅱ 1st Strand cDNA Synthesis Kit 合成 cDNA。采用 *BRE*3 引物对（*BRE*3-F：5GGACAAAAACTGGAGCGAAATTC；*BRE*3-R：AATAACCATCACGAAAAGCAACC；引物为 5′-3′）扩增得到约 500bp 目的片段（53℃退火，72℃延伸 40s）。按 AxyPrep DNA 凝胶回收试剂盒胶回收后将其连入 takara *PMD*-19T 载体上并转入 *TRANS*1-T1（全式金）感受态中，提取质粒（EasyPure® Plasmid MiniPrep Kit）送华大基因测序，结果显示目的片段为 432bp，NCBI 比对结果显示其为 *Me. BRE*3 基因片段。

对 *BRE*3-*PMD*19*T* 重组载体用 *Xba* Ⅰ 和 *SalI* 双酶切，酶切产物用于与 L4440 和 28i 载体连接，获得 RNAi 原核表达载体，转化 HT115 菌株。用 IPTG 至终浓度为 0.5mmol/L 诱导，37℃培养 4h 后提取 dsRNA。分别用 RNA 和 DNA 酶消化。目前获得的 dsRNA 产物产量不稳定，诱导发酵条件在继续摸索中。

3. 光合细菌和 ALA 粉剂的生产技术改良

在现有光合细菌培养基的基础上，尝试精简培养基配方，节约生产成本。只保留了原有培养基的碳氮源成分，结合缓冲盐调节 pH 值，将培养基成分由十几种缩减到 4 种主要成分，光合细菌生长良好，培养 96h 后光合细菌 $OD_{660}$吸光值可达到 0.68。可用于光合细菌菌种的扩大培养，节约生产成本和培养周期。由于工程菌产 5-ALA 的培养工序繁琐，培养成分较多，关键培养成分比较昂贵，所以探索光合细菌产 5-ALA 的生产方法比较有优势。通过培养基和发酵条件的调整，光合细菌在对数生长期的 5-ALA 产量较高，如果培养时间控制合适，5-ALA 的产量可达 50mg/L。但是调整后的培养基造成光合细菌的适应期明显延长，有待进一步改善。针对原有工程菌出现的一些问题，按照既有思路对工程菌进行了维护，重新扩增了 5-ALA 合成基因片段，构建了表达载体。检验合格后检测了工程菌株的表达能力，处于很高的表达水平，下一步将通过紫外分光光度法和液相色谱检测相结合的方法，进一步确认其表达潜力。

4. 苎麻根际病原线虫药剂防治示范

在宜春苎麻试验站选择一块种植三年以上的苎麻地作为试验田，开展药剂防治苎麻病原线虫实验（表 3-7 至表 3-9），生防药剂分别为 7.5kg/亩、15kg/亩，光合细菌制剂稀释 200 倍，对照药剂阿维菌素，空白对照不施药。每个处理（小区）面积 10m$^2$，设置 4 个重复；随机区组排列。每 2 个小区之间设置 1m 间隔区。每次施药之前在苎麻根周围 15cm 深土层采集土样，每小区五点取样后混合，在实验室采用改良贝曼漏洞法分离活的线虫。统计分析每次施药前线虫密度和施药后的线虫密度。

由调查结果可以查看出，施药开始虫口数量每个处理不均衡，但是施药后与对照相比，ALA 粉剂、光合细菌与对照药剂阿维菌素的防治效果相当。但是由于线虫数量较少，还没有达到防治阈值，没有造成危害，因此各个测产的指标与空白对照没有显著的差异。

**表 3-7 苎麻根际病原线虫药剂防治试验结果**

| 处理 | 二麻施药前（条/百克土） | 二麻施药后（条/百克土） | 二麻施药后虫口减退率（%） | 二麻防治效果（%） | 三麻施药后（条/100g 土） | 三麻施药后虫口减退率（%） | 三麻防治效果（%） |
|---|---|---|---|---|---|---|---|
| 对照 | 3.75 | 2.5 | 33.33 | 0 | 2 | 46.67 | 0 |
| 阿维菌素 | 4.6 | 1 | 78.26 | 67.39 | 0 | 100 | 100 |
| ALA 粉剂 7.5kg/亩 | 4.1 | 0 | 100 | 100 | 0.75 | 81.71 | 65.7 |
| ALA 粉剂 15kg/亩 | 10.6 | 1.5 | 85.85 | 78.77 | 1.25 | 88.21 | 77.89 |
| 光合细菌 | 4.3 | 0.25 | 94.19 | 91.28 | 0 | 100 | 100 |

**表 3-8 二麻的测产数据**

| 处理 | 密度 | 有效株 | 无效株 | 鲜茎重（g） | 鲜叶重（g） | 株高（cm） | 茎粗（cm） | 皮厚（mm） |
|---|---|---|---|---|---|---|---|---|
| 对照 | 3 000 | 15 000 | 5 400 | 1 566 | 761.67 | 135.3 | 11.44 | 0.77 |
| 阿维菌素 | 2 625 | 16 225 | 2 175 | 1 458 | 828.5 | 145.86 | 10.71 | 0.72 |
| ALA 粉剂 7.5kg/亩 | 2 000 | 13 000 | 3 400 | 1 120 | 633.33 | 126.8 | 11.44 | 0.84 |
| ALA 粉剂 15kg/亩 | 2 500 | 14 750 | 2 000 | 1 247.5 | 742.84 | 127.73 | 14.61 | 0.76 |
| 光合细菌 | 2 250 | 12 050 | 2 550 | 1 281 | 577 | 158.03 | 11.35 | 0.77 |

**表 3-9 三麻的测产数据**

| 处理 | 密度 | 有效株 | 无效株 | 总株数 | 鲜茎重（g） | 鲜叶重（g） | 鲜茎叶总产（g） | 原麻产量（kg/亩） | 麻骨产量（kg/亩） | 麻叶产量（kg/亩） | 干物总产（kg/亩） |
|---|---|---|---|---|---|---|---|---|---|---|---|
| 对照 | 3 000 | 15 000 | 5 400 | 20 400 | 1 566 | 761.67 | 2 327.67 | 84.56 | 228.64 | 140.91 | 454.11 |
| 阿维菌素 | 3 000 | 18 600 | 3 900 | 22 500 | 1 441.5 | 933.39 | 2 375.39 | 77.8 | 210.45 | 172.68 | 460.93 |
| ALA 粉剂 7.5kg/亩 | 2 000 | 13 000 | 3 400 | 16 400 | 1 120 | 633.33 | 1 753.33 | 60.48 | 163.52 | 117.17 | 341.17 |
| ALA 粉剂 15kg/亩 | 2 500 | 14 750 | 2 000 | 16 750 | 1 247.5 | 742.84 | 1 990.34 | 67.37 | 182.14 | 137.42 | 305.64 |
| 光合细菌 | 2 250 | 12 050 | 2 550 | 14 600 | 1 281 | 577 | 1 858 | 69.15 | 186.95 | 106.85 | 362.95 |

## （四）苎麻病毒病原鉴定及其与烟粉虱互作蛋白的筛选和验证

采集长沙、沅江等苎麻试验基地的苎麻花叶病样品，利用 CTAB 方法提取苎麻 DNA，以双生病毒的简并引物 PA 和 PB 为引物对其进行扩增。并经过电镜扫描病毒粒子，经序列比对等初步鉴定，苎麻病毒病的病原物有苎麻花叶病毒和番茄曲叶病毒。进一步开展了苎麻花叶病毒与烟粉虱互作蛋白的筛选及验证研究。

饲养实验所需的烟粉虱，培养寄主植物（三生烟），通过注射侵染性克隆获得实验所需毒苗；实时荧光定量分析烟粉虱获得苎麻花叶病毒的最大带毒量时间；通过绝对定量筛选获得最佳

RaMoV-CP 引物，以烟粉虱 *actin* 作为内参基因，同归相对定量，分析饲毒不同时间处理下烟粉虱体内的病毒量，从而得到烟粉虱获得最大带毒量的时间。

用 TRIzol 法提取带毒三生烟苗叶片总 RNA，RT-PCR 扩增 RaMoV CP 目的基因经 pMD18-T 克隆，获得重组子 pMD-CP，提取质粒。设计实时荧光定量 PCR RaMoV CP 引物，将 pMD-CP 质粒按 10 倍等比稀释，作为模板，筛选一对最适引物。使用带毒三生烟苗饲喂烟粉虱，分别在饲喂 6h、12h、24h、36h、48h、72h 时间点下取虫，每个时间点取 20 头虫，重复 3 次，取出的烟粉虱于-80℃冻存，提取虫子的总 DNA 备用。

### （五）山坡地苎麻根腐病、白纹羽病、炭疽病综合防控

1. 新植麻园

尽量选择轮作地块，及时清除病残体：将收获前茬作物根系腐烂前及时清洁病田，将染病根系连同植株残体清理出田外集中焚烧。

深翻改土、破畦换沟，把病原线虫及病原菌较多的表层土壤翻到深层。

生物熏蒸与阳光消毒：非寄主作物收获后均匀撒施石灰 50kg/亩，或对耕作层土壤实施深翻晒垡 15d 以上。

播种前土壤消毒：对于前茬有根腐线虫病发生的田块，植前可以使用 35%威百亩纳（线克）水剂 3kg/亩对水 300kg 浇灌并用地膜覆盖熏蒸 7d 后，翻土释放毒气后播种。

播前施用杀线虫剂：没经过土壤消毒的田块，播种前于播种沟中施用 5%阿维菌素颗粒剂 3~3. 5kg/亩，或 10%噻唑膦 GR（福气多） 1~2kg/亩，或 2. 5 亿孢子/g 淡紫拟青霉（线虫必克）粉粒剂，并与土壤充分混匀后播种。

选种和消毒：选用无病种根。种根消毒，可用70%甲基硫菌灵（甲基托布津）800~ 1 000倍液或 20%石灰水浸兜 1h，或用 50 倍的福尔马林处理 5min，捞出洗净栽植。有条件的地区尽量选择无病苗床繁育的扦插苗。

栽培管理：施足基肥，合理浇水，及时防治地下害虫。保持麻园排水畅通，多施腐熟的农家肥。

2. 老麻园

药剂防治：针对根腐线虫病，发病较轻的麻园于土温稳定在 15℃左右时，选择晴天穴施 5%阿维菌素颗粒剂 3~3. 5kg/亩，或 10%噻唑膦 GR（福气多） 1~2kg/亩，或 5%丁硫克百威（好年冬）颗粒剂 2. 25~3. 0kg/亩，每年防治 2~3 次。针对苎麻白纹羽病，于发病初期用 50%异菌脲 WP 700~800 倍液或 50%咪鲜胺锰盐 WP（施保功）1 000~ 1 500倍液进行喷淋病兜。

轮作：发病较严重、基本不再发蔸的麻株应挖掉烧毁，轮作几年后再种植。

苎麻根腐病、白纹羽病综合防控技术要点——调查方法如下。

分别于往年发病后期调查并记录两种病害药剂处理区和空白对照区的所有发病株数并拍照记录。

苎麻白纹羽病：主根和侧根受害有白色毛状菌丝缠绕，严重时发病部分软腐。有时近地面茎基部也有白色或褐色的菌丝缠布。由于根部受害，养分水分吸收受阻，地上部植株矮小、细弱，枝梢尖端有时下垂、枯死，病叶从叶缘开始变色、脱落，终致麻株长势衰弱。

苎麻根腐病：主要表现为苎麻地下部分、特别是萝卜根受害。初期呈黑褐色不规则小斑，稍凹陷，后渐扩大为黑褐色大病斑，并深入木质部使之变成黑褐色海绵状朽腐，质地疏松似糠状，手捏成粉。而被害麻蔸表现在地上部分则是分株较少，麻株矮小，叶片发黄，干旱时整个植株凋萎，死亡。

3. 示范效果

在宜春苎麻试验站示范面积 20 亩，苎麻品种为中苎一号，为红壤旱地第 4 年麻，针对苎麻炭疽病，按照技术要点，于 4 月 12 日（苎麻炭疽病初发时）进行施药，分别于施药前（4 月 10 日）

和施药后第 8d 和施药后第 28d 调查苎麻炭疽病的发病情况，统计病情指数。试验结果见表 3-10。

**表 3-10　宜春苎麻试验站苎麻炭疽病防治示范结果**

| | | 药前病情指数 | 药后 8d | | 药后 18d | |
|---|---|---|---|---|---|---|
| | | | 病情指数 | 防治效果（%） | 病情指数 | 防治效果（%） |
| 施药区 | 1 | 4.88 | 4.22 | 32.10 | 1.55 | 75.00 |
| | 2 | 3.78 | 2.67 | 32.70 | 1.55 | 57.00 |
| | 3 | 5.78 | 3.11 | 57.00 | 0.00 | 100.00 |
| | 平均 | 4.81 | 3.33 | 40.60 | 1.03 | 77.33 |
| 对照区 | 1 | 3.67 | 4.67 | | 6.77 | |
| | 2 | 4.19 | 4.40 | | 5.89 | |
| | 3 | 6.78 | 8.36 | | 9.33 | |
| | 平均 | 4.88 | 5.81 | | 7.33 | |

结果表明，防治区病情指数呈递减趋势，而对照区则呈逐渐上升趋势。药后 18d，施药区病情指数为 1.03，明显低于对照区的病情指数 7.33。药后 18d，平均防效达 77.33%。苎麻炭疽病防治示范经济产量比较见表 3-11。

**表 3-11　苎麻炭疽病防治示范经济产量比较**

| 处理 | 序号 | 株高（cm） | 茎粗（cm） | 鲜皮厚（mm） | 当季麻产量（kg/亩） | 比对照（±%） |
|---|---|---|---|---|---|---|
| 防治区 | 1 | 166.9 | 10.48 | 0.748 | 81.5 | |
| | 2 | 166.75 | 10.18 | 0.735 | 75.8 | |
| | 3 | 164.5 | 10.17 | 0.736 | 73.5 | |
| | 平均 | 166.05 | 10.28 | 0.740 | 76.9 | |
| 对照区 | 1 | 170.5 | 10.42 | 0.766 | 76.1 | -7.10 |
| | 2 | 169.5 | 10.45 | 0.745 | 77.2 | +1.85 |
| | 3 | 168.9 | 10.86 | 0.721 | 85.2 | +15.92 |
| | 平均 | 169.6 | 10.58 | 0.744 | 79.5 | +3.56 |

### （六）饲用苎麻农药残留降解技术研究

1. 光合细菌降解菌剂研制

2015 年从 3 个土壤样品和 23 个水样中共分离到光合细菌 PSB 菌株 78 株，对分离到的菌株进行保存。通过 PSB 培养基富集培养，再用富集培养所得物平板划线培养，最后挑单胞培养，重复三次，得到纯化光合细菌。菌株用 60%甘油保存于-80℃冰箱。对分离得到的 60 个菌株进行了初步的分子生物学鉴定，主要通过 16s rDNA 鉴定，结果为：这 60 个菌株均为沼泽红假单胞菌属光合细菌，待进行下一步的生理生化鉴定，剩余的 18 个菌株正在进行鉴定。已进行鉴定菌株的理化特征见表 3-12。

**表 3-12　已进行鉴定菌株的理化特征**

| 实验名称 | 实验结果 | 实验名称 | 实验结果 |
|---|---|---|---|
| 淀粉水解实验 | - | 吲哚实验 | + |
| 甲基红实验 | - | 脲酶实验 | + |
| VP 实验 | - | 过氧化氢酶实验 | + |
| 柠檬酸盐利用实验 | - | 革兰氏染色 | - |
| 硫化氢实验 | + | 明胶液化实验 | - |

筛选获得了高效降解磺酰脲类等长残留期农药的光合细菌，实现了产品的规模化生产。分离高

效降解烟嘧磺隆等磺酰脲类农药残留物的微生物，既可以防治这类农药残留物的药害，又可以修复农田生态环境。本项目从光合细菌菌种库中筛选获得 1 株能高效降解烟嘧磺隆的光合细菌菌株 J5-2（球形红假单胞菌）。J5-2 能耐受 1 600mg/L 的烟嘧磺隆，对 400mg/L 烟嘧磺隆的降解率达 32.2%。

筛选获得了高效降解菊酯类农药残留物的光合细菌 PSB07-15，并对其降解机理进行了研究：发现 PSB07-15 是以共代谢方式降解菊酯类农药，对菊酯类农药的最高耐受浓度为 600mg/L。PSB07-15 发酵液在含菊酯类农药 400mg/L 的 PSB 培养基中，15d 后降解率达 45.51%以上。土壤中菊酯类农药残留物为 400~500mg/kg 土壤时，每亩用 PSB07-15 发酵液 5L 稀释 300 倍直接泼洒在土壤表面，土壤温度 15℃以上、30d 后，降解率可达 43.7%~55.6%。研究了 PSB07-15 的规模化生产工艺，研制成功用于降解土壤中菊酯类农药残留物的光合细菌菌剂产品。

2. 光合细菌菌剂降解机理分析

（1）菊酯类农药降解菌 JSC-3b 基因组序列测定。光合细菌菌株沼泽红假单胞菌（*Rhodopseudomonas palustris*）JSC-3b 能够高效降解多种菊酯类农药，包括甲氰菊酯、氯氰菊酯和联苯菊酯等。同时，菌株 JSC-3b 能够促进作物生长、提升作物的多种防御酶活性。为了深入了解菌株 JSC-3b 的这些优异特性的机理，采用 Illumina HiSeq 2000 平台测定了该菌株的基因组序列。JSC-3b 基因组序列已登入 DDBJ/EMBL/GenBank，登录号为 AYSU00000000。该菌株测定的基因组序列长度为 4.09Mb，测序覆盖度为 48.66 倍；基因组基本特征为：GC 含量为 64.22%，编码 3 799个基因；有 8 拷贝的 tRNA 和 10 拷贝的 rRNA，以及 24 289bp 的重复序列。

基因组序列的 GO 分析表明，编码基因最多的代谢途径为催化及新陈代谢途径，其中可能包含有菊酯类农药残留的催化通路；此外，JSC-3b 还编码 2 个氮利用基因（Nitrogen utilization），表明该菌株能够固 N；值得注意的是，JSC-3b 编码 158 个信号基因（Signaling），这些信号，除参与 JSC-3b 的生长调控外，可能还与 JSC-3b 的许多优异特性相关，如诱导植物的抗性等，是今后研究的重点。

基因组的 KEGG 分析表明，JSC-3b 的膜转运相关途径的基因最多，这对于 JSC-3b 耐受、转运菊酯农药分子、维持细胞内渗透压平衡以及 ATP 合成等功能密切相关。代谢途径中还包含信号转导、能量代谢等途径，这些代谢途径，除了对于 JSC-3b 适应环境非常重要外，还可能包括 JSC-3 参与降解菊酯类农药等功能基因。这些有待于比较基因组学分析和进一步试验验证。

（2）吡嘧磺隆降解菌菌株 PSBS 比较蛋白组学。光合细菌菌株沼泽红假单胞菌（*Rhodopseudomonas palustris*）PSBS，能够以吡嘧磺隆为唯一碳源进行生长，耐受浓度高达 300mg/L。为阐明该菌株耐受、降解吡嘧磺隆的机理，采用 2-D PAGE 结合 TOF-MS/MS 技术，进行了系统的研究分析。

2-D PAGE 结果表明，每个处理总蛋白 PAGE 电泳三次，重复性较好。利用 PDQuest（7.3.0）扫描凝胶，根据处理组/对照组大于 2 或小于 0.5，以及选择的蛋白点都重复的三块凝胶上都存在为标准，共选择了 100 个蛋白点供下一步 MS/MS 试验。

MS/MS 序列测定过程中，仅有一个蛋白点一级 MS 峰质量差，没有进行二级 MS 检测。剩余 99 个蛋白点中，在 NCBI（nr）非冗余数据库检索，有 81 个蛋白点检索到匹配结果。泛醌合成途径的蛋白 AarF 对应基因上调，泛醌的合成上升，从而增加细胞呼吸链质子传递；泛醌也是许多酶的辅酶，因此，也将促进相应酶的活性，从而提升细胞的耐受力和降解活性。进一步的生物信息学分析和功能验证，将有助于深入了解菌株 PSBS 耐受和降解吡嘧磺隆的调控机制。

（3）菊酯类农药及其主要降解产物对微生物菌群的影响。选择甲氰菊酯、以及降解产物间苯氧基苯乙氰作物唯一碳源，进行富集培养，每隔 7d 转代一次，共 3 次；取对数生长期的菌液，采用 CTAB 法抽提总 DNA，送至上海生工生物股份有限公司，采用 Roche 平台，进行 Emulsion-PCR 测序。结果表明，甲氰菊酯及间苯氧基苯乙氰对细菌菌群选择性具有明显差异，培养液的颜色明显不同。

细菌群落多态性结果表明，甲氰菊酯对细菌群落多态性影响较小，其香农指数明显高于间苯氧苯乙氰。甲氰菊酯处理，细菌群落在门分类水平上，比间苯氧苯乙氰处理多3个门（表3-13）。

**表3-13 高通量测定序列特征**

| 序列 | YSF_ reads | YSF_ ratio | YSP_ reads | YSP_ ratio |
|---|---|---|---|---|
| roteobacteria | 6 737 | 89.07 | 5 756 | 92.44 |
| unclassified | 50 | 0.66 | 22 | 0.35 |
| Armatimonadetes | 62 | 0.82 | 0 | 0 |
| Cyanobacteria/Chloroplast | 127 | 1.68 | 0 | 0 |
| Bacteroidetes | 469 | 6.2 | 1 | 0.02 |
| Verrucomicrobia | 35 | 0.46 | 0 | 0 |
| Firmicutes | 84 | 1.11 | 448 | 7.19 |

属水平的比较结果表明，甲氰菊酯对细菌群落多态性影响较小。此外，值得注意的是，在可培养条件下，仍有超过50%未分类的细菌，表明环境中依然有许多尚未开发的优良降解菌。

聚类分析结果表明，甲氰菊酯处理，其细菌种类数（778）明显大于间苯氧基苯乙氰（285）；此外，有102个细菌种类同时存在于甲氰菊酯和间苯氧基苯乙氰处理，表明这些菌株可能同时降解甲氰菊酯和间苯氧基苯乙氰。

## 二 亚麻

### （一）亚麻田杂草防控技术研究

1. 北方亚麻田草害综合防控技术

在新疆伊犁亚麻试验站进行了亚麻田杂草防控技术示范，结果表明，在喷施药二甲四氯钠和烯草酮的第2d，阔叶杂草抑制生长、茎叶扭曲畸形，禾本科杂草抑制生长；第6d，阔叶杂草干枯、部分死亡，禾本科抑制分蘖和生长、叶片失绿；第10d，阔叶杂草和禾本科杂草大部分干枯死亡；第15d后调查发现，根系强大的零星杂草未死亡，恢复生长。

药后15d调查，56%二甲四氯钠（WP）54g（有效成分30.24g）+120g/L烯草酮（EC）40ml（有效成分4.80g）防除杂草效果好，对阔叶杂草株防效达到92.31%、对禾本科杂草株防效达到88.23%；56%二甲四氯钠（WP）72g（有效成分40.30g）对阔叶杂草株防效达到93.49%，但对禾本科杂草无效；120g/L烯草酮（EC）40ml（有效成分4.80g）对禾本科杂草株防效达到90.44%，对阔叶杂草无效（表13-14）。

药后30d调查，防除杂草56%二甲四氯钠（WP）54g（有效成分30.24g）+120g/L烯草酮（EC）40ml（有效成分4.80g）效果好，对阔叶杂草株防效达到91.81%、对禾本科杂草株防效达到86.99%；56%二甲四氯钠（WP）72g（有效成分40.30g）对阔叶杂草株防效达到92.98%，对禾本科杂草无效；120g/L烯草酮（EC）40ml（有效成分4.80g）对禾本科杂草株防效达到89.73%，对阔叶杂草无效（表3-15、表3-16）。

**表3-14 二甲四氯钠+烯草酮药后15d对禾本科和阔叶杂草株数调查结果**

| 处理 | 样方阔叶杂草株数（株） | | | | | 平均株数 | 样方禾本科杂草株数（株） | | | | | 平均株数 |
|---|---|---|---|---|---|---|---|---|---|---|---|---|
| | 1 | 2 | 3 | 4 | 5 | | 1 | 2 | 3 | 4 | 5 | |
| 处理1 | 4 | 2 | 1 | 3 | 3 | 2.6 | 4 | 2 | 3 | 4 | 3 | 3.2 |
| 处理2 | 2 | 1 | 3 | 3 | 2 | 2.2 | 21 | 33 | 26 | 18 | 32 | 26.0 |
| 处理3 | 34 | 32 | 35 | 30 | 34 | 33.0 | 2 | 4 | 0 | 4 | 3 | 2.6 |
| 处理4（CK） | 39 | 31 | 38 | 34 | 27 | 33.8 | 27 | 25 | 31 | 29 | 24 | 27.2 |

**表 3-15　二甲四氯钠+烯草酮药后 30d 对禾本科和阔叶杂草株数调查结果**

| 处理 | 样方阔叶杂草株数（株） | | | | | 平均株数 | 样方禾本科杂草株数（株） | | | | | 平均株数 |
|---|---|---|---|---|---|---|---|---|---|---|---|---|
| | 1 | 2 | 3 | 4 | 5 | | 1 | 2 | 3 | 4 | 5 | |
| 处理 1 | 3 | 2 | 2 | 4 | 3 | 2.8 | 3 | 2 | 5 | 4 | 5 | 3.8 |
| 处理 2 | 2 | 2 | 3 | 3 | 2 | 2.4 | 24 | 35 | 28 | 22 | 35 | 28.8 |
| 处理 3 | 35 | 34 | 40 | 31 | 34 | 34.8 | 2 | 5 | 1 | 4 | 3 | 3.0 |
| 处理 4（CK） | 39 | 32 | 38 | 34 | 28 | 34.2 | 30 | 28 | 32 | 30 | 26 | 29.2 |

**表 3-16　二甲四氯钠+烯草酮药后 30d 对杂草防效调查结果**

| 处理 | 施药后 15d | | | | 施药后 30d | | | |
|---|---|---|---|---|---|---|---|---|
| | 阔叶杂草 | | 禾本科杂草 | | 阔叶杂草 | | 禾本科杂草 | |
| | 平均株数（株） | 株防效（%） | 平均株数（株） | 株防效（%） | 平均株数（株） | 株防效（%） | 平均株数（株） | 株防效（%） |
| 处理 1 | 2.6 | 92.31 | 3.2 | 88.24 | 2.8 | 91.81 | 3.8 | 86.99 |
| 处理 2 | 2.2 | 93.49 | 26 | 4.41 | 2.4 | 92.98 | 28.8 | 1.37 |
| 处理 3 | 33.0 | 2.37 | 2.6 | 90.44 | 34.8 | -1.75 | 3.0 | 89.73 |
| 处理 4（CK） | 33.8 | — | 27.2 | — | 34.2 | — | 29.2 | — |

2. *南方亚麻田草害防控技术*

在湖南娄底进行了二甲四氯钠和烯草酮混用对南方冬季亚麻田杂草防除的试验，结果表明，在亚麻苗期（2 月 25 日）施药一次，二甲四氯钠和烯草酮混用，用量分别为 11.2g/亩（a.i.）和 3.12g/亩（a.i.）时，对亚麻田杂草牛繁缕、黄花蒿、狗尾草、棒头草等杂草的防效在 85%~88%。除草剂混用能减少农药使用量，提高防治效果，降低除草成本。

**（二）亚麻立枯病防治技术研究**

1. *亚麻立枯病化学防控试验*

试验在海南海口试验基地进行，自然发病，在发病初期进行施药，每隔 7d 施药 1 次，共施药 3 次。

第二次施药后第 10d，45%咪鲜胺微乳剂 750 倍液、1 000倍液和 1 250倍液三个处理的平均病情指数分别为 4.93、6.42 和 8.77，大大低于空白对照区的病情指数 33.45，三个处理的防效分别为 84.81%、80.75%和 74.15%；对照药剂 45%施保克水乳剂 1 000倍液处理的病情指数和防效分别为 6.37 和 80.97%。

方差分析结果显示（表 3-17），45%咪鲜胺微乳剂 750 倍液处理的防效优于对照药剂 45%施保克水乳剂 1 000倍液处理，差异达极显著水平；其 1 000倍液和对照药剂 45%施保克水乳剂 1 000倍液处理防效相当，差异不显著；1 250倍液处理的防效比对照药剂处理的防效差，差异达极显著水平。

**表 3-17　45%咪鲜胺微乳剂防治亚麻立枯病田间药效试验结果**

| 处理 | 平均病指 | 平均防效（%） | 差异显著性 | |
|---|---|---|---|---|
| | | | 5% | 1% |
| 45%咪鲜胺微乳剂 750 倍液 | 4.93 | 84.81 | a | A |
| 45%咪鲜胺微乳剂 1 000 倍液 | 6.42 | 80.75 | b | B |
| 45%咪鲜胺微乳剂 1 250 倍液 | 8.77 | 74.15 | c | C |
| 45%施保克水乳剂 1 000 倍液 | 6.37 | 80.97 | b | B |
| CK（空白对照） | 33.45 | | | |

注：表中数据为 4 次重复的平均值。差异显著性比较方法为 DMRT 法

试验结果表明，45%咪鲜胺微乳剂对亚麻立枯病具有较好的防治效果，且对作物安全无药害。在发生初期及时施用，其 750 倍液的防效最高可达 84.81%，1 000倍液和 1 250倍液的防效液分别达

到 80.75%和 74.15%，因此认为该制剂经进一步示范试验后可大面积推广应用。建议使用浓度为 1 000~ 1 250倍液（360~450mg/kg），施药间隔期为 7~10d，于发病初期开始用药，视病情发展情况施用 2~3 次。

2. 亚麻立枯病综合防控技术要点

（1）选择高抗优良品种。选用抗病品种是防治立枯病有效的一种方法。如黑亚 14、双亚 10 号等抗病品种。选择抗病品种时，除满足抗病要求外，应选择适宜当地气候和生产要求的品种种植。

（2）选地整地。尽量选择疏松、肥沃、透气性强的沙质土壤，实行 4~5 年轮作，耕作层要求深耕、且复耕浅翻，保持土壤上松下实。

（3）种子处理。选用适合当地生产且具有一定的抗病性的品种；对种子进行筛选，去除瘪籽、发霉变质的种子，筛选好的种子播种前晾晒 2~4d，使种子含水量在 10%以下，拌种后的种子需贮藏在干燥条件下才不影响发芽率。化学药剂拌种处理，播种前用 50%多菌灵 WP、或 77%硫酸铜钙（多宁）WP、或 70%甲基硫菌灵 WP 按种子重量的 0.3%拌种。

（4）适期播种。亚麻适播期一般在 4 月上旬至 5 月中旬。黑龙江省东部和南部亚麻产区适播期为 4 月下旬至 5 月上旬，北部为 5 月中旬；吉林省产区为 4 月中旬至下旬；湖南云南等地稍早；应根据当地气候特点适时播种。播种时注意播种质量，因地制宜确定播种深度，避免过深过浅，以保证出苗快、齐和苗壮，减少病菌侵染危害。

（5）肥水调控。播种前施足基肥并根据亚麻生长需求及时进行追肥，施用充分腐熟的有机肥，增施氮、磷、钾肥；根据土壤墒情及时进行浇水灌溉，保持土壤适当湿度。

（6）农业措施。合理密植，用种量 8~9kg/亩，保证基本苗有 1 600~ 1 800株/亩；及时进行除草，合理使用化学除草剂，保持通风透气；雨季及时排涝，防止湿气滞留，降低田间湿度；加强栽培管理，及时清理病株。

（7）化学防控。病害发生前提前进行预防性施药，可选用 75%百菌清 WP 110~200g/亩提前 1~2 周进行喷施 1~2 次。发病初期，每亩可用 50%立枯净 WP 每袋对水 80kg 灌根或喷雾进行防治。当发病率在 10%以上时，可用 50%立枯净 WP 每袋对水 40kg、50%多菌灵 WP 500~800 倍、43%戊唑醇 SC 10ml/亩或 70%甲基托布津 WP 70~90g/亩对水进行喷雾防治。

（8）合理轮作。轮作是防治亚麻立枯病的有效措施。发病严重的麻地应改种其他非寄主作物 1~2 年，避免重茬、迎茬。玉米、小麦、谷子、高粱、大豆及油菜等都是良好的轮作作物。

（9）清除病残。收获后清除亚麻残体和田间杂草，减少菌源。

**（三）亚麻顶萎（枯）病综合防控技术要点**

（1）选地整地。尽量选择疏松、肥沃、透气性强的沙质土壤，实行 4~5 年轮作，耕作层要求深耕、且复耕浅翻，保持土壤上松下实。

（2）种子处理。选用适合当地生产且具有一定的抗病性的品种，如吉亚 2 号、吉亚 3 号、吉亚 4 号；对种子进行筛选，去除瘪籽、发霉变质的种子，筛选好的种子播种前晾晒 2~4d；化学药剂拌种处理，播种前用 50%多菌灵 WP、或 77%硫酸铜钙（多宁）WP、或 70%甲基硫菌灵 WP 按种子重量的 0.3%拌种。

（3）肥水调控。播种前施足基肥并根据亚麻生长需求及时进行追肥，施用充分腐熟的有机肥，增施氮、磷、钾肥；根据土壤墒情及时进行浇水灌溉及排水，保持土壤适当湿度。

（4）农业措施：合理密植，种子用量 8~9kg/亩，保证基本苗有 1 600~ 1 800株/亩；及时进行除草，合理使用化学除草剂，保持通风透气；雨季及时排涝，防止湿气滞留，降低田间湿度；加强栽培管理，及时清理病株。

（5）化学防控。病害发生前提前进行预防性施药，可选用 75%百菌清 WP 110~200g/亩提前 1~2 周进行喷施 1~2 次。发病初期，使用 25%咪鲜胺乳油 60~90ml/亩或 50%甲基硫菌灵 WP 50~

60g/亩，对水 60kg 进行叶面喷雾，每隔 7d 喷施 1 次，连续用药 2~3 次；在发病重的田块，使用 25%咪鲜胺乳油 90ml/亩，10%苯醚甲环唑水分散粒剂 45g/亩或 43%戊唑醇 SC 9ml/亩对水 60kg 进行叶面喷雾，约 7~10d 喷施 1 次，连续用药 2~3 次。

### （四）亚麻白粉病防治技术研究

1. 亚麻白粉病室内生物学特性研究

供试菌株为 2014 年 4 月从亚麻种植地采集回的发病植株，在 PDA 培养基上按常规方法进行组织分离和纯化，获得纯培养菌株，实验室条件下保存备用。试验设 7 个温度梯度，分别为 4℃、15℃、20℃、25℃、30℃、37℃和 50℃。将直径为 5mm 的亚麻白粉病菌块置于 PDA 平板的中央，于上述温度下培养，于 5d 后采用十字交叉法测量菌落直径，每个处理重复 3 次。

结果表明，亚麻白粉病菌菌丝在 4~37℃温度范围内均能生长，其中 15~30℃温度范围内菌丝生长较快，25℃时最适菌丝生长，菌落直径高达 78. 3mm。

用 1mol/L NaOH 和 1mol/L HCl 溶液将 PDA 培养基的 pH 值分别调至 4、6、7、8、10、12。将 5mm 的亚麻白粉病菌块置于不同 pH 值的 PDA 平板中央，于 28℃条件下培养，5d 后测量菌落直径，每个处理重复 3 次。结果表明，亚麻白粉病菌菌丝在 pH 值为 4~12 的 PDA 培养基上均能生长，菌丝生长的适宜 pH 值为 6~12，最适 pH 值为 7。

将 5mm 亚麻白粉病菌块置于 PDA 平板中，分别置于全光照、全黑暗、光暗交替三个条件下 28℃培养，5d 后测量菌落直径，每个处理重复 3 次。亚麻白粉病菌菌丝在完全光照和光暗交替两种环境下生长最好，菌落直径最大，分别为 53. 3mm 和 48mm；完全黑暗不利于菌丝的生长，菌落直径仅为 37. 7mm。

采用 Czapek 培养基作为基础培养基，将培养基中的蔗糖用葡萄糖、可溶性淀粉、甘露醇、麦芽糖、果糖等不同的碳源等量代替，制成平板，将 5mm 亚麻白粉病菌菌块置于平板中央，28℃下培养 5d 后测量菌落直径，每个处理重复 3 次。碳源对亚麻白粉病菌菌丝生长的影响如表 3-18 所示。在供试的 6 种不同碳源中，菌丝均能生长。其中以葡萄糖和麦芽糖的培养基上的菌丝生长最好；其次效果较好的为蔗糖和果糖；可溶性淀粉和 D-甘露醇上的菌丝生长最慢，其菌落直径与其他处理均达极显著差异。

**表 3-18　不同碳源对亚麻白粉病菌菌丝生长的影响**

| 碳源 | 菌落直径（mm） | 5%显著水平 | 1%极显著水平 |
|---|---|---|---|
| 葡萄糖 | 83. 333 3 | a | A |
| 麦芽糖 | 79. 666 7 | a | AB |
| 蔗糖 | 73. 666 7 | b | BC |
| 果糖 | 69. 666 7 | b | C |
| 可溶性淀粉 | 36. 666 7 | c | D |
| D-甘露醇 | 35. 333 3 | c | D |

采用 Czapek 培养基作为基础培养基，将培养基中的硝酸钠以硝酸钾、氨基乙酸、蛋白胨、牛肉浸膏、酵母浸膏等不同的氮源等量代替，制成平板，将 5mm 亚麻白粉病菌菌块置于平板中央，28℃下培养 5d 后测量菌落直径，每个处理重复 3 次。结果如表 3-19 所示，不同氮源对亚麻白粉病菌菌丝的生长有一定的影响。在供试的 6 种不同氮源中，以硝酸钠作为氮源的培养基中菌丝生长最快，菌落直径最大；其次为蛋白胨铵；而硝酸钾对菌丝生长有明显抑制作用。

**表 3-19　不同氮源对亚麻白粉病菌菌丝生长的影响**

| 氮源 | 菌落直径（mm） | 5%显著水平 | 1%极显著水平 |
|---|---|---|---|
| 硝酸钠 | 83. 333 3 | a | A |
| 蛋白胨 | 74. 666 7 | b | B |

（续表）

| 氮源 | 菌落直径（mm） | 5%显著水平 | 1%极显著水平 |
|---|---|---|---|
| 牛肉浸膏 | 69 | c | C |
| 酵母浸膏 | 64.333 3 | d | C |
| 氨基乙酸 | 52 | e | D |
| 硝酸钾 | 13.333 3 | f | E |

综上所述，温度、pH 值、光照及碳源、氮源等因子对亚麻白粉病菌菌丝生长的影响：该菌菌丝在 4~37℃的温度范围内均能生长，25℃为菌丝的最适生长温度；菌丝适应酸碱能力较强，在 pH 值为 4~12 均能生长，其中菌丝的适宜 pH 值为 6~12，最适 pH 值为 7；菌丝在完全光照和光暗交替两种环境下生长速度最快，在完全黑暗的环境下可抑制菌丝生长。以葡萄糖和麦芽糖为氮源和以硝酸钠作为氮源的培养基上的菌丝生长最好。这些结果可为病原菌生物学和病害防治的深入研究提供借鉴。

2. 亚麻白粉病室内毒力测定

选用 7 种杀菌剂进行亚麻白粉菌的室内毒力测定。采用生长速率法测定。在预备试验的基础上每种杀菌剂设 5 个浓度梯度，每个浓度设 3 个重复。将表 3-20 中的药剂分别配成所需浓度 50 倍，分别用移液枪吸取各种浓度的药液 1ml 注入 49ml PDA 培养基中，摇匀后倒入 3 个直径为 9cm 的灭菌培养皿中，制成表 3-20 中所需浓度药液平板。

**表 3-20 供试药剂及其使用浓度**

| 药剂名称 | 生产厂家 | 剂型 | 使用浓度（mg/L） |
|---|---|---|---|
| 36%硝苯菌酯 | 美国陶氏益农公司 | EC | 100、75、50、25、5 |
| 40%氟硅唑 | 美国杜邦公司 | EC | 40、20、10、5、1 |
| 80%代森锰锌 | 陶氏益农农业科技（中国）有限公司 | WP | 100、75、50、25、5 |
| 25%嘧菌酯 | 英国先正达有限公司 | SC | 1 000、800、700、500、50 |
| 25%丙环唑 | 瑞士先正达作物保护有限公司 | EC | 10、5、1、0.5、0.05 |
| 20%苯醚甲环唑 | 北京华戎生物激素厂 | WG | 10、5、1、0.1、0.05 |
| 40%腈菌唑 | 深圳诺普信农化股份有限公司 | WP | 50、25、10、5、1 |

以 1ml 无菌水代替药液作空白对照。用直径为 5mm 的打孔器将供试菌种打取菌饼置于培养皿中央位置，带菌丝一面接触培养基，28℃培养箱中倒置培养。7d 后用十字交叉法测量病菌菌落直径，用 DPS 软件进行统计分析，求出各药剂对苎麻炭疽病菌的毒力回归方程、抑制中浓度（$EC_{50}$）及相关系数（R）。试验结果见表 3-21。

$$相对抑制率（\%）=\frac{对照组菌落平均净生长量-处理组菌落平均净生长量}{对照组菌落平均净生长量}\times 100$$

结果表明，供试 7 种杀菌剂对亚麻白粉病菌的菌丝均有抑制作用，同一种杀菌剂不同浓度对菌丝的抑制作用也不同。其中 25%丙环唑 EC 和 20%苯醚甲环唑 WG 对菌丝的抑制效果最好，$EC_{50}$分别为 0.040 9mg/L 和 0.049 6mg/L。其次为 40%氟硅唑 EC、40%腈菌唑 WP 和 36%硝苯菌酯 EC，$EC_{50}$分别为 1.920 6mg/L、1.731 1mg/L 和 4.244 1mg/L。对亚麻白粉病抑制效果较差的为 80%代森锰锌 WP 和 25%嘧菌酯 SC，$EC_{50}$分别为 20.378 6mg/L 和 63.225 4mg/L。

**表 3-21 不同杀菌剂对亚麻白粉病菌的室内毒力测定结果**

| 药剂名称 | 毒力回归方程 | 相关系数 | $EC_{50}$（mg/L） |
|---|---|---|---|
| 36%硝苯菌酯 EC | $y=0.624\,3x+4.608\,1$ | 0.895 8 | 4.244 1 |
| 40%氟硅唑 EC | $y=1.348\,4x+4.617\,8$ | 0.984 1 | 1.920 6 |
| 80%代森锰锌 WP | $y=0.647x+4.153$ | 0.942 8 | 20.378 6 |
| 25%嘧菌酯 SC | $y=0.615\,7x+3.891\,2$ | 0.730 9 | 63.225 4 |
| 25%丙环唑 EC | $y=0.717x+5.995\,3$ | 0.953 6 | 0.040 9 |
| 20%苯醚甲环唑 WG | $y=0.650\,9x+5.849\,3$ | 0.941 8 | 0.049 6 |
| 40%腈菌唑 WP | $y=0.731\,2x+4.825\,7$ | 0.984 3 | 1.731 1 |

### （五）亚麻黏虫抗性鉴定方法制定

黏虫，属鳞翅目，夜蛾科，是一种爆发性的迁飞性害虫，为北方春季亚麻的重要害虫之一，以幼虫取食亚麻叶片，幼虫前期群集为害，后分散为害，大发生时可将作物叶片全部食光，造成严重损失。

接虫方法：采用自然发生或利用田间采集卵块或初孵幼虫，于实验室孵化，饲喂到 2 龄，人工均匀接到供试植株上。

田间调查：大田采用五点取样，每点调查 50 株，重复 4 次。

以叶面积损失百分率作为抗性指标，接虫后根据叶面积损失变化情况分别对黏虫的抗性观察测定 3 次（表 3-22）。记录各级受害情况株数，根据下面的公式计算受害情况。根据抗性标准确定抗性（表 3-23）。

$$叶面积损失程度=\frac{\Sigma 各级株数\times 级别}{最大级别\times 调查总株数}\times 100$$

表 3-22　叶面积损失（%）分级标准

| 分级 | 叶面积损失 |
|---|---|
| 0 | 叶面积损失≤5% |
| 1 | 5%<叶面积损失≤20% |
| 3 | 20%<叶面积损失≤40% |
| 5 | 40%<叶面积损失≤60% |
| 7 | 60%<叶面积损失≤80% |
| 9 | 叶面积损失>80% |

表 3-23　抗性鉴定标准

| 抗性级别 | 叶面积损失程度 |
|---|---|
| 免疫（I） | 叶面积损失程度 0% |
| 高抗（HR） | 0%<叶面积损失程度≤10% |
| 中抗（MR） | 10%<叶面积损失程度≤30% |
| 抗（R） | 30%<叶面积损失程度≤50% |
| 感（S） | 50%<叶面积损失程度≤70% |
| 高感（HS） | 叶面积损失程度>70% |

### （六）亚麻主要病虫害防控技术集成

1. 不同拌种方案对亚麻苗期主要病虫害的防治效果

本实验分为 3 个处理（表 3-24），示范区采用 0.1%的瑞苗清（30%甲霜·噁霉灵）加 0.05%壳寡糖拌种，常规用药区采用 0.6%的 60%多·福可湿性粉剂，对照区采用清水拌种。每个小区面积 12m$^2$，每个处理重复 3 次，采用机器播种，待出苗后调查亚麻出苗情况（调查 1m$^2$的出苗株数）、亚麻枯萎病和立枯病发生情况。播种量为 1 800粒/m$^2$。

示范区药剂能很好地控制亚麻苗期主要病害发生情况，对亚麻立枯病和亚麻枯萎病的防效分别达到了 81.6%和 83.1%，显著高于常规药剂区的 60.9%和 54.0%。

表 3-24　不同药剂对亚麻主要苗期主要病害的防治效果

| 处理 | 出苗情况 | 亚麻立枯病 | | 亚麻枯萎病 | |
|---|---|---|---|---|---|
| | | 病指 | 防效（%） | 病指 | 防效（%） |
| CK | 1 230±45c | 20.7±2.3c | — | 18.9±1.9c | — |
| 常规用药区 | 1 350±38b | 8.1±1.7b | 60.9 | 8.7±1.4b | 54.0 |
| 示范用药区 | 1 434±43a | 3.8±1.4a | 81.6 | 3.2±0.8a | 83.1 |

2. 不同防治方案对白粉病防治效果

试验采用 0.5%壳寡糖拌种，喷施 15%粉锈灵、30%特富灵和清水对照，防治效果见表 3-25。可知，这三种方法均有一定的效果，其中 30%特富灵效果最好，防效达到 82.6%，其次是 15%粉锈灵，防效为 78.0%，拌种 0.05%的壳寡糖防效也达到了 61.7%，但是壳寡糖处理组在后期有加重趋势。

表 3-25 不同药剂对亚麻白粉病的防治效果

| 处理 | CK | 0.05%壳寡糖 | 15%粉锈灵 | 30%特富灵（氟菌唑） |
|---|---|---|---|---|
| 病指 | 47.8±3.4a | 18.3±2.1b | 10.5±1.6c | 8.3±1.2c |
| 防效 | — | 61.7% | 78.0% | 82.6% |

3. 不同防治方案对黏虫防治效果

试验采用0.05%壳寡糖拌种，喷施12%甲维氟酰胺、40%乐果乳油和清水对照，由于壳寡糖主要是趋避作用，调查了百株虫量，以及喷施药剂后防效。由表 3-26 可知，0.05%壳寡糖拌种后，对黏虫的防效达 57.5%，而化学农药 40%乐果乳油和 12%甲维氟酰胺的防治效果分别达 94%和96.9%。

表 3-26 不同药剂对黏虫防治效果

| 处理 | CK | 0.05%壳寡糖 | 40%乐果 | 12%甲维氟酰胺 |
|---|---|---|---|---|
| 喷药前百株虫量（头） | 20.3±3.3 | 8.7±2.1 | 21.7±3.6 | 22.3±3.2 |
| 喷药后百株虫量（头） | 21.3±3.2 | 8.7±2.3 | 1.3±0.3 | 0.7±0.3 |
| 防效 | — | — | 94.0% | 96.9% |

4. 不同防治方案对亚麻原茎和种子产量的影响

不同防治方案对亚麻原茎和种子产量影响较大，示范处理区原茎产量（6.02kg）明显高于常规用药区（5.21kg）和对照（4.74kg），与常规用药区相比原茎产量升高了 15.5%，示范处理区亚麻种子产量（0.87kg）与常规用药区（0.83kg）无显著差异，均显著高于对照（0.62kg）。按收获亚麻原茎 300kg/亩计算，提高原茎产量 46.5kg/亩，按照 3 元/kg，可增加 139.5 元/亩。

## 三 黄/红麻

### （一）黄/红麻根结线虫鉴定及防治技术研究

1. 黄/红麻根结线虫鉴定

（1）形态学特征观察与鉴定。通过对黄麻根结线虫的雌虫、雄虫、2 龄幼虫和卵的形态学特征观察与测量，与已知种类进行比较：确定分离所得黄麻根结线虫病病原线虫为南方根结线虫（*Meloidogyne incognita*）。

根结线虫雌虫成熟时呈梨形，虫体白色，前体部突出如颈，后体部圆球形。食道垫刃形，中食道球发达，食道腺发育良好，背食道腺膨大成囊状体。具体参数如下：体长 697.6μm（559.4～886.3μm），体宽 403.8μm（354.3～586.4μm），口针长 16.5μm（14.4～20.6μm），中食道球长 50.3μm（43.5～60.2μm），中食道球宽 43.5μm（37.9～49.5μm），DGO 3.2μm（2.3～4.9μm）。

根结线虫雄虫蠕虫形，头部略尖呈圆锥形，尾短钝圆，后体部向腹面弯曲。食道垫刃形，口针发育良好。交合刺粗大，无交合伞。具体参数如下：体长 1 354.8μm（1 014.6～1 988.4μm），体宽 37.4μm（32.7～41.2μm），口针长 23.5μm（20.4～25.8μm），尾长 13.8μm（10.9～14.7μm），交合刺长 34.5μm（30.4～38.5μm），DGO 2.2μm（1.4～3.0μm）。

根结线虫二龄幼虫呈线形，头钝，口针基部球明显，中食道球呈椭圆形，尾透明且稍尖。具体参数如下：体长 394.9μm（354.8～467.5μm），体宽 14.7μm（12.3～15.8μm），口针长 10.5μm（9.4～12.8μm），尾长 47.5μm（43.5～52.2μm），尾部透明区 14.3μm（11.5～21.8μm），DGO 2.8μm（2.2～3.7μm）。

根结线虫雌成虫会阴花纹有高而方的背弓，由平滑形线纹组成，无明显侧线。雌虫排泄孔开口于口针基部球处。

漳州红/黄麻试验站采集的2龄幼虫测量数据以及雌成虫会阴花纹形态基本符合南方根结线虫（*Meloidogyne incognita*）特征。根据Eisenback等的描述，初步认为漳州试验基地采集到的样品为南方根结线虫。

（2）分子鉴定。单条根结线虫2龄幼虫DNA经PCR扩增后，用2%琼脂糖凝胶电泳检测其扩增结果。根结线虫扩增出大小2种不同的条带，采集到的样品中20个种群在400bp左右扩增出条带，3个样品扩增出380bp条带。对PCR产物进行回收，送上海生工测序。序列结果放GenBank中进行Blast，表明所测序列分别与南方根结线虫（相似性为99%）ITS序列高度一致。根据根结线虫的形态和会阴花纹的观察测量，以及IT-PCR检测，结果表明采集的根结线虫种群属于南方根结线虫。

2. 抗根结线虫红麻种质资源筛选与评价

（1）抗根结线虫红麻种质资源筛选。参试的220个红麻种质材料系从国内外收集。选取常年根结线虫发病严重的沙质壤土地块进行试验，试验前将地块平整，适当撒施复合肥和有机肥。播种后喷带灌溉，适时浇水。每份材料设2个重复，每个重复小区播种70株左右，出齐苗后进行适当间苗，最终留苗50株左右。每个处理约1m$^2$，各个小区随机排列。于播种后75d左右进行调查。取小区所有植株作为调查对象，调查发病级别并记载。依据田间初步筛选结果，对抗性级别为高抗（HR）和中抗（MR）的种质材料进行盆栽定量接种准确鉴定。

以根结分级为基础计算病情指数。根据病情指数将群体抗性分为4级：高抗（HR）：病情指数在25以下；中抗（MR）：病情指数25.1～50；中感（MS）：病情指数50.1～75；高感（HS）：病情指数在75以上。通过田间初步筛选试验，获得疑似免疫红麻种质资源14份和高抗红麻种质资源20份（表3-27）。

**表3-27 红麻种质资源抗根结线虫田间筛选结果**

| 种质编号 | 病情指数 | 抗性分级 | 种质编号 | 病情指数 | 抗性分级 |
|---|---|---|---|---|---|
| 2 | 0 | 免疫 | 46 | 1.19 | 高抗 |
| 5 | 0 | 免疫 | 50 | 13.10 | 高抗 |
| 6 | 0 | 免疫 | 52 | 0.19 | 高抗 |
| 8 | 7.14 | 高抗 | 65 | 0 | 免疫 |
| 16 | 0 | 免疫 | 72 | 0.93 | 高抗 |
| 17 | 0 | 免疫 | 83 | 0.15 | 高抗 |
| 18 | 7.14 | 高抗 | 85 | 0.71 | 高抗 |
| 19 | 0 | 免疫 | 101 | 0 | 免疫 |
| 20 | 0 | 免疫 | 102 | 1.71 | 高抗 |
| 21 | 2.04 | 高抗 | 110 | 0.92 | 高抗 |
| 23 | 10.71 | 高抗 | 117 | 0.17 | 高抗 |
| 24 | 0 | 免疫 | 118 | 0.18 | 高抗 |
| 26 | 0 | 免疫 | 122 | 0 | 免疫 |
| 27 | 0 | 免疫 | 195 | 0.78 | 高抗 |
| 34 | 0 | 免疫 | 196 | 7.14 | 高抗 |
| 35 | 7.14 | 高抗 | 209 | 4.46 | 高抗 |
| 44 | 16.23 | 高抗 | 212 | 0.65 | 高抗 |

（2）抗根结线虫红麻种质资源评价。土壤按比例混合好后进行灭菌，分装至塑料盆；播种红麻种子，每个盆至少播种5粒种子，每个品种播种7盆，培养20d，至红麻长至3～4片真叶。每个盆中选取长势一致的3株留做接种实验，其余拔除。因接种量大，本实验由直接接种剁碎后混合均匀的红麻根结组织代替J2，每盆接种红麻根结组织50g。接种后将盆放于温室中培养，定期浇水施肥，保证管理水平一致。于接种后100d取全部植株进行调查，计算根结指数，根据根结指数对供试材料进行抗性分级。

由表3-28可以看出，供试的22份红麻种质资源中，有7份对根结线虫表现免疫，有9份对根结线虫表现高抗，有6份对根结线虫表现中抗。

**表 3-28　红麻种质资源抗根结线虫盆栽试验结果**

| 样品标号 | 病情指数 | 抗性分级 | 样品标号 | 病情指数 | 抗性分级 |
|---|---|---|---|---|---|
| 2 | 23.27 | 中抗 | 23 | 9.19 | 高抗 |
| 5 | 0 | 免疫 | 24 | 15.16 | 高抗 |
| 6 | 0 | 免疫 | 26 | 0.23 | 高抗 |
| 8 | 20.21 | 中抗 | 27 | 0 | 免疫 |
| 9 | 0 | 免疫 | 30 | 1.96 | 高抗 |
| 16 | 0 | 免疫 | 34 | 3.65 | 高抗 |
| 17 | 0 | 免疫 | 35 | 2.23 | 高抗 |
| 18 | 25.67 | 中抗 | 38 | 0 | 免疫 |
| 19 | 7.14 | 高抗 | 52 | 1.74 | 高抗 |
| 21 | 22.10 | 中抗 | 46 | 2.83 | 高抗 |
| 20 | 34.5 | 中抗 | 72 | 26.8 | 中抗 |

3. 黄/红麻根结线虫生物防控技术

施用 15kg/亩 ALA 粉剂对 7 份红麻品种根结线虫病的防治效果见表 3-29。

**表 3-29　不同红麻品种施用 ALA 粉剂防治效果**

| 品种名称 | 根结指数（%）（对照区） | 根结指数（%）（处理区） | 防治效果（%） |
|---|---|---|---|
| 闽红 964 | 55.56 | 20.00 | 35.56 |
| 杂红 992 | 60.00 | 44.44 | 15.56 |
| 福航优 1 号 | 100.00 | 77.78 | 22.22 |
| 福航优 2 号 | 42.22 | 28.89 | 13.33 |
| 红优 2 号 | 33.33 | 15.56 | 17.77 |
| H368 | 82.22 | 42.22 | 40.00 |
| 福红 992 | 71.11 | 68.89 | 2.22 |

4. 黄/红麻根结线虫化学防控技术

试验地设在海南省农业科学院试验基地。该地块为红麻连作地块，上茬红麻根结线虫发病严重，壤土，喷带灌溉。综合防治示范试验主要采取的措施包括清除病残、秸秆还田、深翻土壤等农业措施和化学防控，具体实施方法见表 3-30。

**表 3-30　试验采取的不同防控措施及具体实施方法**

| 综合防治措施 | 具体实施方法 |
|---|---|
| 清除病残 | 收获上茬作物后在其根系腐烂前及时清洁病田，将染病根系连同植株残体清理出田外集中焚烧 |
| 秸秆还田 | 作物收获后均匀撒施石灰 50kg/亩，并将作物秸秆和杂草粉碎后按 200kg/亩的量翻犁入耕作层直至秸秆腐烂 |
| 深翻土壤 | 深翻改土、破畦换沟，把病原线虫较多的表层土壤翻到深层 |
| 10%噻唑磷 GR 毒土处理 | 播种当天将 10%噻唑磷 GR 按 1.5kg/亩混沙 60kg 制成药土，播种时均匀撒施到开好的沟畦中 |
| 98%棉隆 MG 土壤熏蒸处理 | 保持土壤水分 60%～70%，维持 3～5d，深耕地 30cm 左右，按 30kg/亩规划用量施用 98%棉隆 MG，施用后立即用旋耕机混土，30cm 左右；用 0.04mm 规格以上的塑料膜密闭覆盖，保持 20d 左右，后揭膜疏松土壤，充分放气 10d 左右播种 |
| 0.5%阿维菌素 GR 土壤处理 | 0.5%阿维菌素 GR 按 5kg/亩撒施于土壤表面，混入土壤 20cm，然后浇水。施药 5d 后播种红麻 |

试验共设 5 个处理：①清除病残+秸秆还田+深翻土壤。②清除病残+10%噻唑磷 GR 毒土处理。③清除病残+98%棉隆 MG 土壤熏蒸。④清除病残+秸秆还田+深翻土壤+0.5%阿维菌素 GR 土壤处理。⑤清除病残对照区，每个处理 3 次重复，共 15 个小区，每小区面积 $30m^2$。各小区随机排列。除处理 1 和处理 4 外，其他小区均进行普通浅耕。各小区措施的实施过程按上述先后顺序进行。所有处理均为播种前土壤处理，处理前施足量有机肥，处理完毕，统一进行播种，播种后不再进行追肥。

分别于处理前和处理后 30d、75d 和 120d 调查 2 龄幼虫数量（表 3-31）。因各不同处理措施所需时间不同，处理前调查均在前茬作物收获后 20d，各措施未实施前进行土壤取样。按五点取样法在每个小区植株根周围 10～20cm、土层深约 10cm 范围取样。将采集土样混匀后，用量杯量取 100ml 土，采用贝尔曼漏斗法分离 2 龄幼虫 24h，然后在体视显微镜下观察计数 2 龄幼虫数量，计算幼虫防效。

**表 3-31　不同处理措施对红麻根结线虫二龄幼虫数量的影响**

| 处理 | 播种前 | 播种后 30d | | | 播种后 75d | | | 播种后 120d | | |
|---|---|---|---|---|---|---|---|---|---|---|
| | J2 数量 | J2 数量 | 减退率（%） | 防效（%） | J2 数量 | 减退率（%） | 防效（%） | J2 数量 | 减退率（%） | 防效（%） |
| 清除病残+秸秆还田+深翻土壤 | 58.33 | 30.00 | 86.57 | 74.87bA | 59.67 | 22.13 | 23.91cB | 78.33 | −28.39 | 4.11cC |
| 清除病残+10%噻唑磷 GR 土壤处理 | 60.67 | 8.00 | 95.09 | 90.23aA | 46.33 | 83.54 | 83.91abA | 77.67 | 52.98 | 64.98aA |
| 清除病残+98%棉隆 MG 土壤熏蒸 | 56.33 | 2.67 | 93.45 | 87.01aA | 9.33 | 86.30 | 86.58aA | 26.00 | 46.17 | 59.46aAB |
| 清除病残+秸秆还田深翻土壤+0.5%阿维菌素 GR 土壤处理 | 58.00 | 3.67 | 93.85 | 87.83aA | 7.67 | 63.33 | 64.17bA | 30.33 | 23.26 | 42.64bB |
| 清除病残对照区 | 60.00 | 3.67 | 47.27 | | 21.67 | −2.30 | | 46.00 | −33.94 | — |

注：表中同列数据后不同小写字母表示差异显著（$P<0.05$），不同大写字母差异极显著（$P<0.01$）

处理后 140d，随机挖取小区中 100 株红麻的整个根系，划分根结等级，并计数各等级红麻数量，计算防效。用 DPS 对防治效果进行方差分析，比较各处理间的差异显著性。

按参考文献进行病情分级。0 级：根系无虫瘿；1 级：根系有少量虫瘿；3 级：2/3 根系有虫瘿；5 级：根系上布满小虫瘿；7 级：根系形成须根团。

对土壤中 2 龄幼虫的调查结果显示，在红麻生长期 135d 内，不同的处理措施对土壤中 2 龄幼虫数量均有一定的控制作用，随着时间延长，措施持效性表现出差异增大。播种后 30d，4 个处理 2 龄幼虫的减退率分别为 86.57%、95.09%、93.45%和 93.85%，远远高于对照区的减退率 47.27%；4 个处理区的防效在 74%～90.23%。方差分析显示，清除病残+10%噻唑膦 GR 毒土处理对土壤中 2 龄幼虫的防控效果最好，防效达 90.23%，其次是清除病残+98%棉隆 MG 土壤熏蒸处理和清除病残+秸秆还田+深翻土壤+0.5%的阿维菌素 GR 土壤处理，分别为 87.01%和 87.83%，仅使用农业措施的清除病残+秸秆还田+深翻土壤处理防效为 74.87%，低于上述 3 个处理，且差异显著。

播种后 75d 的调查结果显示，各处理线虫减退率较 30d 均有所下降。其中清除病残对照区和清除病残+秸秆还田+深翻土壤处理 2 龄幼虫减退率为−2.30%和 22.13%，较 30d 结果下降显著。对防效的方差分析显示，清除病残+98%棉隆 MG 土壤熏蒸处理和清除病残+10%噻唑磷 GR 毒土处理防效分别为 86.58%和 83.91%，高于其他处理，且差异显著；清除病残+秸秆还田+深翻土壤处理的防效最低，与其他处理差异极显著。

播种后 120d，各处理区 2 龄幼虫减退率继续下降，并表现出更明显的差异，其中清除病残+秸秆还田+深翻土壤处理和清除病残对照区 2 龄幼虫数量已超过处理前土壤中 2 龄幼虫数量。各小区 2 龄幼虫防效也有明显下降，其中清除病残+10%噻唑磷 GR 毒土处理和清除病残+98%棉隆 MG 土壤熏蒸两处理的防效最高，分别为 64.98%和 59.46%，高于其他处理区，差异显著。

处理后 135d，挖取红麻根系调查发病情况。调查结果显示，不同措施处理区根结指数相对于清除病残对照区均有明显下降。清除病残+10%噻唑磷 GR 毒土土壤处理根结指数最低，仅为 19.00；清除病残+98%棉隆 MG 土壤熏蒸和清除病残+秸秆还田+深翻土壤+0.5%阿维菌素 GR 土壤两处理的根结指数相当，分别为 22.43 和 28.24，清除病残+秸秆还田+深翻土壤处理的根结指数最高，为 51.24，但仍远远低于清除病残对照区的根结指数 99.43，说明农业措施对根结线虫防控也起到一定作用。

由表 3-32 可见，播种后 135d，各处理措施对根结线虫均具有一定的防效，其中以清除病残+10%噻唑磷 GR 毒土处理最好，对根结防效达 80.89%，高于其他处理，且差异显著；其次为清除病残+98%棉隆 MG 土壤熏蒸处理，为 77.45%，清除病残+秸秆还田+深翻土壤处理效果相对较差，为 48.46%，与其他各处理差异极显著。

**表 3-32 不同处理措施对红麻根结线虫病的防治效果**

| 处理 | 不同病级病株数量（株） | | | | | 根结指数 | 防治效果（%） |
|---|---|---|---|---|---|---|---|
| | 0 | 1 | 3 | 5 | 7 | | |
| 清除病残+秸秆还田+深翻土壤 | 0 | 68 | 94 | 120 | 18 | 51.24 | 48.46dC |
| 清除病残+10%噻唑磷 GR 毒土 | 103 | 114 | 65 | 18 | — | 19.00 | 80.89aA |
| 清除病残+98%棉隆 MG 土壤熏蒸 | 69 | 137 | 76 | 10 | 8 | 22.43 | 77.45bA |
| 清除病残+秸秆还田+深翻土壤+0.5%阿维菌素 GR 土壤处理 | 67 | 117 | 66 | 36 | 14 | 28.24 | 71.60cB |
| 清除病残对照区 | 0 | 0 | 0 | 6 | 294 | 99.43 | — |

注：1）调查时间为施药后 135d，每处理调查红麻数量为 300 株；2）表中同列数据后不同小写字母表示差异显著（$P<0.05$），不同大写字母表示差异极显著（$P<0.01$）

对土壤中 2 龄幼虫和根结两方面防效的评价结果基本一致。结果表明，清除病残+10%噻唑磷 GR 毒土处理、清除病残+98%棉隆 MG 土壤熏蒸、清除病残+秸秆还田+深翻土壤+0.5%阿维菌素 GR 土壤处理 3 个处理不仅很好地控制了土壤中线虫的数量，对根结也有良好的控制作用。清除病残+秸秆还田+深翻土壤处理也表现出了一定的控制作用，尤其在前期红麻旺长期，保证了后期红麻的产量。

本研究对农业措施、化学药剂及农业与化学相结合等几种不同措施对红麻根结线虫的防控作用进行了研究，从对土壤中 2 龄幼虫和根结两方面防效进行了评价，结果表明，本示范试验中的 4 种措施对红麻根结线虫均表现了良好的防控作用，其中清除病残+10%噻唑膦 GR 和清除病残+98%棉隆 MG 土壤处理表现最好，不仅防控效果好，且持效期长，播种后 30d 土壤中 2 龄幼虫防效分别为 90.23% 和 87.01%；120d 土壤中 2 龄幼虫防效分别为 64.98%和 59.46%；135d 根结防控效果分别为 80.89%和 77.45%。清除病残+深翻土壤+秸秆还田和清除病残+深翻土壤+秸秆还田+0.5%阿维菌素 GR 处理在作物生长前期表现良好，虽持效期相对稍短，但对红麻根结线虫也起到一定的防控作用。

采用农业措施清除病残+深翻土壤+秸秆还田对红麻根结线虫均具有一定的防控效果，在秸秆还田处理中，本试验将当地用来做绿肥压青的飞机草与石灰一起放入开好的沟中，用土覆盖后加上覆膜，能充分使飞机草在地下发酵，所产生的热量可提高熏蒸的作用，同时也有利于土壤基质的改善。在使用农业措施的同时加上 0.5%阿维菌素 GR 药剂防控，在红麻生长中前期对红麻根结线虫发挥了良好的防控作用，基本达到了防控目标。

基于本试验结果和高效可持续防控的需要，在目前抗性品种匮乏的情况下，对红麻根结线虫的防治应当施以综合防治，即以清除病残、深翻土壤、秸秆还田等农业措施为基础，辅以施用化学杀线虫剂，尽可能减少化学农药的使用，构建绿色防控技术体系，以达到高效而安全地控制红麻根结线虫病的目的。

5. 工程菌粉剂与化学药剂协同应用技术

针对生防产品在重病区防治效果不理想而福气多化学药剂易在湖南地区产生药害的特点，研究工程菌粉剂与化学药剂协同应用技术，以提高防治效果，减少化学农药的使用。对南方根结线虫使用工程菌粉剂与 10%福气多颗粒剂协同、苏云金芽孢杆菌、枯草芽孢杆菌、光合细菌三种菌剂进行复配成复合菌剂、利用棉籽壳基质食用菌残余渣和发酵堆肥（发酵的食用菌残渣）田间防治效果。试验结果表明：工程菌粉剂与化学药剂福气多协同使用能明显提高对根结线虫病的防治效果，利用10kg/亩工程菌与0.5kg/亩福气多处理，其防效就达到了67.3%，比利用工程菌粉剂单独处理防效提高了18.1%。以5kg/亩灌根处理，连续施用三次，对根结线虫病的防效达到了56.85%，而利用1.8%的阿维菌素乳油600ml/亩处理的防治效果为52.17%。施用食用菌残渣，60d对根结线虫病的防治效果为41.95%，而施用发酵的食用菌残渣防效好于未发酵的残渣，其防效可达61.46%。同时表中结果还表明，施用残渣后对下一茬作物根结线虫病也有一定的控制作用。且未发酵残渣对根结线虫病防效比发酵的堆肥好，但是土壤板结严重，可能也是根结线虫病情减轻的原因之一。

6. 黄/红麻根结线虫综合防控技术示范

漳州市龙文区、诏安县，试验药剂为10%噻唑膦GR。试验设对照区和处理区，播种前于播种沟中施用10%噻唑膦GR1.5kg/亩，并与土壤充分混匀后播种。在炭疽病、立枯病发病初期，用50%甲基托布津1 200倍液。每隔7~10d喷一次药，喷2~3次药。黄/红麻收获期对黄/红麻根结线虫病防治的药剂试验进行田间发病率、病情指数调查，调查数据。结果表明（表3-33、表3-34）：10%噻唑膦GR对黄麻根结线虫防治效果品种间差异较大，其中福黄麻2号、福黄麻3号防治效果为2.5%和2.6%，效果不显著；但对闽黄1号和黄麻179防治效果比较理想，分别为50%和80%；10%噻唑膦GR对红麻根结线虫防治效果较显著，防治效果分别为50.0%和90.9%，品种间差距亦较大。综合表现，10%噻唑膦GR药剂在漳州地区对根结线虫病的防治效果较好。

**表3-33　药剂对不同黄麻品种根结线虫病的防治效果**

| 品种名称 | 根结指数（%）（对照区） | 根结指数（%）（处理区） | 防治效果（%） |
|---|---|---|---|
| 福黄麻2号 | 71.1 | 73.6 | 2.5 |
| 福黄麻3号 | 80.0 | 82.6 | 2.6 |
| 闽黄1号 | 66.6 | 33.3 | 50.0 |
| 黄麻179 | 100.0 | 20.0 | 80.0 |

**表3-34　药剂对不同红麻品种根结线虫病的防治效果**

| 品种名称 | 根结指数（%）（对照区） | 根结指数（%）（处理区） | 防治效果（%） |
|---|---|---|---|
| 闽红964 | 32.2 | 10.0 | 68.9 |
| 杂红992 | 82.2 | 21.1 | 74.3 |
| H328 | 57.7 | 7.7 | 86.5 |
| H1302 | 37.7 | 12.2 | 67.6 |
| 红优2号 | 93.3 | 2.2 | 97.6 |
| 福红航992 | 24.4 | 2.2 | 90.9 |
| 福红航3号 | 20.0 | 10.0 | 50.0 |

## （二）黄麻炭疽病的鉴定与防治技术研究

1. 黄麻炭疽病病原菌的分离鉴定与分析

从福建三明、浙江萧山、广西合浦等黄麻主产区采集黄麻炭疽病病原菌样本，进行分离、纯化，共获得7个菌株，在致病性测定及形态学特征鉴定的基础之上，选取这7个病原菌菌株，对rDNA-ITS区域进行基因序列分析。结果表明：炭疽病菌株在形态特征及致病力有明显差异；rDNA-ITS序列实际长度分别为575、581、580、581、580、580、574bp。病原菌的5.8S rDNA序列高度保守，而ITS区可变性则相对较高。通过分析已经成功克隆的植物抗炭疽病基因的产物，发现抗炭疽病基因编码的蛋白中大都存在保守的结构域，然而这些保守的结构域在植物对病原体的识别、诱导抗炭疽病反应及信号传导中起到十分重要的作用。从而推断在未被克隆的抗炭疽病基因编码的产物中也会存在这些保守区域。本研究根据已知植物抗炭疽病基因产物中的结构域的保守序列设计简并引物，并以本试验筛选出的高抗炭疽病的黄麻基因组DNA为模板，克隆出抗炭疽病基因同源序列（resistance gene analog，RGA）RGAs，并对其进行序列比对和分析。

2. 黄麻炭疽病综合防控示范

在海南省瑞溪镇进行黄麻病害综合防控试验（表3-35）。试验地为沙壤土，肥力中等。试验实施时黄麻处于生长中期。黄麻发病初期开始施药，各试验小区肥水管理水平相同，植株长势均匀一致，下部3~4片叶片轻度发病。

**表3-35　供试药剂**

| | 中文名称/剂型及含量 | 商品名 | 生产单位 |
|---|---|---|---|
| 试验药剂 | 10%苯醚甲环唑水分散粒剂 | | 先正达南通作物保护有限公司 |
| 对照药剂 | 80%代森锰锌可湿性粉剂 | 大生 | 陶氏益农农业科技（中国）有限公司 |

第三次施药后第10d，当空白对照区的病情指数为25.06时，10%苯醚甲环唑水分散粒剂120g/hm²、97.5g/hm²和75g/hm²三个处理的平均病情指数分别为4.24、5.89和7.98，防效分别为84.82%、75.45%和64.05%；对照药剂80%代森锰锌可湿性粉剂1 800g/hm²处理的平均病情指数为6.93，防效为72.42%（表3-36）。

**表3-36　10%苯醚甲环唑水分散粒剂防治黄麻炭疽病田间药效试验结果**

| 药　剂 | 用药量（有效成分） | 制剂用量 | 末次药后防效（%） | 差异显著性 |
|---|---|---|---|---|
| 10%苯醚甲环唑水分散粒剂 | 120.0g/hm² | 80g/亩 | 84.82 | aA |
| 10%苯醚甲环唑水分散粒剂 | 97.5g/hm² | 65g/亩 | 75.45 | bB |
| 10%苯醚甲环唑水分散粒剂 | 75g/hm² | 50g/亩 | 64.05 | dD |
| 80%代森锰锌可湿性粉剂 | 1 800g/hm² | 150g/亩 | 72.42 | cC |
| 空白对照 | 清水 | 清水 | | |

方差分析结果表明，10%苯醚甲环唑水分散粒剂97.5g/hm²处理的防效（75.45%）与对照药剂80%代森锰锌可湿性粉剂1 800g/hm²处理的防效（72.42%）相当（差异不显著）；其75g/hm²处理的防效比对照药剂80%代森锰锌可湿性粉剂1 800g/hm²处理的防效要差（差异达显著水平）；其120g/hm²处理的防效（84.82%）远高于对照药剂80%代森锰锌可湿性粉剂1 800g/hm²处理的防效（72.42%），差异均达极显著水平。

试验结果表明，10%苯醚甲环唑水分散粒剂对黄麻炭疽病具有较好的防治效果，且对作物安全无药害。在发病初期及时施用，120g/hm²处理的防效可达84.82%；97.5g/hm²处理的防效也可达75.45%，因此认为该制剂经进一步示范试验后可大面积推广应用。建议使用剂量为65~80g/亩（有效成分97.5~120g/hm²），于发病初期开始用药，连续施用2~3次，均匀喷湿叶面、叶背，每次间隔期为7~10d。

### （三）红麻立枯病防控技术研究

1. 红麻立枯病病原菌鉴定

红麻立枯病是由真菌引起的传染性病害。幼苗染病后茎基部呈黑褐腐烂并缢缩，终致麻苗枯萎。罹病成株茎基部黑褐色，凹陷，严重者病部环绕全茎，皮层腐蚀露出纤维。该病的病原为立枯丝核菌，学名为*Rhizoctonia solani*。

2. 红麻立枯病病原菌的遗传多样性分析

通过大量的调查采样、组织分离和病原鉴定，目前收集到麻类立枯病病菌5株，均鉴定为立枯丝核菌（*R. solani*），菌株信息如下（表3-37）。

利用真菌试剂盒提取真菌DNA，通用引物扩增其ITS序列，通过片段回收测序，进行遗传多样性研究。目前，全部测序分析结果已返回，数据有待分析。

**表 3-37　麻类立枯病病菌鉴定结果**

| 编号 | 寄主 | 采集地点 | 鉴定结果 |
|---|---|---|---|
| 1 | 红麻 | 安徽省六安市 | *R. solani* |
| 2 | 红麻 | 浙江省萧山市 | *R. solani* |
| 3 | 黄麻 | 安徽省六安市 | *R. solani* |
| 4 | 黄麻 | 福建省莆田市 | *R. solani* |
| 5 | 亚麻 | 甘肃省天水市 | *R. solani* |

3. 杀菌剂对红麻立枯丝核菌的毒力测定

采用生长速率法测定杀菌剂对红麻立枯丝核菌的毒力。每种杀菌剂设 5 个浓度梯度（表 3-38），每个浓度重复 3 次。将不同浓度药液和 PDA 培养基混匀，倒入直径为 90mm 的培养皿中。以未加杀菌剂的 PDA 培养基为空白对照。待培养基冷却凝固后在平板中央置一块直径为 5mm 的立枯丝核菌菌饼，带菌丝一面接触培养基。置于 25℃ 培养箱中倒置培养，48h 后用十字交叉法测量病菌菌落直径，计算抑制率。用 DPS 软件求出各种药剂对红麻立枯丝核菌的毒力回归方程和抑制中浓度 $EC_{50}$。

**表 3-38　供试 6 种杀菌剂室内试验使用浓度**

| 药剂名称 | 生产厂家 | 剂型 | 5 个处理浓度（mg/kg） |
|---|---|---|---|
| 50%多菌灵 | 上海升联化工有限公司 | WP | 20、10、5、2、1 |
| 15%三唑酮 | 江苏剑牌农药化工有限公司 | WP | 400、200、100、50、30 |
| 25%丙环唑 | 瑞士先正达作物保护有限公司 | EC | 10、2、1、0.5、0.1 |
| 99%恶霉灵 | 威海韩孚生化药业有限公司 | TF | 15、10、5、1、0.5 |
| 3%井岗霉素 | 山东科大创业生物有限公司 | SPX | 2.5、2、1.5、1、0.5 |
| 43%戊唑醇 | 苏州里贝尔化工有限公司 | SC | 5、1、0.5、0.1、0.05 |

由表 3-39 可见，供试 6 种杀菌剂均对红麻立枯丝核菌菌丝有抑制作用。其中 43%戊唑醇 SC 和 25%丙环唑 EC 的抑制效果最好，两者 $EC_{50}$仅分别为 0.519 8mg/L 和 1.029 5mg/L。3%井岗霉素 SPX 和 50%多菌灵 WP 也表现了较好的抑菌效果，其 $EC_{50}$分别为 2.861 3mg/L 和 3.395 5mg/L。而 15%三唑酮 WP 对菌丝的抑制效果较差，$EC_{50}$为 69.223 8mg/L。

**表 3-39　6 种杀菌剂对红麻立枯丝核病菌室内毒力测定结果**

| 药剂名称 | 毒力回归方程 | 相关系数 | $EC_{50}$（mg/L） |
|---|---|---|---|
| 50%多菌灵 WP | $y=2.5862x+3.6270$ | 0.9471 | 3.3955 |
| 15%三唑酮 WP | $y=1.4575x+2.3179$ | 0.9828 | 69.2238 |
| 25%丙环唑 EC | $y=1.8964x+4.9760$ | 0.9861 | 1.0295 |
| 99%恶霉灵 TF | $y=0.8938x+4.0508$ | 0.8471 | 11.5344 |
| 3%井岗霉素 SPX | $y=1.6125x+4.2638$ | 0.9720 | 2.8613 |
| 43%戊唑醇 SC | $y=1.0325x+5.2934$ | 0.9878 | 0.5198 |

## （四）红麻种衣剂筛选

选取 5 种种衣剂（表 3-40）对红麻种子进行包衣，筛选不影响红麻发芽率和对苗期立枯病高效的种衣剂。

**表 3-40　供试种衣剂信息**

| 编号 | 商品名称 | 有效成分 | 生产企业 | 已登记防治对象及用量 |
|---|---|---|---|---|
| 1 | 29%噻虫·咯·霜灵（艾科顿） | 噻虫嗪：28.08%<br>咯菌腈：0.66%<br>精甲霜灵：0.26% | 瑞士先正达作物保护有限公司 | 玉米茎基腐病，300~450ml/100kg 种子<br>玉米灰飞虱，300~450ml/100kg 种子 |

（续表）

| 编号 | 商品名称 | 有效成分 | 生产企业 | 已登记防治对象及用量 |
|---|---|---|---|---|
| 2 | 27%苯醚·咯·噻虫（酷拉斯） | 苯醚甲环唑：2.3%<br>咯菌腈：2.2%<br>噻虫嗪：22.6% | 先正达（苏州）作物保护有限公司 | 小麦散黑穗病，63~188ml/100kg 种子<br>小麦金针虫，63~188ml/100kg 种子 |
| 3 | 12%甲·嘧·甲霜（灵禾姆） | 甲基硫菌灵：6%<br>嘧菌酯：3%<br>甲霜灵：3% | 美国世科姆公司 | 水稻恶苗病，500~1 500g/100kg 种子 |
| 4 | 25%咯菌腈（适乐时） | 咯菌腈：25g/L | 先正达（苏州）作物保护有限公司 | 大豆/花生根腐病，600~800ml/100kg 种子<br>棉花立枯病，600~800ml/100kg 种子<br>西瓜枯萎病，400~600ml/100kg 种子<br>向日葵菌核病，600~800ml/100kg 种子<br>小麦根腐病，150~200ml/100kg 种子<br>马铃薯黑痣病，100~200ml/100kg 种子<br>玉米茎基腐病，100~200ml/100kg 种子<br>水稻恶苗病，400~600ml/100kg 种子 |
| 5 | 30% F-128 | 30%双苯菌胺 | 沈阳农药化工研究院 | 灰霉菌/刺盘孢菌/核盘菌/立枯丝核菌/链格孢菌/大茎点菌/霜霉菌/炭疽菌，通常设 200、400 和 800mg/kg |

采用直播方式，每小区播种 150g 包衣后的红麻种子，按设计时间调查出苗数，发病数，计算出苗率、发病率。

由表 3-41 可以看出，供试的 5 种种衣剂在供试浓度下对红麻种子进行包衣后播种，其 5d 后的出苗率不同，其中艾科顿（29%噻虫·咯·霜灵）和酷拉斯（27%苯醚·咯·噻虫）处理区出苗率最高，约 85%左右，高于空白对照发芽率的 74.89%；禾姆（12%甲·嘧·甲霜灵）和适乐时（咯菌腈）处理区，与空白对照出苗率相当。而 30% F-128 处理区出苗率低于空白对照区，出苗率仅为 62.47%。

**表 3-41 种衣剂对红麻出苗率影响结果**（单位：%）

| 编号 | 处理药剂 | 5d 出苗率 | 15d 出苗率 | 15d 病苗率 |
|---|---|---|---|---|
| 1 | 艾科顿（29%噻虫·咯·霜灵） | 85.11aA | 90.44aA | 1.09 |
| 2 | 酷拉斯（27%苯醚·咯·噻虫） | 84.89aA | 85.78abA | 3.29 |
| 3 | 禾姆（12%甲·嘧·甲霜灵） | 65.56abA | 88.89abA | 0.00 |
| 4 | 适乐时（咯菌腈） | 72.22abA | 84.89abA | 2.28 |
| 5 | 30% F-128 | 62.47bA | 78.67bA | 1.31 |
| 6 | CK | 74.89abA | 85.56abA | 0.75 |

播种后 15d，各处理的成苗率较 5d 均有明显上升，仍以艾科顿（29%噻虫·咯·霜灵）包衣处理区的成苗率最高，达 90.44%，禾姆（12%甲·嘧·甲霜灵）处理区次之，为 88.89%，而适乐时（咯菌腈）和 30% F-128 处理区低于空白对照。从病苗率方面分析，以禾姆（12%甲·嘧·甲霜灵）处理区最好，为 0。酷拉斯（27%苯醚·咯·噻虫）处理区死苗率最高，为 3.29%。

通过上述实验初步确定，艾科顿（29%噻虫·咯·霜灵）及禾姆（12%甲·嘧·甲霜灵）包衣处理区的成苗率较高。本试验设计中供试药剂的使用剂量与推荐剂量相当，在同种药剂的处理中，药剂剂量越大，对发芽的抑制作用越明显。对苗期病害的影响正在进行中，数据有待进一步收集。

### （五）红麻病害综合防控技术

红麻病害综合防控技术要点如下。

合理轮作：采用非寄主作物如玉米、水稻、高粱、棉花或水稻进行轮作一年以上。

及时清除病残体：收获麻后在其根系腐烂前及时清洁病田，将染病根系连同植株残体清理出田外集中焚烧。

深翻改土、破畦换沟，把病原线虫及病原菌较多的表层土壤翻到深层。

生物熏蒸与阳光消毒：非寄主作物收获后均匀撒施石灰 50kg/亩，并将秸秆翻犁入耕作层直至秸秆腐烂，或盛夏季节对耕作层土壤实施深翻晒垡 15d 以上。

播种前土壤消毒：用 35%威百亩水剂 3kg/亩对水 300kg 浇灌并用地膜覆盖熏蒸 7d 后，翻土释放毒气后播种。

播前施用杀线虫剂：没经过土壤消毒的田块，播种前于播种沟中施用 5%阿维菌素颗粒剂 4.5~6.0kg/亩，或 5%丁硫克百威颗粒剂 2.25~3.0kg/亩，或 2.5 亿孢子/g 淡紫拟青霉粉粒剂，并与土壤充分混匀后播种。

选用抗病品种：选择适合当地的优质抗病品种进行种植，如红麻 722，福红 2 号，福红 952，中红麻 10、11、13 号。

拌种消毒：播种前用 40%福美·拌种灵可湿性粉剂 160 倍液进行浸种处理，浸种后播种。

加强麻田管理：合理密植，红麻生长期，合理施肥与灌溉，实行配方施肥，注意及时增施有机肥和生物肥料以及土壤改良剂，增施有机肥，氮、磷、钾相配合，提高植株的抗病力；在土温 13℃以上进行播种，避免过早播种，造成烂种、烂苗现象；雨后及时排水，降低田间湿度。适时适度灌溉，防止麻株根系早衰。

化学防控：在炭疽病、立枯病发病初期，可选用 25%咪鲜胺 EC 1 500倍液或 50%甲基托布津 WP 1 200倍液或 10%苯醚甲环唑 WG 2 000倍液。每隔 7~10d 喷一次药，喷 2~3 次药。当发病率在 10%以上时，可用 50%立枯净 WP 每袋对水 40kg、50%多菌灵 WP 500~800 倍液、43%戊唑醇 SC 10ml/亩或 70%甲基托布津 WP 70~90g/亩对水进行喷雾防治。

## 四 工业大麻

### （一）工业大麻田间杂草防控技术研究

1. 除草剂混用对大麻田杂草防除效果示范

在山西汾阳大麻试验站进行了二甲四氯钠和烯草酮混用对大麻田杂草防控效果的示范，示范面积为 5 亩，设 4 个处理：①56% 二甲四氯钠 WP 20g/亩+240g/L 烯草酮 EC 13ml/亩；②56% 二甲四氯钠 WP 36g/亩；③240g/L 烯草酮 EC 20ml/亩；④空白对照。施药时间为 5 月 20 日，调查结果如表 3-42 所示。

**表 3-42 二甲四氯钠和烯草酮混用对大麻田杂草的防控效果（汾阳）**

| 处理（g/亩、ml/亩） | 药后 30d | | 药后 50d | | 药后 150d | |
|---|---|---|---|---|---|---|
| | 株数 | 防效（%） | 株数 | 防效（%） | 产量（$kg/20m^2$） | 增产率（%） |
| 56%二甲四氯钠 WP 20g+240g/L 烯草酮 EC 13ml | 1 | 97.74 | 2.3 | 95.17 | 2.21 | 7.79Aa |
| 56%二甲四氯钠 WP 36g | 8.7 | 80.45 | 10 | 79.31 | 2.19 | 6.49Aa |
| 240g/L 烯草酮 EC 20ml | 10.7 | 75.94 | 16.3 | 66.21 | 2.09 | 1.62Aa |
| 空白对照 | 44.3 | — | 48.3 | — | 2.05 | — |

结果表明，56%二甲四氯钠 WP 20g 与 240g/L 烯草酮 EC 13ml 混用防除大麻田杂草，药后 30d 对大麻田的株防效达到 97%以上，且对大麻苗无药害。

2. 大麻田杂草综合防控技术研究与示范

大麻麻苗对除草剂敏感，药剂施用不当易产生药害。根据 3 年来的研究基础和工作经验，麻籽播种后覆土 0~0.3cm，易对芽前除草剂产生药害；本研究在前期基础上，将覆土厚度增加到 0.5~0.6cm，再进行土壤喷雾，基本能控制出苗时杂草危害，并无药害发生。

结果表明（表 3-43），960g/L 精异丙甲草胺 EC 亩用量 60ml 时，50d 后株防效和鲜重防效分别为 81.68%、81.33%，麻籽增产率为 45%。用量加大到 100ml 时，有药害发生，增产不明显。

**表 3-43 精异丙甲草胺对大麻田杂草的防除效果（汾阳）**

| 处理（g/亩、ml/亩） | 药后 30d | | 药后 40d | | 药后 50d | | 药后 150d | |
|---|---|---|---|---|---|---|---|---|
| | 株数 | 防效（%） | 株数 | 防效（%） | 株数 | 防效（%） | 产量（kg/20m²） | 增产率（%） |
| 960g/L 精异丙甲草胺 EC 40 | 13.3 | 21.76 | 28.3 | 30.98 | 30.7 | 32.23 | 1.85 | 11.2Aa |
| 960g/L 精异丙甲草胺 EC 50 | 8 | 52.94 | 16.7 | 59.27 | 19 | 58.06 | 1.87 | 12.0Aa |
| 960g/L 精异丙甲草胺 EC 60 | 3.3 | 80.59 | 7.7 | 81.22 | 8.3 | 81.68 | 2.42 | 45.0Aa |
| 960g/L 精异丙甲草胺 EC 100 | 3 | 82.35 | 7 | 82.93 | 7.3 | 83.89 | 1.70 | 2.0Aa |
| 对照药剂：50%乙草胺 EC 50 | 5.3 | 68.82 | 12.3 | 70.00 | 13 | 71.30 | 1.82 | 9.0Aa |
| 空白对照 | 17 | — | 41 | — | 45.3 | — | 1.67 | — |

在大庆大麻试验站、伊犁亚麻试验站等地开展大麻、亚麻田虫害和草害综合防控技术示范，示范面积为大庆 10 亩、伊犁 5 亩、汾阳 5 亩，其中芽前除草剂精异丙甲草胺对大麻田杂草的株防效在 83%以上，鲜重防效 82%以上；纤维用大麻亩增产率 4.7%（汾阳）和 6.41%（大庆），籽用大麻亩增产率 14.59%（汾阳）（表 3-44 至表 3-46）。

**表 3-44 精异丙甲草胺对大麻田杂草防控效果及产量影响（纤维用大麻——汾阳）**

| 处理 | 30d | | 40d | | 50d | | | | | |
|---|---|---|---|---|---|---|---|---|---|---|
| | 株数 | 株防效（%） | 株数 | 株防效（%） | 株数 | 株防效（%） | 鲜重（g） | 鲜重防效（%） | 麻皮产量（kg/亩） | 增产率（%） |
| 精异丙甲草胺 | 44 | 97.43 | 20 | 92.48 | 22 | 87.85 | 37 | 88.70 | 118 | 4.70 |
| 对照：乙草胺 | 200 | 88.31 | 55 | 79.32 | 47 | 74.03 | 77.5 | 76.34 | 116.7 | 3.55 |
| 空白对照 | 1 711 | — | 266 | — | 181 | — | 327.5 | — | 112.7 | — |

**表 3-45 精异丙甲草胺对大麻田杂草防控效果及产量影响（籽用大麻——汾阳）**

| 处理 | 30d | | 40d | | 50d | | | | | |
|---|---|---|---|---|---|---|---|---|---|---|
| | 株数 | 株防效（%） | 株数 | 株防效（%） | 株数 | 株防效（%） | 鲜重（g） | 鲜重防效（%） | 麻皮产量（kg/亩） | 增产率（%） |
| 精异丙甲草胺 | 4 | 88.24 | 4 | 86.21 | 5 | 83.87 | 15 | 82.56 | 83.31 | 14.59 |
| 对照：乙草胺 | 5 | 85.29 | 5 | 82.76 | 7 | 77.42 | 21 | 75.58 | 80.04 | 10.10 |
| 空白对照 | 34 | — | 29 | — | 31 | — | 86 | — | 72.7 | — |

**表 3-46 精异丙甲草胺对大麻田杂草防控效果及产量影响（纤维用大麻——大庆）**

| 处理 | 30d | | | 50d | | |
|---|---|---|---|---|---|---|
| | 株数 | 株防效（%） | 原茎产量（kg/亩） | 增产率（%） | 纤维产量（kg/亩） | 增产率（%） |
| 精异丙甲草胺 | 5.0 | 85.29 | 1 336.33 | 3.70 | 119.94 | 6.41 |
| 对照：乙草胺 | 6.7 | 80.39 | 1 333.33 | 3.47 | 118.08 | 4.76 |
| 空白对照 | 34.0 | — | 1 288.64 | — | 112.71 | — |

### （二）工业大麻除草剂药害预防技术研究

1. 川芎缓解不同除草剂对大麻药害的效果

川芎添加浓度在 0.05～5g/L 范围内，对精异丙甲草胺和异丙甲草胺药害具有解毒作用，均能恢复植株株高，当川芎添加浓度达到 25g/L 时，抑制幼苗生长；川芎添加浓度在 0.05～25g/L 范围内，对乙草胺药害具有解毒作用，均能恢复植株株高，当川芎添加浓度达到 1g/L、5g/L 时，恢复率达到 77%、70%，说明一定浓度的川芎对乙草胺药害具有解毒作用（表 3-47）。

表 3-47　川芎缓解不同除草剂对大麻要害的效果

| 安全剂浓度 | 株高恢复率（%） | | |
|---|---|---|---|
| | 精异丙甲草胺 80mg/L | 乙草胺 50mg/L | 异丙甲草胺 40mg/L |
| 0.05g/L | 24.00 | 6.15 | 12.00 |
| 0.1g/L | 31.00 | 22.31 | 15.00 |
| 0.5g/L | 58.00 | 51.15 | 69.00 |
| 1g/L | 91.00 | 76.92 | 53.00 |
| 5g/L | 75.00 | 70.38 | 42.00 |
| 25g/L | 0.00 | 5.00 | -5.00 |

2. 安全剂缓解除草剂对大麻麻苗的药害作用

以解草啶为对照，测定了植物性安全剂川芎和安全剂 A 缓解芽前除草剂精异丙甲草胺和苗后茎叶除草剂二甲四氯钠对大麻麻苗的药害作用。

结果表明，川芎不影响大麻种子萌发，且能缓解精异丙甲草胺对大麻苗的药害，株高恢复率在 94%以上，药后 20d 均未显现药害症状；在缓解二甲四氯钠对大麻苗的药害方面，麻苗株高有所增长，但生长畸形、扭曲，表明川芎不能缓解二甲四氯钠对大麻苗的药害。安全剂 A 30 倍液对精异丙甲草胺的药害也显现出一定的缓解效果，株高恢复率在 78.6%~83.8%。

3. 安全剂对大麻苗植株中 GSTs 活力的影响

在前期试验基础上，采用酶联免疫分析法（Elisa）测定了不同处理中麻苗中的 GSTs 活力。结果表明：川芎浸种后播种，再施用精异丙甲草胺，麻苗植株体内 GSTs 活力显著升高；川芎分别与精异丙甲草胺、二甲四氯钠一同施用后，麻苗植株体内 GSTs 活力也有所提高，解毒活性增强。

### （三）工业大麻病害防控技术研究

1. 大麻霜霉病防控技术

（1）化学防控试验。试验在院本部试验田进行。试验地为沙壤土，肥力中等。试验实施时大麻处于生长中期。大麻霜霉病发病初期开始施药，各试验小区肥水管理水平相同，植株长势均匀一致，下部 3~4 片叶片轻度发病。试验药剂及设计见表 3-48。

表 3-48　供试药剂试验设计

| 处理编号 | 药剂 | 施药剂量（制剂量） | 施药量（有效成分量） |
|---|---|---|---|
| 1 | 600g/L 烯酰吗啉·百菌清悬浮剂 | 150ml/亩 | 1 350g/hm$^2$ |
| 2 | 600g/L 烯酰吗啉·百菌清悬浮剂 | 120ml/亩 | 1 080kg/hm$^2$ |
| 3 | 600g/L 烯酰吗啉·百菌清悬浮剂 | 100ml/亩 | 900kg/hm$^2$ |
| 4 | 80%烯酰吗啉可湿性粉剂 | 28g/亩 | 336kg/hm$^2$ |
| 5 | 75%百菌清可湿性粉剂 | 160g/亩 | 1 800kg/hm$^2$ |
| 6 | CK（空白对照） | 清水 | 清水 |

试验结果见表 3-49。第三次施药后第 10d，600g/L 烯酰吗啉·百菌清悬浮剂 150ml/亩、120ml/亩和 100ml/亩三个处理的平均病情指数分别为 4.06、5.22 和 6.71，均明显低于空白对照区的病情指数 20.29，三个处理的防效分别为 81.04%、74.14%和 65.51%；对照药剂 80%烯酰吗啉可湿性粉剂 28g/亩和 75%百菌清可湿性粉剂 160g/亩处理的防效分别为 70.25%和 68.21%。

方差分析结果表明，供试药剂 600g/L 烯酰吗啉·百菌清悬浮剂中高剂量处理（150ml/亩和 120ml/亩处理）的防效均分别高于对照药剂 80%烯酰吗啉可湿性粉剂 28g/亩处理和 75%百菌清可湿性粉剂 160g/亩处理的防效，且差异均达极显著水平。试验药剂 100ml/亩处理的防效则低于两对照药剂处理的防效，差异均也达极显著水平。

**表 3-49　600g/L 烯酰吗啉 · 百菌清悬浮剂防治大麻霜霉病田间药效试验结果**

| 处　理 | 药前病指 | 药后病指 | 防效（%） | 差异显著性 | |
|---|---|---|---|---|---|
| | | | | 5% | 1% |
| 600g/L 烯酰吗啉 · 百菌清悬浮剂 150ml/亩 | 6.36 | 4.06 | 81.04 | a | A |
| 600g/L 烯酰吗啉 · 百菌清悬浮剂 120ml/亩 | 5.99 | 5.22 | 74.14 | b | B |
| 600g/L 烯酰吗啉 · 百菌清悬浮剂 100ml/亩 | 5.78 | 6.71 | 65.51 | e | D |
| 80%烯酰吗啉可湿性粉剂 28g/亩 | 5.81 | 5.83 | 70.25 | c | C |
| 75%百菌清可湿性粉剂 160g/亩 | 5.89 | 6.32 | 68.21 | d | C |
| CK（空白对照） | 6.04 | 20.29 | | | |

注：表中数据为 4 次重复的平均数值

600g/L 烯酰吗啉 · 百菌清悬浮剂对大麻霜霉病具有较好的防治效果，在发病初期及时施用，150ml/亩剂量的防效最高可达 81.04%，且该剂对作物安全无药害，经进一步示范试验后可大面积推广应用。建议使用剂量为 100～150ml/亩（有效成分 900～ 1 350g/$hm^2$），于发病初期开始用药，连续施用 2～3 次，每次间隔 7～10d。

（2）大麻霜霉病综合防控技术要点。选地整地：尽量选择疏松、肥沃、透气性强的沙质土壤，前茬最好为玉米、大豆或蔬菜等轮作 5 年以上，耕作层要求深耕且复耕浅翻，保持土壤上松下实。

种子处理：选用适合当地生产且具有一定的抗病性或适应性较强的品种，如“晋麻 1 号”“云麻 1 号”；对种子进行筛选，去除瘪籽、发霉变质的种子，筛选好的种子播种前暴晒 1d；化学药剂拌种处理，播种前用 15%多菌灵 WP+75%克百威母粉+10%福美双悬浮种衣剂拌种，自然晾干后播种。

肥水调控：播种前进行施肥并根据大麻生长需求及时进行追肥，施用充分熟有机肥，增施磷钾肥，避免偏施氮肥；有条件的麻园根据土壤墒情及时灌水，保持土壤湿润。

农业措施：合理密植，条播一般种子用量为 4～5.5kg/亩；分别于苗期和快速生长期进行间苗，保持合理密度；及时进行除草，保持通风透气；雨季及时排涝，防止湿气滞留；加强栽培管理，及时清理病株或病残组织。

化学防控：在病害发生前进行预防性施药，可选用 75%百菌清 WP 800～ 1 000倍液或 80%代森锰森 WP 600～800 倍液提前 7～14d 实施叶面喷雾 1～2 次。发病初期及时喷洒 80%代森锰锌可湿性粉剂 600 倍液或 50%异菌脲可湿性粉剂 800～ 1 000倍液，或 72%霜脲 · 锰锌可湿性粉剂 700～800 倍液。对上述杀菌剂产生抗药性的地区，改用 50%烯酰吗啉可湿性粉剂 900～ 1 000倍液。叶面喷雾，交替施用 2～3 次。

2. 大麻灰霉病轻简化防治技术

选地整地：尽量选择疏松、肥沃、透气性强的沙质土壤，前茬最好为玉米、大豆或蔬菜等轮作 5 年以上，耕作层要求深耕且复耕浅翻，保持土壤上松下实。

种子处理：①选用适合当地生产的品种且具有一定的抗病性或适应性较强的品种，如晋麻 1 号、云麻 1 号。②对种子进行筛选，去除瘪籽、发霉变质的种子，筛选好的种子播种前暴晒 1d。③化学药剂拌种处理，播种前采用 15%多菌灵 WP（1.0kg/$hm^2$）+75%百威母粉（1.0kg/$hm^2$）+ 10%福美双悬浮种衣剂（1.2kg/$hm^2$）拌种，自然晾干后播种。

肥水调控：①播种前进行施肥并根据大麻生长需求及时进行追肥，施用充分熟有机肥，增施磷钾肥，避免偏施氮肥。②有条件的麻园根据土壤墒情及时灌水，保持土壤湿润。

农业措施：①合理密植，条播一般种子用量为 4～5.5kg/亩。②分别于苗期和快速生长期进行间苗，保持合理密度。③及时进行除草，保持通风透气。④雨季及时排涝，防止湿气滞留。⑤加强栽培管理，及时清理病株或病残组织。

化学防控：①坚持“预防为主，综合防治”的方针，在病害发生前进行预防性施药，可选用 75%百菌清 WP 800～ 1 000倍液，或 80%代森锰森 WP 600～800 倍液提前 1～2 周实施叶面喷雾 1～2 次。②病害发生初期选用 50%异菌脲（扑海因）WP 800～ 1 000倍液，或 50%腐霉利（速克灵）

WP 800~1 000倍液，或50%咪鲜胺锰盐WP 1 000~1 500倍液实施叶面喷雾，交替施用2~3次。

3. 大麻链格孢茎枯病病菌鉴定及基础研究

试验菌株从山西省农业科学院经济作物研究所大麻种植基地采集回大麻发病植株，在PDA培养基上按常规方法进行组织分离和纯化（图3-11），获得纯培养菌株，实验室条件下保存备用。

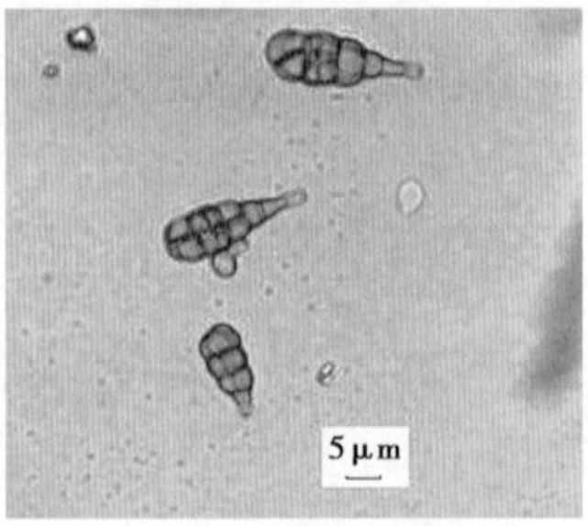


**图3-11　大麻链格孢叶斑病叶片症状（左）、链格孢分生孢子（右）**

温度对大麻链格孢叶斑病菌的影响结果表明，大麻链格孢叶斑病菌菌丝在4~37℃温度范围内均能生长，其中15~30℃温度范围内菌丝生长较快，25℃时最适菌丝生长，菌落直径高达67.7mm。病菌在50℃时停止生长。

pH值试验表明大麻链格孢叶斑病菌菌丝在pH值为4~12的PDA培养基上均能生长，菌丝生长的适宜pH值为6~10，最适pH值为6，菌落直径为75.3mm。

光照试验表明，大麻链格孢叶斑病菌菌丝在完全光照环境下生长最好，菌落直径最大，为69mm；在完全黑暗和12h光暗交替环境下生长较缓慢，菌落直径分别仅为49.3mm和38mm。

碳源对大麻链格孢叶斑病菌菌丝生长的影响如表3-50所示。在供试的6种不同碳源中，菌丝均能生长。其中以麦芽糖为碳源的培养基上的菌丝生长最好，菌落直径高达66.7mm；其次效果较好的为可溶性淀粉，菌落直径为57.3mm；以果糖为碳源的培养基上菌丝生长最缓慢，菌落直径仅为36mm，与其他处理均达极显著差异。

**表3-50　不同碳源对大麻链格孢叶斑病菌菌丝生长的影响**

| 碳　源 | 菌落直径（mm） | 5%显著水平 | 1%极显著水平 |
|---|---|---|---|
| 麦芽糖 | 66.666 7 | a | A |
| 可溶性淀粉 | 57.333 3 | b | B |
| 葡萄糖 | 52.666 7 | c | BC |
| 蔗糖 | 50.333 3 | c | C |
| D-甘露醇 | 49.333 3 | c | C |
| 果糖 | 36 | d | D |

不同氮源对大麻链格孢叶斑病菌菌丝的生长有一定的影响。在供试的6种不同氮源中，以蛋白胨和牛肉浸膏为氮源的培养基上菌丝生长最好，菌落直径分别为73mm和69.7mm；其次效果较好的为氨基乙酸，菌落直径为56.3mm；而硝酸钠、酵母浸膏和硝酸钾的培养基对病菌菌丝的生长产生抑制作用，与其他处理均达极显著差异（表3-51）。

**表3-51　不同氮源对大麻链格孢叶斑病菌菌丝生长的影响**

| 氮　源 | 菌落直径（mm） | 5%显著水平 | 1%极显著水平 |
|---|---|---|---|
| 蛋白胨 | 73 | a | A |
| 牛肉浸膏 | 69.666 7 | b | A |
| 氨基乙酸 | 56.333 3 | c | B |
| 硝酸钠 | 49.333 3 | d | C |
| 酵母浸膏 | 47.333 3 | d | C |
| 硝酸钾 | 46.666 7 | d | C |

完全光照环境下生长速度最快，在完全黑暗和 12h 光暗交替环境下生长较缓慢。以麦芽糖为碳源和以蛋白胨和牛肉浸膏为氮源的培养基上的菌丝生长最好。

4. 大麻茎枯致病棒孢菌杀菌技术研究

选取 9 种杀菌剂对大麻茎枯病致病棒孢菌进行室内毒力测定。药剂信息见表 3-52。

**表 3-52　供试药剂及剂量**

| 药剂名称 | 生产厂家 | 剂型 | 使用浓度（mg/L） |
|---|---|---|---|
| 50%多菌灵 | 上海升联化工有限公司 | WP | 50、40、25、5、1 |
| 75%百菌清 | 北京华戎生物激素厂 | WP | 2 500、2 000、1 500、1 000、500 |
| 50%异菌脲 | 拜耳作物科学公司 | WP | 300、100、50、10、5 |
| 70%甲基硫菌灵 | 江苏龙灯化学有限公司 | WP | 20、10、5、1、0.5 |
| 25%丙环唑 | 瑞士先正达作物保护有限公司 | EC | 125、100、50、25、10 |
| 50%咪鲜胺锰盐 | 拜耳作物科学公司 | WP | 1、0.5、0.25、0.1、0.05 |
| 80%代森锰锌 | 美国陶氏益农公司 | WP | 100、50、25、10、5 |
| 10%苯醚甲环唑 | 瑞士先正达作物保护有限公司 | WG | 25、20、10、5、1 |
| 25%嘧菌酯 | 瑞士先正达作物保护有限公司 | SC | 3 000、2 000、1 500、1 000、500 |

采用生长速率法测定杀菌剂对棒孢菌的抑制效果。将每种杀菌剂设 5 个浓度梯度，每个浓度设 3 个重复。在超净工作台上，将 9 种药剂分别配制成所需浓度药液平板。以 PDA 培养基为空白对照。在平板中央置一块直径为 5mm 的大麻致病棒孢菌菌饼，带菌丝一面接触培养基。28℃培养箱中倒置培养，6~9d 后用十字交叉法测量病菌菌落直径，计算抑制率。用 DPS 软件求出各药剂病菌的毒力回归方程和抑制中浓度（$EC_{50}$）（表 3-53）。

**表 3-53　不同杀菌剂对大麻顶枯致病镰刀菌的室内毒力测定结果**

| 药剂名称 | 毒力回归方程 | 相关系数 | $EC_{50}$（mg/L） |
|---|---|---|---|
| 50%多菌灵 | $y=1.143\,8x+4.309\,6$ | 0.909 5 | 4.014 4 |
| 75%百菌清 | $y=1.664\,9x-0.838\,8$ | 0.950 6 | 3 213.291 0 |
| 50%异菌脲 | $y=1.021\,6x+3.982\,3$ | 0.980 0 | 9.911 2 |
| 70%甲基硫菌灵 | $y=1.448\,9x+4.419\,3$ | 0.889 3 | 2.516 6 |
| 25%丙环唑 | $y=1.314\,9x+3.414\,7$ | 0.959 9 | 16.056 3 |
| 50%咪鲜胺锰盐 | $y=1.158\,2x+6.180\,6$ | 0.981 0 | 0.095 6 |
| 80%代森锰锌 | $y=1.144\,7x+3.443\,4$ | 0.998 2 | 22.900 2 |
| 10%苯醚甲环唑 | $y=1.337\,4x+4.926\,8$ | 0.922 4 | 1.134 4 |
| 25%嘧菌酯 | $y=1.639\,9x-0.805\,8$ | 0.994 7 | 3 470.277 0 |

接种 6d 后通过测量病菌菌落直径。结果表明，供试的 9 种杀菌剂均对病菌有一定的作用。50%咪鲜胺锰盐对菌丝的抑制效果最好，$EC_{50}$仅为 0.095 6mg/L。其次效果较佳的为 50%多菌灵、50%异菌脲、70%甲基硫菌灵和 10%苯醚甲环唑，$EC_{50}$分别为 4.014 4 mg/L、9.911 2 mg/L、2.516 6mg/L 和 1.134 4mg/L。但 75%百菌清和 25%嘧菌酯对棒孢菌菌丝的抑制效果较差，$EC_{50}$分别为 3 213.291mg/L 和 3 470.277mg/L。

5. 大麻叶斑病病原菌鉴定及防治技术研究

大麻叶斑病的田间发病主要为害叶片。病斑初期为淡黄色，后期逐渐发展为黄色或褐色，边缘为水渍状，严重时可造成叶片脱落。

通过对大麻叶斑病进行采样、分离、纯化、致病性测定等，初步明确大麻叶斑病病原菌为链格孢（*Alternaria alternata*）。链格孢分生孢子梗或单枝或有分枝，分生孢子串生，呈长链状，具多个横隔膜、数个纵隔膜，大小为（20~63）μm×（9~18）μm。

（1）杀菌剂对大麻叶斑病病菌菌丝的作用。采用生长速率法测定杀菌剂对棒孢菌的抑制效果。将每种杀菌剂设 5 个浓度梯度，每个浓度设 3 个重复。在超净工作台上，将 9 种药剂分别配制成所需浓度药液平板。以 PDA 培养基为空白对照。在平板中央置一块直径为 5mm 的大麻致病棒孢菌菌饼，带菌丝一面接触培养基。28℃培养箱中倒置培养，6~9d 后用十字交叉法测量病菌菌落直径，计算抑制率。用 DPS 软件求出各药剂病菌的毒力回归方程和抑制中浓度 $EC_{50}$（表 3-54）。

**表 3-54　杀菌剂对大麻叶斑病病菌菌丝的作用结果**

| 药剂名称 | 毒力回归方程 | 相关系数 | $EC_{50}$（mg/L） | 95%置信区间参数 |
|---|---|---|---|---|
| 50%多菌灵 WP | y=0.231x+4.199 2 | 0.967 0 | 2 927.1 | 902.979~9 488.5 |
| 75%百菌清 WP | y=0.523 9x+3.445 1 | 0.9331 | 929.147 | 296.192 1~2 914.71 |
| 50%异菌脲 WP | y=0.305 9x+4.837 2 | 0.879 8 | 3.405 8 | 0.338 4~34.275 |
| 70%甲基硫菌灵 WP | y=0.346 8x+4.212 2 | 0.925 3 | 186.869 | 85.428 6~408.762 8 |
| 15%三唑酮 WP | y=0.873 2x+3.215 1 | 0.984 0 | 110.705 8 | 80.179 3~152.854 6 |
| 50%咪鲜胺锰盐 WP | y=0.473 6x+5.139 3 | 0.946 9 | 0.509 9 | 0.129 7~2.004 8 |
| 80%代森锰锌 WP | y=0.989 7x+3.785 3 | 0.969 9 | 16.877 | 8.962 4~31.780 7 |
| 10%苯醚甲环唑 WG | y=0.436 7x+4.861 9 | 0.981 1 | 2.071 2 | 1.210 1~3.545 |
| 25%嘧菌酯 SC | y=0.608 6x+3.630 2 | 0.898 1 | 178.123 | 66.328 9~478.340 7 |

试验所设计的 9 种杀菌剂均对大麻叶斑病病菌菌丝有抑制作用。其中 50%咪鲜胺锰盐 WP 对菌丝的抑制效果最好，$EC_{50}$仅为 0.5099mg/L；10%苯醚甲环唑 WG、50%异菌脲 WP 和 80%代森锰锌 WP 也表现出了较强的抑制作用，$EC_{50}$分别为 2.0712mg/L、3.4058mg/L 和 16.877mg/L；抑制效果较差的为 75%百菌清 WP 和 50%多菌灵 WP，两者的 $EC_{50}$高达 929.147mg/L 和 2927.1mg/L。各药剂对大麻叶斑病病菌菌丝的抑制效果由强至弱分别为：咪鲜胺锰盐>苯醚甲环唑>异菌脲>代森锰锌>三唑酮>嘧菌酯>甲基硫菌灵>百菌清>多菌灵。

（2）杀菌剂对大麻叶斑病病菌孢子的作用。在供试的 9 种杀菌剂中，50%异菌脲 WP、50%咪鲜胺锰盐 WP 和 10%苯醚甲环唑 WG 对病菌孢子的抑制效果最佳，$EC_{50}$分别为 8.4265mg/L、7.2405mg/L 和 4.0654mg/L；其次为 80%代森锰锌 WP 和 70%甲基硫菌灵 WP，$EC_{50}$分别为 10.7773mg/L 和 98.4764mg/L；抑制效果最差的为 50%多菌灵 WP 和 75%百菌清 WP，两者的 $EC_{50}$分别为 1355.061mg/L 和 536.393mg/L（表 3-55）。9 种药剂对大麻叶斑病病菌孢子的抑制效果由强至弱分别为：苯醚甲环唑>咪鲜胺锰盐>异菌脲>代森锰锌>甲基硫菌灵>三唑酮>嘧菌酯>百菌清>多菌灵。

**表 3-55　杀菌剂对大麻叶斑病病菌孢子的作用结果**

| 药剂名称 | 毒力回归方程 | 相关系数 | $EC_{50}$（mg/L） | 95%置信区间参数 |
|---|---|---|---|---|
| 50%多菌灵 WP | y=1.026 8x+1.784 2 | 0.955 9 | 1 355.061 | 867.238 5~2 117.283 |
| 75%百菌清 WP | y=0.711 2x+3.058 7 | 0.779 | 536.393 | 147.345 91~1 952.667 |
| 50%异菌脲 WP | y=0.935 5x+4.134 1 | 0.995 | 8.426 5 | 5.658 1~12.549 6 |
| 70%甲基硫菌灵 WP | y=0.665 78x+3.673 1 | 0.834 | 98.476 4 | 17.880 7~542.351 4 |
| 15%三唑酮 WP | y=0.932 8x+3.107 | 0.998 3 | 106.982 3 | 95.851 7~119.405 4 |
| 50%咪鲜胺锰盐 WP | y=0.636 4x+4.452 9 | 0.949 | 7.240 5 | 1.836 2~28.551 5 |
| 80%代森锰锌 WP | y=0.547 9x+4.434 2 | 0.973 6 | 10.777 3 | 6.914 1~16.799 1 |
| 10%苯醚甲环唑 WG | y=0.466 3x+4.716 | 0.915 5 | 4.065 4 | 0.736 6~22.437 7 |
| 25%嘧菌酯 SC | y=0.769 4x+3.180 9 | 0.998 2 | 231.454 | 215.319 7~248.797 4 |

## 五　剑麻

### （一）剑麻病害病原鉴定及生物学研究

通过对海南省剑麻主产区及广西南宁市周边地区剑麻病害的田间调查及其室内鉴定，初步确定了 5 种剑麻真菌病害。分别为：由黑曲霉（*Aspergillus niger*）引起的剑麻茎腐病（Sisal stem rot disease），由胶孢炭疽菌（*Colletotrichum gloeosporioides*）引起的剑麻炭疽病（Sisal anthracnose disease)，由蒂腐色二孢（*Diplodia natalensis*）引起的剑麻黑斑病（Sisal black leaf spot disease），由新暗色柱节孢（*Neoscytalidium dimidiatum*）引起的剑麻溃疡病（Sisal canker disease），由交链链格孢（*Alternaria alternata*）引起的剑麻叶斑病（Sisal leaf spot disease），其中由新暗色柱节孢引起的剑麻溃疡病为国内首次报道。

1. 剑麻茎腐病病原菌鉴定

剑麻茎腐病病原菌主要通过割叶断面处侵入。急性型病斑发病初期叶片呈水渍状褪绿，不久变成黄褐色；割口下呈水浸状湿腐，气候干燥时病部干缩，变为紫红色。后期病菌随维管束侵入到茎部，并且向纵向扩展，茎部细胞及叶轴细胞感染腐烂坏死。同时感染相邻的未割叶片，造成叶基腐败，叶片失水凋萎，无光泽；重者麻叶萎蔫、下垂，全株死亡。将病株纵向剖开，可见茎内部组织凋萎皱缩，产生暗黄色坏死病痕，病健交界处有淡红色分界线（图 3-12）。慢性型病斑起初可见红褐色至黑褐色水渍状病斑，病原菌扩展缓慢，整株死亡者较少见。湿腐的表现为茎部组织和叶基腐烂，散发酒味。在叶基切口处可见大量黑色的霉状物，即病原菌的分生孢子堆。

该病的病原为黑曲霉，学名为 *Aspergillus niger* van Teigh。属子囊菌门（Ascomycota），丝孢菌目（Hyphomycetales），丛梗孢菌科（Moniliaceae），曲霉孢属（*Aspergillus*）。菌丝有隔，无色。菌丝体发达，从菌丝体中伸出特化的厚壁足细胞，足细胞膨大不明显。分生孢子梗从足细胞中生出，直立，壁光滑，无隔，无色，有时顶部略显淡褐色，大小为（20～400）μm×（6～10）μm；顶端膨大为球形至近球形的顶囊，直径 60～83μm；上生单层或双层瓶状小梗，长 6～10μm。分生孢子（梗孢子）自小梗产生，串生，椭圆形、卵圆形或球形，未成熟时无色、光滑，后变粗糙或密生细刺，暗褐色，直径 2～4μm。

在 PDA 培养基上生长迅速，菌丝发达、密集。菌落近圆形，扁平状。菌丛为绒毛状，疏松，初为白色，后逐渐变为浅黄色至灰黑色。

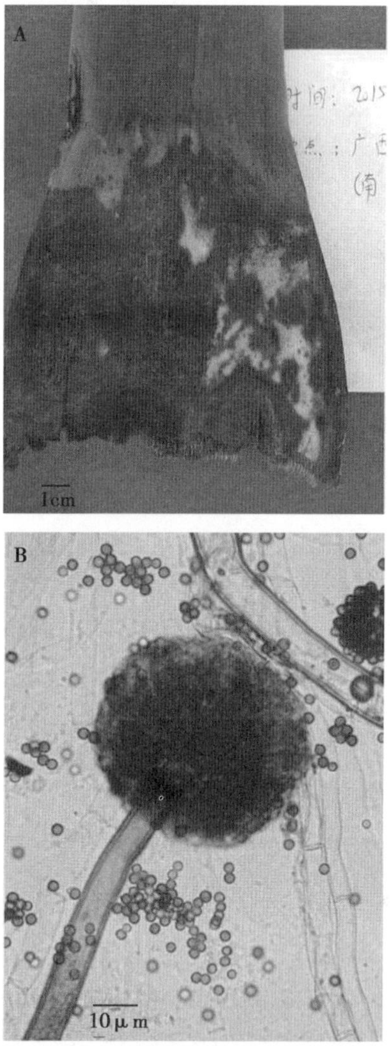


A：剑麻茎腐病症状；B：病原分生孢子（100×）

**图 3-12 剑麻茎腐病症状与病原分生孢子**

2. 剑麻炭疽病病原菌鉴定

剑麻炭疽病分布较为普遍，在叶片的正反两面均可发生。起初在叶片表面出现长椭圆形或近圆形病斑，暗绿色或暗褐色，水渍状，病斑略微凹陷，边缘有一浅绿色晕圈，直径可达 2cm。以后，病斑逐渐扩大，转为黑褐色，并有黏液流出。干燥之后病斑呈不规则状，其上散生一些小黑点（有时呈同心轮纹状），即为病原菌的分生孢子盘。病部干枯、皱缩，纤维易折断。

该病的病原为胶孢炭疽菌，学名为 *Colletotrichum gloeosporioides*（Penz.）Sacc.。属子囊菌门（Ascomycota），盘菌亚门（Pezizomycotina），粪壳菌纲（Sordariomycetes），粪壳菌亚纲（Sordariomycetidae），目地位未定（Incertae sedis），小丛壳科（Glomerellaceae），炭疽菌属（*Colletotrichum*）。分生孢子盘生于植物表皮组织下，或外露（图 3-13）；散生或聚生，碟形或盘状；基部颜色暗褐色，颜色由上至下逐渐加深。分生孢子梗密生于分生孢子盘上，不分枝，直立，细长，无色，光滑，大小为

（25～40）μm×（3～4）μm。有刚毛，暗褐色，细长，长约 100μm，宽约 5μm。分生孢子单胞，无色，长椭圆形或圆筒形，直或中部略微向内凹陷，薄壁，大小为（28～34）μm×（6～7）μm；聚集时呈现出粉红色。分生孢子萌发时，其芽管顶端产生一个附着胞，黑色，卵形。

PDA 培养有时可见该菌的有性世代围小丛壳菌，学名为 *Glomerella cingulata*（Stonem.）Spauld et Schrenk，属子囊菌门，球壳目，小丛壳属。子囊壳聚生，烧瓶状，高约 125～190μm，直径约 80～150μm。子囊长棍棒状或梭形，大小为（45～70）μm×（8～16）μm；子囊孢子单胞，无色，长圆形或肾形，略弯曲，大小为（11～24）μm×（3～7）μm。

此菌在 PDA 培养基上呈同心圆环状生长，气生菌丝较发达；菌落表面干燥，圆形或近圆形，边缘整齐；菌丝起初为白色或灰白色，后转为浅灰色或灰黑色。

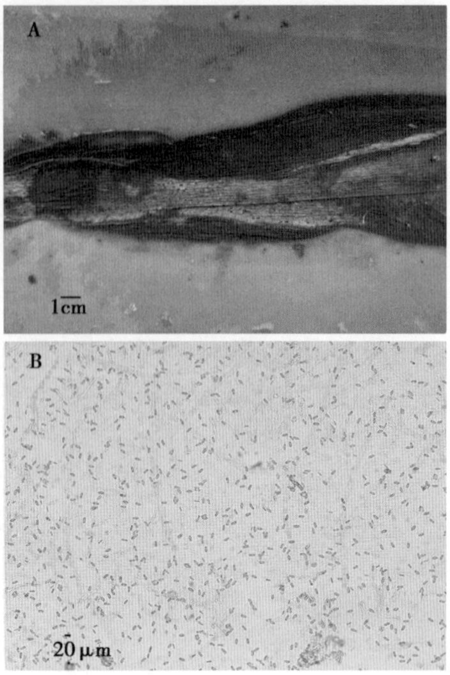


A：剑麻炭疽病症状；B：病原分生孢子（40×）

**图 3-13　剑麻炭疽病症状与病原分生孢子**

3. 剑麻黑斑病病原菌鉴定

剑麻黑斑病起初在叶片上出现直径 1mm 左右浅色、近椭圆形病斑，边缘不清晰。而后扩展为大病斑，长条形，中间灰白色、边缘黑褐色，凹陷，最长可达约 20cm，其上散生大量小黑点（图 3-14）。病菌可贯穿叶片两面生长，从而使麻叶纤维变黑变质，影响纤维质量。从田间观察的结果来看，该病往往与昆虫刺伤有关。

该病的病原为蒂腐色二孢，学名为 *Diplodia natalensis* Pole Evans。属腔孢菌纲（Coelomycetes），球壳孢菌目（Sphaeropsidales），球壳孢菌科（Sphaeropsidaceae），色二孢属（*Diplodia*）。菌丝有隔，多分枝。在叶片表皮下形成分生孢子器，以后外露。分生孢子器单生或聚生，扁球形、球形或洋梨形，光滑，具孔口；颜色黑色或暗褐色，分两层，外层颜色较深，内层较浅；大小为 290～522μm，器壁内密生分生孢子梗和分生孢子。分生孢子梗圆柱状，无色，大小为（8～19）μm×（3～6）μm；分生孢子起初为无色，单胞，卵圆形或短椭圆形；成熟后变为双细胞，顶端钝圆，基部平截，深褐色至黑色，分隔处略缢缩，有的表面具微细的纵裂纹，大小为（20～29）μm×（11～18）μm。

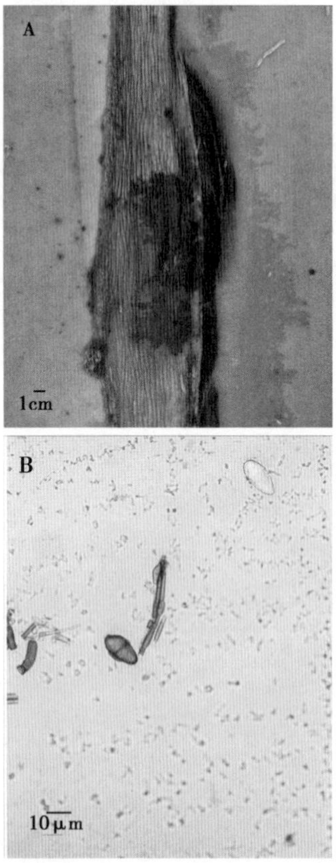


A：剑麻黑斑病症状；B：病原分生孢子（100×）

**图 3-14　剑麻黑斑病症状与病原分生孢子**

在培养基上未发现其有性世代，但据方中达描述，该菌的有性态为柑橘囊孢壳，学名为 *Physalospora rhodina* Berk. & Curt.，属子囊菌亚门。

该菌在 PDA 培养基上人工培养时，菌落生长很快，4d 后菌落直径可达 90mm。气生菌丝呈绒毛状，生长旺盛，形成圆形或近圆形的菌落，菌落边缘较整齐；菌落起初为白色，以后逐渐转为灰色至灰褐色，最后转为墨绿色或黑色；基质起初为浅黄色，后转为黑褐色。

4. 剑麻溃疡病病原菌鉴定

剑麻溃疡病发病初期在病叶上形成浅色、圆形的小斑点，随后逐渐转变为红褐色至黑褐色病斑，病斑略有凹陷，不断扩展，进而相互黏连成片。部分病斑边缘呈现出水渍状；有的病部有开裂现象（图3-15）。发病后期在病斑上可见针头大小的黑褐色颗粒状物，即为病菌的分生孢子。

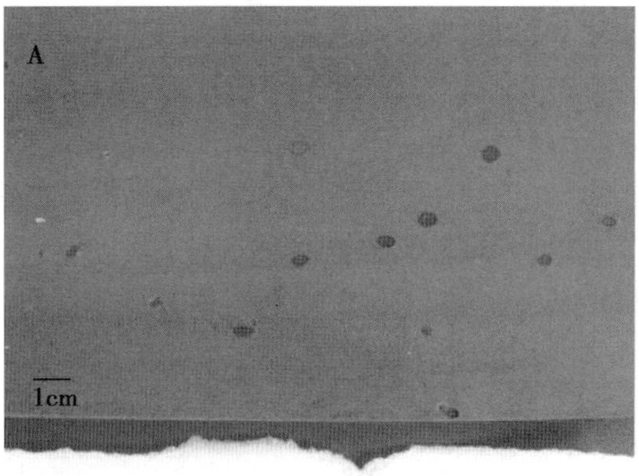


采样地点：东方市，感城

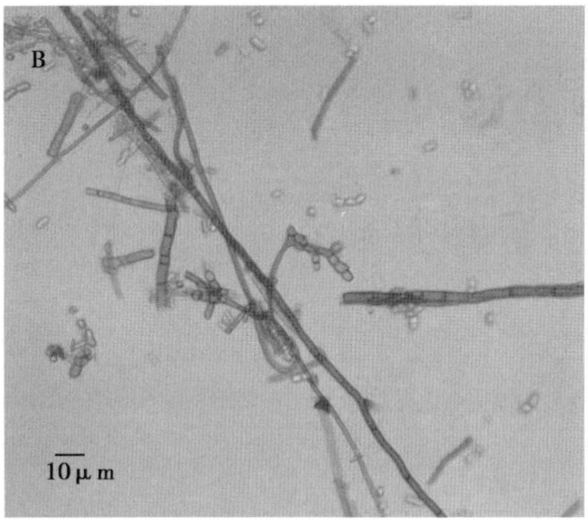


A：剑麻溃疡病症状；B：病原分生孢子（40×）

**图3-15　剑麻溃疡病症状与病原分生孢子**

该病的病原为新暗色柱节孢，学名为 *Neoscytalidium dimidiatum*（Penz.）Crous et Slippers。属丝孢菌纲（Hyphomycetes），丝孢菌目（Hyphomycetales），丛梗孢科（Moniliaceae），小柱孢属（*Neoscytalidium*），其有性世代为圆酵母样亨德逊霉（*Hendersonula toruloidea*）。菌丝光滑，有隔膜，分枝，有的为柱状、无色、较窄，有的较宽、呈淡褐色。分生孢子多以链状排列，单胞或双胞（大多为单胞），其形状和大小变化较大，主要有两种类型：

①菌丝断裂直接形成的节孢子，无色，薄壁，圆柱形，大小为（2~6）μm×（5~13）μm；

②菌丝厚垣化断裂形成的节孢子，浅棕色或深褐色，厚壁，葫芦形、椭圆形或近圆形，大小为（4~9）μm×（3~8）μm。

标本直接镜检及离体培养均未发现分生孢子器及有性阶段孢子。

该菌在PDA培养基上生长迅速，气生菌丝发达，菌丝体部分埋生，部分表生。起初菌落颜色为白色至灰色，以后逐渐转变为暗橄榄色至黑褐色。

5. 剑麻叶斑病病原菌鉴定

剑麻叶斑病发病初期，病叶上出现散生淡黄色的点状小病斑，而后逐渐扩大为黑褐色圆形病斑，其上有黑色绒状物产生（图3-16）。

该病的病原为交链链格孢菌，学名为 *Alternaria alternata*。属丝孢菌纲（Hyphomycetes），丝孢菌目（Hyphomycetales），暗色孢菌科（Dematiaceae），链格孢属（*Alternaria*）。

菌丝光滑，有隔，无色或浅褐色，宽2~4μm。分生孢子梗直立，侧生或端生于菌丝，单生或数根簇生，浅褐色至深褐色；直或微弯，产孢后常呈屈膝式弯曲；大小为（32~75）μm×（4~6）μm。分生孢子单生或链生，表面光滑，偶具刺突；呈倒棍棒形、梨形、倒梨形或卵圆形，淡黄褐色至褐色，具3~7个横隔膜、0~4个纵隔膜、0~2个斜隔膜；分隔处平，或略有缢缩；无喙或具短喙、柱状长喙，大小为（4~16）μm×（2~4）μm。

该菌在PDA培养基上生长速度中等，4d后菌落直径为5cm。其菌落平展为圆形，边缘较整齐；呈绒毡状，灰黑色，气生菌丝较少。

6. 剑麻病原菌生物学特性研究

供试菌株为从剑麻叶片上分离、鉴定并纯化的两种病原菌：新暗色柱节孢（*Neoscytalidium dimidiatum*）和黑曲霉（*Aspergillus niger*）。

新暗色柱节孢的生长范围较宽泛，10~40℃下均可生长，但10~15℃生长较慢；温度大于15℃时，生长速度加快；生长最快时的温度为35℃。在35℃和40℃下的生长速度显著大于其他处理。黑曲霉的适温范围较宽，在10~40℃的环境条件下均可生长，但在20~35℃时生长较好；35℃培养时菌落生长速度最快，所以35℃为其最适生长温度。分析表明，温度对其菌丝生长的影响达到显著水平。

不同光照条件处理的试验结果表明，光照可促进新暗色柱节孢菌丝的生长，在光照培养的条件下，菌丝生长速度显著大于在全黑暗中生长，而12h光暗交替环境下的生长速度介于两者之间。黑曲霉菌丝在全光照条件下的生长速度较快，在全黑暗中生长相对较慢，而12h光暗交替环境下的生长速度介于两者之间。全光照处理时的菌丝生长速度显著大于光暗交替和全黑暗条件，而后两者之间的差异不显著。

新暗色柱节孢的菌丝在pH值为4~10的条件下均可生长，但在pH值为4和10时生长非常缓慢。pH值为7时，菌株生长速度最快。pH值为6和7时的菌丝生长速度显著大于其他各处理。黑曲霉在pH值为4~10的范围内都可以生长。pH值为6时，菌株生长速度达到最大值。pH值为6和7时，其生长速度显著大于其他处理，其余各处理间的差异不显著。

A：剑麻叶斑病症状；
B：病原分生孢子（100×）
**图3-16 剑麻叶斑病症状与病原分生孢子**

新暗色柱节孢在供试的7种碳源培养基上均可正常生长，其中在以葡萄糖为碳源的培养基上生长速度最快，显著大于其他各处理；其次为果糖和蔗糖，在以甘露糖醇为碳源的培养基上生长最差。黑曲霉在供试的各碳源培养基上均可生长，其中在以果糖和木糖为碳源的培养基上生长最好，显著大于其他碳源培养基。

除了以尿素为氮源的培养基外，新暗色柱节孢在供试的7种氮源培养基上均可生长。在以牛肉浸膏和胰蛋白胨为氮源的培养基上菌丝生长速度最快，显著大于其他培养基。该菌在以氯化铵为氮源的培养基上生长最差。黑曲霉在供试的7种氮源培养基上均可生长。在以牛肉浸膏和胰蛋白胨为氮源的培养基上生长得最好，硫酸铵和尿素的差别不大，在甘氨酸培养基上生长速度最慢。

新暗色柱节孢的孢子在相对湿度低于93%时不能萌发；在湿度为93%~100%时，随着湿度的增加，萌发率也在提高；湿度为100%时萌发率最高，为98.5%，显著高于其他各处理。黑曲霉的分生孢子在相对湿度为90%以上时才能萌发，萌发率与相对湿度成正比。湿度为100%时，萌发率最高，为100%，显著高于其他各处理。

新暗色柱节孢在45~65℃下的各处理均可正常生长；处理温度为70℃、时间为10min时，只有一个PDA培养皿上有菌丝生长；温度为70℃、时间为20min和30min时的各处理均不能生长，表明该菌的最高致死温度为70℃，时间为30min。处理温度45~55℃时，处理的黑曲霉均能长出菌落；温度为60~70℃的各处理都不能生长，说明黑曲霉菌丝的致死温度为60℃（表3-56）。

**表3-56 两种病原菌致死温度和时间测定**

| 菌株编号 | 处理温度和时间 | 菌落生长 | 菌株编号 | 处理温度和时间 | 菌落生长 |
| --- | --- | --- | --- | --- | --- |
| A | 45℃，10min | + | A | 60℃，10min | + |
| B | | + | B | | − |

（续表）

| 菌株编号 | 处理温度和时间 | 菌落生长 | 菌株编号 | 处理温度和时间 | 菌落生长 |
|---|---|---|---|---|---|
| A | 45℃，20min | + | A | 60℃，20min | + |
| B | | + | B | | − |
| A | 45℃，30min | + | A | 60℃，30min | + |
| B | | + | B | | − |
| A | 50℃，10min | + | A | 65℃，10min | + |
| B | | + | B | | − |
| A | 50℃，20min | + | A | 65℃，20min | + |
| B | | + | B | | − |
| A | 50℃，30min | + | A | 65℃，30min | + |
| B | | + | B | | − |
| A | 55℃，10min | + | A | 70℃，10min | + |
| B | | + | B | | − |
| A | 55℃，20min | + | A | 70℃，20min | − |
| B | | + | B | | − |
| A | 55℃，30min | + | A | 70℃，30min | − |
| B | | + | B | | − |

注：A：新暗色柱节孢，B：黑曲霉；+：菌落有生长，−：菌落不生长

本研究鉴定的剑麻溃疡病（Sisal canker disease）的病原菌为新暗色柱节孢（*Neoscytalidium dimidiatum*）。2012 年，Lan 等报道了在广东省从化市和云浮市发现的火龙果褐斑病（Brown Spot Disease）。同年，Chuang 等也报道了台湾火龙果溃疡病（Stem Canker Disease）。这 3 种病的病原菌为同一个种。该菌是一种分布广泛的暗色丝状真菌，可侵染植物，亦可危害人类健康。在苹果树、芒果树、桃树、李树、桑树、麻风树、无花果树、桉树及合欢属、柑橘属、悬铃木属等植物上均有该菌为害的报道，引起植物溃疡病、梢枯病、流胶病、腐烂病等。危害人体时，引起各种浅表和深部感染，比如手足癣、甲真菌病等。

根据现有的文献报道，在北美洲、南美洲、非洲、东南亚等地均有新暗色柱节孢的分布并作为病原真菌侵染植物和人体，其主要分布区均为热带及亚热带地区，有适合该菌生长和繁殖的温湿度条件。本研究结果显示，该菌的致死条件为 70℃、30min，其菌丝生长的最适温度为 30℃，表明该菌是一种高温适生菌。本研究还表明，光照可促进此菌的生长。这些试验结果与其在热带亚热带地区高温高湿环境下易造成危害的特性相吻合。

根据试验结果，剑麻茎腐病病原菌黑曲霉菌丝的最适生长温度为 30℃，温度可能是此病发生流行的一个重要因素。据相关文献报道，在茎腐病流行的麻田中，在 5—9 月割叶的麻株其死亡率比在 10 月至翌年 4 月割叶时的死亡率高 0.5%~13%。这些结果都表明，该病在高温条件下易造成危害，所以收割麻片等农事活动不宜安排在 4—10 月。

黑曲霉是一种土壤习居菌，在土壤和空气中随处可见，且聚集在病残体中的病原菌会借助气流或水溅传播侵染。本研究结果表明，其分生孢子在相对湿度大于 90%时才可萌发。但在实际生产中，该病发生流行时的空气相对湿度远远低于此值。看似相互矛盾，实际自有其道理。该菌一般通过伤口侵入，主要是割口。即使空气湿度不大，由于割口处有植株中排出的汁液，故而湿度会非常高，可以达到孢子萌发的湿度要求，从而可以侵染麻株。由此可见，不管是在高温高湿环境下还是在高温干旱环境下，黑曲霉均可能为害剑麻。

### （二）剑麻叶斑病安全高效防控药剂筛选

选取 9 种杀菌剂进行室内毒力测定，药剂信息如表 3-57 所示。

试验采用生长速率法进行室内毒力测定。在预备试验的基础上每种杀菌剂设 5 个浓度梯度，每个浓度设 3 个重复。将表 3-57 中的药剂分别配成所需浓度 50 倍，分别用移液枪吸取各种浓度的药液 1ml 注入 49ml 的 PDA 培养基中，摇匀后倒入 3 个直径为 9cm 的灭菌培养皿中，制成表 3-57 中

所需浓度药液平板。以 1ml 无菌水代替药液作空白对照。用直径为 5mm 的打孔器将供试菌种打取菌饼置于培养皿中央位置，带菌丝一面接触培养基，28℃培养箱中倒置培养。7d 后用十字交叉法测量病菌菌落直径，用 DPS 软件进行统计分析，求出各药剂对苎麻炭疽病菌的毒力回归方程、抑制中浓度（$EC_{50}$）及相关系数（$R$）。

**表 3-57 供试药剂及其使用浓度**

| 药剂名称 | 生产厂家 | 剂型 | 使用浓度（mg/L） |
|---|---|---|---|
| 80%代森锰锌 | 陶氏益农农业科技（中国）有限公司 | WP | 1 600，800，400，200，100 |
| 20%苯醚甲环唑 | 北京华戎生物激素厂 | WG | 400，200，100，50，25 |
| 50%咪鲜胺锰盐 | 瑞士先正达作物保护有限公司 | WG | 1，0.6，0.3，0.15，0.05 |
| 25%嘧菌酯 | 英国先正达有限公司 | SC | 700，500，350，250，100 |
| 75%百菌清 | 北京华戎生物激素厂 | WP | 1600，1 000，600，200，100 |
| 25%丙环唑 | 瑞士先正达作物保护有限公司 | EC | 320，160，80，40，20 |
| 75%甲基托布津 | 江苏龙灯化学有限公司 | WP | 2 000，1 500，1 000，600，350 |
| 22.5%啶氧菌酯 | 美国杜邦公司 | | 16，8，4，2，1 |
| 40%氟硅唑 | 美国杜邦公司 | EC | 80，40，20，10，5 |

试验结果见表 3-58。结果表明，供试 9 种杀菌剂对剑麻叶斑病菌的菌丝均有抑制作用，其中 40%氟硅唑和 250%咪鲜胺锰盐对菌丝的抑制效果最好，$EC_{90}$分别为 15.29mg/L 和 31.95mg/L。其次为 25%丙环唑，其 $EC_{90}$为 98.92mg/L。常规药剂 75%百菌清和 75%甲基托布津对剑麻叶斑病抑制效果相对较差，$EC_{90}$在 40 000mg/L 以上。本次试验中，80%代森锰锌 WP 在供试浓度范围内菌丝未生长，可能会表现极好的抑菌效果，有待进一步探索，另外 25%嘧菌酯 SC 未形成有效曲线，可能不适用于本研究方法。

**表 3-58 不同杀菌剂对剑麻叶斑菌的室内毒力测定结果**

| 药剂名称 | 毒力回归方程 | 相关系数 | $EC_{90}$（mg/L） |
|---|---|---|---|
| 80%代森锰锌 | — | — | — |
| 20%苯醚甲环唑 | $y=0.5373x+4.6866$ | 0.979 7 | 929.76 |
| 50%咪鲜胺锰盐 | $y=0.7231x+5.1998$ | 0.938 9 | 31.53 |
| 25%嘧菌酯 | $y=-0.3872x+5.1509$ | -0.642 1 | — |
| 75%百菌清 | $y=0.7817x+2.3988$ | 0.910 0 | 92 633.49 |
| 25%丙环唑 | $y=1.6844x+2.9206$ | 0.975 5 | 98.92 |
| 75%甲基托布津 | $y=0.9594x+1.8268$ | 0.933 0 | 43 966.67 |
| 22.5%啶氧菌酯 | $y=0.9416x+3.1081$ | 0.901 0 | 2 344.83 |
| 40%氟硅唑 | $y=1.5745x+4.4169$ | 0.962 5 | 15.29 |

### （三）剑麻褐圆蚧防控技术

通过室内饲养、田间观察和查阅相关资料，明确了剑麻褐圆蚧的生活习性和发生规律；根据 2013 年室内和大田药剂筛选提出了剑麻褐圆蚧可持续防控技术，对褐圆蚧防治效果达到 85%以上，通过压前控后、保护褐圆蚧天敌（瓢虫，寄生蜂），可以减少化学农药 1~2 次，节本增效 50 元/亩，该方案在南宁剑麻试验站示范，示范面积 5 亩。

生活习性：褐圆盾蚧雌虫共 3 龄，若虫期间蜕皮 2 次；雄若虫蜕皮 3 次。雌成虫将卵产在背介壳下；若虫孵化后，分散活动，在找到合适场地，即固定取食为害，在没有食料且温度较高的情况下，仍可存活 3~13d。雌性若虫多寄生在叶背；雄性若虫多寄生于叶面为害。

发生规律：褐圆蚧在广东、广西壮族自治区一年发生 4~6 代，陕西汉中 3 代。后期世代重叠，均以若虫越冬。在福州地区，褐圆蚧在 1 年中可发生 4 代，多数以第二龄若虫越冬。5 月中旬、7 月中旬、9 月上旬、11 月下旬各有 1 代若虫的盛发期。成虫产卵期长，可达 2~8 周，每雌卵量 80~145 粒。

防治技术：褐圆蚧防治应做到“压前控后”即压低春季剑麻褐圆蚧的虫口数量（可以选用

40%氧化乐果 2 500~ 3 000倍液，或4%啶虫脒 2 000~ 2 500倍液），通过利用和保护天敌来控制中后期虫口密度，可以较好控制褐圆蚧为害，减少农药使用 1~2 次，节约成本 50 元/亩。具体防治措施如下。

（1）严格检疫。褐圆蚧常固着生活，且虫体小，故其远距离传播主要依靠寄主植物携带。因此，在苗木调运时应实施检疫，以防传播蔓延。选择植物种苗时要严格把关，不栽种带有虫体的苗木；一旦发现带虫植株，应及时进行控制，将虫和带虫植株集中烧毁，以消除虫源，制止蔓延。

（2）物理防治。加强麻园管理。及时中耕松土、施肥、灌水，使麻园通风透光，以增强麻株的长势，提高植株的抗虫能力。冬季结合剪修，尽量把有介壳虫的部分剪掉；把藏在裂缝中的介壳虫刮掉，并集中进行烧毁。春季是若虫的活动盛期，在若虫向梢端迁移前，可采用往植株上环绕涂胶或涂废机油的方法（隔 10~15d 涂 1 次，共涂 2~3 次），以阻止初孵若虫的传播；同时，应及时清除环下的若虫。可用木棍、硬毛刷或钢丝刷刷掉植株上的雌虫、若虫和卵，虫体不多的也可用湿抹布把介壳虫和煤污病擦掉或用水擦洗，然后集中杀灭所捕获的虫体。

（3）生物防治。保护并利用天敌，是控制褐圆蚧的重要手段之一。褐圆蚧的主要天敌有细缘唇瓢虫、红点唇瓢虫、黑缘红瓢虫，黄金蚜小蜂，黑色软蚧蚜小蜂、闽粤软蚧蚜小蜂、夏威夷软蚧蚜小蜂、斑翅食蚧蚜小蜂、蜡蚧斑翅蚜小蜂、赖食软蚧蚜小蜂、软蚧扁角跳小蜂、绵蚧阔柄跳小蜂、草蛉。由于褐圆蚧喜聚集在剑麻的叶缝中及气根部，药物很难触及，因此，利用天敌来防治介壳虫是剑麻害虫防治的发展趋势。褐圆蚧自然天敌的寄生率或者捕食率要比外地引进的物种和人工繁殖的天敌都要高，因此，对自然天敌加以保护是褐圆蚧生物防治的主要措施。

（4）化学防治。可用敌百虫 1 000 倍液、25%喹硫磷乳油 2 000~ 2 500倍液，或 4%吡虫啉乳油 2 000~ 2 500倍液，或 40%氧化乐果乳油 2 500~ 3 000倍液进行防治。在虫体孵化盛期和若虫高峰期，可用 20%害扑威乳油 600~800 倍液、75%辛硫磷乳油 600~800 倍液等速效型杀虫剂防治，尽量避免使用对环境副作用大的传统杀虫剂。

### （四）干旱条件下剑麻病虫害安全高效防控技术要点

选用抗性品种。如剑麻 H. 11648、孤叶龙舌兰等产量高、根系适量的品种。

科学施肥。下足基肥，基肥以厩肥、绿肥、磷肥、钾肥和石灰等混合施用，用量为 5 000~7 500kg/亩。追肥视麻株生长情况而定或进行测土配方施肥，一般每年追肥 1~2 次。针对剑麻紫色先端卷叶病，采用麻渣还田，并追施有机肥 1 000~ 1 500kg/亩，开割后壮龄麻则在大行中开沟施肥等措施可有效缓解。

保墒与灌溉。秸秆保墒：充分利用秸秆、杂草等，切割后均匀地覆盖在剑麻行间，厚度以 15cm 为宜，可降低土壤温度，有效减少土壤水分的蒸发，增加土壤蓄水量，起到保墒作用，同时提高肥料利用率；培土保墒：根部四周进行培土，加深根茎部土层，提高根系抗旱能力；节水灌溉：提高水资源利用率，采用滴灌方法进行灌溉；合理割叶，减少蒸腾作用：针对干旱的气候特点，适当割除老叶大叶，合理减少叶面积，减少植株蒸腾作用。

化学防治。重点防治新菠萝灰粉蚧、斑马纹病和紫色卷叶病。对新菠萝灰粉蚧，采用石灰防治技术，或选用 24%螺虫乙酯 SC 3 000~ 4 000倍液，选用 48%毒死蜱 EC 800~ 1 000倍液+10%吡虫啉 WP 500~600 倍液进行喷雾。斑马纹病可喷施 80%代森锰锌 WP 600 倍液，或 58%甲霜灵锰锌 WP 500 倍液，或 72%霜脲锰锌 WP 600~800 倍液，或 50%烯酰吗啉 WP 800~ 1 000倍液，视病情连喷 3~4 次。对紫色卷叶病，可通过加强肥水管理，增施有机肥进行防治。

# 第四章　设施设备研究进展

## 一　种植机械与设备

在麻类作物种植机械与设备研发方面，首先通过调研国内现有苎麻收获概况及国内外麻类、高茎秆类作物收获机械技术，并对其主要技术结构、性能进行消化分析，有选择性地吸收和借鉴；其次，分析研究国内现有切割器进行切割苎麻的性能和影响，研究结构和运动等参数的变化对收割机性能的影响；最后根据研究确定收割机的技术参数及结构特点。根据室内试验的结果，对苎麻收割机的运动参数和结构进行了优化设计，改进的 4LMZ-160A 型苎麻联合收割机样机进行了试验示范，在第十八届中国国际高新技术成果交易会上获优秀产品奖。在对苎麻作物特性研究的基础上，对大麻茎秆的弹性参数进行了试验研究，研制了大麻收割机进行试验示范。

### （一）麻类作物茎秆力学模型研究

1. 苎麻力学模型的研究

（1）几何模型的假定。苎麻茎秆的横截面近似圆形，横截面从内到外分别为中心髓部、木质部、韧皮纤维层（韧皮部）和青皮层如图 4-1 所示。

中心髓部呈现泡沫状，结构组织疏松，形状不规则，青皮层很薄很脆，两者力学特性相较于其他组分可以忽略不计。苎麻茎秆个体与个体之间以及不同部位之间存在较大的差异，所以需要对其几何形状进行抽象简化。假定苎麻截面为某一直径尺寸的圆形截面，各组分材料、直径、壁厚尺寸均匀，在忽略中心髓部后，苎麻几何形状则为空心圆管，由木质部和韧皮部两个不同材质组分而成，并建立坐标轴，茎秆轴向建立 Z 轴，径向建立 X 轴和 Y 轴（图 4-2）。

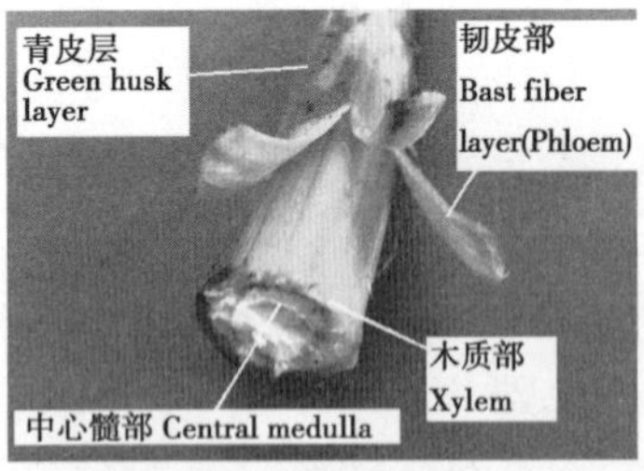


图 4-1　苎麻茎秆结构

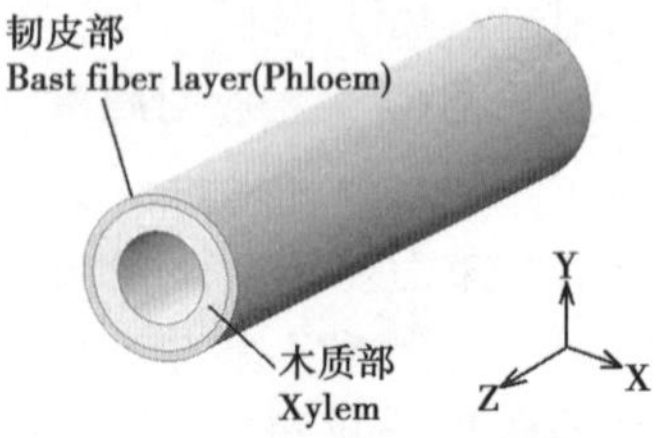


图 4-2　苎麻茎秆几何模型

（2）本构关系的弹性参数。根据复合材料力学的理论，正交各向异性材料各组分特性可以由 9 个工程弹性参数来表征，分别为：轴向弹性模量 $E_Z$，径向弹性模量 $E_X$、$E_Y$；同性平面轴向剪切模量 $G_{XY}$，异性平面径向剪切模量 $G_{YZ}$、$G_{XZ}$；同性平面泊松比 $\mu_{XY}$，异性平面泊松比 $\mu_{YZ}$、$\mu_{XZ}$。根据苎麻几何形状的假定，苎麻具有轴回转的特性，存在正交对称的界面，使其具备了横观正交异性材料的特点。其各工程弹性参数满足式（1）。

$$\begin{cases} E_X = E_Y \\ G_{YZ} = G_{XZ} \\ \mu_{YZ} = \mu_{XZ} \\ G_{XY} = \dfrac{E_X}{2(1+\mu_{XY})} \end{cases} \tag{1}$$

（3）弹性参数确立的理论方法。

①首先测量苎麻茎秆试样的外径（$D$），内径（$d$）和韧皮部厚度（$h$），由式（2）可计算苎麻茎秆木质部和韧皮部所占茎秆的体积比 $V_M$、$V_R$。

$$\begin{cases} V_M = \dfrac{(D-2\cdot h)^2 - d^2}{D^2 - d^2} \\ V_R = 1 - V_M \end{cases} \tag{2}$$

②通过万能试验机对苎麻茎秆试样各组分进行轴向拉伸试验，获得其木质部、韧皮部和茎秆的轴向拉伸弹性模量 $E_{Z2}$、$E_{Z3}$、$E_{Z1}$。同时可利用复合材料工程常数关系式［式（3）］对各组分的轴向拉伸弹性模量进行验证。

$$E_{Z1} = E_{Z2}\cdot V_M + E_{Z3}\cdot V_R \tag{3}$$

③通过万能试验机对苎麻茎秆试样各组分进行径向压缩试验，获得其木质部、韧皮部和茎秆的径向压缩弹性模量 $E_{X2}$、$E_{X3}$、$E_{X1}$。同时可利用复合材料工程常数关系式［式（4）］对各组分的径向压缩弹性模量进行验证。

$$E_{X1} = \frac{E_{X2}\cdot E_{X3}}{V_M\cdot E_{X3} + V_R\cdot E_{X2}} \tag{4}$$

④通过万能试验机对苎麻茎秆试样木质部和茎秆进行径向三点弯曲试验，参考《夹层结构弯曲性能试验方法（GB 1456—2005）》的圆管剪切刚度计算公式［式（5）］和圆管剪切模量的计算公式［式（6）］，获得其木质部和茎秆的径向剪切刚度 $U_{YZ2}$、$U_{YZ1}$以及弯剪模量 $G_{YZ2}$、$G_{YZ1}$。

$$U = \frac{\Delta p\cdot L}{4\left(f - \dfrac{f_1\cdot L}{3a}\right)} \tag{5}$$

式中：$U$ 为剪切刚度，N；$\Delta p$ 为弹性阶段载荷增量，N；$L$ 为跨距，mm；$f$ 为跨中挠度增量，mm；$f_1$为外延挠度增量，mm；$a$ 为外延长度，mm。

$$G = \frac{2U}{\pi/4(D^2 - d^2)} = 2.564\,\frac{U}{D^2 - d^2} \tag{6}$$

式中：$G$ 为弯剪模量，MPa；$U$ 为剪切刚度，N；$D$ 为试件外径，mm；$d$ 为试件内径，mm。

由式（6）可得到苎麻木质部和茎秆的弯曲剪切模量 $G_{YZ2}$、$G_{YZ1}$。由于苎麻韧皮部无法进行三点弯曲试验，所以其弯曲剪切模量则需要根据公式进行计算。根据复合材料力学工程常数的关系式，可以推导得出苎麻韧皮部的弯曲剪切模量 $G_{YZ3}$，推导过程如式（7）。

$$G_{YZ1} = \frac{G_{YZ2}\cdot G_{YZ3}}{V_M G_{YZ2} + V_R G_{YZ3}} \Leftrightarrow G_{YZ3} = \frac{V_M\cdot G_{YZ1}\cdot G_{YZ2}}{G_{YZ2} - V_R\cdot G_{YZ1}} \tag{7}$$

⑤轴向扭转剪切模量无法通过万能试验机测定，查询相似材料泊松比，以及结合以往相关材料研究基础[20,21]，可以假定苎麻茎秆木质部、韧皮部、茎秆的同性平面泊松比 $\mu_{XY2}$、$\mu_{XY3}$、$\mu_{XY1}$ 均取 0.3。然后通过式（1）可得其轴向扭转剪切模量 $G_{XY}$。

⑥根据复合材料力学理论推导出正交各向异性材料的参数关系［式（8）］，并通过径向压缩弹性模量 $E_X$、轴向拉伸弹性模量 $E_Z$和同性平面泊松比 $\mu_{XY}$的所得数据可推导出异性面泊松比 $\mu_{YZ}$。

$$\mu_{YZ} < \frac{1}{\sqrt{2\cdot\mu_{XY}}}\cdot\frac{E_X}{E_Z} \tag{8}$$

（4）茎秆各组分轴向拉伸试验。选用国家麻类产业技术体系咸宁苎麻综合试验站种植的“中苎一号”品种的三麻为研究对象。实验材料选通直无病态的苎麻茎秆 60 株，分别测量底部以上 10cm 处外径 $D$，内径 $d$，分离韧皮部后测量其韧皮部厚度 $h$，经过数据统计获得平均值，苎麻茎秆平均外径 $D=11.18$mm，平均内径 $d=6.53$mm，韧皮部平均厚度 $h=0.57$mm。根据式（2）计算获得木质部占茎秆的体积比 $V_M$为 0.706，韧皮部占茎秆体积比 $V_R$为 0.294。试验材料测得的茎秆材料含水率：69.74%~77.31%（湿基含水率）。

力学测试设备采用 WDW-10 微机控制电子万能试验机，测试力量程 5 kN。其力传感器以及位移传感器的精度都在±0.1%内。另外，其他的辅助工具包括测试夹具、游标卡尺、直尺、感应式水分测试仪等辅助测试工具。压缩试验和弯曲试验设计相同。

拉伸试验中木质部、韧皮部和茎秆试样切割成长 80mm，宽为 6~7mm，厚为材料自身厚度的矩形；试样使用板式夹具，将试验材料夹紧，夹持部位用纱布包裹，以保护材料的夹持部位；启动预紧力<5N，试验加载速度为 5mm/min，木质部、韧皮部和茎秆试样的试验各重复进行 20 组。

对木质部、韧皮部和茎秆的 20 组试样进行轴向拉伸试验数据，如表 4-1 所示。

**表 4-1　轴向拉伸试验数据**

| 组分 | 编号 | 宽度（mm） | 厚度（mm） | 标定长度（mm） | 弹性模量（MPa） | 编号 | 宽度（mm） | 厚度（mm） | 标定长度（mm） | 弹性模量（MPa） |
|---|---|---|---|---|---|---|---|---|---|---|
| | 1 | 6.74 | 1.84 | 53 | 397.87 | 11 | 6.08 | 1.98 | 52 | 239.63 |
| | 2 | 6.30 | 2.20 | 51 | 317.46 | 12 | 6.88 | 2.10 | 56 | 246.26 |
| | 3 | 6.50 | 2.16 | 67 | 228.63 | 13 | 6.06 | 1.62 | 56 | 394.58 |
| | 4 | 6.20 | 2.30 | 58 | 214.35 | 14 | 6.40 | 1.62 | 62 | 450.89 |
| | 5 | 6.88 | 1.96 | 54 | 241.87 | 15 | 6.04 | 1.82 | 64 | 453.51 |
| 木质部 | 6 | 6.58 | 2.08 | 54 | 245.81 | 16 | 6.38 | 2.30 | 61 | 395.91 |
| | 7 | 6.78 | 1.88 | 56 | 363.33 | 17 | 6.44 | 1.80 | 66 | 505.59 |
| | 8 | 6.98 | 1.80 | 63 | 281.08 | 18 | 6.12 | 2.10 | 61 | 423.02 |
| | 9 | 6.20 | 1.92 | 54 | 218.65 | 19 | 6.50 | 2.10 | 57 | 150.94 |
| | 10 | 6.88 | 2.06 | 50 | 184.86 | 20 | 6.64 | 1.76 | 60 | 464.21 |
| | 平均值 | 6.48 | 1.97 | 57.75 | 320.92 | 标准差 | 0.31 | 0.20 | 5.01 | 108.02 |
| | 1 | 6.60 | 0.36 | 59 | 1 376.27 | 11 | 6.24 | 0.42 | 67 | 2 798.79 |
| | 2 | 6.20 | 0.28 | 62 | 2 335.16 | 12 | 7.06 | 0.54 | 60 | 1 965.63 |
| | 3 | 7.08 | 0.40 | 53 | 2 758.55 | 13 | 6.10 | 0.50 | 55 | 4 080.65 |
| | 4 | 6.32 | 0.40 | 55 | 2 413.03 | 14 | 6.02 | 0.48 | 56 | 1 647.28 |
| | 5 | 6.02 | 0.52 | 54 | 1 914.13 | 15 | 6.90 | 0.56 | 58 | 2 319.53 |
| 韧皮部 | 6 | 6.68 | 0.65 | 52 | 1 253.95 | 16 | 6.60 | 0.54 | 60 | 2 235.04 |
| | 7 | 6.42 | 0.48 | 58 | 2 461.26 | 17 | 6.52 | 0.54 | 60 | 1 793.06 |
| | 8 | 6.04 | 0.46 | 60 | 2 948.37 | 18 | 6.72 | 0.60 | 51 | 2 901.88 |
| | 9 | 6.38 | 0.56 | 58 | 3 923.47 | 19 | 6.20 | 0.56 | 55 | 2 128.61 |
| | 10 | 6.90 | 0.58 | 60 | 2 444.71 | 20 | 6.44 | 0.42 | 58 | 2 485.04 |
| | 平均值 | 6.47 | 0.49 | 57.55 | 2 409.22 | 标准差 | 0.34 | 0.09 | 3.78 | 719.28 |
| | 1 | 6.30 | 2.12 | 58 | 449.72 | 11 | 6.38 | 2.28 | 52 | 425.38 |
| | 2 | 6.42 | 2.30 | 56 | 627.35 | 12 | 6.92 | 2.28 | 50 | 440.80 |
| | 3 | 6.46 | 2.82 | 54 | 318.55 | 13 | 6.40 | 2.32 | 60 | 489.62 |
| | 4 | 6.98 | 2.64 | 56 | 493.75 | 14 | 6.90 | 2.08 | 59 | 463.94 |
| | 5 | 7.12 | 2.34 | 60 | 427.48 | 15 | 6.52 | 2.06 | 64 | 299.94 |
| 茎秆 | 6 | 6.50 | 2.52 | 58 | 419.64 | 16 | 7.04 | 2.16 | 54 | 448.68 |
| | 7 | 6.80 | 2.44 | 70 | 490.00 | 17 | 6.40 | 2.32 | 64 | 572.62 |
| | 8 | 6.80 | 2.56 | 60 | 620.29 | 18 | 6.12 | 2.54 | 51 | 306.37 |
| | 9 | 6.30 | 2.68 | 62 | 670.86 | 19 | 7.04 | 2.30 | 50 | 414.30 |
| | 10 | 6.72 | 2.02 | 58 | 584.49 | 20 | 6.12 | 2.42 | 59 | 359.52 |
| | 平均值 | 6.61 | 2.36 | 57.75 | 466.17 | 标准差 | 0.32 | 0.22 | 5.12 | 106.23 |

轴向拉伸试验统计计算得木质部弹性模量平均值 $E_{Z2}$为 320.92MPa，标准差为 108.02MPa，最大值 $E_{Z2}$max 为 505.59MPa，最小值 $E_{Z2}$min 为 150.94MPa；韧皮部弹性模量平均值 $E_{Z3}$为 2 409.22

MPa，标准差为 719. 28MPa，最大值 $E_{Z3}$max 为 4 080. 65MPa，最小值 $E_{Z3}$min 为 1 253. 95MPa；茎秆弹性模量平均值 $E_{Z1}$为 466. 17MPa，标准差为 106. 23MPa，最大值 $E_{Z1}$max 为 670. 86MPa，最小值 $E_{Z1}$min 为 299. 94MPa。

（5）茎秆各组分径向压缩试验。木质部、韧皮部和茎秆试样切割成长 10~11mm，宽为 5~6mm，厚为材料自身厚度的矩形；试样使用压缩试验压块，启动预压力<5N，试验加载速度为 5mm/min，木质部、韧皮部和茎秆试样的试验各重复进行 10 组。

对木质部、韧皮部和茎秆的 10 组试样进行径向压缩试验数据如表 4-2 所示。

**表 4-2　径向压缩试验数据**

| 组分 | 编号 | 宽度（mm） | 长度（mm） | 厚度（mm） | 弹性模量（MPa） | 编号 | 宽度（mm） | 长度（mm） | 厚度（mm） | 弹性模量（MPa） |
|---|---|---|---|---|---|---|---|---|---|---|
| 木质部 | 1 | 5. 22 | 10. 62 | 1. 54 | 8. 90 | 6 | 5. 08 | 10. 08 | 1. 86 | 10. 27 |
| | 2 | 5. 12 | 10. 60 | 1. 76 | 11. 51 | 7 | 5. 34 | 10. 72 | 1. 74 | 8. 56 |
| | 3 | 5. 48 | 10. 84 | 1. 68 | 10. 33 | 8 | 5. 22 | 10. 22 | 1. 72 | 10. 44 |
| | 4 | 5. 34 | 10. 80 | 1. 74 | 10. 88 | 9 | 5. 10 | 10. 82 | 1. 90 | 13. 52 |
| | 5 | 5. 52 | 10. 58 | 1. 62 | 11. 02 | 10 | 4. 84 | 10. 60 | 1. 58 | 7. 95 |
| | 平均值 | 5. 23 | 10. 59 | 1. 71 | 10. 34 | 标准差 | 0. 20 | 0. 25 | 0. 11 | 1. 61 |
| 韧皮部 | 1 | 5. 32 | 9. 78 | 0. 58 | 7. 27 | 6 | 5. 32 | 10. 30 | 0. 52 | 8. 31 |
| | 2 | 5. 30 | 10. 10 | 0. 62 | 7. 04 | 7 | 5. 22 | 10. 36 | 0. 60 | 9. 85 |
| | 3 | 5. 86 | 10. 50 | 0. 62 | 8. 64 | 8 | 5. 70 | 10. 10 | 0. 48 | 8. 32 |
| | 4 | 5. 30 | 10. 62 | 0. 52 | 8. 24 | 9 | 5. 52 | 10. 04 | 0. 48 | 7. 60 |
| | 5 | 5. 24 | 10. 06 | 0. 52 | 8. 21 | 10 | 5. 60 | 9. 92 | 0. 52 | 6. 77 |
| | 平均值 | 5. 44 | 10. 18 | 0. 55 | 8. 03 | 标准差 | 0. 22 | 0. 26 | 0. 05 | 0. 90 |
| 茎秆 | 1 | 4. 36 | 10. 88 | 2. 18 | 11. 16 | 6 | 4. 62 | 10. 20 | 2. 00 | 9. 43 |
| | 2 | 4. 38 | 10. 32 | 2. 10 | 9. 38 | 7 | 4. 68 | 10. 28 | 1. 98 | 9. 47 |
| | 3 | 4. 22 | 10. 66 | 2. 02 | 9. 59 | 8 | 4. 64 | 10. 52 | 2. 00 | 10. 14 |
| | 4 | 4. 22 | 10. 62 | 2. 04 | 10. 06 | 9 | 4. 40 | 10. 66 | 1. 98 | 9. 19 |
| | 5 | 4. 42 | 10. 22 | 2. 04 | 9. 16 | 10 | 4. 52 | 10. 02 | 2. 00 | 9. 74 |
| | 平均值 | 4. 45 | 10. 44 | 2. 03 | 9. 73 | 标准差 | 0. 16 | 0. 27 | 0. 06 | 0. 60 |

径向压缩试验统计计算得木质部弹性模量平均值 $E_{X2}$为 10. 34MPa，标准差为 1. 61MPa，最大值 $E_{X2}$max 为 13. 52MPa，最小值 $E_{X2}$min 为 7. 95MPa；韧皮部弹性模量平均值 $E_{X3}$为 8. 03MPa，标准差为 0. 90MPa，最大值 $E_{X3}$max 为 9. 85MPa，最小值 $E_{X3}$min 为 6. 77MPa；茎秆弹性模量平均值 $E_{X1}$为 9. 73MPa，标准差为 0. 60MPa，最大值 $E_{X1}$max 为 11. 16MPa，最小值 $E_{X1}$min 为 9. 16MPa。

（6）茎秆各组分径向弯曲试验。木质部和茎秆试样长 120mm，试样截面为圆管形，外径和内径取决于材料自身的情况。使用游标卡尺测量各个试样的几何参数（外径 $D$、内径 $d$）并记录；试样放在三点弯曲试验夹具的支座和压头之间，支座的跨距 $L$ 为 80mm，启动预紧力<5N，试验加载速度为 5mm/min，木质部、茎秆试样的试验各重复进行 10 组。

对木质部、茎秆的 10 组试样进行径向弯曲试验数据如表 4-3 所示。

**表 4-3　径向弯曲试验数据**

| 组分 | 编号 | $D$（mm） | $d$（mm） | $L$（mm） | $a$（mm） | $\Delta p$（N） | $f$（mm） | $f1$（mm） | $U$（N） | $G$（MPa） |
|---|---|---|---|---|---|---|---|---|---|---|
| 木质部 | 1 | 9. 60 | 6. 70 | 80 | 20 | 37 | 1. 5 | 0. 66 | 1 193. 55 | 64. 74 |
| | 2 | 9. 40 | 6. 66 | 80 | 20 | 44 | 1. 5 | 0. 64 | 1 360. 82 | 79. 29 |
| | 3 | 10. 60 | 7. 02 | 80 | 20 | 41. 5 | 1. 5 | 0. 58 | 1 142. 20 | 46. 43 |
| | 4 | 11. 10 | 7. 68 | 80 | 20 | 44 | 1. 5 | 0. 62 | 1 306. 93 | 52. 17 |
| | 5 | 11. 12 | 7. 72 | 80 | 20 | 45 | 1. 5 | 0. 68 | 1 516. 85 | 60. 72 |
| | 6 | 11. 08 | 7. 64 | 80 | 20 | 50 | 1. 5 | 0. 64 | 1 546. 39 | 61. 57 |
| | 7 | 10. 52 | 7. 76 | 80 | 20 | 42. 5 | 1. 5 | 0. 60 | 1 214. 29 | 61. 71 |
| | 8 | 9. 52 | 7. 78 | 80 | 20 | 39. 5 | 1. 5 | 0. 64 | 1 221. 65 | 104. 06 |
| | 9 | 10. 40 | 7. 68 | 80 | 20 | 51. 5 | 1. 5 | 0. 68 | 1 735. 96 | 90. 51 |
| | 10 | 9. 32 | 7. 04 | 80 | 20 | 36. 5 | 1. 5 | 0. 58 | 1 004. 59 | 69. 05 |
| | 平均值 | 10. 27 | 7. 37 | | | 43. 15 | | 0. 63 | 1 324. 32 | 69. 02 |
| | 标准差 | 0. 74 | 0. 46 | | | 4. 94 | | 0. 04 | 219. 24 | 17. 59 |

（续表）

| 组分 | 编号 | $D$ (mm) | $d$ (mm) | $L$ (mm) | $a$ (mm) | $\Delta p$ (N) | $f$ (mm) | $f1$ (mm) | $U$ (N) | $G$ (MPa) |
|---|---|---|---|---|---|---|---|---|---|---|
| 茎秆 | 1 | 10.28 | 6.34 | 80 | 20 | 30.5 | 1.5 | 0.56 | 1 143.56 | 46.92 |
| | 2 | 10.12 | 6.58 | 80 | 20 | 40 | 1.5 | 0.44 | 875.91 | 37.99 |
| | 3 | 10.48 | 6.88 | 80 | 20 | 38.5 | 1.5 | 0.62 | 809.73 | 31.71 |
| | 4 | 10.16 | 6.44 | 80 | 20 | 38.5 | 1.5 | 0.60 | 1 100.00 | 45.67 |
| | 5 | 10.30 | 6.24 | 80 | 20 | 31 | 1.5 | 0.64 | 958.76 | 36.61 |
| | 6 | 10.42 | 6.16 | 80 | 20 | 27.5 | 1.5 | 0.66 | 887.10 | 32.20 |
| | 7 | 11.40 | 7.02 | 80 | 20 | 55.5 | 1.5 | 0.56 | 1 473.45 | 46.83 |
| | 8 | 12.32 | 7.40 | 80 | 20 | 64.5 | 1.5 | 0.58 | 1 775.23 | 46.91 |
| | 9 | 12.46 | 7.36 | 80 | 20 | 49 | 1.5 | 0.64 | 1 515.46 | 38.44 |
| | 10 | 12.02 | 7.28 | 80 | 20 | 43 | 1.5 | 0.60 | 1 228.57 | 34.43 |
| | 平均值 | 11.00 | 6.77 | | | 41.80 | | 0.59 | 1 176.78 | 39.77 |
| | 标准差 | 0.95 | 0.48 | | | 11.69 | | 0.06 | 320.98 | 6.26 |

注：$D$ 为试件外径，$d$ 为试件内径，$L$ 为跨距，$a$ 为外延长度，$\Delta p$ 为弹性阶段载荷增量，$f$ 为跨中挠度增量，$f1$ 为外延挠度增量，$U$ 为剪切刚度，$G$ 为弯剪模量

径向弯曲试验统计计算得木质部剪切模量平均值 $G_{XZ2}$ 为 69.02MPa，标准差为 17.59MPa，最大值 $G_{XZ2}max$ 为 104.06MPa，最小值 $G_{XZ2}min$ 为 46.43MPa；茎秆剪切模量平均值 $G_{XZ1}$ 为 39.77MPa，标准差为 6.26MPa，最大值 $G_{XZ1}max$ 为 46.92MPa，最小值 $G_{XZ1}min$ 为 31.71MPa。

（7）苎麻茎秆各组分弹性参数。试验得到的弹性参数如下：

苎麻茎秆底部平均直径 $D$ 为 11.18mm，内径 $d$ 为 6.53mm，韧皮部厚度 $h=0.57$mm；苎麻茎秆木质部和韧皮部所占茎秆的体积比 $V_M=0.706$、$V_R=0.294$。

轴向拉伸弹性模量：木质部 $E_{Z2}=320.92$MPa，韧皮部 $E_{Z3}=2\,409.22$MPa，茎秆 $E_{Z1}=466.17$MPa。

径向压缩弹性模量：木质部 $E_{X2}=10.34$MPa，韧皮部 $E_{X3}=8.03$MPa，茎秆 $E_{X1}=9.73$MPa。

异性面弯剪模量：木质部 $G_{XZ2}=69.02$MPa，茎秆 $G_{XZ1}=39.77$MPa。

同性平面泊松比：木质部 $\mu_{XY2}$、韧皮部 $\mu_{XY3}$、茎秆 $\mu_{XY1}$ 均为 0.3。

计算得到的弹性参数如下：

由 $E_{X1}$、$E_{X2}$、$E_{X3}$ 及 $\mu_{XY2}$、$\mu_{XY3}$、$\mu_{XY1}$ 的所得数据代入式（1）可得苎麻茎秆各组分的同性面扭剪模量：木质部 $G_{XY2}=3.98$MPa，韧皮部 $G_{XY3}=3.09$MPa，茎秆 $G_{XY1}=3.74$MPa。

由 $G_{YZ1}$、$G_{YZ2}$、$V_M$、$V_R$ 的所得数据代入式（7）可得苎麻韧皮部异性面弯剪模量 $G_{YZ3}=33.80$MPa。

将结果代入式（8）得异性面的泊松比：木质部 $\mu_{YZ2}<0.0415$、韧皮部 $\mu_{YZ3}<0.0043$、茎秆 $\mu_{YZ1}<0.026\,9$。

综合试验和计算得到的弹性参数，结合式（1），可得苎麻茎秆各组分弹性参数，如表 4-4。

**表 4-4　苎麻茎秆各组分弹性参数**

| | $E_X$（MPa） | $E_Y$（MPa） | $E_Z$（MPa） | $G_{XY}$（MPa） | $G_{XZ}$（MPa） | $G_{YZ}$（MPa） | $\mu_{XY}$ | $\mu_{XZ}$ | $\mu_{YZ}$ |
|---|---|---|---|---|---|---|---|---|---|
| 茎秆 | 9.73 | 9.73 | 466.17 | 3.74 | 39.77 | 39.77 | 0.3 | <0.026 9 | <0.026 9 |
| 木质部 | 10.34 | 10.34 | 320.92 | 3.98 | 69.02 | 69.02 | 0.3 | <0.041 5 | <0.041 5 |
| 韧皮部 | 8.03 | 8.03 | 2 409.22 | 3.09 | 33.80 | 33.80 | 0.3 | <0.004 3 | <0.004 3 |

注：$E_X$ 为径向（$X$ 向）弹性模量，$E_Y$ 为径向（$Y$ 向）弹性模量，$E_Z$ 为轴向弹性模量，$G_{XY}$ 为轴向扭剪模量，$G_{XZ}$ 为径向（$Y$ 向）弯剪模量，$G_{YZ}$ 为径向（$X$ 向）弯剪模量，$\mu_{XY}$ 为 $XY$ 平面泊松比，$\mu_{XZ}$ 为 $XZ$ 平面泊松比，$\mu_{YZ}$ 为 $YZ$ 平面泊松比

将 $E_{Z2}$、$E_{Z3}$、$V_M$、$V_R$ 的数据代入式（3）可得 $E_{Z1}$ 为 934.880 2 MPa，而试验测定 $E_{Z1}$ 为 320.92MPa。两者差距较大，且实际测量值 $E_{Z1}$ 更加接近 $E_{Z2}$。究其原因，苎麻复合中木质部和韧皮部靠自身黏附力在表层黏结，其黏附力不能阻止韧皮部沿木质部表层滑移，同时在拉伸试验中，表现更多为木质部的承载作用，所以实际测量值 $E_{Z1}$ 更加接近 $E_{Z2}$。

将 $E_{X2}$、$E_{X3}$、$V_M$、$V_R$ 代入式（4）可得 $E_{X1}$ 为 9.534MPa，而试验测定 $E_{Z1}$ 为 9.73MPa。两者数

据接近，说明在径向苎麻各组分符合复合材料的特性。

2. 工业大麻力学模型的研究

工业大麻力学模型的研究方法与苎麻类似，最终试验曲线、试验数据和结果如表 4-5 所示。

表 4-5　大麻茎秆各组分弹性参数

| Item | $E_X$ (MPa) | $E_Y$ (MPa) | $E_Z$ (MPa) | $G_{XY}$ (MPa) | $G_{XZ}$ (MPa) | $G_{YZ}$ (MPa) | $\mu_{XY}$ | $\mu_{XZ}$ | $\mu_{YZ}$ |
|---|---|---|---|---|---|---|---|---|---|
| Value | 88 | 9.73 | 1 143.50 | 33.85 | 31.99 | 31.99 | 0.3 | <0.025 2 | <0.025 2 |

注：$E_X$为径向（$X$向）弹性模量，$E_Y$为径向（$Y$向）弹性模量，$E_Z$为轴向弹性模量，$G_{XY}$为轴向扭剪模量，$G_{XZ}$为径向（$Y$向）弯剪模量，$G_{YZ}$为径向（$X$向）弯剪模量，$\mu_{XY}$为$XY$平面泊松比，$\mu_{XZ}$为$XZ$平面泊松比，$\mu_{YZ}$为$YZ$平面泊松比

### （二）苎麻收获机械部件研究与试制

1. 苎麻单茎秆切割试验

（1）试验目的和方法。在收割机的切割部件的研究中，切割功耗和割刀驱动力（力矩）是重要的研究参数，它直接影响了切割部件的动力分配和传动机构保证可靠性的设计尺寸。所以，作为苎麻收割机研究设计的前期基础性研究部分，从微观的单根茎秆的角度来进行切割功和割刀驱动力的研究，通过试验获得选定的不同类型的刀片（锯齿、光刃刀片；长、短刀片）、不同切割方式（单刀片挤压式切割、双刀片剪式切割）下苎麻单茎秆切割功和最大切割驱动力，为后期收割机的设计提供理论基础。

自行设计制造的单茎秆切割试验装置三维设计如图 4-3 所示。在使用单茎秆切割装置进行双动刀单茎秆切割试验时，万能试验机的加载端与装置的万能试验机加载块相连接，当万能试验机以一定速率加载时，带动齿轮齿条传动机构运动，实现两片割刀刀片在导轨滑块机构上速度相同、方向相反的直线运动，从而实现两片刀片剪切在茎秆支撑架上的苎麻茎秆。当把装置的从动齿条以及相连的刀片拆下，则同样可进行单刀片单茎秆切割试验。另外，茎秆支撑架三维设计如图 4-4 所示。当进行单动刀切割试验时，茎秆支撑架切割支撑部位需更换 U 形垫块，单动刀片可以从 U 形垫块的中间间隙穿过，U 形垫块同时也支撑着被切割茎秆；进行双动刀切割试验时，茎秆支撑架切割支撑部位使用方型垫块即可。

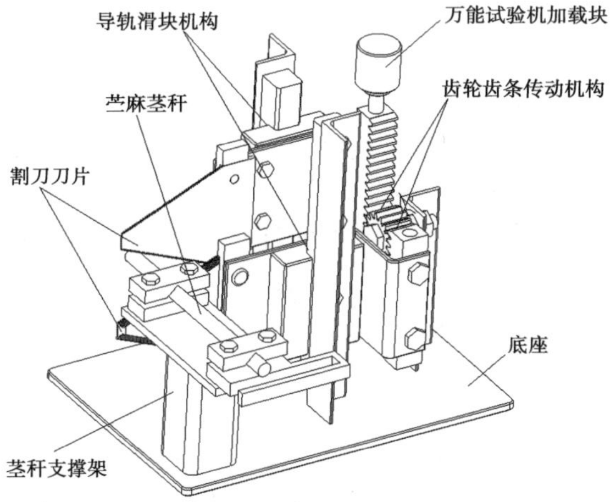


图 4-3　单茎秆切割试验装置三维设计图

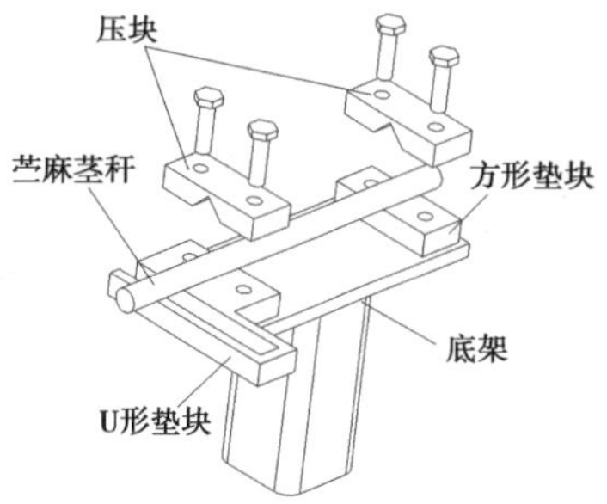


图 4-4　茎秆支撑架三维设计图

试验选用的不同类型的刀片（锯齿、光刃刀片；长、短刀片）来自现有应用的割刀刀片，刀片选用目前主要用于稻麦收割机和玉米收割机的刀片。选用的四组刀片由两种刀片长度（81mm，广泛用于稻麦收割机；120mm，广泛用于玉米收割机）和两种刀刃类型（光刃；锯齿刃）相互组合而得，各组刀片的宽度相等，均为 76mm。

（2）试验材料。选用国家麻类产业体系咸宁苎麻综合试验站种植的中苎一号品种的三麻，采集时间：2014 年 6 月 8 日，采集地点：湖北省咸宁市咸安区横沟桥镇杨畈村，材料置于冰柜密封冷藏储存。

材料试验时间：2014 年 6 月 23—26 日；试验地点：农业部南京农业机械化研究所。

为了保证试验的一致性，单茎秆切割试验的材料全都选择直径为 11～12mm 的苎麻底部茎秆材料，试验时测得的茎秆材料含水率：67.37%～76.59%（w. b.）。

（3）试验步骤。进行单茎秆切割试验时，将万能试验机的加载端与单茎秆切割装置的万能试验机连接块相连接，调整万能试验机，使其以合适的速率加载，带动装置实现茎秆切割动作。万能试验机记录下其行程过程中的力值和变形量等数据。试验时，首先进行空载试验，即测试记录不放置苎麻茎秆情况下的各个变形量和力值等数据，然后进行茎秆切割试验，测试记录切割单根茎秆时各个变形量和力值等数据，直到茎秆整体被切断。万能试验机记录的数据中的茎秆切割时力值与空载时的力值之差的最大值则为该组试验的茎秆最大切割力；各个力值和变形量数据作二维坐标曲线图，则茎秆切割时力—变形曲线与空载时力—变形曲线围成的区域面积即为改组茎秆的切割功。

（4）苎麻茎秆切割试验的力—变形曲线。图 4-5 显示了一苎麻茎秆试验试样切割典型的力—变形曲线组，其中曲线①为装置空载试验时的力—变形曲线，曲线②为装置进行苎麻茎秆切割时力—变形图。曲线组显示了明显的三个分区，在曲线图上标注 A、B 和 C，分别代表了切割试验时的三种情况下的曲线：挤压阶段，切入阶段和切割完毕阶段。在分区 A 中，力从茎秆刚开始接触式的 0 值开始一直增加，当力达到最大值时，茎秆结构开始破坏，刀片切入茎秆，力值突然下降，曲线进入分区 B。在分区 B 中，切入阶段由于切割和挤压两种情况同时发生，使得切入阶段的力值曲线上下波动，但力值整体由于切割截面积逐渐减小而逐渐下降。当苎麻茎秆被彻底切割完毕瞬间，力值突降，曲线进入分区 C，理论上分区 C 不参与苎麻茎秆的切割，力值曲线应与空载时的力值曲线大致重合，但是由于苎麻切割过程中，有少量纤维进入刀片之间，使得刀片之间运动时增加了摩擦力，所以分区 C 中苎麻茎秆切割曲线②比空载曲线①力值略高。分区 A 和分区 B 为苎麻茎秆切割的全过程。

参考相关单茎秆切割文献（Srivastava et al，1993；Chen et al，2004），通过苎麻麻茎秆切割的力—位移曲线通常可以得到该组苎麻茎秆切割的如下力学特性：最大切割驱动力 $F_{max}$（切割时与空载之差最大值）和单茎秆切割功，切割试验每组的切割功 $E_{cut}$ 为分区 A 和分区 B 的切割曲线②和空载曲线①之间的面积（通过数值积分计算）。

（5）刀片类型对各力学特性的影响。图 4-5 为各因素组合各取其中一条曲线所组成的力—变形曲线组。通过观察图 4-6，虽然双刀片切割驱动力要比单刀片大一倍，但是双刀片由于是两片刀片以“剪”的形式切割，所以，相对于单刀片切割，双刀片驱动力所做的位移减少一半，所以造成刀片数对单茎秆切割功的效应影响并不显著。观察效应曲线，另外两个因素：刀刃类型和刀片长度对单茎秆切割功的效应影响也不显著。分析原因，这是由于单茎秆切割功即为单茎秆完全切断破坏所需的功耗，这与茎秆本身属性有关，与用何种刀片、何种方法切断的外部属性关系不大。从试验数值上看，锯齿刃、长刀片和双刀片的单茎秆切割功要略大。

根据实验数据进行计算，可得各个单因素水平的最大切割驱动力和切割功平均值（表 4-6）。根据表 4-6，各因素对最大切割驱动力和切割功的效应曲线如图 4-7 所示，通过观察效应曲线可知，锯齿刃刀片、长刀片和双刀片所需的最大切割驱动力更高，刀刃类型和刀片长度的效应影响不显著，刀片数的效应影响显著，其中双刀片所需的最大切割驱动力值为单刀片所需的最大切割驱动力值的 2.042 倍。这是由于双刀片切割时，上下两对刀片同时切入苎麻茎秆，苎麻茎秆上曲面和下曲面均达到破坏载荷，所以相对于单刀片切入，双刀片切割驱动力要大一倍。

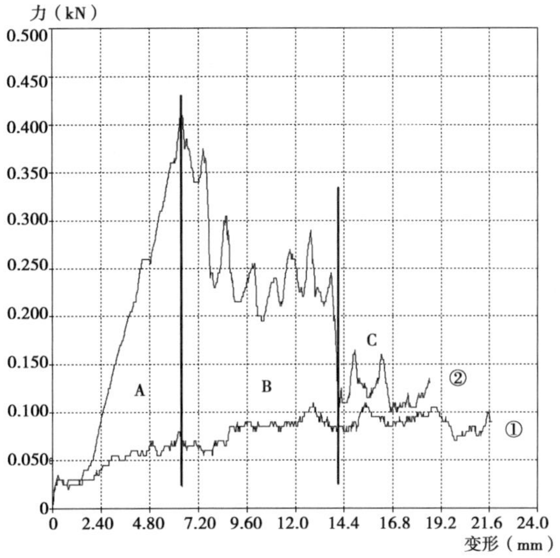


图 4-5　茎秆试样切割典型的力—变形曲线组

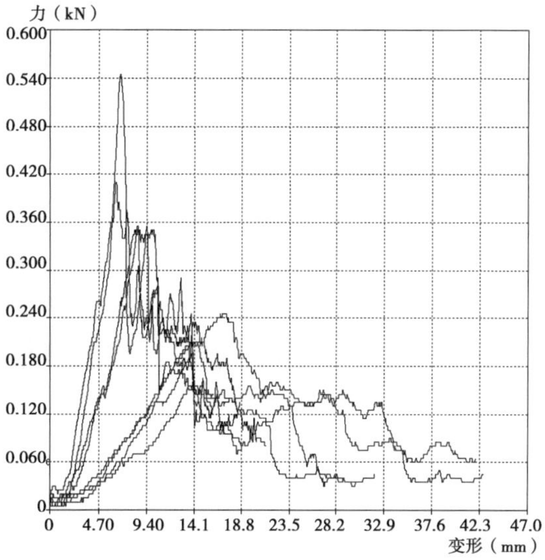


图 4-6　试验力—变形曲线组

表 4-6　各单因素水平最大切割驱动力和切割功平均值

| 因素 | 平均最大切割驱动力（$F_{max}$，N） | 平均切割功（$E_{cut}$，J） |
|---|---|---|
| 刀刃类型 | | |
| 锯齿刃 | 308.0 | 2.04 |
| 光刃 | 285.937 5 | 1.873 5 |
| 刀片长度 | | |
| 120mm | 314.937 5 | 2.105 75 |
| 81mm | 279.0 | 1.807 75 |
| 刀片数 | | |
| 双 | 398.687 5 | 2.015 |
| 单 | 195.25 | 1.898 5 |

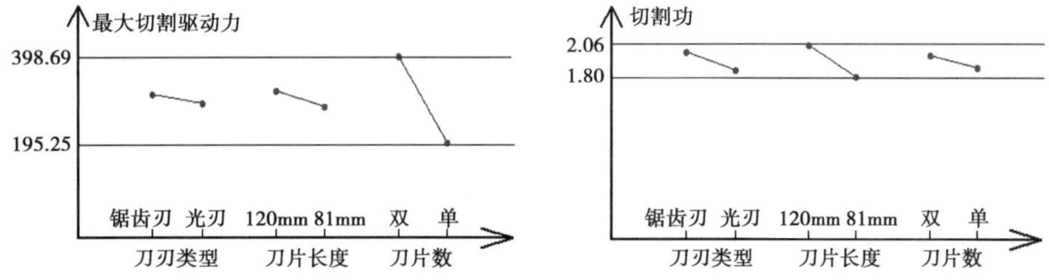


图 4-7　最大切割驱动力和切割功的效应曲线

2. 切割功率的台架试验

（1）试验方法。室内试验台切割试验研究往复式单动刀及双动刀切割器不同刀片几何参数下，不同切割线速度和苎麻茎秆喂入速度对切割性能的影响。由于苎麻机械化收割领域处于前瞻性研究，目前没有批量生产的收割机产品，切割部分的研究也尚处于起步阶段，所以在切割器刀片几何参数方面的研究主要以选用通用刀片为主的验证性研究。论文选用目前主要用于稻麦收割机和玉米收割机的刀片进行验证性研究，选用的四组刀片如图 4-8 所示。选用的四组刀片由两种刀片长度（81mm，广泛用于稻麦收割机；120mm，广泛用于玉米收割机）和两种刀刃类型（光刃；锯齿刃）相互组合而得，各组刀片的宽度相等，均为 76mm，等于试验台架刀杆臂驱动的距离。所以，选定的四组刀片几何参数分为两个因素：刀片长度和刀刃类型。

综上所述，试验设计五个因素为：切割线速度、茎秆喂入速度、刀刃类型、刀片长度、动刀组数。因为各组刀片宽度相等，所以不同的刀片长度也代表了不同的滑切角，刀片长度长的滑切角小，反之亦然。

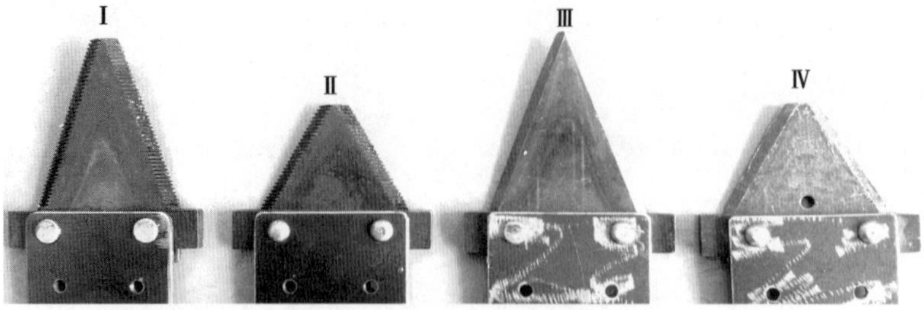


**图 4-8　用于试验的四组刀片**

正交试验（Orthogonal tests）是研究多因素多水平的一种试验方法，是分式析因式设计的主要方法。它是根据正交性从全面试验中挑选出部分有代表性的点进行试验，这些有代表性的点具备了“均匀分散，齐整可比”的特点，可以用较少的试验次数能够较为准确地找到最佳因素水平。

选取切割线速度（A）、茎秆喂入速度（B）、刀刃类型（C）、刀片长度（D）、动刀组数（E）为试验因素，其因素水平表如表 4-7 所示。试验考虑切割线速度（A）与茎秆喂入速度（B）的交互作用。由于五个因子均为两水平，所以选用两水平正交表。五因子与交互作用的自由度之和为：

$$f_A + f_B + f_C + f_D + f_E + f_{A\times B} = 1 + 1 + 1 + 1 + 1 + 1 + 1 = 6$$

故所选用正交表的行数应满足：$n\geqslant 6+1=7$，所以选择 L8（27），正交表和表头设计如表 4-7、表 4-8 所示。

**表 4-7　正交试验因素水平表**

| 因子/水平 | 1 水平 | 2 水平 |
|---|---|---|
| A：切割线速度 | 快（1.2m/s） | 慢（1.0m/s） |
| B：茎秆喂入速度 | 快（1.0m/s） | 慢（0.7m/s） |
| C：刀刃类型 | 光刃 | 锯齿刃 |
| D：刀片长度 | 长（120mm） | 短（81mm） |
| E：动刀组数 | 双动刀 | 单动刀 |

**表 4-8　正交表及表头设计**

| 表头设计<br>试验号 | A | B | A×B | C | D | E | 空列 |
|---|---|---|---|---|---|---|---|
| | 1 | 2 | 3 | 4 | 5 | 6 | 7 |
| 1 | 1 | 1 | 1 | 1 | 1 | 1 | 1 |
| 2 | 1 | 1 | 1 | 2 | 2 | 2 | 2 |
| 3 | 1 | 2 | 2 | 1 | 1 | 2 | 2 |
| 4 | 1 | 2 | 2 | 2 | 2 | 1 | 1 |
| 5 | 2 | 1 | 2 | 1 | 2 | 1 | 2 |
| 6 | 2 | 1 | 2 | 2 | 1 | 2 | 1 |
| 7 | 2 | 2 | 1 | 1 | 2 | 2 | 1 |
| 8 | 2 | 2 | 1 | 2 | 1 | 1 | 2 |

（2）试验设备、材料。试验台架：采用自行设计试制的苎麻茎秆切割试验台。

试验材料：选用国家麻类产业体系咸宁苎麻综合试验站种植的中苎 1 号品种的三麻；采集时间：2014 年 6 月 8 日；采集地点：湖北省咸宁市咸安区横沟桥镇杨畈村。为方便运输和保存，茎秆去叶并取茎秆底部 30～40cm 部分，材料在实验室置于冰柜密封冷藏保存。

材料用于试验时间：2014 年 6 月 27 日至 7 月 16 日；试验地点：农业部南京农业机械化研究所。

为了保证试验除了试验因素外的其他因素趋于稳定，所取苎麻按直径分为三等：细（Φ<9mm）、中（9mm≤Φ≤13mm）、粗（Φ>13mm），如图 4-9 所示，各等苎麻材料平均分配到各个试验组。

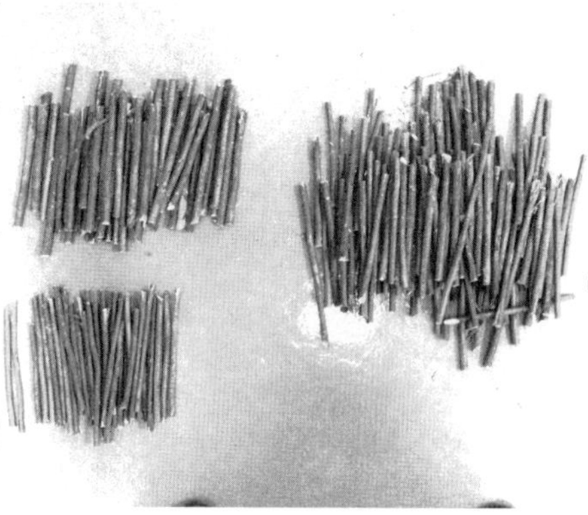


**图 4-9　苎麻茎秆材料直径分等**

（3）试验步骤。依照正交实验表和二次回归正交旋转设计依次实施试验。试验前，检测各部件连接、数据采集系统和通讯系统是否正常；将麻秆材料安插在试验台架输送架的茎秆夹持孔内，并用橡胶塞紧固定，每组试验选用麻秆材料 35 根；启动切割架电源，调节变频调速器，使得切割器切割线速度稳定于所需的速度；打开数据采集通道，计算机准备采集记录数据；根据频率转速表调节输送架变频器，启动，输送架将苎麻茎秆以试验所需速度喂入切割架完成切割过程；数据采集系统采集记录切割过程扭矩、功率和连杆臂力值等信息并储存；停止切割架电源，利用变频器点动输送架，苎麻割茬回到输送架上层，并进行切割失败苎麻株数的统计和记录；每组试验结束后清理台架上和附近地面的苎麻割茬，每个水平组合重复试验三组，信息完成储存后更换切割参数，依照试验设计的次序继续按上述操作过程进行试验。

（4）切割功率试验结果与分析。正交试验各组试验切割功率试验结果与考虑有重复试验情况的方差计算如表 4-9 所示；切割功率的方差分析如表 4-10 所示；各因素的效应曲线如图 4-10 所示。

**表 4-9　切割功率的方差计算表**

| 表头设计 | A 1 | B 2 | A×B 3 | C 4 | D 5 | E 6 | 7 | 切割功率（W） $x_{i1}$ | $x_{i2}$ | $x_{i3}$ | 和 $x_i$ |
|---|---|---|---|---|---|---|---|---|---|---|---|
| 1 | 1 | 1 | 1 | 1 | 1 | 1 | 1 | 279 | 357 | 367 | 1 003 |
| 2 | 1 | 1 | 1 | 2 | 2 | 2 | 2 | 396 | 552 | 537 | 1 485 |
| 3 | 1 | 2 | 2 | 1 | 1 | 2 | 2 | 569 | 496 | 389 | 1 454 |
| 4 | 1 | 2 | 2 | 2 | 2 | 1 | 1 | 338 | 296 | 270 | 904 |
| 5 | 2 | 1 | 2 | 1 | 2 | 1 | 2 | 176 | 128 | 101 | 405 |
| 6 | 2 | 1 | 2 | 2 | 1 | 2 | 1 | 370 | 303 | 299 | 972 |
| 7 | 2 | 2 | 1 | 1 | 2 | 2 | 1 | 238 | 270 | 211 | 719 |
| 8 | 2 | 2 | 1 | 2 | 1 | 1 | 2 | 206 | 202 | 187 | 595 |
| *T*1 | 4 846 | 3 865 | 3 802 | 3 581 | 4 024 | 2 907 | 3 598 | | | | |
| *T*2 | 2 691 | 3 672 | 3 735 | 3 956 | 3 513 | 4 630 | 3 939 | | | | |
| S | 193 501 | 1 552.04 | 187.04 | 5 859.38 | 10 880.04 | 123 697.04 | 4 845.04 | | | | |

$\sum\sum x_{ij}^2 = 2\ 753\ 671$,

$T = 7\ 537$, $\sum x_i^2 = 8\ 122\ 361$,

$S_T = 386\ 738.96$, $S_{T1} = 340\ 521.6$

**表 4-10　切割功率的方差分析表**

| 来源 | *S* | *f* | *V* | *F* 比 | 显著水平 |
|---|---|---|---|---|---|
| A | 193 501.042 | 1 | 193 501.042 | 66.988 | * * * |
| B | 1 552.042 | 1 | 1 552.042 | 0.537 | |
| A×B | 187.042 | 1 | 187.042 | 0.065 | |
| C | 5 859.375 | 1 | 5 859.375 | 2.028 | |
| D | 10 880.042 | 1 | 10 880.042 | 3.767 | * |
| E | 123 697.042 | 1 | 123 697.042 | 42.823 | * * * |
| $e_1$ | 4 845.042 | 1 | 4 845.042 | | |
| $e_2$ | 46 217.333 | 16 | 46 217.333 | | |
| e | 51 062.375 | 17 | 2 888.583 | | |
| T | 386 738.958 | 23 | 16 814.737 | | |

$F_{0.90}(1, 17) = 3.03$

$F_{0.95}(1, 17) = 4.45$

$F_{0.99}(1, 17) = 8.40$

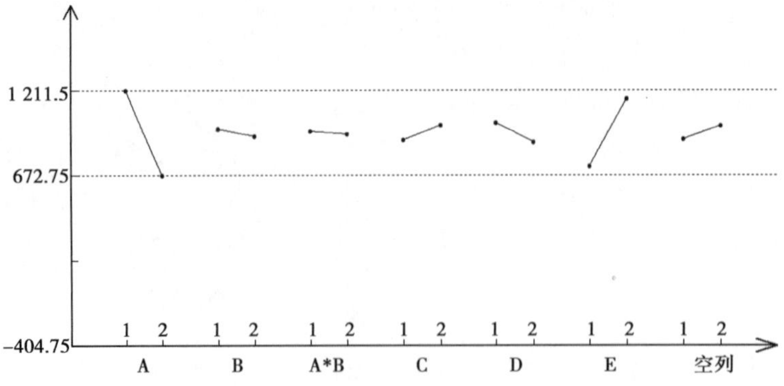


**图 4-10　切割功率的效应曲线图**

通过对切割功率试验结果的方差分析，因子 A 和 E 在显著性水平 0.01 上是显著的，因子 D 在显著性水平 0.10 上是显著的，而因子 B、C 及交互作用 A×B 不显著。综合试验结果可以看出，切割线速度和动刀组数是影响切割功率的主要因素，其次是刀片长度对切割功率也有一定影响，最后茎秆喂入速度、刀刃类型和切割线速度茎秆喂入速度交互作用对切割功率的影响不显著。切割功率最小最优的组合为：A2E1D2，即切割线速度慢、采用双动刀切割以及使用短刀片。

试验结果表明，切割器本身的驱动功率很大程度上决定了切割器苎麻切割时的功率，当切割线速度快时，其切割功率大；使用双动刀组时，虽然驱动的动刀组与单动刀组相比多一组，驱动的动刀质量是单动刀组的两倍，但是同样切割线速度下双动刀组单个刀片的线速度只有单动刀组的一半，由于切割器动能与质量成正比，与速度的二次方成正比，所以，单动刀组的驱动功率更大；使用刀片时，短刀片比长刀片质量更小，切割时的功率也更小。

3. 苎麻收割机试验、示范

研究团队根据制定的苎麻收割机的改进设计方案，完成了对输送、集秆箱等零部件的改进设计，机具试制完成后在湖北咸宁市向阳湖镇进行了试验和可靠性考核。试验表明，改进设计的 4LMZ-160A 型苎麻收割机切割装置的结构与形式是可行的，强制输送效果较好，切割参数的改变对样机的性能产生了正面的影响。与上年的样机相比，经过参数优化的样机，生产率提高了 11.7%，整体输送流畅度有了大幅的提高。4LMZ-160A 型苎麻收割机在第十八届中国国际高新技术成果交易会上获优秀产品奖。

## （三）大麻收割机的设计与改进

由于地区生态条件和大麻品种特性的不同，大麻植株差别很大，高度在 120~500cm；茎粗在 0.6~4.5cm。因此重点研究切割和输送问题，再试制一台大麻收割机在大麻主产区进行试验。

根据研发任务，本团队成员经过大量的调研，对大麻品种特性和种植等情况进行了了解，在此基础上，制订了大麻收割机改进设计技术路线和总体方案，改进设计、试制了一台样机。本次设计的大麻收割机采用了自走式底盘，双动刀切割装置，长齿卧式扶禾器，主机采用六安试验站和大庆试验站现有的拖拉机，利用拖拉机动力输出轴驱动液压系统，各运动部件由独立的液压系统驱动，于 7 月 17—18 日在六安进行了田间试验（图 4-11）。试验表明切割装置是可行的，但适应性存在较大问题，主要表现在输送堵塞。

图 4-11　大麻收割机在六安进行田间试验

## 二　初加工机械与设备

根据麻类产业的发展需求，开展了“大型苎麻剥麻生产线的研制”“大型黄红麻剥皮机械的研究”和“大麻鲜茎剥皮机的改进与试验”等工作，研制出生产样机 3 台，完成样机的性能检测、生产性试验及专利申报工作。取得发明专利 1 项，实用新型专利 3 项，发表论文 7 篇，“苎麻剥麻机的研制与应用”获得湖南省 2014 年度科学技术进步三等奖，完成了岗位工作任务。

在大型苎麻剥麻生产线的研制方面，根据前期的设计方案，试制完成了 6BMH-180 型大型苎麻剥麻生产线，进行了样机调试与性能试验。采用“中饲苎 1 号”为试验原料，茎秆长度切断为 1 900mm，试验结果表明：鲜茎出麻率为 4.78%，苎麻含杂麻 1.09%，苎麻含胶率 23.28%，苎麻束纤维断裂强度为 4.59CN/dtex，满足纺织工业原料要求。根据试验结果，委托湖南省农业机械鉴定站和农业部麻类产品质量监督检验测试中心对样机性能和剥麻质量进行了检测，检测表明，样机环境噪声 88dB（A）、鲜茎出麻率 4.8%、样机生产率 113kg/h。样机工作性能可靠，剥麻质量较好，满足样机设计指标要求。

在大麻鲜茎剥皮机的改进与试验研究方面，根据南方大麻分枝多的特点，针对前二代样机存在的剥麻不净和移动不灵活等问题，采取揉搓与梳理相结合的皮骨分离方法，改进设计了第三代大麻鲜茎剥皮机，研制成 4BD-400 型大麻鲜茎剥皮机样机。试验结果表明，样机鲜茎出皮率为 10.90%~21.36%，剥净率为 50.00%~78.33%，生产率为 108.67~174.22kg/h。该机工作性能稳定，剥皮质量好，剥皮工效高，2014 年 7 月在安徽省六安市大麻试验站举办了示范现场会，受到当地植麻农民的欢迎。

在 4BM-780 型红麻剥皮机研制方面，针对现有中小型黄麻、红麻剥皮机剥麻工效低的缺点，开展了 4BM-780 大型黄/红麻剥皮机的集成研究工作，设计成功大型黄红麻剥皮机。样机主要由喂入装置、剥皮装置、输出装置传动系统及控制系统五个部分组成，样机具有结构紧凑、性能可靠、操作安全、剥皮效率高等特点，可一次性完成自动喂入、剥制和抛送三个动作，方便大规模化生产作业，提高生产效率，降低了工人的劳动强度，满足产区企业及种麻大户对大型黄红麻剥皮机械的迫切需求。

通过多年的研究、试验与推广工作，集成 4BM-260 型苎麻剥麻机、6BMH-180 大型苎麻剥麻生产线等科研成果，以“苎麻剥麻机的研制与应用”成果名称申报并获得湖南省 2014 年度科学技术进步三等奖。

### （一）大型苎麻剥麻机关键技术与装备研究

开展了大型苎麻纤维剥制关键技术与装备研究，进行了样机性能试验与检测工作。大型苎麻剥麻关键装备在保证苎麻剥制质量的前提下，以大幅度提高剥麻工效为目标，采用苎麻茎秆横向喂入、分段连续刮麻的设计原理，设计了一种大型苎麻剥麻机，以满足苎麻规模种植基地的苎麻剥制需求。大型苎麻剥麻机的研制是解决我国农村劳动力转移后苎麻规模化种植及时收获难题的有效设备，经过多年的研究与调试，研制成功的 6BMH-180 型大型苎麻剥麻生产线的样机性能已经满足苎麻纤维剥制的需求。2014 年，在大型苎麻剥麻机生产线性能试验基础上，分别委托湖南省农业机械鉴定站和农业部麻类产品质量监督检验测试中心对样机性能和剥麻质量进行了检验，结果表明，样机性能指标和剥麻质量均达到设计要求和国家标准。

1. 总体设计方案

（1）主体结构。根据苎麻作物茎秆的力学特性，在借鉴国内外剥麻机械研究经验的基础上，采用横向喂入式设计方案，即苎麻茎秆通过夹持装置被连续、均匀地横向送入剥麻装置进行剥制，实现了苎麻的不间断地加工，可大大减少辅助工作时间，提高剥麻工效。横向喂入式苎麻剥麻机的主体结构如图 4-12 所示。

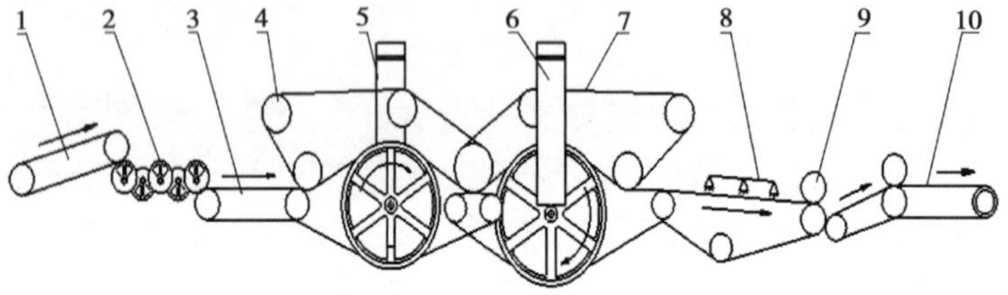


a.主视图

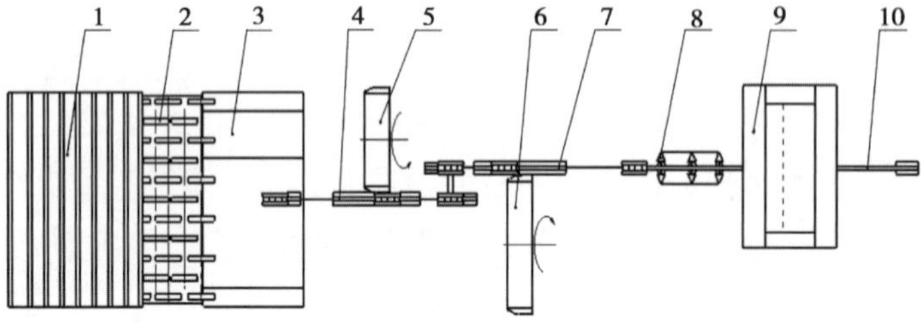


b.主视图

**图 4-12　横向喂入式苎麻剥麻机结构**

1. 送麻装置　2. 匀麻装置　3. 喂麻装置　4. 第 1 夹持装置　5. 小剥麻滚筒　6. 大剥麻滚筒　7. 第 2 夹持装置　8. 水洗装置　9. 压轧装置　10. 集麻装置

（2）工作原理。在夹持装置的作用下，苎麻茎秆采取横向喂入的方式连续送入到剥麻滚筒装置中，在小剥麻滚筒和大剥麻滚筒的作用下分别完成苎麻梢部和基部的纤维剥制。工作时，首先将苎麻茎秆横向铺放在送麻装置 1 上，由送麻装置将其连续地输送到匀麻装置 2，匀麻装置将苎麻茎秆均匀分配后送到喂麻装置 3，喂麻装置将苎麻茎秆定量地送到第 1 夹持装置 4 中。随着机器的运转，第 1 夹持装置首先将茎秆的基部喂入小剥麻滚筒 5 中完成茎秆基部纤维剥制；被剥制好的基部纤维在第 2 夹持装置 7 夹持下，将梢部茎秆喂入到大剥麻滚筒 6 中完成苎麻梢部纤维剥制。剥制好的苎麻纤维经过水洗装置 8 水洗后，通过压轧装置 9 去除水分，由集麻装置 10 收集后烘干、打包和贮存。

2. 关键部件设计及参数选取

（1）剥麻装置。剥麻装置包括小剥麻滚筒和大剥麻滚筒，其结构相同、尺寸不同（图 4-13），小剥麻滚筒和大剥麻滚筒分别位于剥麻机的两侧。

滚筒直径：

苎麻茎秆横向喂入时，茎秆长度方向的轴心线与剥麻滚筒轴心线垂直，分别由小剥麻滚筒和大剥麻滚筒完成茎秆基部和梢部的剥制。因此，小剥麻滚筒和大剥麻滚筒的剥麻区域长度之和必须大于或等于茎秆全长才能保证苎麻茎秆的完全加工。

剥麻滚筒的直径大小决定了剥麻区域的长度，即样机可加工苎麻茎秆的长度。如图 4-13 所示，苎麻茎秆在剥麻滚筒 7 与滚筒座 8 所组成的剥麻区域被加工，该区域的大小为滚筒外圆弧长的 1/4。因此，在确定滚筒直径时，只要保证大、小剥麻滚筒滚的 1/4 弧长之和大于或等于苎麻茎秆的平均高度即可满足苎麻全秆的剥制加工。

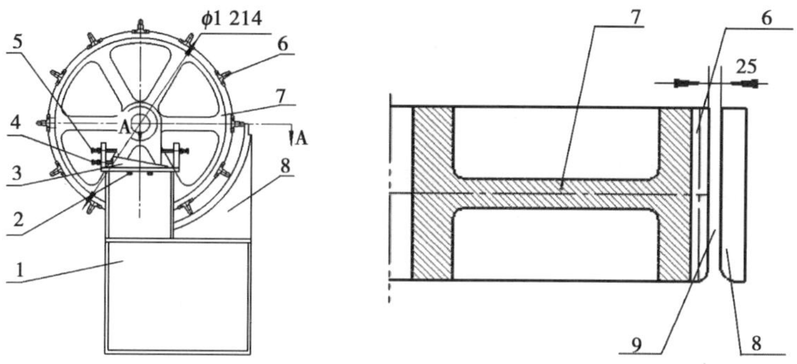


a.主视图　　b. A-A剖视图

**图 4-13　剥麻滚筒装置结构**

1. 底座　2. 紧固螺栓　3. 楔形调节块　4. 纵向间隙调节螺栓　5. 横向间隙调节螺栓　6. 打板　7. 剥麻滚筒　8. 滚筒座　9. 剥麻间隙

苎麻茎秆高度因气候、栽培等条件的差异而不同，其高度范围为 1.5~2.5m，平均高度为 1.8~2.0m。因此，在剥麻装置设计时，选取小剥麻滚筒直径 1 214mm，大剥麻滚筒直径 1 580mm，此时大小剥麻滚筒的加工区域弧长之和约为 2 193mm，可保证苎麻全秆的剥制。

滚筒转速：

根据前期研究结果，当剥麻滚筒直径 450mm、滚筒转速 750r/min、剥麻间隙 0.3~0.5mm 时，剥麻质量能够达到满意效果，此时，剥麻滚筒线速度为 17.66m/s。

横向喂入式苎麻剥麻机的剥麻间隙由剥麻滚筒 7 与滚筒座 8 形成，与单滚筒船底型压板剥麻装置的剥麻间隙类似，因此，样机设计时选取剥麻滚筒线速度等于或大于 17.66m/s 可保证剥麻质量。

剥麻滚筒转速与线速度关系为

$$n = \frac{v \times 60}{\pi d} \tag{9}$$

式中，$n$ 为剥麻滚筒转速，r/min；$v$ 为剥麻滚筒线速度，m/s；$d$ 为剥麻滚筒直径，mm。

据此，确定小剥麻滚筒转速 $n1 \geqslant 278$r/min；大剥麻滚筒转速 $n2 \geqslant 214$r/min。

滚筒打板数量：

在剥麻滚筒转速确定的情况下，滚筒打板数量与其转速成反比，其关系式为

$$p = u \times 60/n \tag{10}$$

式中，$p$ 为剥麻滚筒打板数量，块；$u$ 为苎麻茎秆单位时间内的打击次数，次/min；$n$ 为剥麻滚筒转速，r/min。

红麻茎秆单位时间内的打击次数为 40~70 次/s 时可获得较好的剥麻效果，以此为依据计算出本样机剥麻滚筒打板数量为大剥麻滚筒数量 p1 = 11.2~19.6 块；小剥麻滚筒打板数量 p2 = 8.6~15.1 块。剥麻滚筒打板数量取偶数时有利于样机设计和剥麻滚筒的平衡，因此选取大剥麻滚筒打板数量 p1 为 16 块，小剥麻滚筒打板数量 p2 为 12 块。具体结构尺寸如图 4-14 所示。

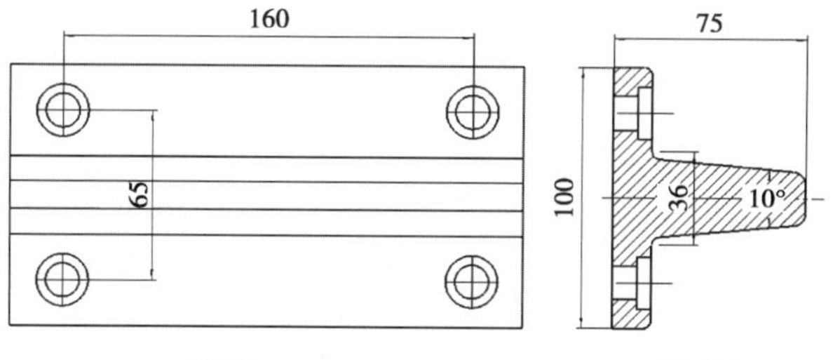


a. 主视图　　b. 侧视图

**图 4-14　滚筒打板结构简图**

剥麻间隙调节机构：

剥麻滚筒上的打板 6 外圆与滚筒座 8 之间的间隙为剥麻间隙，剥麻间隙的大小直接影响剥麻质量好坏。

剥麻间隙大小与剥麻区域宽度成正比，当剥麻间隙为 0.3mm、剥麻区域宽度为 30mm 时，剥麻机能达到较好的剥麻效果，此时剥麻间隙与样机剥麻区域宽度比值为 0.01。据此，计算出小剥麻滚筒剥麻区域宽度为：

$$b_1 = \frac{\pi \times d_1}{4} = 953\text{mm} \tag{11}$$

大剥麻滚筒的剥麻区域宽度为：

$$b_2 = \frac{\pi \times d_2}{4} = 1\ 240\text{mm} \tag{12}$$

式中，$d_1$为小剥麻滚筒直径，mm；$d_2$为大剥麻滚筒直径，mm。

由此确定小剥麻滚筒剥麻间隙 $\delta_1 = 0.01 \times 953 = 9.53\text{mm}$，大剥麻滚筒剥麻间隙 $\delta_2 = 0.01 \times 1\ 240 = 12.40\text{mm}$。

样机设计时，取小剥麻滚筒剥麻间隙 10mm，大剥麻滚筒剥麻间隙 15mm。

（2）夹持装置。

结构设计：

苎麻鲜茎收获时含水率较高，在剥制过程中会产生大量的水分和胶质。为了防止剥制过程中茎秆或纤维滑脱，设计了一种由链条和绳索组合的夹持装置。夹持装置共 2 套，第 1 套用于夹持苎麻梢部茎秆，以保证小剥麻滚筒完成基部纤维加工；第 2 套用于夹持已剥制的基部纤维，以保证苎麻梢部茎秆的剥制。

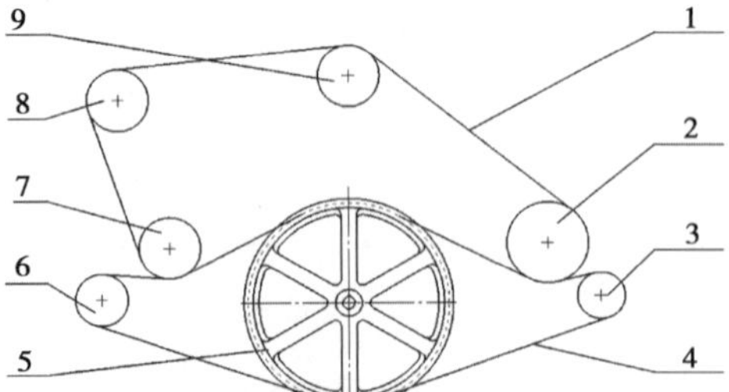


**图 4-15 夹持装置传动关系示意图**

1. 链条 2. 主链轮 3. 绳索张紧轮 4. 绳索 5. 大绳轮 6. 小绳轮 7. 从链轮 8. 张紧链轮 9. 支撑链轮

夹持装置的传动关系如图 4-15 所示，由链传动系统（主动传动）和绳索传动系统（被动传动）组成。工作时，链传动系统通过链条 1 与大绳轮 5 的啮合带动绳索传动系统同步运转，由喂麻装置喂入的苎麻茎秆被送入绳索和链条形成的夹持区域（即小绳轮 6 与从链轮 7 之间区域），在链传动系统和绳索传动系统的共同夹持下进入位于大绳轮 5 侧面的小剥麻装置完成基部茎秆剥制。当夹持装置继续前行时，剥制好的基部纤维被第 2 夹持装置夹持，梢部茎秆被第 1 套夹持装置送出，进入大剥麻辊筒剥制。

夹持位置设计：

为保证小剥麻滚筒剥制后的基部纤维被送到第 2 夹持装置时不“漏麻”，同时又不会因为喂入小剥麻装置的基部茎秆太长而损失纤维，第 1 夹持装置夹麻点的位置和第 2 夹持装置与第 1 夹持装置的横向距离选择十分关键。

设夹持链的链轮宽度为 $B$，第 1 夹持装置与第 2 夹持装置横向距离为 $A$，纤维夹持重叠长度为 $C$，第 1 夹持装置夹麻点距苎麻茎秆基部距离为 $L$，当第 1 夹持装置夹麻点距苎麻茎秆基部距离 $L$ 小于小剥麻装置剥麻区域长度不会损伤纤维，即

$$A \leqslant L - 2B - C \tag{13}$$

式中，$A$ 为第 1 夹持装置与第 2 夹持装置的横向距离，mm；$L$ 为第 1 夹持装置夹麻点距苎麻茎秆基部距离，mm；$C$ 为纤维夹持重叠长度，mm。

由剥麻间隙调节机构设计可知，小剥麻装置的剥麻区域长度为 953mm，样机设计时，纤维夹持重叠长度为 50mm，链轮宽度为 120mm，$A$ 为 230mm，则 $L$ 为 800mm，既保证了样机剥麻时不损伤纤维、又不会在纤维夹持换向时发生“漏麻”现象。此时样机可加工苎麻茎秆长度为 2 040mm。

（3）样机主要技术参数。根据上述计算和分析结果，确定样机的主要技术参数如表 4-11 所示。

**表 4-11　大型苎剥麻设备关键技术参数**

| 项目 | | 值 |
|---|---|---|
| 茎秆夹持方式 | | 链条和剑麻绳 |
| 茎秆喂入方式 | | 横向喂入 |
| 茎秆喂入速度（m/s） | | 0.50~0.67 |
| 加工茎秆长度（mm） | | 800~2 040 |
| 外型尺寸（长×宽×高）（mm） | | 13 000×3 000×2 500 |
| 小剥麻装置 | 滚筒直径（mm） | 1 214 |
| | 打板数量（个） | 12 |
| | 滚筒转速（r/min） | 278 |
| | 剥麻间隙（mm） | 10 |
| 大剥麻装置 | 滚筒直径（mm） | 1 580 |
| | 剥麻间隙（mm） | 15 |
| | 打板数量（个） | 16 |
| | 滚筒转速（r/min） | 214 |

3. 样机试验

（1）试验条件。2012 年 6 月，在中国农业科学院麻类研究所麻类综合试验基地进行样机试验。所剥的苎麻纤维样品委托农业部麻类产品质量监督检验测试中心进行质量检测。苎麻样品的检测方式和评介指标依照《苎麻化学成分定量分析方法》（GB 5889—86）、《苎麻单纤维断裂强度试验方法》（GB 5886—86）和《苎麻剥麻机技术条件》（DB43/T 251—2004）、《机剥苎麻》（DB43/T 332—2007）、《苎麻精干麻》（GB/T 20793—2006）进行。

试验品种为中饲苎 1 号，3a 龄麻园的头麻，苎麻茎秆收割后当天剥制（图 4-16）。去叶后苎麻茎秆的株高 219.55~225.00cm，基部茎粗 14.00~14.36mm。

**图 4-16　样机剥麻试验**

试验分 3 次重复，每次取去叶苎麻茎秆 50kg，记录每次试验的剥麻时间、所剥苎麻纤维质量（折算为质量含水率 14%条件下的质量计算），并计算鲜茎出麻率和剥麻工效。

鲜茎出麻率：将苎麻鲜茎去叶并称质量，然后用剥麻机械剥制。剥制后所得苎麻纤维干燥后折算为质量含水率为 14%的苎麻质量所占苎麻鲜茎质量的百分比。计算公式为

$$Z = \frac{W_r}{W_j} \times 100 \qquad (14)$$

式中，$Z$ 为鲜茎出麻率,%；$W_r$ 为质量含水率 14%的苎麻质量，kg；$W_j$ 为去叶后的鲜茎质量，kg。

生产率：单位时间内所剥制苎麻纤维的数量。将单位时间内样机剥制苎麻质量烘干后称得质量，并折算为质量含水率为 14%条件下的苎麻质量。计算公式为

$$E = \frac{W_r}{t} \times 100 \qquad (15)$$

式中，$E$ 为剥麻机器的生产率，kg/h；$t$ 为剥麻时间，h。

（2）试验结果与分析。鲜茎出麻率、剥麻工效等性能指标测试结果如表 4-12 所示，所剥麻样

质量检测结果如表 4-13 所示。

**表 4-12　样机性能试验结果**

| 试验号 | 去叶鲜茎质量（kg） | 干纤维质量（kg） | 剥麻时间（h） | 鲜茎出麻率（%） | 工效（kg/h） |
|---|---|---|---|---|---|
| 1 | 50 | 2.28 | 0.016 5 | 4.55 | 138 |
| 2 | 50 | 1.85 | 0.014 9 | 3.72 | 124 |
| 3 | 50 | 2.08 | 0.016 0 | 4.16 | 130 |
| 平均 | 50 | 2.07 | 0.015 8 | 4.14 | 131 |

注：苎麻品种为“中饲苎 1 号”；苎麻纤维质量是折算为 14%含水率质量；大剥麻滚筒转速 220r/min，小剥麻滚筒转速 286r/min；大剥麻装置剥麻间隙 15mm，小剥麻装置剥麻间隙 10mm

**表 4-13　苎麻纤维质量检测结果**

| 测试指标 | 测定值（3 次平行） | 设计值 |
|---|---|---|
| 含杂率（%） | 1.09 | ≤2 |
| 含胶率（%） | 23.28 | ≤28 |
| 束纤维断裂强度（CN/dtex） | 4.59 | ≥3.50 |
| 苎麻纤维长度（cm） | 162 | ≥60 |
| 苎麻纤维等别 | 二等 | 三等及以上 |

试验结果表明，样机生产率为 131kg/h；鲜茎出麻率 4.14%；苎麻含杂麻 1.09%，达到二等苎麻含杂率≤1.5%的标准；苎麻含胶率 23.28%，达到机剥苎麻含杂率≤28%的要求；苎麻长度 162cm，满足《苎麻》国家标准中大于 60cm 的要求；苎麻外观等别鉴定为二等，满足麻纺企业对苎麻原料的等别要求。该苎麻脱胶后，对精干麻纤维断裂强度进行了测定，平均束纤维断裂强度为 4.59CN/dtex，达到《苎麻精干麻》国标规定一级精干麻束纤维断裂强度≥4.50CN/dtex 的要求。

对试验数据分析发现，该机正常工作情况下的生产率达到 131kg/h 左右，是目前生产上普遍使用的反拉式苎麻剥麻机剥麻工效的（10kg/h）19 倍。按目前苎麻平均产量 100kg/季、每季苎麻收获时间 10d 估算，若该机每天工作 2 班，则 1 台苎麻剥麻机每季可加工苎麻 20hm²，1 年 3 季可加工苎麻 60hm²；苎麻每年可收获 3 季，不同季节苎麻的生长情况受环境因素影响较大。可以满足麻纺企业生产基地苎麻规模化种植的及时收获问题，具有较好的推广应用前景。

本机试验时，对于满足样机设计要求的苎麻茎秆（长度为 800～2 040mm）直接进行剥制；对于长度超过 2 040mm 的苎麻茎秆切断后进行加工，避免了因茎秆过长将梢部纤维刮出机外造成的纤维损失。

### （二）大麻鲜茎剥皮机研究

为解决南方地区大麻作物的收获与剥制难题，开展了大麻鲜茎鲜皮机的研究与设计。首次采用了揉搓式和梳理式二级分离机构用于大麻鲜茎剥皮机的设计，能够较好地完成大麻鲜茎的皮骨分离过程。试验结果表明：样机运行平稳，安全可靠，能够较好地完成大麻鲜茎的皮骨分离过程。揉搓机构中的碎茎辊采用螺旋型设计，在使大麻茎秆破碎分离的同时可达到横向揉搓的效果，提高了大麻皮骨的分离效果。该机构的研制成功能为大麻鲜茎剥皮机的研制提供一种高效、安全、工作可靠分离装置，同时，也为黄麻、红麻、苎麻等韧皮纤维作物的皮骨分离提供了一种新的设计思路。

1. 设计思路及工作原理

（1）技术方案。根据大麻茎秆分枝多、韧皮较薄、麻骨髓腔大、容易压碎和韧皮与麻骨结合紧密等特点，参照苎麻、红麻茎秆的力学特性，根据麻类韧皮纤维剥制机械的工作原理，设计了一种由茎秆揉搓机构和麻骨梳理机构组成的大麻鲜茎剥皮机，通过揉搓机构与梳理机构的双重作用达到既减少纤维损伤又能使皮骨较好分离的效果。

大麻鲜皮分离机结构示意图如图 4-17 所示，它主要由喂料斗 2、茎秆揉搓机构 3、麻骨梳理机构4和收麻机构6等组成。茎秆揉搓机构包括2对直齿碎茎辊、2对螺旋齿碎茎辊及压力调节机构等；麻骨梳理机构则包括大梳理滚筒、小梳理滚筒、凹板机构等；收麻机构用于收集从出麻口抛出分离好的大麻鲜皮。

（2）工作原理。样机工作时，每次拾取一定数量的大麻鲜茎经喂料斗进入茎秆揉搓机构，首先由茎秆揉搓机构的前2对直齿碎茎辊对大麻鲜茎进行碾压，使茎秆破碎、皮骨初步分离；随着机器的运转，初步分离后的大麻鲜茎进入茎秆揉搓机构的螺旋碎茎辊进行揉搓，由于这2对碎茎辊表面的齿条是沿碎茎辊轴线螺旋分布的，它不仅对大麻鲜茎进行纵向碾压、而且还能进行横向揉搓，使大麻皮骨分离更彻底。此时，大麻鲜茎的麻骨已被碾碎、皮骨基本分离，碾碎后的麻骨大部分附着在韧皮表面。在茎秆揉搓机构碎茎辊的上方，安装有压力大小可调的压力弹簧，当大麻鲜茎较粗时，揉搓机构的上碎茎辊可随茎秆的大小上下跳动，减少机械对纤维的损伤。

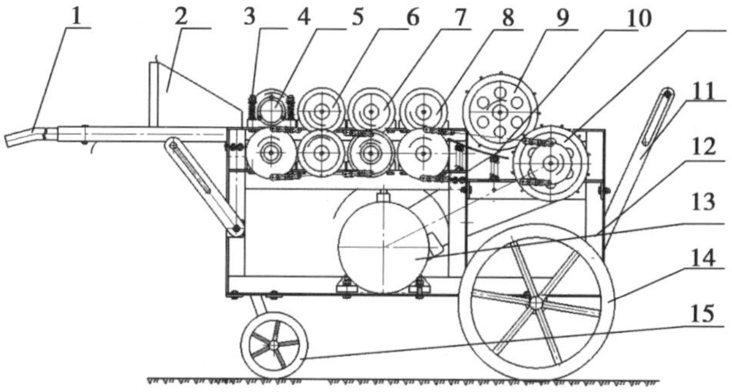

**图4-17　大麻鲜茎剥皮机结构**

1. 扶手　2. 喂料斗　3. 弹簧　4. 碎茎辊1　5. 碎茎辊2　6. 碎茎辊3　7. 碎茎辊4　8. 上剥皮滚筒　9. 凹板　10. 下剥皮滚筒　11. 收麻杆　12. 机架　13. 电机　14. 行走轮　15. 转向轮

随着机械的继续运转，皮骨分离后的韧皮进行麻骨梳理机构。在高速旋转的梳理滚筒和梳麻凹板的双重作用下，附着在鲜皮表面的碎骨被梳理出机外，分离干净的鲜皮则由收集机构进行收集。

2. 茎秆揉搓机构设计

（1）结构与工作原理。大麻茎秆揉搓机构工作原理如图4-18所示。它主要由直齿碎茎辊、螺旋齿碎茎辊、支撑座、压力调节机构和传动机构等组成，碎茎辊是其关键部件。直齿碎茎辊共有2对4个，分别是下直齿碎茎辊1、上直齿碎茎辊3、上直齿碎茎辊5和下直齿碎茎辊11；4个碎茎辊的尺寸和转速相同，相对啮合的上、下直齿碎茎辊之间设计有啮合间隙，上碎茎辊上方安装有压力弹簧；螺旋齿碎茎辊也是2对4个，它们的尺寸与直齿碎茎辊相同，但转速不同；在螺旋齿碎茎辊的上方同样安装有压力弹簧，用来调节大麻鲜茎挤压和弯折压力的大小。

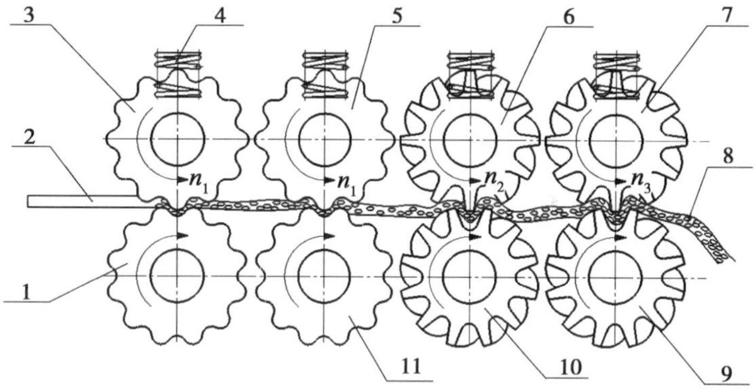

**图4-18　揉搓机构工作原理**

1. 下碎茎辊1　2. 大麻茎秆　3. 上碎茎辊1　4. 压力弹簧　5. 上碎茎辊2　6. 上碎茎辊3　7. 上碎茎辊4　8. 压碎茎秆　9. 下碎茎辊4　10. 下碎茎辊3　11. 下碎茎辊2

大麻鲜茎表皮、韧皮部、木质部和形成层的物理性能差异较大，当大麻鲜茎2由喂料斗进入上直齿碎茎辊3与下直齿碎茎辊1组成的啮合区域时，在齿辊的碾压作用下，大麻鲜茎先后2次被直齿碎茎辊挤压发生弯折。此时，中间为空心的木质部由于质地较脆极易折断、破碎，而抗拉和抗弯强力较好的韧皮部经过反复弯折保存完好；折断和破碎后的麻骨因大麻鲜茎中胶质的粘连作物基本被鲜皮包裹在茎秆内部，需要进一步进行揉搓分离。随着机器的运转，压扁后的大麻鲜茎进入由2对螺旋齿碎茎辊组成的啮合区域，在此啮合区域，由于螺旋齿碎茎辊表面的碎茎齿沿压辊轴线方面呈螺旋排列，它不仅对啮合区域内的大麻鲜茎继续进行挤压、弯折和剪切作用，而且还对破碎后的大麻鲜茎横向揉搓，使麻骨和韧皮进一步分离。经过揉搓后的大麻鲜茎皮骨分离得更好，部分麻骨与鲜皮脱离，揉碎后的麻骨则附着在鲜皮的表面。

上下碎茎辊之间存在的啮合间隙保证了大麻鲜茎被挤压、弯折的同时，不会因压力过大切断鲜皮；碎茎辊上方的压力弹簧可保证大麻茎秆揉搓需要的压力，其压力大小可根据茎秆的粗细进行调节，使直径不同的大麻鲜茎均能得到较好的揉搓；另外，直齿碎茎辊转速 $n_1$ 与螺旋齿碎茎辊转速 $n_2$、$n_3$ 之间的速度差可使大麻茎秆弯折破碎的同时被纵向切削，以增强大麻鲜茎皮骨的揉搓分离效果。

（2）螺旋齿碎茎辊设计。当大麻鲜茎进入茎秆揉搓机构后，在啮合点 $M$ 处（图 4-19）主要受到揉搓机构中螺旋齿碎茎辊的弯折、挤压、纵向剪切和横向剪切（揉搓）等力的作用。在碎茎辊杆上啮合齿的弯折力 $P$ 作用下，茎秆皮骨初步分离；在挤压力 $N$ 的进一步作用下，使得茎秆皮骨的分离程度更好；此时，茎秆还会受到螺旋齿碎茎辊纵向剪切力 $T_1$ 和横向剪切力 $T_2$ 的作用，使大茎秆达到了理想的皮骨分离效果。当茎秆从揉搓机构输出时，麻骨与韧皮基本分离，压碎后的麻骨附着在鲜皮表面。

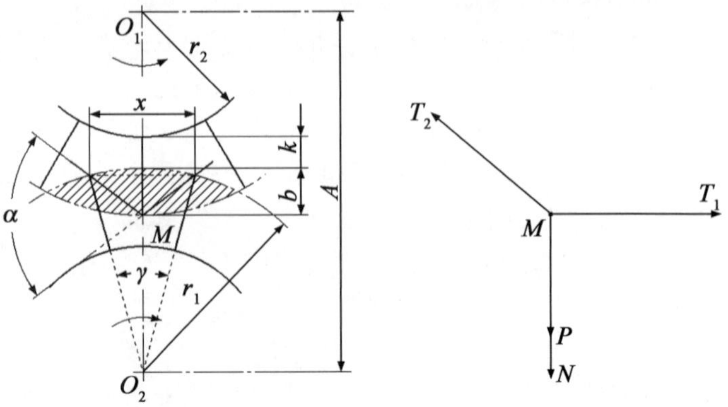

a. 啮合关系图　　b. 啮合点茎秆受力分析图

**图 4-19　螺旋齿碎茎辊啮合关系及啮合点茎秆受力分析图**

图 4-19 为 1 对相啮合的螺旋齿碎茎辊相对运动关系图，$r_1$ 为碎茎辊外圆半径，$r_2$ 为碎茎辊齿根圆半径，$A$ 为一对相啮合碎茎辊之间中心距，$\gamma$ 为碎茎辊相邻两齿之间夹角，$\alpha$ 为大麻茎秆折断角，$k$ 为碎茎辊之间啮合间隙。图中阴影部分为两碎茎辊的啮合区域，啮合高度为 $b$，同一碎茎辊上两齿间距离为 $x$。

从图中我们可以看出，要保证一对相啮合的碎茎辊正常运转和工作，碎茎辊半径、两碎茎辊之间中心距须满足下列条件：

$$r_1 + r_2 < A < 2r_1 \tag{16}$$

式中，$r_1$ 为碎茎辊外圆半径，mm；$r_2$ 为碎茎辊齿根圆半径，mm；$A$ 为相对啮合碎茎辊中心距，mm。

当 $A>r_1+r_2$ 时，可以保证相对啮合的碎茎辊正常运转而不会卡住；当 $A<2r_1$ 时，可保证相对运动的碎茎辊有啮合区域，从而对茎秆产生揉搓分离作用。由图 4-19-a 我们可以得到下列关系：

$$\chi = 2r_1 \sin\frac{\gamma}{2} \tag{17}$$

$$b = r_1 - r_2 - k \tag{18}$$

$$A = 2r_1 - b \tag{19}$$

$$\alpha = \pi - 2\arctan\frac{r_1 \times \sin\dfrac{\gamma}{2}}{r_1\cos\dfrac{\gamma}{2} - r_2 - k} \tag{20}$$

式中，$x$ 为同一碎茎辊上两齿之间的宽度，mm；$b$ 为啮合区域的高度，mm；$A$ 为相对啮合碎茎辊中心距，mm；$r_1$ 为碎茎辊外圆半径，mm；$r_2$ 为碎茎辊齿根圆半径，mm；$k$ 为相啮合碎茎辊之间啮合间隙，mm；$\gamma$ 为碎茎辊相邻齿间夹角，°；$\alpha$ 为大麻茎秆折断角，°。

揉搓机构设计时，选取螺旋齿碎茎辊外径 140mm、齿根圆直径为 90mm、齿数为 12、碎茎辊啮合间隙为 10mm，根据公式（17）~式（20）可以求得：

两齿间夹角 $\gamma=\frac{360°}{z}=30°$，两齿间距离 $x$ 为 36. 23mm，啮合高度 $b$ 为 15mm，碎茎辊中心距为 125mm。此时，由公式（13）求得大麻茎秆弯折角为 70 °，满足大麻茎秆折断时弯折角须达到

70 °~90 °的弯折条件。

（3）直齿碎茎辊设计。为了便于样机的制造，揉搓机构设计时直齿碎茎辊与螺旋齿碎茎辊中心距设计相同。在直齿碎茎辊啮合中心距确定的情况下，通过碎茎辊外径、齿根直径、齿数等参数的选取，根据公式（17）~式（20）可以求得直齿碎茎是设计有关参数。

选取碎茎辊外径 130mm、齿根圆直径 110mm、齿数 12、碎茎辊啮合间隙为 5mm（由于直齿碎茎辊主要是对茎秆进行碾压使皮骨初步分离，因此啮合间隙须小于茎秆直径，而大麻茎秆基部直径一般大于 10mm），此时，由公式（11）和公式（12）进行验证，直齿碎茎辊啮合中心距为 125mm，满足设计要求。

3. *麻骨梳理机构设计*

（1）结构及工作原理。大麻茎秆经过揉搓机构分离后，麻骨还附着在韧皮部表面，需要通过进一步的梳理才能使皮骨分离彻底。大麻与黄麻、红麻和苎麻等都属于韧皮纤维作用，它们的茎秆物理特点基本相同，因此，根据苎麻、黄麻和红麻剥麻机械已有的研究经验，采用滚筒式梳理机构能够达到较好的麻骨梳理效果。本梳理机构设计中，采用了一对直径相同的齿状滚筒来梳理粘连在韧皮上的麻骨，达到洁净韧皮纤维的效果。

图 4-20 为麻骨梳理机构工作原理图，当经揉搓机构分离的大麻茎秆 1 进入梳理机构时，首先经过上梳理滚筒 4 和梳理凹板 3 组成的剥麻间隙，在梳理滚筒的作用下刮去附着在韧皮表面的部分麻骨，然后在上梳理滚筒 4 和下梳理滚筒 5 的啮合作用下梳理去韧皮表面的部分麻屑，通过二次梳理完成韧皮上麻骨的梳理过程，梳理干净的鲜皮 6 被抛到机外的接麻装置上。

麻样梳理质量的好坏可以通过调节压力弹簧 2 的压力大小来改变，当麻骨梳理不净时，调紧弹簧 2 的压力值、并减少梳理凹板 3 和上梳理滚筒之间的剥麻间隙达到提高梳理质量的效果；当韧皮梳理过度而造成纤维损伤时，通过调松弹簧 2 的压力并增加梳理凹板 3 和上梳理滚筒之间的剥麻间隙达到减少损伤的目的。

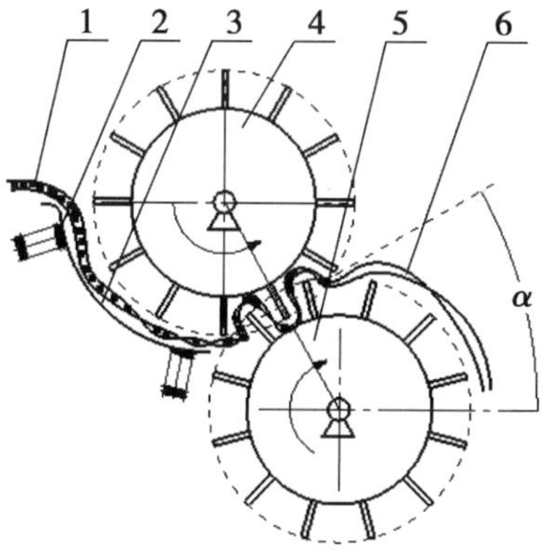


**图 4-20　麻骨梳理机构工作原理**

1. 麻秆　2. 压力弹簧　3. 凹板
4. 上滚筒　5. 下滚筒　6. 鲜皮

（2）梳理滚筒参数设计。

滚筒直径及偏角：

梳理滚筒的直径大小是与滚筒转速和滚筒上梳理板数量相关的，在梳理滚筒直径确定后，再根据梳理滚筒的线速度差确定转速、打板数量等参数。在滚筒对大麻茎秆打击次数一定的情况下，滚筒直径与转速成反比。直径大则转速低、直径小则转速高；滚筒直径的大小还要考虑机器整体结构及运输行走方便。综合考虑多种因素，本装置确定上、下梳理滚筒直径相同均为 240mm。

为使梳理好的鲜皮能够顺利抛到接麻装置，下梳理滚筒沿上梳理滚筒垂直轴线逆时针方向设计一偏转角 $\alpha$，也就是大麻鲜皮的抛出角。抛出角的大小决定大麻鲜皮的抛出距离，根据抛物线原理选取 45 °能达到最佳的抛出效果。

梳理板数量：

当大麻茎秆单位时间内的打击次数一定时，滚筒转速与梳理板数量成反比，其相互关系为：

$$m = u \times 60 \div n \qquad (21)$$

式中，$m$ 为梳理滚筒梳理板数量，块；$u$ 为大麻茎秆单位时间内的打击次数，次/min；$n$ 为梳理滚筒绝对转速，r/min。

公式（13）中需要确定大麻茎秆单位时间内的打击次数和滚筒绝对转速才能求得滚筒梳理板数量。由试验可知，大麻茎秆单位时间的打击次数介于 40~70 次/s 能达到较好的梳理效果，取值 55 次/s；本样机设计时，梳理滚筒与揉搓滚筒线速度差为 3. 20m/s，则转速 $n$ 为 255r/min，根据公式（13）可求得梳理滚筒梳理齿为：$m = 55 \times 60 \div 255 = 12.9$ 块，取值 12 块。

（3）滚筒中心距及啮合深度。由前面计算可知，上、下梳理滚筒直径为 $d_2 = 240$mm，梳理板数量为 12 块，则梳理滚筒相邻梳理板间夹角 $\gamma = 360° \div 12 = 30°$，选取梳理滚筒齿根圆直径为 170mm，啮合间隙为 10mm，根据公式（9）~（12）同理求得：梳理滚筒之间啮合深度 $b$ 为 25mm，梳理滚筒的啮合中距为 $A$ 为 215mm。

4. 传动机构设计

（1）传动方式选择。大麻鲜茎剥皮机的运动部件包括 1 对剥麻滚筒装置、4 对揉搓辊装置（图 4-17），上下剥麻滚筒和上下揉搓辊之间分别为相对啮合运动，它们之间的传动采用齿轮传动；剥麻滚筒与揉搓辊之间、4 对揉搓辊之间存在速度差，故采用链传动能够达到较好传动效果。电机输出的动力由皮带传递到剥麻滚筒后，再通过链传动由剥麻滚筒分别传递到第 3、第 4 对揉搓辊，第 3 和第 4 对揉搓辊再分别带动第 1 和第 2 对揉搓辊。其传动关系如图 4-21 所示。

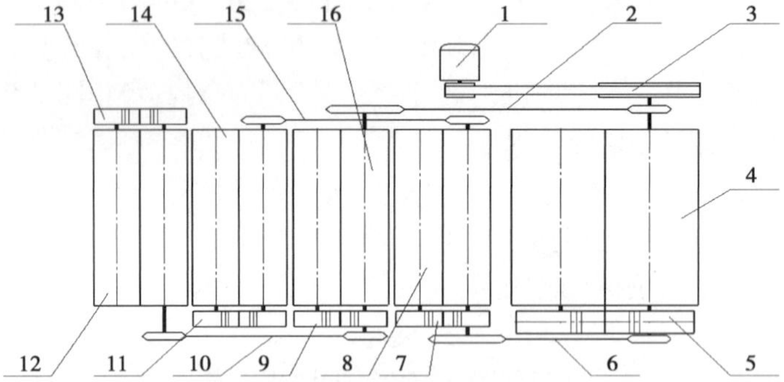


**图 4-21 传动机构示意图**

1. 电机 2. 链传动 1 3. 皮带传动 4. 梳理滚筒 5. 齿传动 5 6. 链传动 2 7. 齿传动 4 8. 第 4 对揉搓辊 9. 齿传动 3 10. 链传动 3 11. 齿传动 2 12. 第 1 对揉搓辊 13. 齿传动 1 14. 第 2 对揉搓辊 15. 链传动 4 16. 第 3 对揉搓辊

（2）传动参数确定。揉搓机构中碎茎辊转速、梳理机构中梳理滚筒的转速以及各滚筒之间的转速差的大小对皮骨分离效果和样机的工作稳定性会产生较大影响。为了确定各碎茎辊和梳理滚筒的转速值，设计时首先考虑麻皮在梳理滚筒抛出口需要达到的线速度，然后根据已有的经验各碎茎辊或梳理滚筒之间的线速度差，来分别确定碾压机构和梳理机构中各滚筒的转速值。

样机工作时，梳理好的大麻皮在梳理分离机构的出麻口处被抛出机外，然后由接麻秆收集。那么根据接麻秆到出麻口所需的合理距离和麻皮的抛出角度可计算出麻皮抛出时的线速度。

当麻皮水平方向的最大抛出距离 1.8m、抛出角度 30°时，麻皮的收集比较便利。根据抛物线运动的最大射程方式可计算出本样机出麻口的抛出速度为：$V_0 = \sqrt{xm \times g \div \sin 2\alpha} = 4.56$m/s，这就是麻皮被梳理机构抛出时应该具有的线速度。

根据经验数据可知，样机设计时若梳理机构的剥麻滚筒与揉搓机构的碎压辊之间、揉搓机构每对碎茎辊之间存在线速度差，可提高大麻鲜茎皮骨的分离效果。综合考虑样机结构尺寸、麻皮输出速度等因素，通过多次试验，本样机梳理机构的剥麻滚筒与揉搓机构第 4 对碎茎辊之间的线速度差取 3.45m/s，第 1、第 2 对碎茎辊和第 3、第 4 对碎茎辊之间的线速度差取 0.15m/s，第 2、第 3 对碎茎辊之间线速度相同。梳理滚筒线速度即麻皮抛出速度，以此为基础，设计揉搓机构碎茎辊和梳理机构剥皮滚筒的速度参数如表 4-14 所示。

**表 4-14 梳理滚筒和揉搓辊设计参数**

| 项 目 | 参数值 | 项 目 | 参数值 |
|---|---|---|---|
| 麻皮抛出速度（m/s） | 4.56 | 小梳理滚筒线速度（m/s） | 4.56 |
| 揉搓辊与梳理滚筒线速度差（m/s） | 3.45 | 直齿碎茎辊线速度（m/s） | 1.11 |
| 大梳理滚筒线速度（m/s） | 4.56 | 螺旋齿碎茎辊线速度（m/s） | 0.96 |

5. 性能试验

（1）试验条件。试验大麻品种为皖大麻和 Y182，大麻鲜茎分枝较多，试验时大部分鲜茎基部三分之二以上已经变为褐色。试验前对大麻茎秆的株高、基部茎粗等物理性状进行测试，测得茎秆平均株高 266cm，基部茎粗为 15.37mm。为了避免大麻茎秆分离时的水分损失，鲜茎田间收割后 2h 内进行皮骨分离试验。试验采用本设计的分离机构进行，每次称取大麻鲜茎质量 10kg，经分离机构分离后称取鲜皮的总质量、选出鲜皮中所含麻骨质量后再称得净鲜皮质量，从而计算出样机的鲜茎出皮率、剥净率等性能指标。

（2）试验方法。大麻鲜茎剥皮机的试验方法目前没有国家和行业标准，试验时参照黄/红麻剥皮机械有关试验方法确定鲜茎出皮率和鲜皮剥净率为分离效果的考核指标。

※鲜茎出皮率：

鲜茎出皮率用于考察大麻鲜茎剥皮机的鲜皮剥净情况，它是样机所剥净鲜皮重量与鲜茎重量之比，其计算公式为：

$$I = \frac{w}{w_x} \tag{22}$$

式中，$I$ 为鲜茎出皮率,%；$w$ 为净鲜皮质量，kg；$w_x$ 为每次试验的鲜茎质量，kg。

※鲜皮剥净率：

鲜皮剥净率用于考察样机对大麻鲜皮的分离程度情况，它是大麻鲜皮中净鲜皮质量与鲜皮质量（含麻骨）之比。其计算公式为：

$$c = \frac{w}{w_g} \times 100 \tag{23}$$

式中，$c$ 为鲜皮剥净率,%；$w$ 为净鲜皮质量，kg；$w_g$ 为鲜皮质量（含麻骨），kg。

（3）试验结果分析。2012 年 9 月和 2013 年 10 月分别在湖南省沅江市、湖南省长沙市麻类试验基地进行了大麻剥皮试验（图 4-22），试验时样机运行平稳、工作安全可靠，在揉搓机构和梳理机构的作用下，能够较好地完成大麻茎秆的皮骨分离过程。但由于试验时大麻已过成熟期，对试验结果造成一定影响。两次试验的样机主要性能指标如表 4-15 所示。

**图 4-22　大麻鲜茎剥皮机性能试验**

**表 4-15　大麻鲜茎剥皮机试验结果**

| 时间（年-月） | 地点 | 品种 | 鲜茎质量（kg） | 鲜皮质量（kg） | 净鲜皮质量（kg） | 鲜茎出皮率（%） | 鲜皮剥净率（%） | 剥麻时间（h） | 生产率（kg/h） |
|---|---|---|---|---|---|---|---|---|---|
| 2012-09 | 沅江 | 皖大麻 | 10.00 | 2.00 | 1.23 | 12.30 | 61.50 | 0.007 06 | 174.22 |
| 2012-09 | 沅江 | 皖大麻 | 10.00 | 2.50 | 1.25 | 12.50 | 50.00 | 0.009 33 | 133.98 |

（续表）

| 时间（年-月） | 地点 | 品种 | 鲜茎质量（kg） | 鲜皮质量（kg） | 净鲜皮质量（kg） | 鲜茎出皮率（%） | 鲜皮剥净率（%） | 剥麻时间（h） | 生产率（kg/h） |
|---|---|---|---|---|---|---|---|---|---|
| 2012-09 | 沅江 | 皖大麻 | 10.00 | 1.70 | 1.09 | 10.90 | 64.12 | 0.010 03 | 108.67 |
| 2013-10 | 长沙 | Y182 | 11.00 | 3.0 | 2.35 | 21.36 | 78.33 | — | — |

试验结果表明：样机鲜茎出皮率为10.90%~21.36%，剥净率为50.00%~78.33%，生产率为108.67~174.22kg/h。由于种植管理方面的原因，大麻收获时分枝较多，生长势差距较大，试验时大部分大麻鲜茎2/3以上已经变为褐色，表明已经超过大麻收获成熟期，这对皮骨的分离造成了一定的影响。样机所剥鲜皮中粘连在大麻鲜皮上的碎骨经过抖动后能基本脱落，经过后期脱胶工序能够完全去除，对大麻后期加工影响不大，但影响样机生产率。

### （三）大型红麻剥皮机的研究与设计

根据目前黄/红麻集中产区企业及种麻大户对大型黄/红麻剥皮机械的迫切需求，针对现有中小型黄麻、红麻剥皮机剥麻工效低的缺点，开展了4BM-780大型黄/红麻剥皮机的研究与设计工作。4BM-780主要由喂入装置、剥皮装置、输出装置、传动系统及控制系统五个部分组成，所试制出的样机具有结构紧凑、性能可靠、操作安全、剥皮效率高等特点，可一次性完成自动喂入、剥制和抛送三个动作，方便车间大规模化生产作业，大大提高生产效率，降低了工人的劳动强度。

1. 总体结构及工作原理

红麻是高秆韧皮纤维作物，成熟的红麻茎秆茎高约5m，茎粗约30~40mm，单根鲜茎平均质量1 750g，鲜茎出皮率4%~6%，茎秆的内部构造从外到内大致可分为表皮、韧皮部、木质部、髓部。红麻成熟后茎秆髓部为空腔，当茎秆受径向外力作用时茎秆髓腔破裂，麻骨被折断并与韧皮部初步分离。

4BM-780大剥麻机主要由喂入装置、剥皮装置、输出装置及控制系统四个部分组成，喂入装置包含传送机构、支撑机构，剥皮装置包含上机架、下机架、碾压滚筒、螺旋揉搓滚筒、刮麻分离滚筒，输出装置由纤维抛出机构、支撑机构组成，4BM-780大剥麻机可一次完成麻秆的输送、剥制和抛送。结构如图4-23所示。

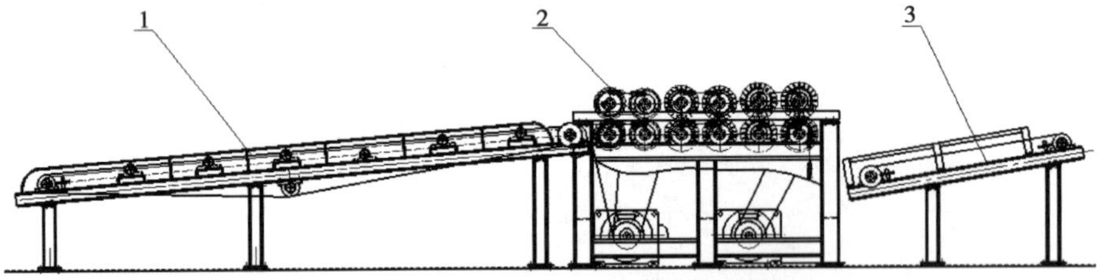


**图4-23 4BM-780大剥麻机样机结构**

整机工作时，将麻茎秆放置喂入装置的输送皮带上，麻茎秆随喂入皮带被送入至剥麻装置中的碾压滚筒，经第1、第2对碾压滚筒的充分碾压、弯折，使茎秆破碎，其韧皮纤维与麻骨初步分离，经初步分离的茎秆进入揉搓分离装置，由于第5、第6对揉搓分离滚筒的刀片是沿滚筒轴线螺旋分布，且前后2对啮合滚筒之间的旋向不同，茎秆在受到垂直压力的同时，还受到沿滚筒轴向方向双向分离力，使茎秆皮骨分离的更加彻底，经皮骨分离之后的茎秆进入刮麻分离滚筒，高速旋转的分离滚筒将去除黏附在麻纤维上的麻骨，同时刮去一部分麻纤维中的胶质，剥制好的纤维被送入输出收集装置，完成整个喂入—剥麻—输出过程。

2. 关键部件的设计

（1）喂入装置。喂入装置的作用是将鲜麻茎秆以一定的速度输送至剥麻装置，它的应用代替了人工喂料剥麻，这样既减轻了劳动强度、提高了工作安全性，又提高了生产效率。如图 4-24 所示整个喂入装置长约 5m，配置了 5 根刚性支撑滚筒，是为了保证在输送茎秆的过程中，皮带运行工程中保持不变形，确保喂入的角度精准。输送皮带的两边设计了护栏挡板，为防止传输皮带跑偏后茎秆掉落。

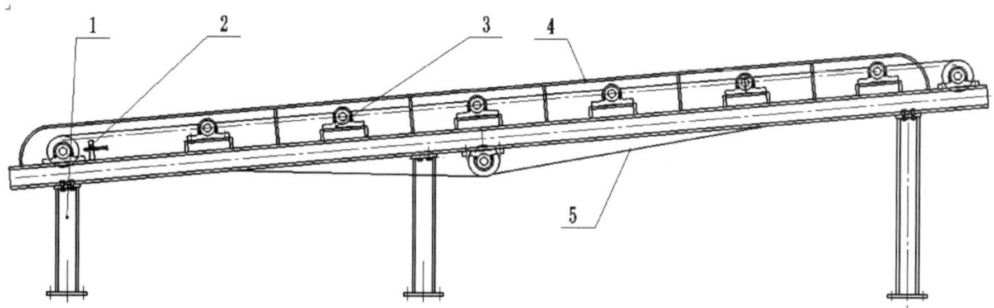


**图 4-24 喂入装置结构**

1. 支撑架 2. 张紧装置 3. 刚性支撑滚筒 4. 护栏挡板 5 皮带

（2）剥制装置。

碾压夹持滚筒：碾压夹持滚筒的作用是将喂入的黄/红麻茎秆充分均匀碾压，使茎秆内麻骨折断，韧皮部分与麻骨产生相对位移，达到皮骨初步分离的效果。在剥皮的过程中，碾压夹持滚筒还起到夹持的作用，茎秆的一端被碾压滚筒碾夹持，另一部分进入揉搓分离滚筒和刮麻滚筒。根据以上功能分析，设计了 1 对波形滚筒，如图 4-24 所示。

3. 传动系统设计

（1）结构布置。4BM-780 大剥麻机的传动系统设计应该满足结构紧凑、动力分布合理、传动效率高、能量传输损耗低的总体原则，传动系统如图 4-25 所示。它的动力系统由两台变频调速电机提供，变频电机由整机的控制系统控制。近喂入端电机将动力传输至第 1、第 2 对碾压滚筒及喂入装置滚筒，远喂入端电机负责第 3、第 4 揉搓分离滚筒，第 5、第 6 对刮麻输出滚筒及抛出装置的动力。整个传动系统包含 2 对皮带传动、2 对齿轮传动、10 条链传动。在设计时，整个动力系统采用了多条平行链条传输动力。当喂入的物料茎秆直径过粗或者过细时，可调节上下滚筒之间的间隙以适应喂入茎秆的粗细，因此而导致的上下滚筒之间垂直距离的变化不会影响动力的传送。

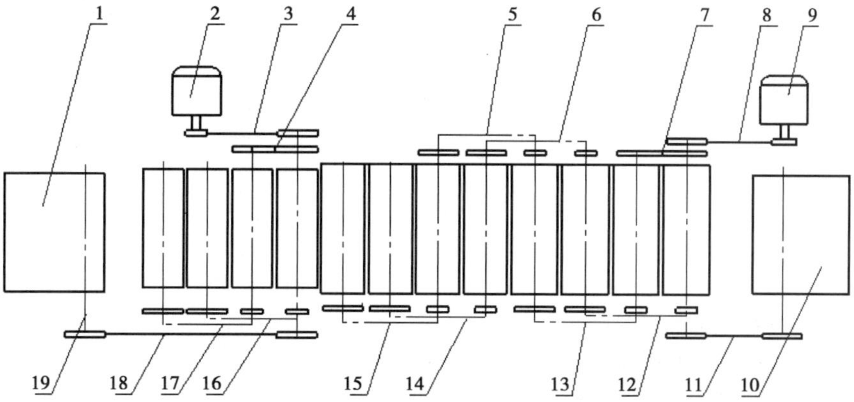


**图 4-25 4BM-780 大剥麻机传动系统**

1. 喂入端 2. 电机 3. 第 1 皮带传动 4. 第 1 齿轮传动 5. 第 1 链传动 6. 第 2 链传动 7. 第 2 齿轮传动 8. 第 2 皮带传动 9. 电机 10. 输出端 11. 第 3 链传动 12. 第 4 链传动 13. 第 5 链传动 14. 第 6 链传动 15. 第 7 链传动 16. 第 8 链传动 17. 第 9 链传动 18. 第 10 链传动 19. 喂入端动力轴

（2）参数的确定。系统参数设计，首先根据样机设计的功效、鲜茎喂入量的大小、剥麻滚筒的直径、鲜茎的株高和重量来确定传动系统的喂入速度，根据输出装置结构尺寸及抛出麻纤维落地位置，来确定抛出速度。再根据前期试验数据和研究基础，各辊筒直径的速度差，最终确定各个辊筒之间的速度及其结构尺寸。

※喂入速度：

本样机的设计工效为每小时剥制鲜茎 2 400kg，喂入装置输送带长为 5m，红麻长约 4.5m，平均每次红麻鲜茎喂入量约 4kg，每次喂麻所需时间为 3.5s，喂入辊筒直径为 240mm，分析可得出喂入辊筒转速与剥麻工效、喂入量、鲜茎长度及剥麻辊筒直径等存在以下关系：

$$P = N \times G \tag{24}$$

$$N = \frac{60}{T} \tag{25}$$

$$T = 4 + \frac{L_1 - L}{V_1} + \frac{L}{V_2} \tag{26}$$

$$n = \frac{60 \times V_2}{\pi D} \tag{27}$$

上式：$P$ 表示每分钟喂入麻的重量，kg/min；$N$ 表示每分钟喂麻次数，即喂麻频率，次/min；$G$ 表示每次喂麻的重量，kg/次；$T$ 为完成一次喂麻所需的时间，s；$L_1$ 为喂入装置传输带长度，m；$L$ 为红麻鲜茎平均长度，m；$V_1$ 为喂入传送带运行速度，m/s；$V_2$ 为喂入辊筒的线速度，m/s。其中设计喂入传送带的运行速度与喂入辊筒线速度相等，即 $V_1 = V_2$，联合上式得出喂入辊筒的线速度为 2m/s。这是保证样机工效的最低线速度，如果设计速度低于此速度则样机工效不能达标。为保证机器工效富余，取喂入辊筒线速度为 2.10m/s。

※抛出速度：

麻皮抛出速度即第 6 对剥麻滚筒的线速度，该速度决定剥制干净后麻皮的抛出路线。考虑麻皮收集的便利和样机结构尺寸，设计时先要确定麻皮的抛出距离，以确定输出装置长度及放置角度，即根据物体抛物线运动的射程公式计算出麻皮抛出时的初速度，该速度即剥麻滚筒的线速度。根据抛物线运动方程可知，抛物运动物体的抛出速度、抛出角度与射程之间存在下列关系：

$$S = \frac{V_0^2 \times \sin(2a)}{g} \tag{28}$$

上式中，$S$ 为水平射程，$V_0$ 为抛出速度，$a$ 为抛射方向与水平夹角。本机的设计时考虑到麻皮抛出速度较大，直接收集困难，于是在机器的尾端设有输出装置，在设计输出装置时，除了使所剥制麻皮纤维输出平稳顺畅，也应使整机结构紧凑，满足使用要求前提下，尽量减少空间尺寸。式（28）中，当 $a=0$ 时，水平射程 $S$ 最小，此时经反复试验麻纤维输出顺畅，满足使用要求。设计接麻装置中心位置与剥麻滚筒出麻口水平距离为 1.3m，代入式（28），得出抛出 $V_0 = 3.56$m/s，考虑到空气阻力及麻皮纤维自重，$V_0$ 取 3.92m/s，即为 6 对剥麻滚筒的线速度。

※各碎茎辊筒的转速：

为了获得更好的分离效果，碾压碎茎辊与剥麻滚筒之间应设计不同的速度差，使前压辊对后压辊有一定的夹持作用，这样可以限制麻茎过快地被剥皮辊筒拉走，而处于拉紧状态，清除附着在麻皮上面的麻骨。根据经验数据，本机速度参数设计时，第 1、第 2 对碾压喂入辊筒转速相同 $\nu_1 = \nu_2$，第 3、第 4 对螺旋揉搓分离辊转速相同 $\nu_3 = \nu_4$；第 5、第 6 对刮麻输出辊筒速度相同 $\nu_5 = \nu_6$。通过计算及综合考虑机器工况，确定了样机喂入速度 $\nu_1$ 和剥麻滚筒转速 $\nu_6$ 两个关键参数。根据前期研究基础，确定 $\nu_3$ 与 $\nu_1$ 线速度差为 0.6m/s，$\nu_5$ 与 $\nu_3$ 的线速度差为 1.22m/s。各辊筒线速度参数值如表 4-16 所示。

**表 4-16　各碎茎辊转速设计表**

| 碾压滚筒 | 第 1、第 2 对碾压滚筒 | | | 第 3、第 4 对揉搓滚筒 | | | 第 5、第 6 对分离滚筒 | | |
|---|---|---|---|---|---|---|---|---|---|
| | 线速度（m/s） | 直径（mm） | 转速（r/min） | 线速度（m/s） | 直径（mm） | 转速（r/min） | 线速度（m/s） | 直径（mm） | 速度（r/min） |
| 参数值 | 2.10 | 240 | 180 | 2.70 | 260 | 200 | 3.92 | 280 | 300 |

4. 控制系统

机器的电气控制系统原理如图 4-26 所示。由交流接触器、变频器、变频调速电机、三相异步电动机、电流继电器、熔断器、开关等组成。

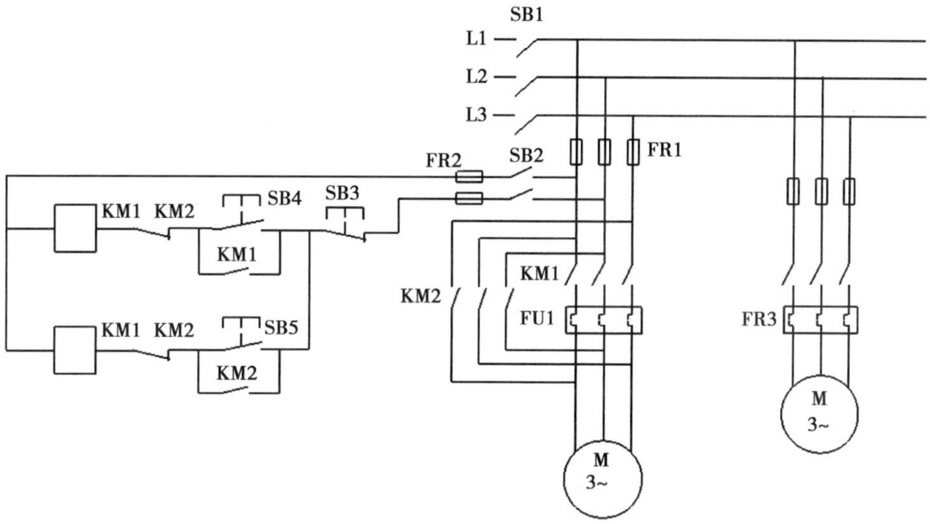


**图 4-26　4BM-780 大型红麻剥麻机控制系统**

5. 结论

（1）设计了多对不同结构形式碾压辊、揉搓分离辊、刮麻输出滚筒，且各辊筒设计不同转速，形成速度差。经试验测得可分离出高质量黄/红麻纤维。

（2）设计了专用喂入装置，代替传统手工喂麻。经试验证明能缩短喂麻辅助时间，降低工人的劳动强度。

（3）机器动力传输系统设计时，采用了多条平行链条传输动力方式。当喂入的物料茎秆直径过粗或者过细时，可调节上下滚筒之间的间隙以适应喂入茎秆的粗细，因此而导致的上下滚筒之间垂直距离的变化不会影响动力的传送。

（4）与现有小型黄/红麻剥麻机相比，4BM-780 大型红麻剥皮机的剥麻工效有大幅提高，可达到每小时剥制黄/红麻鲜茎 2 400kg。

# 第五章 加工技术研究进展

## 一 脱胶技术与工艺研究

筛选出麻类生物脱胶功能菌株15个，并利用克隆出的果胶酶、甘露聚糖酶和木聚糖酶基因重组多基因共表达载体6个，构建基因串联表达体系7个。新基因工程菌株slp-man-p ET28a/BL在选择平板上能产生明显的水解圈，分泌的β-甘露聚糖酶活性最高达645.5U/ml，是原基因工程菌株slp-man-p ET28a/JM的1.28倍，是出发菌株*Erwinia carotovora* CXJZ95-198的1.97倍。分析了DCE-01菌株对红麻/黄麻/大麻韧皮、龙须草、麦秆等纤维质农产品进行生物脱胶过程中，不同时期、不同条件下的培养液里葡萄糖、果胶和酸不溶物等含量变化规律，分析了功能基因缺失与基因表达的关联，进一步揭示了生物脱胶酶催化剥离非纤维素的降解机制。拓展和完善了生物脱胶技术示范应用，扩大了湖南广源麻业和江西井竹实业有限公司的产能，同时为山东泰安“高效节能清洁型大麻生物脱胶示范工程”建设提供了年产3 000t生物脱胶精干麻的初步设计方案。与浙江亚马逊工艺壁纸有限公司、湖南明星麻业股份有限公司分别签订了红麻黄麻工厂化生物脱胶稳定性试验和苎麻大麻红麻黄麻工厂化生物脱胶综合性试验合作协议，并完成了部分试验任务。

### （一）麻类脱胶菌种的选育与改良

1. 麻类脱胶菌种的筛选

通过采样、分离、筛选及宏基因技术，从麻类脱胶富集液中分离、筛选出15个具有麻类脱胶功能的菌株。同时，通过基因操作方法，构建基因工程菌株7个（包括多基因共表达体系）。从海南试验基地和三亚南繁科学技术研究院获取了红麻、菠萝麻腐殖质和椰壳堆肥等有特色的微生物基质样品，通过富集培养、分离、纯化，以及形态特征、生理生化特征及16S rDNA/18S rDNA鉴定，筛选出102多株具有植物胶质降解功能的微生物菌种，隶属16属25种，其中部分送往中国农业微生物菌种保藏管理中心（ACCC，北京）保藏。

对麻类脱胶木聚糖酶基因进行了部分缺失表达研究，分别从C-末端和N-末端切除部分氨基酸，研究缺失与酶活的变化规律，并采用定点突变、易错PCR等方法对木聚糖酶基因进行了改良试验。

2. 麻类脱胶菌种基因改良

从麻类脱胶高效菌株DCE01以及木聚糖酶高产菌株BE91克隆出果胶酶、甘露聚糖酶和木聚糖酶基因，通过基因串联方式重组质粒并导入DCE01菌株表达，其胞外酶活性分别提高0.8倍、29.1倍、23.9倍。

选择果胶酶基因2个、甘露聚糖酶基因1个和木聚糖酶基因2个，重组多基因共表达载体6个，以大肠杆菌为受体，构建基因串联表达体系6个（表5-1）；同时，以麻类脱胶高效菌株为受体，构建基因串联表达体系1个（表5-2）。表5-1所列结果显示，大肠杆菌胞外酶活与基因插入顺序密切相关——基因插入位点离启动子越近，胞外酶活越高；甘露聚糖酶基因在大肠杆菌中表达的胞外酶活性最高可达 21 522U/ml。

**表 5-1　多基因重组工程菌株的果胶酶、β-甘露聚糖酶和木聚糖酶酶活**

| 重组工程菌株 | 胞外酶活（U/ml） | | |
|---|---|---|---|
| | 果胶酶 | 木聚糖酶 | β-甘露聚糖酶 |
| 28PXM | 214.82 | 2.92 | 17.52 |
| 28MPX | 11.06 | 2.05 | 21522.49 |
| 28XMP | 5.57 | 4.59 | 410 |
| 28PXM（91X） | 414.74 | 114.13 | 520.28 |
| 28MPX（91X） | 58.88 | 62.57 | 87601.32 |
| 28XMP（91X） | 11.57 | 671.80 | 5823.16 |

表 5-2 所列结果显示，重组质粒导入麻类脱胶高效菌株 DCE01，果胶酶、甘露聚糖酶和木聚糖酶基因在胞内、胞外均获得成功表达。

**表 5-2　多基因重组工程菌株 28PXM（91X）胞内、胞外脱胶关键酶酶活**　（单位：U/ml）

| 诱导时间 | 果胶酶 | | 木聚糖酶 | | 甘露聚糖酶 | |
|---|---|---|---|---|---|---|
| | 胞内 | 胞外 | 胞内 | 胞外 | 胞内 | 胞外 |
| 2h | 9.06 | 7.48 | 8.63 | 3.04 | 38.29 | 3.51 |
| 4h | 29.06 | 15.90 | 15.84 | 8.96 | 90.72 | 12.68 |
| 6h | 50.21 | 39.42 | 21.44 | 15.39 | 111.40 | 38.50 |
| 8h | 132.08 | 61.96 | 33.78 | 25.44 | 168.74 | 59.70 |
| 10h | 224.62 | 184.47 | 86.27 | 36.61 | 191.03 | 90.54 |
| 21h | 582.00 | 282.22 | 282.60 | 89.84 | 1182.2 | 218.78 |

采用软件 Primer premier 5 设计引物，从麻类脱胶高效菌株 DCE-01 中克隆出一个果胶酶基因 Pel325，重组到表达载体 pET-28a 中，在 *E. coli* BL21（DE3）中成功表达。酶的活性随着底物（橘子果胶）酯化程度的增加而增加。胞内酶用酯化程度≥85%的橘子果胶作底物检测时酶活最高（酶活为 37.5U/ml），其最适反应温度为 55℃，最适反应 pH 值为 8.0。从原基因工程菌株 slp-man-p ET28a/JM 提取重组质粒 slp-man-p ET28a，转化 *Escherichia coli* BL21（DE3）。用水解圈大小，β-甘露聚糖酶活力高低和天然半纤维素底物降解能力等综合指标衡量新基因工程菌株的 β-甘露聚糖酶表达效果。新基因工程菌株 slp-man-p ET28a/BL 在选择平板上能产生明显的水解圈，其分泌的 β-甘露聚糖酶活性最高达 645.5U/ml，是原基因工程菌株 slp-man-p ET28a/JM 分泌的 1.28 倍，是出发菌株 *Erwinia carotovora* CXJZ95-198 分泌的 1.97 倍；新基因工程菌株在苎麻原料发酵液的 COD 净增加值达 5.13g/L 左右，分别为原基因工程菌株和出发菌株净增值的 1.5 倍、1.2 倍；其还原糖生成量为 0.721mg/ml，比原基因工程菌株和出发菌株分别提高了 26.7%和 10.1%。新基因工程菌株的 β-甘露聚糖酶分泌量大幅度提高。从麻类脱胶高效菌株 DCE01 中克隆出一个果胶酶基因 *Pel418*，采用表达载体 p ET-28a，在 *E. coli* BL21（DE3）中成功表达。实验结果表明，底物（橘子果胶）的酯化度对酶活有较大影响，用酯化程度为 55%～70%的橘子果胶作底物时酶活最高（酶活为 17.5U/ml）；胞内酶最适反应温度为 55℃，最适反应 pH 值为 9.5。采用 PCR 扩增法从 *B. subtilis* BE-91 菌株中克隆 β-甘露聚糖酶基因，分别连接到 pEASY-E1 和 pET28a 载体，导入 *E. coli* BL21（DE3）进行诱导表达。用 DNS 法对工程菌株的胞内和胞外 β-甘露聚糖酶进行定量分析，选取胞外甘露聚糖酶活力高的组分进行酶学性质研究。*B. subtilis* BE-91 菌株中克隆的 β-甘露聚糖酶基因（GenBank 登录号：KP277209）在 *E. coli* 中获得高效表达，工程菌株 p EASY-man/BL 产胞外 β-甘露聚糖酶的活性可达 229.1 IU/ml。

### （二）麻类工厂化生物脱胶工艺技术研究

在红麻/黄麻/大麻韧皮、龙须草、麦秆工厂化生物脱胶工艺流程和技术参数基础上，应用DCE-01菌株培养液对6种纤维质农产品进行了生物脱胶系统试验（表5-3）。其中，采用酸水解方法彻底水解生物脱胶纤维后进行了葡萄糖、果胶和酸不溶物含量色谱分析，结果与常规方法（现行国家标准）分析的果胶、木质素（酸不溶物）含量相差无几。各种原料单糖类组分中葡萄糖含量高达65%以上。

**表5-3　六种麻类农产品生物脱胶试验结果**

| 材料 | 苎麻* | 大麻 | 红麻 | 黄麻 | 龙须草 | 麦秆 |
|---|---|---|---|---|---|---|
| 脱胶制成率（%） | 72.9 | 67.8 | 66.2 | 65.4 | 64.4 | 63.2 |
| 葡萄糖含量（%） | 97.7 | 96.8 | 91.3 | 90.1 | 89.8 | 88.9 |
| 果胶含量（%） | 0.2 | 2.9 | 5.3 | 6.2 | 5.3 | 5.2 |
| 酸不溶物（%） | 1.3 | 3.4 | 5.8 | 5.6 | 8.7 | 9.3 |

*常规方法分析苎麻原料中木质素含量为3.86%

### （三）麻类生物脱胶技术示范

深入湖南、湖北、江西“高效节能清洁型苎麻生物脱胶示范工程”现场进行技术服务和技术培训，进一步巩固了示范效果：一是通过技术服务，改进技术方案，扩大了湖南广源麻业和江西井竹实业有限公司的产能，即湖南广源麻业扩建为年产生物脱胶纤维10 000t，江西井竹科技扩建为年产生物脱胶纤维8 000t。江西井竹证明：经济效益初步测算，每吨精干麻生产成本为18 210元，其中，原辅材料成本15 985元，动力能源成本775元，比化学方法节支4 089元；细纱规格按照提高2个档次、差价为20 000元/t计算，加工至细纱增值效益19 500元，增收节支可提高盈利率60%左右。同时，为山东泰安“高效节能清洁型大麻生物脱胶示范工程”建设提供了年产3 000t生物脱胶精干麻的初步设计方案。

与浙江亚马逊工艺壁纸有限公司、湖南明星麻业股份有限公司分别签订了红麻黄麻工厂化生物脱胶稳定性试验和苎麻大麻红麻黄麻工厂化生物脱胶综合性试验合作协议，并完成了部分试验任务，达到了“麻类生物脱胶发酵周期≤8h，苎麻、红麻、黄麻、大麻韧皮脱胶制成率依次为69%、56% 55%、62%%；苎麻或大麻韧皮脱胶的NaOH用量减少96%，标煤用量比常规方法减少68%，从源头上减轻污染量58%”的目标。

## 三　纤维性能评价与改良研究

2014—2015年，在纤维性能改良方面，开展了基于麻纤维特征指标选择方法的成纱质量的预测、苎麻纤维性能与成纱质量关系和苎麻织物刺痒感的比较与评价研究工作；在四川大竹金桥麻业有限公司、湖南瑞亚高科公司和广源麻业公司进行了苎麻氧化脱胶中纤维素保护技术生产性实验研究，在江苏新申集团完成了亚麻/涤纶/腈纶湿纺混纺新产品的开发，在株洲雪松麻业和江西井竹公司进行了包缠纺改善苎麻织物刺痒感技术研究及产品开发；团队继续深入开展了苎麻胶质多糖组分化学性能、苎麻中各半纤维素对纤维性能影响的研究和苎麻纤维的NMMO改性实验研究等，并探索性地开展了红麻粉/PP复合纤维的制备及基本性能的研究。

### （一）苎麻纤维性能改良及纺织技术研究

1. 苎麻纤维长度等几何性能与成纱性能关系的研究

（1）苎麻纤维长度的分布模型研究。利用江西恩达麻纺有限公司的梳麻条和初精梳条进行苎麻纤维长度的分布模型研究。根据 GB 5887—1986《苎麻纤维长度试验方法》对苎麻纤维的长度进行测试。测试所用的仪器为 Y131 型梳片式长度分析仪。其测试原理是：用梳片式长度分析仪，将一定量的纤维试样梳理并排列成一端平齐、有一定宽度的纤维束，再按一定的组距对纤维长度进行分组，分别称出各组质量，重复试验两次，根据计算获得苎麻纤维长度分布频率直方图。

在纤维测试过程中，以 10mm 为组距对纤维长度进行分组，测试结果如表 5-4 所示。其中：重量频率密度=重量百分数/组距，根据重量频率密度可得苎麻纤维长度分布直方图。

**表 5-4　两种苎麻样品的纤维长度测试结果**

| 苎麻样品 | | | | | |
|---|---|---|---|---|---|
| 梳麻条 | | | 初精梳条 | | |
| 长度（mm） | 重量（g） | 重量频率密度 | 长度（mm） | 重量（g） | 重量频率密度 |
| 5 | 0.012 | 0.007 | 5 | 0.005 7 | 0.001 71 |
| 15 | 0.039 1 | 0.011 42 | 15 | 0.017 | 0.002 55 |
| 25 | 0.046 5 | 0.013 58 | 25 | 0.042 5 | 0.006 38 |
| 35 | 0.052 4 | 0.015 3 | 35 | 0.072 4 | 0.010 87 |
| 45 | 0.062 1 | 0.018 13 | 45 | 0.084 | 0.012 61 |
| 55 | 0.043 2 | 0.012 61 | 55 | 0.069 9 | 0.010 49 |
| 65 | 0.026 9 | 0.007 86 | 65 | 0 067 7 | 0.010 16 |
| 75 | 0.018 9 | 0.005 52 | 75 | 0.062 5 | 0.009 38 |
| 85 | 0.016 3 | 0.004 76 | 85 | 0.051 | 0.007 66 |
| 95 | 0.007 5 | 0.002 19 | 95 | 0.042 8 | 0.006 43 |
| 105 | 0.005 3 | 0.001 55 | 105 | 0.038 8 | 0.005 82 |
| 115 | 0.004 1 | 0.001 2 | 115 | 0.028 7 | 0.004 31 |
| 125 | 0.002 4 | 0.000 7 | 125 | 0.028 1 | 0.004 22 |
| 135 | 0.001 7 | 0.000 5 | 135 | 0.017 2 | 0.002 58 |
| 145 | 0.000 9 | 0.000 26 | 145 | 0.014 9 | 0.002 24 |
| 155 | 0.001 1 | 0.000 32 | 155 | 0.009 7 | 0.001 46 |
| 165 | 0.000 05 | 0.000 01 | 165 | 0.004 | 0.000 6 |
| 175 | 0 | 0 | 175 | 0.003 1 | 0.000 47 |
| 185 | 0.000 7 | 0.000 2 | 185 | 0.003 | 0.000 45 |
| 195 | 0.000 6 | 0.000 18 | 195 | 0.001 9 | 0.000 29 |
| 205 | 0.000 7 | 0.000 2 | 205 | 0.000 4 | 0.000 06 |
| | | | 215 | 0.000 4 | 0.000 06 |
| | | | 225 | 0.000 4 | 0.000 06 |

用混合 Weibull 分布对苎麻纤维长度分布进行拟合，密度函数为：

$$f(x)=p_1\cdot\frac{\beta_1}{\eta_1}\cdot\left(\frac{x}{\eta_1}\right)^{\beta_1-1}\cdot\exp\left[-\left(\frac{x}{\eta_1}\right)^{\beta_1}\right]+(1-p_1)\cdot\frac{\beta_2}{\eta_2}\cdot\left(\frac{x}{\eta_2}\right)^{\beta_2-1}\cdot\exp\left[-\left(\frac{x}{\eta_2}\right)^{\beta_2}\right]$$

经验分布函数为：

$$F(x)=p_1\cdot\left\{1-\exp\left[-\left(\frac{x}{\eta_1}\right)^{\beta_1}\right]\right\}+(1-p_1)\cdot\left\{1-\exp\left[-\left(\frac{x}{\eta_2}\right)^{\beta_2}\right]\right\}$$

由图 5-1 可知：混合分布拟合曲线能很好地描述苎麻纤维长度分布的峰度和偏度状态，梳麻条中，由于大量短纤维尤其是长度短于 50mm 纤维的存在，使长度分布函数左偏严重，而精梳后，由于大量短纤维的去除，使纤维的长度分布有所右移，即短纤维数量明显减少。

衡量苎麻条长度特征的主要质量的纤维长度指标包括平均长度、长度不匀、短纤维率。进一步表征纤维长度分布状态的指标包括长纤维率、超长纤维率。根据长度分布密度函数，所得各指标的计算公式如下：

平均长度：$L_g=\int_0^{l_{max}}x\cdot f(x)dx=\mu=p_1\cdot\eta_1\cdot\Gamma(1+\frac{1}{\beta_1})+(1-p_1)\cdot\eta_2\cdot\Gamma(1+\frac{1}{\beta_2})$

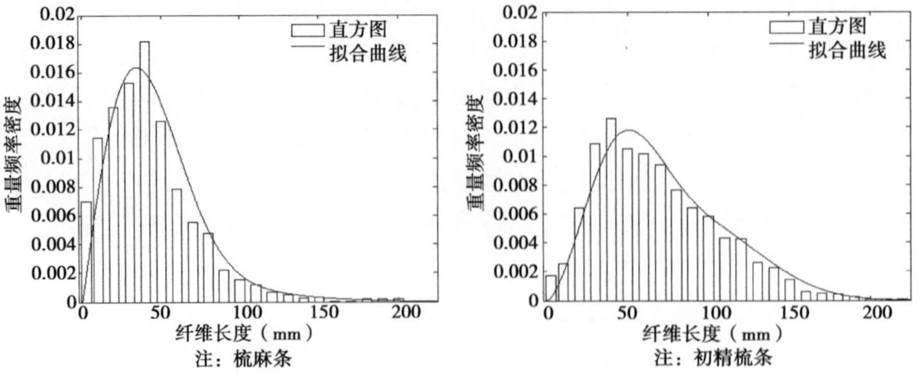


**图 5-1 苎麻长度分布频率直方图的混合分布拟合结果**

长度不匀：$C_g = \frac{\sigma}{L_g} = \frac{\sqrt{p_1 \cdot (\mu_1{}^2 + \sigma_1^2) + (1 - p_1) \cdot (\mu_2{}^2 + \sigma_2^2) - [ML]^2}}{L_g}$

短纤维率：

$$SFC = \int_0^{40} f(x)dx = \int_0^{40} \left\{ p_1 \cdot \frac{\beta_1}{\eta_1} \cdot \left(\frac{x}{\eta_1}\right)^{\beta_1 - 1} \cdot \exp\left[-\left(\frac{x}{\eta_1}\right)^{\beta_1}\right] + (1 - p_1) \cdot \frac{\beta_2}{\eta_2} \cdot \left(\frac{x}{\eta_2}\right)^{\beta_2 - 1} \cdot \exp\left[-\left(\frac{x}{\eta_2}\right)^{\beta_2}\right] \right\} dx = p_1 \cdot [1 - e^{-(\frac{40}{\eta_1})^{\beta_1}}] + (1 - p_1) \cdot [1 - e^{-(\frac{40}{\eta_2})^{\beta_2}}]$$

长纤维率：

$$LFC_1 = \int_{100}^{l_{\max}} f(x)dx = 1 - \int_0^{100} f(x)dx = 1 - \{p_1 \cdot [1 - e^{-(\frac{100}{\eta_1})^{\beta_1}}] + (1 - p_1) \cdot [1 - e^{-(\frac{100}{\eta_2})^{\beta_2}}]\}$$

超长纤维率：

$$LFC_2 = \int_{150}^{l_{\max}} f(x)dx = 1 - \int_0^{150} f(x)dx = 1 - \{p_1 \cdot [1 - e^{-(\frac{150}{\eta_1})^{\beta_1}}] + (1 - p_1) \cdot [1 - e^{-(\frac{150}{\eta_2})^{\beta_2}}]\}$$

根据上述公式计算的长度指标值与实际测试长度指标的对比如表 5-5 所示。

**表 5-5 长度指标计算值与实测值对比**

| 苎麻样品 | 指标 | 平均长度（mm） | 长度不匀（%） | 短纤维率（<40mm）（%） | 长纤维率（>100mm）（%） | 超长纤维率（>150mm）（%） |
|---|---|---|---|---|---|---|
| 梳麻条 | 实测值 | 47.70 | 60.92 | 52.87 | 4.36 | 0.76 |
| | 计算值 | 47.72 | 60.90 | 45.54 | 5.03 | 0.97 |
| 初精梳条 | 实测值 | 72.44 | 51.81 | 26.97 | 19.69 | 2.71 |
| | 计算值 | 72.46 | 51.95 | 20.60 | 22.58 | 3.73 |

研究结果表明，苎麻纤维的长度分布服从混合 Weibull 分布，可用连续函数来表示苎麻长度分布；苎麻纤维样品的长度指标计算值与实测值相近，尤其是平均长度及长度不匀。

（2）苎麻纱线均匀度的预测模型。研究基于苎麻纤维长度分布的混合 Weibull 分布模型以及测试所得的苎麻细度平均值与不匀值，建立了苎麻纤维几何特征（长度、细度）与成纱均匀度的关系模型。单纱片段不匀模型为：

$$CV(G) = \sqrt{\frac{D(G)}{E^2(G)}} = \sqrt{\frac{1}{E(N)}\{[CV(S)]^2 g\ [CV(T)]^2 + [CV(S)]^2 + [CV(T)]^2\} + [CV(N)]^2}$$

式中：$CV(S)$ 为在纱条片段△中所截得纤维的长度不匀；$CV(T)$ 为组成纱条的纤维的细度不匀（测试得）；$E(N)$ 为在纱条片段△中所截得纤维的平均根数，$CV(N)$ 为在纱条片段△内所截得纤维的根数不匀。

2. 苎麻胶质多糖组分化学性能的研究

在苎麻化学脱胶工艺技术研究工作的基础上，进一步深入探讨了苎麻胶质中多糖组分的化学性能。考察了不同工艺条件下，氢氧化钠对多糖组分的去除作用，并分析了苎麻胶质其他成分对氢氧化钠去除苎麻胶质多糖组分的影响。

研究表明，硫酸可以去除一部分果胶，但对半纤维素没有去除作用，过氧化氢对果胶有去除作用，但对半纤维素的去除效果不明显，氢氧化钠对半纤维素和果胶的去除效果最大，不同工艺条件下氢氧化钠对多糖组分的去除效果研究表明：随着氢氧化钠浓度、处理时间和温度的提高，果胶和半纤维素含量降低；氢氧化钠浓度大于4g/L时，继续增加氢氧化钠浓度，果胶含量降低较少。而半纤维素的含量在氢氧化钠浓度大于10g/L时变化不大。随着处理时间延长，果胶和半纤维素含量降低幅度呈现先迅速降低，后趋于平缓的趋势。温度对氢氧化钠去除半纤维素和果胶影响较大，氢氧化钠常压脱胶的处理温度最好为100℃。苎麻胶质中其他组分对果胶和半纤维素的影响的研究表明：脂蜡质、水溶物和果胶的存在对于氢氧化钠去除半纤维素有阻碍作用，其中，果胶的阻碍作用最为明显。脂蜡质对氢氧化钠溶液去除果胶没有明显作用，但水溶物的存在对氢氧化钠溶液去除果胶有阻碍作用。

3. 苎麻纤维中半纤维素对纤维性能的影响研究

使用浓度为24%（w/w）氢氧化钾溶液，室温（25℃）抽提48h（重复3次），接着用17.5%（w/w）氢氧化钠+4%（w/w）硼酸溶液室温（25℃）抽提48h（重复3次），半纤维素得率为14.43%。气相色谱分析结果表明经过优化后提取的苎麻残渣不含半纤维素，表明苎麻中半纤维素已经全部提取出来。再采用气相色谱、红外光谱、裂解气相色谱等方法研究了苎麻半纤维素的组成。

气相色谱结果表明，苎麻半纤维素含有鼠李糖、阿拉伯糖、木糖、半乳糖、葡萄糖和甘露糖六种糖基。其中，半乳糖、葡萄糖和甘露糖三种糖基含量最多。红外分析表明组成苎麻半纤维素的糖单元是以β-糖苷键连接起来的。苎麻半纤维素的裂解产物主要是二氧化碳、小分子有机物和脱水吡喃型葡萄糖。最后采用浓碱溶解硼酸络合分级分离法分离了苎麻半纤维素中的聚木糖、聚葡萄糖甘露糖和聚半乳糖葡萄糖甘露糖。聚木糖、聚葡萄糖甘露糖和聚半乳糖葡萄糖甘露糖三种聚糖占半纤维素总量的79%，是苎麻半纤维素的主体组成部分。三种多糖中，聚木糖含量最低，聚半乳糖葡萄糖甘露糖含量最高。红外分析表明苎麻聚木糖组成为聚阿拉伯糖葡萄糖醛酸木糖。

半纤维素的含量对纤维性能的影响结果表明，随着半纤维素含量的减少，纤维的线密度降低，断裂伸长率和断裂强度逐渐增加。综合断裂强度、断裂伸长率和线密度三项指标，并考虑脱胶成本等因素，苎麻中半纤维素含量低于1.22%即可。半纤维素中三种多糖（聚木糖、聚葡萄糖甘露糖和聚半乳糖葡萄糖甘露糖）对纤维性能的影响的研究结果表明，随着聚木糖、聚葡萄糖甘露糖和聚半乳糖葡萄糖甘露糖含量增加，纤维线密度和并丝率增加，纤维断裂强度降低，纤维弹性、摩擦系数、初始模量和断裂伸长率没有显著变化。

化学试剂对苎麻胶质多糖组分的去除效果研究结果表明，酸、碱和氧化剂对果胶的去除效果优于半纤维素。半纤维素中三种多糖在氢氧化钠溶液中的溶解性能有差异，与聚葡萄糖甘露糖和聚木糖相比，聚半乳糖葡萄糖甘露糖容易溶解于10g/L氢氧化钠溶液中。

上述研究提供了一个新的脱胶思路，即可以先针对性地去除果胶和水溶物等胶质，然后用低浓度的氢氧化钠来处理去除半纤维素，达到脱胶效果。并且探索了先用草酸铵处理再用氢氧化钠处理的苎麻脱胶工艺流程，经过单因子和正交优化后得到优化工艺为：第一步草酸铵处理：草酸铵8g/L、处理时间1.5h、浴比1：10、温度100℃；第二步氢氧化钠处理：氢氧化钠10g/L、处理时间3h、浴比1：10、温度100℃。经过优化工艺处理后，苎麻的半纤维素含量和纤维性能接近传统脱胶工艺的水平，而且草酸铵优化工艺降低了氢氧化钠用量和脱胶时间，一定程度上达到了节能环保的目的。

4. 苎麻氧化处理及改性技术研究

（1）苎麻氧化脱胶稳定剂的优选。利用四川省达州市大竹县提供的苎麻原麻原料进行氧化脱胶。氧化脱胶技术参数为：温度85℃，时间60min，浴比1：10，具体方案如表5-6所示。

**表 5-6　氧化脱胶方案**

| 化学试剂 | 用量（%） | | | | |
|---|---|---|---|---|---|
| 过氧化氢 | 6 | — | — | — | — |
| 三聚磷酸钠 | 4 | — | — | — | — |
| 氢氧化钠 | 3 | — | — | — | — |
| 螯合剂 | 2 | — | — | — | — |
| 活性剂 | 1 | — | — | — | — |
| 稳定剂 A | 1 | 2 | 3 | 4 | 5 |
| 稳定剂 B | 1 | 2 | 3 | 4 | 5 |

碱性煮练温度 100℃，时间 60min)，试剂：氢氧化钠；

还原改性（温度 100℃　时间 60min），试剂：保险粉。

苎麻原麻在不同使用量的稳定剂 A 的氧化脱胶工艺中进行处理，然后测试其机械性能指标(表 5-7)。

**表 5-7　稳定剂 A 对苎麻纤维机械性能的影响**

| 用量（%） | 1 | 2 | 3 | 4 | 5 |
|---|---|---|---|---|---|
| 断裂强度（cN/dtex） | 9.77 | 7.71 | 6.8 | 7.25 | 4.71 |
| 断裂伸长率（%） | 2.72 | 2.47 | 2.48 | 2.24 | 2.49 |
| 断裂功（cN/dtex） | 0.13 | 0.1 | 0.08 | 0.08 | 0.06 |

苎麻原麻在不同使用量的稳定剂 B 的氧化脱胶工艺中进行处理，然后测试其机械性能指标(表 5-8)。

**表 5-8　稳定剂 B 对苎麻纤维机械性能的影响**

| 用量（%） | 1 | 2 | 3 | 4 | 5 |
|---|---|---|---|---|---|
| 断裂强度（cN/dtex） | 6.34 | 7.5 | 6.77 | 4.56 | 8.26 |
| 断裂伸长率（%） | 2.5 | 2.52 | 2.66 | 2.4 | 2.33 |
| 断裂功（cN/dtex） | 0.08 | 0.1 | 0.09 | 0.06 | 0.1 |

根据稳定剂 A 和稳定剂 B 的单因子实验，选取其中比较好的稳定剂用量进行试验验证，并对两种稳定剂进行比较，如表 5-9 所示。

**表 5-9　稳定剂 A 和稳定剂 B 处理后纤维机械性能的比较**

| | 稳定剂 A | | | 稳定剂 B | | |
|---|---|---|---|---|---|---|
| 用量（%） | 1 | 2 | 4 | 2 | 3 | 5 |
| 断裂强度（cN/dtex） | 6.36 | 6.57 | 6.3 | 5.79 | 5.7 | 6.18 |
| 断裂伸长率（%） | 2.69 | 2.4 | 2.27 | 2.87 | 2.82 | 2.74 |
| 断裂功（cN/dtex） | 0.09 | 0.08 | 0.07 | 0.08 | 0.08 | 0.08 |

从表 5-9 可看出，考虑纤维的断裂强度，不同用量稳定剂 A 的作用效果优于不同用量稳定剂 B 的作用效果。

（2）苎麻氧化脱胶中纤维素保护技术生产性实验研究。先后在四川大竹金桥麻业有限公司、湖南瑞亚高科公司和湖南广源麻业公司进行了苎麻氧化脱胶中纤维素保护技术生产性实验研究，试验所用的主要化学试剂有：过氧化氢、氢氧化钠、三聚磷酸钠、HEDP、蒽醌、亚硫酸氢钠等；采用的脱胶工艺流程为：氧化煮练—氢氧化钠煮练—水洗—还原—脱水—给油—烘干。

研究结果表明，在氧化脱胶时加入蒽醌能阻止一部分纤维素剥皮反应，提高苎麻纤维中纤维素的聚合度，从而提高纤维的强伸性能。蒽醌用量为 1%、2%、3%、4%时，纤维的断裂强度比不使用蒽醌分别提高了 23.55%、27.99%、22.09%、2.07%；断裂伸长率提高了 8.37%、13.44%、

19.78%、7.98%；断裂比提高了12.50%、41.67%、22.22%、0%；聚合度提高了12.69%、13.95%、11.91%、0.72%；结晶度变化不大。在苎麻氧化脱胶中蒽醌的最适用量为2%。

5. 苎麻长度改良技术开发

在苎麻长度改良技术开发上，纤维性能改良岗位2014年重点开发了苎麻牵切条在毛型和棉型纺纱设备上实施纺纱的关键技术。与江苏海安国洋机械厂密切合作，通过牵切装置的改进，分别以苎麻长纺中梳麻条、预并条、二道并条及初精梳条为原料，通过合理设置牵切工艺参数，牵切成纤维平均长度为40~50mm的苎麻牵切条。随着苎麻纤维牵切长度的缩短，引起牵切力的剧增，改进装置，并优化有关工艺参数的配置，通过了2次牵切，使苎麻牵切条超长纤维数量大大降低，并与井竹湖南沅江公司合作，在棉纺设备上进行了纺纱实验（表5-10）。

**表5-10 复精梳条牵切前、后纤维长度指标**

| 复精梳条 | 平均长度（mm） | 长度不匀（%） | 短纤维率（%） | | | 长纤维率（%） | | | | | |
|---|---|---|---|---|---|---|---|---|---|---|---|
| | | | <20mm | <30mm | <40mm | >50mm | >60mm | >70mm | >80mm | >90mm | >100mm |
| 牵切前 | 81.82 | 44.70 | 0.74 | 2.51 | 8.89 | 80.42 | 67.65 | 55.85 | 45.07 | 35.31 | 27.04 |
| 1道牵切后 | 40.45 | 34.75 | 8.05 | 19.79 | 46.18 | 19.89 | 7.17 | 2.39 | 0.71 | 0.17 | 0.04 |
| 2道牵切后 | 39.05 | 32.84 | 8.61 | 21.59 | 48.01 | 16.75 | 3.03 | 0.74 | 0.16 | 0 | 0 |

6. 包缠纺改善苎麻织物的毛羽及刺痒感研究

针对苎麻织物的毛羽及刺痒感问题，利用空心锭包缠技术，以苎麻纱为芯纱，以不会产生刺痒感的其他短纤纱或长丝纱为外包缠纱，对苎麻纱进行“再加工”，纺制具有包缠结构的包覆纱。通过外包缠纱的包缠与“捆扎”作用，将苎麻纱表面的毛羽缠绕贴伏、包覆遮盖，显著减少纱线毛羽，就可以在纱线阶段解决后续工序中难以解决的苎麻织物刺痒感问题。试验用包缠纺纱机为纤维性能改良岗位与嘉兴学院合作研制的ZJ-192JB型机械包覆机（双包）。该纺纱机有上下两组空心锭，下面一组为单包或双包的第一次包缠，上面一组为双包的二次包缠，由于上下锭转速成一定比例，转向相反，因此二次包缠与一次包缠（单包）的捻度成一定比例，捻向相反。

（1）单包与双包对苎麻纱线性能影响的比较。在捻度较小的时候，双包对毛羽的控制效果明显比单包好。即捻度小时，增大捻度有利于加强对苎麻纱毛羽的控制（将双包的二次包缠看成单包的基础上增大捻度）。而随着捻度的增大，两者对毛羽的控制作用逐渐趋于一致，曲线逐渐平缓，当捻度增大到800捻/m时，继续增大捻度，对苎麻纱毛羽的改善作用较小（图5-2）。

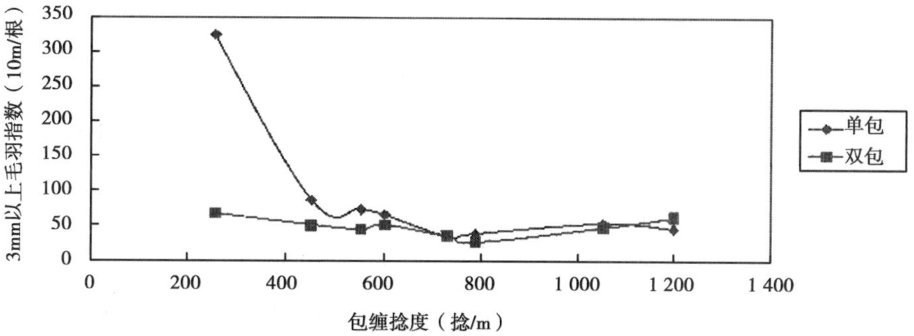


**图5-2 单包和双包包缠纱的3mm以上毛羽指数对比**

（2）捻度对包缠纱性能的影响。外包缠纱对苎麻纱的毛羽控制有显著效果。在捻度很小（256捻/m）时，1mm、2mm以及3mm以上毛羽的数量就都减少了50%以上。在捻度较小时，增大捻度，3mm及以上毛羽根数显著降低；继续增大捻度，3mm以上毛羽根数与包缠捻度的关系曲线趋于平缓，当捻度增大到800捻/m时，继续增大捻度，对苎麻纱毛羽的改善作用较小（图5-3）。考虑到纺纱速度以及原料的成本等问题，在后续纺纱过程中，满足苎麻纱毛羽减少一定程度的前提下，捻度应偏小控制。

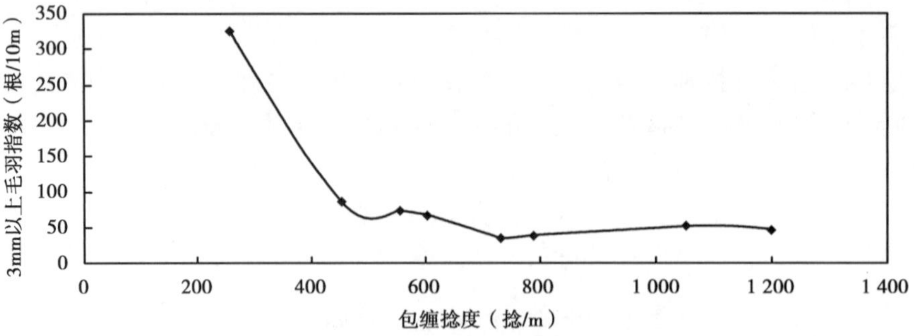


**图 5-3　3mm 以上毛羽指数与包缠捻度的关系**

（3）苎麻织物刺痒感的比较与评价。2015 年，纤维性能改良岗位基于对苎麻织物刺痒感的比较与评价的研究，对湖南广源麻业、株洲雪松公司和江西井竹麻业公司的苎麻常规纺纱和包缠纺纱织物产品的刺痒感评价的开展研究工作。通过对织物进行单面压缩测试，客观表征织物的刺痒感程度。

测试环境温度为 16.3℃，相对湿度为 46%（无恒温恒湿实验室）。根据行业标准 FZT-30004 的相关规定，试验时的压缩位移为 10mm，压缩速度为 40mm/min，压盘面积为 10cm$^2$。试样尺寸为 300mm×75mm，每个品种织物测试 10 次。织物试样的刺痒感测试结果如表 5-11 所示。

织物刺痒感测试结果评价：广源麻业生产的 860 与其他四种包缠纱作纬纱的织物相比，其毛羽长度最大，说明布面上的毛羽最长；其压缩功明显的高于其他四种织物，即织物毛羽压缩的整个阶段克服所有毛羽的弯曲应力所作的功越大，这说明其织物的刺痒感比其他四种织物强烈，亦即包缠纱的应用，改善了织物的刺痒感。

**表 5-11　织物的刺痒感**

| 织物编号 | 拟合直线斜率 | 拟合直线截距 | 直线拟合相关系数 | 拟合数据个数 | 毛羽长度 | 分界压力 | 压缩功 | 压缩比功 |
|---|---|---|---|---|---|---|---|---|
| 广源 860 | 10.42 | 0.67 | 0.997 | 96.50 | 0.67 | 1.67 | 0.43 | 0.64 |
| 广源 3# | 12.18 | 0.39 | 0.998 | 79.17 | 0.39 | 1.34 | 0.23 | 0.54 |
| 广源 19# | 14.21 | 0.35 | 0.999 | 70.67 | 0.35 | 1.26 | 0.18 | 0.47 |
| 广源 24# | 11.01 | 0.53 | 0.998 | 80.00 | 0.53 | 1.35 | 0.24 | 0.46 |
| 广源 29# | 13.90 | 0.46 | 0.999 | 76.50 | 0.46 | 1.34 | 0.19 | 0.42 |
| 雪松 850 | 6.71 | 0.58 | 0.998 | 102.50 | 0.58 | 1.22 | 0.34 | 0.55 |
| 雪松 3# | 10.30 | 0.55 | 0.998 | 92.25 | 0.55 | 1.42 | 0.28 | 0.50 |
| 雪松 19# | 13.17 | 0.58 | 0.998 | 80.86 | 0.58 | 1.45 | 0.26 | 0.44 |
| 雪松 24# | 12.14 | 0.54 | 0.996 | 74.10 | 0.54 | 1.47 | 0.27 | 0.51 |
| 雪松 29# | 13.22 | 0.37 | 0.998 | 70.67 | 0.37 | 1.30 | 0.19 | 0.50 |
| 袜筒 36 公支 | 4.92 | 0.89 | 0.998 | 128.00 | 0.89 | 1.08 | 0.37 | 0.41 |
| 袜筒 16# | 4.45 | 0.56 | 0.999 | 88.83 | 0.56 | 0.92 | 0.22 | 0.41 |
| 袜筒 19# | 6.64 | 0.58 | 0.999 | 111.75 | 0.58 | 1.10 | 0.26 | 0.44 |

株洲雪松 850 的压缩功和压缩比功比其他四种包缠纱作纬纱的织物要大，不如广源织物的测试结果明显，与雪松的 850 织物经过工厂的其他处理有关。江西井竹麻业用 36 公支的苎麻纱编织的袜筒，其毛羽长度和压缩功都明显大于其他两种包缠纱织物，这说明其布面上的毛羽最长，克服所有毛羽的弯曲应力所作的功越大，刺痒感最强。

（4）包缠纺改善苎麻织物刺痒感技术研究及产品开发。苎麻纤维粗、结晶度高、初始模量大，刚度大，成纱抱合力差，使得苎麻织物粗糙硬挺，表面毛羽多且硬，产生强烈的刺痒感，严重影响了苎麻织物的贴身使用性能。针对这一经典难题，借助嘉兴学院的设备，利用空心锭包缠技术，以苎麻纱为芯纱，以不会产生刺痒感的其他短纤纱或长丝纱为外包缠纱，对苎麻纱进行“再加工”，通过外包缠纱的包缠与“捆扎”作用，将苎麻纱表面的毛羽缠绕贴伏、包覆遮盖，显著减少纱线毛羽，解决苎麻织物刺痒感问题，有利于后续加工。

以株洲雪松麻业公司的 36 公支苎麻纱为芯纱，以 70D/24F 的锦纶长丝为外包缠纱。包缠纺纱机为 ZJ-192JB 型机械包覆机（双包），单包包缠纱的捻向为 S 捻，双包包缠纱的捻向为先 S 后 Z。包缠纱的结构形态如图 5-4 所示。

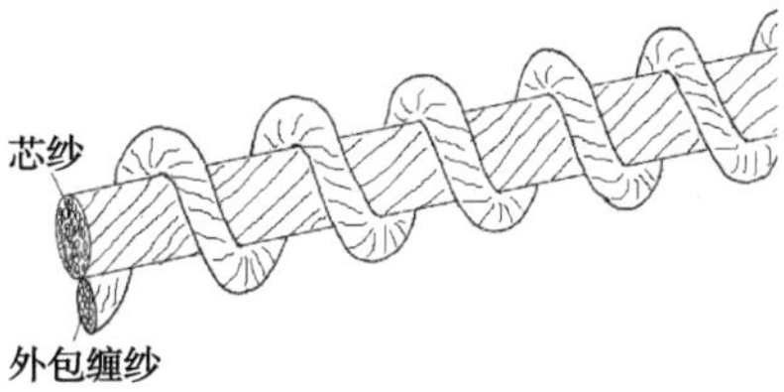

（a）单包包缠纱

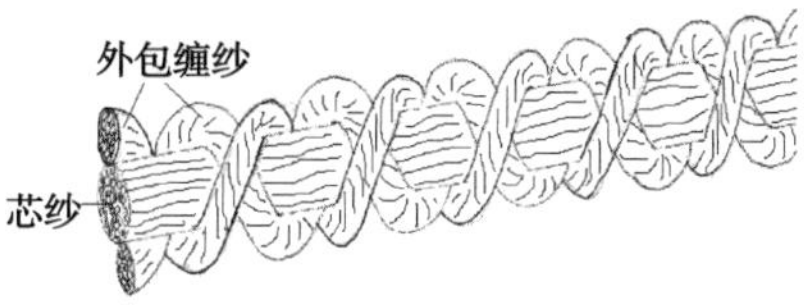

（b）双包包缠纱

**图 5-4 包缠纱结构示意图**

研究表明，纱的毛羽与包缠捻度的关系随捻度的增大先显著减少后逐渐趋于平缓。当包缠捻度小于 452 捻/m 时，增大捻度有利于加强对苎麻纱毛羽的控制；包缠捻度大于 452 捻/m 时，继续增大捻度，对苎麻纱毛羽的改善作用微乎其微。

无论单包还是双包包缠纱，其强度随着包缠捻度的增大略有降低；与苎麻原纱相比，包缠纱的强度都有所降低，并且双包比单包降低的幅度更大。因为包缠纱的芯纱基本上呈伸直状态，外包缠丝呈螺旋状缠绕在芯纱表面，苎麻原纱的断裂伸长率明显小于锦纶外包缠丝。在拉伸断裂时，包缠纱的断裂强力略大于苎麻原纱，这说明锦纶外包缠丝并没有提供太大的强力，却使得纱线线密度显著增加，单包包缠纱细度为 36tex 左右，比纯苎麻纱的 27. 8tex 增加 30%左右；双包包缠纱为 45tex 左右，比纯苎麻纱增加了 60%左右，故强度下降。

与苎麻原纱相比，包缠纱条干 CV 值有所降低，粗细节及棉结个数也显著减少，这说明均匀长丝对苎麻纱的条干均匀度具有显著的积极作用。且双包包缠纱中因长丝比例更高故其条干均匀度明显比单包好。单包和双包中，包缠纱的条干 CV 值与包缠捻度的关系曲线比较平缓，即捻度对包缠纱的条干影响不大。

以江西井竹公司的苎麻袜筒织物为对象，进行测试发现：复合纱编织的袜筒与纯苎麻纱编织的袜筒相比，透气性和透湿性有所下降，耐磨性提高，保暖率提高。纯苎麻纱一般用于春秋袜织造，因此纱线粗细和手感都是重要的一面。包缠了 70D 锦纶的袜子抗起毛羽效果比较好，强于不包锦纶的，建议江西井竹实业有限公司用 30D 或 40D 的锦纶丝包缠在 48N 或更细的苎麻纱外面，预期可以获得比较薄、手感较好的产品。

7. 苎麻环保水性油剂的研究

传统的麻纺加工企业用油剂存在以下缺陷：①植物油黏度大润滑性差，其主要成分是直链高级脂肪酸和甘油生成的酯，常温下易被氧化而变质，且近年来价格逐年上涨，使油剂成本飙升；②矿物油的油剂在自然环境中很难降解；③传统用 OP 类乳化剂已被国际环保组织认定为对人类不安全的化学品，在欧洲市场纺织类产品中禁止使用。

开展苎麻环保水性油剂的研究旨在得到环保纺纱用水性油剂，即：采用安全无污染的润滑剂、保湿剂以及多种表面活性剂复配而成，达到原含油纺纱油剂的效果，并控制成本。

实验中，选用聚硅氧烷—多烷氧基醚共聚物（又称水溶性硅油）为润滑剂。水溶性硅油是具有反应活性的非离子型表面活性剂，能与水、芳香烃和醇以任意比互溶，有优异的耐洗性、抗静电性和柔软性，无毒、无腐蚀、不污染环境，且能使脱胶后的麻纤维表面摩擦系数降低，具有一定的滑糯性，柔软性和韧性，利于纤维开松及梳理等后代工序的加工，纤维不易拉断，减少纤维损伤，利于牵伸。另选取在医药、食品、纺织等行业广泛应用的丙三醇作为保湿剂，可与水以任何比例溶解，纺织和印染工业中用以制取润滑剂、吸湿剂、织物防皱缩处理剂、扩散剂和渗透剂，用作纺纱油剂可使纤维在堆仓过程中吸收空气中的水分，保持一定的湿度。在油剂复配过程中，添加一定量的非离子表面活性剂，不添加任何水分，使用时按一定比例稀释。

实验样品采用沅江明星麻业有限公司提供的山区脱胶精干麻，用洗涤剂清洗三遍，乙醇冲洗一遍，去离子水冲洗一遍后烘干备用。分别称取烘干好的麻样 20g±0.01g 五份；油剂复配方案如表 5-12 所示。

**表 5-12　实验用油剂复配方案表**

| 成分（%）＼麻样 | 1 | 2 | 3 | 4 | 5 |
|---|---|---|---|---|---|
| 硅油 | 7 | 10 | 13 | 0 | 0 |
| 甘油 | 73 | 70 | 67 | 0 | 0 |
| 表面活性剂 | 20 | 20 | 20 | 0 | 0 |
| 工厂油剂* | 0 | 0 | 0 | 100 | 0 |
| 去离子水 | 0 | 0 | 0 | 0 | 100 |

注：* 由沅江明星麻业公司提供的不含水的油剂，使用时按一定比例对水处理

乳液复配及上油方法：根据处理试样的大小选用了两种乳液复配及上油方法，纤维量较少时采用喷洒法上油，纤维量较大时采用浸渍法上油。喷洒法需要分别称取麻纤维干重 2%的油剂，加水稀释，加水量按照使纤维回潮达到纺纱要求 15%~20%（该实验为使油剂和水混合均匀选取 20%）计算，取苎麻纤维干重为 5g，0.1g 油剂加入 1g 水进行乳液复配，水加入油中，温度 30℃，中速搅拌，时间 10min，然后上油，将麻纤维扯松，配置好的乳液静置到完全没有泡沫，均匀喷洒到 5g 纤维上挤干空气闷放 24h。

浸渍法上油按照乳液全部被纤维吸收而不滴落的原则，实验得出最小加水量。通过测试，20g 麻样的最小加水量为 30ml，分别取复配好的 1~5 号油剂 0.4g（麻样干重的 2%），将 30ml 水加入其中，用磁力搅拌器在常温下中速搅拌 10mins，静置备用。将称量好的麻样分别放入 1~5 号乳液中，用玻璃棒翻动，使麻样将乳液全部吸附并均匀浸透，迅速放入密封袋内，闷放 24h。

（1）油剂乳液稳定性。如图 5-5 示，将 1~5 号油剂配置成 20%的乳液，静置大于 72h 后的状态，5 号为去离子水对照样，可以看出，1~3 号水性油剂配成的乳液呈均一透明溶液状，稳定性很好。4 号油剂配置成浓度为 20%的溶液 2h 后即出现分层现象，后加入占溶液总体积分数 4%（与 1~3 号中的浓度一致）的表面活性剂，静置 72h 后试管底部出现轻微分层，稳定性比水性油剂稍差。

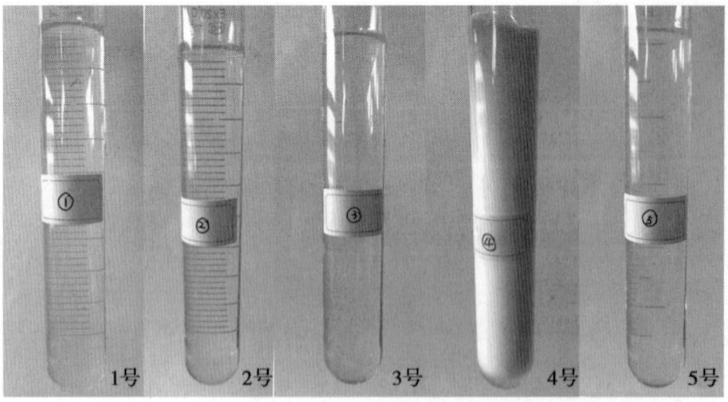


**图 5-5　浓度为 20%的 1~5 号油剂静置 72h 后状态**

（2）油剂的保湿性。苎麻纤维在纺纱之前通常要喷洒水分使其达到一定的回潮率，不仅能增大纤维的导电能力，减少静电现象的发生，而且能增大纤维之间的抱合力，优化集束性，因此油剂

对空气中水分的吸收能力也尤为重要。用1~5号油剂配成的乳液浸透苎麻纤维，所得到的回潮率变化曲线如图5-6所示。

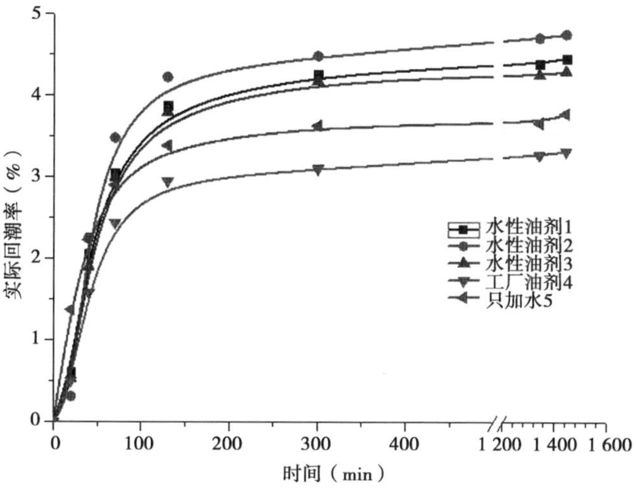


**图5-6 1~5号油剂浸透法上油之后纤维回潮率随时间变化图**

由图5-6可以看出：新型水性油剂处理后纤维的吸湿性比加水处理以及工厂油剂上油后的苎麻纤维的吸湿性好，达到吸湿平衡的时间比工厂油剂处理样品的时间要长，吸湿长，保湿时间更长。

（3）油剂的平滑性及柔软性。苎麻纤维经不同油剂处理后测试其单纤维与钢棍之间的动、静摩擦系数，结果见表5-13。

**表5-13 不同油剂浸渍处理后纤维动、静摩擦系数**

| 样品编号 | 动摩擦系数 $\mu_{动}$ | | 静摩擦系数 $\mu_{静}$ | | 差值$\Delta\mu$ |
|---|---|---|---|---|---|
| | 平均值 | CV值（%） | 平均值 | CV值（%） | |
| 1 | 0.36 | 6.79 | 0.55 | 5.53 | 0.20 |
| 2 | 0.30 | 7.86 | 0.47 | 7.01 | 0.17 |
| 3 | 0.33 | 9.32 | 0.52 | 6.01 | 0.19 |
| 4 | 0.37 | 11.99 | 0.51 | 8.01 | 0.14 |
| 5 | 0.45 | 3.52 | 0.59 | 3.69 | 0.14 |

新型水性油剂处理后的纤维动摩擦系数比工厂油剂处理后纤维的动摩擦系数低，说明新型水性油剂平滑性较工厂油剂好，2号油剂处理后纤维的动摩擦系数最低，说明2号油剂的平滑性最好。这与油剂配置过程中乳液流动的状态相一致，水性油剂是连续的粘流态液体，而工厂油剂则为分散的颗粒感很强的条带状流体。

纤维柔软度是指在径向力作用下产生变形的能力，纤维越柔软，则越易弯曲，弹性增大，断裂伸长率越大，在梳理和牵伸过程中不易拉断，利于纺纱的顺利进行。

**表5-14 不同油剂浸透处理单纤维加捻断裂回转数**

| 样品编号 | 1 | 2 | 3 | 4 | 5 |
|---|---|---|---|---|---|
| 平均值（转） | 293.95 | 295.51 | 280.51 | 264.49 | 279.95 |
| CV值（%） | 15.05 | 18.37 | 20.67 | 16.88 | 13.74 |

由表5-14可以看出，纤维经水性油剂处理，柔软性能有一定改善，这是因为新型水性油剂中添加了作为柔软剂的硅油成分。传统的矿物油并不能起到软化纤维的作用。

以上研究结果表明，采用水溶性硅油、丙三醇和表面活性剂复配而成的新型水性油剂，具有稳定性、润滑性、保湿性和抗静电性的功效，为苎麻纺纱提供了一种全新的环保油剂。对比水性油剂和工厂油剂处理过的纤维性能，水性油剂由于含有羟基等活性基团，能够与水结合形成氢键，因此增大了纤维的吸湿性，从而使苎麻纤维导电性提高，加快了静电荷的散逸，纤维比电阻均有不同程度的下降，抗静电性提高。而且水溶性硅油作为柔软剂及润滑剂，在一定程度上改善了纤维的柔软性，增大了抱合力。苎麻纺纱用水性油剂对于纤维的摩擦和静电性能优于目前麻纺织加工企业用的传统苎麻纺纱油剂。

8. 苎麻纤维的 NMMO 改性实验研究

采用单因素试验、正交试验以及二次通用旋转回归设计实验等方法，对氢氧化钠与 NMMO 混合液处理苎麻纤维进行了实验研究，结论如下：

通过单因素试验研究，发现随着处理温度的升高、处理时间的延长和 NMMO 浓度的增加，苎麻纤维的断裂强度呈下降趋势，断裂伸长率和断裂回转数呈增加趋势，纤维的柔软性能变好；在处理温度 70℃、NMMO 浓度 30%和处理时间 30min 时，NMMO 处理的苎麻纤维性能较佳。

采用正交试验方法，优化出 NMMO 处理苎麻纤维的最优工艺为：处理温度 65℃，NMMO 浓度 30%，处理时间 20min；优化工艺条件下的纤维，断裂强度下降了 23.84%，断裂伸长率以及断裂回转数分别提高了 41.36%以及 57.53%，苎麻纤维的性能优于其他试验方案处理的纤维性能；表面形态分析表明经 NMMO 处理后纤维表面变光洁，较高的 NMMO 浓度下纤维出现纵向裂纹；红外光谱分析表明处理后纤维中无 NMMO 分子残留；X-射线衍射分析表明处理后纤维中无新类型纤维素生成，结晶度由处理前的 82.72%下降到处理后的 65.28%。

采用二次通用旋转回归设计实验研究方法，进一步优化出的处理工艺为：处理温度 66.1℃，NMMO 浓度 33.7%，处理时间 23min；二次通用旋转回归设计优化工艺下的纤维，断裂强度为 5.03cN/dtex，断裂伸长率为 4.26%，断裂回转数为 448 次。

氢氧化钠与 NMMO 混合液对苎麻纤维的改性处理表明：氢氧化钠的应用，可以提高 NMMO 的处理效果，降低 NMMO 的使用浓度；同一 NMMO 浓度下，随着氢氧化钠浓度的增大，纤维的断裂强度呈降低趋势，断裂伸长率和断裂回转数呈增加趋势；同一氢氧化钠浓度下，随着 NMMO 浓度的增大，纤维的断裂强度呈降低趋势，断裂伸长率和断裂回转数呈增加趋势；10%氢氧化钠/10% NMMO 混合溶液处理苎麻纤维的效果较好。

### （二）亚麻纤维性能改良及纺织技术研究

1. 亚麻生物酶脱胶及纤维成分与性能的关系研究

采取纤维素酶、β-葡聚糖酶、甘露聚糖酶、果胶酶、木聚糖酶等 5 种生物酶相互混合后分别对亚麻纤维进行脱胶。通过生物方法与化学方法对比，从失重率、纤维分裂度、单纤强度等方面探讨生物酶煮练的效果。试验发现：酶的脱胶效果接近化学脱胶。甘露聚糖酶、木聚糖酶和果胶酶脱胶效果明显；与其他单一酶相比，木聚糖酶的脱胶效果最好；将 3 种酶（木聚糖酶、甘露聚糖酶、果胶酶）两两混合后处理亚麻，发现木聚糖酶—果胶酶混合与木聚糖酶—甘露聚糖酶混合后比果胶酶—甘露聚糖酶的脱胶效果明显，其中木聚糖酶—果胶酶在 3 种两两混合酶中脱胶效果最好；果胶酶、木聚糖酶和甘露聚糖酶这三种酶混合后，脱胶程度高于其他混合酶。

同时，对生物酶与化学联合对亚麻纤维煮练的实验研究发现：先用生物酶处理再用双氧水处理亚麻，脱胶效果优于单一酶和混合酶的生物酶处理。三酶混合加双氧水处理脱去胶质最多，残胶率最低。

2. 亚麻/涤纶/腈纶 湿纺混纺新产品开发

2015 年，在江苏新申集团，结合生产实际，选用毛型长度的涤纶纤维和腈纶纤维与亚麻长麻进行混纺，以减小主体长度的差异，原料物理性能见表 5-15。本次实验中，采用的涤纶是杜邦公司的多孔纤维，吸汗、透气，其强力比常规涤纶低，腈纶为常规产品。

表 5-15　纤维原料性能指标

| 原料 | 纤维细度（dtex） | 纤维长度（mm） | 断裂强度（cN/tex） | 断裂伸长率（%） | 初始模量（cN/dtex） |
|---|---|---|---|---|---|
| 涤纶 | 2.51 | 80 | 2.17 | 18.33 | 0.22 |
| 腈纶 | 2.68 | 162 | 3.16 | 24.12 | 0.44 |
| 亚麻 | 14.28 | 307 | 2.95 | 2.50 | 0.32 |

混纺的工艺参数设置与常规的亚麻纺纱相比，主要在以下几点加以调整：并条工序，由于化纤的抱合力好且纤维蓬松，所以，条子定量可适当减轻，输出速度可适当加快，各道并条的主要参数见表 5-16；粗纱工序，为了加强对化纤在细纱牵伸中的控制，捻度增加 5%，为 35 捻/m；卷绕密度增加 2%，密度为 0.36g/cm$^3$，粗纱支数：2.3 支；煮漂采用轻煮轻漂工艺，且由于粗纱卷绕密度的增加，可以减少对化纤的损伤；湿纺细纱采用牵伸隔距 185mm，捻度 600 捻/m，牵伸倍数 13，锭速 6 000r/min。开发的 36Nm 亚麻（长麻）/涤纶 50/50 及亚麻（长麻）/腈纶 50/50 混纺纱强伸性能如表 5-17 所示，成纱条干见表 5-18。

表 5-16　各道并条的工艺参数

| | 1 并 | 2 并 | 3 并 | 4 并 |
|---|---|---|---|---|
| 并合数 | 8 | 8 | 8 | 4 |
| 牵伸倍数 | 10 | 11 | 11.4 | 9.3 |
| 输出速度（m/min） | 20 | 22 | 24.7 | 23 |
| 喂入条重（g/m） | 23 | 18 | 13 | 8.9 |
| 输出条重（g/m） | 18 | 13 | 8.9 | 4.4 |

表 5-17　不同品种纱的强伸性能

| 品种 | 断裂强力（cN） | 断裂强度（cN/tex） | 强力不匀（%） | 断裂伸长率（%） | 初始模量（cN/tex） |
|---|---|---|---|---|---|
| 麻/涤 50/50 | 401.60 | 14.45 | 10.87 | 3.16 | 2.27 |
| 麻/腈 50/50 | 461.43 | 16.60 | 8.71 | 3.30 | 2.60 |
| 100%亚麻 | 849.73 | 30.57 | 6.96 | 3.02 | 4.33 |

表 5-18　不同品种纱的外观性能

| 品种 | CV（%） | Um（%） | 千米细节（-50%） | 千米粗节（+50%） | 千米棉结（+200%） |
|---|---|---|---|---|---|
| 麻/涤 50/50 | 30.35 | 22.97 | 2 530 | 3 450 | 4 460 |
| 麻/腈 50/50 | 30.38 | 22.94 | 2 385 | 3 305 | 4 730 |
| 100%亚麻 | 34.21 | 25.40 | 3 615 | 3 605 | 6 225 |

为快速测定亚麻/涤纶/腈纶混纺纱织物的性能，采用在常规的亚麻织造中将混纺纱作纬纱，经纱为统一的 36Nm 纯亚麻湿纺纱，并与常规的纯亚麻织物进行对比，三种规格的平纹织物如表 5-19。

表 5-19　织物规格

| 织物代号 | 纬纱 | 经密（根/10cm） | 纬密（根/10cm） |
|---|---|---|---|
| A | 纯亚麻 36Nm | 52 | 53 |
| B | 涤 50/亚麻 50 | 52 | 53 |
| C | 腈 50/亚麻 50 | 52 | 53 |

亚麻与涤纶、腈纶这两种化纤的混纺纱，强度都有较大的降低，伸长则有不同程度的提高。这主要是化纤与亚麻的伸长率有较大的差异，导致了混纺纱中各组分纤维断裂的不同时，致使纤维的

强力利用系数降低，故混纺纱的强力比纯亚麻纱的低。断裂伸长率略有增加；而亚麻/腈纶 50/50 混纺纱，由于所采用的腈纶纤维长、强度高、伸长大，故其成纱强力比亚麻/涤纶纱高，仅比纯亚麻纱降低了 45%左右；断裂伸长率的增加也比亚麻/涤纶的大。两种混纺纱的初始模量都显著减少，这表明通过混入涤纶和腈纶纤维，纱线的柔软性得到了改善，值得指出的是，尽管混纺纱的强度比纯亚麻纱有较大的降低，但其强度仍然达到 14cN/tex 以上，与其他常规纱的强度相当，并不影响后道加工。采用亚麻与涤纶、腈纶的混纺，改善了成纱的柔软性和条干均匀度，可改善其织物的服用性能。通过对混纺织物各项性能的分析测试表明，以 36Nm 亚麻/涤纶和亚麻/腈纶混纺纱为纬纱，纯亚麻纱为经纱织成的混纺织物拉伸断裂伸长率大于经纬纱均为纯亚麻纱的织物，织物弹性和柔软性得到了改善，而撕裂强力下降，与混纺纱强力较低有关；混纺织物的耐磨性、悬垂性、抗皱性均优于纯亚麻织物，并保持了亚麻织物良好的透气性和透湿性，具有较好的服用性能。可以满足针织纱的要求，用于开发针织产品，进一步促进我国亚麻资源的优势利用。

### （三）红麻粉/PP 复合纤维的制备及基本性能的研究

1. 红麻粉/PP 复合纤维的制备

以 PP，Y2600，纺丝级，均聚；自制红麻粉为原料开展试验。其中红麻粉试样的制备为：将红麻麻皮和麻秆放在烘箱里 100℃下烘 4h，放在超细粉碎机中连续粉碎，然后将颗粒直径为 60μm 的红麻麻粉通过球磨机粉碎 8h 后，用 LS13320 型激光粒度仪测试得到的麻粉颗粒直径分布如图 5-7 所示。

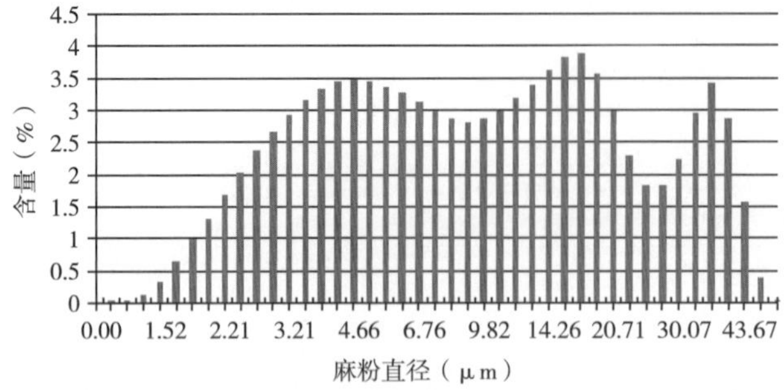


图 5-7　红麻麻粉粒径分布

硅烷偶联剂溶液的配制流程为：取乙烯基三甲氧基硅烷，乙醇和蒸馏水以质量分数分别为 20%、70%、10%配成溶液，然后加入醋酸，使溶液的 pH 值在 4 左右，然后将溶液放置在磁力搅拌机中搅拌均匀后待用。

配制完成后，首先对红麻粉进行表面处理，之后利用熔融纺丝法制备红麻麻粉/PP 复合纤维。红麻粉表面处理方法为：称取一定质量的红麻麻粉，将配制好的硅烷偶联剂溶液与红麻麻粉按照一定的比例混合放在三口烧瓶中，在恒温加热搅拌器 70℃的热水中加热搅拌 0. 5h，然后将混合物取出放置在烘箱中烘至干燥为止，取出待用。

将处理之后的红麻麻粉、纯 PP 按一定的比例放入螺杆挤出机中混合均匀之后进行熔融纺丝，将初生丝通过卷绕机以 10m/min 的卷绕速度卷绕成形，得到初生丝。（螺杆挤出机的工作参数为：温度 185~205℃，压强 40~80MPa，转速 60~90r/min）。初生丝在空气加热拉伸机 110℃的温度中，以 8~10 倍的拉伸倍率通过空气加热法将初生丝进行二次拉伸，得到了二次拉伸丝。

2. 红麻粉/PP 复合纤维形态

通过复合纤维的横向截面可以看出，纯 PP 纤维横截面光滑无凹陷，而复合纤维横截面中存在着凹陷，麻粉在纤维中已经分散分布，且麻粉含量较多的纤维的横截面上分布有较多的麻粉颗粒。说明偶联剂的使用已经将麻粉分散，起到了减少麻粉团聚的作用（图 5-8 至图 5-10）。

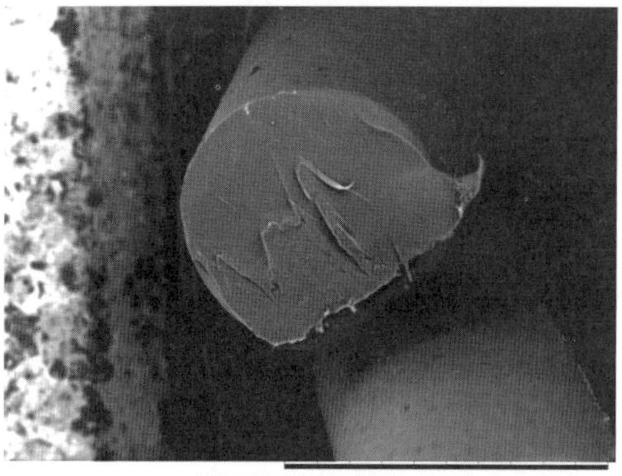


图 5-8 纯 PP 横向形态

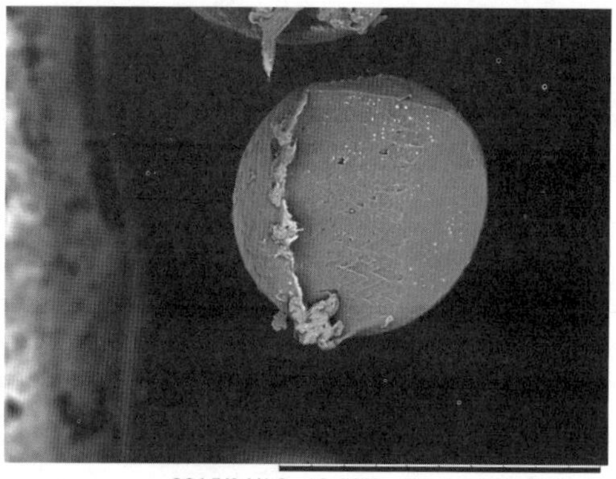


图 5-9 红麻粉含量为 4%的初生丝横向形态

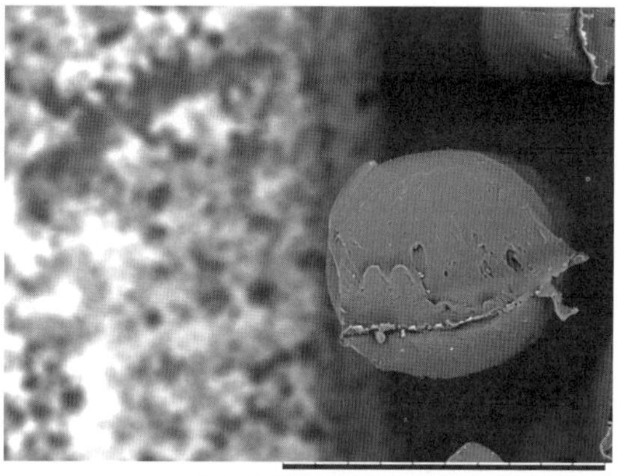


图 5-10 红麻粉含量为 8%的初生丝横向形态

从复合纤维的纵向形态可以看出，纯 PP 纤维表面平整且光滑，而复合纤维表面则比较粗糙，表面布满轻微的凸起和较小的凹陷，同时还分布着少量的大小不等的微孔。说明麻粉的加入使纤维表面粗糙化，比表面积增大，进一步提高聚丙烯复合纤维的亲水性能（图 5-11 至图 5-13）。

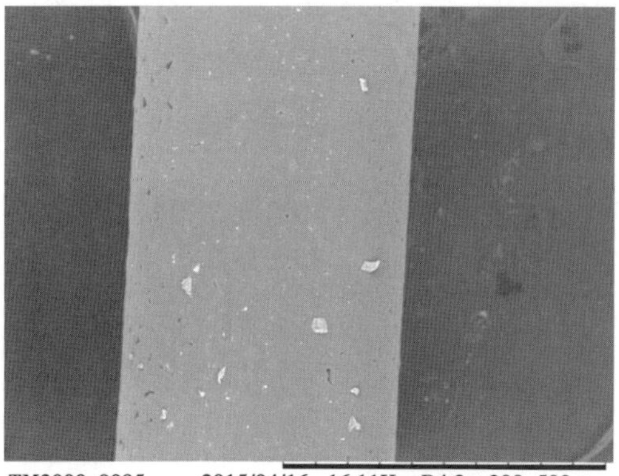


图 5-11 纯 PP 纵向形态

图 5-12 麻粉含量为 4%纵向形态

3. 红麻粉/PP 复合纤维的吸湿性能

取 3g 复合纤维试样在 90℃烘箱内干燥 2h，称取试样的初始质量 $m_0$。将试样放置在称量盒中，尽量保持蓬松状态下进行吸湿实验，每隔 2min 记录一次试样质量，30min 后每隔 5min 记录一次试样质量，1h 后每隔 10min 记录一次试样质量，直至纤维在标准状态下达到吸湿平衡，计算各时间

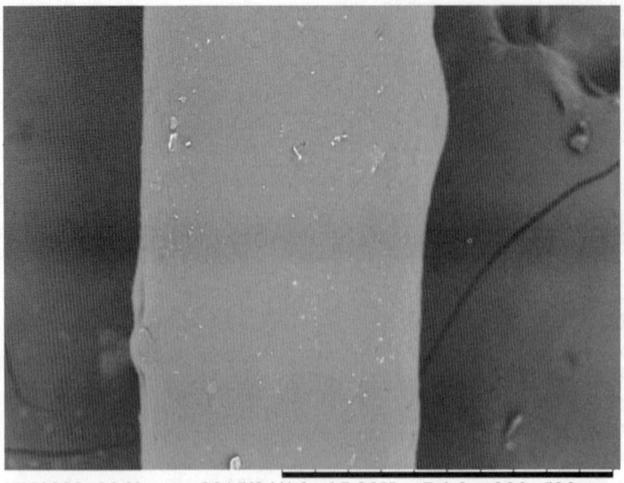


图 5-13 麻粉含量为 8%纵向形态

点的回潮率。复合纤维的吸湿曲线如图 5-14 所示。

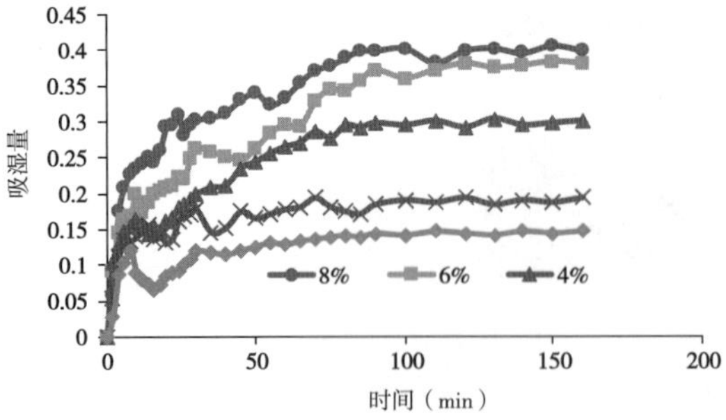


图 5-14 复合纤维的吸湿曲线

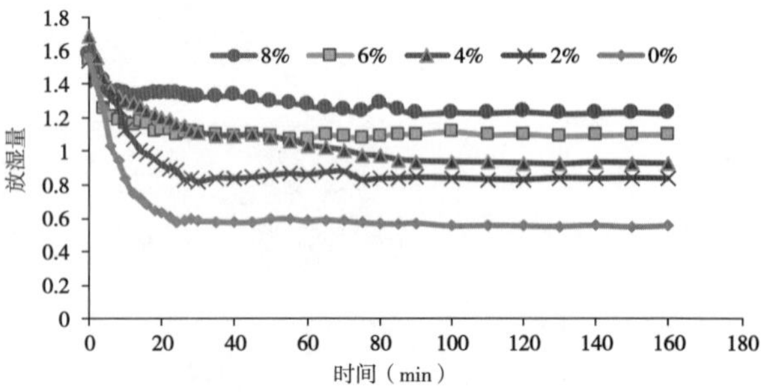


图 5-15 复合纤维的放湿曲线

将质量约 3g 的复合纤维试样放入恒温恒湿箱，使试样在相对湿度为 100%的环境内放置 96h，使试样充分吸湿，然后分别测试试样在标准状态下放湿过程的质量变化，每隔 2min 记录一次试样质量，30min 后每隔 5min 记录一次试样质量，1h 后每隔 10min 记录一次试样质量直至纤维在标准状态下达到放湿平衡。将试样烘干，密闭冷却，称取干重，计算回潮率。复合纤维的放湿曲线如图 5-15 所示。

4. 红麻粉/PP 复合纤维的力学性能

从表 5-20 中可以看出，随着麻粉含量的不断增加，红麻麻粉/PP 复合纤维的断裂强度呈先上升后下降的趋势，红麻麻粉含量为 6%（w）时，复合纤维的断裂强度达到了最大，为 5.84cN/dtex，比纯 PP 的断裂强度提高了 32.1%，说明麻粉的加入对 PP 起到了增强作用，但过多的麻粉又会在一定程度上影响复合纤维的界面结合强度，从而导致复合纤维强度下降，而当麻粉含量超过 12%（w）时，纤维的可纺性开始变差，强度显著降低。

表 5-20 红麻麻粉含量对纤维力学性能的影响

| 红麻麻粉含量（%） | 断裂强度（cN/dtex） | 强度不匀（CV%） | 断裂伸长（%） | 断裂功（J） | 初始模量（cN/dtex） |
|---|---|---|---|---|---|
| 0 | 4.42 | 11.41 | 30.13 | 79.86 | 28.22 |
| 2 | 4.95 | 11.94 | 20.57 | 47.21 | 25.04 |
| 4 | 5.22 | 8.46 | 54.81 | 45.12 | 33.61 |
| 6 | 5.84 | 10.77 | 19.13 | 32.70 | 31.30 |
| 8 | 5.00 | 11.63 | 22.63 | 59.00 | 28.67 |

（续表）

| 红麻麻粉含量（%） | 断裂强度（cN/dtex） | 强度不匀（CV%） | 断裂伸长（%） | 断裂功（J） | 初始模量（cN/dtex） |
|---|---|---|---|---|---|
| 10 | 3.99 | 15.73 | 10.70 | 123.9 | 24.53 |
| 12 | 3.66 | 25.25 | 28.95 | 87.08 | 20.72 |

红麻粉/PP复合纤维探索性研究结果表明：①红麻麻粉的填充使复合纤维接触角显著降低，当红麻麻粉含量为12%（wt）时，接触角可从纯PP纤维的97°降低到57°，下降幅度为41.2%，表面润湿性能得到了明显的改善，即复合纤维从疏水变为亲水。②红麻麻粉的填充使得复合纤维的回潮率得到了明显提高，当红麻麻粉含量为8%时，吸湿平衡回潮率由纯PP的0.14%上升到了0.39%，而放湿平衡回潮率由纯PP的0.55%上升到了1.22%，复合纤维的吸放湿性能得到了明显改善。③红麻麻粉的加入使得纤维的断裂强度先上升后下降，在红麻麻粉含量为6%时，复合纤维的断裂强度达到最大，比纯PP的断裂强度提高了30%左右。

## 三　可降解麻纤维膜研究

### （一）可降解麻纤维膜配方及生产工艺优化

1. 营养型麻育秧膜产品可行性论证

在产品必要性上，研究发现，相比常规的育秧土混施育秧肥，将部分或全部育秧肥均匀撒施于育秧膜上而相应减少育秧土中的施肥量，后者秧苗根系的生长情况要优于前者，同时由于减少了育秧土中的施肥量，由于施肥过量或不均带来的烧苗风险也大大降低，从而降低了育秧难度，同时可以显著改善育秧效果并提高水稻产量。然而应用这种麻育秧膜水稻机插育秧施肥技术时，若采用手工方式膜面撒施育秧肥仍嫌麻烦，费时费工，如能将育秧肥固载于育秧膜片上直接使用则可大大减轻劳动量，提高该技术的实用性，故而极有必要开发营养型麻育秧膜产品。

在技术可行性上，通过大量查阅文献发现，PVA和淀粉是麻育秧膜制造工艺中所需要的黏合剂，这两种黏合剂与肥料具有很好的相容性，可以制成具有缓释功能的肥料。研究表明，用淀粉和磷酸制成的淀粉基磷肥施入土壤中后可有效减少磷固定，提高土壤有效磷含量。也有研究者以淀粉与聚乙烯醇（PVA）的共混材料为基材，用复合肥料（尿素）来制备缓释肥料，通过控制淀粉及PVA在环境中的降解速率以达到控制肥料进入环境和被植物吸收的速率，从而达到既不污染环境，又能够提高肥料利用率的目的。这些文献表明，采用淀粉胶和PVA混合浆料固定育秧肥并用来生产麻育秧膜具有很大的技术可行性。

2. 麻纤维液态地膜技术研究

（1）纤维原料筛选与配比。首先比较了棉花纤维和苎麻纤维在液体中的分散特性。纤维在液体中的分散特性决定了其能否均匀分散于液体中从而能够被顺利喷洒出来成膜。将棉花碎末和苎麻纤维碎末混合与水中可以清晰地了解它们在液体中的分散情况。通过分析，得知相比于棉花纤维，苎麻纤维碎末在液体中不容易分散开，其在液体中呈现一种拒水状态，纤维碎末聚集成团，难以分散，这也解释了为什么在之前的尝试中将苎麻纤维碎末添加到液态地膜中却很难使之均匀分散开的原因。分析认为这可能与苎麻纤维具有不同于棉花纤维的表面特性有关，后期需要对这一差异做进一步分析研究，通过对麻纤维膜进行一些简单的表面处理也许可以解决这一问题。

试制中还使用了黄麻麻骨碎末和红麻麻骨碎末。这两种材料具有数量大，质量轻，容易粉碎的优点，在试制中这两种材料均可以很容易地均匀分散于液体中，并可以顺利地被喷洒出来成膜，初步的试制情况表明这两种物质可用于液态地膜生产并具有优势。

黄/红麻骨碎末具有颗粒状态，其用于液态地膜中可以增强地膜的刚度，但相比于棉花和苎麻等长纤维，其对地膜韧性的增强作用不大，因此，一个比较优化的方案是在植物纤维配比中采用30%以上的棉花或苎麻纤维，这样既能降低原料成本，也能保持良好的地膜性能。

（2）以壳聚糖为主要成分的液态地膜试制。

配方1：壳聚糖2%，冰乙酸3%，棉花纤维1%，苎麻纤维1%。

操作步骤：将冰乙酸添加于水中形成pH值约为3.5的酸性水溶液，将壳聚糖慢慢添加于该水溶液中并搅拌使之溶解，使用热水可以促进上述溶解过程，待壳聚糖完全溶解后，得到澄清的近乎透明的溶液，此时将粉碎的植物纤维慢慢加入并搅拌使之均匀分散于液体中。

按照以上步骤得到的地膜液体黏度约为400mPa·s，可以通过喷雾设备顺利喷出并成膜。

配方2：壳聚糖2%，冰乙酸3%，聚甘油1%，植物纤维2%（棉花：黄麻茎秆：红麻茎秆=1：1：1），炭黑0.5%。

操作步骤：将冰乙酸添加于水中形成pH值约为3.5的酸性水溶液，将壳聚糖慢慢添加于该水溶液中并搅拌使之溶解，同时可以将聚甘油慢慢加入。使用热水可以促进上述溶解过程，待壳聚糖完全溶解后，得到澄清的近乎透明的溶液，此时将植物纤维和炭黑慢慢加入并搅拌使之均匀分散于液体中。

按照以上步骤得到的地膜液体黏度约为300mPa·s，可以通过喷雾设备顺利喷出并成膜。

以壳聚糖为主要成分的地膜液体黏度在200~500mPa·s时，均可以实施喷膜作业。应选用中等分子量的壳聚糖。每平方米的喷洒量为2L。

（3）以海藻酸钠为主要成分的液态地膜试制。

配方3：海藻酸钠1%，羟乙基纤维素1%，聚甘油0.5%，植物纤维2%（棉花纤维：苎麻纤维=1：1）。

步骤：将海藻酸钠和羟乙基纤维素逐渐加入水中并搅拌（此过程避免用热水），而后将聚甘油、植物纤维一一加入并搅拌均匀。

配方4：海藻酸钠1%，羟乙基纤维素1%，聚甘油0.5%，植物纤维2%（棉花纤维：红麻茎秆=1：1），炭黑0.5%。

步骤：将海藻酸钠和羟乙基纤维素逐渐加入水中并搅拌（此过程避免用热水），而后将聚甘油、植物纤维、炭黑一一加入并搅拌均匀。每平方米的喷洒量为2L。

### （二）麻育秧膜应用技术研究

1. 不同育秧模式对水稻生产的影响

在长沙白箬铺试验基地和沅江实验站，设6个试验处理，3次重复，单个试验小区0.5亩以上，试验田总面积10亩，其中沅江为早稻，长沙白箬铺试验基地为中稻。试验处理如表5-21。

**表5-21　不同育秧模式试验处理**

| 编号 | 育秧膜 | 施肥方式 |
|---|---|---|
| T1 | 无 | 100%土壤混施* |
| T2 | 无 | 50%土壤混施+50%膜面撒施 |
| T3 | 无 | 100%膜面撒施* |
| T4 | 有 | 100%土壤混施 |
| T5 | 有 | 50%土壤混施+50%膜面撒施 |
| T6 | 有 | 100%膜面撒施 |

研究表明，不同育秧处理中，秧苗株高与叶龄的变化没有呈现出规律性，显示盘面垫膜以及育秧肥施用方式对秧苗株高与叶龄无显著影响。在相同施肥方式下，盘面垫膜育秧处理（T4、T5、T6）的秧苗茎基比未垫膜的处理（T1、T2、T3）略宽，而育秧肥50%土壤混施+50%膜面撒施方式下（T2、T5）秧苗茎基均比其余两种施肥方式下的略宽，但这些差异均不具有统计学意义（$P>$

0.05）。

**表 5-22　不同育秧处理下秧苗形态（沅江，早稻）**

| 处理 | 株高（cm） | 茎基宽（mm） | 叶龄 |
|---|---|---|---|
| T1 | 11.7±0.4 | 2.1±0.2 | 3.0±0.3 |
| T2 | 11.3±1.9 | 2.1±0.4 | 3.1±0.4 |
| T3 | 10.8±0.7 | 1.9±0.2 | 3.1±0.1 |
| T4 | 11.0±0.5 | 2.0±0.3 | 3.2±0.2 |
| T5 | 10.5±1.2 | 2.3±0.3 | 3.0±0.3 |
| T6 | 11.3±0.4 | 2.1±0.2 | 3.1±0.1 |

秧盘垫铺麻育秧膜显著增加了秧苗植株干重，如表 5-22 所示，相比未垫膜处理，盘面垫铺麻育秧膜处理的秧苗地上部单株干重平均值和地下部单株干重平均值分别提高了 1.97mg 和 0.92mg，增幅分别为16.0%和25.8%，差异有统计学意义（$P<0.01$）。与此同时，秧苗的单位株高干重平均值从 1.1mg/cm 提高到了 1.3mg/cm，差异有统计学意义（$P<0.01$）。在育秧肥施加总量相同的情况下，增加施于秧盘底面的育秧肥显著促进了秧苗地下部的生长，如 T1、T2、T3 处理的地下部单株干重依次从 2.6mg 提高到了 3.7mg、4.4mg（表 5-23），但盘面垫铺麻育秧膜后这种趋势相对减弱了，统计显示秧盘垫铺麻育秧膜和育秧肥施用方式对秧苗地下部单株干重具有显著的互作（$P<0.5$），具体表现为盘面垫膜削弱了育秧肥施用方式的影响。育秧肥施用方式对秧苗地上部单株干重和单位株高干重并无显著影响。

**表 5-23　不同育秧处理下秧苗单株干重（沅江，早稻）**

| 处理 | 地上部单株干重（mg） | 地下部单株干重（mg） | 单位株高干重（mg/cm） |
|---|---|---|---|
| T1 | 11.7±0.9 | 2.6±0.4 | 1.0±0.1 |
| T2 | 12.9±1.3 | 3.7±0.4 | 1.1±0.1 |
| T3 | 12.3±1.4 | 4.4±0.4 | 1.1±0.2 |
| T4 | 14.1±1.0 | 4.4±0.5 | 1.3±0.1 |
| T5 | 14.1±0.9 | 4.4±0.2 | 1.3±0.1 |
| T6 | 14.7±0.6 | 4.7±0.3 | 1.3±0.1 |

秧盘垫铺麻育秧膜提高了秧苗根系活力，育秧肥 50%土壤混施+50%膜面撒施方式有利于提高秧苗根系活力。如表 5-24 相比未垫膜处理，盘面垫铺麻育秧膜处理的秧苗根系 TTC 活力平均值提高了 4.87μg TTF/(g·h)，增幅达 7.1%，差异具有统计学意义（$P<0.05$）。同时盘面垫铺麻育秧膜处理的秧苗根系伤流强度平均值增加了 0.22mg/（株·h），增幅达 11.2%，但该差异不具有统计学意义（$P>0.05$）。不管是在盘面均未垫膜的处理 T1、T2 和 T3 中，还是在盘面均垫膜的处理 T4、T5 和 T6 中，育秧肥 50%土壤混施+50%膜面撒施方式下秧苗的伤流强度和 TTC 活力均为最高，表明此育秧肥施用方式有利于提高秧苗根系活力。

**表 5-24　不同育秧处理下秧苗根系活力（沅江，早稻）**

| 处理 | 伤流强度［mg/(株·h)］ | TTC 活力［μg TTF/(g·h)］ |
|---|---|---|
| T1 | 1.9±0.3 | 67.2±1.7 |
| T2 | 2.1±0.4 | 70.2±7.3 |
| T3 | 1.9±0.3 | 68.0±6.8 |
| T4 | 2.1±0.2 | 72.6±4.6 |
| T5 | 2.4±0.5 | 78.6±2.3 |
| T6 | 2.0±0.2 | 68.8±3.5 |

秧盘垫铺麻育秧膜增加了秧苗植株内可溶性糖含量，相比未垫膜处理，盘面垫铺麻育秧膜处理的秧苗植株可溶性糖含量平均值提高了 4.13mg/g，增幅为 15.2%，差异有统计学意义（$P<0.05$）。在育秧肥施加总量相同的情况下，增加施于秧盘底面的育秧肥提高了秧苗植株内可溶性糖含量，如

T1、T2、T3 处理秧苗的植株可溶性糖含量依次从 23. 6mg/g 提高到了 25. 2mg/g、32. 7mg/g，T4、T5、T6 处理秧苗的植株可溶性糖含量依次从 25. 9mg/g 提高到了 31. 5mg/g、36. 6mg/g。

秧盘垫铺麻育秧膜显著提高了秧苗发根力，育秧肥 50%土壤混施+50%膜面撒施方式有利于提高秧苗发根力。如表 5-25 和表 5-26 所示，相比未垫膜处理，盘面垫铺麻育秧膜处理的秧苗发根平均根长平均值从 8. 32mm 提高到了 10. 97mm，差异有统计学意义（$P<0.01$）。与此同时，秧苗的发根单株总根长平均值从 20. 67mm 提高到了 28. 68mm，差异有统计学意义（$P<0.01$）。不管是在盘面均未垫膜的处理 T1、T2 和 T3 中，还是在盘面均垫膜的处理 T4、T5 和 T6 中，育秧肥 50%土壤混施+50%膜面撒施方式下秧苗的发根平均根长和单株总根长均为最高，表明此育秧肥施用方式有利于提高秧苗根系发根力。

**表 5-25　不同育秧处理下秧苗发根力（沅江，早稻）**

| 处理 | 平均发根数 | 平均根长（mm） | 单株总根长（mm） |
|---|---|---|---|
| T1 | 2. 3±0. 4 | 8. 5±0. 2 | 19. 5±4. 1 |
| T2 | 2. 7±0. 4 | 9. 1±1. 2 | 24. 9±6. 9 |
| T3 | 2. 4±0. 4 | 7. 4±0. 7 | 17. 6±2. 9 |
| T4 | 2. 4±0. 2 | 11. 2±1. 3 | 27. 0±4. 7 |
| T5 | 2. 8±0. 3 | 11. 5±1. 9 | 31. 8±7. 1 |
| T6 | 2. 7±0. 2 | 10. 2±0. 2 | 27. 2±2. 8 |

**表 5-26　不同育秧处理下秧苗发根力（长沙白箬铺试验基地，中稻）**

| 处理 | 平均发根数 | 平均根长（mm） | 单株总根长（mm） |
|---|---|---|---|
| T1 | 4. 2±0. 6 | 13. 3±2. 5 | 56. 6±17. 9 |
| T2 | 4. 6±1. 1 | 20. 4±7. 0 | 98. 9±52. 4 |
| T3 | 4. 2±0. 6 | 17. 3±3. 4 | 73. 8±24. 4 |
| T4 | 4. 4±0. 5 | 21. 2±3. 6 | 93. 8±20. 9 |
| T5 | 4. 7±0. 2 | 26. 5±5. 7 | 123. 7±21. 3 |
| T6 | 5. 2±0. 4 | 23. 0±1. 6 | 120. 8±16. 9 |

**表 5-27　不同育秧处理下稻谷产量（沅江，早稻）**

| 处理 | 有效穗（万/亩） | 每穗粒数 | 结实率（%） | 千粒重（g） | 理论产量（kg/亩） | 实际产量（kg/亩） |
|---|---|---|---|---|---|---|
| T1 | 22. 0 | 101. 5 | 97. 8% | 23. 89 | 522. 4 | 521. 2±35. 0 |
| T2 | 22. 8 | 104. 7 | 98. 2% | 23. 73 | 555. 1 | 536. 1±4. 3 |
| T3 | 20. 7 | 101. 7 | 97. 9% | 23. 80 | 491. 0 | 513. 8±28. 1 |
| T4 | 22. 8 | 107. 0 | 96. 8% | 23. 96 | 564. 9 | 538. 5±11. 3 |
| T5 | 24. 4 | 107. 6 | 97. 0% | 23. 87 | 608. 4 | 575. 6±22. 6 |
| T6 | 23. 7 | 107. 4 | 97. 3% | 23. 71 | 586. 9 | 563. 2±7. 4 |

**表 5-28　不同育秧处理下稻谷产量（150 亩，中稻）**

| 处理 | 有效穗（万/亩） | 每穗实粒数 | 千粒重（g） | 理论产量（kg /亩） | 实际产量（kg /亩） |
|---|---|---|---|---|---|
| T1 | 20. 58 | 84 | 30. 01 | 512. 57 | 521. 0±45. 9 |
| T2 | 23. 13 | 89 | 30. 18 | 597. 01 | 544. 2±41. 4 |
| T3 | 18. 69 | 104 | 30. 43 | 577. 55 | 516. 8±30. 9 |
| T4 | 20. 97 | 85 | 31. 60 | 534. 30 | 528. 0±35. 6 |
| T5 | 23. 87 | 87 | 34. 85 | 680. 52 | 551. 3±37. 0 |
| T6 | 20. 72 | 96 | 29. 95 | 599. 07 | 518. 6±44. 6 |

秧盘垫铺麻育秧膜显著提高了稻谷产量，育秧肥 50%土壤混施+50%膜面撒施方式有利于提高稻谷产量。如表 5-27 和表 5-28 所示，相比未垫膜处理，盘面垫铺麻育秧膜处理的稻谷理论亩产量平均值和实际亩产量平均值分别提高了 63. 9kg 和 35. 4kg，增幅分别为 12. 2%和 6. 8%。

通过两个不同地区的早中稻试验表明，秧盘垫铺麻育秧膜可以显著提高秧苗素质，其秧苗植株壮实，秧苗根系活力高，植株营养物质储备多，发根力显著提高，从而具有更高的产量。相比土壤混施和膜面撒施，育秧肥50%混施+50%撒施方式育秧效果更佳，秧苗素质更好，稻谷产量更高。

2. 麻育秧膜对水稻秧苗根系酶活性的影响

试验于2015年5—6月在湖南省长沙市宁乡县白箬铺镇展开。试验共设4个处理，分别为：湘晚籼13号无膜（WC）、湘晚籼13号覆膜（MC）；Y两优1号无膜（WZ）、Y两优1号覆膜（MZ），每个处理各10盘秧，三次重复。播种之前先进行消毒、浸种、催芽；采用精量播种器播种，Y两优1号每盘播种70g，常规稻每盘播种120g，常规旱育秧管理。分别在播种后的第10d、15d和20d随机取样，进行室内试验，每个实验重复3次。

随着秧苗的生长，根系ADH活性先升高后降低，在第15d的时候达到最大值。在不同时期，不同处理秧苗ADH活力的大小顺序依次为MZ>WZ>MC>WC，表明秧盘垫铺麻育秧膜提高了秧苗根系的ADH酶活力，而杂交品种Y两优1号的ADH酶活力要高于常规品种湘晚籼13号的。

秧苗根系LDH活性在秧苗发育期也是呈现出先上升后下降的趋势。在第10d和第15d，不同处理秧苗LDH活力的大小顺序依次为WZ>MZ>WC>MC，表明不同于ADH酶活力，秧盘垫铺麻育秧膜降低了秧苗根系的LDH酶活力，但杂交品种Y两优1号的LDH酶活力依然要高于常规品种湘晚籼13号的。在第20d，不同处理秧苗的LDH活力均有所下降，其中以MZ的下降幅度最大。

不同处理下秧苗根系MDH活性的变化与ADH活性的变化趋势基本一致，随着秧苗的生长，根系MDH活性先升高后降低，在第15d的时候达到最大值，秧盘垫铺麻育秧膜提高了秧苗根系的MDH酶活力，而杂交品种Y两优1号的MDH酶活力要高于常规品种湘晚籼13号。

ADH（乙醇脱氢酶）是无氧呼吸酶的一种，主要作用是通过乙醛酸循环促进植物体内产生的乙醛转化成乙醇，减少乙醛的积累，并通过乙醇发酵产生能量，减轻植物受到的伤害。

有膜处理组中ADH活性均比无膜处理高，表明有膜处理的情况下，植物对乙醛等有害物质的抵抗能力得到了一定的提升，改善了水稻根系在淹水时的生长发育能力。

LDH（乳酸脱氢酶）无氧呼吸酶的一种，是糖酵解循环调控的关键酶，能够催化丙酮酸生成乳酸，使植物体内积累乳酸，对植物体产生一定的危害，有膜处理中LDH活性均比无膜处理低，表明有膜处理的情况下水稻秧苗遭受的乳酸累积危害更小。

MDH（苹果酸脱氢酶）是有氧呼吸酶的一种，是三羧酸循环TCA活性的关键调控酶，能够将细胞中的苹果酸脱氢氧化成草酰乙酸，而草酰乙酸是天冬氨酸的合成前体。在苹果酸脱氢氧化的过程中产生的还原性物质进入呼吸链进行呼吸作用产生氧气和能量，促进植物的生长发育。有膜处理组中MDH活性均比无膜处理高，表明麻育秧膜处理能够提高秧苗根系有氧呼吸代谢，从而促进其生长发育。

总之，麻育秧膜的应用增强了有益无氧呼吸酶和有氧呼吸酶的活性而降低了有害无氧呼吸酶的活性，从而有益于秧苗生长发育，提高秧苗质量。

3. 麻育秧膜水稻机插育秧应用示范

2014年，在黑龙江省富锦市农业技术推广中心试验站、密山市连珠山镇水田示范园区、兰西县临江镇荣河村于家窝棚屯中心试验地3个试验点开展了麻育秧膜等不同育秧模式对水稻生产的影响研究，调查了秧苗素质、根系盘结情况、分蘖动态及产量构成。各地试验数据表明，县麻育秧膜水稻机插育秧效果好，主要表现在：从秧苗素质看，处理1（平盘+麻育秧膜育秧）好于处理2（平盘育秧）、处理3（纸盘育秧）与处理4（钵形毯状育秧）相差不大，说明处理1（平盘+麻育秧膜育秧）对根系的生长有促进作用，能为育壮秧提供良好的根生长环境。从分蘖数上看，处理1（平盘+麻育秧膜育秧）好于其他处理，说明处理1（平盘+麻育秧膜育秧）有利于促进水稻分蘖早生快发，同时有利于增加秧苗分蘖。从最终产量结果上看，处理1（平盘+麻育秧膜育秧）产量最高，说明水稻麻育秧膜育秧对水稻有一定程度的增产效果，增产幅度在1.81%~8.7%。

除此之外，还与黑龙江农技推广中心、黑龙江农垦局 852 农场、湖北农业科学院、浙江萧山黄/红麻试验站、江苏农垦等地方农业部门合作开展麻育秧膜水稻机插育秧生产示范，总计示范面积 5 万亩以上，同年湖南省、湖北省、浙江省地方政府大力推广该技术，总计推广应用面积达 150 万亩，取得了极为显著的社会经济效益。

2015 年，为进一步验证麻育秧膜在黑龙江地区平盘育秧中的应用效果，为技术推广提供科学依据，在黑龙江省绥滨县、富锦市、桦川县、龙江县、泰来县、尚志市 6 地开展了麻育秧膜在水稻机插育秧上的应用技术示范。具体情况如下。

（1）绥滨县。试验地点设在绥滨县科研所，承担试验的农户为绥滨镇大同村的科技示范户李振宇。试验共设 4 个处理，依次为普通盘的麻育秧膜处理（处理 1）、普通秧盘的无膜对照（处理 2）、毯式秧盘的麻育秧膜处理（处理 3）、毯式秧盘无膜对照（处理 4）。

试验水稻品种为绥粳 4。大棚面积为 360m$^2$，其中秧田试验面积为 200m$^2$，每个处理面积为 50m$^2$，本田面积为 60 亩，每个处理为 15 亩。采用大棚旱育苗技术。

由表 5-29 可知，5 月 7 日处理 1（普通秧盘麻育秧膜处理）株高为 11. 4cm，比无膜对照处理 2 的株高 11. 1cm 多 0. 3cm，处理 1 的秧苗百株鲜重为 12. 7g，比无膜对照处理 2 的多 2. 1g，百株干重多 0. 1g，处理 3（毯式秧盘麻育秧膜处理）株高为 10. 5cm，比无膜对照处理 4 的多 0. 5cm，处理 3 的秧苗百株鲜重为 14. 9g，比无膜对照处理 4 的多 2. 2g，百株干重多 0. 7g；而 5 月 14 日处理 1 株高为 12. 8cm，比无膜对照处理 2 的少 1. 1cm，处理 1 的秧苗百株鲜重为 17. 1g，比对照处理 2 的多 2. 4g，百株干重多 0. 2g，处理 3 株高为 12. 3cm，比无膜对照处理 4 的少 1. 0cm，处理 3 的秧苗百株鲜重为 19. 7g，比对照处理 4 的多 2. 4g，百株干重多 0. 4g。显示麻育秧膜秧苗具有出苗快，秧苗壮实的特点。

**表 5-29　水稻秧苗素质**

| 调查日期 | 处理 | 株高（cm） | 叶龄（d） | 秧龄（d） | 叶长（cm） | 叶宽（cm） | 茎基部宽（cm） | 单株根数（条） | 单株根长（cm） | 10 株鲜重（g） | 10 株干重（g） |
|---|---|---|---|---|---|---|---|---|---|---|---|
| 5 月 7 日 | 处理 1 | 11. 4 | 3. 0 | 24 | 7. 1 | 0. 38 | 0. 26 | 11 | 2. 0 | 12. 7 | 3. 2 |
| | 处理 2 | 11. 1 | 3. 0 | 24 | 7. 4 | 0. 42 | 0. 32 | 10 | 1. 9 | 10. 6 | 3. 1 |
| | 处理 3 | 10. 5 | 3. 3 | 27 | 6. 6 | 0. 39 | 0. 34 | 12 | 3. 9 | 14. 9 | 3. 8 |
| | 处理 4 | 10. 0 | 3. 0 | 27 | 6. 1 | 0. 39 | 0. 3 | 13 | 3. 3 | 12. 7 | 3. 1 |
| 5月14日 | 处理 1 | 12. 8 | 3. 0 | 31 | 7. 7 | 0. 41 | 0. 20 | 12 | 2. 6 | 17. 1 | 3. 5 |
| | 处理 2 | 13. 9 | 3. 5 | 31 | 7. 7 | 0. 40 | 0. 22 | 8 | 2. 0 | 14. 7 | 3. 3 |
| | 处理 3 | 12. 3 | 3. 1 | 34 | 8. 0 | 0. 41 | 0. 23 | 13 | 3. 5 | 19. 7 | 4. 2 |
| | 处理 4 | 13. 3 | 3. 3 | 34 | 8. 3 | 0. 42 | 0. 23 | 11 | 4. 0 | 17. 3 | 3. 8 |

处理 1（普通秧盘水稻麻育秧膜处理）的返青期、分蘖期、拔节期、抽穗期、成熟期均比无膜对照处理 2 的提前了 2d，而处理 3（毯式秧盘水稻麻育秧膜处理）的均比无膜对照处理 4 提前了 1d，显示麻育秧膜秧苗具有返青快、分蘖早的优势（表 5-30）。

**表 5-30　水稻生育进程（月.日）**

| | 播种期 | 齐苗期 | 插秧期 | 返青期 | 分蘖期 | 拔节期 | 抽穗期 | 成熟期 |
|---|---|---|---|---|---|---|---|---|
| 处理 1 | 4. 10 | 4. 18 | 5. 23 | 5. 29 | 6. 1 | 7. 5 | 7. 28 | 9. 11 |
| 处理 2 | 4. 10 | 4. 18 | 5. 23 | 5. 31 | 6. 3 | 7. 7 | 7. 30 | 9. 13 |
| 处理 3 | 4. 13 | 4. 20 | 5. 23 | 5. 28 | 5. 30 | 7. 4 | 7. 27 | 9. 10 |
| 处理 4 | 4. 13 | 4. 20 | 5. 23 | 5. 29 | 5. 29 | 7. 5 | 7. 26 | 9. 11 |

处理 1（普通秧盘水稻麻育秧膜处理）比无膜对照处理 2 平均每穴多 1. 4 穗，千粒重增加 0. 31g，空秕率降低 0. 87%，处理 1 产量为 637. 83kg/亩，比对照处理 2 增产 64. 46kg/亩，增产

11.2%；处理3（毯式秧盘水稻麻育秧膜处理）比无膜对照处理4平均每穴多0.1穗，千粒重增加0.18g，空秕率降低2.34%，处理3产量为631.99kg/亩，比对照处理4增产49.03kg/亩，增产8.4%（表5-31）。

**表5-31 水稻产量及其构成**

| | 穴数（穴/$m^2$） | 穗数（穗/穴） | 株高（cm） | 穗长（cm） | 穗实粒数（粒） | 空秕数（个） | 空秕率（%） | 千粒重（g） | 产量（kg/亩） | 比对照增产（%） |
|---|---|---|---|---|---|---|---|---|---|---|
| 处理1 | 24 | 24.6 | 95.6 | 17.7 | 73.8 | 20.5 | 21.74 | 25.82 | 637.83 | 11.2 |
| 处理2 | 24 | 23.2 | 96.6 | 17.3 | 71.2 | 20.8 | 22.61 | 25.51 | 573.37 | |
| 处理3 | 23 | 24.7 | 94.7 | 17.4 | 73.6 | 20.0 | 21.37 | 26.66 | 631.99 | 8.4 |
| 处理4 | 22 | 24.6 | 89.0 | 17.1 | 71.75 | 22.3 | 23.71 | 26.48 | 582.96 | |

（2）富锦市。试验地点设在富锦市农业技术推广中心试验站，供试水稻品种为绥粳18，共设2个处理，分别为麻育秧膜平盘育秧（处理1）和无膜对照（处理2），采用旱育秧。试验地地力均衡，采用大区对比，不设重复，选用当地主栽品种绥粳18，各处理的各项农事安排统一品种、统一时间、统一施肥、统一灌溉、统一除草等。4月10日开始分别按试验方案进行育苗，各处理分别育苗500盘，苗期统一管理，5月11日插秧，插秧规格为14×30机插。本田土壤为黑土，各种养分含量分别为有机质33.6g/mg、碱解氮224.5mg/kg、有效磷19.1mg/kg、速效钾185.1mg/kg、pH值6.5，肥力中等。每公顷施磷酸二铵100kg作底肥，尿素250kg30%作底肥、70%作追肥，硫酸钾100kg 50%作底肥、50%作追肥。

从秧苗素质上看（表5-32），处理1（麻育秧膜平盘育秧）秧苗的茎基宽、地上部鲜重和地下部鲜重相比对照均有一定的提高，说明麻育秧膜秧苗更为壮实，而每株秧苗的根数也比对照高出了1.1根。

**表5-32 水稻秧苗素质**

| | 株高（cm） | 叶龄 | 茎基宽（cm） | 根数 | 地上部100株鲜重（g） | 地下部100株鲜重（g） |
|---|---|---|---|---|---|---|
| 处理1 | 12.54 | 3.15 | 0.223 | 11.5 | 4.2 | 5.6 |
| 处理2 | 11.07 | 3.15 | 0.203 | 10.4 | 4.1 | 5.1 |

从实测产量上看，处理1（麻育秧膜平盘育秧）为606.9kg/亩，较对照584.7kg/亩增产22.2kg，增产幅度为3.8%，说明麻育秧膜育秧具有一定的增产作用（表5-33）。

**表5-33 稻谷产量**

| | 测产面积（$m^2$） | 产量（干重kg） | 亩产（干重kg） |
|---|---|---|---|
| 处理1 | 3 | 2.73 | 606.9 |
| 处理2 | 3 | 2.63 | 584.7 |

（3）桦川县。试验设在桦川县创业乡丰年村李世平、西冯村李柏和、苏家店镇朱家村张忠孝、悦来镇桦树村李百龙、汶澄村罗海军的大棚。秧田面积20~40$m^2$。示范区设在悦来镇孟家岗村、新城镇古城村、梨丰乡团结村、创业乡丰年村。春季进行麻育秧膜育苗，插秧面积10~15亩。

从表5-34可以看出，水稻应用麻育秧膜的处理区总体好于对照区，各示范区在品种、育苗时间、管理相同情况下，应用麻育秧膜育苗的秧苗有以下几个方面的优势：从株高看，示范区与CK在株高上没有明显差别；从根数看，示范区的根数比CK秧苗的根数平均多0.2条；从茎宽看，示范区的秧苗茎宽比CK平均多0.15mm；从百株干重看，示范区的秧苗百株干重比CK多0.3~0.6g；从秧苗充实度看，示范区的秧苗充实度比CK高2.8~4.1g/cm。

**表 5-34　秧苗素质调查**

| 乡镇 | 村屯 | 户名 | 处理 | 应用面积 | 参试品种 | 育苗时间（日/月） | 插秧时间（日/月） | 秧龄 | 叶龄 | 株高 | 根数 | 茎粗 | 分蘖数 | 百株干重 | 充实度 |
|---|---|---|---|---|---|---|---|---|---|---|---|---|---|---|---|
| 星火 | 燎原 | 王振宏 | 软盘 | 15 | 龙粳46 | 15/4 | 16/5 | 28 | 3.0 | 12.5 | 10.7 | 2.4 | 0 | 3.6 | 28.8 |
| | | | CK | | | 15/4 | 16/5 | 28 | 3.0 | 12.5 | 10.4 | 2.2 | 0 | 3.3 | 26.4 |
| 创业 | 西冯 | 李柏和 | 毯式盘 | 60 | 龙粳31 | 11/4 | 17/5 | 33 | 3.5 | 13.8 | 13.4 | 3.3 | 0.2 | 4.8 | 34.8 |
| | | | CK | | | 11/4 | 17/5 | 33 | 3.5 | 13.7 | 12.9 | 3.1 | 0 | 4.2 | 30.7 |
| 创业 | 丰年 | 李世平 | 毯式盘 | 60 | 325 | 18/4 | 24/5 | 32 | 3.4 | 13.5 | 13.5 | 3.2 | 0 | 4.2 | 31.1 |
| | | | CK | | | 18/4 | 24/5 | 32 | 3.2 | 13.5 | 13.2 | 3.0 | 0 | 3.9 | 28.9 |
| 悦来 | 桦树 | 李佰龙 | 软盘 | 20 | 龙粳29 | 16/4 | 19/5 | 30 | 3.0 | 11.5 | 11.4 | 2.8 | 0 | 4.0 | 34.8 |
| | | | CK | | | 16/4 | 19/5 | 30 | 3.0 | 11.5 | 11.2 | 2.8 | 0 | 3.5 | 30.4 |
| 悦来 | 汶澄 | 罗海军 | 软盘 | 20 | 龙粳29 | 16/4 | 23/5 | 32 | 3.1 | 13.5 | 12.5 | 3.2 | 0 | 3.7 | 27.4 |
| | | | CK | | | 16/4 | 23/5 | 32 | 3.1 | 13.4 | 12.2 | 3.0 | 0 | 3.3 | 24.6 |
| 苏家店 | 朱家 | 张忠孝 | 钵盘 | 40 | 绥粳4 | 17/4 | 20/5 | 30 | 3.0 | 13.0 | 12.5 | 3.4 | 0.1 | 4.4 | 33.8 |
| | | | CK | | | 17/4 | 20/5 | 30 | 2.9 | 13.0 | 12.4 | 3.2 | 0 | 4.0 | 28.9 |
| 梨丰 | 团结 | 易中元 | 毯式盘 | 15 | 龙粳43 | 25/4 | 29/5 | 30 | 3.1 | 12.6 | 11.8 | 2.9 | 0 | 3.6 | 28.6 |
| | | | CK | | | 25/4 | 29/5 | 30 | 3.1 | 12.4 | 11.5 | 2.7 | 0 | 3.1 | 25.0 |

从表 5-35 可以看出，在麻育秧膜处理区和对照区浸种、播期一致的情况下，麻育秧膜秧苗插秧后返青早 1~2d，分蘖早 2~3d，抽穗期提前 2~3d，成熟期提前 2~3d。说明麻育秧膜育苗不仅能培育壮苗，还能起到提早返青、提早分蘖的作用。

**表 5-35　生育进程调查（月.日）**

| 村名 | | 浸种 | 播种期 | 出苗期 | 插秧期 | 返青期 | 分蘖期 | 有效分蘖终止期 | 拔节孕穗期 | 抽穗开花期 | 灌浆期 | 黄熟期 | 完熟期 |
|---|---|---|---|---|---|---|---|---|---|---|---|---|---|
| 丰年（大棚地） | 处理 | 4.15 | 4.25 | 4.30 | 6.4 | 6.8 | 6.18 | 6.27 | 7.10 | 7.24 | 7.30 | 9.25 | 10.9 |
| | CK | 4.15 | 4.25 | 4.30 | 6.4 | 6.10 | 6.20 | 6.28 | 7.13 | 7.27 | 8.2 | 9.28 | 10.12 |
| 燎原 | 处理 | 4.5 | 4.15 | 4.21 | 5.15 | 5.21 | 5.27 | 6.22 | 7.3 | 7.18 | 7.22 | 9.15 | 9.30 |
| | CK | 4.5 | 4.15 | 4.21 | 5.15 | 5.23 | 5.29 | 6.25 | 7.5 | 7.20 | 7.25 | 9.18 | 10.2 |
| 桦树 | 处理 | 4.3 | 4.14 | 4.20 | 5.15 | 5.20 | 5.26 | 6.24 | 7.5 | 7.17 | 7.26 | 9.23 | 10.5 |
| | CK | 4.3 | 4.14 | 4.20 | 5.15 | 5.22 | 5.28 | 6.24 | 7.7 | 7.19 | 7.28 | 9.25 | 10.8 |
| 团结 | 处理 | 4.8 | 4.19 | 4.26 | 5.27 | 6.1 | 6.12 | 6.27 | 7.10 | 7.25 | 8.5 | 9.30 | 10.10 |
| | CK | 4.8 | 4.19 | 4.26 | 5.27 | 6.2 | 6.15 | 6.29 | 7.12 | 7.28 | 8.8 | 10.2 | 10.10 |

从表 5-36 可以看出，麻育秧膜试验示范区比 CK 区平均增产 42.45kg，增产率最高的为 21.31%，多点试验示范平均增产率为 8.0%，说明麻育秧膜育苗有较好的增产作用。从构成产量各要素看，麻育秧膜能培育壮苗，在春季育苗和插秧以后低温情况下，秧苗生长发育比较快，分蘖力偏强，有效分蘖偏多。结实期调查，处理区比 CK 区多 1~2 穗；穗实粒数明显偏多，一般比 CK 区每穗多 5 粒左右；结实率提高 3.5~5.2 个百分点，而且抗逆性增强，麻育秧膜育苗插秧的稻田无病害和倒伏发生。

**表 5-36　稻谷产量调查**

| | | 株高（cm） | 穗（穗/$m^2$） | 实粒（粒/穗） | 结实率（%） | 千粒重（g） | 扣损后产量（kg/亩） | 增减量 | 增减（%） | 抗逆性 |
|---|---|---|---|---|---|---|---|---|---|---|
| 王振宏 | 麻育秧膜 | 99.5 | 557 | 74.1 | 94.9 | 26 | 642.32 | +42.02 | +6.90 | 强 |
| | CK | 98.8 | 514 | 75.5 | 92.7 | 26 | 600.3 | — | — | 一般 |
| 罗海军 | 麻育秧膜 | 97.5 | 539 | 78.4 | 96.8 | 25 | 634.18 | +36.96 | +6.19 | 强 |
| | CK | 97.5 | 525 | 75.8 | 92.9 | 25 | 597.22 | — | — | 一般 |
| 李柏和 | 麻育秧膜 | 102.4 | 577 | 80.1 | 96.4 | 25 | 693.61 | +60.46 | +9.55 | 强 |
| | CK | 102.0 | 574 | 73.5 | 90.8 | 25 | 633.15 | — | — | 比较强 |

（续表）

| | | 株高（cm） | 穗（穗/m²） | 实粒（粒/穗） | 结实率（%） | 千粒重（g） | 扣损后产量（kg/亩） | 增减量 | 增减（%） | 抗逆性 |
|---|---|---|---|---|---|---|---|---|---|---|
| 易中元 | 麻育秧膜 | 107.2 | 498 | 76.5 | 93.2 | 26 | 660.68 | +116.05 | +21.31 | 强 |
| | CK | 107.0 | 486 | 71.8 | 89.7 | 26 | 544.63 | — | — | 倒伏 |
| 李百龙 | 麻育秧膜 | 95.5 | 495 | 95.1 | 92.8 | 26 | 734.73 | +32.4 | +4.6 | 强 |
| | CK | 95.0 | 487 | 92.4 | 92.5 | 26 | 702.33 | — | — | 比较强 |
| 张力刚 | 麻育秧膜 | 94.5 | 484 | 82.5 | 94.3 | 25 | 599.25 | +14.86 | +2.54 | 强 |
| | CK | 93.7 | 472 | 82.5 | 91.7 | 25 | 584.39 | — | — | 强 |
| 郭林 | 麻育秧膜 | 97.7 | 557 | 61.4 | 87.5 | 25 | 513.25 | +3.36 | +0.66 | 比较强 |
| | CK | 95.8 | 548 | 62.0 | 87.9 | 25 | 509.89 | — | — | 一般 |
| 李世的 | 麻育秧膜 | 96.5 | 430 | 86.4 | 94.6 | 26 | 582.29 | +18.1 | +3.19 | 比较强 |
| | CK | 97.5 | 434 | 82.7 | 92.2 | 26 | 564.28 | — | — | 倒伏 |
| 张忠孝 | 麻育秧膜 | 103.5 | 529 | 85.5 | 95.0 | 26 | 705.93 | +57.84 | +8.92 | 比较强 |
| | CK | 101.5 | 507 | 81.9 | 91.5 | 26 | 648.09 | — | — | 倒伏 |
| 平均 | | | | | | | | +42.45 | +8.0 | |

（4）龙江县。示范地点设在龙江县白山镇十村富龙水稻合作社。每个合作社 33 亩本田，共计示范 66 亩。采用大棚旱育苗技术，品种是龙粳 31。麻育秧膜+机插平盘，采用大区示范，临近生产田作对照（表 5-37 至表 5-39）。

应用麻育秧膜能起到保温、保湿、透气性好，改善根部的微环境，使之苗壮成长。麻育秧膜育秧立枯病轻度发生，对照重度发生。

麻育秧膜育苗结实率达到 95.2%，产量为 436.8kg/亩；对照结实率为 92.4%，产量为 413.9kg/亩，增产 22.9kg，增产率为 5.5%。

**表 5-37　秧苗素质**

| | 品种 | 秧龄（d） | 株高（cm） | 根长（cm） | 茎宽（cm） | 带蘖数 | 叶龄 | 100 株鲜重 | | 100 株干重 | | 苗期青枯病、立枯病（分无、轻度、中度、重度） |
|---|---|---|---|---|---|---|---|---|---|---|---|---|
| | | | | | | | | 地上（g） | 地下（g） | 地下（g） | 地下（g） | |
| 示范 | 龙粳 31 | 30 | 11.4 | 3.56 | 0.21 | | 3.5 | 6.05 | 5.05 | 1.9 | 2.25 | 轻度发生 |
| 对照 | 龙粳 31 | 30 | 10.8 | 5.02 | 0.19 | | 3.5 | 5.75 | 3.6 | 1.7 | 1.5 | 重度发生 |

**表 5-38　水稻生育进程（月.日）**

| | 播种期 | 齐苗期 | 插秧期 | 返青期 | 分蘖期 | 拔节期 | 抽穗期 | 成熟期 |
|---|---|---|---|---|---|---|---|---|
| 示范 | 4.15 | 4.24 | 5.25 | 6.1 | 6.6 | 7.7 | 7.30 | 9.20 |
| 对照 | 4.15 | 4.24 | 5.25 | 6.1 | 6.6 | 7.7 | 7.30 | 9.20 |

**表 5-39　水稻产量及其构成**

| | 穴数（穴/m²） | 穗数（穗/m²） | 总粒数（粒/穗） | 实粒数（粒/穗） | 结实率（%） | 千粒重（g） | 产量（kg/亩） | 增减产（%） |
|---|---|---|---|---|---|---|---|---|
| 示范 | 25 | 415 | 81.3 | 77.4 | 95.2 | 24 | 436.8 | 5.5 |
| 对照 | 25 | 417.5 | 78.9 | 72.9 | 92.4 | 24 | 413.9 | |

（5）泰来县。采用大区示范，临近生产田作对照。采用大棚旱育苗技术，品种是绥粳 4 号。

从表 5-40 看出，比普通育苗根系发育好，白根多，根毛发达，干物质积累偏多。无散秧情况。秧苗长势壮，没有立枯病发生，根系发育好于正常育苗，根长和根数都比对照好。从表 5-41 可看出，处理比对照生育期提前 1~2d。

从表 5-42 看出，分蘖明显多于对照，麻育秧膜的处理结实率高出 1.1 个百分点，产量比对照高 6.9%，效益可观。

**表 5-40　秧苗素质**

| | 品种 | 秧龄（d） | 株高（cm） | 根长（cm） | 茎宽（cm） | 带蘖数 | 叶龄 | 100 株鲜重 | | 100 株干重 | | 苗期青枯病、立枯病（分无、轻度、中度、重度） |
|---|---|---|---|---|---|---|---|---|---|---|---|---|
| | | | | | | | | 地上（g） | 地下（g） | 地下（g） | 地下（g） | |
| 示范 | 绥粳 4 | 35 | 13.4 | 4.2 | 0.22 | 0.3 | 3.5 | 9.4 | 13 | 1.7 | 1.2 | 无 |
| 对照 | 绥粳 4 | 35 | 13.1 | 3.9 | 0.2 | 0.2 | 3.5 | 9.0 | 10.5 | 1.7 | 1.2 | 无 |

**表 5-41　水稻生育进程（月.日）**

| | 播种期 | 齐苗期 | 插秧期 | 返青期 | 分蘖期 | 拔节期 | 抽穗期 | 成熟期 |
|---|---|---|---|---|---|---|---|---|
| 示范 | 4.1 | 4.8 | 5.15 | 5.20 | 5.22 | 7.7 | 7.26 | 9.20 |
| 对照 | 4.1 | 4.9 | 5.15 | 5.21 | 5.23 | 7.9 | 7.28 | 9.22 |

**表 5-42　水稻产量及其构成**

| | 穴数（穴/$m^2$） | 穗数（穗/$m^2$） | 总粒数（粒/穗） | 实粒数（粒/穗） | 结实率（%） | 千粒重（g） | 亩产量（kg） | 增减产（%） |
|---|---|---|---|---|---|---|---|---|
| 示范 | 25 | 453 | 102.6 | 98.7 | 96.2 | 25.6 | 648.9 | +6.9 |
| 对照 | 25 | 435 | 101.5 | 96.5 | 95.1 | 25.5 | 606.9 | |

（6）尚志市。示范地点设在尚志市南兴村长道水稻种植专业合作社，试验面积 75 亩。本试验应用麻育秧膜育苗区为处理，常规育苗为对照。试验采用大区对比法，直接对比，不设重复（表 5-43 至表 5-45）。采用大棚育苗，试验种植水稻品种为早稻花香，4 月 12 日进行浸种，4 月 20 日进行催芽，4 月 23 日播种，育苗方法为机插盘育苗，秧盘为塑料硬盘，育苗前将麻膜摆在硬盘内，采用井关水稻全自动播种机进行机械播种，每盘播芽籽 140g 芽种；播种后秧盘摞盘堆积方式摆放，利于出苗整齐一致，苗出齐后再摆在苗床上。

秧苗素质调查结果表明（表 5-43），在同等秧龄 28d 情况下，麻膜育苗区与对照区相比株高高 2.2cm，叶龄大 0.5 叶，根长长 1cm，根数多 1.3 条，茎基宽 0.04cm，百株地上干重重 0.58g，充实度高 0.02，充分说明从株高、叶龄、根数、根长、茎基宽、地上干物重、充实度等性状看，麻膜育苗区秧苗明显优于对照区。

考种测产表明（表 5-45），麻膜育苗区株高、穗长高于对照区，说明长势好于对照区；产量构成因素每平方米穗数、穗总粒数、穗实粒也都高于对照区，虽然千粒重低于对照区，但产量还是明显高于对照区，其中理论产量增幅为 6.4%，实际产量增幅为 8.3%。

**表 5-43　秧苗素质**

| | 秧龄（d） | 株高（cm） | 叶龄（叶） | 根长（cm） | 根数（条） | 茎基宽（cm） | 百株地上干重（g） | 分蘖率（%） | 发病率（%） | 充实度 |
|---|---|---|---|---|---|---|---|---|---|---|
| 示范 | 28 | 13.1 | 4.3 | 5.8 | 12.6 | 0.27 | 2.2 | 0 | 0 | 0.17 |
| 对照 | 28 | 10.9 | 3.8 | 4.8 | 11.3 | 0.23 | 1.62 | 0 | 0 | 0.15 |

**表 5-44　水稻生育进程（月.日）**

| | 播种期 | 齐苗期 | 插秧期 | 返青期 | 分蘖期 | 拔节期 | 抽穗期 | 成熟期 |
|---|---|---|---|---|---|---|---|---|
| 示范 | 4.12 | 4.23 | 4.28 | 5.26 | 5.30 | 6.8 | 7.10 | 8.10 |
| 对照 | 4.12 | 4.23 | 4.28 | 5.26 | 5.30 | 6.8 | 7.10 | 8.10 |

2015 年在黑龙江 6 个不同县市数十个试验点的应用试验表明，麻育秧膜水稻机插育秧在黑龙江省的应用具有以下几个优点：改善秧苗素质，麻育秧膜秧苗具有出苗快、秧苗壮实的特点；返青快、分蘖早，麻育秧膜机插育秧秧苗生育期普遍提早了 1~2d；提高稻谷产量，对 14 个测试点的测

产结果表明，麻育秧膜育秧平均增产 41.3kg/亩，平均增幅为 7.1%。

表 5-45 水稻产量及其构成

| | 株高 (cm) | 穗数 (穗/$m^2$) | 穗长 (cm) | 穗粒数 (个) | 实粒数 (个) | 空瘪率 (%) | 千粒重 (g) | 理论产量 (kg/亩) | 实际产量 (kg/亩) | 增减产 (%) |
|---|---|---|---|---|---|---|---|---|---|---|
| 示范 | 113 | 486.4 | 16.9 | 88.9 | 66.4 | 25.3 | 24.7 | 531.8 | 577.8 | 8.3 |
| 对照 | 110 | 470.3 | 16.2 | 84 | 63.5 | 24.4 | 25.1 | 499.8 | 533.4 | |

4. 麻育秧膜轻量化育秧技术研究

2014 年冬季至 2015 年，研究团队展开了麻育秧膜轻量化育秧技术研究，以探索一种可以培育出质量轻、规格大、素质优良的水稻机插毯状秧苗的育秧方法。

通过不断尝试，目前已经初步形成了一种基于麻育秧膜的轻量化水稻机插育秧技术，其基本技术要点在于：①将窝孔盘平放于育秧床上，所述窝孔盘盘底为若干纵横排列的窝体结构；②将植物纤维膜平铺于窝孔盘底面上；③将处理好的水稻种子均匀撒播在植物纤维膜面上；④在种子上面均匀撒一层盖土。采用这种方法，可以获得质量轻、规格大、素质优良的水稻机插毯状秧苗。

5. 麻纤维膜用于果蔬保鲜机理初探

一般果蔬的含水量在 85%~96%，由于果蔬组织中含有丰富的水分，使其显现出新鲜饱满和脆嫩的状态，显示出鲜亮的光泽，并具有一定的弹性和硬度。采摘后果蔬的水分蒸发不仅使重量减少、品质降低，而且还使正常的代谢发生紊乱，过分的失水对果蔬的贮藏是不利的。一般情况下，易腐果蔬失水 5%就会出现萎蔫和皱缩，叶菜类失水 5%萎蔫就非常明显。试验以小白菜为试验材料，设裸露、塑料密封、麻纤维膜包裹、麻纤维膜包裹再以塑料膜密封 4 个处理，再设常温和低温贮藏两个因子，在气温 28°、相对湿度 38%条件下进行。结果显示 3d 后，裸露保存的常温情况完全萎蔫，发黄，失重达到 31%，冷藏保存的失重 8.1%，萎蔫，叶片大部分保持绿色；麻纤维膜包裹的常温条件保存 3d 后失水 14.6%，外层叶片发黄萎蔫，冷藏保存的 3d 后失水 3.5%，叶片鲜嫩挺拔，5d 后失重 5.9%，叶片绿色有点萎蔫；塑料膜密封保存常温下 3d 后基本腐烂，冷藏保存 5d 失重 2.8%，并开始出现溃斑；麻纤维膜加塑料膜密封保存，常温下 4d 失重 2.9%，叶片鲜活，5d 有少量溃斑出现，冷藏条件下 10d 失重 3.1%，叶片鲜活，有少量溃斑。结果显示使用麻纤维膜的处理不论是常温还是冷藏，都没有明显的失水，但是麻纤维膜潮湿，塑料膜密封的在膜面凝结大量水珠，而腐烂溃斑也在水珠附近较多。通过试验可以得出结论麻纤维膜保鲜主要是通过调节小范围湿度，控制果蔬水分的释放达到保鲜的目的。

### （三）可降解麻地膜应用技术研究

1. 可降解麻地膜在莴笋生产中的应用

在 2014 年 8 月 26 日至 10 月 26 日，在沅江市石矶湖赵师傅家开展莴笋麻纤维膜覆盖应用试验研究，试验设置三个处理：无覆盖对照、麻纤维膜覆盖和塑料地膜覆盖，每个处理设置三个重复（3 个小区），每个小区长 10m，宽 1.2m。株距 26cm，行距 26cm。

测定了土壤微生物种类及数量、土壤微生物酶活、植株生物量、品质等指标，研究结果显示覆盖了麻纤维膜的处理能促进莴笋的生长，并且获得更好的品质。具体测定结果如下：

（1）生物学特性测定。在莴笋移栽后第 20d 和第 40d 后分别进行破坏性采样，并对莴笋的株高、根部干重、叶部干重、叶片数、茎部鲜重、茎直径等指标进行测定，测定结果显示覆盖麻纤维膜能显著促进莴笋的生长（表 5-46，图 5-16）。其中在第 20d 时，覆盖麻纤维膜中的莴笋根部干重、叶部干重及叶片数相比 CK 和 PM 处理达到显著差异水平（$P<0.05$），株高则只相比 CK 达到显著差异水平（$P<0.05$）。第 40d 采样分析显示覆盖麻纤维膜处理相比 CK 和 PM 处理能显著提高叶部干重、叶片数、茎部鲜重和茎直径（表 5-46）。

**表 5-46　莴笋的生物学特性测定**

| Days | TR | 株高<br>(cm) | 根部干重<br>DWR (g) | 叶部干重<br>DWL (g) | 叶片数<br>LN | 茎部鲜重<br>FWS (g) | 茎直径<br>DH (mm) |
|---|---|---|---|---|---|---|---|
| | CK | 27. 17±1. 67b | 0. 16±0. 05b | 2. 17±0. 71b | 9. 33±0. 67c | — | — |
| 20 | PM | 29. 72±2. 45ab | 0. 18±0. 41b | 2. 46±0. 85b | 11. 00±1. 00b | — | — |
| | BM | 31. 50±1. 83a | 0. 27±0. 07a | 3. 85±0. 40a | 12. 67±1. 00a | — | — |
| | CK | 41. 30±0. 87b | 1. 37±0. 04b | 8. 07±0. 91b | 42. 33±1. 11c | 133. 67±2. 24c | 34. 93±0. 16c |
| 40 | PM | 42. 82±0. 81ab | 1. 46±0. 04ab | 9. 07±1. 71b | 45. 33±0. 40b | 159. 53±3. 78b | 36. 34±0. 61b |
| | BM | 44. 48±1. 04a | 1. 61±0. 13a | 12. 27±0. 36a | 49. 00±1. 33a | 174. 57±6. 82a | 38. 01±0. 19a |

**图 5-16　移栽后 20d 莴笋的生长状况**

CK，对照；PM，覆盖塑料地膜；BM，覆盖麻纤维膜

（2）产量测定。在莴笋收获阶段，对各个小区未破坏性取样的区域进行测产，测产面积为 2m（长）×1. 2m（宽）。测定结果显示覆盖麻纤维膜处理的产量为 42 693. 1kg/hm²，高于其他处理；且相比于无覆盖对照处理达到显著差异水平（$P<0.05$），但与塑料地膜覆盖处理的产量（40 659. 7 kg/hm²）没有达到显著差异（图 5-17）。

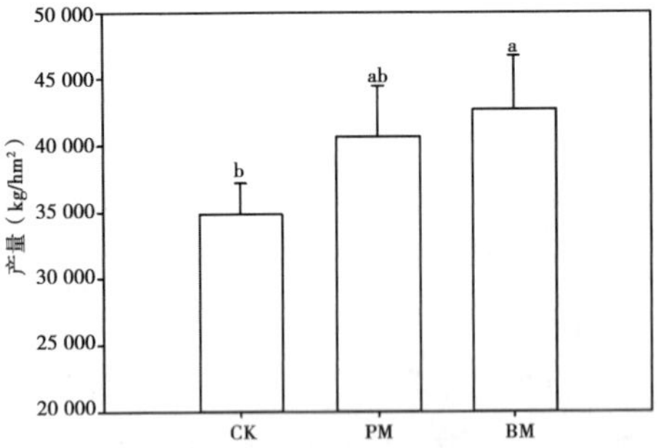


**图 5-17　莴笋的产量**

CK，对照；PM，覆盖塑料地膜；BM，覆盖麻纤维膜

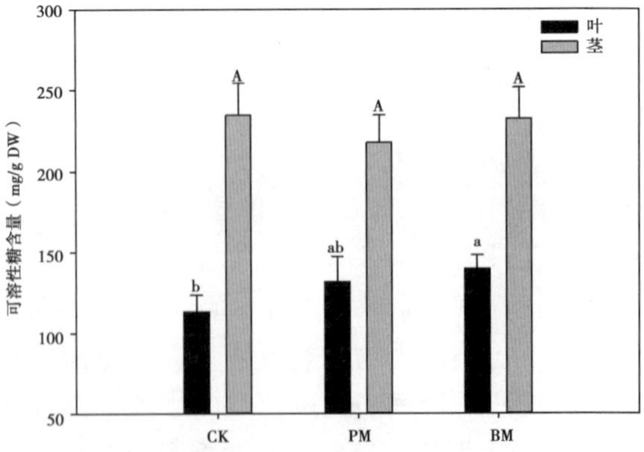


**图 5-18　可溶性糖含量**

CK，对照；PM，覆盖塑料地膜；BM，覆盖麻纤维膜

（3）品质测定。为了检测麻纤维膜覆盖是否对莴笋的品质产生影响，在收获前一周采取新鲜样品，测定莴笋的可溶性糖、维生素 C、叶绿素和硝酸盐含量。其中覆盖麻纤维膜能提高笋叶部的可溶性糖含量，并且相比于 CK 处理达到显著差异水平（$P<0.05$）。茎部的可溶性糖含量则没有很大的影响（图 5-18）。

覆盖麻纤维膜能提高莴笋叶部和茎部的 $V_C$ 含量，其中相比于 CK 处理达到了显著差异水平（$P<0.05$），但与 PM 则没有达到显著差异水平（图 5-19）。

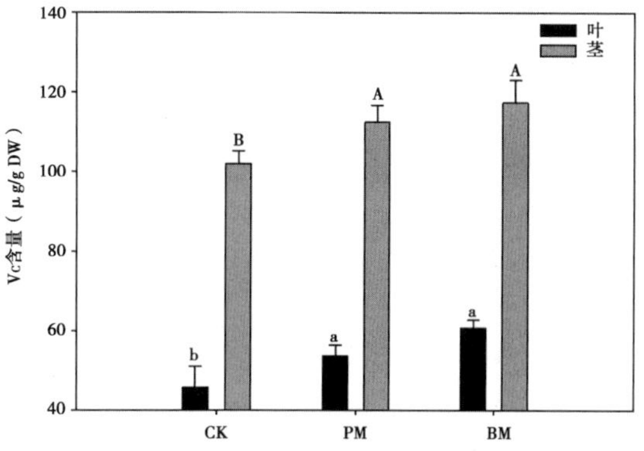


**图 5-19　维生素 C 含量**

CK，对照；PM，覆盖塑料地膜；BM，覆盖麻纤维膜

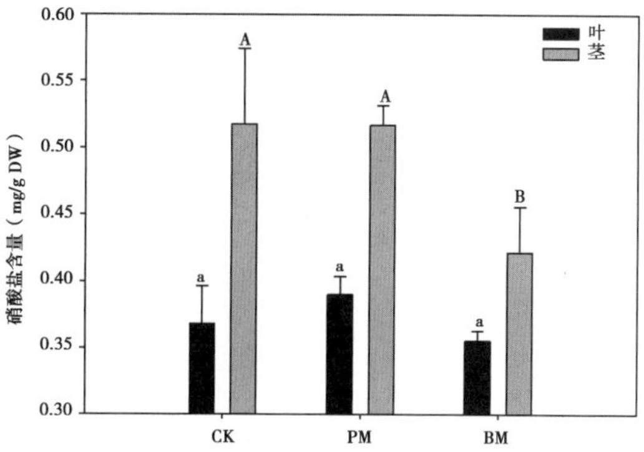


**图 5-20　硝酸盐含量**

CK，对照；PM，覆盖塑料地膜；BM，覆盖麻纤维膜

覆盖麻纤维膜使得茎部硝酸盐的含量相比于 CK 和 PM 处理显著下降（$P<0.05$），但叶部的硝酸盐含量只是相比偏低，未达到显著差异水平（图 5-20）。

**表 5-47　叶绿素含量**

| 处理 | 叶绿素 a（mg/g） | 叶绿素 b（mg/g） | 叶绿素（a+b）（mg/g） | 叶绿素 a/b |
|---|---|---|---|---|
| CK | 0.79±0.03b | 0.29±0.01b | 1.08±0.02b | 2.79±0.23a |
| PM | 0.83±0.03b | 0.30±0.01b | 1.13±0.03b | 2.76±0.11a |
| BM | 1.14±0.10a | 0.41±0.06a | 1.55±0.05a | 2.86±0.71a |

注：CK，对照；PM，覆盖塑料地膜；BM，覆盖麻纤维膜

覆盖麻纤维膜处理相比 CK 和 PM 处理能显著提高叶绿素 a、叶绿素 b 以及叶绿素（a+b）的含量（$P<0.05$），叶绿素 a/b 的数值则与 CK 和 PM 处理未达到差异显著水平（表 5-47）。

上述试验结果表明：秋季覆盖麻纤维膜能显著提高莴笋的产量，并能改善莴笋的品质。

2. 可降解麻地膜在大豆生产中的应用

前期研究结果显示地膜具备防控杂草效果，麻地膜亦被证明对杂草具备一定的防控效果，本试验基于课题组的初步研究结果，进一步对麻地膜防控杂草效果进行探索验证，并研究覆膜过程中相关因子对麻地膜覆盖防控杂草效果的影响，深入探讨麻地膜对作物生长发育的调控机理。

试验于 2014 年 6—10 月在中国农业科学院麻类研究所望城试验基地进行，6 月 20 号前整地，施用复合肥 50kg/亩。试验采用三因素随机区组设计，共设 12 个处理（表 5-48），每处理 3 个重复，共 36 个小区。于 2014 年 7 月 2 号进行播种，每穴 4~6 粒，株距 25cm，行距 45cm，小区面积为 $14m^2$（长 14m，宽 1m）。待出苗齐整后，统一间苗，每穴保留 2 株幼苗，各处理田间管理措施一致。

**表 5-48　试验处理**

| 整地水平 | 除草剂施用 | 覆盖方式 | 处理编号 |
|---|---|---|---|
| 细土 | 施用除草剂 | 麻地膜 | 1 |
| | | 塑料地膜 | 2 |
| | | 无覆盖 | 3 |
| | 不施用除草剂 | 麻地膜 | 4 |
| | | 塑料地膜 | 5 |
| | | 无覆盖 | 6 |
| 粗土 | 施用除草剂 | 麻地膜 | 7 |
| | | 塑料地膜 | 8 |
| | | 无覆盖 | 9 |
| | 不施用除草剂 | 麻地膜 | 10 |
| | | 塑料地膜 | 11 |
| | | 无覆盖 | 12 |

（1）萌发率调查。播种后第 15d，对大豆萌发率进行调查。调查结果显示（图 5-21）：覆盖塑料地膜（处理代号 2、5、8、11）显著抑制了大豆的萌发，无覆盖条件下（处理代号 3、6、9、12）大豆的萌发率最高；麻纤维膜覆盖（处理代号 1、4、7、11）对大豆的萌发率有一定的降低。施用除草剂后大豆的平均萌发率为 31.67%，相比未施用除草剂的处理中大豆平均萌发率（为 37.29%）有一定的降低。细土条件下大豆的萌发率为 32.99%，相比粗土条件下大豆的萌发率（为 34.49%）略低。

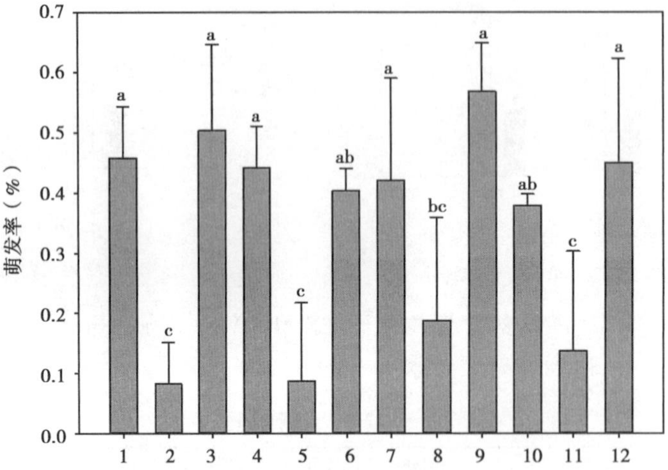


**图 5-21　大豆的萌发率（播种后 15d 调查）**

（2）大豆生物学特性。在大豆收获前一周，对植株进行破坏性取样，每个小区随机取样 6 株，对大豆的相关生物学特性进行分析。分析结果显示：在处理 4（细土+未施用除草剂+覆盖麻纤维膜）中的分枝数（12.0 个）、主茎节数（14.17 个）、茎粗（0.30mm）、植株总鲜重（514.80g）、地上部干重（18.48g）、单株豆荚重（88.49g）和单株鲜粒重（40.63g）较其他处理为最高，并达到显著差异水平（$P<0.05$）（表 5-49）。

覆盖麻纤维膜处理的分枝数、主茎节数、植株总鲜重、单株豆荚数、单株豆荚重和单株鲜粒重的平均值（10.88 个、13.34 个、122.00g、46.29 个、71.13g、33.47g）均高于其他两个处理；覆盖塑料地膜处理的地上部干重和地下部干重的平均值（15.99g 和 1.78g）最高；无覆盖处理中的株高平均值（38.36cm）则表现最高（表 5-49）。细土条件下，大豆生长表现出的株高、茎粗、植株总鲜重、地下部干重、单株豆荚数、单株豆荚数和单株鲜粒重的平均值分别为 36.54cm、0.25mm、115.12g、14.45g、1.62g、41.72 个、66.36g 和 0.54g，这些指标较粗土条件下的要高。施用除草剂的处理中的株高、茎粗、植株总鲜重、地上部干重、地下部干重、单株豆荚数、单株豆荚重和单株鲜粒重的平均值分别为 35.75cm、0.24mm、118.55g、14.28g、1.67g、43.25 个、66.91g 和 30.13g，相比未施用除草剂的处理要高（表 5-49）。

**表 5-49　大豆的生物学特性**

| 处理 | 分枝数（个） | 株高（cm） | 主茎节数（个） | 茎粗（mm） | 植株总鲜重(g) | 地上部干重(g) | 地下部干重(g) | 单株豆荚数 | 单株豆荚重（g） | 单株鲜粒重（g） |
|---|---|---|---|---|---|---|---|---|---|---|
| 1 | 10.33abc | 33.00cd | 13.33a | 0.23c | 118.90c | 16.17abc | 1.78ab | 41.67c | 63.96bc | 29.96bc |
| 2 | 8.67c | 31.33cd | 10.33c | 0.25abc | 141.47b | 14.23bcde | 1.93a | 53.67b | 86.28a | 41.60a |
| 3 | 9.43bc | 45.29a | 12.25ab | 0.24bc | 92.96d | 12.68def | 1.40ab | 30.14f | 48.99ef | 21.11de |
| 4 | 12a | 40.38ab | 14.17a | 0.30a | 154.80a | 18.48a | 1.78ab | 53.50b | 88.49a | 40.63a |
| 5 | 9.67bc | 30.12cd | 12.40ab | 0.23c | 92.40d | 14.65abcd | 1.50ab | 38.60cde | 57.44cd | 25.68cd |
| 6 | 10.14abc | 39.14abc | 12.29ab | 0.22c | 90.16d | 10.49ef | 1.33ab | 32.71def | 52.95de | 24.28de |
| 7 | 11ab | 40.54ab | 12.86ab | 0.25abc | 145.77ab | 14.36bcde | 1.63ab | 61.67a | 89.69a | 43.89a |

（续表）

| 处理 | 分枝数（个） | 株高（cm） | 主茎节数（个） | 茎粗（mm） | 植株总鲜重(g) | 地上部干重(g) | 地下部干重(g) | 单株豆荚数 | 单株豆荚重（g） | 单株鲜粒重（g） |
|---|---|---|---|---|---|---|---|---|---|---|
| 8 | 12a | 29. 00d | 12. 33ab | 0. 29ab | 124. 23c | 16. 93ab | 1. 83ab | 40. 33cd | 62. 25bc | 22. 99de |
| 9 | 9. 67bc | 35. 33bcd | 12. 50ab | 0. 19c | 87. 95d | 11. 30def | 1. 42ab | 32. 00ef | 50. 27f | 21. 24de |
| 10 | 10. 17abc | 30. 33cd | 13. 00a | 0. 20c | 68. 53e | 8. 97f | 1. 22b | 28. 33f | 42. 38de | 19. 39e |
| 11 | 11. 16ab | 31. 00cd | 13. 50a | 0. 23c | 113. 37c | 18. 16ab | 1. 86ab | 40. 67c | 69. 43b | 34. 37b |
| 12 | 9. 33bc | 33. 67cd | 12. 67ab | 0. 21c | 89. 78d | 11. 53def | 1. 20b | 32. 33ef | 53. 44de | 24. 35de |

（3）杂草调查。在大豆播种后第 30d 和第 70d 对各个小区的杂草状况进行调查，每小区随机收集面积为 1m$^2$中的杂草量，调查结果见表 5-50，在第 30d，处理 10（粗土+未施用除草剂+覆盖麻纤维膜）中的杂草最多，杂草干重为 253. 00g/m$^2$，并且显著高于其他处理；其次是处理 9（粗土+未施用除草剂+无覆盖），杂草干重为 193. 57g/m$^2$。另外，在第 30d，塑料地膜覆盖的处理中，仅处理 2（细土+施用除草剂+覆盖塑料地膜）收获得到杂草，杂草干重为 28. 33g/m$^2$，其他三个覆盖塑料地膜的处理均未采集到杂草。在播种后第 70d 收集的杂草样本中，处理 10（粗土+未施用除草剂+覆盖麻纤维膜）中的杂草最多，杂草干重为 212. 60g/m$^2$，并且显著高于其他处理；处理 1（细土+施用除草剂+覆盖麻纤维膜）中的杂草量最低，仅 74. 05g/m$^2$。

播种后第 30d 和第 70d，从覆盖了麻纤维膜的处理中收集得到的杂草平均值分别为 107. 0g/m$^2$ 和 143. 175g/m$^2$；在第 30d，其杂草量相比塑料地膜处理（杂草量平均值为 7. 08g/m$^2$）的要高，但比无覆盖处理（杂草量平均值为 151. 24g/m$^2$）的要低；在第 70d，麻纤维纤维膜覆盖条件下的杂草量的平均值则相比塑料地膜处理（杂草量平均值为 143. 18g/m$^2$）和无覆盖处理（杂草量平均值为 142. 35g/m$^2$）的均要高。播种后第 30d 和第 70d，细土条件下的杂草量分别为 67. 16g/m$^2$ 和 121. 48g/m$^2$，较粗土条件下的杂草量要低（分别为 109. 73g/m$^2$ 和 166. 56g/m$^2$）。播种后第 30d 和第 70d，施用除草剂的处理中杂草量分别为 81. 12g/m$^2$ 和 147. 19g/m$^2$，相比未施用除草剂的处理，在第 30d 要低（未施用除草剂的处理中的杂草量为 136. 97g/m$^2$），在第 70d 则要高（未施用除草剂的处理中的杂草量为 140. 50g/m$^2$）。

**表 5-50　杂草量（干重）**　　（单位：g/m$^2$）

| 天数 | 处理 | | | | | | | | | | | |
|---|---|---|---|---|---|---|---|---|---|---|---|---|
| | 1 | 2 | 3 | 4 | 5 | 6 | 7 | 8 | 9 | 10 | 11 | 12 |
| 30d | 65. 47f | 28. 33g | 124. 53e | 34. 7g | 0h | 149. 9c | 74. 83f | 0h | 193. 57b | 253a | 0h | 135. 97d |
| 70d | 74. 05h | 160. 9de | 90. 65g | 107. 85g | 141. 8f | 151. 6ef | 189. 6bc | 171. 5cd | 196. 45b | 212. 6a | 98. 5g | 130. 7f |

小结：由以上试验结果得出麻纤维膜可促进大豆的生长，但在控制杂草方面并未体现出优势。

**（四）麻纤维膜降解特性研究**

1. 麻地膜降解性能及降解微生物研究

（1）试验材料。白麻地膜和黑麻地膜；塑料地膜；两种土壤（水稻土和菜园土）

（2）试验方法。

①基于麻地膜为碳氮源的微生物培养：采用选择性平板分别配备相应培养基，制备平板时，分别添加两种土壤悬液（水稻土和菜园土），并将紫外灭菌的地膜置于平板，恒温培养，定期观察菌落生长状况，未添加土壤悬液的平板为对照。

②埋膜试验：将方形地膜埋于两种土壤中，定期小心取样，称重，观察地膜形态结构变化。

（3）研究结果。

①土壤基本生物学特征（表 5-51）。

**表 5-51　土壤基本生物学性质**

| 土壤 | 细菌（$\times10^6$ CFU/g 干土） | 真菌（$\times10^3$ CFU/g 干土） | 放线菌（$\times10^4$CFU/g 干土） | pH 值（soil：water=1：2.5） | 有机质（g/kg） |
|---|---|---|---|---|---|
| 稻田土壤 | 45 | 13 | 8 | 6.29 | 35.64 |
| 菜园土壤 | 57 | 21 | 16 | 6.05 | 26.35 |

②基于麻地膜为碳氮源的微生物培养：研究结果显示两种土壤中的微生物均能在麻地膜表面生长，其中白麻地膜表面生长的微生物数量高于黑麻地膜；菜园土壤中的微生物于麻地膜表面的生长状况优于水稻土壤中的微生物（表 5-52）。菜园土壤中的微生物对麻地膜的降解高于水稻土壤中的微生物（表 5-53）。

**表 5-52　土壤微生物于地膜表面的生长状况**

| 地膜 | 微生物生长率 | | | | | |
|---|---|---|---|---|---|---|
| | 稻田土壤 | | | 菜园土壤 | | |
| | 细菌 | 真菌 | 放线菌 | 细菌 | 真菌 | 放线菌 |
| PF | 1 | 0.5 | 0.25 | 1.25 | 1 | 0.5 |
| WBF | 3.75 | 4.75 | 2.5 | 4 | 5 | 3 |
| BBF | 2.75 | 4.5 | 2.25 | 3.75 | 4.75 | 3 |

注：PF：塑料地膜；WBF：白麻地膜；BBF：黑麻地膜

**表 5-53　土壤微生物对地膜的降解**

| 处理/降解率（%） | | PF | WBF | BBF |
|---|---|---|---|---|
| 无土悬浊液 | 细菌 | 0.13±0.03 | 2.42±1.11 | 2.13±0.93 |
| | 真菌 | 0 | 3.57±0.79 | 2.95±0.62 |
| | 放线菌 | 0 | 2.16±0.43 | 1.89±0.54 |
| 稻田土悬浊液 | 细菌 | 0.17±0.04 | 33.75±6.70 | 31.25±6.55 |
| | 真菌 | 0.24±0.08 | 46.75±7.80 | 40.75±10.72 |
| | 放线菌 | 0.19±0.05 | 30.00±7.53 | 28.00±7.26 |
| 菜园土悬浊液 | 细菌 | 0.14±0.06 | 37.25±12.66 | 36.75±13.65 |
| | 真菌 | 0.26±0.07 | 49.00±3.83 | 40.75±7.19 |
| | 放线菌 | 0.2±0.02 | 35.25±7.93 | 33.23±9.15 |

注：PF：塑料地膜；WBF：白麻地膜；BBF：黑麻地膜

③埋膜试验：研究结果显示麻地膜在两种土壤中均能快速分解，其中白麻地膜在菜园土中的降解速度最快；其次为白麻地膜埋于水稻土中；黑麻地膜的降解速度低于白麻地膜的降解速度；塑料地膜基本没有降解（图 5-22）。小结：研究结果显示麻纤维膜能很好地在土壤中降解，但还需进行降解结构的研究。

2. 麻地膜物理性能研究

（1）机械性能。从表 5-54 中的结果可以看出，三种麻地膜产品的横向纵向拉力是大于塑料地膜的，但是其延伸率比塑料地膜是差很多的。

**表 5-54　不同地膜样品的机械性能**

| 膜类型 | 水平（平均，N/m） | 百分比伸长率（%） | 垂直（平均，N/m） | 百分比伸长率（%） |
|---|---|---|---|---|
| 纤维/淀粉薄膜 | 1 021.29 | 24.77 | 1 232.16 | 9.06 |
| 纤维/ PVA 膜 | 1252.00 | 23.71 | 916.85 | 10.92 |
| 纤维/聚丙烯酸酯薄膜 | 1291.00 | 10.92 | 1308.18 | 18.31 |
| PE 膜 | 518.2 | 132.3 | 518.2 | 132.3 |

（2）保温性能。从图 5-23 中可以看到 3 种不同处理方式的保温性能为塑料地膜>麻地膜>无膜

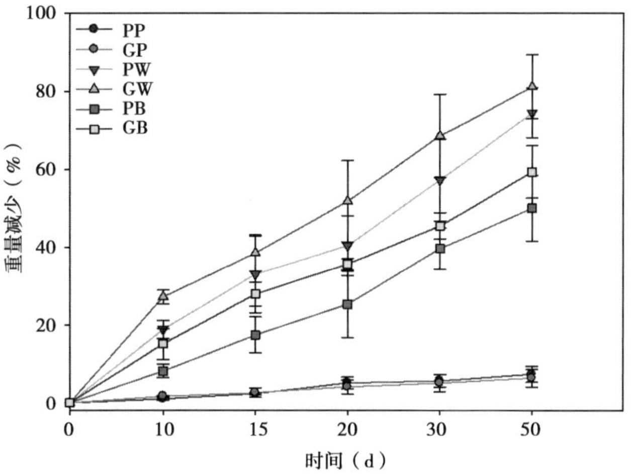


**图 5-22 埋膜降解试验**

注：PP，塑料地膜埋于水稻土；GP，塑料地膜埋于菜园土；PW，白麻地膜埋于水稻土；GW，白麻地膜埋于菜园土；PB，黑麻地膜埋于水稻土；GB，黑麻地膜埋于菜园土

覆盖，虽然麻地膜的保温性能较塑料地膜差，但是在特定条件下比如高温时它的效果更好。

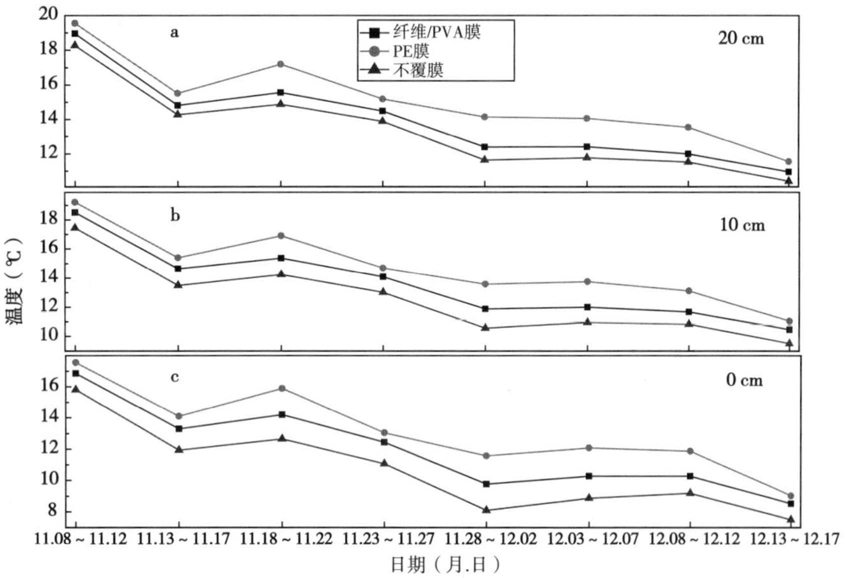


**图 5-23 三种处理方式的保温性能**

（3）透湿性。从图 5-24 中可以看出三种麻地膜的透湿性能为淀粉地膜>PVA 地膜>聚丙烯酸酯地膜。它们的透湿性能与其原料的亲水性大小是相关的。

（4）透光性。从图 5-25 中可以看到各种麻地膜的透光性都在 30%以下，远远低于塑料地膜产品。透光性差对控草具有一定的效果。

（5）热稳定性。从图 5-26 中可以看到三种麻地膜都在 300℃附近开始失重，它们的热稳定性比塑料地膜差些，但是在自然环境中使用时它的热稳定性是足够好的。

3. 降解性能研究

（1）微生物培养实验。随着时间的增加，微生物的数量也增加，3 种不同的处理方式中微生物的数量为塑料地膜>麻地膜>无膜覆盖（图 5-27）。微生物的增加更有利于作物的生长。

（2）土埋实验。从 3 种地膜的失重比（表 5-55）可以看到 3 种地膜的降解速率为淀粉地膜>PVA 地膜>聚丙烯酸酯地膜。

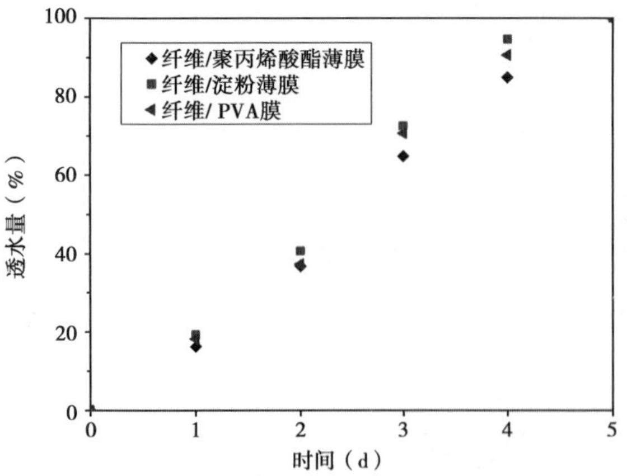


图 5-24　三种地膜产品的透湿性能

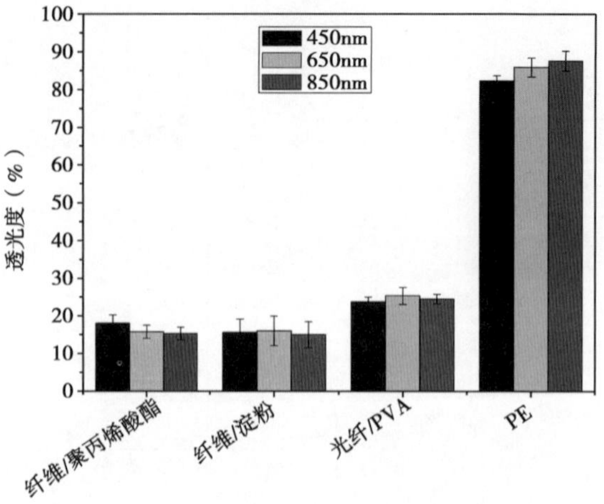


图 5-25　3 种麻地膜和塑料地膜的透光性

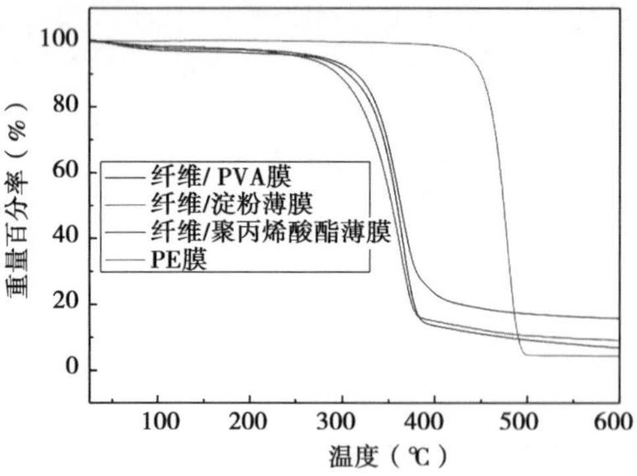


图 5-26　三种麻地膜的热重曲线

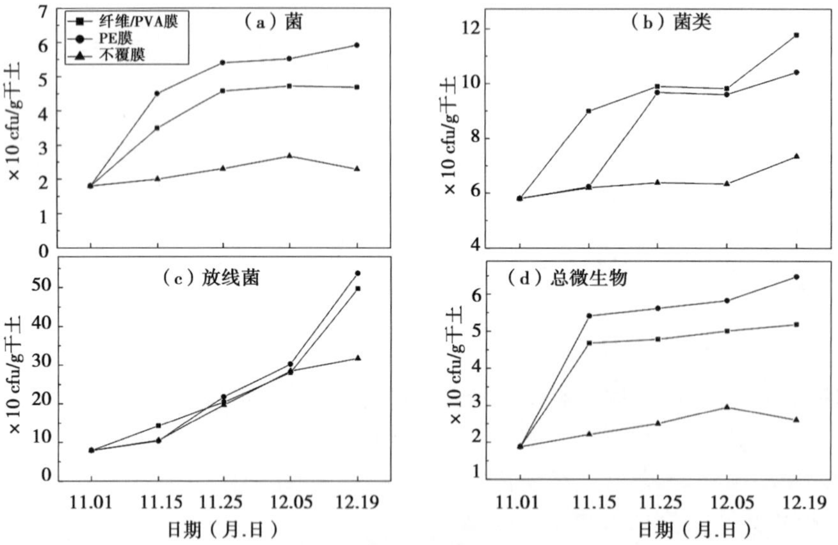


图 5-27　不同时间土壤中微生物的数量变化

表 5-55　三种地膜产品的失重比

| 膜类型 | 开始时间/初始重量（g） | 结束时间/重量（g） | 体重（%） | 时间长度 |
|---|---|---|---|---|
| 光纤/PYA | Nov. 4/0. 257 8 | Nov. 18/0. 206 5 | 19. 89% | 15d |
| | Nov. 4/0. 289 3 | Dec. 4/0. 189 6 | 34. 46% | 30d |
| | Nov. 4/0. 269 7 | Dec. 18/0. 05 6 | 79. 23% | 45d |

（续表）

| 膜类型 | 开始时间/初始重量（g） | 结束时间/重量（g） | 体重（%） | 时间长度 |
|---|---|---|---|---|
| 纤维/聚丙烯酸酯 | Nov. 4/0.344 8 | Dec. 4/0.289 5 | 16.04% | 30d |
| 纤维/淀粉 | Nov. 4/0.352 7 | Dec. 4/0.163 4 | 53.67% | 30d |

对降解后的地膜样品进行红外光谱分析，比较样品降解前后的变化，从图 5-28 中可以看出判断出三种地膜的降解程度为：淀粉地膜>PVA 地膜>聚丙烯酸酯地膜。

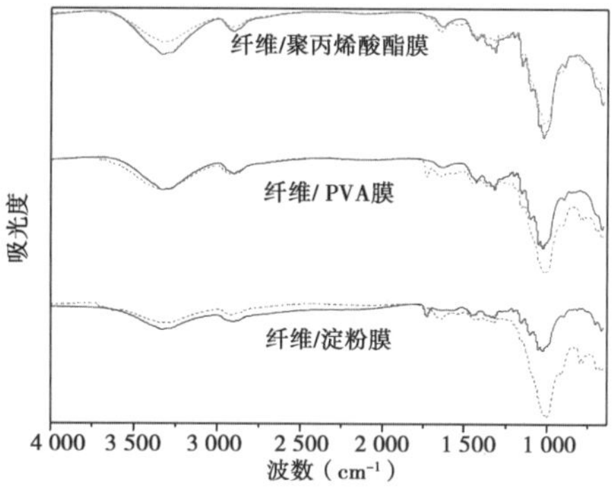


**图 5-28　三种麻地膜样品的降解前后红外光谱图**

随后采用扫描电镜对降解前后样品的外部形貌进行了分析（图 5-29）。进一步可以判断出 3 种地膜的降解程度为：淀粉地膜>PVA 地膜>聚丙烯酸酯地膜。

**图 5-29　三种麻地膜样品降解前后的 SEM 图**

（A-1、A-2 淀粉地膜降解前后；B-1、B-2 PVA 地膜降解前后；C-1、C-2 聚丙烯酸酯地膜降解前后）

# 四 麻纤维生物能源研究

在麻类副产物生物能源化方面，进行了纤维素降解高效菌株筛选，获得 F1-1 和 LY-4 两株高效菌株，对菌株产酶参数进行优化，提高 F1-1 纤维素酶发酵酶活性，达到 600U/ml 以上。对麻类纤维质木糖发酵机理进行了研究，探索了 CBS6054 酵母菌株的木糖代谢调控特性，获得了木糖代谢途径中的关键基因，形成一套以毕赤酵母 CBS 菌株为基础的、较为高效的戊糖己糖共发酵技术。

## （一）麻类纤维质木糖发酵机理研究

### 1. 转录组测序概况

为进一步利用纤维质糖化液中木糖，对木糖发酵 CBS6054 酵母菌株的木糖代谢调控特性进行研究。对 CBS6054 进行了基本培养基、木糖和葡萄糖等 3 种培养基发酵处理。离心收集样品后提取 RNA，进行转录组测序分析。每种处理 2 个重复，共 6 个样品，总测序量为 12G。从样品重复性看葡萄糖和木糖处理的样品重复性 $R^2$ 值在 0. 86 以上，而基本培养基的样品重复性 $R^2$ 值为 0. 802，可见样品重复性良好，测序结果可靠（图 5-30）。

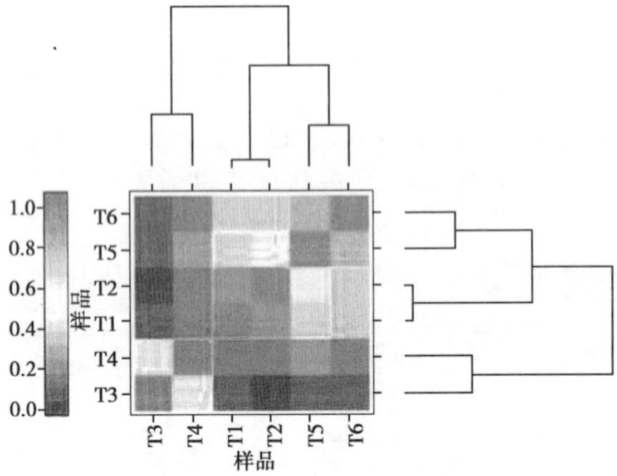


图 5-30 样品生物学重复相关性热图

6 个样品的 reads 与参考基因组的比对效率较高，均在 87%左右，表明测序及所选参考基因组较好。Reads 在染色体上的分别较为均匀连续（图 5-31），说明覆盖率较高，测序深度符合预期。

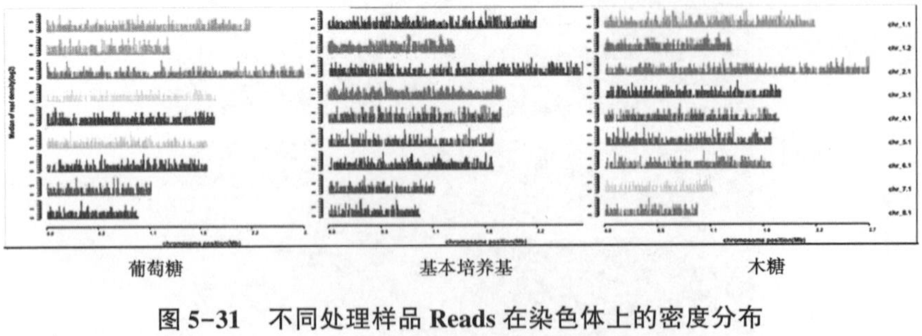


图 5-31 不同处理样品 Reads 在染色体上的密度分布

### 2. 差异表达基因分析

对不同处理的基因表达量分析，结果表明木糖和葡萄糖培养基相对于基本培养基而言，差异表达基因分别为 603 个和 562 个；而木糖发酵相对于葡萄糖发酵有 1 670个差异表达的基因，其中上调 835 个，下调 835 个（表 5-56）；结合差异表达基因的交集看（图 5-32），CBS6054 菌株的木糖发酵和葡萄糖发酵可能涉及两个差异比较大的代谢调控系统。

**表 5-56　样品间的差异表达基因数目统计表**

| 处理 | DEG 数目 | Up | Down |
|---|---|---|---|
| 葡萄糖 vs 木糖 | 1 670 | 835 | 835 |
| 基本培养基 vs 葡萄糖 | 562 | 410 | 152 |
| 基本培养基 vs 木糖 | 603 | 377 | 226 |

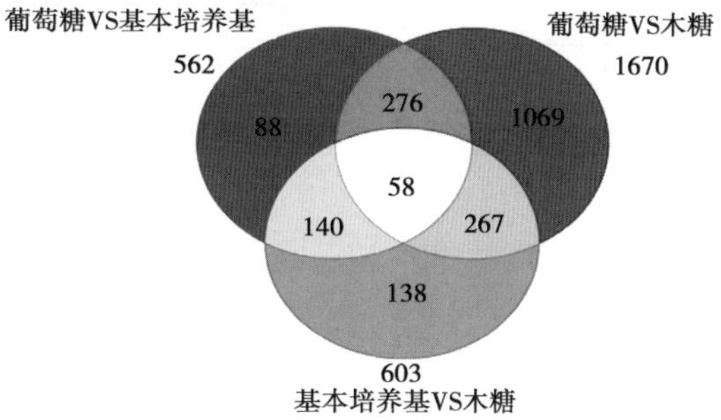


**图 5-32　两两不同处理样品间的基因差异表达维恩图**

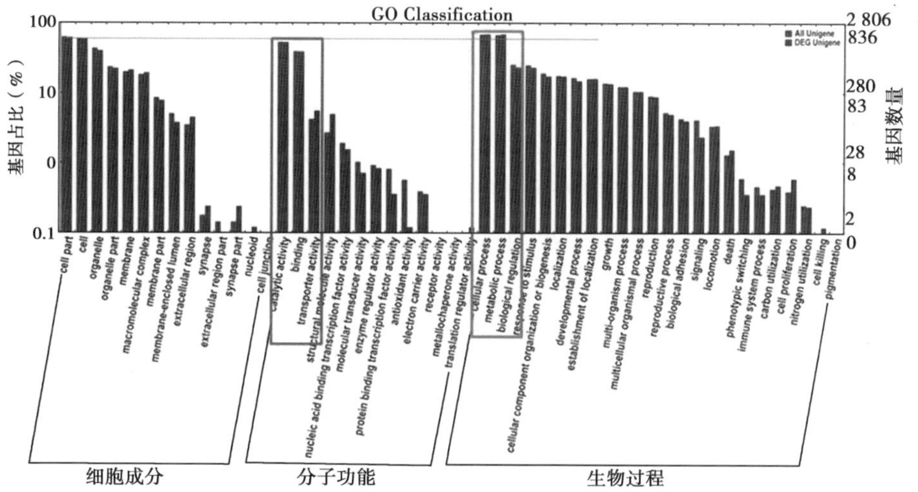


**图 5-33　葡萄糖和木糖处理之间对比差异基因 GO 注释聚类图**

对葡萄糖和木糖发酵差异表达基因进行分析，利用 GO 数据库对基因、蛋白质进行限定和描述。通过 GO 分析按照细胞成分、分子功能、生物过程对差异表达基因进行分类。结果（图 5-33）显示，在催化活性、结合、代谢过程和细胞过程等方面有较多的差异基因。这一结果与关注的木糖和葡萄糖代谢差异相吻合。

3. 木糖和葡萄糖代谢交互途径分析

对木糖和葡萄糖代谢交互影响进行分析，通过在 KEGG 数据库中分析戊糖己糖交互途径（Pentose and glucuronate interconversions）、糖酵解途径（Glycolysis / Gluconeogenesis）和磷酸戊糖途径（Pentose phosphate pathway，PPP）等，发现木糖发酵在这 3 个途径中有一个从木糖到乙醇的明显通路，并且在这一通路中一些关键基因呈现为上调表达。这一结果与预期非常吻合。而在这些上调表达的关键基因中，PPP 途径中的 EC_ 2. 2. 1. 1 酶的底物和产物分别是连接木糖代谢与葡萄糖代谢（糖酵解途径）的关键（图 5-34），并且该酶基因在木糖发酵中相对于葡萄糖发酵上调表达约 8 倍。因此，初步确定该酶基因可作为木糖和葡萄糖代谢交互影响的候选基因之一。

4. 木糖发酵途径关键基因表达验证

针对木糖到乙醇发酵通路上的关键基因，对 *1. 1. 1. 179*、*1. 2. 1. 12*、*4. 1. 1. 1*、*TFBI*、*1. 1. 1. 9*、

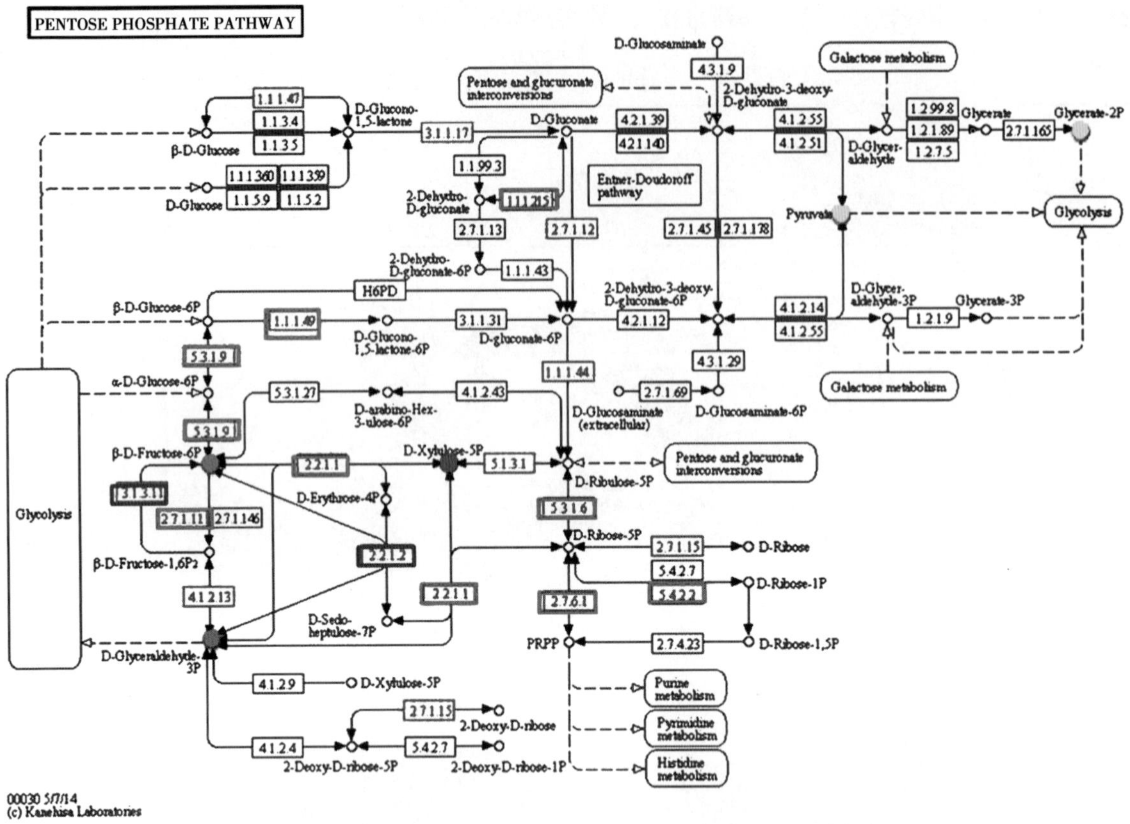


图 5-34 葡萄糖和木糖发酵在 PPP 途径中的差异表达基因

*1.1.1.21*、*2.2.1.1*、*2.7.1.11*、*2.7.1.40*、*1.1.1.1* 和 *GSF2* 等共 11 个基因进行了 qRT-PCR 表达验证。与转录组测序结果相符，这些基因在木糖发酵时相对于葡萄糖发酵有明显的上调表达，其中 *1.1.1.179*、*1.2.1.12*、*4.1.1.1* 和 *TFBI* 等基因提高表达 100 倍以上（图 5-35），只有 *2.7.1.40* 和 *1.1.1.1* 基因表达量提高小于 2 倍，其他基因表达量提高均在 2 倍及以上（图 5-36）。说明木糖发酵需要调动更为高效的糖酵解相关途径，使得木糖向乙醇方向转化。

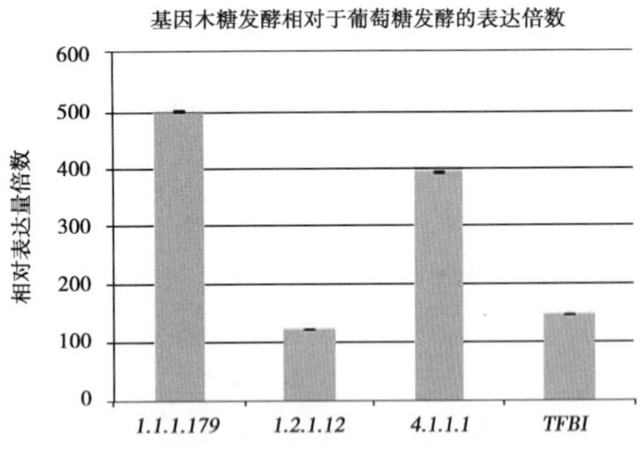


图 5-35 超高表达基因 qRT-PCR 验证

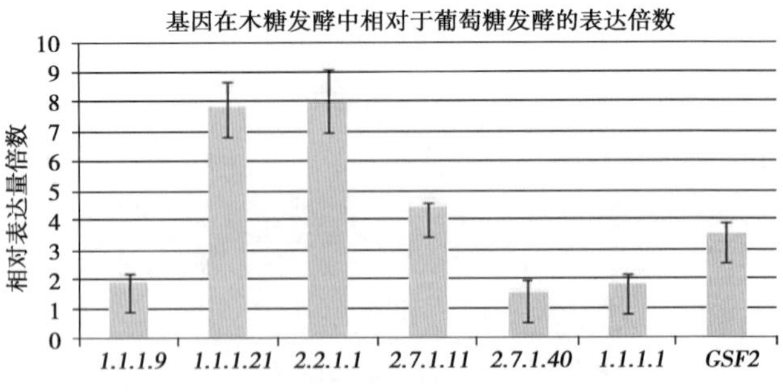


图 5-36 高表达基因 qRT-PCR 验证

另外，对木糖途径中四个关键基因 *Ng*68、*XYL2*、*XYL2*（*p*）和 *TKL* 等进了表达模式的鉴定，对不同发酵时间 24h、32h、56h 和 72h 样品进行半定量 PCR 实验。结果（图 5-37）表明，*Ng*68 在 32h 时开始有明显的表达，到 72h 表达量呈逐渐提高趋势；*XYL2*、*XYL2*（*p*）的表达模式有点相似，均在 56h 表达量明显提高，结合基因序列等信息推测它们有可能是功能相近的酶；而 *TKL* 基因的表达量提高相对滞后，相对其他 3 个基因 TKL 在代谢途径下游，从而表达量变化响应相对滞后。这一表达模式说明了这些基因与木糖发酵进程的相关性。

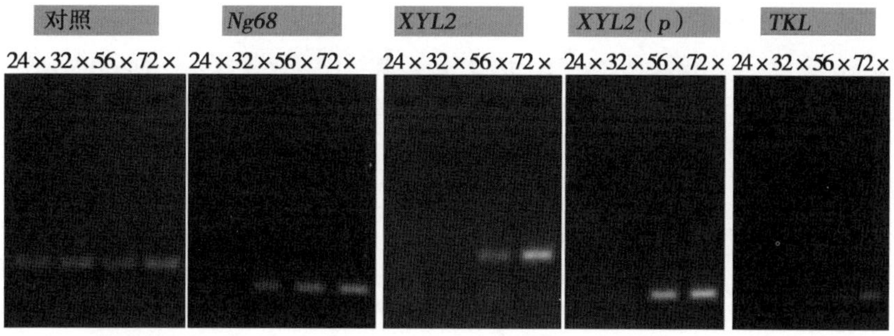


**图 5-37　半定量 PCR 检测基因表达模式**

### （二）麻类纤维质木糖葡萄糖共发酵研究

前面的研究发现，毕赤酵母 CBS 菌株具有良好木糖发酵性能。为进一步研究其戊糖己糖共发酵的性能，首先对比该菌株对木糖和葡萄糖的发酵性能。分别对 8% 木糖和 8% 葡萄糖（发酵培养基中其他成分为 0.5% 蛋白胨和 0.5%酵母提取物）进行发酵。接种量 5%，发酵条件为 30℃ 恒温、180r/min 摇床进行发酵。从发酵检测结果看，毕赤酵母 CBS 菌株对木糖和葡萄糖的消耗情况基本一致，在 0~40h 糖的消耗极速下降，从将近 80mg/ml 迅速下降到约 10mg/ml；到达 48h 时还原糖消耗达到最大，发酵液中还原糖浓度达到最低，约 5mg/ml（图 5-38）。由此可见，在此发酵条件下，CBS 菌株在 48h 时基本已经把可利用的还原糖消耗殆尽。

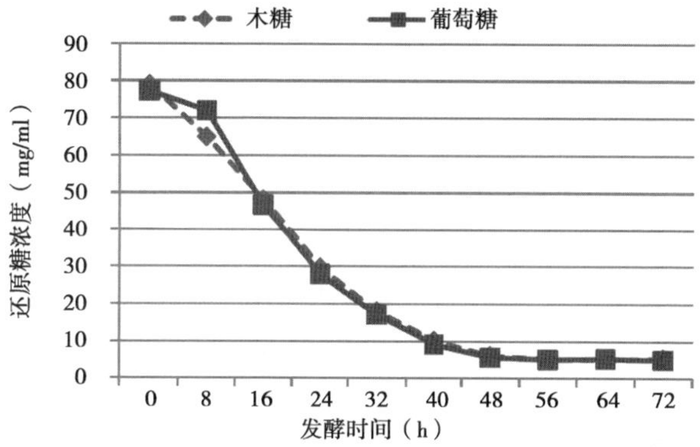


**图 5-38　还原糖浓度随发酵时间的变化情况**

从产乙醇方面看，无论是发酵木糖还是葡萄糖，CBS 菌株在 8h 时已经有乙醇产出，随后发酵液中的乙醇浓度迅速提高，到达 48h 时乙醇浓度达到最高，此时木糖和葡萄糖发酵液中的乙醇浓度分别为 4.02%（v/v）和 4.84%（v/v）。随后到 72h 为止，两种发酵液中的乙醇浓度都稍有下降（图 5-39）。因此可以看出，CBS 菌株的乙醇产出和还原糖消耗呈正相关，在 48h 时就能最大程度地消耗还原糖并最大量地产出乙醇。发酵时间推后，发酵液中的乙醇可能被当作碳源重新利用，因此乙醇浓度会稍有下降。

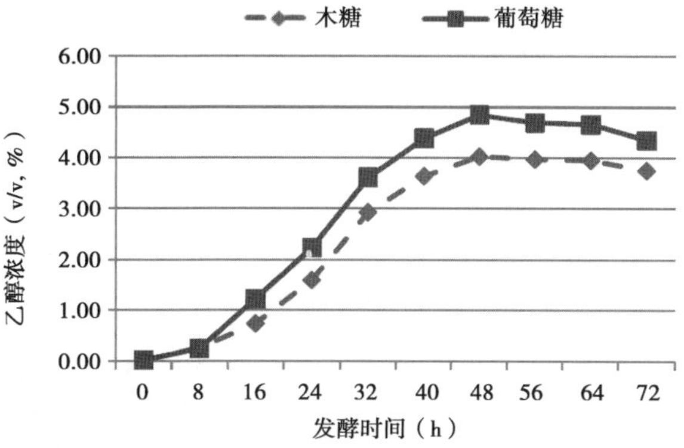


**图 5-39　乙醇浓度随发酵时间的变化情况**

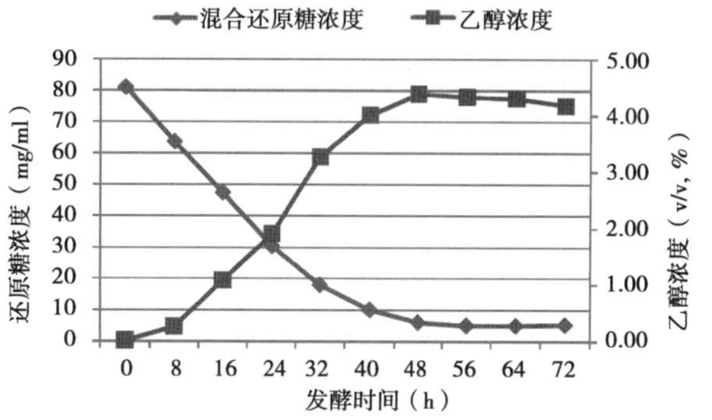


**图 5-40　木糖葡萄糖共发酵中还原糖和乙醇浓度的变化情况**

在对比 CBS 菌株分别发酵木糖和葡萄糖后，用木糖和葡萄糖混合进行发酵试验。发酵培养基中混合糖含量为8%（木糖和葡萄糖各占4%，其他成分为0.5%蛋白胨和0.5%酵母提取物），发酵条件仍是上述条件。经检测，混合糖培养基中的初始还原糖浓度约为81mg/ml，发酵到48h时还原糖浓度约为6mg/ml，到56h为5mg/ml（图5-40）。8%含糖量的木糖和葡萄糖混合发酵时，48h时还原糖也已经基本被消耗。乙醇浓度在48h时达到最大值4.38%（v/v）。这些结果初步确定，CBS菌株在上述发酵条件下48h时已经完成木糖葡萄糖共发酵。

在初步明确CBS菌株在48h内能完成8%还原糖发酵的前提下，进一步比较CBS对含10%混合糖的两种不同培养基进行戊糖己糖共发酵产乙醇的情况。发酵培养基1（P1）：发酵培养基为5%木糖，5%葡萄糖，0.5%蛋白胨和0.5%酵母提取物。发酵培养基2（P2）：5%葡糖糖、5%木糖、蛋白胨0.5%、酵母粉0.5%、NaCl 0.2%、$MgSO_4$ 0.2mmol/L、$(NH4)_3PO_4$ 0.1%、生物素0.015%、肌醇0.02%、复合维生素0.015%。两种发酵培养基接种量5%，然后在30℃、180r/min恒温摇床发酵48h。检测发酵液中的乙醇浓度发现，P1发酵液中的乙醇浓度约为5.18%（v/v），而P2发酵液中的乙醇浓度约为5.55%（图5-41）。从这结果看，48h时P1发酵效果（糖醇转化率）比上述8%混合糖的略微差一点；而P2发酵效果良好，糖醇转化率为43.79%（g/g），达到理论值的90%。至此，初步形成一套以毕赤酵母CBS菌株为基础的、较为高效的戊糖己糖共发酵技术；这一发酵方法能在48h内快速的完成发酵10%木糖葡萄糖混合糖分含量的发酵液，并最终能获得较大产量的乙醇产物。

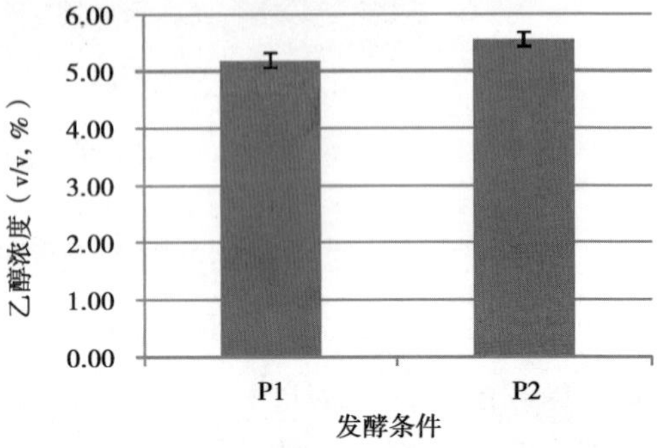

**图5-41　两种发酵培养基产乙醇情况对比**

### （三）F1-1菌株产酶条件优化

1. 固体培养基成分优化

利用固体培养基的水解斑大小初步判断产酶及酶活，通过正交L9（$3^4$）实验初步优化碳源氮源组合与浓度。固定CMC（醋酸纤维素）浓度为1%，胰蛋白和酵母提取物总和为1%，无机盐为$MgSO_4$ 0.2%、$CaCl_2$ 0.05%、$NaH_2PO_4$ 0.05%和$Na_2HPO_4$ 0.05%。通过改变纤维素二糖浓度（0.4%、0.8%和1.2%）、木糖浓度（0、0.3%和0.5%）、葡萄糖浓度（0.2%、0.6%和1.2%）和胰蛋白浓度（0、0.6%和1%）。经过32℃培养3d，正交实验结果显示，水解斑半径大小0.9～1.7cm不等；葡萄糖浓度升高不利于F1-1菌株的纤维素酶活性提高，而纤维二糖和木糖浓度的适当提高有助于提高该菌株的纤维素产酶活性。

经过正交实验优化后的固体培养基为：醋酸纤维素1%、纤维二糖0.8%、木糖0.3%、葡萄糖0.2%、胰蛋白0.6%、酵母提取物0.4%、$MgSO_4$ 0.2%、$CaCl_2$0.05%、$NaH_2PO_4$ 0.05%和$Na_2HPO_4$ 0.05%。优化前后的水解斑加大，效果明显。

2. 半固体培养基成分优化

根据固体培养基实验结果，固定纤维二糖、木糖和无机盐等成分浓度，对葡萄糖（0%、0.1%和0.2%）、麦麸（0.2%、0.6%和1.2%）、玉米粉（0.2%、0.6%和1.2%）和硝酸钾（0.2%、0.4%和0.8%）进行优化。32℃、150r/min培养3d为培养条件，通过L9（$3^4$）正交试验，半固体发酵液经离心收集酶初提液，用DNS法测纤维素酶活。结果显示，正交试验优化后的纤维素酶活可以达到613.44U/ml；在本实验范围内，F1-1的酶活随着葡萄糖、麦麸和玉米粉的浓度增加而提高，而硝酸钾浓度在0.4%时最适合。

3. 培养条件单因子优化

根据半固体培养条件优化的结果进一步开展了发酵时间对酶活影响的研究。固定培养基条件，在 32℃、150r/min 培养条件下，分别在 1d、2d、3d 和 4d 分别取样，分离初提酶液进行酶活测定。结果显示，随着时间的延长，酶活逐步提高，第 1d 酶活最低，可能菌体数量没有达到最高值，因此纤维素酶产量活性等表现较差；到第 3d F1-1 的纤维素酶活接近 600U/ml，到第 4d 酶活达到 622.68U/ml。

由于培养到第 3d 酶活达到高峰，因此在固定培养基和 32℃、3d 培养条件下考察培养摇床转速对酶活的影响。酶活检测结果显示（摇床转速为 220r/min 时 F1-1 纤维素酶活可达到 636.44U/ml，而 170r/min 的酶活为 621.25U/ml；而 100r/min 转速的酶活只有 409.60U/ml，这可能跟半固体培养分散状态有关，当转速只有 100r/min 时培养基内非溶解性的固体颗粒物质沉在底部，不利于发酵。

固定培养基，培养时间 3d 和转速 170r/min 后，对培养温度进行了摸索。在 28℃、32℃、35℃ 和 37℃ 条件下分别进行了试验。酶活检测结果显示：35℃ 和 37℃ 的酶活分别达到了 645.22U/ml 和 646.53U/ml，而 32℃ 和 28℃ 的酶活稍低。可见最适的培养温度可能在 35~37℃。F1-1 的产酶条件优化的结果达到了预期考核指标（>600U/ml）。

## 五　麻类作物营养成分检测与多用途利用

开展了富含绿原酸苎麻种植资源筛选、苎麻绿原酸和总黄酮提取方法、苎麻生物活性物质基因型差异等分析，提取并检测了苎麻化感物质，开展了亚麻木酚素超声协助离子液体萃取方法研究，分析了剑麻渣水微生物多样性，并对麻膏沉降微生物进行了筛选，获得剑麻渣水生物转化皂素相关菌株。

### （一）苎麻生物活性物质提取研究

1. 富含绿原酸苎麻种质资源筛选

通过盆栽试验对 25 份苎麻种质资源叶片绿原酸含量进行了分析，同时比较了 3 个主栽品种不同部位、不同收获季节麻叶和不同麻龄麻蔸的绿原酸含量。结果表明，25 份苎麻种质叶片绿原酸含量变幅在 0.059%~0.731%。3 个主栽品种不同部位、不同收获季节麻叶和不同麻龄麻蔸的绿原酸含量变幅分别在 0.155%~0.719%、0.143%~0.719%和 0.311%~0.669%。部位间、收获季节间和麻龄间绿原酸含量均达到显著差异。湘苎 3 号三麻的麻叶和中苎 1 号新栽麻的麻蔸适合作为绿原酸提取原料（表 5-57）。

**表 5-57　不同种质苎麻叶片绿原酸含量**

| 种质 | 绿原酸含量 | *CV*（%） | 种质 | 绿原酸含量 | *CV*（%） |
|---|---|---|---|---|---|
| 湘苎 1 号 | 0.731 | 0.096 7 | 耒阳白皮麻 | 0.361 | 0.195 9 |
| 汉寿肉麻 | 0.711 | 0.099 5 | 大庸黄壳油漆麻 | 0.344 | 0.205 6 |
| 宜章绩麻 | 0.708 | 0.099 9 | 武昌大叶麻 | 0.333 | 0.424 7 |
| 宁远苎麻 | 0.702 | 0.302 2 | 多倍体 1 号 | 0.313 | 0.451 8 |
| 湘苎 3 号 | 0.691 | 0.102 3 | 常宁青脚麻 | 0.272 | 1.039 9 |
| 中苎 1 号 | 0.544 | 0.909 9 | 绥宁青麻 | 0.261 | 2.167 4 |
| 玉山麻 | 0.0483 | 0.439 2 | 沅江野青麻 | 0.237 | 0.298 4 |
| 安仁蔸麻 | 0.45 | 0.471 4 | 平江丛蔸麻 | 0.209 | 0.676 7 |
| 沅江荷叶麻 | 0.428 | 0.148 7 | 武岗本地麻 | 0.121 | 0.584 4 |
| 隆回青麻 | 0.427 | 0.331 2 | 耒阳黄壳麻 | 0.112 | 3.156 7 |
| 湘潭锡皮麻 | 0.422 | 0.502 7 | 咸丰大叶绿 | 0.063 | 1.122 4 |
| 青杂 52 不育系 | 0.413 | 0.342 4 | 安仁黄水麻 | 0.059 | 2.397 0 |
| 长沙黄家麻 | 0.364 | 0.388 5 | 平均值 | 0.390 | 1.511 5 |

2. 提取方法对饲用苎麻绿原酸和总黄酮提取效率的影响

为了研究提取方法对饲用苎麻绿原酸和总黄酮提取效益的影响，采用真空冷冻干燥和热风干燥2种不同的干燥提取方法，对湘饲苎X1和宁远苎麻的各部位器官进行了绿原酸和总黄酮的定量提取。分析得率差异表明（图5-42，图5-43）：无论是绿原酸还是总黄酮，湘饲苎X1和宁远苎麻不同部位器官的测定含量，均表现为真空冷冻干燥样品明显高于热风干燥。在真空冷冻条件下，湘饲苎X1的营养根、叶片、地下茎和茎的绿原酸测定含量提高幅度都大于100%，各器官总黄酮测定含量提高幅度也超过了1倍，且茎提高了6.08倍。宁远苎麻在真空冷冻干燥条件下，叶、地下茎、营养根、茎中绿原酸和总黄酮测定含量也都大幅提高。由此可见，在饲用苎麻药理成分含量的提取工艺上，真空冷冻干燥方式明显优于热风干燥方式。

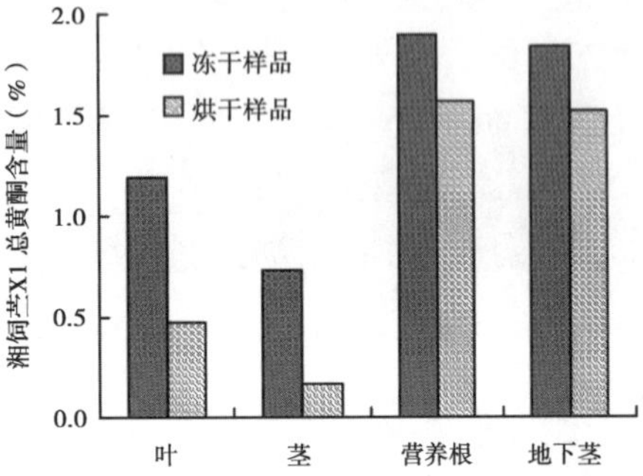


**图5-42　湘饲苎X1不同器官总黄酮百分含量**

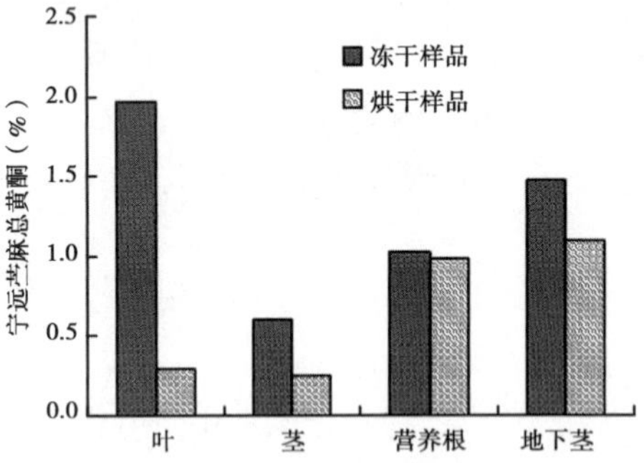


**图5-43　宁远苎麻不同器官总黄酮百分含量**

3. 苎麻总黄酮的基因型差异及黄酮分离与检测工艺优化研究

对苎麻黄酮类化合物提取分离、纯化及其含量的基因型差异性开展研究，主要结果如下：①比较研究了乙醇回流法、纤维素酶—乙醇回流法、超声波—乙醇提取法等3种方法提取分离苎麻的黄酮类化合物，超声波—乙醇提取法最为经济有效。最佳提取工艺参数：料液比为1∶35，超声功率为100W，超声时间为45min，超声温度为60℃，此时苎麻总黄酮平均提取率为4.21%。②比较研究3种树脂AB-8、S-8、D4020的吸附与解吸性能，确定AB-8为纯化树脂，最佳吸附与解吸参数为：上样液浓度为0.3mg/ml，上样液流速为0.2ml/min，上样液pH值=6；洗脱液乙醇浓度95%，洗脱液流速3ml/min，洗脱液用量5BV。③对20个苎麻不同品种（种质）不同生长期不同部位的苎麻总黄酮含量的动态分析研究，苎麻的总黄酮含量变异范围在0.209%~4.748%，平均含量为1.42%，“城步本地麻”叶部总黄酮含量最高达4.748%。叶部的含量最高，平均为2.309%，根次之，平均为0.689%，茎最低，平均为0.634%。封行后的中期含量最高，平均为2.702%，以封行前的含量最低，平均为1.91%。

## （二）苎麻化感物质提取与检测

以中饲苎1号、湘苎7号为试验材料，于二麻成熟期在浏阳澄潭江取了2个试验材料的根际土壤来做初步的预试验。于二麻成熟期使用“S”形路线五点取样法分别采集“中苎1号”及“湘苎7号”的土壤（5~20cm），用封口袋封口。

取回的根际土称取100g，用200ml的蒸馏水浸泡48h，不定时搅动。三重过滤，第一重用四层纱布过滤得初滤液，再将初滤液离心得上清液，第二重用定性滤纸过滤，第三重用滤元单位为0.45μm的滤膜过滤，以获得不含微生物的母液，浓度为0.5g/ml，保存于4℃冰箱中备用。

使用全自动旋转蒸发仪（型号：NE-2001 program1 mode：3-Normal BathTemp：70℃ Rotate：100r/min）将抽滤液进行浓缩。将浓缩液置于-80℃超低温冰箱内冰冻成固态，再取出置于冷冻干燥机中冷冻干燥48h，得到无水分的干燥物。将干燥物分别用石油醚、乙醚、氯仿、甲醇四种不同极性有机溶剂进行萃取，并用GC-MS进行测定。试验正在进行中。

### （三）超声协助离子液体萃取亚麻木酚素及双水相体系分离纯化的研究

亚麻籽富含丰富营养物质，包括 omega-3（ω-3/n-3）不饱和脂肪酸以及短链脂肪酸，另外还有丰富的膳食纤维和高质量蛋白质。亚麻籽中富含一种重要的木脂素类物质，亚麻木酚素。亚麻木酚素对抗糖尿病、抗氧化作用、抑制癌症细胞生长、降低胆固醇和抗动脉粥样硬化等具有一定作用。离子液体在天然产物活性成分萃取方面有广泛应用。例如，离子液体被应用于从葛根中萃取异黄酮、从花生壳中萃取木犀草素、从巴拉圭冬青和茶叶中提取皂苷和多酚、从日本扁柏中萃取黄酮、从芦荟中萃取蒽醌类和多糖物质等方面。

超声协助萃取和双水相萃取。超声协助萃取是萃取领域一种常用辅助方法，它能够破坏植物组织使溶液更容易进入到组织中去，从而减少处理时间和降低能耗，最终提高萃取的效率。离子液体双水相具有低黏度、不易发生乳化作用、无需使用有机溶剂、较好的生物兼容性等特性。因此本研究的目的是将离子液体超声协助萃取（IL-UAE）和离子液体双水相体系（IL-ATPS）应用于萃取、分离和纯化亚麻木酚素。整个流程图大致分为以下三个部分。首先是在离子液体水溶液中加入脱脂的亚麻籽，然后在超声仪上进行超声协助萃取，过程中采用 RSM 优化离子液体浓度、液固比、超声时间。对萃取液进行离心分离出不溶物，然后在萃取液中加入一定量的无机盐形成双水相体系对木酚素进行进一步的分离和纯化。过程考察了成相盐种类和浓度、温度和 pH 值的影响。木酚素被萃取到上相，即离子液体相。将两相进行分离后，采用非水溶性有机溶剂对木酚素进行反萃取。进一步形成两相，上相是有机相、下相是离子液体相，木酚素萃取到上相从而实现了目标物质的分离和离子液体的回收（图 5-44）。

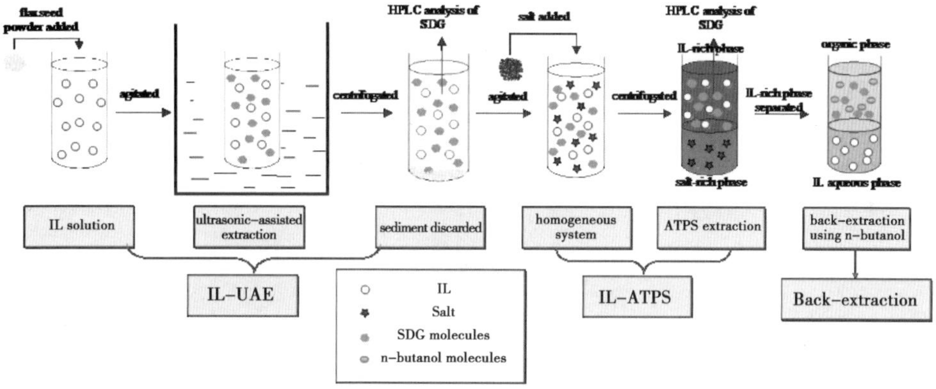


**图 5-44　离子液体超声协助萃取亚麻木酚素和双水相体系分离纯化的研究**

1. 萃取剂的筛选

实验合成了 5 种低黏度的功能化离子液体，因为考虑到黏度是影响萃取的一个重要因素。从图 5-45 中结果看到 $[C_4mim]N(CN)_2$ 萃取效果最好。原因可能与离子液体的疏水性、以及 π-π、n-π，离子电荷和氢键、空间位阻等多重作用的结果有关。

2. 单因素实验和 RSM 优化

筛选出最佳萃取剂后进行单因素实验，通过单因素实验得到最佳条件：离子液体浓度 50%（w/w）、液固比（20∶1）和超声时间（40min）（图 5-46）。

进一步采用 RSM 优化出最佳条件。其方法是采用 Design-expert 中的 BBD 设计，设计出 3 因素、3 水平 17 组实验，通过实验得到以下结果。对结果进行方差分析可以看到 Model 显著，Lack of fit 不显著，A、B 显著。同时绘制出三维效应面图（图 5-47），通过优化得出最佳的条件为 IL 浓度 55.49%（w/w），液固比 24.50∶1，超声时间 40min。

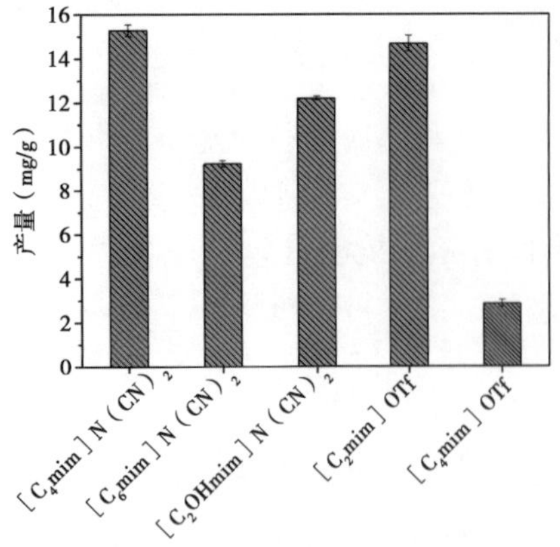


图 5-45 低黏度功能化离子液体萃取亚麻木酚素

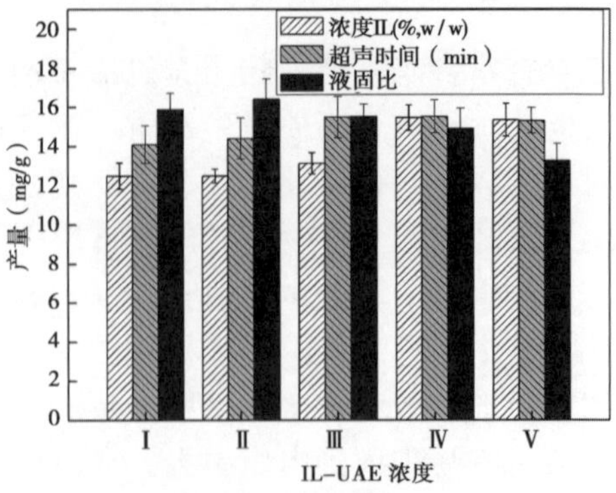


图 5-46 单因素实验

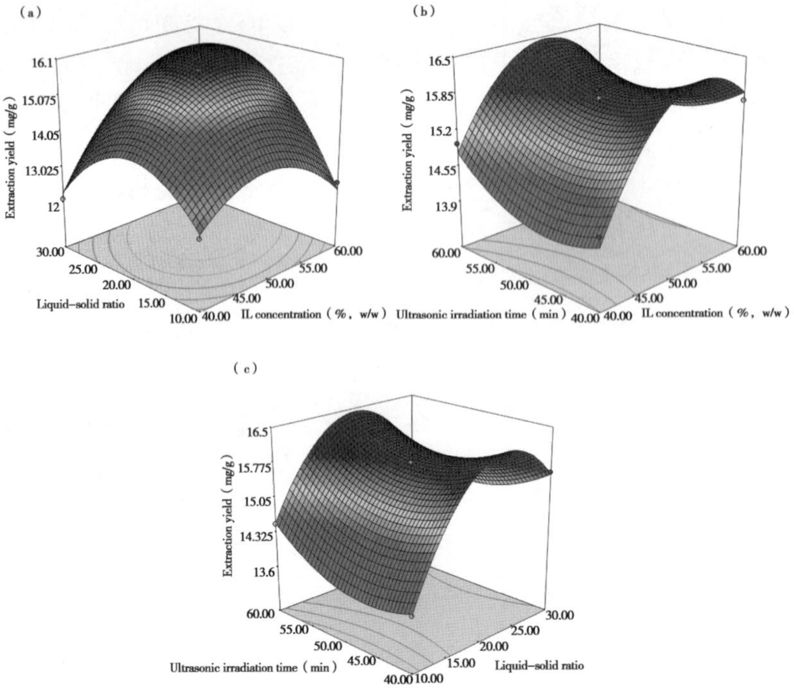


图 5-47 RSM 优化三维效应面图

3. 离子液体双水相萃取

超声萃取完后采用 ILATPS 对木酚素进行进一步的分离纯化。其方法是在离子液体超声萃取液中加入无机盐形成双水相体系对 SDG 进行萃取纯化。考察无机盐类型和浓度、温度和 pH 值的影响。首先是盐种类浓度。3 种盐萃取效率 $Na_2SO_4$>$(NH_4)_2SO_4$>$K_2HPO_4$，离子液体和盐最佳浓度为 45.86%（w/w）IL 和 8.27%（w/w）$Na_2SO_4$。考察的温度范围为 12~32℃，22℃时萃取效率最高。高温不利于 SDG 稳定性以及更多的能耗。考察的 pH 值范围 7.0~12.0，SDG 需要在碱性条件下进行水解定量分析，最佳条件为 pH 值 11.0。综合以上结果，在最佳 ATPS 条件下，ATPS 45.86%（w/w）［$C_4$mim］N（CN）$_2$ 和 8.27%（w/w）$Na_2SO_4$，温度 22℃，pH 值为 11.0，SDG 萃取效率 93.35%（图 5-48）。

萃取完成后对木酚素进行分离和回收离子液体。在以往的离子液体萃取中，最大的问题是离子液体与目标物分离以及离子液体回收难度大。本实验中采用非水溶性有机溶剂进行反萃取。正丁醇反萃取效率达到 98.84%（图 5-49）。

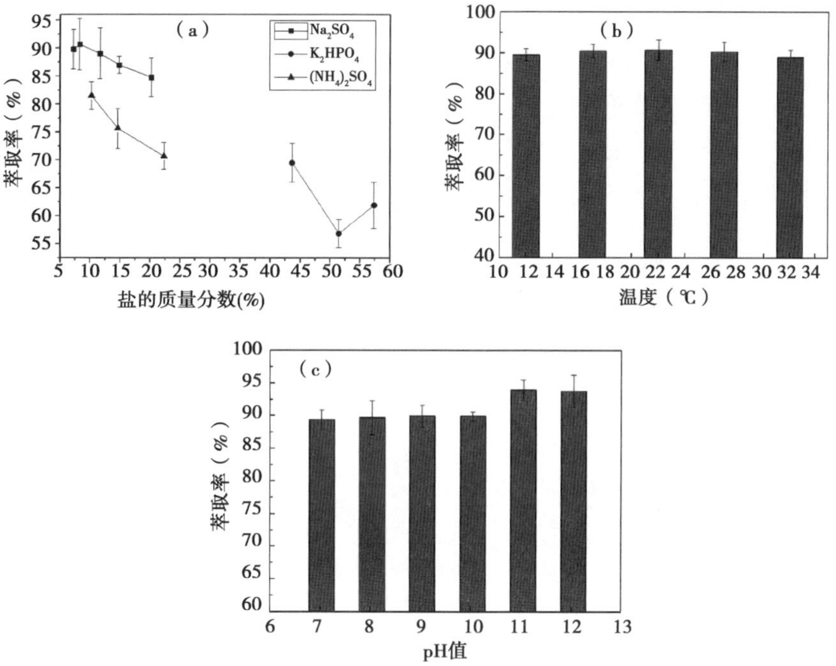


图 5-48　离子液体双水相萃取过程中盐的浓度、温度和 pH 值的影响

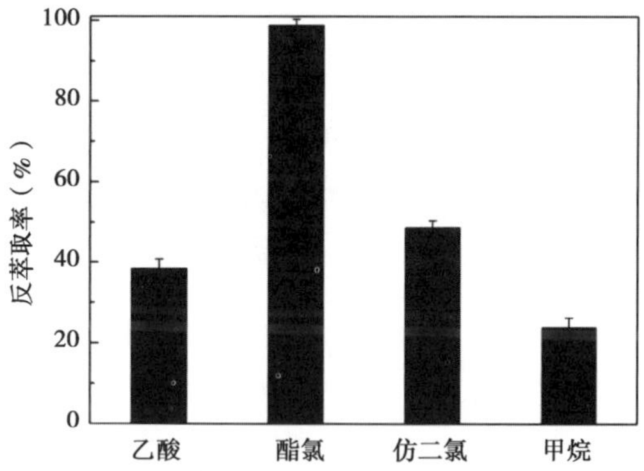


图 5-49　离子液体的反萃取效率

## （四）剑麻渣水微生物多样性分析及皂素转化微生物筛选

1. 剑麻渣水细菌 DGGE 图谱分析

对 2 个发酵池剑麻渣水样品进行细菌多样性分析，结果如图 5-50，由结果可以看出，剑麻渣水具有比较丰富的种群多样性，强度较高的条带有 3~4 种，说明有多种菌在剑麻渣水发酵中起主导作用。

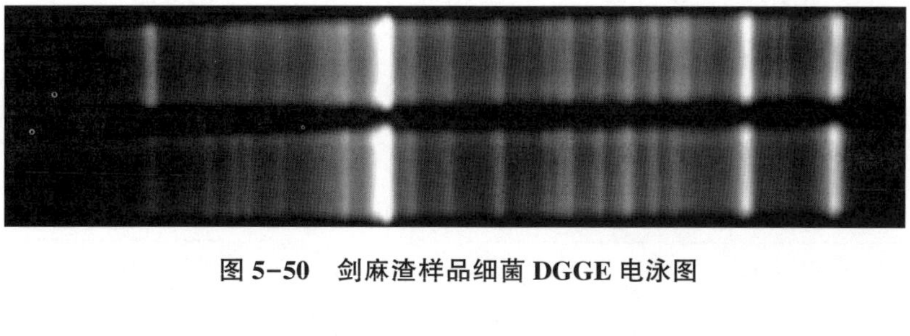

图 5-50　剑麻渣样品细菌 DGGE 电泳图

2. 剑麻皂素转化相关微生物筛选

广泛收集样品，初筛获得7株剑麻皂素转化菌株，经发酵复筛，发现菌株172和176发酵效果相对更好（图5-51），发酵麻膏重量分别为0.31g和0.29g，显著高于对照，进一步对其菌落形态和细胞形态进行观察，菌株172菌落为乳白色、质地均匀、不透明、中间凸起、边沿光滑、细胞为椭圆形，菌株176为乳白色、相对扁平、边沿皱褶、细胞呈椭圆形。

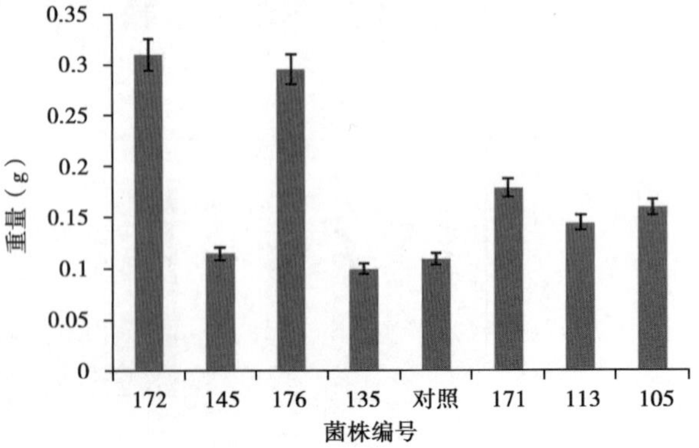


图5-51 菌株麻渣水发酵效果

## 六 麻类副产物栽培食用菌技术研究

在麻类副产物栽培食用菌技术研究方面，对苎麻、亚麻、工业大麻等麻类副产物栽培杏鲍菇、茶树菇等食用菌栽培技术及基质降解机理进行了研究，获得了配套的高产栽培技术，并将这些技术在相关企业得到示范和应用。对苎麻和棉籽壳培养基诱导下的杏鲍菇胞外分泌蛋白组进行了研究，共鉴定了221个菌丝胞外分泌蛋白，获得了两种培养条件下纤维素酶、木质素酶、果胶酶等关键酶酶活数据。获得了杏鲍菇不同栽培时期基质中纤维素、半纤维素、木质素降解规律。

### （一）苎麻副产物栽培食用菌技术研究

1. 苎麻副产物栽培真姬菇技术研究

从培养基pH值、水分、添加剂、副产物含量等方面优化栽培基质配方，优化温度、湿度、光照、通气等栽培管理参数，进行苎麻副产物栽培真姬菇试验。结果表明：培养基中含苎麻副产物50%、水分65%、pH值6.0、并添加1%碳酸钙和1%白糖时栽培真姬菇的效果较好，生物学效率达158%以上。

（1）培养基pH值。苎麻副产物培养基（50%苎麻副产物、21%棉籽壳、21%麦麸、4%玉米粉、2%白糖、2%碳酸钙。下同）的pH值分别设置为3.0、4.0、5.0、6.0、7.0栽培真姬菇，以棉籽壳培养基（71%棉籽壳、21%麦麸、4%玉米粉、2%白糖、2%碳酸钙，自然pH值，含水量60%，下同）为对照。结果（表5-58）表明，pH值为6.0时，真姬菇菌丝生长速率为0.328cm/d（显著高于其他各试验组），生物学效率为154%（与对照没有统计学差异）。pH值大于6.0或者小于4.0时菌丝生长明显减慢，与pH值为6.0的培养基具有统计学差异。综合考虑，苎麻副产物培养基的适宜pH为6.0。

表5-58 不同pH值苎麻副产物栽培真姬菇的效果

| 编号 | pH值 | 菌丝生长速率（cm/d） | 一茬菇重（g） | 二茬菇重（g） | 生物学效率（%） |
|---|---|---|---|---|---|
| 1 | 3 | （0.254±1.1）d | （281±1.3）d | （155±0.2）d | （139.0±0.5）c |
| 2 | 4 | （0.268±0.7）c | （287±0.6）d | （161±1.1）c | （145.7±0.3）b |

（续表）

| 编号 | pH 值 | 菌丝生长速率（cm/d） | 一茬菇重（g） | 二茬菇重（g） | 生物学效率（%） |
|---|---|---|---|---|---|
| 3 | 5 | （0.309±0.5）b | （291±1.5）c | （169±1.5）b | （147.0±1.1）b |
| 4 | 6 | （0.328±0.4）a | （311±0.9）a | （175±0.4）a | （154.0±0.2）a |
| 5 | 7 | （0.246±0.2）e | （295±0.8）c | （162±1.2）c | （149.0±1.2）ab |
| 6 | CK | （0.255±0.5）d | （301±0.2）b | （150±0.3）d | （151.±1.1）a |

（2）培养基含水量。苎麻副产物培养基分别设置为65%、67.5%、70%、73%含水量栽培真姬菇，以棉籽壳培养基为对照。如表5-59所示，含水量为65%时，苎麻副产物培养基栽培真姬菇菌丝生长最快（生长速率为0.332cm/d），生物学效率最高（达147.1%），与对照组相比有统计学差异；含水量70%时，显著降低生物学效率。综合考虑，苎麻副产物栽培真姬菇的适宜含水量为65%。

**表5-59 不同含水量苎麻副产物栽培真姬菇的效果**

| 配方编号 | 含水量（%） | 菌丝生长速率（cm/d） | 一茬菇重（g） | 二茬菇重（g） | 生物学效率（%） |
|---|---|---|---|---|---|
| 1 | 65 | （0.332±1.4）a | （309±1.6）a | （108±0.9）a | （147.1±1.2）a |
| 2 | 67.5 | （0.306±0.5）bc | （299±2.1）b | （99±1.5）bc | （141.0±1.6）b |
| 3 | 70 | （0.314±1.1）b | （275±0.6）d | （92±1.4）d | （130.7±0.5）c |
| 4 | 73 | （0.306±0.4）bc | （289±1.6）c | （91±0.8）d | （139.3±0.9）b |
| 5 | CK（60） | （0.303±0.3）d | （289±1.3）c | （101±0.9）b | （138.9±1.5）b |

（3）培养基加糖种类。在苎麻副产物培养基中分别加入1%白糖、1%葡萄糖和1%红糖，以不加糖培养基为对照。如表5-60所示，加白糖苎麻副产物培养基栽培真姬菇菌丝生长最快，生长速率为0.343cm/d，与对照有统计学差异，与另外2个试验组无统计学差异。加白糖试验组生物学效率最高，达145.0%，显著高于其他3个试验组。所以，后续试验均在培养基中加白糖。

**表5-60 不同加糖种类苎麻副产物栽培真姬菇的效果**

| 配方编号 | 糖种类 | 菌丝生长速率（cm/d） | 一茬菇重（g） | 二茬菇重（g） | 生物学效率（%） |
|---|---|---|---|---|---|
| 1 | 白糖 | （0.343±1.2）a | （305.1±1.4）a | （101±1.3）a | （145.0±1.1）a |
| 2 | 葡萄糖 | （0.299±0.4）a | （297.0±1.1）b | （93±1.7）b | （136.0±2.8）b |
| 3 | 红糖 | （0.298±1.3）a | （282.0±0.6）c | （95±2.1）b | （135.7±2.2）b |
| 4 | 不加糖 | （0.286±0.5）b | （291.0±0.9）b | （89±0.8）c | （129.1±0.9）c |

（4）培养基添加钙盐种类。从表5-61结果可以看出，添加碳酸钙，菌丝的生长最快，生长速率为0.337cm/d，与生石灰+碳酸钙试验组无统计学差异，与添加硫酸钙试验组有统计学差异。加碳酸钙试验组的生物学效率与另外2个试验组有统计学差异。苎麻副产物栽培真姬菇以添加碳酸钙为宜。

**表5-61 不同钙盐种类苎麻副产物栽培真姬菇的效果**

| 配方编号 | 钙盐种类 | 菌丝生长速率（cm/d） | 一茬菇重（g） | 二茬菇重（g） | 生物学效率（%） |
|---|---|---|---|---|---|
| 1 | 碳酸钙 | （0.337±1.3）a | （298±1.7）a | （119±1.6）a | （146.2±1.4）a |
| 2 | 硫酸钙 | （0.292±0.8）b | （279±1.3）b | （105±0.8）b | （132.1±1.9）c |
| 3 | 生石灰+碳酸钙 | （0.295±0.7）b | （282±1.8）b | （93±0.7）c | （138.3±2.4）b |

（5）苎麻副产物含量。苎麻副产物（碳原料）含量为50%的培养基栽培真姬菇，一茬菇重和二茬菇重均显著大于其他试验组，其生物学效率为158.09%，与对照无统计学差异（表5-62）。说明苎麻副产物可以替代50%的棉籽壳栽培真姬菇。

**表 5-62 不同碳氮比苎麻副产物栽培真姬菇的效果**

| 苎麻（%） | 棉籽壳（%） | 麦麸（%） | 一茬菇重（g） | 二茬菇重（g） | 生物学效率（%） |
|---|---|---|---|---|---|
| 40 | 31 | 21 | (270.24±0.5) c | (92.25±0.8) c | (132.18±0.6) c |
| 50 | 21 | 21 | (313.09±1.2) a | (102.12±0.6) a | (158.09±0.2) a |
| 60 | 11 | 21 | (290.17±2.1) b | (93.55±0.3) c | (141.24%±0.1) b |
| 70 | 0 | 22 | (265.34±0.9) c | (91.17±0.7) c | (130.19%±0.8) c |
| CK | 71 | 21 | (298.12±0.7) b | (96.42±0.9) b | (150.27%±0.3) a |

2. 苎麻副产物栽培灰树花技术初步研究

菌丝生长：温度 20~24℃，湿度 60%~63%，不需要光照。

原基形成：温度 10~16℃，湿度 60%~70%，光照强度 50lx。

子实体形成：温度 13~28℃，湿度 90%，光照度 200~500lx，通风换气条件设定在二氧化碳浓度为 1 000r/min 为宜。

在上述适宜的温、湿度条件下，从出现脑状皱褶到菇体长大成熟一般需要 15~18d。用 50%苎麻副产物栽培灰树花，单袋鲜菇重和生物学效率均与棉籽壳培养基得相当（表 5-63）。

**表 5-63 50%苎麻副产物栽培灰树花效果**

| 苎麻（%） | 棉籽壳（%） | 麦麸（%） | 单袋鲜菇重（g） | 生物学效率（%） |
|---|---|---|---|---|
| 50 | 31 | 21 | 267±0.1 | 95.2±0.3 |
| 0 | 71 | 21 | 253±1.8 | 92.3±0.2 |

3. 苎麻副产物栽培茶树菇技术初步研究

苎麻副产物（碳原料）含量为 60%的培养基栽培茶树菇，一茬菇重和二茬菇重均显著大于其他试验组，其生物学效率最高（99.3%），与另外 4 个试验组相比有统计学差异（表 5-64）。在生产中用 60%的苎麻副产物替代棉籽壳为宜。

**表 5-64 苎麻副产物及棉籽壳栽培茶树菇效果初步研究**

| 苎麻（%） | 棉籽壳（%） | 麦麸（%） | 一茬菇重（g） | 二茬菇重（g） | 生物学效率（%） |
|---|---|---|---|---|---|
| 40 | 31 | 21 | (89±0.3) c | (44±2.1) b | (91.2±0.9) c |
| 50 | 21 | 21 | (93±0.5) b | (47±2.0) b | (95.3±0.4) b |
| 60 | 11 | 21 | (97±0.9) a | (50±1.6) a | (99.3±1.2) a |
| 70 | 0 | 22 | (92±0.7) b | (46±1.8) b | (91.7±1.3) c |
| CK | 71 | 21 | (86±0.1) c | (40±1.6) c | (90.8±0.8) c |

4. 苎麻副产物栽培秀珍菇技术初步研究

苎麻副产物（碳原料）含量为 60%的培养基栽培秀珍菇，一茬菇重和二茬菇重均显著大于其他试验组以及对照棉籽壳培养基，其生物学效率达到 166%，与另外 4 个试验组相比有统计学差异（表 5-65）。因此，在生产中用含量为 60%的苎麻副产物替代棉籽壳为宜。

**表 5-65 苎麻副产物及棉籽壳栽培秀珍菇效果初步研究**

| 苎麻（%） | 棉籽壳（%） | 麦麸（%） | 一茬菇重（g） | 二茬菇重（g） | 生物学效率（%） |
|---|---|---|---|---|---|
| 40 | 31 | 21 | (132±0.3) c | (99±2.1) b | (143.2±0.9) c |
| 50 | 21 | 21 | (145±0.5) b | (101±2.0) b | (150.3±0.4) b |
| 60 | 11 | 21 | (155±0.9) a | (123±1.6) a | (166.3±1.2) a |
| 70 | 0 | 22 | (142±0.7) b | (96±1.8) b | (146.7±1.3) c |
| CK | 71 | 21 | (128±0.1) c | (75±1.6) c | (129.8±0.8) c |

5. 苎麻副产物诱导的杏鲍菇胞外分泌蛋白质组学分析

利用 TMT 标记技术结合质谱分析，对苎麻副产物以及棉籽壳培养基诱导的杏鲍菇胞外分泌蛋白进行全面解析，221 个蛋白得到鉴定，获得 32 个差异蛋白。对这些差异蛋白等电点、疏水性等理化性质、GO 注释等进行了生物信息学分析，发现这些差异蛋白主要是纤维素酶、果胶酶、木质素降解相关酶、蛋白酶，对这些酶的活性进行了分析。实验结果表明纤维素酶、果胶酶、木质素降解相关酶、蛋白酶的活性与杏鲍菇产量呈正相关。

（1）杏鲍菇菌丝胞外分泌蛋白提取方法的优化。通过 pH 值 5.0 柠檬酸缓冲液、水两种处理方式提取杏鲍菇菌丝胞外分泌蛋白，并采用 SDS-PAGE 来检测胞外酶提取效果。结果（图 5-52）表明，与水处理相比，酸处理蛋白提取更多，SDS-PAGE 上条带更多。后续实验均采用柠檬酸缓冲液来提取胞外分泌蛋白。

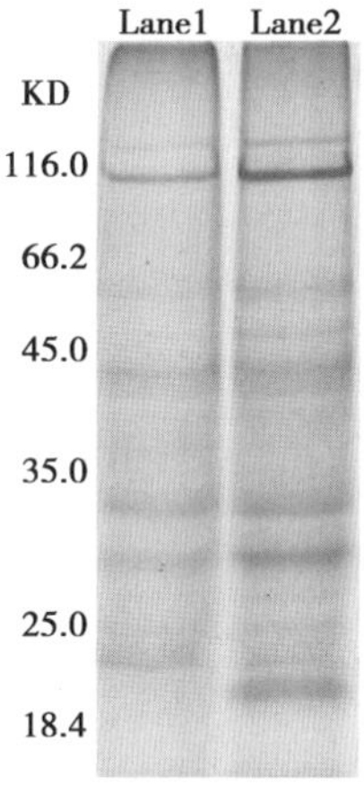


**图 5-52 酸处理和水处理条件下杏鲍菇菌丝胞外分泌蛋白 SDS-PAGE 分析**

条带 1：水处理（$ddH_2O$）；条带 2：酸处理（50mmol/L 柠檬酸，pH 5.0）；蛋白上样量：100uμ

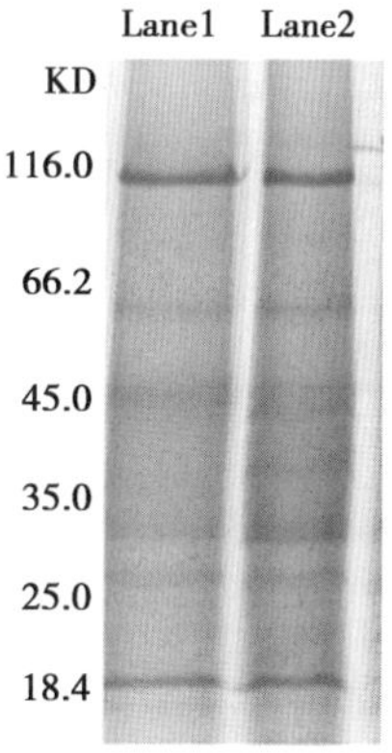


**图 5-53 棉籽壳和苎麻副产物培养基诱导的杏鲍菇菌丝胞外酶 SDS-PAGE 分析**

条带 1：棉籽壳培养基诱导的菌丝胞外蛋白；条带 2：苎麻副产物培养基诱导的菌丝胞外蛋白；蛋白上样量：100μg

（2）棉籽壳以及苎麻副产物培养基诱导的菌丝胞外蛋白提取。用 pH 值 4.8 柠檬酸缓冲液对棉籽壳以及苎麻副产物培养基诱导的菌丝胞外蛋白进行提取后经 SDS-PAGE 分析（图 5-53），结果表明两种培养基诱导下的菌丝胞外蛋白存在差异，苎麻副产物诱导的菌丝蛋白条带更多。

（3）TMT 标记及质谱鉴定。采用 TMT 标记结合二维高效液相色谱串联质谱联用技术对棉籽壳和苎麻副产物培养基诱导的杏鲍菇菌丝胞外分泌蛋白的差异蛋白质组进行分析。分别提取棉籽壳和苎麻副产物培养基诱导的杏鲍菇菌丝胞外分泌蛋白，TMT 试剂标记后进行强阳离子交换柱分离多肽、nano-LC 分离，同时，在线连接电喷雾 Orbitrap 串联质谱进行分析，通过 Maxquant 软件搜库并对鉴定的差异蛋白数据进行生物信息学分析。结果表明：鉴定了 219 个棉籽壳培养基诱导的菌丝胞外蛋白和 221 个苎麻副产物培养基诱导的菌丝胞外蛋白，其中 glycoside hydrolase family 28 protein 和 aspartic protease 在棉籽壳培养基中没有得到鉴定；两者有 32 个差异蛋白，其中 14 个蛋白上调，18 个蛋白下调。对这些差异蛋白等电点、疏水性等理化性质、GO 注释等进行了生物信息学分析（图 5-54），发现这些差异蛋白主要是纤维素酶、果

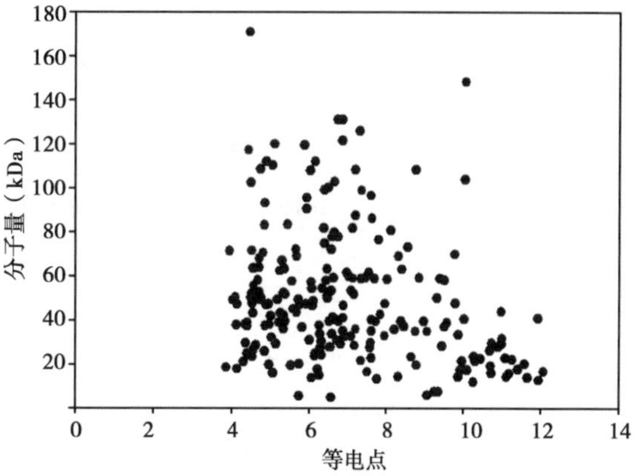


**图 5-54 鉴定蛋白等电点和疏水性结果**

胶酶、木质素降解相关酶、蛋白酶。

（4）差异蛋白酶活分析。苎麻副产物培养基诱导的差异蛋白主要是纤维素酶、果胶酶、木质素降解相关酶、蛋白酶等。对两种培养基诱导下的酸性纤维素酶、果胶酶、木聚糖酶、木质素降解相关酶类、淀粉酶以及蛋白酶酶活进行了分析测定。结果（图 5-55 至图 5-57）表明，苎麻副产物培养基诱导的酸性纤维素酶、果胶酶、木聚糖酶、木质素降解相关酶类、淀粉酶以及蛋白酶酶活均高于棉籽壳培养基。这些酶的活性与杏鲍菇生物学效率及产量呈正相关。

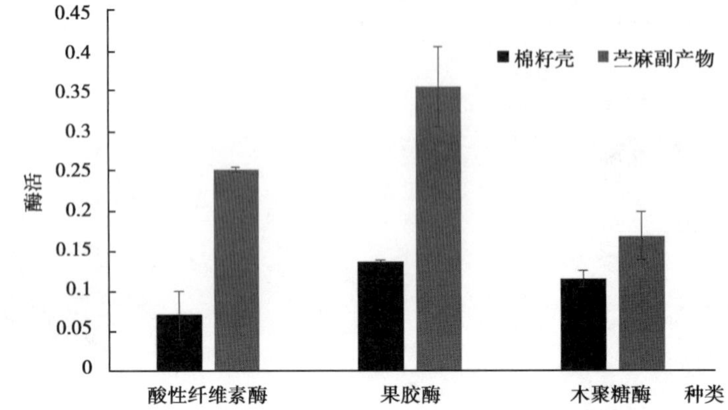


图 5-55　酸性纤维素酶、果胶酶、木聚糖酶酶活

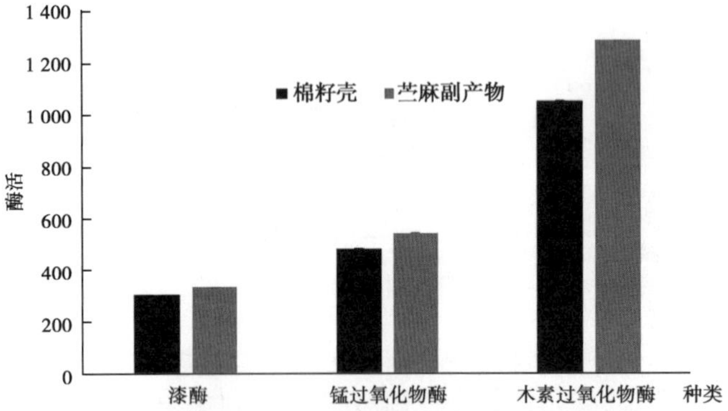


图 5-56　木质素降解相关酶酶活

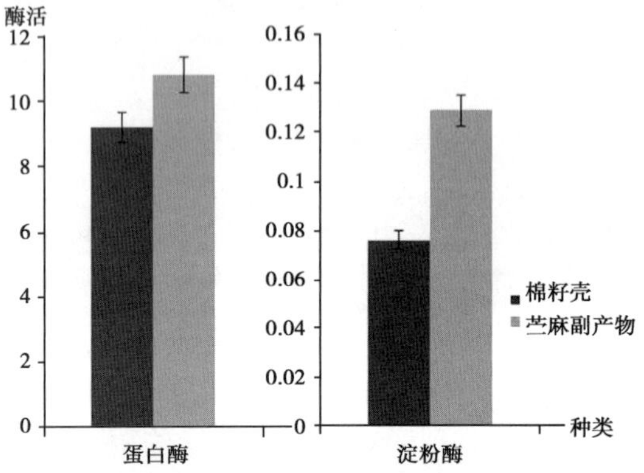


图 5-57　淀粉酶、蛋白酶酶活

6. 杏鲍菇栽培周期中苎麻副产物降解规律研究

以苎麻副产物作为栽培基质，跟踪分析了杏鲍菇在整个栽培周期中对苎麻副产物培养基中纤维素、半纤维素、木质素含量进行测定，了解木质纤维素的分解利用情况，旨在为利用苎麻副产物栽培杏鲍菇提供理论依据。在杏鲍菇生长发育的不同阶段，即满袋期（40d）、原基期（50d）、幼菇期（55d）、成菇期（60d）分别取 3 袋培养料于 60℃烘干称重量，粉碎后作为样品待用。结果表明在菌丝生长期，当装袋干料量为 500g 时，木质纤维素共降解了 12.33g；在子实体形成阶段，木质纤维素共降解了 108.51g，在整个栽培过程中，木质纤维素共降解了 120.48g。

（1）杏鲍菇在不同培养阶段培养料中的纤维素含量。根据葡萄糖标准曲线和所测样品后得出的吸光度值求出样品中的纤维素含量。计算纤维素含量的公式为：

$$纤维素含量（\%）= 0.9 \times A \times B \times 100\% \times W / 0.5$$

式中，$A$——样品溶液中所含葡萄糖的浓度，g/L；

$B$——样品溶液的稀释倍数；

$W$——相应的培养料的干重。

杏鲍菇在不同培养阶段培养料中的纤维素含量测定结果见表 5-66 所示。结果表明，苎麻副产物培养基中纤维素含量为 136.32g，40d 共降解了 5.68g，50d 降解了 20.39g，55d 降解了 7.86g，

60d 降解了 5. 91g。纤维素降解率为 29. 2%。由此可以看出，纤维素降解高峰期出现在原基期。

**表 5-66　杏鲍菇在不同培养阶段培养料中的纤维素含量**

| 培养阶段 | 纤维素含量（g） | 纤维素降解量（g） |
|---|---|---|
| 0 | 136. 23±1. 25 | 0 |
| 40 | 130. 55±1. 54 | 5. 68±0. 19 |
| 50 | 110. 16±2. 68 | 20. 39±0. 28 |
| 55 | 102. 30±2. 57 | 7. 86±0. 32 |
| 60 | 96. 39±3. 45 | 5. 91±0. 08 |

（2）杏鲍菇在不同培养阶段培养料中的半纤维素含量。根据木糖标准曲线和所测样品后得出的吸光度值求出样品中的半纤维素含量。计算半纤维素含量的公式为：

$$半纤维素含量（\%）= 0.9\times C\times D\times 100\%\times W/0.5$$

式中，$C$——样品溶液中所含木糖的浓度；

$D$——样品溶液的稀释倍数；

$W$——相应的培养料的干重。

杏鲍菇在不同培养阶段培养料中的半纤维素含量测定结果见表 5-67。苎麻副产物培养基中半纤维素含量为 103. 22g，40d 共降解了 3. 13g，50d 降解了 15. 77g，55d 降解了 1. 76g，60d 降解了 6. 14g。半纤维素降解率为 26%。由此可以看出，半纤维素降解高峰期出现在原基期。

**表 5-67　杏鲍菇在不同培养阶段培养料中的半纤维素含量**

| 培养阶段 | 半纤维素含量（g） | 半纤维素降解量（g） |
|---|---|---|
| 0 | 103. 22±2. 52 | 0 |
| 40 | 100. 09±3. 21 | 3. 13±0. 08 |
| 50 | 84. 32±3. 56 | 15. 77±0. 12 |
| 55 | 82. 56±2. 19 | 1. 76±0. 03 |
| 60 | 76. 42±1. 77 | 6. 14±0. 05 |

（3）杏鲍菇在不同培养阶段培养料中的木质素含量。测量样品灰化前的质量 W1 和灰化后的质量 W2，W1～W2 即为样品中所含木质素的含量。所得结果见表 5-68。结果表明，苎麻副产物培养基中纤维素含量为 105. 07g，40d 共降解了 3. 52g，50d 降解了 33. 07g，5d 降解了 7. 75g，60d 降解了 9. 50g，木质素降解率为 51. 2%。由此可以看出，木质素降解高峰期出现在原基期。

**表 5-68　杏鲍菇在不同培养阶段培养料中的木质素含量**

| 培养阶段 | 木质素含量（g） | 木质素降解量（g） |
|---|---|---|
| 0 | 105. 07±1. 65 | 0 |
| 40 | 101. 55±2. 32 | 3. 52±0. 12 |
| 50 | 68. 48±1. 98 | 33. 07±0. 09 |
| 55 | 60. 73±2. 88 | 7. 75±0. 11 |
| 60 | 51. 23±2. 45 | 9. 50±0. 05 |

（4）杏鲍菇不同阶段胞外酶分泌情况。在杏鲍菇生长发育的不同阶段，即满袋期（40d）、原基期（50d）、幼菇期（55d）、成菇期（60d），对菌丝样本通过 pH 值 5. 0 柠檬酸缓冲液浸提，对淀粉酶、蛋白酶、纤维素酶、半纤维素酶、漆酶及过氧化物酶活性进行分析。结果如图 5-58 所示，淀粉酶活性在菌丝生长期达到高峰；蛋白酶活性在子实体生长期达到高峰；纤维素酶、半纤维素酶、漆酶及过氧化物酶活性在原基期达到高峰。酶活性结果表明，木质纤维素降解趋势和酶活性表达趋势一致。

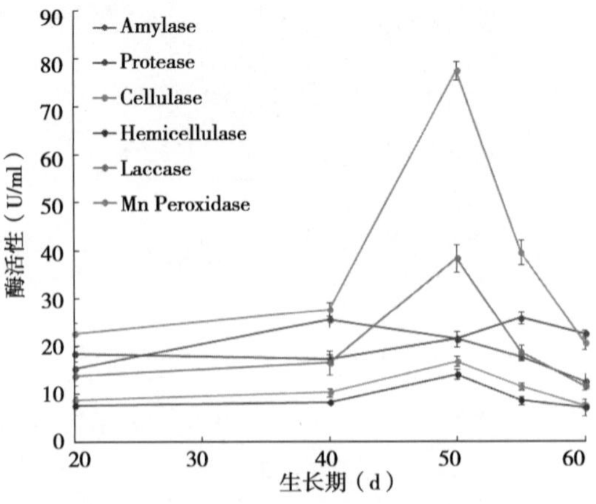


图 5-58　杏鲍菇不同阶段胞外酶分泌情况

## （二）亚麻副产物栽培食用菌技术研究

1. 亚麻副产物栽培杏鲍菇技术研究

从培养基pH值、水分、添加剂、副产物含量等方面优化栽培基质配方，优化温度、湿度、光照、通气等栽培管理参数，进行亚麻副产物栽培杏鲍菇试验。结果表明：培养基中含亚麻副产物50%、水分65%、pH 6、并添加1%碳酸钙和1%白糖时，栽培杏鲍菇的效果较好，生物学效率达70%以上。

（1）培养基pH值。亚麻副产物培养基（50%亚麻副产物、21%棉籽壳、21%麦麸、4%玉米粉、2%白糖、2%碳酸钙，下同）分别设置pH值为3.0、4.0、5.0、6.0、7.0栽培杏鲍菇，以棉籽壳培养基（71%棉籽壳、21%麦麸、4%玉米粉、2%白糖、2%碳酸钙，自然pH值，含水量60%，下同）为对照。结果（表5-69）表明，pH值为6.0时，杏鲍菇菌丝生长速率为0.322cm/d，与在棉籽壳培养基上的生长速率接近；而其生物学效率为67.5%，与其他各试验组有统计学差异。pH值小于5.0时，菌丝生长明显减慢。综合考虑，亚麻副产物培养基的适宜pH值为6.0。

表 5-69　不同 pH 值亚麻副产物栽培杏鲍菇的效果

| 培养基编号 | pH值 | 菌丝生长速率（cm/d） | 单袋鲜菇质量（g） | 生物学效率（%） |
|---|---|---|---|---|
| 1 | 3.0 | （0.306±1.2）c | （174.3±2.2）c | （55.6±0.8）c |
| 2 | 4.0 | （0.303±0.8）c | （180.±1.3）bc | （60.9±0.9）b |
| 3 | 5.0 | （0.316±0.2）b | （195.1±1.1）a | （64.7±0.7）ab |
| 4 | 6.0 | （0.322±0.7）a | （202.6±0.9）a | （67.5±0.6）a |
| 5 | 7.0 | （0.314±0.5）b | （182.2±1.9）b | （53.6±0.9）c |
| 6 | CK（自然） | （0.319±0.1）ab | （184.5±1.4）b | （61.7±0.2）b |

（2）培养基含水量。亚麻副产物培养基分别设置65%、67.5%、70%、73%含水量栽培杏鲍菇，以棉籽壳培养基为对照（表5-70）。当培养基含水量为65%时，亚麻副产物培养基栽培杏鲍菇菌丝生长最快，生长速率为0.351cm/d，与对照组相比无统计学差异，与其他各试验组相比有统计学差异；其生物学效率最高，达69.61%，与其他各试验组相比有统计学差异。含水量大于67.5%时，显著降低生物学效率。综合考虑，亚麻副产物培养基栽培杏鲍菇的适宜含水量为65%。

表 5-70　不同含水量亚麻副产物栽培杏鲍菇的效果

| 培养基编号 | 含水量（%） | 菌丝生长速率（cm/d） | 单袋鲜菇质量（g） | 生物学效率（%） |
|---|---|---|---|---|
| 1 | 65 | （0.351±0.2）a | （211.42±0.4）a | （69.61±0.9）a |
| 2 | 67.5 | （0.329±0.4）b | （205.14±1.4）b | （64.33±0.2）b |
| 3 | 70 | （0.310±0.5）c | （202.37±1.1）b | （61.56±0.5）b |
| 4 | 73 | （0.314±0.6）c | （188.25±2.5）bc | （58.44±0.7）c |
| 5 | CK（60） | （0.341±0.7）a | （184.00±1.6）c | （54.70±0.3）d |

（3）培养基加糖种类。在亚麻副产物培养基中分别加入1%白糖、1%葡萄糖和1%红糖栽培杏鲍菇，并以不加糖培养基为对照。结果（表5-71）表明，加白糖的亚麻副产物培养基栽培杏鲍菇菌丝生长最快，生长速率为0.399cm/d，与其他各试验组相比有统计学差异。加白糖试验组生物学效率最高，达71.32%，显著高于其他3个试验组。所以，后续试验均在培养基中加白糖。

**表5-71 不同加糖种类亚麻副产物栽培刺芹侧耳的效果**

| 培养基编号 | 加糖种类 | 菌丝生长速率（cm/d） | 单袋鲜菇质量（g） | 生物学效率（%） |
|---|---|---|---|---|
| 1 | 白糖 | （0.399±0.3）a | （232.34±1.1）a | （71.32±0.1）a |
| 2 | 葡萄糖 | （0.373±0.5）c | （208.10±0.5）b | （65.34±0.2）b |
| 3 | 红糖 | （0.383±0.2）b | （206.53±1.2）b | （62.28±0.6）b |
| 4 | 不加糖 | （0.311±0.4）d | （172.00±1.3）c | （52.52±0.5）c |

（4）培养基添加钙盐种类。在培养基中添加适量的钙盐有助于食用菌菌丝生长和子实体的成熟。在亚麻副产物培养基中分别添加1%的碳酸钙、1%的硫酸钙以及0.5%的生石灰和0.5%的碳酸钙，以筛选出培养基中添加钙盐的适宜种类。

从表5-72结果可以看出，添加碳酸钙培养基菌丝的生长最快，生长速率为0.378cm/d，与其他2个试验组有统计学差异。加碳酸钙试验组生物学效率最高，达67.28%，显著高于其他2个试验组。综合考虑，亚麻副产物栽培杏鲍菇以添加碳酸钙为宜。

**表5-72 不同钙盐种类亚麻副产物栽培杏鲍菇的效果**

| 钙盐种类 | 生长速率（cm/d） | 单袋鲜菇质量（g） | 生物学效率（%） |
|---|---|---|---|
| 碳酸钙 | （0.378±0.5）a | （214.42±1.2）a | （67.28±0.6）a |
| 硫酸钙 | （0.356±0.3）c | （208.44±2.1）b | （64.06±0.4）b |
| 石灰粉+碳酸钙 | （0.363±0.5）b | （193.65±0.5）c | （62.22±0.2）b |

（5）培养基主料含量。不同碳氮比亚麻副产物栽培杏鲍菇的结果（表5-73）表明，含量为50%的亚麻副产物培养基栽培杏鲍菇菌丝生长最快，生长速率为0.357cm/d，显著大于其他试验组；其生物学效率最高，为68.9%，与另外4个试验组有统计学差异。综合考虑，在生产中用50%的亚麻副产物替代棉籽壳为宜。

**表5-73 不同碳氮比亚麻副产物栽培刺芹侧耳的效果**

| 培养基编号 | 主料占比（%） | 菌丝生长速率（cm/d） | 单袋鲜菇质量（g） | 生物学效率（%） |
|---|---|---|---|---|
| 1 | 40 | （0.333±0.3）b | （179.4±1.4）c | （65.3±0.3）b |
| 2 | 50 | （0.357±0.4）a | （213.2±1.5）a | （68.9±0.7）a |
| 3 | 60 | （0.323±0.4）c | （197.1±0.2）b | （64.7±0.1）b |
| 4 | 70 | （0.335±0.3）b | （195.9±0.2）b | （63.3±0.4）b |
| 5 | CK（71） | （0.314±0.5）d | （178.7±2.2）c | （60.9±0.9）c |

2. 亚麻副产物栽培凤尾菇技术研究

以不添加亚麻屑为对照，亚麻屑替代阔叶木屑比例分别为15%、30%、45%、60%和78%；相应木屑含量为78%、63%、48%、33%、18%、0%；田间的稻糠均为20%，石灰和石膏均为1%。采用熟料栽培，17cm×34cm聚乙烯塑料菌袋，每袋装湿料1.1~1.2kg，下同。

采用麻屑替代阔叶木屑作为栽培基质，可促进凤尾菇生长，凤尾菇菌丝生长速度、产量和生物学效率均高于对照。随着亚麻屑比例的升高，菌丝生长速度呈上升趋势，亚麻屑比例60%时达最大值；产量和生物学效率均呈单峰曲线变化，亚麻屑比例45%时达到峰值，产量为301.8g/袋，生物学效率为60.36%（表5-74）。

**表 5-74　不同基质配方凤尾菇菌丝生长速度、产量和生物学效率**

| 亚麻屑占培养基比例（%） | 菌丝生长速度（mm/d） | 产量（g/袋） | 生物学效率（%） |
|---|---|---|---|
| 0 | 6.67 | 165.94 | 33.19 |
| 15 | 7.69 | 208.1 | 41.62 |
| 30 | 8.33 | 282.39 | 56.48 |
| 45 | 8.7 | 301.8 | 60.36 |
| 60 | 9.09 | 262.52 | 52.5 |
| 78 | 9.09 | 259.94 | 51.99 |

3. 亚麻副产物栽培平菇技术研究

采用麻屑替代阔叶木屑作为栽培基质，可促进平菇生长，平菇菌丝生长速度、产量和生物学效率均高于对照。随着亚麻屑比例的升高，菌丝生长速度、产量和生物学效率均呈上升趋势，在亚麻屑比例达到45%后，菌丝生长速度达到最大值，产量和生物学效率在亚麻屑比例为78%时最高，产量为295.05g/袋，生物学效率为59.01%（表5-75）。

**表 5-75　不同基质配方平菇菌丝生长速度、产量和生物学效率**

| 亚麻屑占培养基比例（%） | 菌丝生长速度（mm/d） | 产量（g/袋） | 生物学效率（%） |
|---|---|---|---|
| 0 | 6.45 | 181.85 | 36.37 |
| 15 | 7.69 | 212.2 | 42.44 |
| 30 | 8 | 254.89 | 50.98 |
| 45 | 8.33 | 271.45 | 54.29 |
| 60 | 8.33 | 292.6 | 58.52 |
| 78 | 8.33 | 295.05 | 59.01 |

4. 亚麻副产物栽培黑木耳技术研究

采用麻屑替代阔叶木屑作为栽培基质，可促进黑木耳菌丝生长，生长速度均高于对照（表5-76）。但是，黑木耳产量在亚麻屑比例为15%时最高，产量为44.47g/袋，随着麻屑代替量的增加，呈下降趋势，主要原因是当麻屑大量替代木屑时，栽培袋易堆袋，影响产量。但总体来说，添加一定量的麻屑对黑木耳产量影响不大，但添加麻屑可降低生产成本。

**表 5-76　不同基质配方黑木耳菌丝生长速度和产量**

| 亚麻屑占培养基比例（%） | 菌丝生长速度（mm/d） | 产量（g/袋） |
|---|---|---|
| 0 | 4.65 | 44.16 |
| 15 | 5.13 | 44.47 |
| 30 | 5.13 | 44.29 |
| 45 | 5.41 | 38.57 |
| 60 | 5.88 | 38.58 |
| 78 | 5.88 | 28.85 |

5. 亚麻副产物栽培滑子菇技术研究

从表5-77可以看出，以不同比例的麻屑替代木屑栽培滑子菇，滑子菇的单产和生物学转化率均随着麻屑的替代量发生变化。当麻屑替代量达到30%时，滑子菇的单产最高。本试验选择的几个替代量中，只有替代量为30%时单产高于对照，且与对照差异显著；与15%、60%、78%差异极显著，与45%差异不显著；滑子菇的生物学转化率随着麻屑的替代量的增加不断升高，当麻屑替代量达到30%时，生物学转化率达到最高值，当麻屑替代量到达60%时，生物学转化率低于对照，其他均高于对照。

**表 5-77 不同麻屑添加量对滑子菇产量和生物学效率的影响**

| 麻屑添加量（%） | 小区鲜重产量（kg） | | | 小区袋数（袋） | 单产（g/袋） | 差异显著性 | | 生物学转化率（%） |
|---|---|---|---|---|---|---|---|---|
| | Ⅰ | Ⅱ | Ⅲ | | | 0.05 | 0.01 | |
| 30 | 599.22 | 590.87 | 593.06 | 45 | 293.52 | a | A | 69.89 |
| 45 | 465.26 | 539.74 | 438.68 | 45 | 237.64 | ab | AB | 56.58 |
| CK | 486.49 | 453.62 | 532.23 | 45 | 242.36 | bc | ABC | 57.7 |
| 15 | 490.6 | 398.03 | 479.12 | 45 | 225.4 | bcd | BC | 53.6 |
| 78 | 353.54 | 372.36 | 421.77 | 45 | 188.91 | cd | BC | 44.98 |
| 60 | 353.52 | 365.51 | 306.71 | 45 | 168.85 | d | C | 40.2 |

注：本试验采用 DPS 数据处理系统 LSD 数据分析，其中 a、b、c 表示 5%显著水平差异，A、B、C 表示 1%极显著水平差异

6. 亚麻副产物栽培猴头菇技术研究

通过表 5-78 可以看出，以不同比例的麻屑替代木屑栽培猴头菇，猴头菇的单产和生物学转化率均随着麻屑的替代量发生变化。当麻屑替代量达到 30%时，猴头菇的单产最高，且与其他处理差异极显著。随着麻屑替代量的增加，猴头菇产量下降，但不管麻屑替代量为多少，单产均高于对照；当麻屑替代量达到 30%时，生物学转化率达到最高值。

**表 5-78 不同麻屑添加量对猴头菇产量和生物学效率的影响**

| 麻屑添加量（%） | 小区鲜重产量（kg） | | | 小区袋数（袋） | 单产（g/袋） | 差异显著性 | | 生物学转化率（%） |
|---|---|---|---|---|---|---|---|---|
| | Ⅰ | Ⅱ | Ⅲ | | | 0.05 | 0.01 | |
| 30 | 8.36 | 9.21 | 9 | 45 | 196.79 | a | A | 46.85 |
| 15 | 7.29 | 7.99 | 7.91 | 45 | 171.74 | b | B | 40.89 |
| 45 | 6.39 | 6.59 | 6.69 | 45 | 145.73 | c | C | 34.7 |
| 78 | 5.86 | 5.81 | 6.02 | 45 | 131.1 | d | D | 31.21 |
| CK | 5.24 | 5.4 | 5.64 | 45 | 118.99 | e | D | 28.33 |
| 60 | 5.22 | 5.5 | 5.42 | 45 | 119.58 | e | D | 28.47 |

注：本试验采用 DPS 数据处理系统 LSD 数据分析，其中 a、b、c 表示 5%显著水平差异，A、B、C 表示 1%极显著水平差异

## （三）工业大麻副产物栽培食用菌技术研究

通过优化氮源选择、碳氮比等副产物栽培茶树菇基质配方以及温度、湿度、光照、通气等条件，进行大麻副产物栽培茶树菇试验，并形成工厂化高效栽培管理方法。结果表明：大麻副产物培养基中含麻骨 60%、氮源 30%、水分 67.5%、pH 值 6.5、添加 0.5%的石灰粉、0.5%的碳酸钙和 1%的蔗糖栽培茶树菇的生物学效率最高，达到 99%。

1. 大麻副产物培养基配方及优化

（1）培养基 pH 值。大麻副产物培养基（50%大麻副产物、21%棉籽壳、21%麦麸、4%玉米粉、2%白糖、2%碳酸钙，下同）分别设置 pH 值为 3.5、4.5、5.5、6.5、7.5 栽培茶树菇（茶树菇 5 号），以棉籽壳培养基（71%棉籽壳、21%麦麸、4%玉米粉、2%白糖、2%碳酸钙，自然 pH 值，含水量 60%，下同）为对照。结果（表 5-79）表明，pH 值为 6.5 时，茶树菇菌丝生长速率为 0.299cm/d，与棉籽壳培养基以及其他各实验组相比具有统计学差异；pH 值大于 6.5 或者小于 4.5 时会使菌丝生长速率明显减慢。从出菇的生物学效率来分析，pH 值为 6.5 的培养基栽培的茶树菇生物学效率为 97%，与其他各实验组相比有统计学差异。综合两方面的实验结果，大麻副产物培养基的最佳 pH 值为 6.5。

**表 5-79 不同 pH 值的大麻副产物培养基栽培茶树菇的效果**

| 配方编号 | pH 值 | 菌丝长速（cm/d） | 一茬鲜菇重（g） | 二茬鲜菇重（g） | 生物学效率（%） |
|---|---|---|---|---|---|
| 1 | 3.5 | （0.208±1.3）c | （82±1.3）cd | （50±0.7）bc | （78±0.3）c |
| 2 | 4.5 | （0.212±0.5）c | （79±0.6）d | （45±1.3）c | （76±0.5）c |

（续表）

| 配方编号 | pH 值 | 菌丝长速（cm/d） | 一茬鲜菇重（g） | 二茬鲜菇重（g） | 生物学效率（%） |
|---|---|---|---|---|---|
| 3 | 5.5 | （0.253±0.2）b | （98±1.5）b | （57±1.8）a | （89±2.1）b |
| 4 | 6.5 | （0.299±0.3）a | （105±0.9）a | （61±0.9）a | （97±0.6）a |
| 5 | 7.5 | （0.172±0.6）e | （88±0.8）c | （54±1.1）ab | （79±1.8）c |
| 6 | CK | （0.199±0.7）d | （86±0.2）c | （42±0.6）c | （77±1.5）c |

（2）培养基含水量。分别设计 4 种含水量不同的大麻副产物培养基（含水量为 65%、67.5%、70%、73%）以及对照棉籽壳培养基用来栽培茶树菇。表 5-80 结果表明，4 组不同含水量的大麻副产物培养基栽培茶树菇菌丝生长速率接近，与对照棉籽壳培养基相比有统计学差异。结果还表明，67.5% 实验组生物学效率最高，达到了 97%，与其他各实验组相比有统计学差异。含水量大于 70%时显著降低生物学效率（表 5-80），综合考虑，大麻副产物栽培茶树菇菇最佳含水量为 67.5%。

**表 5-80　不同含水量的大麻副产物培养基栽培茶树菇的效果**

| 配方编号 | 水分（%） | 菌丝长速（cm/d） | 一茬鲜菇重（g） | 二茬鲜菇重（g） | 生物学效率（%） |
|---|---|---|---|---|---|
| 1 | 65 | （0.287±1.2）a | （89±1.6）a | （48±0.9）a | （95.8±1.2）a |
| 2 | 67.5 | （0.289±0.9）a | （92±2.1）a | （49±1.5）a | （97.1±1.6）a |
| 3 | 70 | （0.279±1.3）a | （65±0.6）c | （41±1.4）b | （86.2±0.5）c |
| 4 | 73 | （0.278±0.8）a | （82±1.6）b | （45±0.8）a | （93.9±0.9）b |
| 5 | CK | （0.265±0.6）b | （90±1.3）a | （40±0.9）b | （94.5±1.5）b |

（3）培养基加糖种类。大麻副产物培养基中分别加入 1%的蔗糖，葡萄糖和红糖，以不加糖培养基作对照，栽培茶树菇。结果（表 5-81）表明，加蔗糖、葡萄糖以及红糖的大麻副产物培养基栽培茶树菇菌丝生长速率各实验组之间无统计学差异，与不加糖实验组相比有统计学差异。加蔗糖实验组生物学效率最高，达到 98.3%，显著高于其他实验组。综合考虑菌丝生长速率以及生物学效率，添加蔗糖的效果最好。

**表 5-81　不同加糖种类大麻副产物培养基栽培茶树菇的效果**

| 配方编号 | | 菌丝长速）cm/d） | 一茬鲜菇重（g） | 二茬鲜菇重（g） | 生物学效率（%） |
|---|---|---|---|---|---|
| 1 | 蔗糖 | （0.293±1.2）a | （95.1±1.4）a | （49±1.3）a | （98.3±1.1）a |
| 2 | 葡萄糖 | （0.99±0.4）a | （87±1.1）b | （38±1.7）b | （95.1±2.8）b |
| 3 | 红糖 | （0.298±1.3）a | （86±0.6）b | （39±2.1）b | （95.7±2.2）b |
| 4 | CK | （0.286±0.5）b | （85±0.9）b | （36±0.8）b | （92.2±0.9）b |

（4）培养基添加钙盐种类。在大麻副产物培养基中添加 1%碳酸钙、1%硫酸钙以及生石灰+碳酸钙（各 0.5%）来栽培茶树菇，筛选适宜培养基添加钙盐种类。从结果（表 5-82）可以看出，不同种类的钙盐对茶树菇菌丝生长速率和生物学效率有不同的影响。添加碳酸钙的培养基菌丝生长速率最快，为 0.297cm/d，与添加生石灰+碳酸钙实验组无统计学差异，与硫酸钙实验组差异显著；通过对生物学效率进行分析发现，石灰粉+碳酸钙实验组生物学效率最高，达到 97.3%，与其他两个实验组有统计学差异。因此，大麻副产物栽培茶树菇适合添加生石灰+碳酸钙。

**表 5-82　不同钙盐种类大麻副产物培养基栽培茶树菇的效果**

| 配方编号 | 钙盐种类 | 菌丝长速（cm/d） | 一茬鲜菇重（g） | 二茬鲜菇重（g） | 生物学效率（%） |
|---|---|---|---|---|---|
| 1 | 碳酸钙 | （0.297±1.3）a | （90±1.7）b | （46±1.6）a | （95.2±1.4）b |
| 2 | 硫酸钙 | （0.282±0.8）b | （89±1.3）c | （40±0.8）a | （92.1±1.9）c |
| 3 | 生石灰+碳酸钙 | （0.295±0.7）a | （93±1.8）a | （48±0.7）a | （97.3±2.4）a |

（5）培养基主料含量。以棉籽壳、大麻副产物作为主料提供碳源，麦麸和玉米粉为辅料提供

茶树菇生长所需的氮源。固定培养基麦麸用量，通过调整大麻副产物、棉籽壳以及玉米粉的含量来控制碳氮比。通过分析得知：大麻副产物含量为60%，氮源含量为30%的培养基栽培茶树菇菌丝生长速率最快，为0.293cm/d，与麻骨含量50%，氮源含量30%实验组无统计学差异，与其他各实验组之间有统计学差异。但是，各实验组的生物学效率以大麻副产物含量为60%，氮源含量为30%的培养基最高，达到99.3%，和其他实验组相比有统计学差异（表5-83）。综合分析对菌丝长速以及生物学效率的影响，后续实验采用大麻副产物含量为60%，氮源含量为30%的培养基来栽培茶树菇。

**表5-83　不同碳氮比大麻副产物培养基栽培茶树菇的效果**

| 配方编号 | 大麻副产物（%） | 氮源（%） | 菌丝长速（cm/d） | 一茬鲜菇重（g） | 二茬鲜菇重（g） | 生物学效率（%） |
|---|---|---|---|---|---|---|
| 1 | 50 | 25 | （0.282±0.3）b | （89±0.3）ab | （44±2.1）b | （91.2±0.9）b |
| 2 | 50 | 30 | （0.289±0.1）a | （93±0.5）a | （47±2.0）a | （95.3±0.4）ab |
| 3 | 50 | 35 | （0.273±0.5）c | （86±0.1）b | （40±1.6）b | （90.8±0.8）b |
| 4 | 60 | 25 | （0.281±0.1）b | （92±0.7）b | （46±1.8）a | （91.7±1.3）b |
| 5 | 60 | 30 | （0.293±0.2）a | （97±0.9）a | （50±1.6）a | （99.3±1.2）a |
| 6 | 60 | 35 | （0.272±0.2）c | （88±1.4）b | （42±0.8）bc | （90.6±1.4）b |
| 7 | 70 | 30 | （0.274±0.1）c | （87±1.3）b | （43±0.9）b | （88.9±1.8）c |
| 8 | 70 | 25 | （0.266±0.6）d | （82±1.8）c | （40±0.4）e | （85.7±1.7）c |

2. 茶树菇品种筛选实验

对茶树菇5号和古茶2号在60%大麻培养基上的生长情况进行统计来进行品种筛选，实验结果（表5-84）表明，大麻培养基上的茶树菇5号出菇齐，生物学效率可达到98.6%以上，而古茶2号生物学效率大约为89.7%，因此，茶树菇5号适合利用大麻副产物培养基来栽培。

**表5-84　茶树菇5号和古茶2号在60%大麻培养基上的生长情况**

| | 菌丝长速（cm/d） | 一茬菇重（g） | 二茬菇重（g） | 生物学效率（%） |
|---|---|---|---|---|
| 茶树菇5号 | 0.294±1.1a | 95±1.6a | 48.4±1.6a | 98.6±0.5a |
| 古茶2号 | 0.288±0.7b | 88.1±1.1 b | 44.6±1.1b | 89.7±0.3b |

3. 大麻副产物栽培茶树菇技术要点

茶树菇菌丝生长期：温度20~24℃，湿度60%~63%，不需要光照。菌丝满袋后移入自动控温控湿控气的智能出菇房进行搔菌催蕾。借鉴前人经验进行适当调整。搔菌：打开袋口搔去老菌种、表面絮状菌丝和少量子实体。搔菌后及时催蕾，催蕾条件：培养室温度降至15~20℃，空气相对湿度保持85%~90%，为了防止搔菌后料面干燥，催蕾头3d，空气相对湿度以维持在90%~95%为宜，室内保持一定的闪射光，3~5d后，菌袋表面出现点点细雨水珠，经2~3d后即可出现密集的白色原基，接着分化成大批菇蕾。出菇条件：温度提高到20~25℃，空气相对湿度保持90%~95%，室内保持一定的闪射光。当菇蕾出现，原基形成珊瑚状，浅褐色，菌柄长到一定长度时，要把袋口反卷3~5cm；随着菇蕾的长大，逐渐拉直袋口，直到采菇测产。采收两茬菇进行测产和指标分析，每种配方重复3批（不同时间分批催蕾出菇）。结果表明，茶树菇生物学效率达到99%以上。

# 第六章　苎麻产业技术示范

## 一　咸宁苎麻试验站

咸宁苎麻试验站紧紧围绕“提高苎麻综合效益，促进苎麻产业发展”为中心，在苎麻高产高效及多用途研究与示范，早稻麻地膜机插育秧技术试验与示范，山坡地种植及固土保水试验与示范等方面在湖北大力示范、推广、宣传，产生很好的经济、社会、生态效益，并在苎麻主产区调研苎麻产业的关键技术需求，针对产业中存在的问题积极开展培训和展示新品种、新技术、新成果、新模式，有效指导生产，加强了本区域的技术支撑，产业信息收集，应急机制的创建。对促进苎麻产业发展方式转变、产业结构调整和产业升级发挥了重要作用。

### （一）技术集成与示范

1. 苎麻高产高效种植技术示范

对 2013 年通过测产验收的 15 亩高产高效苎麻示范园进行了田间管理和苎麻嫩茎叶喂饲肉牛及嫩茎叶青贮加工，并总结了苎麻高产高效栽培技术一套。完成了杨畈苎麻科技园 50 亩麻园管理及 15 亩苎麻高产高效示范片管理与示范。测产结果表明，华苎 5 号原麻单产 351kg/亩，干麻叶 643kg/亩，干麻骨 908kg/亩。

2. 苎麻饲料化技术试验示范

（1）苎麻青贮饲料调制试验。设置 4 个不同配方的辅助试验处理：①100%苎麻，②100%玉米秆，③50%苎麻+50%玉米秆，④酒糟。将以上不同处理于 60d 青贮期分别取样测产粗蛋白含量、粗纤维含量、pH 值、钙及磷等含量，其结果见表 6-1。可见，纯苎麻青贮后粗蛋白、粗脂肪、灰分、钙含量均较高，但 pH 值也较高。玉米秸秆与苎麻混合青贮可更加有效地均衡各养分。

**表 6-1　不同处理青贮 60d 营养成分结果**

| 样品处理 | CP（%） | NDF 含量（%） | ADF 含量（%） | 粗脂肪含量（%） | pH 值 | 灰分含量（%） | 钙含量（%） | 磷含量（%） |
|---|---|---|---|---|---|---|---|---|
| 纯苎麻 | 17.00 | 67.45 | 55.63 | 4.77 | 5.01 | 12.88 | 7.73 | 0.88 |
| 玉米秸秆+苎麻 | 12.83 | 63.35 | 47.08 | 3.13 | 4.39 | 8.34 | 4.20 | 0.64 |
| 玉米秸秆 | 7.02 | 76.29 | 45.31 | 1.17 | 4.03 | 6.19 | 3.82 | 0.71 |
| 酒糟 | 16.21 | 50.41 | 35.66 | 3.96 | 4.15 | 9.99 | 0.59 | 0.82 |

（2）苎麻青贮饲料体外模拟消化试验。将以上不同的处理青贮 60d 烘干，以瘘管奶牛为试验动物，采集瘤胃液和将青贮烘干后的粉末于恒温水浴摇床体外培养 24h，测定 24h 的 pH 值、挥发性脂肪酸、微生物蛋白及菌体蛋白产量。结果见表 6-2。

**表 6-2　体外模拟试验 24h 结果**

| 样品处理 | 24h 挥发性脂肪酸产量（mmol） | | | 氨氮浓（mg/ml） | 微生物蛋（mg/ml） | pH 值 |
|---|---|---|---|---|---|---|
| | 乙酸 | 丙酸 | 丁酸 | | | |
| 纯苎麻 | 2.97 | 0.7 | 0.69 | 2.18 | 0.23 | 6.36 |
| 玉米秸秆+苎麻 | 3.41 | 1.09 | 0.76 | 2.07 | 0.21 | 6.22 |
| 玉米秸秆 | 3.97 | 1.21 | 0.85 | 1.93 | 0.27 | 6.26 |
| 酒糟 | 3.2 | 0.9 | 0.67 | 2.41 | 0.26 | 6.27 |

（3）苎麻青贮饲料养殖技术示范。2014—2015 年度，先后在湖北香泉牧业有限公司、新时代牧业有限公司（赤壁）、湖北通山阿森养殖专业合作社，开展了苎麻青贮饲料肉牛、奶牛和波尔山羊养殖技术示范。以青贮苎麻为粗料，配制了 3 种综合净能均为 7.36MJ/kg，粗蛋白水平分别为 18%、16%、14%的精料补充料，分别饲喂试验粗饲料+基础精料和常规粗饲料+基础精饲料 2 种日粮，进行了反刍动物养殖技术试验示范。

3. 山坡地苎麻种植关键技术示范

分别在 2014 年 5 月 26 日、6 月 5 日、10 月 17 日对嘉鱼县高铁镇八斗村、赤壁市神山镇毕畈村测产验收。嘉鱼山坡地测产结果：原麻 259kg/亩，干麻叶 557.6kg/亩，干麻骨 895.2kg/亩（表 6-3）。赤壁测产结果：原麻 273.7kg/亩，干麻叶 348.3kg/亩，干麻骨 1247.7kg/亩（表 6-4）。

**表 6-3　2014 年苎麻纤维产量及主要性状（嘉鱼，中苎 1 号）**

| 麻季 | 鲜叶（kg/亩） | 鲜骨（kg/亩） | 鲜茎（kg/亩） | 总鲜重（kg/亩） | 鲜麻（kg/亩） | 干麻（kg/亩） | 干叶（kg/亩） | 干骨（kg/亩） | 鲜茎出麻率（手工剥麻） |
|---|---|---|---|---|---|---|---|---|---|
| 头麻 | 887.0 | 1 621.7 | 2 113.1 | 3 000.1 | 491.1 | 113.8 | 206.2 | 340.6 | 6.38% |
| 二麻 | 763.8 | 1 213.1 | 1 520.3 | 2 284.1 | 307.3 | 83.9 | 202.4 | 321.5 | 5.6% |
| 三麻 | 643.6 | 1 101.1 | 1 340.6 | 1 984.2 | 239.5 | 61.6 | 149.0 | 233.1 | 3.74% |
| 合计 | 2 294.4 | 3 935.9 | 4 974.0 | 7 268.4 | 1 037.9 | 259.3 | 557.6 | 895.2 | 5.24% |

注：干麻为晒干原麻重，鲜叶含水量为 75.70%，鲜骨含水量为 77.26%。剥麻机为咸宁嘉鱼农机厂生产。机剥鲜茎出麻率为 259.3/4974.0=5.21%。手工剥麻出麻率为 5.24%

**表 6-4　2014 年苎麻纤维产量及主要性状（赤壁，华苎 5 号）**

| 麻季 | 鲜叶（kg/亩） | 鲜骨（kg/亩） | 鲜茎（kg/亩） | 总鲜重（kg/亩） | 鲜麻（kg/亩） | 干麻（kg/亩） | 干叶（kg/亩） | 干骨（kg/亩） | 鲜茎出麻率（手工剥麻） |
|---|---|---|---|---|---|---|---|---|---|
| 头麻 | 807.0 | 1 814.0 | 2 380.0 | 3 187.0 | 565.0 | 129.6 | 134.9 | 559.3 | 5.5% |
| 二麻 | 667.0 | 1 231.5 | 1 530.0 | 2 197.0 | 298.5 | 74.6 | 69.4 | 411.6 | 5.1% |
| 三麻 | 801.7 | 1 102.9 | 1 377.8 | 2 179.5 | 274.9. | 69.5 | 144.0 | 276.8 | 5.0% |
| 合计 | 2 275.7 | 4 148.4 | 5 287.8 | 7 563.5 | 1 138.4 | 273.7 | 348.3 | 1 247.7 | 5.2% |

注：干麻为晒干原麻重，鲜叶含水量为 84.7%，鲜骨含水量为 69.9%。剥麻机为咸宁嘉鱼农机厂生产。机剥鲜茎出麻率为 273.7/5 287.0=5.17%。手工剥麻出麻率为 5.20%

4. 苎麻固土保水关键技术示范

在崇阳白霓镇市农业科学院科研基地建立了苎麻水土保持长期定位研究观测试验示范基地，试验面积 8 亩，其中试验场 3 亩。试验分苎麻浅根型、中根型、深根型品种，自然修复和农作物五个处理、随机排列、三个重复，坡度 26°~27°。2011 年建、2012 年 9 月栽植、2014—2015 年继续进行雨水分流测量及麻园产量等指标测定，连续 2 年的测水流失量结果一致，其结果为浅根型<深根型<中根型<休闲（自然修复）<农作物。苎麻以黄壳麻最好。

初步表明，种植苎麻与休闲处理比较雨水流失量降低 26.98%，苎麻与种植农作物比较的雨水流失量降低 133.5%；不同苎麻类型比较，雨水流失量苎麻浅根型品种浅根型（黄壳麻）<深根型（湘苎 3 号）<中根型（华苎 4 号）；苎麻产量结果中根型<浅根型<深根型。结果见表 6-5。

**表 6-5　崇阳山坡地不同根型苎麻产量及相关农艺性状**

| 麻季 | 平均株高（cm） | | | 平均茎粗（mm） | | | 皮厚(mm/10 片) | | | 干麻（kg/亩） | | | 干叶（kg/亩） | | | 干骨（kg/亩） | | |
|---|---|---|---|---|---|---|---|---|---|---|---|---|---|---|---|---|---|---|
| | 深根型 | 中根型 | 浅根型 | 深根型 | 中根型 | 浅根型 | 深根型 | 中根型 | 浅根型 | 深根型 | 中根型 | 浅根型 | 深根型 | 中根型 | 浅根型 | 深根型 | 中根型 | 浅根型 |
| 头麻 | 160 | 145 | 146 | 9.59 | 8.37 | 7.17 | 8.05 | 6.95 | 5.11 | 85 | 77 | 82 | 118 | 127 | 116 | 186 | 162 | 143 |
| 二麻 | 143 | 96 | 145 | 9.31 | 6.53 | 6.90 | 7.90 | 6.35 | 4.10 | 63 | 43 | 81 | 86 | 70 | 103 | 136 | 90 | 140 |
| 三麻 | 135 | 89 | 116 | 9.61 | 5.46 | 7.64 | 7.51 | 5.01 | 4.63 | 67 | 33 | 37 | 121 | 134 | 115 | 165 | 151 | 135 |
| 全年 | 146 | 110 | 135.7 | 9.50 | 6.79 | 7.24 | 7.82 | 6.10 | 4.61 | 215 | 153 | 200 | 325 | 331 | 334 | 487 | 403 | 418 |

5. 麻育秧膜早稻机插育秧技术示范

2014 年开展了早稻麻育秧膜机插育秧试验与示范，试验示范地点在咸安区双溪桥镇和汀泗镇，示范面积 500 亩；在赤壁市柳山湖镇、通城县沙堆镇示范面积 500 亩。开展了大棚工厂化麻育秧膜集中育秧试验与示范，总结了麻育秧膜早稻机械育插秧技术规程一套。

2015 年结合湖北省农业科技成果转化项目在湖北咸宁、黄冈、荆州、天门、仙桃、潜江等 17 个县地进行大面积示范应用，示范面积 10 万亩。2015 年 4 月 16 日在咸安区向阳湖镇组织并成功举办了麻育秧膜早稻机插育秧暨春季农业生产现场会，取得很好的效果及社会反响，咸宁电视台进行了专题报道。总结出麻育秧膜早稻机械育插秧技术一套。申报了咸宁市科技进步奖，获二等奖；早稻麻育秧膜机插育秧技术规程申报了湖北省地方标准项目，已通过专家评审。

## （二）基础数据调研

（1）与体系产业经济研究室签订协议，每年度对咸宁麻区的苎麻面积、价格波动、病虫害发生情况及主要加工企业数据等进行调研，更新及上报产业经济研究室需要的相关数据。

（2）在向阳湖基地建了 200m$^2$的钢架棚和羊舍，为大规模青贮试验提供试验场所；青贮打包 500 包，开展了青贮苎麻喂饲肉牛、奶牛、山羊、蛋鸡试验和苎麻粉、苎麻颗粒料加工试验。

（3）以咸宁市农业科学院茶麻研究所为基础，试验站为平台，与中国农业科学院麻类研究所、湖北省农业科学院畜牧所、华中农业大学、扬州大学、中国农业科学院饲料所深度合作提升科技创新能力，获批湖北省苎麻创新岗位专家，与湖北省农业科学院畜牧所共建苎麻饲草化利用研发团队，认定咸宁市苎麻副产物高效利用工程技术中心，争创湖北省苎麻工程技术中心、湖北省苎麻创新团队等平台，全面提升了科技创新能力。

## （三）区域科技支撑

2014 年开展技术培训 2 次，围绕早稻麻地膜机插育秧技术和苎麻副产物青贮加工技术、高效喂饲牛羊技术等培训农技人员、农机人员和农民 80 人次。4 月 12 结合麻地膜早稻机插育秧试验示范现场观摩培训农机与农技人员 40 人次。8 月 22 日、8 月 30 日、11 月 19 日集合苎麻青贮加工培训 52 人次。11 月 6 日结合专家大院培训农民 80 人次。

2015 年开展技术培训 3 次，围绕早稻麻地膜机插育秧技术，苎麻副产物青贮加工技术，高效喂饲牛、羊技术，麻园种养结合轮牧养羊技术和新型剥麻机技术等培训农技人员、农机人员和农民 280 人次。

2014 年开展的麻地膜早稻机插育秧技术通过试验示范列于湖北省农业厅重点示范项目之一，成功申报湖北省科技厅的农业成果转化项目，获立项支持。

苎麻骨叶饲喂肉牛将通过咸宁市财政局申报立项加大扶持示范应用，并成功申报湖北省苎麻创新岗位，苎麻新品种中苎 2 号、中饲苎 1 号、华苎 5 号、川苎 12 号在咸宁各个示范县建立了母本园更新老品种。

咸宁市电视台新闻频道、湖北电视台垄上行栏目、咸安区电视台新闻栏目、咸宁日报多次对麻地膜育秧技术、苎麻副产物利用、苎麻收获机试验进行报道。

## 三　张家界苎麻试验站

张家界苎麻试验站针对本区域丘陵山地多的特点，着力开展中陡坡度山坡地苎麻高产高效种植技术试验示范工作，积极推广苎麻饲料青贮技术在牛羊养殖企业、大户开展苎麻青贮饲料喂养肉牛、羊技术示范推广，对区域经济发展提供了有效的科技支撑。

### （一）技术集成与示范

1. 非耕地苎麻种植关键技术示范

在武陵山区推广优质苎麻品种中饲苎 1 号和华苎 4 号，进行高产示范栽培，面积 5 亩，实施测土配方施肥，加强田间病虫草害防控。分别于 2014 年 6 月 19 日、8 月 20 日、10 月 28 日测产验产和原麻打收，获得原麻单产 241.5kg/亩、麻叶、麻骨 1 245kg/亩，平均纤维支数为 1 723支。2015 年继续优化栽培技术示范，经测产平均提高苎麻单产 11.5%。

2. 苎麻固土保水关键技术示范

建立示范基地面积 4 亩，2014—2015 年通过对土壤侵蚀指数与降水有效利用效率观测，土壤侵蚀模数相对于旱粮作物下降 43.6%~58.4%，抛荒地下降 53.5%~61.3%。本年度试验区所在地的降水量为 1 106.8mm，其降水利用效率比旱粮作物提高 210~240 元/(mm·亩)。2014 年、2015 年，中饲苎 1 号每年收获 6 次，收获全株饲麻嫩茎叶鲜重 6 520kg/亩，干物质 959kg/亩；中苎 1 号每年收获 5 次，收获全株苎麻嫩茎叶鲜重平均为 5 150kg/亩，干物质 840kg/亩（表 6-6）。

**表 6-6　2014—2015 年中陡坡度山坡地饲料苎麻**

| 年份/品种 | 收获日期（月-日） | 收获茬数 | 株高（cm） | 叶茎比 | 亩鲜重（kg/亩） | 干湿比（%） | 亩干重（kg/亩） |
|---|---|---|---|---|---|---|---|
| 2014（中饲苎 1 号） | 4-28 | 第一茬 | 138.0 | 0.70 | 1 898.9 | 12.3 | 234.3 |
| | 6-1 | 第二茬 | 87.9 | 1.25 | 825.5 | 15.3 | 126.4 |
| | 7-26 | 第三茬 | 92.3 | 1.36 | 1 013.4 | 18.5 | 187.4 |
| | 8-22 | 第四茬 | 96.7 | 1.20 | 1 224.3 | 13.7 | 167.5 |
| | 9-25 | 第五茬 | 108.4 | 1.10 | 1 112.0 | 15.5 | 171.8 |
| | 11-22 | 第六茬 | 47.6 | 2.27 | 450.0 | 17.6 | 79.2 |
| | 合计 | | | | 6 524.1 | | 966.6 |
| 2015（中苎 1 号） | 4-28 | 第一茬 | 119.3 | 0.78 | 1 615.7 | 12.6 | 203.1 |
| | 6-1 | 第二茬 | 94.0 | 1.00 | 1 071.5 | 14.7 | 157.6 |
| | 7-26 | 第三茬 | 76.8 | 1.32 | 761.5 | 19.2 | 146.4 |
| | 9-25 | 第四茬 | 130.2 | 0.91 | 1 083.9 | 19.0 | 205.9 |
| | 11-22 | 第五茬 | 47.2 | 1.81 | 273.9 | 19.0 | 52.2 |
| | 合计 | | | | 4 806.4 | | 765.2 |

（1）中陡坡度（25°~45°）山坡地水土保持技术示范。按照岗位专家提供的土壤侵蚀模数简易监测方法——方桩定位监测法，《水土保持试验规范（SD 239—87）》，于 2014 年 1 月建成监测样方，2014—2015 两年多次测得苎麻样方的土壤侵蚀模数为 782t/(km$^2$·年)、旱粮作物地的为 1 388t/(km$^2$·年)，抛荒地 1 680t/(km$^2$·年)。2014—2015 年平均土壤侵蚀模数相对于旱粮作物下降 52%，抛荒地下降 57.5%。降水利用效率比旱粮作物提高 225 元/(mm·亩)。

（2）中陡坡度山坡地饲料苎麻生产技术试验示范。种植品种为中饲苎 1 号、中苎 1 号，实施测土配方施肥，重施有机肥底肥，及时追施 N、P、K 肥；由体系专家组实地进行测产验收。“中饲苎 1 号”每年收获 6 次，2014 年、2015 年平均收获全株饲麻嫩茎叶鲜重 6 512kg/亩，干物质

959kg/亩。中苎 1 号每年收获 5 次，平均收获全株苎麻嫩茎叶鲜重 5 651kg/亩，干物质 865kg/亩。通过研究示范，中饲苎 1 号在山坡地栽培生长极性明显高于中苎 1 号及其他品种，春天及时收获，夏秋提早收获对产量与品种具兼顾效果。

3. 苎麻重大有害生物防控技术示范

在苎麻主产区慈利县许家坊乡进行了重大有害生物危害的规律调查与观测；加强病虫害预警，开展了病虫害预测预报；于 2014 年 6—10 月分别实施重大有害生物危害的农业措施生态调控、物理防治、化学防治等综合性防控措施，通过统计对比，示范基地苎麻产量损失减少 11.4%。

2015 年在苎麻主产区慈利县许家坊乡、永定区新桥乡进行了重大有害生物危害的规律调查、观测与预警，开展了病虫害预测预报；于 5—10 月实施重大有害生物危害的农业措施生态调控、物理化学防治等综合性防治措施，通过统计对比，示范基地苎麻产量损失减少 10.6%。

4. 苎麻轻简化栽培技术研究与示范

实施苎麻轻简化栽培技术研究，在生长期实行全免耕，2014 年收获原麻 151.5kg/亩；11 月在行间套种蔬菜抱子芥，将于 2015 年 1 月底收获，收获蔬菜 800kg/亩，每 kg 价格 1.2 元，增收 960 元/亩。

2015 年 2 月 10 日，经体系办公室工作布置，邀请重庆市渝东南农业科学院、吉首市农业局及科技局等单位相关领导与专家共 5 人组成验收组，对苎麻冬闲期套种作物进行测产验收。套种作物品种为茎瘤芥菜（榨菜），其田间长势良好，病虫危害轻。现场测量株行距为 62cm×69cm，折算每亩定植 1 560株，测产采用三点取样法，每点面积 0.02 亩，实测生物学产量与瘤茎（即青菜头）产量，折合生物学产量为 1 385.3kg/亩、瘤茎产量为 621.5kg/亩。市场均价 2.2 元/kg，亩产值 1 348元。验收组一致认为武陵山区山地苎麻冬闲期套种茎瘤芥菜模式简易可行，能提高复种指数，增加麻农收入，推广前景良好。通过生产技术推广与培训，扩大了冬闲期套种生产面积。

5. 苎麻收获与剥制机械的研究与集成

2014 年新购置了割麻机、剥麻机 4 台（套）用于生产，机械剥麻技术示范面积 0.6 万亩。2015 年机械剥麻技术示范面积 0.5 万亩。收集了剥麻机械不同机型的使用工作效率、作业成本、剥麻质量等相关数据，并及时向功能研究室进行测试数据反馈。

6. 苎麻化学脱叶技术试验

本次实验期间天气皆为晴天，气温持续在 30℃ 左右，设置 4 000mg/kg 的乙烯利+0.5%尿素+2%磷酸二氢钾处理、4 000mg/kg 的乙烯利+0.5%尿素处理、4 000mg/kg 的乙烯利+2%磷酸二氢钾处理与对照组。对照组在整个实验过程中，除了人为接触和自然脱落，几乎没有脱叶，实验最佳组合为：4 000mg/kg 的乙烯利+0.5%尿素+2%磷酸二氢钾，第 5d 的叶片全部脱落；4 000mg/kg的乙烯利+0.5%尿素和 4 000mg/kg 的乙烯利+2%磷酸二氢钾处理组的脱叶效果也很明显。试验表明化学脱叶技术可行。

**（二）基础数据调研**

参与苎麻种质资源及主栽品种系谱数据库建设，2014 年收集了张家界市及周边苎麻种质资源两份，在张家界市农科所基地集中保存。2015 年在张家界市农科所基地建立种质资源保存圃，新收集多份种质资源集中保存。

参与麻类作物土壤肥料数据库建设，收集并保存本试验站试验示范基地土壤化验数据 12 份。

参与麻类作物线虫及病毒病害种类及发生情况数据库建设，收集张家界苎麻产区苎麻花叶病土壤、叶片及植株交线虫与病毒病防控岗位专家进行化验检测。

进行了麻类作物轻简化栽培技术数据库建设，生长期全免耕，机械剥麻，麻园冬闲套种的试验示范。

参与苎麻作物虫害、病毒病害及草害种类和发生情况数据库建设，在主产区进行了苎麻主要虫害夜蛾、蛱蝶发生世代调查和虫口普查 4 次；收集苎麻花叶病土壤、叶片及根腐线虫样本，提交病毒病防控岗位专家进行化验检测。在各个示范县主产区进行草害发生情况调查。

参与麻类作物初加工机械数据库建设，在主产区进行苎麻机械剥制示范，收集并提交小型剥麻机械工作性能、效率、加工产品质量等数据。

建设和改善试验示范基地的基础设施，添置办公设备与试验仪器 9 台（套）。进行了 80$m^2$牛舍房屋和 3 个水池的修缮，树立基地标示牌 3 处。

### （三）区域科技支撑

1. 技术服务与培训

开展农技人员机械剥麻技术培训 2 次，共培训农技人员 20 人，植麻农民 65 人；苎麻病虫草害防控技术培训 1 次，培训农技人员 4 人，植麻农民 92 人；山地苎麻技术栽培、苎麻水土保持、生产自救、抗旱技术培训共 3 次，培训农技人员 15 人，植麻农民 192 人，全年共培训农技人员 39 人次，农民 349 人次。

2. 科技创新能力建设

在努力完成委托协议任务的基础上，积极推广苎麻饲料青贮技术。购进了 6 头肉牛在张家界市农科所基地示范喂养，供生产企业、专业合作社观摩学习，并在牛羊养殖企业、大户开展苎麻青贮饲料喂养肉牛、羊技术示范推广，协助企业购置青贮饲料加工机械设备 2 台（套），收购苎麻副产物加工青贮饲料（苎麻、玉米秸秆、葛叶混合饲料）1 000余 t。

3. 良种推广及种苗繁育

2015 年为积极推行良种化生产，繁育良种饲料苎麻苗 5 万余株。苎麻良种筛选及配套栽培新技术推广项目获得 2013 年度张家界市科学技术进步奖三等奖。

## 三　达州苎麻试验站

积极开展体系创新科技成果（新品种、种植新技术）的示范、技术培训、技术咨询、现场展示和推广应用工作，为四川麻区 2 万余 $hm^2$ 苎麻生产发展提供了强有力科技支撑，稳定了苎麻种植面积，提高了麻农经济效益，为全国苎麻产业的稳定提供了重要的支持。

### （一）技术集成与示范

1. 苎麻高产高效种植与多用途关键技术示范

（1）优良新品种高产展示。对在依托单位试验基地建立的川苎 11 号高产栽培示范，通过加强冬管、合理施肥、防治病虫等技术措施，长势良好。分别于 2014 年 5 月 24 日、7 月 27 日和 10 月 18 日对示范基地三季进行了现场测产，测产结果见表 6-7。

**表 6-7　产量情况表**

| 季别 | 头麻 | 二麻 | 三麻 | 合计 |
|---|---|---|---|---|
| 原麻（kg/亩） | 168.89 | 104.94 | 72.22 | 346.06 |
| 叶片（kg/亩） | 295.18 | 187.57 | 150.24 | 632.99 |
| 麻骨（kg/亩） | 463.45 | 361.74 | 120.43 | 945.61 |
| 株高（cm） | 229.08 | 209 | 208.67 | 215.6 |
| 茎粗（cm） | 1.366 | 0.908 | 0.903 | 1.059 |
| 有效株（万株/亩） | 1.996 | 2.075 | 1.406 | 1.826 |
| 鲜皮厚（mm） | 1.258 | 1.249 | 1.193 | 1.233 |
| 鲜皮出麻率% | 12.07 | 11.63 | 12.09 | 11.93 |

2015 年与示范县技术骨干一道，分别在邻水县王家乡 4 村、隆昌县古湖街道办 6 村建立了苎麻新品种川苎 11 号、川苎 12 号高产高效生产技术示范，其中，邻水县示范面积 8 亩，隆昌县示范

面积6亩。通过加强田间管理，新栽麻长势良好。经组织示范县、团队成员、示范区域麻农进行测产，邻水县示范点：新栽麻亩平均产原麻97.5kg，麻骨228.6kg，茎叶155.9kg。隆昌县示范点：新栽麻亩平均产原麻80.4kg，麻骨201.4kg，茎叶137.1kg。

（2）新栽麻高效生产技术示范。与大竹县技术骨干一道，在永胜乡茨竹村开展了川苎12号新栽麻间套作高效生产技术示范，累计示范20亩，其中，核心示范面积4亩。主要示范了“玉米—苎麻”套作模式。经组织团队成员、示范县技术骨干、麻农代表进行了现场测产：核心示范区亩玉米平均产量648.93kg，原麻平均产量56.58kg/亩。按市场价计算，全年产值1 880元以上。

（3）成龄麻高效生产技术示范。加强了2013年在大竹县连印乡天生村建立的4亩“川苎8号”高产示范田间管理。经组织团队成员、大竹县示范县技术骨干、示范区域麻农测产：示范区亩平均原麻产量292.17kg，茎叶578.65kg，麻骨产量862.83kg。

与达县、大竹县技术骨干一道，继续抓好2013年在达县双庙乡中华寺村1组和3组、大竹县石河镇五四村4组和5组建立的非耕坡地苎麻技术大面积示范，面积40亩。头麻、二麻及三麻收获时组织了现场测产，产量情况见表6-8。

**表6-8　原麻产量情况表（kg/亩）**

| 试验点 | 达县赵家 | | 大竹县连印 | |
|---|---|---|---|---|
| | 1组 | 3组 | 4组 | 5组 |
| 示范区 | 186.45 | 189.36 | 192.4 | 183.9 |
| 对照区 | 165.46 | 152.58 | 169.27 | 163.78 |
| ±对照（%） | 12.69 | 24.11 | 13.66 | 12.28 |

（4）苎麻副产物生产食用菌技术试验示范。2014年，先后在大竹县石河镇五四村、达县双庙乡中华寺村开展了苎麻秸秆生料栽培大球盖菇的示范，示范面积0.5亩/点，效果良好，大竹点共收获大球盖菇折合亩产1 527.8kg/亩，达县点收获折合亩产1 469.2kg/亩。

2015年11月，与示范县技术骨干一道在达川区草兴乡高峡村7社开展了苎麻秸秆生料栽培大球盖菇的示范，示范面积1.5亩/点，已完成菌种接种工作，正加强田间管理。

（5）高效生产技术和打剥技术示范现场观摩。2014年5月24日，邀请大竹县农业局相关领导，组织团队成员、大竹县技术骨干、主产乡镇农技人员和麻农、食用菌专合社等21人，到大竹县石河镇对高产示范基地、苎麻秸秆生料栽培大球盖菇技术示范点进行了现场观摩。

2015年6月19日，该在体系机械岗位专家龙超海研究员的指导下，于大竹县石河镇五四村开展了苎麻打剥机的现场收获技术示范、技术宣传，示范机械是在“4BM-260”型基础上进行了改进。该机械剥制的原麻质量良好、功效快，受到了麻农的欢迎。大竹县财政局、农业局，大竹金桥麻业公司，大竹县石河镇农技人员、种麻大户共计27人到场观摩。

2. 非耕地苎麻种植关键技术示范

组织达县示范县技术骨干，加强了对2012年在双庙乡建立的4亩缓坡地川苎11号高产种植技术示范点的田间管理，长势良好。分别于2014年5月24日、7月27日和10月18日对示范基地三季进行了现场测产，测产结果见表6-9。2015年测产结果表明，其原麻、麻叶、麻骨亩产分别达到了268.51kg、463.76kg和821.48kg。

**表6-9　缓坡地苎麻高产种植技术示范点测产结果**

| 季别 | 头麻 | 二麻 | 三麻 | 合计 |
|---|---|---|---|---|
| 原麻（kg/亩） | 103.04 | 69.63 | 68.89 | 241.56 |
| 叶片（kg/亩） | 142.80 | 117.50 | 183.95 | 444.25 |
| 麻骨（kg/亩） | 351.92 | 255.19 | 203.39 | 810.49 |
| 株高（cm） | 228.69 | 208.67 | 208.67 | 215.34 |

（续表）

| 季别 | 头麻 | 二麻 | 三麻 | 合计 |
|---|---|---|---|---|
| 茎粗（cm） | 1.469 | 0.957 | 0.957 | 1.128 |
| 有效株（万株/亩） | 1.149 | 1.152 | 0.983 | 1.095 |
| 鲜皮厚（mm） | 1.36 | 1.206 | 1.206 | 1.257 |
| 鲜皮出麻率（%） | 12.41 | 12.8 | 13.02 | 12.74 |

3. 中陡坡地水土保持型饲用苎麻高产种植技术试验示范

2014 年，在双庙乡山坡地新栽川苎 11 号、川饲苎 1 号面积各 5 亩。采用等高线开厢、三角形错位栽插、提高种植密度等措施。重在养蔸，未进行收获。2015 年继续加强肥水、病虫害防治等田间管理，与达县技术骨干一道开展了收获技术、收获后肥水管理等的现场示范和技术培训。经组织达川区示范县技术骨干、木子乡农技站、农户、养殖场技术员等 19 人次进行了现场观摩和测产，按株高 60cm 标准开始收获，共计收获嫩茎叶 8 次，亩生物鲜产 7 634.9kg，干产 1 421.6kg。

4. 川苎 11 号制种技术研究

2014 年和 2015 年继续加强对 2011—2013 年在依托单位试验基地建立的 25 亩川苎 11 号制种地的田间管理。2014 年杂交种子收获完毕，亩平均制种产量 37.68kg。同时开展了通过四川省区域试验鉴定的 1 个新组合的杂交制种技术研究，明确了制种高产的适宜行比、父母本种植密度、肥水管理、授粉等技术。

5. 病虫草害防治新产品、新技术试验示范

2014 年 4 月 6 日在达川区双庙乡开展了育苗地除草技术示范。5 月 21 日在大竹县连印乡开展了麻园夜蛾、天牛机动喷雾器药剂防治的现场技术示范，示范除草剂 3 种（乙草胺、草甘膦、高效盖草能）、杀虫剂 2 种（敌敌畏乳油 0.3~0.45kg/hm$^2$、敌百虫粉有效成分 0.54~0.81kg/hm$^2$）。育苗地除草技术示范面积 0.5 亩，平均节约劳动力 8~10 个/亩；药剂防治技术示范面积 10 亩，机动杀虫较传统手动杀虫亩节约劳动力成本 50%以上。

（1）苎麻白纹羽病、根腐线虫病防治技术试验。在依托单位试验基地成龄麻园地，开展了苎麻白纹羽病、根腐线虫病防治技术示范，示范面积各 2.5 亩。根腐线虫病示范药剂 3 种〔5%阿维菌素颗粒剂 3~3.5kg/亩、10%噻唑膦 GR（福气多）1~2kg/亩、5%丁硫克百威（好年冬）颗粒剂 2.25~3.0kg/亩〕。苎麻白纹羽病示范药剂 2 种〔50%异菌脲 WP 700~800 倍液、50%咪鲜胺锰盐 WP（施保功）1 000~ 1 500倍液〕。经田间初步观察，两种病害均有所减轻。

（2）除草技术示范。分别于 2015 年 4 月 11 日在邻水县王家乡开展了苎麻育苗地除草技术示范，示范除草剂 3 种（乙草胺、草甘膦、高效盖草能），示范面积 1.5 亩，平均节约劳动力 8~10 个/亩；5 月 21 日在大竹县石河镇开展了麻园夜蛾、天牛机动喷雾器药剂防治的现场技术示范，药剂防治技术示范面积 10 亩，示范杀虫剂 2 种（敌敌畏乳油 0.3~0.45kg/hm$^2$、敌百虫粉有效成分 0.54~0.81kg/hm$^2$），机动杀虫较传统手动杀虫亩节约劳动力成本 50%以上。

6. 苎麻逆境栽培技术试验示范

与达县、大竹县技术骨干一道，继续抓好 2013 年在达县双庙乡中华寺村 1 组和 3 组、大竹县石河镇五四村 4 组和 5 组建立的非耕坡地苎麻技术示范。头、二、三麻收获时组织了现场测产，产量情况见表 6-10。

**表 6-10 原麻产量情况表** （单位：kg/亩）

| 示范点<br>原麻产量 | 达县赵家 | | 大竹县连印 | |
|---|---|---|---|---|
| | 1 组 | 3 组 | 4 组 | 5 组 |
| 示范区 | 152.97 | 157.12 | 158.39 | 149.36 |
| 对照区 | 139.8 | 146.45 | 138.67 | 141.02 |
| ±对照（%） | 9.42 | 7.29 | 14.22 | 5.91 |

### （二）基础数据调研

1. 苎麻品种资源的收集、鉴定

2014 年在麻区新收集地方资源材料 6 份。2015 年 8 月组织团队成员，在云南等麻区收集资源材料 10 份。对 2011—2014 年收集的 25 份资源材料进行了农艺性状、经济性状、品质、抗逆性的鉴定，并对收集信息数据进行分析整理。

2. 四川麻区产业信息的收集整理

先后组织团队成员、示范县技术骨干 40 余人次，深入麻区加工企业、主管部门、农户、科研单位等开展调研，就种质资源、研发人员、企业数量规模、仪器设备、科技项目、麻区土壤样品数据分析等部分产业相关信息进行了收集、分析与整理，丰富更新了四川麻区产业基础数据库。并按时上报了相关岗位专家、研究室。

充分利用试验示范契机，2015 年先后组织技术人员深入 5 个示范县苎麻产区，对加工企业（夏布加工作坊、大竹玉竹麻业、邻水川东麻纺厂、大竹金桥麻业）、种植（品种、面积、产量）、病虫害发生等开展调研 4 次，收集苎麻产业相关基础数据信息，一方面及时将苎麻产业的相关信息传递下去，另一方面随时保持与示范县、乡镇和麻户代表的密切联系，对生产中的突发情况进行监测，并做好应急处理方案。

### （三）区域科技支撑

1. 成果示范与技术指导

开展体系创新科技成果（新品种、种植新技术）的示范、技术培训、技术咨询、现场展示和推广应用工作。在苎麻育苗、移栽和生长的关键时期，开展技术培训、现场示范、观摩、技术指导和咨询工作。为四川麻区 2 万余公顷苎麻生产发展提供了强有力科技支撑，稳定了苎麻种植面积，提高了麻农经济效益，为全国苎麻产业的稳定提供了重要的支持。

2. 技术培训

2014 年先后组织高级职称以上的苎麻专家 14 人次，在达县、大竹、邻水、宣汉、隆昌等苎麻产区就“新麻及成龄麻间套种植模式技术、病虫防控技术、副产物生产食用菌技术”等开展集中技术培训 5 次，组织现场观摩 3 次，现场技术示范 11 次、技术咨询 30 余人次。截至 12 月 10 日，累计培训示范县技术骨干、乡镇农技人员 58 人次，培训麻农 307 人次；发放技术宣传资料 4 500 余份。

2015 年先后组织高级职称以上的苎麻专家 14 人次，在达县、大竹、邻水、宣汉、隆昌等苎麻产区就“新麻及成龄麻间套种植模式技术、病虫防控技术、副产物生产食用菌技术”等开展集中技术培训 3 次，组织现场观摩 3 次，现场技术示范 12 次、技术咨询 18 人次。截至 11 月 30 日，累计培训示范县技术骨干、乡镇农技人员 46 人次，培训麻农 217 人次；发放技术宣传资料 4 500余份。组织示范县技术人员、乡农机人员、农民共计 24 人进行了苎麻秸秆生料栽培大球盖菇现场技术示范和技术培训。

3. 产业调研与建议

积极开展区域内苎麻种植、销售、加工利用等产业情况的调查，对调查情况及时分析、总结，提出相关建议，并向首席、当地政府及主管部门进行汇报，为领导决策提供科学依据。

## 四 涪陵苎麻试验站

涪陵苎麻试验站集成了多用途苎麻高效种植技术、山坡地苎麻高产种植技术、山坡地苎麻水土保持技术、苎麻/榨菜套种技术、苎麻免耕轻简化栽培技术等，广泛开展了苎麻饲用和种养结合技术等培训活动，为实现苎麻“369”工程目标、提高苎麻园土地利用率和产出率、保障本区域苎麻高效生产提供了技术支撑。

### （一）技术集成与示范

1. 多用途苎麻品种及种植技术试验示范

（1）纤用苎麻高产高效种植技术示范。在武隆县巷口镇青吉村建设苎麻高产高效种植技术示范片 0.33hm$^2$，示范苎麻品种为中苎 1 号。通过加强冬管、合理追肥、防治病虫等措施，麻园长势良好。分别于 2014 年 6 月 12 日、8 月 14 日及 10 月 20 日对示范点进行头麻、二麻及三麻的测产，根据体系办公室安排，邀请达州苎麻试验站专家、涪陵区农委专家组成测产组指导测产；并在 2015 年对该示范点进行验证测产，由试验站团队及武隆县专家组成测产组，分别于 6 月 2 日、8 月 13 日及 11 月 3 日对示范片进行了头麻、二麻及三麻挖方抽样测产。两年测产结果显示：该示范达到了“十二五”任务“纤用苎麻高产高效种植技术示范“369”目标。测产结果见表 6-11。

**表 6-11　苎麻（中苎 1 号）高产高效种植技术示范测产结果**

| 年份 | 测产项目 | 头麻 | 二麻 | 三麻 | 合计 |
|---|---|---|---|---|---|
| 2014 | 株高（cm） | 266.9 | 179.1 | 215.2 | |
| | 茎粗（cm） | 1.4 | 1.3 | 1.2 | |
| | 鲜皮厚（mm） | 1.2 | 1.3 | 0.9 | |
| | 原麻（kg/亩） | 158.6 | 95.3 | 64.0 | 317.9 |
| | 嫩茎叶（kg/亩） | 185.5 | 217.4 | 228.9 | 631.8 |
| | 麻骨（kg/亩） | 421.3 | 248.5 | 243.9 | 913.7 |
| 2015 | 株高（cm） | 272.6 | 181.4 | 198.3 | |
| | 茎粗（cm） | 1.4 | 1.4 | 1.3 | |
| | 鲜皮厚（mm） | 1.2 | 1.2 | 0.8 | |
| | 原麻（kg/亩） | 146.0 | 106.4 | 57.1 | 309.5 |
| | 嫩茎叶（kg/亩） | 185.3 | 216.2 | 215.2 | 616.7 |
| | 麻骨（kg/亩） | 424.2 | 259.5 | 222..4 | 906.1 |

（2）饲用苎麻新品种示范。2014—2015 年，试验站、示范点（涪陵区焦石镇、垫江县普顺镇及石柱县大歇镇）采用嫩梢扦插繁殖技术、种子育苗技术育成中饲苎 1 号、川饲苎 2 号及中苎 2 号幼苗 10 万余株；试验站采用细切种蔸繁殖技术，为重庆市涪陵区张春艳肉牛养殖场（涪陵）等企业提供饲用苎麻种根 1 200kg，用于饲喂肉牛、山羊示范，并现场示范育苗技术和提供了栽培技术资料。

2014 年，在涪陵区（焦石镇）、垫江县普顺镇进行了饲用苎麻新品种 1.66hm$^2$，其中焦石镇 0.61hm$^2$，普顺镇 1.05hm$^2$。2015 年继续开展示范，并在涪陵区焦石镇及石柱县大歇镇分别增设示范 0.33hm$^2$。

（3）苎麻套作榨菜高产高效种植技术示范。2014 年 10 月，在试验站苎麻基地开展“十二五”任务“苎麻套作榨菜高产高效种植技术”示范，面积 3.03hm$^2$，选用榨菜优良品种涪杂 2 号。2015 年 2 月 8 日，试验站邀请体系内外相关专家，对示范套作榨菜进行了现场测产。测产结果为：①麻菜套作示范种植榨菜 4 010株/亩，生物鲜重 4 975kg/亩，青菜头鲜重 2 471kg/亩；②对照榨菜净作种植 5 950株/亩，生物鲜重 5 376.5kg/亩，青菜头鲜重 2 664kg/亩；③麻菜套作榨菜产量与对照榨菜净作产量相当，按时价 0.64 元/kg 计，每亩增收 1 581.4元。

2014 年 2 月，对涪陵区同乐乡、龙潭镇 2.64hm$^2$麻菜套作高产高效栽培模式示范片进行测产；2014 年 10 月，在试验站依托单位、垫江县、丰都县增设苎麻套作榨菜高产高效种植技术示范基地各 1 个，面积共计 6.03hm$^2$，2015 年 2 月测产。测产组由试验站团队成员、示范县农技专家、技术骨干及示范户代表组成。两年测产结果显示：①榨菜每亩产 1 911kg 以上，与当地大面积产量持平，每亩增收 1 100元以上；②重点强化苎麻头麻肥水管理、三麻病虫防治、适时收获等技术措施，示范片平均亩产原麻224.3kg以上。麻菜套作示范达到了既增加农民经济收入，又保护苎麻产业的“双赢”目的，增产增收效果明显。

2. 山坡地苎麻品种及种植关键技术示范

2014—2015年，在示范县南川区鸣玉镇进行了山坡地苎麻栽培技术示范，示范地坡度为15°，示范品种中苎2号，示范面积0.93hm$^2$。试验站、南川区农委组织专家组成测产组，分别于2014年6月6日、8月7日、9月29日及2015年6月9日、8月17日、10月29日对示范点进行了现场测产，结果显示该示范达到“十二五”任务，“山坡地苎麻品种及种植关键技术试验示范”“248”目标。测产情况见表6-12。

**表6-12 山坡地苎麻（中苎2号）栽培技术示范测产结果（南川区）**

| 年份 | 测产项目 | 头麻 | 二麻 | 三麻 | 合计 |
|---|---|---|---|---|---|
| 2014 | 株高（cm） | 189.3 | 163.6 | 152.4 | |
| | 茎粗（cm） | 1.3 | 1.2 | 1.1 | |
| | 鲜皮厚（mm） | 1.1 | 1.1 | 0.9 | |
| | 原麻（kg/亩） | 106.4 | 61.8 | 38.9 | 207.1 |
| | 嫩茎叶（kg/亩） | 132.8 | 163.1 | 164.3 | 460.2 |
| | 麻骨（kg/亩） | 371.6 | 204.8 | 190.9 | 767.3 |
| | 全茎叶（kg/亩） | 610.8 | 429.7 | 394.1 | 1434.6 |
| 2015 | 株高（cm） | 190.4 | 172.5 | 150.6 | |
| | 茎粗（cm） | 1.2 | 1.2 | 1.1 | |
| | 鲜皮厚（mm） | 1.1 | 1.0 | 0.8 | |
| | 原麻（kg/亩） | 114.1 | 56.2 | 42.9 | 213.2 |
| | 嫩茎叶（kg/亩） | 126.8 | 172.5 | 172.8 | 472.1 |
| | 麻骨（kg/亩） | 356.1 | 201.6 | 210.9 | 768.6 |
| | 全茎叶（kg/亩） | 597.0 | 430.3 | 426.6 | 1453.9 |

3. 苎麻水土保持效应示范

2014—2015年，在示范县忠县任家镇进行三峡库区陡坡地带苎麻固土保水效应示范，并进行了苎麻测产及苎麻固土保水效应的比较。示范地坡度26°，示范苎麻品种为中苎1号、川苎12号，每品种0.33hm$^2$。

2014年、2015年示范结果显示：①中苎1号平均每亩产原麻210.15kg，川苎12号平均每亩产原麻189.7kg；②固土保水效果方面，中苎1号、川苎12号之间无明显差异，但均显著优于邻近种植农作物（种植玉米，行间套作甘薯，玉米前作为十字花科蔬菜）的地块。

4. 苎麻田免耕栽培及轻简化栽培技术试验示范

在丰都县十直镇进行成龄苎麻园轻简化栽培技术示范，示范轻简化栽培技术要点为：选用苎麻良种，以机耕、机收、机剥为核心，重施冬培肥及春管肥，防控病虫，及时收获。示范苎麻品种中苎1号，示范面积9.1hm$^2$。试验站、丰都县农委专家组成测产组，先后于2014年6月16日、8月19日、10月23日及2015年6月14日、8月11日、10月27日对示范点进行现场测产。结果显示：原麻产量与常规管理相比平均下降5.5%，但在人工投入上，轻简化栽培比常规栽培平均节约劳动力7.3个/亩。详细测产情况见表6-13。

**表6-13 苎麻（中苎1号）轻简化栽培技术示范测产结果（丰都县）**

| 测定项目 | 轻简化栽培管理 | | 常规栽培管理 | |
|---|---|---|---|---|
| | 2014年 | 2015年 | 2014年 | 2015年 |
| 株高（cm） | 166.9 | 162.4 | 170.8 | 170.1 |
| 茎粗（cm） | 1.2 | 1.2 | 1.2 | 1.2 |
| 鲜皮厚（mm） | 1.0 | 0.9 | 1.0 | 0.9 |

（续表）

| 测定项目 | 轻简化栽培管理 | | 常规栽培管理 | |
| --- | --- | --- | --- | --- |
| | 2014 年 | 2015 年 | 2014 年 | 2015 年 |
| 原麻（kg/亩） | 199.4 | 192.4 | 211.5 | 203.2 |
| 嫩茎叶（kg/亩） | 429.5 | 420.6 | 473.1 | 472.8 |
| 麻骨（kg/亩） | 730.9 | 700.5 | 781.7 | 739.4 |
| 全茎叶（kg/亩） | 1359.8 | 1313.5 | 1466.3 | 1415.4 |
| 人工投入（个/亩） | 10.3 | 9.8 | 17.4 | 17.3 |

### （二）基础数据调研

充分利用试验示范契机，先后组织试验站及示范县技术人员深入苎麻产区，对种植（面积、产量）及收购信息等开展调研 6 次，收集苎麻产业相关基础数据信息 11 批次、共 1 800余个数据，并上报体系研发中心及各岗位专家，基本收集了区域内麻类产业科技人员、仪器设备、苎麻产地土壤气候、加工和销售等方面的相关信息。参与基础数据库建设情况见表 6-14。

**表 6-14　参与基础数据库建设情况表**

| 参与数据库 | 调查内容 | 完成情况 |
| --- | --- | --- |
| C1 麻类产业主要仪器设备数据库 | 仪器（设备）名称、型号、生产厂家、数量等。 | 完成 |
| C3 麻类产业全国从事研发的人员数据库 | 姓名、年龄、专业、学历、职称及职能等。 | 完成 |
| C4 麻类产业全国省以上立项的科技项目数据库 | 项目名称、编号、类别、立项单位、项目经费、实施周期、承担单位及主持人等。 | 完成 |
| C17 麻类作物主产区气象与土壤数据库 | 主产区日照、气温、降雨量；土壤类型、质地、有机质、全 NPK、有效 NPK、微量元素及肥力水平等。 | 完成 |
| C20 麻类作物轻简化栽培技术数据库 | 技术名称、适用范围、拥有单位、主要技术人、技术主要内容及要点等。 | 完成 |
| C24 涉农麻类加工企业数据库 | 企业名称、所在地、规模、主要加工对象、产品及企业优势与特点等。 | 完成 |
| C29 麻类产业经济信息咨询数据库 | 苎麻种植面积、产量、收购量、收购价格、收购商信息等。 | 完成 |

2014—2015 年，向体系网络管理平台“产业内共享文件”专栏提供“涪陵苎麻饲草化利用势头良好”“国家麻类产业技术体系首席科学家来涪考察”“苎麻高产高效栽培及多用途现场展示会”等重要工作信息 5 篇。在涪陵区内，采集到野生（或疑似野生）苎麻资源 5 份，详细记载了各资源采集位置（经纬度、海拔等）、植物学特性等信息，并在试验站资源圃中种植保存。在荣昌收集“荣昌白麻”品种 1 份。

### （三）区域科技支撑

1. 技术成果示范

2014 年，试验站同区域内示范县加强合作，进行了苎麻高产高效、麻菜套作高产高效、山坡地苎麻栽培、苎麻水土保持、苎麻轻简化栽培等种植技术的示范，示范总面积达 26.67$hm^2$以上。在涪陵区焦石镇、垫江县普顺镇等示范基地积极开展饲用苎麻种植及饲喂肉牛、鹅的示范，并举行“饲用苎麻种子育苗技术”培训会及苎麻饲喂肉牛、肉鹅现场展示，培训及示范效果良好。

2015 年 8 月 9—12 日，试验站召开“苎麻高产高效栽培及多用途现场展示会”。示范县技术骨干、种养大户代表及重庆市石柱仙桥农业发展有限公司共计 39 人，在武隆县巷口镇青吉村，现场参观了纤用苎麻新品种及苎麻高产高效栽培技术示范片；在涪陵区焦石镇，考察了饲用苎麻新品种高产栽培示范片、苎麻饲喂肉牛现场。通过现场考察、培训，集中展示了苎麻多用途利用技术，宣传、推广了苎麻的饲草化利用，带动了重庆市涪陵区张春艳肉牛养殖场、重庆市石柱仙桥农业发展有限公司等多家肉牛、山羊养殖企业、种养大户种植饲料用苎麻新品种。

2. 技术培训

2014—2015 年，在涪陵区焦石镇、垫江县普顺镇、丰都县十直镇开展“苎麻扦插繁殖育苗技术”“苎麻多用途（饲料用苎麻）利用关键技术”“苎麻细切种蔸繁殖技术”“麻菜套作高产栽培技术”等培训会 9 次，累计培训示范县技术骨干、示范大户及麻农共 289 人次。

2015 年 10 月，试验站组织团队成员及示范县技术骨干、示范种养大户 10 余人专程前往咸宁苎麻试验站考察学习苎麻种养结合新模式及苎麻青贮饲料加工技术示范。

3. 区域产业信息收集

2015 年，试验站站长带领团队成员前往示范县武隆、忠县、南川等示范县调查苎麻经济信息，与当地示范骨干一起走访了当地苎麻经销商。2015 年苎麻收购平均价格为 9.0 元/kg，与 2014 年均价相比略有回升。

7 月，试验站站长专程前往非示范县荣昌县苎麻新品种示范基地、荣昌县海棠麻纺有限公司，考察荣昌夏布加工、销售及苎麻原料来源等情况，为荣昌夏布的传承、发展提出了建议。

## 五 宜春苎麻试验站

苎麻高产高效种植关键技术示范，选择高产优质增产潜力强的中饲苎 1 号苎麻品种，抓三季麻平衡增产，以肥、水、管、收为中心主攻高产高效，并使用 4BM-260 型苎麻剥麻机等高产优质栽培配套技术。苎麻纤维产量平均产量 322.4kg/亩，干麻叶产量 622.5kg/亩，干麻骨产量 915.7kg/亩，开展苎麻嫩茎叶青贮饲料养肉牛、苎麻麻骨基质栽培食用菌、苎麻嫩茎叶养鹅试验示范，多用途技术的产值达到 3 837元/亩，纯收入 3 137元/亩。山坡地苎麻种植关键技术示范三季麻原麻 261.02kg/亩，干嫩茎梢叶 449.28kg/亩，干麻骨麻屑 941.63kg/亩，原麻、嫩茎叶、麻骨麻屑、总产 1 651.97kg。全年三季麻产值 3 080元/亩，纯收入 2 480元/亩。苎麻育种与制种技术示范、苎麻重大有害生物防治技术示范和苎麻逆境栽培调控技术的试验示范获得了准确数据。开展了基础数据调研，建立了江西省苎麻科技立项数据库、苎麻种质资源及主栽品种系普数据库、涉农麻类加工企业数据库，麻类产业经济信息咨询数据库。在区域科技支撑方面试验站对全省麻纺加工企业进行了全面摸底调查。摸清了全省麻纺加工企业包括现代麻纺和传统夏布加工生产情况；到省内的调研苎麻产业发展状况与各地政府主管部的领导、企业主进行交流，传递国内麻产业科技及经济信息，为政府决策提供参考信息。加强试验站设，邀请科研院所和体系专家来站学术讲座和技术培训。

### （一）技术集成与示范

1. 苎麻高产高效种植与多用途关键技术示范

（1）苎麻高产高效种植关键技术示范。选择高产优质增产潜力强的中饲苎 1 号苎麻品种。根据多年的苎麻品种试验示范结果。中国农业科学院麻类研究所培育的中饲苎 1 号苎麻品种具有植株高大，茎秆粗壮抗倒伏力强，韧皮纤维层厚，麻蔸有效分株率高、脚麻少，根系发达生长旺盛，抗逆性强，特别是抗倒耐旱性好，高产稳产，群体增产潜力大，与其他品种比较表现出更强的增产潜力（表 6-15）。

高产高效种植方式与密度。合理密植充分利用地力、充分利用空间发挥个体的生产潜力是高产种植的关键所在。根据品种丰产特性、示范田的供肥能力确定栽植方式和密度，确保植 2 700蔸/亩（穴）以上。第二年每蔸有效分株 3~4 株，有效株达 1 万株/亩以上，第三年头麻每蔸有效株 5 株，有效株 1.3 万株/亩，二麻有效株 1.5 万株/亩，三麻有效佅 1.8 万株/亩以上，确保实现高产指标。

应用苎麻嫩梢扦插快速繁殖技术。苎麻嫩梢扦插快速繁殖技术，是目前国内苎麻繁殖推广的成熟技术，该站在改用营养钵扦插育苗，麻苗素质好，且麻苗移栽后返青快，移栽成活率达 100%。

配套关键栽培技术。新植麻第一年早管促蔸壮苗健；从第二年开始抓三季麻平衡增产，以肥、水、管、收为中心主攻高产高效，并使用4BM-260型苎麻剥麻机等高产优质栽培配套技术。

经济效益。苎麻多用途模式的经济效益主要包括苎麻纤维、苎麻竦茎梢叶和苎麻的麻骨。苎麻的嫩茎梢叶用作蛋白质饲料，通过青贮供肉牛、奶牛食用，麻骨麻屑是在苎麻收获使用剥麻机剥麻后的副产物，用来栽培食用菌的培养基质。开发苎麻嫩茎叶饲料、麻骨麻屑栽培食用菌可大大提高苎麻的经济效益和利用价值。

**表6-15　2013—2015年苎麻高产高效示范产量汇总表**

| 年份 | 原麻产量（kg/亩） | 干麻叶产量（kg/亩） | 干麻骨产量（kg/亩） |
|---|---|---|---|
| 2013 | 328.4 | 618.6 | 910.3 |
| 2014 | 317.8 | 622.0 | 916.0 |
| 2015 | 320.5 | 627.0 | 921.0 |
| 三年平均 | 322.4 | 622.5 | 915.7 |

苎麻纤维增产的经济效益：2013—2015年连续3年苎麻高产高效技术示范的平均产量322.4kg/亩，产值按当前市场原麻价格7元/kg计，产生毛收入2 257元/亩。

苎麻的嫩茎梢叶作为蛋白质饲料利用的经济效益：苎麻的嫩茎梢叶可以作为蛋白质饲料的来源，供肉牛、奶牛食用。三年示范晒干的苎麻嫩茎梢叶产量622.6kg/亩，折合鲜嫩茎梢叶的产量2 830kg/亩，用作青贮饲料的苎麻嫩茎梢叶需晒至鲜料的60%左右的重量，即嫩茎梢叶可青贮料为1 700kg/亩，每千克青贮料最少0.5元，可产生经济效益850元。

麻骨麻屑用作食用菌培养基原料的经济效益：本示范麻骨的产量达到915kg/亩，参考木屑的近期市场价格每吨800元，可增收730元/亩。

苎麻高产高效种植与多用途关键技术三年平均亩产值的经济效益：苎麻纤维的增产效益和苎麻嫩茎梢叶蛋白质饲料的利用、麻骨麻屑作食用菌培养基质等多用途技术的开发所获得收入达到3 837元/亩。在不计算劳动成本的条件下扣除肥料500元/亩，剥麻机动力燃油、排灌用电、少量农药等200元/亩，纯收入3 137元/亩。

（2）苎麻嫩茎叶青贮饲料养肉牛试验示范。苎麻嫩茎叶青贮饲料养肉牛与与高安肉牛试验站合作，开展苎麻嫩梢叶青贮饲料的试验示范，青贮苎麻嫩茎叶15包主要用于喂养母肉牛。

与肉牛牦牛体系岗位专家，江西农业大学畜牧学院瞿明仁教授合作筛选高蛋白质含量苎麻育种材料，以象草为对照，分析了11个苎麻品种和育种材料，G61蛋白质含量27.68%最高（表6-16）。

**表6-16　苎麻嫩梢叶蛋白质含量比较表**

| 样品名称 | 蛋白质含量（%） | 样品名称 | 蛋白质含量（%） | 样品名称 | 蛋白质含量（%） |
|---|---|---|---|---|---|
| G28 | 22.43 | G21 | 20.11 | G19 | 21.03 |
| G59 | 20.92 | G7 | 20.77 | 中苎1号 | 21.76 |
| G53 | 19.38 | G58 | 21.05 | SP2917 | 21.90 |
| G52 | 21.52 | G61 | 27.68 | 象草 | 19.19 |

（3）苎麻麻骨基质栽培食用菌。上高农旺食用菌种植专业合作社以木屑栽培花菇，年袋料生产培花菇50万袋，产值300万元，用苎麻麻骨作基质栽培花菇于2014年3月28日装袋853袋，麻骨含量分别为20%、50%和80%，3月29日至4月1日于0.65t的消毒锅内100℃以上消毒72h后出锅，4月8日接种，菌种135，5月3日菌疤长至10cm左右进行码堆，7月上旬长满菌丝进入休眠，9月中旬多数麻骨栽培袋料杂菌污染（袋料长满菌丝后高温季节休眠杂菌污染原因尚未搞清），16日带回了10个较好的袋料放在组培室18℃条件下观察，10月20日开始出菇，11月23日结束。

（4）苎麻嫩茎叶养鹅。2014年6月20日购进100羽丰城灰鹅鹅苗进行苎麻鲜叶饲养。饲养100d成活率80%，平均单鹅重3.1kg，总重248kg，售价40元/kg，总收入9 920元，扣除成本

4 830元，利润 5 090元。

2015 年 7 月 21 日购进 100 羽白鹅鹅苗进行苎麻园生态饲养。饲养 100d 成活率 81%，平均单鹅重 3. 65kg，总重 302. 95kg，售价 36 元/kg，总收入 10 906. 20元，扣除成本 6 107元，利润 4 799. 20 元（表 6-17）。

**表 6-17 苎麻鲜叶养鹅经济效益统计**

| 年份 | 成本投入 | | 养鹅收入 | |
|---|---|---|---|---|
| 2014 | 鹅苗 100 只 | 1 600 元 | 商品鹅 | 80 只 |
| | 运输费 | 800 元 | 平均单鹅重 | 3. 1kg |
| | 购饲料 | 2 430 元 | 出售单价 | 40 元/kg |
| | 成本合计 | 4 830 元 | 商品鹅总重量 | 248kg |
| | | | 总收入 | 9 920 元 |
| 2015 | 鹅苗 100 只 | 2 000 元 | 商品鹅 | 83 只 |
| | 运输费 | — | 平均单鹅重 | 3. 65kg |
| | 购饲料 | 4 107 元 | 出售单价 | 36 元/kg |
| | 成本合计 | 6 107 元 | 商品鹅总重量 | 302. 95kg |
| | | | 总收入 | 10 906. 20 元 |

2. 山坡地苎麻种植关键技术示范

分别于 2014 年 6 月 10 日、7 月 29 日和 10 月 22 日在万载县马步乡竹山洞示范基地测产，选择有代表性的 5 个点，测定单位面积总蔸数、总株数、鲜叶重、干叶重、鲜茎重、麻骨重、原麻重等，同时，分别对 5 个点进行 5 个单蔸的株高、茎粗、鲜皮厚等经济性状的测定。结果表明，“非耕地苎麻关键技术示范” 三季麻原麻产量 261. 02kg/亩，干嫩茎梢叶产量 449. 28kg/亩，干麻骨麻屑产量 941. 63kg/亩，原麻、嫩茎叶、麻骨麻屑总产 1651. 97kg/亩（表 6-18）。

**表 6-18 山坡地苎麻测产经济性状**

| 季别 | 收获日期（月-日） | 亩有效株 | 株高（cm） | 茎粗（mm） | 鲜皮厚（mm） | 原麻产量（kg/亩） | 麻叶产量（kg/亩） | 麻骨产量（kg/亩） |
|---|---|---|---|---|---|---|---|---|
| 头麻 | 6. 1 | 12 770 | 253. 56 | 12. 22 | 0. 875 | 125. 5 | 143. 9 | 372. 6 |
| 二麻 | 7. 29 | 14 302 | 197. 87 | 11. 64 | 0. 860 | 67. 1 | 152. 0 | 273. 6 |
| 三麻 | 10. 22 | 12 097 | 195. 84 | 10. 61 | 0. 710 | 68. 4 | 153. 4 | 295. 4 |
| 平均 | | 13 056 | 215. 75 | 11. 49 | 0. 815 | 261. 0 | 449. 3 | 941. 6 |

2015 年稳定非耕地苎麻高产示范点，在苎麻多用途方面搞好饲用苎麻生产示范基地，苎麻鲜叶养鹅的试验示范。非耕地苎麻高产示范，分宜县双林镇连片 100 亩，2015 年恩达麻纺企业开辟低丘旱地扩建 100 亩，万载县马步乡竹山洞村 5 亩。袁州区柏木乡石下村江西庆盛农牧有限公司肉牛养殖场饲用苎麻 3 亩（表 6-19）。

**表 6-19 2013—2015 年苎麻非耕地示范产量汇总表**

| 年份 | 原麻产量（kg/亩） | 麻叶产量（kg/亩） | 麻骨产量（kg/亩） | 地上部生物量（kg/亩） |
|---|---|---|---|---|
| 2013 | 262. 7 | 413. 9 | 746. 4 | 1 423. 0 |
| 2014 | 261. 0 | 449. 3 | 941. 6 | 1 651. 9 |
| 2015 | 260. 0 | 445. 5 | 877. 6 | 1 583. 1 |
| 年均 | 261. 3 | 436. 2 | 855. 2 | 1 552. 7 |

非耕地苎麻三年平均亩产值的经济效益：原麻按 7. 00 元/kg，产值 1 829元；麻叶（饲用）折算干麻叶 1. 30 元/kg，产值 567 元；干麻骨麻屑 0. 80 元/kg，产值 684 元，苎麻纤维的增产效益和苎麻嫩茎梢叶蛋白质饲料的利用、麻骨麻屑作食用菌培养基质等多用途技术的开发所获得收入达到 3 080元/亩。在不计算劳动成本的条件下扣除肥料 450 元/亩，剥麻机动力燃油、少量农药等 150

元/亩，纯收入 2 480元/亩。

3. 苎麻育种与制种技术示范

2014 年设计参试品种为中苎 1 号、SP2917、G57 三个品种，亩植麻 2 000蔸、2 500蔸、3 000蔸不同栽培密度和每亩施 N：18、P：15、K：15 总养分含量 48%复合肥三个不同施肥梯度进行试验。收获三季麻测定纤维产量如表 6-20。

**表 6-20　种植密度和施肥量对二龄苎麻产量的影响**

| 品种 | 处理（密度/施肥量） | 产量（kg/亩） | 处理（密度/施肥量） | 产量（kg/亩） | 处理（密度/施肥量） | 产量（kg/亩） |
|---|---|---|---|---|---|---|
| 中苎 1 号 | 2 000/100 | 171. 67 | 2 500/100 | 218. 33 | 3 000/100 | 212. 20 |
| | 2 000/150 | 198. 33 | 2 500/150 | 206. 24 | 3 000/150 | 195. 19 |
| | 2 000/200 | 182. 82 | 2 500/200 | 195. 83 | 3 000/200 | 249. 23 |
| SP2917 | 2 000/100 | 198. 99 | 2 500/100 | 175. 55 | 3 000/100 | 200. 00 |
| | 2 000/150 | 147. 93 | 2 500/150 | 174. 97 | 3 000/150 | 195. 50 |
| | 2 000/200 | 188. 55 | 2 500/200 | 189. 63 | 3 000/200 | 177. 40 |
| G59 | 2 000/100 | 176. 05 | 2 500/100 | 179. 17 | 3 000/100 | 213. 14 |
| | 2 000/150 | 228. 13 | 2 500/150 | 211. 79 | 3 000/150 | 199. 50 |
| | 2 000/200 | 171. 30 | 2 500/200 | 132. 76 | 3 000/200 | 155. 90 |

2015 年继续以中苎 1 号、SP2917、G57 三个品种，亩植麻 2 000蔸、2 500蔸、3 000蔸不同栽培密度进行试验。测产结果如下（表 6-21）。

**表 6-21　种植密度和施肥量对三龄苎麻产量的影响（2015 年）**　（单位：kg/亩）

| 科目 | 品种 | | | 密度 | | |
|---|---|---|---|---|---|---|
| | 中苎 1 号 | SP2917 | G57 | 2 000 | 2 500 | 3 000 |
| 原麻 | 263. 2 | 198. 7 | 194. 1 | 215. 2 | 212. 8 | 228. 0 |
| 麻叶 | 701. 1 | 639. 6 | 570. 2 | 618. 3 | 617. 3 | 695. 3 |
| 麻骨 | 882. 3 | 671. 2 | 528. 1 | 730. 2 | 654. 5 | 696. 9 |
| 总产 | 1 846. 7 | 1 529. 5 | 1 292. 4 | 1 563. 7 | 1 484. 6 | 1 620. 3 |

4. 苎麻重大有害生物防治技术示范

（1）苎麻炭疽病综合防控技术示范。分别对试验示范区的二季麻、三季麻进行了苎麻炭疽病的调查及防控试验。试验分别在二麻、三麻施药后 8d、16d，观察了防治效果。其中二麻施药（70%百菌清 800 倍液喷雾）8d 时防效达到 60. 2%，16d 时达到 78. 4%，三麻施药 8d 时防效达到 44. 35%，16d 时达到 72. 04%。2015 年头麻施用咪鲜胺 10%乳剂微 800 倍液喷雾 8d 后防效达到 40. 60%，16d 后达到 77. 33%，原麻产量达到 76. 9kg/亩，较对照提高 3. 56%。

（2）苎麻病原线虫综合防控技术示范。施用生防药剂 7. 5kg/亩，生防药剂 15kg/亩，光合细菌制剂稀释 200 倍，对照药剂阿维菌素，空白对照不施药。每个处理（小区）面积 10m$^2$，设置 4 个重复；随机区组排列。每 2 个小区之间设置 1m 间隔区。每次施药之前在苎麻根周围 15cm 深土层采集土样，每小区 5 点取样后混合，在实验室采用改良贝曼漏洞法分离活的线虫。分析每次施药前线虫密度和施药后的线虫密度（表 6-22）。

**表 6-22　苎麻根际病原线虫药剂防治试验结果**

| 处理 | 二麻施药前（条/百克土） | 二麻施药后（条/百克土） | 二麻施药后虫口减退率（%） | 二麻防治效果（%） | 三麻施药后（条/百克土） | 三麻施药后虫口减退率（%） | 三麻防治效果（%） |
|---|---|---|---|---|---|---|---|
| 对照 | 3. 75 | 2. 5 | 33. 33 | 0 | 2. 0 | 46. 67 | 0 |
| 阿维菌素 | 4. 60 | 1. 0 | 78. 26 | 67. 39 | 0 | 100. 00 | 100. 00 |
| ALA 粉剂 7. 5kg/亩 | 4. 10 | 0 | 100. 00 | 100. 00 | 0. 75 | 81. 71 | 65. 70 |

（续表）

| 处理 | 二麻施药前（条/百克土） | 二麻施药后（条/百克土） | 二麻施药后虫口减退率（%） | 二麻防治效果（%） | 三麻施药后（条/百克土） | 三麻施药后虫口减退率（%） | 三麻防治效果（%） |
|---|---|---|---|---|---|---|---|
| ALA 粉剂 15kg/亩 | 10.60 | 1.50 | 85.85 | 78.77 | 1.25 | 88.21 | 77.89 |
| 光合细菌 | 4.30 | 0.25 | 94.19 | 91.28 | 0 | 100.00 | 100.00 |

5. 苎麻逆境栽培调控技术的试验示范

在袁州区寨下乡长乐村建立 5 亩丘陵红壤荒坡地苎麻示范点，在无灌溉条件下实现 2014 年（三龄麻）苎麻产量 200kg/亩，第四年以后苎麻稳定 200kg/亩。通过对测产收获，全年三季麻原麻 213.77kg/亩（表 6-23）。

**表 6-23　红壤荒坡地苎麻栽培调控技术示范三季麻测产结果**

| 年份 | 季别 | 收获日期（月-日） | 亩总株数（株） | 株高（cm） | 茎粗（mm） | 鲜皮厚（mm） | 原麻产量（kg/亩） |
|---|---|---|---|---|---|---|---|
| 2014 | 头麻 | 6-6 | 13 750 | 224.87 | 14.30 | 1.06 | 79.03 |
| | 二麻 | 8-6 | 12 929 | 202.8 | 12.72 | 1.05 | 76.21 |
| | 三麻 | 10-29 | 10 372 | 203.79 | 12.34 | 0.90 | 58.53 |
| | 平均 | | 12 350 | 210.49 | 13.12 | 1.00 | 213.77 |
| 2015 | 头麻 | 6-3 | 13 906 | 226.8 | 14.40 | 1.10 | 93.5 |
| | 二麻 | 7-2 | 12 970 | 196.5 | 12.70 | 1.01 | 79.4 |
| | 三麻 | 10-25 | 12 387 | 208.8 | 12.30 | 0.92 | 68.3 |
| | 平均 | | 13 087 | 219.7 | 13.10 | 1.01 | 241.2 |

**（二）基础数据调研**

1. 江西省苎麻科技立项数据库

每年按时上报江西省省级以上立项的苎麻、黄/红麻科技项目名称、立项数量和资助经费到体系产业技术研发中心。2013 年（十二五）江西省立项的科技支撑计划麻类研究项目“高纤维支数苎麻新品种选育”（编号：20111BBF60010），资助经费 5 万元/年，项目承担单位：江西省麻类科学研究所，主持人龚秋林。2014 年农业部“江西省宜春市国家农作物品种审定区域试验站”的项目，项目建设国家投资 330 万元，地方配套 60 万元。项目承担单位江西省宜春市农业科学研究所（农作物品种审定区域试验包括麻类）。

2. 苎麻种质资源及主栽品种系普数据库

每年按时上报江西省苎麻种质资源保存数量、苎麻新品种引进示范推广的品种名称、个数和推广面积等情况。2013 年江西省保存全省苎麻地方品种资源（包括新育成品种、材料）共 143 份。保存国内苎麻属野生种质资源 29 个种（变种）365 份。近年苎麻主栽品种为赣苎 3 号、中苎 1 号。

江西省麻类研究所保存国内搜集到的苎麻属野生种质资源共有 31 个种，278 份材料，保存江西省地方苎麻品种资源 129 份及近年引进苎麻品种共 144 份。其中 2015 年引进省外品种 11 份。并将所有种质资源名称、数量等列表报送体系。

3. 涉农麻类加工企业数据库

苎麻是江西省的传统产业之一江西夏布有几千年的历史，万载夏布纺织技艺 2009 年列入国家非物质文化遗产名录，目前传统的夏布织造、用夏布制作的各种门、窗帘、桌布、台布装饰品等，在国外仍然有一定的市场。苎麻脱胶、纺纱、织布、开发服装、针织制袜、家纺等现代麻纺加工业也有部分企业还在坚持维持。2014 年麻纺纱价格为历史最高，该站对江西麻纺企业进行了调查，如夏布加工企业袁州日德、恩达等，深加工夏布床上用品。家纺产品有恩达家纺，针织袜业有江西井竹。初加工企业有上高的江西天源麻业、江西青阳棉麻纺织、上高凌峰棉麻纺织、瑞昌鸿达、胜达、鑫丰、经纬纺织有限公司等加工企业。

初步调查统计全省年加工精干麻 19 910t，有纯纺混纺纱锭共 107 240锭，气流纺 384 头，生产纯麻纱 6 850t，混纺纱 6 805t，生产麻布 12 796万 m，床上用品 120 万件（套），麻袜 1 000万双，其他麻产品 20 万件。复布加工年产复布 368 637匹，加工床上用品等 28 000件（套），加工门帘、窗帘、餐垫、桌垫、台布及装饰品等 1 000万件以上。江西恩达的麻产品品牌有“富贵丝”“恩达家纺”“尚富来”，江西井竹品牌有“井竹”“复麻世家”，袁州日德品牌有“农月”。

2015 年全省加工精干麻 11 740t、麻纺纱锭数 107 624锭，其中长纺锭 57 240锭，短纺 50 384锭，纺纱 13 370t，其中纯纺纱 6 530t，绲纺纱 6 840t。麻纺织机数 270 台，其中针织机（织袜机）120 台，年产苎麻布 1.3 万 m，深加工床上用品 31 000件（套），麻袜 900 万双，其他产品 2 万件。2015 年传统夏布加工业，织机 425 台，织夏布 71 352匹，企业市场收购夏布 2 000匹，生产床上用品 2 000件（套），其他产品产值 4 849.051万元。江西恩达的麻产品品牌有“富贵丝”“恩达家纺”“尚富来”，江西井竹品牌有“井竹”“复麻世家”，袁州日德品牌有“农月”。

*4. 麻类产业经济信息咨询数据库*

与体系经济岗位专家签订了苎麻数据采集协议，根据国家麻类产业技术体系建设要求，产业经济研究室委托宜春苎麻试验站承担苎麻产业经济基础数据采集工作。5 个示范县每个示范县定点农户定期开展苎麻产业经济调查，每个月月初以表格形式按时上报上一个月 5 个示范县苎麻生产、销售、市场价格等数据到产业经济研究室。

### （三）区域科技支撑

（1）试验站对全省麻纺加工企业进行了全面摸底调查。摸清了全省麻纺加工企业包括现代麻纺和传统夏布加工生产情况并向体系报告。

（2）在江西上饶、抚州、新余、宜春等地调研苎麻产业发展状况。与各地政府主管部门的领导、企业家进行交流，了解苎麻生产、加工情况，传递国内麻产业科技及经济信息，为各地麻产业发展建言献策。对麻纺加工企业进行了全面调查。为政府决策提供参考信息。为江西省农业主管部门提供全省苎麻科研和生产情况，将全省苎麻生产及麻纺加工企业包括现代麻纺和传统夏布加工生产情况向江西省工业和信息化委员会、江西省农业厅汇报，为政府领导决策提供参考信息。

（3）为发展地域特色经济，促进农产品质量标准化，提高农产品国际竞争能力，推动麻纺加工企业发展，组织申报了“宜春苎麻地理标志”。

（4）科技培训。试验站依托单位于 2014 年 5 月 13 日邀请江西省农业科学院陈桂鹏博士进行“物联网技术在农业中的应用”讲座。除科研人员外，试验站还请袁州区、万载县、上高县农业局的体系技术骨干参加培训。培训体系团队人员 21 人。通过听课学习，增强了对新的物联网技术的了解和认知度。

麻类多用途技术是国家麻类产业技术体系“十二五”重点任务之一。根据体系工作重点任务中的“苎麻高产高效种植与多用途关键技术”的实施，近年试验站在苎麻嫩茎梢青贮喂养肉牛、苎麻生态养鹅、麻骨基质栽培花菇等做了一些试验，为更有效地推广体系成果，试验站于 2014 年 11 月 20 日召开“苎麻多用途技术培训会”，试验站团队成员、5 个示范县农业局分管领导、技术骨干、示范基地农民等共 35 人参加培训。培训会邀请国家麻类产业技术体系酶处理与副产品综合利用岗位专家、中国农业科学院麻类研究所彭源德研究员做专题讲座。讲座重点介绍了麻类纤维酶降解生物乙醇技术、麻类副产品青贮饲料制备技术和麻类副产物工厂化栽培高档食用菌技术的最新进展。通过培训参会人员对麻类多用途有了更深的认识，对麻多用途技术有了更多的了解，取得了良好的效果。两期培训共培训团队人员、技术骨干和农民 56 人次。

麻类多用途技术是国家麻类产业技术体系“十二五”重点任务之一。根据体系工作重点任务中的“苎麻高产高效种植与多用途关键技术”的实施，近年试验站在苎麻嫩茎梢青贮喂养肉牛、苎麻生态养鹅做了一些试验，为更有效地推广体系成果，试验站于 2015 年 10 月 20 日召开“苎麻技术培训会”，邀请国家麻类产业技术体系首席研究团队的专家喻春明研究员进行了专题讲座，试验站团队成员、5个示范县农业局分管领导、技术骨干、示范基地农民等共50人参加培训。2015年10月25日，参加井竹麻时代2016年订货会的全国经销商来试验站进行苎麻科研、生产体验，对35名经销商进行了半天培训。两次共培训85人次。

（5）科技下乡。试验站于3月5日配合农业技术推广部门科技下乡和进行科技咨询，到袁州区彬江镇利用农村赶集的机会开展科技下乡活动，进行苎麻养鹅、青贮饲料养牛、麻骨做食用菌的多用途的宣传、科技咨询，发放技术资料200余份。对当前麻农最为关心的苎麻销售、价格、当前形势、生产技术等问题进行宣传解答。

## 六　沅江苎麻试验站

沅江苎麻试验站开展了苎麻高产高效种植与多用途关键技术集成和示范，建立了“中苎”系列品种长期定位观测试验，对其农艺性状进行了详细调查。开展了苎麻育种与制种技术示范，进行了种子直播和嫩梢扦插繁种技术比较。进行了苎麻耐镉及镉富集机理研究，筛选出毕节青麻、水白麻和绩麻三个优异种质。示范了苎麻养鹅及苎麻青贮饲料制备技术。

### （一）技术集成与示范

1. 苎麻高产高效种植与多用途关键技术集成与示范

在沅江石矶湖基地建设1hm$^2$试验示范基地，种植中饲苎1号、中苎2号和中苎3号各3 333 m$^2$。在汉寿、沅江、资阳、大通湖和南县各建设3 333m$^2$中饲苎1号示范基地。适时开展了地下害虫、苎麻夜蛾和杂草防治，中耕施肥等操作，对技术工人和农户进行培训与示范；收获前，取样并调查生物量、株高、茎粗、皮厚等农艺性状。

中苎1号产量为原麻5 220kg/hm$^2$，麻叶9 390kg/hm$^2$，麻骨14 805kg/hm$^2$，分别完成“369”目标100%以上。表6-24和表6-25为沅江苎麻试验站所属示范基地（湖南省常德市汉寿县蒋家咀镇紫阳村）“中饲苎1号”三季麻测产数据。

**表6-24　中苎1号高产高效种植三季麻产量数据**　（单位：kg/hm$^2$）

| 年份 | 季别 | 原麻 | | 麻叶 | | 麻骨 | |
|---|---|---|---|---|---|---|---|
| | | 鲜产 | 干产 | 鲜产 | 干产 | 鲜产 | 干产 |
| 2014 | 头麻 | 12 042.0 | 2 575.5 | 15 528.0 | 3 028.5 | 37 156.5 | 7 617.0 |
| | 二麻 | 4 918.5 | 1 179.0 | 9 313.5 | 2 142.0 | 14 067.0 | 3 222.0 |
| | 三麻 | 6 846.0 | 1 467.0 | 20 360.1 | 4 213.5 | 17 566.95 | 3 970.5 |
| 2015 | 头麻 | 8 710.5 | 1 747.5 | 14 617.5 | 3 070.5 | 25 512.0 | 5 358.0 |
| | 二麻 | 7 287.0 | 1 459.5 | 14 092.5 | 2 959.5 | 19 762.5 | 4 150.5 |
| | 三麻 | 7 887.0 | 1 579.5 | 15 264.0 | 3 205.5 | 23 899.5 | 5 019.0 |

**表6-25　中苎1号高产高效种植三季麻农艺性状测量数据**

| 年份 | 季别 | 有效株率（%） | 生物量（kg/hm$^2$） | 鲜皮出麻率（%） | 鲜茎出麻率（%） | 株高（cm） | 茎粗（cm） | 皮厚（cm） |
|---|---|---|---|---|---|---|---|---|
| 2014 | 头麻 | 91.2 | 66 976.5 | 15.1 | 5.30 | 224.7 | 13.7 | 1.18 |
| | 二麻 | 82.9 | 28 968.0 | 15.1 | 5.20 | 198.2 | 12.2 | 0.91 |
| | 三麻 | 92.5 | 46 278.0 | 13.4 | 4.30 | 161.4 | 12.0 | 0.74 |
| 2015 | 头麻 | 89.4 | 37 188.0 | 15.1 | 5.14 | 214.5 | 13.4 | 1.03 |
| | 二麻 | 81.7 | 29 524.5 | 15.1 | 5.09 | 196.3 | 12.2 | 0.98 |
| | 三麻 | 88.5 | 41 193.0 | 13.4 | 4.76 | 175.4 | 12.8 | 0.77 |

2. 苎麻育种与制种技术示范

2015 年在沅江试验站建立 5 亩苎麻扦插苗育苗基地，为示范县及用户提供优质苎麻苗育苗服务。配制杂交组合 50 个；繁育中饲苎 1 号、中苎 2 号和中苎 3 号扦插苗共计 5 万株，繁育中饲苎 1 号种子苗 20 多万株。为苎麻育种岗位、苎麻栽培岗位和汉寿县农业局提供中饲苎 1 号种苗 10 万株。

以 2014 年收获的中饲苎 1 号苎麻种子为试验材料，开展在麻地膜覆盖土壤上进行苎麻种子直播试验，设置不同播量（$1g/m^2$、$2g/m^2$、$3g/m^2$、$4g/m^2$、$5g/m^2$），最终试验苎麻种子在 $2g/m^2$ 播量下的出苗情况较好，密度适中。

3. 苎麻耐镉及镉富集机理研究

利用水培扦插苗的方法对苎麻材料进行耐镉种质筛选；并以毕节青麻、川苎 3 号、水白麻、中苎 3 号、绩麻、四拔麻、汉寿鸡白骨、中苎 1 号、中苎 2 号为材料进行了苎麻盆栽镉胁迫试验，以不加镉为对照，按照 50mg/kg 的浓度将镉溶解后加入土中。在二麻成熟期测量各品种苎麻的株高、茎粗、单株叶片数、干重等指标（表 6-26）。

**表 6-26　苎麻盆栽镉胁迫试验数据**

| 品种 | 株高（cm） | | 茎粗（mm） | | 单株叶片数 | | 植株干重（g） | |
|---|---|---|---|---|---|---|---|---|
| | Cd 处理 | CK | Cd 处理 | CK | Cd 处理 | CK | Cd 处理 | CK |
| 毕节青麻 | 70.4±3.0 | 71.0±5.2 | 8.8±1.0 | 9.5±2.2 | 11.5±2.0 | 13.4±2.5 | 33.7±4.4 | 34.5±5.5 |
| 川苎三号 | 60.8±3.2 | 67.4±3.1 | 8.6±2.5 | 10.4±3.1 | 12.3±3.2 | 11.2±3.0 | 31.0±2.4 | 38.7±3.6 |
| 水白麻 | 73.3±5.8 | 75.2±4.4 | 7.6±1.5 | 7.8±2.3 | 11.3±2.7 | 12.4±4.6 | 35.6±3.8 | 39.6±4.4 |
| 中苎 3 号 | 45.7±4.6 | 64.3±3.1 | 9.0±1.6 | 11.4±1.1 | 10.3±2.8 | 11.5±3.6 | 30.9±4.3 | 40.5±3.8 |
| 绩麻 | 75.4±3.9 | 78.6±5.4 | 6.6±0.8 | 6.8.±1.4 | 10.6±3.9 | 13.6±2.2 | 35.4±2.9 | 36.5±4.7 |
| 四拔麻 | 50.5±3.5 | 68.3±2.8 | 8.3±1.7 | 10.5±2.3 | 12.3±4.5 | 14.5±5.0 | 34.4±3.8 | 41.7±4.0 |
| 汉寿鸡白骨 | 62.4±3.6 | 70.7±6.3 | 10.4±2.1 | 10.8.±1.8 | 7.4±2.6 | 10.8±2.7 | 30.3±4.6 | 43.4±5.7 |
| 中苎 1 号 | 60.6±6.0 | 69.8±3.5 | 7.4±2.6 | 7.8±1.4 | 15.5±3.8 | 18.0±3.3 | 39.8±5.6 | 48.8±3.6 |
| 中苎 2 号 | 61.3±4.8 | 68.9±4.5 | 8.6±1.4 | 9.6±2.5 | 11.3±2.9 | 15.2±2.4 | 32.6±4.7 | 40.7±2.8 |

在 9 个供试品种中，毕节青麻、水白麻和绩麻的株高、茎粗、单株叶片数、植株干重等在镉处理和对照之间差异不显著，比其他品种表现出对镉更强的耐性。因此，这 3 个品种是相对耐镉性强的苎麻品种。

4. 苎麻养鹅技术示范

与位于沅江市三眼塘镇南竹山村的湘丰鹅业公司合作，开展苎麻养鹅技术示范，示范面积 $6\,667m^2$，肉鹅 5 000羽；在产区开展养鹅大户调研，培训示范县技术骨干及用户 15 人次。

5. 苎麻青贮饲料打包、麻骨利用技术及推广

在沅江实验站石矶湖基地开展苎麻青贮饲料打包技术示范，培训技术人员 10 多人次，选择沅江市南大膳镇合利红村肉牛饲养大户以及沅江市群富肉牛养殖有限公司开展喂养示范；培训苎麻副产物栽培食用菌示范县技术骨干 10 人次。

### （二）基础性数据调研

1. 麻类产业技术国内外研究进展数据库

通过网上搜索麻类研究资料和文献，整理苎麻、亚麻、黄/红麻、大麻研究及技术资料 460 余份，主要是麻类遗传育种、栽培植保、抗逆机理、多用途等（表 6-27）。

**表 6-27　麻类研究技术数据资料（2014—2015）**

| 麻类 | 遗传基础 | 生理特征 | 品质性状 | 营养保健 | 多用途 | 抗逆机理 | 栽培植保 | 加工机械 | 转基因 |
|---|---|---|---|---|---|---|---|---|---|
| 苎麻 | 15 | 1 | 18 | 0 | 18 | 20 | 20 | 0 | 1 |

（续表）

| 麻类 | 遗传基础 | 生理特征 | 品质性状 | 营养保健 | 多用途 | 抗逆机理 | 栽培植保 | 加工机械 | 转基因 |
|---|---|---|---|---|---|---|---|---|---|
| 亚麻 | 17 | 0 | 24 | 32 | 0 | 16 | 31 | 0 | 0 |
| 大麻 | 25 | 4 | 7 | 23 | 18 | 11 | 15 | 2 | 0 |
| 红麻 | 14 | 4 | 4 | 7 | 14 | 9 | 23 | 1 | 0 |
| 黄麻 | 6 | 3 | 4 | 0 | 0 | 3 | 8 | 0 | 1 |
| 罗布麻 | 0 | 2 | 0 | 0 | 1 | 4 | 8 | | |
| 苧麻 | 3 | 3 | 2 | 0 | 0 | 0 | 7 | | |
| 剑麻 | 0 | 2 | 0 | 0 | 3 | 1 | 5 | 1 | 0 |
| 合计 | 80 | 19 | 59 | 62 | 54 | 64 | 117 | 4 | 2 |

2. 麻类产业作物病虫害数据库

在该区域内开展苎麻病虫害发生情况调研。因雨水调和，沅江地区苎麻头麻、二麻期间，各种常见虫害（苎麻夜蛾、黄蛱蝶、赤蛱蝶等）发生较重，苎麻花叶病、褐斑病发生相对较重；三麻期间苎麻夜蛾、根腐线虫病发生均较重；黑斑病在一些感病品种上发生较重。

3. 区域麻类加工企业数据库

开展该区域内主要麻类加工企业调研，汇总企业相关信息，如表6-28。

**表6-28　洞庭湖区域苎麻主要加工企业信息**

| 企业名称 | 所在地 | 规模 | 主要加工对象 | 主要产品 |
|---|---|---|---|---|
| 沅江腾达棉麻纺织有限公司 | 沅江市 | 员工280人，总资产3 000万元，年产值5 000万元 | 苎麻、棉花 | 棉纱、麻纱、混纺纱 |
| 沅江市明星麻业有限公司 | 沅江市 | 员工1 400人，总资产9 993万元，年产值过亿元 | 苎麻、棉花 | 棉纱、麻纱、混纺纱 |
| 湖南省沅江市荣信纺织有限公司 | 沅江市黄茅洲镇 | 员工800人，注册资本2 600万元，年产值过亿元。 | 苎麻、棉花 | 精干麻、麻纱，纯麻布，棉麻胶织布，牛仔布 |
| 益阳普华纺织印染有限公司 | 益阳市大通湖区 | 员工720人，总资产6 800万元，年产值2亿元 | 棉花、苎麻 | 棉纱、棉混纺纱、麻纱、化纤纱 |
| 益阳市金胜纺织有限公司 | 益阳市大通湖区 | 员工400人，注册资本8 000万元，年产值2.8亿元 | 纯、混棉纱、籽棉加工 | 棉纱、麻纱、混纺纱 |
| 湖南光源麻业有限公司 | 常德市汉寿县 | 员工2 000多人，总资产1.68亿元，年产值过3亿元 | 苎麻 | 精干麻、开松麻、麻棉纱、苎麻布 |
| 湖南逐鹿苎麻纺织有限公司 | 常德市汉寿县 | 员工近1 000人，总资产8 500万元，年产值8 000多万元 | 苎麻 | 精干麻，苎麻纱线，高中档纯麻坯布、开松麻 |
| 汉寿县德乐纺织原料厂 | 常德市汉寿县 | 员工近300人，总资产8 000万元，年产值1亿元 | 苎麻 | 精干麻、纱线 |

## （三）区域科技支撑

1. 产业发展动态调研与分析

收集区域内5个示范县苎麻种植情况、苎麻加工企业生产销售情况及苎麻价格等2014—2015年数据资料，上报产业经济研究室，为区域产业发展计划制定提供依据和参考。每季度与示范县联系了解苎麻种植、销售、加工等信息，撰写洞庭湖区苎麻生产、加工问题及建议报告。

收集区域内5个示范县养牛、养鹅及食用菌栽培企业和大户信息资料，分析苎麻副产物饲料化与食用菌基质化高效利用技术在本区域推广的可行性和前景，及时与畜牧局和分管畜牧的县市领导沟通，提出在洞庭湖区利用苎麻作饲料发展畜牧业的建议报告。

本试验站区域为水稻主产区，为保证早稻高产，目前均采用集中育秧和机械化插秧。在集中育秧过程中应用麻育秧膜，可以解决散苑和漏插等问题，并且麻育秧膜可以自然降解，避免带来环境污染。配合麻地膜岗位向本区域示范县政府及农业行政主管部门提出建议报告，大力推广麻育秧膜育秧技术。

2. 技术培训

在沅江试验站石矶湖基地开展苎麻青贮饲料打包技术示范，培训技术人员10多人次，选择沅江市南大膳镇合利红村肉牛饲养大户以及沅江市群富肉牛养殖有限公司开展喂养示范；培训苎麻副产物栽培食用菌示范县技术骨干10人次。

配合麻地膜岗位专家，在沅江市南大膳镇开展3 333$m^2$麻地膜基布育秧技术示范，培训农技人员及农户15人次；开展可降解麻地膜覆盖蔬菜种植试验与示范，示范面积3 333$m^2$，培训技术人员10人次。

开展苎麻水培育苗技术示范，培训麻农和农技人员25人次。

二麻收获期间，开展苎麻机械收获与剥制技术试验示范，对示范县技术骨干和麻农进行现场培训，培训麻农22人次。

3. 技术支撑

（1）苎麻嫩梢扦插繁殖与种植技术。对各示范县的农技人员及种植大户进行苎麻嫩梢快繁技术培训。对农技人员和麻农就苎麻品种选择、麻园设计、开沟整厢、中耕除草、平衡施肥、适时收获等方面进行指导。

苎麻种子育苗具有繁殖系数大、推广速度快等优点，特别是在饲用苎麻推广方面具有很大的优势。但传统的苎麻种子育苗技术需要薄膜覆盖，管理稍有不慎则会导致出苗率低，甚至不出苗，而且后期除草任务繁重。轻简化种子育苗技术采用前期整厢、喷施除草剂，之后与草木灰拌匀后均匀播在苗床上，采用稻草或者谷壳覆盖，比传统育苗方法省工一半以上。该技术在试验站基地和汉寿、沅江等示范县基地进行示范。

（2）机械化栽培与剥制技术。应用小型剥麻机对各示范县技术骨干及麻农进行培训，推广使用小型剥麻机，提高苎麻剥制效率，减轻麻农劳动强度。

# 第七章　亚麻试验示范工作进展

## 一　伊犁亚麻试验站

2014—2015 年，按照任务书要求，示范与新品种配套的高产高效种植技术 13.33hm²，原茎平均产量 507.5kg/亩，增产 17.35%，效益 380 元/亩，实现了高产高效种植；示范亚麻新品种 5 个，面积 0.67hm²，新品种均比对照增产，增产 10 以上的品种有 3 个，最多的增产达 17.40%；展示品种 8 个，新品种均比对照增产，最多的增产达 16.3%，筛选出增产 10%以上优良品种 3 个；示范亚麻高效繁种技术 1 套，示范面积 4hm²，平均籽粒产量 82.5kg/亩、原茎产量 355kg/亩，增产 40%，效益 86.5 元/亩；示范亚麻白粉病防控技术 1.33hm²，防效 80.90%，基本控制了白粉病的危害；示范杂草防控技术 4hm²，防效 96.7%，杂草防除效果明显；示范亚麻机械作业技术 23.33hm²，节本增效 135 元/亩，提高了麻农种植效益；示范亚麻雨露沤制技术 0.67hm²，为将来大面积生产雨露麻提供了技术依据。

完成本区域亚麻研发人员、病虫草害发生情况、轻简化技术等信息的采集，产业基础数据资料收集与建档。举办技术培训和现场观摩会 6 次，培训团队人员、技术骨干及农技人员、农民 120 人次，发放汉文、维吾尔文、哈萨克文三种文字资料 600 多份；开展技术指导 69 人次，接受咨询 33 人次；应急处理冻害等突发事件 2 次，技术指导 1 453.33hm²受灾亚麻减少了损失，并及时将补救措施报告当地农业主管部门和技术人员。

### （一）技术集成与示范

1. 麻类作物高产高效种植与多用途关键技术研究

（1）新品种配套的高产高效种植技术示范。结合当地生态条件，以亚麻新品种“伊 97042”为核心品种，通过技术集成，初步形成与其配套的高产高效种植技术 1 套，2014 年和 2015 年先后在新源县那拉提镇、坎苏乡各示范 3.33hm²，两年平均原茎产量 490kg/亩，原茎单产比本区域“十一五”生产水平增产 19%，效益 420 元/亩。

2015 年在新源县那拉提镇新增 1 个示范点，示范面积 6.67hm²，根据当地气候土壤条件，进一步优化了种植技术，亩播种量由以往的 10kg/亩减为 8kg/亩，种植密度由每 200 万粒/亩减为 160 万粒/亩，原茎产量 525kg/亩，比当地生产水平增产 15.7%，效益 340 元/亩。

（2）亚麻品种示范。2014 年和 2015 年先后在特克斯县示范亚麻新品种伊 97042、中亚麻 2 号、黑亚 16 号、中亚麻 3 号、TX-3 等 5 个品种，示范面积 0.67hm²，以天鑫 3 号为对照。结果如表 7-1。新品种均比对照增产，增产 10%以上的有 3 个品种，最多的增产达 17.40%。

（3）亚麻新品种展示。2014 年和 2015 年先后在农科所试验田展示 8 个亚麻品种，展示结果如表 7-2。新品种均比对照增产，最多的增产达 16.3%。

表 7-1　亚麻品种示范区产量调查

| 年份 | 示范品种 | 示范面积（$hm^2$） | 原茎亩产（kg/亩） | 比对照增产（%） |
|---|---|---|---|---|
| 2014 | 伊 97042 | 0.33 | 467 | 11.19 |
| | 中亚麻 2 号 | 0.33 | 459 | 9.29 |
| | CK（天鑫 13 号） | 0.33 | 420 | — |
| 2015 | 中亚麻 3 号 | 0.17 | 394 | 16.22 |
| | 黑亚 16 号 | 0.17 | 398 | 17.40 |
| | 伊 97042 | 0.17 | 382 | 12.68 |
| | TX-3 | 0.17 | 347 | 2.36 |
| | CK（天鑫 3 号） | 0.17 | 339 | — |

新品种、新技术的示范和新品种的展示结果表明，新品种与新技术的示范有效提高了当地亚麻产量和种植效益；伊亚 5 号、黑亚 16 号、中亚麻 3 号在新疆亚麻产区可进一步示范应用，从而促进当地亚麻产业持续发展。

表 7-2　亚麻品种展示区测产结果

| 年份 | 示范品种 | 示范面积（$m^2$） | 产量（kg/亩） | 比对照增产（%） |
|---|---|---|---|---|
| 2014 | 黑亚 16 号 | 333.5 | 553 | 15.21 |
| | 中亚麻 2 号 | 333.5 | 487 | 1.46 |
| | 中亚麻 3 号 | 333.5 | 547 | 13.96 |
| | TX-3 | 333.5 | 482 | 0.40 |
| | CK（天鑫 3 号） | 333.5 | 480 | — |
| 2015 | 伊亚 5 号 | 333.5 | 541 | 16.09 |
| | 中亚麻 2 号 | 333.5 | 490 | 5.15 |
| | 中亚麻 3 号 | 333.5 | 542 | 16.30 |
| | 黑亚 20 号 | 333.5 | 478 | 2.58 |
| | CK（天鑫 3 号） | 333.5 | 466 | — |

2. *亚麻高效繁种技术示范*

在巩留县农业科技示范园示范亚麻高效繁种技术 1 套，2014 年示范面积 0.67$hm^2$，种植品种为中亚麻 2 号，播量 7kg/亩，比其他生产田少 3kg，种子成熟期收获，种子产量 82kg/亩，籽粒比周边农户（58kg/亩）增产 41.4%，亚麻原茎 350kg/亩，合计增加效益 80 元/亩（表 7-3）。

2015 年示范面积 3.33$hm^2$，种植品种为天鑫 3 号，播量 7kg/亩，比其他生产田少 3kg，种子成熟期收获，种子产量 83kg/亩，合计每亩增效益 93 元。亚麻高效繁种技术应用于生产，可有效降低伊犁亚麻良种繁育成本，促进农民增收。

表 7-3　亚麻高效繁种技术示范结果

| 项目 | 2014 年 | | 2015 年 | |
|---|---|---|---|---|
| | 示范田 | 临近亚麻田 | 示范田 | 临近亚麻田 |
| 种植品种 | 中亚麻 2 号 | 天鑫 3 号 | 天鑫 3 号 | 天鑫 3 号 |
| 种植面积（亩） | 10 | 10 | 50 | 20 |
| 种子费用（元/亩） | 70 | 100 | 70 | 100 |
| 机械整地（元/亩） | 50 | 50 | 50 | 50 |
| 机械播种（元/亩） | 10 | 10 | 10 | 10 |
| 化肥（元/亩） | 68 | 68 | 68 | 68 |
| 除草剂（元/亩） | 8 | 8 | 8 | 8 |
| 喷洒除草剂费用（元/亩） | 8 | 8 | 8 | 8 |
| 收获费（元/亩） | 280 | 280 | 280 | 280 |
| 生产成本（元/亩） | 504 | 534 | 504 | 534 |
| 原茎产量（kg/亩） | 350 | 380 | 360 | 380 |

（续表）

| 项目 | 2014 年 | | 2015 年 | |
|---|---|---|---|---|
| | 示范田 | 临近亚麻田 | 示范田 | 临近亚麻田 |
| 籽粒产量（kg/亩） | 82 | 58 | 83 | 60 |
| 产值（元/亩） | 1 100 | 1 050 | 1 093 | 1 030 |
| 纯收益（元/亩） | 596 | 516 | 589 | 496 |
| 增效益（元/亩） | 80 | 93 | | |

3. 麻类作物重大有害生物预警及综合防控技术研究与示范

（1）亚麻白粉病防控技术示范。选用 40%福星乳油（氟硅唑，美国杜邦），2014 年种植品种为 TX-3，2015 年种植品种为天鑫 3 号，面积均为 0.67hm²。药剂用量 10ml/亩、用水 45kg/亩，在亚麻白粉病始发期（各小区出现零星病株）第二天进行第一次喷药，7d 后喷第二次，共喷 2 次。示范结果，相对防效两年平均为 80.9%，基本控制了白粉病的危害，可有效提高亚麻品质。

（2）亚麻田杂草防控技术示范。2014 年在尼勒克县种植中亚麻 2 号，2015 年在新源县种植品种"伊 97042"，示范亚麻田杂草防控技术，示范面积均为 2hm²，选用高效、低毒亚麻杂草防控药剂，亩用立清乳油 24g/亩（有效含量）防除阔叶杂草、高效盖草能 5g/亩（有效含量）防除单子叶杂草，对水 30kg/亩混合均匀，苗高 8~10cm 时叶面喷雾，平均防效 96.7%，杂草防除效果明显，可广泛应用于当地亚麻生产。

4. 麻类作物轻简化栽培技术研究与示范

（1）亚麻机械作业栽培技术。将集成的亚麻机械作业技术应用与生产，在昭苏县马场示范基地示范亚麻机械作业栽培技术，品种均为 TX-3，2014 年种植 3.33hm²，2015 年种植 20hm²。从整地、播种、田间管理、收获全程机械化。两年示范结果（表 7-4），平均原茎产量 433kg/亩，节省成本 135 元/亩，收益相应增加 135 元/亩。通过使用机械化栽培技术，节省了大量劳动力，进一步提高了麻农种植效益。

**表 7-4　亚麻机械作业栽培技术示范结果**

| 示范品种 | TX-3 | 示范地点（昭苏县马场） | |
|---|---|---|---|
| 示范面积 | 350 亩 | 亩用种子费用 | 80 元 |
| 亩机械整地 | 30 元 | 亩机械播种 | 8 元 |
| 亩用化肥 | 45 元 | 亩用除草剂 | 8 元 |
| 亩产量 | 433kg | 亩产值 | 843.5 元 |
| 亩地租 | | 265 元 | |
| 亩喷洒除草剂费用 | 机械作业 5 元 | | 人工作业 15 元 |
| 亩收获费 | 机械作业 140 元 | | 人工作业 265 元 |
| 亩成本 | 591 元 | | 716 元 |
| 亩纯收益 | 机械作业 259 元 | | 人工作业 127.5 元 |
| 亩增效益 | | 135 元 | |

（2）示范亚麻雨露沤制技术。2015 年 8 月 20 日，在昭苏县亚麻示范基地进行亚麻机械收获，机械拔麻和脱粒一次完成，麻秆就地进行雨露沤制示范，示范面积 0.67hm²，沤制过程中人工翻麻一次。沤制亚麻次年春季进行加工。雨露沤制技术的示范，为将来大面积进行雨露麻生产提供了技术依据。

### （二）基础数据调研

1. 麻类产业全国从事研发的人员数据库

完善并更新新疆从事亚麻研发人员 12 人的数据信息等，涉及内容包括姓名、性别、单位、年龄、研究方向等基本信息。

2. 麻类作物草害种类及发生情况数据库

在亚麻开花前，对示范县种植亚麻的主要乡镇进行调查，动态掌握了新疆亚麻主产区亚麻田中杂草发生情况等数据。

3. 麻类作物轻简化栽培技术数据库

收集本区域亚麻栽培技术，经整理分析，完善了新疆“亚麻机械化栽培技术”等轻简化栽培技术的操作要点、注意事项等数据。

4. 新疆亚麻产业基础资料数据收集与建档

按照亚麻育种岗位专家的安排，试验站收集、整理了新疆亚麻主产县的亚麻产业基础数据，完善了新疆亚麻生产、研发、试验、示范技术档案。

### （三）区域科技支撑

1. 技术培训

2014 年举办技术培训和现场观摩会 4 次，共培训了 81 人次。通过技术培训、现场观摩会发放汉文、维吾尔文、哈萨克文三种文字新品种及配套栽培技术明白纸、小册子等资料 500 多份。

1 月 24 日，在伊犁州农科所召开技术培训和恳谈会，参加培训和技术交流的团队人员 3 人、技术骨干及农技人员 10 人、农民 22 人，合计 35 人次。通过技术培训和经验交流，增强了 5 个示范县农技人员开展试验示范工作的积极性，提高了农民对品种、新技术的认知和接受能力。

4 月 17 日，在尼勒克县召开亚麻杂草防控技术培训会，参加培训会的有该县农业局和农技站领导、技术骨干、种植亚麻的乡村农技人员、农民共计 26 人。通过技术培训，为提高当地亚麻生产水平提供关键技术。

8 月 7 日亚麻收获期，在新源县那拉提镇召开亚麻机械作业现场观摩会。参加现场会的有该县农业局领导、县农技站领导和技术骨干、坎苏乡及其他乡村农技人员、农民共计 20 人。通过现场观摩和技术讲解，使与会人员对亚麻机械作业技术有了更全面的认识。

10 月 27 日，在新源县借助科技之冬培训，开展亚麻高产优质生产技术的培训，提高了从事亚麻生产人员的技术水平。参加现场会的有该县农业局领导、县农技站领导和技术骨干、乡镇农技人员、种植大户共计 80 多人。

2015 年举办技术培训和现场观摩会 2 次，共培训了 39 人次。通过技术培训、现场观摩会发放汉文、维吾尔文、哈萨克文三种文字新品种及配套栽培技术明白纸、小册子等资料 100 多份。

2015 年 1 月 27 日，在伊犁州农科所召开技术培训和恳谈会，参加培训和技术交流的团队人员 3 人、技术骨干及农技人员 10 人、农民 9 人，合计 22 人次。这次技术培训和经验交流，进一步明确了试验示范和亚麻生产的关键技术。2015 年 7 月 30 日亚麻收获期，在新源县坎苏乡召开亚麻机械作业现场观摩会。参加现场会的有该县农业局领导、县农技站领导和技术骨干、坎苏乡及其他乡村农技人员、农民共计 17 人。为当地亚麻机械作业技术的应用提供了技术支撑。

2. 开展科技服务活动

2014 年新疆伊犁亚麻试验站根据本区域实际情况，结合伊犁州“科技下乡活动”，在亚麻播种到收获期，先后到 5 个示范县的亚麻田进行现场技术指导 12 人次。亚麻生长期间先后接受技术咨询 17 人次，其中田间现场咨询 10 人次、通过电话接受咨询 7 人次。以解决实际问题为出发点，重点讲解亚麻新品种的特性和优势以及栽培技术的使用、病虫草害防治等，为农民提供亚麻生产全程技术服务，提高了服务效率，为农民节省了时间，解决了问题，以科技服务活动促进产业发展。

2015 年，结合伊犁州农业局开展的科技培训活动，在亚麻生产季节，先后到 5 个示范县的亚麻田进行现场技术指导 40 人次。亚麻生长期间先后接受技术咨询 16 人次，其中田间现场咨询 8 人次、通过电话接受咨询 8 人次。指导和咨询内容以品种特性、关键种植技术使用、病虫草害防控为主，通过现场指导或技术咨询，为农民提供亚麻生产全程技术服务，及时为农民解决亚麻种植管理过程中遇到的实际问题，促进亚麻产业发展。

新源县、昭苏等亚麻种植区 2014 年 5 月 10 日、2015 年 4 月 18 日遇到冻害，受灾面积 733.33 多 $hm^2$。得知情况后，试验站团队成员与示范县技术骨干及时赶赴田间地头进行现场调查，结合当地的气候特点，对遭受冻害严重、死苗多的 253.33$hm^2$余地块，建议麻农补种其他作物，减少经济损失；对冻害较轻、基本苗数不缺的 466.67$hm^2$余地，建议农户加强管理，促使亚麻恢复生长。并及时将补救措施报告当地农业主管部门和技术人员。

## 二　长春亚麻试验站

长春亚麻试验站开展了沿江滩涂地耐盐碱亚麻种植技术集成与示范，筛选出了黑亚 14 号等耐盐碱亚麻品种，产量较对照提高了 11%以上。进行了亚麻种子异地繁种技术示范，平均亩产种子达到 70kg 以上。示范了亚麻白粉病、田间杂草综合防控技术，田间防效均达到 85%。开展了适于亚麻雨露沤麻的机械化栽培技术示范、亚麻抗倒伏栽培技术示范等工作，为本区域亚麻产业发展起到了重要支撑作用。

### （一）技术集成与示范

1. 耐盐碱亚麻品种筛选与种植技术示范

（1）耐盐碱亚麻品种筛选。2014 年和 2015 年先后在前郭、乾安两个盐碱地亚麻示范县，选择 0.3%~0.5%盐碱度农田，以盆栽—重盐碱地压力处理筛选出的品种吉亚 2 号等 8 个品种进行田间比较试验，吉亚 1 号为对照，试验采用随机区组 3 次重复，小区面积 5$m^2$。试验结果见表 7-5。

**表 7-5　亚麻盐碱品种筛选试验汇总表**

| 材料名称 | 年份 | 原茎亩产量 | | 种子亩产量 | | 长麻率 | | 全麻率 | |
|---|---|---|---|---|---|---|---|---|---|
| | | （kg） | 比 CK±（%） | （kg） | 比 CK±（%） | （%） | 比 CK（±） | （%） | 比 CK± |
| 黑亚 14 号 | 2014 | 309.96 | 13.00 | 34.42 | 101.99 | 14.7 | 0.6 | 27.4 | −0.70 |
| | 2015 | 319.90 | 15.20 | 43.30 | 27.50 | 15.7 | 1.3 | 28.0 | −0.19 |
| 吉亚 4 号 | 2014 | 307.22 | 12.00 | 39.00 | 115.56 | 14.9 | 0.8 | 28.8 | 0.70 |
| | 2015 | 303.25 | 9.20 | 30.00 | −11.80 | 16.0 | 1.6 | 28.4 | 0.21 |
| 中麻 4 号 | 2014 | 307.00 | 11.92 | 31.39 | 93.01 | 15.1 | 1.0 | 29.5 | 1.40 |
| | 2015 | 305.02 | 9.90 | 23.30 | −31.40 | 16.1 | 1.7 | 29.3 | 1.11 |
| 吉亚 5 号 | 2014 | 307.82 | 12.22 | 32.94 | 97.60 | 14.7 | 0.6 | 27.3 | −0.80 |
| | 2015 | 310.80 | 11.90 | 40.00 | 17.60 | 15.2 | 0.8 | 28.3 | 0.11 |
| 中亚 2 号 | 2014 | 271.56 | −1.00 | 41.90 | 124.15 | 14.5 | 0.4 | 29.1 | 1.00 |
| | 2015 | 274.50 | −1.10 | 33.30 | −2.00 | 12.3 | −2.1 | 29.2 | 1.01 |
| 吉亚 1 号 | 2014 | 274.30 | 100.00 | 33.75 | 100.00 | 14.1 | 0 | 28.1 | — |
| | 2015 | 277.66 | 0 | 34.00 | 0 | 14.4 | 0 | 28.2 | 0 |
| 吉亚 2 号 | 2014 | 310.78 | 13.30 | 32.82 | 97.24 | 14.9 | 0.8 | 28.9 | 0.80 |
| | 2015 | 316.26 | 13.90 | 43.30 | 27.50 | 15.1 | 0.7 | 29.1 | 0.91 |
| 黑亚 16 号 | 2014 | 291.03 | 6.10 | 35.31 | 104.62 | 14.8 | 0.7 | 28.6 | 0.50 |
| | 2015 | 301.03 | 8.40 | 23.30 | −31.40 | 14.5 | 0.1 | 28.7 | 0.51 |

2014 年结果筛选出耐盐碱亚麻品种 1 个，为吉亚 2 号，原茎产量分别为 310.78kg/亩，比对照（吉亚 1 号）提高 13.3%；长麻率为 14.9%，比对照提高 0.8 个百分点；长麻产量 46.31kg/亩；全麻率为 28.9%，比对照提高 0.8 个百分点；全麻产量 89.82kg/亩，比对照提高 13.3%。

2015 年结果筛选出耐盐碱亚麻品种 2 个，为吉亚 2 号、黑亚 14 号，原茎产量为 316.26kg/亩、319.9kg/亩，分别比对照（吉亚 1 号）提高 13.9%、15.2%；长麻率为 15.1%、15.7%，比对照提高 0.78 个百分点、1.3 个百分点；全麻率为 29.1%、28%，比对照提高 0.91 个百分点、降低 0.19

个百分点。

（2）亚麻耐盐碱栽培技术试验。耐盐碱亚麻品种试验示范 2014 年分别设在示范县乾安县鹿场、前郭县额如乡，示范面积各为 20 亩。示范亚麻品种为吉亚 2 号。主要采取选择耐盐碱亚麻品种、改变播种技术（浅播种、轻镇压、加大播种量）、施用酸性肥料等示范技术。示范结果经取样测定示范田原茎产量为 317. 3kg/亩，较生产田提高 12. 33%；全麻率为 28. 5%，较生产田提高 1. 05 个百分点；种子产量 38. 5kg/亩。通过耐盐碱亚麻品种试验示范，使麻农亩增产原茎 34. 8kg，增加收入 76. 5 元；提高出麻率使亚麻加工企业生产每吨原茎增加效益 105 元，因此耐盐碱亚麻品种推广，利用盐碱地种植亚麻起到推进亚麻产业发展的效果（表 7-6）。

**表 7-6　2014—2015 年耐盐碱亚麻品种试验示范效果统计表**

| 年份 | 地点 | 项目 | 原茎产量（kg/亩） | 全麻率（%） | 种子产量（kg/亩） |
|---|---|---|---|---|---|
| 2014 | 乾安 | 示范田 | 309. 3 | 29. 0 | 36. 5 |
| | | 生产田 | 279. 9 | 28. 0 | 25. 8 |
| | 前郭 | 示范田 | 325. 3 | 28. 0 | 40. 5 |
| | | 生产田 | 285. 0 | 26. 9 | 38. 4 |
| | 平均 | 示范田 | 317. 3 | 28. 5 | 38. 5 |
| | | 生产田 | 282. 5 | 27. 5 | 32. 1 |
| 2015 | 乾安 | 示范田 | 300. 5 | 33. 1 | 31. 5 |
| | | 生产田 | 279. 8 | 29. 5 | 25. 9 |
| | 前郭 | 示范田 | 385. 2 | 33. 4 | 41. 5 |
| | | 生产田 | 325. 4 | 32. 1 | 39. 4 |
| | 平均 | 示范田 | 342. 8 | 33. 2 | 36. 5 |
| | | 生产田 | 312. 6 | 30. 8 | 32. 7 |

耐盐碱亚麻品种试验示范 2015 年分别在示范县乾安县鹿场、宁江区伯都乡设置，示范面积各为 20 亩。示范亚麻品种为吉亚 2 号、阿卡塔。主要采取选择耐盐碱亚麻品种、改变播种技术（浅播种、轻镇压、加大播种量）、施用酸性肥料等示范技术。示范结果经取样测定示范田原茎产量为 342. 8kg/亩，较生产田提高 10%；全麻率为 33. 2%，较生产田提高 2. 4 个百分点；种子产量 36. 5kg/亩。通过耐盐碱亚麻品种试验示范，使麻农亩增产原茎 34. 3kg，增加收入 75. 24 元；提高出麻率使亚麻加工企业生产每吨原茎增加效益 240 元，因此耐盐碱亚麻品种推广，利用盐碱地种植亚麻起到推进亚麻产业发展的效果。

（3）沿江滩涂地亚麻种植技术示范。在蛟河市松江镇松花湖上游沿江滩涂地进行"沿江地亚麻种植技术示范"面积 2014 年为 15 亩、2015 年 30 亩。示范亚麻品种为吉亚 4 号，采取提前播种、适时收获等措施试验示范亚麻种植技术。示范结果经取样测定示范田原茎产量两年平均为 408. 5kg/亩，较生产田提高 11. 4%，种子 27. 5kg/亩，全麻率为 28. 2%较生产田提高 0. 89 百分点。通过应用沿江地亚麻种植技术示范，使麻农增产原茎 41. 7kg/亩，增加收入 91. 9 元；提高出麻率使亚麻加工企业生产每吨原茎增加效益 89 元（按照长短麻综合价格 10 000元/t 计算），因此沿江地亚麻种植技术示范推广，利用非耕地种植亚麻起到推进亚麻产业的发展。

2. 亚麻品种筛选和展示

（1）优质高产亚麻品种筛选与展示。2014—2015 年亚麻品种筛选和展示在 2013 年试验基础上，选择吉亚 2、3、4、5 号，黑亚 16、19、20 号，戴安娜、双亚 13、15 号，中亚 2 号，阿卡塔等 11 个品种，进行田间综合鉴定和品种比较试验，随机区组 3 次重复，小区面积 5m$^2$。在品种筛选试验基础上，选择吉亚 2、4、5 号，黑亚 16、20 号，中亚 2 号，阿卡塔等优良亚麻品种 7 个，在长春亚麻试验站及 5 个县进行品种集中展示，每个品种规范种植 333m$^2$。亚麻品种筛选出 3 个黑亚 20、吉亚 5 号、中麻 2 号，展示筛选出 3 个后备生产品种吉亚 4、5 号、黑亚 16、20 号。详见表

7-7 和表 7-8 数据均为 6 个试验点数据的平均。

**表 7-7 2014—2015 年亚麻品种筛选结果**

| 年份 | 材料名称 | 原茎产量（kg/亩） | 干茎制成率（%） | 长麻率（%） | 全麻率（%） |
|---|---|---|---|---|---|
| 2014 | 阿卡塔 | 421.7 | 88.31 | 20.03 | 32.89 |
| | 黑亚 16 号 | 422.2 | 81.19 | 12.95 | 26.44 |
| | 黑亚 19 号 | 404.4 | 78.84 | 12.33 | 26.56 |
| | 黑亚 20 号 | 394.4 | 86.20 | 12.35 | 21.72 |
| | 吉亚二号 | 376.1 | 78.75 | 11.75 | 29.23 |
| | 吉亚三号 | 371.1 | 78.85 | 16.69 | 29.97 |
| | 吉亚四号 | 465.0 | 78.85 | 11.15 | 29.38 |
| | 吉亚五号 | 415.0 | 72.16 | 6.54 | 25.74 |
| | 双亚 13 号 | 365.6 | 62.03 | 12.26 | 26.55 |
| | 双亚 15 号 | 443.9 | 80.43 | 15.08 | 23.76 |
| | 中亚 2 号 | 463.9 | 80.20 | 14.02 | 27.01 |
| 2015 | 阿卡塔 | 470.4 | 82.60 | 15.90 | 34.20 |
| | 黑亚 16 号 | 426.5 | 86.60 | 13.10 | 33.60 |
| | 黑亚 19 号 | 408.6 | 84.40 | 10.90 | 36.50 |
| | 黑亚 20 号 | 478.3 | 87.80 | 21.50 | 37.80 |
| | 吉亚 2 号 | 402.3 | 80.80 | 17.30 | 33.50 |
| | 吉亚 3 号 | 407.9 | 82.50 | 14.60 | 34.10 |
| | 吉亚 4 号 | 422.1 | 83.50 | 15.70 | 32.40 |
| | 吉亚 5 号 | 457.8 | 85.90 | 16.60 | 32.50 |
| | 双亚 13 号 | 400.8 | 86.60 | 18.30 | 35.30 |
| | 双亚 15 号 | 428.1 | 81.70 | 13.80 | 29.30 |
| | 中亚 2 号 | 381.1 | 82.70 | 16.40 | 36.80 |

**表 7-8 2014—2015 年展示区测产结果**

| 年份 | 材料名称 | 原茎产量（kg/亩） | 干茎制成率（%） | 长麻率（%） | 全麻率（%） |
|---|---|---|---|---|---|
| 2014 | 阿卡塔 | 265.6 | 77.1 | 7.5 | 25.9 |
| | 黑亚 16 号 | 253.3 | 72.4 | 11.6 | 23.1 |
| | 黑亚 20 号 | 320.0 | 72.2 | 13.6 | 26.2 |
| | 吉亚 2 号 | 272.2 | 73.7 | 8.7 | 25.7 |
| | 吉亚 4 号 | 286.7 | 67.0 | 7.2 | 21.9 |
| | 吉亚 5 号 | 288.9 | 75.7 | 6.0 | 20.6 |
| | 中亚 2 号 | 244.4 | 77.8 | 12.1 | 25.6 |
| 2015 | 阿卡塔 | 414.8 | 75.8 | 17.3 | 32.4 |
| | 黑亚 16 号 | 443.3 | 80.7 | 16.6 | 32.9 |
| | 黑亚 20 号 | 443.3 | 80.9 | 19.2 | 35.4 |
| | 吉亚二号 | 385.9 | 76.6 | 17.2 | 32.4 |
| | 吉亚四号 | 438.5 | 79.1 | 18.2 | 32.8 |
| | 吉亚五号 | 515.2 | 76.7 | 15.3 | 31.3 |
| | 中亚 2 号 | 386.6 | 83.1 | 14.8 | 31.7 |

（2）2014—2015 年亚麻新品种大面积推广示范。选择亚麻新品种吉亚 4、5 号，黑亚 14、19 号在亚麻主产区龙井进行大面积示范。播种时间 5 月 9 日。采用 20 行播种机条播播种，播种前整地，施肥 200kg/亩，氮磷钾比例为 1：3：1。

结果表明，吉亚 4、5 号，黑亚 14、19 号经济性状综合表现原茎亩产量分别为 413.5kg、433.6kg、400.2kg、415.8kg，比 CK（主推品种吉亚 1 号）提高 11.1%、16.5%、7.6%、11.7%；全麻率分别为 28.5%、29.4%、28.1%、28.7%；比对照提高 0.5 个百分点、1.4 个百分点、0.1 个

百分点、0.7 个百分点。平均原茎产量 415.8kg/亩，较对照提高 11.7%，全麻率 28.5%，提高 0.5 个百分点。通过亚麻新品种（系）试验示范，使麻农平均增产原茎 42.7kg/亩，增加收入 93.94 元；提高出麻率 0.5 百分点使亚麻加工企业生产每吨原茎增加效益 50 元，因此亚麻新品种（系）试验示范推广，促进亚麻种植产业发展。

3. 2014—2015 年亚麻种子异地繁种技术示范

为满足亚麻生产应用优良亚麻品种需要，在乾安、和龙异地繁殖亚麻良种 100 亩，其中在乾安种植 50 亩，品种为吉亚 2、4、5 号；在和龙种植 50 亩，品种为黑亚 14、16、19 号。通过严格的田间管理，2014 年在乾安收获良种 3 530kg，亩产良种 70.6kg；在和龙收获良种 3 410kg，亩产良种 68.2kg。平均亩产 69.4kg。2015 年，在乾安收获良种 3 710kg，亩产良种 74.2kg，在和龙收获良种 7 000kg，亩产良种 70kg。平均亩产 72.1kg。为 2016 年亚麻种植提供良种保障。

4. 2014—2015 年亚麻病虫草害防控技术示范

在范家屯进行亚麻病虫害防治技术示范、亚麻田杂草防控技术示范 10 亩。同时在和龙、龙井、蛟河、乾安、前郭 5 个示范县均开展亚麻病虫害防治技术推广工作，并发放亚麻病虫草害防控技术宣传单。

（1）亚麻白粉病防控技术试验示范。在长春亚麻试验站依托单位所在地公主岭市范家屯镇，建立示范亚麻病害防治技术（亚麻白粉病防控技术示范）基地，示范面积 10 亩。亚麻品种为吉亚 2 号。主要技术采取品种选择、栽培措施、化学防治等技术措施，亚麻白粉病防治效果在 85%以上。通过与普通种植亚麻田测产分析对比，白粉病示范田原茎产量为 412.3kg/亩；比非示范田分别提高 6.1%；全麻率为 31.2%，比非示范田提高 1.2 个百分点。通过亚麻病虫害防治技术示范与推广，对提高亚麻单位产量，对种植亚麻起到推进作用（表 7-9）。

**表 7-9　2015 年亚麻病害防治技术示范效果情况**

| 项目 | 面积（亩） | 原茎产量 | | | 全麻率 | |
|---|---|---|---|---|---|---|
| | | （kg） | kg/亩 | 比对照高（%） | （%） | 比对照高（±） |
| 示范田 | 10 | 4 123 | 412.3 | 6.1 | 31.2 | 1.2 |
| 非示范田 CK | 10 | 3 885 | 388.5 | — | 30.0 | — |

（2）亚麻田间杂草防控技术。2015 年在地公主岭市范家屯镇，建立亚麻田间杂草防治技术（亚麻兰花草、菟丝子防控技术示范）基地，示范面积 5 亩。亚麻品种为吉亚 2 号。主要技术采取品种处理、化学防治等技术措施，亚麻杂草防治效果在 85%以上。通过与普通种植亚麻田测产分析对比，示范田原茎产量为 401.5kg/亩；比非示范田提高 5.9%；全麻率为 30.3%，比非示范田分别提高 1.2 个百分点。通过亚麻病虫害防治技术示范与推广，对提高亚麻单位产量，对种植亚麻起到推进作用。

5. 适应亚麻雨露沤制的机械化栽培技术示范

在蛟河市松江镇松花湖上游沿江滩涂地进行“适应亚麻雨露沤制的机械化栽培技术示范”面积 15 亩。示范亚麻品种为吉亚 2 号、阿卡塔，采取选地平整、加强机械整地质量、选择适宜亚麻品种、提前播种、加强亚麻除草技术、适时收获等措施示范，适应亚麻雨露沤制的机械化栽培技术示范。示范结果经取样测定示范田原茎产量为 401.2kg/亩，较生产田提高 15.6%，全麻率为 29.3%较生产田提高 0.98 百分点（表 7-10）。通过应用适应亚麻雨露沤制的机械化栽培技术示范，使麻农亩增产原茎 62.5kg，增加收入 137.5 元；提高出麻率使亚麻加工企业生产每吨原茎增加效益 98 元，并组织农户、企业等进行收获现场观摩。因此适应亚麻雨露沤制的机械化栽培技术示范推广，对推广机械化亚麻种植、收获起到积极作用。

表 7-10　适应亚麻雨露沤制的机械化栽培技术示范情况

| 项目 | 面积（亩） | 品种 | 效果 |
|---|---|---|---|
| 示范田 | 15 | 吉亚 2 号阿卡塔 | 平均原茎亩产 401.2kg，比周边生产田平均增产 15.6%。全麻率平均提高 |
| 生产田 | 15 | 阿卡塔吉亚 2 号 | 0.98 个百分点。麻农增产 62.5kg，增加收入 135.7 元；加工企业吨增效 98 元 |

6. 亚麻抗倒伏栽培技术试验示范

在亚麻示范县和龙市头道镇进行“亚麻抗倒伏栽培技术试验示范”面积 10 亩。示范亚麻品种为阿卡塔、吉亚 2 号，采取品种选择、合理耕作、适时播种、合理密植、使用化学药剂等技术。示范结果经取样测定示范田原茎产量为 386.5kg/亩较生产田提高 10%，全麻率为 29.8%较生产田提高 0.8 百分点。通过应用适亚麻抗倒伏栽培技术试验示范，使麻农亩增产原茎 38.65kg，增加收入 85 元；提高出麻率使亚麻加工企业生产每吨原茎增加效益 80 元，并组织农户等进行收获现场观摩。因此亚麻抗倒伏栽培技术试验示范推广，提高农民收入和企业效益起到积极作用。

## （二）基础数据调研（表 7-11 至表 7-18）

表 7-11　吉林省亚麻产业主要仪器设备数据库

| 序号 | 设备名称 | 品牌 | 型号 | 购置时间 | 主要功能 | 数量（台/套） | 所在单位 |
|---|---|---|---|---|---|---|---|
| 1 | 亚麻剥麻机 | | B-800 型 4 节 | | 打麻 | 1 | 蛟河市富兴亚麻厂 |
| 2 | 亚麻播种机 | | B 型 48 行 | | 播种 | 1 | 蛟河市富兴亚麻厂 |
| 3 | 亚麻播种机 | | B 型 20 行 | | 播种 | 2 | 蛟河市富兴亚麻厂 |
| 4 | 亚麻拔麻机 | | | | 拔麻 | 1 | 蛟河市富兴亚麻厂 |
| 5 | 德国全自动洛纱机 | | 锡来福 338 | 2004 年 | 纺纱 | 2 | 龙井市大泽亚麻纺织有限公司 |
| 6 | 香港立信煮漂机 | | CAS-140A-4 | 2002 年 | 纺纱 | 1 | 龙井市大泽亚麻纺织有限公司 |
| 7 | 香港产射频烘干机 | | FTDW85 | 2002 年 | 纺纱 | 1 | 龙井市大泽亚麻纺织有限公司 |
| 8 | 法国产精梳机 | | PB-129 | 2002 年 | 纺纱 | 1 | 龙井市大泽亚麻纺织有限公司 |
| 9 | 法国产细纱机 | | FX-502 | 2002 年 | 纺纱 | 28 | 龙井市大泽亚麻纺织有限公司 |
| 10 | 法国产粗纱机 | | FX402 | 2002 年 | 纺纱 | 7 | 龙井市大泽亚麻纺织有限公司 |
| 11 | 全自动温水沤麻箱 | | | 2006 年 | 温水沤麻 | 1 | 吉林省农业科学院经济植物研究所 |
| 12 | 720 型剥麻机 | | | 2004 年 | 打麻 | 1 | 吉林省农业科学院经济植物研究所 |
| 13 | 强力机 | | | 2005 年 | 测量拉力 | 1 | 吉林省农业科学院经济植物研究所 |
| 14 | 切断器 | | | 2005 年 | | 1 | 吉林省农业科学院经济植物研究所 |
| 15 | 可挠度仪 | | | 2005 年 | 测量柔韧度 | 1 | 吉林省农业科学院经济植物研究所 |
| 16 | PCR | | | 2005 年 | 扩增 | 1 | 吉林省农业科学院经济植物研究所 |
| 17 | 电泳仪 | | | 2005 年 | | 1 | 吉林省农业科学院经济植物研究所 |
| 18 | 高速离心机 | | | | | 2 | 吉林省农业科学院经济植物研究所 |
| 19 | 小型剥麻机 | | | 2006 年 | 样品剥麻 | 1 | 吉林省农业科学院经济植物研究所 |
| 20 | 亚麻榨油机 | 长白山 | 6L-4 型 | 2011 年 | 榨油 | 1 | 吉林省农业科学院经济植物研究所 |
| 21 | 滤油机 | 长白山 | | 2013 年 | 滤油 | 1 | 吉林省农业科学院经济植物研究所 |
| 22 | 亚麻播种机 | | | 2009 年 | 播种 | 6 | 吉林省农业科学院经济植物研究所 |
| 23 | 电动试验用运输车 | | | 2013 年 | 取样 | 6 | 吉林省农业科学院经济植物研究所 |
| 24 | 细纱机 | 俄罗斯 | L5 型 | 1988 年 | 亚麻细纱纺制 | 32 | 吉林省中铭亚麻纺织有限公司 |
| 25 | 络筒机 | 国产 | 1332 | 1988 年 | 细纱络成筒纱 | 4 | 吉林省中铭亚麻纺织有限公司 |
| 26 | 煮纱锅 | 我国香港产 | | 1988 年 | 粗纱煮炼漂白 | 4 | 吉林省中铭亚麻纺织有限公司 |
| 27 | 粗纱机 | | L461 | 1988 年 | 亚麻粗纱纺制 | 6 | 吉林省中铭亚麻纺织有限公司 |
| 28 | 并条机 | | LB | 1988 年 | 亚麻粗纱纺制前道麻条加工 | 10 | 吉林省中铭亚麻纺织有限公司 |
| 29 | 针梳机 | NSCZN6 | | 1988 年 | 短麻粗纱纺制前道麻条加工 | 10 | 吉林省中铭亚麻纺织有限公司 |
| 30 | 栉梳机 | E101 | | 1988 年 | 亚麻长麻梳理 | 3 | 吉林省中铭亚麻纺织有限公司 |
| 31 | 联梳机 | 460 | | 1988 年 | 亚麻短麻梳理 | 3 | 吉林省中铭亚麻纺织有限公司 |
| 32 | 附属设备 | | | | | — | 吉林省中铭亚麻纺织有限公司 |
| 33 | 亚麻粉碎机 | | | 2011 年 | 亚麻粉 | 1 | 吉林省农业科学院经济植物研究所 |
| 34 | 电子天平 | | | 2004 年、2014 年 | 亚麻试验检测 | 3 | 吉林省农业科学院经济植物研究所 |

**表 7-12　吉林省亚麻作物主产区气象与土壤数据库**

| 地点 | 年平均气温（℃） | 最冷月（1 月份）极端最低气温（℃） | 最热月（7 月份）极端最高气温（℃） | 年平均降水量（mm） | 年平均日照时数（h） | 有效积温（℃） | 无霜期（d） | 灾害性天气 |
|---|---|---|---|---|---|---|---|---|
| 龙井市 | 5.6 | -30.9 | 37.1 | 549.2 | 2 429.1 | 2 714.4 | 146 | 霜冻、台风、洪涝 |
| 和龙市 | 5.5 | -33.0 | 36.7 | 550 | 2 300 | 2 330.5 | 141 | 霜冻、冰雹 |
| 松江镇 | 4.2 | -33.0 | 36.0 | 700 | 2 300～2 500 | 2 650～2 750 | 130 | 霜冻、台风、洪涝 |
| 松原市 | 4.5 | -36.1 | 36.9 | 400～500 | 2 879.8 | 2 884.5 | 135～140 | 冰雹、霜冻、干旱、沙尘暴 |
| 乾安县 | 5.6 | -36.1 | 36.9 | 425.8 | 2 866.6 | 2 884.5 | 146 | 冰雹、霜冻、干旱、沙尘暴 |

**表 7-13　吉林省亚麻产业研发的人员数据库**

| 序号 | 姓名 | 性别 | 出生年月 | 职称 | 职务 | 学位 | 单位 | 研究方向 |
|---|---|---|---|---|---|---|---|---|
| 1 | 凤桐 | 男 | 1961.11 | 研究员 | 所长 | 大学 | 吉林省农业科学院经济植物研究所 | 亚麻育种、栽培 |
| 2 | 王世发 | 男 | 1961.11 | 研究员 | 主任 | 大学 | 吉林省农业科学院经济植物研究所 | 亚麻、大麻的育种与栽培 |
| 3 | 刘淑莲 | 女 | 1963.6 | 研究员 |  | 大学 | 吉林省农业科学院经济植物研究所 | 亚麻、大麻的育种与栽培 |
| 4 | 刘海龙 | 男 | 1976.06 | 助理研究员 |  | 硕士 | 吉林省农业科学院经济植物研究所 | 亚麻、大麻的育种与栽培 |
| 5 | 牛海龙 | 男 | 1975.12 | 助理研究员 |  | 大学 | 吉林省农业科学院经济植物研究所 | 亚麻、大麻的育种与栽培 |
| 6 | 徐驰 | 男 | 1961.2 | 助理研究员 |  | 中专 | 吉林省农业科学院经济植物研究所 | 亚麻育种与栽培 |
| 7 | 潘亚丽 | 女 | 1962.7 | 助理研究员 |  | 中专 | 吉林省农业科学院经济植物研究所 | 亚麻育种与栽培 |
| 8 | 王庆峰 | 男 | 1982.11 | 技术员 |  | 大学 | 吉林省农业科学院经济植物研究所 | 亚麻育种与栽培 |
| 9 | 徐立群 | 男 | 1962.10 | 助理研究员 |  | 大学 | 吉林省农业科学院经济植物研究所 | 亚麻育种与栽培 |
| 10 | 袭建义 | 男 | 1958.3 | 助理经济师 | 总经理 | 中专 | 蛟河市富兴亚麻厂 | 亚麻种植、加工 |
| 11 | 刘石军 | 男 | 1971.6 | 高级经济师 | 副总 | 硕士 | 吉乾安中铭亚麻纺织有限公司 | 亚麻栽培、纺织 |
| 12 | 钱延伟 | 男 | 1966.11 | 中级工程师 | 主任 | 大学 | 龙井大泽亚麻纺织有限公司 | 大麻、亚麻混纺制品研究 |
| 13 | 郭光平 | 男 | 1967.7 | 中级工程师 | 经理 | 大学 | 龙井大泽亚麻纺织有限公司 | 大麻、亚麻混纺制品研究 |
| 14 | 张基德 | 男 | 1963.7 | 研究员 | 院长 | 大学 | 延边农业科学院 | 亚麻新品种开发及生产 |
| 15 | 黄初女 | 女 | 1965.6 | 研究员 | 所长 | 大学 | 延边农业科学院 | 亚麻新品种开发及生产 |
| 16 | 王　亮 | 男 | 1980.2 | 助理研究员 | 副所长 | 硕士 | 延边农业科学院 | 亚麻新品种开发及生产 |
| 17 | 朱浩哲 | 男 | 1968.11 | 高级农艺师 |  | 大学 | 延边农业科学院 | 亚麻新品种开发及生产 |
| 18 | 郑贵福 | 男 | 1969.1 | 其他 | 主任、副书记 | 本科 | 乾安县赞字乡政府 | 种子 |
| 19 | 孙凯 |  | 1974.3 | 其他 | 副书记 | 本科 | 乾安县大布苏园区 | 植保 |
| 20 | 玄寿学 | 男 | 1960.8 | 研究员 | 副所长 | 本科 | 延边农业科学院 | 种子 |
| 21 | 张润东 | 男 | 1962.7 | 高农艺师 | 总经理 | 本科 | 和龙市种业有限公司 | 种子 |
| 22 | 朴虎军 | 男 | 1954.2 | 高农艺师 | 站长 | 本科 | 和龙市种业有限公司 | 栽培 |
| 23 | 张梓君 | 男 | 1968.5 | 其他 | 科长 | 其他 | 和龙市种业有限公司 | 植保 |
| 24 | 唐秀艳 | 女 | 1957.2 | 高农艺师 | 站长 | 本科 | 松原市农业技术推广总站 | 植保 |
| 25 | 姚国建 | 男 | 1963.9 | 研究员 | 总农艺师 | 本科 | 松原市农业技术推广总站 | 栽培 |
| 26 | 于英梅 | 女 | 1962.6 | 高农艺师 | 站长 | 本科 | 松原市农业技术推广总站 | 种子 |
| 27 | 李义 | 男 | 1965.2 | 其他 | 副镇长 | 大专 | 蛟河市政府 | 种子 |
| 28 | 姜广玉 | 男 | 1958.6 | 高农艺师 | 站长 | 本科 | 蛟河市松江镇农技站 | 植保 |
| 29 | 王延林 | 男 | 1963.6 |  | 局长 | 大专 | 乾安县科技局 | 推广 |
| 30 | 丁红玲 | 女 | 1982.6 | 助研 |  | 硕士 | 延边农业科学院 | 亚麻新品种开发及生产 |

**表 7-14　吉林省亚麻省以上立项的科技项目数据库**

| 序号 | 项目名称 | 依托单位 | 来源与类别 | 主持人 | 起止年限（年.月） | 资金（万元） |
|---|---|---|---|---|---|---|
| 1 | 大麻、亚麻混纺纱新产品研制 | 龙井大泽亚麻纺织有限公司 | 吉林省科委公关项目 | 杨卓 | 2000.8 至 2002 | 244.9 |
| 2 | 大麻、亚麻兼容湿纺技术产业化示范 | 延边金龙亚麻纺织有限公司 | 吉林省科委项目 | 郑南吉 | 2005—2006 | 12 500 |

（续表）

| 序号 | 项目名称 | 依托单位 | 来源与类别 | 主持人 | 起止年限（年.月） | 资金（万元） |
|---|---|---|---|---|---|---|
| 3 | 长白山优质纤维用亚麻加工 | 吉林省工程咨询科技公司 | | 杨卓 | 2002—2004 | 2 941.4 |
| 4 | 大麻湿法纺纱新技术 | 延边金龙亚麻纺织有限公司 | 吉林省科委项目 | 郑南吉 | 2006—2007 | 12 450 |
| 5 | 长白山区纤维用亚麻优质高产技术 | 延边农业科学院 | 吉林省科委项目 | 李金兰 | 1986.4 至 1988 | |
| 6 | 亚麻原茎公顷 5t 超高产栽培技术研究 | 延边农业科学院 | 吉林省科委项目 | 李豪喆 | 1989.2 至 1991 | |
| 7 | 高寒山区亚麻规模开发技术研究 | 延边农业科学院 | 吉林省科委项目 | 张基德 | 1995.1 至 1997 | |
| 8 | 优纤亚麻新品种选育 | 延边农业科学院 | 吉林省科委项目 | 李金兰 | 1992—1995 | |
| 9 | 经济作物品种选育及制种技术 | 延边农业科学院 | 吉林省科委项目 | 李金兰 | 1992—1995 | |
| 10 | 国家麻类产业技术体系——长春亚麻试验站 | 吉林省农业科学院 | 农业部 | 凤桐 | 2009—2015 | 340 |
| 11 | 纤维用亚麻基础材料创新研究 | 吉林省农业科学院 | 吉林省科技厅 | 刘淑莲 | 2006—2008 | 7 |
| 12 | 抗盐碱亚麻空间环境诱变育种关键技术研究与示范 | 吉林省农业科学院 | “十一五”科技支撑项目 | 王世发 | 2008—2010 | 15 |
| 13 | 优质高产耐盐碱油用亚麻新品种选育 | 吉林省农业科学院 | 吉林省科研育种专项 | 王世发 | 2009—2011 | 15 |
| 14 | 亚麻种质资源创新利用 | 吉林省农业科学院 | 国家航天育种 | 王世发 | 2006—2010 | |
| 15 | 纤维用亚麻种质资源研究 | 吉林省农业科学院 | 吉林省科技厅项目 | 王世发 | 2004—2006 | 8 |
| 16 | 优质亚麻种质资源引进和良繁体系建立 | 黑龙江省农业科学院、吉林省农业科学院 | 农业部 948 项目 | 关凤芝、凤桐 | 2003—2005 | 260 |
| 17 | 亚麻盐碱地规范化栽培技术 | 吉林省农业科学院 | 吉林省科技厅项目 | 刘淑芬 | 1996—1997 | 5 |
| 18 | 亚麻大面积高产栽培示范研究 | 吉林省农业科学院 | 吉林省农业厅项目 | 刘淑莲 | 2002—2003 | |
| 19 | 亚麻原种基地建设 | 吉林省农业科学院 | 吉林省开发办项目 | 王世发 | 2003—2004 | 15 |
| 20 | 高产优质纤维亚麻新品种盐碱地栽培技术推广 | 吉林省农业科学院 | 科技部国家科技成果重点项目 | 凤桐、王世发 | 2004—2007 | |
| 21 | 长春亚麻试验站 | 吉林省农业科学院 | 国家麻类产业技术体系 | 凤桐 | 2008—2010 | 90 |
| 22 | 长春亚麻试验站 | 吉林省农业科学院 | 国家麻类产业技术体系 | 凤桐 | 2010—2015 | 250 |
| 23 | 亚麻盐碱地开发利用研究 | 吉林省农业科学院 | 哈达山水利管理局 | 王世发、凤桐 | 2012—2013 | 10 |

**表 7-15　吉林省亚麻种质资源与种子企业数据库**

| 序号 | 品系名 | 原茎产（$kg/hm^2$） | 全麻率（%） | 抗倒伏（级） | 纤维强度（kg） | 熟期（d） | 株高（cm） | 工艺长（cm） | 麻产量（$kg/hm^2$） | 分枝（个） | 硕果数（个） | 白粉病 | 立枯病 | 花色 |
|---|---|---|---|---|---|---|---|---|---|---|---|---|---|---|
| 1 | 吉亚 1 号 | 5 810.7 | 15.86 | 0 | 24.6 | 84 | 97.43 | 78.69 | 929.7 | 4.6 | 6~7 | 抗 | 抗 | 蓝 |
| 2 | 吉亚 2 号 | 5 532.7 | 27.10 | 0 | 26.0 | 84 | 120 | 85 | 1 229.5 | 4.1 | 8.1 | 抗 | 抗 | 蓝 |
| 3 | 吉亚 3 号 | 6 231.6 | 27.95 | 0 | 26.8 | 75 | 97~105 | 80~85 | 1 393.3 | 3.1 | 6~8 | 抗 | 抗 | 蓝 |
| 4 | 吉亚 4 号 | 6 290.3 | 28.66 | 0 | 27.3 | 73 | 95~100 | 78~80 | 1 458.7 | 3.6 | 7~9 | 抗 | 抗 | 蓝 |
| 5 | 吉亚 5 号 | 6 276.4 | 28.22 | 0 | 26.1 | 77 | 100 | 83.5 | 1 477.5 | 3.5 | 8.0 | 抗 | 耐 | 蓝 |
| 6 | N. P. 21 | 2 100.0 | 14.00 | 0 | 5.0 | 80 | 69 | 47 | 280.0 | 4.1 | 6.2 | 抗 | 抗 | 蓝 |
| 7 | P. I251997 | 4 463.0 | 12.12 | 0 | 5.0 | 80 | 47 | 32 | 515.0 | 4.1 | 6.2 | 耐 | 抗 | 蓝 |
| 8 | P. I. 250864 | 5 250.0 | 12.69 | 0 | 5.0 | 89 | 57 | 29 | 635.0 | 4.1 | 6.2 | 抗 | 抗 | 蓝 |
| 9 | RUSSIAN INTRO | 1 575.0 | 14.05 | 0 | 5.0 | 87 | 49 | 36 | 211.0 | 3.7 | 5.6 | 抗 | 耐 | 蓝 |
| 10 | PI. 179351 | 3 150.0 | 16.52 | 0 | 22.28 | 78 | 58 | 39 | 495.0 | 4.8 | 7.2 | 抗 | 抗 | 蓝 |
| 11 | C. I742SEL | 5 250.0 | 18.97 | 0 | 5.0 | 78 | 52 | 35 | 949.0 | 4.5 | 6.8 | 耐 | 抗 | 蓝 |
| 12 | BISONX（IPX112） | 3 413.0 | 23.01 | 0 | 25.58 | 78 | 50 | 39 | 748.0 | 3.7 | 5.6 | 耐 | 抗 | 蓝 |

（续表）

| 序号 | 品系名 | 原茎产（kg/hm²） | 全麻率（%） | 抗倒伏（级） | 纤维强度（kg） | 熟期（d） | 株高（cm） | 工艺长（cm） | 麻产量（kg/hm²） | 分枝（个） | 硕果数（个） | 白粉病 | 立枯病 | 花色 |
|---|---|---|---|---|---|---|---|---|---|---|---|---|---|---|
| 13 | SAGIINAWX-OTTAWA770 | 2 500 | 23.00 | 0 | 22.83 | 80 | 59 | 40 | 500 | 4.1 | 6.2 | 耐 | 抗 | 蓝 |
| 14 | BIWINGXCI 980 | 2 363 | 11.63 | 0 | 5.30 | 86 | 61 | 47 | 262 | 4.5 | 6.8 | 抗 | 耐 | 浅蓝 |
| 15 | NORTH AFRICA | 2 625 | 22.54 | 0 | 5.30 | 86 | 52 | 36 | 564 | 4.9 | 7.4 | 抗 | 抗 | 蓝 |
| 16 | PALE VERBANA | 3 413 | 9.90 | 0 | 19.53 | 76 | 58 | 41 | 322 | 4.5 | 6.8 | 抗 | 抗 | 蓝 |
| 17 | PI. 175771 | 4 725 | 19.70 | 0 | 4.20 | 78 | 49 | 40 | 887 | 5.0 | 7.5 | 耐 | 抗 | 蓝 |
| 18 | 5648-C | 3 413 | 20.58 | 0 | 4.20 | 77 | 52 | 43 | 669 | 3.8 | 5.7 | 抗 | 耐 | 蓝 |
| 19 | VP24 | 4 988 | 24.30 | 0 | 4.20 | 78 | 53 | 37 | 1 154 | 3.7 | 5.6 | 抗 | 抗 | 蓝 |
| 20 | PI194998 | 2 500 | 15.00 | 0 | 4.20 | 87 | 37 | 21 | 0 | 3.7 | 5.6 | 抗 | 抗 | 蓝 |
| 21 | SVALOF029 B-1 | 3 150 | 22.24 | 0 | 4.20 | 78 | 72 | 59 | 667 | 3.5 | 5.3 | 抗 | 抗 | 蓝 |
| 22 | BVOA SEL | 5 250 | 16.76 | 0 | 25.30 | 78 | 62 | 49 | 838 | 3.7 | 5.6 | 耐 | 抗 | 蓝 |
| 23 | N391 BLAPLATA | 1 313 | 11.35 | 0 | 6.70 | 77 | 58 | 37 | 142 | 4.6 | 6.9 | 抗 | 抗 | 蓝 |
| 24 | ARMAS | 3 150 | 17.34 | 1.1 | 6.70 | 86 | 65 | 39 | 520 | 5.1 | 7.7 | 抗 | 抗 | 蓝 |
| 25 | BISONX649 | 2 888 | 20.59 | 0 | 6.70 | 80 | 56 | 40 | 566 | 4.2 | 6.3 | 抗 | 抗 | 蓝 |
| 26 | 10474/46 | 1 313 | 12.47 | 0 | 20.63 | 87 | 85 | 72 | 156 | 4.0 | 6.0 | 耐 | 抗 | 蓝 |
| 27 | NV40046 | 1 313 | 15.46 | 0 | 5.00 | 78 | 55 | 30 | 193 | 4.9 | 7.4 | 抗 | 抗 | 蓝 |
| 28 | LONG H. D. 125 | 4 725 | 19.73 | 0 | 5.00 | 80 | 70 | 38 | 888 | 3.9 | 6.0 | 抗 | 抗 | 蓝 |
| 29 | QMMON WHITE | 840 | 20.96 | 0 | 5.00 | 76 | 55 | 44 | 168 | 4.8 | 5.6 | 抗 | 抗 | 蓝 |
| 30 | RUSSINA INTRO | 3 675 | 33.82 | 0 | 5.00 | 80 | 53 | 32 | 1184 | 4.0 | 7.1 | 抗 | 抗 | 蓝 |
| 31 | 未定名 1 | 3 675 | 17.3 | 0 | 5.00 | 80 | 39 | 26 | 606 | 3.9 | 5.9 | 抗 | 耐 | 蓝 |
| 32 | CI 300X355 | 2 363 | 16.38 | 0 | 5.00 | 78 | 48 | 37 | 369 | 3.9 | 5.6 | 抗 | 抗 | 蓝 |
| 33 | 262522 | 4 200 | 11.93 | 0 | 5.00 | 78 | 51 | 44 | 477 | 4.5 | 7.1 | 抗 | 抗 | 蓝 |
| 34 | PI. 251997 | 5 250 | 16.77 | 0 | 5.00 | 80 | 47 | 34 | 839 | 3.7 | 5.9 | 抗 | 抗 | 白 |
| 35 | 10479/46 | 1 575 | 3.51 | 0 | 19.80 | 78 | 43 | 33 | 53 | 4.0 | 6.2 | 抗 | 耐 | 蓝 |
| 36 | TUNIS | 2 100 | 21.28 | 0 | 5.00 | 80 | 51 | 41 | 426 | 3.6 | 4.8 | 抗 | 抗 | 蓝 |
| 37 | LONG 66 | 2 500 | 7.80 | 0 | 5.00 | 78 | 60 | 43 | 0 | 3.9 | 7.9 | 抗 | 抗 | 蓝 |
| 38 | 10395/46 | 2 888 | 5.60 | 0 | 5.00 | 78 | 43 | 30 | 154 | 3.4 | 6.6 | 抗 | 抗 | 蓝 |
| 39 | BISON XC136 SEL3 | 3 413 | 12.46 | 0 | 5.00 | 78 | 57 | 42 | 405 | 3.1 | 6.4 | 耐 | 抗 | 蓝 |
| 40 | NORSTAR | 3 150 | 14.86 | 0 | 29.98 | 80 | 57 | 39 | 446 | 4.3 | 6.4 | 抗 | 抗 | 蓝 |
| 41 | 248918 | 2 363 | 22.96 | 0 | 5.00 | 80 | 72 | 50 | 517 | 4.3 | 7.4 | 抗 | 抗 | 蓝 |
| 42 | 31501 fiber | 3 938 | 23.19 | 2.1 | 5.00 | 80 | 69 | 57 | 870 | 4.5 | 6.1 | 抗 | 抗 | 蓝 |
| 43 | No. 5060-1937 | 2 888 | 20.59 | 0 | 21.18 | 78 | 67 | 47 | 566 | 3.7 | 6.6 | 耐 | 耐 | 白 |
| 44 | RUSSIAN INTRO | 1 313 | 12.47 | 0 | 5.00 | 78 | 46 | 37 | 156 | 3.7 | 5.9 | 抗 | 耐 | 蓝 |
| 45 | 1926 DOW 210 | 1 313 | 15.46 | 0 | 24.20 | 78 | 54 | 34 | 193 | 3.5 | 6.4 | 抗 | 耐 | 蓝 |
| 46 | HOSS2 公顷 TI 7022 | 4 725 | 19.73 | 0 | 6.30 | 78 | 49 | 32 | 888 | 5.4 | 5.6 | 抗 | 耐 | 蓝 |
| 47 | CI 1116/1117 | 840 | 20.96 | 0 | 6.30 | 77 | 47 | 29 | 168 | 3.9 | 5.1 | 抗 | 耐 | 蓝 |
| 48 | PALE BLUE-CRIMPEO | 3 675 | 33.82 | 0 | 6.30 | 78 | 52 | 41 | 1 184 | 5.2 | 7.1 | 抗 | 抗 | 蓝 |

（续表）

| 序号 | 品系名 | 原茎产 (kg/hm²) | 全麻率 (%) | 抗倒伏 (级) | 纤维强度 (kg) | 熟期 (d) | 株高 (cm) | 工艺长 (cm) | 麻产量 (kg/hm²) | 分枝 (个) | 硕果数 (个) | 白粉病 | 立枯病 | 花色 |
|---|---|---|---|---|---|---|---|---|---|---|---|---|---|---|
| 49 | 9BSELECTION | 3 675 | 17.30 | 0 | 18.98 | 80 | 59 | 47 | 606 | 4.8 | 7.2 | 抗 | 抗 | 蓝 |
| 50 | PI177446 | 2 363 | 16.38 | 0 | 32.45 | 80 | 59 | 48 | 369 | 6.0 | 9.0 | 抗 | 抗 | 蓝 |
| 51 | RUSSIAN INTRO | 4 200 | 11.93 | 0 | 5.0 | 80 | 60 | 44 | 477 | 4.1 | 6.2 | 抗 | 抗 | 蓝 |
| 52 | 未定名 2 | 5 250 | 16.77 | 0 | 5.0 | 77 | 48 | 35 | 839 | 4.5 | 6.8 | 抗 | 抗 | 蓝 |
| 53 | STORMONT GOSSAMER | 1 575 | 3.51 | 0 | 28.05 | 80 | 59 | 43 | 53 | 4.1 | 6.2 | 抗 | 抗 | 蓝 |
| 54 | P. I. 250864 | 5 250 | 12.69 | 0 | 5.00 | 89 | 57 | 29 | 635 | 4.1 | 6.2 | | | 蓝 |
| 55 | C. I742SEL | 5 250 | 18.97 | 0 | 5.00 | 78 | 52 | 35 | 949 | 4.5 | 6.8 | | | 蓝 |
| 56 | VP24 | 4 988 | 24.30 | 0 | 4.20 | 78 | 53 | 37 | 1 154 | 3.7 | 5.6 | | | 蓝 |
| 57 | BVOA SEL | 5 250 | 16.76 | 0 | 25.30 | 78 | 62 | 49 | 838 | 3.7 | 5.6 | | | 蓝 |
| 58 | PI. 251997 | 5 250 | 16.77 | 0 | 5.00 | 80 | 47 | 34 | 839 | 3.7 | 5.9 | | | 白 |
| 59 | 未定名 3 | 5 250 | 16.77 | 0 | 5.00 | 77 | 48 | 35 | 839 | 4.5 | 6.8 | | | 蓝 |
| 60 | RUSSIAN INTRO | 5 250 | 18.64 | 0 | 5.00 | 80 | 59 | 45 | 932 | 4.5 | 6.8 | | | 蓝 |
| 61 | 10479/46 | 5 250 | 20.87 | 0 | 5.00 | 78 | 59 | 30 | 1 098 | 4.7 | 7.1 | | | 蓝 |
| 62 | HOLLANDIA | 4 988 | 16.28 | 0 | 27.50 | 78 | 66 | 47 | 813 | 4.6 | 6.9 | | | 蓝 |
| 63 | REPETIBLEM | 5 250 | 8.90 | 0 | 5.00 | 89 | 60 | 41 | 469 | 4.1 | 6.2 | | | 蓝 |
| 64 | LINA CVJMIR | 5 250 | 24.91 | 0 | 21.45 | 89 | 62 | 48 | 1 311 | 5.3 | 8.0 | | | 蓝 |
| 65 | BUDA | 5 600 | 23.48 | 0 | 5.00 | 89 | 59 | 50 | 1 318 | 4.1 | 6.2 | | | 蓝 |
| 66 | N. D. No. 43. 013 | 5 250 | 17.89 | 0 | 5.00 | 80 | 68 | 42 | 942 | 3.5 | 5.3 | | | 浅蓝 |
| 67 | P. I. 194404 | 5 250 | 6.68 | 0 | 5.00 | 78 | 45 | 22 | 351 | 4.9 | 7.4 | | | 蓝 |
| 68 | 25WWINTER TYPE | 4 900 | 12.92 | 0 | 19.25 | 78 | 60 | 37 | 634 | 4.1 | 6.2 | | | 蓝 |
| 69 | PALE BL. SEL. N. D. R | 4 900 | 20.76 | 0 | 33.83 | 78 | 62 | 46 | 1 019 | 4.4 | 6.6 | | | 蓝 |
| 70 | VALUTALIN | 5 250 | 17.87 | 0 | 5.00 | 89 | 59 | 43 | 940 | 5.7 | 8.6 | | | 蓝 |
| 71 | 品系名 | 4 900 | 15.29 | 0 | 5.00 | 87 | 74 | 46 | 751 | 4.4 | 6.6 | | | 蓝 |
| 72 | 未定名 4 | 4 900 | 15.44 | 0 | 30.53 | 78 | 60 | 38 | 758 | 4.2 | 6.3 | | | 蓝 |
| 73 | ZAKAR | 5 600 | 20.56 | 0 | 26.68 | 87 | 66 | 51 | 1 154 | 5.5 | 8.3 | | | 白 |
| 74 | LAPREVISION 18 | 6 650 | 7.42 | 0 | 0.00 | 89 | 59 | 30 | 495 | 4.0 | 6.0 | | | 蓝 |
| 75 | FORMOSA | 4 900 | 18.61 | 0 | 0.00 | 87 | 62 | 43 | 914 | 5.5 | 8.3 | | | 蓝 |
| 76 | REDW000× BIR108F5 | 5 250 | 20.91 | 0 | 25.85 | 78 | 60 | 44 | 1 100 | 6.2 | 9.3 | | | 蓝 |
| 77 | MINNSELWI-NONAX77 | 5 250 | 20.59 | 0 | 5.00 | 87 | 57 | 36 | 1 083 | 3.8 | 5.7 | | | 蓝 |
| 78 | 899 | 5 600 | 16.11 | 0 | 33.83 | 87 | 90 | 62 | 904 | 6.3 | 9.5 | | | 蓝 |
| 79 | No. 6821-1938 | 5 600 | 16.11 | 0 | 19.25 | 87 | 80 | 64 | 904 | 4.3 | 6.5 | | | 蓝 |
| 80 | 110520 FIBET | 4 900 | 11.64 | 0 | 26.68 | 87 | 56 | 45 | 572 | 4.7 | 7.1 | | | 蓝 |
| 81 | SP1238196 FIBER | 4 900 | 15.02 | 0 | 0.00 | 87 | 57 | 37 | 737 | 4.2 | 6.3 | | | 蓝 |
| 82 | N. F. RES. No. 114 | 5 366 | 28.71 | 0.8 | 28.50 | 79 | 65 | 49.6 | 1 525.8 | 4.2 | 6.3 | | | 蓝 |
| 83 | BELADI Y 6420 | 5 184 | 27.37 | 0.8 | 26.70 | 79 | 73.4 | 58.1 | 1 414.5 | 3.8 | 5.7 | | | 蓝 |
| 84 | y96-25 | 5 410 | 29.15 | 0.9 | 23.00 | 77 | 70.2 | 53.0 | 1 577.8 | 4.6 | 6.9 | | | 白 |
| 85 | y96-28 | 5 083 | 23.26 | 0.4 | 27.60 | 77 | 73.1 | 61.3 | 1 199.9 | 5.1 | 7.7 | | | 蓝 |
| 86 | y96-30 | 5 138 | 26.04 | 1 | 26.80 | 79 | 69.5 | 53.2 | 1 355.1 | 3.6 | 5.4 | | | 蓝 |

（续表）

| 序号 | 品系名 | 原茎产（$kg/hm^2$） | 全麻率（%） | 抗倒伏（级） | 纤维强度（kg） | 熟期（d） | 株高（cm） | 工艺长（cm） | 麻产量（$kg/hm^2$） | 分枝（个） | 硕果数（个） | 白粉病 | 立枯病 | 花色 |
|---|---|---|---|---|---|---|---|---|---|---|---|---|---|---|
| 87 | y96-32 | 5 181 | 27.94 | 1 | 24.00 | 78 | 73.9 | 59.9 | 1 451.7 | 3.8 | 5.7 | | | 蓝 |
| 88 | y96-33 | 5 013 | 28.58 | 0.8 | 23.20 | 79 | 74.8 | 58.3 | 1 433.3 | 3.2 | 4.8 | | | 蓝 |
| 89 | y96-34 | 4 900 | 15.29 | 0 | 5.00 | 87 | 74.0 | 46.0 | 751.0 | 4.4 | 6.9 | | | 蓝 |
| 90 | y96-50 | 4 900 | 15.44 | 0 | 30.53 | 78 | 60.0 | 38.0 | 758.0 | 4.2 | 6.6 | | | 蓝 |
| 91 | y96-11 | 4 448 | 25.61 | 0.3 | 27.30 | 74 | 44.8 | | 1 139.2 | 4.1 | 6.2 | | | 蓝 |
| 92 | y96-12 | 4 640 | 26.59 | 0.8 | 25.70 | 74 | 46.3 | | 1 236.7 | 3.3 | 5.0 | | | 蓝 |
| 93 | y96-15 | 3 972 | 26.71 | 0.8 | 27.10 | 75 | 51.5 | | 1 059.7 | 4.7 | 7.1 | | | 蓝 |
| 94 | y96-17 | 4 198 | 27.51 | 0.7 | 25.60 | 72 | 48.7 | | 1 151.6 | 4.1 | 6.2 | | | 蓝 |
| 95 | y96-19 | 4 259 | 26.00 | 1 | 25.50 | 79 | 44.8 | | 1 110.8 | 4.5 | 6.8 | | | 白 |
| 96 | y96-26 | 4 434 | 27.72 | 0.9 | 26.40 | 80 | 59.1 | | 1 239.5 | 4.3 | 6.5 | | | 蓝 |
| 97 | y96-37 | 4 605 | 19.98 | 1 | 24.90 | 82 | 61.3 | | 920.0 | 4.4 | 6.6 | | | 蓝 |
| 98 | y96-60 | 4 595 | 23.69 | 0.7 | 27.40 | 73 | 38.3 | | 1 086.9 | 4.2 | 6.6 | | | 蓝 |
| 99 | y96-63 | 4 752 | 23.96 | 1 | 28.50 | 75 | 44.6 | | 1 157.4 | 3.6 | 6.5 | | | 蓝 |
| 100 | y97-1 | 4 556 | 21.98 | 1 | 27.50 | 80 | 49.3 | | 1 009.4 | 4.4 | 5.7 | | | 蓝 |
| 101 | RUSSIAN INTRO | 4 550 | 20.76 | 0 | 41.25 | 78 | 54.0 | 46.0 | 947.0 | 4.9 | 7.4 | | | 蓝 |
| 102 | No. 11 | 4 200 | 15.62 | 0 | 28.05 | 78 | 57.0 | 46.0 | 658.0 | 5.1 | 7.7 | | | 白 |
| 103 | N. P. 33 | 3 150 | 23.23 | 0 | 28.38 | 78 | 58.0 | 49.0 | 733.0 | 4.4 | 6.6 | | | 白 |
| 104 | TEXTILSCHIK | 2 800 | 21.26 | 0 | 32.18 | 78 | 78.0 | 54.0 | 597.0 | 4.8 | 7.2 | | | 蓝 |
| 105 | 210311 FIBER | 3 150 | 25.97 | 0 | 29.15 | 78 | 58.0 | 42.0 | 820.0 | 4.0 | 6.0 | | | 白 |
| 106 | KOTO× REDWING | 4 500 | 12.30 | 0 | 27.78 | 78 | 56.0 | 35.0 | 554.0 | 5.3 | 8.0 | | | 蓝 |
| 107 | SOCTOSS LEVCHTE | 2 450 | 26.23 | 0 | 26.95 | 78 | 66.0 | 39.0 | 644.0 | 4.6 | 6.9 | | | 蓝 |
| 108 | RUSSIAN IN-TRO | 3 150 | 22.46 | 0 | 28.88 | 78 | 60.0 | 45.0 | 709.0 | 4.3 | 6.5 | | | 蓝 |
| 109 | PILAR | 3 150 | 15.97 | 0 | 24.20 | 78 | 47.0 | 39.0 | 504.0 | 3.9 | 5.8 | | | 蓝 |
| 110 | 87219 FIBER | 3 500 | 20.86 | 0 | 29.15 | 78 | 69.0 | 59.0 | 732.0 | 4.0 | 6.0 | | | 蓝 |
| 111 | J. W. S | 2 975 | 14.92 | 0 | 22.00 | 87 | 60.0 | 50.0 | 445.0 | 4.3 | 6.5 | | | 蓝 |
| 112 | 1 753 | 3 850 | 23.31 | 0 | 26.68 | 78 | 78.0 | 55.0 | 900.0 | 4.1 | 6.1 | | | 蓝 |
| 113 | BISON× REDWING | 4 375 | 16.40 | 0 | 31.08 | 78 | 50.0 | 35.0 | 719.0 | 4.5 | 6.8 | | | 蓝 |
| 114 | IENITH | 2 450 | 12.42 | 0 | 29.15 | 78 | 60.0 | 39.0 | 305.0 | 4.5 | 6.8 | | | 蓝 |
| 115 | 31001 FIBER | 3 325 | 17.42 | 0 | 25.30 | 78 | 66.0 | 48.0 | 580.0 | 5.3 | 7.9 | | | 蓝 |
| 116 | KOTOSIB | 2 450 | 14.12 | 0 | 19.53 | 78 | 49.0 | 39.0 | 347.0 | 4.2 | 6.3 | | | 蓝 |
| 117 | MOTLEY | 3 675 | 20.94 | 0 | 39.88 | 78 | 68.0 | 55.0 | 771.0 | 4.1 | 6.1 | | | 蓝 |
| 118 | 85409 FIBER | 4 500 | 12.00 | 0 | 29.98 | 78 | 63.0 | 49.0 | 540.0 | 5.1 | 7.7 | | | 蓝 |
| 119 | 10421/46 | 3 150 | 27.47 | 1.1 | 25.85 | 89 | 69.0 | 41.0 | 867.0 | 4.2 | 6.3 | | | 蓝 |
| 120 | P. I. 250864 | 4 025 | 27.62 | 0 | 25.85 | 87 | 85.0 | 49.0 | 1 114.0 | 6.5 | 9.8 | | | 蓝 |
| 121 | SAGIANWX-BOMBAY | 4 200 | 21.00 | 0 | 25.58 | 87 | 63.0 | 44.0 | 845.0 | 4.3 | 6.5 | | | 蓝紫 |

**表 7-16　吉林省亚麻作物虫害种类及发生情况数据库**

| 虫害类型 | 发生规律 | 发生时间 | 防治药剂 | 防治方法 |
|---|---|---|---|---|
| 黏虫 | 4 月中下旬有少量成虫出现，盛期在 5 月末至 6 月上旬，幼虫的危害期主要在 6 月中下旬，以 6 月末危害猖獗，7 月下旬幼虫老熟后入土 | 6 月中下旬 | 除虫菊酯类 | 药液稀释后喷雾 |
| 草地螟 | 越冬代成虫始见于 5 月末 6 月初，6 月上中旬为盛期，6 月下旬为幼虫的危害期。7 月下旬至 8 月初第一代成虫羽化产卵，8 月中旬可见第 2 代 2 幼虫 | 6 月下旬 | 除虫菊酯类 | 药液稀释后喷雾 |

**表 7-17 吉林省亚麻作物病害种类及发生情况数据库病害类型**

| 病害种类 | 发生规律 | 发生时间 | 防治药剂 | 防治方法 |
|---|---|---|---|---|
| 立枯病 | 气候条件是影响立枯病发生的主导因素，播种后如土温较低，出苗缓慢，增加病原菌侵染的机会。出苗后半个月之内，幼茎柔嫩，最易遭受病原菌侵染。虽然病原菌的发病适宜温度较高，但其发病的温度范围较广，一般在土温10℃左右即开始活动。在多雨、土壤湿度大时，极有利于病原菌的繁殖、传播和侵染，有利于病害的发生。 | 亚麻苗期 | 多菌灵加少量甲基托布津和代森锰锌 | 用适量多菌灵加少量甲基托布津和代森锰锌制成复配药剂，用种子重 0.6%的药量拌种，防病效果可达 80%以上。 |
| 白粉病 | 适宜亚麻白粉病发生流行的温度为 20~25℃，过高或过低都会抑制其流行。在阴天、高湿条件下有利于亚麻发病与流行。播种密度越大，病情指数越高，病害发生就越严重。<br>播种时期越晚，工艺成熟期就越往后，因此亚麻白粉病发生就越严重。 | 7 月份是亚麻白粉病大发生期 | 三唑酮可湿性粉剂 | 用种子重量 0.3%的 15%三唑酮可湿性粉剂拌种，并在病害发生初期及时进行喷药，可抑制病害的发生与流行，在亚麻苗高 15~25cm；用三唑酮可湿性粉剂 1 000~1 500 倍液，隔 10~15d 喷洒 1 次，防治 2~3 次。 |
| 顶萎病 | 亚麻顶萎病发病最适宜温度 25℃左右，10℃以下病害发展缓慢，在阴天、高湿条件下有利于顶萎病的发生和流行，在雨水多的年份，发生较严重。在亚麻重茬、迎茬地块，病原菌在土壤内不断积累，发病较严重。缺乏营养及营养失调也是促成亚麻感病的诱因，氮素增加顶萎病感染率。 | 从出苗—种子成熟 | 75%百菌清、50%咪鲜胺锰盐、50%甲基硫菌灵、25%咪鲜胺乳油、10%苯醚甲环唑、43%戊唑醇 | ①病害发生前提前预防性施药，选用 75%百菌清 WP 110~200g/亩提前 1~2 周喷施 1~2 次。②发病初期，使用 50%咪鲜胺锰盐 WP 1 500倍液，或 50%甲基硫菌灵 WP 800~1 000倍液进行叶面喷雾，每隔 7d 喷施 1 次，连续用药 2~3 次；在发病重的田块，用 25%咪鲜胺乳油 90ml/亩，10%苯醚甲环唑水分散粒剂 45g/亩或 43%戊唑醇 SC9ml/亩对水 60kg 进行叶面喷雾，约 7~10d 喷施 1 次，连续用药 2~3 次 |

**表 7-18 吉林省亚麻作物草害种类及发生情况数据库**

| 草害类型 | 发生规律 | 发生时间 | 防治药剂 | 防治方法 |
|---|---|---|---|---|
| 藜 | 发芽的适宜温度 20~30℃，3—5 月出苗，6—10 月开花结果 | 4—10 月 | 苯达松 | 每亩用量 200~240ml |
| 马唐 | 发芽的适宜温度 25~35℃ | 初夏 | 精禾草克 | 每亩用量 100~120ml |
| 菟丝子 | 菟丝子的种子可混杂植物种子内，或随有机肥在土壤中越冬。其发芽的适宜土温为 25℃左右，适宜的土壤含水量为 15%~30%。在吉林 5 月中旬萌发，6 月上旬开始缠绕亚麻，7 月中下旬长出许多分枝，布满亚麻各个部分 | 5—8 月 | 地乐胺 | ①精选种子；②深翻土地菟丝子种子在土壤 5cm 以下就不易萌发；③轮作换茬；④人工拔除；⑤化学防除：土壤处理。播种前，可每亩用 48%地乐胺 250ml 或 50% 对水 30~50kg 喷施出苗后每亩用 48%地乐胺 200ml，对水 20kg 喷雾。 |

### （三）区域科技支撑

1. 对该区域亚麻发展起到技术支撑作用

为亚麻示范县、亚麻示范基地的建设提供技术支撑，通过培训和技术推广提高亚麻的质量和品质，使农民增收增效，同时为企业增加收益。

团队成员不定期到亚麻示范县及产区乡镇、村屯、麻农田间进行巡查和指导。根据不同种植区的特点与产业发展的不同，采取与之相适应的技术支撑。

宣传麻类产业形势和党的惠民政策，提高社会对麻业的认知度。

2. 技术培训

2014—2015 年以长春亚麻试验站为技术依托，以示范县技术骨干与农技推广部门农技人员为科技服务主力军，结合吉林省亚麻示范基地建设。在亚麻生长关键季节、关键农时，组织亚麻主产区麻农、农技人员、示范县技术骨干以及基层农技推广部门等，参观亚麻科技示范基地，开展各种亚麻相关培训技术，解答在亚麻种植技术方面的问题，发放亚麻各种技术资料、宣传单等多种形式。辐射带动周边农户积极应用先进适用技术。共举办各种培训会 21 次，参加培训人员 426 多人次。

2014 年 3 月 20 日，吉林省示范县技术骨干培训会在本站依托单位吉林省农业科学院经济植物研究所举办。参会人员：国家麻类产业技术体系长春亚麻试验站站长凤桐及全体团队成员，乾安、前郭、龙井、和龙和蛟河等 5 个示范县技术骨干 21 人。主要内容：亚麻高产栽培技术，各示范基地示范技术规程；布置了 2015 年各示范县工作任务。

2014 年 3—9 月农技人员、麻农培训及现场观摩培训，结合亚麻示范基地，共举办农技、麻农培训及现场观摩会 9 场次，培训人员 224 人次，其中培训麻农 166 人次。农技人员 22 人次，岗位人员 36 人次。发放宣传单 2 000余份。主要培训内容：介绍亚麻新品种；亚麻种植技术；亚麻种植沿江地技术与适宜亚麻机械种植品种技术；机械亚麻收获、雨露沤麻、沿江地亚麻种植技术；亚麻盐碱地种植技术、亚麻抗倒伏栽培技术等。

2015 年 3 月 20 日，吉林省示范县技术骨干培训会在本站依托单位吉林省农业科学院经济植物研究所举办。参会人员：国家麻类产业技术体系长春亚麻试验站站长凤桐及全体团队成员，乾安、前郭、龙井、和龙和蛟河等 5 个示范县技术骨干 25 人。主要内容：亚麻高产优质种植技术培训；布置 2015 年各示范县工作任务和技术骨干职责；研讨吉林省亚麻发展战略。

2015 年 3—8 月结合亚麻示范基地，共举办农技、麻农培训及现场观摩会 10 场次，培训人员 222 人次，其中培训麻农 177 人次。农技人员 20 人次，岗位人员 25 人次。发放宣传单 2 100余份。主要培训内容：介绍亚麻新品种；亚麻种植技术；亚麻沿江地种植技术与适宜亚麻机械种植技术；亚麻机械收获、雨露沤麻、亚麻盐碱地种植技术、亚麻抗倒伏栽培技术等。

2015 年 4 月 1 日，在龙井市延边州农业科学院举办亚麻种植技术培训。参加试验站团队人员、技术骨干、农技人员、麻农 30 余人。发放宣传单 500 余份。主要培训内容：介绍亚麻新品种；亚麻种植技术；亚麻抗倒伏栽培技术等。

2015 年 4 月 23—24 日，前郭华侨农场，亚麻示范、试验进行播种。并召开了农民现场亚麻种植技术培训会。长春亚麻试验站凤桐及团队、技术股干、农户等 27 人参加。发放宣传单 500 余份。

2015 年 4 月 25 日，乾安县鹿场进行亚麻示范、试验播种。并召开了现场亚麻技术培训会。参加人员有长春亚麻试验站团队、科技局王延林局长、技术股干及农户 30 人。

2015 年 5 月 12 日在龙井市龙门街进行亚麻试验、示范、展示播种。同时进行了现场亚麻种植技术培训。参加人员有长春亚麻试验站团队、技术股干、农户 30 余人。发放宣传单 500 余份。

2015 年 5 月 23—28 日在和龙西城镇进行亚麻试验、示范、展示播种。同时进行了现场亚麻种植技术培训。参加人员有长春亚麻试验站团队、技术股干、农户 15 余人。发放宣传单 300 余份。

2015 年 7 月 10 日，在龙井和龙“亚麻新品种示范”“亚麻抗倒伏示范”基地进行现场观摩会，团队成员、基地骨干、农户、农技人员 20 余人参加了观摩。

2015 年 7 月 25 日对长春亚麻试验站亚麻新品种试验、展示进行收获，组织相关人员现场进行观摩参观。结合现场进行介绍亚麻新品、新技术应用情况。

2015 年 7 月 28 日和 8 月 9 日在前郭、乾安收获时对盐碱地种植及品种示范进行观摩，团队人员、技术股干、麻农 30 余人进行参观。通过该站开展各种亚麻技术培训形式，推广亚麻新品种、新技术等，提高麻农种植亚麻积极性，增加农民收入，促进吉林省亚麻产业良性快速发展。

## 三 大理亚麻试验站

大理亚麻试验站在国家麻类产业技术体系首席科学家的领导下，认真贯彻执行农业部、财政部关于现代农业产业技术体系建设的各项方针政策，严格按照年度委托协议和大理亚麻试验站 2014

年、2015年工作实施方案的要求，全面落实国家麻类产业技术体系布置的各项任务，以亚麻新品种和冬季亚麻高产高效栽培技术的试验示范为重点，加强生产技术培训和指导工作，紧紧围绕云南亚麻产业发展的技术需求，积极配合体系岗位专家进行共性技术和关键技术研究、集成和示范。制定的《大理州纤维用亚麻秋播高产栽培技术规程》通过专家评审并发布实施；开展以温水沤麻生产的亚麻屑为基质栽培平菇试验，研究了冬亚麻区平菇栽培基质中亚麻麻屑不同配置比例与产量、生物转化率等考查指标的关系，筛选出亚麻麻屑在平菇栽培基质中的适宜配比；通过苗期化学除草剂防除亚麻田一年生杂草试验和芽期化学除草剂防除亚麻田一年生杂草试验，筛选出90%异丙甲草胺乳油等高效、安全的化学除草剂5种；“冬季亚麻高产高效种植技术试验示范”“冬季亚麻高产优质新品种展示及繁育技术示范”“冬闲地亚麻高产种植技术示范”等项目通过了国家麻类产业技术体系首席科学家办公室组织的专家组测产验收，达到了体系重点任务的考核指标要求。通过技术依托单位和全体团队成员的共同努力，圆满完成年度计划任务，为该区域冬季亚麻生产的发展提供了积极的科技支持。

## （一）技术集成与示范

1. 亚麻高产高效种植与多用途技术示范

（1）亚麻高产高效栽培核心示范点。2014年，大理亚麻试验站在宾川示范县金牛镇仁和村基地建立冬季亚麻高产高效核心示范点1个，面积1.05hm$^2$，平均原茎单产达11 891kg，比该区域“十一五”期间同类示范样板平均单产（8 739kg）增3 157.5kg，增产36.1%，种子亩产达1 564kg。2014年4月3日通过国家麻类产业技术体系首席科学家办公室组织的专家组测产验收，达到了国家麻类产业技术体系重点任务的考核指标要求。

2015年，大理亚麻试验站在祥云示范县祥城镇马军村建立冬季亚麻高产高效核心示范点1个，面积1.34hm$^2$，平均原茎单产达11 740kg，比该区域“十一五”期间同类示范样板平均单产（8 739kg）增3 001kg，增产34.3%，种子单产达750kg。

（2）亚麻高产高效栽培示范。2014年大理亚麻试验站与5个示范县协作建立亚麻产业技术体系试验示范基地，选择适宜本地区生产特点的云亚1号、华星010、派克斯等优良品种，配套优化栽培技术，在祥云、永平、耿马、宾川、腾冲建立高产栽培示范区，共完成示范面积12.32hm$^2$，平均原茎单产达9 842kg，比该区域“十一五”期间同类示范样板平均单产（8 739kg）增1 103kg，增产12.6%。

2015年，选择适宜本地区生产特点的“云亚1号”“中亚3号”等优良品种，配套优化栽培技术，在祥云、永平、耿马、宾川、腾冲建立高产栽培示范区，共完成示范面积6.6hm$^2$，平均原茎单产达680.3kg，比本区域“十一五”期间同类示范样板平均单产（8 739kg）增1 466kg，增产16.8%，起到了典型的高产示范作用（表7-19）。

**表7-19 大理亚麻试验站亚麻高产示范情况**

| 示范县 | 年份 | 面积（亩） | 原茎总产（kg） | 原茎单产（kg） | 比对照亩增（kg） | 增幅（%） | 新增总产（kg） |
|---|---|---|---|---|---|---|---|
| 祥云 | 2014 | 30 | 23 901.6 | 796.7 | 214.1 | 36.8 | 6 423.6 |
| | 2015 | 40 | 30 979.1 | 774.5 | 191.9 | 33.0 | 7 675.2 |
| 永平 | 2014 | 31 | 19 343.0 | 624.0 | 41.4 | 7.1 | 1 283.4 |
| | 2015 | 20 | 12 452.0 | 622.6 | 40.0 | 6.9 | 800.0 |
| 宾川 | 2014 | 16 | 12 507.9 | 793.1 | 210.5 | 36.1 | 3 320.3 |
| | 2015 | 4 | 2 508.1 | 627.0 | 44.4 | 7.1 | 177.7 |
| 耿马 | 2014 | 103 | 62 368.7 | 605.5 | 22.9 | 3.9 | 2 358.7 |
| | 2015 | 20 | 12 248.0 | 612.4 | 29.8 | 5.1 | 596.0 |
| 腾冲 | 2014 | 15 | 9 160.0 | 610.7 | 28.1 | 4.8 | 421.1 |
| | 2015 | 15 | 9 160.0 | 610.7 | 28.1 | 4.8 | 421.1 |

（3）亚麻新品种示范。2014 年，大理亚麻试验站在宾川、腾冲、耿马、永平、祥云五个示范县示范中亚 1 号、中亚 3 号、派克斯、云亚 3 号、云亚 4 号、同升福等 8 个亚麻新品种 3.66hm$^2$，平均原茎单产达 10 933kg，比对照增 2 194kg，增产 25.1%，种子平均单产达 1 008kg（表 7-20）。

2015 年，大理亚麻试验站在祥云、永平、耿马、腾冲、宾川五个示范县的亚麻主产乡镇示范“云亚 1 号”“云亚 2 号”“中亚 3 号”等新品种共 6.8hm$^2$，原茎平均单产达 10 098kg，比对照增 1 473kg，增产 17.1%；种子平均单产达 782kg。

**表 7-20 2015 年大理亚麻试验站亚麻新品种繁育示范情况统计表**

| 年份 | 品种 | 示范面积（亩） | 原茎产量（kg/亩） | 种子产量（kg/亩） | 原茎增幅（%） |
|---|---|---|---|---|---|
| 2014 | 派克斯 | 14.40 | 686.40 | 54.94 | 17.82 |
| | 中亚 1 号 | 3.00 | 611.00 | 54.00 | 4.87 |
| | 中亚 3 号 | 7.68 | 784.02 | 73.46 | 34.57 |
| | 华星 010 | 22.30 | 796.35 | 56.64 | 36.69 |
| | 云亚 3 号 | 1.16 | 732.80 | 108.28 | 25.78 |
| | 云亚 4 号 | 1.60 | 775.40 | 129.10 | 33.09 |
| | 同升福 | 2.00 | 793.14 | 89.50 | 36.14 |
| | 天鑫 13 | 2.80 | 650.60 | 143.43 | 11.67 |
| 2015 | 云亚 1 号 | 55.00 | 667.88 | 38.76 | 14.60 |
| | 云亚 2 号 | 17.90 | 638.32 | 52.04 | 9.60 |
| | 云亚 3 号 | 4.14 | 456.01 | 54.71 | 3.64 |
| | 云亚 4 号 | 3.58 | 630.36 | 59.22 | 8.20 |
| | 同升福 | 1.30 | 501.85 | 58.46 | 14.10 |
| | 中亚 3 号 | 20.00 | 782.69 | 50.02 | 34.30 |

（4）麻屑为基质栽培食用菌技术试验。为进一步做好麻类作物多用途关键技术研究工作，2013/2014 年在大理开展了亚麻屑为基质主料栽培平菇试验，试验结果表明，以温水沤麻生产的亚麻屑与玉米芯混合作基质主料栽培平菇是可行的，亚麻屑占总投料量 50%、玉米芯占 40%和亚麻屑占总投料量 30%、玉米芯占 60%两个配方与对照即玉米芯占总投料量 90%的配方综合表现较好，其发菌速度快，子实体生长健壮、产量和生物转化率较高，可以在生产上推广应用。2014 年在大理农林职业技术学院示范亚麻屑占总投料量 50%、玉米芯占 40%的配方 160 袋，所产平菇香味浓郁，示范效果良好（表 7-21）。

**表 7-21 不同配方的子实体产量和生物转化率**

| 处理 | 平菇子实体产量（kg/袋） | | | | | | 生物转化率（%） | | | | | |
|---|---|---|---|---|---|---|---|---|---|---|---|---|
| | Ⅰ | Ⅱ | Ⅲ | 平均 | 差异显著性 | | Ⅰ | Ⅱ | Ⅲ | 平均 | 差异显著性 | |
| | | | | | 0.05 | 0.01 | | | | | 0.05 | 0.01 |
| 配方① | 9.07 | 9.65 | 9.10 | 9.27 | c | B | 33.59 | 35.74 | 33.70 | 34.35 | c | C |
| 配方② | 10.94 | 15.42 | 15.34 | 13.90 | b | B | 40.52 | 57.11 | 56.81 | 51.48 | b | B |
| 配方③ | 18.12 | 23.10 | 24.01 | 21.74 | a | A | 67.11 | 85.56 | 88.93 | 80.53 | a | A |
| 配方④ | 18.68 | 20.11 | 21.42 | 20.07 | a | A | 69.19 | 74.48 | 79.33 | 74.33 | a | A |
| 配方⑤ | 13.46 | 20.92 | 22.49 | 18.96 | a | A | 49.85 | 77.48 | 83.30 | 70.21 | a | A |

2. 冬闲地亚麻种植关键技术研究与示范

（1）冬闲田亚麻高产栽培技术试验示范。2014 年，大理亚麻试验站在云南省祥云县祥城镇马军村委会冬季亚麻高产种植示范基地建立冬闲地亚麻高产示范点 1 个，面积 2hm$^2$，平均原茎亩产达 11 951kg，比该区域“十一五”期间同类示范样板平均单产（8 739kg）增 3 212kg，增产 36.75%，种子单产达 738kg，2014 年 4 月 3 日通过国家麻类产业技术体系首席科学家办公室组织的专家组测产验收，达到了国家麻类产业技术体系重点任务“非耕地麻类作物种植关键技术研究与示范”的考核指标要求。

大理亚麻试验站2015年在永平示范县杉阳镇建立冬闲地亚麻高产示范点1个，面积1.33hm$^2$，平均原茎单产达9 339kg，种子单产达798kg。达到了国家麻类产业技术体系重点任务“非耕地麻类作物种植关键技术研究与示范”的考核指标要求。

（2）冬闲田亚麻诱抗剂筛选试验。2015年配合国家麻类产业技术体系病虫草害防控研究室杂草防控岗位专家组织在祥云开展了亚麻诱抗剂筛选试验，初步研究了23种诱抗剂对亚麻苗期病害的诱导作用，为进一步优化冬闲田亚麻高产栽培技术提供科学依据。结果表明，不同药剂处理后对冬季亚麻生长发育影响较大，23种药剂处理后对亚麻生长均有促进作用，并对亚麻立枯病有较好的防治效果，还能提高亚麻保苗率。

3. 亚麻育种与繁种技术研究

（1）冬季亚麻新品种比较试验。收集省内亚麻品种资源8个：云亚1号（CK）、20147185、20147213、201472195、20147221、20147289、20147295、20147296，以云亚1号为对照，2015年在宾川完成亚麻新品种比较试验，对各参试品种（系）的丰产性、抗逆性及综合适应性进行系统鉴定，试验结果初步筛选出原茎亩产超过9 450kg的品系3个，为筛选优质高产后备品种资源提拱依据（表7-22）。

**表7-22　2015年亚麻新品种比较试验各参试品系（种）原茎产量比较表**

| 品种（系） | 原茎产量（kg/亩） | 差异显著性 | | 比对照±% |
|---|---|---|---|---|
| | | 5% | 1% | |
| 云亚1号（CK） | 644 | a | A | 0 |
| 20147185 | 594 | b | B | -7.7 |
| 20147213 | 654 | a | A | +1.6 |
| 20147219 | 547 | b | B | -15.1 |
| 20147221 | 642 | a | A | -0.3 |
| 20147289 | 552 | b | B | -14.3 |
| 20147295 | 561 | b | B | -12.9 |
| 20147296 | 638 | a | A | -0.9 |

（2）云亚4号、中亚3号亚麻新品种繁育示范。2014年在祥云、永平、耿马、腾冲、宾川五个示范县组织繁育示范亚麻新品种中亚1号、华星010、云亚1号等9个共79.94亩，平均原茎单产达10 789kg，种子单产达909kg。其中，大理亚麻试验站在宾川示范县金牛镇仁和村基地建立冬季亚麻高产优质新品种展示及繁育区亩1个，面积1hm$^2$。2014年4月3日通过国家麻类产业技术体系首席科学家办公室组织的专家组测产验收，派克斯等种子单产达1 236kg，达到了国家麻类产业技术体系重点任务“麻类作物育种与繁种技术研究”的考核指标要求（表7-23）。

**表7-23　2014年亚麻新品种繁育示范情况统计表**

| 品种 | 面积（亩） | 原茎 | | 种子 | | 原茎比对照区 | | |
|---|---|---|---|---|---|---|---|---|
| | | | | | | 单产 | | 新增总产（kg） |
| | | 总产（kg） | 亩产（kg） | 总产（kg） | 亩产（kg） | 亩增（kg） | 增幅（%） | |
| 派克斯 | 14.4 | 9 883.57 | 686.40 | 791.10 | 54.94 | 103.80 | 17.82 | 1 494.7 |
| 中亚1号 | 3.00 | 1 833.00 | 611.00 | 162.00 | 54.00 | 28.40 | 4.87 | 85.2 |
| 中亚3号 | 7.68 | 6 021.27 | 784.02 | 564.21 | 73.46 | 201.42 | 34.57 | 1 546.9 |
| 华星010 | 22.3 | 17 758.62 | 796.35 | 1 262.99 | 56.64 | 213.75 | 36.69 | 4 766.6 |
| 云亚1号 | 25 | 17 455.20 | 698.21 | 1 147.50 | 45.90 | 115.61 | 19.84 | 2 890.3 |
| 云亚3号 | 1.16 | 850.05 | 732.80 | 125.60 | 108.28 | 150.20 | 25.78 | 174.2 |
| 云亚4号 | 1.6 | 1 240.64 | 775.40 | 206.56 | 129.10 | 192.80 | 33.09 | 308.5 |

（续表）

| 品种 | 面积（亩） | 原茎 | | 种子 | | 原茎比对照区 | | |
|---|---|---|---|---|---|---|---|---|
| | | | | | | 单产 | | 新增总产（kg） |
| | | 总产（kg） | 亩产（kg） | 总产（kg） | 亩产（kg） | 亩增（kg） | 增幅（%） | |
| 同升福 | 2.00 | 634.00 | 793.14 | 179.00 | 89.50 | 210.54 | 36.14 | 421.1 |
| 天鑫 13 | 2.80 | 1 821.68 | 650.60 | 401.60 | 143.43 | 68.00 | 11.67 | 190.4 |
| 累计 | 79.94 | 57 498.03 | 719.26 | 4 840.56 | 60.55 | 136.66 | 23.46 | 10 925.0 |

2015 年，大理亚麻试验站在祥云、宾川示范县的亚麻主产乡镇繁育示范云亚 3 号、云亚 4 号、中亚 3 号等新品种共 1.93hm$^2$，原茎平均单产达 10 571kg，比对照增 2 233kg，增产 26.77%；种子平均单产达 783kg（表 7-24）。

**表 7-24　2015 年麻新品种展示繁育情况统计表**

| 品种 | 面积（亩） | 原茎 | | 种子 | | 原茎比对照区 | | |
|---|---|---|---|---|---|---|---|---|
| | | | | | | 单产 | | 新增总产（kg） |
| | | 总产（kg） | 亩产（kg） | 总产（kg） | 亩产（kg） | 亩增（kg） | 增幅（%） | |
| 云亚 3 号 | 4.14 | 1 887.90 | 456.01 | 226.5 | 54.71 | 16.01 | 3.64 | 66.30 |
| 云亚 4 号 | 3.58 | 2 256.70 | 630.36 | 212.0 | 59.22 | 47.76 | 8.20 | 170.98 |
| 同升福 | 1.30 | 652.40 | 501.85 | 76.0 | 58.46 | 61.85 | 14.10 | 80.40 |
| 中亚 3 号 | 20.00 | 15 653.84 | 782.69 | 1 000.4 | 50.02 | 200.09 | 34.30 | 4 001.80 |
| 累计 | 29.02 | 20 450.84 | 704.72 | 1 514.9 | 52.20 | 148.84 | 26.77 | 4 319.48 |

4. 冬季亚麻少免耕栽培技术试验示范

2014 年大理亚麻试验站于耿马应用中亚 2 号在稻茬田中进行了冬季亚麻少免耕示范，结果表明：0.33hm$^2$少免耕亚麻，平均原茎亩产 8 024kg，比正常翻耕种植的原茎单产 9 182kg 减 1 158kg，以每 kg 原茎 1.35 元计算，少免耕亚麻比正常翻耕种植每公顷产值少 1 563元，而运用少免耕行播方式种植亚麻，每公顷节约耕地成本 2 550元，少免耕亚麻比正常翻耕种植效益每公顷增加 987 元。

2015 年大理亚麻试验站于耿马应用云亚 1 号在稻茬田中进行了冬季亚麻少免耕示范，结果表明：0.33hm$^2$少免耕亚麻，平均原茎单产在 8 468kg，比正常翻耕种植的原茎单产 9 186kg 减少 719kg，以每千克原茎 1.35 元计算，少免耕亚麻比正常翻耕种植每公顷产值少 970 元，而运用少免耕行播方式种植亚麻，每亩节约耕地成本 2 100元，少免耕亚麻比正常翻耕种植效益每公顷增加 1 130元。

大理亚麻试验站配合耕作与栽培研究室亚麻栽培岗位科学家在宾川示范县金牛镇仁和村（CARS-19-53-08）基地建立冬季亚麻少耕免耕栽培示范区 1 个，面积 1hm$^2$，2014 年 4 月 3 日通过国家麻类产业技术体系首席科学家办公室组织的专家组测产验收，派克斯等原茎单产达 11 366 kg，达到了国家麻类产业技术体系重点任务“麻类作物轻简化栽培技术研究与示范”的考核指标要求。

5. 亚麻田草害防控技术试验

2014 年在宾川示范县组织完成冬季亚麻化学除草试验 2 组，即：苗期化学除草剂防除亚麻田一年生杂草试验和芽期化学除草剂防除亚麻田一年生杂草试验。试验结果：56%2 甲 4 氯可溶性粉剂 50g+20%精喹禾灵乳油 300ml/hm$^2$、30%除草灵悬乳剂 600g+20%精喹禾灵乳油 300ml/hm$^2$、80%敌草隆可湿性粉剂 1 500g/hm$^2$除草效果好，对亚麻生长安全，可以作为亚麻苗期除草剂示范；90%异丙甲草胺乳油的不同剂量对亚麻出苗、生长安全，可以在亚麻田芽期除草使用，每公顷建议使用剂量为 1 800~ 2 250ml（表 7-25、表 7-26）。

**表 7-25　亚麻苗期化学除草剂试验药后 20d 除草效果**

| 处理 | 20d 防效 | | | | 差异显著性 | | 安全性 |
|---|---|---|---|---|---|---|---|
| | Ⅰ | Ⅱ | Ⅲ | 平均 | 5%水平 | 1%水平 | |
| ①56%2 甲 4 氯可溶性粉剂 50g+20%精喹禾灵乳油 20g/亩 | 91.32 | 92.79 | 93.04 | 92.40 | a | AB | 无药害 |
| ②30%除草灵悬乳剂 40g+20%精喹禾灵乳油 20g/亩 | 90.00 | 91.33 | 92.43 | 91.28 | b | AB | 无药害 |
| ③28.8%氯氟吡氧乙酸异辛酯乳油 60ml+20%精喹禾灵乳油 20g/亩 | 87.77 | 89.48 | 88.93 | 88.74 | c | D | 严重药害 |
| ④28.8%氯氟吡氧乙酸异辛酯乳油 60ml+10.8%高效氟吡甲禾灵乳油 30ml/亩 | 88.91 | 89.84 | 89.93 | 89.56 | c | CD | 严重药害 |
| ⑤80%敌草隆可湿性粉剂 100g/亩 | 90.20 | 92.00 | 90.84 | 91.03 | b | BC | 无药害 |
| ⑥人工除草 | 91.89 | 93.7 | 92.41 | 92.69 | a | A | — |
| ⑦喷清水（CK） | 0 | 0 | 0 | 0 | d | E | — |

**表 7-26　亚麻芽期化学除草剂试验药后 20d 除草效果**

| 处理 | 20d 防效 | | | | 差异显著性 | | 安全性 |
|---|---|---|---|---|---|---|---|
| | Ⅰ | Ⅱ | Ⅲ | 平均 | 5%水平 | 1%水平 | |
| ①90%异丙甲草胺乳油 60ml/亩 | 77.27 | 78.86 | 81.69 | 79.30 | d | D | 无药害 |
| ②90%异丙甲草胺乳油 80ml/亩 | 89.39 | 87.81 | 85.14 | 87.50 | c | C | 无药害 |
| ③90%异丙甲草胺乳油 100ml/亩 | 96.21 | 96.75 | 95.27 | 96.10 | b | B | 无药害 |
| ④24%乙氧氟草醚乳油 40ml/亩 | 97.73 | 96.75 | 97.30 | 97.27 | ab | AB | 严重药害 |
| ⑤40%氧氟．乙草胺乳油 100ml/亩 | 98.48 | 98.37 | 97.97 | 98.28 | a | A | 严重药害 |
| ⑥不施药 | 0 | 0 | 0 | 0 | e | E | |

6. 亚麻立枯病综合防控技术示范

为进一步优化冬季亚麻高产高效栽培技术，大理亚麻试验站在麻类体系病虫草害防控研究室岗位专家指导下，选用抗性强的云亚系列品种，合理密植（基本苗 1 600～1 800株/$m^2$），科学施肥，农业防治和化学防治相结合，采用 50%多菌灵可湿性粉剂（占种子重量的 0.3%）拌种+70%甲基托布津可湿性粉剂 800 倍液于发病初期和 15d 后共喷施两次的化学防控方案，2014/2015 年度，在宾川和祥云示范县完成亚麻立枯病综合防控技术示范 1.2$hm^2$，防治区病株率为 2.34%，对照区病株率为 7.95%，综合防控效果显著。

**（二）基础数据调研**

（1）亚麻种质资源与种子企业数据库。完成 1 份云南亚麻种质资源与种子企业数据收集。

（2）麻类作物虫害种类及发生情况数据库。完成云南亚麻虫害发生种类、时间、规模、防治方法、防治药剂等数据收集整理和上报。

（3）麻类作物病害种类及发生情况数据库。完成云南亚麻病害发生种类、时间、防治方法、防治药剂等数据收集整理和上报。

（4）麻类作物草害种类及发生情况数据库。完成云南亚麻地主要杂草类型、防治方法、除草药剂等数据收集整理和上报。

（5）麻类作物主产区气象与土壤数据库。完成云南亚麻主产区 137 条气象与土壤数据休息收集和上报。

（6）麻类作物轻简化栽培技术数据库。完成云南亚麻轻简化栽培技术数据收集、整理和上报。

（7）全国麻类作物样本数据库。完成云南亚麻样本数据收集上报。

（8）麻类产业经济信息咨询数据库。完成 2014 年云南亚麻产业经济信息数据收集和上报。

### （三）区域科技支撑

1. 冬季亚麻新品种示范推广

收集云南省内亚麻品种资源 8 个，以云亚 1 号为对照，2015 年在宾川完成亚麻新品种比较试验，对各参试品种（系）的丰产性、抗逆性及综合适应性进行系统鉴定，初步筛选出每公顷原茎产量超过 9 450kg 的新品系 3 个，为筛选优质高产后备品种资源提拱了依据。2014 年、2015 年，大理亚麻试验站组织在宾川、腾冲、耿马、永平、祥云 5 个示范县示范中亚 1 号、中亚 3 号、派克斯、云亚 3 号、云亚 4 号、同升福等亚麻新品种的展示、繁育示范和推广工作，为该区域亚麻品种的更新换代提供了有效的科技支持。

2. 技术培训

2014 年大理亚麻试验站通过邀请专家或参加体系培训活动，组织培训体系内聘用岗位人员 13 人次；协同各示范县组织培训基层农业技术研究与推广人员 70 人次；与祥云、宾川、永平、耿马等 5 个示范县合作培训麻农 160 人次；配合岗位科学家组织开展技术咨询会一次，参会人员 35 人（表 7-27）。

2015 年大理亚麻试验站通过邀请专家或参加体系培训活动，组织培训体系内聘用岗位人员 16 人次；协同各示范县组织培训基层农业技术研究与推广人员 70 人次；与祥云、宾川、永平、耿马等 5 个示范县合作培训麻农 230 人次；开展现场观摩培训会一次，参会人员 20 人。

**表 7-27　大理亚麻试验站技术培训人次统计表（2014—2015 年）**

| 季度 | 第 1 季度（1—3 月） | 第 2 季度（4—6 月） | 第 3 季度（7—9 月） | 第 4 季度（10—12 月） | 合计 |
|---|---|---|---|---|---|
| 受培训岗位人员数 | 6 | 8 | 5 | 10 | 29 |
| 受培训农技人员数 | 45 | 33 | 27 | 35 | 140 |
| 受培训农民数 | 110 | 90 | 60 | 130 | 390 |

3. 亚麻种植户生产现状调查

2015 年调查农户 21 户，总人口 115 人。种植亚麻 3.22$hm^2$，每户平均种植亚麻 0.153$hm^2$。平均每公顷投入劳力 135 个，劳力成本 8 232元/$hm^2$。整个亚麻生长期平均灌水 4～5 次，水费平均 1 179元/$hm^2$。化肥农药投入 3 017元/$hm^2$，总投入 12 428元/$hm^2$。平均每公顷产亚麻原茎 9 675 kg，产值 13 752元；平均每公顷产麻籽 614kg，产值 3 003元。每公顷综合产值 16 754元，扣除成本 12 428元，种植亚麻效益 4 326元/$hm^2$。投入产出比为 1：1.35。

4. 亚麻产业发展动态调研

积极开展亚麻产业发展动态调研，及时掌握本区域亚麻发展规划、地方出台的与产业相关的政策动态变化；掌握初加工企业收购、加工、销售动态变化等，对该区域今后一段时期生产、技术、市场发展趋势进行分析预测。配合育种研究室亚麻育种岗位专家，开展该区域亚麻产业经济基础数据采集工作，完成 2015 年亚麻数据采集任务，为区域产业发展计划的制定提供参考依据。

5.《大理州纤维用亚麻秋播高产栽培技术规程》制定与实施

由大理州农业科学推广研究院经济作物研究所根据多年试验示范结果总结制定的《大理州纤维用亚麻秋播高产栽培技术规程》（DG5329/T 34—2015）地方规范于 2015 年 11 月通过大理州质监局组织的专家组评审，并于 12 月发布实施。

## 四　哈尔滨亚麻试验站

哈尔滨亚麻试验站在云山等六个县区开展了多个亚麻品种的高产高效种植技术示范，最高原茎产量达到 4 780kg/$hm^2$，全麻率达到 29.9%。进行了亚麻屑栽培食用菌技术示范，比较了以亚麻屑为主料的培养基栽培凤尾菇、滑子菇、猴头菇、平菇、黑木耳等食用菌与阔叶木屑主要培养基的生物学效率差异。示范了亚麻拌种防病技术、亚麻机械化收获与雨露沤麻技术、亚麻复种技术等。

### （一）技术集成与示范

1. 亚麻高产高效种植技术示范

（1）品种展示。在云山等六个县展示了7个优良亚麻品种：黑亚14号、黑亚16号、黑亚19号、Diane、Agatha、NEW1、双亚12号。

2014年播种日期为：哈尔滨4月25日，兰西5月6日，延寿4月25日，克山5月12日，尾山5月23日，云山5月22日。由于春涝亚麻播种时间南部和北部地区都普遍拖后10多d。均采用机械播种。

2015年播种日期为：兰西4月29日，延寿4月27日，克山5月10日，尾山5月20日，云山5月1日。

黑龙江省南部和北部地区春涝，亚麻播种延迟。示范县兰西、哈尔滨、延寿正常播种。尾山亚麻出现大面积倒伏现象。克山、兰西在亚麻快速生长期短期的干旱，造成了亚麻减产。云山播种晚，但没有影响亚麻种子产量。

产量结果见表7-28，两年均以延寿、哈尔滨、云山地区产量结果较好，主要是由于苗期水分充足和快速生长期降雨相对较多。表现最好的品种是黑亚16号，原茎和种子产量分别为4 780kg/hm$^2$、450.6kg/hm$^2$，全麻率29.9%，纤维产量1 120kg/hm$^2$。

**表7-28　黑龙江亚麻品种展示结果（六个示范点数据平均）**

| 年份 | 品种 | 原茎产量（t/hm$^2$） | 种子产量（kg/hm$^2$） | 全麻率（%） | 纤维产量（t/hm$^2$） |
|---|---|---|---|---|---|
| 2014 | 双亚12号 | 4.40 | 620.30 | 0.32 | 1.08 |
| | 黑亚16号 | 5.06 | 525.30 | 30.19 | 1.31 |
| | 黑亚19号 | 4.18 | 510.20 | 29.10 | 1.10 |
| | Diane | 3.96 | 520.20 | 31.90 | 1.14 |
| | Agatha | 4.05 | 600.20 | 29.70 | 1.03 |
| | 黑亚14号 | 4.86 | 498.20 | 30.10 | 1.25 |
| | NEW1 | 4.28 | 615.80 | 31.50 | 1.09 |
| 2015 | 双亚12号 | 3.95 | 621.60 | 31.60 | 1.07 |
| | 黑亚16号 | 5.07 | 538.10 | 29.10 | 1.26 |
| | 黑亚19号 | 4.89 | 567.30 | 30.10 | 1.26 |
| | Diane | 4.29 | 632.40 | 30.40 | 1.14 |
| | Agatha | 4.44 | 629.80 | 31.19 | 1.20 |
| | Bonita | 4.13 | 588.50 | 30.00 | 1.06 |
| | 双亚10号 | 4.20 | 550.20 | 28.50 | 1.05 |

（2）品种筛选。为充分掌握国内外亚麻新品种的生长发育特点，以使其在亚麻育种和生产中得以应用，开展品种筛选试验，明确各品种的生产潜力，为不同生态环境的品种应用提供科技支撑。

试验结果表明（表7-29）：国外品种Agatha种子产量最高，并显著高于对照黑亚14，其余品种Sofie，Amina种子产量明显高于对照。原茎产量以国内品种黑亚16及2012-1最高。国外品种中以Vesta与Sofie最高，但低于对照黑亚14号。黑亚16号与2012-1在原茎产量、纤维产量及全麻率等方面都表现突出。参试品种原茎产量在9.6~9.9t/hm$^2$，纤维产量在2.1~2.2t/hm$^2$，新引进品种Bonita全麻率较高为35.8%。国内品种高度在85~92cm，国外品种在75~81cm。在抗病性方面，国外品种抗炭疽病，国内品种抗白粉病。在抗倒伏方面，部分国外品种优于国内品种。抗旱方面国内品种优于国外品种。

**表 7-29　亚麻品种筛选试验结果（2014 年）**

| 品种 | 原茎产量（kg/hm²） | 纤维产量（kg/hm²） | 全麻率（%） | 种子产量（kg/hm²） |
|---|---|---|---|---|
| 双亚 13 号 | 7 873.3 | 1 859.33 | 0.297 | 140.05 |
| 美若琳 | 9 466.7 | 2 034.81 | 0.256 | 130.12 |
| 黑亚 23 号 | 8 983.3 | 1 991.31 | 0.310 | 122.16 |
| 黑亚 20 号 | 7 716.7 | 1 680.32 | 0.284 | 137.43 |
| 黑亚 16 号 | 9 900.0 | 2 202.57 | 0.302 | 101.07 |
| 黑亚 14 号 | 9 283.3 | 1 876.57 | 0.275 | 114.98 |
| Vesta | 8 833.3 | 2 180.10 | 0.331 | 129.59 |
| Suzanne | 7 700.0 | 1 913.10 | 0.333 | 119.20 |
| Sofie | 8 606.7 | 2 111.23 | 0.308 | 149.91 |
| New | 8 146.7 | 2 188.06 | 0.339 | 134.72 |
| Melina | 7 186.7 | 1 790.13 | 0.338 | 129.40 |
| Diane | 6 966.7 | 1 878.30 | 0.307 | 126.00 |
| Bonita | 8 420.0 | 2 121.54 | 0.358 | 142.63 |
| Amina | 8 600.0 | 2 169.58 | 0.348 | 148.12 |
| Agatha | 7 433.3 | 1 823.01 | 0.3558 | 150.68 |
| Jan-14 | 9 183.3 | 1 453.10 | 0.299 | 103.51 |
| Jan-13 | 9 433.3 | 1 593.13 | 0.254 | 138.66 |
| Jan-12 | 9 633.3 | 2 159.95 | 0.292 | 120.50 |

（3）耐盐碱品种筛选。此项试验在兰西盐碱地进行，选择了 2 块盐碱度不同的地块，前茬玉米，秋整地。取耕层土壤进行土壤成分测定，土壤成分分析结果如表 7-30。

**表 7-30　兰西盐碱地土壤成分分析结果**

| 检测项目 | 1 号盐碱地 | 2 号盐碱地 |
|---|---|---|
| pH 值 | 8.61 | 7.88 |
| 盐分（g/kg） | 0.02 | 0.77 |

选择了 3 个耐盐碱性比较好的品种。黑亚 16 号、Diane、Agatha。种植面积 30 亩。5 月 5 日播种，由于墒情好，一次出全苗。快速生长末期缺雨，植株高度在 80cm 左右，但抗旱效果明显，黑亚 16 号表现最好（表 7-31）。

**表 7-31　盐碱地亚麻出苗、发病与产量情况**

| 品种 | 株数（m²） | 发病率（%） | 原茎产量（kg/hm²） | 种子产量（kg/hm²） | 纤维产量（kg/hm²） |
|---|---|---|---|---|---|
| 黑亚 16 号 | 1 672 | 11.6 | 4 167.87 | 381.24 | 1 075.31 |
| Diane | 1 766 | 10.2 | 4 073.61 | 349.55 | 1 050.99 |
| Agatha | 1 809 | 10.7 | 3 782.58 | 403.31 | 975.91 |

（4）新品种示范。在各示范县示范新品种黑亚 20 号，对照为黑亚 14 号，大区对比，面积 1hm²，采用高产集成栽培技术。正常田间管理，取 5 点测产，每点 1m²。黑亚 20 号在各点均表现增产，平均增产 10.5%，原茎产量 4.91t/hm²，纤维产量 1.25t/hm²，种子产量 484.5kg/hm²。在延寿、云山表现最好，株高 90~100cm，尾山最低 78cm，高度低于对照。在抗倒伏和抗病性方面田间表现明显强于对照（表 7-32）。

**表 7-32　黑亚 20 号测产结果**

| 品种 | 原茎产量（t/hm²） | 全麻率（%） | 纤维产量（t/hm²） | 种子产量（kg/hm²） |
|---|---|---|---|---|
| 黑亚 20 号 | 4.91 | 30.5 | 1.25 | 484.5 |
| 对照 | 4.44 | 29.5 | 1.13 | 412.7 |

（5）高产栽培技术示范。2014 年亚麻高产示范是试验站的重要工作内容，在延寿种植了

$1hm^2$，前茬玉米。品种黑亚16号，春整地，整地播种和深施肥联合作业，采用集成高产栽培技术。亩施复合肥15kg。亚麻种子用多菌灵和百菌清拌种，拌种量0.3%。4月25日播种，播后镇压。6月20日化学除草。7月20日机械收获。体系办公室组织相关专家进行了实地测产，以长春试验站站长凤桐为组长，黑龙江省农业委员会体系管理人员和经济作物指导站的专家参加，取点测产，每点$1m^2$，取5点，田间称量鲜重、风干后称重，计算原茎产量和种子产量。平均产量396kg/亩，单产比该区域“十一五”期间同类示范样板平均单产（340.0kg）增产16.4%。种子产量35kg，纤维产量94.1kg。

2015年在延寿种植了$2hm^2$，前茬大麻。品种黑亚16号，春整地，整地播种和深施肥联合作业，采用集成高产栽培技术。亩施复合肥15kg。亚麻种子用多炭疽灵+克枯星拌种，拌种量0.3%。4月29日播种，播后镇压。6月22日化学除草。7月25日机械收获。取5点测产，每点$1m^2$，风干后称重，计算原茎产量和种子产量。平均产量$5.85t/hm^2$，接近上年产量，纤维产量1.43t。

（6）盐碱地亚麻高产栽培技术示范。主要技术措施是选用耐盐碱品种黑亚16号，测土施肥，调整N、P、K比例，正常黑土为1：2：1，盐碱地为1：3：1，以高磷为主，总施肥量15kg/亩。前茬为玉米茬。示范面积15亩。5月4日播种。为确保墒情，采用整地、播种和镇压同时进行。7d后亚麻出全苗。防除虫害1次。7月26日收获，取点测产，产量较对照增产10.1%（4 160.83 $kg/hm^2$），种子产量370.2$kg/hm^2$，纤维产量1 037.3$kg/hm^2$。

2. 亚麻屑栽培食用菌试验示范

试验设置了不同麻屑添加量处理，分别占总基质质量的CK（0%）、1（15%）、2（30%）、3（45%）、4（60%）、5（78%），相对应的木屑含量为78%、63%、48%、33%、18%和0%，其他辅料还有石膏、石灰等，共占22%。

（1）不同配方处理对凤尾菇产量的影响。通过表7-33可以看出以不同比例的麻屑替代木屑栽培凤尾菇，凤尾菇的单产和生物学转化率均随着麻屑的替代量发生变化。凤尾菇的单产随着麻屑替代量的增加先增加后降低，当麻屑替代量达到45%时，凤尾菇的单产最高，为301.8g/袋，与不添加（CK）、15%添加量差异极显著，与30%添加量、60%添加量、78%添加量差异不显著，30%添加量产量较高，为282.39g/袋，与CK差异极显著，与15%添加量差异显著，CK产量最低，为165.94/袋，15%添加量、60%添加量与78%添加量产量较低，分别为208.1g/袋、262.52g/袋、259.94g/袋。凤尾菇的生物学效率随着麻屑替代量的增加，不断升高，当麻屑替代量达到45%时，生物学转化率达到最高值60.36%，与单产的峰值一致。

表7-33 不同麻屑添加量对凤尾菇产量和生物学效率的影响

| 麻屑添加量 | 小区产量（kg）鲜重 | | | 小区袋数（袋） | 单产（g/袋） | 差异显著性 | | 生物学效率（%） |
|---|---|---|---|---|---|---|---|---|
| | Ⅰ | Ⅱ | Ⅲ | | | 0.05 | 0.01 | |
| 不添加（CK） | 7.08 | 7.85 | 7.47 | 45 | 165.94 | c | C | 33.2 |
| 15% | 9.20 | 9.20 | 9.69 | 45 | 208.10 | bc | BC | 41.6 |
| 30% | 12.7 | 11.69 | 13.73 | 45 | 282.39 | a | AB | 56.5 |
| 45% | 12.74 | 16.47 | 11.53 | 45 | 301.80 | a | A | 60.4 |
| 60% | 12.09 | 11.36 | 11.99 | 45 | 262.52 | ab | AB | 52.5 |
| 78% | 11.07 | 12.14 | 11.88 | 45 | 259.94 | ab | AB | 52.0 |

各处理的凤尾菇单产和生物学效率均高于对照，采用麻屑替代阔叶木屑作为基质栽培凤尾菇，可提高凤尾菇的产量，随着麻屑替代量的增加，促进作用越明显。

（2）不同配方处理对平菇产量的影响。通过表7-34可以看出，以不同比例的麻屑替代木屑栽培平菇，平菇的单产和生物学转化率均随着麻屑的替代量增加而增加。78%添加量产量最高，为295.05g/袋，与不添加、15%添加量差异极显著，与30%添加量差异显著，与60%添加量、78%添加量差异不显著；60%添加量产量较高，为292.6g/袋，与不添加、15%添加量差异极显著，与

30%添加量差异显著，与45%添加量、78%添加量差异不显著；不添加（CK）产量最低，为181.85g/袋。平菇的生物学效率随着麻屑的替代量的增加，不断升高，当麻屑替代量达到78%时（78%添加量）（即麻屑全部替代木屑），生物学转化率达到最高值，为59.01%，与单产的峰值一致。

**表 7-34　不同麻屑添加量对平菇产量和生物学效率的影响**

| 麻屑添加量 | 小区产量（kg）鲜重 | | | 小区袋数（袋） | 单产（g/袋） | 差异显著性 | | 生物学效率（%） |
|---|---|---|---|---|---|---|---|---|
| | Ⅰ | Ⅱ | Ⅲ | | | 0.05 | 0.01 | |
| 不添加 | 7.27 | 8.69 | 8.59 | 45 | 181.85 | c | C | 36.37 |
| 15% | 9.45 | 9.70 | 9.50 | 45 | 212.20 | c | C | 42.44 |
| 30% | 11.70 | 11.87 | 10.84 | 45 | 254.89 | b | B | 50.98 |
| 45% | 12.83 | 10.84 | 12.97 | 45 | 271.45 | ab | AB | 54.29 |
| 60% | 12.04 | 13.86 | 13.60 | 45 | 292.60 | a | AB | 58.52 |
| 78% | 13.65 | 13.65 | 12.53 | 45 | 295.05 | a | A | 59.01 |

各处理的平菇单产和生物学效率均高于对照，采用麻屑替代阔叶木屑作为基质栽培平菇，可提高平菇的产量，随着麻屑替代量的增加，促进作用越明显。

（3）亚麻屑栽培滑子菇。不同比例的麻屑替代木屑栽培滑子菇，滑子菇的单产和生物学转化率均随着麻屑的替代量发生变化（表7-35）。滑子菇的单产随着麻屑替代量的增加先降低后增加，当麻屑替代量达到30%时，滑子菇的单产最高，随着麻屑替代量的增加，滑子菇产量下降。且本试验选择的几个替代量里，只有替代量为30%时，单产高于对照，且与15%、60%、78%差异极显著，与对照差异显著，与45%差异不显著；滑子菇的生物学转化率随着麻屑替代量的增加，不断升高，当麻屑替代量达到30%时，生物学转化率达到最高值，当麻屑替代量达到60%时，生物学转化率低于对照的生物学转化率，其他均高于对照。

**表 7-35　亚麻屑添加量对滑子菇产量和生物学效率的影响**

| 麻屑添加量 | 小区产量（kg）鲜重 | | | 小区袋数（袋） | 单产（g/袋） | 差异显著性 | | 生物学效率（%） |
|---|---|---|---|---|---|---|---|---|
| | Ⅰ | Ⅱ | Ⅲ | | | 0.05 | 0.01 | |
| 30% | 599.22 | 590.87 | 593.06 | 45 | 293.52 | a | A | 69.89 |
| 45% | 465.26 | 539.74 | 438.68 | 45 | 237.64 | ab | AB | 56.58 |
| 不添加 | 486.49 | 453.62 | 532.23 | 45 | 242.36 | bc | ABC | 57.70 |
| 15% | 490.6 | 398.03 | 479.12 | 45 | 225.40 | bcd | BC | 53.60 |
| 78% | 353.54 | 372.36 | 421.77 | 45 | 188.91 | cd | BC | 44.98 |
| 60% | 353.52 | 365.51 | 306.71 | 45 | 168.85 | d | C | 40.20 |

（4）麻屑栽培猴头菇。不同比例的麻屑替代木屑栽培猴头菇，猴头菇的单产和生物学转化率均随着麻屑的替代量发生变化。猴头菇的单产随着麻屑替代量的增加而增加，当麻屑替代量达到30%时，猴头菇的单产最高，且与其他处理差异极显著。随后随着麻屑替代量的增加，猴头菇产量下降，但不管麻屑替代量为多少，单产均高于对照；猴头菇的生物学转化率随着麻屑替代量的增加，不断升高，当麻屑替代量达到30%时，生物学转化率达到最高值（表7-36）。

**表 7-36　亚麻屑添加量对猴头菇产量和生物学效率的影响**

| 麻屑添加量 | 小区产量（kg）鲜重 | | | 小区袋数（袋） | 单产（g/袋） | 差异显著性 | | 生物学效率（%） |
|---|---|---|---|---|---|---|---|---|
| | Ⅰ | Ⅱ | Ⅲ | | | 0.05 | 0.01 | |
| 30% | 8.36 | 9.21 | 9.00 | 45 | 196.79 | a | A | 46.85 |
| 15% | 7.29 | 7.99 | 7.91 | 45 | 171.74 | b | B | 40.89 |

（续表）

| 麻屑添加量 | 小区产量（kg）鲜重 | | | 小区袋数（袋） | 单产（g/袋） | 差异显著性 | | 生物学效率（%） |
|---|---|---|---|---|---|---|---|---|
| | Ⅰ | Ⅱ | Ⅲ | | | 0.05 | 0.01 | |
| 45% | 6.39 | 6.59 | 6.69 | 45 | 145.73 | c | C | 34.70 |
| 78% | 5.86 | 5.81 | 6.02 | 45 | 131.10 | d | D | 31.21 |
| 不添加 | 5.24 | 5.40 | 5.64 | 45 | 118.99 | e | D | 28.33 |
| 60% | 5.22 | 5.50 | 5.42 | 45 | 119.58 | e | D | 28.47 |

（5）麻屑栽培食用菌示范。在牡丹江食用菌试验站示范了平菇和黑木耳 1 000袋。目前普遍用的锯末子为 1 100元/t，亚麻屑 400 元/t，替代量 30%~45%，可降低成本 20%以上。通过食用菌试验站的宣传活动等，起到了很好的示范效果，不仅为北方食用菌的栽培找到了新的替代品，还对两个产业发展均有巨大的促进作用。

（6）不同配方处理对黑木耳原基形成和产量的影响。采用麻屑替代阔叶木屑作为基质栽培黑木耳，可以加快黑木耳菌丝的愈合和促进原基形成，添加一定量的麻屑对黑木耳产量影响不大，但添加一定量的麻屑可降低生产成本。

从表 7-37 可以看出，黑木耳的单产随着麻屑的替代量增加影响不大。15%添加量单产最高，为 44.47g/袋，与不添加、30%添加量、45%添加量、60%添加量差异不显著，与 78%添加量差异极显著，但当麻屑全部替代木屑时，栽培袋易堆袋，影响产量。

**表 7-37　麻屑添加量对黑木耳产量和生物学效率的影响**

| 麻屑添加量 | 菌袋情况 | 菌丝愈合时间（d） | 耳基出现时间（d） | 小区产量（kg）干重 | | | 单产（g/袋） | 差异显著性 | |
|---|---|---|---|---|---|---|---|---|---|
| | | | | Ⅰ | Ⅱ | Ⅲ | | 0.05 | 0.01 |
| 不添加 | 弹性好，颜色白 | 9 | 18 | 4.98 | 4.60 | 4.44 | 44.16 | a | A |
| 15% | 弹性好，颜色白 | 7 | 15 | 4.50 | 3.97 | 4.87 | 44.47 | a | A |
| 30% | 弹性好，颜色白 | 6 | 15 | 5.12 | 4.50 | 3.67 | 44.29 | a | A |
| 45% | 弹性好，颜色白 | 5 | 12 | 3.59 | 4.40 | 3.58 | 38.57 | a | AB |
| 60% | 有弹性，颜色白 | 5 | 12 | 3.70 | 3.97 | 3.90 | 38.58 | a | AB |
| 78% | 弹性好，颜色白 | 6 | 15 | 2.73 | 2.90 | 3.02 | 28.85 | b | B |

从菌丝愈合和耳基出现情况来看，45%添加量和 60%添加量菌丝愈合速度最快，原基出现时间最早，时间为 12d，30%添加量和 78%添加量菌丝愈合速度较快，为 6d，原基出现时间较早，为 15d，均较不添加速度快。由此可见，添加麻屑的栽培基质能加快菌丝的愈合和促进原基形成。

在牡丹江食用菌试验站示范了平菇 1 200袋。目前普遍用的锯末子为 1 000元/t，亚麻屑 400 元/t，替代量 30%~ 45% ，可降低成本 13.43%~20.15%。通过食用菌试验站的宣传活动等，起到了很好的示范效果，不仅为北方食用菌的栽培找到了新的替代品，还对两个产业发展均有巨大的促进作用。

3. 亚麻防病技术

根据亚麻种子携带的病源菌，选择药剂拌种，防治亚麻苗期病害。这已经成为常规工作，3 月中下旬到各示范县对生产用种进行取样，然后进行病原菌分离。根据分析结果制定了不同的药剂配方，进行拌种。调查数据表明达到了预期效果，5 个示范县，苗期病害的发病率，在 5%~15%（表 7-38）。服务面积 3 万多亩。

**表 7-38　各示范县亚麻发病情况**

| 地点 | 兰西 | 延寿 | 云山 | 尾山 | 克山 |
|---|---|---|---|---|---|
| 发病情况 | 8%~15% | 5%~13% | 8%~10% | 5%~12% | 7%~12% |

4. 亚麻机械收获和雨露沤麻

随着人工成本的增加，亚麻机械收获成为影响黑龙江省亚麻发展的关键因素之一，同时机械收获使雨露沤麻实现了标准化。目前黑龙江省虽然大部分是机械收获，但大多是牵引式拔麻机，所以亚麻收获仍然需要人工配合，拔出车道，增加生产成本。自走式拔麻机的应用和推广是产业发展的需要。同时需要配套翻麻脱粒机械。国内都已生产出样机。目前是解决如何产业化的问题。

使用自走式拔麻机及其配套的翻麻、脱粒机械，是提升亚麻生产水平的发展方向，该目标的实现将全面提升黑龙江省亚麻栽培水平。

云山亚麻原料厂实现了翻麻机械化。尾山农场有从国外引进的自走式拔麻机、翻麻脱粒机在生产中应用。

目前机械收获雨露沤麻技术是：拔麻后在田间铺放，一般15d左右，50%左右的茎干变黑，用手揉搓，纤维很容易同木质部分离。此时翻麻，而后继续沤制，约10d，当95%以上的麻茎沤好后，便可捆起，运到原料厂加工。

5. 亚麻复种技术

由于玉米和水稻等作物价格的提高，加之农业补贴的优势，亚麻作为经济作物的优势在逐渐减弱，所以如何提高种麻的收入，就显得非常重要。根据市场的需要，为提高麻农的收入，示范推广了麻田复种白萝卜、冰糖罗卜、青萝卜和芥菜。白萝卜亩产量1 000kg、青萝卜1 000kg、冰糖罗卜850kg、芥菜1 000kg（表7-39）。

**表7-39 复种蔬菜收入表**

| 项目 | 青萝卜 | 白萝卜 | 冰糖罗卜 | 芥菜 |
|---|---|---|---|---|
| 产量（kg/亩） | 1 000 | 1 000 | 850 | 1 000 |
| 价格（元/kg） | 0.7 | 0.6 | 1.0 | 0.8 |
| 收入（元） | 700 | 600 | 850 | 800 |
| 成本（元） | 400 | 450 | 450 | 500 |
| 利润（元） | 200 | 150 | 400 | 300 |

由于黑龙江省2015年秋季雨水充足，复种的蔬菜生长的好。亩效益在150~400元。但根据市场上的情况，白罗卜效益不好。主要是种植面积大，供过于求。所以复种蔬菜，很大程度上受秋菜种植情况的影响。尤其蔬菜价格普遍不好。

## （二）基础数据调研

1. 产业数据搜集

对黑龙江省亚麻生产情况进行了调研，通过对农户和亚麻原料生产企业的跟踪调查，了解了亚麻市场的情况。亚麻进口纤维价格每千克2.75~2.8美元（24支），3.65~3.7美元（36支）。纱价格24支每吨6.2万元，36支每吨8.7万元。目前亚麻纱出口形势喜人，国产亚麻二粗现在价格7 000元左右，长纤维价格1.6万元。

2. 基础数据搜集

（1）黑龙江亚麻科研主要实验仪器设备数据库。黑龙江省现有亚麻主要实验仪器设备18台（套）（10万元以上），其中：黑龙江省科学院大庆分院2台（套）；黑龙江省农业科学院经济作物研究所16台（套）。

（2）黑龙江省亚麻产业从事研发的人员数据库。黑龙江省现有亚麻从业人员35人，其中：研究员10人、副研究员9人、助理研究员10人、研究实习员6人。博士生导师2人、博士3人、硕士15人。

（3）亚麻产业省以上立项科技项目数据库。黑龙江省亚麻科研项目8项。农业部4项，科技部2项，省级项目2项（表7-40）。

表 7-40 黑龙江省亚麻科研立项情况

| 项目来源 | 项目名称 | 年限 | 主持单位 |
|---|---|---|---|
| 黑龙江省科技厅 | 亚麻资源创新与新品种选育 | 2011—2015 | 黑龙江省农业科学院经济作物研究所 |
| 国家自然基金委 | 亚麻纤维含量 QTG 挖掘 | 2014—2015 | 黑龙江省农业科学院经济作物研究所 |
| 国家自然基金委 | 亚麻白粉病抗病基因克隆及功能解析 | 2014—2016 | 黑龙江省农业科学院经济作物研究所 |
| 人力资源与社会保障部 | 亚麻糖基转移酶 UGT72N2 基因的转录调控及其功能研究 | 2015—2017 | 黑龙江省农业科学院经济作物研究所 |
| 农业部 | 亚麻种质资源繁种更新与利用 | 2012—2014 | 黑龙江省农业科学院经济作物研究所 |
| 农业部 | 东北亚麻实验观测站 | 2011—2015 | 黑龙江省农业科学院经济作物研究所 |
| 农业部 | 现代农业产业技术体系岗位科学家 | 2011—2015 | 黑龙江省农业科学院经济作物研究所 |
| 农业部 | 麻类产业技术体系哈尔滨亚麻综合试验站 | 2011—2015 | 黑龙江省农业科学院经济作物研究所 |
| 黑龙江省科技厅 | 纤维用亚麻资源创新及新品种选育 | 2011—2015 | 黑龙江省农业科学院经济作物研究所 |
| 黑龙江省人事厅 | 外源油菜素内酯提高亚麻耐盐碱性的机理研究 | 2014—2016 | 黑龙江省农业科学院经济作物研究所 |
| 黑龙江省人事厅 | 亚麻应答盐碱胁迫相关基因 microRNA 鉴定与功能分析 | 2013—2015 | 黑龙江省农业科学院经济作物研究所 |
| 黑龙江省科技厅 | 亚麻白粉病抗病基因挖掘 | 2015—2017 | 黑龙江省农业科学院经济作物研究所 |

（4）亚麻资源与种子企业数据库。搜集 100 份亚麻资源数据，共搜集如下性状数据 2 000个（种子来源、原产、保存单位、保存、出苗期、开花期、花色、工艺成熟期、生理成熟期、抗倒性、抗旱性、抗病性、株高、工艺长、分枝数、蒴果数、原茎产量、干茎产量、纤维产量、种子产量、种皮色、千粒重、纤维强度、可挠度）。收集更新了 11 个亚麻种子企业的相关数据。

（5）黑龙江省亚麻主产区气象与土壤数据库。收集了黑龙江克山、兰西、北安、虎林、延寿亚麻主产区的气象和土壤资料。

（6）黑龙江亚麻轻简化栽培技术数据库。收集了亚麻机械收获雨露沤麻技术一项。

（7）黑龙江亚麻种植机械数据库。黑龙江省亚麻种植机械有：6 种 13 个类型。

整地机械：1DF-7760 复式少耕联合整地机、1BY-10 型 113 片折叠轻耙等；

播种机械：2BYM 系列亚麻专用播种机等；

化学除草机械：3WF 全自动折叠高效低污染防飘移喷雾机等；

拔麻机机械：4YZ-140 型自走式拔麻机、4HLM-150 型亚麻联合收获机等；

翻麻机械：OCH-1.5 型亚麻翻晒机、4FM-140 型翻麻机、5YF-150 型翻麻脱粒机等；

捆麻机械：RB060 型捆麻机、ⅡP 型亚麻打捆机、RB-1060 型圆形打捆机等。

（8）黑龙江亚麻初加工机械数据库。黑龙江省亚麻初加工机械有 4 个型号：3 种固定式剥麻机，1 种移动式剥麻机。6DY-870、B-800、6BYL-850 固定式剥麻机；6YBM-750×2500 移动式剥麻机等。

（9）黑龙江亚麻样本数据库。黑龙江省亚麻样本 15 份。黑亚系列品种：黑亚 14、15、16、17、18、19、20、21 号 8 份；双亚系列品种：双亚 10、11、12、14、15 号 5 份；尾亚系列品种：尾亚 1、2 号 2 份；国外品种：AGATHA、DIANE、HERMS、ARGORS 4 份。

3. 发表论文

吴广文的《黑龙江省亚麻生产现状》在《农业通讯》上发表。

### （三）区域技术支撑

1. 对亚麻产业的咨询服务

对黑龙江省亚麻原料生产情况在各示范县进行了全面调研，了解产业中存在的深层次问题及市场情况等。为黑龙江省亚麻协会和省经济作物站提供黑龙江省亚麻产业发展的相关数据，提出产业发展建议等，为哈尔滨市科技局撰写了亚麻产业发展调研报告。

为克山金鼎亚麻纺织有限公司、牡丹江宁安亚麻原料厂和云山亚麻原料厂等提供咨询服务，亚麻生育期派出技术人员指导生产。不定期对技术骨干和麻农进行培训，提高种麻技术水平。

2. 新品种、新技术的示范推广

育成亚麻新品种1个黑亚23号。“优质、高产亚麻新品种黑亚20号的选育及推广”2014年获黑龙江省农委二等奖。“亚麻抗除草剂、抗虫转基因技术种质创新及利用”2014年获黑龙江省农委二等奖。通过新品种、新技术的示范、技术培训和现场观摩等推广了黑亚20号新品种、亚麻高产栽培技术、亚麻机械收获及雨露沤麻技术。为黑龙江省亚麻产业的发展提供了强有力的技术支持。

3. 技术培训

多次召开示范县技术骨干培训会，参加人员30余人，总结了工作中的经验，介绍了产业发展的形势。就亚麻试验和生产的关键技术进行了培训，落实具体试验任务和工作方案。召开了雨露沤麻及加工现场会。参加人员为种植大户和农技推广人员等15人。

亚麻播种和雨露沤麻期间结合黑龙江省农业科学院院县共建平台，进行咨询服务。派出技术人员深入到亚麻主产区和示范县，培训人数70人，参加科技大集等发放学习和宣传材料1 800多份。在兰西进行了雨露沤麻技术培训。

4. 技术咨询服务与宣传

此项工作是试验站的主要内容，根据亚麻产区的需要，对生产中遇到的实际问题提供咨询服务。通过黑龙江省农业科学院在全省的专家热线，直接回答农民提出的问题。从春天播种到亚麻收获，都有专人负责此项工作。亚麻苗期发生病害，派出专家到田间地头，指导农民采取措施。除草季节有技术人员活动在示范县。亚麻收获季节为各地协调亚麻收获机械。参加各种科技大集、绿色农业博览会等活动，发放宣传材料。总之，通过团队的共同努力使哈尔滨亚麻试验站成为黑龙江省亚麻生产技术的服务平台。

# 第八章　黄/红麻试验示范工作进展

## 一　漳州黄/红麻试验站

漳州黄/红麻试验站在国家麻类产业技术体系首席科学家办公室领导下，各项任务顺利完成，2014—2015年度黄/红麻试验示范工作进展如下：通过黄/红麻高产高效种植与多用途技术示范，黄麻品种福黄麻3号平均原麻产量9 166.5kg/hm²，嫩茎叶产量3 619.5kg/hm²，麻骨15 850.5kg/hm²；红麻品种杂红952平均原麻产量10 140.0kg/hm²，嫩茎叶和麻骨产量为22 932.0kg/hm²，均超额完成任务指标；总结黄/红麻麻秆栽培食用菌技术1套。通过耐盐碱黄/红麻品种筛选与示范，福黄麻3号平均原麻产量6 630.0kg/hm²，麻叶产量3 396.0kg/hm²，麻骨10 389.0kg/hm²；杂红952平均原麻产量8 482.5kg/hm²，麻叶产量3 484.5kg/hm²，麻骨9 267.0kg/hm²，均超额完成任务指标；总结黄/红麻盐碱地种植试验示范技术1套。通过黄/红麻育种与制种技术研究，黄/红麻优异种质的精细鉴定与评价中有7个品种超过对照；黄/红麻品种繁种试验中有10个品种超过任务指标；红麻不育系制种试验，平均种子产量825.0kg/hm²；总结黄/红麻、红麻不育系制种技术各1套。通过黄/红麻重大有害生物综合防控技术示范，ALA粉剂、棉隆和福气对根结线虫病均有较好的防治效果；总结黄/红麻根结线虫综合防控技术1套。通过红麻轻简化栽培技术研究与示范，轻简化处理红麻原麻产量比正常管理处理（对照）增产6.10%~9.82%，每亩平均节约成本475元，并可降低田间管理劳动强度；总结红麻轻简化栽培技术1套。完成参与的体系数据库建设任务的年度数据收集、整理工作，提交6种红麻病虫草害种类及发生情况数据，提交16份土壤肥力和气象与土壤数据。联合体系黄麻育种岗位专家，举办培训会2场，培训人员96人次，服务企业3家，科技服务与现场指导135人次。

### （一）技术集成与示范

*1. 黄/红麻高产高效种植与多用途技术示范*

（1）黄麻高产高效栽培技术示范。2014年9月20日，在莆田市涵江区白沙镇，对漳州黄/红麻试验站和黄麻育种岗位所承担的福黄麻3号2.8亩高产高效种植示范片进行现场测产验收。经现场考种测产，结果表明（表8-1）：福黄麻3号平均原麻产量9 166.5kg/hm²，比任务指标7 500kg/hm²增产22.2%；嫩茎叶产量3 619.5kg/hm²，比任务指标3 000kg/hm²增产20.7%；麻骨15 850.5kg/hm²，比任务指标9 000kg/hm²增产76.1%。

2015年在福建省农业科学院甘蔗研究所试验农场进行黄麻品种高产高效种植技术示范，示范品种：福黄麻3号，示范面积2亩。9月20日进行试验考种和测产，测产面积7.5m²。结果表明：福黄麻3号平均原麻产量8 341.5kg/hm²，比任务指标7 500kg/hm²增产11.22%；嫩茎叶产量3 184.5kg/hm²，比任务指标3 000kg/hm²增产6.15%；麻骨13 948.5kg/hm²，比任务指标9 000kg/hm²增产55%。

表 8-1 圆果种黄麻福黄麻 3 号“526”工程测产结果

| 年份 | 重复 | 有效株数 | 株高 (cm) | 茎粗 (cm) | 皮厚 (mm) | 原麻产量 ($kg/hm^2$) | 麻叶产量 ($kg/hm^2$) | 麻骨产量 ($kg/hm^2$) |
|---|---|---|---|---|---|---|---|---|
| 2014 | 1 | 123.0 | 483.5 | 2.2 | 1.5 | 634.1 | 274.6 | 1 130.9 |
| | 2 | 126.0 | 488.1 | 2.0 | 1.3 | 578.8 | 267.7 | 1 046.0 |
| | 3 | 131.0 | 496.7 | 2.2 | 1.3 | 620.3 | 181.6 | 993.1 |
| | 平均 | 126.7 | 489.4 | 2.1 | 1.3 | 611.1 | 241.3 | 1 056.7 |
| 2015 | Ⅰ | 114.0 | 468.5 | 1.9 | 1.3 | 577.0 | 241.6 | 995.2 |
| | Ⅱ | 117.0 | 473.1 | 1.7 | 1.1 | 526.7 | 235.6 | 920.5 |
| | Ⅲ | 122.0 | 481.7 | 1.8 | 1.1 | 564.5 | 159.8 | 873.9 |
| | 平均 | 117.7 | 474.4 | 1.8 | 1.1 | 556.1 | 212.3 | 929.9 |

（2）红麻高产高效栽培技术示范。2014 年 9 月 20 日，在莆田市涵江区白沙镇，对漳州黄/红麻试验站所承担的杂红 952 品种 2.0 亩高产高效种植示范片进行现场测产验收。经现场考种测产，结果表明（表 8-2）：杂红 952 平均原麻产量 10 140.0kg/hm$^2$，比任务指标 9 000kg/hm$^2$ 增产 12.6%；嫩茎叶和麻骨产量为 22 932.0kg/hm$^2$，比任务指标 15 000kg/hm$^2$增产 52.9%。

表 8-2 红麻杂红 952“637”工程测产结果

| 年份 | 重复 | 有效株数（株） | 株高 (cm) | 茎粗 (cm) | 皮厚 (mm) | 原麻产量 ($kg/hm^2$) | 麻叶麻骨产量 ($kg/hm^2$) |
|---|---|---|---|---|---|---|---|
| 2014 | 1 | 75 | 548.4 | 2.347 | 1.41 | 10 767.0 | 25 350.0 |
| | 2 | 78 | 565.6 | 2.547 | 1.464 | 10 428.0 | 23 824.5 |
| | 3 | 76 | 571.4 | 2.391 | 1.428 | 9 226.5 | 19 621.5 |
| | 平均 | 76 | 561.8 | 2.428 | 1.434 | 10 140.0 | 22 932.0 |
| 2015 | Ⅰ | 70 | 545.1 | 1.953 | 1.173 | 9 367.5 | 21 547.5 |
| | Ⅱ | 73 | 550.9 | 2.043 | 1.174 | 9 072.0 | 20 251.5 |
| | Ⅲ | 71 | 527.9 | 1.989 | 1.188 | 9 076.5 | 16 678.5 |
| | 平均 | 71.3 | 541.3 | 1.995 | 1.178 | 9 172.5 | 19 492.5 |

2015 年在福建省农业科学院甘蔗研究所试验农场进行红麻品种高产高效种植技术示范，示范品种：杂红 952，示范面积 4 亩。9 月 20 日进行试验考种和测产，测产面积 7.5m$^2$。经收获考种测产，其结果表明（表 8-2）：杂红 952 平均原麻产量 9 172.5kg/hm$^2$，比任务指标 9 000kg/hm$^2$增产 1.91%；嫩茎叶产量 3 799.5kg/hm$^2$，略低于任务指标 4 500kg/hm$^2$；麻骨 15 693.0kg/hm$^2$，比任务指标 10 500kg/hm$^2$增产 49.45%。红麻高产高效种植技术示范效果较好。

（3）黄/红麻麻秆栽培食用菌技术要点。与国家食用菌产业技术体系漳州试验站合作，在福建龙海角美镇进行麻骨栽培蘑菇的生产展示，现将麻骨栽培蘑菇的生产技术总结如下：①试验菌种为国家食用菌产业技术体系漳州试验站提供的“W2000”。②试验配方：麻秆 50%～80%、牛粪 20%～40%、麸皮 5%、过磷酸钙 3%、石灰 2%。③栽培管理：蘑菇原料要进行一次发酵、二次发酵、进床铺料及出菇管理。一次发酵过程主要采用堆堆，让麻骨充分吸水，后与牛粪充分混匀；二次发酵、养菌、覆土、出菇管理等操作均参照常规栽培模式。

经试验调查和测产，麻骨栽培蘑菇具有技术特点：①相对稻草，麻骨为培养料栽培的蘑菇菌丝生长情况表现较好，菌丝粗壮、整齐。②产量和生物学效率及蘑菇品质与稻草栽培无明显差别。③使用麻骨栽培蘑菇在原料处理上操作简便，省时省力，劳动力成本低。

黄/红麻麻秆栽培食用菌技术：①培养料筛选与预处理（选择无霉变的培养料，用石灰水浸湿按不同配方比例混合发酵）。②杏鲍菇装袋高压消毒、蘑菇和草菇堆料发酵进床高温蒸汽消毒。③冷却接种（温度降至杏鲍菇 24～26℃，蘑菇 26～30℃，草菇 35～38℃时接菌种）。④菌丝体生长管理（最适温度：杏鲍菇 22～26℃，蘑菇 22～26℃，草菇 30～35℃；最适湿度：杏鲍菇 60%左右，蘑菇 60%～65%，草菇 70%左右；最适光线：杏鲍菇、蘑菇和草菇无需光照）。⑤子实体生长管理

（最适温度：杏鲍菇 12～16℃，蘑菇 16～18℃，草菇 30～32℃；最适湿度：杏鲍菇 85%～95%，蘑菇 90%，草菇 90%～95%；最适光线：杏鲍菇 500～1 000lx，蘑菇无需光照，草菇 300～500lx）。

2. 非耕地麻类作物种植关键技术研究与示范

（1）耐盐碱黄麻品种筛选与示范。2014 年继续在莆田秀屿开展福黄麻 1 号、闽黄 1 号、黄麻 179 共 3 个黄麻品种的耐盐碱筛选试验，土壤盐浓度为 0.3%，栽培方式按照黄麻盐碱地栽培技术进行。经考种测产，结果表明（表 8-3）：福黄麻 1 号、闽黄 1 号的原麻产量为 5 949.0kg/hm$^2$、5 569.5kg/hm$^2$，分别比对照黄麻 179 增产 24.1%和 16.2%；麻叶产量为 2 886.0kg/hm$^2$和 2 749.5 kg/hm$^2$，分别比对照黄麻 179 增产 16.1%和 10.6%；麻骨产量为 8 347.5kg/hm$^2$和 8 050.5kg/hm$^2$，分别比对照增产 14.3%和 10.3%。

**表 8-3　耐盐碱黄麻品种筛选试验结果**

| 品种 | 株高（cm） | 茎粗（cm） | 皮厚（mm） | 原麻产量（kg/hm$^2$） | 麻叶产量（kg/hm$^2$） | 干骨产量（kg/hm$^2$） |
|---|---|---|---|---|---|---|
| 福黄麻 1 号 | 394.5 | 1.679 | 1.125 | 5 949.0 | 2 886.0 | 8 347.5 |
| 闽黄 1 号 | 387.5 | 1.500 | 1.103 | 5 569.5 | 2 749.5 | 8 050.5 |
| 黄麻 179（CK） | 366.7 | 1.381 | 1.064 | 4 792.5 | 2 485.5 | 7 302.0 |

2015 年 10 月 13 日，在莆田市秀屿区东庄镇试验基地，对漳州黄/红麻试验站和黄麻育种岗位所承担的福黄麻 3 号 3 亩盐碱地种植示范片进行现场测产验收。经现场考种测产，结果表明（表8-4）：福黄麻 3 号平均原麻产量 6 630.0kg/hm$^2$，比任务指标 6 000kg/hm$^2$增产 10.5%；麻叶产量 3 396.0kg/hm$^2$，比任务指标 3 000kg/hm$^2$增产 13.2%；麻骨 10 389.0kg/hm$^2$，比任务指标 9 000kg/hm$^2$增产 15.4%。

**表 8-4　圆果种黄麻福黄麻 3 号品种“425”工程测产结果**

| 测产点 | 测产小区（m$^2$） | 有效株数（株） | 株高（cm） | 茎粗（cm） | 皮厚（mm） | 原麻产量（kg/hm$^2$） | 麻叶产量（kg/hm$^2$） | 麻骨产量（kg/hm$^2$） |
|---|---|---|---|---|---|---|---|---|
| 1 | 7.5 | 121 | 369.8 | 19.21 | 1.68 | 6 481.5 | 3 219.0 | 10 053.0 |
| 2 | 7.5 | 123 | 369.8 | 19.89 | 1.50 | 6 657.0 | 3 450.0 | 10 597.5 |
| 3 | 7.5 | 123 | 377.6 | 19.17 | 1.49 | 6 750.0 | 3 519.0 | 10 516.5 |
| 平均 | 7.5 | 122.3 | 372.4 | 19.42 | 1.56 | 6 630.0 | 3 396.0 | 10 389.0 |

（2）耐盐碱红麻品种筛选与示范。2014 年继续在福建省莆田秀屿区开展红麻品种中杂红 368、红优 2 号、福红 952 共 3 个红麻品种的耐盐碱筛选试验，土壤盐浓度为 0.3%，栽培方式按照红麻盐碱地栽培技术进行。考种测产结果表明（表 8-5）：中杂红 368、红优 2 号的原麻产量为 7 012.5 kg/hm$^2$和 6 814.5kg/hm$^2$，分别比对照福红 952 增产 18.8%和 15.5%；麻叶产量为 2 734.5kg/hm$^2$和 2 530.5kg/hm$^2$，分别比对照福红 952 增产 20.3%和 11.3%；麻骨产量为 9 600.0kg/hm$^2$和 10 084.5kg/hm$^2$，分别比对照增产 7.5%和 13.0%。

**表 8-5　耐盐碱红麻品种筛选试验结果**

| 品种 | 株高（cm） | 茎粗（cm） | 皮厚（mm） | 原麻产量（kg/hm$^2$） | 麻叶产量（kg/hm$^2$） | 干骨产量（kg/hm$^2$） |
|---|---|---|---|---|---|---|
| 中杂红 368 | 397.5 | 1.622 | 1.349 | 7 012.5 | 2 734.5 | 9 600.0 |
| 红优 2 号 | 395.6 | 1.534 | 1.393 | 6 814.5 | 2 530.5 | 10 084.5 |
| 福红 952(CK) | 385.3 | 1.513 | 1.369 | 5 902.5 | 2 274.0 | 8 926.5 |

2015 年 10 月 13 日，在莆田市秀屿区东庄镇试验基地，对漳州黄/红麻试验站所承担的 6 亩盐碱地种植示范片进行现场测产验收。经现场考种测产，结果表明（表 8-6）：杂红 952 平均原麻产量 8 482.5kg/hm$^2$，比任务指标 7 500kg/hm$^2$增产 13.1%；麻叶产量 3 484.5kg/hm$^2$，比任务指标 3 000kg/hm$^2$ 增产 16.2%；麻骨 9 267.0kg/hm$^2$，比任务指标 9 000kg/hm$^2$增产 2.96%。超额完成任

务指标要求。

**表 8-6　红麻品种杂红 952 品种“526”工程测产结果**

| 测产点 | 有效株数 | 株高（cm） | 茎粗（cm） | 皮厚（mm） | 原麻产量（kg/hm²） | 麻叶产量（kg/hm²） | 麻骨产量（kg/hm²） |
|---|---|---|---|---|---|---|---|
| 1 | 65 | 473.4 | 2.689 | 1.725 | 8 259.0 | 3 322.5 | 9 199.5 |
| 2 | 74 | 479.7 | 2.800 | 1.851 | 8 731.5 | 3 534.0 | 9 325.5 |
| 3 | 68 | 457.1 | 2.681 | 1.965 | 8 457.0 | 3 597.0 | 9 276.0 |
| 平均 | 69 | 470.1 | 2.723 | 1.847 | 8 482.5 | 3 484.5 | 9 267.0 |

（3）黄/红麻盐碱种植试验示范技术要点。①盐碱地选择：选择盐浓度≤0.3%，盐浓度过高对黄/红麻苗期伤害较大，抑制其生长；地块排水通畅，灌水方便。②整地、播种：整地作畦，播种期 5 月初，条行直播或育苗移栽，播种量每公顷 6kg（黄麻）、15kg（红麻）。③施肥：施足基肥，轻施苗肥，早施、重施旺长肥，并配施 P、K 肥。④定苗：每公顷定苗 18 万～22 万株。⑤田间管理：播种后 1d 内喷施丁草胺进行芽前除草，及时排灌水，做好病虫害防治。⑥适时收获：一般 10 月中下旬收获。

3. 黄/红麻育种与制种技术研究

（1）黄麻优异种质鉴定与示范。2014 年在漳州龙文区开展黄麻优异种质的精细鉴定与评价试验，试验材料由种质资源评价岗位专家提供，分别为中黄麻 1 号、中黄麻 5 号、C-1（CK）、摩维 1 号、Y05-02、O-1（CK），小区面积 60m²。经考种测产，结果表明（表 8-7）：圆果种黄麻参试品种中黄麻 1 号和中黄麻 5 号的原麻产量为 7 203.0kg/hm² 和 6 603.0kg/hm²，比对照 C-1（CK）分别增产 15.0%和 7.8%；长果种黄麻摩维 1 号和 Y05-02 的原麻产量为 6 163.5kg/hm² 和 6 208.5 kg/hm²，比对照 O-1（CK）分别增产 14.1%和 14.8%。

**表 8-7　黄麻优异种质筛选试验结果**

| 品种 | 株高（cm） | 分支高（cm） | 茎粗（cm） | 皮厚（mm） | 单株鲜叶重（g） | 单株麻骨重（g） | 单株皮干重（g） | 原麻产量（kg/hm²） | 比 CK±（%） |
|---|---|---|---|---|---|---|---|---|---|
| 中黄麻 1 号 | 397.5 | 355.0 | 1.830 | 1.079 | 55 | 200 | 50 | 7 203.0 | 17.6 |
| 中黄麻 5 号 | 394.4 | 353.0 | 1.869 | 1.016 | 76 | 175 | 45 | 6 603.0 | 7.8 |
| C-1（CK） | 388.0 | 355.0 | 1.814 | 1.059 | 60 | 205 | 45 | 6 123.0 | 0.0 |
| 摩维 1 号 | 433.0 | 412.5 | 1.667 | 1.183 | 70 | 270 | 55 | 6 163.5 | 14.1 |
| Y05-02 | 436.7 | 419.2 | 1.865 | 1.225 | 55 | 378 | 50 | 6 202.5 | 14.8 |
| O-1（CK） | 435.3 | 377.0 | 1.655 | 0.958 | 93 | 225 | 45 | 5 403.0 | 0 |

开展黄麻品种闽黄 1 号、福黄麻 1 号、福黄麻 2 号、福黄麻 3 号和黄麻 179 留种试验，试验面积 6 亩，试验地点：漳州诏安县。经考种测产，结果表明（表 8-8）：闽黄 1 号、福黄麻 1 号、福黄麻 2 号、福黄麻 3 号和黄麻 179 种子产量分别为 1 230.0kg/hm²、1 258.5kg/hm²、1 266.0kg/hm²、1 192.5kg/hm²、1 180.5kg/hm²，其中闽黄 1 号、福黄麻 1 号和福黄麻 2 号种子产量超过 1 200.0 kg/hm²，达到黄麻繁种任务指标要求。

**表 8-8　黄麻品种繁种试验结果**

| 品种 | 有效株数（株/13.4m²） | 单株果长（cm） | 单株果数（个） | 单株产量（g） | 种子产量（kg/hm²） |
|---|---|---|---|---|---|
| 闽黄 1 号 | 122 | 166.0 | 178.0 | 13.5 | 1 230.0 |
| 福黄麻 1 号 | 141 | 144.8 | 169.8 | 12.0 | 1 258.5 |
| 福黄麻 2 号 | 139 | 168.8 | 167.1 | 12.2 | 1 266.0 |
| 福黄麻 3 号 | 117 | 171.7 | 188.3 | 13.7 | 1 192.5 |
| 黄麻 179 | 129 | 178.0 | 191.0 | 12.3 | 1 180.5 |

（2）红麻优异种质鉴定与示范。2015 年在漳州龙文区开展红麻优异种质的精细鉴定与评价试

验，试验材料由种质资源评价岗位专家提供，分别为 FHH992、T17-1、T17-2、T19、FH991、FH952（CK），小区面积 $60m^2$。经考种测产，结果表明（表 8-9）：FHH992、T17-1、FH991，比对照 FH952 增产 8.8%~22.5%，T17-2 品种表现与对照 FH952 相当，T19 产量略低于对照品种。

**表 8-9 红麻优异种质筛选试验结果**

| 品种 | 株高（cm） | 茎粗（cm） | 皮厚（mm） | 单株鲜皮重（g） | 单株鲜叶重（g） | 单株麻骨重（g） | 单株皮干重（g） | 原麻产量（$kg/hm^2$） | 比 CK±（%） |
|---|---|---|---|---|---|---|---|---|---|
| FHH992 | 447.9 | 2.033 | 1.561 | 219 | 141 | 384 | 70.0 | 8 814.0 | 22.5 |
| T17-1 | 437.5 | 2.060 | 1.576 | 278 | 201 | 450 | 65.0 | 8 428.5 | 17.1 |
| T17-2 | 443.2 | 1.913 | 1.337 | 260 | 138 | 464 | 62.0 | 7 188.0 | -0.1 |
| T19 | 476.3 | 2.086 | 1.542 | 270 | 188 | 405 | 62.0 | 6 924.0 | -3.8 |
| FH991 | 438.8 | 2.103 | 1.495 | 266 | 143 | 432 | 65.0 | 7 831.5 | 8.8 |
| FH952 | 449.4 | 1.996 | 1.352 | 250 | 271 | 437 | 60.0 | 7 195.5 | 0 |

开展红麻品种闽红 964、红优 2 号、H1302、福航优 3 号、杂红 992、福红航 992、福红 952 共 7 个红麻品种的繁种试验示范，试验示范面积 45 亩，试验地点：漳州漳浦县、诏安县、莆田秀屿区。经考种测产（表 8-10），参试品种种子产量分别为 993.0~1 332.0$kg/hm^2$，超额完成常规红麻种子繁种产量的任务指标要求。

**表 8-10 红麻品种繁种试验结果**

| 品种 | 有效株数（株/13.4$m^2$） | 果长（cm） | 单株果数（个） | 千粒重（g） | 单株产量（g） | 亩种子产量（$kg/hm^2$） |
|---|---|---|---|---|---|---|
| 闽红 964 | 123 | 112.5 | 66 | 24.8 | 10.8 | 993.0 |
| 红优 2 号 | 123 | 100.5 | 71.8 | 26.2 | 13.0 | 1 192.5 |
| H1302 | 134 | 122.3 | 76.2 | 25.3 | 13.3 | 1 332.0 |
| 福航优 3 号 | 123 | 132.8 | 76.6 | 24.4 | 11.4 | 1 048.5 |
| 杂红 992 | 113 | 145.0 | 109.8 | 24.1 | 15.4 | 1 296.0 |
| 福红航 992 | 113 | 124.0 | 67.4 | 24.5 | 13.0 | 1 098.0 |
| 福红 952 | 131 | 125.1 | 64.9 | 24.9 | 11.6 | 1 134.0 |

（3）红麻不育系制种试验。以福红航 2B 为父本，福红航 2A 为母本，进行父母本行比 1∶2的夏播杂交红麻制种试验，并建立示范片 6 亩，试验地点：莆田秀屿区。经考种测产，结果表明（表 8-11）：夏播红麻不育系制种平均种子产量 825.0$kg/hm^2$。

其技术要点为：①父母本行比：一般以 1∶2 或 1∶3 为佳；②收获时，严格区分父母本，防止杂交种混杂；③种植隔离：红麻不育系繁种与正常红麻繁种安全间隔距离大于 500m。其他栽培和田间管理按照红麻高产留种技术进行。

**表 8-11 夏播红麻不育系制种试验结果**

| 年份 | 重复 | 有效株数（株/13.4$m^2$） | 果长（cm） | 单株果数（个） | 单株产量（g） | 种子产量（$kg/hm^2$） |
|---|---|---|---|---|---|---|
| 2014 | 1 | 96 | 122.0 | 83.0 | 12.5 | 895.5 |
| | 2 | 89 | 117.0 | 78.0 | 11.4 | 757.5 |
| | 3 | 91 | 120.0 | 74.0 | 11.7 | 795.0 |
| | 平均 | 92 | 119.7 | 78.3 | 11.9 | 816.0 |
| 2015 | 1 | 109 | 119 | 79 | 10.8 | 865.5 |
| | 2 | 100 | 113 | 73 | 9.9 | 831.0 |
| | 3 | 106 | 122 | 69 | 9.5 | 804.0 |
| | 平均 | 105 | 118 | 73.6 | 10.1 | 834.0 |

（4）红麻繁种技术要点。红麻繁种技术要点为：①整地、播种：整地作畦，播种期 6 月初至 7 月中旬，条行直播或育苗移栽，播种量每公顷 10~15kg。②定苗：每公顷定苗 18 万株左右。③施

肥：施肥原则采用前控、中攻、后补，前控即苗期及生长前期，控制生长，防止营养生长过旺，占总施肥量的10%~20%，以有机肥为主，忌施速效N肥。中攻即现蕾攻花肥，现蕾前10d及初花期，施肥量占总肥量70%~80%，此时蕾花果大量形成，是种子产量形成的关键时期。后补即补施保果壮粒肥，以开花末期适当补施钾，施肥量占10%，以P、K为主，有利于促进种子成熟和饱满度。④田间管理与防治病虫害。及时排灌水，做好病虫害防治。⑤适时收获，提高种子产量。一般在2/3蒴果成熟的时候就要收获，后熟几天即要充分晒干脱粒。

开展常规红麻品种中杂红368、红优2号、杂红992、闽红964、福红992共5个红麻品种的繁种试验示范，试验示范面积60亩，试验地点：漳州漳浦县、诏安县。经考种测产（表8-12），参试品种种子产量分别为1 120.5~ 1 311.0kg/hm$^2$。

**表8-12　红麻品种繁种试验**

| 品种 | 有效株数（株/13.4m$^2$） | 果长（cm） | 单株果数（个） | 千粒重（g） | 单株产量（g） | 亩种子产量（kg/hm$^2$） |
|---|---|---|---|---|---|---|
| H368 | 137 | 83.2 | 71.3 | 24.75 | 12.4 | 1 273.5 |
| 红优2号 | 124 | 89.2 | 68.7 | 23.90 | 14.9 | 1 311.0 |
| 杂红992 | 103 | 100.9 | 74.7 | 23.01 | 15.2 | 1 174.5 |
| 闽红964 | 114 | 107 | 57.8 | 22.75 | 13.1 | 1 120.5 |
| 福红992 | 77 | 137 | 88.3 | 23.07 | 20.6 | 1 194.0 |

（5）黄麻繁种技术要点。黄麻繁种技术要点为：①整地、播种：整地作畦，播种期6月初至7月中旬，条行直播或育苗移栽，播种量每公顷5~10kg，盖土厚度要薄，防止出苗不齐。②间苗与定苗：出苗后，先间苗，苗高20~25cm开始定苗，每公顷定苗18万~22万株。③施肥：苗期及生长前期，占总施肥量的10%~20%，以有机肥为主，忌施速效N肥。中期，施肥量占总肥量70%~80%，此时花蕾大量形成，是种子产量形成的关键时期。后期即在开花末期适当补施钾，施肥量占10%。④田间管理与防治病虫害。及时排灌水，做好病虫害防治。⑤适时收获，提高种子产量。一般在10月中旬开始成熟，准备收获。

4. 黄/红麻重大有害生物综合防控技术示范

联合线虫与病毒病防控岗位和病害防控岗位，开展红麻根结线虫病综合防控技术试验示范20亩，试验地点：漳州市龙文区、诏安县，试验药剂ALA粉剂（5-氨基乙酰丙酸）和棉隆。试验设对照区和处理区，ALA粉剂在红麻苗期进行基部开沟撒施，剂量225kg/hm$^2$，结合红麻小培土进行；棉隆采用对前作清除病残体，用拖拉机进行翻犁整地作畦，浇水保持土壤湿度，用98%微粒剂300kg/hm$^2$进行撒施，20d后播种。

（1）ALA粉剂对不同红麻品种根结线虫病的防治效果。红麻收获期，对其根部线虫根结情况进行田间调查，结果表明（表8-13）：ALA粉剂对红麻根结线虫有一定的防治效果，闽红964品种防治效果大于60%，其他5个品种的防治效果在22.2%~53.3%，而且施药后具有明显推迟红麻线虫对植株衰老的影响，取得较好的防治效果。

**表8-13　不同红麻品种施用ALA粉剂防治效果**

| 品种名称 | 根结指数（%）（对照区） | 根结指数（%）（处理区） | 防治效果（%） |
|---|---|---|---|
| 闽红964 | 55.56 | 20.00 | 64.0 |
| 杂红992 | 60.00 | 44.44 | 25.9 |
| 福航优1号 | 100.00 | 77.78 | 22.2 |
| 福航优2号 | 42.22 | 28.89 | 31.6 |
| 红优2号 | 33.33 | 15.56 | 53.3 |
| H368 | 82.22 | 42.22 | 48.6 |

（2）棉隆对不同红麻品种根结线虫病的防治效果。施用棉隆对5份红麻品种根结线虫病的防

治效果（表 8-14），有 2 个品种防治效果超过 84%，2 个品种防治效果达 73.0%左右，1 个品种防治效果接近 60%，总体来说，棉隆对红麻根结线虫病的防治效果较好。

**表 8-14　不同红麻品种施用棉隆防治效果**

| 品种名称 | 根结指数（%）（对照区） | 根结指数（%）（处理区） | 防治效果（%） |
|---|---|---|---|
| 中杂红 368 | 82.22 | 22.22 | 73.0 |
| 红优 2 号 | 97.14 | 15.56 | 84.0 |
| 中杂红 328 | 74.29 | 18.89 | 74.6 |
| 杂红 992 | 85.72 | 13.44 | 84.3 |
| 福红 952 | 79.11 | 34.12 | 59.4 |

（3）黄/红麻根结线虫病综合防控技术试验示范。联合线虫与病毒病防控和病害防控岗位专家，2015 年开展红麻根结线虫病综合防控技术试验示范 20 亩，试验地点：漳州市龙文区、诏安县，试验药剂为福气多（10%噻唑膦 GR）。试验设对照区和处理区，播种前于播种沟中施用 10%噻唑膦 GR（福气多）22.5kg/hm²，并与土壤充分混匀后播种。在炭疽病、立枯病发病初期，用 50%甲基托布津 1 200 倍液。每隔 7～10d 喷一次药，喷 2～3 次药。黄/红麻收获期对黄/红麻根结线虫病防治的药剂试验进行田间发病率、病情指数调查。结果表明（表 8-15、表 8-16）：10%噻唑膦 GR 对黄麻根结线虫防治效果品种间差异较大，其中福黄麻 2 号、福黄麻 3 号防治效果在 2.5%～2.6%，效果不显著；但对闽黄 1 号和黄麻 179 防治效果比较理想，分别在 50%和 80%；10%噻唑膦 GR 对红麻根结线虫防治效果较显著，防治效果分别在 50.0%～90.9%，品种间差距亦较大。综合表现，10%噻唑膦 GR 药剂在漳州地区对根结线虫病的防治效果较好。

**表 8-15　药剂对不同黄麻品种根结线虫病的防治效果**

| 品种名称 | 根结指数（%）（对照区） | 根结指数（%）（处理区） | 防治效果（%） |
|---|---|---|---|
| 福黄麻 2 号 | 71.1 | 73.6 | 2.5 |
| 福黄麻 3 号 | 80 | 82.6 | 2.6 |
| 闽黄 1 号 | 66.6 | 33.3 | 50 |
| 黄麻 179 | 100 | 20 | 80 |

**表 8-16　药剂对不同红麻品种根结线虫病的防治效果**

| 品种名称 | 根结指数（%）（对照区） | 根结指数（%）（处理区） | 防治效果（%） |
|---|---|---|---|
| 闽红 964 | 32.2 | 10.0 | 68.9 |
| 杂红 992 | 82.2 | 21.1 | 74.3 |
| 中杂红 328 | 57.7 | 7.7 | 86.5 |
| H1302 | 37.7 | 12.2 | 67.6 |
| 红优 2 号 | 93.3 | 2.2 | 97.6 |
| 福红航 992 | 24.4 | 2.2 | 90.9 |
| 福红航 3 号 | 20.0 | 10.0 | 50.0 |

（4）黄/红麻根结线虫病综合防控技术要点。①合理轮作：采用非寄主作物如玉米、高粱、棉花或水稻进行轮作。②及时清除病残体：收获后将染病根系连同植株残体清理出田外集中焚烧。③深翻改土、破畦换沟，把病原线虫及病原菌较多的表层土壤翻到深层。④生物熏蒸与阳光消毒：非寄主作物收获后均匀撒施石灰 750kg/hm²，并将秸秆翻犁入耕作层直至秸秆腐烂，或盛夏季节对耕作层土壤实施深翻晒垡 15d 以上。⑤播种前撒施药剂杀线虫：用 10%威百亩纳（线克）水剂 45kg/hm²对水 300kg 浇灌并用地膜覆盖熏蒸 7d 后，翻土释放毒气后播种。⑥播前施用杀线虫剂：播种前于播种沟中施用 5%阿维菌素颗粒剂 67.5～90.0kg/hm²，或用 10%噻唑膦 GR（福气多）22.5kg/hm²。⑦选用抗病品种：选择适合当地的优质抗病品种进行种植。如福红 952、福红航 3

号、福黄麻 3 号等品种。

5. 麻类作物轻简化栽培技术研究与示范

（1）红麻轻简化栽培技术研究与示范。2014 年试验品种为闽红 964、福红 952 和红优 2 号，处理以 1 次性施肥（施用基肥复合肥 450kg/hm$^2$+尿素 150kg/hm$^2$）、盖白色地膜、穴播和不间苗；对照以施用基肥复合肥 450kg/hm$^2$、条播、追肥尿素 150kg/hm$^2$、不盖地膜、其他田间管理按照正常栽培技术进行。

经考种测产和成本分析，结果表明（表 8-17）：轻简化处理红麻原麻产量为 7 413.0~ 7 767.0 kg/hm$^2$，正常管理（对照）条件下，红麻原麻产量为 7 237.5~ 6 850.5kg/hm$^2$，处理组比对照组增产 7.32%~9.57%。利用地膜覆盖法的红麻轻简化栽培技术可以增加原麻产量，同时可以有效降低田间管理劳动强度。经测算，每亩可以节约成本 500 元，初步形成红麻轻简化栽培技术。

**表 8-17　红麻轻简化栽培试验**

| 处理 | 品种 | 株高（cm） | 茎粗（cm） | 皮厚（mm） | 单株鲜皮重（g） | 单株干皮重（g） | 小区株数（株） | 小区产量（kg/18m$^2$） | 产量（kg/hm$^2$） | 比 CK ±（%） |
|---|---|---|---|---|---|---|---|---|---|---|
| 轻简化 | 红优 2 号 | 441 | 2.228 | 1.358 | 260 | 71 | 197 | 14.0 | 7 767.0 | 7.32 |
| | 福红 952 | 423 | 2.156 | 1.299 | 255 | 65 | 212 | 13.8 | 7 674.0 | 9.57 |
| | 闽红 964 | 399 | 1.812 | 1.198 | 230 | 65 | 205 | 13.3 | 7 413.0 | 8.23 |
| 对照 | 红优 2 号 | 434 | 2.287 | 1.312 | 246 | 70 | 186 | 13.0 | 7 237.5 | / |
| | 福红 952 | 421 | 2.196 | 1.341 | 230 | 70 | 180 | 12.6 | 7 003.5 | / |
| | 闽红 964 | 398 | 1.916 | 1.234 | 215 | 60 | 190 | 12.3 | 6 850.5 | / |

2015 年试验品种为红优 2 号、福红 952 和闽红 964，处理以 1 次性施肥（施用基肥复合肥 450kg/hm$^2$+尿素 150kg/hm$^2$）、盖白色地膜、穴播和不间苗；对照以施用基肥复合肥 450kg/hm$^2$、条播、追肥尿素 150kg/hm$^2$、不盖地膜、其他田间管理按照正常栽培技术进行，试验面积 2.5 亩，在莆田市秀屿区和漳州市诏安县进行红麻轻简化栽培技术示范，示范面积 20 亩，培训技术骨干 10 人次。

经考种测产和成本分析，结果表明（表 8-18）：轻简化处理红麻原麻产量为 6 691.5~ 7 353.0 kg/hm$^2$，正常管理（对照）条件下，红麻原麻产量为 6 093.0~ 6 816.0kg/hm$^2$，处理组比对照组增产 6.10%~9.82%。利用地膜覆盖法的红麻轻简化栽培技术可以显著增加原麻产量，同时可以有效降低田间管理劳动强度，经测算，每亩可以节约成本 450 元。

**表 8-18　红麻轻简化栽培试验**

| 处理 | 品种 | 株高（cm） | 茎粗（cm） | 皮厚（mm） | 单株鲜皮重（g） | 单株干皮重（g） | 小区株数（株/30m$^2$） | 产量（kg/hm$^2$） | 比 CK ±（%） |
|---|---|---|---|---|---|---|---|---|---|
| 轻简化 | 红优 2 号 | 393.4 | 2.062 | 1.552 | 295 | 75 | 294 | 7 353.0 | 7.88 |
| | 福红 952 | 379.5 | 1.936 | 1.536 | 255 | 70 | 302 | 7 050.0 | 6.10 |
| | 闽红 964 | 392.2 | 2.134 | 1.587 | 315 | 76 | 264 | 6 691.5 | 9.82 |
| 对照 | 红优 2 号 | 384.6 | 1.936 | 1.409 | 245 | 70 | 292 | 6 816.0 | / |
| | 福红 952 | 366.8 | 1.987 | 1.445 | 245 | 68 | 293 | 6 645.0 | / |
| | 闽红 964 | 363.5 | 1.832 | 1.407 | 215 | 70 | 261 | 6 093.0 | / |

（2）红麻轻简化栽培技术要点。①整地作畦：南方麻区采用冬季早翻耕，翻耕深度 20~25cm。播种前整地起垄作畦，畦带沟宽 1.5m 左右。②施肥：按全年所需施肥总量作为底肥一次性施用，即复合肥（缓释型）450kg/hm$^2$+尿素 150kg/hm$^2$。③精量播种：选用良种，种子发芽率 85%以上，播种量每公顷 6~8kg，穴播，每穴 3~5 粒种子，播种时间 4 月中下旬。④除草：播种后第 2d，每亩用 60%丁草胺乳油 150ml 加 10%草甘膦水剂 750ml 对水 30kg 喷雾于畦面封杀杂草或在播种前覆盖地膜防草。⑤田间管理：不间苗，不定苗，不培土。干旱季节应及时灌水，台风、暴雨等灾害天

气，应及时排水、扶麻。⑥防治病虫害：根据病虫害发生为害情况，酌情进行喷药防治。（注：线虫严重地块，可以施用300kg/hm$^2$棉隆进行封闭，效果较好）。⑦适时收获，机械剥皮：红麻工艺成熟期（9月下旬至10月上旬）应及时收获，用红麻剥皮机进行皮、骨、叶分离，分开收集高效利用。

**（二）基础数据调研**

完成参与的体系数据库建设任务的年度数据收集、整理等工作。

完成2种红麻虫害种类及发生情况数据，提供蛴螬、斜纹夜蛾、小造桥虫、金龟子、蚜虫发生数据。

完成2种红麻病害种类及发生情况数据，提供炭疽病、立枯病、根结线虫病样本与数据。

完成2种红麻草害种类及发生情况数据，提供牛筋草和马齿苋杂草发生情况数据。

麻类作物土壤肥力数据库，提供福建省示范县10点土壤肥力数据。

麻类作物主产区气象与土壤数据库，提供福建省示范县6份黄/红麻主产区气象和土壤数据。

**（三）区域科技支撑**

1. 技术培训

2014年9月26~27日，福建省农业科学院甘蔗研究所、福建农林大学作物科学学院联合主办的“福建黄/红麻品种展示与良种繁育技术培训会”在福建漳州召开，共有来自福建农林大学、漳州黄/红麻试验站及福建闽中、闽南各地市示范县共48位代表参加了会议。与会代表观摩了漳州黄/红麻试验站在漳州市龙文区的黄/红麻品种展示与良种繁育现场，听取了5个专题的技术培训报告，交流了黄/红麻育种、栽培、综合利用及其产业化的最新进展。

2015年10月12~14日，福建省农业科学院甘蔗研究所、福建农林大学作物科学学院联合主办的“福建省黄/红麻育种与高产高效配套技术培训会”在福建莆田市召开。共有来自中国农业科学院麻类研究所、漳州黄/红麻试验站、福建农林大学及福建各示范县共48位代表参加了会议。与会代表认真听取“麻类与特色经济作物硒锌功能性新产品深加工及其产业化”“漳州黄/红麻试验站工作进展及展望”“我国红麻黄麻种质资源研究现状与前景”等7个专题汇报。会后组织与会代表到莆田市秀屿区对黄/红麻盐碱地示范和留种基地进行观摩。

2. 企业技术服务

与莆田闽华农业开发有限公司合作，进行盐碱地黄/红麻高产高效种植试验及繁种工作，向对方企业提供盐碱地黄/红麻栽培技术和种子100kg，试验种植面积60亩，并定期派团队成员指导黄/红麻生产，6—7月份普遍干旱，8—10月份又遭受台风正面袭击等多重自然灾害，及时开展技术服务，最大程度减少损失。

与漳浦兴宝农业有限公司、诏安良种繁育场合作，利用本区域的有利气候条件，实现黄/红麻与蔬菜、瓜果等的轮作栽培模式，取得了良好的合作共赢局面。

与漳浦县闽南红麻籽贸易有限公司合作，进行良种的推广和示范，辐射推广黄/红麻良种（福黄麻1号、闽黄1号、福红952、闽红964等），示范和推广面积200亩，并提供技术支撑。

3. 双百服务“三农”

体系工作与地方工作紧密结合，依托体系试验站平台，结合福建省农业科学院科技下乡“双百行动”项目，对福州、莆田和漳州龙海、漳浦、长泰和诏安等市县的农业企业和种植农户进行黄/红麻种植、田间管理、病虫害防治、种子收获及麻骨栽培食用菌等方面的科技服务与现场指导135人次，提高技术骨干的业务水平，提高农户的种植水平，有效地增加黄/红麻产量和种植农户的经济效益。

## 二　萧山黄/红麻试验站

在前三年工作基础上：①筛选出黄红麻新品种各 1 个。2015 年在二次台风侵袭后福黄麻 3 号亩干皮产量仍达 378.1kg，中杂红 368 亩产干皮 442.4kg。②高产高效种植技术示范田亩干皮产量 382.26kg（黄麻）和 566.91kg（红麻），比常规技术增产 33.28%和 17.60%。③麻骨屑作食用菌培养料成分确定了 10%的添加比例，金针菇每瓶出菇量 271.75g，生物转化率 95.1%，比生产配方产量增加 10%，生物转化率提高 14.29%；④初步筛选出耐盐红麻新品种 1 个“福航优 1 号”，播前水溶性盐含量 0.186%的麻田亩干皮产量 503.72kg。⑤增施有机肥、覆盖生物材料等低成本抗盐措施比对照增产 12.93%（红麻）和 51.98%（黄麻）。⑥黄/红麻土壤修复技术初步试验，生长中期测定土壤中主要重金属含量均有所下降。⑦麻育秧膜应用技术：壮秧剂浸渍育秧膜根系盘结力、秧苗素质优于基质育秧，初步明确浓度为 400g/kg。

区域科技支撑：①在体系相关岗位、试验站的支持下，确保了麻纤维墙纸企业的原料需求。②完善就地围塘半封闭沤麻技术，降低污染和成本，提高了纤维品质，改良了麻田土壤。③改进完善黄红麻剥皮机、引进收割机械，结合就地围塘半封闭沤麻、麻骨高附加值利用等技术，降低生产成本，提高了整体效益和竞争力。④利用本区域涉麻加工企业发达的优势为体系其他岗位、试验站提供信息、协助调研，为其服务产业、寻找研发新课题提供帮助。为加速麻类新技术推广，利用新型职业农民培训平台、示范基地开展麻纤维膜水稻育秧应用、盐碱地黄红麻高效生产技术培训。

### （一）技术集成与示范

1. 黄/红麻高产高效种植与多用途关键技术示范

（1）黄麻、红麻品种的对比试验。2014 年 7 个黄麻品种、7 个红麻品种在浙江萧山头蓬基地进行对比试验。收获期考查结果表明（表 8-19、表 8-20），黄麻品种梅丰 4 号亩产干皮 344.29kg/亩，比对照‘179’增产 16.67%，达到了考核指标（增产 15%）。增产的主要原因是植株高、有效株多。红麻中杂红 368 干皮产量 502.42kg/亩，比对照福红 992 增产 20.03%，达到了考核指标，其高产的主要原因是收获有效麻株多。

**表 8-19　7 个黄麻品种对比试验结果**

| 品种名 | 株高（cm） | 第一分枝高（cm） | 茎粗（mm） | 皮厚（mm） | 亩收获株数 | 单株鲜皮重（g） | 单株鲜骨重（g） | 单株鲜叶重（g） | 单株干皮重（g） | 单株干骨率（%） | 鲜皮晒干率（%） | 折合干皮产量（kg/亩） |
|---|---|---|---|---|---|---|---|---|---|---|---|---|
| 摩维 1 号 | 338.4 | 326.6 | 15.39 | 1.01 | 11 200 | 152.50 | 229.17 | 33.33 | 29.17 | 70.00 | 19.13 | 326.70 |
| 福黄麻 1 号 | 346.0 | 293.3 | 14.93 | 0.95 | 12 165 | 122.50 | 142.50 | 34.17 | 26.67 | 43.33 | 21.77 | 324.04 |
| 福黄麻 2 号 | 342.8 | 317.7 | 14.48 | 0.92 | 12 100 | 124.17 | 125.00 | 30.00 | 24.58 | 36.67 | 19.80 | 297.42 |
| 福黄麻 3 号 | 334.5 | 308.8 | 14.23 | 0.84 | 11 565 | 122.50 | 125.00 | 30.00 | 24.58 | 37.50 | 20.07 | 284.27 |
| 179（CK） | 343.7 | 301.7 | 15.11 | 0.94 | 11 250 | 125.00 | 137.50 | 28.33 | 26.25 | 42.50 | 21.00 | 295.31 |
| 梅峰 4 号 | 353.8 | 321.4 | 14.80 | 0.89 | 13 135 | 135.83 | 146.67 | 29.17 | 26.25 | 42.50 | 19.33 | 344.79 |
| MY—118 | 329.6 | 293.7 | 14.99 | 0.93 | 11 685 | 124.17 | 142.50 | 33.33 | 22.92 | 40.00 | 18.46 | 267.82 |

注：播种期 4 月 29 日，考查测产期 9 月 29 日

**表 8-20　7 个红麻品种对比试验结果**

| 品种名 | 株高（cm） | 茎粗（mm） | 皮厚（mm） | 亩收获株数 | 单株鲜皮重 | 单株鲜叶重（g） | 单株鲜骨重（g） | 单株干皮重（g） | 单株干骨重（g） | 鲜皮晒干率（%） | 折合干皮产量（kg/亩） |
|---|---|---|---|---|---|---|---|---|---|---|---|
| H1301 | 434.0 | 18.55 | 1.15 | 8 635 | 248.3 | 49.2 | 266.7 | 54.6 | 79.2 | 21.98 | 471.47 |
| H368 | 462.4 | 17.48 | 1.05 | 9 135 | 229.2 | 41.7 | 225.8 | 55.0 | 67.5 | 24.00 | 502.42 |
| 福航优 1 号 | 441.4 | 20.10 | 1.08 | 7 285 | 266.7 | 62.5 | 354.2 | 58.8 | 102.5 | 22.03 | 428.36 |
| 福航优 2 号 | 435.9 | 19.69 | 1.05 | 7 400 | 250.0 | 58.3 | 295.8 | 52.5 | 85.8 | 21.00 | 388.50 |

（续表）

| 品种名 | 株高（cm） | 茎粗（mm） | 皮厚（mm） | 亩收获株数 | 单株鲜皮重 | 单株鲜叶重（g） | 单株鲜骨重（g） | 单株干皮重（g） | 单株干骨重（g） | 鲜皮晒干率（%） | 折合干皮产量（kg/亩） |
|---|---|---|---|---|---|---|---|---|---|---|---|
| 红优 2 号 | 405.6 | 19.79 | 1.13 | 8 135 | 254.2 | 70.0 | 295.8 | 51.3 | 86.7 | 20.16 | 417.32 |
| 杂红 992 | 428.6 | 18.92 | 0.99 | 7 265 | 225.0 | 55.0 | 304.2 | 51.7 | 84.2 | 22.96 | 375.60 |
| 福红 992（CK） | 415.3 | 20.01 | 1.13 | 7 435 | 258.3 | 75.8 | 304.2 | 56.3 | 89.2 | 21.77 | 418.59 |

注：播种期 4 月 29 日，考查测产期 9 月 28 日

2015 年在浙江萧山头蓬基地对 3 个黄麻品种、3 个红麻品种进行大区对比，大区面积 66.7m$^2$。收获期考查结果表明（表 8-21、表 8-22），黄麻品种对比，福黄麻 3 号产量居第一，干皮产量达 378.1kg/亩。因为担心台风影响，收获期考查提前对产量有所影响。摩维 1 号产量不及福黄麻 3 号的主要原因是 2 次台风（"灿鸿"及"苏迪罗"）影响后，植株折断较多，有效麻株偏少。中黄麻 5 号产量偏低的主要原因则是植株高度不够、皮薄。红麻品种对比，中杂红 368 产量居第一，主要原因是该品种（组合）上下粗细均匀、耐密植、秆硬、抗倒。红优 2 号和福航优 3 号产量偏低的主要原因是受两次台风影响，倒伏程度高，有效株减少，有返青现象，导致剥皮不净、鲜皮晒干率降低。

**表 8-21　3 个黄麻品种对比试验结果**

| 品种 | 株高（cm） | 第一分枝高（cm） | 茎粗（mm） | 皮厚（mm） | 亩收获株数 | 单株鲜叶重（g） | 单株干皮重（g） | 单株干骨重（g） | 鲜皮晒干率（%） | 折合干皮产量（kg/亩） |
|---|---|---|---|---|---|---|---|---|---|---|
| 摩维 1 号 | 381.60 | 380.20 | 15.10 | 1.213 | 9 000 | 67.50 | 38.8 | 92.50 | 22.86 | 348.80 |
| 中黄麻 5 号 | 335.00 | 310.60 | 14.30 | 0.886 | 15 200 | 30.00 | 19.30 | 50.00 | 17.74 | 292.60 |
| 福黄麻 3 号 | 363.70 | 352.40 | 14.50 | 1.077 | 12 500 | 50.00 | 30.30 | 5.00 | 21.12 | 378.10 |

注：播种期 5 月 6 日，收获期考查 9 月 22 日

**表 8-22　3 个红麻品种大区对比试验结果**

| 品种 | 株高（cm） | 茎粗（mm） | 皮厚（mm） | 亩收获株数 | 单株鲜叶重（g） | 单株干皮重（g） | 单株干骨重（g） | 鲜皮晒干率（%） | 折合亩产干皮（kg/亩） |
|---|---|---|---|---|---|---|---|---|---|
| 中杂红 368 | 405.30 | 15.20 | 1.053 | 11 200 | 55.00 | 39.50 | 62.50 | 22.13 | 442.40 |
| 红优 2 号 | 378.80 | 15.70 | 1.062 | 10 800 | 67.50 | 35.0 | 65.00 | 20.74 | 378.00 |
| 福航优 3 号 | 402.70 | 17.10 | 1.147 | 9 000 | 87.50 | 40.00 | 85.00 | 16.55 | 360.00 |

注：播种期 5 月 6 日，收获考查期 9 月 22 日

（2）黄/红麻高产高效种植技术示范。2015 年在头蓬基地进行了各 2 亩左右的黄/红麻高产高效种植技术与常规栽培技术效果的对比试验。红麻用中杂红 368，黄麻用福黄麻 3 号。采用的高产高效种植技术主要是深沟高畦、增施有机肥、精量播种、化学除草等。示范结果见表 8-23。

**表 8-23　黄/红麻高产高效种植技术与常规栽培技术效果对比试验结果**

| 项目 | 亩收获株数（株） | 株高（cm） | 第一分枝高（cm） | 茎粗（mm） | 皮厚（mm） | 单株鲜叶重（g） | 单株干皮重（g） | 单株干骨重（g） | 鲜皮晒干率（%） | 折合亩产干皮（kg/亩） |
|---|---|---|---|---|---|---|---|---|---|---|
| 黄麻高产 | 13 800 | 347.10 | 333.80 | 14.70 | 1.027 | 25.80 | 27.70 | 60.00 | 22.68 | 382.26 |
| 黄麻对照 | 12 580 | 342.50 | 333.00 | 12.70 | 0.915 | 17.50 | 22.80 | 40.00 | 22.42 | 286.82 |
| 红麻高产 | 11 860 | 421.60 | | 17.10 | 1.183 | 39.30 | 47.80 | 70.00 | 23.64 | 566.91 |
| 红麻对照 | 10760 | 405.60 | | 16.00 | 1.136 | 25.80 | 44.80 | 68.30 | 24.29 | 482.05 |

注：播种期 5 月 6 日，收获期考查 10 月 10 日，每亩收获株数为 5 点平均，每点 0.01 亩。主要经济性状取 30 株代表株考查

考查测产结果表明，黄/红麻高产高效种植技术示范田亩干皮产量虽未达 600kg 和 500kg，但增产比例均已超 15%。其中黄麻高产比对照增产 33.28%，红麻增产 17.60%。黄/红麻高产高效种植技术增产的主要原因是深翻、增施有机肥。2015 年整体产量水平不如 2014 年的原因是遭受了二次

台风的袭击，造成部分麻株倒伏，有效株减少，影响正常生长。红麻“637”和黄麻“526”在萧山、海宁等地示范100亩。

（3）黄/红麻骨屑作主料栽培食用菌的试验和示范。试验情况表明，黄/红麻骨屑作食用菌基质成分有其明显优点：密度低、质量轻、吸水性好、透气性好。也有它的缺点：可压缩性差，压缩反弹性强，单位容积装料量少。

2013年试验示范点浙江勿忘农菇业有限公司因人员更换、理解错位，仅用2.5%~9%麻骨屑替代玉米芯试验，替代处理单包出菇量均不如正常配方。2014年根据岗位专家提供的配方：红麻骨屑50%+棉籽壳30%+麦麸18%+石灰1%+红糖1%进行装瓶出菇试验，表现：菇芽少、产量低、整齐度差、生物转化率低，与常规生产配方产量相差太大。2015年根据工厂生产实际和工厂化条件生产的要求（拌料、装瓶、接菌均机械化操作）对黄/红麻骨屑的特点进行了二次配方改进、完善试验。

第一次试验，根据麻骨吸水性好、质地轻的特点，替代生产配方中的玉米芯和棉籽壳。为增加营养成分用细米糠替代生产配方中的麦麸部分，配方组成为：麻骨54.5%+米糠45%+石灰0.5%。根据配方加水拌料，含水量调至65%。结果手工装瓶1 100ml的培养瓶只能装湿料500g，与生产配方770g相差太大，无法进行生产试验。随后将配方调整为：麻骨屑27%+玉米芯15.5%+棉籽壳11.5%+细米糠44.6%+石灰0.7%，并将含水量调至65%、70%两个梯度。对照配方（生产用配方）：玉米芯45%+棉籽壳10%+细米糠30%+麦麸14.5%+石灰0.5%。试验结果见表8-24（注：出菇时间为8月7—12日）。

**表8-24　含黄/红麻骨屑的改进配方与生产用常规配方的出菇量等比较**

| 配方 | 水分含量（%） | 每瓶干料（g） | 每瓶湿料（g） | 每瓶平均出菇量（g） | 生物转化率（%） |
|---|---|---|---|---|---|
| 27%麻骨屑配方（1） | 65 | 238 | 600 | 200 | 84.0 |
| 27%麻骨屑配方（2） | 70 | 222 | 650 | 205 | 92.3 |
| 生产常用配方 | 65 | 306 | 770 | 270 | 88.2 |

试验结果表明：改进配方的两种含水量每瓶出菇量差异不大，含水量高的生物转化率高；对照配方出菇量明显高于改进配方，分析原因为营养成分含量问题；改进配方因麻骨透气性好、发菌快，仅用23d就完成发菌，而生产配方则需28d。结果表明，找到既可利用麻骨吸水性透气性好的特点促进早发菌、缩短培养时间及生长周期，又可加快场地利用率、节约能源、降低成本，但产菇量（相同管理）相当的麻骨屑添加比例的平衡点，才能发挥麻骨屑的优势，为食用菌生产所用。

第二次试验在第一次试验基础上，根据麻骨的物理特性，为适于机械化操作，降低了麻骨屑的比例。调整后的配方为：黄/红麻骨屑10%+玉米芯35%+棉籽壳10%+细米糠44.5%+石灰0.5%。试验结果见表8-25。

**表8-25　降低麻骨屑比率后的配方与生产用常规配方的出菇量等比较**

| 配方 | 水分含量（%） | 每瓶干料（g） | 每瓶湿料（g） | 每瓶平均出菇量（g） | 生物转化率（%） |
|---|---|---|---|---|---|
| 含麻骨屑10%的配方 | 65 | 286 | 720 | 271.75 | 95.01 |
| 生产常用配方（CK） | 65 | 306 | 770 | 247.0 | 80.72 |

注：出菇时间均为10月24日

考查结果表明，充分利用好麻骨屑的物理特性，不追求用量的多少，而追求产量的提高，才是黄/红麻骨等副产品利用的出路。食用菌工厂化生产企业生产量巨大，能在它的培养料中占10%的比例已经是个不小的数字了，足以容纳该区域副产品麻骨，尤其是机剥后的碎麻骨。关键是用了以后单位容积的产量、生物转化率是否有明显提高，工厂使用后有效益。建议在“十三五”进一步进行配方的优化。

鉴于机械剥皮后的碎麻骨在未成为商品前量大，如埋入麻田分解时间长，对下茬作物耕种造成不便。同时，麻田也消纳不了。为此，2015 年还开展了碎麻骨堆沤试验，期望将其沤制成堆肥或育苗基质。试验结果在不加发酵菌、腐熟剂的情况下速度太慢。计划 2016 年进一步开展试验。

2. 非耕地黄/红麻种植关键技术试验示范

（1）耐盐碱红麻品种筛选。对福红 992、红优 2 号等 8 个红麻品种，在江苏大丰沿海滩涂盐碱地进行比较试验。试验于 2014 年 5 月 9 日播种，收获考查 10 月 13 日，播前土地盐分 0.186%、pH 值为 8.51。测产结果表明（表 8-26），“福航优 1 号” 亩产干皮达到了 503.72kg。

**表 8-26　8 个红麻品种盐碱地对比试验结果**

| 品种 | 亩收获株数（株） | 株高（cm） | 茎粗（mm） | 皮厚（mm） | 单株鲜皮重（g） | 单株鲜重（g） | 单株干皮重（g） | 折合干皮产量（kg/亩） |
|---|---|---|---|---|---|---|---|---|
| P3A | 9 800 | 365.12 | 18.71 | 1.120 | 180.83 | 534.17 | 46.88 | 459.42 |
| P3B | 10 100 | 344.68 | 16.73 | 1.090 | 144.17 | 422.08 | 37.07 | 374.41 |
| 福红 992 | 9 800 | 369.03 | 18.36 | 1.220 | 190.00 | 520.42 | 47.87 | 469.13 |
| 红优 2 号 F1 | 9 000 | 371.15 | 18.61 | 1.230 | 201.67 | 569.58 | 52.37 | 471.33 |
| 红优 2 号 F2 | 7 900 | 388.87 | 20.16 | 1.230 | 225.00 | 627.50 | 58.03 | 458.44 |
| 红优 2 号 F3 | 9 000 | 394.55 | 19.88 | 1.190 | 212.92 | 622.08 | 53.27 | 479.43 |
| 中杂红 368 | 9 200 | 398.67 | 17.72 | 1.250 | 195.00 | 475.83 | 50.03 | 460.28 |
| 福航优 1 号 | 9 600 | 397.28 | 19.02 | 1.210 | 200.00 | 542.50 | 52.47 | 503.72 |

（2）抗盐碱栽培技术模式试验。在江苏大丰沿海滩涂盐碱地对红麻 H328、中黄麻 4 号采用抗盐碱栽培模式与常规栽培模式进行比较试验。结果表明（表 8-27），深施有机肥改良土壤、覆盖生物材料（碎稻草）抑制返盐，有良好的效果。

**表 8-27　抗盐碱栽培措施与常规措施的对比试验结果**

| 品种 | 处理 | 亩收获株数（株） | 株高（cm） | 茎粗（mm） | 皮厚（mm） | 折合干皮产量（kg/亩） |
|---|---|---|---|---|---|---|
| 红麻 H328 | 施有机肥覆盖碎稻草 | 10 700 | 416.17 | 18.85 | 1.31 | 554.58 |
| | 常规栽培 | 10 800 | 397.65 | 16.91 | 1.14 | 491.10 |
| 中黄麻 4 号 | 施有机肥覆盖碎稻草 | 12 000 | 307.43 | 16.18 | 1.36 | 365.64 |
| | 常规栽培 | 9 200 | 280.60 | 15.41 | 1.04 | 240.58 |

注：播种期 5 月 9 日，收获考查 10 月 13 日，试验田土地盐分（播前）0.214%，pH 值 7.82

（3）抗盐措施组合模式试验。2015 年在江苏大丰林场基地进行了各 2 亩左右的黄/红麻抗盐措施（选用耐盐品种或杂交组合、深翻改土、深施有机肥、深沟高畦、生物材料覆盖）与常规栽培措施效果的对比试验，收获期考查测产结果如表 8-28。

**表 8-28　盐碱地黄/红麻田抗盐措施与常规栽培措施的对比试验结果**

| 项目 | 亩收获株数（株） | 株高（cm） | 茎粗（mm） | 皮厚（mm） | 折合干皮产量（kg/亩） |
|---|---|---|---|---|---|
| 黄麻抗盐 | 15 000 | 294.8 | 14.27 | 0.89 | 360.00 |
| 黄麻对照 | 14 500 | 269.2 | 12.11 | 0.90 | 244.10 |
| 红麻抗盐 | 10 220 | 382.00 | 19.61 | 1.21 | 614.90 |
| 红麻对照 | 93 600 | 344.40 | 16.98 | 1.04 | 411.80 |

注：黄麻品种“摩维 1 号”，红麻品种“红优 2 号”；播种期 6 月 4 日，收获期考查 10 月 13 日；每处理 5 点取样考查收获有效株，取 30 株代表株考查经济性状及产量

考查测产结果，黄麻抗盐措施田生长中期受水淹影响生长，株高等产量主要构成因素数值低；后期又受台风“苏迪罗”影响倒伏，影响产量形成。但抗盐措施干皮产量比常规增产 47.48%，超

过了增产15%的指标，主要原因是深沟高畦排水快，有机肥后劲足。红麻抗盐措施干皮产量达614.90kg/亩，超过600kg，则主要是红麻耐水淹、抗倒性好、收获株数多，关键还是有机肥的作用。

3. 黄/红麻育种与制种技术示范

2014年在浙江萧山头蓬基地对黄麻、红麻优异种质各6份进行展示、评价。展示面积每品种0.08亩，收获期进行了主要经济状况考查和测产，结果见表8-29、表8-30。

**表8-29 黄麻展示种质考查测产结果**

| 品种名 | 株高（cm） | 第一分枝高（cm） | 茎粗（mm） | 皮厚（mm） | 亩收获株数（株） | 鲜骨晒干率（%） | 鲜皮晒干率（%） | 折合干皮产量（kg/亩） |
|---|---|---|---|---|---|---|---|---|
| 摩维1号 | 336.0 | 336.0 | 15.25 | 0.94 | 13 670 | 26.3 | 20.49 | 427.1 |
| C-1 | 332.8 | 322.3 | 14.45 | 0.90 | 11 800 | 27.9 | 15.83 | 280.3 |
| 中黄麻1号 | 333.5 | 316.0 | 13.42 | 0.75 | 9 900 | 30.0 | 22.37 | 210.4 |
| Y05-02 | 365.5 | 316.5 | 15.82 | 0.84 | 14 870 | 30.5 | 20.00 | 371.7 |
| 0-1 | 345.6 | 345.6 | 14.36 | 0.87 | 11 900 | 33.0 | 18.33 | 327.3 |
| 中黄麻5号 | 310.5 | 302.0 | 12.77 | 0.67 | 12 400 | 30.6 | 19.61 | 310.0 |

**表8-30 红麻展示种质考查测产结果**

| 品种名 | 株高（cm） | 茎粗（mm） | 皮厚（mm） | 亩收获株数（株） | 鲜皮晒干率（%） | 鲜骨晒干率（%） | 折合干皮产量（kg/亩） |
|---|---|---|---|---|---|---|---|
| FH991 | 379.2 | 16.38 | 1.04 | 9 330 | 18.67 | 25.56 | 326.7 |
| T19 | 387.0 | 16.25 | 0.98 | 10 770 | 18.67 | 24.44 | 376.8 |
| FH952 | 401.0 | 17.59 | 0.87 | 9 130 | 19.41 | 26.09 | 376.8 |
| 红引135 | 396.5 | 16.93 | 0.91 | 9 200 | 20.65 | 25.45 | 380.0 |
| T17 | 400.2 | 18.11 | 1.17 | 9 170 | 15.00 | 25.22 | 309.4 |
| FHH992 | 405.4 | 17.82 | 1.07 | 9 430 | 21.88 | 25.22 | 412.7 |

4. 黄/红麻土壤修复技术试验示范

2015年在杭州市富阳区常安镇东风村的杭州市农田土壤污染综合防控试验区开展了面积为3亩的黄/红麻重金属污染农田修复试验。试验分设黄麻、红麻不同类型品种吸附效果对比筛选区，黄麻、红麻各7个品种，3次重复，小区面积4m×1.4m，设走道和保护行。已检测了播前（5月27日）基础土样、生长中期（8月13日）的土壤大样，考查了收获期各品种的主要经济性状和亩鲜生物产量，结果如表8-31至表8-33。

**表8-31 黄/红麻吸附土壤重金属试验播前和生长中期检测结果**

| 处理 | AS（mg/kg） | Hg（mg/kg） | Cu（mg/kg） | Zn（mg/kg） | Cr（mg/kg） | Cd（mg/kg） | Pb（mg/kg） |
|---|---|---|---|---|---|---|---|
| 黄麻播前 | 5.576 | 0.253 | 187.650 | 2 067.733 | 207.733 | 未检测出 | 66.500 |
| 黄麻中期 | 4.733 | 0.579 | 153.883 | 1 928.133 | 179.117 | 未检测出 | 201.317 |
| 红麻播前 | 5.463 | 0.242 | 137.067 | 1 845.067 | 160.750 | 未检测出 | 202.967 |
| 红麻中期 | 4.87 | 0.279 | 117.183 | 1 667.017 | 139.800 | 未检测出 | 139.633 |

从生长中期土壤重金属含量测定结果来看，种植黄/红麻后的土壤中多种重金属离子的含量呈下降趋势，黄麻样品中的Hg和Pb，红麻样品中的Hg、Cr反而上升的原因待查（可能与试验地上游电镀企业停工后重开生产的产品有关）。已取黄/红麻品种筛选试验各小区播前、中期、收获期土样和收获期植株样待测。

**表8-32 7个红麻品种的生物量及主要经济性状**

| 品种名 | 鲜生物量（kg/亩） | 株高（cm） | 茎粗（mm） | 皮厚（mm） |
|---|---|---|---|---|
| 福红991 | 4 081.4 | 313.5 | 13.97 | 1.16 |
| 福红航992 | 4 232.3 | 306.7 | 11.84 | 0.93 |

（续表）

| 品种名 | 鲜生物量（kg/亩） | 株高（cm） | 茎粗（mm） | 皮厚（mm） |
| --- | --- | --- | --- | --- |
| 中杂红 368 | 4 422.8 | 304.2 | 11.11 | 0.87 |
| 红优 2 号 | 5 558.3 | 340.9 | 14.78 | 1.06 |
| 航优 1 号 | 4 494.3 | 315.3 | 11.96 | 0.87 |
| 湘红 1 号 | 4 716.6 | 314.0 | 13.10 | 0.91 |
| 浙 8310 | 4 129.0 | 290.1 | 10.97 | 0.75 |

**表 8-33　7 个黄麻品种的生物量及主要经济性状**

| 品种名 | 鲜生物量（kg/亩） | 株高（cm） | 茎粗（mm） | 皮厚（mm） |
| --- | --- | --- | --- | --- |
| 摩维 1 号 | 2 501.3 | 262.4 | 9.17 | 0.94 |
| 梅峰 4 号 | 2 183.6 | 235.6 | 8.29 | 0.71 |
| 福黄麻 3 号 | 2 096.3 | 215.9 | 7.92 | 0.69 |
| 2005-43 | 2 604.5 | 242.3 | 9.64 | 0.83 |
| 中黄麻 1 号 | 1 834.3 | 200.3 | 8.46 | 0.70 |
| MY118 | 1 810.4 | 242.6 | 9.10 | 0.96 |
| 83-1 | 2 199.5 | 235.2 | 8.09 | 0.74 |

5. 麻育秧膜应用技术示范

在早稻育秧时进行了“育秧土+壮秧剂（300g）+麻地膜”与当地农业部门推广“育秧基质+盖土”的育秧效果对比试验。为了充分发挥麻地膜的促进根系盘结功能，降低装秧、运秧劳动强度和用工成本，在单季晚稻育秧时进行了利用麻地膜培育 6m 长轻质长毯秧的试验。

考查结果发现：壮秧剂浸渍麻育秧膜根系盘结力优于育秧基质育秧，秧苗素质更符合标准；壮秧剂浸渍麻纤维膜的浓度 400g/kg 左右比较恰当，不同季节应根据当时温湿度、光照情况适当调整；利用壮秧剂浸渍的麻地膜配合谷壳、基质或秧土能大大减轻秧盘重量，根系盘结力也达到播种要求。可进一步试验低成本、高素质的配方。

进行了二次利用麻地膜减少培养基质、降低无土草坪成本的生产试验。初步结果：应用麻地膜作基布可减少 40%左右的基质用量。因两次试验均遇长期阴雨期，试验地积水严重，并影响根系生长，相关考查无法进行。现已进入冬季，计划 2016 年重新实施。

### （二）基础数据调研

完成了种质资源评价岗位专家提供的 6 份红麻种质、6 份黄麻种质的生育期、经济性状、产量等考查，提供了考查数据。

完成了 3 份红麻品种在连作红麻田的根结线虫发病程度考查，因气候特殊原因均无发病迹象。

完成了 5 家涉农麻类加工企业信息收集、报送。

完成了轻简化高产高效措施示范对黄/红麻生长及产量构成因素影响的考查，提供考查数据，并将轻简化栽培技术规程提供给岗位专家。

完成了麻纤维膜在水稻工厂化机插育秧中的应用新技术试验（与壮秧营养剂合用），提供了秧苗素质等对比试验考查结果数据。

### （三）区域科技支撑

1. 麻类原料供给保障

该区域麻类产业的特点是种植业萎缩、涉麻加工业发达，涉麻加工企业对优质原料的需求量大。2014 年天然纤维墙纸产业就面临优质黄/红麻、剑麻纤维原料短缺、外销订单难以完成的局面。试验站陪同示范企业负责人赴广东、广西求购优质剑麻、黄/红麻。在岗位科学家、兄弟试验站的帮助下，完成了应急采购，解了企业的燃眉之急。尤其是在已与广西山圩农场订好购卖数量后，因国外减少对我国的剑麻原料出口，国内剑麻产区遭台风袭击产量骤减，供货方难以发货时，急坏了企业老总。后来在剑麻栽培岗位专家易克贤、剑麻育种岗位专家周文钊研究员、南宁剑麻试验站王春田的鼎力帮助下终于同意发货，真正体现了体系大家庭的温暖。

2. 沤麻技术改进和完善

麻纤维工艺品生产企业对优质纤维的要求，除了纤维长度外关键是沤麻质量。为了提高沤麻质量、减轻沤麻污染，试验站在以往就地围塘沤麻技术的基础上，对其进行了改进和完善：沤麻池麻皮上部用塑料薄膜封闭，使沤麻池内部全部保持湿润，既增加了池温，可加速脱胶，又避免了上部麻皮因浮出水面脱水而造成僵片，还减轻了沤麻臭气的挥发，提高了纤维质量。四年试验所产纤维得到了用麻企业的赞赏。试验麻也全部高价销售给企业。相关的试验数据、测定结果在整理中，整理成文后可推广应用。

该区域麻类产业的特点是：因比较效益、劳动强度等原因，种植业萎缩、涉麻加工企业发达、涉麻加工企业对优质原料的需求量大。尤其是天然麻纤维墙纸企业已面临优质黄/红麻纤维、干皮无处采购的困境。试验站一方面为企业在国内联系原料，另一方面经过多年的试验、改进完善，研制了黄/红麻就地围塘半封闭沤麻技术，省去了沤麻时沉重鲜皮的短途运输成本，降低了劳动强度，加快了沤麻速度，提高了沤麻质量，为麻农的黄/红麻纤维省力、高效生产提供了技术支撑，保证了天然麻纤维墙纸原料的质量，还改良了麻田土壤。此项技术的推广应用将为天然麻纤维墙纸产业优质纤维原料的供应起到一定的促进作用。

3. 机械化生产技术推广

针对黄/红麻种植成本日益高涨，尤其是人工成本、工作效率，直接影响种植效益。试验站在示范县示范基地推广应用轻简化栽培技术的基础上，针对收获剥皮用工大、成本高的实际帮助引进剥皮机械，现已逐步采用，取得良好效果。但是现在收割还是人工。2014 年与机械岗位专家联系，计划 2015 年在江苏大丰紫荆花纺织科技有限公司原料生产基地进行试割。如果试割成功，则该基地可基本实现全程机械化，可大大降低生产成本。体系专家也实现了全方位的技术服务。

针对黄/红麻产业下游对原料需求很大，上游无人愿意种植的困境，需要从降低成本、提高品质、开发高附加值多用途利用新产品、发掘副产品利用价值这四个方面着手。因此，在轻简化高效生产技术、机械化、新产品开发等方面花了大量精力。轻简化高效栽培技术，黄/红麻收获机械的试用、改进完善，就地围塘半封闭沤麻技术的研制，与企业合作研制利用麻骨粉生产高档木塑制品等，为黄/红麻生产降低成本，提高效益做了些实用技术方面的工作。相信在相关岗位专家的指导、支持和帮助下，进一步完善配套相关机械，会较大促进种植业的发展。

4. 科技信息服务

本区域的黄/红麻纤维制品加工企业发达，产品种类多，出口量大，经济效益好，国内黄/红麻科研工作者只是有个概念。在保持与企业的联系、获取相关信息的情况下，尽可能为来本站交流的同行创造参观、了解的机会，畅通了黄/红麻科研工作者和企业家之间的交流渠道。对产学研融合起到了牵线搭桥的作用。同时也为麻类科研工作者如何服务产业，寻找研发课题提供帮助。10 月下旬，中国农业科学院麻类研究所派员调研浙江麻制品企业情况，试验站帮助联系企业，提供相关方便，通过交流、参观、收获颇丰。

5. 技术培训

利用萧山区新型职业农民培训平台，2014 年于 3 月 11 日在萧山区粮油产业新型职业农民培训班上作了“麻纤维膜在水稻机插工厂化育秧中的应用技术介绍”，160 多位新型职业农民参加。

2015 年 10 月 13 日，在江苏大丰盐碱地黄/红麻试验基地现场培训“盐碱地黄/红麻高产高效生产技术”，参与人员 30 余人。

## 三 南宁黄/红麻试验站

2014—2015年，南宁黄/红麻试验站在武鸣里建、合浦、桂平、巴马等地开展了黄/红麻等展示示范工作，针对红麻的586和黄麻的382工程，分别通过体系组织专家现场测产验收，完成了上述的任务指标；针对目标任务及示范点的具体特点，分别开展黄、红麻高产试验示范、红麻麻种兼收品系筛选试验以及红麻、菜用黄麻、大麻的制种技术研究。结果显示，H328红麻品种在武鸣获得高产（皮、骨、叶总干物2 149.52kg/亩）；P5、P9和P11三个品系麻种兼收，单株皮骨（不含果枝部分）重116.5~126.1g，单株种子13.5~15.3g；种子繁殖获得高产，其中红麻繁种种子产量为100~130kg/亩，菜用黄麻种子产量为50~60kg /亩，大麻制种单株种子产量为35~66g，玉米—火麻间套种火麻种子产量为25kg /亩。同时还开展了黄/红麻重大有害生物综合防控、本区域基础数据收集整理工作；此外还开展现场培训、田头指导工作，累计培训200人次，发放技术资料200多份，发放种子400kg。

### （一）技术集成与示范

1. 红麻高产高效种植技术示范

（1）红麻麻种兼收品系筛选。2014年、2015年于广西农业科学院武鸣里建科研基地进行了红麻麻种兼收品系筛选试验。参试品种（系）11个，福红992为对照。试验为随机区组设计，3次重复，每小区面积为21.6m$^2$。播种时每亩施入基肥15kg三元复合肥（17-17-17）和300kg鸡粪肥，同时按说明剂量施用防线剂（10%噻唑膦）。2014年和2015年均于5月份播种，常规田间管理。2014年考种结果显示，P1~P11的株高均比对照高；P7的单株干皮重比对照轻，其余品系较对照重；P7、P2和P3的单干骨重较对照轻，其余品系较对照重；P3、P5、P6、P7、P8和P10的单株种子产量低于对照，其余高于对照（表8-34）。

**表8-34 2014年11品系及对照福红992主要经济性状**

| 品种名称 | 株高（cm） | 茎粗（mm） | 皮厚（mm） | 果枝长（cm） | 株果数（个） | 单株杆鲜重（g） | 单株果枝鲜重（g） | 单株干皮重（g）（不含果枝部分） | 单株干骨重（g）（不含果枝部分） | 单株种子产量（g） |
|---|---|---|---|---|---|---|---|---|---|---|
| P1 | 379.3 | 16.6 | 1.23 | 60.3 | 33.4 | 368.3 | 45.8 | 34.9 | 67.0 | 17.0 |
| P2 | 421.5 | 18.4 | 1.43 | 57.9 | 28.5 | 450.7 | 39.6 | 46.2 | 50.6 | 15.6 |
| P3 | 381.2 | 15.7 | 1.29 | 46.5 | 22.4 | 316.2 | 28.4 | 35.4 | 60.4 | 14.0 |
| P4 | 395.8 | 16.4 | 1.30 | 52.0 | 29.9 | 366.4 | 36.4 | 38.3 | 76.4 | 16.8 |
| P5 | 380.8 | 16.7 | 1.33 | 57.2 | 28.6 | 370.2 | 35.6 | 40.2 | 76.3 | 13.5 |
| P6 | 379.7 | 15.8 | 1.27 | 50.5 | 24.8 | 328.4 | 26.8 | 35.6 | 65.2 | 12.5 |
| P7 | 372.1 | 15.1 | 1.24 | 44.0 | 21.1 | 292.3 | 25.0 | 31.5 | 49.0 | 11.2 |
| P8 | 381.8 | 15.7 | 1.26 | 44.4 | 23.4 | 301.8 | 24.0 | 33.9 | 62.1 | 11.0 |
| P9 | 391.3 | 17.3 | 1.36 | 57.7 | 33.6 | 433.2 | 45.4 | 46.7 | 75.3 | 15.3 |
| P10 | 386.1 | 16.0 | 1.27 | 49.3 | 25.5 | 330.9 | 27.8 | 34.6 | 66.0 | 13.1 |
| P11 | 412.7 | 17.5 | 1.38 | 55.4 | 29.4 | 422.1 | 34.9 | 48.1 | 78.0 | 14.9 |
| 对照福红992 | 376.6 | 15.6 | 1.28 | 45.3 | 21.5 | 303.8 | 25.8 | 33.1 | 61.8 | 14.7 |

（2）红麻高产栽培示范。2015年于广西农业科学院院内基地进行中杂红318高产栽培示范，展示面积0.13hm$^2$。2015年5月14日播种，生长期间根据长势追肥，常规田间管理。中杂红318整个生育期期间植株生长整齐，开花期比较一致，朔果多。11月20日进行考种，结果显示，中杂红318平均株高452.7cm、茎粗22.24mm、皮厚1.767mm、果枝长96.9cm、株果数129.6个，平均单株鲜重1.1956kg，平均单株干重为0.31kg，折合亩产总干重1 780kg，超过亩产1 600kg的高产水平。

（3）炭用红麻高产示范。2014 年、2015 年于合浦县石康镇耀康村，对 H1302、红优 2 号、青皮 3 号、14NN-33 等 4 个品种进行红麻品种高产示范，展示示范面积为 $2hm^2$。3 月中下旬播种，生长期间根据长势追肥，常规田间管理。11 月 19 进行考种，结果显示，这 4 个品种的平均株高为 504~620.6cm，茎粗为 23.05~26.58mm，皮厚为 1.81~2.15mm，果枝长 23~87cm，单株果数为 5.4~57.6 个，亩产总干重为 1 898~2 496kg（表 8-35）。综合 4 个品种在田间的长势以及抗倒伏能力，H1302 和 14NN-33 较好，其次是红优 2 号，最后是青皮 3 号。

**表 8-35　炭用红麻主要性状**

| 测点 | 株高（cm） | 茎粗（mm） | 皮厚（mm） | 果枝长（cm） | 单株果数（个） | 单株鲜重（kg） | 密度（万株/亩） | 亩总干重（kg） |
|---|---|---|---|---|---|---|---|---|
| 14NN-33 | 620.6 | 25.60 | 2.15 | 23.0 | 5.4 | 1.70 | 0.5 | 2 210 |
| H1302 | 569.0 | 26.58 | 1.96 | 79.0 | 41.6 | 1.60 | 0.6 | 2 496 |
| 红优 2 号 | 527.0 | 25.20 | 2.12 | 87.0 | 44.6 | 1.50 | 0.5 | 1 950 |
| 青皮 3 号 | 504.0 | 23.05 | 1.81 | 42.2 | 57.6 | 1.46 | 0.5 | 1 898 |

注：* 亩产总干重以 26%晒干率计算

（4）红麻精准定量播种高产示范。2014 年于广西农业科学院武鸣里建科研基地对红麻光钝感材料品系 H328 进行精准定量播种高产示范，示范面积 8 亩。试验随机排列、无重复。5 月 13 日播种，播种时每亩施入基肥 20kg 三元复合肥（17-17-17）和 125kg 鸡粪肥，以每亩用种 371g 进行精准定量播种。根据红麻长势情况分别于 6 月 12 日、8 月 7 日、9 月 22 日每亩追施复合肥 15kg，常规田间管理。11 月 23 日由体系办组织的专家组进行了现场测产验收，结果显示，3 个测产点平均株高 526.07cm，茎粗 22.62mm，皮厚 1.81mm，干皮产量 653.4kg、麻骨 1292.99kg、鲜茎叶干重 203.13kg（表 8-36）。

**表 8-36　红麻精准定量播种测产结果**

| 样点 | 有效株数 | 面积（$m^2$） | 株高（cm） | 茎粗（mm） | 皮厚（mm） | 测产小区鲜重（kg） | | | 测产小区干重（kg） | | | 折合亩产（kg） | | |
|---|---|---|---|---|---|---|---|---|---|---|---|---|---|---|
| | | | | | | 叶 | 麻骨 | 麻皮 | 叶 | 麻骨 | 麻皮 | 叶 | 麻骨 | 麻皮 |
| 样点 1 | 41 | 6 | 521.5 | 22.69 | 1.96 | 4.50 | 35.26 | 17.36 | 1.18 | 7.87 | 4.67 | 130.56 | 874.05 | 519.00 |
| 样点 2 | 43 | 6 | 539.7 | 23.35 | 1.70 | 6.45 | 53.89 | 21.05 | 1.67 | 14.09 | 6.33 | 185.80 | 1 565.80 | 703.64 |
| 样点 3 | 51 | 6 | 517.0 | 21.82 | 1.76 | 8.40 | 51.64 | 22.68 | 2.64 | 12.95 | 6.64 | 293.02 | 1 439.13 | 737.56 |
| 平均 | 45 | 6 | 526.1 | 22.62 | 1.81 | 6.45 | 46.93 | 20.36 | 1.83 | 11.64 | 5.88 | 203.13 | 1 292.99 | 653.40 |

2. 黄麻高产高效种植技术示范

（1）武鸣基地黄麻高产示范。2014 年、2015 年于广西农业科学院武鸣里建科研基地进行黄麻高产示范，参试品种为福黄麻 1 号、摩维 1 号和福黄麻 4 号，面积 $0.13hm^2$。2015 年 5 月 15 日播种，播种时每亩施入基肥 15kg 三元复合肥（17-17-17）和 300kg 有机鸡粪肥，同时按杀线虫剂说明剂量施杀线虫剂（10%噻唑膦）。根据红麻长势分别于 7 月 3 日每亩追试复合肥 8kg，8 月 17 日和 9 月 4 日每亩追试复合肥 15kg。2015 年 11 月 08 日，由国家麻类产业技术体系组织有关专家进行现场测产验收。结果显示（表 8-37），3 个测产点平均株高 349.03cm，茎粗 18.00mm，皮厚 1.59mm，单株鲜叶重 58.6g，单株鲜皮重 132.67g，单株干皮重 43.33g，单株干骨重 60.833g，鲜茎出麻率 12.38%；折算理论产量为：原麻 593.55kg、麻骨产量 833.25kg，皮骨合计 1 426.8kg 超过高产目标水平。

**表 8-37　武鸣基地黄麻测产结果**

| 测点 | 株高（cm） | 分枝高（cm） | 茎粗（mm） | 皮厚（mm） | 鲜叶果重（g/株） | 鲜骨重（g/株） | 鲜皮重（g/株） | 测产区鲜茎叶果重（kg） | 亩总干重（kg） |
|---|---|---|---|---|---|---|---|---|---|
| 测点 1 | 348.5 | 221.2 | 16.66 | 1.17 | 47.1 | 180.4 | 114.7 | 79.7 | 1 381.5 |
| 测点 2 | 360.8 | 197.8 | 20.07 | 1.26 | 57.9 | 248.0 | 161.3 | 79.7 | 1 367.6 |

（续表）

| 测点 | 株高（cm） | 分枝高（cm） | 茎粗（mm） | 皮厚（mm） | 鲜叶果重（g/株） | 鲜骨重（g/株） | 鲜皮重（g/株） | 测产区鲜茎叶果重（kg） | 亩总干重（kg） |
|---|---|---|---|---|---|---|---|---|---|
| 测点 3 | 337.8 | 187.4 | 17.29 | 1.15 | 62.8 | 223.6 | 122.0 | 78.9 | 1 322.5 |
| 平均值 | 349.03 | 202.13 | 18.00 | 1.59 | 58.6 | 652.0 | 132.7 | 79.4 | 1 357.2 |

注：* 亩总干重以 26%晒干率计算

（2）合浦示范基地黄麻高产示范。2015 年于合浦县石康镇耀康村进行黄麻高产示范，展示示范面积亩。参试品种为福黄麻 2 号、福黄麻 4 号、福黄麻 5 号和摩维 1 号面积亩。3 月中下旬播种，常规田间管理。11 月对福黄麻 2 号进行了取样考种及测产，现场数株数，折合密度为每亩 6 000 株。结果显示，平均株高 429.4cm、茎粗 25.31mm、皮厚 1.85mm、分枝高 308.4cm、株果数 244.8 个，平均单株鲜重 1.01kg，以 26%晒干率折算，则平均单株干重为 0.26kg，折合亩总干重 1 560 kg，超过总干重 1 300kg 目标水平。

3. 非耕地黄/红麻种植关键技术示范

（1）桂平旱地红麻高产示范。2014 年于桂平市厚禄乡延寿村（面积 0.6hm$^2$）、2015 年于桂平市蒙圩镇棉宠（面积 0.4hm$^2$）进行旱地红麻高产展示示范。2015 年展示示范品种 H1302、红优 2 号和青皮 3 号，4 月 16 日播种，生长期间根据红麻长势追肥，常规田间管理。10 月 21 日取样考种，结果显示，H1302 株高最高为 514.8cm，其次是红优 2 号 460.8cm，最矮的为青皮 3 号 425.8cm；这 3 个红麻品种生物量的高低依次为 H1302>红优 2 号>青皮 3 号，而且这 3 个品种的皮、骨、果叶总单产均超过 1 400kg（表 8-38）。

**表 8-38　2015 年桂平旱地红麻高产示范主要经济性状及产量**

| 品种名称 | 株高（cm） | 茎粗（mm） | 皮厚（cm） | 果枝长（cm） | 单株果数（个） | 亩株数（株） | 干物量（kg/亩） |
|---|---|---|---|---|---|---|---|
| H1302 | 514.8 | 20.26 | 2.03 | 37.0 | 6.6 | 7 666 | 1 717.0 |
| 红优 2 号 | 460.8 | 23.52 | 1.74 | 20.4 | 3.2 | 6 333 | 1 570.6 |
| 青皮 3 号 | 425.8 | 19.18 | 1.46 | 46.0 | 25.0 | 8 333 | 1 416.6 |

（2）桂平旱地黄麻高产示范。2015 年于桂平进行旱地黄麻高产示范，展示示范面积亩，参试品种为黄麻 179 和摩维 1 号。2015 年 4 月 16 日播种，生长期间根据长势追肥，常规田间管理。10 月 21 日进行了取样考种，结果显示，黄麻 179 平均株高 335.4cm、茎粗 18.73mm、皮厚 1.65mm、分枝高度 211.8cm、株果数 111.2 个，折合亩产叶果 300kg、麻骨 700kg、生麻 415kg（合计干物重 1 415kg）。

（3）武鸣基地旱地黄麻高产示范。2014 年、2015 年于武鸣基地进行旱地黄麻高产示范，展示示范面积 0.13hm$^2$，参试品种为摩维 1 号、福黄麻 5 号和福黄麻 1 号等。2015 年 5 月 28 日播种，播种时每亩施入基肥 20kg 三元复合肥（17-17-17）和 200kg 有机鸡粪肥。7 月 6 日每亩追施复合肥 15kg，局部长势差的适当加施少量尿素；9 月 4 日每亩追施三元复合肥 15~20kg。从田间生长表现来看，前期生长缓慢，长势差，中期长势比较好，植株也比较壮，但受台风影响倒伏严重。2015 年 12 月麻种兼收测产，不含果枝及根部麻皮、麻骨，摩维 1 号原麻产量 400kg、麻骨产量 640kg，福黄麻 1 号原麻产量 360kg、麻骨产量 600kg，福黄麻 5 号原麻产量 380kg、麻骨产量 620kg；种子产量：摩维 1 号 40kg，福黄麻 1 号 70kg，福黄麻 5 号 50kg。

4. 黄/红麻育种与制种技术示范

（1）红麻光钝感材料筛选及繁制种技术示范。2014 年于广西农业科学院武鸣里建科研基地进行红麻光钝感材料筛选试验，参试品种为 42 个红麻光钝感材料。试验采用随机排列、无重复，每个材料播种面积约 120m$^2$。42 个材料合计共计 0.5hm$^2$，5 月 14 日播种，每个材料种子用量为 50g。播种时每亩施入基肥 20kg 三元复合肥（17-17-17）和 125kg 鸡粪肥。根据红麻长势分别于 6 月 12

日、8月7日、9月22日追施三元复合肥15kg，局部长势差的地方适当撒施尿素。42个红麻光顿感材料田间生长表现为开花、结果相对比较迟，受2次强台风影响，植株有所倾斜，少数倒伏，主茎上的叶片脱落严重，直到11月下旬植株仍保持有相对比较旺盛的生命力，9月底大部分材料均有部分植株开始开花、大部分材料在10月下旬至11月初进入盛花期，有少部分材料11月中旬以后才进入盛花期。2015年1月5日取样考种，结果显示，NN42折合亩产皮骨1 428.8kg（不含果枝部分），其中原麻501.6kg/亩、麻骨927.2kg/亩、种子42kg/亩；NN26折合皮骨1376kg/亩（不含果枝部分），其中原麻726kg/亩、麻骨650kg/亩，种子12kg/亩。

（2）红麻秋播制种技术试验示范。2014年、2015年于广西农业科学院武鸣里建科研基地进行红麻秋播制种技术试验示范试验，示范面积0.13hm$^2$，2014年参试品种为福红992和福航优3号；2015年为15NN1、H1302、T19、甘圩圆叶和福航优3号。2014—2015年的考种结果显示，H1302秋播制种种子产量最高，折合亩产145kg（表8-39）。

**表8-39　2014年、2015年红麻秋播制种试验示范主要经济性状**

| 年份 | 品种名称 | 株高（cm） | 茎粗（mm） | 皮厚（mm） | 果枝长（cm） | 株果数（个） | 单株干皮重（g） | 单株干骨重（g） | 种子产量（kg/亩） |
|---|---|---|---|---|---|---|---|---|---|
| 2014 | 福红992 | 285.3 | 10.440 | 0.835 | 50.5 | 12.9 | 16.6 | 40.6 | 110.0 |
| | 福航优3号 | 331.8 | 12.930 | 0.952 | 78.3 | 26.7 | 29.1 | 59.4 | 114.0 |
| 2015 | 15NN1 | 251.8 | 11.340 | 1.066 | 82.2 | 26.0 | 10.7 | 18.9 | 115.5 |
| | H1302 | 264.4 | 13.644 | 1.146 | 133.2 | 44.2 | 14.9 | 30.3 | 145.0 |
| | T19 | 274.6 | 14.858 | 1.178 | 147.0 | 57.6 | 6.5 | 18.5 | 130.0 |
| | 甘圩圆叶 | 242.4 | 10.188 | 0.856 | 93.0 | 26.6 | 4.8 | 11.5 | 66.0 |
| | 福航优3号 | 306.4 | 15.240 | 1.228 | 150.8 | 45.2 | 10.3 | 23.2 | 103.5 |

（3）红麻秋播杂交制种试验示范。2014年于广西农业科学院武鸣里建科研基地进行红麻秋播杂交制种试验示范，示范面积亩，参试的母本为红麻细胞质雄性不育系763A，父本为14NN1。

历年杂交制种结果显示（表8-40），父母本行比为1∶3能获得最高的杂交种子产量，而制种方式中以扦插的方式获得亩产最高的杂交种子产量90.72kg，其次是直播的杂交种产量79.35kg，最低的是留桩100cm的获得的杂交种产量为26.98kg。

**表8-40　不同的制种方式及不同行比红麻杂交制种的产量**

| 制种方式 | 折合亩产（kg） | | |
|---|---|---|---|
| 父母本行比 | 1∶2 | 1∶3 | 1∶4 |
| 留桩100cm | 20.63 | 26.98 | 22.73 |
| 留桩150cm | 44.03 | 55.03 | 53.21 |
| 扦插 | 58.63 | 90.72 | 82.78 |
| 直播 | 70.68 | 79.35 | 74.25 |

（4）黄麻夏播麻种兼收试验示范。2014年于武鸣里建科研基地进行黄麻夏播麻种兼收试验示范，示范面积0.13hm$^2$，参试品种为黄麻179、福黄麻1号、福黄麻2号、福黄麻4号、福黄麻5号和摩维1号。4月中下旬播种，播种时每亩施基肥20kg复合肥和200kg有机肥，生长期间根据黄麻长势进行追肥，常规田间管理。蒴果成熟期取样测产（皮骨产量不含果枝部分），结果显示，原麻产量为272.0~405.7kg/亩，最高的是福黄麻2号405.7kg；麻骨亩产为566.7~977.0kg，最高的是福黄麻5号977.0kg；种子亩产为10.0~20.0kg，最高的是福黄麻4号20kg（表8-41）。

**表8-41　2014年黄麻早夏播麻种兼收试验产量结果**

| 品种名称 | 原麻（kg/亩） | 麻骨（kg/亩） | 种子（kg/亩） |
|---|---|---|---|
| 黄麻179 | 272.0 | 566.7 | 11.67 |
| 福黄麻1号 | 350.3 | 627.0 | 18.33 |

（续表）

| 品种名称 | 原麻（kg/亩） | 麻骨（kg/亩） | 种子（kg/亩） |
|---|---|---|---|
| 福黄麻 2 号 | 405.7 | 714.3 | 13.33 |
| 福黄麻 4 号 | 331.3 | 843.3 | 20.00 |
| 福黄麻 5 号 | 353.7 | 977.0 | 15.00 |
| 摩维 1 号 | 318.7 | 646.3 | 10.00 |

纤用黄麻早播留种生育期长，遇台风容易造成倒伏，尤其是纤用长果种黄麻遇台风倒伏严重，长果种黄麻 7—8 月易受斜纹夜蛾为害，植株高还不容易打药防治，圆果种黄麻相对好些，可以采用麻种兼收适当留种。

（5）黄麻秋播繁种试验示范。2014 年、2015 年均于广西农业科学院院内和武鸣里建科研基地进行黄麻秋播繁种试验示范，示范面积 1 亩，参试品种为桂麻菜 1 号、桂麻菜 2 号和摩维 1 号。8 月中旬播种，桂麻菜 1 号和桂麻菜 2 号 9 月下旬全面打顶采摘后直接留种。桂麻菜 1 号、桂麻菜 2 号和摩维 1 号的平均亩产种子分别为 44kg、53kg 和 47kg。

5. 黄/红麻重大有害生物综合防控技术示范

黄/红麻以及大麻的生长过程中主要发生病害、草害以及虫害，针对不同的生物危害采用相应的防控措施。

草害，前期主要为禾本科、沙草科和爬藤杂草，红麻生长中后期主要是爬藤杂草和鬼针草，其他种类杂草相对少些。针对这些情况，一般红麻采取乙草胺进行芽前除草，田间杂草相对比较少；黄麻由于对除草剂敏感不能喷施芽前除草剂，而黄麻苗期生长缓慢、苗弱，杂草多，主要靠人工拔除，进入旺长期前全面清理一次田间杂草后，7—8 月再进行一次四周及畦间杂草清理或喷施除草剂杀除。

2014 年红麻虫害主要为卷叶虫、金龟子、造桥虫、斜纹夜蛾、毛毛虫、红蜘蛛等，但为害程度不严重，未进行喷药防治。大麻的生长中期发现叶片上有红蜘蛛危害，采用杀虫剂喷雾防治。2015 年武鸣基地，7—8 月斜纹夜蛾为害长果种黄麻严重，但未进行过喷药防治；秋播留种红麻，11 月毛毛虫相对比较多，但危害不大；其他虫相对比较少；院内菜用黄麻发现有红蜘蛛为害，喷药后得到控制。

2014 年大麻病害主要有白菌病、猝倒病，主要采用杀菌剂对水灌根，萎蔫植株未能好转而干枯死亡，但其他植株不再发病。2015 年院内基地，6 月份、8 月份播种的大麻在生长中期均发现有植株因基部白菌病萎蔫，发现后及时用杀菌剂对水灌根，萎蔫植株未能好转而干枯死亡，但其他植株不再发病；2015 年武鸣基地，5 月中旬播种黄、红麻的连作地播种前施用防线剂处理，轮作地未处理，后期田间黄、红麻植株干枯少；秋播大麻制种田也偶尔发现有植株因基部白菌病萎蔫现象，因大田面积大，未进行灌根处理。

6. 黄/红麻轻简化栽培技术示范

（1）红麻轻简化栽培技术试验示范。2014 年于广西农业科学院武鸣里建科研基地进行晚夏播红麻轻简化栽培技术试验示范，示范面积亩，参试品种为为福红 952、福红 991 和福红 992。该轻简化栽培试验以常规栽培做对照。7 月 4 日播种，播种时每亩施基肥 25kg 三元复合肥（17-17-17），轻简化区喷施芽前除草剂，常规区不喷芽前除草剂，蒴果成熟期取样考种。结果显示，红麻秋播轻简化制种产量略低于常规管理，种子产量折合均在 100kg /亩以上（表 8-42）。

**表 8-42　红麻秋播轻简化试验示范蒴果成熟期主要经济性状及种子产量**

| 品种名称 | 株高（cm） | 茎粗（mm） | 皮厚（mm） | 果枝长（cm） | 株果数（个） | 单株干皮重（g） | 单株干骨重（g） | 折合种子亩产量（kg/亩） |
|---|---|---|---|---|---|---|---|---|
| 福红 952（轻简化） | 290.5 | 12.02 | 1.021 | 66.0 | 21.8 | 21.4 | 44.1 | 104.0 |
| 福红 952（CK） | 342.2 | 13.77 | 1.037 | 94.5 | 30.2 | 27.4 | 63.7 | 123.5 |

（续表）

| 品种名称 | 株高（cm） | 茎粗（mm） | 皮厚（mm） | 果枝长（cm） | 株果数（个） | 单株干皮重（g） | 单株干骨重（g） | 折合种子亩产量（kg/亩） |
|---|---|---|---|---|---|---|---|---|
| 杂红 992（轻简化） | 284.7 | 12.45 | 1.018 | 51.4 | 20.9 | 20.1 | 43.6 | 117.0 |
| 杂红 992（CK） | 329.7 | 15.34 | 1.294 | 78.7 | 39.2 | 34.1 | 69.7 | 120.0 |
| 福红 991（轻简化） | 298.1 | 150.5 | 0.989 | 64.3 | 21.1 | 21.5 | 70.6 | 104.0 |
| 福红 991（CK） | 326.3 | 16.57 | 1.302 | 77.8 | 38.7 | 38.2 | 104.3 | 110.5 |

（2）红麻秋播留种轻简化栽培技术试验示范。2015 年于广西农业科学院武鸣里建科研基地进行红麻秋播留种轻简化栽培技术试验示范，示范面积亩，参试品种为 H1302、福红 991、福红 992、青皮 3 号等。8 月中旬播种，生长期间根据红麻长势进行追肥，分别于 9 月 4 日、9 月 15 日每亩追施 15kg 三元复合肥。

表现：8 月中旬播种布管抽水喷淋后出苗相对还比较整齐，苗期田间长势良好，10 月中旬开始现蕾开花，10 月下旬至 11 月中旬盛花盛果，2016 年 1 月上中旬蒴果成熟取样考种。结果显示，种子亩产为 95~135kg，最高的为 H1302，最低的为福红 992（表 8-43）。

**表 8-43　红麻秋播轻简化示范蒴果成熟期主要经济性状及种子产量**

| 品种名称 | 株高（cm） | 茎粗（mm） | 皮厚（mm） | 果枝长（cm） | 株果数（个） | 单株干皮重（g） | 单株干骨重（g） | 折合种子亩产量（kg/亩） |
|---|---|---|---|---|---|---|---|---|
| H1302 | 248.4 | 12.76 | 1.158 | 132.4 | 51.6 | 6.0 | 13.3 | 135.0 |
| 福红 991 | 257.2 | 12.35 | 1.118 | 136.0 | 45.6 | 5.5 | 14.4 | 100.0 |
| 福红 992 | 264.6 | 14.23 | 1.134 | 143.8 | 44.6 | 7.6 | 17.2 | 95.0 |
| 青皮 3 号 | 235.6 | 12.85 | 0.998 | 99.6 | 44.8 | 5.1 | 12.2 | 123.6 |

（3）大麻—玉米间套种轻简化栽培试验示范。2014 年和 2015 年在巴马燕洞龙甲村拥屯进行巴马大麻—玉米间套种轻简化栽培试验示范，2014 年示范面积 3.3$hm^2$，2015 年示范面积 1.3$hm^2$，参试品种为巴马火麻，示范基地均为石灰岩山地，距离县城 21km，海拔高度 400m 左右。

火麻与玉米于开春后同时播种于石山上，前期火麻生长缓慢，玉米生长较火麻快，到 7 月中下旬玉米成熟收获后，火麻进入正常生长，11 月果成熟收获，平均亩产 25kg，火麻产量相对比较低，但相对净种玉米来讲多，增加了收成。

### （二）基础数据调研

1. 收集本区域麻类种植与生产情况

广西壮族自治区（全书简称广西）红麻年播种面积基本维持在 7 万~8 万亩，除广西合浦红麻产区因受进口纤维价格波动及麻纺厂停产影响而造成播种面积有小幅度波动外，其余以种植直接剥皮捆绑甘蔗为用途的地方红麻种植面积波动不大。广西播种的黄麻主要是做菜用，广西南宁市周边、武鸣、邕宁以及百色的平果、河池的巴马等地均有播种。

广西合浦红麻麻区，早春播种，7—8 月人工砍麻、沤洗，2015 年纤维价格较低（3.6 元/kg），但麻骨价格相对较高（2~2.4 元/kg），麻骨除做豆扦外主要用于烧炭，麻炭价格高麻骨价位也相对提高。

广西蔗区红麻，一般 4 月底 5 月初播种，中秋节前后人工砍麻截段适当晾晒后剥皮，麻皮自用捆绑甘蔗，这种用途的红麻不需要茎秆太粗，一株麻一分为二成两半即可，一株麻捆一捆甘蔗，一分为二剥皮方便省工，蔗区捆甘蔗用麻播种密度相对比较密。

广西有 1 600万亩的甘蔗种植面积，大部分蔗区均种植红麻剥皮捆绑甘蔗的习惯，直接用麻皮捆绑甘蔗既环保又简便，一般一亩红麻的麻皮可以捆绑 30~40 亩的甘蔗，如果全部直接用麻皮来捆绑，那广西就需要有 40 万亩的红麻麻皮，广西目前红麻播种面积为 7 万~8 万亩，只够需要的 1/5，其他要靠进口麻纤维来纺麻线或竹篾来解决，一旦进口途径受阻，甘蔗捆绑就会出问题，所以下一步要考虑充分利用种甘蔗剩下的边角地播种植株高壮的红麻品种，提高麻皮产量，减少捆绑甘蔗用麻皮成本。

2. 收集本区域麻类加工与贸易情况

该区域涉麻加工企业较少，涉及火麻加工的企业有广西巴马常春藤生命科技发展有限公司、广西巴马特友长寿食品有限公司等，主要是利用火麻籽加工生产巴马火麻油、火麻蛋白粉、火麻仁及其系列相关产品。涉及黄、红麻麻纺的企业在合浦有2家（2014年停产），在桂平有2家小型麻绳加工厂（桂平市江口麻纺厂、桂平市蒙圩镇小江麻绳厂），主要是利用进口黄麻纤维和本地产的红麻纤维加工麻线、麻绳，加工成麻布和麻袋的数量较少，蔗区种植红麻主要是直接剥皮自用或市场出售（用于捆绑甘蔗）。麻骨烧炭主要是个体户用土炭窑烧制，以麻炭或加工成碳粉销售给本地烟花厂或销给外地烟花厂。

3. 土壤养分数据库

在广西农业科学院武鸣里建试验基地采集土壤3份、合浦3份、桂平2份分析土壤pH值、土壤有机质、土壤碱解氮、土壤有效磷和土壤速效钾等养分数据（表8-44）。

**表8-44　广西黄/红麻产区土壤养分情况**

| 编号 | 土壤采样地点 | pH值 | 有机质（%） | 碱解氮（mg/kg） | 有效磷（mg/kg） | 速效钾（mg/kg） |
|---|---|---|---|---|---|---|
| 1 | 广西武鸣广西农业科学院里建基地 | 4.52 | 14.2 | 51.87 | 41.1 | 42 |
| 2 | 广西武鸣广西农业科学院里建基地 | 4.58 | 14.8 | 43.64 | 45.7 | 119 |
| 3 | 广西武鸣广西农业科学院里建基地 | 6.96 | 24.2 | 63.49 | 29.0 | 166 |
| 5 | 广西北海市合浦县石康镇耀康村委大垌江村 | 5.08 | 19.4 | 60.27 | 92.2 | 81 |
| 6 | 广西北海市合浦合浦县石康镇耀康村委大垌江村低洼地 | 5.03 | 21.2 | 69.39 | 54.5 | 23 |
| 7 | 广西北海市合浦县石湾镇东江村委三角塘村 | 6.21 | 13.5 | 57.23 | 131.8 | 70 |
| 8 | 广西贵港市桂平市蒙圩林村 | 4.64 | 34.4 | 114.82 | 52.3 | 163 |
| 9 | 广西贵港市桂平市厚禄乡延寿村 | 8.04 | 22.0 | 69.75 | 8.5 | 29 |

4. 麻类加工企业

调研本区域主要涉农麻类加工企业9家，收集企业信息汇录如表8-45。

**表8-45　广西黄/红麻、火麻产区主要麻类加工企业信息**

| 编号 | 企业名称 | 所在地 | 规模 | 主要加工对象 | 主要产品 |
|---|---|---|---|---|---|
| 1 | 广西巴马常春藤生命科技发展有限公司 | 河池市巴马县 | 员工19人，注册资产461.8万元，总资产2 500万元，年产值3 000万元 | 火麻 | 巴马火麻油、火麻蛋白粉、火麻仁及其系列产品 |
| 2 | 桂平市江口麻纺厂 | 广西贵港市桂平市江口镇江口村 | 员工127人，注册资本1 000万元，总资产8 500万元，年产值3 200万元 | 黄/红麻 | 麻绳、麻袋 |
| 3 | 桂平石咀镇旺龙碳厂 | 石咀镇旺龙村 | 员工15人，注册资本30万元，总资产150万元，年产值38万元 | 红麻麻骨、竹、杂木 | 木碳、活性碳 |
| 4 | 桂平市蒙圩镇小江麻绳厂 | 蒙圩镇曹良村 | 员工8人，注册资本25万元，总资产100万元，年产值50万元 | 黄/红麻 | 麻绳 |
| 5 | 合浦县麻纺厂（集体企业） | 合浦县廉州镇 | 原有员工500人，2014年已停产 | 黄/红麻 | 麻线、麻布和麻袋 |
| 6 | 合浦县第二麻纺厂 | 合浦县廉州镇 | 2013年因厂房纠纷问题已停产 | 黄/红麻 | 麻线、麻绳和麻布 |
| 7 | 合浦县石康麻纺厂 | 合浦县石康镇 | 2014年已停产 | 黄/红麻 | 麻线、麻绳和麻布 |
| 8 | 合浦个体红麻麻骨烧炭厂 | 合浦石湾、石康 | 个体小炭窑无固定员工 | 红麻麻骨 | 麻炭、炭粉 |
| 9 | 扶绥个体红麻麻骨烧炭厂 | 扶绥 | 个体小炭窑无固定员工 | 红麻麻骨 | 麻炭、炭粉 |

### （三）区域科技支撑

1. 技术培训

2014年共计培训200人次，其中培训农技人员30人次，农民170人次。2015年共计培训62人次，其中培训农技人员14人次，农民48人次。通过培训，提高了受训人员的种植技术和试验示范规范化管理能力。

2014年6月12日、6月13日、6月27日和7月11日，分别在平果县城、巴马县城、合浦石湾镇和桂平麻垌镇百福村摆台给农民发放菜用黄麻种子、栽培技术资料及现场讲解菜用黄麻种植技术及食用方法，发放桂麻菜1号、桂麻菜2号和福农1号菜用黄麻种子600份、栽培技术资料200份，提高当地人菜用黄麻种植技术水平和食用积极性。

2. 现场指导

在红麻、火麻播种季节到地头对各示范县的农技人员及种植户进行技术培训，并提供红麻良种400多kg给农民。对农技人员和麻农就品种选择、整地、行距、芽前除草剂喷施以及田间管理等进行指导。

在生长期间多次到示范基地现场考查，指导农技人员及农户开展田间管理。2015年2次强台风影响广西后，及时赴合浦调查当地红麻受影响情况，指导灾后管理及收获工作。在院内及武鸣基地种植及管理各个环节亲临或电话指导，提高了麻农种植及管理技术水平。

委托巴马示范县业务骨干、巴马县农业局叶陧站长在火麻播种期间到村里开展技术培训、发放种子、农药和技术资料。

## 四 信阳红麻试验站

2014—2015年，信阳红麻试验站以国家麻类产业技术体系“十二五”工作规划为基础，以当地产业发展和技术需求为重点，在黄/红麻技术集成与示范、基础数据调研、区域科技支撑等方面取得重要进展。

两年来，该试验站分别开展了黄/红麻高产高效种植与多用途关键技术示范，筛选出了适宜当地种植的高产优质黄/红麻品种，达到了体系红麻“中杂红368”和黄麻“中黄麻1号”高产创建要求，累计示范面积90亩，集成了黄/红麻麻秆栽培食用菌和生产麻骨炭技术、大麻—红麻一年两茬种植模式等多用途技术。开展了非耕地黄/红麻种植关键技术研究与示范，筛选出旱地及岗岭薄地适栽黄/红麻品种，达到了非耕地红麻高产创建“526”目标要求，集成了非耕地黄/红麻种植关键技术，示范面积50亩。开展了黄/红麻育种与制种技术示范，筛选出黄/红麻优异种质资源，明确红麻优异种质在信阳地区的丰产性、稳定性和生态适应性，为红麻优异种质资源数据库建立提供数据。开展了黄/红麻重大有害生物综合防控技术示范，针对该区域典型的病害、虫害及草害开展防控研究及示范，集成了黄/红麻重大有害生物检测预警技术和综合防控技术，示范面积50亩。开展了黄/红麻收获与剥制机械的生产示范，示范面积40亩。

开展了基础数据调研，收集了本区域麻类种植与生产、麻类加工与贸易、土壤养分数据、麻类加工企业、麻类病虫草害种类及发生规律等信息，完成了体系基础数据库的建设任务。

通过开展示范基地建设、技术培训、技术服务、生产调研等形式，为该区域麻类产业发展提供了科技支撑。

### （一）技术集成与示范

1. 红麻高产高效种植与多用途关键技术示范

（1）高产优质红麻品种筛选试验。2014年和2015年连续两年进行了引进红麻品种的品种筛选试验。2015 年 8 个供试品种为 ZHKX-01、ZH-01、航优 1 号、航优 2 号、航优 3 号、杂红 992（CK）、福红航 992、H328 等，每个品种设 3 次重复。针对信阳地区夏播红麻面积大的特点，试验安排在夏季播种，筛选适合夏播的高产优质红麻品种。该试验亩施底肥 N：$P_2O_5$：$K_2O$=15：15：15 的复合肥 50kg，6 月 12 日播种，6 月 19 日齐苗，7 月 10 日定苗，定苗密度 1.2 万株/亩。期间追肥 2 次：6 月 29 号追施尿素 5kg/亩，8 月 20 日追尿素 5kg/亩，氯化钾 10kg/亩。ZHKX-01、ZH-01 和航优 1 号于 9 月 16 日收获，其他品种 9 月 28 日收获。

试验结果表明，8 个红麻品种干皮产量从高到低分别是：H328、航优 2 号、杂红 992、航优 3 号、福红航 992、ZHKX-01、ZH-01、航优 1 号。干皮产量分别为 345.6kg/亩、326.4kg/亩、321.3kg/亩、305.3kg/亩、292.4kg/亩、236.3kg/亩、230.6kg/亩和 201.8kg/亩。试验结果显示，H328 和航优 2 号的产量高于对照，分别比对照增产 7.6%和 1.6%，但差异均不显著，航优 3 号虽减产但差异不显著，ZHKX-01、ZH-01、航优 1 号较对照显著减产，是由于此 3 品种的生育期较其他品种短。各品种主要经济性状见表 8-46。

**表 8-46　红麻品种筛选试验经济性状**

| 品种 | 株高（m） | 茎粗（mm） | 皮厚（mm） | 干皮精洗率（%） | 鲜茎出麻率（%） | 有效株（万株/亩） | 笨麻率（%） | 干皮产量（kg/亩） |
|---|---|---|---|---|---|---|---|---|
| ZHKX-01 | 3.08 | 14.29 | 1.01 | 58.5 | 4.8 | 1.138 | 3.6 | 236.3BCc |
| ZH-01 | 3.28 | 14.34 | 0.97 | 57.6 | 5.0 | 1.189 | 3.6 | 230.6BCc |
| 航优 1 号 | 3.17 | 13.86 | 0.93 | 58.1 | 4.9 | 1.123 | 4.4 | 201.8Cc |
| 航优 2 号 | 3.38 | 14.51 | 1.02 | 61.4 | 6.1 | 1.175 | 8.7 | 326.4Aab |
| 航优 3 号 | 3.35 | 14.59 | 1.12 | 61.3 | 6.0 | 1.101 | 7.5 | 305.3Aab |
| 杂红 992（CK） | 3.41 | 14.81 | 0.99 | 62.2 | 5.9 | 1.001 | 10.2 | 321.3Aab |
| 福红航 992 | 3.29 | 14.51 | 1.09 | 61.4 | 5.8 | 1.056 | 9.6 | 292.4ABb |
| H328 | 3.44 | 14.34 | 1.11 | 61.8 | 6.7 | 1.197 | 6.9 | 345.6Aa |

（2）六个红麻杂交组合的比较试验。从广西大学引进 307、红综、315、323、325、317 等 6 个红麻杂交组合参加比较试验，以福红 992 为对照。该试验亩施底肥 N：$P_2O_5$：$K_2O$=15：15：15 的复合肥 50kg。6 月 12 日播种，6 月 19 日齐苗，7 月 23 日定苗，定苗密度 1.4 万株/亩。期间追肥 3 次：6 月 29 号追施尿素 5kg/亩，8 月 12 日追施尿素 7.5kg/亩，8 月 20 日追施尿素 5kg/亩，氯化钾 10kg/亩。10 月 14 日收获。试验结果表明，参加试验的 6 个红麻杂交组合中以红综干皮产量最高，达到 480.6kg/亩，比对照福红 992 增产 7.8%，差异不显著，其余组合均比对照减产，各红麻杂交组合主要经济性状见表 8-47。

**表 8-47　红麻杂交组合主要经济性状**

| 品种 | 株高（m） | 茎粗（mm） | 皮厚（mm） | 有效株（万株/亩） | 笨麻（%） | 干皮产量（kg/亩） |
|---|---|---|---|---|---|---|
| 307 | 3.72 | 15.50 | 1.07 | 1.008 | 13.1 | 399.4Ab |
| 福红 992 | 3.64 | 15.77 | 1.10 | 1.060 | 10.1 | 445.7Aab |
| 红综 | 3.68 | 15.06 | 1.06 | 1.063 | 16.6 | 480.6Aa |
| 315 | 3.72 | 16.90 | 1.13 | 0.915 | 13.6 | 388.1Ab |
| 323 | 3.66 | 16.41 | 1.16 | 0.952 | 13.1 | 415.9Aab |
| 325 | 3.62 | 15.93 | 1.16 | 1.023 | 11.7 | 412.0Ab |
| 317 | 3.74 | 16.47 | 1.17 | 0.967 | 12.9 | 403.8Ab |

（3）引进 20 个红麻杂交组合开展田间比较试验。以福红 992 为对照，每 4 个组合设 1 个对照。该试验亩施底肥 N：$P_2O_5$：$K_2O$=15：15：15 的复合肥 50kg，6 月 12 日播种，6 月 19 日齐苗，7 月 23 日定苗，定苗密度 1.4 万株/亩。期间追肥 3 次：6 月 29 号追施尿素 5kg/亩，8 月 12 日追尿素 7.5kg/亩，8 月 20 日追尿素 5kg/亩，氯化钾 10kg/亩，9 月 28 日收获。试验结果表明，参试的 20 个组合中，综 8、综 16、综 28、综 29、综 36、综 74、综 76 共 7 个组合的干皮和纤维产量均高于相

邻对照福红992，其他组合均比相邻对照减产。第二年将继续开展该项研究，进一步验证该试验数据的准确性。各红麻杂交组合主要经济性状见表8-48。

**表8-48　红麻杂交组合比较试验主要经济性状**

| 组合 | 株高（m） | 茎粗（mm） | 皮厚（mm） | 干皮精洗率（%） | 鲜茎出麻率（%） | 有效株（万株/亩） | 笨麻率（%） | 干皮产量（kg/亩） | 纤维产量（kg/亩） |
|---|---|---|---|---|---|---|---|---|---|
| 综992(1) | 2.99 | 14.45 | 1.01 | 62.0 | 5.5 | 0.945 | 15.0 | 218.3 | 135.3 |
| 综8 | 2.88 | 14.01 | 0.96 | 60.5 | 5.2 | 1.056 | 22.1 | 243.7 | 147.5 |
| 综10 | 3.03 | 15.11 | 0.98 | 60.5 | 5.3 | 0.934 | 24.3 | 210.1 | 127.1 |
| 综16 | 2.90 | 13.52 | 0.95 | 61.4 | 5.6 | 0.956 | 13.1 | 232.7 | 142.8 |
| 综21 | 2.73 | 12.33 | 0.84 | 61.4 | 5.7 | 0.923 | 33.6 | 183.0 | 112.4 |
| 综992(2) | 2.81 | 12.05 | 0.81 | 60.6 | 5.8 | 1.078 | 29.2 | 204.1 | 123.6 |
| 综28 | 3.06 | 12.80 | 0.90 | 61.4 | 5.8 | 1.045 | 13.8 | 233.3 | 143.3 |
| 综29 | 3.05 | 13.76 | 0.91 | 61.9 | 5.5 | 1.078 | 5.8 | 219.6 | 136.0 |
| 综36 | 2.84 | 12.78 | 0.88 | 61.2 | 5.1 | 0.900 | 22.1 | 194.2 | 118.8 |
| 综52 | 2.95 | 13.36 | 0.98 | 60.5 | 5.2 | 0.934 | 26.3 | 171.6 | 103.8 |
| 992(3) | 3.04 | 14.63 | 1.06 | 60.4 | 5.4 | 0.812 | 20.7 | 209.5 | 129.6 |
| 综41 | 3.14 | 15.46 | 1.11 | 61.9 | 5.5 | 0.623 | 18.8 | 155.1 | 93.7 |
| 综50 | 2.95 | 14.86 | 1.14 | 60.1 | 5.5 | 0.611 | 21.4 | 164.5 | 98.9 |
| 综64 | 2.87 | 13.21 | 0.96 | 61.2 | 5.5 | 0.978 | 26.1 | 192.7 | 117.9 |
| 综69 | 2.84 | 13.31 | 0.94 | 60.6 | 5.1 | 0.867 | 17.0 | 211.7 | 128.3 |
| 992(4) | 3.18 | 13.99 | 0.98 | 61.1 | 5.7 | 0.945 | 6.6 | 225.8 | 138.0 |
| 综70 | 2.94 | 13.21 | 0.87 | 61.3 | 5.5 | 0.900 | 28.3 | 194.0 | 118.9 |
| 综71 | 2.99 | 13.01 | 0.94 | 60.9 | 5.4 | 0.756 | 31.3 | 195.7 | 119.2 |
| 综72 | 2.90 | 13.25 | 0.95 | 61.0 | 5.3 | 0.867 | 15.2 | 210.4 | 128.3 |
| 综73 | 2.82 | 12.92 | 0.99 | 61.7 | 5.4 | 0.823 | 32.7 | 194.1 | 119.7 |
| 992(5) | 2.99 | 13.37 | 1.07 | 60.9 | 5.5 | 0.834 | 13.8 | 209.3 | 127.5 |
| 综74 | 3.13 | 14.77 | 1.064 | 60.4 | 5.3 | 0.934 | 17.6 | 239.8 | 144.7 |
| 综75 | 3.05 | 14.89 | 1.079 | 60.8 | 5.5 | 0.812 | 17.0 | 209.2 | 127.3 |
| 综76 | 3.00 | 14.09 | 1.032 | 60.8 | 5.4 | 0.778 | 21.3 | 217.7 | 132.4 |
| 综77 | 2.87 | 13.82 | 0.967 | 61.2 | 5.3 | 0.878 | 31.3 | 187.0 | 114.4 |
| 992(6) | 3.05 | 15.04 | 1.01 | 60.7 | 5.6 | 0.812 | 27.0 | 219.0 | 133.0 |

2. 麻类作物高产高效栽培技术示范

（1）红麻品种高产栽培示范。示范品种H368，面积15亩。示范田前茬种植毛叶苕子（绿肥），4月5日翻压，整地时施用N：$P_2O_5$：$K_2O$=15：15：15的复合肥30kg/亩、饼肥125kg/亩作底肥。5月8日播种，垄作条播，上覆薄膜，6月16日揭薄膜，培土2次。测产结果显示（表8-49），H368生麻产量635.2kg/亩、嫩茎叶194.1kg/亩、麻骨919.8kg/亩。生麻产量达到高产创建目标要求，仅嫩茎叶产量略低，但是嫩茎叶和麻骨的总量为1 113.9kg/亩，二者的总量也达到了高产创建的要求。

**表8-49　春红麻“637”高产创建产量**

| 处理 | 生麻产量（kg/亩） | 嫩茎叶干重（kg/亩） | 麻骨重（kg/亩） |
|---|---|---|---|
| 1 | 588.9 | 178.7 | 847.0 |
| 2 | 668.3 | 198.5 | 926.4 |
| 3 | 655.1 | 205.1 | 979.3 |
| 平均 | 635.2 | 194.1 | 919.8 |

（2）黄麻品种高产栽培示范。2014年黄麻高产栽培示范品种为中黄麻1号，示范面积5亩。示范田前茬种植绿肥毛叶苕子，4月5日翻压，整地时施用N：$P_2O_5$：$K_2O$=15：15：15的复合肥30kg/亩、饼肥125kg/亩作底肥，5月8日播种，垄作条播，上覆薄膜，6月16日揭

薄膜，培土2次。9月24日，由专家组按照体系办测产要求进行田间测产，测产结果显示（表8-50），中黄麻1号的生麻产量为534.1kg/亩，嫩茎叶133.3kg/亩和麻骨773.5kg/亩。嫩茎叶和麻骨总和相加1 067.1kg/亩，远大于800kg/亩的目标产量。

**表8-50　黄麻“526”高产创建产量**

| 编号 | 干皮重（kg/亩） | 干叶重（kg/亩） | 干骨重（kg/亩） |
|---|---|---|---|
| 1 | 508.2 | 129.6 | 769.4 |
| 2 | 555.2 | 138.2 | 793.9 |
| 3 | 540.2 | 133.3 | 755.3 |
| 平均 | 534.1 | 133.3 | 773.5 |

（3）大麻—红麻一年两茬种植模式研究。2014年进行了大麻—红麻接茬试验，每隔5d收获一次，收获时间分别为：6月18日、6月24日和6月30日。试验表明：随着大麻收获时间的推迟，大麻干皮产量逐步增加，而后茬红麻纤维产量逐步降低。在6月24日收获时，大麻和红麻总产量最高，且此时收获大麻，经济效益也最高（表8-51）。因此6月24日收获大麻是大麻—红麻种植模式的最佳接茬时间。

**表8-51　大麻和红麻接茬试验产量**

| 年份 | 收获时间 | 产量（kg/亩） | | | 效益（元/亩） |
|---|---|---|---|---|---|
| | | 大麻（干皮） | 红麻（纤维） | 合计 | |
| 2013年 | 6月10日 | 100.1 | 180.3 | 280.4 | 1 742.1 |
| | 6月20日 | 125.2 | 167.2 | 292.4 | 2 004.0 |
| | 6月30日 | 133 | 115.9 | 248.9 | 1 943.7 |
| 2014年 | 6月18日 | 101.8 | 183.4 | 285.2 | 2 003.4 |
| | 6月24日 | 116.7 | 172.5 | 289.2 | 2 199.3 |
| | 6月30日 | 118.8 | 133.8 | 252.6 | 2 129.6 |

注：2013年大麻干皮按12元/kg计算，红麻纤维按3元/kg计算。2014年大麻干皮按15元/kg计算，红麻纤维按2.6元/kg计算

3. 非耕地黄/红麻种植关键技术示范

在潢川县隆古乡建立试验示范基地50亩，重点开展岗岭薄地适栽红麻品种筛选，田间管理技术、病虫草害防控技术等技术集成。示范红麻品种2014年为中杂红368，2015年为杂红952。针对示范区土壤瘠薄的特点，示范区用N：$P_2O_5$：$K_2O$=15：15：15的复合肥50kg/亩作底肥，在红麻苗期和旺长期共追施尿素15kg/亩。抢墒播种，采取条播的方式，充分运用病虫草害综合防控技术，强化示范地田间管理。

测产结果表明（表8-52），高产创建示范田品种中杂红368生麻产量为540.8kg/亩，麻骨产量785.2kg/亩，麻叶产量196.3kg/亩，达到了岗岭薄地高产创建“526”目标要求。

**表8-52　岗岭薄地红麻高产示范田产量**

| 编号 | 干皮（kg/亩） | 干叶（kg/亩） | 干骨（kg/亩） |
|---|---|---|---|
| 1 | 444.7 | 157.9 | 644.8 |
| 2 | 600.3 | 217.9 | 867.1 |
| 3 | 578.1 | 213.4 | 844.9 |
| 平均 | 540.8 | 196.3 | 785.2 |

2015年收获时通过现场测产，高产创建示范田品种杂红952干皮产量520kg/亩、麻骨产量765kg/亩，麻叶产量206kg/亩。大面积示范产量比当地常规品种增产20%以上，取得了良好的示范效果，达到了岗岭薄地高产创建“526”目标要求。

4. 麻骨资源化利用技术研究

在息县、固始县等示范县开展了利用麻骨生产麻骨炭技术研究及示范。示范结果显示，每亩麻骨可烧制 150kg 左右麻骨炭，为农民增加产值近 1 000元/亩，提高了农民种植红麻的积极性。

开展了利用麻骨作原料栽培食用菌技术研究。试验设 2 个处理，处理 1 配方：红麻麻骨 10%，棉壳 88%，石灰 2%；处理 2（对照）配方：棉籽壳 98%，石灰 2%，料水比 1：1. 2。试验结果表明：10%麻秆处理，菌丝长势较好，吃料快。红麻麻骨替代 10%棉籽壳第一茬平菇增产 11. 2%，达到 235. 7g/袋。

5. 麻类作物育种与制种技术研究

2014 年对岗位专家创制的 6 份优质、多抗、适应性强、高产、遗传背景清楚的红麻新种质和优异基因型材料进行精细鉴定和评价，明确这批红麻优异种质在信阳地区的丰产性、稳定性和生态适应性，为红麻优异种质资源数据库建立提供数据。

参加试验的红麻种质资源有 FH992、T17、FH952、T19、FH991 以红引 135 为对照。5 月 29 日播种，9 月 29 日收获。5 份红麻优异种质的干皮产量为 205. 8~314. 5kg/亩，其中，除了 FH952 的干皮产量比对照减产，产量为 205. 8kg/亩，比对照减产 4. 3%，其他 4 个品种比对照增产，按产量高低依次为 T17、FH991、T19 和 FHH992，分别为 314. 5kg/亩、291. 7kg/亩、280. 0kg/亩和 263. 3kg/亩，分别比对照增产 46. 3%、35. 7%、30. 2%和 22. 5%。各个种质资源的主要经济性状见表 8-53。

2015 年参加试验的红麻种质资源有 T17-1、FH992、FH991、T19、T17-2、FH952。6 月 12 日播种，9 月 28 日收获。6 份红麻优异种质的干皮产量为 266. 6~309. 9kg/亩，纤维产量 161. 1~194. 0kg/亩，以 T19、T17-1、FH991 等 3 份种质资源产量表现最好。

**表 8-53 参试各种质资源经济性状和产量**

| 年份 | 品种 | 株高（m） | 茎粗（mm） | 皮厚（mm） | 有效株（万株/亩） | 精洗率（%） | 鲜茎出麻率（%） | 干皮（kg/亩） |
|---|---|---|---|---|---|---|---|---|
| 2014 | FHH992 | 3. 67 | 18. 65 | 1. 14 | 0. 84 | 62. 3 | 5. 0 | 263. 3 |
| | T17 | 3. 64 | 17. 98 | 1. 07 | 1. 02 | 59. 8 | 5. 3 | 314. 5 |
| | FH952 | 3. 54 | 18. 34 | 1. 10 | 0. 78 | 61. 0 | 5. 0 | 205. 8 |
| | T19 | 3. 46 | 16. 79 | 0. 94 | 1. 04 | 62. 0 | 4. 9 | 280. 0 |
| | FH991 | 3. 66 | 18. 39 | 1. 07 | 0. 92 | 61. 6 | 5. 2 | 291. 7 |
| | 红引 135 | 3. 32 | 18. 40 | 1. 10 | 0. 96 | 63. 2 | 4. 7 | 215. 0 |
| 2015 | FH992 | 2. 96 | 12. 79 | 0. 96 | 0. 934 | 60. 4 | 5. 3 | 266. 6 |
| | T17-1 | 3. 05 | 14. 04 | 1. 04 | 1. 145 | 61. 6 | 5. 7 | 309. 2 |
| | FH952 | 3. 05 | 12. 79 | 0. 98 | 1. 189 | 62. 5 | 5. 8 | 288. 8 |
| | T19 | 2. 94 | 13. 96 | 1. 11 | 1. 112 | 62. 6 | 5. 7 | 309. 9 |
| | FH991 | 3. 01 | 13. 61 | 1. 00 | 1. 212 | 61. 6 | 5. 2 | 296. 2 |
| | T17-2 | 3. 23 | 15. 17 | 1. 14 | 1. 045 | 61. 6 | 5. 6 | 266. 8 |

6. 麻类作物重大有害生物预警及综合防控技术研究与示范

2014 年度，病害防控岗位提供农药 2 次，用于病虫害防治试验。第一次提供土壤处理药剂福气多（1kg/亩）和利根砂·阿维菌素（1kg/亩）防治黄/红麻根结线虫病；第二次提供菌病灭多·酮、敌杀死溴氰菊酯、京博好巧吡虫啉和甲维·虫酰肼四种药剂，用于防治黄/红麻炭疽病、立枯病及虫害等。试验结果显示，这几种药剂对防治红麻病虫害效果都比较好。

对信阳地区麻田根结线虫病及麻田叶蝉进行了种类鉴定，根据根结线虫的形态和会阴花纹的观察测量，以及分子生物学鉴定的结果表明，该地区危害红黄麻的根结线虫中病原为南方根结线虫。通过室内解剖鉴定，为害麻田的叶蝉种群主要为板井小绿叶蝉 *Empoasca sakaii* Dworakowska 和棉叶蝉 *Amrasca biguttula* 两种。通过对板井小绿叶蝉的触角电镜扫描观察，发现板井小绿叶蝉雌、雄成虫，触角均呈刚毛状，包括柄节、梗节和鞭节3部分，两性间无差异。柄节及梗节较粗短，其上具多个鳞形感器，梗节近端部着生3~5根毛形感器；鞭节细长，分为多亚节，第2、第3亚节上各有1个毛形感器，雌虫第4亚节和雄虫第2亚节上各有1锥形感器，其余亚节上均无感器。雌、雄性成虫触角表面都有刺体，且均为球状刺体。这些结果为板井小绿叶蝉的行为生物学、化学生态学和电生理学的研究提供参考。

该地区麻田以鳞翅目为优势种群，主要包括黄麻夜蛾、玉米螟、棉大卷叶螟、棉小造桥虫；其次为半翅目的广翅蜡蝉和绿盲蝽；地下害虫主要是鞘翅目的金龟子。根据调查结果，制定了相关的防控措施。

在光山县槐店乡建立红麻有害生物的综合防控技术试验示范基地50亩，重点展示红麻重大有害生物的检测预警技术、红麻重大有害生物的综合防控技术。在红麻生长期间针对红麻主要病虫草害共发布防治情报3次，培训技术推广骨干10名，科学指导了信阳产区红麻病虫草害的防控，做到了预测准确、防治及时。

2015年开展了红麻立枯病防治试验，试验设空白对照和拌种剂禾姆1 300g/100kg、艾科顿450ml/100kg，共3个处理。药剂由海南农业科学院植物保护研究所提供。试验结果表明：在对红麻立枯病的防治上，禾姆和艾科顿均表现出了较高的防效，发病率在6%以下，其中禾姆的防治效果稍高于艾科顿（4%），防治效果为3.8%，二者均可于红麻田进行大范围推广应用。

在信阳市农业科学院试验田、息县、光山县等地对红麻病虫害进行调查，其中红麻田玉米螟百株虫数为8.6头，未达到防治指标；灰霉病和炭疽病发病较轻，分别为5.42%和4.73%。

对信阳地区麻田根结线虫病及麻田叶蝉进行了种类调查和鉴定。实验表明，信阳地区红麻根结线虫病是由南方根结线虫侵染引起的，病原线虫以卵、卵囊或2龄幼虫在植物根茬、病残体和土壤中度过不良环境。当外界条件适宜时，卵在卵囊内发育成1龄幼虫，1龄幼虫蜕皮后破卵而出，成为具有侵染性的2龄幼虫。2龄幼虫侵入根尖组织后分泌物质刺激组织过度生长，形成不规则的根瘤。幼虫在根瘤内经过2次蜕皮后发育成为成虫。雄成虫重回到土壤中，雌成虫产卵繁殖后代。雌、雄虫成熟后交尾产卵，或雌虫进行孤雌生殖。

通过对麻田小绿叶蝉种类鉴定，发现了除棉叶蝉外的另外一个新种——板井小绿叶蝉，并对板井小绿叶蝉的触角感器类型及数量进行了观察。该试验应用电镜扫描技术，观察比较板井小绿叶蝉成虫雌、雄两性的触角及感器的形态、数量和分布，为板井小绿叶蝉的行为生物学、化学生态学和电生理学的研究提供参考。结果表明，板井小绿叶蝉成虫的触角呈刚毛状，包括柄节、梗节和鞭节3部分，两性间无差异。柄节及梗节较粗短，其上具众多鳞形感器，梗节近端部着生有3~5根毛形感器。鞭节细长，分为多亚节，第2、第3亚节上各有1个毛形感器，雌虫第4亚节和雄虫第2亚节上各有1锥形形感器，其余亚节上均无感器存在。雌、雄性成虫触角表面都有刺体存在，且均为球状刺体。板井小绿叶蝉的触角感器类型及数量在雌雄个体间无差异。

根据田间试验、室内观察以及调查研究结果，制定了信阳地区红麻病虫害综合防控措施。在光山县槐店乡建立红麻有害生物综合防控技术试验示范基地50亩，重点展示红麻重大有害生物的检测预警技术、红麻重大有害生物的综合防控技术。2015年在红麻生长期间针对红麻主要病虫草害共发布防治情报2次，培训技术推广骨干15名，科学指导了信阳市红麻病虫草害的防控，做到了预测准确，防治及时。

7. 麻类作物收获与剥制机械的研究和集成

2014年麻类机械岗位专家提供HB-500（改进型）大型红麻剥皮机1台，在信阳地区进行试验示范。9月26日，对改进后的红麻剥皮机进行了试用和调试。HB-500型红麻剥皮机比手工剥麻提高工效8~10倍，比较适合于红麻大面积收获使用。组织各示范县农技人员对红麻剥皮机使用情况进行了现场观摩。并在罗山县东铺乡孙店村联丰合作社建立示范基地20亩，重点展示红麻鲜茎皮骨分离机械关键技术。

2015 年对麻类机械岗位专家提供的 HB-500（改进型）大型红麻剥皮机在信阳地区继续进行试验示范。HB-500 型红麻剥皮机比手工剥麻提高工效 8~10 倍，适合于红麻大面积收获使用。组织各示范县农技人员对红麻剥皮机使用情况进行了现场观摩。并在罗山县东铺乡孙店村联丰合作社建立示范基地 20 亩，重点展示红麻鲜茎皮骨分离机械关键技术。

**（二）基础数据调研**

信阳红麻试验站参与了红麻种质资源数据库、麻类作物线虫及病毒病害种类及发生情况数据库、麻类作物虫害种类及发生情况数据库、麻类作物病害种类及发生情况数据库、麻类作物草害种类及发生情况数据库、麻类作物主产区气象与土壤数据库、涉农麻类加工企业数据库、全国麻类作物样本数据库等 8 个基础数据库的建设任务，按照要求向相关功能研究室提交了本区域的基础数据。

**（三）区域科技支撑**

信阳红麻试验站通过连续多年开展“红麻新品种引进筛选”“夏播红麻高产栽培技术研究”“红麻高产高效种植技术示范”“红麻重大有害生物预警及综合防控技术研究与示范”等研究示范工作，并结合本单位和国内研究成果，逐步形成了完善的红麻病虫草害综合防控技术、垄作条播技术、红麻机械剥皮技术、麻骨资源化利用技术等，集成了一套红麻高产高效种植技术模式，极大地提高了当地红麻产量。在 6 个现代农业产业技术示范基地对技术模式进行示范推广，面积达 420 亩，辐射带动周边 8 万余亩的红麻生产发展。

信阳红麻试验站围绕示范基地、农技人员、农民等开展多层次、多形式的技术服务工作。两年开展技术培训 8 次，共培训岗位人员 19 人次、农技人员 43 人次、农民 420 人次；田间指导 20 余次。通过在不同基地开展不同的红麻新品种、新技术的展示和应用，促进了科研和生产的紧密结合，加快了科研成果的转化和应用步伐，显著提高了当地红麻产量和农民种植技术水平。

通过对麻纺等企业的调查走访，了解了企业的技术需求，找出了制约信阳地区红麻产品加工业发展的关键性因素，并与体系相关岗位专家紧密合作，为企业提供相应的技术指导，极大地促进了信阳地区红麻产业的发展。

2014 年技术培训方面：在浉河区、息县、固始县等地召开技术培训会 4 次，共培训人员 236 人。

2015 年技术培训方面：在浉河区、息县、固始县等地召开技术培训会 4 次，共培训岗位人员 19 人次、农技人员 43 人次、农民 220 人次。

# 第九章　工业大麻试验示范工作进展

## 一　大庆大麻试验站

大庆大麻试验站是我国北方唯一一家国家大麻综合试验站，试验站依托单位是黑龙江省农业科学院大庆分院。试验站主要围绕黑龙江省大麻产业发展需求，搜集引进并创制优异大麻种质材料，筛选和培育适合生产需求的低毒、高产、优质大麻新品种；对新品种、新技术进行示范展示，对工业大麻高产高效种植技术、机械化生产技术、原料加工等技术进行集成与示范推广。

特别是近两年来黑龙江省大麻种植面积不断增大，大麻产业发展迅速。大庆大麻试验站在进一步加强对各示范基地的建设，加强对人才的培养，努力提高团队的科技创新及服务能力的前提下，积极配合体系各岗位专家对各项试验示范任务的落实与完成。同时紧密结合生产实际需求，对体系专家及试验站自己的研发成果进行广泛的示范展示工作。针对生产上出现的关键技术问题，广泛开展工业大麻种植、沤制、生产加工技术的培训及指导，在生产关键环节深入到田间现场进行技术指导与服务。广泛收集、分析大麻产业及其技术发展的动态与信息，为政府决策提供咨询，为社会提供信息服务，为种麻企业和农民提供技术示范与服务，为区域麻类产业发展提供全面系统的技术支撑。

### （一）技术集成与示范

1. 工业大麻高产高效种植与多用途技术示范

（1）纤用大麻新品种及配套栽培技术集成示范。2014 年在示范基地建立纤用大麻新品种及配套栽培技术集成示范区，示范面积 100 亩，示范品种：高纤优良品系，代号 05086-1。播前精细整地，4 月 25 日机械条播，底肥随播种一次性施入，每亩施复合肥 30kg、硫酸钾 2.5kg，每亩播种量 7.5kg，播后苗前异丙甲草胺机械化封闭除草处理，甲基 1605 苗期防跳甲 2 次，纤维成熟期及时收获，收割后放置原地雨露沤制，期间机械喷施生物脱胶菌剂 1 次。

测产结果：平均株高 277.6cm，茎粗 0.54cm，原茎产量 606.67kg/亩，比对照品种增产 10.1%，纤维产量 120.4kg/亩，比对照增产 11.1%，出麻率为 20.0%。

（2）籽用大麻新品种及高产配套栽培技术示范。2014 年在安达试验基地建立籽用大麻新品种及高产配套栽培技术示范区 1 个，示范面积 100 亩，示范品种为籽麻 1 号。5 月 19 日机械播种，垄作穴播，垄距 67cm，穴距 50cm，每穴播种 1 粒种子，施复合肥 30kg/亩。播种后异丙甲草胺封闭除草处理，粗放田间管理，不需要进行间定苗，种子成熟期机械收割，脱粒。收获后经测产平均种子产量为 102.0kg/亩。

（3）工业大麻新品种展示及配套高产栽培技术集成示范。2015 年在示范基地建立工业大麻新品展示区，展示新品种 2 个，分别是自有优良品系庆 001 和筛选的适合本地区种植的引自五大连池的优良农家品种。同时对两个新品种的配套高产栽培技术进行示范，示范面积共 50 亩（表 9-1、

表 9-2）。

**表 9-1　新品种展示及配套高产栽培技术集成示范区生育期调查表**

| 示范品种 | 播种期（月-日） | 出苗期（月-日） | 现蕾期（月-日） | 开花期（月-日） | 工艺成熟期（月-日） | 工艺生育期（d） |
|---|---|---|---|---|---|---|
| 庆 001 | 4-18 | 5-1 | 7-14 | 7-21 | 8-16 | 95 |
| 五大连池 | 4-18 | 5-1 | 7-15 | 7-24 | 8-18 | 97 |

**表 9-2　新品种展示及配套高产栽培技术集成示范区测产**

| 示范品种 | 株高（cm） | 茎粗（mm） | 分支高度（cm） | 原茎产量（kg/亩） | 纤维产量（kg/亩） | 全麻率（%） | 原茎增产（%） | 纤维增产（%） |
|---|---|---|---|---|---|---|---|---|
| 庆 001 | 294.7 | 5.0 | 246.5 | 628.2 | 145.2 | 23.1 | 13.6 | 15.9 |
| 五大连池 | 289.8 | 5.0 | 240.6 | 668.6 | 139.9 | 20.9 | 20.8 | 11.7 |

栽培技术要点：2014 年秋季机械化精细整地。2015 年 4 月 18 日机械播种施肥，条播，行距 7.5cm，播种量 10kg/亩，底肥每亩施复合肥（28-15-12）20kg+硫酸钾 2.5kg，随播种一次性机械施入土壤，播种后及时严格镇压。播种后机械喷施异丙甲草胺封闭除草处理，720g/L 乳油，每亩 150ml 对水喷雾。5 月 1 日前后出苗，出苗整齐，粗放田间管理，不进行除草及田间间定苗处理。纤维成熟期（8 月 13 日）及时机械收割，收割后放置原地雨露沤制。

测产结果：庆 001 平均株高 294.7cm，茎粗 0.5cm，原茎产量 628.2kg/亩，以肇州大麻作对照，比对照品种增产 13.6%，纤维产量 145.2kg/亩，比对照增产 15.9%，出麻率为 23.1%；五大连池平均株高 289.8cm，茎粗 0.5cm，原茎产量 668.6kg/亩，以肇州大麻作对照，比对照品种增产 20.8%，纤维产量 139.9kg/亩，比对照增产 11.7%，出麻率为 20.9%。

2. 盐碱地工业大麻品种筛选与高产技术示范

（1）盐碱地纤维用工业大麻品种筛选。2014 年在大庆大麻试验站试验基地进行工业大麻的品种筛选试验，参试材料共 10 份，引进的国内大麻审定品种晋麻 1 号，皖大麻 1 号，引自吉林、五大连池、拜泉和明水的农家品种。优良品系庆 001、庆 003、0318-5-4-4、05086-1，对照品种肇州大麻。通过品种比较鉴定试验，筛选适合本地区种植的纤维用工业大麻品种。

5 月 4 日人工播种，底肥每亩施复合肥 25kg，硫酸钾 2.5kg，随整地一次性施入土壤，5 月 12 日前后陆续出苗，其中从山西引进的晋麻 1 号未出苗，分析可能是由于引种时间较长，种子保存不当的原因，其余材料出苗状况良好。皖大麻 1 号在进入 10 月份刚刚现蕾，在本地纤维不能完全成熟，不能结籽，其他品种在 7 月中下旬陆续现蕾开花，纤维和种子都能够完全成熟。

试验结果表明，皖大麻 1 号株高明显高于其他品种，株高为 288.47cm，原茎产量也最高，为 18 979.8kg/hm$^2$，但在本地区种植，同等的种植密度下，相对分枝较多，并且纤维不能够完全成熟，导致纤维产量较低，出麻率仅为 11.91%。

综合农艺、产量等性状的分析比较，筛选出庆 001、05086-1、五大连池和庆 003 四个在本地表现较好的品种，其中庆 001 和庆 003 已通过两年的黑龙江省区域试验。这四个品种的原茎产量由高到低分别为庆 001、05086-1、庆 003、五大连池的品种，原茎产量依次为 16 159.8kg/hm$^2$、15 450.0kg/hm$^2$、14 179.8kg/hm$^2$、13 540.2kg/hm$^2$。出麻率由高到低分别为庆 001、05086-1、五大连池、庆 003，出麻率分别为 18.32%、17.15%、16.99%、16.50%，比对照分别高出 4.14 个、2.97 个、2.81 个、2.32 个百分点。生育期调查情况、农艺及产量性状情况列于表 9-3。

**表 9-3　盐碱地纤维用工业大麻品种农艺性状及产量情况**

| 品种 | 株高（cm） | 茎粗（mm） | 分支高（cm） | 原茎产量（kg/hm$^2$） | 纤维产量（kg/hm$^2$） | 种子产量（kg/hm$^2$） | 出麻率（%） | 生育日数（d） |
|---|---|---|---|---|---|---|---|---|
| CK | 242.40 | 6.50 | 192.2 | 11 280.0 | 1 599.8 | 1 160.73 | 14.18 | 113 |

（续表）

| 品种 | 株高（cm） | 茎粗（mm） | 分支高（cm） | 原茎产量（$kg/hm^2$） | 纤维产量（$kg/hm^2$） | 种子产量（$kg/hm^2$） | 出麻率（%） | 生育日数（d） |
|---|---|---|---|---|---|---|---|---|
| 五大连池 | 243.23 | 6.50 | 194.57 | 13 540.2 | 2 299.8 | 1 258.51 | 16.99 | 111 |
| 0318-5-4-4 | 253.37 | 6.93 | 199.40 | 13 939.8 | 2 060.0 | 957.04 | 14.78 | 119 |
| 05086-1 | 249.85 | 5.15 | 212.15 | 15 450.0 | 2 650.0 | 785.93 | 17.15 | 111 |
| 吉林 | 251.33 | 6.40 | 207.97 | 16 360.2 | 1 920.0 | 894.07 | 11.74 | 115 |
| 庆 001 | 270.43 | 5.37 | 202.53 | 16 159.8 | 2 959.8 | 808.16 | 18.32 | 114 |
| 庆 003 | 263.97 | 6.17 | 198.40 | 14 179.8 | 2 340.0 | 1 196.29 | 16.50 | 116 |
| 拜泉 | 235.53 | 5.53 | 195.03 | 13 500.0 | 1 079.8 | 1 038.51 | 7.99 | 111 |
| 皖大麻 1 号 | 288.47 | 6.73 | 255.73 | 18 979.8 | 2 260.2 | — | 11.91 | — |
| 明水 | 259.47 | 5.67 | 190.73 | 10 260.0 | 1 419.8 | 1 099.27 | 13.84 | 113 |

（2）大麻抗逆机理与土壤修复技术示范。在大庆大麻试验站肇州示范基地建立盐碱地工业大麻高产栽培技术示范区，通过选用耐盐碱工业大麻品种、深耕深松、增施有机肥、合理密植等技术措施，进行盐碱地工业大麻高产栽培技术示范。示范区地处东北松嫩平原西部，为新开垦的盐碱荒地（碳酸盐草甸黑钙土）。该区域土壤有机质含量为 1.8%，速效性氮含量为 11.16mg/kg，速效性磷含量为 20.33mg/kg，速效性钾的含量为 160.42mg/kg，土壤呈碱性反应，pH 值在 9.0 左右。

2014 年示范面积 30 亩，示范品种为自选品系庆 001。播前精细整地，深耕细耙，结合整地每亩施农家肥 2 500kg，4 月 26 日机械条播，底肥随播种一次性施入，每亩施复合肥 25kg，硫酸钾 2.5kg，每亩播种量 7.5kg，播后苗前异丙甲草胺机械化封闭除草处理，甲基 1605 苗期防跳甲 2 次，纤维成熟期及时收获，收割后放置原地雨露沤制，期间机械喷施生物脱胶菌剂 1 次。测产结果：平均株高 270.3cm，茎粗 0.52cm，原茎产量 600.52kg/亩，比对照品种增产 9.19%，纤维产量 125.5kg/亩，比对照增产 12.1%，出麻率为 20.9%。

2015 年示范面积 100 亩，示范品种选择引自甘肃的耐盐碱农家品种。播前精细整地，深松重耙，使土地尽量平整。结合整地每亩施腐熟的农家肥 1 000kg，2015 年 4 月 19 日机械播种施肥，条播，行距 7.5cm，播种量 8.0kg/亩，底肥每亩施盐碱土专用复合肥 25kg（总养分≥46%，N-$P_2O_5$-$K_2O$ 为 26-13-7），硫酸钾 2.5kg，随播种一次性机械施入土壤、播后严格镇压。播种后出苗前机械喷施异丙甲草胺封闭除草处理，720g/L 乳油，每亩 150ml 对水 35kg，机械喷雾。4 月 29 日前后出苗，出苗整齐，生育期内加强田间管理，特别是在苗期注意防旱以及病虫害的发生，出现旱情及时采取相应灌溉措施，不进行除草及间定苗处理。纤维成熟期（8 月 20 日）及时机械收割，收割后放置原地进行雨露沤制。测产结果：平均株高 300cm，茎粗 0.5cm，原茎产量 646.5kg/亩，比对照品种增产 16.9%，纤维产量 135.5kg/亩，比对照增产 8.1%，出麻率为 21.0%。

3. 工业大麻育种与制种技术示范

采用空间隔离的方法，开展工业大麻隔离制种技术的示范，隔离制种选择在 10km 范围内没有大麻种植和生长的地块进行。

2014 年在北安示范基地建立工业大麻隔离制种技术示范区。示范材料为试验站纤用优良品系庆 001，示范面积 15 亩。播种前精细整地，结合整地一次性施足底肥，底肥每亩施复合肥（18-15-15）25kg，机械化垄作穴播，常规 65cm 垄，穴距 50cm，播种量 15$kg/hm^2$，播后立即镇压，播后苗前异丙甲草胺封闭除草，720g/L 乳油，每亩 150ml 对水喷雾。整个生育期内加强田间管理，根据杂草发生情况及时进行人工除草，中耕 2 次。雄株开花期人工去除不良雄株和不能充分表现该品种特性的雌株，种子成熟期及时机械收获，晾干后人工脱粒。测产结果：收获后经测产平均种子产量为 121.6kg/亩。

2015 年在黑龙江省安达市建立工业大麻隔离制种技术示范区，示范区周围 10km 范围内没有大麻种植。示范面积 100 亩，示范品种为庆 001。雄株开花期人工去除不良雄株和不能充分表现该品种特性的雌株。种子成熟期人工收获脱粒，收获后经测产平均种子产量为 120.5kg/亩。

4. 工业大麻重大有害生物综合防控技术示范

2014 年在肇州示范基地建立工业大麻病虫害综合防治技术示范区，示范面积 30 亩，示范品种肇州大麻。5 月 10 日播种，机械条播，行距 15cm，播种量 7. 5kg/亩，播后苗前异丙甲草胺封闭除草处理，分别于 5 月 26 日、6 月 9 日用 10%啶虫脒可湿性粉剂对水喷雾防治跳甲，用量 20g/亩。防治效果达到 88%以上，原茎产量每亩比对照增产 12%。

2015 年在孙吴示范基地建立工业大麻病虫草害综合防治技术示范区，示范面积 50 亩，示范品种五大连池农家品种。播种前精细整地，使地面尽量平整，示范区大麻播种采用机械化条播，行距 7. 5cm，播种量 8kg/亩。田间杂草防治采用苗前封闭除草，苗后不进行除草，苗前除草药剂用 720g/L 的异丙甲草胺乳油，每亩用药量 150ml，对水 35kg，播后苗前用药，施药时间选择在无风的上午或傍晚，机械化土壤喷雾。苗期大麻跳甲的防治选用 10%啶虫脒可湿性粉剂对水喷雾，用量 20g/亩，对水 40kg，傍晚施药。其他病虫害根据发生情况，及时监测及时采取相应防治措施。防治效果：封闭除草对狗尾草、早熟禾、稗草等禾本科杂草的防治效果达到 90%以上，跳甲防治效果达到 88%以上；大麻原茎产量为 590. 5kg/亩。

5. 工业大麻轻简化栽培技术示范

充分利用宁安示范基地所在地牡丹江市宁安县土地肥沃、雨水丰富、气候温和，适宜雨露沤制和机械化操作的特点。在该示范基地通过种子包衣、机械化播种、机械化封闭除草、机械化收获、鲜茎雨露沤制、机械打麻等相关轻简化技术的集成与示范，该技术节约了劳动力，降低了生产成本，雨露沤麻还可避免对环境造成的污染，具有显著的经济、社会、生态效益。

示范品种为庆 001 品系，2014 年示范面积 30 亩，2015 年示范面积 50 亩。前一年秋季机械整地，春季适时抢早播种，机械化等行距条播，行距 7. 5cm，播种量 8. 0kg/亩，底肥每亩施复合肥（28-15-12）20kg，硫酸钾 2. 5kg，随播种一次性机械施入土壤，播种后及时机械镇压。播后苗前机械喷施异丙甲草胺封闭除草处理，720g/L 乳油，每亩 150ml 对水喷雾。整个生育期内简易化田间管理，不进行除草及间定苗。纤维成熟期及时机械收割，收割后放置原地进行雨露沤制。期间机械喷施生物脱胶菌剂 1 次。

示范品种庆 001，示范面积 30 亩。收获后测产结果：平均株高为 279. 6cm，茎粗 0. 54cm，基本无明显分枝，原茎产量 623. 2kg/亩，出麻率为 19. 6%。通过机械化作业和雨露沤制等轻简化栽培技术，节约生产成本 240 元/亩，新增经济效益达到每亩 1 000元左右。

2014 年测产结果：平均株高为 279. 6cm，茎粗 0. 54cm，基本无明显分枝，原茎产量 623. 2kg/亩，出麻率为 19. 6%；2015 年测产结果：平均株高为 286. 6cm，茎粗 0. 5cm，基本无明显分枝，原茎产量 625. 2kg/亩，出麻率为 22. 5%。通过机械化作业和雨露沤制等轻简化栽培技术，节约生产成本 240 元/亩，新增经济效益达到每亩 1 000元左右。

6. 工业大麻雨露沤制技术示范

2014 年在试验站核心示范基地进行工业大麻鲜茎雨露沤制技术示范，示范大麻品种为引自五大连池的农家品种，示范面积 100 亩。示范田大麻纤维成熟期机械化收获后，充分利用雨露资源置于原地雨露沤制，机械喷施生物脱胶菌剂 1 次，沤至 95%以上的茎秆变黑，用手揉搓，纤维很容易同木质部分离。测产结果：原茎产量为 613. 78kg/亩，出麻率为 19%，与温水沤制相比每亩节约生产成本 200 元，每百吨减少污水排放量在 50t 以上。

2015 年在试验站核心示范基地种植 400 多亩的纤维用工业大麻生产示范田，全部进行鲜茎雨露沤制技术示范。播种在 4 月 18—19 日进行，机械化条播，常规田间管理，纤维成熟期（8 月 11 ~14 日）及时机械收割，放置原地进行鲜茎雨露沤制，铺麻厚度 8~10cm，于 9 月 1 日机械喷施生物脱胶菌剂 1 次，沤至 95%以上的茎秆变黑，用手揉搓，纤维很容易同木质部分离。测产结果：在整个示范区内随机定点取样测产，平均原茎产量为 639. 8kg/亩，出麻率为 20%，与温水沤制相比每亩节约生产成本 200 元，每百吨减少污水排放量在 50t 以上。

2014—2015 年与大庆市绿源长丰麻类种植专业合作社开展技术合作，为其提供工业大麻种植、沤制、加工等方面的技术支持，合作社在大庆核心示范基地建立麻类原料加工厂，与其联合开展工业大麻初加工技术示范展示，示范大麻面积 200 亩，每小时加工原茎 1. 25t，分别在 7 月和 11 月组织现场观摩及培训会各 1 次。

## （二）基础数据调研

### 1. 基础数据库建设

参与的数据库主要有：工业大麻数据库、麻类作物主产区气象与土壤数据库、麻类作物种植机械数据库、麻类作物初加工机械数据库、涉农麻类加工企业数据库、涉农麻类加工企业数据库、麻类产业技术国内外研究进展数据库。根据参与数据库建设情况，通过引进观察鉴定品种资源、广泛开展各项监测与调研、搜集整理研究资料等形式，配合完善体系各项数据库建设工作。

通过国内外交流与合作，收集引进大麻种质资源 17 份，列入本年度品种资源圃，通过田间观察鉴定，确定各材料的生物学特征和品质特性等（表 9-4）。

**表 9-4　2014 年、2015 年鉴定新增资源的生物学特征**

| 品种代号 | 叶色 | 茎色 | 性型 | 种子性状 | 种皮颜色 | 千粒重 (g) | 纤维生育日数 (d) | 种子生育日数 (d) |
|---|---|---|---|---|---|---|---|---|
| 2013-Y1 | 绿 | 绿 | 异株 | 椭圆 | 褐 | 19. 6 | 96 | 120 |
| 2013-Y2 | 浅紫 | 浅紫 | 异株 | 椭圆 | 灰 | 19. 9 | 94 | 120 |
| 2013-Y3 | 绿 | 绿 | 异株 | 椭圆 | 浅褐 | 20. 6 | 94 | 118 |
| 2013-Y4 | 绿 | 绿 | 同株 | 椭圆 | 褐 | 18. 9 | 90 | 116 |
| 2013-Y5 | 浅绿 | 绿 | 异株 | 椭圆 | 褐 | 20. 4 | 92 | 119 |
| 2015-Y1 | 绿 | 绿 | 异株 | 椭圆 | 褐 | 19. 8 | 95 | 120 |
| 2015-Y2 | 绿 | 绿 | 异株 | 椭圆 | 灰 | 19. 9 | 94 | 120 |
| 2015-Y3 | 浅紫 | 浅紫 | 异株 | 椭圆 | 浅褐 | 20. 6 | 94 | 118 |
| 2015-Y4 | 绿 | 绿 | 异株 | 椭圆 | 褐 | 18. 9 | 90 | 115 |
| 2015-Y5 | 浅绿 | 绿 | 异株 | 椭圆 | 褐 | 20. 0 | 92 | 130 |
| 2015-Y6 | 绿 | 绿 | 异株 | 椭圆 | 褐 | 19. 6 | 96 | 125 |
| 2015-Y7 | 绿 | 绿 | 异株 | 椭圆 | 灰 | 20. 9 | 116 | 未成熟 |
| 2015-Y8 | 绿 | 绿 | 异株 | 椭圆 | 浅褐 | 21. 8 | 113 | 未成熟 |
| 2015-Y9 | 绿 | 绿 | 同株 | 椭圆 | 褐 | 18. 9 | 90 | 116 |
| 2015-Y10 | 浅绿 | 绿 | 同株 | 椭圆 | 褐 | 18. 8 | 90 | 112 |
| 2015-Y11 | 绿 | 绿 | 同株 | 椭圆 | 褐 | 19. 6 | 90 | 115 |
| 2015-Y12 | 绿 | 绿 | 同株 | 椭圆 | 褐 | 19. 8 | 92 | 115 |

实时监测区域内大麻主产区气象与土壤信息，分别于各示范基地采集土壤样品，分析化验土壤养分状况，配合完善体系土壤数据库建设（表 9-5）。

**表 9-5　黑龙江工业大麻示范基地土壤数据信息**

| 采样地点 | 有机质 (g/kg) | 全氮 (g/kg) | 碱解氮 (mg/kg) | 有效磷 (mg/kg) | 速效钾 (mg/kg) | pH 值 |
|---|---|---|---|---|---|---|
| 肇州县卫星种畜场样点 1 | 27. 2 | 2. 02 | 167. 8 | 24. 6 | 271. 1 | 8. 0 |
| 肇州县卫星种畜场样点 2 | 24. 0 | 1. 96 | 145. 5 | 19. 7 | 203. 7 | 8. 6 |
| 二龙山农场第一管理区一区一组 | 56. 6 | 3. 06 | 266. 6 | 57. 8 | 265. 8 | 6. 9 |
| 二龙山农场第一管理区一区二组 | 50. 9 | 3. 45 | 346. 6 | 47. 6 | 216. 9 | 6. 9 |
| 孙吴县辰清镇样 1 | 46. 6 | 1. 79 | 201. 6 | 26. 3 | 167. 6 | 6. 6 |
| 孙吴县辰清镇样 2 | 47. 9 | 1. 99 | 227. 6 | 35. 4 | 156. 6 | 6. 3 |
| 逊克县高滩园区 | 38. 4 | 2. 37 | 248. 7 | 35. 2 | 89. 8 | 5. 2 |
| 逊克县良种场 | 38. 8 | 2. 12 | 257. 6 | 30. 2 | 76. 8 | 5. 5 |
| 安达大麻隔离制种示范区 | 30. 5 | 1. 56 | 147. 1 | 37. 8 | 167. 0 | 7. 5 |
| 安达市吉星岗镇 | 28. 3 | 1. 66 | 222. 2 | 38. 6 | 143. 6 | 8. 0 |
| 黑龙江省农业科学院大庆分院红旗泡试验地采样点 1 | 30. 0 | 3. 05 | 127. 0 | 34. 8 | 226. 7 | 8. 7 |
| 黑龙江省农业科学院大庆分院红旗泡试验地采样点 2 | 29. 6 | 3. 47 | 134. 8 | 44. 3 | 205. 9 | 8. 5 |

在区域内哈尔滨、齐齐哈尔、黑河、肇东、肇州、绥化、克山等地进行大麻种植、收割、加工机械和大麻加工企业的调研，收集相关数据，配合完善麻类作物种植机械数据库、加工机械数据库和麻类加工企业数据库的建设。

通过网上搜索和查询工业大麻研究资料和文献，下载整理工业大麻研究及技术资料 80 余份，主要是工业大麻遗传育种、栽培技术、麻类纤维加工、麻类脱胶技术等。

2. 其他基础性工作具体实施内容

制定大庆市农业地方标准 1 项《工业大麻鲜茎雨露沤制技术规程》，申报黑龙江省地方标准制定工作，组织编写《工业大麻生产技术规程》；成功申报大庆市指导性科技计划项目 1 项：工业大麻种质资源引进、筛选及创新利用；授权国家实用新型发明专利 1 项：一种新型的工业大麻封闭育种授粉隔离装置。试验站站长及团队 4 名成员分别在大庆市让胡路区、肇源县、肇州县、孙吴县挂职服务，更好地指导当地大麻生产。本年度进一步加强对团队成员和各示范县技术骨干的培养力度，广泛开展技术培训，提高团队成员和技术骨干的知识水平和专业技能。

3. 积极开展调研活动

2014—2015 年通过实地考察和电话咨询等形式对黑龙江省的大麻产业发展情况进行了广泛地调研，共计开展生产调研 18 次。通过调研，对黑龙江省大麻种植情况、种植生产加工机械、生产现状、销售情况及生产中存在的主要问题有了更深入的了解。

### （三）区域科技支撑

（1）通过对试验站各项工作任务的具体实施、体系管理平台以及与相关岗位专家和其他试验站的密切联系，及时掌握国内外麻类产业信息和产业发展动态，同时对工业大麻新品种和各项新技术进行示范展示，广泛开展各项生产调研，深入到企业和农户进行技术培训与服务，帮助大庆、北安、克山、宁安、孙吴、逊克、安达、肇州等地企业制定生产规划方案，并在生产关键环节通过现场指导和电话、网上答疑等形式对大麻制种、施肥、除草、雨露沤制等关键技术进行了全方位的服务，为该区域大麻产业发展和技术支撑起到积极的促进作用。

（2）同大庆市绿源长丰麻类种植专业合作社开展技术合作，为其提供大麻种植、沤制以及加工过程的技术支持与指导。在大庆示范基地建立原料加工厂，进行大麻原料加工技术示范。

（3）肇州县卫星种畜场 2015 年开始发展大麻产业，本年种植面积为 8 200亩，年初到大庆大麻试验站寻求技术咨询，技术人员对其进行认真细致的指导，并在生产关键环节到田间现场进行技术指导与服务。同时派大麻团队技术人员到肇州县挂职，专门对肇州县大麻种植提供技术指导，在肇州组织 2 次工业大麻种植技术培训。

2015 年安达市吉星岗镇种植大户种植大麻 4 000亩，技术人员在整个大麻生产过程多次到田间现场对其进行技术上的指导。

（4）孙吴县辰清镇麻类种植合作社近几年一直进行大麻种植，试验站对其进行技术上的指导与培训，本年度通过黑龙江省三区人才计划项目团队派出技术人员在孙吴县挂职，专门对当地大麻生产提供技术指导与服务。

讷河市、内蒙古莫旗、林甸县、大同区、肇源县、龙门农场等地农民多次到大庆大麻试验站寻求工业大麻种植及加工方面的技术指导，该站均为其做了认真的讲解，并且组织农民到示范基地进行参观学习。

（5）2014 年采用现场与培训班相结合的形式，共开展种麻技术、雨露沤制与产品初加工等技术培训 10 次，培训体系内聘用人员和岗位人员 54 人、农技人员 106 名、麻农 357 名、发放宣传资料 600 余份，进行电话或网上技术指导 30 余次。2015 年试验站在区域内广泛开展科技服务工作，重点针对该区域内大麻集中种植区的农技人员、种植大户、企业技术人员以及各示范县技术骨干进行技术培训。主要围绕大麻综合高产栽培技术、病虫害防治技术、鲜茎雨露沤制技术和原料加工等关键技术进行培训。同时，广泛开展电话及网上咨询服务，并在大麻生产关键环节深入到田间地头，了解种植户的实际需求，解答大麻生产中的疑难问题。并以挂职的形式，对集中种植区进行技术指导与服务。总共开展工业大麻高产栽培技术、雨露沤制、机械收割及原料加工等技术培训13次，培训体系内聘用人员和岗位人员50人、农技人员129人、麻农341人、发放宣传资料800余份，在生产关键环节进行现场指导30余次，通过电话或网上进行技术指导60余次。

## 二 汾阳大麻试验站

2014—2015年，汾阳大麻试验站团队人员认真贯彻执行农业部《现代农业产业技术体系》各项政策方针，全面落实国家麻类产业技术体系合同任务，在首席及各岗位专家的领导配合下，紧紧围绕大麻特色产业优势，结合山西省地域特征，充分发挥农业科技示范的带动作用，积极备战、精诚协作，加强团队凝聚力、创新力，充分调动各示范县技术骨干力量。

（1）筛选出适合山西省种植的高产高效多用途工业大麻品种2个；示范工业大麻高产高效种植技术及工业大麻机械收获技术，每年示范面积3hm$^2$以上，麻皮产量达3 045kg/hm$^2$，麻秆产量达12 400. 5kg/hm$^2$，麻叶达4 099. 5kg/hm$^2$。示范大麻屑栽培食用菌技术。

（2）筛选出适合山坡地种植的工业大麻品种1个；示范山坡地工业大麻高产栽培技术1套。产量较对照提高10%，示范面积1hm$^2$。

（3）协助岗位专家形成工业大麻隔离繁种技术1套；种子产量达1 800kg/hm$^2$，示范面积1hm$^2$。

（4）协助岗位专家形成麻跳甲综合防控技术，大麻麻田草害综合防控技术各1套。并对其进行集成示范，示范面积1hm$^2$。

（5）协助岗位专家形成工业大麻轻简化栽培技术1套。并进行集成示范，示范面积1hm$^2$。

（6）参与体系八项基础数据库建设，培训示范县科技人员300多人次，麻农1 000多人次，发放科普资料2 000多份，现场指导100多人次。

（7）发表论文3篇，“籽用工业大麻高产栽培技术”获得山西省农村技术承包二等奖，“一种工业大麻良种繁殖技术”获国家发明专利。

### （一）技术集成与示范

*1. 麻类作物高产高效种植与多用途关键技术研究与示范*

（1）晋麻1号高产高效及多用途技术集成示范。2014年在平遥种植50亩晋麻1号展示田，以高产高效栽培模式进行示范。播前施农家肥45 000kg/hm$^2$、复合肥750kg/hm$^2$，大水浇灌，4月14日播种，种子经过12h农药浸种。5月12日间苗中耕，密度450 000kg/hm$^2$左右，6月8日浇水一次，结合追施尿素150kg/hm$^2$，因后期雨水比较充足，大麻长势旺盛，植株高达4m以上，8月初，雄麻开花盛期及时收获，平均亩产麻皮2 790kg/hm$^2$。2015年进行重复展示示范，在干旱较重的情况下，仍获得了平均2 325kg/hm$^2$的较高产量。

2014年在汾阳种植15亩晋麻1号展示田，以高产高效栽培模式进行示范。播前浇水，施农家肥45 000kg/hm$^2$、复合肥750kg/hm$^2$，4月16日播种，种子经过12h农药浸种。5月15日间苗中耕，密度450 000kg/hm$^2$左右，5月17日，发现麻跳甲虫害，喷洒甲维盐·氯氰500倍液，两次治愈。6月4日浇水一次，结合追施尿素150kg/hm$^2$、钾肥37. 5kg/hm$^2$，后期6、7月份降水量基本满足大麻生长需求。8月1日，体系首席科学家办公室组织专家对该任务进行了测产验收，随机取点三个，每点10m$^2$，现场剪枝，机械剥皮，分别对麻皮、麻秆、茎叶进行称重，并取样测量水分含量，通过对三点测产数据汇总，麻皮产量达3 045kg/hm$^2$，麻秆产量达12 400. 5kg/hm$^2$，麻叶达4 099. 5kg/hm$^2$，达到了体系委托协议要求的原麻3 000kg/hm$^2$，麻骨、麻叶16 500kg/hm$^2$的任务目标。

（2）旱作大麻高产栽培技术示范。2014 年在临县进行晋麻 1 号旱作大麻高产栽培技术示范 0.67hm²。栽培要点：在自然气候条件下，4 月 18 日借墒播种，种前平整土地，足施底肥，施农家肥 30 000kg/hm²、复合肥 450kg/hm²、尿素 75kg/hm²，施保水剂 150kg/hm²防旱。密度 450 000kg/hm²左右，间苗锄草后，不再施肥浇水，及时防治病虫害，8 月 10 日收获，平均麻皮产量达 625kg/hm²。

（3）工业大麻新品种展示。试验于 2014 年在经作所试验田，参试品种有三个：云麻 1 号、晋麻 1 号、皖大麻 1 号。每个品种种植面积 0.067hm²。种植方式及密度：种前浇水，人工条播，行距 20cm，株距 8~10cm，苗高 10cm 左右间苗锄草，留苗密度 37.5~45kg/hm²。施农家肥 45 000kg/hm²、金雷控释肥，总养分≥40%，三元复合肥（28-6-6）600kg/hm²一次施足底肥。6 月 6 日追施尿素 150kg/hm²，浇水一次。8 月 7 日收获。麻皮测产结果表明，晋麻 1 号和皖大麻 1 号产量相差无几，分别达到了 2 430kg/hm²和 2 400kg/hm²，云麻 1 号由于生育期长，产量稍低些，达到 2 220kg/hm²。

2015 年选用 5 个新品种（系）进行比较试验，由于干旱，产量有所下降（表 9-6）。其中天水麻 * 晋麻 1 号 F4 达到 1 860kg/hm²，显著高于晋麻 1 号的 1 815kg/hm²。

**表 9-6　2015 年工业大麻新品种展示产量结果**

| 品种（系）名称 | 播种期（月·日） | 出苗期（月·日） | 出苗率（%） | 苗色 | 现蕾期（月·日） | 开花期（月·日） | 工艺成熟期（月·日） | 生育期（d） | 麻皮产量（kg/亩） |
|---|---|---|---|---|---|---|---|---|---|
| 晋麻 1 号 | 4.24 | 5.2 | 90 | 黄绿 | 7.24 | 7.30 | 8.11 | 109 | 1 815 |
| 晋麻 1 号×云麻 1 号 $F_3$ | 4.24 | 5.1 | 95 | 黄绿 | 7.17 | 7.24 | 8.11 | 109 | 1 516 |
| 临县小麻×晋麻 1 号 $F_4$ | 4.24 | 5.2 | 90 | 黄绿 | 7.17 | 7.24 | 8.11 | 109 | 1 740 |
| 固始大麻×晋麻 1 号 $F_4$ | 4.24 | 5.1 | 95 | 黄绿 | 7.24 | 7.30 | 8.11 | 109 | 1 335 |
| 天水麻×晋麻 1 号 $F_4$ | 4.24 | 5.3 | 90 | 绿 | 7.17 | 7.24 | 8.11 | 109 | 1 860 |

（4）大麻骨栽培食用菌技术试验示范。与汾阳食用菌合作社联合进行了利用大麻秆作原料，粉碎后培养杏鲍菇技术试验示范。对照营养基配方为：玉米芯 77%，米糠 20%，白糖 1%，石膏粉 1%，石灰粉 1%。料水比 1：(1.2~1.5)，湿料含水量 60%~65%；自然 pH 值（无需酸碱调节）。以不同比例的麻骨替代玉米芯重新配方，每种配方试验 100 袋。结果如下（表 9-7、表 9-8）。

**表 9-7　大麻秆作原料栽培杏鲍菇营养基配方**

| 处理 | 玉米芯 | 麻骨 | 米糠 | 白糖 | 石膏粉 | 石灰粉 |
|---|---|---|---|---|---|---|
| 配方 1（对照） | 77% | 0% | 20% | 1% | 1% | 1% |
| 配方 2 | 51% | 26% | 20% | 1% | 1% | 1% |
| 配方 3 | 33% | 34% | 20% | 1% | 1% | 1% |
| 配方 4 | 26% | 51% | 20% | 1% | 1% | 1% |
| 配方 5 | 0% | 77% | 20% | 1% | 1% | 1% |

**表 9-8　大麻秆作原料栽培杏鲍菇试验产量**

| 处理 | 装袋 | 第一批收获（kg） | 第二批收获（kg） | 总产量（kg） | 平均每袋产量（g） | 增产（%） |
|---|---|---|---|---|---|---|
| 配方 1（对照） | 100 | 18.5 | 9.6 | 28.1 | 281 | |
| 配方 2 | 100 | 18.7 | 9.7 | 28.4 | 284 | 1% |
| 配方 3 | 100 | 18.0 | 9.6 | 27.6 | 276 | -1.8% |
| 配方 4 | 100 | 17.5 | 9.5 | 27.0 | 270 | -3.9% |
| 配方 5 | 100 | 16.8 | 9.0 | 25.8 | 258 | -8.2% |

综上分析，配方 2：玉米芯 51%、麻骨 26%、米糠 20%、白糖 1%、石膏粉 1%、石灰粉 1%。产量最高，但增产效果不显著。配方 5：玉米芯 0%、麻骨 77%、米糠 20%、白糖 1%、石膏粉 1%、石灰粉 1%。产量最低，减产效果显著。说明大麻麻骨可以作为食用菌培养基原料，比例搭配合

理，可获得高产。

2. 大麻山坡地种植技术试验示范

2014—2015 年连续在陵川进行“大麻山坡地种植技术试验示范”，选用籽用型工业大麻品种汾麻 3 号，以省工简化关键技术模式示范，示范面积 2014 年 0.33hm²，2015 年为 1hm²。陵川位于太行山南端最高地带，为典型石山区，境内万峰环立，沟壑纵横，平均海拔 1 058m，无霜期 160d，只有少量土地可种植玉米，多数地区土地收入微薄。纤维用工业大麻高产栽培技术：选用纤用型大麻品种晋麻 1 号技术要点：适施底肥（农家肥 45 000kg/hm²、有机复合肥 450kg/hm²）、合理密度（375 000kg/hm²）、粗放管理（间苗定苗后）、及时收获（雄麻花期收获）。籽用工业大麻高产栽培技术：选用籽用工业大麻品种汾麻 3 号技术要点：适施底肥（农家肥 45 000kg/hm²、有机复合肥 300kg/hm²）、合理密度（密度 90 000kg/hm²）、粗放管理（间苗定苗后）、及时收获（植株中部麻籽成熟即收获，避免成熟过度落地浪费）。两年平均亩产麻皮 110kg，亩产麻籽 113kg。比当地种植糜子、小豆、荞麦等作物收入明显增加。

3. 工业大麻育种与制种技术研究

（1）纤用型工业大麻品种鉴定筛选。2014 年将筛选出 20 份新品系参加了新品种鉴定试验，筛选出天水麻×晋麻 1 号、固始大麻×晋麻 1 号产量位于第一、第二位，分别达 2 625kg/hm² 和 2 550 kg/hm²，比对照晋麻 1 号增产 9.3% 和 6.3%。8 月 4 日收获产量较高的正常成熟的几个品种（系）见表 9-9。

**表 9-9　纤用型工业大麻新品种（系）鉴定试验结果（2014 年）**

| 品系名称 | 播种期（月-日） | 出苗期（月-日） | 现蕾期（月-日） | 开花期（月-日） | 有效株数（株） | 株高（cm） | 茎粗（cm） | 麻皮产量（kg/亩） |
|---|---|---|---|---|---|---|---|---|
| 固始大麻×晋麻 1 号 $F_3$ | 4-14 | 4-24 | 7-22 | 7-28 | 303 | 386 | 1.2 | 2 550 |
| 临县小麻×晋麻 1 号 $F_3$ | 4-14 | 4-24 | 7-22 | 7-28 | 287 | 378 | 1.22 | 2 400 |
| 天水麻×晋麻 1 号 $F_3$ | 4-14 | 4-24 | 7-22 | 7-28 | 270 | 375 | 1.24 | 2 625 |
| 汾麻 3 号×固始大麻 $F_2$ | 4-14 | 4-24 | 7-22 | 7-28 | 272 | 376 | 1.12 | 2 325 |
| 晋麻 1 号×云麻 1 号 $F_2$ | 4-14 | 4-24 | 7-22 | 7-28 | 256 | 370 | 1.09 | 2 400 |
| 固始大麻 | 4-14 | 4-24 | 7-22 | 7-28 | 318 | 344 | 1.24 | 2 250 |
| 晋麻 1 号 | 4-14 | 4-23 | 7-22 | 7-28 | 284 | 363 | 1.25 | 2 400 |

2015 年选出 18 个比较好的纤维用品系进行产量鉴定，由于干旱严重，为了选出适应山区旱作品系，所以没有浇一次水，产量稍低。产量结果如下：提纯的沁源麻及固始麻×云麻 1 号原麻产量最高。产量较高的几个品种（系）见表 9-10。

**表 9-10　纤用型工业大麻新品种（系）鉴定试验结果（2015 年）**

| 品种名称 | 播种期（月-日） | 出苗期（月-日） | 开花期（月-日） | 生育期（d） | 株高（m） | 茎粗（cm） | 麻皮亩产（kg/亩） |
|---|---|---|---|---|---|---|---|
| 雌雄同株×兰州 $F_2$ | 4.24 | 5.4 | 7.20 | 107 | 2.49 | 1.0 | 1 306.05 |
| 固始大麻×云麻 1 号 $F_2$ | 4.24 | 5.4 | 7.9 | 107 | 2.89 | 1.4 | 1 417.95 |
| 固始大麻×晋麻 1 号 $F_2$ | 4.24 | 5.3 | 7.31 | 107 | 2.74 | 1.3 | 1 380.60 |
| 榆社麻 | 4.24 | 5.3 | 7.25 | 107 | 2.51 | 1.2 | 1 417.95 |
| 沁源麻 | 4.24 | 5.2 | 7.25 | 107 | 2.43 | 1.1 | 1 567.20 |
| 泰安麻 | 4.24 | 5.3 | | | 2.69 | 1.4 | 1 455.30 |

（2）籽用型工业大麻品种鉴定筛选。2014 年将筛选出 28 份新品系参加了籽用型工业大麻新品种鉴定试验，筛选出临县小麻×晋麻 1 号，汾麻 3 号×晋麻 1 号。晋麻 1 号×云麻 5 号这三个杂交组合后代，麻籽产量较高，都达 1 500kg/hm² 以上，然该试验因生育后期雨水太多造成麻株倒伏，还有成熟期鸽鸟危害严重麻籽产量普遍偏低。产量较高的几个品种（系）见表 9-11。

**表 9-11 籽用型工业大麻新品种（系）鉴定试验结果（2014 年）**

| 品种名称 | 播种期（月-日） | 出苗期（月-日） | 籽粒产量（kg） | 麻皮亩产（kg/亩） |
|---|---|---|---|---|
| 临县小麻×晋麻 1 号 $F_3$ | 6/3 | 6/10 | 1.55 | 1 551.0 |
| 内蒙麻×晋麻 1 号 $F_3$ | 6/3 | 6/11 | 1.35 | 1 350.0 |
| 天水麻×晋麻 1 号 $F_3$ | 6/3 | 6/10 | 1.45 | 1 452.0 |
| 兰州麻×晋麻 1 号 $F_3$ | 6/3 | 6/11 | 1.4 | 1 401.0 |
| 汾麻 3 号×晋麻 1 号 $F_3$ | 6/3 | 6/10 | 1.5 | 1 500.0 |
| 平遥麻×晋麻 1 号 $F_3$ | 6/3 | 6/10 | 1.25 | 1 251.0 |
| 晋麻 1 号×云麻 5 号 $F_2$ | 6/3 | 6/11 | 1.5 | 1 500.0 |
| 汾麻 3 号×固始大麻 $F_2$ | 6/3 | 6/11 | 1.2 | 1 200.0 |
| 本地麻 1 | 6/3 | 6/11 | 1.4 | 1 401.0 |
| 临县小麻 | 6/3 | 6/11 | 1.35 | 1 350.0 |
| 吕梁麻 | 6/3 | 6/10 | 1.4 | 1401.0 |
| 天水大粒 | 6/3 | 6/12 | 1.3 | 1 302.0 |
| 天水小粒 | 6/3 | 6/11 | 1.4 | 1 401.0 |

2015 年从上年试验中选出 20 份新品系参加了籽用型工业大麻新品种鉴定试验，6 月 15 日播种，6 月 26 日出苗。筛选出岚县麻×晋麻 1 号、汾麻 3 号×岚县麻、沁源麻、苍山麻、长白山、五常 40 麻籽产量较高，都达 1 500kg/hm$^2$以上（表 9-12）。

**表 9-12 籽用型工业大麻新品种（系）鉴定试验结果（2015 年）**

| 品种名称 | 种子成熟期（月-日） | 生育期（d） | 株高（m） | 茎粗（cm） | 分枝高（cm） | 分枝数（个） | 麻籽亩产（kg/亩） |
|---|---|---|---|---|---|---|---|
| 固始大麻×晋麻 1 号 $F_2$ | 10-9 | 112 | 3.01 | 1.9 | 79.0 | 27 | 1 350.0 |
| 岚县麻×晋麻 1 号 $F_2$ | 10-9 | 112 | 2.81 | 1.8 | 47.4 | 25 | 1 856.3 |
| 岚县麻×汾麻 3 号 $F_2$ | 10-9 | 112 | 2.76 | 1.8 | 41.8 | 21 | 1 687.5 |
| 晋麻 1 号×皖大麻 1 号 $F_2$ | 10-9 | 112 | 2.92 | 1.8 | 37.5 | 37 | 1 406.3 |
| 汾麻 3 号×岚县麻 $F_2$ | 10-9 | 112 | 2.99 | 2.0 | 43.1 | 28 | 1 800.0 |
| 志丹麻 | 10-9 | 112 | 3.00 | 2.0 | 34.7 | 32 | 1 575.0 |
| 沁源麻 | 10-9 | 112 | 2.73 | 1.6 | 26.2 | 34 | 1 968.7 |
| 苍山麻 | 10-9 | 112 | 2.40 | 1.9 | 29.2 | 31 | 2 081.2 |
| 长白山 | 10-9 | 112 | 1.98 | 1.5 | 22.2 | 25 | 2 137.5 |
| 长春 | 10-9 | 112 | 2.27 | 1.8 | 27.0 | 29 | 1 350.0 |
| 黑河 | 10-9 | 112 | 2.26 | 1.4 | 25.8 | 22 | 1 462.5 |
| 海伦 | 10-9 | 112 | 1.91 | 1.3 | 24.8 | 20 | 1 406.3 |
| 五常 40 | 10-9 | 112 | 2.31 | 1.6 | 23.6 | 24 | 1 968.8 |

（3）工大麻制种技术示范。2014—2015 两年先后在临县制种晋麻 1 号 1kg/hm$^2$，按照当地种植习惯，清明至谷雨间播种，播种较早，生育期长，投工多、植株营养体徒长，作物吸收土壤养分多，而麻籽产量少。通过几年的试验总结，一改当地种植习惯，形成了适应本区生产的工业大麻隔离繁种技术进行集成示范。技术要点：合理施肥（底肥施农家肥 45 000kg/hm$^2$、适量磷肥，中期追施适量氮肥 75~150kg/hm$^2$）、适期迟播（6 月上中旬播种，当地习惯 5 月上旬播种）、合理密度（90 000~120 000kg/hm$^2$）、及时割雄（雄花花期后及时割掉）、及时收获（防止成熟过度落籽以及鸽鸟的危害）。两年平均产量 1 837.5kg/hm$^2$。

4. 工业大麻病虫草害防控技术示范

（1）二甲四氯钠+烯草酮混用防除大麻田一年生杂草技术示范。在平遥宁固镇王郭村示范二甲四氯钠+烯草酮茎叶除草技术 0.67hm$^2$。示范二甲四氯钠+烯草酮茎叶除草技术 0.1kg/hm$^2$示范品种：晋麻 1 号。杂草出苗后 2~4 叶期每公顷施 56%二甲四氯钠 WP 300g+240g/L 烯草酮 EC 195ml 对水 600kg/hm$^2$均匀喷雾（注意不要喷在大麻幼苗上），示范结果对麻苗没有造成伤害，药后 30d 对大麻田的株防效达到 97%以上，且对大麻苗无药害。

（2）精异丙甲草胺防除大麻田一年生杂草技术示范。在试验田示范精异丙甲草胺防除大麻田一年生杂草的示范除草技术 0.1$hm^2$。示范品种为晋麻 1 号。大麻播种覆土后土壤喷雾，喷施水溶液 750kg/$hm^2$。结果表明，芽前除草剂精异丙甲草胺对大麻田杂草的株防效在 83%以上，鲜重防效 82%以上；纤维用大麻增产率 4.7%，籽用大麻增产率 14.59%（表 9-13）。

**表 9-13　供试药剂及试验设计**

| 药剂处理 | 面积（$m^2$） | 每公顷用量（制剂） | 小区用药量 |
|---|---|---|---|
| 小区 1：960g/L 精异丙甲草胺 EC | 667 | 1 200ml（76.8ai.g） | 80ml |
| 小区 2：（CK）900g/L 乙草胺 EC | 20 | 1 200ml（72ai.g） | 2.4ml |
| 小区 3：空白 CK | 20 | 0 | 0 |

（3）地下害虫防治示范。为了有效防治地下害虫，对各示范基地采取以下措施：①秋收后及时清除田间残株落叶、田边杂草，集中烧毁。②春耕前，每亩施入地虫克 1 袋，深翻入土。

2014 年开春时部分试验田由于施入鸡粪腐熟不够，4 月下旬地老虎虫害严重，及时采取防治措施：用 50%辛硫磷乳液 1kg，对水 5kg，拌米糠 15kg。午后天黑前均匀撒在田间苗根处，4 月 24 日撒一次，4 月 29 日撒一次，彻底防治。

如果施入的鸡粪腐熟不够，可能造成苗期地老虎虫害严重。2015 年在各示范基地施农家肥时，每吨农家肥拌入黑矾 1~2 袋并存放发酵半个多月，可杀灭肥料中的虫卵。并在深耕前撒施地虫克 1~2 袋，有效地杀灭地下害虫。几乎没有发生地下虫害，保证了大麻的出苗全苗。

（4）大麻麻跳甲防治示范。麻跳甲是大麻多发的虫害，几乎每年都有发生，特别是在苗期天气刚刚回暖之时。为了有效防治麻跳甲危害，应该提前预防措施，各示范基地在间苗中耕后，及时喷洒甲维盐·氯氰农药 500 倍液+辛硫磷 1 000倍液一次，半个月后再喷洒一次，有效地防止了麻跳甲虫害的发生。

5. 工业大麻轻简化栽培技术研究与示范

（1）麦茬复播大麻轻简化栽培技术试验示范

展示品种：云麻 1 号。展示面积：1$hm^2$。

技术要点：及时播种（6 月上旬麦茬复播，机械播种施肥一次完成）、除草剂应用（播种后随即喷洒除草剂，省去人工除草）、合理密度（450 000kg/$hm^2$左右）、机械收割、机械剥麻。麻皮产量 1830kg/$hm^2$。应用该技术除机械剥麻技术不太成熟外，其他环节几乎不用人工投入，如能解决机械剥麻技术，比种玉米还划算。

（2）大麻免耕栽培技术示范。示范品种：晋麻 1 号。示范面积：1$hm^2$。

栽培技术要点为：适时早播，免耕撒播；播后浅翻；喷洒除草剂；几乎不间苗，密度达 120kg/$hm^2$；一次性施入基肥，间苗后粗放管理，及时收获，实行轻简化栽培技术节支 1 500~4 500元/$hm^2$，累计增加经济效益 1 000~ 2 000元。

4 月 20 日免耕撒播，播后机械浅翻，4 月 21 日依照试验方案喷施除草剂（96%精异丙甲草胺乳油），5 月 2 日左右出苗，5 月 18 日对特别密的地方简单间苗，8 月初开花，8 月 8 日雄株盛花期开始麻皮收获。麻皮产量 1 770kg/$hm^2$。比正常播种节约一次耕地费 900 元/$hm^2$，播种人工费 900 元/$hm^2$。合计每公顷节工 1 800元（表 9-14）。

**表 9-14　免耕示范和常规栽培产量对比**

| 处理 | 株高（m） | 茎粗（cm） | 有效株数（株） | 干皮产量（kg/亩） |
|---|---|---|---|---|
| 免耕栽培 | 277 | 1.07 | 414 | 1 770.0 |
| 常规栽培 | 249 | 1.00 | 406 | 1 744.5 |

## （二）基础数据调研

### 1. 土壤养分数据库（表 9-15）

**表 9-15　汾阳大麻试验站 5 个示范县示范基地土样养分分析数据**

| 示范县 | 全氮（g/kg） | 有效磷（mg/kg） | 速效钾（mg/kg） | 微量元素 | 土壤肥力水平评价 | 施肥种类与施肥量 | 麻皮产量（kg/亩） |
|---|---|---|---|---|---|---|---|
| 临县 | 0.5867 | 1.67 | 6.3 | 缺 Zn 比较严重 | 肥力下等 | 亩施尿素 5kg/亩，氯化钾 5kg/亩，人畜粪 500kg/亩 | 1 950 |
| 临县 | 0.65 | 3.25 | 39.3 | 缺 Zn 比较严重 | 肥力下等 | 亩施尿素 5kg/亩，氯化钾 5kg/亩，人畜粪 1 000kg/亩 | 2 250 |
| 平遥 | 0.81 | 0.14 | 187.4 | 缺 Zn 比较严重 | 肥力中等 | 亩施人蓄土杂粪 2 000kg 或高含 P 的 N、P、K 三元复合肥 30kg | 2 175 |
| 平遥 | 1.13 | 15.92 | 117.3 | 缺 Zn 比较严重 | 肥力中等 | 亩施 N、P、K 三元复合肥 40kg | 2 250 |
| 芮城 | 0.64 | 17.56 | 120.3 | | 肥力中等 | 亩施的 N、P、K 三元复合肥 30~35kg | 2 400 |
| 芮城 | 0.93 | 18.3 | 113.5 | Zn、Mn、Cu 比较缺乏 | 肥力中等 | 亩施的 N、P、K 三元复合肥 40kg | 2 325 |
| 陵川 | 1.38 | 21.3 | 181.3 | 缺锰、铁、硼比较严重 | 肥力中等偏上 | 亩施人蓄土杂粪 2 000kg | 1 800 |
| 陵川 | 1.73 | 26.3 | 220.0 | 缺锰、铁、硼比较严重 | 肥力中等偏上 | 亩施人蓄土杂粪 2 000kg | 1 950 |
| 沁水 | 0.90 | 19.1 | 145.3 | Zn、Mn、比较缺乏 | 肥力中等偏上 | 亩施人蓄土杂粪 2 000kg | 1 950 |
| 沁水 | 1.50 | 26.0 | 180.0 | Zn、Mn、比较缺乏 | 肥力中等偏上 | 亩施人蓄土杂粪 2 000kg | 2 175 |

### 2. 麻类加工企业（表 9-16）

**表 9-16　山西省麻类加工企业简况**

| 企业名称 | 所在地 | 规模 | 主要加工对象 | 主要产品 |
|---|---|---|---|---|
| 山西绿洲纺织有限责任公司 | 山西阳城县 | 公司占地面积 15.49 万 $m^2$，现有职工 2 300人。公司有脱胶、梳理、纺纱、准备、织造、服饰 5 个生产车间，年产麻及混纺纱线 5 000t，坯布及面料 1 000万 m，服装、家纺 150 万件套 | 大麻纱、大麻棉、毛、丝、粘、涤、亚麻混纺纱、布 | 大麻系列装饰、床上用品、服装 |
| 山西中鑫洋麻业有限公司 | 山西运城市 | 公司占地 1 000亩，注册资金 1.2 亿元人民币。总投资 8.1 亿元。年产天然纤维卷材 700 万 $m^2$，其他复合材料 5 000t，炭粉 3 000t，麻塑产品 6 000t，麻粒子新型材料 20 000t，年可实现销售收入 20 亿元 | 红麻 | 麻塑产品、麻粒子新型材料、炭粉 |
| 山西田禾绿色食品公司 | 山西榆社县 | 现有员工 106 人，注册资本 150 万元，资产总额 2 081 万元 | 大麻籽 | 大麻油 |
| 山西梓古轩水墨印有限公司 | 山西太原 | 投资 500 万元，获有环保水性墨和中国传统纸张印刷书籍工艺两项国家发明专利 | 古籍善本、经典书画印刷 | 水墨印刷、麻纸制造 |
| 晋城市汉恩宝生物科技有限公司 | 山西晋城 | 注册资本 1 000 万元整 | 大麻籽 | 特种植物油及植物蛋白 |

### 3. 主产区气象与土壤数据库（表 9-17）

**表 9-17　山西省大麻主产区 2008—2013 年气象与土壤数据库**

| 站名 | 年份 | 年极端最高气温（℃） | 年极端最低气温（℃） | 年平均气温（℃） | 年日照时数（h） | 年降水量（mm） |
|---|---|---|---|---|---|---|
| 平遥 | 2008 | 35.8 | −19.1 | 10.8 | 2 228.0 | 324.7 |
| | 2009 | 38.3 | −18.7 | 11.0 | 2 324.3 | 526.6 |
| | 2010 | 38.4 | −15.9 | 11.2 | 2 390.4 | 305.9 |
| | 2011 | 35.9 | −17.8 | 10.3 | 2 306.5 | 598.3 |
| | 2012 | 35.9 | −17.2 | 10.0 | 2 506.8 | 589.1 |
| | 2013 | 36.5 | −19.4 | 11.6 | 2 522.0 | 587.3 |

（续表）

| 站名 | 年份 | 年极端最高气温（℃） | 年极端最低气温（℃） | 年平均气温（℃） | 年日照时数（h） | 年降水量（mm） |
|---|---|---|---|---|---|---|
| 临县 | 2008 | 34.3 | -22.8 | 9.1 | 2 441.2 | 518.6 |
| | 2009 | 36.3 | -22.6 | 9.8 | 2 630.3 | 591.2 |
| | 2010 | 37.4 | -20.9 | 9.4 | 2 659.7 | 508.7 |
| | 2011 | 33.1 | -20.8 | 8.8 | 2 633.9 | 525.0 |
| | 2012 | 34.0 | -22.1 | 8.7 | 2 715.0 | 657.9 |
| | 2013 | 33.2 | -21.9 | 10.1 | 2 797.8 | 580.2 |
| 芮城 | 2008 | 36.7 | -16.5 | 13.0 | 2 106.2 | 346.2 |
| | 2009 | 37.8 | -17.0 | 12.9 | 1 943.1 | 573.1 |
| | 2010 | 36.4 | -12.7 | 13.0 | 2 156.7 | 646.6 |
| | 2011 | 37.3 | -15.8 | 12.6 | 1 916.0 | 668.5 |
| | 2012 | 37.8 | -13.8 | 12.5 | 2 013.4 | 401.6 |
| | 2013 | 38.1 | -15.5 | 13.8 | 2 200.3 | 370.2 |
| 沁水 | 2008 | 35.2 | -16.4 | 10.7 | 2 661.6 | 500.5 |
| | 2009 | 37.6 | -17.4 | 11.1 | 2 421.3 | 438.1 |
| | 2010 | 36.7 | -14.4 | 10.6 | 2 463.1 | 537.3 |
| | 2011 | 36.0 | -17.9 | 10.1 | 2 399.1 | 817.2 |
| | 2012 | 35.6 | -15.1 | 10.0 | 2 118.9 | 356.9 |
| | 2013 | 35.5 | -17.2 | 11.4 | 2 354.9 | 600.1 |
| 陵川 | 2008 | 31.0 | -17.5 | 8.7 | 2 450.8 | 565.7 |
| | 2009 | 33.8 | -20.6 | 9.1 | 2 408.4 | 554.3 |
| | 2010 | 32.3 | -16.4 | 8.9 | 2 417.8 | 551.7 |
| | 2011 | 31.1 | -17.0 | 8.2 | 2 186.0 | 698.7 |
| | 2012 | 32.3 | -18.4 | 8.4 | 2 373.6 | 480.7 |
| | 2013 | 31.4 | -17.4 | 10.0 | 2 746.5 | 471.9 |
| 汾阳 | 2008 | 36.2 | -21.1 | 10.9 | 2 449.9 | 319.1 |
| | 2009 | 39.1 | -18.3 | 10.8 | 2 159.4 | 596.5 |
| | 2010 | 39.1 | -17.6 | 11.3 | 2 244.7 | 318.5 |
| | 2011 | 37.3 | -20.4 | 10.5 | 1 890.3 | 498.1 |
| | 2012 | 37.2 | -17.7 | 10.2 | 1 937.7 | 443.3 |
| | 2013 | 36.4 | -21.6 | 11.5 | 2 199.1 | 462.2 |

4. 大麻作物虫害种类及发生情况数据库（表 9-18）

**表 9-18　山西省大麻作物虫害种类及发生情况**

| 虫害名称 | 为害特点 | 发生规律 | 防治方法 |
|---|---|---|---|
| 大麻跳甲 | 喜欢聚集在幼嫩的心叶上为害，把麻叶食成很多小孔，严重的造成麻叶枯萎 | 年生一代，以成虫在杂草丛、植物残株间、土块下或土壤裂缝处越冬。翌年华北麻区越冬早的成虫，当播种的大麻出土后，大批成虫转移到大麻幼苗上为害 | （1）收获后及时清除田间残株落叶，集中烧毁，可减轻下年受害。（2）大麻苗期、种苗开花结实期喷洒 90%晶体敌百虫 800 倍液或 50%辛硫磷乳油 500 倍液从麻田四周向田中间喷药。（3）用 20%氰戊菊酯乳油 3 000倍液灌浇麻蔸，防治幼虫 |
| 大麻天牛 | 以幼虫钻入麻茎里蛀食茎部或成虫取食麻叶、嫩头，影响麻株生长发育且易被风刮倒 | 年生一代，以老熟幼虫在被害麻株根中越冬。翌年 4 月上旬开始为害，5—6 月间化蛹，蛹经 15d 羽化为成虫，随之交尾产卵，卵多产在主茎或中部幼嫩处。成虫先在主茎上咬下一个八字形伤痕，然后把 1 粒卵产在其中，每雌可产 40 粒，卵约经 1 周孵化，6 月中下旬进入卵盛孵期，7 月至收获期进入幼虫为害期 | （1）收麻后及时进行秋耕，挖烧麻根，可有效杀死幼虫，压低越冬虫口基数。（2）利用成虫假死性，在成虫盛发期于清晨组织人力捕杀成虫。（3）也可在成虫发生盛期喷洒 90%晶体敌百虫 900 倍液或 50%马拉硫磷乳油、80%敌敌畏乳油 1 500倍液，如能在早晨喷效果更好 |

（续表）

| 虫害名称 | 为害特点 | 发生规律 | 防治方法 |
|---|---|---|---|
| 蝼蝼蛄 | 喜食大麻幼嫩部位，危害盛期多在幼苗期，主要以幼虫危害幼苗。幼虫将大麻幼苗近地面的茎部咬断，造成整株死亡 | 山西2年发生1代，以成虫或若虫在地下越冬。清明后上升到地表活动，在洞口可顶起一小虚土堆。5月上旬至6月中旬是蝼蛄最活跃的时期，也是第一次危害的高峰期，6月下旬至8月下旬，天气炎热，转入地下活动，6—7月为产卵盛期。9月份气温下降，再次上升到地表，形成第二次危害高峰，10月中旬以后，陆续钻入深层土中越冬。蝼蛄昼伏夜出，以夜间9—11时活动最盛，特别在气温高、湿度大、闷热的夜晚，大量出土活动 | （1）深翻土壤、精耕细作造成不利蝼蛄生存的环境，减轻危害。（2）施用腐熟的有机肥料，不施用未腐熟的肥料。（3）灯光诱杀：蝼蛄发生危害期，在田边或村庄利用黑光灯、白炽灯诱杀成虫，以减少田间虫口密度。（4）人工捕杀：结合田间操作，对新拱起的蝼蛄隧道，采用人工挖洞捕杀虫、卵。（5）种子处理 播种前，用50%辛硫磷乳油，按种子重量0.1%～0.2%拌种，堆闷12～24h后播种。（6）毒饵诱杀 常用的是敌百虫毒饵，先将麦麸、豆饼、秕谷、棉籽饼或玉米碎粒等炒香，按饵料重量0.5%～1%的比例加入90%晶体敌百虫制成毒饵拌匀，每亩施毒饵1.5～2.5kg，于傍晚时撒在大麻根部 |
| 地老虎 | 幼虫将幼苗近地面的茎部咬断，使整株死亡，造成缺苗断垄 | 1年生3～4代，以一代幼虫为害幼苗。小地老虎发生较早，一代卵孵化盛期在4月中旬，4月下旬至5月中旬进入幼虫为害盛期。老熟幼虫在土中越冬，不取食作物 | （1）清洁田园，铲除菜地及地边、田埂和路边的杂草；实行秋耕冬灌、春耕耙地、可杀灭虫卵、幼虫和蛹。（2）用2.5%敌百虫粉剂每亩2.0～2.5kg喷粉。（3）用2.5%敌百虫粉剂每亩1.5～2kg加10kg细土制成毒土，或用50%辛硫磷乳油0.5kg加适量水喷拌细土125～175kg制成毒土，顺垄撒在幼苗根际附近。（4）用50%辛硫磷乳油50g拌在5kg棉籽饼上，制成的毒饵于傍晚在菜田内每隔一定距离撒成小堆 |

5. 麻类作物初加工机械数据库（表9-19）

**表9-19　山西省麻类作物初加工机械使用情况**

| 品名 | 生产商 | 剥麻效率 | 剥麻效果 |
|---|---|---|---|
| 反拉式大麻剥皮机 | 汾阳 | 平均每天剥麻0.5亩，效率不高。 | 连枝带叶一并剥离，剥皮效果很好。 |
| 直喂式大麻剥皮机 | 沅江市新安农机修造厂 | 平均每天剥麻1～2亩。效率还可以。 | 剥红麻效果挺好，剥大麻缠绕多，剥不干净 |

## （三）区域科技支撑

1. 新品种、新技术在本省的应用推广

依托“山坡地工业大麻旱作高产栽培技术”，本试验站对山西省陵川县万鑫大麻开发合作社、沁源县绿康种植专业合作社、临县白文镇、武乡县涌泉乡、平定县益牧种养专业合作社进行农村技术承包，通过项目实施，承包的1 667$hm^2$籽用大麻总产值达到2 445.5万元，平均麻籽产量1 845 $kg/hm^2$，平均每公顷增产399kg，每公顷增收2 394元，比实施前增产19.5%。平均每公顷收入达14 673元，总增产66.5万kg，总增收399万元。为山西省山旱区农民开拓出一条致富途径。该项目获山西省2014年农村技术承包二等奖。

2. 技术培训和观摩

针对农技人员与种麻农户存在文化水平、接受能力差异，采取远程培训与现场指导相结合、集中培训与田间观摩相结合的方式，真正做到科技人员直接到田、重点技术深入到户。既节省财力、人力，又达到培训效果。

参加山西省“千人百县”高层次人才服务基层计划，开展巡回讲学、专题授课、技术培训、田间指导等工作。全年共培训基层农技人员及种植大户共计10余次，培训岗位人员8人次、农技人员30人次、农民800余人次，发放各种宣传资料2 000余份。

在平遥、临县、陵川、沁水等地进行“大麻高产高效种植技术”与“工业大麻机械收获技术”，“大麻山坡地种植技术”培训，“大麻重大有害生物综合防控技术”培训，重点讲解抗旱保苗、简化劳动降低成本等技术要领。发放宣传资料300多份。在汾阳市贾家庄进行了籽用大麻高效益利用及籽用大麻高产栽培技术的培训，培训农民150人。

组织各示范县技术骨干、种麻户实地观摩了该试验站工业大麻高产高效与多用途技术示范。在农业科技创新性示范基地汾阳市贾家庄村举办以新品种、新技术现场观摩培训为主题的“农民专业合作社科技日”活动，就工业大麻良种繁殖技术进行现场观摩。

为山西梓古轩水墨印公司免费提供大麻麻皮1t，共同研究优质麻纸制造工艺。为沁源县绿康种植专业合作社免费提供大麻种子300kg，免费提供技术指导并派团队人员到地边指导种植和田间技术指导。

## 三 六安大麻红麻试验站

2014—2015年六安大麻红麻试验站开展了工业大麻、红麻高产高效栽培技术试验示范，经产业体系验收专家组实地检查验收，工业大麻两年平均原麻亩产量213.2kg，干茎秆产量823.2kg，嫩茎叶产量171.1kg；红麻两年平均干生皮亩产量604.8kg/亩，干茎秆产量815.8kg/亩，嫩茎叶312.3kg/亩。完成了任务协议书中的任务目标。两年中，还开展了非耕地工业大麻、红麻高产高效栽培技术试验示范，工业大麻平均原麻产量达到了182.4kg/亩，干茎产量为730.5kg/亩；红麻平均干生皮产量448.8kg/亩，干茎秆产量728kg/亩。也完成了任务协议书中的任务目标。

开展了工业大麻、红麻免耕轻简化栽培技术试验示范，机械收获及剥制的试验示范，麻叶饲养皖西白鹅的试验等。还开展了大麻灰霉病的综合防治试验，筛选出了咪鲜胺锰、异菌脲、百菌清等多种防治大麻灰霉病的有效药物；开展了麻纤维膜育秧及机插秧技术试验示范，完成了14个红麻、8个黄麻的优异种质资源材料的鉴定试验及16个黄、红麻新品种的筛选和示范展示试验，筛选出适合本地生产的黄、红麻新品种10多个。

举办了麻类作物高产高效栽培技术及机收机剥皮技术、麻纤维膜育秧及机插秧技术等观摩培训会3次，在各示范县区、乡镇开展农民技术培训10多场次，培训技术骨干百余人次，麻农300多人次，散发技术材料千余份。还与安徽省农业科学院信息情报所合作拍摄了一部《工业大麻高产栽培及初级工技术》的纪录片，对工业大麻的生产发展将起到重要的宣传作用。

### （一）技术集成与示范

1. 麻类作物高产高效种植与多用途关键技术研究与示范

（1）大麻高产高效种植技术示范。2014年试验站在裕安区韩摆渡镇众兴桥村、王桥村、张湾村等主产麻区安排了50亩的皖大麻1号高产高效种植技术核心示范、展示试验。张湾村试验于2月22日播种，3月10日出苗，3月28日进行定苗，定苗密度为4.0万株/亩。7月7日，在张湾村15亩连片高产栽培技术示范展示试验田和王桥村20亩示范展示试验点定点取样5块，每块样点取$10m^2$，进行人工现场剥皮测产，生长期135d左右。经测产，六安大麻红麻试验站大麻高产栽培技术示范展示试验，5点平均干皮产量为218.1kg/亩、干麻骨产量811.4kg/亩（表9-20）。

表9-20 2014年工业大麻高产栽培试验测产数据

| 地点 | 编号 | 有效株（万株/亩） | 株高（cm） | 茎粗（cm） | 全株鲜重（kg） | 鲜皮重（kg） | 鲜麻骨重（kg） | 干皮重（kg） | 干麻骨重（kg） |
|---|---|---|---|---|---|---|---|---|---|
| 王桥村 | 取样1 | 1.781 | 410 | 1.458 | 4 235 | 840.4 | 2 628 | 213.4 | 833.7 |
| | 取样2 | 1.674 | 405 | 1.484 | 4 122 | 827.1 | 2 608 | 204.1 | 795.4 |
| 张湾村 | 取样1 | 1.654 | 450 | 1.570 | 5 483 | 1 047.2 | 3 322 | 233.4 | 863.2 |
| | 取样2 | 1.467 | 420 | 1.490 | 4 035 | 787.1 | 2 481 | 216.8 | 744.3 |
| | 取样3 | 1.394 | 440 | 1.610 | 4 569 | 867.1 | 2 735 | 222.8 | 820.5 |
| 平均 | | 1.594 | 425 | 1.522 | 4 489 | 873.8 | 2 755 | 218.1 | 811.4 |

2015 年试验站在三十铺试验基地和裕安区韩摆渡镇王桥村等主产麻区安排了 50 亩的皖大麻 1 号高产高效种植技术核心示范、展示试验。试验于 2 月 10 日播种，3 月 3 日出苗，3 月 27 日进行定苗，定苗密度为 4.0 万株/亩。7 月 8—11 日，试验站团队成员分别在三十铺试验基地和王桥村示范展示点各定点取样 3 块，每块样点取 $20m^2$，进行人工现场剥皮测产，生长期 130d 左右。经过测产，两试验点平均干皮产量为 208.35kg/亩、干麻骨产量 835kg/亩、干嫩茎叶 171.1kg/亩（表 9-21）。

**表 9-21 2015 年工业大麻高产栽培试验测产数据**

| 试验地点 | 株高（cm） | 茎粗（cm） | 全株鲜重（kg） | 鲜麻骨重（kg） | 鲜皮重（kg） | 干嫩茎叶（kg） | 干皮重（kg） | 干麻骨重（kg） | 有效株（万株/亩） |
|---|---|---|---|---|---|---|---|---|---|
| 王桥村 | 438 | 1.248 | 4135 | 3413 | 758 | 165.8 | 212.1 | 839.6 | 2.482 |
| 三十铺基地 | 463 | 1.426 | 3718 | 3152 | 640 | 176.4 | 204.6 | 830.4 | 2.114 |
| 平 均 | 451 | 1.337 | 3926 | 3282 | 699 | 171.1 | 208.35 | 835.0 | 2.298 |

（2）红麻高产高效种植技术示范。试验站在霍邱孟集镇、叶集孙岗乡、金安区淠东乡、裕安区韩摆渡镇等地各建立 50 亩红麻 H368、红优 2 号等高产高效栽培技术示范片，每点建立 20 亩相对集中的高产核心示范区。在三十铺试验基地建立 5 亩 H368、H1302 两个新品种的高产示范田，试验采用窄墒起垅 2 行区设计，于 4 月 23 日播种，5 月 3—4 日出苗，5 月 30 日定苗，留苗密度为 1.20 万株/亩，9 月 28 日收获，生育期 148d。H368 品种平均株高为 588cm，茎粗 2.392cm，收获时有效株 8 352株/亩，干生皮产量 610.77kg/亩，干茎秆产量 810.9kg/亩。H1302 品种株高 552cm，茎粗 2.226cm，收获时有效株为 8 671株/亩，干生皮产量 597.95kg/亩，干茎秆产量 819.4kg/亩。裕安区韩摆渡镇张湾村试验点种植 10 亩 H368 品种，于 4 月 28 日播种，5 月 6 日出苗，5 月 31 日间定苗，9 月 30 日收获，收获时有效株 8 370株/亩，生长期 147d，平均株高 556cm，茎粗 2.152cm，干生皮产量 605.6kg/亩，干茎秆产量 817.2kg/亩（表 9-22）。

**表 9-22 红麻高产栽培示范展示试验测产数据**

| 品名 | 株高（cm） | 茎粗（cm） | 鲜皮厚（mm） | 全株重（kg） | 鲜茎重（kg） | 鲜皮重（kg） | 干茎骨重（kg） | 干皮重（kg） | 鲜茎出麻率（%） | 亩有效株（株） |
|---|---|---|---|---|---|---|---|---|---|---|
| H368 张湾村 | 556 | 2.152 | 1.285 | 5 492 | 4 938 | 1 815 | 817.2 | 605.6 | 12.26 | 8 370 |
| H1302 三十铺 | 552 | 2.226 | 1.248 | 5 483 | 4 910 | 1 760 | 819.4 | 597.95 | 12.18 | 8 671 |
| H368 三十铺 | 588 | 2.392 | 1.346 | 5 625 | 4 957 | 1 838 | 810.9 | 610.77 | 12.32 | 8 352 |
| 平 均 | 565.3 | 2.257 | 1.293 | 5 533 | 4 935 | 1 804 | 815.8 | 604.77 | 12.25 | 8 464 |

2. 非耕地麻类作物种植关键技术研究与示范

（1）红麻高产高效种植技术示范。试验站在霍邱孟集镇、户胡乡、叶集三元乡、金安区淠东乡、裕安区韩摆渡镇等 5 地各建立 50 亩红麻 H368、红优 2 号等高产高效栽培技术示范片，每点建立 5~10 亩相对集中的高产核心示范区。在三十铺试验基地建立 5 亩高产示范田，试验采用窄墒起垅 2 行区设计，于 4 月 9 日播种，4 月 20 日出苗，5 月 24 日定苗，红麻密度为 1.20 万株/亩，10 月 16 日收获，收获时有效株 6 035株/亩，生育期 178d，平均株高为 587cm，茎粗 2.386cm，亩产干生皮 605.86kg、干茎秆 785kg。裕安区韩摆渡镇张湾村试验点种植 4 亩，于 4 月 29 日播种，5 月 10 日出苗，5 月 26 日间定苗，9 月 30 日收获，收获时有效株 6 830株/亩，生长期 143d，平均株高 550cm，茎粗 2.152cm，亩产干生皮 569kg，干茎秆 773kg（表 9-23）。

**表 9-23 红麻非耕地高产栽培示范展示试验测产数据**

| 品名 | 株高（cm） | 茎粗（cm） | 全株重（kg） | 鲜茎重（kg） | 嫩茎叶重（kg） | 鲜皮重（kg） | 干皮厚（mm） | 干茎骨重（kg） | 干皮重（kg） | 鲜茎出麻率(%) | 亩有效株（株） |
|---|---|---|---|---|---|---|---|---|---|---|---|
| H368 张湾村 | 550 | 2.152 | 5 492 | 4 983 | 509 | 2 276 | 1.085 | 773.3 | 569.07 | 11.42 | 6 830 |
| H368 三十铺 | 587 | 2.386 | 5 936 | 5 469 | 467 | 2 401 | 1.164 | 784.9 | 605.86 | 11.08 | 6 035 |

（2）红麻山坡丘岗地高产种植试验示范。在叶集孙岗乡、裕安区单王乡各进行了 50 亩红麻 H368、红优 2 号丘岗地种植技术试验示范。单王乡试验品种为 H368，5 月 6 日播种，5 月 14 日达出苗期，6 月 3 日进行定苗，定苗密度为 1.50 万株/亩，10 月 14 日取样测产，生长期 153d 左右。收获时有效株为 10 280株/亩，平均株高为 485cm，干生皮产量为 452.8kg/亩，麻秆产量为 769kg/亩。叶集孙岗乡试验品种为红优 2 号，4 月 28 日播种，5 月 6 日出苗，6 月 6 日间定苗，定苗密度 1.50 万株/亩，10 月 16 日收获，收获有效株 9 740万株/亩，生长期 162d，平均株高 467cm，干生皮产量 448.8kg/亩，麻骨产量 728kg/亩（表 9-24）。

**表 9-24　红麻山坡地高产栽培示范展示试验测产数据**

| 品名 | 株高（cm） | 茎粗（cm） | 鲜皮厚（mm） | 全株重（kg） | 鲜茎重（kg） | 鲜皮重（kg） | 干茎骨重（kg） | 干皮重（kg） | 鲜茎出麻率（%） | 亩有效株（株） |
|---|---|---|---|---|---|---|---|---|---|---|
| H368 | 485 | 1.852 | 1.258 | 5 024 | 4 483 | 1 481 | 769 | 452.8 | 10.11 | 10 280 |
| 红优 2 号 | 467 | 1.932 | 1.246 | 4 956 | 4 375 | 1 388 | 728 | 448.8 | 10.26 | 9 470 |

（3）大麻山坡地高产种植试验示范。试验站在裕安区独山镇安排了 50 亩的“皖大麻 1 号”山坡地高产种植技术核心示范展示试验。试验于 2 月 5 日年前播种，2 月 24 日出苗，3 月 28 日定苗，留苗密度 4.0 万株/亩。独山镇试验点于 7 月 9 日随机抽取 5 户，每户取样 $20m^2$ 测产，生长期 130d 左右，平均原皮产量为 182.4kg/亩，麻秆产量为 730.5kg/亩。

（4）麻叶养鹅试验。试验站于 9 月 20 日购进青年（2.5~2.6kg）皖西白鹅 100 只，分组进行麻叶养鹅试验，每组 25 只鹅，每天每只鹅早晚喂稻谷 0.4kg 作主食，青饲料分别饲喂大麻叶、红麻叶、菜麻叶和青草，12 月 6 日每组抽 5 只鹅进行屠宰测定，试验生长期 78d。试验基地表明：菜麻适口性较好，采食量较大；大麻、红麻适口性较差，采食量较小。从屠宰测定数据来看，各组净增重在 1.67~2.21kg，其净膛屠宰率为 70.71~72.43%，均高于对照，鹅肫和心肝重差异不大。具体试验结果如表 9-25。

**表 9-25　麻叶养鹅试验结果**

| 分组 | 起始重（kg） | 屠宰重（kg） | 增重（kg） | 胴体重（kg） | 净膛重（kg） | 净膛屠宰率（%） | 肫重（g） | 心肝重（g） |
|---|---|---|---|---|---|---|---|---|
| 菜麻 | 2.62 | 4.83 | 2.21 | 4.20 | 3.43 | 71.01 | 222 | 122 |
| 红麻 | 2.55 | 4.28 | 1.73 | 3.82 | 3.10 | 72.43 | 217 | 118 |
| 大麻 | 2.53 | 4.20 | 1.67 | 3.83 | 2.97 | 70.71 | 207 | 120 |
| 对照 | 2.62 | 4.65 | 2.03 | 4.02 | 3.23 | 69.46 | 218 | 123 |

3. 麻类育种及制种技术

（1）黄/红麻优异种质资源评价鉴定试验。根据种质资源评价岗位专家安排，进行了 6 个红麻品种资源和 6 个黄麻品种资源在安徽省麻区的鉴定评价试验，试验随机区组排列，不设重复，墒宽 4m，每品种资源种植 $60m^2$，行条播，试验地点在三十铺试验基地。试验于 5 月 12 日播种，5 月 18—20 日出苗期，6 月 21 日统一定苗，10 月 15 日同一天收获，生长期 148d 。鉴定试验结果如表 9-26、表 9-27。

**表 9-26　6 个红麻种质材料干生皮产量比较**

| 代号 | 种质名称 | 干皮产量（kg/亩） | ±CK（%） | 位次 |
|---|---|---|---|---|
| K1 | T17 | 580 | 11.33 | 3 |
| K2 | T19 | 596 | 14.53 | 2 |
| K3 | FH952 | 523 | 0.65 | 5 |
| K4 | FHH992 | 608 | 16.88 | 1 |
| K5 | FH991 | 558 | 7.26 | 4 |
| K6（CK） | 红引 135 | 520 | / | 6 |

**表 9-27　6 个黄麻种质材料干生皮产量比较**

| 代号 | 种质名称 | 干皮产量（kg/亩） | ±CK1（%） | ±CK2（%） | 位次 |
|---|---|---|---|---|---|
| J1 | 中黄麻 1 号 | 332 | 18.65 | 21.05 | 1 |
| J2 | 中黄麻 5 号 | 319 | 13.88 | 16.19 | 3 |
| J3（CK1） | C-1（CK） | 280 | / | 2.02 | 5 |
| J4 | 摩维 1 号 | 321 | 14.68 | 17.00 | 2 |
| J5 | Y05-02 | 308 | 9.92 | 12.14 | 4 |
| J6（CK2） | 0-1（CK） | 275 | -1.98 | / | 6 |

从表 9-26、表 9-27 中可以看出，6 个红麻优异种质资源材料鉴定试验中，有 3 个品种材料的干生皮产量比对照品种红引 135 增产 11.33%~16.88%以上，产量超过了 580kg/亩，其他品种材料的干生皮产量也都超过了 500kg/亩，最高的 FHH992 达到 608kg/亩。在 6 个黄麻优异品种资源材料中，有 3 个品种材料比对照 CK1 增产 13.88%~18.65%，4 个品种比对照 CK2 增产 12.14%~21.05%，干生皮产量最高的是中黄麻 1 号到达了 332kg/亩，分别比两对照增产 18.65%和 21.05%。

（2）红麻新品种筛选及展示。2014 年在试验基地进行了 6 个红麻新品种（品系）的筛选试验，试验采用窄墒（1.4m）2 行区（行距 60cm），每品种种植 8 墒，面积 600m$^2$，共 6 亩。试验于 4 月 9 日播种，4 月 20 日出苗，5 月 24 日定苗，10 月 16 日收获，生长期 178d，收获时每品种取样 10m$^2$（1.4m×7.2m），测试其农艺性状及干生皮和麻秆产量。试验结果表明：6 个品种株高在 582~601cm，干生皮产量为 552.66~610.31kg/亩，其中有 2 个品种产量超过 600kg。干麻骨产量在 738.7~785.8kg/亩，亩有效株在 5 450~6 146株（表 9-28）。

**表 9-28　2014 年红麻新品种筛选试验测产数据**

| 品名 | 株高（cm） | 茎粗（cm） | 全株重（kg） | 鲜茎重（kg） | 嫩茎叶重（kg） | 鲜皮重（kg） | 干皮厚（mm） | 干茎骨重（kg） | 干皮重（kg） | 鲜茎出麻率(%) | 亩有效株（株） |
|---|---|---|---|---|---|---|---|---|---|---|---|
| H368 | 587 | 2.386 | 5 936 | 5 469 | 467 | 2 401 | 1.164 | 784.9 | 605.86 | 11.08 | 6 035 |
| 福航优 1 号 | 601 | 2.225 | 6 070 | 5 636 | 434 | 2 207 | 1.073 | 785.8 | 598.42 | 10.62 | 5 830 |
| H1301 | 582 | 2.332 | 5 863 | 5 337 | 526 | 2 068 | 1.125 | 764.2 | 552.66 | 10.36 | 5 450 |
| 红优 2 号 F1 | 584 | 2.227 | 5 496 | 4 966 | 530 | 2 260 | 1.037 | 738.7 | 562.98 | 11.33 | 5 511 |
| 红优 2 号 F2 | 593 | 2.219 | 6 269 | 5 556 | 713 | 2 349 | 1.152 | 768.6 | 610.31 | 10.98 | 6 146 |
| 红优 2 号 F3 | 592 | 2.246 | 5 890 | 5 363 | 527 | 2 179 | 1.102 | 746.0 | 580.61 | 10.83 | 6 095 |

2015 年在试验基地进行 6 个红麻新品种（品系）的筛选试验，试验采用随机排列，不设重复，墒宽 2.00m，长 15m，沟宽 50cm，5 行区（行距 40cm），每品种种 2 墒，面积 60m$^2$。试验于 5 月 13 日播种，5 月 19 日出苗，6 月 21 日定苗，10 月 13 日收获，生长期 148d，收获时每品种取样 10m$^2$(2m×5m)，测试其农艺性状及干生皮和麻秆产量。试验结果表明：6 各品种株高在 474~528cm，干生皮产量为 548.3~612.5kg/亩，其中有 2 个品种产量超过 600kg/亩。干麻骨产量在 720.5~811.2kg/亩，亩有效株在 7 236~ 8 638株（表 9-29）。

**表 9-29　2015 年红麻新品种筛选试验测产数据**

| 品种名称 | 株高（cm） | 茎粗（cm） | 全株重（kg） | 鲜茎秆重（kg） | 鲜皮重（kg） | 干生皮产量（kg/亩） | 鲜茎出麻率（%） | 干麻骨产量（kg/亩） | 亩有效（株） |
|---|---|---|---|---|---|---|---|---|---|
| 红优 2 号 | 498 | 2.145 | 5 148 | 4 696 | 1 596 | 548.3 | 11.67 | 742.6 | 8 164 |
| 杂红 992 | 520 | 2.206 | 5 238 | 4 668 | 1 727 | 580.2 | 12.43 | 774.1 | 8 042 |
| 1302 | 522 | 2.329 | 5 514 | 4 861 | 1 857 | 612.5 | 12.60 | 801.8 | 8 584 |
| 航优 3 号 | 498 | 2.291 | 4 938 | 4 836 | 1 691 | 560.3 | 11.58 | 720.5 | 7 668 |
| H368 | 528 | 2.212 | 5 440 | 4 870 | 1 835 | 609.2 | 12.51 | 811.2 | 8 638 |
| 福红航 992 | 474 | 2.281 | 4 936 | 4 580 | 1 625 | 552.5 | 12.06 | 724.3 | 7 236 |

4. 麻类作物重大有害生物综合防控技术研究与示范

在张湾村大麻试验基地安排了10亩的大麻灰霉病的综合防治试验。根据岗位专家的综治方案，3月25日用75%百菌清WP 800～1 000倍液，叶面喷雾，4月6日再用50%异菌脲（扑海因）WP 800～1 000倍液喷施，4月20日和5月16日，再用50%咪鲜胺锰盐WP 1 000倍液实施叶面喷雾2次。6月22日进行田间检查，分别取3块，每块60m$^2$左右，另取3块未用药的农田做对照。结果表明：试验田块发病率为1.30%，未防治的田块发病率为4.90%，是防治田块的3.77倍，达到了防治目标（表9-30）。

**表9-30　田间病株检查情况**

| 编号 | 检查总株数（株） | 发病株数（株） | 发病率（%） |
|---|---|---|---|
| 试验1 | 300 | 3 | |
| 试验2 | 400 | 5 | 1.30 |
| 试验3 | 300 | 5 | |
| 对照1 | 300 | 18 | |
| 对照2 | 300 | 16 | 4.90 |
| 对照3 | 400 | 15 | |

5. 麻类作物轻简化栽培技术研究与示范

（1）优化栽培技术试验。根据大麻栽培岗位专家的安排，在六安市农业科学院三十铺试验基地进行了工业大麻轻简优化栽培技术试验，试验采取四个处理，三次重复，12个试验小区，小区面积30m$^2$（3m×10m），行距40cm，8行条播。3月11日播种，25日达出苗期，7月14日收获测产，生长期110d左右。

**表9-31　大麻轻简优化栽培结果**

| 处理 | 株高（cm） | 茎粗（cm） | 亩有效（株） | 全株重（kg/亩） | 鲜茎重（kg/亩） | 干茎重（kg/亩） | 鲜皮重（kg/亩） | 干皮重（kg/亩） | 干茎出麻率（%） |
|---|---|---|---|---|---|---|---|---|---|
| A | 396 | 1.512 | 16 830 | 3 268 | 2 757 | 781.7 | 498.7 | 191.43 | 24.49 |
| B | 385 | 1.427 | 17 208 | 3 291 | 2 735 | 767.5 | 513.8 | 186.98 | 24.36 |
| C | 388 | 1.468 | 16 942 | 3 157 | 2 690 | 805.7 | 493.4 | 189.87 | 23.56 |
| D | 372 | 1.059 | 18 787 | 3 202 | 2 602 | 740.8 | 489.6 | 180.76 | 24.40 |

从表9-31中可以看出，轻简化栽培比常规栽培技术方法原皮产量只减产0.815%～5.57%，差异不显著。但每亩减少一次中耕和间苗次数，可以节省2～3个劳动用工，即可间接地增加经济收入200元，达到了节本增效的作用。

（2）大麻免耕试验示范。2104年大麻免耕试验：根据大麻栽培岗位专家刘飞虎教授的安排，试验站在张湾村试验基地安排了5亩地的大麻免耕栽培试验，试验前茬为玉米，分精耕和免耕两个试验区，每区面积2亩，墒宽4m，10行条播，行距40cm，定苗株距8cm，约4万株/亩。试验于2月23日播种，3月10日达到出苗期，3月30日定苗，7月8日在产业体系验收小组和栽培专家的指导下，定点取样3份，每样取10m$^2$人工剥皮现场测产，生长期136d。测产数据表明：3个样点平均干皮产量192.8kg/亩，比对照增产2.14%，干麻骨产量则比对照减少1.84%，差异不明显（表9-32）。

**表9-32　2014年大麻免耕试验产量数据**

| 编号 | 有效株（万株/亩） | 株高（cm） | 茎粗（cm） | 鲜全株重（kg） | 鲜皮重（kg） | 鲜麻骨重（kg） | 干皮重（kg） | 干麻骨重（kg） |
|---|---|---|---|---|---|---|---|---|
| 取样1 | 1.672 | 420 | 1.420 | 3 668 | 800.4 | 2 068 | 202.8 | 620.4 |
| 取样2 | 1.642 | 425 | 1.530 | 3 669 | 740.4 | 1 928 | 198.8 | 588.4 |
| 取样3 | 1.454 | 400 | 1.510 | 3 335 | 600.3 | 2 301 | 176.7 | 701.8 |
| 平均 | 1.589 | 415 | 1.487 | 3 557 | 713.7 | 2 099 | 192.8 | 640.2 |
| CK | 1.628 | 400 | 1.410 | 3 502 | 663.3 | 2 174 | 188.8 | 652.2 |

2015 年试验站在张湾村试验基地安排了 5 亩地的大麻免耕栽培试验，试验前茬为玉米，分精耕和免耕两个试验区，免耕区面积 3 亩，精耕对照区 2 亩，墒宽 4m，10 行条播，行距 40cm，定苗株距 8cm，约 4 万株/亩。试验于 3 月 3 日播种，3 月 10 日达到出苗期，3 月 28 日定苗，7 月 10 日定点取样各 3 份，每样取 $20m^2$ 人工剥皮现场测产，生长期 122d。测产数据表明：3 个样点平均干皮产量 198.4kg/亩，比对照减产 1.71%，干麻骨产量则比对照减少 1.23%，差异不明显。

### （二）基础数据调研

1. 大麻品种资源圃资源繁殖

大麻品种资源及育种材料繁殖，试验用地 1.2 亩，试验地点在三十铺试验基地，共繁育优异工业大麻品种资源材料 16 份，收获种子 11 份。

2. 百户麻农 2015 年麻类生产情况调查

2015 年 5 月 12—15 日，试验站团队成员分别在 6 个示范点乡镇进行了 124 户的本年度大麻、红麻生产及市场行情的调查，内容包括种植品种、面积、市场价格等。从本次调查中可以发现，六安市大麻种植面达到 7.6 万亩左右，比 2014 年略有增加，主要分布在裕安区的苏埠镇、韩摆渡镇、独山镇、西河口乡等乡镇。2015 年上半年大麻原皮价格在 16～18 元/kg，麻秆价格 2.0～2.4 元/kg。下半年麻皮价格下滑较严重，每千克掉到 10 元以下。全区红麻种植面积不足 20 万亩，与 2014 年比基本持平。主要原因还是麻炭窑禁烧，麻秆卖不出去，麻皮价格维持在 3 元/kg 左右，种麻经济效益不好，影响了麻农种麻的积极性。

### （三）区域技术支撑

1. 新品种筛选与推广

2014 年筛选出比对照品种增产 10%以上的红麻新品种 4 个，黄麻新品种 3 个，为安徽产区的大麻、红麻、黄麻生产提供了新品种储备和生产技术上的有力支撑。试验站还在 5 个主产县区乡镇举办了《麻类作物高产栽培技术》讲座 4 次，培训县区乡镇技术骨干 30 人次，麻农 200 人次以上，极大地带动提高了当地麻农种麻积极性和技术水平，增加了麻农种麻的经济效益。

2015 年试验站继续在裕安区韩摆渡镇众姓桥村、王桥村、张湾村等大麻生产重点村进行了 50 亩的“皖大麻 1 号”新品种高产栽培技术示范展示试验，7 月 8—11 日，试验站在各试验点分别取样测产，平均亩产达到 208.35kg，麻骨产量到达 835.0kg，比周边农户产量增加 12.16%。在独山镇独山村、黄荆滩村进行了 50 亩的“皖大麻 1 号”山坡地高产栽培技术试验示范，原皮产量达到 182.4kg，比周边农户增产 12.56%；在霍邱、金安、裕安、叶集等 4 个主产县区试验点和三十铺基地进行了红麻 H368、红优 2 号的高产示范栽培技术展示，最高干生皮产量达到 610.77kg；在三十铺试验基地的红麻筛选试验中，选出比对照品种增产 10%以上的红麻新品种 4 个，为该区域的大麻、红麻、黄麻生产提供了新品种储备和生产技术上的有力支撑。试验站还在 5 个主产县区乡镇举办了《麻类作物高产栽培技术》讲座 4 次，培训县区乡镇技术骨干 30 人次，麻农 200 人次以上，极大地带动提高了当地麻农种麻积极性和技术水平，增加了麻农种麻的经济效益，使麻农在整个产业的不景气中看到了一些希望。

2. 农民技术培训

2014 年工作任务，作了《麻类作物高产高效栽培技术措施》的技术培训，共培训各县区技术骨干 20 人。7 月 10 日，试验站与机械收获岗位专家一起，召开了全体团队成员和各县区试验点负责人、技术骨干、麻农等 60 余人参加的大麻机械收获技术现场培训观摩会。

进行了《麻类作物高产高效栽培技术措施》《麻类作物轻简化高产栽培技术》《红麻新品种介绍》《杂交红麻丘岗地轻简化高产栽培技术》等技术培训，散发各类技术资料 300 余份，累计培训麻农 180 人以上。

（1）2015 年 6 月 12 日，试验站在三十铺试验基地与水稻试验站共同举办了《麻纤维基膜育秧及机插秧现场观摩会》，参加会议的有试验站团队成员、各示范县区及试验点负责人共 30 余人。会上，试验站站长杨龙向各县区试验点负责人介绍了《麻纤维基膜育秧技术措施》的技术培训，共培训各县区技术骨干及麻农 24 人。

（2）2015 年 7 月 18 日，试验站与机械收获岗位专家一起，召开了全体团队成员和各县区试验点负责人、技术骨干、麻农等 60 余人参加的大麻机械收获技术现场培训观摩会。

（3）2015 年 4 月 18 日、6 月 19 日、10 月 24 日，结合依托单位民生工程培训课程，试验站团队成员杨龙、胡万群分别在裕安区苏埠镇、韩摆渡镇、叶集区孙岗乡、霍邱县孟集镇等地进行了《麻类作物高产高效栽培技术措施》《工业大麻轻简化高产栽培技术》《红麻新品种介绍》《杂交红麻轻简化高产栽培技术》等技术培训，散发各类技术资料 400 余份，累计培训麻农 160 人次。

3. 拍摄《工业大麻高产栽培及初级工技术》科教电视片

试验站与安徽省农业科学院信息技术研究所合作拍摄了一部《工业大麻高产栽培及初级工技术》的纪录片，计划在中央电视台 7 套播放，这将对工业大麻的宣传将起到重要作用。试验站与各试验点配合摄制组进行工业大麻的从整地、播种、间定苗、施肥、水的排灌直至纤维收获、种子收获及麻产品初加工等生产技术的落实。

## 四　西双版纳大麻试验站

自 2011 年起通过 4 年试验、示范种植，筛选出两个适宜本区域种植的、多用途工业大麻品种 2 个，其中云麻 1 号示范产量达到 3 360kg/hm$^2$。

开展大麻节本增效技术示范，形成了一套适宜本区域的集免耕、简化施肥、芽前封闭除草和一次性间定苗及机械皮秆分离相结合的轻简化种植技术。获得麻皮产量 2 601kg/hm$^2$，麻骨产量 7 104kg/hm$^2$，麻叶产量 2 167kg/hm$^2$，对比常规种植 2 418kg/hm$^2$，每公顷麻皮产量增加 183kg，增幅 7.5%，按每千克 11.5 元价格计，每公顷增加收入 2 104元，

### （一）技术集成与示范

1. 大麻高产高效种植与多用途关键技术研究与示范

（1）大麻高产高效种植试验示范。通过连续几年的试验示范，总结出一套大麻高产高效种植技术，2014 年在勐海县开展大麻高产高效示范种植 6.66hm$^2$，采用条播（坡耕地），行距 30cm。示范品种：云麻 1 号。2014 年 9 月 1 日过通过体系办公室的安排，组织专家进行实地测产验收，测产地点：西定乡巴达村曼瓦小组沙者农户家，测产面积 99m$^2$，示范点原麻折合平均产量 3 579kg/hm$^2$，干秆芯 13 428kg/hm$^2$、嫩茎叶 3 409.5kg/hm$^2$。

2015 年继续在勐海县开展 6.66hm$^2$ 大麻高产高效栽培示范种植，其中勐宋乡曼吕村示范面积 5.33hm$^2$；勐海县西定乡巴达村 1.33hm$^2$。测产结果为：勐宋乡大曼吕示范点原麻产量为 3 261kg/hm$^2$，巴达示范点原麻产量为 3 556.5kg/hm$^2$。测产数据如下（表 9-33）。

**表 9-33　勐海县工业大麻高产高效示范种植测产结果**

| 示范点 | 有效株数（株/hm$^2$） | 株高（cm） | 茎粗（cm） | 麻皮产量（kg/亩） | 麻骨产量（kg/亩） | 嫩茎叶产量（kg/亩） |
|---|---|---|---|---|---|---|
| 曼吕示范点 1 | 252 705 | 342.0 | 1.55 | 3 402.0 | 12 078.0 | 49 365.0 |
| 曼吕示范点 2 | 241 035 | 337.0 | 1.53 | 3 121.5 | 11 812.5 | 4 312.5 |
| 巴达示范点 | 260 730 | 345.9 | 1.63 | 3 556.5 | 2 421.5 | 5 515.5 |
| 综合数据 | 151 490 | 341.6 | 1.57 | 3 360.0 | 121 035.0 | 4 921.5 |

（2）轻简化栽培优化试验。设置不同的轻简化栽培技术方案进行田间试验，在节省用工成本

（每公顷节约成本 1 500元左右）、保证产量不低于传统栽培方式的前提下，提出工业大麻轻简化栽培优化技术方案。并通过高产示范种植，展示采用轻简化栽培技术，节省用工成本，提高工业大麻种植效益，同时检验推行轻简化栽培技术的可行性（表 9-34）。

**表 9-34　轻简化栽培技术田间试验结果**

| 品种 | 有效株数（株/$hm^2$） | 株高（cm） | 茎粗（cm） | 干皮产量（kg/亩） |
|---|---|---|---|---|
| 对照 | 115 890 | 287 | 0.91 | 9 165.0 |
| B1 | 313 485 | 289 | 0.98 | 1 450.5 |
| B2 | 311 985 | 304 | 1.09 | 1 668.0 |
| B3 | 311 490 | 296 | 0.93 | 1 218.0 |

在有效株数、株高等不理想的情况下，导致了该次试验麻叶、麻骨、麻皮等产量都明显偏低，主要原因是由于补种，导致大麻错过了最佳的生长期，但使用芽前封闭除草的小区，除草效果明显，二次补苗时期没有新生杂草，没有进行芽前封闭除草的小区已经出现新生杂草，使芽前除草处理的小区不存在杂草与大麻幼苗争肥的情况。

（3）工业大麻高产高效栽培优化试验。大麻高产种植是集优质高产良种、高产高效栽培技术及优质高效投入于一体的科技成果转化与推广活动，是粮经作物生产先进科技集成、配套与推广重要载体。为进一步优化工业大麻高产高效栽培技术，试验站开展了不同种植密度试验：试验设 $A_1$：2.0 万株、$A_2$：2.5 万株、$A_3$：3.0 万株 3 个密度处理，3 次重复，常规种植，统一施肥管理，一次性间定苗，100d 收获，比较麻皮重量和质量（表 9-35）。

**表 9-35　密度试验产量结果**

| 处理 | 有效株数（株/$hm^2$） | 株高（cm） | 茎粗（cm） | 干皮产量（kg/$hm^2$） |
|---|---|---|---|---|
| $A_1$ | 308 160 | 277 | 1.12 | 2 400 |
| $A_2$ | 376 185 | 265 | 1.06 | 2 535 |
| $A_3$ | 449 565 | 260 | 0.97 | 2 850 |

（4）大麻肥料实验。不同有机肥施肥量试验：试验设 $B_1$传统种植（不施有机肥）、$B_2$常规种植（施有机肥 3 000kg/$hm^2$）、$B_3$增施有机肥（施有机肥 7 500kg/$hm^2$）3 个处理，3 次重复，统一种植密度（45 万株/$hm^2$，株距 6~8cm），一次性定苗，100d 收获。

**表 9-36　肥料试验产量结果**

| 处理 | 有效株数（株/$hm^2$） | 株高（cm） | 茎粗（cm） | 干皮产量（kg/$hm^2$） |
|---|---|---|---|---|
| $B_1$ | 24 768 | 240 | 1.02 | 113 |
| $B_2$ | 26 858 | 274 | 1.01 | 200 |
| $B_3$ | 27 970 | 265 | 1.02 | 216 |

实验结果表明（表 9-36）在同等管理条件下，工业大麻种植密度为 45 万株/$hm^2$时产量为宜，同时在一定值域内基肥中增施有机肥能够明显提高大麻产量。

（5）不同种植行距试验。纤维型（机械皮秆分离）：开展云麻 5 号种植行距设 25cm、30cm、40cm 3 个处理，不设重复，每处理 30$m^2$。试验结果：行距 30cm 原麻产量最高达2 271.9kg/$hm^2$，行距 40cm 原麻产量次之2 148.15kg/$hm^2$，行距 25cm 最低2 035.5kg/$hm^2$。

云麻 1 号种植行距设 20cm、30cm、40cm 处理，试验过程同云麻 5 号。试验结果：行距 30cm 原麻产量最高，达2 674.65kg/$hm^2$，行距 20cm 原麻产量次之2 467.65kg/$hm^2$，行距 40cm 最低 2 166kg/$hm^2$。

试验表明：在相同下种量、施肥量、统一田间管理的基础上，种植行距为 30cm 产量最高。

2. 大麻育种与制种技术研究

2014 年在石屏县、永德县各开展 0.33$hm^2$的大麻新品种（包括云麻 1 号、云麻 5 号、勐麻 6

号）的繁育试验示范，大麻出苗整齐，长势较好，通过试验站团队成员在石屏县哨冲镇竜黑村的实地调查，雌株密度为16 500株/hm$^2$，单株产量0.2kg，平均产量为1 650kg/hm$^2$。云麻1号示范种植6.67hm$^2$。

2015年，在石屏县、永德县共计开展1.67hm$^2$云麻1号的繁育试验示范。经试验站团队成员对石屏县繁种的种植密度和结籽情况调查，雌株密度为16 500株/hm$^2$，单株产量可达100g。产量可达1 650 kg/hm$^2$以上，完成任务目标。带动推广266.67hm$^2$，其中石屏县56.67hm$^2$，永德县210hm$^2$。

在勐海县西定乡巴达村曼瓦小组进行云麻5号、勐麻6号6.67hm$^2$面积的示范展示。9月1日通过组织专家进行实地测产：原麻平均产量3 298.5 kg/hm$^2$，干秆芯10 422 kg/hm$^2$，嫩茎叶3 022.5kg/hm$^2$。

*3. 麻类作物重大有害生物预警及综合防控技术研究与示范*

在石屏县哨冲镇开展1.67hm$^2$的大麻重大有害生物预警及综合防控技术研究与示范，种植技术主要采用起垄穴播，在大麻种植前对整片地进行百草枯喷洒或乙草胺芽前除草保持有效株在30万株/hm$^2$左右，对有害生物防治率达85%以上，原麻单产达到2 250kg/hm$^2$。

*4. 麻类作物轻简化栽培技术研究与示范*

2014年在石林县和勐海县同时开展3.33hm$^2$面积的大麻轻简化栽培技术研究与示范。种植前进行免耕、芽前除草，2014年8月31日过通过体系办公室的安排，组织专家进行实地测产验收。测产地点：勐海县甘蔗技术推广站曼真基地，品种为云麻1号，平均密度30万株/hm$^2$以上，原麻平均产量为2 595kg/hm$^2$，每公顷产量对比耕地2 115kg增加了480kg（前期出苗不好）。实行轻简化栽培技术节支3 000元/hm$^2$以上，新增经济效益1 876元。

2015年通过运用现有轻简化种植技术即免耕、简化施肥、化学除草和一次性间定苗相结合，减少劳动力投入（预期减少耕地费用、减少1次施肥和1次间苗以及人工除草用工），并于高产示范栽培设置对照，使用传统种植技术。8月19日对轻简化栽培示范地进行测产，综合指标及产量为：有效株数199 095株/hm$^2$；平均株高350cm；平均茎粗1.42cm；麻皮产量2 601kg/hm$^2$；麻骨产量7 104kg/hm$^2$；麻叶产量2 167.5kg/hm$^2$，对比传统种植轻简化栽培技术的干麻骨产量增加9.4%，干麻叶产量增加9%，干麻皮产量增加7.5%，减少劳动力投入4~5个工和耕地费用，每公顷节省开支6 600元。直接增加了工业大麻的经济效益，其余指标如茎粗、株高均达到比传统种植优秀的效果。

### （二）基础数据调研

西双版纳大麻试验站共参与了包括工业大麻相关数据、工业大麻虫害种类及发生情况数据等8个基础数据库的建设任务，按照要求完成了数据的收集并及时上报相关功能研究室（表9-37）。

**表9-37 西双版纳大麻试验站基础数据库建设情况**

| 任务分工 | 考核指标 | 完成情况 |
|---|---|---|
| 收集工业大麻相关数据 | 收集工业大麻相关数据1份 | 收集2015年勐海县大麻生产面积、收获产量等数据 |
| 收集工业大麻虫害种类及发生情况数据 | 收集工业大麻虫害种类及发生情况数据1份 | 收集勐海县工业大麻虫害（跳甲、红蜘蛛、蓟马等）种类及发生情况数据1份 |
| 收集工业大麻病害种类及发生情况数据 | 收集工业大麻病害种类及发生情况数据1份 | 收集勐海县工业大麻顶枯病、霜霉病发生情况数据1份 |
| 收集工业大麻草害种类及发生情况数据 | 收集工业大麻草害种类及发生情况数据1份 | 收集石屏县工业大麻草害（狗尾草、辣子草）种类及发生情况数据1份 |
| 收集工业大麻主产区气象与土壤数据 | 收集大麻主产区气象与土壤数据1份 | |

（续表）

| 任务分工 | 考核指标 | 完成情况 |
| --- | --- | --- |
| 开展轻简化栽培技术试验示范 | 收集工业大麻轻简化栽培技术1套 | 在勐海县勐海镇开展大麻轻简化栽培技术试验示范，并总结 |
| 收集全国麻类作物样本 | 收集全国麻类作物样本 | |
| 收集工业大麻产业经济信息 | 收集工业大麻产业经济相关信息2条 | 进行勐海县、石屏县2015年收购原麻吨数、价格及麻籽收购价格等数据的收集 |

**（三）区域产业技术支撑**

通过体系平台、参加体系研讨观摩会等活动以及与相关岗位专家和试验站密切联系，及时掌握采用信息和产业发展动态，及时获取国内外最新产业发展动态和市场走向，将最新育成的大麻品种和高产高效种植技术在各示范县的实际情况开展示范，指导该区域产业生产，提高其科技意识和种植水平，不断提高大麻单产，使工业大麻增产增收，保障工业大麻龙头企业的原料供给，为区域内产业的发展起到技术支撑作用。

筛选出适宜本区域种植的、多用途的工业大麻新品种云麻1号和云麻5号，并大面积示范和推广。2014年在云南省示范带动不同模式的种植6 666.67hm$^2$。其中，秆用型种植4 666.67hm$^2$，籽秆兼用型种植2 000hm$^2$。2015年在云南省示范推广不同模式的种植1 000hm$^2$。其中，秆用型种植733.33hm$^2$，籽秆兼用型种植266.67hm$^2$，辐射带动云南省6 666.67hm$^2$大麻种植。为云南工业大麻股份有限公司、云南麻纤科技发展有限公司、云南汉麻新材料科技有限公司、石屏绿源麻业有限责任公司提供充足的生产和加工原料，为促进云南大麻产业的发展提高技术支撑。

2014年开展各类工业大麻种植相关的技术培训，共培训1 039人次。其中岗位人员3人次，农技人员56人次，农民980人次。2015年开展大麻高产高效种植技术培训1 387人次。其中岗位人员72人，农技人员215人，农民1 100人。

# 第十章　剑麻试验示范工作进展

## 一　南宁剑麻试验站

开展剑麻标准化育苗技术示范推广，已覆盖到广西主要植麻区，培育种苗300多万株，节约了育苗用地约20%，提高了麻苗质量，从源头上抑制了剑麻病虫害的发生。剑麻高产高效栽培技术在武鸣、扶绥、陆川、灵山和浦北等5个示范县推广面积5 300多亩，通过技术推广，中低产田得到改造提升，产量同比增加15%以上，亩产干纤维400kg、麻渣500kg。同时，进一步开展剑麻麻渣多用途利用试验，总结出一套剑麻鲜麻渣饲料化青贮的关键技术，并建立了500m$^2$的山羊养殖试验基地，配套养殖用房200m$^2$。剑麻麻渣青储饲料喂养山羊大大节约了饲养成本，同时生长性能指标超过普通饲料喂养的山羊。通过在云南省元谋县核心示范区的试验，形成了一套适宜于干热河谷地区固土保水的剑麻种植技术。对广西示范县骨干及种植大户进行剑麻高效栽培和植保技术的培训共计118人次。特别是针对植麻区首次发现新菠萝灰粉蚧的新情况，联合剑麻栽培岗位专家团队，举行了新菠萝灰粉蚧防控技术培训，进一步完善了剑麻病虫害的预报和防控体系。采集了剑麻主产区气象及土壤数据、产业经济信息数据和病虫害发生情况数据，丰富并完善了相关数据库。结合农业部剑麻优势区域布局研究项目的实施，科学规划产业区域，为政府剑麻产业决策提供依据。

### （一）技术集成与示范

1. 剑麻高产高效种植与多用途技术示范

（1）剑麻标准化育苗技术示范推广。在山圩农场农业部良种繁育基地，示范剑麻标准化育苗。2004年在山圩农场2队建立了密植苗圃5亩，按照株行距10cm×10cm规格进行密植育苗，育苗数196 000株。同时，布置了剑麻覆膜与裸地育苗对比试验，为剑麻育苗模式采集有效数据；在山圩农场4队建立了疏植苗圃10亩，按照50cm×50cm规格进行疏植培育，育苗16 800株。标准化育苗，节约了土地约20%，提高了麻苗质量，从源头上抑制了剑麻病虫害的发生。

2015年在山圩农场开展剑麻标准化育苗200万株，并将标准化育苗技术向全区推广。目前已辐射到区内东方、东风、五星、新光等农场以及盈丰生物科技有限公司的种植基地，育苗100多万株。

（2）剑麻高产栽培技术示范推广。分别在山圩、东方、新光、五星等农场建立高产示范田各100亩。按照高产栽培技术模式，4月，结合除草，麻园分别施用含氮量40%的尿素50kg/亩、含量60%的氯化钾50kg/亩，含量18%的钙镁磷肥为61kg/亩，外加碳铵50kg/亩。9月收割，割麻期间进行麻渣还田，实施一车麻片需运回一车麻渣制度。施麻渣时每亩配施石灰150kg。经测产，山圩示范田亩产干纤维690kg、东方示范田450kg、新光445kg、五星440kg，分别比正常管理麻田增产50%、16.4%、39.1%、37.5%。

东风农场建立示范田50亩，以高产栽培模式进行示范。该示范田2009年定植，2012年开割，3月结合除草，施剑麻专用肥100kg/亩，9月，每亩还田5t麻渣，配施石灰150kg。亩产干纤维

510kg，比正常管理麻田增产 32.4%。

在宾阳县广西盈丰生物科技有限公司剑麻种植基地建立高产示范田 100 亩，按照高产示范模式进行施肥管理。经测产，亩产干纤维 500kg，比正常管理麻田增产 25.4%。

2014 年 9 月，麻类体系组织专家对广西农垦国有山圩农场渠荡分场 4 队那利片区的 75 亩示范区进行了现场测产验收。通过推广叶片营养诊断施肥、土壤改良以及麻渣精确还田等技术，示范区实施“三统一”：统一割叶，统一肥水管理，统一病虫害防控，实现剑麻的标准化管理。通过现场测产验收，示范区平均单株叶片重量 41.8kg，纤维抽出率 5.83%，麻渣回收率 12.1%。按每亩种植 286 株计算，鲜叶亩产量为 11 954.8kg，纤维亩产量 697kg，麻渣 1 446.5kg（含水量 73.98%）；对照区平均单株叶片重量 27.9kg，纤维抽出率 5.8%，麻渣回收率 11.1%，按每亩种植 286 株计算，鲜叶亩产量为 7 987kg，纤维亩产量 463.2kg，麻渣亩产量 886.5kg（含水量 63.25%）。

高产栽培技术措施在 5 个示范县推广面积共计 5 300亩。通过技术推广，中低产田得到改造提升，产量同比增加 15%以上（表 10-1、表 10-2）。

**表 10-1　5 个示范县剑麻高产栽培技术示范推广面积**

| 示范县 | 推广面积（亩） | 示范县 | 推广面积（亩） |
|---|---|---|---|
| 扶绥 | 1 070 | 陆川 | 1 000 |
| 武鸣 | 1 160 | 浦北 | 1 070 |
| 灵山 | 1 000 | | |

**表 10-2　各示范县试验示范基地 2014 年度产量对比一览表**

| 示范县 | 全县单产纤维（kg/亩） | 对照纤维产量（kg/亩） | 对照麻渣产量（kg/亩） | 示范地纤维产量（kg/亩） | 示范地麻渣产量（kg/亩） | 定植时间 |
|---|---|---|---|---|---|---|
| 扶绥 | 426 | 463.2 | 886.5 | 697.0 | 1 446.5 | 2006 年 |
| 灵山 | 280 | 401.2 | 772.0 | 410.2 | 788.4 | 2006 年 |
| 浦北 | 295 | 326.9 | 628.6 | 418.3 | 804.4 | 2008 年 |
| 武鸣 | 330 | 456.3 | 877.5 | 675.0 | 1 163.7 | 2004 年 |
| 陆川 | 320 | 321.0 | 617.3 | 409.0 | 786.6 | 2009 年 |

（3）剑麻不同株行距栽培试验。剑麻不同栽培模式种植试验设立了株行距 2.8m×0.8m、3.1m×0.8m、3.4m×0.8m、2.8m×1.0m、3.1m×1.0m、3.4m×1.0m、2.8m×1.2m、3.1m×1.2m、3.4m×1.2m 共 9 个处理，3 个重复，管理施肥水平与农场相同。该试验已进行了三年多，2015 年为第二割。测产结果表明，3.4m×1.0m 处理表现突出，鲜叶片亩产达到 8 800kg。

（4）剑麻非投产期套种试验。在剑麻非投产期布置大豆、花生、绿豆三种经济作物套种试验。试验结果表明，在剑麻幼龄麻期，大行间套种经济作物有助于培肥地力。收获后，大豆秆、绿豆秆以及花生藤覆盖小行间能减少水分散失抑制杂草生长，减少除草次数和除草剂危害。剑麻非投产期套种经济作物，可增加收入，但人工成本也相对较高。综合对比，除去人工成本，套种花生经济效益更高（表 10-3）。

**表 10-3　剑麻幼苗期套种不同经济作物效益**

| 套种作物 | 套种面积（亩） | 产量（kg） | 亩产（kg） | 效益评价（元/亩） |
|---|---|---|---|---|
| 大豆 | 21.5 | 311.75 | 14.5 | 87.0 |
| 花生 | 32.5 | 2 762.50 | 85.0 | 510.0 |
| 绿豆 | 8.0 | 164.00 | 20.5 | 200.5 |

（5）剑麻钙镁肥施肥试验。2014—2015 年连续两年在试验基地布置钙肥、镁肥试验。钙肥试验设每年施 0.25kg/株、0.5kg/株、隔年施用 0.5kg/株、对照不施石灰 4 个处理，3 次重复，共 12 个小区，各处理随机排列，每个小区 32 株。

镁肥试验设 1.0g/株、1.5g/株、2.0g/株、对照不施镁肥 4 个处理，3 次重复，共 12 个小区，各处理随机排列，每个小区 20 株。两年试验结果基本一致，2015 年试验结果见表 10-4、表 10-5。

**表 10-4　剑麻钙肥试验季度新增叶片数**

| | 第一季度长叶量（片/株） | 第二季度长叶量（片/株） | 第三季度长叶量（片/株） | 平均季长叶量（片/株） |
|---|---|---|---|---|
| 处理Ⅰ | 6.1 | 18.2 | 13.7 | 12.7 |
| 处理Ⅱ | 6.4 | 18.2 | 10.6 | 11.7 |
| 处理Ⅲ | 6.1 | 18.7 | 10.4 | 11.8 |
| CK | 6.3 | 18.0 | 10.4 | 11.6 |

**表 10-5　剑麻镁肥试验季度新增叶片数**

| | 第一季度长叶量（片/株） | 第二季度长叶量（片/株） | 第三季度长叶量（片/株） | 平均季长叶量（片/株） |
|---|---|---|---|---|
| 处理Ⅰ | 6.4 | 16.3 | 13.9 | 12.2 |
| 处理Ⅱ | 7.0 | 16.0 | 17.8 | 13.6 |
| 处理Ⅲ | 6.8 | 16.9 | 15.3 | 13.0 |
| CK | 6.9 | 18.2 | 13.1 | 12.7 |

由表可以看出，钙肥试验各处理平均月长叶量均比对照略高，其中处理Ⅰ效果比较明显，比对照叶片增长 9.48%。镁肥试验处理Ⅱ、处理Ⅲ平均月长叶量比对照高，其中处理Ⅱ效果较明显，比对照叶片增长 7.09%。

2. 剑麻多用途利用试验示范

（1）剑麻渣饲养山羊技术。2014 年对剑麻鲜麻渣进行了青贮试验。从青贮时间、麻渣含水量、添加剂种类等方面进行了试验，摸索出一套剑麻麻渣青贮方法。5 月份从云南引进努比亚黑山羊进行麻渣饲养的试验。试验分两个处理进行，第一组添加麻渣进行喂养，第二组按照常规饲料喂养，每月定期称重。试验表明，麻渣青贮后营养成分达到饲料标准，可用于山羊喂养，减少饲料成本 30%，为剑麻多用途开拓了一条新的道路。

通过麻渣喂养，试验组与对照组山羊月增重量基本持平，但由于试验组饲料中添加了 30% 麻渣，按每头山羊每天节约 0.25kg 饲料，1.4 元/kg 计算，每头羊每天可节约饲料成本 0.35 元，每年节约 127.8 元，按一般规模 100 头计算，可节约成本 12 780元/年（表 10-6）。

**表 10-6　麻渣青贮前后营养成分对照**

| 序号 | 检测项目 | 青贮前（%） | 青贮后（%） |
|---|---|---|---|
| 1 | 无氮浸出物 | 9.05 | 9.07 |
| 2 | 水分 | 82.9 | 82.9 |
| 3 | 粗蛋白 | 1.33 | 1.33 |
| 4 | 粗脂肪 | 0.38 | 0.38 |
| 5 | 粗纤维 | 4.20 | 4.20 |
| 6 | 粗灰分 | 2.12 | 2.12 |
| 7 | 钙 | 1.19 | 1.19 |
| 8 | 总磷（mg/kg） | 128.0 | 128.0 |
| 9 | 氨基酸总量 | 1.03 | 1.03 |

经过一年多的麻渣青贮试验，总结集成了一套麻渣青贮的关键技术。2015 年 4 月在自建山羊养殖场、南宁市俊华畜牧科技有限公司山羊养殖场采用剑麻麻渣青贮饲料与普通饲料进行饲养山羊比较试验，试验用饲料成分见表 10-6。含有剑麻麻渣青贮后制得的麻渣饲料为实验组，同时设置对照，对照试验为用普通饲料饲养（表 10-7）。经过 60d 的对比饲养试验，结果表明：与普通饲料喂养方法相比，剑麻麻渣青贮饲料可以大大节省劳动力成本，同时终重、增重、平均日增重等指标均超过普通饲料喂养方法，比对照增长 1.01%～59.47%（表 10-8）。在山羊养殖业上具有较好的

推广前景。

**表 10-7　剑麻麻渣制备的饲料**

| 饲料组别 | 剑麻麻渣 | 玉米粉 | 豆粕 | 甘蔗叶 | 菠萝皮 | 柱花草 |
|---|---|---|---|---|---|---|
| 实验组 1 | 有 | 有 | 有 | — | — | — |
| 实验组 2 | 有 | — | — | 有 | 有 | 有 |
| 实验组 3 | 有 | 有 | 有 | — | — | — |
| 实验组 4 | 有 | 有 | 有 | — | — | — |
| 实验组 5 | 有 | 有 | 有 | — | — | — |
| 实验组 6 | 有 | 有 | 有 | — | — | — |
| 实验组 7 | 有 | 有 | 有 | — | — | — |
| 实验组 8 | 有 | 有 | 有 | — | — | — |
| 实验组 9 | 有 | 有 | 有 | — | — | — |
| 实验组 10 | 有 | 有 | 有 | — | — | — |
| 实验组 11 | 有 | — | — | — | — | — |

**表 10-8　剑麻麻渣青贮饲料与普通饲料进行饲养山羊的生长性能**

| 组别 | 养殖头数 | 始重（kg/头） | 终重（kg/头） | 增重（kg/头） | 平均日增重（g/头） | 比对照增长（%） |
|---|---|---|---|---|---|---|
| 对照组 | 15 | 18. 08 | 21. 27 | 3. 19 | 53. 2 | |
| 实验组 1 | 15 | 18. 06 | 22. 30 | 4. 24 | 70. 7 | 32. 91 |
| 实验组 2 | 15 | 18. 05 | 22. 95 | 4. 90 | 81. 7 | 53. 51 |
| 实验组 3 | 15 | 18. 11 | 23. 18 | 5. 07 | 84. 5 | 58. 81 |
| 实验组 4 | 15 | 18. 10 | 23. 08 | 4. 98 | 83. 0 | 55. 72 |
| 实验组 5 | 15 | 18. 07 | 23. 14 | 5. 07 | 84. 5 | 57. 91 |
| 实验组 6 | 15 | 18. 09 | 23. 13 | 5. 04 | 84. 0 | 57. 59 |
| 实验组 7 | 15 | 18. 07 | 21. 29 | 3. 22 | 53. 7 | 1. 01 |
| 实验组 8 | 15 | 18. 09 | 21. 33 | 3. 24 | 54. 0 | 1. 31 |
| 实验组 9 | 15 | 18. 08 | 23. 13 | 5. 05 | 84. 2 | 57. 97 |
| 实验组 10 | 15 | 18. 10 | 23. 10 | 5. 10 | 85. 0 | 59. 47 |
| 实验组 11 | 15 | 18. 06 | 22. 95 | 4. 89 | 81. 5 | 52. 91 |

（2）龙舌兰麻提取物抑菌活性研究。龙舌兰麻植物含有丰富的甾体皂苷元、甾体皂苷和果聚糖等物质，具有杀虫、抗菌消炎和抗癌活性，在医学领域有很重要的作用，而在农业病害上的研究较少。试验对龙舌兰麻提取物抑菌活性进行初探，采用生长速率法测定 7 种龙舌兰麻甲醇提取物对两种炭疽病菌的抑菌活性，供试植物均采自广西亚热带作物研究所龙舌兰种质资源保存圃，结果见表 10-9、表 10-10。

**表 10-9　龙舌兰麻植物提取物对两种炭疽病菌的抑菌活性[a)]**

| 供试植物 | 72h 抑菌率（$\bar{x}\pm SE$）（%） | | | |
|---|---|---|---|---|
| | 胶孢炭疽病菌 | | 香蕉炭疽病菌 | |
| | 10mg/ml | 5mg/ml | 10mg/ml | 5mg/ml |
| H. 11648 | 100. 00±0. 00a | 100. 00±0. 00a | 100. 00±0. 00a | 100. 00±0. 00a |
| 普通剑麻 | 100. 00±0. 00a | 100. 00±0. 00a | 100. 00±0. 00a | 78. 57±1. 37b |
| 广西 76416 | 100. 00±0. 00a | 100. 00±0. 00a | 100. 00±0. 00a | 100. 00±0. 00a |
| 无刺番麻 | 100. 00±0. 00a | 100. 00±0. 00a | 100. 00±0. 00a | 100. 00±0. 00a |
| 番麻 | 100. 00±0. 00a | 100. 00±0. 00a | 100. 00±0. 00a | 100. 00±0. 00a |
| 粤西 114 | 100. 00±0. 00a | 100. 00±0. 00a | 100. 00±0. 00a | 78. 57±1. 37b |
| 灰叶剑麻 | 100. 00±0. 00a | 100. 00±0. 00a | 100. 00±0. 00a | 77. 78±0. 79b |

注：[a)] 数据为 3 次重复平均值，同列数据后标有相同字母表示在 5%水平上差异不显著

表 10-10　7 种龙舌兰麻植物提取物对两种炭疽病菌的毒力

| 供试植物 | 病原菌 | 毒力回归方程 | 相关系数 $r$ | $EC_{50}$（95%置信限）（mg/ml） |
|---|---|---|---|---|
| H. 11648 | 胶胞炭疽病菌 | $Y=1.3839+1.5395x$ | 0.9975 | 0.1262（0.0033~0.2831） |
| | 香蕉炭疽病菌 | $Y=0.4808+1.3773x$ | 0.9690 | 0.4476（0.0135~0.9871） |
| 普通剑麻 | 胶胞炭疽病菌 | $Y=1.1955+1.3835x$ | 0.9721 | 0.1367（0.0661~0.2123） |
| | 香蕉炭疽病菌 | $Y=0.2221+1.1571x$ | 0.9920 | 0.6428（0.1628~1.2083） |
| 广西 76416 | 胶胞炭疽病菌 | $Y=2.0300+1.9719x$ | 0.9956 | 0.0934（0.0565~0.1270） |
| | 香蕉炭疽病菌 | $Y=1.5230+2.4639x$ | 0.9925 | 0.2409（0.1447~0.3336） |
| 无刺番麻 | 胶胞炭疽病菌 | $Y=3.3963+2.1806x$ | 0.9945 | 0.0277（0.0186~0.0357） |
| | 香蕉炭疽病菌 | $Y=1.8047+1.3704x$ | 0.9731 | 0.0482（0.0024~0.1024） |
| 番麻 | 胶胞炭疽病菌 | $Y=1.6266+1.6384x$ | 0.9798 | 0.1017（0.0370~0.1699） |
| | 香蕉炭疽病菌 | $Y=0.8801+2.3903x$ | 0.9803 | 0.4283（0.2461~0.5946） |
| 粤西 114 | 胶胞炭疽病菌 | $Y=1.1340+1.3861x$ | 0.9975 | 0.1520（0.0780~0.2299） |
| | 香蕉炭疽病菌 | $Y=0.2086+1.2389x$ | 0.9747 | 0.6787（0.2092~1.2273） |
| 灰叶剑麻 | 胶胞炭疽病菌 | $Y=1.1915+1.3911x$ | 0.9844 | 0.1391（0.0681~0.2148） |
| | 香蕉炭疽病菌 | $Y=0.1499+1.2551x$ | 0.9846 | 0.7595（0.2648~1.3540） |

研究结果表明，7 种龙舌兰麻植物对两种炭疽病菌均有很高的抑制活性，当质量浓度为 10mg/ml 时，抑制率均为 100%。毒力测定结果表明，7 种龙舌兰麻植物提取物在低处理浓度下就有很好的抑菌效果，对胶胞炭疽病菌的 $EC_{50}$ 均小于 0.160 0mg/ml，对香蕉炭疽病菌的 $EC_{50}$ 均小于 0.800 0 mg/ml。特别是无刺番麻和广西 76416，其抑菌效果尤其显著。本研究对龙舌兰麻的综合开发与利用提供新途径。

3. 剑麻固土保水关键技术示范

（1）不同剑麻种植模式的水分利用效率。定期测量各小区的径流量、土壤径流、截面径流，结合试验区气象站的降水量、蒸发量计算土壤侵蚀模数和降水利用率；同时观测株高（cm）、剑麻新增叶片数（片/株）。通过在 10°、20°坡的标准径流场中以水平沟和鱼鳞坑两种方式种植剑麻，以鱼鳞坑方式种植番麻，监测结果显示：径流场中 10°坡剑麻水分利用效率总体提升 28%，20°坡提升 23%；径流场中 10°坡剑麻侵蚀模数总体降低 55%，20°坡降低 68%。

（2）剑麻固土保水试验。2014—2015 年连续两年进行剑麻固土保水试验，试验设 5°、10°、15°三个坡度的处理，每处理试验面积 30m²，剑麻栽培与常规作业相同，对照为裸地。定期测量各小区径流量和泥沙量。试验结果表明，剑麻固土保水效益在 5°、10°和 15°坡均有一定治理效果，其中 15°坡效果最明显，径流量和泥沙流失量分别比对照降低 35.14%和 84.65%。

（3）干热河谷地区不同剑麻栽培方式试验。对干热河谷剑麻核心示范区进行不同种植密度、施肥处理、节水灌溉、间种方式和覆盖方式试验，对剑麻生长及产量的数据进行观测（表 10-11）。

表 10-11　不同种植密度对剑麻生长及产量的影响

| 处理 | 株高（cm） | 新增叶片数（片） | 叶片长度（cm） | 叶片厚度（mm） | 叶片宽度（cm） | 叶片产量（kg/株） |
|---|---|---|---|---|---|---|
| 500 株/亩 | 72.8 | 43 | 43.7 | 3.93 | 7.7 | 17.65 |
| 400 株/亩 | 68.4 | 46 | 42.3 | 3.99 | 7.9 | 18.48 |
| 300 株/亩 | 75.2 | 49 | 46.4 | 4.12 | 8.2 | 19.35 |

三种种植密度对剑麻的株高、叶长、叶厚、叶宽、新增叶片数以及叶重量，全株重量均有一定影响。500 株/亩密度的剑麻，单株产量最低，300 株/亩密度的剑麻单株产量最高，说明密植影响了剑麻各植株间对土壤水分、养分及光能的竞争，影响了剑麻生长及产量。

对乡土草覆盖、秸秆覆盖及对照 3 个处理进行观测。实验表明，与对照（CK）相比，乡土草和秸秆覆盖可显著提高剑麻的株高、叶片数、叶片产量。无论是乡土草覆盖还是秸秆覆盖，在旱季，可以显著降低地表温度，减少土壤水分蒸发，为剑麻生长提供更多的水分，进而促进了覆盖处理的整株生物量（表 10-12）。

**表 10-12 干热河谷不同的覆盖方式对剑麻生长及产量的影响**

| 处理 | 株高（cm） | 新增叶片数（片） | 叶片长度（cm） | 叶片厚度（mm） | 叶片宽度（cm） | 叶片产量（kg/株） |
|---|---|---|---|---|---|---|
| CK | 68.4 | 31 | 44.6 | 3.85 | 7.8 | 16.84 |
| 乡土草覆盖 | 72.8 | 39 | 47.8 | 4.14 | 8.4 | 18.58 |
| 秸秆覆盖 | 73.1 | 41 | 48.2 | 4.12 | 8.8 | 19.08 |

试验表明，滴溉处理的不论在剑麻株高、新增叶片数、叶片产量都比对照要高，充分说明在元谋干热河谷对剑麻一定的灌溉能促进剑麻生长和提高其产量（表 10-13）。

**表 10-13 不同灌溉处理对剑麻地上部分生长的影响**

| 处理 | 株高（cm） | 新增叶片数（片） | 叶片长度（cm） | 叶片厚度（mm） | 叶片宽度（cm） | 叶片产量（kg/株） |
|---|---|---|---|---|---|---|
| CK | 56.6 | 24 | 46.8 | 3.81 | 7.4 | 16.28 |
| 滴灌 | 86.9 | 43 | 49.4 | 4.59 | 8.6 | 21.44 |

间作柱花草的剑麻植株在植株高度、叶片数、叶片厚度、叶片宽度、鲜叶产量等要略高于间作扭黄茅和无间作的，这主要归因于柱花草对土壤改良的效益，能对剑麻的生长提供一定的帮助（表 10-14）。

**表 10-14 不同间种方式对剑麻生长及产量的影响**

| 间作作物 | 株高（cm） | 新增叶片数（片） | 叶片长度（cm） | 叶片厚度（mm） | 叶片宽度（cm） | 叶片产量（kg/株） |
|---|---|---|---|---|---|---|
| B0（CK） | 67.5 | 38 | 42.9 | 45.8 | 7.6 | 17.8 |
| 扭黄茅柱花 | 69.8 | 40 | 45.8 | 3.98 | 7.9 | 18.4 |
| 草 | 71.4 | 45 | 49.5 | 4.25 | 8.6 | 19.8 |

（4）剑麻种植固土保水效益研究。定期测量元谋固土保水试验各小区的径流量、土壤径流、截面径流，结合试验区气象站的降水量、蒸发量计算土壤侵蚀模数和降水利用率。

通过在 10°、15°、20°坡的标准径流场中以水平沟和鱼鳞坑两种方式种植剑麻，以鱼鳞坑方式种植番麻。监测结果显示：各处理的径流场中种植剑麻和番麻能够增加降水利用率，平均增加 17%，表明种植剑麻和番麻具有较高的水土保持效益。其水分利用率增加值根据种植方式和坡度有很大关系，其中 10°坡和 15°坡的效果较好，平均增加降水利用率 30%和 25%，20°坡的效果不明显。10°坡和 15°坡上水平沟种植剑麻对降水利用增加的效果最好，分别增加了 48.9%和 34.5%；20°坡上各种植方式没有效果，可能是坡度较大，植物对侵蚀的控制力降低有关。

种植方式对侵蚀模数控制也有很大影响。10°坡中水平沟种植剑麻的控制效果最好，降低侵蚀模数 87.5%；15°坡的不同种植方式对侵蚀模数影响没有明显差异；20°坡的水平沟种植方式对侵蚀模数控制效果不好，侵蚀模数略有增加，20°坡上鱼鳞坑种植方式较好，较对照降低了 36%以上。

**（二）基础数据调研**

参与基础数据库建设情况表（表 10-15 至表 10-19）。

**表 10-15　南宁剑麻试验站 5 个示范县土壤养分情况**

| 示范县 | 有机质 (g/kg) | 全氮 (g/kg) | 有效磷 (mg/kg) | 速效钾 (mg/kg) | 肥力评价 | 施肥水平 |
|---|---|---|---|---|---|---|
| 扶绥 | 25.61 | 1.19 | 20.43 | 115.44 | 中等 | 复合肥 100kg/亩，滤泥 3t/亩，麻渣 5t/亩，石灰 150kg/亩 |
| 武鸣 | 25.62 | 1.34 | 7.57 | 84.94 | 中等 | 复合肥 80kg/亩，麻渣 5t/亩，石灰 150kg/亩 |
| 灵山 | 23.25 | 1.22 | 19.38 | 116.7 | 中等 | 复合肥 110kg/亩，滤泥 3t/亩，麻渣 4t/亩，石灰 100kg/亩 |
| 陆川 | 26.10 | 1.15 | 23.10 | 98.23 | 中等 | 复合肥 80kg/亩，滤泥 3t/亩，麻渣 5t/亩，石灰 100kg/亩 |
| 浦北 | 24.30 | 1.09 | 39.70 | 112.50 | 中等 | 尿素 30kg/亩钙镁磷肥 25kg/亩、氯化钾 30kg/亩，石灰 100kg/亩 |

**表 10-16　南宁试验站 5 个示范县气象数据**

| 示范县 | 年极端最低气温 (℃) | 年极端最高气温 (℃) | 年平均气温 (℃) | ≥10℃年平均积温 (d·℃) | 年平均降水量 (mm) |
|---|---|---|---|---|---|
| 扶绥 | 3.0 | 39.5 | 22.3 | 7 502 | 1 300 |
| 武鸣 | 5.0 | 38.0 | 23.5 | 8 309 | 1 300 |
| 灵山 | 0 | 38.2 | 21.7 | 8 100 | 1 658 |
| 陆川 | 2.0 | 38.1 | 21.8 | 7 600 | 1 942 |
| 浦北 | 1.9 | 38.6 | 21.6 | 7 862 | 1 763 |

**表 10-17　麻类加工企业数据库**

| 企业名称 | 所在地 | 规模 | 主要加工对象 | 主要产品 |
|---|---|---|---|---|
| 广西剑麻集团 | 南宁 | 拥有固定资产 2.69 亿元，是国内最大的剑麻制品加工、销售综合企业。下属 4 个子公司，年加工能力 2.5 万 t | 剑麻纤维 | 剑麻细纱、高档钢丝绳芯、剑麻捻线、无油剪毛工艺绳、高密度剑麻布、剑麻地毯、工艺品等各种规格近 300 多个品种 |
| 广西盈丰生物科技有限公司 | 南宁 | 剑麻种植、粗加工，日加工鲜叶片能力 200t | 剑麻叶片 | 纤维 |
| 武鸣西部剑麻有限公司 | 武鸣 | 注册资金 500 万元，主要业务是麻膏生产，剑麻加工机械等 | 剑麻纤维等 | 自动化剑麻纤维加工机械 |
| 广西南剑生物科技有限公司 | 扶绥 | 综合开发剑麻制品以及利用废弃的剑麻渣（液）、研发、生产、销售食（药）用级果胶产品与甾体激素类医药中间体及其下游制品多元化的外向型生产企业。公司占地近 3 万 $m^2$，建筑面积 6 020$m^2$ | 剑麻麻渣 | 剑麻制品、剑麻果胶、剑麻皂素、剑麻单烯、剑麻纤维、生物有机肥 |

**表 10-18　麻类作物病害种类及发生情况数据库**

| 病害种类 | 发生规律 | 防治方法 |
|---|---|---|
| 斑马纹病 | 一般先从基部叶片开始，进而感染茎、轴。一般有 3 个发展阶段。第一阶段，7 月份以前，只在少数麻株上发生；第二阶段，8 月份以后病叶增多，9—10 月病情急剧上升，达到流行高峰；第三阶段，10 月份以后病势下降 | 农业措施：割口消毒，雨天不割麻；及时清除病叶、病株；撒施生石灰；化学防治：喷施多菌灵、托布津等广谱低毒药剂 |
| 茎腐病 | 在 1 年中的发生流行可分为越冬、始发、流行和病情下降 4 个阶段。茎腐病的发生，温度是主要条件，只要在高于 20℃以上的高温期割叶，都能满足发病条件，如遇下雨则更有利于病菌的侵染 | |

**表 10-19　麻类作物虫害种类及发生情况数据库**

| 害虫名称 | 为害特点 | 发生规律 | 防治方法 |
|---|---|---|---|
| 褐园盾蚧 | 为害剑麻叶片，吸食叶片汁液，影响光合作用 | 春夏危害，有越冬习性 | 40%乐果 1 000 倍 |
| 切叶象甲 | 为害剑麻嫩叶和叶轴，在叶基横切嫩叶、环切叶轴，切口平整，类似人为切割。经为害过的植株新抽出的叶片丛生畸形扭曲 | 1 年发生 1 代。以成虫在枯枝落叶层下或土缝中越冬。翌年春天的 5 月下旬交尾产卵，从卵到成虫需经过 40d 左右。6 月下旬末开始羽化出成虫。7 月中旬至下旬为成虫出现高峰期。至 10 月份，成虫越冬 | 可用 25%的吡虫啉和 40%乐果 1 000倍 |

（续表）

| 害虫名称 | 为害特点 | 发生规律 | 防治方法 |
|---|---|---|---|
| 红蜘蛛 | 主要为害剑麻的嫩叶，造成叶片斑点褪绿变黑，影响植株的生长和叶片质量 | 越冬卵从4月份开始孵化，从4—10月均能发生为害，重点为害期为5月中旬至7月中旬，约60d | 用73%克螨特乳油1 000倍，8%中保杀螨乳油1 000倍，8%的速扑螨乳油1 000倍进行防治 |

### （三）区域科技支撑

1. 产业调研

分别调研了广西剑麻集团、广西西部剑麻有限责任公司、广西盈丰生物科技有限责任公司，进一步深入了解广西区剑麻产业生产经营情况。近年来，受国际市场利好的影响，纤维价格不断攀升，剑麻产业发展迅速。巴西一级纤维离岸价已达每吨3 000美元。国内方面，大机抛光纤维达19 000元/t，小机洗水直纤也高达11 800元/t。制品生产出口方面也增长较快，企业效益明显。麻片收购方面，广西部分麻区地头收购价已接近500元/t。

2. 新技术在本区推广应用

纤维市场上扬刺激了麻农种麻积极性。对此，试验站及时跟进，为麻农提供技术支持，推广标准化育苗技术。2015年，全区标准化育苗近300万株。从健康种苗培育到种植技术，给予多方面支持。同时，指导麻农按照留叶标准割麻，防止割伤麻株，造成次年产量损失。

3. 技术培训和观摩

2014—2015年培训示范县骨干及种植大户共计118人次。

2015年7月，在钦州市举办一期示范县骨干及种植大户技术培训班，示范县骨干、种植大户、企业代表40多人参加了培训，培训班邀请到了广西农垦的剑麻种植企业、加工企业代表，以及国内外的科研专家，分别从产、学、研的不同视角探讨了剑麻产业发展的思路，并提出了建设性意见，广西农垦报对此次培训做了报道。

2015年9月剑麻开割期，试验站结合科技特派员项目，在桂南农场集中培训剑麻种植户30多人，组织参训麻农现场观摩了秦武明高产麻田。

4. 科学规划产业区域，为政府决策提供依据

结合农业部剑麻优势区域布局研究项目的实施，对广东、广西、云南、四川等省（区）进行了调研。充分听取了当地农业、科研等部门的领导、专家以及加工企业和种植户的意见，对全国的剑麻种植进行科学规划。目前，已撰写出初稿上交农业部，为国家的战略布局提供科学依据。

5. 做好剑麻病虫害监控，为麻农保驾护航

2015年广西麻区剑麻病虫害时有发生，其中东风农场发现的新菠萝灰粉蚧为广西首次发现。试验站对此高度重视，取得上级主管局的支持，对该虫害严防死守。除了对发生地进行严格杀灭外，加强了引种等方面的控制，对基层技术人员和种植户进行了技术上的指导，做到整个垦区知虫、防虫。另外，在个别岗位发现紫色卷叶病及茎腐病，派出专业人员深入现场统计病虫害状况，采集样本，并会同农场生产管理人员制定防控措施，进行杀虫药效试验。

6. 为新麻区提供技术服务，拓展剑麻种植新区域

应云南省广南县政府邀请，广西农垦派出专家组对该县剑麻生产情况进行了调研，实地进行技术指导。同时，根据该县实际情况编写了《广南县剑麻产业发展可行性报告》供当地政府决策所用。

## 二 湛江剑麻试验站

2014—2015年本站阶段性工作概括：突出开展了剑麻高产高效栽培及多用途技术、中陡坡地

固土种植技术、健康抗病种苗的选育及繁育培育与种植技术、剑麻重大病虫害预警及综合防控技术等项目的研究与示范，取得了突破性、创新性成效。选育出抗病苗（抗紫色卷叶病），仅2014—2015年便为企业繁育推广优质抗病苗260多万株，可供大田种植剑麻600hm$^2$，“十二五”期间共繁育600多万株抗病苗，该苗已在广东徐闻县、雷州市、揭阳市等县市麻区推广种植1 333多 hm$^2$，为企业重振剑麻产业提供了种苗及配套集成技术支撑，有效解决了因紫色卷叶病制约我国剑麻发展的瓶颈问题。研制出剑麻园单沟及开双沟施肥覆土多功能等机械，并于垦区大面积推广。对广东及海南麻区进行营养普查，提出测土配方施肥方案。研制出及应用推广麻渣、滤泥堆沤肥技术。另外还开展了病虫草害综合防控、中陡坡地水土保持技术示范等工作。

### （一）技术集成与示范

1. 剑麻高产高效种植与多用途关键技术示范

（1）剑麻高产优质高效模式化种植技术示范。在该试验站及金星农场、青坎农场进一步完善剑麻高产高效种植示范基地建设，在标准化生产技术基础上通过营养诊断配方施肥、综合防治病虫害、机械施肥覆土等机械化集成剑麻高产优质高效模式化种植技术，以本地常规技术作对照。2015年3月始对该站及金星、青坎农场共4. 67hm$^2$ 示范田应用配套集成技术进行管理。该站19-2/3 地块的示范区2013年1月以抗性苗大苗上山种植，2015年12月调查结果见表10-20。

**表10-20　湛江剑麻试验站高产高效示范区调查结果**

| 重复 | 年增叶 | 单叶重（kg） | 产量（kg/hm$^2$） |
|---|---|---|---|
| Ⅰ | 62. 60 | 0. 260 | 72 339 |
| Ⅱ | 66. 00 | 0. 255 | 74 801 |
| Ⅲ | 64. 30 | 0. 290 | 82 877 |
| Ⅳ | 64. 30 | 0. 270 | 77 162 |
| 平均值 | 64. 30 | 0. 2688 | 76 794 |

（2）剑麻园土壤养分诊断。2015年对示范区或县9个剑麻农场进行土壤及植株采样，共采土壤样64个、叶片样63个，检测大量及中微量元素等1 970项（叶片样4个项目仍在检测中），结果见表10-21、表10-22。

**表10-21　麻园土壤养分含量检测结果（2015年）**

| 采样地点及数量 | | 有机质（g/kg） | 全氮（g/kg） | 碱解氮（mg/kg） | 有效磷（mg/kg） | 速效钾（mg/kg） | pH值 | 交换性钙（mg/kg） | 交换性镁（mg/kg） | 有效铜（mg/kg） | 有效锌（mg/kg） | 有效铁（mg/kg） | 有效锰（mg/kg） | 有效硫（mg/kg） | 有效钼（mg/kg） | 有效硅（mg/kg） | 有效硼（mg/kg） | 氯（mg/kg） | 含沙（%） |
|---|---|---|---|---|---|---|---|---|---|---|---|---|---|---|---|---|---|---|---|
| 葵潭农场2个样 | 范围 | 32. 34~39. 63 | 1. 54~1. 69 | 100. 87~173. 68 | 29. 9~60. 23 | 69. 7~73. 5 | 4. 77~5. 08 | 94. 9~183. 5 | 35. 9~60. 8 | 0. 54~0. 74 | 4. 21~7. 04 | 0. 00 | 0~24. 87 | 28. 59~43. 11 | 0. 062~0. 090 | 26. 26~90. 41 | 1. 102~0. 143 | 0. 02~0. 029 | 23. 05~54. 00 |
| | 平均 | 35. 99 | 1. 62 | 137. 28 | 45. 05 | 71. 6 | 4. 93 | 139. 2 | 48. 3 | 0. 64 | 5. 63 | 0. 00 | 12. 44 | 35. 85 | 0. 076 | 58. 34 | 0. 623 | 0. 025 | 38. 53 |
| 红江农场9个样 | 范围 | 20. 67~32. 19 | 0. 77~1. 33 | 82. 37~153. 91 | 8. 79~202. 26 | 35. 2~148. 8 | 4. 5~5. 25 | 28. 5~1 751. 7 | 46. 1~79. 2 | 0. 54~3. 08 | 0. 87~3. 05 | 0~48. 42 | 0~17. 91 | 5. 00~223. 44 | 0. 055~0. 143 | 26. 84~57. 46 | 0. 422~1. 119 | 0. 031~0. 122 | 26. 99~69. 36 |
| | 平均 | 25. 01 | 1. 03 | 106. 46 | 56. 87 | 67. 18 | 4. 90 | 533. 5 | 63. 1 | 1. 37 | 1. 92 | 26. 40 | 9. 48 | 65. 76 | 0. 089 | 38. 03 | 0. 868 | 0. 051 | 51. 07 |
| 东方红农场20个样 | 范围 | 21. 38~34. 74 | 1. 04~1. 52 | 114. 73~163. 51 | 5. 05~113. 44 | 68. 14~539. 11 | 4. 05~7. 29 | 80. 2~2 731. 7 | 40. 7~237. 0 | 0. 86~4. 13 | 1. 06~5. 64 | 9. 85~32. 26 | 0~38. 10 | 0. 31~155. 55 | 0. 110~0. 319 | 85. 8~270. 37 | 0. 002~0. 655 | 0. 023~0. 167 | 10. 17~17. 11 |
| | 平均 | 26. 67 | 1. 23 | 144. 57 | 22. 12 | 185. 78 | 5. 89 | 842. 1 | 123. 0 | 2. 11 | 3. 67 | 16. 21 | 2. 73 | 45. 90 | 0. 190 | 164. 97 | 0. 207 | 0. 064 | 12. 72 |
| 五一农场6个样 | 范围 | 24. 22~29. 23 | 1. 15~1. 40 | 151. 0~181. 3 | 6. 65~53. 51 | 28. 98~62. 70 | 4. 84~6. 53 | 195. 6~1 508. 0 | 41. 4~111. 1 | 1. 44~3. 37 | 2. 83~4. 92 | 11. 27~25. 35 | 0~60. 82 | 20. 09~115. 03 | 0. 160~0. 275 | 76. 60~165. 48 | 0. 107~0. 511 | 0. 025~0. 057 | |
| | 平均 | 27. 39 | 1. 24 | 170. 4 | 20. 57 | 42. 03 | 5. 47 | 595. 6 | 64. 3 | 2. 10 | 3. 52 | 20. 25 | 49. 46 | 62. 84 | 0. 224 | 115. 43 | 0. 362 | 0. 040 | |

（续表）

| 采样地点及数量 | | 有机质（g/kg） | 全氮（g/kg） | 碱解氮（mg/kg） | 有效磷（mg/kg） | 速效钾（mg/kg） | pH值 | 交换性钙（mg/kg） | 交换性镁（mg/kg） | 有效铜（mg/kg） | 有效锌（mg/kg） | 有效铁（mg/kg） | 有效锰（mg/kg） | 有效硫（mg/kg） | 有效钼（mg/kg） | 有效硅（mg/kg） | 有效硼（mg/kg） | 氯（mg/kg） | 含沙（%） |
|---|---|---|---|---|---|---|---|---|---|---|---|---|---|---|---|---|---|---|---|
| 火炬农场9个样 | 范围 | 18.96~27.10 | 0.78~1.44 | 89.8~137.53 | 15.38~94.27 | 43.92~182.76 | 4.21~5.02 | 121.2~549.4 | 18.6~70.4 | 0.38~2.13 | 1.13~4.16 | 22.81~42.60 | 8.04~58.50 | 20.13~114.43 | 0.067~0.248 | 27.65~131.92 | 0.044~0.793 | 0.005~0.043 | |
| | 平均 | 23.09 | 0.96 | 117.02 | 46.65 | 73.25 | 4.47 | 207.3 | 29.9 | 1.07 | 2.28 | 29.35 | 43.33 | 61.79 | 0.160 | 65.35 | 0.243 | 0.025 | |
| 东升农场9个样 | 范围 | 25.05~49.85 | 1.09~2.03 | 88.89~155.30 | 11.14~481.20 | 20.9~74.45 | 4.8~7.24 | 460.02~2 982.6 | 27.2~123.2 | 0.28~2.33 | 2.47~11.13 | 14.48~81.02 | 7.59~30.18 | 3.59~138.69 | 0.039~0.068 | 16.57~80.28 | 0.536~5.504 | 0.011~0.050 | 14.24~42.21 |
| | 平均 | 37.57 | 1.55 | 120.32 | 145.20 | 36.76 | 5.95 | 1570.2 | 80.1 | 1.29 | 6.82 | 55.47 | 17.60 | 47.16 | 0.053 | 51.20 | 1.367 | 0.027 | 21.87 |
| 金星农场4个样 | 范围 | 26.53~45.34 | 1.03~1.60 | 127.65~188.80 | 3.02~59.49 | 23.67~66.75 | 4.79~7.67 | 333.3~4 647.7 | 62.8~211.4 | 0.63~1.93 | 2.80~5.42 | 7.43~17.64 | 56.82~61.55 | 32.41~101.32 | 0.138~0.175 | 59.77~222.56 | 0.582~0.744 | 0.039~0.098 | |
| | 平均 | 36.94 | 1.25 | 161.47 | 17.76 | 48.69 | 6.08 | 1805.5 | 123.6 | 1.32 | 3.75 | 14.33 | 58.94 | 65.53 | 0.151 | 147.00 | 0.673 | 0.061 | |
| 幸福农场5个样 | 范围 | 10.51~27.68 | 0.49~1.24 | 55.55~139.09 | 1.73~15.35 | 30.09~42.96 | 4.54~5.66 | 320.3~913.9 | 60.1~197.4 | 1.27~2.31 | 1.58~6.50 | 17.30~30.60 | 38.73~61.48 | 52.21~134.61 | 0.164~0.210 | 68.24~358.87 | 0.086~0.660 | 0.037~0.096 | |
| | 平均 | 21.31 | 0.97 | 114.50 | 7.71 | 35.76 | 5.14 | 637.6 | 115.4 | 1.74 | 3.71 | 21.27 | 54.94 | 105.85 | 0.182 | 153.18 | 0.493 | 0.062 | |

**表 10-22　麻园叶片养分含量检测结果（2015 年）**

| 采样地点及数量 | | 氮含量（%） | 磷含量（%） | 钾含量（%） | 钙含量（%） | 镁含量（%） | 铜含量（mg/kg） | 锌含量（mg/kg） | 铁含量（mg/kg） | 锰含量（mg/kg） | 钼含量（mg/kg） |
|---|---|---|---|---|---|---|---|---|---|---|---|
| 葵谭农场2个样 | 范围 | 0.57~0.79 | 0.23~0.26 | 1.48~1.62 | 2.83~3.19 | 0.28~0.29 | 6.53~6.68 | 30.46~44.99 | 60.15~65.91 | 104.62~215.52 | 0.180~0.193 |
| | 平均 | 0.68 | 0.25 | 1.55 | 3.01 | 0.29 | 6.61 | 37.73 | 63.03 | 160.07 | 0.187 |
| 红江农场9个样 | 范围 | 0.61~0.93 | 0.10~0.31 | 1.18~2.38 | 2.89~4.26 | 0.16~0.40 | 2.43~5.19 | 15.17~41.99 | 15.49~111.11 | 61.77~134.64 | 0.081~0.193 |
| | 平均 | 0.79 | 0.21 | 1.61 | 3.52 | 0.28 | 3.90 | 23.54 | 57.11 | 88.16 | 0.123 |
| 东方红农场19个样 | 范围 | 0.81~1.44 | 0.07~0.13 | 1.09~3.40 | 2.39~3.94 | 0.26~0.98 | 1.45~7.23 | 8.32~32.01 | 189.98~318.87 | 217.13~796.73 | 0.062~0.637 |
| | 平均 | 1.06 | 0.09 | 2.22 | 3.05 | 0.55 | 3.73 | 18.55 | 238.09 | 467.11 | 0.122 |
| 五一农场6个样 | 范围 | 0.81~1.06 | 0.09~0.20 | 0.77~1.24 | 2.75~3.76 | 0.37~0.53 | 1.59~8.18 | 20.98~46.00 | 179.99~307.85 | 277.48~389.89 | 0.064~0.125 |
| | 平均 | 0.96 | 0.14 | 1.02 | 3.51 | 0.47 | 4.96 | 28.23 | 235.69 | 332.22 | 0.095 |
| 火炬农场9个样 | 范围 | 1.05~1.27 | 0.09~0.14 | 1.15~2.88 | 2.31~3.56 | 0.22~0.55 | 4.83~12.44 | 17.57~71.43 | 197.29~400.89 | 150.42~901.14 | 0.060~0.083 |
| | 平均 | 1.15 | 0.12 | 2.07 | 2.84 | 0.39 | 6.95 | 30.63 | 262.83 | 515.91 | 0.072 |
| 东升农场9个样 | 范围 | 0.77~1.16 | 0.12~0.31 | 0.62~1.78 | 2.28~8.85 | 0.23~1.23 | 0.88~7.64 | 30.54~88.16 | 121.15~191.85 | 59.44~117.53 | 0.084~0.137 |
| | 平均 | 0.96 | 0.21 | 1.01 | 4.47 | 0.72 | 4.59 | 49.32 | 153.52 | 93.81 | 0.113 |
| 金星农场4个样 | 范围 | 1.00~1.15 | 0.13~0.20 | 0.99~2.27 | 3.90~6.17 | 0.83~1.01 | 1.72~2.80 | 11.07~19.66 | 166.90~203.20 | 148.26~352.41 | 0.094~0.125 |
| | 平均 | 1.10 | 0.16 | 1.63 | 4.65 | 0.92 | 2.11 | 16.34 | 183.91 | 209.78 | 0.104 |
| 幸福农场5个样 | 范围 | 0.82~1.12 | 0.11~0.17 | 0.78~1.21 | 3.20~3.97 | 0.98~1.14 | 1.13~2.18 | 13.64~20.25 | 172.72~259.21 | 192.35~471.24 | 0.086~0.129 |
| | 平均 | 0.96 | 0.14 | 0.98 | 3.65 | 1.06 | 1.60 | 16.39 | 200.43 | 285.56 | 0.105 |

（3）剑麻农场施肥方案改进。从表 10-23 可以看出，各剑麻农场土壤养分极不平衡，尤其 Mg、Ca、Cu 等中微量元素严重偏低，且土壤严重偏酸而不利产量、抗性、质量及效益的提高。续去年与广东省丰收糖业集团公司复肥厂生产种植基肥型和追肥型的两个剑麻专用生物配方肥均因有机质主材料为麻渣、滤泥，鸡粪等为次材料，致有机质含量仅为≥25%，未能达到预期效果，经研究改用鸡粪为主材料后可实现有机质含量≥45%，则基肥型有益活微生物≥0.2 亿个/g，无机肥含

量为 N 1%、$P_2O_5$ 5%、$K_2O$ 11%，总有效成分≥17%，水分≤30%；追肥型的剑麻专用生物配方肥为有机质及有益活微生物配比等不变，仅无机肥含量改为 N 4%、$P_2O_5$ 4%、$K_2O$ 9%，总有效成分≥17%，可实现预期指标，实现全面推广机械化施肥兼覆土，即新植麻及育苗每公顷施种植型的剑麻专用生物配方肥 4 500～6 000kg，便可达到传统每公顷施有机肥 120～150t、过磷酸钙 1 125kg、氯化钾 675kg 的效果；追肥亩施该追肥型的剑麻专用生物配方肥 3 000～4 500kg，便可达到传统每公顷有机肥 75～90t、尿素 300～450kg、过磷酸钙 675～750kg、氯化钾 450～525kg 的效果。机械施专用生物配方肥，可避免传统人工施用不能及时覆土，致生物受阳光暴晒而影响生物的活性，而机械施可边施边覆土和提高生产效率，降低施肥成本。

**表 10-23　各剑麻农场施肥配方**

| 农场 | 叶片 | | | 土壤 | | 施肥配方：每公顷施肥量 | | | |
|---|---|---|---|---|---|---|---|---|---|
| | 镁含量 | 氮含量 | 钾含量 | 速效钾 | 有效磷 | 尿素（kg） | 氯化钾（kg） | 过磷酸钙（kg） | 钙镁磷肥（kg） |
| 葵潭农场 | 严重偏低 | 不足 | | | | 375～525 | 450～525 | 675 | 750 |
| 红江农场 | 严重偏低 | 不充足 | | | | 375～525 | 450～525 | 675 | 750～1125 |
| 东方红农场 | 严重偏低 | | | | | 375～450 | 450～525 | 675～750 | 750 |
| 五一农场 | 不足 | | 不足 | | | 375～450 | 525～600 | 675 | 750 |
| 火炬农场 | 不足 | | | | | 375～450 | 450～525 | 675 | 750 |
| 东升农场 | 部分田块较低 | | 严重不足 | | | 375～450 | 525～600 | 675 | 750 |
| 金星农场 | 不足（上年结果） | | 部分田块植株偏低 | 偏低 | | 375～450 | 525～600 | 675 | 750 |
| 幸福农场 | | | 偏低 | 偏低 | 个别田块偏低 | 375～450 | 525～600 | 675～750 | |
| 青坎农场 | 不足 | 不足 | | | | 375～525 | 450～525 | 675 | 750 |

注：有机肥按各农场原方案的基础上配施化肥。

（4）病虫草害标准化管控示范。应用标准化生产技术，通过机械撒施石灰、机械施肥覆土、机械撒（喷）药防虫等集成技术，实现标准化质量指标要求，此外，注重综合防治病虫害，药剂方面突出应用推广高效安全低毒并相对较经济的药剂，如防治斑马纹病应用 64%的甲霜・锰锌药剂；防治茎腐病应用 40%多・硫悬浮剂；防治粉蚧应用 24%亩旺特（主要成分为螺虫乙酯，该药是低毒环保、内吸传导型药剂，有效期长达 2 个多月）+助剂（快润），此外，撒施 5%杀单・毒死蜱颗粒药剂等，有效控制病虫危害，使损失减到最低水平，但由粉蚧虫作为传播媒介引起的剑麻紫色卷叶病的老麻区若不改种抗病苗，要彻底防治该病，成本高，难度大；据接种鉴定粉蚧为害一个月也会致该病害发生，因此，要多次防治将难以实施。

通过应用上述集成技术，虽然在紫色卷叶病的疫区和遭受两次超强台风的袭击，示范田仍获得显著效果，处理及结果列入表 10-24。

**表 10-24　高产高效示范田产量等效应**

| 地点 | | 示范区 | | | | | CK | | | | | |
|---|---|---|---|---|---|---|---|---|---|---|---|---|
| 站点 | 地号 | 面积（亩） | 刀次 | 亩产（kg） | 比 CK 增产（±%） | 紫色卷叶病发病率（%） | 面积（亩） | 刀次 | 亩产（kg） | 紫色卷叶病发病率（%） | 结存率（%） | 因斑马纹病、茎腐病死亡率（%） |
| 本站 | 20 东东 | 12.17 | 六 | 7171 | 5 以下 | 45 | — | — | 90 | 已淘汰 | — | |
| | 23-2 | 47.42 | 四 | 5 853 | 71.94 | 0.5 以下 | 6.56 | 四 | 3 404 | 0.5 以下 | 69.93 | 30.07 |
| 示范县（金星农场） | 5 队 39 号地 | 42.02 | 五 | 6 967 | 174.72 | 0.5 以下 | 6.05 | 五 | 2 536 | 63.5 | 68.26 | 31.74 |
| 示范县（青坎农场） | 二天桥 | 20 | 四 | 5 150 | 27.79 | 0 | 6 | 四 | 4 030 | 0 | | |

注：本站 23-2 实施前紫色卷叶病发病率为 60%以上

（5）产区土壤改良。注重土壤改良和配施较缺的中量元素，如施吸盐粉、钙镁磷肥，已初见成效，结果见表 10-25。

**表 10-25 土壤改良试验（2015 年 4 月始施肥）**

| 处理 | | 2015 年增叶数 | 单叶重（kg） | 产量（$kg/hm^2$） | 与 CK 比（±%） |
|---|---|---|---|---|---|
| ①常规肥基础上+亩施吸盐粉（硫酸钙）375kg | Ⅰ | 60.71 | 0.238 | 60 837 | 28.25 |
| | Ⅱ | 59.44 | 0.245 | 61317 | -6.23 |
| | Ⅲ | 58.45 | 0.210 | 51683 | 15.20 |
| | 平均值 | 59.53 | 0.231 | 57945 | 12.41 |
| ②常规肥基础上+每公顷施钙镁磷肥 750kg | Ⅰ | 60.28 | 0.250 | 63 452 | 33.76 |
| | Ⅱ | 57.60 | 0.230 | 55 781 | -14.70 |
| | Ⅲ | 59.44 | 0.220 | 55 061 | 22.73 |
| | 平均值 | 59.11 | 0.233 | 58 098 | 13.93 |
| ③常规肥（CK） | Ⅰ | 56.33 | 0.200 | 47 436 | — |
| | Ⅱ | 62.12 | 0.250 | 65 390 | — |
| | Ⅲ | 54.64 | 0.195 | 44 862 | — |
| | 平均值 | 57.70 | 0.215 | 52 563 | — |

（6）机械化配方施肥。机械化施肥（配方肥）及覆土的成效见表 10-26。施剑麻专用生物配方肥（机械化施用）比 CK 增产 6.63%，即略有增产，主要原因为该机械是实现了边施肥边覆土，确保有益微生物不受阳光暴晒，不致影响生物活性，而发挥生物固氮，解磷、解钾功能，以培肥地力，改善土壤生态环境，促进增产。

**表 10-26 全程机械化耕作示范结果**

| 处理 | 重复 | 2015 年度增叶（片/株） | 单叶净增重（kg） | 产量（$kg/hm^2$） | 与 CK 比增产（±%） |
|---|---|---|---|---|---|
| ①CK（每公顷施滤泥 45t、尿素 375kg、磷肥 750kg、钾肥 450kg） | Ⅰ | 64.65 | 0.044 | 11 978 | — |
| | Ⅱ | 65.19 | 0.044 | 12 077 | — |
| | Ⅲ | 67.64 | 0.028 | 7 974 | — |
| | 平均 | 65.83 | 0.0387 | 10 676 | — |
| ②（全程机械化每公顷施生物专用配方肥 4 500kg） | Ⅰ | 62.84 | 0.04 | 10 584 | -11.63 |
| | Ⅱ | 62.84 | 0.047 | 12 435 | 2.97 |
| | Ⅲ | 60.87 | 0.04 | 10 251 | 28.56 |
| | 平均 | 62.18 | 0.0423 | 11 090 | 6.63 |

麻渣与其他有机肥、无机肥复混配生产剑麻专用生物配方肥，并于育苗及大田种植与麻田管理示范应用剑麻专用生物配方肥约 450t，其中新种麻及育苗作基肥应用推广 120 多 t、麻田及苗圃追肥应用推广 320 多 t，该配方肥的应用可极大减轻工人劳动强度和提高肥效，并有利实现配方平衡施肥，实现麻渣资源循环利用，避免了麻渣直接回田，减少病原传播等，取得较好的成效。

（7）剑麻渣多用途试验示范与应用推广。与海南大学农学院动物科学专业合作开发麻渣、蔗叶、柱花草、菠萝皮等进行单项青贮和混配青贮试验，青贮效果理想，并检测了各项养分指标，处理及养分结果如表 10-27。

**表 10-27 麻渣混合青贮饲料品质分析**

| 处理 | 原料鲜重比例（%） | | | | 品质分析 | | | |
|---|---|---|---|---|---|---|---|---|
| | 剑麻渣 | 柱花草 | 甘蔗渣 | 菠萝皮 | pH 值 | 乳酸（%，DM） | 丁酸（%，DM） | 氨态氮/总氮（%DM） |
| 1 | 30 | 50 | 10 | 10 | 4.11 | 12.4 | 0.16 | 2.32 |
| 2 | 45 | 35 | 10 | 10 | 4.08 | 15.6 | 0.12 | 3.98 |
| 3 | 60 | 20 | 10 | 10 | 4.15 | 14.7 | 0.53 | 8.51 |

结果表明，随剑麻渣比例增大柱花草比例降低，pH 值有升高趋势，乳酸含量以处理 2 最高，

丁酸含量处理 2 最低，氨态氮/总氮处理 2 较低，总体上来说，30%~60%的剑麻渣都具有较好的发酵品质，其中以处理 2 的品质最好。

2. 剑麻固土保水关键技术示范

2014 年 3 月始在葵潭农场、东升农场实施剑麻固土（防冲刷）示范点实施测土配方施肥技术、防病虫及田管工作。东升农场示范田还实施小行施肥覆土及喷施猪粪水，公顷产叶片仍超 90 000 kg，比 CK 57 000kg/hm$^2$ 增产 58%，示范田紫色卷叶病为 25%，而对照病株仍高达 50%。

葵潭农场示范区每公顷产 67 500kg（产量下降，主要原因是该麻区干旱严重），比 CK 54 000 kg/hm$^2$ 增产 25.0%，示范区及 CK 的紫色卷叶病均为零星发生，此外，发现在紫色卷叶病区域没有种植抗病苗，要彻底防治紫色卷叶病难度非常大。

2015 年 3 月始在葵潭农场、东升农场实施剑麻固土（防冲刷）示范点实施测土配方施肥技术、防病虫及田管工作示范。东升农场示范田实施技术包括免耕法、小行施肥覆土、测土配方施肥、小行喷施水肥（猪粪水等）、综合防治病虫害，但因该麻田已步入老龄麻，开花等缺株超过 50%，经测产亩产仍超 4 000kg。葵潭农场示范区结果见表 10-28。结果表明示范区亩产 5634.7kg 比 CK 3 851.5kg/亩增产 51.23%，通过上述试验示范已总结出一套中陡旱坡地种植剑麻固土（防冲刷）技术。

**表 10-28　葵潭农场高产高效示范结果（2015 年）**

| 处理 | 重复 | 2015 年增叶（片/株） | 单叶重（kg） | 产量（kg/hm$^2$） | 与 CK 比增减（±%） | 备注 |
|---|---|---|---|---|---|---|
| 示范区 | Ⅰ | 53.34 | 0.336 | 75 462 | 82.56 | 无缺株 |
| | Ⅱ | 51.56 | 0.408 | 88 574 | 44.42 | |
| | Ⅲ | 54.66 | 0.389 | 89 528 | 26.71 | |
| | 平均 | 53.19 | 0.378 | 84 521 | 51.23 | |
| CK | Ⅰ | 46.44 | 0.302 | 41 336 | — | 因病死亡，各重复平均缺株 30%以上。 |
| | Ⅱ | 51.00 | 0.408 | 61 329 | — | |
| | Ⅲ | 52.00 | 0.461 | 70 655 | — | |
| | 平均 | 49.81 | 0.390 | 57 773 | — | |

3. 剑麻育种与制种技术示范

2014 年于该站及东方红农场建立 39.4 万株的母株快繁示范基地，其中本站 29.4 万株（内新建 18.4 万株），通过应用母株钻心及剥脚叶法，并配套测土配方施肥技术、水肥一体化技术（确保源源不断满足植株生长所需的水肥）、综合防治病虫等集成技术，达到加速繁育健壮无病抗性苗，2014 年利用往年的 10.8 万株母株便繁育出抗病苗 71.39 多万株，比常规技术增长 40%（增长最多的为 50%），此外，为湛江农垦剑麻农场引进海南抗病苗 122.65 万株，两项合计可供大田种植 6 500亩的抗病种苗。

此外，在该站及湛江垦区剑麻农场建立抗病健康苗袋装培育示范点，共推广袋装培育麻苗 60 多万株，并配套营养诊断平衡施肥、设施喷施水肥、化学除草、综合防治病虫害等集成技术，促进麻苗速生快长，使麻苗提早半年出圃，且土地利用率比常规育苗提高 5 倍，每株节省成本 0.6~1.0 元，实现袋苗带土带根上山种植，恢复生长快，可提早半年投产，弥补常规苗在雨季不能种植的问题。

2014 年该站进一步接种和试验鉴定抗性苗具抗病能力，但抗病苗作组培材料繁殖的麻苗抗紫色卷叶病能力大幅度下降，其抗病能力仅有 35.71%，但其 4 个月便几乎 100%恢复正常生长，但仍有风险，故该抗病苗较适宜作母株钻心繁育。大田试验进一步表明非抗性苗在苗圃出圃前（育苗 1~1.5 年），重病田发病率便高达 60%以上；大田种植 1.5~2 年其发病率也高达 60%以上。抗性苗于苗圃繁育及疏植培育和大田种植 5 年均没有发病，可见在紫色卷叶病疫区不能种植非抗性苗，必须种植抗病苗才能控制紫色卷叶病危害。

通过示范，使广东农垦更加坚定了发展剑麻的信心，并规划了要在5年内新种剑麻4 000hm²，总面积到达6 667hm²。

在该试验站及湛江垦区剑麻农场建立剑麻抗病苗快繁示范点，应用钻心及剥叶法，达到破坏顶端生长点，促进腋芽萌发，加快抗病苗的繁育。在大田全面推广种植该抗性苗（因其他苗已不适宜该区域种植）。并实施营养诊断平衡施肥技术、化学除草、综合防治病虫等集成技术，促进麻苗速生快长，早出圃及降低成本；大苗上山种植，植株生长快，提早投产。2015年建立了41.6万株的母株快繁示范基地，共繁育培育抗性苗130万株，其中本站18万株，于“十二五”规划累计繁育培育推广600万株，供大田种植1 333hm²，而其他非抗性苗无法抵挡紫色卷叶病的危害，而逐步在淘汰，致广东、海南麻区剑麻面积及产量仍在大幅度下滑。目前广东已树立了发展剑麻的信心，主要是有了抗性苗的效果。

2015年协助剑麻育种岗位专家在本站开展剑麻品种比较试验，参试品种共9个。并收集本站杂交选育的2个新品系（表10-29）。

**表10-29 试验地杂交苗品种比较试验**

| 处理 | 2015年增叶（%） | 与CK比增减（±%） | 测产（kg/hm²） | 与CK比增减（±%） |
|---|---|---|---|---|
| ①CK（东1号） | 47.58 | — | 28 047 | — |
| ②东06/556 | 55.34 | 16.31 | 46 602 | 66.16 |
| ③东06/495 | 55.48 | 16.60 | 50 223 | 79.07 |

注：增叶及测产均为10株样本株的数量，此外处理②属中抗紫色卷叶病、处理③为高抗紫色卷叶病，且恢复快，不致损失

4. 剑麻重大有害生物防控技术示范

2014年1月始在本站及示范县的金星农场、五一农场、东方红农场继续布置剑麻斑马纹病、茎腐病、紫色卷叶病和粉蚧虫监测点9个，并建立了综合防治示范田4hm²。向示范县共发报预警及防御措施8次，其中斑马纹病预警及防御措施3次，茎腐病预警及防御措施1次，紫色卷叶病预警及防御措施1次，剑麻粉蚧预警及防御措施3次。大面积应用推广10%甲霜·锰锌药防治斑马纹病、40%多·硫悬浮剂防治茎腐病、24%亩旺特（螺虫乙酯）+快润（助剂）及5%杀单毒死蜱颗粒药剂防治剑麻粉蚧等，获得极显著效果，防效达95%以上。

2015年继续对剑麻斑马纹病、茎腐病、紫色卷叶病和粉蚧虫进行监测，向示范县共发报预警及防御措施7次，其中斑马纹病预警及防御措施4次，茎腐病预警及防御措施1次，剑麻粉蚧预警及防御措施2次。大面积应用推广10%甲霜·锰锌药剂防治斑马纹病、40%多·硫悬浮药剂防治茎腐病及混合药消毒防治该“两病”。并筛选出40%毒死蜱·噻嗪酮800倍液、50%氟啶虫胺腈4 300倍液、48%噻虫胺悬浮剂2 500倍液、22.4%亩旺特3 000~3 500倍液+40%毒死蜱800~1 000倍液，以上均加助剂（快润）5 000倍液药剂，以上药剂防治剑麻粉蚧有特效且低毒和有效期长达1个月以上，获得显著效果，防效达95%以上。

此外，通过与剑麻栽培岗位合作对紫色卷叶病植株进行点滴药剂及营养试验及本站对该病作遗传等试验研究后，在原鉴定紫色卷叶病病原，已排除真菌、细菌、线虫病外，本次可基本排除病毒引起，可能是虫毒有关，与养分的关系还在进行点滴等方法的试验。

5. 剑麻轻简化栽培技术示范

2014—2015年于该站及示范县的青坎农场实施剑麻轻简化栽培技术研究与示范，采用深松施肥机耕将两年肥的80%一次施下，施用剑麻专用生物配方肥，并完善了麻园小行施肥覆土技术。在海南昌江青坎农场沙壤土示范区于小行隔2年大施肥覆土一次，效果非常好，2014年公顷产叶片72t，比CK年常规中耕开沟施肥的57.75t/hm²增产24.68%；2015年公顷产叶片67.5t以上，比CK大行年常规中耕开沟施肥的50.55t/hm²增产33.53%，且每年每亩减少人工作业成本达3 000元以上。

在该站采用机械深松施肥将两年肥的80%于大行一次施下，施用剑麻专用生物配方肥，虽然节支作业费便达6 000多元/hm²，但与常规比反而减产，主要是该配方有机质偏低，没有达到预期的含量（要求≥45%，而仅为≥25%），且大行不中耕松土，透气性差，老化根多，新根少，不利吸收水肥。结果可见：不宜大行隔年施肥，因不中耕开沟，新根少，不利吸水吸肥，处理①增产，主要是年年中耕开沟施肥，有利大行土壤疏松透气，生根发达（表10-30）。

**表10-30　湛江剑麻试验站轻简化试验**

| 处理 | 重复 | 2015年增叶（片/株） | 单叶净增重（kg） | 增产（kg/hm²） | 与CK比（±%） |
|---|---|---|---|---|---|
| ①年施生物配方肥4 500 kg/hm²（机械化施肥） | Ⅰ | 50.80 | -0.025 | -5 348 | |
| | Ⅱ | 51.40 | 0.020 | 4 329 | |
| | Ⅲ | 56.80 | 0.065 | 15 545 | |
| | 平均 | 53.00 | 0.020 | 4 842 | 182.05 |
| ②隔年施生物配方肥7 500kg/hm²（机械化施肥） | Ⅰ | 47.12 | -0.068 | -13 491 | |
| | Ⅱ | 48.60 | -0.075 | -15 348 | |
| | Ⅲ | 49.40 | -0.025 | -5 201 | |
| | 平均 | 48.37 | -0.056 | -11 346 | -92.27 |
| ③年年中耕开沟施肥（公顷施滤泥45t、尿素375kg、磷肥675kg、钾肥450kg） | Ⅰ | 49.20 | 0.015 | 3 108 | |
| | Ⅱ | 48.20 | -0.025 | -5 073 | |
| | Ⅲ | 53.40 | -0.070 | -15 740 | |
| | 平均 | 50.27 | -0.0267 | -5 901 | |

## （二）基础数据调研

开展了广东、海南等麻区土质、地力、病虫害、气象因子、种植面积、产量、栽培技术等信息的调研；对上一年年底采集示范县及其他剑麻农场土壤64个及叶片的63个样品进行了养分含量的检测，为剑麻农场提供了科学施肥的依据（表10-31至表10-34）。

**表10-31　麻园土壤养分含量检测结果**

| 采样地点 | 项目 | pH值 | 有机质（g/kg） | 碱解氮（mg/kg） | 有效磷（mg/kg） | 速效钾（mg/kg） | 代换性钙（mg/kg） | 代换性镁（mg/kg） | 有效硫（mg/kg） | 有效氯（g/kg） |
|---|---|---|---|---|---|---|---|---|---|---|
| 东方红农场（12个样） | 范围 | 4.23~7.09 | 15.28~31.36 | 8.02~16.74 | 3.51~405.6 | 30.9~382 | 37.5~1 909 | 2.1~552 | 14.23~340.71 | 0.023~0.252 |
| | 平均 | 5.56 | 21.61 | 10.48 | 84.78 | 94.54 | 749.68 | 94.58 | 102.67 | 0.07 |
| 青坎农场（5个样） | 范围 | 5.42~6.57 | 12.49~15.04 | 6.61~8.70 | 8.21~286.5 | 72.8~121 | 734~1 051 | 42~133 | 0.51~1.41 | 0.021~0.025 |
| | 平均 | 6.14 | 14.00 | 7.57 | 71.26 | 101.82 | 876.6 | 89.14 | 1.06 | 0.022 |
| 葵潭农场（4个样） | 范围 | 4.96~7.11 | 16.37~27.91 | 6.96~13.72 | 22.53~52.06 | 33.9~53.1 | 186~1 440 | 9.5~30.8 | 2.82~16.21 | 0.021~0.034 |
| | 平均 | 5.98 | 20.70 | 9.05 | 35.68 | 44.78 | 696.5 | 18.38 | 8.20 | 0.028 |
| 东升农场（3个样） | 范围 | 4.90~5.77 | 19.13~22.94 | 9.04~12.80 | 8.33~40.70 | 31~95.2 | 104~867 | 9.4~24.0 | 3.34~14.45 | 0.02~0.066 |
| | 平均 | 5.20 | 20.83 | 10.99 | 19.79 | 52.63 | 395.33 | 15.97 | 7.13 | 0.037 |
| 红江农场（3个样） | 范围 | 4.33~4.72 | 15.62~18.65 | 7.41~9.40 | 37.49~86.8 | 23.5~37.0 | 126~380 | 1.3~4.9 | 8.42~15.54 | 0.021~0.032 |
| | 平均 | 4.53 | 16.64 | 8.56 | 68.09 | 30.2 | 211 | 2.97 | 11.76 | 0.025 |
| 金星农场（4个样） | 范围 | 4.51~6.18 | 21.28~38.26 | 9.79~16.04 | 14.02~190.6 | 29.8~71.2 | 106~4 288 | 8.1~53.1 | 23.44~419.08 | 0.02~0.036 |
| | 平均 | 5.36 | 30.93 | 13.43 | 65.24 | 45.55 | 1 289.83 | 25.68 | 139.06 | 0.028 |
| 五一农场（2个样） | 范围 | 5.17~5.22 | 23.7~24.52 | 10.78~11.42 | 11.18~14.63 | 34.1~35 | 418~518 | 39.4~46.4 | | |
| | 平均 | 5.20 | 24.11 | 11.1 | 12.91 | 34.55 | 468 | 42.9 | 32.15 | 0.025 |

（续表）

| 采样地点 | 项目 | pH 值 | 有机质（g/kg） | 碱解氮（mg/kg） | 有效磷（mg/kg） | 速效钾（mg/kg） | 代换性钙（mg/kg） | 代换性镁（mg/kg） | 有效硫（mg/kg） | 有效氯（g/kg） |
|---|---|---|---|---|---|---|---|---|---|---|
| 火炬农场（5 个样） | 范围 | 4. 35～4. 56 | 20. 82～23. 93 | 9. 84～11. 23 | 6. 30～71. 68 | 24. 4～30. 8 | 52. 7～201 | 3. 0～11. 8 | 50. 26～67. 73 | 0. 02～0. 031 |
| | 平均 | 4. 45 | 22. 55 | 10. 65 | 28. 36 | 28. 13 | 104 | 7. 9 | 57. 2 | 0. 027 |

**表 10-32 麻园土壤养分含量检测结果（续）**

| 采样地点 | 项目 | 有效铜（mg/kg） | 有效锌（mg/kg） | 有效铁（mg/kg） | 有效锰（mg/kg） | 有效硼（mg/kg） | 有效钼（mg/kg） | 有效硅（mg/kg） | 有效铝（mg/kg） |
|---|---|---|---|---|---|---|---|---|---|
| 东方红农场（12 个样） | 范围 | 0. 11～5. 0 | 2. 4～63. 9 | 17. 3～177 | 51. 7～547 | 0. 20～1. 3 | 0. 05～0. 296 | 66. 6～689 | 705. 1～1 457. 3 |
| | 平均 | 1. 56 | 21. 41 | 85. 59 | 222. 06 | 0. 51 | 0. 15 | 241. 7 | 1 003. 88 |
| 青坎农场（5 个样） | 范围 | 0. 11～1. 6 | 3. 4～6. 4 | 23. 00～1 074 | 189～357 | 0. 22～0. 75 | 0. 053～0. 252 | 90. 6～148 | 636. 8～1 014. 5 |
| | 平均 | 0. 73 | 5. 13 | 606 | 264. 67 | 0. 44 | 0. 166 | 126. 53 | 803. 83 |
| 葵潭农场（4 个样） | 范围 | 0. 5～1. 4 | 5. 9～9. 4 | 161～663 | 9. 2～27. 6 | 0. 21～1. 6 | 0. 102～0. 157 | 155～461 | 1 522. 5～2 321. 5 |
| | 平均 | 0. 95 | 8. 2 | 376. 33 | 20. 77 | 0. 81 | 0. 138 | 257. 67 | 1 975. 73 |
| 东升农场（3 个样） | 范围 | 0. 34～0. 81 | 3～4. 9 | 21. 5～84. 7 | 1. 8～5. 0 | 0. 13～0. 38 | 0. 06～0. 099 | 50. 2～117 | 1 287. 58～1 841. 2 |
| | 平均 | 0. 64 | 3. 84 | 55. 63 | 2. 93 | 0. 25 | 0. 078 | 83. 47 | 1 602. 1 |
| 红江农场（3 个样） | 范围 | 0. 82～1. 6 | 1. 4～3. 9 | 45. 1～99. 9 | 0. 64～2. 8 | 0. 19～0. 26 | 0. 052～0. 068 | 53. 2～62. 7 | 1 138. 6～1 457. 8 |
| | 平均 | 1. 21 | 2. 33 | 80. 77 | 1. 75 | 0. 23 | 0. 059 | 58. 83 | 1270. 33 |
| 金星农场（4 个样） | 范围 | 1. 2～2. 2 | 1. 9～11. 6 | 6. 2～28. 2 | 83. 8～160 | 0. 25～0. 59 | 0. 130～0. 152 | 103～179 | 895～2 427. 9 |
| | 平均 | 1. 65 | 5. 63 | 18. 68 | 127. 2 | 0. 44 | 0. 141 | 139. 25 | 1 594. 98 |
| 五一农场（2 个样） | 范围 | | | | | | | | |
| | 平均 | 1. 6 | 6. 5 | 15. 2 | 431 | 0. 66 | 0. 290 | 150 | 1 076 |
| 火炬农场（5 个样） | 范围 | 1. 9～2. 5 | 2. 9～3. 4 | 21. 3～24. 2 | 37. 2～153 | 0. 39～0. 59 | 0. 182～0. 215 | 104～119 | 813～1 163 |
| | 平均 | 2. 27 | 3. 13 | 23 | 101. 73 | 0. 51 | 0. 194 | 113 | 983. 67 |

**表 10-33 麻园叶片养分含量检测结果**

| 采样地点 | 项目 | N（%） | P（%） | K（%） | Ca（%） | Mg（%） | S（%） | Cl（g/kg） | Zn（mg/kg） |
|---|---|---|---|---|---|---|---|---|---|
| 红江农场（3 个样） | 范围 | 0. 75～0. 88 | 0. 196～0. 355 | 1. 10～1. 18 | 1. 92～2. 55 | 0. 17～0. 203 | 0. 12～0. 16 | 0. 14～0. 67 | 21. 7～28. 7 |
| | 平均 | 0. 81 | 0. 268 | 1. 13 | 2. 14 | 0. 188 | 0. 14 | 0. 34 | 25. 63 |
| 火炬农场（3 个样） | 范围 | 0. 87～1. 13 | 0. 112～0. 126 | 0. 505～1. 26 | 2. 20～2. 39 | 0. 354～0. 437 | 0. 11～0. 13 | 0. 20～0. 45 | 19. 4～20. 7 |
| | 平均 | 1. 01 | 0. 120 | 0. 96 | 2. 26 | 0. 398 | 0. 12 | 0. 30 | 20. 00 |
| 五一农场（1 个样） | 范围 | 0. 76 | 0. 289 | 1. 13 | 2. 98 | 0. 584 | 0. 12 | 0. 18 | 24. 1 |
| | 平均 | 0. 76 | 0. 289 | 1. 13 | 2. 98 | 0. 584 | 0. 12 | 0. 18 | 24. 1 |
| 东升农场（3 个样） | 范围 | 0. 63～0. 75 | 0. 136～0. 194 | 0. 656～1. 19 | 2. 13～2. 26 | 0. 281～0. 357 | 0. 10～0. 13 | 0. 25～0. 54 | 20. 9～38. 3 |
| | 平均 | 0. 67 | 0. 16 | 0. 898 | 2. 2 | 0. 312 | 0. 11 | 0. 36 | 28. 4 |
| 葵潭农场（3 个样） | 范围 | 0. 74～0. 80 | 0. 207～0. 297 | 1. 19～1. 58 | 1. 68～2. 32 | 0. 270～0. 346 | 0. 10～0. 12 | 0. 20～0. 32 | 22. 1～32. 5 |
| | 平均 | 0. 77 | 0. 24 | 1. 39 | 2. 05 | 0. 318 | 0. 11 | 0. 24 | 28. 67 |
| 金星农场（3 个样） | 范围 | 1. 10～1. 19 | 0. 095～0. 136 | 1. 05～1. 51 | 1. 73～2. 60 | 0. 337～0. 435 | 0. 13～0. 14 | 0. 10～0. 17 | 14. 4～15. 7 |
| | 平均 | 1. 15 | 0. 117 | 1. 31 | 2. 31 | 0. 383 | 0. 13 | 0. 14 | 14. 8 |

（续表）

| 采样地点 | 项目 | N (%) | P (%) | K (%) | Ca (%) | Mg (%) | S (%) | Cl (g/kg) | Zn (mg/kg) |
|---|---|---|---|---|---|---|---|---|---|
| 东方红农场（8个样） | 范围 | 0.63~1.24 | 0.107~0.293 | 0.744~2.76 | 1.93~2.77 | 0.404~0.596 | 0.07~0.12 | 0.12~0.54 | 16.1~30.8 |
| | 平均 | 0.89 | 0.19 | 1.671 | 2.30 | 0.470 | 0.10 | 0.28 | 22.09 |
| 青坎农场（3个样） | 范围 | 0.62~0.80 | 0.156~0.423 | 1.41~1.63 | 1.87~2.33 | 0.458~0.609 | 0.08~0.11 | 0.12~0.17 | 22.4~31.6 |
| | 平均 | 0.72 | 0.256 | 1.54 | 2.18 | 0.515 | 0.093 | 0.15 | 26.03 |

**表 10-34 麻园叶片养分含量检测结果（续）**

| 采样地点 | 项目 | Fe (mg/kg) | Mn (mg/kg) | B (mg/kg) | Mo (mg/kg) | Si (mg/kg) | Al (mg/kg) | Cu (mg/kg) |
|---|---|---|---|---|---|---|---|---|
| 红江农场（3个样） | 范围 | 171~186 | 29.7~39.0 | 9.5~40.7 | 0.076~0.153 | 52.2~215 | 65.2~179 | 5.0~5.8 |
| | 平均 | 176.67 | 33.57 | 22.77 | 0.113 | 115.2 | 106.97 | 5.5 |
| 火炬农场（3个样） | 范围 | 180~223 | 278~371 | 27.1~49.4 | 0.057~0.102 | 74.26~79.48 | 49.7~122 | 4.1~5.3 |
| | 平均 | 199.3 | 328.7 | 35.73 | 0.075 | 76.81 | 80.33 | 4.8 |
| 五一农场（1个样） | 范围 | 228 | 212 | 25.6 | 0.147 | 76.5 | 48.6 | 4.7 |
| | 平均 | 228 | 212 | 25.6 | 0.147 | 76.5 | 48.6 | 4.7 |
| 东升农场（3个样） | 范围 | 148~160 | 21.0~61.8 | 9.0~34.4 | 0.093~0.102 | 86.77~241 | 42.5~62.2 | 3.6~4.9 |
| | 平均 | 153.3 | 35.1 | 25.6 | 0.098 | 150.26 | 55.4 | 4.1 |
| 葵潭农场（3个样） | 范围 | 141~181 | 50.0~203 | 30.4~88.6 | 0.122~0.178 | 210~633 | 62.5~118 | 5.1~6.0 |
| | 平均 | 155.33 | 119 | 60.5 | 0.147 | 410 | 82.1 | 5.4 |
| 金星农场（3个样） | 范围 | 182~203 | 105~465 | 38.8~50.3 | 0.086~0.098 | 61.5~167 | 32.7~73.9 | 4.3~4.8 |
| | 平均 | 193.67 | 308 | 43.6 | 0.09 | 97.8 | 53.0 | 4.5 |
| 东方红农场（8个样） | 范围 | 167~247 | 18.7~651 | 21.7~116 | 0.088~0.440 | 60.7~992 | 25.0~188 | 3.2~7.0 |
| | 平均 | 197.75 | 186.83 | 63.64 | 0.158 | 454.93 | 106.68 | 4.63 |
| 青坎农场（3个样） | 范围 | 142~186 | 87.4~278 | 64.2~79.1 | 0.164~0.195 | 541~729 | 39.4~85.9 | 3.3~5.3 |
| | 平均 | 163 | 170.13 | 71.93 | 0.178 | 607.33 | 58.07 | 4 |

### （三）区域科技支撑

（1）建立剑麻病虫害监测防控体系，2014—2015年向示范县及本区域麻区发报预警及防控措施15次，使防治与测报有机结合，有效提高防治水平，防治效果达95%以上，并降低防治成本，减少盲目防治和保护天敌。

（2）筛选出及示范推广防治病虫害有效药剂：筛选出40%毒死蜱·噻嗪酮800倍液、50%氟啶虫胺腈4 300倍液、48%噻虫胺悬浮剂2 500倍液、22.4%亩旺特3 000~3 500倍液+40%毒死蜱800~1 000倍液，以上均添加助剂快润5 000倍液。这些药剂防治剑麻粉蚧有特效及低毒，且有效期长达一个月以上。

（3）筛选及示范推广杀灭香附子草的安全除草剂，避免了麻农盲目用药，从而减轻药害和剑麻不受杂草危害，促进剑麻正常生长。

（4）为该区域引进并繁育及示范推广种植海南抗病苗，有效解决制约剑麻发展的瓶劲问题。2015年引进及繁育抗性苗130万株，“十二五”共引进繁育抗性苗600多万株，可供大田种植1 333hm$^2$。目前广东剑麻植区只选择剑麻抗性苗种植，否则不种。

（5）示范推广测土配方施肥技术。进一步示范推广测土配方施肥技术，2014—2015 年两年为 9 个剑麻农场检测土壤及叶片样 188 个，检测大量及中微量营养元素 2 953项，其中 2015 年土壤样 64 个、叶片样 63 个，共检测项目 1 970项，并为他们提出施肥意见及发放剑麻测土配方施肥技术小册子 350 本。此外，进一步完善剑麻专用生物配方肥的配制，该肥可实现精准施肥，机械化施肥，提高工效，减轻工人劳动强度，使植株体内养分平衡，促进肥效、剑麻产量、质量、抗性及社会、生态和经济效益的提高。

（6）示范推广干旱季节剑麻苗圃施水肥。续 2014 年进一步推广示范母株繁育基地和疏植苗圃基地于干旱季节施水肥，该技术可促进繁育种苗增长 30%以上，疏植苗可提早 2~6 个月出圃，获得显著效果。

（7）推广基本全程机械化。推广机械化起畦育苗及种麻、机械撒施石灰（包括施钙镁磷肥）、机械施肥覆土（包括施干滤泥和专用配方肥等）、机械喷（撒）施农药，促进工效、规模化及标准化应用程度大幅度提高，解放生产力，减轻工人劳动强度，降低生产成本，促进效果效益提高。

（8）为企业提供合理化建议。建议及示范推广种植抗病苗，并发放剑麻抗性苗的应用技术小册 350 本，使大家对抗性苗有全面的认识，并积极种植。

（9）技术培训。2014—2015 年共培训科技管理人员及麻农 1 223人次，其中受培训的岗位人员 59 人次，受培训的农技人员 897 人，受培训的农民 267 人，使科技人员及麻工（麻农）剑麻生产技术水平有较大提高。

2014 年 9 月 19 日在湛江农垦局为剑麻有关的单位领导及科技人员培训剑麻标准化生产技术，参加培训人员 106 人。

2014 年 11 月 17~18 日，湛江剑麻试验站与剑麻育种岗位、剑麻栽培岗位及湛江农垦局生产科技处在广东省徐闻县联合承办了“国家麻类产业技术体系 2014 年度剑麻农技推广骨干人员培训班”，负责培训的内容为剑麻科学种植与管理知识及技术、测土配方施肥技术、剑麻主要病虫害监测与防控技术，培训人员 200 人。

2014 年 11 月 24 日，在广东省农工商职业技术学校为剑麻农场的科技骨干及麻农进行技术培训，培训内容为剑麻科学种植与管理知识及技术、测土配方施肥技术、剑麻主要病虫害监测与防控技术，培训人员 180 人。

2014 年 12 月 15 日，在湛江农垦东方红农场举办的农工技能培训班上对农工培训剑麻科学种植与管理知识及技术、测土配方施肥技术、剑麻主要病虫害监测与防控技术、剑麻割叶技术，参加培训人员 70 人。

2014 年 12 月 15 日，为参加国家“47083091”技能鉴定站东方红农场考场的东方红、金星两个农场剑麻栽培工共 61 人进行技能实操考评，该站站长还承担了实操考试的总指挥。

2015 年 1~3 季度于该站开展农工等现场培训 3 场次，参加培训人员 175 人次。

2015 年第 4 季度于东方红农场、广东省农工商技术学校、揭阳农垦局进行农技推广骨干技术培训 4 场次，参加培训人员 315 人次。

# 主要参考文献


[1] Chen J, Dai L J, Wang B, et al. Cloning of expansin genes in ramie (*Boehmeria nivea* L.) based on universal fast walking [J]. Gene, 2015, 569 (1): 27-33.

[2] Chen J, Pei Z H, Dai L J, et al. Transcriptome profiling using pyrosequencing shows genes associated with bast fiber development in ramie (*Boehmeria nivea* L.) [J]. BMC Genomics, 2014, 15 (1): 919.

[3] Chen Y P, Zhang L W, Qi J M, et al. Genetic linkage map construction for white jute (*Corchorus capsularis* L.) using SRAP, ISSR and RAPD markers [J]. Plant Breeding, 2014, 133 (6): 777-781.

[4] Cheng F X, Wang J, Song Z Q, et al. Complete genome sequence of *Bacillus thuringiensis* YC-10, a novel active strain against plant-parasitic nematodes [J]. Journal of Biotechnology, 2015, 210: 17-18.

[5] Deng G, Liu L J, Zhong X Y, et al. Comparative proteome analysis of the response of ramie under N, P and K deficiency [J]. Planta, 2014, 239 (6): 1175-1186.

[6] Ding R Y, Zhang X Q, Yu C W. Optimization of enzyme mixture degumming of ramie fiber [J]. Journal of Natural Fibers, 2014, 11 (1): 13-24.

[7] Ding R Y, Zhang X Q, Yu C W. Optimizing for *Bacillus cereus* DA3 scouring of flax roving [J]. Journal of the Textile Institute, 2014, 105 (1): 20-28.

[8] Dong Z G, Ding R Y, Zheng L, et al. Biological scouring of flax rove with alkalophilic strains [J]. Journal of Natural Fibers, 2014, 11 (3): 256-267.

[9] Gao C S, Xin P F, Cheng C H, et al. Diversity analysis in *Cannabis sativa* based on large-scale development of expressed sequence tag-derived simple sequence repeat markers [J]. PLoS One, 2014, 9 (10): e110638.

[10] Gao J M, Yang F, Zhang S Q, et al. Expression of a hevein-like gene in transgenic *Agave hybrid* No. 11648 enhances tolerance against zebra stripe disease [J]. Plant Cell, Tissue and Organ Culture (PCTOC), 2014, 119 (3): 579-585.

[11] Kipriotis E, Heping X, Vafeiadakis T, et al. Ramie and kenaf as feed crops [J]. Industrial Crops & Products, 2015, 68: 126-130.

[12] Li Z L, Meng C R, Yu C W. Analysis of oxidized cellulose introduced into ramie fiber by oxidation degumming [J]. Textile Research Journal, 2015, 85 (20): 2125-2135.

[13] Li Z L, Yu C W. Effect of peroxide and softness modification on properties of ramie fiber [J]. Fibers and Polymers, 2014, 15 (10): 2105-2111.

[14] Li Z L, Yu C W. The effect of oxidation-reduction potential on the degumming of ramie fibers with hydrogen peroxide [J]. Journal of the Textile Institute, 2014, 106 (11): 1-11.

[15] Liu T M, Zhu S Y, Tang Q M, et al. Genome-wide transcriptomic profiling of ramie (*Boehmeria nivea* L. Gaud) in response to cadmium stress [J]. Gene, 2015, 558 (1): 131-137.

[16] Liu T M, Zhu S Y, Tang Q M, et al. Identification of 32 full-length NAC transcription factors in ramie (*Boehmeria nivea* L. Gaud) and characterization of the expression pattern of these genes [J]. Molecular Genetics and Genomics, 2014, 289 (4): 675-684.

[17] Liu T M, Zhu S Y, Tang Q M, et al. Identification of a CONSTANS homologous gene with distinct diurnal expression patterns in varied photoperiods in ramie (*Boehmeria nivea* L. Gaud) [J]. Gene, 2015, 560 (1): 63-70.

[18] Liu Z C, Xu J F, Duan S W, et al. Expression of modified *xyn*A gene fragments from *Bacillus subtilis* BE-91 [J]. Annals of Microbiology, 2014, 64 (1): 139-145.

[19] She W, Cui G X, Jie Y C, et al. Comparative effects of chelants on plant growth, cadmium uptake and accumulation in nine cultivars of ramie [J]. Acta Agriculturae Scandinavica, Section B — Soil & Plant Science. 2014, 64 (1): 71-78.

[20] She W, Zhu S J, Jie Y C, et al. Expression profiling of cadmium response genes in ramie (*Boehmeria nivea* L.) root [J]. Bulletin of Environmental Contamination and Toxicology, 2015, 94 (4): 453-459.

[21] Tang X K, Zhou X M, Wu J, et al. A novel function of sanshools: The alleviation of injury from metolachlor in rice seedlings [J]. Pesticide Biochemistry & Physiology, 2014, 110 (1): 44-49.

[22] Yu Y, Huang W G, Chen H Y, et al. Identification of differentially expressed genes in flax (*Linum usitatissimum L.*) *under saline*-alkaline stress by digital gene expression [J]. Gene, 2014, 549 (1): 113-122.

[23] Yu Y T, Liu H L, Zeng L B, et al. A new record of *Paratylenchus lepidus* (Nematoda: Tylenchulidae) associated with ramie root in Yuanjiang, Hunan Province, China [J]. Pakistan Journal of Zoology, 2014, 46 (2): 583-586.

[24] Zhang G Y, Zhang Y J, Xu J T, et al. The CCoAOMT1 gene from jute (*Corchorus capsularis* L.) is involved in lignin biosynthesis in *Arabidopsis thaliana* [J]. Gene, 2014, 546 (2): 398-402.

[25] Zhu S Y, Liu T M, Tang Q M, et al. Evaluation of bamboo genetic diversity using morphological and SRAP analyses [J]. Russian Journal of Genetics, 2014, 50 (3): 306-313.

[26] Zhu S Y, Tang S W, Tang Q M, et al. Genome-wide transcriptional changes of ramie (*Boehmeria nivea* L. Gaud) in response to root-lesion nematode infection [J]. Gene, 2014, 552 (1): 67-74.

[27] 安晓霞，曾粮斌，薛召东，等. 外源物质在植物抗逆中的应用研究进展 [J]. 安徽农业科学，2014, 42 (19): 6241-6244, 6246.

[28] 安晓霞，曾粮斌，余永廷，等. 三种诱抗剂处理对苎麻叶片 PPO 和 POD 活力的影响 [J]. 中国麻业科学，2014, 36 (1): 46-50, 54.

[29] 白玉超，崔国贤，代英男，等. 苎麻败蔸要因及综合防治 [J]. 作物研究，2014, 28 (4): 443-446.

[30] 白玉超，崔国贤，张小龙，等. 不同配方叶面肥对苎麻生长及生理特性的影响 [J]. 中国麻业科学，2014, 36 (3): 131-136.

[31] 白玉超，郭婷，佘玮，等. 不同配方叶面肥对苎麻产量、纤维支数及败蔸情况的影响 [J]. 中国麻业科学，2015, 37 (2): 80-86.

[32] 白玉超，李雪玲，黄敏升，等. 50 年来中国苎麻种植情况与前景展望 [J]. 作物研究，2014, 28 (5): 547-550.

[33] 蔡敏，吕发生，周光凡，等. 苎麻/榨菜套作模式对土壤有效养分及相关酶活性的影响 [J]. 贵州农业科学，2015, 43 (9): 63-65.

[34] 蔡敏，彭玉梅，李雅玲，等. 不同苎麻/榨菜（茎瘤芥）套作方式对土壤有效养分及相关酶活性的影响 [J]. 广东农业科学，2015, 42 (16): 27-31.

[35] 蔡敏，周光凡，吕发生，等. 苎麻新品种在重庆三峡库区的适应性比较研究 [J]. 中国麻业科学，2015, 37 (1): 9-13.

[36] 曹诣，崔国贤，刘楠楠，等. 利用“3414”实验设计进行苎麻测土配方施肥研究 [J]. 中国麻业科学，2015, 37 (3): 138-143.

[37] 曹诣，佘玮，崔国贤，等. 苎麻“3414”肥效试验及经济效益分析 [C]. 中国作物学会学术年会论文集，2014.

[38] 曾日秋，洪建基，姚运法. 红麻皮籽兼收优化栽培技术研究 [J]. 热带农业科学，2014, 34 (4): 25-28.

[39] 曾向萍，王会芳，陈圆，等. 不同苎麻种质资源对炭疽病的抗性初报 [J]. 中国植保导刊，2014, 34 (11): 12-14.

[40] 曾向萍，王会芳，陈圆，等. 九种杀菌剂对大麻茎枯致病棒孢菌的室内毒力测定初报 [C]. 中国植物病理学会 2014 年学术年会论文集. 北京：中国农业科学技术出版社，2014, 538-540.

[41] 陈安国，陶学江，伍涛，等. 南疆阿拉尔盐碱地红麻的生长特性及密度对产量的影响 [J]. 作物研究，2013, 27 (2): 128-130.

[42] 陈常理，骆霞虹，张加强，等. 免耕对土壤理化性状和红麻生长及产量形成的影响 [J]. 中国麻业科学，2013, 35 (6): 300-306.

[43] 陈惠端，陈美霞，蔡金月，等. 应用 SRAP 分子标记构建黄麻遗传资源 DNA 指纹图谱 [J]. 福建农林大学学报：自然科学版，2014, (2): 113-118.

[44] 陈继康，熊和平. 苎麻栽培与耕作研究进展 [J]. 中国麻业科学，2015, 37 (4): 216-222.

[45] 陈平，郭阳，喻春明，等. 氮钾配施对中苎 2 号植株鲜重及原麻产量的影响 [J]. 湖南农业科学，2013 (3): 28-30.

[46] 成莉凤，冯湘沅，段盛文，等. 来源于欧文氏杆菌 CXJZ95-198 的 β-甘露聚糖酶基因高效表达体系构建 [J]. 中国农学通报，2015, (31) 10: 240-245.

[47] 成莉凤，冯湘沅，刘正初，等. 草本纤维生物提取菌株产果胶酶的组分研究 [J]. 中国麻业科学，2014, 36 (5): 238-242.

[48] 成莉凤，刘正初，冯湘沅，等. 草本纤维生物提取菌株分泌的关键酶研究 [J]. 中国农学通报，2014 (30): 255-258.

[49] 邓欣，邱财生，陈信波，等. 钾肥施用量影响亚麻抗倒伏性的研究 [J]. 中国麻业科学，2014, 36 (4): 194-198.

[50] 杜光辉，周波，李熠，等. 云南大麻品种抗旱性研究初报 [J]. 中国麻业科学，2014, 36 (6): 289-298.

[51] 段盛文，刘正初，郑科，等. 从富集液中发掘麻类脱胶果胶酶基因的技术 [J]. 中国生物工程杂志，2014, 34 (1): 86-89.

[52] 关赛鹏，杨陆燕，郁崇文. 牵切技术对苎麻常规纺纱质量的影响 [J]. 中国麻业科学，2014, 37 (2): 106-110.

[53] 郭鸿彦，许艳萍，郭孟璧，等. 早熟工业大麻杂交新品种云麻 3 号选育 [J]. 中国麻业科学，2014, 36

（6）：270-274.
[54] 郭丽，王明泽，王殿奎，等. 工业大麻综合利用研究进展与前景展望［J］. 黑龙江农业科学，2014（8）：132-134.
[55] 郭丽，王明泽，王殿奎，等. 几种杀虫剂对田间大麻跳甲的防治效果［J］. 黑龙江农业科学，2014（6）：73-74.
[56] 郭丽，张海军，王明泽，等. 大麻雄性基因连锁 AFLP 分子标记的筛选及鉴定［J］. 中国麻业科学，2015，37（1）：5-8.
[57] 贺丽江，陈雷宇，李文略，等. 干旱胁迫下喷施甜菜碱对苎麻生理特性及产量的影响［J］. 中国麻业科学，2015，37（3）：130-134.
[58] 洪建基，方平平，曾日秋，等. 圆果种黄麻新品种‘闽黄 1 号’的选育［J］. 福建农业学报，2014，29（8）：745-747.
[59] 解啸，成飞雪，程菊娥，等. RNAi 在植物寄生线虫中的研究及应用［J］. 基因组学与应用生物学，2015，34（5）：1087-1091.
[60] 金刚，陈涛，苏文潘，等. 基于 psbA-trnH 序列的剑麻 H. 11648 原始母本的鉴定［J］. 湖北农业科学，2015，54（10）：2513-2515.
[61] 金蕊，钱正强，刘飞虎，等. 工业大麻的营养吸收及其动力学特征［J］. 云南大学学报：自然科学版，2015，37（2）：303-309.
[62] 金蕊，杨明挚，刘飞虎. 回接内生真菌对工业大麻生理及农艺性状的影响［J］. 植物分类与资源学报，2014，36（1）：65-69.
[63] 康红梅，赵铭森，孔佳茜，等. 工业大麻隔离制种技术研究［J］. 山西农业科学，2014，42（7）：708-710.
[64] 康红梅，赵铭森，孔佳茜，等. 密度、肥料、保水剂对工业大麻麻皮产量的影响［J］. 山西农业科学，2014，42（8）：862-864.
[65] 黎征帆，杨建平，郁崇文. 多糖组分对苎麻纤维性能的影响［J］. 东华大学学报：自然科学版，2014，40（3）：266-269.
[66] 李初英，黄其椿，赵洪涛，等. 富硒高钙保健型帝皇麻菜新品种“桂麻菜 1 号”的选育［J］. 北方园艺，2015（3）：140-142.
[67] 李晓霞，沈奕德，黄乔乔，等. 海南芦笋园杂草种类调查及杂草防除技术研究［J］. 热带农业科学，2014，34（7）：73-79.
[68] 李晓霞，沈奕德，黄乔乔，等. 海南剑麻园杂草种类调查及防除技术研究［J］. 中国麻业科学，2014，36（2）：89-97.
[69] 刘浩，张云云，胡华冉，等. 氮磷钾配施对大麻产量和养分利用效率的影响［J］. 云南大学学报：自然科学版，2015，37（3）：460-466.
[70] 刘浩，张云云，胡华冉，等. 氮磷钾配施对工业大麻干物质和养分积累与分配的影响［J］. 中国麻业科学，2015，37（2）：100-105.
[71] 刘巧莲，朱军，高建明，等. 外植体和培养因子对剑麻不定芽诱变及植株再生的影响［J］. 热带农业科学，2014，（34）4：42-45.
[72] 刘巧莲，朱军，郑金龙，等. 剑麻茎腐病 6 个病原菌生物学特性的研究［J］. 中国麻业科学，2014，36（1）：23-27，32.
[73] 龙松华，李翔，陈信波，等. 亚麻 4CL 基因克隆及 RNAi 遗传转化［J］. 西北植物学报，2014，34（12）：2405-2411.
[74] 龙松华，乔瑞清，李翔，等. 亚麻木质素合成相关基因 COMT RNAi 表达载体构建及转化［J］. 中国麻业科学，2014，36（4）：169-173.
[75] 陆军迎，张燕梅，李俊锋，等. 剑麻 AsKNOX I 基因克隆及蛋白表达分析［J］. 植物生理学报，2015，51（4）：517-522.
[76] 罗卫，谢纯良，严理，等. 两种方式提取杏鲍菇菌丝胞外酶的比较分析［J］. 湖北农业科学，2015，54（2）：427-430.
[77] 吕江南，龙超海，马兰，等. 大麻鲜茎剥皮机的设计与试验［J］. 农业工程学报，2014，30（14）：298-307.
[78] 吕江南，龙超海，马兰，等. 全自动苎麻纤维分离机的设计［J］. 中国农机化学报，2014，35（2）：159-163.
[79] 吕平，韦丽君，金刚，等. 筐之雪组织培养和植株再生体系研究［J］. 西南农业学报，2014，27（5）：2145-2149.
[80] 马兰，龙超海，吕江南，等. 黄、红麻剥皮机作业质量指标及其检测方法［J］. 安徽农业科学，2014，42（27）：9614，9622.
[81] 马兰，龙超海，吕江南，等. 苎麻剥麻机械性能指标及其检测方法［J］. 中国麻业科学，2015，（37）3：135-137.
[82] 马渊博，崔国贤，白玉超，等. 水分胁迫对苎麻的影响及相关农艺措施研究［J］. 安徽农业科学，2014，42（7）：1941-1942.
[83] 牛海龙，潘亚丽，王世发，等. 纤维用亚麻吉亚 5 号选育报告［J］. 农业与技术，2014，34（9）：

132, 165.
［84］ 潘其辉，刘上信，高海军，等. 宜春苎麻试验站2013年苎麻高产高效种植示范与多用途效益分析［J］. 中国麻业科学，2014，36（4）：205-209.
［85］ 齐亮，白玉超，肖呈祥，等. 作物种衣剂及其在苎麻上的应用研究进展［J］. 作物研究，2014，28（4）：440-442.
［86］ 乔利，潘兹亮，吕玉虎，等. 板井小绿叶蝉触角形态及其感器类型［J］. 中国麻业科学，2015，37（2）：95-99.
［87］ 邱财生，郭媛，龙松华，等. 亚麻籽的营养及开发研究进展［J］. 食品研究与开发，2014，35（17）：122-126.
［88］ 邱财生，龙松华，郭媛，等. 利用二次正交旋转设计优化亚麻栽培技术研究［J］. 中国麻业科学，2014，36（5）：252-257.
［89］ 佘玮，崔国贤，揭雨成. 镉胁迫对苎麻吸收积累镉的影响［J］. 中国麻业科学，2014，36（5）：243-247.
［90］ 佘玮，崔国贤，赵丹博，等. 锌、铁缺失对苎麻吸收及转运重金属镉的影响［J］. 农业环境科学学报，2014，33（2）：283-287.
［91］ 沈成，陈巧敏，李显旺，等. Deaign and Test of 4LMZ-160 Ramie Harvester［C］. 国际农业与生物系统工程学会第十八次世界大会论文集，2014.
［92］ 孙涛，陈学文，李树忠，等. 工业大麻坡耕地高产、高效种植技术研究与推广［J］. 科学与技术，2014.
［93］ 谭石勇，易永健，汪洪鹰，等. 苎麻促生菌的筛选、鉴定及其促生效应［J］. 微生物学通报，2015，42（3）：525 533.
［94］ 谭志坚，王朝云，易永健，等. 可生物降解材料及其在农业生产中的应用［J］. 塑料科技，2014，42（2）：83-89.
［95］ 庹年初，李莉，吴胜强，等. 苎麻副产物饲喂夏南牛试验初报［J］. 中国麻业科学，2014，36（2）：85-88.
［96］ 王春雪，纪中华，李纪潮，等. 三种剑麻品种抗旱生理指标比较及抗旱性评价［J］. 热带作物学报，2014，35（10）：1912-1919.
［97］ 王道波，贝晓晓，李伏生，等. 不同生育期灌水水平对红麻生长和产量的影响［J］. 干旱地区农业研究，2014，32（3）：62-69.
［98］ 王道波，陈意超，李伏生，等. 水肥运筹对红麻纤维产量和品质的影响［J］. 广东农业科学，2014，41（23）：61-65，77.
［99］ 王道波，李伏生，宋岩，等. 灌水水平和肥料运筹对红麻生长和养分吸收的影响［J］. 节水灌溉，2015（6）：1-5，9.
［100］ 王道波，李伏生，周瑞阳. 氮磷钾肥运筹对红麻养分利用的影响［J］. 华南农业大学学报，2014，35（6）：33-40.
［101］ 王道波，李伏生，周瑞阳. 施肥水平和方式对红麻生长和产量的影响［J］. 华中农业大学学报，2014，33（4）：13-18.
［102］ 王会芳，陈绵才，曾向萍，等. 大麻顶枯病病原鉴定及生物学特性测定［J］. 广东农业科学，2014，41（17）：79-82.
［103］ 王会芳，陈绵才，王三勇，等. 不同技术措施对红麻根结线虫的田间防控效果［J］. 中国植保导刊，2014，34（9）：25-28.
［104］ 王会芳，陈绵才，王三勇，等. 红麻根结线虫病的发生特点及综合防控技术［J］. 农民致富之友，2014（8）：96-97.
［105］ 王玉富，郭媛，汤清明，等. 亚麻修复重金属污染土壤的研究与应用［J］. 作物研究，2015，29（4）：449-454.
［106］ 王玉富，贾婉琪，邱财生，等. 亚麻高效再生体系的优化研究［J］. 中国油料作物学报，2014，36（5）：661-666.
［107］ 韦兰洁，莫良玉，侯定基，等. 红麻对土壤中Pb和Zn的耐受性及吸收特性［J］. 贵州农业科学，2014，42（10）：240-243.
［108］ 巫桂芬，徐鲜均，徐建堂，等. 利用SRAP、ISSR、SSR标记绘制黄麻基因源分子指纹图谱［J］. 作物学报，2015，41（3）：367-377.
［109］ 吴广文. 促进黑龙江省亚麻产业发展的思路［J］. 中国麻业科学，2014，36（1）：51-54.
［110］ 吴广文. 黑龙江省亚麻发展的历史及现状［J］. 农业科技通讯，2014（3）：4-6.
［111］ 吴建忠，姜卫东，赵茜，等. 亚麻几个农艺性状表现及相关分析［J］. 安徽农业科学，2013，41（14）：6181-6182.
［112］ 吴伟怀，贺春萍，严传帝，等. 剑麻草腐病菌基因组SSR标记开发［J］. 热带作物学报，2014，35（4）：758-763.
［113］ 武耀龙，李德芳，黄思齐，等. 红麻SRAP-PCR反应体系优化及多态性引物的筛选［J］. 中国麻业科学，2014，36（1）：1-7.
［114］ 习金根，陈涛，张小玲，等. 广西山好农场剑麻园土壤养分状况研究［J］. 热带农业科学，2014，（34）6：10-13.
［115］ 习金根，谭施北，贺春萍，等. 不同磷水平对剑麻生长和磷肥效率的影响［J］. 热带作物学报，2014，35

(11)：2109-2114.
[116] 肖呈祥，崔国贤，孙敬钊，等. 苎麻属植物黄酮类化合物研究进展［J］. 作物研究，2014，28（3）：324-327.
[117] 谢纯良，严理，朱作华，等. 利用苎麻麻蔸栽培刺芹侧耳技术研究［J］. 食用菌学报，2014，21（4）：31-34.
[118] 信朋飞，臧巩固，赵立宁，等. 大麻 SSR 标记的开发及指纹图谱的构建［J］. 中国麻业科学，2014，36（4）：174-182.
[119] 熊常财，李显旺，汪红武，等. 4LMZ-160 苎麻收割机与农艺结合的探讨［J］. 中国麻业科学，2014，36（2）：82-84.
[120] 熊常财，汪红武，李景柱，等. 咸宁苎麻产业发展的优势与对策［J］. 湖北农业科学，2014，53（18）：4510-4513.
[121] 徐华勤，崔国贤，杨知建，等. 冬闲苎麻田套种牧草对杂草生物多样性的影响［J］. 草业科学，2014，31（1）：139-143.
[122] 许艳萍，陈璇，郭孟璧，等. 4 种重金属胁迫对工业大麻种子萌发的影响［J］. 西部林业科学，2014，43（4）：78-82.
[123] 严理，谢纯良，朱作华，等. 菌渣代料栽培刺芹侧耳技术研究［J］. 湖南农业大学学报：自然科学版，2015，41（2）：156-160.
[124] 杨龙，胡万群，孙贤礼，等. 高产稳产抗逆杂交红麻新品种 H368 在安徽麻区的适应性研究［J］. 中国麻业科学，2014，36（3）：142-145.
[125] 杨阳，周洪友，杜光辉，等. 工业大麻群体结构与个体发育关系初探［J］. 中国麻业科学，2014，36（1）：33-37.
[126] 杨媛茹，王朝云，易永健，等. 大棚内麻地膜覆盖对辣椒生长和产量的影响［J］. 中国农学通报，2014，30（16）：203-206.
[127] 姚玉波，吴广文，黄文功，等. 浅析黑龙江省亚麻耕作栽培技术的发展［J］. 黑龙江农业科学，2014（4）：147-149.
[128] 姚运法，曾日秋，洪建基. 红麻不育系高产制种技术研究［J］. 中国麻业科学，2015，37（2）：64-69.
[129] 袁红梅，吴建忠，黄文功，等. 亚麻多用途产品的开发与利用［J］. 国土与自然资源研究，2014（1）：95-96.
[130] 张高阳，祁建民，徐建堂，等. 圆果黄麻纤维素合成酶基因 CcCesA1 的克隆及利用反义载体转化拟南芥［J］. 作物学报，2014，40（5）：816-822.
[131] 张海军，郭丽，王明泽，等. 大麻基因组 DNA 提取方法的比较与优化［J］. 中国麻业科学，2014，36（4）：188-190.
[132] 张加强，骆霞虹，陈常理，等. 圆果种黄麻主要经济性状与纤维产量的相关及灰色关联分析［J］. 中国麻业科学，2015，37（2）：70-74，79.
[133] 张立武，黄文轩，陶爱芬，等. 一个黄麻矮秆种质株高性状对外源激素的敏感性［J］. 中国农业科学，2015，48（10）：1892-1899.
[134] 张立武，黄枝秒，万雪贝，等. 红麻光周期钝感材料鉴定与遗传分析［J］. 作物学报，2014，40（12）：2098-2103..
[135] 张立武，袁民航，何雄威，等. GenBank 数据库中黄麻 EST-SSR 标记的开发及其通用性评价［J］. 作物学报，2014，40（7）：1213-1219.
[136] 张新，董娜，刘明久，等. 豫北盐碱地引种红麻杂交种试验初报［J］. 生态学杂志，2014，33（1）：59-64.
[137] 赵洪涛，李初英，黄其椿，等. 不同栽培密度和施肥量对巴马火麻生长发育及麻籽产量的影响［J］. 南方农业学报，2015，46（2）：232-235.
[138] 赵洪涛，李初英，黄其椿，等. 苎麻多用途研究进展及广西苎麻产业发展方向［J］. 中国麻业科学，2014，36（2）：105-109，110.
[139] 赵艳龙，周文钊，陆军迎，等. 剑麻种质资源斑马纹病抗性鉴定及评价［J］. 热带作物学报，2014，35（4）：640-643.
[140] 郑建树，喻春明，陈平，等. 苎麻胞液型谷氨酰胺合成酶基因的克隆和超量表达载体构建［J］. 中国麻业科学，2014，36（2）：57-63.
[141] 周菲菲，郝再彬，易克贤，等. 剑麻总皂苷高产菌的筛选及发酵条件的优化［J］. 湖北农业科学，2014，53（8）：1863-1866，1911.
[142] 朱四元，刘头明，汤清明，等. 不同连作障碍因子对苎麻农艺性状的影响［J］. 中国麻业科学，2014，36（3）：137-141.
[143] 朱涛涛，喻春明，王延周，等. “中苎 1 号” 和 “中苎 2 号” 苎麻营养价值的初步评价［J］. 中国麻业科学，2014，36（3）：113-121.

# 豪放词

徐喜平·注析

陕西新华出版传媒集团
三秦出版社

书目

# 豪放词

徐喜平·注析

三秦出版社
陕西新华出版传媒集团